首钢年鉴

2021

首钢集团有限公司史志年鉴编委会　编

人民出版社

首钢集团有限公司史志年鉴编委会

编　辑　说　明

《首钢年鉴·2021》全面、系统、详实记载 2020 年首钢改革发展的新进展、新成果、新经验。党和国家领导人关于修史修志方面语重心长的话语，以及存史、育人、资治的功能定位和职责担当鼓舞首钢数百位史志年鉴工作者，本着对工作负责、对首钢负责、对历史负责的态度，兢兢业业，编纂完成《首钢年鉴·2021》。

《首钢年鉴》由首钢集团有限公司主办，首钢集团有限公司史志年鉴编委会组织编纂，首钢集团有限公司发展研究院负责组织协调编辑出版工作，史志年鉴办公室是首钢集团有限公司史志年鉴编委会日常工作机构。

《首钢年鉴》客观、及时记载首钢集团及其主要单位基本情况、重要信息、重大变化、重大事件，是反映首钢年度生产经营建设情况的资料性文献。编写《首钢年鉴》是首钢的一项基础性工作，有利于集存历史信息、有利于全面展示形象、有利于相互学习借鉴、有利于系统总结分析、有利于领导决策参考。

《首钢年鉴》自 2003 年以来持续记载首钢的发展情况，具有资料权威、连续出版、功能齐全的特点。《首钢年鉴·2021》是连续出版的第 17 部年鉴，继续以书籍、光盘形式出版。

《首钢年鉴》按照分类编辑法编纂，设立栏目、分目、条目三个结构层次，以条目为基本单元。

《首钢年鉴·2021》共设置彩页、目录、十大新闻、特载、文选、专辑、组织机构、党群与战略管控、战略支撑、业务支持服务、钢铁业、股权投资管理、园区管理、直管单位、大事记、荣誉表彰、统计资料、制度目录、《首钢年鉴·2021》编辑人员、索引 20 个栏目。

《首钢年鉴》的编纂，是一项艰巨的系统工程。首钢领导一直高度关注；首钢所属各单位领导高度重视；年鉴编纂组织者以及编写者、摄影者，积极参与《首钢年鉴·2021》编纂工作；史志年鉴办公室承担全集团各单位材料收集、编审工作，全方位协调各项具体工作；人民出版社始终给予大力支持，众人拾柴，终修成本卷。

《首钢年鉴·2021》内容涉及面宽、文字处理量大，难免出现差错与纰漏，敬请各位读者不吝赐教。

首钢发展研究院史志年鉴办公室

2021 年 8 月 16 日

超低排放　绿色制造

2020 年，首钢股份迁钢公司成为世界首家实现全流程超低排放的钢铁企业。（摄影　李旭龙）

党组织建设

图01：1月10日，首钢召开"继承光荣传统 再创时代辉煌"——"首钢之星"表彰大会。（摄影 王京广）

图02：首钢股份公司举办基层党组织建设成果展示会。（股份公司提供）

图03：首钢京唐公司把党委书记会搬到基层开，参会人员观看质监部原料联合党支部廉洁文化长廊。（摄影 杨立文）

图04：4月下旬，首钢首秦公司党委开展基层党务工作者提素培训。（首秦公司提供）

图05：5月8日，首钢首建投公司党委开展"种下绿色，扮靓园区"主题党日活动。（摄影 赵彩艳）

图06：6月16日，首钢水钢公司党委举办党支部工作论坛，交流抗疫保产经验。（水钢公司提供）

图07：8月20日，首钢技术研究院党委举办科技创新故事宣讲会。（摄影　王京广）

图08：9月初，首钢矿业公司邀请《前线》杂志社总编辑李明圣讲授基层党组织书记的思想方法和工作方法。（矿业公司提供）

图09：9月16日，首钢财务公司立足金融服务，提升价值创造，组织党员重温入党誓词。（摄影　孙　力）

图10：9月21日，首钢贵钢公司举办基层党支部书记培训班。（摄影　袁昆喜）

图11：11月4日，首钢20余家单位的400多名职工参观"纪念中国人民志愿军抗美援朝出国作战70周年主题展览"。（摄影　乔智玮）

图12：11月26日，首钢地产公司举办廉政书画作品展并组织党员观看。（地产公司提供）

上级关心与开放合作

习近平给在首钢医院实习的
西藏大学医学院学生的回信

西藏大学医学院2015级临床医学专业的同学们：

你们好！来信收到了，得知你们17名同学在北京进行临床实习期间，既锻炼了临床基本功，也坚定了献身西藏医疗卫生事业的信念，我很欣慰。

医生是人民健康的守护者。在这次新冠肺炎疫情防控斗争中，军地广大医务工作者冲锋在前、英勇奋战，用行动诠释了白衣天使救死扶伤的崇高精神。我相信，你们一定会以他们为榜样，努力做党和人民信赖的好医生。希望你们珍惜学习时光，练就过硬本领，毕业后到人民最需要的地方去，以仁心仁术造福人民特别是基层群众。

藏历新年就要到了，我向你们以及藏区各族群众致以节日的问候和美好的祝愿！

习近平
2020年2月21日

新华社发

图01：2月21日，习近平总书记给在北大首钢医院实习的西藏大学医学院学生回信，肯定他们献身西藏医疗卫生事业的信念。（新闻中心提供）

图02：10月25日，北京市委书记蔡奇、市长陈吉宁等市领导就推进新首钢地区建设发展调查研究。（摄影 戴冰）

图03：8月28日，中国科协党组书记、常务副主席怀进鹏等中国科协领导到首钢北京园区调研科幻工作。（摄影 袁德祥）

图04：11月1日，2020中国科幻大会开幕，怀进鹏、陈吉宁出席并为首钢北京园区科幻产业聚集区揭牌。（摄影 王京广）

图05：8月7日，北京市国资委党委书记、主任张贵林等领导到首钢调研。（摄影 王京广）

图06：8月15日，"电竞北京2020"系列活动北京国际电竞创新发展大会在首钢北京园区三高炉举行。（摄影 王京广）

图07：8月15日，首建投公司与航美传媒签订共同推动电竞游戏产业发展《合作备忘录》。（摄影　王京广）

图08：9月4日，在2020年中国国际服务贸易交易会上，首钢展示文化与体育、科技、金融、消费等产业融合发展新活力。（摄影　张　雨）

图09：9月17日，中关村论坛联合国教科文组织创意城市北京峰会在首钢北京园区开幕。（摄影　孙　力）

图10：首钢实施标准化战略，构建标准管理体系。相关人员参加10月12日国际标准会议。（摄影　孙　力）

图11：11月12日，首钢国际工程公司与攀钢公司签订西昌高炉节能减排项目。（摄影　李光宇）

图12：12月22日，首钢集团与中远海运集团战略合作协议签约仪式在首钢举行。（摄影　王京广）

集团重要会议

图01：1月3日，首钢召开安全环保大会，总结2019年安全环保工作，部署2020年安全环保工作。(摄影 王京广)

图02：1月9日，中共首钢第十八届委员会第六次全体（扩大）会议召开。（摄影 王京广）

图03：张功焰在中共首钢第十八届委员会第六次全体（扩大）会议上作《深入推进管控体系和管理能力建设 争当新时代高质量发展排头兵》报告。(摄影 王京广)

图04：1月10日，首钢集团第十九届职工代表大会第五次会议召开。（摄影 孙 力）

图05：张功焰在首钢集团第十九届职工代表大会第五次会议上作《全面完成"十三五"规划目标任务 为首钢高质量发展奠定坚实基础》报告。(摄影 孙力)

图06：3月6日，首钢召开科技与管理创新大会。（摄影 孙 力）

图07：3月20日，首钢召开党风廉政建设和信访维稳工作会议。（摄影 孙 力）

图08：4月28日，首钢召开先进表彰大会，表彰2019年度先进单位、先进集体、劳动模范以及先进青年集体和优秀青年。（摄影 孙 力）

图09：5月21日，首钢召开干部大会，北京市委组织部相关负责人宣读市委市政府任职通知，赵民革任首钢集团有限公司党委副书记、总经理。（摄影 孙 力）

图10：6月28日，首钢召开庆祝中国共产党成立99周年暨创先争优表彰大会。（摄影 孙 力）

图11：11月14日，首钢召开"创新创优创业"交流会，主题为"深入学习贯彻党的十九届五中全会精神 扎实推动首钢高质量发展"。（摄影 王京广）

图12：11月26日，首钢召开"以案为鉴、以案促改"警示教育大会。（摄影 孙 力）

做优做强钢铁业

图01：面对疫情，首钢股份迁钢公司职工坚守岗位，确保生产顺稳。（摄影 李旭龙）

图02：6月29日是首钢电工钢投产十周年纪念日。首钢电工钢成为首钢转型升级标志性产品。（摄影 祁卫新）

图03：首钢冷轧公司共同抗疫，保障生产。（摄影 王京广）

图04：首钢股份营销中心职工抗击疫情，确保销售渠道畅通。（营销中心提供）

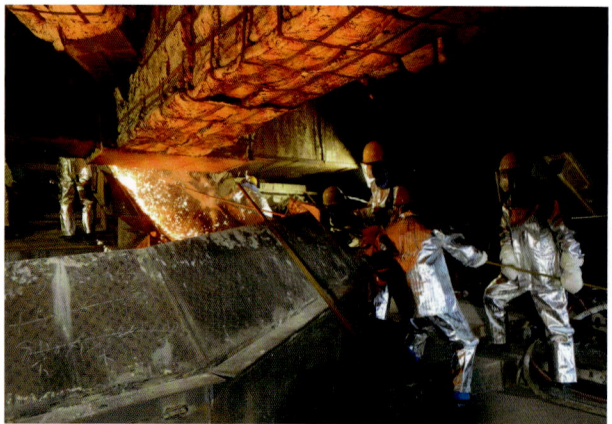

图05：2月至3月，首钢京唐公司精准施策抗疫情，完成系列检修。5500立方米高炉正在检修中。（摄影 杨立文）

图06：6月6日，首钢京唐公司MCCR产线浇注31炉，钢卷产量6484吨，刷新日产纪录。（摄影 丁宏建）

图 07：7 月 29 日，首钢京唐公司高强钢热基镀锌生产线热试第一卷下线。（摄影　张哲佳）

图 08：7 月 31 日，首钢京唐二期一步工程项目获"十三五"钢铁工业创新工程奖。图为京唐公司厂区全景。（摄影　杨立文）

图 09：9 月 29 日，首钢水钢公司领导讲述风控体系建设问题及启示。（水钢公司提供）

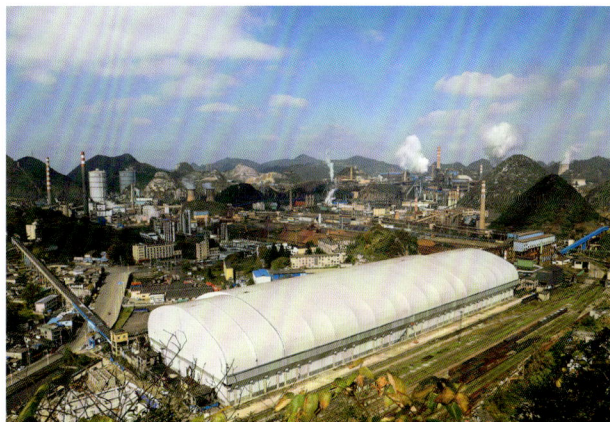

图 10：11 月 7 日，首钢水钢公司原料堆场环保封闭大棚建成投用。（摄影　杨德清）

图 11：首钢长钢公司建设绿色工厂，改善厂区环境。图为污水处理项目。（摄影　张　睿）

图 12：11 月 24 日，首钢长钢公司开展全员基础知识和基本技能"双基考试"。（摄影　张　睿）

图13：7月16日，首钢通钢公司举办首钢重组通钢十周年庆祝活动启动仪式。（通钢公司提供）

图14：首钢通钢公司炼钢事业部通过稳定生产促进产能和效益双提升。（摄影　孙　力）

图15：首钢贵钢公司推行"钢业为主、物流配套、物业支撑"，实现物流业集装箱发运量大幅增长。（摄影　袁昆喜）

图16：首钢贵钢公司单电炉钢产能达到搬迁前原两台电炉的1.2倍，材产能达到原最高产能的1.35倍。（摄影　袁昆喜）

图17：首钢伊钢公司坚持抗疫保产，努力完成生产经营任务。（伊钢公司提供）

图18：首钢伊钢公司轧钢作业部开展创新成果交流。（伊钢公司提供）

图19：首钢技术研究院推进"一院多中心"体系变革，科研创新硕果累累。（新闻中心提供）

图20：首钢矿业公司实施"百元选厂"工程，精矿粉制造成本进入规模以上矿山企业前三甲。（矿业公司提供）

图21：6月28日，因疫情停泊秘鲁圣尼古拉斯港74天的"CAPECRANE"号巨轮满载17万吨精矿粉离港驶往国内。首钢秘铁提前实现保供发运目标。（中首公司提供）

图22：首钢坚持高质量发展，产品获国家多个奖项。（新闻中心提供）

图23：首钢国际工程公司总承包全球最大跨度的首钢京唐球团全封闭料场竣工投用。（摄影 李光宇）

图24：12月10日，首钢首自信公司与首钢股份公司共同研发的智能检测加工机器人生产线上线运行。（新闻中心提供）

园区开发与转型发展

图01：北京迎新年倒计时活动在首钢北京园区举行。（摄影 袁德祥）

图02：4月30日，位于新首钢大桥东侧路北桥梁铭牌LOGO安装完毕。（摄影 孙 力）

图03：5月28日，人民日报、新华社、中央电视台等近20家主流媒体采访首钢北京园区建设项目进展情况。（摄影 郭 川）

图04：7月1日，首钢北京园区香格里拉酒店主体结构封顶。（摄影 孙 力）

图05：7月，首钢极限公园——北京最大户外滑板和攀岩场地建成。（摄影 袁德祥）

图06：北京地铁冬奥支线首钢北京园区地铁站正在抓紧建设。（摄影 何志国）

图07：8月19日，首钢北京园区三高炉全民畅读艺术书店正在紧张施工。（摄影 孙 力）

图08：9月5日，"首钢园"在2020年中国国际服务贸易交易会亮相，受到广泛关注和好评。（摄影 张 雨）

图09：9月8日，首钢北京园区京东无人超市＋茶饮轻食新晋网红店"茶钢儿"举办体验活动。（摄影 郭 川）

图10：9月15日，2020北京时装周在首钢园三高炉启幕。（摄影 王京广）

图11：9月19日至22日，2020中国舞蹈家协会首钢园环境舞蹈展演。（摄影 王京广）

图12：9月22日，首钢携手香格里拉打造"钢"系美食新地标。（摄影 孙 力）

图13：10月24日，北汽新车发布会在首钢园三高炉举行。（摄影　王京广）

图14：11月17日，首钢园区服务公司冬奥物业事业部举行消防演练。（摄影　孙　力）

图15：首钢特钢园区绿能港科技中心15号地项目工程建设按计划推进。（特钢公司提供）

图16：首钢曹妃甸园区推进商业、教育、医疗等公共配套设施建设、运营。（曹建投公司提供）

图17：首钢首秦园区建设钢铁赛道，举办赛车盛事，人气效应聚集。图为首秦园区全景。（摄影　王京广）

图18：7月24日，首秦赛车谷联合龙景娱乐及宏帆文化公司举办为期30天的"燃情夏夜"活动。（摄影　侯志刚）

城市服务与产融结合

图01：4月，首钢首建集团、国际工程公司、技术研究院、地产公司、首自信公司共同完成《绿色装配式框架抗侧力高层钢结构住宅产业化设计与建造综合技术》攻关。（新闻中心提供）

图02：10月20日，首钢国际工程公司举办智能多功能钢卷运输项目成果评价会。（摄影 李光宇）

图03：9月23日，国庆天安门广场主题花篮亮相。这是首钢建设连续13年完成制作安装任务。（摄影 何志国）

图04：9月5日至9日，首钢实业公司首次在中国国际服务贸易交易会和北京国际旅游博览会上展示首钢食品。（摄影 刘 杰）

图05：11月5日至7日，首钢城运公司参加第二十二届中国国际城市停车产业博览会，全方位展示实力。（摄影 乔智玮）

图06：首钢吉泰安公司安全顺稳恢复生产。（摄影 李思媛）

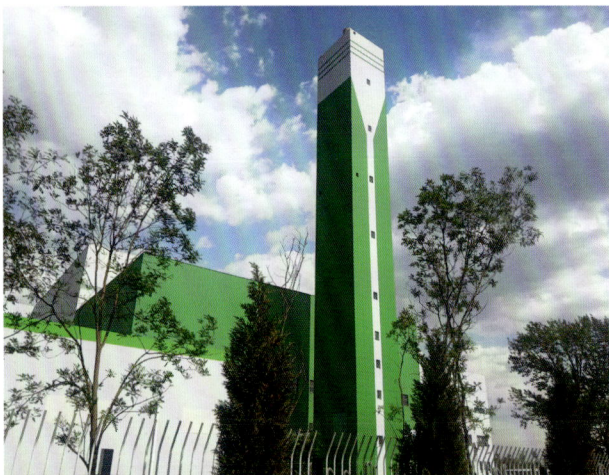

图07：5月26日，首钢环境公司山西长治垃圾焚烧发电项目并网发电。（长钢公司提供）

图08：首钢矿业公司绿色建材服务雄安新区城市建设。（矿业公司提供）

图09：首钢气体公司成为国内医用氧气重要供货商。图为专业人员正在充装液氧。（气体公司提供）

图10：首钢基金公司打造错时共享停车项目，缓解北京胡同停车难压力。图为东城区金宝街干面胡同。（摄影 乔智玮）

图11：首钢基金公司投资的理想汽车在美国纳斯达克成功上市。（新闻中心提供）

图12：首钢财务公司干部职工立足金融服务，提升价值创造，认真读书学习。（摄影 孙 力）

北京冬奥与首钢体育

图 02： 1 月 20 日，首钢北京园区国家冬季运动训练中心挂起大红灯笼，喜迎新春佳节。（摄影　王京广））

图 01：1 月 14 日至 15 日，第十四届全国冬运会短道速滑少年组比赛在首钢园运动中心短道速滑馆举行。（摄影　孙　力）

图 03：北京首钢男篮在 2019—2020 赛季表现突出，获得第四名。1 月 19 日，与江苏肯蒂亚比赛，林书豪突破上篮。（摄影　王京广）

图 04：北京首钢女篮在 2019—2020 赛季对山西女篮比赛中表现出色，实现逆袭。（摄影　孙　力）

图05：9月3日，"凉都税企杯"乒乓球邀请赛在首钢水钢公司举行。（水钢公司提供）

图06：9月7日，北京2022冬奥官方特许商品零售店——首钢三高炉店正式开业。（摄影　郭　川）

图07：9月19日，首钢极限公园试营业，一时间消息刷爆朋友圈。（摄影　孙　力）

图08：9月29日，首钢冷轧公司开展"疫后有益"畅跑健走活动。（冷轧公司提供）

图09：11月9日，2020年首钢职工七人制足球比赛决赛落下帷幕，实业公司获得冠军。（摄影 孙 力）

图10：11月21日，北京市体育局、篮协等联合举办"北京—雄安三人篮球交流赛"，首钢矿业公司获得亚军。（矿业公司提供）

图11：12月1日，首钢机电公司举办"凝心聚力环厂跑，健康前行展新貌"第六届环厂跑比赛。（机电公司提供）

图12：12月23日，为迎接北京冬奥会，首钢园冰雪汇吸引众多爱好者踏冰踏雪。（摄影 孙 力）

社会责任与职工风采

图01：1月，首钢举行"献爱心"募捐活动。（摄影 孙 力）

图02：1月2日，首钢股份公司向"郭玉明创新工作室"颁发"特殊慰问"。（股份公司提供）

图03：1月3日，首钢地产公司举办"提升能力，共创辉煌"活动，表演热舞《首海 disco》。（地产公司提供）

图04：4月15日，首钢矿业公司分别在水厂铁矿、杏山铁矿等点位开展植树大会战。（矿业公司提供）

图05：7月23日，首钢长钢公司团委举办拓展培训班。（长钢公司提供）

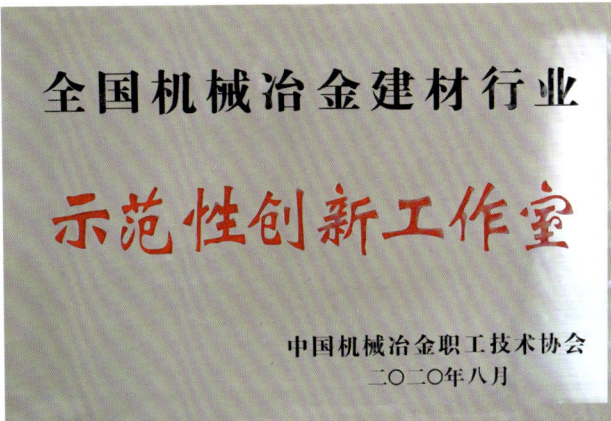

图06：首钢7个创新工作室被命名为"全国机械冶金建材行业示范性创新工作室"。（新闻中心提供）

图07：6月10日，首钢举办"世界环境日"垃圾分类主题宣传活动。（摄影　郭　川）

图08：9月22日，首钢实业公司职工到家属区宣传垃圾分类。（摄影　袁德祥）

图09：首钢伊钢公司对接收的南疆地区深度贫困职工进行国语培训。（伊钢公司提供）

图10：首钢矿投公司承德产业扶贫项目带动当地就业416人。（摄影　王京广）

图11：首钢园区管理部实施"一企一村"结对帮扶，对北京延庆黑峪口村的玉米、小米和苹果实行包销。（摄影 袁德祥）

图12：10月31日，"老首钢人"为到首钢北京园区的游客讲述石景山的故事。（摄影 王京广）

图13：11月4日，首钢举办职业技能竞赛，来自各单位的153人参加多个工种角逐。（摄影 尹小龙）

图14：北京"向着幸福出发"决胜脱贫共奔小康优秀影像作品持续展示首钢扶贫成果。（新闻中心提供）

图15：北大首钢医院成功为藏区患儿实施"全心"救治，12月3日，患者为医院送锦旗。（摄影 孙 力）

图16：全国劳动模范、首钢京唐公司钢轧作业部精轧操作工荣彦明。（京唐公司提供）

图17：全国劳动模范、首钢水钢公司铁焦事业部部长助理吕春龙。（水钢公司提供）

图18：全国劳动模范、安川首钢机器人有限公司工程部张明。（安川首钢提供）

抗击新冠肺炎疫情

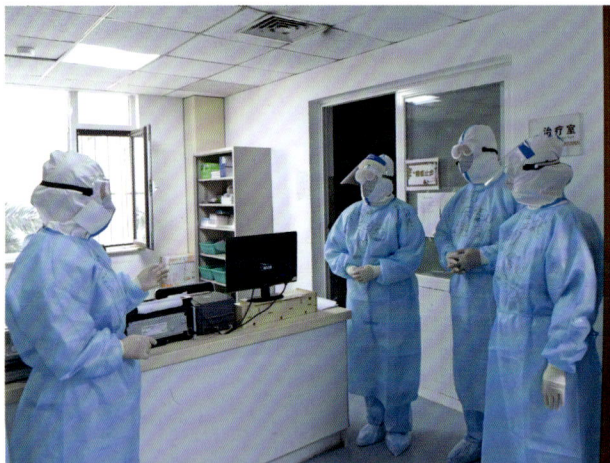

图01：2020 年初，北大首钢医院医护人员全面做好防疫工作。（摄影 孙 力）

图02：1 月 22 日，首钢水钢公司医院医护人员交流新冠病毒防治经验。（水钢公司提供）

图03：首钢北京园区相关单位细化疫情防控措施。职工食堂员工实行勤洗手、出入登记等严格管理。（摄影 王京广）

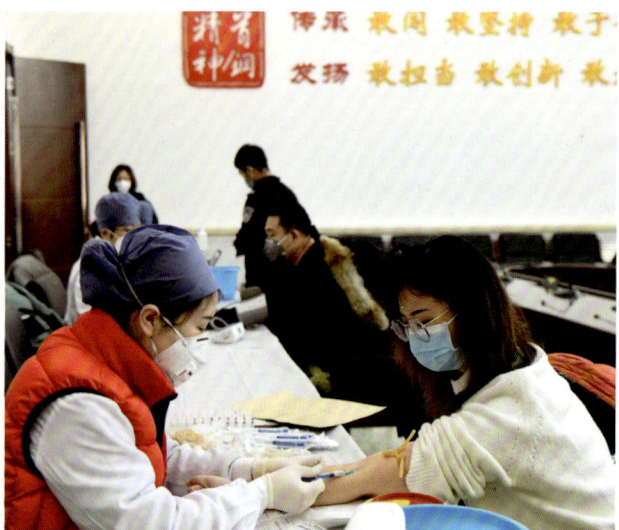

图04：2 月 12 日至 13 日，首钢组织开展"首钢职工无偿献血，大爱无疆抗击疫情"紧急无偿献血活动。（摄影 王京广）

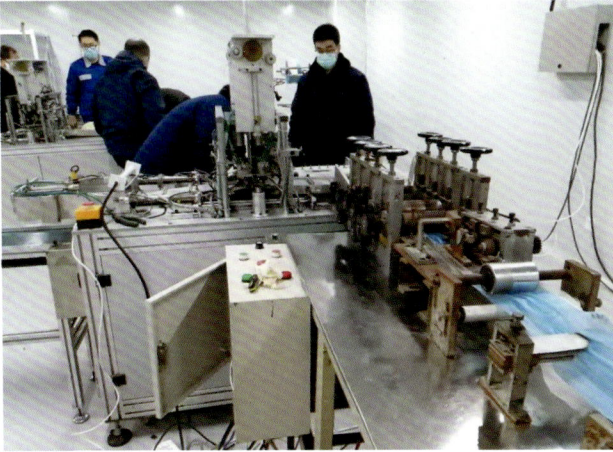

图 05：首钢机电公司职工为有关企业口罩生产线运行保驾护航。（机电公司提供）

图 06：首钢环境公司守好卫生防疫最后一道防线，职工全副武装接收餐厨垃圾。（摄影　郭　川）

图 07：首钢气体公司严格执行操作制度，确保医用氧供应。（气体公司提供）

图 08：首钢干部职工 33 人下沉社区参与抗疫。（摄影　孙　力）

图 09：3 月 3 日，首钢北京园区加强管理，实现抗疫复工。（摄影　孙　力）

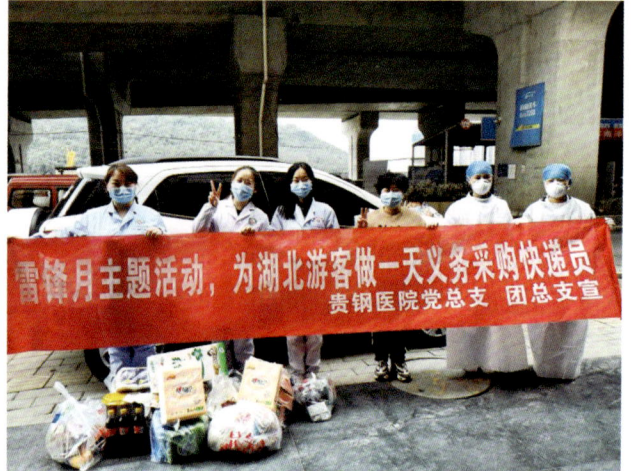

图 10：3 月 19 日，首钢贵钢公司医院开展为湖北游客服务活动。（贵钢公司提供）

图 11：4 月 3 日，奔赴石景山区抗疫一线的北大首钢医院医疗队凯旋。（摄影　王京广）

图 12：北大首钢医院医疗队服务冰雪健儿，防疫保训受称赞。（摄影　孙　力）

目　录

专　辑

组织机构

党群与战略管控

业务支持服务

钢　铁　业

北京首钢股份有限公司

园区管理

北京首钢建设投资有限公司

北京首钢园区综合服务有限公司

园区管理部

北京首钢特殊钢有限公司

直管单位

统计资料

制度目录

《首钢年鉴·2021》编辑人员

CONTENTS

十 大 新 闻

◎ 责任编辑：马　晓

2020 年首钢十大新闻

习近平总书记给在首钢医院实习的西藏大学医学院学生的回信引起强烈反响

2 月 21 日,中共中央总书记、国家主席、中央军委主席习近平给正在北大首钢医院实习的西藏大学医学院学生回信,肯定他们献身西藏医疗卫生事业的志向,勉励他们练就过硬本领、服务基层人民,并向他们以及藏区各族群众致以节日的问候和美好的祝愿。总书记回信的喜讯传来,在北大首钢医院引起强烈反响,大家倍感幸福、倍感自豪、倍感振奋,纷纷表示,要深入学习领会总书记回信的重大意义,以总书记给在北大首钢医院实习的西藏大学医学院学生的回信精神为强大动力,全力以赴做好自身的工作。2 月 23 日,首钢集团党委常委会召开会议,认真学习贯彻习近平总书记给在首钢医院实习的西藏大学医学院学生的回信精神,要求要紧密结合当前实际深入学习、深刻领会,全面抓好贯彻落实。自 2016 年起,受北大医学部委托,每年有 15—20 名西藏大学医学院临床医学专业的学生赴北大首钢医院专业实习。5 年来,北大首钢医院为西藏大学医学院培养 77 名临床实习生。

蔡奇陈吉宁"双调研"勉励首钢在构建新发展格局中展现新形象

10 月 23 日,北京市委书记蔡奇,北京市委副书记、市长陈吉宁等市领导就推进新首钢地区建设发展调查研究。蔡奇强调,新首钢地区已成为北京城市深度转型的重要标志。"十四五"时期是新首钢地区发展的新起点。要牢固树立新发展理念,聚焦文化、生态、产业、活力"四个复兴",建设好新首钢地区,着力打造新时代首都城市复兴新地标,在构建新发展格局中展现新形象。在"十三五"收官、系统谋划"十四五"、开启百年首钢新征程的关键时期,市委书记蔡奇,市委副书记、市长陈吉宁再次来首钢园区"双调研",对首钢工作进行全面指导,充分体现市委市政府对首钢工作的高度重视和关心关怀。7 月 8 日,蔡奇、陈吉宁到首钢鲁家山循环经济基地调研检查生活垃圾分类工作,要求坚持问题导向,与疫情防控有机结合,推动垃圾分类成为社会新时尚。

首钢构筑"钢铁长城"全力抗击新冠肺炎疫情

2020 年年初,新冠肺炎疫情蔓延波及全国,面对严峻挑战,首钢集团党委坚决贯彻落实党中央决策部署和市委市政府要求,第一时间成立疫情防控工作领导小组,严格履行主体责任,落实防控措施,构筑坚强防线,实现国内职工零感染。集团上下主动应对挑战,确保生产稳定,推动复工复产,履行国企责任。京唐公司在集团党委统一部署下,顶住多重压力,提前 3 天完成 7000 多人参与、时长 68 天的高炉系列检修;首建投公司、首钢建设等单位克服人员组织困难,确保首钢园区重大项目和入驻企业相继复工复产;首钢水钢公司医院分 3 批选派 8 名医护人员支援湖北鄂州,首钢医院组织 3 批 21 名医护人员参加石景山区定点医院医疗队;首钢环境收运处置 37 家医疗机构餐厨垃圾 1000 余吨,处置涉疫生活垃圾 386 吨;首钢气体公司向北京和周边省市 70 多家医院供应医用氧气 7030 吨……首钢人在战"疫"大考中展示首钢精神,贡献首钢力量,体现首钢担当。

首钢股份成为世界首家实现全流程超低排放企业

7 月 28 日,国家生态环境部举行 7 月例行新闻发布会指出,在钢铁行业大气污染治理方面,中国现在是唯一一个拥有世界上最先进的钢铁全流程超低排放技术体系的国家,首钢股份迁安钢铁公司是世界上首家实现全流程超低排放的企业。10月25日,央视《焦点访谈》推出《非凡"十三五"来之不易的碧水蓝天》专题报道,称赞首钢股份迁安钢铁公司为环保系统改造的排头兵、国内首家实现全工序超低排放的钢铁企业。同时,在滚动实施绿色行动计划中,首钢京唐通过河北省超低排放评估验收并成为第二批环保绩效 A 级企业;首钢长钢烧结机脱硫脱硝改造等12项治理工程通过山西省超低排放评估验收;首钢股份、首钢贵钢、京西重工三家单位获国家级"绿色工厂"称号;首钢冷轧公司被评为国家级绿色供应链企业;首钢矿业水厂铁矿成为第一批国家级绿色矿山。

首钢产融结合持续发力　资本运作取得积极成效

7月30日,首钢基金投资企业理想汽车于美国纳斯达克上市,目前市值超过 280 亿美元,首钢基金总体回报倍数近 10 倍。一年来,首钢产融结合持续发力,资本运作取得积极成效。首钢与宝武开展战略合作,完成上市公司层面交叉持股,实现集团公司和股份资产置换,推动首钢京唐剩余股权注入。启动生物质能源公募 REITs 项目,争取国家首批试点,通过投委会审议和国家发改委答辩,助力环保产业向轻资产转型。财务公司努力提高金融服务能力,资金归集规模达到历史峰值 451.7 亿元,保持钢铁行业排名第一。基金公司持续提升投资运营能力,在市财政对 26 支市级政府投资基金综合绩效评价中排名第一。香港首控不断强化管控能力,聚焦主业,5 家上市公司保持盈利,整体市值持续提升。

学习贯彻党的十九届五中全会精神　扎实推动首钢高质量发展

11月13日—14日,主题为"深入学习贯彻党的十九届五中全会精神,扎实推动首钢高质量发展"的 2020 年首钢"创新创优创业"交流会召开,这是在百年首钢开启高质量发展新征程、进入新的历史发展阶段第一个五年关键时期召开的一次重要会议。结合学习贯彻党的十九届五中全会精神,会议认真总结首钢"十三五"规划执行情况,系统思考"十四五"改革发展的基本思路、主要目标和重点任务,提出"经营质量进一步提升,产业结构进一步优化,资产质量进一步改善"总体发展目标。为深入学习宣传贯彻党的十九届五中全会精神,推动首钢高质量发展,11月27日,首钢集团公司党委下发《中共首钢集团有限公司委员会关于学习宣传贯彻党的十九届五中全会精神的安排意见》,要求各单位结合实际贯彻落实。

首钢京唐二期一步工程获"十三五"钢铁工业创新工程奖
首钢在全国冶金科技奖评选中创历史最佳

7月31日,首钢京唐二期一步工程项目获得"十三五"钢铁工业创新工程奖。首钢京唐二期工程在推广应用一期工程 220 项先进技术的基础上,优化和改进技术 54 项,开发研究创新技术 50 项。首钢京唐集中最强技术力量解决新产线 MCCR 各项攻关、调试难题,成功开发出一系列高强品种。2020 年上半年,MCCR 产线连续突破日产纪录,3500 毫米产线、4300 毫米产线双线完成产量突破 100 万吨,高强镀锌线产品规格不断向宽薄、宽厚、窄厚方向拓展,DP1180、CP1180、DH1050 等一批具有高附加值的超高强钢陆续下线,新产线达产达效。8 月 12 日,2020 年度中国钢铁工业协会、中国金属学会冶金科学技术奖评审结果揭晓,"迁钢钢铁生产全流程超低排放关键技术研究及集成创新"等 4 项成果获冶金科技进步一等奖。一年来,首钢发挥"一院多中心"优势,积极开展产品、技术和工艺攻关,在产品开发和工艺攻关方面取得一批重大科研成果。首钢 9 项产品分获"金杯特优产品"和"金杯优质产品"。在新材指数发布 2020 世界钢铁企业专利技术能力排名中,首钢位列世界钢企第六名、中国钢企第二名。

荣彦明吕春龙张明被授予"全国劳动模范"称号

11月24日,在全国劳动模范和先进工作者表彰大会上,首钢职工荣彦明、吕春龙、张明被授予"全国劳动模范"称号。一年来,首钢大力弘扬劳模精神、工匠精神,培育工匠人才,不断探索提高职工技能水平的新途径、新方法,扎实推进高技能人才队伍建设,涌现出一大批学习型、知识型、技能型人才。首钢21名劳动模范、3个模范集体分别受到北京市、贵州省、新疆维吾尔自治区表彰。刘宏、郭玉明、荣彦明、马著获"全国机械冶金建材行业工匠"称号,首钢职工刘博强获评"首都最美劳动者",首钢职工李超上榜"2020北京榜样"月榜,首钢职工徐厚军荣获"北京青年榜样",首钢职工王涛获评全国第一届职业技能大赛优胜奖。

首钢助力精准扶贫 彰显国企担当

12月初,北京"向着幸福出发"决胜脱贫共奔小康优秀影像作品展在遍布京城的6000块楼宇电视终端、地标性户外LED大屏和地铁媒体持续展示着首钢扶贫成果的影像,受到广泛关注。为确保扶贫工作落实,集团党委组织制定扶贫工作实施方案、工作计划,做到机构落实、人员落实、责任落实。一年来,各单位扎实做好产业项目扶贫、就业扶贫、消费扶贫、公益扶贫等各项工作。首钢矿投河北省承德市滦平县信通首承矿业公司投入6000万元,推进产业扶贫项目硫酸镁二期工程,于2020年9月投产;首钢基金与保定市公交总公司合作,把首钢在智慧停车产业的专业经验推广到保定市城市治理中,利用停车业务吸纳当地用工200人;首钢工会组织北京地区各单位,对接北京市消费扶贫产业双创中心,累计采购867.32万元……首钢始终在全面建成小康社会中履行着国企的责任与担当,不断汇聚脱贫攻坚的"首钢力量"。

首钢园科幻产业集聚区揭牌成为网红打卡地

11月1日,2020中国科幻大会在首钢园区三高炉开幕,中国科协党组书记、常务副主席、书记处第一书记怀进鹏,北京市委副书记、市长陈吉宁出席开幕式并致辞。首钢发布《首钢园科幻产业集聚区实施方案》,将利用占地面积71.7公顷、建筑面积16万平方米的区域,建设国内外科幻产业发展新地标,并面向全球开展首钢园工业遗址场景科幻创意征集活动。北京园区开发建设稳定运行,产业生态形成新场景,产业集聚效应初现,目前已建成空间企业入驻率达92%。5月9日,首钢园区在疫情期间临时封闭3个多月后恢复开放;7月25日,由首钢工业管廊系统改造而成的"空中步道"首次开门迎客;8月8日,首钢极限公园首次向公众开放,助力北京消费季活动。首钢园区因其独特的工业遗存风貌和自然景观,变身网红打卡地,成为抖音新晋网红打卡地第一名。一年来,《人民日报》《北京日报》、北京卫视等主流媒体多次对首钢园进行专题报道,在11月18日发布的2020首届北京网红打卡地榜单上,首钢园(三高炉、滑雪大跳台、星巴克)上榜"街区园区类"主题榜单。

特 载

◎ 责任编辑：马　晓、车宏卿

习近平给在首钢医院实习的西藏大学医学院学生的回信

西藏大学医学院 2015 级临床医学专业的同学们：

你们好！来信已收到，得知你们 17 名同学在北京进行临床实习期间，既锻炼临床基本功，也坚定献身西藏医疗卫生事业的信念，我很欣慰。

医生是人民健康的守护者。在这次新冠肺炎疫情防控斗争中，军地广大医务工作者冲锋在前、英勇奋战，用行动诠释了白衣天使救死扶伤的崇高精神。我相信，你们一定会以他们为榜样，努力做党和人民信赖的好医生。希望你们珍惜学习时光，练就过硬本领，毕业后到人民最需要的地方去，以仁心仁术造福人民特别是基层群众。

藏历新年就要到了，我向你们以及藏区各族群众致以节日的问候和美好的祝愿！

习近平

2020 年 2 月 21 日

（新华社 2020 年 2 月 23 日）

练就过硬本领　造福人民群众

"希望你们珍惜学习时光，练就过硬本领，毕业后到人民最需要的地方去，以仁心仁术造福人民特别是基层群众。"藏历新年来临之际，中共中央总书记、国家主席、中央军委主席习近平 2 月 21 日给正在北京大学首钢医院实习的西藏大学医学院学生回信，引发强烈反响。

2 月 22 日晚，北京大学召开党委常委会，专题传达学习习近平总书记的回信。会后，北大党委书记邱水平、校长郝平等与 17 位正在首钢医院实习的西藏学生座谈，共同学习总书记的回信。邱水平等校领导勉励同学们认真学习习近平总书记回信精神，牢记嘱托，学好本领，以仁心仁术造福人民群众。

"没想到习近平总书记这么快就给我们回信了，太惊喜了！这是给我们最珍贵的新年礼物！"旦真旺堆是西藏大学医学院 2015 级临床医学专业本科生，也是 2019 年被学校选派到首钢医院实习的 17 名学生之一。"为表达对党和国家的感恩之情和报效祖国、建设家乡的决心，我们不久前给总书记写信，汇报实习以来的收获和感悟。"

"总书记在回信中指出：'在这次新冠肺炎疫情防控斗争中，军地广大医务工作者冲锋在前、英勇奋战，用行动诠释白衣天使救死扶伤的崇高精神。我相信，你们一定会以他们为榜样，努力做党和人民信赖的好医生。'"在首钢医院实习的西藏大学医学院学生坚参平措激动地说："我会努力做党和人民信赖的好医生！"

认真学习习近平总书记的回信，在首钢医院实习的西藏大学医学院学生谢煜靖抑制不住内心的兴奋："总书记的回信让我们更加坚定学医的初心，为我们指明努力的方向。"

2 月 23 日，西藏自治区党委在西藏大学召开会议，专题传达学习习近平总书记的回信。会上，西藏自治区党委书记吴英杰宣读了回信。

"总书记的回信饱含深情，语重心长，充分体现了对西藏各族干部群众的牵挂、对西藏医学教育工作和全体大学生的关心、对西藏大学师生的关怀。"西藏自治区人大常委会副主任、西藏大学党委书记尼玛次仁表示，西藏大学将把学习好、贯彻好习近平总书记回信精神作为开学第一课的重要内容，努力培养社会主义事业合格建设者和可靠接班人。

西藏大学医学院基础医学系讲师达娃卓玛表示，要认真学习贯彻习近平总书记回信精神，切实为西藏医疗卫生事业培养好医学人才，努力培养学生严谨的工作作风、精湛的医疗技术、无私的奉献精神。

"总书记的回信，极大鼓舞了在京学习的西藏学生，极大鼓舞了北大师生。到人民最需要的地方去！"北京大学常务副校长兼医学部主任詹启敏说，"我们将在对口援藏中贯彻落实好总书记回信精神，为西藏培养更多的本地学生，支持西藏医疗卫生事业发展。"

"总书记在回信中说：'得知你们17名同学在北京进行临床实习期间，既锻炼了临床基本功，也坚定了献身西藏医疗卫生事业的信念，我很欣慰。'这对我们既是莫大鼓舞又是巨大鞭策。"北大首钢医院党委书记向平超表示，首钢医院高度重视西藏大学医学院临床专业学生的实习带教工作，"我们要认真贯彻总书记回信精神，履行好教书育人和增进人民健康福祉的责任与使命。"

（《人民日报》2020年2月24日，作者：朱竞若、邓建胜、贺　勇、袁　泉、徐驭尧）

聚焦"四个复兴"　建设好新首钢地区

10月23日下午，北京市委书记蔡奇到石景山区就推进新首钢地区建设发展调查研究。他强调，新首钢地区已成为北京城市深度转型的重要标志。"十四五"时期是新首钢地区发展的新起点。要牢固树立新发展理念，聚焦文化、生态、产业、活力"四个复兴"，建设好新首钢地区，着力打造新时代首都城市复兴新地标，在构建新发展格局中展现新形象。市委副书记、市长陈吉宁一同调研。

走进正在改造升级的首钢脱硫车间，浓厚的"工业风"扑面而来，规划用地面积9200平方米的空间转型后将最大程度保留工业遗存，成为展览展示中心和办公空间，于2021年1月投入使用。蔡奇、陈吉宁察看车间设计和改造利用情况，了解新首钢地区规划建设进展。蔡奇要求优化园区设计方案，突出工业遗存保护利用，保持风貌、色调协调，绿化景观要成为园区特色。首钢极限公园是本市最大的户外极限运动场地，攀岩、小轮车、滑板等运动吸引了众多年轻人前来体验。蔡奇察看公园运营及周边科幻产业聚集区规划建设，指出，要多引入文化、体育和创意元素，打造时尚活力空间。首钢园北七筒曾是用于存储工业原料的筒仓，如今"变身"为面向"体育+"、商务金融和文化创意的现代办公空间。蔡奇走进入驻的腾讯体育演播室和科比特航空，叮嘱要提高产业门槛，完善配套服务，让工业遗存保护与园区高质量发展相映成辉。

蔡奇在首钢陶楼座谈时强调，要以钉钉子精神抓好规划实施。新首钢地区北区以冬奥筹办为牵引，全力做好服务保障，汇聚全球优质资源。协同推进空间建设与产业发展，做热一片开发一片。东南区以居住为主，加强周边交通组织和公共配套。南区要注重战略留白。积极推进三年行动计划和攻坚工程，把城市框架立起来。深化整体城市设计，加强建筑外形、色彩和景观视廊等管控，用好城市功能织补。

蔡奇强调，要紧抓冬奥机遇。高水平推进软硬件建设，精心打理园区环境。加强滑雪大跳台磨合维护和周边环境整治提升。M11冬奥支线、苹果园综合交通枢纽、相关道路、水电气热等市政设施要同步保障到位。加强运营团队建设，打响"首钢服务"品牌。做好冬奥遗产保护利用这篇文章。建好北京冬季奥林匹克公园，研究推进利用2号高炉建设奥运博物馆。冬奥组委加强指导帮助，讲好"首钢故事"。

蔡奇强调，要培育发展"体育+"和"科技+"产业生态，把新首钢地区打造成综合性孵化器、加速器。推动体育、科技与高端商务金融、文化传媒等融合发展,多投放优质资源。加强与中关村联动,承载高端产业溢出资源,吸引更多国内国际知名企业和品牌入驻。城市织补创新工场优先发展高精尖产业。建设"智慧园区",推动更多应用场景落地。建好国际人才社区,推动国际创新交流。

蔡奇强调,要活化利用工业遗存。北区工业遗址公园持续推进高炉和脱硫车间等保护性改造,植入文化、科技功能,形成特色景观带和灯光秀,打造更多网红打卡地。合理利用铁轨、管廊、传送带等工业设施,建设园区慢行系统。高线公园空中步道要实现南北区贯通。南区工业建构筑物、铁轨和管廊分类实施保护修补。完善工业遗存改造利用政策,简化审批流程。

蔡奇强调,要加强生态环境建设。依托永定河打造大尺度绿色空间,将群明湖、秀池与永定河水系连通,营造优美水环境。围绕永定河、西山骑行和步行绿道打造生态绿带。南区规划建设好首钢永定河滨河公园、长安街西延线带状公园等。推广绿色建筑,将生态理念融入生产生活。要进一步提升城市功能,公共空间向社会开放,推动园区向城区转变。新首钢办和石景山区要推动基础设施和公共服务向园区延伸。加强交通设施建设,完善公共服务配套。首钢集团要谋划好"十四五"发展,坚持党建引领,苦练内功,"强身健体",在市场开拓、资本运作、科技创新等方面下功夫。市有关部门要支持首钢集团发展。

陈吉宁指出,2020 年以来,新首钢地区统筹推进疫情防控和经济社会发展,各项工作抓得紧、做得实,社会关注度不断提高、影响力不断增强,成效值得肯定。要科学、深入谋划好"十四五"时期发展,统筹各方资源,创新体制机制,积极培育发展动能,努力让百年首钢焕发出新生机。要进一步推动园区开放,强化区企协同、明确职责边界,健全管理服务运行机制,完善合作建设发展模式,有针对性补齐城市功能要素,推动实现高质量发展。要善于发挥自身禀赋优势,依托区域产业资源,深入对接协作,会同市科委、中关村管委会等单位,加强研究谋划,进一步明确发展重点,保持定力,深耕厚植,加大产业培育力度,抓好平台建设,深化产业布局,吸引优质项目和要素聚集,不断完善产业生态,更好打造发展优势。

北京市和北京冬奥组委领导崔述强、隋振江、韩子荣,市政府秘书长靳伟参加调研。

(《北京日报》2020 年 10 月 24 日,作者:祁梦竹、高 枝)

全面贯彻新发展理念 建好首都城市西大门

11 月 23 日,北京市委书记蔡奇利用一天时间,围绕学习贯彻党的十九届五中全会精神,谋划"十四五"高质量发展到石景山区调查研究。他强调,石景山区位、生态优势明显,又适逢冬奥筹办和新首钢地区城市复兴,要深入贯彻落实党的十九届五中全会精神,进一步增强贯彻新发展理念、构建新发展格局的思想自觉和行动自觉,聚焦自身功能定位,抓住"两区"建设机遇,推动"十四五"时期高质量发展,建好首都城市西大门。

冬季奥林匹克公园将整合莲石湖公园、永定河休闲森林公园、首钢遗址公园等资源,建设京西休闲健身生态带。蔡奇察看公园规划建设、永定河生态补水和沿线环境治理,指出,要利用好工业遗存,注入冬奥、马拉松等体育元素,打造网红打卡地。苹果园综合交通枢纽建成后将成为全市日发送旅客量最大的特大型综合交通枢纽。蔡奇了解枢纽规划建设情况,检查施工进度,要求抓好工程质量,完善接驳和慢行系统,加强商业配套,构筑活力空间。模式口大街曾是明清时期的京西古商道、古香道,37 处院落按照"一院一方案"进行保护性修缮,打造历史文化和风貌的展示窗口。蔡奇强调,要积极引入第三方,提升业态,做好公共服务,体现历史记忆和文化情怀。全国重点文物保护单位法海寺内的壁画为北京地区现存艺术价值最高、保存最完整的明代壁画,蔡奇要求加强文物研究,提升文物保护和修复水平,充分挖掘和展示历史文化价值。东土科技股份有限公司是工业互联网头部企业,蔡奇察看产品研发,指出，要加大"卡脖子"技术研发力度，提升企业竞争力，同时吸收行业头部企业参与顶层设计，在智慧城市、智慧交通等领域发挥更大作用。随后，蔡奇"四不两直"来到广宁街道高井路冬奥社区，检查健身步道现状，与正在居委会参加公益事业项目计划协商会的社区居民、干部交流冬奥社区建设，察看电厂路小学冰雪运动开展情况，他说，要向居民普及冬奥知识，传播冬奥文化和理念，引导大家关注冬奥、参与冬奥，共同把冬奥会筹办好。蔡奇还来到中关村工业互联网产业园先导区，察看新技术新产品展示，要求抬高企业准入门槛，完善产业生态体系，办好工业互联网论坛。

蔡奇在座谈时强调，要以新首钢为重点，深入实施城市更新行动，促进石景山城区整体复兴。石景山与新首钢地区深度融合、一体发展。新首钢地区要为老旧厂房保护利用提供更多经验，并转化为标准规范。推动京西八大厂整体复兴，打造京西转型示范区。抓好老旧小区改造，市属企业要带头，并吸引社会资本参与。城市更新与复兴并不意味着扩大城市规模，而是要做精做优，做出品质之城。要在城市更新中提高综合承载能力。还要加强与门头沟区协同发展。

蔡奇强调，服务保障好冬奥会筹办是石景山区应尽的政治责任。要积极配合推进 M11 冬奥支线、苹果园综合交通枢纽等基础设施建设，同步开展冬奥赛场周边及阜石路沿线等重点区域环境整治。持续开展冬奥"六进"活动，打造冰雪运动示范区。

蔡奇强调，要加强科技创新赋能，提升产业发展水平。重点培育特色产业，把技术领先转化为竞争优势，做强中关村石景山园。办好银行保险产业园，发展金融科技。推动工业互联网产业园先导区建设。加紧布局电竞产业链。园区要用好"两区"政策，吸引优质企业入驻，提高产出效率。

蔡奇强调，要推进西山永定河文化带保护与发展。严控开发规模与强度，加强永定河左岸综合治理与生态修复。建设好西长安街城市森林公园群。保护好石景山，精心打磨模式口历史文化保护区，抓好法海寺、承恩寺等文保单位的保护修缮利用。提升八大处公园管理运营水平，整治周边环境。办好西山永定河文化节。

蔡奇强调，要围绕"七有""五性"补齐民生短板。深入开展爱国卫生运动，抓好常态化疫情防控。加强双拥工作，全力抓好文明城区创建。压紧压实全面从严治党主体责任，抓好巡视问题整改。加强干部培养和教育管理，激励干部担当作为。创建基层党建特色品牌。

北京市领导杜飞进、崔述强、殷勇、张家明参加调研。

（《北京日报》2020 年 10 月 24 日，作者：祁梦竹、刘菲菲）

发挥优势培育热点
加快打造新时代首都城市复兴新地标

8 月 18 日上午，北京市委副书记、市长陈吉宁冒雨调研新首钢高端产业综合服务区，察看工业空间改造利用情况，走访入驻企业，并主持召开新首钢高端产业综合服务区发展建设领导小组会议。他强调，新首钢地区要进一步深化区域控制性详规，创新体制机制，完善区企合作建设发展模式，发挥区域优势，举办吸引力强、热度高的活动，吸引优质项目落地，培育高质量发展动能，加快打造新时代首都城市复兴新地标。

陈吉宁首先实地察看了首钢三号高炉改造情况。始建于上世纪 50 年代的三号高炉保留了主体、热风炉等核心工业构筑物外部风貌，内部空间已变身为充满科技感的新型展示活动空间，小米旗舰店、音乐机器人剧场等项目入驻，上周还迎来北京国际电竞创新发展大会和电竞之光展览交易会，受到世界电竞爱好者瞩目。陈吉宁俯瞰冬奥广场核心区改造情况并听取新首钢高端产业综合服务区北区规划情况汇报，了解国际人才社区、香格里拉酒店、铁狮门跨界产业社群、"幻真超体空间"等重点项目,又来到北筒仓区实地走访腾讯体育、红盾大数据、数字圆明园等入驻企业,深入了解运营发展情况。陈吉宁要求,首钢集团要坚持高质量发展定位,创新园区开发和招商体制机制,营造良好发展环境、深化活动内容、增加活动频次,打造区域热点,积极吸引符合发展定位的创新创业企业入驻,形成聚集发展优势。

随后,陈吉宁主持召开新首钢高端产业综合服务区发展建设领导小组会议,听取了市发改委、首钢集团等单位工作情况汇报,对下一阶段工作进行研究部署。

陈吉宁指出,前一阶段,新首钢地区建设工作聚焦功能定位,坚持专业化、国际化招商,加速培育新产业,着力提高管理服务能力,通过一系列有影响力的活动,提升了园区热度和关注度,形成良好发展势头。首钢集团立足主业,积极推进技术革新和科学管理,严格履行疫情防控主体责任,确保复工复产平稳有序,成绩值得肯定。下一步,要把握新首钢园区转型发展重要历史机遇,统筹资源、精准谋划、综合施策,创新开发建设和产业培育模式,提高园区运营质量和管理服务水平,引入优质战略性投资和社会资金,优化资产负债结构,破解制约发展的问题。要进一步深化园区控制性详规,优化开发时序,加强成本控制。完善区企合作建设发展模式,强化协同对接,明确管理职责,解决"企业办社会"遗留问题,提高公共服务设施建设管理水平。要精选项目重点培育,打造特色品牌,形成关注热点,展示发展前景,提升人气热度和活跃度,加快生活、娱乐等配套设施建设,吸引要素聚集,完善创新和产业生态,不断夯实高质量发展基础。

市领导崔述强、隋振江,市政府秘书长靳伟参加。

(《北京日报》2020 年 8 月 19 日,作者:王 皓)

你好,2020!千余中外友人在首钢园喜迎新年

夜幕下的永定河畔、石景山旁,首钢园的璀璨灯火点亮节日盛装。火红雄劲的高炉筒仓与晶莹剔透的滑雪大跳台、幻彩绮丽的新首钢大桥交相辉映。2019 年的最后一天,千余中外友人齐聚于此,在一片欢声笑语中迎接 2020 年的到来。

花丝镶嵌、木版水印、北京灯彩、影子剪纸、风车、团扇、脸谱……迎新的时刻,中外嘉宾在首钢园秀池展厅颇具特色的非遗体验中,欣赏到中华文化的魅力。中西文化融合的创新节目《京剧芭蕾》、精彩的杂技空竹和魔术表演,更给各国嘉宾带来惊喜。

23 时 43 分,新年倒计时庆典文艺演出拉开帷幕。第一篇章"花之约:首善之区 传奇变迁",通过原创诗歌抒怀首钢百年变迁发展;第二篇章"冬之歌:双奥之城 冰雪相约",以舞台中央冰场为中心展开的冰雪大联欢,抒发对 2022 北京冬奥会的期盼;在第三篇章"梦之路:新时代 新起点 新征程"中,首都各行业代表激情唱响《我们都是追梦人》,表达在新的一年拥抱新时代、奋斗新征程的豪情壮志。

在即将迎新的时刻,来自英国爱丁堡、乌兹别克斯坦撒马尔罕、格鲁吉亚第比利斯、多米尼加蓬塔卡纳、科特迪瓦阿比让五个世界旅游城市联合会会员城市的代表,通过视频为北京送来新年祝福,表达世界各地对北京"双奥之城"的美好祝愿。

23 时 59 分,2020 北京新年倒计 60 秒启动,全场观众热情沸腾,"5、4、3、2、1",一片呐喊声中,2020 年新年的钟声在首钢园上空响彻云霄,来自世界各地、四面八方的朋友拥抱致意,共同欢庆新年的到来。

从 2011 年创办至今,北京新年倒计时活动历经天坛、颐和园、八达岭长城、奥林匹克公园、故宫太庙、奥林匹克森林公园和永定门等地标,并多次登上全球跨年活动的时区舞台。此次倒计时活动同时发布"北京冰雪文化旅游

节",元旦至春节期间北京将推出百余项特色活动、千余场文艺演出,共同营造浓厚的北京冬季冰雪旅游节庆氛围。

（新华社 2020 年 1 月 1 日,作者：张漫子）

首钢　书写高质量发展新答卷

2019 年是新中国成立 70 周年,也是首钢建厂 100 周年,是首钢发展历程中具有划时代意义的一年。

在首钢建厂 100 周年之际,一个激动人心、让首钢人永远铭记的重大历史时刻,深深镌刻在百年首钢的里程碑上：2019 年 2 月 1 日,习近平总书记到首钢园区视察慰问,给首钢干部职工拜年,对园区的规划建设、产业转型、风貌保护、生态建设等方面给予充分肯定,做出重要指示。这是对首钢的亲切关怀和巨大鼓舞,全集团干部职工倍感温暖、倍感振奋、倍感自豪。

2019 年,首钢人把习近平总书记对首钢的亲切关怀、重要指示转化为推动工作的强大动力,取得了许多标志性的成就,书写了首钢百年华诞的新答卷。

——钢铁业做优做强取得新进展。2019 年,首钢第八次进入世界 500 强榜单,连续第二年进入中国最具影响力创新企业排行榜。首钢集团牵头的"超大型水电站用金属结构关键材料成套技术开发应用"项目获得国家科技进步奖二等奖,首钢获奖代表受到习近平总书记的亲切接见。首钢钢铁业坚持低成本生产高附加值产品,围绕打造质量、产品、成本、服务、技术五大优势,不断提高经营能力,持续激发内生动力,三大战略产品取得新突破,目前已形成汽车板、电工钢、镀锡板等十大高端产品系列、近千个牌号,成为中国钢铁的重要力量;相继获得华晨宝马唯一钢厂"质量卓越奖"、西门子全球唯一电工钢企业"最佳供应商"等 16 项中外企业的奖项和荣誉;京唐二期一步工程建成投产,开创国内大比例球团炼铁技术的先河,建成世界首套新型全无头薄板坯连铸连轧生产线;首钢秘铁 1000 万吨精矿扩建项目达产达效。

——园区开发建设取得新成绩。新首钢三年行动计划发布,滑雪大跳台交付使用,实现完美首秀;"四块冰"成功举办多项赛事受到好评,新首钢大桥建成通车,厂东门广场开放,地铁冬奥支线工程正式开工建设,泰山、安踏、IDG 冰雪产业孵化器、腾讯体育视频等落户园区。首秦园区打造中国汽车运动文化示范基地,走出转型发展第一步,开启了一个新的时代。曹妃甸园区发挥在京津冀协同发展中的载体作用,有序推进各项工作。

——新产业拓展市场取得新成效。首钢环境产业形成了生活垃圾综合处理、城市固废资源化处置、工业场地污染土壤治理三大业务布局,静态交通产业实现北京机场停车运营领域全覆盖。

——圆满完成庆祝新中国成立 70 周年重大活动保障任务。荣耀的背后是奉献、成功的底色是担当。从预备役方队、民兵方队到群众游行,从联欢活动到驾驶彩车都有首钢职工的身影;从巨幅"五星红旗"网幕、七棵烟花树的研发、制作、安装、运行,到天安门广场主题花坛、高空烟花围挡装置制作安装,都体现了首钢智慧、首钢创造。

2020 年,首钢将紧扣打牢高质量发展基础工作主线,着力夯实高质量发展基础,继续在企业健康可持续发展上狠下功夫;着力增强产业竞争实力,坚持创新发展、开放发展、绿色发展,遵循行业发展规律,不断提高经营管理能力;着力推进深化改革,坚持市场化方向,以落实国企改革三年行动方案为契机,进一步解放思想、大胆探索,集团管控体系要更加完善,市场化改革要有新突破;着力培养高素质人才队伍,坚持人才强企战略,创新思路补短板,全面增强人才工作前瞻性、系统性、实效性,加快集聚适应首钢高质量发展需要的各方面优秀人才;着力提高党的建设质量,深入落实新时代党的建设总要求,进一步推动全集团各级党组织和党员领导干部切实担负起管党治党政治责任,巩固和拓展"不忘初心、牢记使命"主题教育成果,以高质量党建推动首钢高质量发展。

（《中国冶金报》2020 年 1 月 10 日,作者：王春亮）

首钢抗"疫"进行时：
"疫情没有影响我们正常生产"

　　站在炼铁高炉下，炽热的炉火把戴着口罩的郑凯全身映得通红。他对记者说："疫情当下，每天除了工作，班前会和每周的安全会都改为微信群发，连吃饭都实行微信点餐、分时就餐、就近取餐、分散用餐的新模式啦！"

　　郑凯是首钢京唐钢铁联合有限责任公司炼铁部一作业区日班作业长。在他工作的地方，闲暇之余举目能看到海鸟在天空掠过，飘来的海风亦可嗅出一丝咸咸的味道。

　　这座地处河北曹妃甸、在渤海之滨吹沙造地形成的陆域上建设的"海上钢城"，厂区占地30平方公里，面积"与澳门等大"，2005年至2010年由北京搬迁而来。它是目前中国最先进的钢铁企业。在这里，生产过程中产生的余热、余压、余气都被充分循环利用。而取之不尽的海水也成为"无价之宝"，建成的中国单体规模最大的海水淡化装置，供钢铁生产所用淡水。

　　新冠肺炎疫情来势汹汹，这座"万人钢企"如何运转？

　　"我们现在生产有序，每位员工自我防控也十分到位，疫情没有影响我们正常生产。"首钢京唐公司镀锡板事业部连退车间的刘宗发对记者说，公司与曹妃甸当地政府疫情防控机构保持24小时信息通畅，每天上午各基层单位实时报送本单位休假和在岗职工及家属身体情况、所在地点等信息，信息通畅，更新及时。

　　在首钢京唐公司人员出入最为密集的四个区域——1号门、4号大门、中心食堂和指挥中心，分别架设有一台显示器和一部摄像机。职工路过时，显示器会迅速显示出体征温度。这是该公司为保障疫情防控，新购置安装的热成像仪设备，应用到人员集中区域。

　　彩涂餐厅是该公司十多个食堂中的一个，宽敞明亮的大餐厅能容纳几百人同时就餐。往日，工人们都是利用午餐时间，边吃饭边唠家常，缓解工作的劳累。而现在，所有工人可通过微信订餐群，看到每日食谱并提前点餐，餐厅实行分时就餐、就近取餐、分散用餐新模式。

　　据餐厅经理李东介绍，他们制定了《职工餐厅疫情防控方案》，餐厅每天至少消毒3次，后厨严禁采购活禽和野生动物性食材，做到每项工作有计划、有执行、有结果。

　　14日，餐厅可供3种套餐，分别是：红烧肉炖土豆、菜花炒肉；红烧鳕鱼、土豆丝；红烧鸡腿、素炒圆白菜。当日，郑凯提前点了爱吃的红烧肉炖土豆和菜花炒肉。中午饭口，他准备拿着装在饭盒里的饭菜回宽敞的工作场地用餐。

　　在京唐公司1号宿舍楼，早晨不到6点，楼长张德媛就来接班了。疫情防控期间，她工作的第一件事就是用84消毒液喷洒在楼道和前厅，擦拭扶手消毒，这样的标准化消毒作业在中午和下午还有两次。她说，在值班期间多干几次，就能保障职工有一个放心的休息环境，让他们"吃得好、睡得香"。

　　自新冠肺炎疫情暴发以来，首钢京唐公司未有职工和家属感染新冠肺炎。疫情防控和经营生产两不误，平均每天都有5000名生产一线工人坚守岗位。据统计，1月份，该公司钢产量超计划3.1万吨，高端领先产品超计划13.9万吨。

　　采访当日，一场大雪不期而至，飘落在渤海湾，不远处蔚蓝色的大海在皑皑白雪的映衬下愈显寒冷。此时，"钢城"里炉火正旺，这里热火朝天，忙碌正当时。

（中新社2020年2月14日，作者：鲁　达、白云水）

首钢园入驻企业全部复工

　　坚守在滑雪大跳台配套设施建设工地的施工者、忙碌冬奥备战的国家队运动员、冬奥组委会工作人员、园区入驻企业白领、配套商业门店员工……偌大的首钢园区正逐渐恢复着人气儿。记者昨天从首钢建设投资有限公司了解到,首钢园区正有序做好企业复工复产及疫情防控工作,园内完成装修且入驻办公的企业近期均已全部复工,各企业按照政策要求实行错峰错时上班,人员到岗率控制在50%以下。

　　长安街西延长线上,驱车向西行驶路过首钢原厂东门后,能看见园区多个入口临时封闭。疫情发生后,首钢园实行封闭管理,园内复工人员需提前一日报备和进行健康排查、持证入园,访客同样遵循这样的严格审核流程。安保人员把守的每个出入口前,所有人都要接受检查证件、登记信息、测量体温,流程缺一不可。

　　"相比很多其他园区,首钢园的特殊性加大了疫情防控的难度。"首建投运营服务部石巧琳介绍,园区内业态繁多,入驻客户群体各不相同,园区因此提升了疫情防控等级,制定了详细的疫情防控工作方案,切实做到一手抓疫情防控、一手抓复工复产。

　　位于园区北侧的北七筒曾是首钢老厂区的地标,如今已转型商务办公。六筒和七筒是腾讯直播的办公空间,走进筒内需要测温。"本楼上限人数204人,今日上岗57人""北京国企复工复产防疫27字诀"" ' 双楼长'制公示信息和联系方式"……逐阶而下来到位于地下一层的直播间,一路上随处可见公示信息和宣传海报。

　　直播间内,多块分屏正播放着体育比赛画面,仔细看工作人员脚下,地面设置了多条一米分隔线。每个直播间和办公室的门口还张贴了温馨提示,清晰标注房间上限人数。石巧琳介绍,这些细节工作都由首钢园工作人员协助客户完成,以确保客户的任何办公空间均符合每人占有面积不少于2.5平方米、办公人员各方向间距不小于1米的疫情防控要求。

　　在位于五筒的龙信数据里,10多名员工正在凝神工作,每人都拉开了足够间距,公共区域每天都要消毒8次。"我们共有40多名员工,按照园区要求实行弹性办公,所有人错时错峰复工。"龙信数据行政主管张世明说,员工到岗时间调整为早10时,下班时间提前半小时至下午5时,员工能尽量避开早晚高峰。

　　记者发现,园区多个楼宇内的出入口附近还设置了隔离间。园区服务人员介绍,根据疫情防控预案,隔离间的设置主要是考虑在正常办公期间人员健康出现突发状况需要等待和进行隔离时使用,园区为此配备了专门的消毒和测温等物品。

　　星巴克是园区内最知名的"打卡"地之一,2月末就恢复了营业。星巴克门店负责人发现,最近来买咖啡的人逐渐多了起来,尤其在午休时间。店内鼓励顾客手机点单并打包带走,堂食区的桌椅重新进行了摆放,加大了间隔距离,且实现"一人一桌",每张桌都贴着中英文防疫提示,提醒客户在不喝咖啡时全程配戴口罩。

　　星巴克门口附近,一处废弃口罩投放桶十分显眼。首钢园在疫情期间加强垃圾分类管理,特别设置了废弃口罩回收的专用垃圾筒,并做定期消毒。

（《北京日报》2020年3月23日,作者:潘福达、邓　伟）

救治患者　春暖凯旋

　　3月23日,首钢医院首批支援石景山新冠肺炎定点医院医疗队凯旋。呼吸与危重症医学科医生朱卫京、内分泌科医生徐岩、泌尿外科护士张慧、普通外科一病区护士霍露静4名医护人员,经过14天医学隔离观察后返回首钢。

1月30日凌晨2时,首钢医院接到筹建石景山新冠肺炎定点医院任务,及时派医务人员赴现场考察医院改造。2月5日开始,三批医疗队陆续进驻定点医院。经过连续近50天战疫,石景山新冠肺炎定点医院成功清零,患者全部治愈出院。

据首钢医院医务处薄天慧介绍,支援医疗队分三批次进驻定点医院,共21名医护人员,零感染。其他医疗队成员也将在观察期满后分批返回。

"那天的阳光格外灿烂"

1月30日凌晨2时,首钢医院呼吸与危重症医学科刘月波接到通知,推荐她作为石景山新冠肺炎定点医院护理负责人,负责医院的改建和新冠患者的收治任务。

"从疫情爆发的那一刻,我就时刻准备去一线战斗。"刘月波说。来到定点医院的前几天,刘月波和先头部队日夜奋战,从整体布局改建、仪器设施配备、各种物资筹集,甚至到病房的清扫、床位的设置、用物的摆放等,事无巨细,一直紧绷着一根弦。

"2月3日医疗队队员报到,我作为整个护理团队负责人,不仅要管理好队友,更要保护好每一个人。当我看到护理人员名单时,心中不由一动,这群护士大多是二十出头的年轻人,来自石景山7家医院。这支年轻的队伍能经得住考验吗?"刘月波在心中打起了问号。

早晨,刘月波刚带领她们熟悉完医院的布局和工作流程,工作任务就来了。还没等刘月波分配,这群年轻人立刻投入工作,清洁病区、整理仪器、摆放耗材……从上午报到一直忙到深夜。"看着她们疲惫的身影,我心中的疑虑一扫而空,她们就是我需要的队友。"刘月波说。

2月25日,病区的王女士康复出院,出院前为医生护士们跳了一段舞蹈——《真心谢谢你》。

"我记得特别清楚,很多同事都流下了眼泪。20天的朝夕相处让我们不舍得分别,走出病区后,王女士不停地向我们挥手。看着她渐渐远去的背影,我突然觉得那天的阳光格外灿烂。"目前还在观察期的刘月波在电话中说。

康复出院患者写来感谢信

3月23日,在首钢医院住院大楼门前广场,一个小男孩一把抱住了他妈妈——首钢医院医生徐岩。这是徐岩和儿子分别近50天的第一次见面。

得知科里组织报名参加医院组织的医疗队时,徐岩没有犹豫,坚定地在报名表上写下自己的名字。得知被选定为医疗队一员时,徐岩说:"我的心里格外踏实,因为面对疫情我不仅是一名医生,更是一名党员,必须冲锋在前。"

徐岩的儿子今年7岁,知道妈妈要去一线支援,画了一幅画送给她。画上写着"中国加油 武汉加油"红色描粗字,左边画"新冠病毒",右边是穿着防护服的徐岩,那些病毒正在被针筒消灭。

"说着是个孩子,可他却那么懂事。他的画是对我的支持,我甚至能感受到他心底因我而有的骄傲。"徐岩说。

经过严格培训及前期筹备,定点医院2月7日开始收治患者。徐岩的工作是做好确诊病人的收治,监测新冠肺炎患者症状,仔细询问其流行病学史,做好病例登记、报告和采样等工作。

"2月12日,经过我们及时、规范、科学的救治,石景山首位新冠肺炎患者康复出院。作为主治医生,我的内心太激动了。"徐岩说。

"你们是真正战斗在一线的英雄。"患者非常激动,发来一段长篇文字表达对抗疫一线医务人员的感谢,让徐岩再次体会到身为医者的使命与光荣。

防护组严把防护关

"进入集中收治医院一周后,从前期的一脸茫然到熟悉流程,我们每个人都以最快的速度进入状态。身在防护组,我们都是'高年资'护士,所以给自己起了个名字叫后勤大妈。"霍露静说。说是防护组,其实更像是教导处。

前期,霍露静负责梳理流程、制定制度、做好应急预案,后期在做好清洁工作的同时,还要做好病房与各个职能部门的协调。

一线护士交接班结束后,霍露静和防护组人员在半污染区提前就位,反复嘱咐:"先洗手,脱护目镜时要注意,小心低头,闭眼睛,摘口罩不要碰到脏的一侧。"

护士离开后,霍露静和同事们开始清洁浴室、清洗护目镜等一系列工作。"防护组是大家的后盾,一定要为大家把好关,做好严格的防护工作。等疫情结束,所有人一起平安归队。"霍露静说。

(《首都建设报》2020 年 4 月 3 日,作者:李晓鹏)

首钢多级专利管理体系成效显著

首钢集团历来重视知识产权工作,形成了一批具有核心竞争力的自主知识产权的创新技术,专利数量和质量同步提升、效果持续显现。截至 2020 年 3 月底,首钢已累计申请专利 8201 件,其中发明专利 4638 件,获国家专利授权 5260 件。

近年来,首钢被授予全国专利工作先进单位、国家知识产权示范企业、工业企业知识产权运用标杆企业、北京市专利工作先进单位称号,并入选首批北京市知识产权示范单位名单。截至 3 月底,首钢 70% 以上的专利技术已付诸实施和推广,其中 3 件专利获"中国专利金奖"、14 件专利获"中国专利优秀奖"、5 件获北京市发明专利奖。

首钢实行多级专利管理体系,依照"权力清单+专业制度"的形式,对专利管理事项进行管控;加强新产业专利管理体系建设,首钢城运控股等多家单位实现了专利申请零的突破;建立专利信息化管理平台及专利数据库,实现集团专利分层次管理。

首钢坚持专利工作与结构调整、产品升级换代和技术创新相结合,在汽车板、电工钢、镀锡板、管线钢、高强钢、耐候钢等重点产品和一系列重大工艺关键技术领域培育和形成了一批具有自主知识产权的创新技术。

首钢重视做好科技项目的专利检索分析工作,结合重点冶金企业、重点技术专利检索分析以及汽车板、电工钢和管线钢等重点课题的国内外专利战略分析,研究出知识产权保护措施的匹配方案;结合汽车用钢等重点课题进行专利系统分析并完成调研报告,把相关产品的技术发展过程整理出来,为技术人员提供所需的专利分析报告,促进新产品的研发。

另外,首钢还通过《基于铝硅镀层热成形钢在中国专利保护问题的分析》《立体车库专利预警分析》等多项预警分析报告,提出了可能存在的合理规避措施,为首钢产品布局、科研开发和产线布局等提供有效参考。

此外,首钢还持续开展专利培训工作。首钢技术研究院结合各单位不同的业务特点,深入基层一线,以专利管理员讲课为主,邀请专利代理人、业内专家授课、交流。通过互动交流,引导广大职工将工作中的科研、攻关等科技创新成果提炼出来,积极申报专利,收效显著。

下一步,首钢将继续推进知识产权工作高质量发展,提升自主创新能力;大力提升专利质量,强化培育和保护高价值专利;形成关键核心技术领域重点专利布局;加强知识产权预警工作,提高知识产权纠纷应对处理能力;推进集团专利管理系统化建设工作,提高知识产权运营能力。

(《中国冶金报》2020 年 4 月 24 日,作者:刘 杰)

首钢冬奥广场留住首钢人乡愁

在首钢园区,以劳动者节日命名的"五一剧场"曾是首钢工人的文化殿堂。它将在近日复工的改造工程中予以完整保留,留下首钢人的往昔回忆,其所在的冬奥广场项目还将为北京冬奥会提供配套服务支持,项目预计在明年完工交付。

"已有 300 多名工人进场,我们目前正在加紧追赶施工进度!"首钢建设投资有限公司工程建设部工程经理曹雷说,眼前的 1607—739 地块建成后将成为办公、商业零售、餐饮及附属设施。风机房等老厂房将原汁原味保留框架结构,屋顶三个加速澄清池将为建筑增添独特的工业元素,从高空俯瞰,建筑屋顶将呈现三个圆柱体的景观,改造为餐馆、咖啡馆、便利店等。

冬奥广场项目(五一剧场、制粉车间)改造工程位于首钢园区北区,东至晾水池东路、西至群明湖西路、北至规划秀池南街、南至群明湖北路,建成后将提供 17 万平方米的低密度商业办公区域。项目共有 24 栋单体,分布在 6 个地块,这些地块连起来呈现出"U"的形状。

"因为这次疫情,工期受到了影响,目前我们通过增加人员、设备的方式力争抢回工期!"曹雷说。

他介绍,项目具体建设内容为体育产业相关的运动休闲、体育健身、国际交流及配套的商业和办公设施等,同步实施室外综合管线、道路、绿化、照明灯工程。五一剧场、加速澄清池、散热塔等多数建筑将进行新旧结合改造,项目南侧两座巨大的凉水塔将改造成设备间,放置空调通风设备,最大程度改造利用工业遗址。

红色的砖墙、暗色的玻璃、烫金的"五一剧场"四个大字……在首钢人的记忆中,五一剧场是曾经"十里钢城"的标志性建筑,工人们常在这里观看电影和文艺演出。"五一剧场经过翻修加固改造后,还会留住剧场的功能,与其他地块共同焕发新生机。"曹雷介绍。

截至目前,首钢园区已开工建设 69 万平方米,包括冬奥办公区、国家体育总局冬季训练中心及配套设施、首钢工业遗址公园 3 号高炉改造、脱硫车间、五一剧场、制粉车间、金安桥一体化等。其中冬奥办公区等项目已经建成。

记者了解到,目前首钢园内所有续建项目实现全面复工。年底前,首钢园北区生态环境和基础设施建设将基本完成,冬奥广场、首钢工业遗址公园、石景山景观公园三个片区将基本建成。

(《北京日报》2020 年 4 月 9 日,作者:潘福达)

遗址公园折射工业之魂

4 月 9 日,《北京市推进全国文化中心建设中长期规划(2019 年—2035 年)》发布,提出加快实施"文化商圈"计划,在新首钢地区等重要城市发展区域新建一批集艺术表演、互动体验、时尚消费于一体的文化休闲空间。

新首钢三年行动计划中,文化复兴是区域发展的重要目标之一。其中,将重点实施首钢工业遗址公园(金安桥站交通一体化及工业遗存修缮)、首钢工业遗址公园(绿轴景观提升)、首钢工业遗址公园(高线公园空中步道)和京能石热 1919 京西影视文创园等项目,总投资约 49 亿元人民币。

首钢工业遗址公园也是 2017 年就出台的《新首钢高端产业综合服务区北区详细规划》(首钢园区北区)中规划建设的冬奥广场、石景山景观公园、工业遗址公园、公共服务配套区、城市织补创新工场五大片区之一。

目前,首钢工业遗址公园金安桥站交通一体化及工业遗存修缮项目,建筑面积约 7.9 万平方米,主要包括数字智能创新园、工业设计等文化创意以及服务保障冬奥会的相关配套设施。首钢工业遗址公园绿轴景观提升项目,则主要在北区 1607—022 等地块实施园林绿化、道路铺装等,对 1 号高炉、2 号高炉、4 号高炉等工业遗存进行保护性修缮改造。首钢工业遗址公园高线公园空中步道项目,将利用现状架空工业管廊及通廊系统,改造成空中步道,打造首钢园区慢行系统,实现南北区贯通。

工业遗产是工业文明和历史发展的见证。对于工业遗产的保护和利用,已逐渐成为社会共识。在首钢工业遗址公园规模效应的带动下,可以预料的是各地都会积极筹划,推出更多工业遗址公园。

工业遗址公园应该什么样?

首钢工业遗址公园所在地原为规模庞大的"首钢城"。2018 年 1 月 7 日,"首都钢铁公司(现为首钢工业遗址公园)"被录入第一批"中国工业遗产保护名录"。除首钢工业遗址公园外,各地也有一些工业场区以工业遗址公园命名。其中,宝鸡长乐塬抗战工业遗址公园正在进行规划建设。目前薄壳车间、窑洞车间、申新纱厂办公楼文物修缮已完成。王石凹工业遗址公园前身是王石凹煤矿,是工业和信息化部发布的第二批"国家工业遗产"。这个遗址公园项目,由陕西煤业化工集团与铜川市政府共同开发建设。2016 年 10 月 11 日,财政部正式发文,将王石凹煤矿工业遗址公园项目列入全国"PPP"示范项目。

我国工业遗产认定和活化尚处于初期探索阶段,研究人员与工业遗产所有方都将工业遗址公园作为工业遗产活化发展方向之一,但尚未形成清晰的、共同遵守的标准和准则。工业遗址公园是否应该遵从工业遗产的核心价值? 其名称是只有被列入国家工业遗产名单后才可使用,还是只要有遗址就都可以自行建造?

2018 年,工业和信息化部发布了《国家工业遗产管理暂行办法》,"鼓励利用国家工业遗产资源,建设工业文化产业园区、特色小镇(街区)、创新创业基地等,培育工业设计、工艺美术、工业创意等形态。"从世界各地的发展过程来看,工业遗址公园,既可以利用遗址景观建立文化场所和公共空间,也可以成为工业遗产的活化平台。

上述二者最重要的区别,在于是否严格遵循文化遗产真实、完整理念和对工业遗产核心价值的阐释程度。

目前工业遗址公园的"超前"发展现象,也会倒逼工业遗产加速理论体系的进步——既推动对工业遗产核心价值的细化与普及,也会为形成明确的规划和评估流程提供借鉴。

(《人民日报》(海外版)2020 年 4 月 27 日,作者:李昊燃)

首钢产业帮扶助滦平脱贫攻坚

首钢集团旗下首矿投公司信通首承公司位于河北省承德市滦平县金沟屯镇滦河沿村,自成立以来,致力于当地钒钛资源综合利用,投身工业废弃物产品化转换,实现资源综合利用,抵减环保设施运行成本,并与地方政府和乡村合作,累计吸纳当地人员就业 400 余人,助力河北滦平县脱贫攻坚。

首钢集团党委常委、工会主席梁宗平介绍,为实现产业发展带动周边经济的目标,信通首承公司尽可能招收当地人员入厂,以稳定的工资收入带动地方人员逐步走向富裕生活。目前公司共有职工 460 人,其中 409 人为滦平县当地人员,且大部分为厂区周边农村人员。信通首承公司招收有能力的贫困户家庭成员入厂,共计招收 14 个贫苦户家庭成员。在公司不断发展的基础上,还带动了附近相关行业就业,粗略计算与生产经营有直接关系的原燃料进厂运输、产品出厂运输及其他服务行业,至少带动了300人以上就业。"随着职工收入的平稳增长,近几年很多当地职工在县城和承德市买了房,购置了小汽车,逐步走向脱贫致富奔小康的生活。"梁宗平说。

随着环保标准要求提升,信通首承公司投入大量资金用于环保建设,为充分回收脱硫副产物——硫酸镁,该公司硫酸镁一期工程投资2500万元于2019年10月建成投产,安排12人就业,每天生产七水硫酸镁约50吨,全部社会销售。通过工业废弃物产品化转换,实现资源综合利用,抵减环保设施运行成本。硫酸镁二期工程计划投入6000万元,拟根据市场需求生产一水硫酸镁、七水硫酸镁等产品。目前完成基础土建施工,2020年3月开始厂房钢构安装、设备供货商进场、设备管道制作,预计2020年10月投产,增加用工6人,形成年产15万吨硫酸镁产能。

"我们在做好原有项目生产经营基础上,加快新项目建设,确保按期投产;增加当地人员就业,把招收建档立卡人员就业作为重点工作;充分利用职工食堂采购当地农副产品,加大消费扶贫力度,支持当地农业种植项目,为当地打赢脱贫攻坚战贡献更大力量。"梁宗平说。

信通首承公司成立于2005年,由河北远通矿业公司、矿投公司、承德钢铁公司共同出资组建。2006年起,公司充分利用当地的钒钛磁铁矿,先后建成两条氧化球团生产线,形成400万吨的氧化球团生产规模。自2006年投产至2018年底共计生产和销售氧化球团3789万吨,为国家纳税15.36亿元,带动了承德市滦平县区域经济发展。

(《首都建设报》2020年5月21日,作者:李晓鹏)

红色记忆　文创先锋

——《中国名牌》直播"两会"期间的首钢园

在首钢厂东门聆听先进人物事迹、打卡大跳台、进入改造后的三高炉感受浓厚的工业风、在秀池领略生态之美、体验无人驾驶汽车的科技力量……5月27日下午16点,《中国名牌》全媒体走进目前尚未完全改造完成的我国第一家以工业文化遗存为特色的主题文化园区——首钢园,继续直播两会期间的北京地标,感受文创促发展的力量。同时,这也是《中国名牌》支部的一次主题党日活动。整场直播获得3万点赞,被网友们称作一次"难得的探秘之旅"。

朱红色外墙、绿色琉璃瓦的首钢厂东门是本次直播的起始点。2015年5月,为了实施长安街西延工程,首钢厂东门异地迁建,是首钢特有的符号和地标。在这个承载着首钢精神和首钢人回忆的地方,首钢园讲解员王一鸣告诉主播,首钢非常重视党建活动,注重发扬党员先锋模范作用。他分享了首钢职工一家人传承一只闹钟的故事,"闹钟寓意上班要准时,其实传承的是精益求精、艰苦奋斗的首钢精神"。

随后,主播一行人登上园区内的北汽无人驾驶汽车,了解该车的试运行情况。园区内,曾经的高线管道如今都成了文创环保的好素材。据介绍,首钢园内的群明湖原来是炼铁厂高炉生产循环冷却水,因此冬日湖面不结冰,保持恒温摄氏22度以上,每年冬天数千只绿头鸭在此栖息、嬉戏,众多生态环保爱好者常常慕名而来。厂房、高炉与外形酷似水晶高跟鞋的大跳台融为一体,既举办过国际赛事,也时刻展现着与众不同、震撼人心的魅力。

"如此大规模的老工业遗存和山水自然环境共存保留的景观资源,在全世界都是少有的,这是首钢园独有的特色。"北京首钢建设投资有限公司产业发展部副部长吴鑫在接受采访时表示,首钢园正在"打造新时代首都城市复兴新地标",并全力服务保障冬奥会筹办。

在著名的3号高炉前,嵌在地面的轨道和停靠在一旁的鱼雷罐车,昭示着这里曾经是首钢产量最高的高炉。据介绍,该炼钢炉工作时周边温度超过1000摄氏度,可以想象当年的工人是以怎样的毅力完成一项项重要任务的。如今,这里早已是时尚文创的聚集地,奔驰的新车试驾活动就曾在这里举办。从高炉二层平台的展板内容中,人们可以清晰地了解到园区的未来规划,其中,首钢1号高炉超体空间项目引人瞩目,当红齐天集团将在1号高炉建设沉浸式剧场、VR电竞、虚拟偶像酒吧等新业态,提供世界顶尖的沉浸式体验。《中国名牌》主播随即连线环节当红齐天集团副总裁马子涵,她表示:"像电影《头号玩家》中的场景在不久的将来有望变为现实。今后,VR的具体应用范围肯定会更广,届时当红齐天也会推出更多的产品,让民众体验到VR的真正魅力。"

路过工业风星巴克,走近3号高炉旁的秀池生态湖,再看看秀池对面的冬奥组委会办公区,一路行来,红色记忆、竞技体育活力、工业与文创美学冲击力,再加上科技应用,造就了独一无二的首钢园。与冬奥有约的首钢园其实也与更多的领域和朋友有约,未来充满无限可能。这也正是《中国名牌》直播地标,力求讲好名牌故事、传播名牌文化的初衷。更多精彩节目还将亮相《中国名牌》抖音号。

(新华社2020年5月27日,作者:孙　冰、袁子健)

首钢赛车谷恢复开园

5月30日,位于河北秦皇岛的首钢赛车谷恢复开园。疫情期间为加强防控,首钢赛车谷实施封闭管理,随着全国疫情防控形势持续向好,在全力做好疫情防控的前提下,首钢赛车谷重新敞开大门,以崭新面貌迎接八方游客。当日,首钢赛车谷开放了钢铁卡丁、华家班汽摩特技表演、UTV(全地形越野车)、观光火车、空中连廊等重点项目。

为减少人员近距离接触,首钢赛车谷采取网络预约实名制购票,游客可通过"首钢赛车谷"微信公众号等电商平台进行网上实名制购票。

首钢赛车谷位于河北省秦皇岛市海港区杜庄镇,是首钢集团依托自身工业遗存建造的"吃住行游购娱"全要素旅游目的地,以汽车运动和汽车文化为主题,布局汽车运动、汽车后市场、创新研发、娱乐度假、工业遗址公园、产业配套等六个板块,

目前首钢赛车谷采取严格的安全管理措施,执行《首钢赛车谷疫情防控管理办法》《首钢赛车谷疫情防控应急预案》,执行景区限流政策。根据园区管理要求,游客入园时须出示健康码并进行实名登记,同时佩戴口罩,接受体温检测。参观游览中,还有工作人员巡场提醒,保持1米以上安全间距,不扎堆不聚集。

汽车特技秀场、高炉广场、卡丁世界……这些充分利用原有老厂房进行设计改造,形成了多维度的空间体系。高炉平台、冷却塔、联合料仓、中心景观大道,共同编织起具有钢铁工业遗存特色的景观风貌体系。

"非常刺激的运动!"体验完卡丁车驾驶的90后姑娘邵壮赞不绝口。

除了速度与激情,游客还可以选择园区内部观光火车及电瓶车游览体验赛车谷。据工作人员程龙介绍,疫情防控期间,园区内部观光火车及电瓶车实行严格管控,限定乘车人数,采取隔位固定位置就座。同时执行环境卫生消杀制度,对园区售票处、游客服务中心、休息区、表演观众席、观光车等公共区域及基础设施进行定时消毒。

为了向奋战在疫情防控一线的英雄致敬,首钢赛车谷特举行"致敬最美逆行者"主题免费游园活动,从5月30日至2020年园区运营期结束,所有医务工作者和公安干警不限次数免费入园及乘坐观光火车和电瓶车,并可免费观看一场汽车特技表演。

首秦公司党委组织公司各部门对园区运营项目进行对口包联活动。首钢赛车谷开园首日恰逢周末,公司全员放弃休息,169名在岗职工全部充实到一线岗位,做起了卡丁教练、观光车司机、检票员、营销员、服务员,在未增加外部用工的前提下,依靠自有力量,实现自我转型滚动发展。

首秦公司从打造客户"首选之板"到"中国汽车运动文化产业示范基地",正以化蝶之力、破竹之势实现跨产业转型。

(《首都建设报》2020年6月2日,作者:李晓鹏)

以冬奥筹办为契机
首钢园再迎转型升级

　　记者近日从北京首钢建设投资有限公司获悉：以冬奥筹办为契机，首钢园区将瞄准体育与科技融合、文化创意、时尚潮流运动等产业方向，完成投资近百亿元，冬奥广场等片区50万平方米将全面开工建设。

　　北京冬奥组委办公楼、"四块冰"冰上运动训练中心、首钢滑雪大跳台……首钢园里的冬奥元素众多，逐步形成北京的城市新地标。据介绍，首钢园未来将进一步着力于产业发展，重点推动"体育+"、数字智能、科技创新服务、高端商务金融、文化创意等产业融合发展，积极利用和开发冬奥要素资源，努力打造奥林匹克运动推动城市发展的新典范。

　　依托冬奥窗口期，园区已陆续吸引一批优质企业入驻。截至目前，已有25家企业及品牌商户入驻园区，包括体育类6家、科技类8家、文化类6家、高端商务服务5家，为园区注入新活力。2020年6月，一系列国内企业自主研发的碳纤维自行车、负离子人造草坪、智慧健身、室内滑雪机等产品，将在园区与公众见面，诠释运动新风尚。

　　冬奥会的举办也带动了一批高新技术项目入驻首钢园区。北京市智能网联汽车示范运行区（首钢园）、首钢园自动驾驶服务示范区、中关村（首钢）人工智能创新应用产业园、5G产业园区……按照计划，北京冬奥会期间，首钢园内自动驾驶车辆将增至100余辆，覆盖首钢园区北区，开展示范运行。此外，北京冬奥会技术运行中心及附属通信枢纽、冬奥云转播中心等项目将在冬奥来临之际正式启动。届时，冬奥云转播中心将在立足服务冬奥的基础上，依托5G、超高清媒体处理等高新技术，创新公众的观赛体验。

　　（《人民日报》2020年6月6日，作者：季　芳）

改革催生硬核"答卷"

——首钢长钢全面盈利、指标攀升的背后

　　地处太行山脚下的首钢长治钢铁有限公司，是首钢集团公司内部5个钢铁业单位之一，规模不大，人员不多，却做到了管理精细、改革到位。在这个不平凡的庚子之年的春天里，首钢长钢用精细可行的措施、独到的经营理念、敢为天下先的首钢精神，以一份硬核"答卷"讲述了春天里的最美故事：今年前4个月不仅实现了累计盈利1.13亿元，而且取得了中国钢铁工业协会对标企业铁成本行业排名第三、高炉利用系数行业排名前十、焦炭成本行业第一（2月份）等多项技经指标的亮眼成绩……

生产组织模式变革的核心——打造低库存运行模式

　　2015年，首钢长钢的钢材库存量偏高，损失近亿元。为有效规避市场风险，减少资金占用量，新的领导班子开始进行生产组织模式变革，明确提出"低库存保生产"（即低库存运行模式），要求以临界安全生产保供量，对大宗燃料、辅料、自产中间产品、成品库存量，设置上下限，全面建立起生产库存预警管理机制，确保资金占用量最少。

　　制度的出台，给生产组织带来不小挑战，如何确保炉子有料"吃"？炼铁厂相关负责人介绍，当时，炼铁刚与烧结合并，在各种机构职能还不完全明朗的情况下，就面临这一棘手难题，经常是周一定了货，周二就没有了，而要保

生产稳顺,就必须做好预控和结构调整,上道工序要与采购中心紧密配合、连成一体。按照这个思路,首钢长钢一实行就是 5 年。现在除了期货要走一定程序外,现货只要与采购中心沟通协调好,10 分钟左右事情就能落实到位。与原先复杂的程序相比,现在的管理机制不仅能适应瞬息万变的采购市场,也有效规避了原先上下道工序间的推诿扯皮。今年初以来,突如其来的新冠肺炎疫情打乱了钢企的生产节奏,钢铁行业及企业处在"高产量、高库存、高成本,低需求、低价格"的多重压力下。这时,一直以来实行低库存运行模式的首钢长钢发挥自身优势,提出了"指标不调、任务不减、目标不动"的"三不"工作方针和实现经营生产"开门红"的目标。围绕这一方针与目标,首钢长钢生产调度中心制订了疫情期间的生产组织方案等,在总方向保高炉稳顺的前提下,低库存经营管控——原料实行经济库存,钢材实行低库存。理论是可行的,但实际操作起来,仍面临了不少困难。其中,铁前工序因库存低,遇到了单个品种采购不回来的情况。在这种情况下,首钢长钢就强化原料配比调整。比如,面对由于距离较近的煤种没有进行冬储,恰逢疫情物流中断,导致焦化生产陷入困顿的情况,他们迅速调整生产方案,调整配煤结构,降低该煤种配比,同时科学管控生产指标,保证高炉稳顺。面对废钢采购不进来的情况,炼钢工序及时将原先的铁水比指标从 840 千克/吨调高到 880 千克/吨甚至 900 千克/吨。虽然 2 月份钢产量一度受到影响,但首钢长钢抓住 3 月份复工复产的有利时机,努力把前期的亏损补回。轧钢工序则根据当时的市场需求,随时调整钢材品种。比如,当市场需要圆钢时,首钢长钢就牺牲产量目标,解决生产工艺问题、设备能力问题,全力以赴生产圆钢。换句话说,哪怕是一点边际利润,首钢长钢都不放过。当遇到市场没有成品需求时,他们就想方设法研究钢坯的市场,将富裕的钢坯消耗掉,不仅保证了工序间的动态平衡,也全方位争取到了利润的最大化。近年来,针对检修项目,首钢长钢总是提前谋划、提前安排、有序进行。今年 3 月份,首钢长钢分两个阶段组织生产,把各种检修放在前半个月集中进行。该公司生产处负责人介绍,这样做的好处不仅可以达到检修更精细、设备事故更少、非计划停机更少的目的,而且把对系统生产的影响降到了最低。待所有检修项目完成并奠定一个良好的生产基础后,后半个月则按低铁水比高标准模式全面进入生产作战状态。就在生产调度环节高效运转的同时,以保供为天职的采购环节克服"不是没资源,就是有资源没物流"的客观实际,想方设法让原料进来。据首钢长钢采购业务人员介绍,该公司废钢日用量在 2000 吨左右,为了确保原料供应,他们需要与数十家企业联系,一点点拼凑到这个量。一边是采购环节面临着重重困难,另一边是销售不出去产品,这是首钢长钢疫情期间最大的经营难题。"憋库"不仅占用资金,而且影响到了企业的现金流,企业经营如何顺畅行进?该公司党委要求"不讲客观,降库存"。销售职工在公司党委的指挥棒下,每日成百个电话协调数不清的工地、沟通数不清的客户,谈判一轮又一轮……万箭齐发,只为寻求市场订单。据了解,该公司销售职工获得最高的月绩效奖金达到 5 位数,从侧面反映出职工们的付出。管理的创新,落地的举措,实打实的作风,换来库存从 11 万吨直降至 2.9 万吨(4 月末)。不难看出,首钢长钢从原燃料、库存、生产现状、市场需求这些要素的客观现状出发,又不屈服于客观现实,而所进行的思维变通、所采取的管理举措,所实施的资源最优化配置,都促生了生产力这一发展红利。于是,有了今天的不论疫情如何变化,他们都能做到泰然处之;不论市场如何震荡,他们都能想发设法把利润装进企业的口袋。

管理创新改革是关键——"一体化经营"追求低成本

近年来,首钢长钢的降本增效工作拉动作用持续显现:2014 年—2019 年,该公司生铁成本从行业排名第 47 位升至行业第 3 位,从比行业高 97.04 元/吨到比行业低 176.91 元/吨,经营理念实现了从铁前一体化的"一个一体化"到矿铁一体化、煤焦一体化、铁焦一体化的"三个一体化"的跨越。

今年第一季度,该公司生铁成本累计行业排名第 3;焦炭成本行业排名第 1(2 月份),低合金钢坯制造成本行业第 1(3 月份);4 月份钢工序加工成本、材工序加工成本较 3 月份持续降低,燃料比较去年同期降低 7 千克/吨。今年,首钢长钢按照首钢集团部署,制订了小指标竞赛方案。该方案里提到了 A/B/C 三类指标。A 类指标是要求进入行业前 10 的指标。其中,高炉利用系数属于 A 类指标。今年前 4 个月,长钢 9 号高炉利用系数均进入了行业前

10。9 号高炉作业长对于这样的排名却说"这是焦化厂做的贡献"。他说,高炉利用系数的稳定向好,焦炭质量至关重要。焦化厂科学调整配比,强化管理,使焦炭质量上了一个大大的台阶。高炉"吃"到了质量好且指标稳定的焦炭后,就显得异常"温顺",炉况也不再波动。高炉的稳定顺行,不仅生产出一炉炉合格铁水,也减轻了职工的劳动强度。另一位工作了多年的炉前职工说:"首钢长钢铁成本控制这几年在行业的成绩是振奋人心的,这与公司大力度进行的一体化制度改革密不可分。"首先是对高炉改革,从"吃"精料变为"吃"经料;其次是对工序改革,炼铁、烧结合并;再次是对职能部门改革,生产部门与职能部门挂钩考核;还有对具体业务流程改革,使用权大于采购权⋯⋯这些有效、科学地带动了各单位从领导到职工思想上巨大的变化,一向安于现状、墨守陈规的广大干部职工开始改变,"一体化经营"大局观逐步形成。2015 年,党委书记、董事长贾向刚带领班子成员,在完成产能置换后,建设了如今的 135 万吨/年的新焦化。当时资金异常紧张,市场一片冷酷,长钢咬紧牙关实施了这一项目,不仅利用了长治当地的煤资源优势,减少了后期焦炭的运输成本,而且自己的高炉结束了吃百家饭的历史,实现了指标稳定、高炉稳定,为降本增效奠定了坚实基础。

追梦前行,风正一帆悬。5 年来,首钢长钢实物劳动生产率从 252 吨/人·年提升到 615 吨/人·年,钢铁主业在岗职工从 11320 人缩减到 3854 人,机构总数从 54 个减至 33 个,吨钢利润超过行业平均水平,职工收入翻番⋯⋯2020 年,长钢制订了全面提升企业高质量运行,实现"十三五"圆满收官的经营目标;制订了进口矿跑赢普指 5 美元/吨、国内原燃料跑赢市场 1%、钢材销售跑赢指数 1%的目标;制定了生铁成本行业排名"保 5 争 3",焦炭成本行业排名进入前 3 等目标。首钢长钢正稳步迈向高质量发展。

(《中国冶金报》2020 年 6 月 10 日,作者:武晓庆)

首钢迁安高端汽车板生产线投产

走进位于河北省迁安市经济开发区的首钢股份公司迁安钢铁公司高端汽车板生产线项目现场,机械轰鸣,精密的机器人流畅操作,令人炫目。这一项目已于近日正式投产,凭借国内领先技术,将为迁安钢铁企业转型升级注入新动能。

首钢迁钢高端汽车板生产线项目总投资 5 亿元。据首钢迁钢高端汽车板生产线项目首席作业长马朋亮介绍,产品以高端汽车板为主,同时生产家电板和机械用钢,和奔驰、一汽、日产、长城建立了合作关系,和家电行业的美的、格力、万宝也建立了良好合作关系,产品在市场上具有广泛应用前景。

据了解,首钢迁钢高端汽车板生产线项目可年产酸洗板材 100 万吨,产品主要应用于国内外高端汽车底盘、座椅、防撞梁、油管等汽车零部件生产及空调压缩机用钢和高强系列用钢、精冲用钢、工具用钢等领域,可实现年销售收入 50 亿元,利税 4.3 亿元。

(《北京日报》2020 年 6 月 19 日,作者:白　波、彭月娟、肖国杰)

新首钢南区详细规划获批

《新首钢高端产业综合服务区南区详细规划(街区层面)》近日获市规划自然资源委批复。作为典型钢铁工艺设施的密集分布区,新首钢南区将依托永定河生态带、后工业景观休闲带,形成前沿科技引领区、国际交流展示区、后工业城市活力区、生态景观休闲区、战略留白区的"两带五区"空间结构。

工业区复兴打造新地标

百年首钢是中国民族工业发展的缩影。1958年,首钢14天建成转炉炼钢车间,结束有铁无钢历史,而这样充满历史记忆的钢铁工艺设施,就坐落于首钢南区。南区是典型钢铁工艺设施的密集分布区,具有鲜明的工业特征。

市规自委相关负责人介绍,新首钢南区北至长安街西延线,东至古城大街,西至永定河,南至规划水泥厂后身路,规划范围总用地面积约3.6平方公里,建筑规模390万平方米。

规划显示,新首钢南区将形成"两带五区"的空间结构。其中,永定河生态带将依托多层次的滨河绿色空间,引入游憩休闲、体育健身、科普教育活动,形成人文活动、滨水景观和自然资源和谐共生的"魅力蓝带";后工业景观休闲带则在沿线丰富的特色工业资源基础上,引入文化展览、休闲娱乐、时尚消费、花园办公等功能,形成工业遗存、文化体验、休闲娱乐有机融合的"活力绿带"。

新首钢南区规划前沿科技引领区、国际交流展示、后工业城市活力区三个产业功能区,同时规划战略留白区,为远期发展预留空间,规划生态景观休闲区,营造绿色生态格局。五区与两带相配合,努力打造城市复兴的新地标。

厂房变身三大产业功能区

根据规划,原二炼钢、三炼钢、彩涂板车间等厂房将承载不同的产业功能。利用原二炼钢厂房及周边用地改造而成的前沿科技引领区,面积41公顷,将承担国家实验室、高端科技孵化器等国家战略性科技研发功能,以及部分龙头科技研发机构的总部办公,与北区织补创新工场共同形成具有世界影响力的科技创新区。

利用原三炼钢、彩涂板车间、三线材等厂房改造而成的国际交流展示区,面积87.1公顷,将承担国际商务和文化交流、国际级文化创意企业、顶级文化展览和媒体中心功能。未来,更多特色国际体育文化及创新创意展示的首发、首秀将在这里上演,塑造为北京最具代表性的产业升级转型与文化创意空间塑造的典范。

位于二炼钢南侧,原二型材、联合泵站等厂房及周边用地将改造成后工业城市活力区,建设文化体验与时尚消费融合的高端商业服务设施,安排科技服务配套设施和科技人才公寓,形成最具文化活力和创意氛围的城市活力中心。

大尺度的绿色生态格局也是新首钢南区规划的亮点之一。规划各类绿地总规模约123.8公顷,综合绿地率34.3%。主要规划有首钢永定河滨河公园、白庙料场公园、长安街西延线带状公园、煤气柜公园和首钢成就公园,同时利用老厂区的现状绿地改造为微型绿地和线性绿地。

多种方式展示"钢铁史诗"

北京市规自委相关负责人介绍,"以保定建"是新首钢南区规划在文化保护和城市修补层面的一大特点。具体来看,就是按照工业建构筑物历史文化价值分为强制保留建构筑物、重要工业建构筑物、其他工业建构筑物三类,对不同类型的工业建构筑物采取不同的保护及修补方案。修补"再生"后的工业建筑既能与新的城市功能融合,又将保留原有的记忆和魅力。同时,规划还保留了铁轨、架空管廊系统,进行再利用。

历史记忆是首钢文化内涵的重要部分。规划在重要工业成就和历史事件发生地规划历史记忆节点,以雕塑、景观铺地、景观墙等方式展示历史记忆,主要包括关于首钢历史的星火之源、百炼成钢、新硎初发、天宽海平、技术自主、一铸功成、材堪栋梁、改革先锋八个历史节点。

根据工业遗存能保则保、能用则用的原则,新首钢南区的道路网系统进行了优化调整,其中集中建设区的道路网密度达到9.8公里/平方公里。同时,规划对轨道交通、公交等进行系统梳理,规划多层次的专用步行和自行车系统,包括铁轨绿道、步行优先的特色街道、空中步道、街坊路,集中建设区步行自行车专用通道密度达到20公里/平方公里。

(《北京日报》2020 年 7 月 10 日,作者:陈雪柠)

首钢工业遗存改造新进展:
28 米铁矿筒仓变身沉浸数字展厅

记者 7 月 16 日从首钢建设投资有限公司获悉,首钢园北七筒四号筒仓经工业遗存改造已变身"RE 睿·国际创忆馆"。7 月 17 日中午 12 时,公众可通过"AI 尚首钢园"微信小程序首页"周五见"栏目免费预约开馆大秀《重返·万园之园》数字圆明园交互展,连续两个周末各限量 100 份。

首建投公司相关负责人介绍,首钢园北七筒毗邻北京冬奥组委首钢办公区,是 20 世纪 90 年代首都钢铁工业发展的见证。其中四号筒仓曾用于存储铁矿、氧化石、焦炭等工业炼铁原料,后因首钢外迁一度废弃。

经过改造,四号筒仓原有空间得到保留,同时赋予艺术性和实用性。走进变身"RE 睿·国际创忆馆"的四号筒仓,观众可拾级而上感受 20 余米的空间落差。当音乐响起,"天光"落下时,筒仓变身光影斑斓的"时空仓",有开启穿越旅行之感。

基于清华大学 20 余年研究成果,作为"RE 睿·国际创忆馆"开馆大秀的《重返·万园之园》将通过数字技术再现辉煌时期的圆明园。展览曾荣获 CHCD 文化遗产最佳实践大奖,展览落地首钢后得到全面升级,依托 5G+8K、AR+AI 技术,纵跨筒仓上、中、下三层的 500 平方米全视域联动影像将为观众带来独特视觉体验。

首建投公司相关负责人介绍,首钢园将于 7 月 15 日起正式推出"周五见"信息发布平台,包括探秘三高炉、体验高炉攀岩和滑索、试飞穿越机、打卡定制文旅线路、试吃冠军餐、参与园区首发活动、抢购新店开业优惠等体验项目将陆续在平台上线。公众每周五中午 12 时可通过"AI 尚首钢园"微信小程序预约。

除此次"RE 睿·国际创忆馆"开业体验外,京东无人超市、美团无人超市、泰山体育健身房、武界格斗体验、全民畅读艺术书店、墨甲音乐机器人剧场等也将于今年在首钢园陆续开业。

"'周五见'平台将成为展示首钢文化及工业遗存改造进展的重要载体,赋能公众周末娱乐消费体验,让百年首钢更具网红打卡气息。"首建投公司相关负责人说。

(新华社 2020 年 7 月 16 日,作者:张 骁)

首钢股份首家实现全流程超低排放

在河北省唐山市,有一家钢铁企业厂区的空气质量和附近城区相差无几,这就是首钢股份迁安钢铁公司。7 月 28 日,在国家生态环境部举行的 7 月例行新闻发布会上,科技与财务司司长邹首民介绍了科技助力打赢打好污染防治攻坚战情况,在钢铁行业大气污染治理方面,中国现在是唯一一个拥有世界上最先进的钢铁全流程超低排放技术体系的国家,首钢股份迁安钢铁公司是世界上首家实现全流程超低排放的企业。

首钢股份迁安钢铁公司总占地面积481.32万平方米,绿化面积183.85万平米,拥有乔木70余种10万余株,花灌木110余种170余万株,可用绿地实现100%绿化,绿化覆盖率44.75%。该企业是首钢搬迁调整率先启动建成的大型钢铁精品基地,是唐山市"花园式企业"、河北省"园林企业"、河北省"绿化优质工程""全国绿化模范单位"。首钢股份迁安钢铁公司的排放标准,要远远优于将于今年10月正式实施的被业界称为是最严标准的河北省超低排放标准。

在首钢迁钢厂区,所有环保设备的中枢神经位于生产环保指挥调度中心,这里实时显示着首钢迁钢公司各个生产环节、环保设备的运行情况和排放情况,遍布厂区的117套空气质量自动检测站点均显示为优良天气状况。在污染源在线监控平台屏幕上,烧结99平1—6号、氢氧化物,烧结99平二系列机尾颗粒物,球团一系列颗粒物、二氧化硫、氢氧化物等数据显示着实时监测值,以及相对应的河北省超低排放标准,可以看到显示的监测数据均低于河北省超低排放标准。

首钢股份迁安钢铁公司环保部部长程华介绍,无组织排放是钢铁行业一个重点,也是一个难点,颗粒物的排放占到钢铁行业50%以上。公司首次将图像智能识别系统引入到无组织颗粒物的管控上,从图像上来看,雾炮搭载着图像智能识别系统,可以进行定点抑尘。

作为一家年产量超过800万吨的钢铁企业,实现全工序超低排放改造后,最能直观感受到其中变化的,就是生活在首钢迁钢附近的百姓。55岁的周翠华是迁安市杨店子镇洼里村村民,她所生活的洼里村距离首钢迁钢厂区不足100米,一尘不染的庭院,随意敞开的门窗,是她最近生活中发生的最大变化。"原来我们村子的土特别多,不能在院子里晒被子,也不能栽花。现在空气好了,不仅可以晒被子,还可以种花草,门外还能种点菜。"周翠华说。

近年来,首钢股份公司党委深入贯彻落实习近平生态文明思想和政府工作报告提出的"全面推进钢铁超低排放"的要求,注重人与自然和谐发展,全力打造绿色发展示范企业,连续两年被评为河北省唯一一环保A类企业,2019年被评为全国首家、钢铁行业唯一一家通过全工序超低排放评估验收的企业。

"经过国家生态环境部、国家环境监测总站历时56天的在线评估,各项数据监测全面达标。首钢股份公司成为迄今为止全国首家钢铁行业唯一一家实现全流程超低排放的企业,环境质量得到显著改善,同时实现超低排放目标,为企业发展创造了良好的环境。"首钢股份迁安钢铁公司总经理彭开玉说,厂区可以说三季有花,四季常绿,春季繁花似锦,夏季绿荫浓浓,秋季彩叶缤纷,冬季苍劲翠绿。

(《首都建设报》2020年8月3日,作者:李晓鹏)

首钢京唐二期一步工程获"十三五" 钢铁工业创新工程奖

7月31日,由中国钢铁工业协会和中国金属学会联合主办、冶金工业信息标准研究院承办、江苏沙钢集团有限公司协办的"中国钢铁工业'十三五'科技创新成果展"系列活动启动。在启动仪式上,首钢京唐钢铁联合有限责任公司二期一步工程项目、山东钢铁集团有限公司日照钢铁精品基地项目、宝钢广东湛江钢铁基地项目(2030mm冷轧工程)三个项目共九家单位荣获"十三五"钢铁工业创新工程奖。

为展示"十三五"期间我国钢铁工业在工程建设领域的创新成果,中国钢铁工业协会、中国冶金建设协会决定联合开展"'十三五'创新工程奖"评选活动。"十三五"创新工程必须是符合国家产业政策、列入国家或地方建设计划并正式报建的项目,具有独立生产能力和使用功能,并在"十三五"期间全面竣工验收的冶金建设工程(包括正式立项的扩建、技改工程项目）。

首钢京唐公司是首钢搬迁调整的重要载体，是国家"十一五"规划的重点项目，是完全按照循环经济理念设计建设的具有国际先进水平的钢铁企业。首钢京唐一期工程于 2010 年 6 月 26 日竣工投产。首钢京唐二期一步工程在推广应用一期工程 220 项先进技术的基础上，优化和改进技术 54 项，开发研究创新技术 50 项。结合一期工程投产运行的效果和积累的经验，进行优化和改进，同时以《钢铁行业 2015—2025 年技术发展预测》为指导，开发研究面向未来的先进技术，体现钢铁行业未来科技发展方向。

在二期一步工程建设过程中，首钢京唐公司按照集团要求，坚持高水平、高质量标准，科学管理，统筹安排，狠抓进度、安全和质量管理，有序推进工程建设。优化高炉炉型、大比例球团矿冶炼综合技术、新法 AS 脱硫脱氰工艺、无头轧制工艺、"五效一体"能源高效循环利用等新工艺新技术为首钢京唐全面实现"三高、四个一流"的建厂目标发挥支撑作用。

首钢京唐二期一步工程全面投产后，面对新产线集中达产达效、新品种集中投放的局面，首钢京唐攻克"设备关、工艺关、质量关、效益关"，新产线项目的达产达效与一期项目协同高效，全力推进特殊品种、特殊工艺、特殊需求产品类的开发与拓展，丰富企业的高端产品集群，开发具有一定独有性、专用性的高精尖产品，以高效率、低成本、批量化、通用化生产满足市场需求产品，从而推动产品的结构调整和质量品质升级。不仅大大提升了首钢京唐整体运营水平，而且逐步显现出了更多的"溢出效应"。

（《首都建设报》2020 年 8 月 5 日，作者：李晓鹏、杨立文）

首钢 7 项成果获冶金科学技术奖项

2020 年度中国钢铁工业协会、中国金属学会冶金科学技术奖评审结果近日揭晓。其中，首钢集团牵头的 3 项成果、参与的 1 项成果共 4 项成果获冶金科学技术一等奖，1 项成果获二等奖，2 项成果获三等奖，创下历年评审好成绩。

据了解，冶金科学技术奖是由中国钢铁工业协会和中国金属学会设立，经国家科学技术部正式批准的钢铁行业最高科学技术奖，每年组织评审、奖励一次。该奖项的设立，对推动我国冶金行业的科技创新和技术进步具有重要意义，为激励中国冶金工业领域的科技推广、成果应用做出了积极贡献。此次荣获 2020 年度冶金科学技术奖项目共计 102 项，其中特等奖 1 项、一等奖 22 项、二等奖 26 项、三等奖 53 项。

此次评审中，首钢牵头申报了 7 项，最终 6 项获奖。其中，由首钢股份公司牵头完成的《迁钢钢铁生产全流程超低排放关键技术研究及集成创新》，首钢集团牵头完成的《大型高炉低碳冶炼用优质球团矿开发与应用》，首钢集团牵头完成的《高鲜映性免中涂汽车外板制造关键技术及装备》等 3 项牵头成果荣获一等奖。由北京科技大学牵头，首钢京唐公司参与共同完成的《铜钢复合冷却壁的制造与应用》荣获一等奖。

首钢集团牵头完成的《首钢转炉炼钢高效复吹技术开发与应用》荣获二等奖。首钢自动化信息技术有限公司与首钢股份公司联合完成的《首钢股份公司一冷轧磨辊间智能化系统研究与应用》，北京北冶功能材料有限公司完成的《高品质铸造高温合金母合金国产化关键技术及产业化研究》荣获三等奖。

（《首都建设报》2020 年 8 月 18 日，作者：李晓鹏）

百年首钢将在服贸会上亮新颜
展示多业态融合发展

重返圆明园观十二兽首、竞速无人机互动、全感VR冰壶……将于9月上旬举办的中国国际服务贸易交易会（简称服贸会）上，致力打造首都城市复兴新地标的百年首钢将在文化服务和冬季运动专题展区分别设置展台，展示文化与体育、科技、金融、消费等产业融合，公共文化服务配套并行发展的多业态发展模式。

今天，记者走进百年首钢。园区内，高耸的烟囱仍然伫立，却不再冒烟。"三高炉"变身展览中心、首发中心，下料仓成了国际创忆馆，精煤车间云集了穿越机体验馆、泰山体育中国内地首店等首店项目。而北京冬奥组委办公区、国家队冰上项目训练基地、北京冬奥会单板大跳台项目竞赛场地等相继落户首钢园，更是让首钢在工业遗产保护利用过程中，紧抓2022年北京冬奥会契机，打造高端产业综合服务区。

记者了解到，在2020年服贸会上，首钢园将在文化服务和冬季运动专题展区分别设置展台。

其中，在服贸会文化服务专题展区，首钢园将布置三高炉模型，通过大屏幕展现首钢在打造精品文化与工业美学交织的创新巨变。

依托悠久历史文化资源，首钢园邀请墨甲机器人、穿越机等企业带来现场科技互动体验环节。

据介绍，穿越机也叫竞速无人机，落户园区的穿越机体验馆将在服贸会上举办小型室内穿越机竞速邀请赛及互动体验专区；全球首支中国风机器人乐队——墨甲机器人将在服贸会上与观众进行现场互动。

除了展示独特重工业遗存风与科技、文化的融合，首钢园冬季运动专题展将体现首钢园三大产业——体育+、文化创意和数字智能等，展现园区新活力。

据介绍，首钢园的冬季运动专题展展台主造型设计由首钢滑雪大跳台的原型演变而来，大跳台设计以敦煌壁画形象"飞天"为原型；飞天曲线与单板大跳台本身曲线相契合。

展台上会有全感VR冰壶、街舞、讲解机器人、售卖演示机器人、自行车等展示。其中，全感VR冰壶，来源于北京市科委与冬奥首钢园区的科技助力冬奥课题，综合使用了虚拟现实、实时运动数字捕捉、人工智能等技术，以十分之一场地面积实现全尺寸场馆比赛体验，让参与者完全沉浸在运动中，并通过专业人士设计的运动场景保证了专业性，适合于初中级参与者，提供了在场馆观众区让观众可亲身触摸和参与赛事运动的能力，降低了冰雪运动的参与门槛，提高了冰雪运动的群众参与度。

据悉，服贸会将于9月上旬在中国北京举办，主题为"全球服务，互惠共享"，展区占地面积约20万平方米，建立了"1+8+N"新模式，即"1"个综合展区和"8"个行业专题展，包括文化服务、金融服务、冬季运动、旅游服务、服务机器人、教育服务、体育服务、5G通信服务。

（中新社2020年8月20日，作者：杜　燕）

北京首钢园区
参与冬奥筹办　着力转型发展

早上7点，刘博强准时来到北京首钢园区国家冬季运动训练中心，开始一天的场地冰面维护工作。今年42岁的刘博强,曾是首钢一名轧钢工人,如今已转型成一名制冰师,为国家队集训提供保障服务。

距离刘博强工作地点不远,是首钢西十筒仓北京冬奥组委办公区。曾是首钢女工的姜金玉身穿白衬衣、黑西裤,正在为访客讲述百年首钢的故事。

首钢群明湖畔,曾经的炉前工李红继点赞"园区就像个大花园……"。

10多年前,首钢实施钢铁业整体搬迁。如今,这方曾经淬火锻冶的钢铁热土,将打造城市复兴新地标与冬奥会筹办、老工业区有机更新、绿色高端发展紧密结合,着力转型发展。广大首钢职工积极投身其中,很多人像刘博强一样,实现了自己职业生涯的转变,创造着新时代的新生活。

"能为保障冬奥贡献力量是我的梦想"

在首钢园区北区,"四块冰"呈东西走向排列。其中"三块冰"——冰壶、花样滑冰和短道速滑训练馆一字排开,它们由原来的精煤车间改造而成。加上由运煤车站改造而成的冰球馆,合称首钢"四块冰"。中国花样滑冰队、短道速滑和冰壶队先后搬进了这里的"新家"。

拉开冰壶馆的外门,站在门口就能感受到阵阵凉气。进入馆内,温度骤降,与外面高温形成鲜明对比,刘博强的工作地点就在这里。

冰壶运动观赏性强,冰壶赛道制冰难度大。"和普通的冰场不一样,冰壶赛道的表面不是光滑的,而是有一层小的凸起,叫冰点,目的是为了改变冰壶赛道的滑度,方便控制和刷冰。"刘博强介绍说。

疫情防控中,刘博强跟国家队一起进入封闭训练状态,每天两点一线,工作时间在训练场馆,休息时间在临时住处。虽然辛苦,但他认为值得。

"办好北京冬奥会,是我们国家的一件大事。能为保障冬奥贡献力量是我的梦想。"刘博强期待着,2022年将以制冰师的身份,服务北京冬奥会。

"把奥运精神和冰雪文化讲给更多人听"

首钢园区西北侧,最先改造建成的西十冬奥广场总能让前来参观的观众眼前一亮。

"这里是曾经存放炼铁原料的西十筒仓,现如今成为北京冬奥组委办公区……"简单的妆容带着自信,金牌讲解员姜金玉娓娓讲述着筒仓的变迁。

姜金玉技校毕业后到首钢工作,做过天车工。"离地面20米左右高空作业,不方便上厕所,就得少喝水。"姜金玉回忆道。

2010年底,首钢北京厂区全面停产。"有一段时间,我很迷茫,这首钢停产了,我该干吗呀?我能干吗呀?我那时候天天想这个问题。"姜金玉说,让她没有想到的是,随着北京冬奥组委2016年入驻首钢园区,她与冬奥结缘。

姜金玉清楚地记得,就是在2016年3月8日这一天,她调入首钢园区综合服务公司,在北京冬奥组委办公区成了一名讲解员。

"之前工作是对着机器,一天也说不上几句话,当讲解员得随时和观众交流,开始很不适应。"姜金玉坦言,后面练得多、学得多了,紧张情绪才慢慢缓解。

来访的外宾很多,姜金玉发现翻译有时不能准确译出筒仓、料仓这些名词,于是萌生了学英语的念头。有一次,她接待了国际残奥委会主席安德鲁·帕森斯。当得知姜金玉曾是首钢一线工人时,帕森斯很惊讶,连声称赞。姜金玉说,她还要继续学好英语,"把奥运精神和冰雪文化讲给更多人听,讲给世界听"。

站在首钢园区高线公园的高处远眺,首钢滑雪大跳台好似一条"飞天"的飘带,优美、流畅。

目前大跳台的主体工程已经完工,但观众看台、转播大道等仍在紧锣密鼓地施工。为防止工地扬尘,首钢园区综合服务公司冬奥物业事业部环保和安全主管李红继一有时间就到工地督促增加洒水次数,提醒施工人员对易产生扬尘的物料及时清理、覆盖、运走。

1998 年,李红继从钢铁学校毕业后来到首钢当上了炉前工。"虽然工资不低,但工作条件艰苦,当时有一句话形容我们炉前工,'火烤胸前暖,风吹背后寒'。"

如今,以冬奥筹办为契机,首钢老工业区向着"文化复兴、产业复兴、生态复兴、活力复兴"的目标加快转变。秀池、群明湖波光潋滟,远处的高炉和晾水塔巍然耸立,新首钢大桥雄伟壮观,西侧的永定河蜿蜒伸向远方,整个园区美不胜收。

"看着熟悉的工厂慢慢变得像个大花园儿,我心里特别高兴!"作为亲历首钢转型的职工,李红继说,蓝天白云是全面小康的美丽注脚,"环境好了,我们的生活就会更好!"

(《人民日报》2020 年 9 月 2 日,作者:贺　勇)

首钢取向电工钢批量供货白鹤滩水电站

9 月 18 日,首钢传出消息称,目前世界在建规模最大的白鹤滩水电站,以首钢股份取向电工钢为主材料制作的 25 台 500 千伏变压器进入安装阶段,占比达白鹤滩水电站两岸主变压器的 50%,3 台主变压器已安装测试,百年首钢又一次在"大国重器"上建新功。

2017 年以来,针对白鹤滩水电站项目,首钢股份在变压器的电磁设计、加工过程、制造工期等方面多次与客户进行深入交流。针对客户对取向电工钢损耗指标、噪声指标、尺寸精度等方面具体要求,首钢股份将各项技术标准要求转化为内部控制要点,于 2019 年 7 月开始提供第 1 批次 600 吨优质高磁感取向电工钢产品,截至目前已累计供货 2000 余吨。

近年来,首钢始终坚持自主创新,不断推进取向电工钢产品质量升级,在高端产品研发、全流程制造、工艺优化和用户应用技术等方面实现突破。高磁感取向电工钢产品综合技术性能达到同类产品国际先进水平,其中噪声指标及涂层附着性指标达到国际领先水平,两款节能低噪声产品实现全球首发,超薄规格取向电工钢市场占有率连续两年居国内第一,跻身世界第一阵营。

据悉,白鹤滩水电站是装机规模全球第二大、在建规模全球第一大水电站,是国家水电开发战略和"西电东送"的重要电源、"十三五"期间重大支撑和标志性工程。

(《中国冶金报》2020 年 9 月 23 日,作者:梁树彬)

首钢极限公园"十一"亮相

10 月 1 日,国庆中秋双节相逢之际,本市最大的户外极限运动场地——首钢极限公园正式开业,填补了北京户外极限运动场地的空白,为期 8 天的"街 SHOW 嘉年华"活动同步启动。国庆期间,首钢园推出多项特色活动,为市民游客新添打卡胜地。

昨天上午,首钢极限公园内早已是一片欢乐的海洋。不同高度的岩壁前,攀岩爱好者跃跃欲试。裁判员一声令下,他们快速攀爬,技惊四座,十余秒就成功登顶,现场观众不由发出惊叹。"头一次体验户外攀岩,比室内场馆过瘾多了!"今年11岁的参赛小选手刘悦茗刚刚降落至地面,就止不住地赞叹这片场地带来的全新体验。

据介绍,攀岩区含三组攀岩墙体,涵盖各种难度的攀岩模式,包括难度区、速度区、攀石区、干攀区,攀岩设施符合国际化标准,可承办国际级攀岩赛事,同时集成了儿童等非专业人员参与的攀岩区域。

在对面的滑板区,滑板爱好者冲下碗池,腾空跃起,引来阵阵欢呼声。滑板场地包括热身区、街式区、碗池区,满足举办国际级专业比赛项目的条件,也面向轮滑爱好者开放,还可以开展小轮车等运动项目。不会玩极限运动的观众也能找到好去处,在UFO未来市集区,观众可以体验陆地冰壶、穿越机等项目,魔术、泡泡秀等表演活动让小朋友们倍感新奇。

首钢园运动中心相关负责人介绍,首钢极限公园是由中国轮滑协会、中国登山协会与首钢合作,利用老工业遗存改造而成的运动公园。极限公园包含滑板场、攀岩场、休闲区三个部分,总占地面积1.79万平方米,其中滑板场4386平方米、攀岩场4261平方米、休闲区9266平方米。

10月1日至8日,首钢极限公园每天都将举办不同的主题活动。观众还可通过"AI尚首钢园"小程序购票预约,参与"嗨in首钢园"特色活动,预约成功的观众能领取首钢汽水一瓶,可走进三高炉零距离接触钢铁工业遗存,还能参与无人平衡车、滑雪机、无人穿越机等最新体验项目。

(《北京日报》2020年10月2日,作者:潘福达)

工业风、时尚范、炫科技、潮运动
新首钢　新风采

首钢始建于1919年,是中国最早的近代钢铁企业之一。2005年2月,首钢搬迁曹妃甸方案得到正式批复。2010年12月底,首钢北京石景山厂区钢铁主流程全部停产。8.63平方公里的首钢老厂区如何转型?

如今,走进北京首钢园区,山水楼阁、厂房料仓、剧院赛场、咖啡美食、音乐电竞和谐地聚合在一起。昔日的钢铁巨人华丽转身,变为京西一道亮丽的风景线,成为市民休闲健身的好去处。

工业元素　时尚秀场

"首钢园区保留了标志性工业元素,在尊重原有工业遗存风貌基础上进行功能改造与空间更新,以新旧材料和空间对比延续老首钢工业之美,实现由工业建筑向现代创意空间的转变。"北京首钢园区综合服务有限公司文旅事业部负责人刘涌介绍。

三高炉曾是中国最先进的高炉,如今作为首钢园区首批更新改造的地标建筑,成为全球首发中心,也是文化创意展览展示空间和工业旅游核心景观。

"由于功用不同,园区改造拆移了一些原有结构,以消除安全隐患和利于后续利用。使用的新材料尽可能达到修旧如旧的效果。"刘涌说,园区建设中普遍使用锈板漆工艺,既使建筑表面呈现生锈的外观,又起到保护作用,防止老建筑继续锈蚀。

夜晚,一款新车发布会在首钢园举办,数百观众见证了炫目的一刻:三高炉外部被灯光打得通红,蓝色光柱穿插其中。三高炉内部,人们置身于主体高炉、热风炉、重力除尘器和干法除尘器等工业构筑物之间。伴随着绚烂的灯光和动感的音乐,新车闪亮登场。"没想到老旧厂房也能这么炫酷。"刘丹是位摄影爱好者,看到朋友圈的首钢园照片,特意过来打卡。

RE睿·国际创忆馆前身是存储铁矿、氧化石、焦炭等工业炼铁原材料的筒仓,筒高超28米,中心底部设有11.5米高的下料锥,形似一个大火锅。借助5G+8K高清影像、AI+AR等技术,《重返·万园之园》数字圆明园感映交互展为观众带来与历史对话的沉浸体验。

高炉空压站改造的酒店、工业管廊变身的空中步道、水标定计量站里的无人超市、园区穿梭的自动驾驶车……工业文明和现代科技碰撞,百年首钢透着浓浓的时尚范儿。

钢铁森林　湖光山色

半厂山水锦花地,十里钢城碧云天。首钢园区不仅有硬朗的钢铁森林,也有旖旎的湖光山色。

从三高炉西行约200米,就来到了石景山脚下。石景山上保留着50余处文化遗址,包括晋唐时期的金阁寺、明代碧霞元君庙和众多摩崖石刻。石景山区因此山而得名。

顺山路行至山顶,功碑阁这座外形颇似颐和园佛香阁的建筑静静伫立。站在功碑阁上,俯瞰整个园区,秀池和群明湖的工业景观尽收眼底。在阳光照耀下,湖面闪烁着粼粼波光,给钢铁森林增添了几分柔美。

秀池原名秀湖,始建于1940年,原用于储存炼铁生产的循环水。改造后,秀池地上部分变为美丽的水上景观,地下部分则成了存放800余辆车的地下车库和圆形下沉式展厅。

群明湖原为首钢工业循环水的晾水池,水域面积20万平方米,是北京野生鸟类越冬的栖息地。远处的西山、厂房、高炉与近处的亭榭、廊桥交相辉映,周边的树木郁郁葱葱,使群明湖成为展现首钢节能环保理念与园林绿化成果的一处胜景。"这儿空气好,景色也美,我们常来遛弯。"76岁的居民张维新说。

冰雪运动　续写传奇

2016年5月,2022北京冬奥组委进驻首钢园区,运储铁矿石的料场被改建为办公区。

北京冬奥会和冬残奥会展示中心由联合泵站改造而成,利用水塔的弧度空间环境,经数字影像技术活化了清代《冰嬉图》,再现中国悠久的冰雪运动历史。展厅陈列着横跨京张地区的冬奥整体规划沙盘,借助视频和声光电技术,观众犹如置身于赛区之中,全景式体验北京冬奥会带来的日新月异的变化。

"四块冰"是首钢园区改造后的"冰雪新世界"。过去的自备电厂精煤车间和车站用房,现在已变身为冰球馆、冰壶馆、花样滑冰馆和短道速滑馆,不仅保障国家队冬奥备战,未来还将向公众开放。

在群明湖畔,4座巍然矗立的冷却塔旁,是首钢滑雪大跳台,北京2022年冬奥会将在这里产生4枚金牌。从远处看,好似一条飞天的飘带。夜晚,灯光映射下的跳台赛道晶莹剔透,建筑侧影色彩斑斓。

让老厂区面貌一新的不只是建筑改造。场馆运用了光伏发电、太阳能光纤照明、无负压供水系统、雨水收集和利用系统等新技术,景观道路铺上了建筑垃圾烧制而成的再生透水砖,点滴之间诠释着可持续发展、节俭办赛的冬奥会理念。

"变化太大了,搬迁去曹妃甸的老同事来了都吃惊。"朱建军原来是首钢的轧钢工人,如今在首钢园区从事保安工作。冰雪运动为首钢园区注入了新的活力,一段传奇正在激情演绎。

（《人民日报》2020年10月8日,作者:施　芳）

中国科幻　未来可期

2020 中国科幻大会 11 月 1 日到 2 日在北京市首钢园举办。会上,北京发布科幻产业支持政策,鼓励和推动科幻产业健康发展。一系列精彩纷呈的活动,展现了公众对科幻的热情,也体现了中国科幻产业的蓬勃生机与活力。

三大主题展览、七项专题论坛、八项涉会活动……11 月 1 日到 2 日,2020 中国科幻大会在北京市首钢园举办。大会期间,世界科幻小说家们同台论道,沉浸式科幻艺术展和科幻电影琳琅满目……浓浓的科幻氛围让人沉醉其中。

今年大会聚焦以政策促进科幻产业发展,开幕式上发布了一系列促进科幻事业、产业发展的相关举措,加快推动科幻产业集聚区建设,加大对科幻产业发展的精准支持力度。"希望科幻的热情在北京越来越红火。"北京市市长陈吉宁在开幕式上表示。

多维度展现科幻魅力

大会期间,科幻艺术展示、科技创新新技术新产品展览、"平行宇宙"科幻展等三大主题展览向市民开放。步入科幻艺术展示区,三体艺术插画展展出了近百位插画家根据科幻小说《三体》进行的创作:水滴、曲率光速飞船……另一件展品《流浪地球》视觉设计手稿,则以动态形式直观呈现电影《流浪地球》的设计师手绘图。近距离观看这部电影的幕后创作花絮,让人感受到电影人在科幻上的艺术创造力。"本届大会首次引入科幻艺术展示,同首钢园的硬核工业感形成反差,多维度多层次展现科幻魅力。"科幻艺术展负责人千一鹤表示。

科技创新新技术新产品展览占地面积近 3000 平方米,展现了包括新一代信息技术、虚拟现实等支撑科幻产业发展的前沿科技成果,以及 24 项相关体验展品。比如,在人工智能板块,观众能体验 5G 数字新世界,还可以与远程移动操作机器人近距离互动。"平行宇宙"科幻展以集装箱为载体,展出等比例复刻电影《回到未来》中被改装为时间旅行机器的跑车。

夜幕降临,北京科幻之夜的科技大秀在首钢园上演,夜间景观灯开放,观众在三高炉南广场前可以观看科幻真人秀、机器人舞蹈秀,感受为科幻迷精心准备的视觉盛宴。

科幻产业发展势头强劲

此次大会发布了《2020 中国科幻产业报告》,报告显示过去一年中国科幻产业平稳发展,全年产业总值 658.71亿元,比 2018 年的 456.35 亿元有很大增长。

该报告由中国科普研究所中国科幻研究中心和南方科技大学科学与人类想象力研究中心联合编写。报告显示,在科幻产业阅读、影视、游戏和周边产品四大细分领域中,影视和游戏占据了绝大部分份额。

"《流浪地球》获得了口碑、票房双丰收,影片所展现的责任、合作、忠诚等家国情怀,激发了全社会爱国奉献和积极参与科幻的热潮。"中国科协党组书记、常务副主席怀进鹏表示。

在游戏方面,2019 年全年国产网络游戏共审核 1380 款,其中科幻类型题材游戏约占 15%,全年产值突破 430 亿元。今年上半年,科幻游戏产值突破 220 亿元,可见科幻游戏市场潜力巨大。

"近年来,我国科幻事业和产业发展正呈现蓬勃生机,社会机构、产业机制正在快速成长,中国科幻事业发展势头强劲。"怀进鹏认为,科幻已逐渐成为科技创新和社会文明进步中不可或缺的力量,对于提升文化软实力、传播科技文明具有重要意义。

政策扶持点燃创新热情

近年来中国电影在特效制作方面飞速发展,然而对于科幻电影来说,特效制作仍旧是一道很难跨越的障碍。

"观众对电影的要求提高了,会对标国际一流的科幻电影。"导演路阳认为,一方面特效制作公司需要得到政府的扶持和帮助;另一方面,科幻影视行业面临人才难留住、跨行业竞争激烈等问题。

北京追梦方舟公司 CEO 刘学东认为,打造中国科幻产业链,需要从文学创作、版权保护、出版发行、剧本改编、美术设计,到宣传推广、院线播映,再到衍生产品、动漫游戏、文旅项目、品牌效应,形成一条完整的科幻 IP 产品线。同时,要让有科幻梦想的创作者和创业者都能够参与进来。

开幕式上,北京首个支持科幻产业发展的政策——石景山区"科幻 16 条"发布,设立科幻产业专项资金 5000 万元,在 8 个方面精准发力,比如将围绕科幻影视与科幻游戏的制作,支持数字成像与合成、数字渲染、动作捕捉等技术研发与应用服务。"我们已签订了入驻协议,'科幻 16 条'的出台和集聚区的挂牌,将为企业的人才引进和技术创新带来更多动力,点燃企业创新发展的热情。"北京虚拟动点科技有限公司负责人表示。

接下来,石景山区将沿长安街西延线、首钢园和石景山游乐园,布局总占地 106.7 公顷的"一区一园",打造科幻国际交流中心、科幻技术赋能中心、科幻消费体验中心、科幻公共服务平台。

"未来我们将充分发挥首钢园区和石景山区的优势特色,广泛吸引和集聚产业要素,不断完善产业生态,努力打造科幻产业发展的新高地,推动北京在科幻领域成为具有世界影响力的城市。"陈吉宁表示。

(《人民日报》2020 年 11 月 4 日,作者:贺　勇)

首钢京唐对标文化的"曲线"和"尺子"

近日,几份与先进钢铁企业的主要指标对比参数列表"飞"进了首钢京唐早调会会议室里。对照国内外先进企业,首钢京唐深化对标管理,通过实施对标工作常态化、对标内容全覆盖,全面实现了从对标到提升的跨越。截至 2020 年 11 月底,首钢京唐 79 项对标指标有 51 项达到或超过标杆企业,有 49 项对标指标累计创历史最好纪录 129 次。目前,首钢京唐形成了以车轮钢、管线钢、耐候钢、高强钢为代表的热系产品,以风电钢、桥梁钢、高层建筑结构用钢为代表的中厚板产品,以汽车板、镀锡板、家电专用板、彩涂板、酸洗板为代表的冷系产品,可生产产品牌号达到 1864 个,已有 10 项产品实现国内首发,50 余项技术达到国际先进水平,120 余项技术达到国内领先水平。

思路决定出路。在生产经营中,首钢京唐每月都要进行工艺稳定评比和经营活动分析,把本单位生产、成本和技术经济指标等数据绘成"曲线"进行横向分析,以国内外先进钢铁企业为"尺子"进行纵向对比。就这样,构建并形成了具有首钢京唐特色的对标文化。从数据的"曲线"和"尺子"上,可以直观地看出首钢京唐与其他企业之间存在的问题与差距,也可以看到自己的优势。各部门据此进行深入分析、总结经验、查找不足,推动生产经营和各项工作不断实现新突破。同时,通过工艺稳定、降本增效、产品开发等数据的比对,首钢京唐也在"寻找标杆-超越标杆-持续创新"的道路上迈出了坚实的步伐。

寻找标杆:明差距、追先进

在与先进企业的对标中,首钢京唐采取由点到面、逐步深入的方式,以行业平均指标、先进指标为标杆,完善对标管理制度和工作机制,围绕生产指标建立了一贯制管理、用户管理、过程管理、重点指标管理"四合一"对标体系,开展全面、精准对标,并针对对标过程中反映出的问题,进行专题研究,制订整改措施。

首钢京唐以宝钢股份和宝钢湛江钢铁为主要对标对象,其中铁前工序钢铁指标全部与湛江钢铁对标;钢后工序鉴于产品结构、指标定义和统计口径等方面的差异,兼顾梅钢、马钢、首钢迁钢、韩国浦项等企业进行对标工作。

炼钢作业部领导对对标工作深有感触:"对比浦项,我们有很大差距。但有差距不可怕,差距恰恰是我们前进的方向和动力。我们要实现建设具有世界影响力炼钢厂的愿景目标,就要在世界坐标系上找准自身位置,看清差距,迎头赶超!"炼钢作业部组织相关人员陆续到浦项、宝钢等国内外先进企业进行考察、学习,选取了14项能够代表转炉、精炼及连铸各工序技术水平的指标,明确责任人、具体举措及完成时限等,每天通过部门早调会的平台发布攻关情况,每周及时总结攻关进度,做到日日明差距、时时追先进。

镀锡板事业部积极与宝钢等先进企业进行对标,查找了市场开发、产品档次、质量控制、产线运行等方面的差距。该部以重点品种研发和国际市场开拓为抓手,强化产销衔接,逐步调整产品结构,瞄准先进指标,确定追赶目标。通过调整产品结构,DR 材(二次冷轧材)、高抗硫镀锡板等高端品种质量目前均达到国内先进水平,销量也不断提高。

彩涂板事业部在对标先进企业的过程中,形成了工程、家电及出口三大支撑。产品以高档次、高质量赢得国外用户青睐,远销巴拿马、哥伦比亚、厄瓜多尔、罗马尼亚、韩国、印尼等国家。同时,在国内市场,该部"牵手"海信,形成了彩涂板事业部、青岛钢业、海信的三方直供合作关系,并与深圳道铭、欧司朗照明形成了三方直供的稳定合作关系。

在对标经济技术指标的同时,首钢京唐还进行了节能环保指标的对标工作。首钢京唐以节能降耗为核心,瞄准先进,持续对标。能源系统在水系统实现分质供水、串级使用、循环利用的基础上,以海水淡化除盐水为调节手段,采用耦合式盐平衡模式,实现了废水零排放;吨钢综合能耗、吨钢耗新水均达国内一流水平;热能专业工程师王铁民牵头组织钢轧部和炼钢部开展内部对标,发现钢轧部炉水品质控制有降本空间,于是参照炼钢部将炉水电导率由 90 微西门子/厘米提高到 120 微西门子/厘米,在满足使用条件的情况下,每天减少汽化冷却系统除盐水消耗 200吨,月创效 7.4 万元;炼钢部炼钢工序参照钢轧部工序新模式,实现五座转炉加废钢不投蒸汽,每炉钢节省蒸汽消耗1.3 吨,月创效 50 万元……

通过开展对标工作,首钢京唐各部门树立了一个个对标标杆:营销部门与国际先进的销售体系对标,生产管理系统与先进制造企业的过程控制管理对标,物资供应部门与国内外先进企业的供应链建设对标,质量监督检测部门与行业内先进单位和国内先进检测机构对标……

超越标杆:持续推进对标深度和广度

企业对标,不仅要学习先进企业好的做法,也要结合企业自身情况及发展趋势,在"移植"过程中进行"本土化"创新,形成特色方法,实现有突破的赶超。这是首钢京唐对对标工作的理解。

不是停留在学习对标对象各项指标数据的表面,数据背后的经验、做法更是学习的核心内容。在开展对标过程中,首钢京唐注重成果推广,使企业通过对标激发活力和学习先进的动力,从而实现新的超越。在生产过程中,首钢京唐积极导入六西格玛、TPM(全员生产维修)等精益管理方法,加强对生产过程的分析、评价和判断。围绕质量管理,首钢京唐注重以创新突破管理中的瓶颈,解决短板问题;对先进企业的管理方法,结合自身实际进行开创性地运用。通过主动学习国内外先进企业精益生产的管理经验,首钢京唐以信息资源的时效性、工序流程的稳定性、管理体系的有效性,做好生产环节控制、质量检验流程完善等重点工作,产品质量的稳定性得到了持续提升。同时,首钢京唐全面落实质量目标和过程绩效指标,积极推进 ISO9001 和 IATF16949 质量管理体系换版认证。以炼钢连铸、热轧精轧和冷轧镀锌工序为样板,首钢京唐利用六西格玛科学管理工具,初步建立起首钢京唐 TS16949 标准运行评价指标体系,进一步强化过程控制管理……

2020 年 3 月底,首钢京唐钢后七大工序 SPC(统计过程控制)控制体系建成运行,标志着首钢京唐从产品合格率管理向精准精细的过程管理迈进了一大步,为首钢京唐高质量发展提供了强力支撑。SPC 控制体系通过控制图可以辨别人、设备、材料、工艺方法、测量系统,以及环境对过程的影响因素,寻找引起波动的普通原因和异常原因,以便及时采取措施,为操作技能提升、设备维修、产品改进、工艺优化等提供必要的依据和数据支撑。首钢京唐制造部以此引导各单位优先抓重点,并指引作业区开展过程指标的攻关和改进。采用 Cpk≥1.0 完成率作为评价指标,以季度评价水平为基准,以每个季度过程能力进步率分档进行考核。其中,冷轧部是 SPC 控制的重点单位。通过 SPC 控制体系的应用,首钢京唐 1 号酸轧 3 号箱乳化液温度、4 号镀锌露点的过程控制能力明显提升,中厚板事业部 4300 产线终轧温度也初步实现了"以过程保质量"的管理目标。

此外,首钢京唐先后围绕焦化四大机车、烧结工序、料场堆取料机组织实施了智能化改造项目。烧结智能控制无人操作项目的实施,使首钢京唐烧结矿质量、过程控制稳定率等指标得到较大改善,烧结矿碱度稳定率达到 98% 以上,氧化亚铁稳定率达到 99% 以上,返矿率降低至 2.78%。

在首钢京唐,对标工作已经不仅仅是为了实现某个指标而做出的临时性举措。通过先进标杆引领,不断赶超标杆,对标工作现已成为每一名首钢京唐人的自觉。

(《中国冶金报》2020 年 12 月 10 日,作者:杨立文)

冰雪嘉年华首钢园开幕

北京市最新一处潮流运动新地标——首钢极限公园近期变身冰雪世界,成为适合全家出游的冰雪乐园。今天,随着石景山区 2020 年首届"冰雪嘉年华·首钢园冰雪汇"在这里拉开帷幕,首钢园冰雪汇将开始对外开放,为市民再添冬季休闲游乐新去处。

迈进极限公园,人工造雪覆盖了原本的水泥赛道,冰天雪地尽入眼帘。这座冰雪主题乐园占地 3800 平方米,白色雪地映衬下,彩色的拍照墙、轮胎围栏等更加鲜艳,美食市集让观众在嬉雪的同时还可以品尝热气腾腾的特色小吃。

十余种雪上游戏项目能让各个年龄段的观众找到冰雪运动的乐趣。雪圈大回转、儿童挖掘机、雪上坦克、雪地悠悠球、淘气堡……童趣满满的游乐项目适合儿童游客,年轻人可以选择单板乐园等充满挑战性的项目。园区内还有一处专门为婴幼儿准备的自由戏雪乐园区域,能够满足全家老小一同娱乐。

市民可通过"首钢园运动中心"微信公众号或订票平台提前购买首钢园冰雪汇的门票或套票,建议提前预约购票。

(《北京日报》2020 年 12 月 26 日,作者:潘福达)

文 选

◎ 责任编辑：马　晓

深入推进管控体系和管理能力建设
争当新时代高质量发展排头兵

——在中共首钢第十八届委员会第六次全体(扩大)会议上的报告

首钢党委书记、董事长、总经理　张功焰

(2020年1月9日)

同志们:

现在,我受集团党委常委会委托,向党委全体(扩大)会报告工作,请予审议。

一、2019年工作回顾

2019年,对首钢人来说是一个特殊的历史年份,我们在迎来新中国成立70周年的同时,也迎来了首钢建厂100周年。我们以习近平总书记在首钢园区视察慰问时的重要指示为动力,深入学习贯彻党的十九大和十九届四中全会精神,认真落实市领导"双调研"讲话要求,面对复杂严峻的外部环境,保持战略定力,坚持保生存求发展,坚持改革创新,团结带领广大党员干部职工攻坚克难、奋发有为,全年营业收入2015亿元,实现利润51.2亿元,处理历史遗留问题后报表利润26亿元。

一年来,重点抓了以下几件大事:

一是深入学习贯彻习近平总书记在首钢园区视察慰问时的重要指示精神。2月1日,习近平总书记到首钢园区视察慰问,给首钢干部职工拜年,对园区的规划建设、产业转型、风貌保护、生态建设等方面给予肯定,作出重要指示,这是对首钢的亲切关怀和巨大鼓舞,全集团干部职工倍感温暖、倍感振奋、倍感自豪。我们召开十八届五次全体(扩大)会议,深入学习、深刻领悟、系统安排,组织广大干部职工以更加饱满的热情、更加奋发有为的精神状态,把总书记的亲切关怀和重要指示转化为推动首钢改革发展的强大动力,牢记总书记嘱托,高标准服务保障冬奥;落实总书记要求,推动首钢高质量发展。我们更加深刻认识到,必须始终坚持以习近平新时代中国特色社会主义思想为指导,不断谱写百年首钢发展新篇章。

二是圆满完成庆祝新中国成立70周年重大活动保障任务。以高度的政治责任感加强组织领导,以"精精益求精,万万无一失"的态度履行承诺,以"最高标准、最严要求、最好状态"做到极致,全力以赴完成十多项服务保障任务。在举世瞩目的国庆盛典上,由首钢制作安装运行的巨幅网幕"五星红旗"、七棵特效光影"烟花树"让世人震撼;在阅兵预备役方队、群众游行"艰苦奋斗"方阵、彩车驾驶、联欢文艺演出、高空焰火阵地围挡以及广场大型花坛等保障任务中,首钢干部职工以对党和国家的忠诚,展示了新时代首钢人的风采。同时,股份、京唐、长钢、矿业等单位严格落实政府要求,精心做好安全环保保障工作。我们更加深刻认识到,荣耀的背后是奉献、成功的底色是担当,只有讲政治、讲奉献、讲担当,才能不负党和国家信任、市委市政府重托,才能为百年首钢发展营造更好环境。

三是扎实开展"不忘初心、牢记使命"主题教育。按照"守初心、担使命,找差距、抓落实"总要求,精心制定方案,严密组织实施,派出巡回指导组加强督促指导,全过程抓思想认识、检视问题、整改落实、组织领导"四个到位"。集团领导班子坚持以上率下,带头学习研讨讲党课;深入基层调研发现解决问题94个;全力抓好"8+1"专项整治;对照党章党规和职工期盼开好专题民主生活会,查摆解决问题11个,推动集团主题教育不断深入,党员干部取得了理论学习的收获、经受了思想政治的洗礼、锤炼了干事创业的担当。我们更加深刻认识到,"不忘初心、牢记使命"是永恒的主题,必须始终在百年首钢强企报国的担当中践行初心使命,不断增强思想自觉和行动自觉。

四是精心组织首钢建厂100周年系列纪念活动。市委市政府高度重视首钢建厂百年,蔡奇书记、陈吉宁市长来首钢"双调研",慰问"首钢工匠",作出重要讲话,表示热烈祝贺,给予高度评价,指明发展方向。我们以"继承光荣传统、再创首钢辉煌"为主题,在隆重热烈俭朴的氛围中,突出职工参与、形式多样,突出厚重历史、文化传承,突出使命践行、筑梦奋斗。从上万人参与的主题LOGO征集、3万次厂史PK排位赛、6万职工"健步走"、10万人次"首钢挚友APP"答题,到分批组织劳模先进、多业多地和退休职工"回家看看",极大增强了首钢"大家庭"凝聚力;从"风华正茂"书画摄影展、百年厂史巡展、《百年首钢》丛书、《世纪圆梦》画册、《世纪征程》宣传片、主题原创话剧,到百个历史事件、科技成果、珍贵档案、专题版面,深度诠释了百年首钢精气神;从迁建的厂东门广场开放、"城市复兴"论坛,到中宣部"壮丽70年·奋斗新时代"大型主题蹲点采访、央视《百炼成钢》五集专题片等,充分展示了百年首钢新风采。我们更加深刻认识到,百年首钢最根本的内在优势是坚持强根固魂,最强大的动力引擎是坚持改革创新,最可靠的力量源泉是坚持以人为本。

在抓好几件大事的同时,我们坚持把方向、管大局、保落实,统筹推进全集团各项重点工作。

(一)坚持主动加压,产业发展不断加快

钢铁业在做优做强上取得新进展。围绕打造五大优势,不断提高经营能力,持续激发内生动力,取得了来之不易的经营成果,为集团发展作出重大贡献。汽车板实现上汽大众和日系品牌供货量倍增,进入丰田供应体系,1000MPa级酸洗复相高强汽车板国内独家供货奔驰;取向电工钢超薄产品连续两年国内市场占有率第一;镀锡板DR材同比增长54%。滑雪大跳台和新首钢大桥全部使用首钢耐火耐候钢和桥梁板。获华晨宝马"质量卓越奖"、西门子全球最佳供应商等奖项。钢铁业研发投入比例达3%,获行业及省部级以上科技奖励17项。在股份、京唐推进"一院多中心"改革,贵阳等5家企业通过国家高新技术企业认定。股份实现全炉役碳氧积均值0.0016,京唐特大型高炉大比例球团冶炼突破56%,达到国际先进水平。积极落实环保停限产要求,安排6座高炉大中修,克服工期紧、项目多、难度大的挑战,精心组织高炉恢复和快速达产达效。坚持"挂图作战、做大蛋糕",开展小指标竞赛,铁钢材全面超产,多次刷新生产纪录。坚持"三个跑赢"、对标找差,深挖降本增效潜力,京唐生铁成本首次排名行业第二;四个专项成本有效控制,股份、长钢等多项指标创历史最好水平。京唐二期一步参战单位主动加压、协同作战,特别是围绕项目合规日夜盯办,确保工程顺利建成投产,再次展现了首钢人当年搬迁调整时的精气神。MCCR、高强镀锌、高强酸洗等产线相继投产,3号高炉一个月即达到设计产能。秘铁二期抢抓市场机遇,快速达产并满负荷生产,资源保障能力不断提升,中首创利23.6亿元。马城铁矿破解矿权政策变化难题,取得采矿权许可证,顺利通过项目核准;杏山、唐首马地采按计划推进。

新产业在拓展外部市场中取得新成绩。坚持市场导向,发挥自身优势,抢抓机遇,积极作为。股权平台进一步发挥平台作用,整体销售收入和利润超计划、超同期,外部市场份额首次超过内部市场。首建合同签约额历史性突破100亿元,首自信自主研发的智能仓储系统在马钢、莱钢等企业推广。环境产业生活垃圾处理量及发电量创历史最好水平,长治生物质项目点火试运行,建筑垃圾处理技术推广到江苏张家港等项目,自主创新的电磁波污染土处理技术实现工程化应用。矿业固废资源综合利用产能突破1000万吨,绿色建材产品打入京津冀鲁等区域市场。静态交通大兴国际机场停车楼投入运营,获首都国际机场停车楼经营权,业务覆盖京沪四大国际机场。建成二通公交立体停车楼,形成具有自主知识产权的立体车库控制系统,大兴明月湾公交场站项目有序推进。房地产业推进土地盘活,加快资金周转,深耕北京、贵阳、重庆、成都等区域市场,取得近年来最好的经营结果。体育产业加强篮球、冰球等俱乐部建设,举办首届中国棒球职业联赛,首钢体育品牌影响力不断提升。

产融结合在体现价值中取得新突破。积极对接资本市场,发挥金融服务功能,为集团产业发展和整体效益提供有效支撑。通钢债务优化取得突破性进展,12月11日司法裁定批准重整计划,进入重整执行阶段,创近十年来企

业司法重整最快纪录,实现"快进快出、年内完成"的目标。股份资本运作取得实质性进展,引入战略投资者,实现交叉持股,优化股权结构,为后续资本运作创造有利条件。财务公司资金归集与结算功能进一步完善,搭建票据池和境外资金归集平台,对集团综合贡献达18亿元,为集团提高资金使用效率和京唐二期一步工程建设发挥重要作用。基金公司深入总结发展历程、系统谋划发展战略,进一步明确投资方向,完善风险评级和管控机制,加大投后管理力度。药明康德、北汽新能源等投资项目顺利退出,获得良好收益。成功引入全国社保基金,助力国际人才社区建设。香港首控与基金公司协同运作,突出主业,五家上市公司首次全面实现盈利,首长国际、首钢资源市值双破百亿。

(二)坚持统筹推进,园区开发建设提速

北京园区积极实施三年行动计划。开发建设取得新进展,厂东门开放、新首钢大桥通车,长安街西延线全线贯通,北京园区以开放的姿态融入首都城市发展。滑雪大跳台成为首个正式投用的北京冬奥会比赛设施。基础设施和生态环境明显改善,山—水—工业遗存特色景观初步形成。冬奥广场等三个片区已开工项目全部取得前期手续,正加快建设。产业生态逐步建立,中关村智能创新应用产业园、AI产业应用研究院等落地运行,开展5个系列、23家企业参与的AI示范应用。泰山体育、腾讯体育视频等一批符合园区产业定位的重点企业落地。圆满完成中芬冬季运动年开幕式、冬奥吉祥物发布、沸雪世界杯等重大活动服务保障,进一步扩大了园区国际影响力。北区规划成果获"国际城市与区域规划卓越奖"。

曹妃甸园区稳步推进。开展资产盘活、资金回笼。推动公共服务落地,中科院幼儿园开园授课。配合地方政府推动招商引资,举办钢铁产业链招商推介会,产业先行启动区累计引入项目23个,发挥了京津冀协同发展的载体作用。

首秦园区迈出转型发展第一步。首钢赛车谷开园试运营,坚持"高端、特色、集成",完成核心区规划调整,钢铁赛道、卡丁世界、直线竞速等项目投入使用,"华家班""恩佐超跑"入驻园区。成功举办多场国际、国家级汽摩赛事,初步形成了赛车谷的品牌和社会影响力。

(三)坚持市场化改革方向,企业活力不断释放

组织体系进一步优化。规范集团法人单位公司章程,完善党委会、董事会、经理层议事规则和"三重一大"决策实施办法,实现决策事项清单化,进一步明确党组织在法人治理结构中的法定地位和决策程序。

全面梳理集团存量资产,开展资本运营顶层设计,完善经营计划评价体系。完成6家单位管理关系优化。建立集团资产评估体系,承接国有资产评估管理权限下放,完成评估备案176项,防范资产流失风险。业务体系进一步完善。推动权力清单、规章制度、风控体系和信息化建设的有机结合。集团权力清单升级为3.0版,进一步向平台公司下放权力、向培育产业扩大授权。制度建设实现提质减量,全年颁发制度34项,废止43项。完善风控体系建设,简化风控手册,建立评价体系,开展内控检查。加快信息化建设,坚持业务引领,推动管理流程优化。经过两年努力,产销一体化项目在股份、京唐上线,实现与集团管控信息系统集成,业务处理效率大幅提升,订单评审时间从24小时缩短为10秒,热轧排产时间由1小时缩短到20分钟。财务一体化系统在367家单位上线,初步实现投资计划—预算管理—资金支付的业务集成。内部市场化机制逐步形成。建立投资回报机制,坚持正向激励,在中首、基金公司、财务公司和房地产开展试点,全年上交利润7亿元。建立内部债务清偿机制,颁发管理办法,成员单位归还集团借款30.9亿元,各单位间完成倒抵账55亿元、两年累计158亿元。严格落实工资总额决定机制,突出效率效益导向,强化工资是挣出来的理念,发挥薪酬分配制度激励作用,激发企业活力。

提质增效持续推进。坚持与工效挂钩机制结合、与企业退出工作联动、与人员结构优化协同,深入推进转型提效,钢铁业实物劳产率820吨/人·年,同比提高9.3%,股权平台在岗职工销售收入劳产率123万元/人·年,同比提高7.7%。持续推进企业退出,统筹谋划、加强协同,敢啃"硬骨头",全年完成54家,铸造厂、电力厂等一批想解

决而没有解决的退出项目取得突破,连续三年被评为市国资委专项工作成绩突出单位。北京地区"三供一业"完成实物和管理移交;12家京外企业签订移交协议,6家完成移交。完成首钢医院改制,形成矿山医院、泰康医院改革方案。

(四)坚持国企担当,切实履行社会责任

强化安全主体责任。常委会定期研究安全生产工作,完成8个单位双重预防机制和49个本质化安全试点区域建设。针对老工业区改造的特点和边施工边组织重大活动的管理难度,多措并举,压实园区安全管理责任。组织内部专家对北京地区5家重点单位进行安全检查调研,促进责任体系、制度体系、考核体系不断完善和有效落实。持续提高环保水平。绿色发展和精细化管理水平不断提高,绿色行动计划持续推进。在重大活动期间,各单位领导带班值守,干部职工放弃节假日休息,既圆满完成环境质量保障任务,又保证了生产的安全顺稳。在唐山市重污染天气钢铁行业应急减排绩效分级评比中,股份公司被评为唯一A类企业,成为钢铁行业超低排放标杆。顺义冷轧获国家级"绿色工厂"称号。

大力加强信访维稳。贯彻"积案化解年"各项要求,认真落实主体责任,下大力气提升信访办理质量,强化排查化解、预警预控、会商调处、应急处置全方位管理。迁安矿区户口、铸造村14号楼等一批信访突出问题化解工作取得实质性进展。集团信访总量同比降低14%,得到上级充分肯定。落实"接诉即办"要求,制定实施方案,狠抓责任落实,确保事事有着落、件件有回音。

积极开展扶贫帮困。响应党中央打赢脱贫攻坚战要求,落实市委和市国资委党委决策部署,在对口帮扶的贫困地区推进产业扶贫项目,带动当地300人就业。首钢技师学院深入贫困地区招收45名学生。广泛开展消费扶贫和多种形式的公益捐赠活动,持续做好"一企一村"结对帮扶工作。技术研究院青年党员张侠洲参加北京市援藏任务。各单位深入开展"送温暖"活动,累计筹集拨付资金1802万元,为困难职工雪中送炭。

(五)坚持全面从严治党,不断取得新成效

全年召开常委会18次、研究议题121项,其中研究党建议题68项,占总数的56.3%,严格执行常委会带头落实全面从严治党主体责任的规定,推动各项工作落实。

加强党的政治建设。强化理论武装,发挥党委中心组理论学习带头作用,围绕宣传贯彻习近平新时代中国特色社会主义思想,组织集中学习25次、交流研讨8次。召开"以高质量党的建设推动首钢高质量发展"为主题的"三创"交流会,总结党建工作实践,交流基层典型经验,在全集团营造加强和改进新时期国企党建工作的浓厚氛围。出台加强党的政治建设的工作措施,健全制度、完善机制、明确抓手,把坚定政治信仰、强化政治领导、提高政治能力、净化政治生态的工作要求进一步制度化、规范化和具体化。独立设置集团党委巡察工作办公室,修订完善工作制度,聚焦坚持党的领导、加强党的建设,对6家单位开展政治巡察,充分发挥政治监督作用。

加强宣传思想工作。突出抓好庆祝新中国成立70周年和首钢建厂100周年系列宣传教育活动。组织"不忘初心首钢人、建功立业新时代"巡回宣讲报告会,持续开展"首钢之星"评选表彰和"首钢人的故事"宣讲活动。加强对外宣传,中央和北京市主流媒体多角度、高频次报道首钢园区建设,引起社会热烈反响。深刻认识意识形态工作的极端重要性,分解任务清单,建立党委及时研究、定期通报工作机制,做到责任落实到位。制定网络舆情信息管理办法,加强对群体上访等重大事项意识形态风险评估、源头管控,提高舆情应对与危机处置能力,为改革发展创造良好的舆论氛围。

加强基层党组织建设。开展基层党建突出问题专项整治,进一步规范基层党组织设置,组建基金公司、体育公司党委,京外、境外独立法人单位党组织做到应建尽建,981个基层党组织完成换届。学习贯彻《中国共产党支部工作条例(试行)》,879名基层党支部书记参加集中轮训,组建宣讲队开展9场专题培训、2900余名基层专兼职党务人员参加。京唐党委实施"严、专、实、真"四字工作法,长钢轧钢厂党委深化党建与经营生产"三个融合",矿业水厂

铁矿汽运作业区党支部践行"人争第一、事创一流"精神追求,园服公司冬奥物业事业部党支部更新理念促转型、牢记使命再出发,基层党组织创新实践各具特色,战斗堡垒作用和党员先锋模范作用得到充分发挥。

加强干部队伍建设。落实党中央干部选拔任用条例,完善修订领导人员选拔任用办法,优化领导人员任免权力清单,对领导人员选拔任用程序及基础管理工作进行系统性规范。适应企业发展需要,调整配备领导人员192人次,加快优秀年轻领导人员培养锻炼,注重在基层一线和艰苦地区培养选拔,"80后"晋级8人,占全年晋级领导人员的26.7%。完成市场化选聘集团公司职业经理人副总经理。对聘任期满的直管职业经理人开展履职情况调研,完善管理机制。择优选拔70名同志参加青年干部特训班,做好结业学员的工作安排和跟踪评估。

加强党风廉政建设和反腐败工作。召开党风廉政建设工作会议,制定反腐倡廉主要任务分工方案,全面完成36项重点任务。认真贯彻全市领导干部警示教育大会精神,开展"以案为鉴、以案促改",扎实推动9个方面29项具体工作。集中整治形式主义、官僚主义突出问题,努力为基层单位减负。积极落实市管企业纪检监察体制改革要求,设立纪委监察专员办公室,出台纪检监察体制改革实施方案。以巡察监督为统领,完善联合监督体系,形成"10+1"模式,开展15项工作,围绕私车公养、护照管理等问题进行"5+1"专项检查。运用监督执纪"四种形态",加强党员干部纪律约束,全年处理138人,其中给予党纪处分17人,保持正风肃纪高压态势,积极营造良好政治生态。

加强党的群团工作。大力推进新时代产业工人队伍建设,制定实施首钢工匠评选管理办法,命名表彰了刘宏、郭玉明等12名首届首钢工匠,在广大干部职工中引起强烈反响,切实发挥了高技能人才的引领示范和辐射带动作用。广泛宣传工匠事迹、工匠精神,涌现出国家级创新工作室5个、省部级创新工作室37个,王涛、张钊夺得"中德职工焊接对抗赛"冠军。共青团围绕纪念"五四"运动100周年,深入开展争创青年先锋号、最美青工评选等系列活动,引导青年职工立足岗位成长成才、建功立业。

百年首钢,在中华民族危难之际诞生,伴随着共和国的脚步成长,在改革开放中壮大,在历史交汇的时代大潮中跨越提升。100年在人类历史长河中只是弹指一挥间,但对首钢来讲,这是风雨兼程、沧桑巨变的100年,是一部大气磅礴的创业史诗,是中国钢铁工业发展的真实缩影,是中国社会巨大变化的生动写照。百年恰是风华正茂,一年来,我们坚定信心,全力以赴,较好地完成了各项任务。这些工作的开展和各方面成绩的取得,是市委市政府亲切关怀、坚强领导的结果,是首钢各级党组织和全体党员干部职工众志成城、砥砺奋进的结果。在此,我代表集团党委向大家致以崇高的敬意和衷心的感谢!

在总结工作、肯定成绩的同时,我们还要客观认识到首钢高质量发展的基础还不牢固。负债高、利息重、风险大的局面没有根本改变,资金紧张的矛盾依然非常突出,只讲投资不讲回报的投资冲动仍然存在。钢铁业抵御市场风险的能力还不高,新产业市场竞争力还不强,园区开发建设"亮而不热"的问题亟待破解。体制机制改革深层次问题系统思考不足。人才工作短板依然明显。全面从严治党还需要进一步深化。对这些问题,我们要高度重视,在今后的工作中切实加以解决。

二、2020年的形势和任务

2020年是全面建成小康社会和"十三五"规划的收官之年,也是百年首钢新征程的起始之年。我们要认清形势、提高站位、谋划长远,打基础、交好账、开好局,深入推进管控体系和管理能力建设,争当新时代高质量发展排头兵。深刻认识党的十九届四中全会赋予国企改革的使命任务。党的十九届四中全会是一次具有开创性、里程碑意义的重要会议。全会作出的《决定》,全面回答了在国家制度和国家治理上,应该"坚持和巩固什么、完善和发展什么"这个重大政治问题,是我们党治国理政的政治宣言书。《决定》明确提出"增强国有经济竞争力、创新力、控制力、影响力、抗风险能力""完善中国特色现代企业制度",进一步为国企改革指明方向。市委十二届十次全会通过的贯彻《决定》的《实施意见》,对积极构建更加有效的首都治理体系、持续优化提升首都功能、切实提高治理能力作出部署。我们要深刻认识国有企业在国家制度和国家治理中的使命任务,承担起首钢作为国企改革"双百行动"企业的重要责任,进一步提高政治站位、增强政治自觉,进一步落实《首钢全面深化改革的指导意见》"推进管控体系和管理能力建设,大踏步跟上时代潮流"的目标要求,在"深"字上着力、在"改"字上突破、在"实"字上见功,系统谋划,精准施策,迈出改革新步伐,激发企业新活力。全面落实市委市政府对首钢高质量发展的工作要求。2019 年 9 月 17 日蔡奇书记、陈吉宁市长"双调研"对首钢发展寄予厚望、提出更高要求。一是进一步明确了首钢发展的战略目标,指出首钢要深入贯彻习近平总书记对北京重要讲话精神,开拓进取、向上奋斗,进一步成为国有企业改革的先行者、高质量发展的排头兵,打造世界一流的综合性大型企业集团,再度书写百年传奇。二是进一步明确了首钢高质量发展的工作方向,指出要聚焦钢铁主业做优做强,为钢铁强国作出应有贡献;抓住首都发展的契机,做好城市综合服务商;坚持产融结合;抓好曹妃甸园区、首秦园区建设,推动京津冀协同发展;要深化改革,提升市场化、现代化经营水平。三是进一步明确了着力打造新时代首都城市复兴新地标的重点任务,指出要围绕"四个复兴",继续加大工作力度,完善区域规划体系、保护利用工业遗存、优化产业生态体系、改善生态环境、优化交通组织、服务保障冬奥会、完善区域治理体系。市委市政府的工作要求,既一脉相承,又系统深入,具有很强的针对性和指导性,是我们开启百年首钢发展新征程的重要遵循。我们要结合"十四五"规划制定,深入贯彻新发展理念,在目标上更加具体、在路径上更加清晰、在举措上更加有力,弘扬首钢精神,发挥百年优势,大力推动首钢高质量发展。准确把握当前环境给首钢发展带来的严峻挑战。从宏观形势看,我国经济稳中向好、长期向好的基本趋势没有变,同时我国正处在转变发展方式、优化经济结构、转换增长动力的攻关期,结构性、体制性、周期性问题相互交织,"三期叠加"影响持续深化,经济下行压力加大。从钢铁行业看,产能不断释放,需求难有起色,供强需弱"紧平衡"的基本面仍将继续,市场竞争将更加激烈,企业经营挑战将更加严峻。从首钢自身看,今年将是园区开发十分关键的一年,既有"三年行动计划"的硬任务,又有市新首钢领导小组第六次会议的新要求,面临着外部市场环境严峻复杂、改革发展任务艰巨繁重等多重挑战,特别是化解集团债务矛盾进入十分紧迫的"窗口期"。百年首钢站在新的起点上,承载着历史的责任和职工的期盼,各种挑战考验着我们的决心和意志、能力和水平。我们要牢牢把握首钢从保生存求发展、到健康可持续发展、再到高质量发展,一切工作的出发点和落脚点都在扎扎实实打基础上。保持清醒头脑,保持战略定力,毫不动摇地把打牢高质量发展基础作为今年乃至今后一个时期的工作主线,下决心向改革要动能、向创新要动能,努力在提高运营效率、提升经营效益、改善资产质量、打造竞争优势上下功夫。

2020 年首钢总体工作思路是:以习近平新时代中国特色社会主义思想为指导,深入学习贯彻党的十九届四中全会精神,落实市委市政府各项工作要求,紧扣打牢高质量发展基础工作主线,加强党的建设,保持战略定力,坚持稳中求进,深化改革创新,全面完成"十三五"目标任务,系统谋划"十四五"规划,开启百年首钢发展新征程。

2020 年首钢主要经营指标安排是:营业收入 2065 亿元,利润水平 48.2 亿元,解决历史遗留问题后利润安排 26 亿元,尽最大努力化解债务,资产负债率 71.6%。

(一)着力夯实高质量发展基础

推动首钢高质量发展是一项紧迫而长期的战略任务,未来三年左右时间,我们要继续在企业健康可持续发展上狠下功夫,为推动高质量发展奠定坚实基础。

持续推进产业聚焦。高质量发展就是要改变过去"铺摊子"的传统发展模式,实现从"有没有"到"好不好"、从"体量优势"到"质量优势"的根本转变。长期以来,首钢投资企业多、涉及经济门类多,一些产业竞争力弱、投资效益差成为制约首钢发展的瓶颈问题,产业聚焦是推动首钢高质量发展的必然要求。"十三五"规划中期评估时,集团党委在综合分析外部发展环境、首钢产业发展现状和资源禀赋的基础上,初步提出:围绕集团发展战略,聚焦钢铁业、园区、新产业和产融结合四个方向。集团上下要强化共识,认真总结"十三五"规划实施情况,把产业聚焦作为"十四五"规划的重要内容,紧紧围绕四个方向深入研究,进一步明确具体目标、实施路径和重点举措,以更大的决心、更大的力度,加快改变产业发展中仍然存在的"散弱小"局面。持续推进企业退出。这项工作直接关系到产业聚焦和企业健康可持续发展。通过几年来的实践,大家越来越深刻认识到:成立新企业、做增量是生产力,企业退出、做减量也是生产力;退出僵尸企业、劣势企业刻不容缓,退出不符合主业发展方向的企业也势在必行。企业退出工作要坚持应退尽退、应退早退,既要加快退出持续亏损的企业以及境外SPV公司,又要下决心谋划非主业资产的战略性退出。集团公司和各单位要加强协同、统筹推进,确保今年退出70家,推动37家完成退出节点目标,全面完成三年退出计划。持续推进转型提效。不断提高劳动效率是应对激烈市场竞争的迫切需要,更是首钢高质量发展的基本要求。首钢五年转型提效成果绝不仅仅体现在人数减少上,更重要的是以转型提效为抓手,倒逼企业综合竞争力的提高。要坚定不移推进转型提效工作。钢铁板块要继续大力提高主业劳产率,更要关注全员效率;在确保人数持续下降的同时,做好人员接续和结构调整。对任务型单位严格定员编制管理。各单位要加强固定期劳动合同续签管理,严格考核评价,择优续签,真正实现人员能进能出。园区管理部要大力压缩费用,清理替代外委外包,促进降费、分流。持续改善资产质量。关键是要把集团资产负债率控制在合理水平,这是国资监管的重要指标,更是企业健康可持续发展、提高经济效益的必然要求。解决这个问题需要综合施策,既要做好生产经营,提升盈利能力,增加现金流入,又要盘活存量资产,用好土地资源。各单位要树立大局意识,强化责任担当,下决心抓好四件事:一是抓好现金流管理。继续在存货、应收、应付管控上狠下功夫,降低资金占用,提高资金周转效率;坚持"一支笔"审批,严控费用支出。二是强化投资管理。坚决克服投资冲动,严禁举债投资,完善投资负面清单,引导谨慎理性投资。各单位要用好投资权力,承担起投资决策的管理责任。加强项目后评价和违规投资责任追究。三是经营现金流有能力的企业要优先偿还外部和财务公司贷款,偿还集团总部借款,加大内部互欠清理力度,严控新增内部债务,降低资产负债率。四是各单位要高度重视和加强产权登记、土地房屋权属等资产合规管理工作,为资本运作打好基础,落实在京土地盘活。

(二)着力提升产业竞争实力

坚持创新发展、开放发展、绿色发展,遵循行业发展规律,不断提高经营管理能力,增强产业的竞争力和影响力。

钢铁业要加快打造竞争优势。持续打造五大优势,深入推进"制造+服务"战略,"三地"要在高端市场增强核心竞争力,外埠企业要追求极低成本、专注区域市场。京唐二期一步达产达效是全年工作的重中之重,要努力实现中板产线盈利,确保MCCR产线当期经营不失血的底线。持续打造产品优势,做好新产线达产达效,中板产线尽快完成产品大纲全覆盖,资源配置向盈利强的产品和用户渠道倾斜;MCCR产线要突破薄规格高强钢板的生产,开发"以热代冷"产品;酸洗产线充分利用装备和基料优势,全面优化产品结构和用户结构,实现产线满负荷生产。汽车板重点提升外板质量,瞄准日系、德系等高端用户,实现外板高水平批量稳定供应;高强镀锌产线重点拓展1000MPa以上等级产品。电工钢挖掘产线潜能,解决中高牌号薄规格产销矛盾,聚焦新能源汽车用钢开发。发挥镀锡和镀铬的综合优势,重点拓展海外市场高端用户,解决K板产品质量稳定问题。持续打造质量优势,深入推进质量分级"挂牌督办",基地在严格执行、评价和考核上下功夫,大幅降低划伤、锈蚀等管理质量缺陷;限期突破日系GA板表面质量及相结构控制、新镀层产品胶接及其与异种材料连接等技术难度大的瓶颈问题。持续打造成本优势,抓好全流程稳定高效生产,持续"做大蛋糕",发挥规模效益降本;狠抓"三个跑赢",对标找差,落实"双百工程",继续压降四个专项成本,在采购成本、产品单利、库存压降、吨钢增效上狠下功夫,深入推进科技降本、协同降本、市场运作降本。持续打造服务优势,深化全流程一贯制客户服务平台建设,完善三级客户服务体系,配置好关键用户专属服务团队;强化技术营销,持续提升EVI产品供应量,提供增值服务,增强客户粘性;全面推广智慧营销平台,构建"首钢—客户"生态圈,实现客户体验与供应链保障体系升级,提升客户满意度。持续打造技术优势,以高效制造、绿色制造、智能制造技术为方向,重点开展烧结和高炉利用系数提升、连铸和轧钢产线提速、固体二次资源循环利用、图像识别技术应用等方面的研发;深化"一院多中心"体系建设,强化技术研发协同,推动集团管控的科技创新项目统一论证、统一评审、统一管理。

园区开发要加大开放合作。北京园区已进入开发建设和招商运营并行的关键时期。要围绕打造新时代首都城市复兴新地标,深入贯彻落实三年行动计划和市新首钢领导小组会议要求,加快北区的产业空间载体建设和产业集聚。合理安排建设时序，在打造环境基础上，把资金和人力集中到能产生效益的产业空间项目上，细化工作计划，加大协调力度，大跳台片区、金安桥一体化交付使用，五一剧场等重点项目完成节点进度，国际人才社区上半年实现开工，织补工场部分地块启动建设。树立成本意识，在设计优化上下功夫，在追求实用功能上下功夫，落实限额设计和设备材料集中招采，切实降低开发建设成本并提升项目品质。园区开发最关键的是产业招商，这也是对我们最大的考验。要按照园区功能定位，积极打造"体育+"产业，探索"体育+科技""体育+文化""体育+电竞"等创新业态的组合，优化产业布局，突出自身特色，坚持聚焦发展。紧抓冬奥筹办机遇，系统策划，充分利用建成的场馆多举办赛事活动，聚集人气，促进产业培育。积极探索市场化专业化开发运营模式，加强首建投自身专业化队伍建设，深化与国内外优质资源在规划、招商、运营等环节上的合作。落实园区项目专项债，加快土地收益返还，实现园区开发资金统筹平衡。曹妃甸园区要坚持招商引资、谨慎投资、控制风险、理性把握开发节奏。确保全面完成房产去化和资产盘活，立足京津冀协同发展，利用好自贸区政策，配合当地政府做好招商引资。首秦园区要坚持汽车运动文化产业定位，加大资产盘活力度，进一步争取地方政府政策，坚持自我滚动发展，着力把建成的项目经营好，积极引入战略投资者。

新产业要坚持聚焦发展。对初步确定的新产业发展方向，要在细分领域进一步明确主业定位，专注核心业务，优化资源配置，坚持深耕细作。股权平台要推动新产业和传统产业进一步聚焦发展，沿着城市服务需求和钢铁产业链延伸两个方向，坚持有进有退，强化高效协同，拓展外部市场。城运公司要专注智能立体停车库的研发制造，以公交立体车库为突破口，强化技术研发能力，加快产品迭代升级，提升产品质量，立足北京市场，不断提高市场占有率。首长国际要专注停车管理业务，在抢占市场的同时，更要建立和不断优化标准化、规范化、程序化的业务体系，利用信息化手段打造智能化运营服务平台，快速做大做强、形成产业规模。环境公司要专注城市固废处理领域，加强核心技术研发，确定商业模式，明晰发展路径。长治生物质项目尽快达产达效，永清静脉产业园项目加快手续办理和开工建设，餐厨垃圾收运处和建筑垃圾处理项目要提升盈利水平、压降应收款项，土壤修复在确保园区开发需要的基础上拓展外部市场。房地产公司要瞄准行业标杆，加快开发节奏，加快存货去化，加快资金周转，用最少的资金占用实现最大规模的滚动发展；加快贵阳、重庆、成都等项目开发销售，确保项目盈利。园服公司要总结服务冬奥组委和沸雪世界杯等重大活动经验，加强学习培训和实战演练，提升园区赛事和活动服务保障能力；对标先进企业，树立成本意识，开拓增值服务，提高服务水平，满足客户需求，加快从服务运营向服务经营转变。

产融结合要进一步提升价值创造。坚持金融为实体服务，利用好资本市场，在为集团产业发展和重大项目建设提供资金支持的基础上，实现自身良性发展。财务公司要切实发挥集团资金管控平台作用，更好地为成员单位提供金融服务。加大票据盘活力度，提高使用效率；开设各单位投资专户，存储折旧和投资资金，建立资金支付监管机制；强化结算服务和资金监控，实现成员单位收付款结算业务全部由财务公司办理；做好境外资金归集，应归尽归，盘活归集资金，提供增值服务；完善内部单位授信评级体系建设和票据合规管理，严控操作风险、业务风险和信用风险，保证资金链安全。基金公司要持续提升投资、运营和风控能力。坚持市场化原则，聚焦产业方向，优化投资结构，持续提升盈利能力；在城市更新、医疗健康等领域打造专业化运营管理能力，通过管理赋能，挖掘企业价值，实现高收益的投资回报；加强投资项目全生命周期的风险管控，完善风险等级管理体系，择机退出，对警示类和损失类项目要高度关注、果断处置。香港首控要规范和强化管理，做强旗下上市公司主营业务，进一步提升盈利水平和上市公司市值，稳步推进资本运作，发挥境外融资功能，实现首钢境内与境外资本运作平台的互动。

（三）着力推进深化改革

改革是推动高质量发展的动力，要坚持市场化方向，以落实国企改革三年行动方案为契机，进一步解放思想、大胆探索实践，集团管控体系要更完善，市场化改革要有新突破。

深化集团管控体系改革。集团总部要始终不忘"提高效率、提高效益、提升价值"的改革初心，由夯实管理基础向价值创造深化，重点强化"管资本"职能。一是提升资本运营能力，建立集团资本运营体系，系统谋划、重点突破，提高股权融资规模，推进钢铁核心资产整体上市，推动具备条件的企业上市，集团资产证券化率达到50%以上，实现企业经营和资本运作并重协同发展。股份公司要提高市值管理能力。通钢既要抓好生产经营和职工队伍稳定，又要在上半年完成重整计划，现金流和效益努力达到债务优化方案的预期水平。二是提升法人治理能力，深化二级单位董事会改革，开展派出专职董事、聘请外部董事和外部董事占多数试点，优化董事会结构，提高科学决策能力。制订实施董事培训计划，培养一批专业化的专职董事队伍。三是提升绩效引导能力，组织开展领导人员第二任期目标评价，总结经验，完善办法，以资产质量和资本回报为导向，科学设计第三任期绩效指标体系。四是提升风险管控能力，开展风险分类分级评价，充分发挥法务、审计的作用，对集团有息负债、资产负债率、资金链安全等重大风险实行专项管理、严格管控，确保守住不发生重大系统性风险底线。开展合规体系建设，实现风险、合规、内控三个体系的有机融合。五是提升信息化支撑能力，集团管控信息化要继续在业务优化、系统集成、决策支持上下功夫。财务管控信息系统在合并报表单位全覆盖。财务共享中心、人事服务中心要坚持共享服务方向，扩大服务范围，降低管理成本。钢铁板块要用好产销一体化系统，倒逼管理变革，提高管理效率，提升精细化管理水平。

深化市场化机制改革。以市场化机制去工厂化管理，真正实现法人单位自主经营、自负盈亏、自担风险、自我约束、自我发展，夯实集团化改革基础。一是强化投资回报意识。进一步破除一些单位依然存在的重投资轻收益、花钱大于挣钱、上项目不考虑资金来源的惯性思维。扩大集团投资回报试点范围，逐步形成制度化，投资要讲回报，投资要有收益。二是以混改促经营机制转换，既抓好资本层面的"混"，又抓好机制层面的"改"。系统研究混改路径，更加重视合理设计调整股权结构，着力引入高匹配度、高认同感、高协同性的战略投资者，真正做实混改企业的董事会，探索建立科学高效的差异化管控模式。三是认真总结基金公司等单位市场化改革试点经验，系统梳理，形成以鼓励创新、容错纠错为导向的制度体系，为进一步推进市场化改革提供借鉴。

深化激励机制改革。突出鲜明一致的目标导向，充分发挥正向激励作用，进一步激发基层活力。一是学习先进企业混改经验，探索建立员工持股、股权激励、超额利润分享等长效激励机制，彻底革除"只享收益、不担风险"的积弊，实现员工与企业共享利益、共担风险、共同成长。二是做好实行中长期激励机制人员任期综合评价，根据评价结果决定薪酬升降，形成薪酬激励的长效机制。三是做好工资总额决定机制执行情况的总结分析工作，进一步完善并形成制度。各单位要兼顾当期和长远，做好以丰补歉，自主编制和执行好工资总额预算。对工资总额超发单位的领导班子严格落实考核，超发部分在下年度工资总额中相应扣减。

（四）着力培养高素质人才队伍

坚持人才强企战略，创新思路补短板，全面增强人才工作前瞻性、系统性、实效性，加快集聚适应首钢高质量发展需要的各方面优秀人才。

优化市场化选人用人机制。营造市场化选人用人的氛围，破除对高薪引进市场化人才心理不平衡、攀比的观念。全面总结职业经理人试点经验，完善选聘工作办法，建立工作流程指引。建立经营管理者与职业经理人的身份转换通道，试点推进经营层全员市场化选聘。优化完善市场化人才责权利相匹配的激励约束机制，厘清权责界面，制定权责清单，强化以经营效益为关键要素的考核导向，鼓励为企业长远发展做贡献的职业行为。坚持契约化管理，严格聘期绩效考核评价，实现市场化人才能进能出。用好首钢人才基金，加大对企业发展急需的高层次人才引进力度。加大核心人才激励力度。聚焦战略目标，总结典型经验，梳理共性问题，系统修订完善人才激励的政策制度。探索建立人才识别和考核评价机制，精准识别核心人才，建立核心人才库。各单位党委要切实履行人才工作主体责任，敢于打破思维惯性和条条框框，以激励约束机制改革为突破口，对掌握关键性技术、技能，为企业作出突出贡献的人才给予有市场竞争力的薪酬，留住用好人才、激发人才活力。要关心爱护核心人才，关注思想动态，帮助解决工作生活实际困难。各类荣誉表彰要向核心人才倾斜，形成尊重人才的良好环境。提升干部人才工作质量。坚持事业为上、因事定岗、依岗选人、人岗相适的选人用人原则，提高领导人员选拔任用的精准度和科学性。抓好《首钢领导人员选拔任用工作办法》的宣贯工作。制定成员单位党委副书记、纪委书记、工会主席规范化配备指导意见。面向今后5至10年发展需要，遴选100名左右的优秀年轻干部重点跟踪培养，稳步实施"85后"进领导班子计划,持续优化领导人员队伍年龄结构。优化培训机制,开办年轻领导人员脱产培训班。继续办好青年干部特训班。实施集团财务管理人员"选、培、用、评"全链条培养计划,逐步向紧缺专业、技术创新和工匠人才推广。发挥好"一院多中心"、人才开发院、技能大师工作室和职工创新工作室平台作用,加大各类人才的培养力度。

(五)着力提高党的建设质量

深入落实新时代党的建设总要求,进一步推动全集团各级党组织和党员领导干部切实担负起管党治党政治责任,巩固和拓展"不忘初心、牢记使命"主题教育成果,以高质量党建推动首钢高质量发展。

在提高政治建设质量上下功夫。传承和发扬首钢旗帜鲜明讲政治的优良传统,认真执行集团党委关于加强党的政治建设的工作措施和深化落实全面从严治党主体责任的实施办法,教育引导广大党员树牢"四个意识",坚定"四个自信",做到"两个维护"。严格落实党组织在法人治理结构中的法定地位,优化完善集团"三重一大"决策制度、党委会议事规则,推动党组织发挥把方向、管大局、保落实领导作用规范化。各级党组织要讲政治、抓作风、树正气,切实承担起净化涵养本单位政治生态的责任,确保集团党委决策部署全面贯彻落实。党员领导干部要严格要求自己,模范遵守党的政治纪律和政治规矩,严格执行党的组织生活制度。领导人员选拔任用要把政治标准放在首位,不断营造风清气正的选人用人环境。

在提高思想建设质量上下功夫。坚持用习近平新时代中国特色社会主义思想武装头脑,抓好集团党委《关于宣传贯彻党的十九届四中全会精神安排意见》的落实,开展宣讲培训,把党员干部的思想和行动统一到全会精神上来,把智慧和力量凝聚到打牢高质量发展基础的各项任务上来。强化各级党委中心组学习质量,确保学习效果。全面贯彻落实《中国共产党宣传工作条例》,牢牢把握"统一思想、凝聚力量"中心环节,不断提升宣传思想工作科学化、规范化、制度化水平。顺应媒体融合发展趋势,加强舆论宣传引导,讲好新时代"首钢人的故事",巩固全体干部职工团结奋斗的共同思想基础。抓好意识形态工作责任制落实,加强分析研判,强化阵地意识,严格审核把关,切实维护意识形态安全。认真执行首钢集团《网络舆情信息管理办法》,完善舆情管控与信访维稳双向联动机制,形成协同合力。

在提高组织建设质量上下功夫。以提升组织力为重点,推动党建工作和经营生产双向融合、双向促进。持续抓好《中国共产党支部工作条例(试行)》的学习宣贯,牢固树立党的一切工作到支部的鲜明导向,推广品牌党支部先进经验,扎实推进规范化建设,抓好支部书记和党务干部培训,发挥好党支部教育、管理、监督党员和组织、宣传、凝聚、服务群众的职责,引导广大党员发挥先锋模范作用。严格落实国有企业党的建设"四同步""四对接"要求,选好配强基层党组织负责人及党务干部,扎实推进党的组织有形覆盖、党的工作有效覆盖,全面实现基层党组织按期规范换届,着力解决组织建设"上热中温下冷"突出问题。贯彻落实党中央、市委关于国企党建工作的新制度、新要求,系统修订首钢党的组织专业制度,编制基层党建工作指南,加强检查落实,推动基层党建达到标准、抓出特色、创出先进。

在提高党风廉政建设质量上下功夫。以深化市管企业纪检监察体制改革为契机,推动全面从严治党向纵深发展。各级党委要切实扛起主体责任,完善落实党风廉政建设责任制,抓实党委主要负责人的第一责任和领导班子成员的"一岗双责"。各级纪委要全面落实监督责任,积极为党委主体责任落实当好参谋助手,确保主体责任、监督责任贯通协同、形成合力。构建作风建设长效机制,持之以恒纠"四风"、强作风、树新风,持续深入整治形式主义、官僚主义突出问题。继续发挥联合监督功效,形成全覆盖、无死角、零容忍的监督网络和高压态势。落实集团反腐倡廉教育培训管理办法,加强纪律教育,深化警示教育,运用好监督执纪"四种形态",强化日常监督执纪。深化政治巡察,优化完善巡察意见反馈及沟通协调机制,强化对整改落实的督导和巡察结果的运用,有效发挥巡察震慑遏制治本作用。加强自身队伍建设,打造一支业务精、能力强、敢担当、可信赖的党内纪律部队。

在提高党的群团工作质量上下功夫。工会组织要发挥好联系职工群众的桥梁和纽带作用,落实好直接联系职工、直接服务职工、直接维护职工权益的职责,健全完善困难职工救助帮扶体系,搭建职工普惠服务平台,丰富职工业余文化生活,努力为广大职工群众做好事、办实事、解难事。持续做好劳模评选、工匠培育选树,大力弘扬劳模精神、工匠精神。各级党委要关心和爱护青年职工,积极为广大青年职工成长成才搭建舞台。共青团要做好青年思想引领、推动青年成长,开展首钢"青字号"品牌创建活动,引导广大青年为推动高质量发展贡献青春力量。各级党委要加强对群团工作的领导,创新工作方式方法,鼓励和支持群团组织充分发挥作用。持续做好产业扶贫、就业扶贫、消费扶贫、公益扶贫等各项工作,助力受援地区打赢脱贫攻坚战。

同志们,承载着百年首钢文化积淀和改革创新基因,我们开启了首钢高质量发展的新征程。勇做国企改革先行者、争当高质量发展排头兵,是我们这一代首钢人肩负的历史使命。我们要始终不忘初心、牢记使命,志存高远、脚踏实地,全力做好今年各项工作,奋力开创新时代首钢改革发展新局面,为全面建成小康社会作出新贡献!

名词解释:

1. 碳氧积:是评价转炉复吹效果和终点控制水平的重要指标,也是生产高端产品的重要指标之一。碳氧积低表明在相同终点碳的控制水平下,钢水的氧含量低,有利于降低铁耗,减少脱氧合金消耗,从而减少脱氧过程中产生的夹杂物,提高钢水洁净度。

2. MCCR产线:是京唐二期一步建设的多模式全连续铸轧生产线,主要由高速薄板坯连铸机和全连续式轧机组成,可在一条产线内实现单坯轧制、倍尺多卷轧制、无头轧制等多种轧制模式,设计年产热轧钢卷210万吨,产品定位为"以热代冷"的热轧超薄钢卷和高强薄规格钢卷,产品强度等级达800MPa,具备1500MPa等级产品的开发能力。

3. SPV公司:特殊目的公司,指境内居民法人或境内居民自然人以其持有的境内企业资产或权益在境外以股权融资为目的而直接设立或间接控制的境外企业。这类公司没有注册资本的要求,也没有固定的员工或者办公场所,可以是一个法人实体,也可以是一个空壳公司。

全面完成"十三五"规划目标任务为首钢高质量发展奠定坚实基础

——在首钢集团第十九届职工代表大会第五次会议上的报告

首钢党委书记、董事长、总经理 张功焰

(2020年1月10日)

各位代表,同志们:

现在我向大会报告工作,请予审议。

一、2019年任务完成情况

2019年,对首钢人来说是一个特殊的历史年份,我们在迎来新中国成立70周年的同时,也迎来了首钢建厂100周年。广大干部职工在集团党委和董事会领导下,深入学习贯彻习近平总书记在首钢园区视察慰问时的重要指示精神,把国庆和厂庆激发出的爱国爱厂热情,转化为锐意改革创新、奋力攻坚克难、谱写百年首钢发展新篇章的强大动力。集团营业收入2015亿元,实现利润51.2亿元,处理历史遗留问题后报表利润26亿元。一年来主要做了以下工作。

（一）内部市场化改革持续深化

推进"双百行动"计划和改革综合试点,加大内部市场化改革力度,持续完善体制机制,坚定推进瘦身健体,企业发展质量不断提升。

集团管控体系持续完善。制定"双百行动"工作方案,抓住改革综合试点机遇,进一步细化措施、明确节点。梳理规范集团法人单位公司章程,修订党委会、董事会、经理层议事规则和"三重一大"决策实施办法,进一步明确党组织在法人治理结构中的法定地位,实现决策事项清单化,公司治理运行机制逐步规范。钢铁板块和股权平台管理体系进一步完善,管理能力持续提升。全面梳理集团存量资产,开展资本运营顶层设计,完善经营计划评价体系。建立集团资产评估体系,完成评估备案176项,防范资产流失风险。推进改制企业深化改革,首自信公司、首建公司等企业形成股权流转方案。落实市管企业纪检监察体制改革要求,设立纪委监察专员办公室,出台纪检监察体制改革实施方案。

内部市场化机制逐步建立。建立投资回报机制,坚持正向激励,中首公司、基金公司、财务公司和地产公司4家试点单位向集团上交利润7亿元。建立内部债务清偿机制,出台管理办法,成员单位归还集团借款30.9亿元,各单位之间完成倒抵账55亿元、两年累计158亿元。严格落实工资总额决定机制,强化工资是挣出来的理念,与效率效益挂钩制定工资总额预算,发挥薪酬分配制度激励作用,激发企业活力。完成市场化选聘集团公司职业经理人副总经理工作。对聘任期满的直管职业经理人履职情况开展调研,完善管理机制。

转型提效持续深入。钢铁板块各单位更加重视机制引导,股份推行"替改降扩增"五字工作法大力压缩外委外包;京唐用"减员不减奖"机制引导一期挖潜,支援二期建设;矿业细化人工成本管理,推行效益定员法;长钢、水钢、通钢持续推进基层改革、组织优化,市场压力传导机制更加完善;钢铁业劳产率820吨/人·年,同比提高9.3%。股权平台将劳动效率指标纳入项下企业领导人员考核,在岗职工销售收入劳产率123万元/人·年,同比提高7.7%。北京园区积极做好能源系统切换后的人员安置,52名职工走上自来水集团的新岗位。集团人数持续优化,五年累计净减3.6万人。瘦身健体坚定推进。三年退出计划实施以来,各单位对企业退出工作的认识越来越深刻,工作力度越来越大,敢啃"硬骨头",千方百计拓宽退出路径,全年退出54家,铸造厂、电力厂等一批想解决而没有解决的退出项目取得突破。完成6家单位管理关系优化。连续三年被评为市国资委专项工作成绩突出单位。全力推进"三供一业"移交,北京地区实物及管理移交全部完成,12家京外企业签订移交协议,6家完成移交。完成首钢医院改制,形成矿业公司矿山医院、特钢公司泰康医院改革方案。

（二）钢铁板块展现主业担当

钢铁板块直面外部市场严峻挑战和历史最严环保要求,围绕打造五大优势,坚持对标先进,深挖自身潜力,提高经营能力,积极消化供销两头市场95亿元减利因素,实现利润53.2亿元,经营现金流净额136亿元,经营成果来之不易,为集团发展作出重大贡献。

经营能力明显提升。积极落实和经济安排环保停限产要求,历史性开展6座高炉大中修,各单位周密部署、铆足干劲,高炉恢复均实现快速达产达效。坚持"挂图作战、做大蛋糕",开展小指标竞赛,钢产量2931万吨,创去产能以来的历史纪录,股份公司首次突破800万吨,京唐公司突破1000万吨,水钢公司、贵钢公司超额完成产量和利润计划,长钢克服全流程停产影响全面完成生产任务,打出了首钢人苦干硬干的精气神。坚持"三个跑赢",狠抓对标找差,深挖降本增效潜力,进口矿每吨跑赢4.6美元,钢材销售连续3年跑赢大势,京唐公司生铁成本首次排名行业第二,矿业公司精矿粉制造成本进入行业规模以上企业前三;4个专项成本有效控制,股份、长钢二次能源发电量创历史最好水平。坚持现金为王,努力压降"两金",经营现金流持续向好。长钢公司库存资金占用仅为当期销售收入25天水平,水钢公司钢坯库存控制在3000吨以下,板块外部应收大幅下降,进一步降低了经营风险。各单位结合自身实际,坚持以经济效益为中心,吨钢增效243元,有效抵御了市场冲击。充分发挥协同效应,股份公司、京唐公司、通钢公司、长钢公司开展焦炭、球团、烧结矿等资源互供,技术服务团深入外埠企业现场解决重点难点问题,取得良好效果。

产品结构不断优化。高端领先产品完成653万吨。EVI产品完成172万吨,同比增加21万吨。新产品完成44万吨,同比增长19%,新能源汽车电机用无取向电工钢实现全球首发,1200兆帕级冷轧复相汽车板等5项新产品国内首发。汽车板巩固华晨宝马和长城等车企第一供应商地位,上汽大众和日系品牌供货量实现倍增,进入丰田供应体系,1000兆帕级酸洗复相钢国内独家供货奔驰。镀锡板DR材同比增长54%。电工钢产量163万吨,其中取向电工钢薄规格比例达65%、超薄产品连续两年国内市场占有率第一,应用于张北—雄安特高压清洁能源输电工程。滑雪大跳台和新首钢大桥全部使用首钢耐火耐候钢和桥梁板。轻量化用钢供货华为5G基站。获华晨宝马"质量卓越奖"、西门子全球最佳供应商等奖项,产品影响力不断增强。

科技创新持续发力。深化客户需求驱动的"挂牌督办"机制,产品质量改进项目滚动管控、分级督办,整改完成率93.9%,吉利外板纵向条纹、丰田认证涂装技术等工艺瓶颈攻关取得突破,客户满意度稳步提高。推进"一院多中心"改革,股份公司、京唐公司分别成为京、冀省级企业技术中心,启动重点攻关项目63项,京唐公司特大型高炉大比例球团冶炼突破56%、达到国际先进水平,股份公司实现全炉役碳氧积均值0.0016,取向电工钢热轧基料实现1.8毫米批量生产,带钢翘曲智能检测设备实现国内首发并成功应用于镀锡产线,取得一批重大攻关成果。新增3个联合研发平台,与帝国理工成立汽车防撞轻量化用钢实验室,研发能力进一步增强。钢铁业研发投入比例达3%,获行业及省部级科技奖励17项,"高效环保变压器用高性能取向硅钢制备技术"获冶金科学技术一等奖。获专利授权558件,主持和参与制(修)订国际标准10项、国家和行业标准32项。贵钢公司等5家企业获国家高新技术企业认定。顺义冷轧公司获北京市"智能制造标杆企业"称号。重点工程建成投产。首钢京唐二期一步参战单位主动加压、协同作战,特别是围绕项目合规日夜盯办,确保了工程顺利建成投产,再次展现了首钢人当年搬迁调整时的精气神。MCCR、高强镀锌线、高强酸洗线等产线相继投产,锌铝镁产品第一卷成功下线,50项创新技术实际应用,3号高炉1个月即达设计产能。抢抓市场机遇,中首公司推进秘铁二期快速达产并满负荷生产,全年供京唐细粉达970万吨,资源保障能力大幅提升,全年创利23.6亿元,为集团效益作出重要贡献。马城铁矿破解矿权政策变化难题,取得采矿权许可证,顺利通过项目核准;杏山、唐首马地采按计划推进。

(三)园区开发取得实质进展

统筹推进"四个复兴",发扬工匠精神,打造精品工程,重点项目按期竣工,招商引资取得新进展,重大活动顺利举办,展示了新时代首钢园区新形象。

北京园区积极实施三年行动计划。开发建设取得新进展,厂东门开放、新首钢大桥通车,长安街西延线全线贯通,北京园区以开放的姿态融入首都城市发展。以"冬奥标准"精心组织建设,滑雪大跳台成为首个正式投用的北京冬奥会比赛设施。基础设施逐步完善,九总降退运,石龙、群明站投入使用,园区管网接入大市政。产业空间载体建设加快推进,冬奥组委、冬训项目全部竣工交用,五一剧场、制氧厂、金安桥等产业项目开工建设,国际人才社区核心区取得多规合一会商意见、正在办理规证手续,织补工场取得立项批复。产业生态逐步建立,中关村智能创新应用产业园、AI产业应用研究院等落地运行,开展5个系列、23家企业参与的AI示范应用。泰山体育、腾讯体育视频等一批符合园区产业定位的重点企业落地,启动中德创新园招商工作。圆满完成中芬冬季运动年开幕式、冬奥吉祥物发布、沸雪世界杯等重大活动服务保障,进一步扩大了园区国际影响力。北区规划成果获"国际城市与区域规划卓越奖"。东南区土地一级开发全部完成,22块宗地挂牌交易,回笼资金255亿元。积极对接相关部门,紧盯政策落地,政府土地收益资金返还22.8亿元。特钢园区控规调整纳入石景山街区控规统一研究,形成初步方案,15、16号地项目按计划推进。曹妃甸园区稳中有进。推进首堂创业家楼盘去化和蓝海嘉苑资产盘活。推动公共服务落地,中科院幼儿园开园授课。配合地方政府推动招商引资,举办钢铁产业链招商推介会,产业先行启动区累计引入项目23个,发挥了京津冀协同发展的载体作用。首秦园区迈出转型发展第一步。首钢赛车谷开园试运营,坚持"高端、特色、集成",完成核心区规划调整。钢铁赛道、卡丁世界、直线竞速等项目投入使用,"华家班""恩佐超跑"入驻园区。成功举办多场国际、国家级汽摩赛事,累计接待游客5万人,初步形成了赛车谷的品牌和社会影响力。

(四)新产业加快培育

各单位抢抓机遇,发挥自身优势,积极作为,市场意识不断增强,经营能力明显提升,拓展外部市场取得新成绩。

市场经营意识增强。环境产业:生活垃圾处理量118万吨、发电量4.4亿度,餐厨垃圾收运处3.9万吨,均创最好水平,长治生物质项目点火试运行;建筑垃圾再生材料应用于大兴国际机场高速公路等重点工程,处理技术推广到江苏张家港等项目;土壤修复满足了北京园区、贵钢厂区开发需要,自主创新的电磁波污染土处理技术实现工程化应用;中标河北永清静脉产业园项目。矿业固废资源综合利用产能突破1000万吨,绿色建材产品打入京津冀鲁等区域市场。静态交通:首长国际新签约车位3万个,累计签约6万个。大兴国际机场停车楼投入运营,获首都国际机场停车楼15年经营权,实现京沪四大国际机场全覆盖。城运公司建成二通公交立体停车楼并通过性能测试,大兴明月湾公交场站项目进入设备安装调试阶段,首例大容量"摩天轮"自行车立体车库投用。房地产业:加快开发节奏,加大售房力度和资金周转,深耕北京、贵阳、重庆、成都等区域市场,售房收入92亿元、利润4.1亿元,取得近年来最好的经营结果。体育产业:加强篮球、冰球、乒乓球等俱乐部建设,圆满举办首届中国棒球职业联赛,首钢体育品牌影响力不断提升。

市场拓展力度加大。股权平台进一步发挥平台作用,整体销售收入和利润超计划、超同期,外部市场份额首次超过内部。首建拓展内外市场,签约额历史性突破100亿元。国际工程公司整体设计的京唐二期"五效一体"高效循环利用系统建成并通过考核验收,实现了多种自动化控制系统的高效集成,创出多项国内第一。首自信自主研发的智能仓储系统在马钢、莱钢等企业推广,智慧建筑管控平台应用于冬训中心。机电公司与西马克合作开发铸机扇形段并拓展市场。北冶助力核电装置"C环"国产化,带材应用于"嫦娥四号"。实业公司中标北京世园会、冬奥组委张家口运行中心等物业服务项目。医疗投"老年福"养老品牌获社会认可。

(五)产融结合更加深入

积极对接资本市场,加强资本运作,提升金融服务实体能力,为集团产业发展和整体效益提供有效支撑。

资本运作取得突破。通钢债务优化取得突破性进展,12月11日司法裁定批准重整计划,进入重整执行阶段,创近10年来企业司法重整最快纪录,实现"快进快出、年内完成"的目标。股份资本运作取得实质性进展,引入战略投资者,实现交叉持股,优化股权结构,为后续资本运作创造有利条件。香港首控与基金公司协同运作,突出主业,5家上市公司首次实现全部盈利,首长国际、首钢资源市值双破百亿。加强银企合作、拓宽融资渠道,落实首钢京唐二期一步项目银团贷款75亿元;在银行间市场发行10亿元低成本、长周期冬奥债,支持滑雪大跳台建设;在控制融资成本的基础上,优化融资结构,中长期融资占比由54%提升至63%。财务公司强化服务能力。资金归集与结算功能进一步完善,建立境外资金归集平台,境内外可归集资金归集率达97%,全年累计结算量8842亿元,增长49.9%。搭建票据池,票据归集比例达100%,置换、贴现、质押等票据盘活渠道初步建立。全年降低成员单位财务费用11.4亿元,对集团综合贡献18亿元,为集团提高资金使用效率和首钢京唐二期一步工程建设发挥重要作用。基金公司实现价值提升。深入总结发展历程、系统谋划发展战略,进一步明确投资方向,优化产业、园区、股权等五类资产配置。完善风险评级和管控机制,加大投后管理力度,累计出资及撬动外部资本217亿元,引入全国社保基金,助力国际人才社区建设。药明康德、北汽新能源等投资项目顺利退出,获得良好收益。入围中国风险投资年度大奖·金投奖影响力PE机构50强。

(六)基础管理不断夯实

坚持依法治企,完善制度体系,理顺业务流程,强化监督执行,充分运用信息化手段,不断夯实基础,促进管理水平不断提升。

完善制度体系。首钢集团管控权力清单升级为3.0版,进一步向平台公司下放权力、向培育产业扩大授权。加强风险管控,加大法律积案处置力度,重点完善法务、资产、外汇风险、网络舆情等制度,全年颁发34项、废止43项,制度建设实现提质减量。全面修订首钢集团风控手册,内容更加简洁实用。权力清单、规章制度、风控体系"三位一体"制度体系更加完善。落实"接诉即办"要求,制定实施方案,狠抓责任落实,确保事事有着落、件件有回音。全力组织实施"疏整促"专项行动,连续3年提前完成市国资委部署的任务目标,有效推进南区土地房屋遗留问题解决,为园区开发创造条件。

推进信息化建设。坚持业务引领,用信息化推动管理流程优化。财务一体化和财务共享分别实现367家和152家单位上线,初步实现投资计划—预算管理—资金支付的业务集成,通过主数据标准化消除信息孤岛,上线单位实现投资项目在线管理、资产账物卡一致,人力资源系统在10个单位试点。商旅平台在线业务量增加264%,实现"不见钱、不见票"的共享业务模式,提升了管理效率。经过两年努力,产销一体化项目在股份公司、京唐公司上线,实现与集团管控信息系统集成,业务处理效率大幅提升,订单评审时间从24小时缩短为10秒,热轧排产时间由1小时缩短到20分钟。

推动基层创新。股份公司推行精益管理体系建设,建立107个阿米巴,传导市场压力、强化全员经营意识;创业中心通过网上竞拍销售废旧物资,年交易额突破20亿元,提高处置收益、防范廉政风险。京唐公司实施QTI改善课题286项,形成全员快速改善的氛围;推广成本管理派驻模式,将成本管控触角延伸到一线岗位,形成立体化全员降本网络。外埠企业全面推广TPM管理,基层员工的自主管理意识得到提升。

强化监督检查。监督工作联席会以巡察监督为统领,完善联合监督体系,形成"10+1"模式,开展15项工作,发现问题321个,提出建议227条。党委巡察办组织完成6家单位政治巡察,发现6方面191个问题,积极督促整改。审计部统筹审计资源,在开展常规审计的同时,完成贵钢公司、体育大厦等历史遗留工程审计,开展境内矿产资源等专项审计,3年累计整改完成率92.4%。监事会工作办公室强化事中监督与过程监管,开展第二轮系统集中检查,对首钢京唐二期、滑雪大跳台等重点工程开展检查调研,加大监督检查揭示问题整改帮促力度,整改计划兑现率达97.9%。

强化安全环保。完成8个单位双重预防机制和49个本质化安全试点区域建设,现场安全管理水平显著提升。针对老工业区改造的特点和边施工边组织重大活动的管理难度,建立安全联席会制度,多措并举,压实园区安全管理责任。组织内部专家对北京地区5个重点单位进行安全检查调研,健全安全管理长效机制。滚动实施绿色行动计划,绿色发展和精细化管理水平不断提高。完成环保项目70项。在国庆70周年等重大活动期间,各单位领导带班值守,干部职工放弃节假日休息,既圆满完成环境质量保障任务,又保证了生产的安全顺稳。在唐山市重污染天气钢铁行业应急减排绩效分级评比中,股份公司被评为唯一A类企业,成为钢铁行业超低排放标杆。京唐公司获全国绿化模范单位。顺义冷轧公司获国家级"绿色工厂"称号。

(七)职工队伍齐心聚力

圆满完成国庆活动服务保障任务。以高度的政治责任感和使命感,按照"精精益求精,万万无一失"的要求,以追求完美、做到极致的工作态度,以最高标准、最严要求、最好状态,全力以赴完成10余项服务保障任务,向祖国和人民交上了一份满意答卷。由首钢制作安装运行的巨幅网幕"五星红旗"、七棵特效光影"烟花树"凝结了首钢智慧;精心制作的广场大型花坛和高空焰火阵地围挡彰显了首钢制造;滑雪大跳台造型的"体育强国"方阵彩车展示了首钢新貌;阅兵预备役方队、群众游行"艰苦奋斗"方阵、彩车驾驶志愿者、联欢文艺演出中的职工展现了首钢风采。国庆服务保障活动的圆满完成,完美诠释了首钢人的优秀品质,体现了首钢的政治担当、社会担当和国企担当。

开展建厂百年系列纪念活动。以"继承光荣传统、再创首钢辉煌"为主题,开展20余项系列活动,突出职工参与、形式多样,突出厚重历史、文化传承,突出使命践行、筑梦奋斗。从上万人参与的主题LOGO征集、3万次厂史

PK 排位赛、6 万职工"健步走"、10 万人次"首钢挚友 APP"答题,到分批组织劳模先进、多业多地和退休职工"回家看看",极大增强了首钢"大家庭"凝聚力;从"风华正茂"书画摄影展、百年厂史巡展、《百年首钢》丛书、《世纪圆梦》画册、《世纪征程》宣传片、主题原创话剧,到百个历史事件、科技成果、珍贵档案、专题版面,深度诠释了百年首钢精气神;从迁建的厂东门广场开放、"城市复兴"论坛,到中宣部"壮丽 70 年·奋斗新时代"大型主题蹲点采访、央视《百炼成钢》五集专题片、"我和我的祖国"快闪等,充分展示了百年首钢新风采。京唐举办"十年筑梦、百年辉煌"系列活动,矿业组织"甲子风华、筑梦百年"主题活动,长钢开展"改革创新、奋发有为"大讨论等,各单位结合实际开展了丰富多彩的纪念活动,极大激发了广大干部职工的自豪感、使命感和责任感。

大力弘扬工匠精神。推进新时代产业工人队伍建设,制定实施首钢工匠评选管理办法,命名表彰了刘宏、郭玉明等 12 名首届"首钢工匠",在广大干部职工中引起热烈反响,切实发挥了高技能人才的引领示范和辐射带动作用。广泛宣传工匠事迹、工匠精神,涌现出国家级创新工作室 5 个、省部级创新工作室 37 个,王涛、张钊夺得"中德职工焊接对抗赛"冠军。举行"不忘初心首钢人、建功立业新时代"巡回宣讲报告会,退休职工、劳模先进、青年职工三代首钢人讲述亲历的奋斗故事,传承了优良传统,引起了强烈共鸣。

加快推进人才队伍建设。修订完善领导人员选拔任用制度,对领导人员选拔任用程序及基础管理工作进行系统性规范。举办青年干部特训班,做好跟踪评估,加强优秀年轻干部培养使用。建立多维度科技领军人才量化评价与选拔体系,形成首席技术专家、首席研究员、首席工程师的领军人才队伍,举办集团青年科技人才创新培训班。加强专业技术骨干人才海外培训,13 个项目获国家外专局批准。加大高技能人才培养力度,举办钢铁行业技能大师工作室建设研修班、首钢操作专家创新能力培训班。补充新鲜血液,高质量做好高校毕业生招聘。基层单位举办各具特色的技术培训,职工队伍素质稳步提升。

维护保障职工权益。加强民主管理和民主监督,发展和谐的劳动关系。对职工代表提出的 31 份提案,督导有关单位做好答复和落实。完善厂务公开、集体协商及劳动安全监督委员会工作细则,把维护职工权益工作落到实处。深入开展"送温暖"活动,累计筹集拨付资金 1802 万元。迁安矿区户口、铸造村 14 号楼等一批信访突出问题化解工作取得实质性进展。首钢集团信访总量同比降低 14%,得到上级充分肯定。在对口帮扶贫困地区推进消费扶贫、产业扶贫、就业扶贫、公益扶贫,持续做好"一企一村"结对帮扶工作,履行好国企社会责任。

2019 年是极不平凡的一年,在首钢百年的历史节点上,2 月 1 日习近平总书记到首钢园区视察慰问,给首钢干部职工拜年,对园区的规划建设、产业转型、风貌保护、生态建设等方面给予肯定,作出重要指示,这是对首钢的亲切关怀和巨大鼓舞,全集团干部职工倍感温暖、倍感振奋、倍感自豪。9 月 17 日蔡奇书记、陈吉宁市长来首钢"双调研",对建厂百年表示祝贺,将系列纪念活动推向高潮,为首钢未来的发展指明了方向。一年来,围绕保生存求发展,广大干部职工肩负着艰巨的改革发展任务、承担着巨大的市场压力,坚持眼睛向内、挖潜增效,在各自的岗位上苦干实干、默默奉献,特别是基层一线的干部职工展现了过硬的作风和良好的精神状态,用辛勤和汗水取得了来之不易的成绩。在此,我代表首钢集团向各级党委、政府和社会各界,向首钢全体干部职工及家属,向始终关心首钢的离退休老同志,表示衷心的感谢和崇高的敬意!

在总结工作、肯定成绩的同时,我们还要客观认识到首钢高质量发展的基础还不牢固。负债高、利息重、风险大的局面没有根本改变,资金紧张的矛盾依然非常突出,只讲投资不讲回报的投资冲动仍然存在。钢铁业抵御市场风险的能力还不高,新产业市场竞争力还不强,园区开发建设"亮而不热"的问题亟待破解。体制机制改革深层次问题系统思考不足。人才工作短板依然明显。对这些问题,我们要高度重视,要在今后的工作中切实加以解决。

二、2020 年工作思路

2020 年是全面建成小康社会和"十三五"规划的收官之年,也是百年首钢新征程的起始之年。从宏观形势看,我国经济稳中向好、长期向好的基本趋势没有变,同时我国正处在转变发展方式、优化经济结构、转换增长动力的攻关期、结构性、体制性、周期性问题相互交织，"三期叠加"影响持续深化，经济下行压力加大。从钢铁行业看，产能不断释放，需求难有起色，供强需弱"紧平衡"的基本面仍将继续，市场竞争将更加激烈，企业经营挑战将更加严峻。从首钢自身看，今年将是园区开发十分关键的一年，既有"三年行动计划"的硬任务，又有市新首钢领导小组第六次会议的新要求，面临着外部市场环境严峻复杂、改革发展任务艰巨繁重等多重挑战，特别是化解集团债务矛盾进入十分紧迫的"窗口期"。百年首钢站在新的起点上，承载着历史的责任和职工的期盼，各种挑战考验着我们的决心和意志、能力和水平。我们要紧紧围绕打牢高质量发展基础，用辩证思维看待形势变化，既要增强危机意识，又要增强必胜信心，坚持"稳"字当头，牢固树立过紧日子的思想，向改革要动能、向创新要动能，努力在提高运营效率、提升经营效益、改善资产质量、打造竞争优势上下功夫，确保完成全年目标任务。

2020年首钢总体工作思路是：以习近平新时代中国特色社会主义思想为指导，深入学习贯彻党的十九届四中全会精神，落实市委市政府各项工作要求，紧扣打牢高质量发展基础工作主线，加强党的建设，保持战略定力，坚持稳中求进深化改革创新，全面完成"十三五"目标任务，系统谋划"十四五"规划，开启百年首钢发展新征程。

根据总体工作思路，全年主要计划指标安排如下：集团主要指标：营业收入2065亿元，利润水平48.2亿元，解决历史遗留问题后利润安排26亿元，尽最大努力化解债务，资产负债率71.6%。钢铁板块营业收入1989亿元，利润水平61.9亿元。生铁产量2976万吨，钢3177万吨，钢材2954万吨。高端领先产品655万吨，战略产品515万吨。汽车板310万吨、电工钢160万吨、镀锡板45万吨。股权平台营业收入225.8亿元，利润总额4.1亿元。北京园区营业收入17.6亿元，控亏0.4亿元。直管单位营业收入192.4亿元，利润总额30.4亿元。

三、2020年重点工作任务

（一）保持战略定力，夯实高质量发展基础

推动首钢高质量发展是一项紧迫而长期的战略任务，未来三年左右时间，我们要继续在企业健康可持续发展上狠下功夫，为推动高质量发展奠定坚实基础。

持续推进产业聚焦。这是推动首钢高质量发展的必然要求。"十三五"规划中期评估时，集团在综合分析外部发展环境、首钢产业发展现状和资源禀赋的基础上，初步提出：围绕集团发展战略，聚焦钢铁业、园区、新产业和产融结合四个方向。集团上下要强化共识，认真总结"十三五"规划实施情况，编制好集团"十四五"规划，把产业聚焦作为重要内容，紧紧围绕四个方向深入研究，进一步明确具体目标、实施路径和重点举措。

持续推进企业退出。坚持应退尽退、应退早退，既要加快退出持续亏损的企业，又要下决心谋划非主业资产的战略性退出。集团公司和各单位要加强协同、统筹推进，确保今年退出70家，推动37家完成退出节点目标，制定专项计划加快境外SPV公司退出，全面完成三年退出计划。

持续推进转型提效。这是首钢高质量发展的基本要求，要坚定不移推进。钢铁板块要继续大力提高主业劳产率，更要关注全员效率；在确保人数持续下降的同时，做好人员接续和结构调整。对任务型单位严格定员编制管理。各单位要加强固定期劳动合同续签管理，严格考核评价，择优续签，真正实现人员能进能出。园区管理部要大力压缩费用，清理替代外委外包，促进降费、分流。

持续改善资产质量。关键是要把集团资产负债率控制在合理水平，这是国资监管的重要指标，更是企业健康可持续发展、提高经济效益的必然要求。把降低资产负债率纳入领导人员经营目标责任书，各单位严格落实预算安排。一是抓好现金流管理。继续在存货、应收、应付管控上狠下功夫，降低资金占用，提高资金周转效率；坚持"一支笔"审批，严控费用支出。二是强化投资管理。坚决克服投资冲动，严禁举债投资，完善投资负面清单，引导谨慎理性投资。各单位要用好投资权力，承担起投资决策的管理责任。加强项目后评价和违规投资责任追究。三是经营现金流有能力的企业要优先偿还外部和财务公司贷款，偿还集团总部借款，在现金流满足自身资金基本需求前提

下,还欠比例不低于欠款余额的10%。加大内部互欠清理力度,严控新增内部债务。四是各单位要高度重视和加强产权登记、土地房屋权属等资产合规管理工作,为资本运作打好基础,落实在京土地盘活。

持续抓好安全环保。树牢"生命至上、安全发展"理念,严格追责问责,倒逼安全生产主体责任落实。顺义冷轧公司等8个单位开展双重预防机制建设,全力推进安全风险分级管控,开展月度隐患排查治理数据分析,实现由"治理隐患"向"预防隐患"转变。首建公司等12个单位开展区域本质化安全管理试点。以深化安全专项整治为载体,持续强化危险化品、建筑施工、矿山、冶金等高危领域的安全管理。做好园区重大活动期间的安全管理。统筹考虑满足新政新规及属地政府要求和自身投资能力,按轻重缓急有序推进绿色行动计划实施。股份公司、京唐公司要打造"区域标杆、行业标杆",保持环保领先优势。长钢公司要满足区域环保管控要求。其他外埠企业要着力在环保设施的运行、维护和管理上下功夫。首钢北京园区要抓好现场施工和污染土修复全过程的环保管理。做好环保风险管控。

(二)坚持深化改革,进一步激发企业活力

改革是推动高质量发展的动力,要坚持市场化方向,以落实国企改革三年行动方案为契机,进一步解放思想、大胆探索实践,集团管控体系要更完善,市场化改革要有新突破。

深化集团管控体系改革。一是提升资本运营能力,建立集团资本运营体系,系统谋划、重点突破,提高股权融资规模,推进钢铁核心资产整体上市,推动具备条件企业上市,集团资产证券化率达到50%以上,实现企业经营和资本运作并重协同发展。股份公司要提高市值管理能力。通钢既要抓好生产经营和职工队伍稳定,又要在上半年完成重整计划,现金流和效益努力达到债务优化方案的预期水平。二是提升法人治理能力,深化二级单位董事会改革,开展派出专职董事、聘请外部董事和外部董事占多数试点,优化董事会结构,提高科学决策能力。一季度确定试点单位并形成方案。制订实施董事培训计划,培养一批专业化的专职董事队伍。三是提升绩效引导能力,组织开展领导人员第二任期目标评价,总结经验,完善办法,以资产质量和资本回报为导向,科学设计第三任期绩效指标体系。四是提升风险管控能力,开展风险分类分级评价,充分发挥法务、审计的作用,对集团有息负债、资产负债率、资金链安全等重大风险实行专项管理、严格管控,确保守住不发生重大系统性风险底线。开展合规体系建设,实现风险、合规、内控三个体系的有机融合。五是提升信息化支撑能力,集团管控信息化要继续在业务优化、系统集成、决策支持上下功夫。财务管控信息系统在合并报表单位全覆盖。财务共享中心、人事服务中心要坚持共享服务方向,扩大服务范围,降低管理成本。钢铁板块要用好产销一体化系统,倒逼管理变革,提高管理效率,提升精细化管理水平。六是提升监督能力,处理好放权与监督的关系,发挥好监督工作联席会的作用,以规范管理、防范风险为重点,加大监督检查和整改帮促力度,做到监督检查一个企业、规范提升一个企业。

深化市场化机制改革。一是强化投资回报意识。进一步破除一些单位依然存在的重投资轻收益、花钱大于挣钱、上项目不考虑资金来源的惯性思维。扩大集团投资回报试点范围,对经营现金流有条件的企业,按不低于当期归母净利润的30%回报集团投资收益,实行正向激励,逐步形成制度化。二是以混改促经营机制转换。系统研究混改路径,更加重视合理设计调整股权结构,着力引入高匹配度、高认同感、高协同性的战略投资者,真正做实混改企业的董事会,探索建立科学高效的差异化管控模式。三是优化市场化选人用人机制。全面总结职业经理人试点经验,完善选聘工作办法,建立工作流程指引。建立经营管理者与职业经理人的身份转换通道,试点推进经营层全员市场化选聘。坚持契约化管理,严格聘期绩效考核评价,实现市场化人才能进能出。四是认真总结基金公司等单位市场化改革试点经验,系统梳理,形成以鼓励创新、容错纠错为导向的制度体系,为进一步推进市场化改革提供借鉴。

深化激励机制改革。一是学习先进企业混改经验,探索建立员工持股、股权激励、超额利润分享等长效激励机制,彻底革除"只享收益、不担风险"的积弊,实现员工与企业共享利益、共担风险、共同成长。二是做好实行中长期激励机制人员任期综合评价,根据评价结果决定薪酬升降,形成薪酬激励的长效机制。三是做好工资总额决定机制

执行情况的总结分析工作,进一步完善并形成制度。各单位要兼顾当期和长远,做好以丰补歉,自主编制和执行好工资总额预算。对工资总额超发单位的领导班子严格落实考核,超发部分在下年度工资总额中相应扣减。

加快解决历史遗留问题。北京地区"三供一业"在供水、供电资产账务移交的基础上,完成土地权属等后续移交工作;京外企业按照属地政府要求,加快完成移交工作。积极稳妥推进退休人员社会化管理。继续推进"疏整促"专项行动,落实首钢集团土地遗留问题整改三年行动方案。加快解决在诉历史遗留案件,依法维护企业权益。

(三)坚持做优做强,打造钢铁业竞争优势

持续打造五大优势,"三地"要在高端市场增强核心竞争力,外埠企业要追求极低成本、专注区域市场,进一步提升盈利能力。

强化经营管理能力。一是持续推进"挂图作战、做大蛋糕"。首钢京唐二期一步达产达效是全年工作的重中之重,要努力实现中板产线盈利,确保MCCR产线当期经营不失血的底线。各单位要确保以高炉为中心的全流程稳定、高效生产,努力提高实物产量,发挥规模效益。要在科学维护设备、稳定生产工艺、精细排程上下功夫,统筹好资源平衡,不断提高产线综合保障能力。二是持续推进对标找差。抓好"三个跑赢",供销两端要紧跟市场,提高研判水平和快速决策能力,实现销售跑赢2%,国内原燃料跑赢2%,进口矿每吨跑赢5美元。优化对标体系,完善小指标竞赛结果评价机制,层层传导压力,逐项狠抓落实。坚定不移抓好"双百工程",以压降生铁成本为重心,继续强化四个专项成本和五项费用管控,高度重视隐性成本。板块全年吨钢增效不低于100元。三是持续深化板块协同。在共享优质供应商、联采重点资源和强化措施执行上下功夫,有效降低采购成本。在产品互供、备件联储、检修统筹、技术服务上下功夫,实现整体利益最大化。中首要进一步提高秘铁产量,增强资源保障能力,加强市场预判,做好销售渠道开发和维护工作,争取外销效益最大化。马城铁矿、杏山地采、西沟煤矿要按计划推进。

强化"制造+服务"能力。一是做强增量,做好新产线达产达效。中板产线要尽快完成产品大纲全覆盖,资源配置向盈利强的产品和用户渠道倾斜;MCCR产线要突破薄规格高强钢板生产,开发"以热代冷"产品;酸洗产线要充分利用装备和基料的优势,全面优化产品结构和用户结构,实现产线满负荷生产。二是优化存量,实现三大战略产品新突破。汽车板在做强做精外板上下功夫,全力推进日系和宝马、奔驰等高端重点用户车型认证,进一步提升高端产品供货量和市场占有率,实现外板高水平批量稳定供应。高强镀锌产线重点推进1000兆帕以上等级产品拓展。电工钢挖掘产线潜能,解决中高牌号薄规格产销矛盾,聚焦新能源汽车用钢开发。发挥镀锡和镀铬的综合优势,重点开展高端罩退SR材以及高成型性能、高强度等个性化产品研发,解决K板产品质量稳定问题,拓展海外市场高端用户。外埠企业要持续降低成本,形成自己的优势产品,深耕区域市场。三是狠抓质量,深入推进质量分级"挂牌督办"。基地在严格执行、评价和考核上下功夫,大幅降低划伤、锈蚀等管理质量缺陷;限期突破日系GA板表面质量及相结构控制、新镀层产品胶接及其与异种材料连接等技术难度大的瓶颈问题。四是提升服务,构建"首钢—客户"生态圈。全面推广智慧营销平台,提供个性化定制服务,实现客户体验与供应链保障体系升级的目标。完善三级客户服务体系,重点加强一线服务团队建设,配置好关键用户专属服务团队,提升客户对首钢服务的满意度。强化技术营销,提升整车EVI技术能力和产品比例,增强客户粘性。中首公司要持续优化出口产品、用户结构和国际区域市场,精细化管控销售渠道,压缩DDP中间费用,不断提高产品在国际市场的竞争能力。

强化技术创新能力。以高效制造、绿色制造、智能制造技术为方向,重点开展烧结和高炉利用系数提升、连铸和轧钢产线提速、固体二次资源循环利用、图像识别技术应用等方面的研发。深化"一院多中心"体系建设,进一步强化技术研发协同,推动首钢集团管控的科技创新项目统一论证、统一评审、统一管理。强化标准引领,推进新能源汽车用电工钢、双相车轮钢和耐火耐候钢等新产品的标准体系建设,以高标准带动下游客户材料升级,赢得市场、创造价值。

(四)坚持开放合作,加快园区产业集聚

围绕打造新时代首都城市复兴新地标,深入贯彻落实三年行动计划和市新首钢领导小组会议要求,加快园区空

间载体建设和产业集聚。

首钢北京园区要加快开发建设。一是把握好园区开发时序,加快北区产业空间载体建设,把资金和人力集中到能产生效益的产业空间项目上,确保大跳台片区、金安桥一体化交付使用;五一剧场确保完成主体结构工程;国际人才社区上半年实现开工;织补工场部分地块启动建设。二是控制好园区建设成本,在设计优化上下功夫,在追求实用功能上下功夫,在追求客户体验上下功夫,实施全流程成本管控,落实限额设计管理,加强招标采购和设备材料集采,切实降低开发建设成本并提升项目品质。三是做好园区产业招商,有产业才有效益。按照园区功能定位,积极打造"体育+"产业,上半年形成具体方案,探索"体育+科技""体育+文化""体育+电竞"等创新业态的组合,优化产业布局,突出自身特色,坚持聚焦发展。紧抓冬奥筹办机遇窗口期,引入优质体育资源落户,培育自有赛事 IP。四是提升园区活力,充分利用好已建成的场馆、设施,加强与专业机构对接,举办有影响力的赛事和重大活动,聚集人气。五是积极探索市场化专业化开发运营模式,加强首建投公司自身专业化队伍建设,深化与国内外优质资源在规划、招商、运营等环节上的合作。六是提高园区服务质量,总结服务冬奥组委和沸雪世界杯等重大活动经验,加强学习培训和实战演练,提升园区赛事和活动服务保障能力;对标先进企业,树立成本意识,开拓增值服务,提高服务水平,满足客户需求,加快从服务运营向服务经营转变。七是树立园区经营理念。充分利用好已建成的空间载体,尽快形成收益。落实园区项目专项债。东南区剩余 6 宗土地全部入市,加快土地收益返还,实现园区开发资金统筹平衡。首钢特钢园区要完成控规调整,加快工程建设,做好招商工作。首钢曹妃甸园区要坚持招商引资、谨慎投资、控制风险,理性把握开发节奏。确保全面完成房产去化和资产盘活,立足京津冀协同发展,利用好自贸区政策,配合当地政府做好招商引资。首钢首秦园区要坚持汽车运动文化产业定位,做好核心区规划落地,加大资产盘活力度,进一步争取地方政府政策,坚持自我滚动发展。着力把建成的项目经营好,积极引入战略投资者。

(五)坚持产业聚焦,加快新产业发展

对初步确定的新产业发展方向,要在细分领域进一步明确主业定位,专注核心业务,优化资源配置,坚持深耕细作。

股权平台要推动新产业和传统产业进一步聚焦发展,沿着城市服务需求和钢铁产业链延伸两个方向,坚持有进有退,强化项下单位高效协同,拓展外部市场。城运公司要专注智能立体停车库的研发制造,以公交立体车库为突破口,强化技术研发能力,加快产品迭代升级,提升产品质量,立足北京市场,不断提高市场占有率。首长国际公司要专注停车管理业务,在抢占市场的同时,更要建立和不断优化标准化、规范化、程序化的业务体系,利用信息化手段打造智能化运营服务平台,快速做大做强、形成产业规模。环境公司要专注城市固废处理领域,加强核心技术研发,确定商业模式,明晰发展路径。长治生物质项目尽快达产达效,永清静脉产业园项目加快手续办理和开工建设,餐厨垃圾收运处和建筑垃圾处理项目要提升盈利水平、压降应收款项,土壤修复在确保园区开发需要的基础上拓展外部市场。地产公司要瞄准行业标杆,加快开发节奏,加快存货去化,加快资金周转,用最少的资金占用实现最大规模的滚动发展;加快贵阳、重庆、成都等项目开发销售,确保项目盈利。

(六)坚持产融结合,进一步提升价值创造

坚持金融为实体服务,利用好资本市场,在为首钢集团产业发展和重大项目建设提供资金支持的基础上,实现自身良性发展。

财务公司要切实发挥集团资金管控平台作用,更好地为成员单位提供金融服务。加大票据盘活力度,提高使用效率;开设各单位投资专户,存储折旧和投资资金,建立资金支付监管机制;强化结算服务和资金监控,实现成员单位收付款结算业务全部由财务公司办理;做好境外资金归集,应归尽归,盘活归集资金,提供增值服务;完善内部单位授信评级体系建设和票据合规管理,严控操作风险、业务风险和信用风险,保证资金链安全。基金公司要持续提升投资、运营和风控能力。坚持市场化原则,聚焦产业方向,优化投资结构,持续提升盈利能力;在城市更新、医疗健

康等领域打造专业化运营管理能力,通过管理赋能,挖掘企业价值,实现高收益投资回报;加强投资项目全生命周期风险管控,完善风险等级管理体系,择机退出,对警示和损失类项目要高度关注、果断处置。香港首控公司要规范和强化管理,做强旗下上市公司主营业务,进一步提升盈利水平和上市公司市值,稳步推进资本运作,发挥境外融资功能,实现首钢境内与境外资本运作平台互动。

(七)坚持以人为本,加强职工队伍建设

建立适应首钢高质量发展要求的人才培养体系,打造德才兼备、素质过硬的职工队伍,不断增强职工队伍的向心力、凝聚力。

加强思想引领。坚持用习近平新时代中国特色社会主义思想武装头脑,抓好党的十九届四中全会精神的学习宣传,围绕打牢高质量发展基础,进一步凝聚共识、坚定信心。大力弘扬工匠精神、劳模精神、劳动精神,开展各具特色的企业文化活动,传承首钢精神,激励干部职工爱岗敬业、担当有为、争创一流,引导干部职工决胜"十三五"。大力弘扬社会主义核心价值观,加强意识形态管理,壮大主流思想舆论,选树各类先进典型,讲好新时代"首钢人的故事",激发奋进正能量。

提高能力素质。统筹推进不同层次、不同专业领域人才培养。面向今后 5 至 10 年发展需要,遴选 100 名左右的优秀年轻干部重点跟踪培养。优化领导人员培训机制,开办年轻领导人员脱产培训班。继续办好青年干部特训班。探索建立人才识别和考核评价机制,精准识别核心人才,建立核心人才库。进一步围绕技术创新人才培养,组织开展青年人才以及高端技术领军人才培训。实施集团财务管理人员"选培用评"全链条培养计划。发挥好"一院多中心"协同创新平台优势,提升理论和应用结合能力,加快复合型创新人才成长。推进实施技能人才提升培训计划,发挥好人才开发院、技能大师工作室和职工创新工作室平台作用,发挥"师带徒"传帮带作用,把工匠精神融入职业技能教育培养。

保障职工权益。处理好改革发展稳定的关系,回应职工关切,积极化解矛盾,保障合法权益。通过企业发展,增强职工的获得感、幸福感。创新工作方式,建设服务型、智慧型、互联网型工会,搭建职工普惠服务平台。丰富职工业余生活,陶冶职工高尚情操。健全完善帮扶体系,深入开展职工"送温暖"活动。落实国企社会责任,为打赢脱贫攻坚战作出新贡献。

各位代表,百年首钢恰是风华正茂,我们开启了首钢发展新的征程。广大干部职工要继承和发扬首钢光荣传统,以争当新时代国企改革先行者、高质量发展排头兵为己任,拼搏进取,奋发有为,确保集团"十三五"任务全面完成,为"十四五"奠定坚实基础,为把首钢建设成为世界一流的综合性大型企业集团而努力奋斗!

名词解释:

1."替改降扩增"工作法:"替"指的是在册职工接替外包;"改"指的是专业协同改造装备智能化升级减少外委;"降"指的是设备招标采购对标历史最优和行业低价降低费用;"扩"指的是优化维保业务扩大作业范围;"增"指的是对创造利润的优势项目增加投入和业务量对外创收。

2.五效合一:是指京唐二期燃气蒸汽联合循环发电机组实现的"燃气—蒸汽—电—除盐水—盐碱产品"高效循环利用物质流,其中海水淡化是"五效一体"高效循环利用系统的核心。

3.阿米巴:是日本京瓷公司创始人稻盛和夫根据其经营管理经验总结的管理方法,指将组织划分成小的单元,采取能够及时应对市场变化的核算管理,让全体员工树立经营理念,从而实现"全员参与"的经营方式。

4.DDP 中间费用:DDP,英文全称为 Delivered Duty Paid,中文名称为税后交货,指的是卖方承担的将货物运至指定目的地的一切风险和费用,包括办理海关手续的责任和风险,以及交纳的手续费、关税、税款和其他费用。

专辑

◎ 责任编辑：马　晓、郭　峰

深入学习贯彻党的十九届五中全会精神
扎实推动首钢高质量发展

——在2020年首钢"三创"交流会上的报告

首钢党委书记、董事长　张功焰

（2020年11月13日）

这次会议的主要任务是,以习近平新时代中国特色社会主义思想为指导,深入学习贯彻党的十九届五中全会精神,认真总结首钢"十三五"规划执行情况,准确把握面临的新形势,系统思考"十四五"改革发展的基本思路、主要目标和重点任务,进一步集思广益、统一思想、凝聚共识,群策群力把"十四五"规划编制好,扎实推动首钢高质量发展。

党的十九届五中全会是我们党在全面建成小康社会胜利在望、全面建设社会主义现代化国家新征程即将开启的重要历史时刻召开的一次十分重要的会议,是在我国将进入新发展阶段、实现中华民族伟大复兴正处于关键时期召开的一次具有全局性、历史性意义的会议。全会审议通过的《建议》是开启全面建设社会主义现代化国家新征程、向第二个百年奋斗目标进军的纲领性文件。习近平总书记在全会上的重要讲话,围绕贯彻落实全会精神科学回答了一系列方向性、根本性、战略性重大问题,创造性地提出了许多新思想、新观点、新论断、新要求,为推动高质量发展、构建新发展格局,夺取全面建设社会主义现代化国家新胜利提供了科学指南和基本遵循。这次"三创"交流会就是要通过总结"十三五"、规划"十四五",把十九届五中全会精神落到实处。

首钢集团党委对编制"十四五"规划高度重视。2019年12月就启动了这项工作,2020年以来围绕事关首钢高质量发展的主要矛盾和突出问题,在产业聚焦、债务优化、资本运营、技术创新等方面深入研究,组织专题会近30次,首钢集团领导班子用一天时间对规划进行了研讨。各单位也积极思考和谋划本单位的规划编制工作。规划是管全局、管方向、管根本的,关系到今后五年乃至更长一段时间企业的发展。首钢集团规划建议稿已经提前发给大家征求意见,希望大家以高度负责的态度,认真思考,提供真知灼见,贡献宝贵智慧。

下面,结合学习十九届五中全会精神和首钢的工作实际,我重点讲三个问题。

第一个问题,对"十三五"工作怎么看

"十三五"时期,对我们国家、对整个行业、对首钢都是极不平凡的五年。编制"十三五"规划的时候,宏观经济增速持续放缓,特别是钢铁市场急剧恶化,给我们的钢铁主业造成严重亏损;同时北京厂区开发尚未找到突破口,搬迁成本逐年累积,各种历史遗留问题与转型发展产生的新问题相互交织、矛盾重重。在这种背景下,首钢集团党委明确提出"保生存求发展"总基调。五年来,首钢集团上下众志成城、滚石上山、爬坡过坎,展现了奋发有为的精神面貌,创造了来之不易的经营业绩。2016年首钢集团扭亏为盈,并开始消化部分土地成本;2017年经营持续向好,2017年末集中处理土地成本;2018年起土地成本纳入当月损益。同时,各单位特别是外埠企业加快解决历史遗留问题。"十三五"期间,在消化土地成本298亿元和历史遗留问题51亿元的基础上,首钢集团预计实现利润108亿

元,完成规划目标的135%。在企业效益增长的同时,职工收入稳步增长,到2019年末,首钢集团在岗职工平均收入比2015年年均增幅9.8%。首钢改革发展迈上了新台阶,特别是在以下几个方面取得了显著成效。

第一,坚持做优做强,钢铁主业发生了可喜变化

面对严峻的市场环境,首钢集团党委从实际出发,明确提出钢铁业不简单追求规模扩张,把工作重心放在做优做强上;2019年进一步提出,着力打造质量、产品、成本、服务和技术五大优势。五年来,钢铁板块实现了从扭亏到经营持续向好的转变,为首钢集团效益作出重大贡献,展现了钢铁主业担当。

产品结构实现了向中高端的突破。做优做强钢铁业最关键、最根本的还是产品优势。我们坚持以客户需求为导向,通过强化产品研发、提升制造能力、调整客户结构来优化产品结构。高端领先产品产量实现翻番,三大战略产品产量增长40%以上、市场占有率稳居国内前三。汽车板以外板、日系和合资品牌为突破口,成为宝马、一汽、长城等车企主要供应商,成功进入丰田供应体系。取向和高牌号无取向电工钢产品比例稳步提高,高磁感取向电工钢应用于白鹤滩水电站等重大工程,跻身变压器材料供应商世界第一梯队。镀锡板实现了国内高端客户全覆盖,成为奥瑞金、中粮等龙头企业的主要供应商。外埠企业立足区域市场,积极进行产品结构调整。产品结构调整使竞争力不断增强、盈利水平不断提升,特别是2020年面对疫情考验,产品结构调整的效果得到了充分体现。

经营能力有了明显提升。几年来钢铁板块的经营意识不断增强,找到了有效的抓手和途径。坚持对标找差,树立了极低成本管理理念,建立了全流程全工序对标体系,持续推进"三个跑赢""双百工程",生铁成本缩差105元/吨,从行业43名进步到第7;产品单利缩差260元/吨。自觉运用财务"三张表",在注重高效生产、"做大蛋糕"的同时推广"一支笔"审批,狠抓"两金"压降,加强"四个专项成本"管控,削减"五项费用",库存资金占用降低22.3%,应收账款降低8.4%。优化组织结构,成立采购中心、营销中心,全面推广事业部制和"一体化"管控,实施阳光采购、在线竞拍,产销一体化系统成功上线运行,市场响应能力大幅提升。

技术创新从"跟跑"向"并跑、领跑"转变。技术强企是做优做强钢铁业的内在要求。持续打造技术领先优势,推动质量提升、产品升级、成本降低、服务优化。改进派驻站模式,构建了"一院多中心"研发体系,强化技术研究院与基地的协同,在产品开发和工艺攻关方面取得了一批重大科研成果,京唐公司特大型高炉大比例球团冶炼突破56%,股份公司全炉役碳氧积均值0.0016,达到国际先进水平。建立质量问题挂牌督办机制,围绕产线瓶颈、产品质量缺陷开展攻关,解决了一批重点难点问题。研发投入比例达到3.1%,5项产品全球首发,34项国内首发,获发明专利1390件以及国家、行业和省级科技奖70项,其中"超大型水电站用金属结构关键材料成套技术开发应用"获国家科技进步二等奖。技术营销能力明显提高,EVI供货比例由4.3%提升到11.2%。发挥职工创新工作室的平台作用,形成立足岗位、全员参与、持续改善的基层创新氛围。

产线布局进一步调整优化。落实国家供给侧结构性改革要求,提前化解落后生铁产能787万吨、粗钢产能500万吨。统筹推进首秦公司产线搬迁和首钢京唐二期一步工程建设,并实现达产达效的阶段性目标。秘铁二期1000万吨扩建项目竣工投产,资源保障能力大幅提升。滚动实施绿色行动计划,迁钢公司成为全国首家全流程超低排放钢铁企业,为产能高效利用创造了条件。

五年来的实践使我们深刻认识到,做优做强钢铁业是推动首钢高质量发展的坚实基础,首钢因钢铁而生,未来还要靠钢铁而兴;做优做强钢铁业的关键是要提升核心竞争力,持续把"五大优势"做深做实。

第二,坚持目标定位,北京园区展现了新形象

园区开发对我们来说是一项全新的事业。2010年底北京厂区全面停产以来,如何在首都中心城区进行老工业区更新改造,是摆在我们面前的难题。2015年底,首钢集团党委及时把握北京筹办冬奥会的契机,在北京市委、市政府的大力支持下,积极争取冬奥组委入驻,有力推动园区开发进入实质性阶段。2018年8月,蔡奇书记在首钢调研时明确提出,要打造新时代首都城市复兴新地标。2018年底,北京市委、市政府出台三年行动计划。我们坚持挂

图作战,加快园区开发建设步伐,园区环境风貌明显改善,产业生态逐步形成,区域活力得到释放,已成为北京城市深度转型的重要标志。

全力做好冬奥服务保障。我们把做好冬奥服务保障工作作为一项重大政治责任,坚持高标准、高质量、高效率,扎实推进硬件建设和软件服务各项工作。冬奥办公区、冬训中心等场馆设施按期交付使用,滑雪大跳台成为首个正式投用的冬奥会比赛设施。圆满完成平昌冬奥会总结会、中芬冬季运动年开幕式、沸雪世界杯等重大活动服务保障工作,"首钢服务"品牌得到了彰显。

推进重大项目建设。坚持基础设施和生态环境优先。长安街西延、S1、丰沙线入地等重大基础设施项目完工,厂东门开放、新首钢大桥通车,园区以开放的姿态融入首都城市发展。完成石景山、群明湖等改造提升,建成高线步道、极限公园,以三高炉秀池区域为代表的山—水—工业遗存特色景观初步形成。推进空间载体建设,已完工23万平方米,2020年年底前冬奥广场和金安桥一体化区域还将新增35万平方米。高炉等工业构筑物参照企业承诺制启动改造,为推动城市更新积累经验。首钢工业遗存保护利用叠加冬奥元素,成为城市更新的典范。

打造特色产业生态。围绕体育+、科技+引入高端产业资源,打造应用场景,形成项目储备。与中关村共建人工智能应用产业园,引入清华大学、信通院共建的AI应用研究院,腾讯内容事业群、冬奥云转播、科比特无人机等一批优质产业项目落地。科幻产业集聚区正式揭牌,北京电竞产业品牌中心等落户。北京园区正逐步成为跨界融合的都市型产业社区。

积极引入社会资源合资合作。园区开发目标定位高、运营管理难度大,我们在打造自身团队的同时,积极探索专业化市场化国际化运营管理方式。与美国旧改基金铁狮门合作开发冬奥广场,与全国社保基金合作开发国际人才社区036地块,由意大利里梭尼事务所设计、香格里拉运营管理电厂酒店。通过开放合作,园区品质大幅度提升。

五年来的实践使我们深刻认识到,园区开发建设必须与国家重大战略相契合、与首都城市战略定位相适应;必须坚持高端定位、国际视野、开放心态,利用好自身的资源禀赋,统筹推进文化复兴、生态复兴、产业复兴、活力复兴。

第三,坚持产融结合,培育了新的增长点

过去,我们对产融结合的认识不到位,习惯于缺钱找银行,同时首钢集团内部资金管理又很分散、使用效率不高。为改变这种状况,我们在产融结合上积极探索,2014年设立首钢基金,2015年成立财务公司。五年来,金融助力产业发展,成为首钢集团新的利润增长点。

坚持金融为产业服务。首钢集团党委明确提出,没有首钢的产业就没有首钢的金融,金融一定要助推产业发展。财务公司搭建资金归集平台和票据池,累计信贷投放4000亿元,办理票据贴现510亿元,开立财票870亿元,累计为成员单位节省财务费用40亿元,有力支持了首钢京唐二期一步等重点项目建设。基金公司管理基金20支,规模达520亿元以上,累计出资及撬动外部资本217亿元;通过"基金+基地+产业"模式,培育了停车运营、医疗健康等业务,助力香港上市公司资本运作;启动生物质能源公募REITs项目,争取国家首批试点,助力环保产业向轻资产转型。

坚持提升价值创造和资本运作能力。首钢集团党委高度关注金融业务的健康发展,明确提出按国家政策、市场化原则、行业规律办事的要求,强调规范运营、提升能力、防范风险。"十三五"以来,财务公司和基金公司分别实现利润69.4亿元和42.4亿元。香港首控推动上市公司资产重组,融资功能逐步恢复,2019年香港五家上市公司首次实现全部盈利,首程控股、首钢资源市值双破百亿。首钢集团与宝武集团开展战略合作,完成上市公司层面交叉持股;引入战略投资者,股份公司通过资产置换注入京唐公司51%股权。经过不懈努力,通钢公司债转股司法重整计划执行完毕,实现了资产夯实、业务整合、债务优化。

五年来的实践使我们深刻认识到,金融是产业的血脉,产业是金融的基础,两者相互促进、相辅相成;推进产融结合,需要各单位牢固树立"一盘棋"思想,实现金融与产业共生共赢。

第四,坚持市场化方向,企业改革取得了明显成效

2014年,首钢集团党委制定《关于首钢全面深化改革的指导意见》,启动了深化改革工作。五年来,我们扎实推进管控体系和管理能力建设,紧抓成为北京市第一家改革综合试点单位和入选国务院国企改革"双百企业"的机遇,努力破解重点难点问题,为企业发展持续注入动力。

构建了新型管控体系。为适应首钢新的发展战略要求,实现从工厂化管理向集团化管控的转变,2015年形成深化集团总部管控体系改革思路框架,2016年1月,新的总部管控体系开始运行,23个部门整合为13个、987人减至208人。率先组建钢铁板块平台,将钢铁指挥机关迁至唐山,实现了生产管理的下沉;组建股权平台,推动传统非钢产业协同发展;组建园区平台,推进开发建设运营管理一体化。制定完善集团管控权力清单,全面梳理规章制度,编制风控手册,实现"三位一体"制度管理体系与信息化建设的有机结合。实施全口径、全要素人工费等7个专项预算,搭建了集团全面预算管理体系。强化审计、法务作用,防范重大风险。2017年,完成集团公司改制,为建立现代企业制度奠定了基础。

初步建立了内部市场化机制。我们坚持正向激励,建立了投资回报机制,在首钢国际等四家单位开展试点,累计实现投资回报25亿元。强化市场主体责任,建立了内部债务清偿机制,每半年集中组织一次内部债权债务清理,化解了一批内部三角债。突出效率效益导向,建立了工效挂钩联动机制,制定工资总额决定机制实施方案,强化"工资是挣出来的"理念,发挥薪酬分配制度的激励作用。

持续推进企业退出。针对首钢投资企业多、涉及门类广、部分处于微利或亏损状态的问题,我们提出"退出也是生产力",集团上下形成共识,"十三五"期间预计退出240家以上,特别是实现了首矿大昌、东钢、首黔等重大项目的成功退出,资产质量得到改善,一些历史遗留问题得以解决。加快剥离企业办社会职能,完成北京地区"三供一业"移交,外埠企业按照属地政策推进;完成水钢医院重组和首钢医院、矿山医院改制。开展"疏整促"专项行动,加强北京地区土地合规管理。

持续推进转型提效。我们率先推进钢铁板块转型提效工作,采取多种渠道分流安置人员,2018年实物劳产率首次超过行业平均水平,2020年预计达到982吨钢/人·年,比2015年提高1倍以上。及时总结推广钢铁板块经验,引导非钢产业和园区各单位结合实际推进转型提效。五年来,我们以转型提效为抓手,倒逼企业组织、机制、人员素质、技术进步等各方面不断提升,企业进入效率效益提升、人均收入增长、工资总额得到合理管控的良性发展轨道。

五年来的实践使我们深刻认识到,改革是推动首钢高质量发展的关键一招,核心是坚持市场化方向,遵循市场经济规律、行业发展规律和企业发展规律;关键是要解决好"一放就乱、一管就死"的问题,在管住、管好、管活上下功夫。

"十三五"期间,我们认真学习贯彻习近平总书记在全国国有企业党建工作会议上的重要讲话精神,以党的政治建设为统领,全面加强党的建设,为改革发展提供了坚强保证。坚持把握改革发展方向,提出了首钢推动质量变革、效率变革、动力变革的努力方向,提出了新形势下进一步深化改革的主要思路,提出了在企业健康可持续发展上狠下功夫、打牢高质量发展基础的工作主线。坚持发挥基层党组织战斗堡垒作用,深入推进"两学一做"学习教育常态化制度化,扎实开展"不忘初心、牢记使命"主题教育,加强党支部规范化建设,着力解决"上热中温下冷"突出问题。坚持打造高素质人才队伍,推行领导人员职务职级改革,开展职业经理人试点,加大优秀年轻干部培养使用,推进三支人才队伍建设,评选表彰了首届"首钢工匠"。坚持加强党风廉政建设,开展"以案为鉴、以案促改"警示教育,运用监督执纪"四种形态"加强党员干部纪律约束,积极营造良好政治生态。成立巡察机构,发挥巡察利剑作用,形成以巡察监督为统领的"10+1"联合监督体系。坚持加强思想政治工作和企业文化建设,以新中国成立70周年和首钢建厂100周年为契机,大力宣传百年首钢强企报国的奋斗历程,深度诠释百年首钢企业精神的丰富内涵,激励广大干部职工继承光荣传统、再创首钢辉煌。

首钢"十三五"期间取得的成绩是广大干部职工团结奋斗的结果,更离不开党中央、国务院的亲切关怀和市委、市政府的大力支持,特别是2019年2月1日,习近平总书记亲临首钢园区视察慰问,给首钢干部职工拜年,对园区的规划建设、产业转型、风貌保护、生态建设等方面给予肯定,作出重要指示,使我们倍感振奋、备受鼓舞,这成为推动工作的强大精神动力。

在总结成绩的同时,我们更要清醒地认识到首钢高质量发展的基础还不牢固,一些难题亟待破解。一是负债高、利息重、风险大的局面没有根本改变。尽管我们做了很多工作,但是集团资产负债水平未能有效改善,有息负债居高不下。2019年集团373家并表企业中,资产负债率处于70%管控线以上的有186家,占49.9%。二是产业资源分散、竞争力不强。到2019年底,集团并表企业共涉及国民经济行业17个门类、124个小类,企业亏损面36%。今年上半年,纳入集团管理口径的71家二级单位中,营业收入50亿元以上的只有8家,汇总收入占总额的78.1%;10—50亿元8家、1—10亿元25家、1亿元以下30家,汇总收入只占21.9%,散、弱、小的状况没有根本改变。三是体制机制还不完善、管理能力需要提升。企业市场主体意识还不强,市场化的投资回报机制、选人用人机制和激励机制还不完善,对标找差的管理理念和体系还没有在全集团普遍形成,专业化管理能力还需要补短板、强弱项。四是花钱大于挣钱、重投资轻效益等问题仍然突出。投资规模大、与投现能力不匹配,一些项目投资失控、投资超概算、投资效益达不到可研预期。对这些问题,我们要不躲不绕,在"十四五"期间切实加以解决。

第二个问题,对"十四五"形势怎么判断

习近平总书记在党的十九届五中全会上的重要讲话,深刻分析了当前国际国内形势,为我们认识把握宏观形势提供了根本遵循。总体看,"十四五"时期首钢面临的新形势主要有以下三个方面。

一是宏观环境发生新变化。从国际看,世界百年未有之大变局进入加速演变期,新冠肺炎疫情大流行影响广泛深远,经济全球化遭遇逆流,世界经济低迷,国际经济、科技等格局都在深刻调整。从国内看,"十四五"时期是我国全面建成小康社会、实现第一个百年奋斗目标之后,乘势而上开启全面建设社会主义现代化国家新征程、向第二个百年奋斗目标进军的第一个五年,我国将进入新发展阶段,正在形成以国内大循环为主体、国内国际双循环相互促进的新发展格局。同时,我国经济正处在转变发展方式、优化经济结构、转换增长动力的攻关期,实现高质量发展还有许多短板弱项。我们要全面理性辩证看待"十四五"时期发展形势,科学把握新发展阶段,深入贯彻新发展理念,主动适应新发展格局,牢固树立机遇意识、风险意识,不断提高全要素生产率,增强核心竞争能力,提升产业链水平,实现发展规模、质量、结构、效益相统一,实现更高质量、更有效率、更可持续的发展。

二是首都发展提出新要求。北京市委明确提出,要立足首都实际,前瞻十五年,干好这五年,一步步向前推进,力争率先基本实现现代化;充分发挥自身比较优势,率先在形成新发展格局中探索有效路径、拿出北京行动;大力加强"四个中心"功能建设,提高"四个服务"水平;加快发展现代产业体系,聚焦"高精尖"产业,优化区域产业链布局,加快发展现代服务业;狠抓新基建、新场景、新消费、新开放、新服务,建设一批应用场景,培育一批服务型、平台型企业。10月23日,北京市领导在首钢"双调研"时明确提出,首钢北京园区要在构建新发展格局中展现新形象。我们要认真落实北京市委、市政府的新部署新要求,在服务首都发展和冬奥筹办中抓住机遇,打造新场景、新业态,推进园区"四个复兴";找准新模式、新路径,促进首钢新产业发展。

三是行业发展面临新挑战。"十四五"时期,钢铁行业仍面临许多困难和挑战。产能释放较快,生产强度超过市场需求。今年钢产量将超过10亿吨,明后两年还有新增置换产能陆续投产,而且近几年新增产能中板材占了很大比例,结构性过剩的矛盾将更加突出。贸易摩擦加剧,钢材进出口不稳定不确定性因素增多,出口总量呈下降趋势,加剧了国内市场的竞争。原燃料价格坚挺,生产成本压力加大,对企业利润不断挤压。环保政策趋严,倒逼企业提升环保水平。面对挑战,我们还是要眼睛向内、做好自己的事,坚持底线思维、强化风险意识,树牢"过紧日子"的思想,努力用内部工作抵御市场风险。

第三个问题，对"十四五"工作怎么思考

"十四五"时期是百年首钢开启高质量发展新征程、进入新的历史发展阶段的第一个五年。这段时间，首钢集团党委对"十四五"工作进行了系统思考。下面，重点围绕三个方面，把我们这段时间形成的一些思路和大家交流。

（一）目标怎么定

确定一个科学、合理的规划目标，对于发挥规划的导向、激励作用至关重要，同时也是一项难度很大的工作，是对我们综合分析能力、科学决策能力的考验。规划建议稿提出了"十四五"总体发展目标，即：集团经营质量进一步提升，产业结构进一步优化，资产质量进一步改善。2025 年集团营业收入 2300 亿元，实现利润总额 50 亿元，力争达到 60 亿元，资产负债率下降 4 个百分点以上，在岗职工收入增长与效益效率挂钩联动。

确定这样的目标，首先是贯彻落实党的十九届五中全会精神和北京市委、市政府决策部署，结合首钢实际，还有以下几点考虑：

一是要着力打牢高质量发展基础。针对首钢存在的突出矛盾和问题，不片面追求资产、营收等规模指标上的快速增长，而是把工作重点放在提高企业效率、效益和资产质量上。比如，规划的利润增长率明显高于营收增长率，就是要着力提升产业盈利能力。

二是要体现不断进步、追赶先进的鲜明导向。面对挑战要主动作为，与"十三五"的指标相比要有进步和追求，营收要稳定增长，利润要大幅提升，负债率要明显下降。与行业先进企业相比，效率、效益、资产质量等指标要不断缩小差距。这是首钢高质量发展的要求，也是职工收入增长的基础。

三是要积极落实国资监管的要求。北京市国资委在"三降一减一提升"专项行动实施方案中提出，到 2022 年，市管企业资产质量和管理效益要大幅提升，抵御风险的能力要显著增强；高负债企业资产负债率逐步回归到正常水平，超过管控线的企业降至管控线以下。我们在规划资产负债率、效率效益等指标时，要积极落实这些要求。

总之，我们的目标既不能定得高不可攀，也要有所追求。完成这个目标，需要我们脚踏实地、久久为功，更加积极有为地进行努力。

（二）步骤安排怎么考虑

规划建议稿提出，"十四五"时期总体发展目标按"3+2"安排，即：前三年打牢高质量发展基础，后两年实现发展质量的转变。作这样的步骤安排，主要基于两点考虑。

一方面，首钢高质量发展的基础还不牢固。2020 年初首钢"两会"指出，推动首钢高质量发展是一项紧迫而长期的战略任务，未来三年左右时间，我们要继续在企业健康可持续发展上狠下功夫，为推动高质量发展奠定坚实基础。在这次疫情影响下，一些企业亏损问题、资金紧张问题更加突出，使我们进一步认识到打牢高质量发展基础的紧迫性。因此，在规划建议稿中明确提出了打基础阶段的主要目标，也就是：到 2023 年，基本消除连续三年亏损企业，资产负债率降到 70% 以下，集团公司有息负债形成下降拐点。

另一方面，必须增强推动高质量发展的紧迫感，加快实现发展质量的转变。也就是要在前三年工作的基础上，使规划指标在后两年有进一步的提升，集团资产负债率再下降 2 个百分点以上，资不抵债企业大幅减少，资产证券化率达到 60%。这是首钢自身发展的客观要求，更是首钢争当新时代高质量发展排头兵的使命担当。

（三）重点抓什么工作

确定规划目标不容易，实现规划目标更难，关键是要把重点工作抓实抓细。规划建议稿提出了 6 个方面的重点任务和 8 个方面的保障措施。下面，我就有关问题，谈一下集团党委的思考。

1. 关于化解有息负债

这是打牢首钢高质量发展基础最紧迫、最艰巨的任务,也是一场硬仗。北京市委、市政府高度重视化解首钢债务问题,市新首钢领导小组第七次会议提出,将首钢债务合理划分为搬迁形成的债务和企业经营性债务两部分,有针对性地研究化解首钢债务问题。并明确指出,针对经营性债务,首钢要加强经营管理,推动科技创新,提高企业经济效益,促进转型发展,解决好自身债务问题。

我们落实北京市委、市政府要求,形成了"三个一块"的化解思路,即:通过提高盈利能力"解决一块"、通过盘活股权和不动产"补充一块"、通过争取政府政策盘活资产"支持一块"。化解债务负担不只是集团层面的事情,也是各单位生存和发展的内在需要。从我们自身来说,首先是要在"解决一块"上下功夫。要努力改善自身经营质量,多创造效益,多创造现金流。经营现金流有能力的单位不要光想着去投资,要优先考虑偿还外部和财务公司贷款,偿还集团总部借款,努力降低自身资产负债率。要严控举债投资,靠银行负债上项目又不注重效益是一条走不通的路。各单位确实需要上的项目,一定要有投现能力,还要有清晰的商业模式,并且要达到集团要求的收益率标准。要落实园区土地补偿和土地收益返还,加快资金回笼。此外,还要持续推进资本运作,加大股权融资力度,盘活存量资产。

2. 关于推进产业聚焦

主要是要解决聚焦什么和怎么聚焦的问题。针对聚焦什么,"十三五"规划中期评估时,集团党委在综合分析外部发展环境、首钢产业发展现状和资源禀赋的基础上,提出围绕集团发展战略,聚焦钢铁业、园区、新产业和产融结合四个方向。"十四五"时期要沿着这四个方向,坚持有进有退,有所为有所不为,进一步推进产业聚焦。

对"进"要有全面的认识。"进"不单纯是投资新项目,更要在存量资产盘活、挖潜增效上下功夫。经过多年的发展,首钢在矿产资源、新材料等领域已经具备了一定的产业基础,但目前资源分散在不同单位,通过资源整合可以实现规模运营和专业化管理,形成竞争优势,培育出符合国家战略导向的优质产业,成为新的经济增长点。

对"退"要有更大的力度。要坚持应退尽退、应退早退,既要加快退出亏损企业,又要主动谋划非主业资产的战略性退出。对那些不符合发展战略、盈利能力差、商业模式不清晰的企业,要坚决退出;对尚有盈利能力、战略契合度不高的业务,也要择机战略退出,力争"十四五"退出企业150家以上。要把退出工作作为一项硬任务,与领导人员三年任期目标考核紧密挂钩。

3. 关于提升产业竞争实力

企业实力是在市场竞争中形成的。实践证明,对标找差是提升企业竞争实力的有效方法。我们要强化对标意识,自觉地把它当作发现问题、解决问题和市场化评价经营结果的一种思维方式、工作方法,通过与先进企业持续对标找差,取长补短,加快提升竞争实力。

坚持做优做强钢铁业,核心是坚持创新驱动,坚持极低成本管理,进一步打造五大优势,实现更高的效率、更好的效益。要全面提升盈利能力。目前我们的吨钢单利仍有很大提升空间。2020年1—9月,中钢协会员企业平均吨钢利润184元,我们只有长钢公司和京唐公司接近行业平均水平,分别为182元、177元;股份公司吨钢利润78元,排在第37位;外埠企业吨钢利润53元,比行业平均低131元。要把一业三地先进装备、产线协同的优势发挥出来,在高效生产和精品制造上狠下功夫,新产线要全面达效,老产线要不断超越,规划中期钢铁板块吨钢单利要超过行业平均水平,规划期末股份公司、水钢公司、长钢公司吨钢单利要进入行业前十。要深入学习巴登钢厂经验,在提高全要素生产率上下功夫,每花一笔钱都要有产出,不搞大拆大建,不能贪大求洋,持续用先进实用技术对产线升级改造,推动产出的增加。这就是我们要坚持走的路。要持续优化产品结构。一业三地要确保三大战略产品产量增加10个百分点,汽车板要坚持"镀锌、高强、外板和合资品牌"发展方向,巩固国内供应商第一梯队地位;电工钢要打造国际一流品牌,进一步提高无取向高牌号产品比例;镀锡板要继续调整用户结构,中高端产品比例突破80%。外埠企业要打造有效益的特色产品,稳固区域市场。要在极低成本上下功夫。一业三地要坚持"以低成本生产高附加值产品"的目标不动摇,外埠企业要在追求极低成本上有新的突破。确保板块生铁成本进入行业前六;实物劳产率2023年板块进入并稳定在行业前十,外埠企业全面超越对标企业平均水平。

培育新产业,要找准发展方向、清晰商业模式,核心是要做对集团有价值的企业。"十四五"期间,无论是节能环保、静态交通还是其他产业,都不能再"走一步看一步"推着走。要变"养马"机制为"赛马"机制,将发展前景好、盈利模式清晰、能对接资本市场的产业纳入培育产业,给予重点资源支持。要遵循行业发展规律,坚持聚焦发展、创新发展,跳出只依靠重资产扩张的思路,更加重视通过技术、专利等要素的投入和打造标准化、可复制的核心管理能力拓展市场,实现轻资产运营。

深化产融结合,核心是要在"结合"上下功夫,进一步发挥好金融的"扁担"作用,成为推动集团产业发展的资本动力。财务公司要持续提升金融服务能力,盘活集团存量资金和票据,提高资金使用效率,进一步发挥集团资金管控平台作用,积极推进集团供应链金融建设。基金公司要坚持"精准投资+精益运营"模式,积极撬动社会资本,助力集团产业发展和园区开发。香港首控要发挥境外投融资平台作用,对接集团产业资源,实现集团境内与境外资本运作平台互动。

4. 关于推进北京园区开发

北京园区肩负着城市更新和服务保障冬奥的重大使命,承担着推动首钢转型发展的艰巨任务。我们要认真贯彻北京市领导"双调研"时对园区开发建设的各项要求,聚焦"四个复兴",着力打造新时代首都城市复兴新地标。

要把服务保障冬奥作为第一位的任务抓紧抓好。现在距离冬奥会开幕只有一年的时间了,时间非常紧迫,任务极为艰巨。要抓紧完善市政、交通等配套基础设施,做好滑雪大跳台的运营维护和周边环境整治提升,按期完成冬奥广场片区、冬奥智慧枢纽、M11冬奥支线一体化等项目建设。根据冬奥赛事的时间节点和具体要求,研究制定配套保障计划,加强运营服务团队建设,提升服务保障能力,使"首钢服务"的品牌更具影响力。要超前研究后冬奥时代场馆设施的可持续利用问题,把冬奥资源转化为产业发展动能。

要大力引进重大产业项目。北京园区的产业生态还要有个涵养过程,需要通过引入重点项目和头部企业,形成示范带动效应,推动产业集聚。要坚持国际视野、开放合作,积极引入有专业运营管理能力、高端客户资源和资金实力的国际化公司。发挥基金的投资引导作用,吸引更多的高科技、高成长性的企业入驻园区,同时取得投资的增值收益。加强与中关村联动,承载高端产业溢出资源,吸引更多国内国际知名企业和品牌入驻。利用好科幻产业集聚区平台,汇聚优质产业资源,培育园区产业生态。

要加强全生命周期成本管控。园区的工业遗存保护利用都是原创,比新建空间载体更加复杂,成本压力也更大。要牢固树立成本意识,全面对标找差,不断优化设计,追求实用功能,严格落实限额设计,加强设备材料集中招采和施工组织的目标成本管理。运营服务要提前介入,与设计、招商、施工全过程无缝衔接,提前发现问题及时纠偏,切实降低开发建设成本,提升项目品质。

要统筹兼顾经济社会效益。园区已经成为国内外关注的热点,产生了良好的社会效益。如何实现社会效益和经济效益相统一,是摆在我们面前的新课题。破解这一课题,要重点做好两个方面工作。一是要控制开发节奏,优化开发时序。要依据市场需求逐步释放空间,协同推进空间建设与产业发展,坚持成熟一项开发一项,以局部聚焦带动整体发展。二是要兼顾短期现金流平衡与长期资产增值。探索自持物业、直接销售、股权合作等相结合的商业模式,合理确定自持资产比例,实现短期效益和长期效益相统一。到"十四五"末,要做到园区经营性净现金流覆盖利息支出,为园区可持续经营打下基础。

5. 关于深化企业改革

"十四五"时期首钢改革又到了一个新的关头,要把握好改革和发展的内在联系,紧盯解决突出问题,提高改革的针对性和实效性,使改革更好对接发展所需、基层所盼。要认真贯彻落实国企改革三年行动方案,履行好"双百企业"和北京市改革综合试点单位的责任,通过深化改革,进一步激发企业活力、提升效率效益,推动首钢高质量发展。

深入推进治理机制改革。这是提升企业活力和效率的重要基础。核心是要坚持两个"一以贯之",建立协调运转、有效制衡的公司治理机制。近年来我们在公司治理"有形"上进步较大,但在"有效"上还存在不足,主要短板是董事会履职行权不到位,有的单位董事会未能发挥对经理层的有效制衡和风险防范作用,没有落实对经理层的经营责任。解决这一问题,首先党委书记、董事长要认识到位,履行好第一责任。要进一步优化"三会"议事规则、议事清单,厘清各治理主体权责界面,各司其职、各负其责,做到不缺位、不越位。集团层面下一步要分类指导各单位董事会建设,重点在上市公司、混改企业及有对接资本市场规划的企业,建设一批高效治理型董事会,实行经理层向董事会报告工作和董事会对经理层的考核评价制度,试点引入外部董事、外部董事占多数。公司章程是企业的根本大法,各治理主体的一切行为都要遵循章程。要加强对章程的管理,"一企一策"制定完善,特别是要重视在研究股权投资事项时同步开展章程研究,从根子上打好基础。要发挥好审计、法务、监事会、巡察、纪检监察的作用,统筹衔接、相互协调,提高监督效率,防范重大风险。

深入推进用人机制改革。这是提升企业活力和效率的关键环节。要总结基金公司等单位经验,建立完善市场化选人用人制度,规范专业人才引进、使用、评价的标准和流程。加强劳动合同管理,特别要做好劳动合同到期的评价与续聘管理,完善员工评价机制,将竞争上岗、末位淘汰制度化、常态化,实现人员能进能出。要严把每年招录高校毕业生的入口关,坚持把一流院校、专业对口作为标准,补充新鲜血液、优化人才结构。要加强科技人才队伍建设,进一步完善发展通道和考核评价机制,鼓励大家立足岗位、潜心研究、实现价值。

深入推进激励机制改革。这是提升企业活力和效率的动力源泉。要坚持工资总额决定机制不动摇,树牢"工资是挣出来的"理念。亏损的企业工资总额预算不能增加,实现减亏后可以适度增加,这方面集团层面要建立制度。各单位要用好、用活分配自主权,薪酬分配要更多地向科技人才、关键岗位核心人才倾斜,使有限的激励资源能够"好钢用在刀刃上"。稳妥推进首钢股份和首程控股的股权激励试点,发挥好中长期激励作用。要结合对标一流管理提升行动,建立市场化对标评价机制,将对标评价纳入企业领导人员年度和任期绩效考核。要选择经济效益好、有条件的企业开展董事会聘任经理层试点,推进经理层任期化和契约化管理,签订聘任协议和业绩合同,按照约定严格考核、实施聘任或解聘、兑现薪酬。

我们还要进一步完善内部市场化经营机制。依法落实出资人有限责任,强化企业独立法人地位。健全内部契约化管理,用市场化原则推动企业内部协同。在总结试点经验的基础上,研究建立投资回报和子公司利润上缴制度。优化管理关系,持续推进股权关系和管理关系一致,建立委托责任的考核机制,全面落实集团委托管理责任。要继续执行内部债务清偿机制,努力化解历史互欠,严控新增内部债务,在集团内形成一个良好的经营环境。

6. 关于加强党的领导

党的十九届五中全会把坚持党的全面领导,作为"十四五"经济社会发展必须遵循的首要原则。编制和落实好首钢"十四五"规划,必须坚持和加强党的全面领导。要牢牢把握新时代党的建设总要求,充分发挥国有企业政治优势,以高质量党建引领和推动高质量发展,以企业改革发展成果检验党组织工作成效。

要始终把政治建设摆在首位。牢记"看北京首先要从政治上看"的要求,增强"四个意识",坚定"四个自信",做到"两个维护",坚持不懈用习近平新时代中国特色社会主义思想武装头脑、指导实践,始终在政治立场、政治方向、政治原则、政治道路上同以习近平同志为核心的党中央保持高度一致。要推进党建工作与生产经营建设深度融合。坚持把提高企业效益、增强企业竞争力、实现国有资产保值增值作为党组织工作的出发点和落脚点,积极推动党建责任制与生产经营责任制有效联动,找准基层党组织服务生产经营建设、联系职工群众、参与基层治理的着力点,切实发挥好基层党组织战斗堡垒作用和党员先锋模范作用。要加强领导班子建设和人才队伍建设。坚持国企领导人员"对党忠诚、勇于创新、治企有方、兴企有为、清正廉洁"的20字标准,健全党管干部、党管人才、选贤任能制度。推进企业领导人员交流,加大优秀年轻领导人员培养选拔力度,切实解决新老交替压力大的问题。要深入推进全面从严治党。完善和落实全面从严治党责任制度,推动党委主体责任、书记第一责任人责任和纪委监督责任贯通联动、一体落实。加强对制度执行的监督,加强对重点单位、关键岗位、重要人员的监督,突出"三重一大"决策和重点经营环节的监督,实现监督无死角、全覆盖。严格落实中央八项规定及其实施细则精神,坚决反对"四风"。持续加大反腐败力度,构建不敢腐、不能腐、不想腐体制机制。

同志们,深入学习贯彻党的十九届五中全会精神,制定好集团和各单位的"十四五"规划,是当前一项十分重要的工作。各单位党委要加强组织领导,认真总结分析本单位"十三五"期间的成绩和不足,虚心对照先进企业取长补短,制定出有指导性和可行性的规划,扎实推动企业高质量发展。

名词解释:

1. 三个跑赢:指"跑赢市场""跑赢同行""跑赢自己"。"跑赢市场"包含国内原燃料采购价格对标、进口矿采购价格对标、国内钢材销售价格对标;"跑赢同行"包含生铁成本对标、钢材单利对标;"跑赢自己"是内部工作增效对标。

2. 双百工程:指钢铁板块铁成本和钢铁产品价格提升工作方案,即铁成本降低 100 元,产品单利与行业缩差 100 元。

3. 做大蛋糕:指充分挖掘设备潜能,提高作业率,提高设备利用系数,从而提高产量,降低固定费用分摊,增加企业利润。

4. "一支笔"审批:指费用审核报销流程中,原则上履行主要领导签批管理。各费用归口管理部门负责人逐笔审核每笔费用支出,确定费用项目和金额的合理性,审核费用计划和完成情况,最大限度降低费用支出。

5. 四个专项成本:指钢铁板块能源成本、环保成本、质量成本和物流成本。

6. 五项费用:指钢铁板块人工费用、折旧费用、管理费用、销售费用和财务费用。

7. "一体化"管控:指铁前一体化和钢后一体化。铁前通过矿铁一体化、煤焦一体化、铁焦一体化,增强铁前成本管控深度;钢后面向市场,以客户为中心,夯实一贯制质量管理体系,依托产销一体化系统,不断提升产品实物质量、制造管理水平和服务能力。

8. 一院多中心:指以技术研究院为核心,以京唐技术中心、迁顺技术中心和智新电磁硅钢研究所等多中心为支撑,既有分工又有合作的开放高效协同的技术研发体系。

好学笃行　求实鼎新
奋力夯实首钢高质量发展基础

——在首钢集团科技大会上的报告

首钢副总经理　赵民革

（2020 年 3 月 6 日）

本次大会主要任务是：全面落实首钢"两会"精神，收官"十三五"技术创新规划，传承首钢精神，好学笃行，求实鼎新，奋力夯实首钢高质量发展基础，全面完成 2020 年科技创新工作任务。下面我向大会报告工作。

一、2019 年科技创新工作回顾

2019 年是新中国成立 70 周年，首钢建厂 100 周年，首钢广大科技工作者保持定力、协同创新，攻坚克难、锐意进取。创新体系迸发创新活力；钢铁板块展现主业担当；园区开发取得实质进展；新产业成果日益凸显。

（一）创新体系逐步完善，迸发创新活力

创新体系改革初见成效。"一院多中心"研发体系正式运行，研究开发体系和持续改进体系界面逐渐清晰，科技领军人才培养的平台更加完善，科研人员和工程技术人员的创新合力日益强大。迁顺和京唐技术中心启动"及时、高效"类科研项目 26 项，与技术研究院协同科研项目 37 项，目标完成率达到 90%以上；取得科技成果 9 项，其中国际先进水平 3 项。迁顺技术中心获批北京市企业技术中心，京唐技术中心获批河北省企业技术中心及河北省海水淡化技术创新中心。

创新管理基础更加夯实。《首钢集团有限公司科技项目管理办法》等 4 项制度宣贯 12 次，受众 480 余人次，总计 50 小时以上。首钢股权公司、首钢长钢等多家单位结合自身情况和行业特点制定了科技创新活动管理的实施细则。以科研项目为载体的研发活动进一步规范，钢铁业研发投入强度达到 3.0%，提前完成"十三五"技术创新目标；新产业研发投入强度达到 2.3%。《首钢集团有限公司科技保密管理规范》完成下发。首钢集团科技创新管理信息化项目完成立项和可研批复，蓝图设计稳步推进。

创新政策运用进步显著。首钢贵钢、首钢资源等 5 家企业通过国家高新技术企业认定，集团高新企业数量达到 25 家。首钢京唐、首钢水钢、首实教育等 7 家企业申报加计扣除，集团申报加计扣除企业数量达到 20 家；加计扣除和税收优惠累计增收 3.9 亿元，同比增长近 8 倍。北京市科技计划项目"冬奥智慧园区综合应用示范工程"获批，获得资金支持 1220 万元，"绿色装配式钢结构住宅产业化及建造"项目按期通过结题验收。国家重点研发计划"钢铁流程绿色化关键技术"等项目以及 14 个课题顺利通过中期检查。

创新资源配置更加高效。首钢与帝国理工、北京金隅等 5 个联合实验室正式揭牌，联合研发平台达到 19 个。依托"首钢——一汽汽车用钢联合实验室"，DH590/DH780 成功亮相一汽集团 2019 年度红旗新材料成果新闻发布会，实现零部件减重 12%以上。开展横向合作项目 12 项，研究目标更加聚焦前沿技术和回答科学问题。参加国际会议

13 场次,主旨演讲 7 人次;成功举办"第九届首钢—中钢技术交流会"。

(二)钢铁板块深挖潜力,展现主业担当

钢铁板块直面外部市场严峻挑战和环保限产,以做优做强为目标,围绕打造五大优势的要求,坚持对标先进,挂图作战,做大蛋糕,展现主业担当。

1.产品结构调整展现强大韧性

刚性指标稳中有进。高端领先产品完成 654 万吨;三大战略产品完成 515 万吨,其中汽车板 305 万吨,电工钢 163 万吨,镀锡板 47 万吨;新产品完成 46 万吨,同比增加 28%;EVI 产品完成 179 万吨,同比增加 19%。新能源汽车驱动电机用电工钢 25SW1250H 全球首发,增强塑性双相钢 DH980、双相车轮钢 SRS650 等 5 项新产品国内首发,首发产品供货量 2 万吨,同比翻番。汽车板在上汽大众和日系品牌供货量均实现倍增,日系汽车外板和免中涂外板均实现批量供货。0.20 毫米超薄规格取向电工钢实现常态化批量生产。镀锡板 DR 材等高端产品同比增长 54%。双相高强车轮钢系列产品成为引领行业轻量化升级的主力产品。

高端认证成效显著。汽车板在十大龙头车企获取零件认证 1575 个,占 85%;18 个牌号通过日系材料认证,获得 14 款新车型发包共 951kg 份额,进入丰田供应体系;成为首家通过奔驰 DH780 和长城 DH980 材料认证的企业;锌铝镁镀层产品通过沃尔沃全球材料认证,批量供应长城汽车。新能源电工钢开展六家行业龙头企业认证,成为大众 MEB 项目国内唯一供应商,2 个牌号产品通过日产认证。镀锡板高端产品 MR DR—9M CA 通过天津龙鑫盛番茄罐底盖和罐身的认证。酸洗产品 7 个牌号通过本田和丰田的材料认证;高扩孔钢 JSH590B 国内首家通过本田认证;桥壳钢 SQ700ZX 国内首家通过福田戴姆勒认证;钢筋产品在低成本条件下满足新国标要求;贵钢车轴钢通过国际铁路工业标准 ISO/TS22163 认证。

质量瓶颈不断攻克。深化以客户需求为驱动的"挂牌督办"机制,按月跟踪、按季发布、动态管控、分级督办形成常态化。滚动实施挂牌项目 68 个,整改完成率 93.9%,客户满意率 93.5%。针对吉利外板冲压纵向条纹问题累计排查 30 余根炉辊,开展 100 余次交叉对比试验,从根源上彻底摸清了缺陷发生机理,消除了客户抱怨;攻克了影响涂装质量的技术瓶颈,丰田 SPC270C 磷化结晶状态明显改善,覆盖率 100%,确保材料认证通过,为争取丰田新车型发包奠定了基础;双相车轮钢 RS590 开裂率由 6%降至 2%以下。首钢产品影响力与日俱增,获华晨宝马"质量卓越奖"、西门子全球最佳供应商、中粮集团最佳供应商等荣誉 23 项。

重大工程持续助力。电工钢助力北京副中心和大兴新机场建设,应用在张北—雄安特高压清洁能源输电、三峡乌东德和白鹤滩水电站等;高建钢、耐火耐候钢成套技术应用于冬奥滑雪大跳台项目;桥梁板应用于凤凰黄河大桥、舟山大桥等重大工程;轻量化用钢独家供应华为 5G 基站建设项目;管线钢供货中石化、军工野战输油等项目,助力中俄东线天然气管道通气;完成了高强船板八国船级社认证和世界最大天然气工程极地亚马尔天然气工程用 420 兆帕级结构钢的第三方认证;通钢 HRB400EΦ40 螺纹钢应用于京雄城际铁路雄安站站房项目。

2.工艺技术攻关实现重要突破

重大工艺助力提质增效。高铁低硅碱性球团矿实现批量生产,品位达到 66%,SiO_2 含量 2.1—2.2%,碱度 1.15,还原膨胀率 18%以下,综合指标达到国际先进水平;京唐特大型高炉球团矿比例突破 56%,渣比最低达到 220 千克/吨铁,燃料比 483 千克/吨铁,生铁成本排名行业第二;伊钢率先在国内实现全球团冶炼。转炉终点碳氧积达 0.00158,洁净钢生产水平世界领先;贵钢电炉冶炼周期缩短了 18 分钟,炼钢工序月产量提高了 1.3 万吨,吨钢冶炼费降低了 450 元以上。京唐镀锌线自主集成新型炉鼻子成套技术和装备,实现镀锌外板百米锌渣缺陷个数降低 80%以上,冷轧镀锌外板月产量破万吨,批量供应宝马等高端用户;股份公司取向硅钢热轧稳定性及控制精度大幅提升,热轧基料实现 1.8 毫米极限规格的稳定生产。

用户技术拓展服务内涵。深化以客户需求为驱动的"挂牌督办"机制,按月跟踪、按季发布、动态管控、分级督办形成常态化。滚动实施挂牌项目 68 个,整改完成率 93.9%,客户满意率 93.5%。深化制造能力提升,整单兑现

率、整体兑现率分别完成92.9%、95.7%。持续提高 EVI 服务能力,完成 10 款新车型 EVI 实践,3 款实现 1/3 以上车身零部件用材由首钢供货。EVI 供货量占商品材的比例达到 10.2%。对 310 个零件提出轻量化、技术降本和成形评价方案,形成复杂零部件材料性能与冲压工艺协同控制技术,上汽大众门内板冲压报废率降低至 3‰ 以内;形成基于提高磷化性能的高强汽车板表面形态控制技术,实现 780—1180 兆帕级连退板磷化膜晶粒度由 6—10 微米降至 5 微米以下;形成高精度 CAE 仿真数据模型的控制技术,认证数据包合格率 100%。举办汽车用钢技术论坛、日产"首钢日"、宝马首钢媒体日、电工钢用户技术研讨会等,精准识别用户需求,首钢服务能力不断深入。

绿色制造迈上更高台阶。持续实施绿色行动计划,完成环保项目 70 项,勇做绿色发展的领跑者。股份和京唐投运无组织排放"管控治"一体化智慧平台,实现排放源、除尘设施的集中精细管控。首钢股份完成白灰窑脱硫脱硝改造等 20 项治理项目,实现全流程超低排放,在唐山市重污染天气钢铁行业应急减排绩效分级评比中,被评为唯一 A 类企业。首钢京唐完成烧结烟气循环改造等 13 项治理项目,通过超低排放市级验收。首钢长钢准确把握政策,按时序分类分步实施超低排放改造,完成煤场封闭等 15 项治理项目,积极拓展固废资源化和产业化路径。首钢股份完成钢铁行业绿色生产管理评价系列标准起草工作,引领行业绿色发展。首钢矿业充分利用采选尾矿研发大规模绿色建材生产工艺,在冶金矿山行业形成示范;首钢矿业水厂铁矿被遴选为国家第一批绿色矿山。首钢冷轧公司荣获国家级"绿色工厂"称号。

智能制造持续提升效率。钢铁业产销一体化项目上线运行,以信息化建设逆向倒逼管理生态变革,实现跨地域多制造基地产销一体、管控一体、业财一体,提升"制造+服务"能力。合同下发效率提升 60%,合同处理时间由 2 天缩短至 0.4 天。首钢股份硅钢—冷轧智能工厂项目实现生产效率整体提高 22.99%,产品不良品率降低 38.93%,能源利用率提高 10.83%,运营成本降低 21.52%。首钢京唐 3 号镀锌、4 号镀锌、镀锡板 3 号连退入口拆捆带机器人具备试运行条件;MCCR 智能仓储项目已完成控制室基础施工、天车雷达、控制系统等设备安装,并开始进行与外围系统通讯测试,板坯库、钢卷库开始调试运行;码头 5 号库智能仓储项目被授予"唐山市互联网与制造业融合发展试点项目"称号。首开"翘曲在线检测设备"投入镀锡产线,实现带钢翘曲实时在线连续检测功能,在线有张力时与离线无张力时的检测误差小于 3 毫米,检测结果定位精度达到 1 米/万米。首钢水钢自动焊牌机器人正式投入使用,每小时自动焊标牌 88 捆,自动焊接成功率达 99%。

(三)园区开发聚集资源,取得实质进展

统筹推进"四个复兴",贯彻执行"新首钢三年行动计划",发扬科技创新精神、工匠精神,打造精品示范工程,展示新时代首钢园区新形象。

首钢北京园区打造绿色低碳示范区,正气候项目获 C40 规划设计认证,中央绿轴项目通过打造绿色生态环境,使工业文明遗存与功能充分结合。北区规划成果获"国际城市与区域规划卓越奖",对高炉、焦炉、冷却塔等重要工业遗存进行系统梳理,空中漫道"串珠成链",首钢绿轴雏形初现。冬奥会北京赛区首个建成的新建比赛场馆——首钢滑雪大跳台正式交付使用,迎接"2019 沸雪北京国际雪联单板及自由式滑雪大跳台世界杯"赛事检验。"新首钢高端产业综合服务区北区详细规划"获 2019 年环保建筑大奖,转运站办公楼项目获国际绿建铂金级认证;获智联汽车示范区和中关村智能创新应用产业园 2 个市级特色园区授牌,签约 20 个 AI 示范应用项目;加强与政府部门沟通协调,项目工程全部获得规证,城市织补创新工场、国际人才社区核心区多规合一核准批复,完成 M11 线一体化方案设计。

首钢曹妃甸园区开展我国首座零能耗被动式建筑技术体系、指标和措施的分析,对建筑节能规划、可再生能源的充分利用、环境适宜技术及被动式技术措施进行创新性研究,与中国科学院幼儿园合作建立国内第一座零能耗建筑——"中国科学院幼儿园·首堂园"并投入使用,为 2019 年河北省唯一获中国住房与城乡建设部批准的科技示范项目。

首钢首秦园区结合赛车谷规划蓝图,按照国家体育产业示范单位的申报要求,顺利完成河北省体育产业示范单

位申报材料的卷宗整理。借助冬奥会的契机,通过冰雪运动会,推动冰雪休闲运动和秦皇岛市冬季旅游融合发展,作为首届冰雪运动会的协办单位举行了盛大的滑轮项目比赛。

(四)新产业协同创新,成果日益凸显

新产业坚持目标倒逼、问题倒逼,发挥自身优势,抢抓机遇,积极作为,开拓内外市场,提高转型发展质量。

重大工程建设成绩斐然。助力国庆 70 周年庆典,按照"精精益求精,万万无一失"的要求,以最高标准、最严要求、最好状态,高效优质完成巨幅 LED 网幕、七颗烟花树等项目的建设任务,向北京市和首钢交上了一份满意答卷。首建集团助力"一带一路",获"商务部对外援助成套项目总承包企业"资质并完成安哥拉项目建设;首钢城运国内首个公交车立体停车楼——二通厂公交立体车库停车楼交付运营,成为北京乃至全国公交立体车库停车楼的标杆工程;首钢国际工程公司整体设计的全球首例京唐二期"燃—热—电—水—盐""五效一体"高效循环利用系统建成,开创了低品质能源高效利用新格局;首钢环境公司建成投运全球首个可移动式电磁波修复有机类污染土示范项目,建筑垃圾再生产品成功应用于大兴机场高速公路、国家速滑馆等重点工程;首钢地产宿州首诚希尔顿逸林酒店荣获康纳德奖。

高端产品开发进步显著。首钢国际工程第三代运输产品——智能化新能源钢卷运输系统在首钢京唐公司正式投入使用;首自信公司智慧建筑管控平台应用于冬训中心,完成北京城市副中心行政办公区综合管理服务平台建设项目,数据智能一体化平台获中国自动化学会颁发的 2018 年"最具竞争力创新产品"称号;首钢实业"幼儿园高端课程"完成编写并初步试用;北冶公司研制的弹性卷筒用带材成功应用于"嫦娥四号"着陆器,首创的核一级设备密封关键材料打破了国外半个多世纪的垄断,助力核电站反应堆"C 环"完全实现国产化;首钢吉泰安圆珠笔头用超易切削不锈钢材料被列为 2019 年北京市新技术新产品,铪钇锆铁铬铝合金超越瑞典康太尔 A-1 合金,跻身高温电热领域用高端金属市场行列;首钢机电联合技术研究院增材制造技术实现在京唐和股份 5 架轧机牌坊的工程化修复,并成功与国际知名公司西马克合作出口板坯连铸机项目;首钢矿投开展辽宁硼铁硼精深产品研发,过硼酸钠、硼酸锌生产工艺研究进入中试阶段;京西重工蝉联东风本田"优秀供应商"大奖;首钢医院成立结直肠癌肝转移诊疗中心。

(五)创新成果量质齐升,彰显竞争实力

科技成果量质稳步提升。全年完成科技成果验收评价 98 项,达到国际先进及以上水平的 21 项,占比 21%。获行业及省部级奖励 17 项次,其中"高效环保变压器用高性能取向硅钢制备技术"项目获冶金科学技术一等奖,这是三大战略产品首次获得省部级一等奖。新产业科技创新再上新台阶,北京市科学技术奖初评 1 项推荐为一等奖、2 项推荐为二等奖。首钢朗泽全球首套 4.5 万吨/年钢铁工业尾气生物发酵制燃料乙醇项目荣获"2018—2019 年度国家优质工程奖",绿化公司承担的首钢老工业区改造西十冬奥广场项目景观工程荣获"中国风景园林学会科学技术奖园林工程金奖"。完成专利申请 1047 件,其中发明专利 576 件,国际专利 26 件;获专利授权 562 件,其中发明专利 306 件。制(修)订国际标准 10 项,创历史最好水平,制(修)订国家和行业标准 32 项,2 项标准成为工信部首批"百项团体标准应用示范项目",钢铁行业首批 5 项绿色制造行业标准中,首钢承担 2 项。

群众创新活动丰富多彩。百项科技创新成果在《首钢日报》《世界金属导报》上报道,宣传首钢创新精神,彰显科技创新实力。股份公司炼钢作业部二炼钢作业区以关键技术创新突破为抓手,全员参与,高效协同,精细管控,狠抓落实,在降低白灰消耗、高端品种钢不剩钢操作等技术攻关上取得成效,实现良性降本。京唐公司能源与环境部把技术创新作为重要抓手,用智能化的手段激发精细降本的新动能,组织实施了空压机及干燥装置远程控制改造、高压需求用户独立供气等多项措施,实现了厂区管网系统的集中管控。通钢公司轧钢事业部职工创新工作室成功设计开发加热炉自动出钢系统模块,实现了在无任何人操作的情况下,一键控制坯料入炉、推钢机动作、步进梁出钢自动化操作。首矿运输部群策工作室合力攻关,实施尾砂车辆"担架式"防泄漏布兜改造,有效避免尾砂落地污染

道床的不足,提高了尾砂干排倒运效率。

科技人才培养更加务实。建立多维度科技领军人才量化评价与选拔体系,形成首席技术专家、首席研究员、首席工程师领军人才梯队。加强专业技术骨干人才海外培训,13个项目获国家外专局批准,为近年最多。举办钢铁行业技能大师工作室建设研修班、首钢操作专家创新能力培训班等,加大高技能人才培养力度。开展首届"首钢工匠"评选活动,刘宏等12人获此殊荣。"首都市民学习之星"徐芳、严振湘、文新理,"北京市有突出贡献人才"齐宝军,"北京青年榜样"狄国标,"冶金青年科技奖"获得者邹扬,"中德职工焊接对抗赛"冠军王涛、张钊,"北京市技师特殊津贴"获得者卫建平、郭玉明、于连友,以及被人社部授予"全国技术能手"的13名"首钢杯"技能竞赛获奖选手等,展现了首钢工匠的风采,为广大职工立足岗位、苦练本领树立了学习榜样。

2019年科技创新工作取得了一定成绩,这是集团各级领导、广大职工和科技工作者付出艰辛劳动的结果,凝聚着集体的智慧和心血,我代表集团公司向大家表示衷心的感谢!

在总结成绩的同时,必须清醒看到,研发效能、创新能力、管理水平和夯实首钢高质量转型发展基础的要求还存在较大差距,我们的工作还存在着许多不足。一是科技创新效能还不能满足市场竞争的要求。烧结机、高炉利用系数、铸机拉速、轧机速度等生产效率制约问题,汽车板外板胶接、边部毛刺、线状缺陷等产品质量瓶颈问题,产品成材率等成本削减问题,钢材盈利能力不强等亟待解决,距离先进企业和用户要求还有不小的差距。二是科技创新生态体系还不能支撑高质量发展。科技创新信息化系统刚刚启动,研发投入按照新的口径归集有待继续规范;科技创新制度的活力尚未完全激发,制度的执行存在差距;集团范围的全链条创新网络仍需完善,尤其是外埠钢铁企业和新产业的人才、投入、机制等仍需破题。

二、2020年科技创新工作思路和目标

(一)总体思路

以习近平新时代中国特色社会主义思想为指导,深入学习贯彻党的十九届四中全会精神,落实集团"两会"精神和工作部署,保持战略定力,坚持稳中求进工作总基调,好学笃行,求实鼎新,推动全面完成"十三五"规划目标任务,系统谋划"十四五",奋力夯实首钢高质量发展基础。

(二)技术进步主要目标任务

1. 研发投入预算目标

钢铁业研发投入预算为36.6亿元,占主营业务收入比例3.1%,其中集团公司研发投入3.0亿元,占主营业务收入比例0.9%;首钢股份(包括迁钢公司、冷轧公司、首钢智新、首钢京唐、铁合金厂)研发投入25.9亿元,占主营业务收入比例3.5%;外埠钢铁业研发投入7.7亿元,占主营业务收入比例1.9%。

新产业研发投入预算为10.0亿元,占主营业务收入比例2.0%,其中股权投资管理平台研发投入3.5亿元,占主营业务收入比例1.9%;直管单位研发投入6.5亿元,占主营业务收入比例5.3%。

2. 科技项目计划安排

开展科技项目728项,安排资金6.64亿元。

钢铁业科技项目483项,安排资金3.13亿元,其中集团公司科技项目215项,安排资金1.10亿元;股份科技项目179项,安排资金1.28亿元;外埠钢铁业科技项目89项,安排资金0.75亿元。

新产业重点围绕科技冬奥、环境产业、静态交通、特种材料等方向布局科技项目245项,安排资金3.51亿元。

3. 产品推进计划指标

高端领先产品655万吨(奋斗目标670万吨);战略产品515万吨(奋斗目标520万吨),其中汽车板310万吨

（奋斗目标315万吨）、电工钢160万吨、镀锡板45万吨；新产品供货量37万吨（奋斗目标45万吨）；EVI供货量182万吨（奋斗目标190万吨），完成10款新车型EVI实践；汽车板认证零件1800个。

4.园区与新产业目标

深入落实"新首钢三年行动计划"，以服务保障北京冬奥会为契机，全面提升新首钢地区在首都城市发展格局中的影响力，重点围绕科技冬奥、环境产业、静态交通、高端功能材料等研究方向布局科技创新项目。

三、2020年首钢技术创新重点工作

（一）认清形势聚焦学习，把创新驱动落到实处

坚持创新策略。科技创新是推动发展的重要动力，也是国家安全的重要保障，如果不能尽快地在卡脖子关键核心技术上取得突破，我们就很难把发展的主动权牢牢掌握在自己手中。要加快提升科技实力、创新能力，加快科技成果转化应用，要集中精锐力量实施关键核心技术攻关方案，尽早取得突破。要加快提升企业技术创新能力，发挥国有企业在技术创新中的积极作用。要弘扬科学精神、工匠精神，形成良好的学风和科研氛围。从首钢来看，这些年高质量发展取得的成绩很大程度上来自于技术创新的驱动，下一步我们要打牢高质量发展的基础，技术创新仍然是主要的驱动力。

营造学习氛围。学习本领是党员干部必须具备的第一位本领，同时要善于把学到的本领运用到实际工作中去，努力做到知行合一、以知促行、以行求知。面对日新月异的发展形势，保持旺盛的创新力是企业立于不败之地的关键法宝，而不断地学习提高才是支撑科技创新攻坚克难的力量源泉。时代在前进，知识在更新，致力世界一流的综合性大型企业集团建设，需要干部职工主动学习、坚持学习、善于学习、系统学习，丰富知识储备，补齐能力短板，让学习变成一种习惯。要坚持用知识武装头脑，用智慧指导实践，不断激发动力，持续提高效率，把所学所得凝聚成创新思路，转化为科研成果。

践行创新行动。打牢高质量发展基础是首钢今年乃至今后一个时期的工作主线，而创新是引领发展的第一动力，广大科技工作者要勇敢地承担起创新驱动发展的重任。我们通过改革创新激发活力，坚持稳中求进释放红利，各项工作取得了新成效。新形势下，高质量发展对技术创新提出更高要求，我们要坚持学习创新，在创新中学习，在学习中创新，始终与用户同行、与市场同行、与时代同行、与职工同行，打造学习型团队，培养创新人才；要推动基础研究、应用研究和产业化融通发展，构建开放、协同、高效的科技研发平台，集中力量攻克一批重大科技项目。通过创新，增强集团各产业盈利能力和比较竞争优势，坚持不懈夯实高质量发展基础，坚定必胜信心，只争朝夕，不负韶华，确保完成全年目标任务。

（二）坚持做优做强，打造钢铁业竞争优势

钢铁业要坚持对标一流、问题导向，持续打造五大优势，全面推进精品制造、精益制造、绿色制造、智能制造、精准服务，深化板块协同，着力提升高端市场核心竞争力和区域市场影响力，提升产线制造力，进一步提高盈利能力。

坚持精品制造。一是优化存量，实现三大战略产品新突破。汽车板在做强做精外板上下功夫，全力推进日系和宝马、奔驰等高端重点用户车型认证，进一步提升高端产品供货量和市场占有率，实现外板高水平批量稳定供应；高强镀锌产线重点推进1000兆帕以上等级产品拓展。电工钢挖掘产线潜能，解决中高牌号薄规格产销矛盾，聚焦新能源汽车用钢开发。发挥镀锡和镀铬的综合优势，重点开展高端罩退SR材以及高成形性能、高强度等个性化产品研发，解决K板产品质量稳定问题，拓展海外市场高端用户。外埠企业要持续降低成本，形成自己的优势产品，深耕区域市场。二是做强增量，做好新产线达产达效。中板产线要尽快完成产品大纲全覆盖，资源配置向盈利强的产品和用户渠道倾斜；MCCR产线要突破薄规格高强钢板生产，开发"以热代冷"产品；酸洗产线要充分利用装备和基

料的优势,全面优化产品结构和用户结构,实现产线满负荷生产。三是坚持创新驱动,强化标准引领。推进新能源汽车用电工钢、双相车轮钢和耐火耐候钢等新产品的标准体系建设,以高标准带动下游客户材料升级,赢得市场、创造价值。

强化精益制造。一是持续推进"挂图作战、做大蛋糕"。首钢京唐二期一步达产达效是全年工作的重中之重,要努力实现中板产线盈利,确保 MCCR 产线当期经营不失血的底线。各单位要确保以高炉为中心的全流程稳定、高效生产,努力提高实物产量,发挥规模效益。要在科学维护设备、稳定生产工艺、精细排程上下功夫,统筹好资源平衡,不断提高产线综合保障能力。二是持续推进对标找差。抓好"三个跑赢",供销两端要紧跟市场,提高研判水平和快速决策能力,实现销售跑赢 2%,国内原燃料跑赢 2%,进口矿每吨跑赢 5 美元。优化对标体系,完善小指标竞赛结果评价机制,层层传导压力,逐项狠抓落实。坚定不移抓好"双百工程",以压降生铁成本为重心,继续强化四个专项成本和五项费用管控,高度重视隐性成本。板块全年吨钢增效不低于 100 元。三是狠抓产品质量,深入推进质量分级"挂牌督办"。基地在严格执行、评价和考核上下功夫,大幅降低划伤、锈蚀等管理质量缺陷;限期突破日系 GA 板表面质量及其结构控制、新镀层产品胶接及其与异种材料连接等技术难度大的瓶颈问题。

加强智能制造。强化产销一体化系统功能完善,提升一贯管控和信息高度集成共享能力,实现信息化赋能,适时在钢铁板块推广;推进铁前一体化、经营决策二期、场内物流系统优化等 5 大信息配套系统建设;围绕制造效率、采购供应链、营销价值构建业务决策模型,提高分析决策效率。加快机器人研发平台成果转化,系统规划项目集群,适时启动高炉自动装泥及换钎机器人、板坯铸机平台无人化等应用项目。推进物流仓储管理系统向数字化、网络化和智能化发展,提高生产操作自动化和管控集中化水平。探索点检管理优化,推广智能点检、在线检测、无人机巡检及机器人自主维保等。开发建设京唐两条热连轧线 CPS 系统的质量数据智能分析平台,系统运行率 99% 以上。完成智能"隆起检测设备"开发与产线应用,稳定表面智能缺陷识别系统在线应用。

引领绿色制造。持续滚动实施绿色行动计划,提高绿色制造水平,夯实绿色发展根基,强化超低排放管控,巩固和提升环保 A 类企业成果。持续强化移动污染源管控,推进清洁能源运输和火运比例提升;持续强化无组织排放治理,优化智慧生态环境保护管控系统,实现监测和治理智能化;持续推进危废减量化、资源化和无害化处理。重点抓好首钢股份球团二系列脱硫脱硝解析塔、首钢京唐 1 号球团超低排放优化升级、首钢长钢无组织排放"管控治"一体化智能平台、优化冷轧污泥干化工艺、冶金固废综合利用技术、矿业公司矿山废土石资源减排与消纳等项目。加快绿色产品设计开发,破解未来绿色壁垒,进一步加快绿色建材基地建设,做大做强资源综合利用产业,实现企业经济效益和社会效益双赢。争做标准制定的参与者、环保技术的推动者,实现绿色发展持续领跑。

践行精准服务。推进信息化建设,持续优化智慧营销平台、工贸系统功能,构建"首钢—用户"生态圈,实现用户系统覆盖、功能集成、信息交互。健全服务体系,加快渠道结构、用户结构和服务标准的优化升级。全面推广智慧营销平台,提供个性化定制服务,实现客户体验与供应链保障体系升级的目标。完善三级客户服务体系,重点加强一线服务团队建设,配置好关键用户专属服务团队,提升客户对首钢服务的满意度。强化技术营销,提升整车 EVI 技术能力和产品比例,增强客户粘性。中首公司要持续优化出口产品、用户结构和国际区域市场,精细化管控销售渠道,压缩 DDP 中间费用,不断提高产品在国际市场的竞争能力。

深化板块协同。在共享优质供应商、联采重点资源和强化措施执行上下功夫,有效降低采购成本。在产品互供、备件联储、检修统筹、技术服务上下功夫,实现整体利益最大化。中首公司要进一步提高秘铁产量,增强资源保障能力,加强市场预判,做好销售渠道开发和维护工作,争取外销效益最大化。马城铁矿、杏山地采、西沟煤矿要按计划推进。

(三)坚持开放合作,加快园区产业集聚

围绕打造新时代首都城市复兴新地标,深入贯彻落实三年行动计划和市新首钢领导小组会议要求,集聚创新资源,加快园区建设和产业集聚,推动京津冀协同发展。

首钢北京园区要以服务保障北京冬奥会为契机,高质量完成园区建设任务,全面提升新首钢地区在首都城市发展格局中的影响力,积极打造"体育+"产业,探索"体育+科技""体育+文化""体育+电竞"等创新业态的组合,重点突出西长安街绿轴建设、工业遗存保护再利用、服务保障冬奥、生态修复治理、科技冬奥试点应用、高端特色文化科技体育展会等特点,开展竞赛场馆保障服务、智能城市基础设施支撑服务、智能装备示范运行服务、文化体育与科技融合体验服务等智慧园区示范应用场景建设,实现聚焦发展。

首钢曹妃甸园区要落实京津冀协同发展要求,结合北京产业转移和非首都功能疏解,加大与科研院所及建筑技术单位的合作深度,推进绿建技术开发。首钢首秦园区要以汽车运动为引擎,坚持高端定位,着力把赛车谷经营好,聚焦高性能汽车全产业链,充分挖掘"卡丁世界"功能,做好保时捷卡雷拉杯、亚洲顶级房车赛等国际汽车赛事运营,不断提升影响力。

(四)坚持产业聚焦,加快新产业发展

要围绕城市服务需求和钢铁产业链延伸两个方面,把准方向、精准聚焦、保持定力,加快做强做大。对初步确定的新产业发展方向,要在细分领域进一步明确主业定位,专注核心业务,优化资源配置,坚持深耕细作。

股权平台要推动新产业与传统产业进一步聚焦发展,坚持有进有退,强化项下单位高效协同、拓展外部市场。环境产业:要专注城市固废处理领域,抓住垃圾分类大趋势加强生活垃圾焚烧、餐厨垃圾处理等核心技术研发,引领行业发展;发挥技术优势拓展建筑垃圾资源化、土壤修复外部市场。静态交通:要专注智能立体停车库的研发制造,以公交立体车库为突破口,提高技术研发能力,加快产品迭代升级,提升产品质量和市场占有率;利用信息化手段打造智能化停车运营服务平台,建立优化标准化、规范化、程序化业务体系,做大做强,形成产业规模。房地产业:要聚集产品定位、技术路线、营运模式,持续优化钢框架抗侧力高层钢结构住宅建筑户型、模数标准、部品种类及生产安装工艺,不断提升品牌影响力。高端功能材料制造:要围绕国家两机专项和与中国重燃的合作,重点开展重型燃机所需金属材料的研发,解决卡脖子的重大问题;要坚持聚焦主业,开发进口替代特殊合金材料、高端电热合金及与其应用领域配套的新材料。医疗健康产业:要搭建流行病学与医学统计学服务平台,深入开展临床医学科研工作,不断提升科研人员业务能力;按照"产、学、研、用"一体化组织推进一耐养老基地项目建设,构建健康养老大数据库,开展老年照护技术与健康管理服务技术研究,搭建老年福养老驿站技术应用平台。

(五)坚持开放协同,持续完善创新体系

始终与时代同行,不断认识规律,运用规律,加速创新资源集聚,促进创新成果转化,全面营造鼓励支持创新的良好氛围,着力激发各类主体创新积极性。

一是完善集团科技创新体系。深化"一院多中心"体系建设,打通钢铁业研究开发体系和持续改进体系界面,进一步强化技术研发协同,推动集团管控的科技创新项目统一论证、统一评审、统一管理,提高研发效率。在做实钢铁业研发体系的基础上,总结经验,根据新产业单位研发现状及行业特点,启动新产业部分单位技术中心的建设工作。制定集团研发投入准备金制度,以研发投入预算为抓手,规范各单位研发投入统计、归集口径,提升研发能力和水平。

二是集聚整合创新资源要素。以科技创新管理信息系统建设为抓手,推动内外部创新资源全力向产业集聚,着力强龙头、补链条、聚集群,5月底完成系统一期在技术研究院、首钢股份公司等上线运行;年底前完成系统补充功能上线并在4家新产业试点单位运行。科学谋划"十四五",坚持目标导向和问题导向,立足首钢实际和对标先进,着眼推进技术进步,使技术领先成为首钢的核心竞争力;着眼高效制造、绿色制造和智能制造有机结合,实现质量第一、效率优先;着眼坚持关键产品与重大工艺研发并重,集中力量突破一批关键核心技术、重大工艺技术、工业信息化项目,提高钢铁业和新产业比较竞争力。

三是持续抓好科技人才培养。坚持人才强企战略,创新思路补短板,全面增强人才工作前瞻性、系统性、时效性,营造各类人才脱颖而出的生态。发挥好"一院多中心"、人才开发院、技能大师工作室和职工创新工作室平台作

用,加大各类人才的培养力度;聚焦战略目标,系统修订完善人才激励的政策制度;探索建立人才识别和考核评价机制,精准识别核心人才,建立核心人才库;以激励约束机制改革为突破口,对掌握核心技术、技能,为企业做出突出贡献的人才给予有市场竞争力的薪酬,留住用好人才、激发人才活力。构建学习型生态,保持谦虚谨慎的作风,把我们的企业打造成一个学习型的企业,把我们的各级组织打造成一个学习型的组织。

同志们,百年首钢始终坚持发展是第一要务、创新是第一动力、人才是第一资源。在百年首钢新征程起点上,广大科技工作者应肩负起夯实首钢高质量发展基础的重任,好学笃行、求实鼎新,志存高远、脚踏实地,确保"十三五"任务全面完成,为"十四五"奠定坚实基础,在首钢科技工作高质量发展的征程中续写新辉煌!

2020 年度首钢科学技术特殊贡献奖获奖名单

刘国友　首钢京唐钢铁联合有限责任公司

2020 年度首钢获得上级奖励项目明细

序号	项目名称	主要完成人			主要完成单位	获奖等级
1	迁钢钢铁生产全流程超低排放关键技术研究及集成创新	李新创 徐 潜 郝殿国 张晓青 周广成	张 建 范正赟 刘 涛 齐杰斌 牟文宇	程 华 杨金保 焦月生 甄 令 陆 钢	北京首钢股份有限公司 冶金工业规划研究院 首钢集团有限公司 柏美迪康环境科技(上海)股份有限公司 北京首钢国际工程技术有限公司 北京北科环境工程有限公司	冶金科学技术一等奖
2	大型高炉低碳冶炼用优质球团矿开发与应用	赵民革 刘国友 王 凯 吴小江 李建华 董相娟	青格勒吉日格乐 安 钢 张福明 刘文旺 康海军	张卫东 赵志星 王冬青 田筠清	首钢集团有限公司 首钢京唐钢铁联合有限责任公司	冶金科学技术一等奖
3	高鲜映性免中涂汽车外板制造关键技术及装备	朱国森 鲍成人 滕华湘 刘李斌 李 研	蒋光锐 胡燕慧 齐春雨 杨建炜 李 勇	马家骥 冉 浩 周 欢 吴 耐 王保勇	首钢集团有限公司 北京首钢股份有限公司 北京首钢冷轧薄板有限公司 首钢京唐钢铁联合有限责任公司 长城汽车股份有限公司	冶金科学技术一等奖
4	铜钢复合冷却壁的制造与应用	张建良 陈 建 刘东东 黄雅彬 代 维	闫丽峰 席 军 陈党杰 刘征建 甄昆泰	张耀东 焦克新 沈海波 梁锐斌 马 祥	北京科技大学 河北万丰冶金备件有限公司 河钢股份有限公司 首钢京唐钢铁联合有限责任公司 内蒙古包钢钢联股份有限公司	冶金科学技术一等奖

序号	项目名称	主要完成人			主要完成单位	获奖等级
5	首钢转炉炼钢高效复吹技术开发与应用	彭开玉　李海波　郭小龙 于会香　高　攀　郭玉明 朱志远　赵晓东　王建斌 张丙龙			首钢集团有限公司 北京首钢股份有限公司 首钢京唐钢铁联合有限责任公司 北京科技大学	冶金科学技术二等奖
6	高品质铸造高温合金母合金国产化关键技术及产业化研究	李崇巍　安　宁　李振瑞 郭文东　李占青			北京北冶功能材料有限公司	冶金科学技术三等奖
7	首钢股份公司一冷轧磨辊间智能化系统研究与应用	张余海　齐杰斌　王松山 叶　彬　赵　强			北京首钢自动化信息技术有限公司 北京首钢股份有限公司	冶金科学技术三等奖
8	高性能低合金耐蚀钢系列钢种研制及应用成套技术	李晓刚　杨建炜　黄一新 任子平　程学群　章　军 祝瑞荣　杜翠薇　张达威 刘　锟　楚觉非　赵柏杰 曹建平　解德刚　刘　超			北京科技大学 首钢集团有限公司 南京钢铁股份有限公司 鞍钢股份有限公司	北京市技术发明奖一等奖
9	高混杂建筑废弃物全资源化利用关键技术及产业化应用	马刚平　梁　勇　杨婷婷 张福强　霍文营　张金喜 杨安民　李兴海　张元凯 刘慧慧			首钢环境产业有限公司 北京首钢资源综合利用科技开发有限公司 中国建筑设计研究院有限公司 北京工业大学 北京市道路工程质量监督站 上海山美环保装备股份有限公司	北京市科学技术进步二等奖
10	高纯净铸造高温合金母合金关键技术及产业化研究	李崇巍　李振瑞　安　宁 郭文东　李占青　高　杨 田建军　李嘉杰　刘海稳 张志伟			北京北冶功能材料有限公司	北京市科学技术进步二等奖
11	先进制造用高品质钢洁净化制备集成关键技术	张立峰　黄永建　曾　立 彭开玉　任　英　杨　文 孙晓明　刘凤刚　张丙龙 任　强			燕山大学 首钢京唐钢铁联合有限责任公司 石家庄钢铁有限责任公司 北京首钢股份有限公司 北京科技大学	河北省科技一等奖
12	高效变压器用高性能取向硅钢研发及产业化	齐杰斌　黎先浩　赵鹏飞 游学昌　王现辉　王守金 于海彬			首钢智新迁安电磁材料有限公司 北京首钢股份有限公司	河北省科技二等奖
13	高牌号无取向硅钢超低同板差控制关键技术研发	马家骥　王秋娜　刘玉金 王晓晨　刘海超　王学强 徐厚军			首钢智新迁安电磁材料有限公司 北京首钢股份有限公司 北京科技大学	河北省科技二等奖
14	复杂生产条件下的大型高炉柔性操控技术集成应用	张海滨　贾国利　罗德庆 龚　鑫　张　勇			首钢股份公司迁安钢铁公司 首钢集团有限公司	河北省科技二等奖
15	7.63米焦炉四大机车无人驾驶关键技术及应用	杨庆彬　王海龙　陶维峰 闫焕敏　李从保			唐山首钢京唐西山焦化有限责任公司 首钢京唐钢铁联合有限责任公司	河北省科技三等奖

续表

序号	项目名称	主要完成人	主要完成单位	获奖等级
16	大宽厚比高品质热镀锌家电彩涂基板关键技术及产业化	任新意　高慧敏　王松涛　徐海卫　李文波	首钢京唐钢铁联合有限责任公司	河北省科技三等奖
17	绿色装配式框架抗侧力高层钢结构住宅产业化设计与建造综合技术	谢木才　李洪光　袁霓绯　齐卫忠　邱全康　张雅丽　阮新伟　张锐　刘锟　高爱辉　李建辉　郭中华　刘玉铭　武文学　雷艳辉	北京首钢建设集团有限公司　北京首钢国际工程技术有限公司　首钢集团有限公司技术研究院　北京首钢自动化信息技术有限公司	工程建设科学技术一等奖
18	特大型高炉关键部位快速安装施工技术	赵彦龙　姜利　郭金亮　李国明　杜宁　张辉　张伟　魏鹏	北京首钢建设集团有限公司	工程建设科学技术二等奖
19	超大荷载桩基多层级锚索反力静载检测装置研究与应用	冯刚　张伯峰　吕振军　王杰　董立辉　张泽誉　张磊	北京首钢建设集团有限公司	工程建设科学技术二等奖
20	旧工业建筑设施功能转化及生态化改造关键技术研究与应用	徐磊　谢木才　李建辉　王杰　武文学　陈罡　孔祥旭　张辉	北京首钢建设集团有限公司	中冶集团科学技术二等奖
21	首钢工业遗产地区城市复兴理论、方法及关键技术	吴晨　张功焰　鞠鹏艳　王世忠　金洪利　白宁　薄宏涛　吴唯佳　朱文一　李兴钢　谢木才　段昌莉	北京首钢建设投资有限公司　北京市建筑设计研究院有限公司　北京市城市规划设计研究院　北京首钢建设集团有限公司　北京首钢筑境国际建筑设计有限公司　北京首钢国际工程技术有限公司　北京首钢自动化信息技术有限公司	华夏建设科学技术二等奖
22	大型矿山排土场废石资源化关键技术的研究与应用	黄佳强　张金华　李贵斗　关东兴　邵彪　王玉鹏　崔振立　宁小永　刘佳　王蕾	首钢集团有限公司矿业公司	中国冶金矿山企业协会科学技术二等奖
23	大型地采矿山高强度开采关键技术研究	黄佳强　张金华　孙建珍　陈国瑞　师宏伟	首钢集团有限公司矿业公司	中国冶金矿山企业协会科学技术三等奖
24	多材料轻量化车体耦合设计中的关键性问题研究及应用	孟宪明　方锐　李洪亮　张赛　吴昊　黄亚烽　高继东　王扬卫　韩赟　刘培星	中国汽车技术研究中心有限公司　北京理工大学　首钢集团有限公司　山钢集团日照有限公司	中国机械工业科学技术二等奖
25	面向新能源汽车的新型轻量化车身防腐关键技术研究及应用	孟宪明　杨建炜　程从前　方锐　吴昊　高继东　郝玉林　张赛　黄亚烽　郑学斌	中国汽车技术研究中心有限公司　首钢集团有限公司　大连理工大学	中国腐蚀与防护学会科学技术二等奖

2020 年度首钢科学技术奖获奖项目名单

序号	项目名称	完成单位	推荐获奖等级
1	5500 立方米高炉高比例球团高效冶炼技术研究与应用	首钢京唐钢铁联合有限责任公司 首钢集团有限公司技术研究院	一等奖
2	首钢 RH 高效能温控及快速精炼技术研发与创新	首钢集团有限公司技术研究院 北京首钢股份有限公司 首钢京唐钢铁联合有限责任公司	一等奖
3	全国产化大型 VD 工艺设计开发与应用研究	首钢京唐钢铁联合有限责任公司 首钢集团有限公司技术研究院 北京首钢国际工程技术有限公司	一等奖
4	碳钢端部/边部质量控制技术研究	北京首钢股份有限公司 首钢集团有限公司技术研究院	一等奖
5	首钢京唐热轧高效轧制生产技术研究	首钢京唐钢铁联合有限责任公司	一等奖
6	轻量化重卡轮辋用相变强化钢系列产品研发与应用	首钢集团有限公司技术研究院 首钢京唐钢铁联合有限责任公司	一等奖
7	钢厂智能化多功能钢卷运输系统核心装备的研究与应用	北京首钢国际工程技术有限公司 北京首钢云翔工业科技有限责任公司 首钢京唐钢铁联合有限责任公司	一等奖
8	国内单体最大低温多效海水淡化装置技术集成与优化	首钢京唐钢铁联合有限责任公司 北京首钢国际工程技术有限公司	一等奖
9	钢铁工业尾气生物发酵法制燃料乙醇系统工艺集成研究及其工业化应用	北京首钢朗泽新能源科技有限公司 河北首朗新能源科技有限公司 北京首朗生物科技有限公司	一等奖
10	大型地采矿山低贫损安全高效开采技术研究与应用	首钢集团有限公司矿业公司	二等奖
11	特殊情况下特大型高炉炉料应变技术研究	首钢京唐钢铁联合有限责任公司 首钢集团有限公司技术研究院	二等奖
12	大型烧结机超厚料层高效烧结技术集成	首钢集团有限公司技术研究院 首钢京唐钢铁联合有限责任公司	二等奖
13	基于柔性浇注的高效稳定连铸成套技术开发及应用	北京首钢股份有限公司 首钢集团有限公司技术研究院	二等奖
14	基于洁净度稳定控制对结晶器流场影响研究	北京首钢股份有限公司 首钢集团有限公司技术研究院	二等奖
15	大单重特厚海上风电用钢的开发及应用	首钢集团有限公司技术研究院 首钢京唐钢铁联合有限责任公司	二等奖
16	高品质含 S、Pb 易切削钢生产关键工艺技术研究	首钢集团有限公司技术研究院 首钢贵阳特殊钢有限责任公司	二等奖
17	热成形后 600 兆帕及以下高疲劳性桥壳钢的研制及应用技术研究	首钢集团有限公司技术研究院 北京首钢股份有限公司	二等奖
18	新型合金钢高温氧化特性及低合金钢铸坯加热技术研究	首钢集团有限公司技术研究院	二等奖

续表

序号	项目名称	完成单位	推荐获奖等级
19	高品质铁镍钴膨胀合金关键技术及产业化开发	北京北冶功能材料有限公司	二等奖
20	高能效配变用超低铁损取向硅钢产品开发与应用	北京首钢股份有限公司 首钢智新迁安电磁材料有限公司	二等奖
21	高端汽车板表面油膜均匀性机理研究及控制技术	首钢集团有限公司技术研究院 北京首钢冷轧薄板有限公司 首钢京唐钢铁联合有限责任公司 北京首钢股份有限公司	二等奖
22	高品质超深冲汽车板生产稳定性及应用关键技术研究	首钢京唐钢铁联合有限责任公司 首钢集团有限公司技术研究院 北京首钢股份有限公司 北京首钢冷轧薄板有限公司	二等奖
23	高端连退外板关键表面质量控制技术研究	首钢集团有限公司技术研究院 北京首钢冷轧薄板有限公司 北京首钢股份有限公司	二等奖
24	基于结构件成形需求的1000兆帕级热镀锌双相钢开发与应用	首钢集团有限公司技术研究院 北京首钢股份有限公司 首钢京唐钢铁联合有限责任公司 北京首钢冷轧薄板有限公司	二等奖
25	基于云服务的电子竞拍平台研究及应用	北京首钢自动化信息技术有限公司 北京首钢股份有限公司	二等奖
26	酸连轧全机架秒流量厚控系统自主集成技术与装备升级	首钢集团有限公司技术研究院 首钢京唐钢铁联合有限责任公司	二等奖
27	节能环保蓄热式辐射管燃烧技术及装备的开发与应用	首钢智新迁安电磁材料有限公司 北京首钢股份有限公司	二等奖
28	大跨度异型钢结构滑雪大跳台建造技术研发与应用	北京首钢建设集团有限公司 首钢集团有限公司技术研究院 北京首钢国际工程技术有限公司	二等奖
29	超低排放条件下链箅机—回转窑高效生产技术研究	北京首钢股份有限公司 首钢集团有限公司技术研究院	三等奖
30	超低烟气排放高效烧结工艺开发与应用	首钢集团有限公司技术研究院 首钢长治钢铁有限公司	三等奖
31	大型露天矿山后期高效开采技术研究与应用	首钢集团有限公司矿业公司	三等奖
32	大型球团带式焙烧机复杂烟气超低排放研究与应用	首钢京唐钢铁联合有限责任公司 北京首钢国际工程技术有限公司	三等奖
33	京唐高炉碱、锌元素优化控制研究	首钢集团有限公司技术研究院 首钢京唐钢铁联合有限责任公司	三等奖
34	大型热风炉修复技术研究与应用	首钢集团有限公司技术研究院 北京首钢股份有限公司 首钢京唐钢铁联合有限责任公司 北京首钢国际工程技术有限公司	三等奖
35	高铝高强钢连铸工艺与板坯质量提升技术研究	首钢集团有限公司技术研究院 首钢京唐钢铁联合有限责任公司	三等奖
36	首钢钢包用陶瓷焊接耐火材料的研究与应用	首钢集团有限公司技术研究院 首钢京唐钢铁联合有限责任公司	三等奖

序号	项目名称	完成单位	推荐获奖等级
37	水钢 100t 转炉炼钢工艺优化	首钢水城钢铁(集团)有限责任公司 首钢集团有限公司技术研究院	三等奖
38	长钢铁钢界面"一罐到底"工艺技术创新与集成	首钢长治钢铁有限公司 首钢集团有限公司技术研究院	三等奖
39	高牌号无取向节能高效的热轧生产技术研发及应用	北京首钢股份有限公司 首钢智新迁安电磁材料有限公司 首钢集团有限公司技术研究院	三等奖
40	热轧酸洗板表面质量控制技术研究	首钢集团有限公司技术研究院 北京首钢股份有限公司	三等奖
41	成形适应性热轧酸洗低合金高强钢的开发与应用	首钢集团有限公司技术研究院 北京首钢股份有限公司	三等奖
42	大宽厚比高强酸洗汽车结构钢关键生产技术研究与应用	北京首钢股份有限公司 首钢集团有限公司技术研究院	三等奖
43	薄管线钢板在 3500 毫米产线关键技术开发与应用	首钢京唐钢铁联合有限责任公司 首钢集团有限公司技术研究院 北京首钢自动化信息技术有限公司	三等奖
44	首钢水钢线材品种钢关键装备技术的开发及应用	首钢水城钢铁(集团)有限责任公司 首钢集团有限公司技术研究院	三等奖
45	中厚板产线钢板高效矫直生产关键技术研究与应用	首钢京唐钢铁联合有限责任公司 首钢集团有限公司技术研究院	三等奖
46	接杆钎具成套生产技术开发	首钢贵阳特殊钢有限责任公司 首钢集团有限公司技术研究院	三等奖
47	首钢高性能特大型建筑结构用钢的开发与应用	首钢集团有限公司技术研究院 首钢京唐钢铁联合有限责任公司	三等奖
48	热轧高强钢内应力关键工艺精细控制技术开发及应用	首钢集团有限公司技术研究院 首钢京唐钢铁联合有限责任公司 北京首钢股份有限公司	三等奖
49	食品级镀锡板表面处理关键技术研究与应用	首钢京唐钢铁联合有限责任公司 首钢集团有限公司技术研究院	三等奖
50	低制耳包装用钢关键生产技术研究与应用	首钢集团有限公司技术研究院 首钢京唐钢铁联合有限责任公司	三等奖
51	无人机用 0.20mm 无取向产品开发及应用	首钢智新迁安电磁材料有限公司	三等奖
52	贝氏体基高强度钢组织的定量表征技术开发	首钢集团有限公司技术研究院	三等奖
53	高强汽车板冲压边裂控制技术及预测模型研究	首钢集团有限公司技术研究院 首钢京唐钢铁联合有限责任公司 北京首钢股份有限公司	三等奖
54	面向用户个性化需求的零部件选材及性能优化技术	首钢集团有限公司技术研究院	三等奖
55	钢轧界面板坯上料模型研究与应用	首钢京唐钢铁联合有限责任公司 北京首钢自动化信息技术有限公司	三等奖
56	取制检一体化硅钢磁性能自动检测系统	首钢智新迁安电磁材料有限公司 安川首钢机器人有限公司 秦皇岛首钢机械有限公司	三等奖
57	机器视觉与大数据技术在钢铁业质量和物料精准管理中的探索与实践	首钢京唐钢铁联合有限责任公司 北京首钢自动化信息技术有限公司	三等奖

序号	项目名称	完成单位	推荐获奖等级
58	特大型分体式并罐无料钟炉顶装料设备设计研究与应用	北京首钢国际工程技术有限公司 首钢京唐钢铁联合有限责任公司	三等奖
59	智慧文旅系统的研发与应用	北京首钢自动化信息技术有限公司 北京首钢园区综合服务有限公司	三等奖
60	MCCR 生产线辊底式隧道加热炉工艺及设备的研究开发与系统集成	北京首钢国际工程技术有限公司	三等奖
61	露天采场智能配矿系统设计与应用	首钢集团有限公司矿业公司	三等奖
62	首钢股份一热轧核心设备稳定性提升与控制技术开发	北京首钢股份有限公司	三等奖
63	首钢股份外排水氨氮达标技术研究及开发	北京首钢股份有限公司 北京首钢国际工程技术有限公司 首钢集团有限公司技术研究院	三等奖
64	制氧机组降耗增产综合应用技术	首钢京唐钢铁联合有限责任公司	三等奖
65	首钢股份能源制氧空分氮气增产技术研究及应用	北京首钢股份有限公司	三等奖
66	绿色设计产品评价系列标准研制	首钢集团有限公司技术研究院 首钢智新迁安电磁材料有限公司	三等奖
67	立式退火炉超低排放技术自研及应用	首钢京唐钢铁联合有限责任公司 首钢集团有限公司技术研究院	三等奖
68	钢渣有压热焖处理协同产品应用技术开发与研究	首钢京唐钢铁联合有限责任公司 首钢集团有限公司技术研究院	三等奖
69	液压压缩缓冲系统(HCS)在宝马3系减震器项目中的应用	北京京西重工有限公司	三等奖
70	"妙趣"系列园本课程开发与实践	北京首实教育科技有限公司 北京首钢实业集团有限公司	三等奖
71	高炉及附属工业遗存修复和再利用技术研究与应用	北京首钢建设集团有限公司 北京首钢国际工程技术有限公司	三等奖
72	自行车立体停车库研发设计与应用	北京首钢城运控股有限公司 北京首嘉钢结构有限公司	三等奖

管理创新

2020 年首钢第二十二届管理创新成果获奖项目

序号	项目名称	主创单位	主创人						获奖等级
1	借助资本市场推动集团转型发展的实践	战略发展部	马力深　陈松林　李彦辰　张　千　陈　宏　张祎婧 齐　磊　刘学一　苏　娜　王建新　梁　杰　刘万有 朱思谦　孙祥元　方瑜仁						一等
2	以管控一体化为核心的财务数字化转型实践	经营财务部	邹立宾　白　超　王　健　王兴武　刘同合　田　原 俞义华　李圆博　马　卓　梁丽亚　周东洋　王立群 李　伟　朱　磊　张宝龙						一等
3	以业务数字化转型为目标的集团主数据管理体系构建与实施	系统优化部	郭素云　汪国栋　王兴武　王　博　宋智芳　闫继东 马　卓　胡欣怡　李圆博　刘　京　毛志敏　哈铁柱 刘玉坤　杨慧芳　庞明谦						一等
4	钢铁企业人工成本对标分析评价体系的构建与实施	人力资源部	吴　涛　刘洪祥　张含希　郭　伟　马昌云　宫顺军 王　红　仇旭东　闫继东　祝　明　马　卓　朱　磊 卢　震						一等
5	冶金矿山企业基于深度数据挖掘的同业对标管理的构建与实施	矿业	黄佳强　张建军　张金华　张立成　徐　军　陈洪海 杨　健　刘　军　黄新彦　李立波　郭永杰　李　浩 王玉辉　许传军　史永超						一等
6	助推企业高质量发展的标准化管理创新与实践	技术研究院	朱国森　师　莉　唐　牧　秦丽晔　李亚林　刘　君 吴朝晖　代晓莉　刘晓燕　李　勤　刘　娟　高　倩 马耀峰　杨铁城　鞠新华						一等
7	钢铁企业以数字化转型为目标的产销协同体系构建与实施	股份	余　威　周　建　谢天伟　戴亚辉　郭　亮　任立辉 邓又好　宋海洋　郭同柱　关建东　吴善兵　杨雄飞 崔秀美　王伟娟　段清玺						一等
8	基于岗位责任体系的内部风险控制应用与实践	长钢	贾向刚　李怀林　张振新　周剑波　郭　云　宋登平 栗虎平　贾文清　张有平　秦　娜　和凯光　陈浩鑫 李　翔　李　丽　许素琴						一等
9	钢铁企业债务优化的创新与实践	通钢	孙　毅　魏国友　李秀平　王海鹰　赵　炬　孔庆洋 王新生　王　放　唐　颖　于鹏举　李旭东　黄祖坤 陈福杰　张小琳　闫洪生						一等
10	钢铁企业基于信息化平台的设备管理体系的构建与实施	京唐	邱银富　曾　立　王贵阳　张　扬　韩建国　孙连生 王海楠　英伟威　孙石磊　吕　剑　宋　男　郑国梅 韦庆满　刘建利　孙立明						一等
11	"首钢工匠"选树培养"115"体系的探索与实践	工会	陈克欣　闫　琳　于远东　姜典鑫　郝　壮　任淑娟 聂桂馥　秦　勇　刘　媛　席　宁　谭　颖　要建峰 胡　先　崔　阳　黄海峰						一等
12	国有企业开展精准扶贫工作创新与实践	办公厅	李家鼎　韦　哲　丁立平　谢学能　王　帅　邢文硕 夏　琳　王运辉　刘亚林　谭　颖　刘祥鹏　王春亮 宋立宁　郭栩萌　宋晨辉						一等
13	国有冶金企业高效协同采购物料管理体系构建与实施	股份	郑宝国　李　鹏　马秋彬　张　颖　于洪喜　王　鑫 李　欣　郭素云　贺兰香　黄耀山　张文浩　甄　奇 樊国栋　位　浩　赵　岩						一等

续表

序号	项目名称	主创单位	主创人						获奖等级
14	开展首钢建厂百年纪念活动,提升"四个首钢"品牌影响力的创新与实践	企业文化部	郭 庆　贺蓬勃　周胜军　彭建军　刘 逸　郑 昕 赵富忠　梁树彬　田 亮　宋 洋　邵 伟　王文婧 袁德祥　岳建华　雷 伟						一等
15	基于循证式人力资源管理的转型提效综合指数构建和实施	股份	彭开玉　张云山　杨木林　赵海瑞　时连兴　魏云胜 魏 钊　戴亚辉　李 浩　张 泉　胡东阳　许长虹 蒋轶菲　刘志新　陈 迪						二等
16	钢铁企业基于提升客户感知价值的差异化客户服务实践	京唐	周 建　李 越　孙立欣　王忠宁　高文芳　张 松 谷文彬　李 钊　秦立彬　常永富　吕美懿　刘 阳 李 敬　李晓辉　李银枝						二等
17	境外企业管控体系的构建与实施	国际业务部	孙亚杰　张俊峰　冯 昭　闫 明　李 帆　方瑜仁 孟龙龙　郭 佳　王冬明　何 鹏						二等
18	国有企业自然资源资产责任审计体系探索与实施	审计部	郭丽燕　高旭晖　李 蔚　罗世富　李继彪　赵鹏宇 高 强　任 鹏　汪 军　陈 伟　尚潞君　李子琪 张丽松　王芷秋　郝红梅						二等
19	老工业区转型发展规划管理创新与实践	首建投	金洪利　张福杰　白 宁　袁 芳　陈 傲　陈亚波 赵洪雪　张学超　王玉凤　董军旗						二等
20	环保企业循环经济产业园发展模式研究与实践	首钢环境	李 浩　马刚平　贾延明　费 凡　孟凡筑　赵伟滨 鲁 力　梁 勇　孙铁全　廖家慧　杨 敏　陈兴兆 王致超						二等
21	建筑企业管理标准与风险控制体系的构建与实施	首建	杨 波　武阔君　任立东　赵秀英　吕英瑞　刘晓东 张学平　张宏来　王怀庆　李建辉　何小刚　赵桂艳 丁利霞　王北丑　张 翔						二等
22	以提升体系能力为核心的柔性战略管理组织建设的创新与实践	战略发展部	朱启建　胡欣怡　刘学一　刘 爽　苏 娜　高建刚 刘万有　张祎婧　王建新　梁 杰　张 千　李彦辰 吕 萌　宋智芳　宫顺军						二等
23	参股管理量化分级评估的实践与运用	系统优化部	杨木林　黄海峰　孙旭伟　肖 艳　冯先槐　李 平 魏云胜　宋智芳　郭之明　刘玉坤　牛通庸　刘 京						二等
24	建筑施工企业"三大"开发战略推动高端市场构建与实施	首建	杨 波　武阔军　刘海峰　任立东　谢木才　丁利霞 张宏来　吕英瑞　程铁锰　齐卫忠　苏彦茹　孔令磊						二等
25	国有企业集团境外债券融资创新实践	经营财务部	邹立宾　白 超　孙亚杰　王 健　刘同合　周贞贵 张丽娜　刘利锋　关 欣　周东洋　苏 红　李圆博 王立群　陈元龙　闫 明						二等
26	以战略管理为引领,推动企业医院跨越式发展	首钢医院	顾 晋　向平超　王海英　王宏宇　关振鹏　雷福明 张挽强　贺利军　薄天慧　任 峰　王 悦　周 娟 唐 冲　赵子臣　陈 新						二等
27	多元化服务型企业基于业财一体化的供应链管理	实业公司	王丽君　彭 丽　王彦鸿　郭计东　李枝春　崔银涛 田 洋　郑振芳　庞介飞　张 文　魏 彤　王 飞 王渊杰　方 婕　金 露						二等
28	以自我挖潜为导向的高端金属材料设备管理体系的构建与实施	北冶	降向冬　薛轶青　丁绍松　李占青　信 飞　武旭福 单福海　郭文东　李嘉杰　路 桥						二等
29	钢铁企业新冠疫情下集团在线培训的创新与实践	人才开发院	石淳光　段宏韬　张百岐　孙继伶　王 宇　沈桂兰 田 玫　胡 先　叶玉明　王 东						二等
30	坚持市场化用人理念,创新激励约束机制	房地产	吴 林　韩俊峰　马 滨　李洪侠　薛道瑾　吴国良 李海平　于 洋　赵 杰						二等

序号	项目名称	主创单位	主创人						获奖等级
31	钢铁企业精益改善项目一体化管理体系的构建与实施	股份	孙茂林 聂建康 张希静	李锐 董柏君 杜士毅	李树森 陆晔 王进	林小航 李晓	刘利伟 关建东	霍有亮 程林	二等
32	钢铁企业基于增值销售的无单库存管理体系的构建与实施	股份	李明 杨雄飞 陆良兵	肖京连 宫凯泽 曹华夏	魏峰 柳逢春 杨成杰	王彦波 马志宏	刘超群 张廷哲	陈兆阳 刘超	二等
33	钢铁企业对标体系与经营业绩挂钩联动激励机制的构建与实施	股份	彭开玉 李大伟 杨雪丽	李百征 刘颖 李桂明	龚娟娟 俞义华 韩征	齐凤平 冯先槐	刘海军 时连兴	周杰 李萍萍	二等
34	国有企业设备及生产辅料进口业务结算模式创新实践	中首	张炳成 王亚芸	姚舜 俞长青	朱振财 胡萍	徐伟 赵华	王新玥	李丹	二等
35	钢铁企业取向电工钢关键工序连续化生产管理创新与实践	股份	齐杰斌 荆伟 马松新	王承刚 郝晓鹏 朱帅帅	马健 李冠良 董柏君	赵松山 朱吉声	屈英刚 范建程	李亮亮 刘良	二等
36	建设智能型冶金地采矿山的创新与实践	矿业	黄佳强 尹更博 吴超	郭志辉 袁圳 王轶伟	张金华 周颖 刘军	康计纯 王树文	苑伟 王红杰	李存涛 王毅	二等
37	钢铁企业依法治企管控体系的构建与实施	水钢	王建伟 王军武 杨丽	龙雨 陈卫菊 钱晓波	吴学龙 王志兰 潘贤红	刘虹 梁臣忠	余宁 谭将军	徐涛 顾怀丽	二等
38	企业内部运输业向服务区域经济运输产业转型的创新与实践	矿业	黄佳强 王辉 崔新	张建军 付永泉 崔志远	张金华 刘军 马智军	郭志辉 王利源	刘欣 高超	徐军 许永涛	二等
39	特大型高炉大检修工程高效创新管理体系的构建与实施	京唐	王贵阳 张振存 郑凯	刘国友 陈建 魏继东	王晓朋 马勇健	王凯 杜建华	张扬 赵波	刘红军 李晨	二等
40	钢铁企业物料动态管控探索及实践	京唐	曾立 郗晓法 张雪	周建 陈超 赵家齐	郭亮 范文娟 郝萌	关悦 彭涛	曹盛 安晓哲	陈伟刚 陈明潇	二等
41	市管企业纪检监察体制改革的探索与实践	纪委监察专员办公室	王传雪 赵新文 董光宇	王立峰 洪君	杨木林 王爱武	舒希泉 马立为	周少华 王国安	陈东兴 史玉君	二等
42	以品牌党支部创建引领基层党建工作提质增效的探索与实践	矿业	王自亭 李云龙	董伟 王守政	张大为 刘军	吴予南	赵鹏飞	巩德彪	二等
43	国有企业党建与科技创新深度融合的探索与实践	技术研究院	章军 周燕 谢晨磊	张树根 梁海龙 班丽丽	付百林 刘宏	苑鹏 张侠洲	曾智 鞠建斌	宋鹏心 侯园虹	二等
44	构建媒体融合生态圈 助力首钢股份宣传思想工作厚植新进	股份	彭开玉 尹小龙	张继文 申露佳	祁卫新	李旭龙	吴若瑶	白佳霖	二等
45	协同联动宣传工作体系的构建与实施	京唐	任全烜 王宇	杨景 韩远波	杨立文 李波	苗亚光 崔雨濛	毕景志	王婷婷	二等
46	综合性多元化企业集团多维度迭代型经营对标体系构建与实施	战略发展部	江华南 王建新 张敏	郗芳 梁杰 李平	刘爽 张祎婧 辛晓琳	李彦辰 齐磊	张千 高建刚	陈宏 赵平	三等
47	环境产业基于"技术+"的协同创新及轻资产发展模式实践	首钢环境	马刚平 孟立滨 李雪莹	梁勇 孟凡筑 柳静	周宇 孙嵬	杨婷婷 张向伟	刘慧慧 林昊	张福强 王福晋	三等

续表

序号	项目名称	主创单位	主创人						获奖等级
48	"互联网+护理"居家服务模式的构建与实施	首钢医院	顾 晋 曹 庚	向平超 谷心灵	王海英 李 婷	左晓霞 刘 银	白文辉 刘雪梅	郝静瑜 胡 蕾	三等
49	企业集团以合规管理与价值创造为目标的税务信息化平台构建	经营财务部	邹立宾 何 俊 周东洋	白 超 王兴武 朱 磊	田 原 杨 巍 孙祥元	李 伟 梁丽亚	刘同合 马 卓	俞义华 张宝龙	三等
50	老工业园区污染土壤治理分级分类管理体系的构建与实施	首建投	金洪利 刘玉君	兰新辉 黄建明	张玉逊 张振国	余佩瑶	陶抒远	陈宝林	三等
51	建立房地产项目全周期动态效益管理体系的探索与实践	房地产	吴 林	韩俊峰	马 滨	张宝华	马明媚	李洪侠	三等
52	企业集团基于财务共享中心的业财融合工作机制创新与实践	财务共享中心	王 健 周艳平	白 超 何文龙	高福文 玄兆钰	李圆博 王 菁	王兴武 梁丽亚	汪国栋	三等
53	基于多业态投资运营平台人才管理的创新和实践	股权公司	马兵波 张学平 袁 媛	王占昆 黄 诚 黄 飚	祝娜娜 赵宗棠 张小燕	孟凡涛 杨松年	张占军 刘立东	王忠民 冯小菊	三等
54	"全员运营"推进园区转型发展的探索与实践	首秦	王铁良 郭晨旭	张立伟 黄金宇	周 强 杜维彬	王 巍 张建刚	姜雯雯 康建超	孙娟娟	三等
55	改进企业职工健康体检管理模式推进职工健康的创新与实践	人事服务中心	吴 涛 徐 萌	郭 伟 东黎光	黄国丽 周志阳	韩立功 李景芳	张风光 王 军	蔡 玲 张红霞	三等
56	高质量聚焦发展目标下企业退出管理体系的构建与实施	矿投	冯国庆 曹青少 吴建华	李洪革 王玉强 张春伟	史玉琢 于长水 赵 泳	周弘强 叶顺友	张存记 黄继杰	李 云 陈云飞	三等
57	机电企业以跨越式服务营销为核心的产业结构调整与实施	机电公司	王 斌 赵建全 杨 浩	赵 辉 马文军 李云霞	常 春 陈 铁 张 迪	高建军 王香梅	赵汝玲 王小美	姚雯楸 李昌谕	三等
58	工程公司重构科技创新体系的创新与实践	首钢工程	颉建新 韩 萌	李 扬 李春燕	侯俊达 贾 梦	张 建 周 松	李 欣 韩希英	张艾峰 孙晓辉	三等
59	两省市共建园区建投企业创新型合规体系的构建与实施	曹建投	杜朝辉 范梦辉 刘中银	李 峰 宋 伟 金 鑫	马安远 黄海峰 田 蓉	史锡强 孙旭伟	陈 亮 张 伟	张雅萱 杨 云	三等
60	以持续改进为目标的软件项目管理体系的构建与实施	首自信	屈乐圃 张二梅	郭阿娜	石云峰	卢玉峰	任立辉	王 彬	三等
61	以资金内循环为目的供应链金融企业模式创新与实施	财务公司	吴 岩	刘 鼎	郝春晓	万福东	郭江涛	宫瑞泽	三等
62	国有企业优化提升生活性服务业建设的创新与实践	实业公司	卢贵军 王立新 刘 娟	王 磊 王树芳 于 航	陈小勇 黄 扬 王 琳	胡晓阳 杨 旭	金 滟 肖 江	陈四军 杨 巍	三等
63	钢铁企业客商资源整合及共享体系的构建与实施	股份	郑宝国 韩秋菊 单静阳	位 浩 李俊梅 许桂萍	周 波 陈 健 李 磊	马秋彬 张 颖	王 鑫 李少龙	吴善兵 向 亮	三等
64	钢铁企业相关方标准化管理体系的构建与实施	股份	彭开玉 张 泉 陈 涛	赵海瑞 种祥浩 张来忠	时连兴 赵发益 董作福	孟少得 范 斌	张 忠 张卫东	姚喜民 赵胜永	三等
65	钢铁企业成本精益化管控的探索与实践	股份	彭开玉 刘江勇 王 芸	孙茂林 王聚中 杨春明	刘利伟 高广金 林桂贤	郝 圆 彭 珍	霍有亮 陈晓明	褚建伟 葛环宇	三等

序号	项目名称	主创单位	主创人						获奖等级
66	钢铁企业基于钢轧连续化的节能降耗管理模式构建与实施	股份	吴利欢 刘珍童 胡继飞	井含文 王　伦 唐众杰	孙茂林 刘月苹 张　杨	马家骥 王晓平	李保海 王顺国	谢天伟 杨金辉	三等
67	钢铁企业全流程能源流高效协同管控体系的创新与实践	京唐	邱银富 陈恩军 张　静	曾　立 郑　狄 李　强	吴礼云 王伟业 陈德磊	陈素君 燕　飞	凌　晨 姚海峰	汪国川 郭　朋	三等
68	以减轻班组负担为目标的"四位一体"信息化体系建设	股份	彭开玉 王德喜 赵春焕	李　锐 王红军 李　炜	李树森 于志刚 魏英豪	聂建康 张　泉	霍有亮 刘红雷	张卫东 崔永欢	三等
69	大型炼钢厂全工序负能生产管理实践	京唐	袁天祥 胡　敏 石树东	王国连 刘国莎 王　迅	赵长亮 高　越 杨再文	黄财德 丁国慧	高宠光 曾卫民	边可萌 郑　泰	三等
70	热轧轧辊全生命周期管理创新与实践	京唐	陈永平 高慧敏 王光明	吴宝田 吴利维	艾娇健 刘　冲	杨孝鹤 李　恺	毕国喜 苏长水	王洪鹏 王文广	三等
71	基于"1+4"模式钢铁企业质量管理探索与实施	股份	孙茂林 张云鹤 牛　枫	李保海 刘　志 马兵智	吴　耐 曹来福 祁卫新	周　娜 陈建华	李　晓 赵艳宇	亢小敏 李玉鹏	三等
72	以提质增效为目标的全要素精益管理体系的构建与实施	冷轧	张　涛 王树来	齐春雨 张洪奎	侯晓晖 杨　华	冯超凡 刘振银	冯　硕 陈海涛	李　振 井洪宇	三等
73	城郊型冷轧企业绿色制造体系的构建与实施	冷轧	张　涛 王树来 范　军	齐春雨 李　俊 张　宝	李凤惠 聂加余 张　民	姚治国 赵金良	袁留锁 舒海刚	白　海 秦绪增	三等
74	境外矿企应对突发重大公共卫生事件组织模式的探索与实践	中首	张炳成 王彦君	姚　舜 夏继平	陈　群 苗雨芳	李宝辉 李　佳	赵文武	林继巍	三等
75	企业独立工序市场化事业部体制建设与实施	京唐	曾　立 李晓英	杨玉芳 魏　凯	曹　盛 刘　明	沈　伟 汪　晴	陶明月	周　姣	三等
76	钢铁企业新型客户关系管理体系的构建与实施	股份	李　明 李大伟 秦　明	朱江波 刘晓燕 付建华	杨　健 谢志诚 孙晓双	马耀峰 闫兴华	徐其亮 杨瑞枫	邱祥伟 马小杰	三等
77	以和谐企业建设为主线的"家园文化"的构建与实施	矿业	王自亭 刘　媛	董　伟 周　宇	任淑娟 朱亚娟	杨伟才 张国平	郝　壮 张　伟	蔡立国	三等
78	弘扬三线精神,助推水钢高质量发展的创新与实践	水钢	王建伟 郭灵莉	申　燕 田　甜	王海益 陈冬云	杨德敏 艾敏如	罗时玉 吴道辉	杨　艳 张志喜	三等
79	强化人文关怀和心理疏导激发凝聚首钢股份高质量发展合力	股份	彭开玉 尹小龙	张继文 申露佳	祁卫新	李旭龙	吴若瑶	白佳霖	三等
80	用首钢精神和优良传统育人治企的实践与探索	中首	刘白华	王军军	侯全义	李帅臣	卢　婧		三等
81	廉政教育与监督检查并重,推进全面从严治党责任落实	股权公司	徐小峰 张永红	刘　燕 张占军	蒋瑞耘 李　艳	关耀辉 袁晶晶	刘志强	王惠明	三等
82	以提升品牌影响力为目标的立体化宣传格局的构建与实施	首建投	张福杰 马志伟	张亚杰 郭晓倩	赵富忠	赵彩艳	李　洁	陆　卿	三等
83	企业标杆文化培育与产品竞争力提升探索	京唐	赵继武 阮佳慧 张有国	尹显东 单　丹 郭大庆	张召恩 陈　超	刘美丽 吴俊达	刘美松 纪晓丹	张丽艳 刘　伟	三等

序号	项目名称	主创单位	主创人						获奖等级
84	推进文化深度融合的实践与思考	长钢	贾向刚 郭旭岗 李宇科	李怀林 赵泽华	王春生 温林森	张红梅 王婷	杜慧玲 史丽敏	武晓庆 张睿	三等
85	以"三五"工作法促转型强服务谋发展	园服公司	金洪利 孟娟	陈尚 董立勋	赵晓波 赵新	郑焕红	赵洋	李会贤	三等
86	新时代大型国有企业党建培训模式的创新与实践	人才开发院	王立峰 王明江 郭涯	石淳光 王彦 常聪	段宏韬 刘祥鹏 宗英	闫琳 袁杰	王洪骥 张雪萍	亢天明 王斌	三等
87	国有企业推行派驻监督工作机制的创新与实践	长钢	贾向刚 候俊义 胡家军	王春生 靳军 黄建奇	周明山 冯栋 郭宏	杨俊祥 马莉	杨保亮 高岩	李宏 申红岗	三等
88	建筑企业基层党支部建设的探索与实践	首建	杨波 赵泽民	武阔君 张朔	武长群 尹寒林	康京山 郝岩	郭存	赵山	三等
89	"扭亏争赢 翻身争气"教育实践活动体系的构建与实施	通钢	孙毅 阚凯	李秀平	林廷宇	丁家峰	张丽	许广智	三等
90	打造特色"家"文化,助推企业高质量发展	房地产	吴林 南志国	张焕 韩绍春	薛道瑾 张强	郑东梅	康鑫磊	周兴丽	三等

组织机构

◎ 责任编辑：车宏卿、郭 锋

首钢集团有限公司及直接投资单位组织架构图（整体）

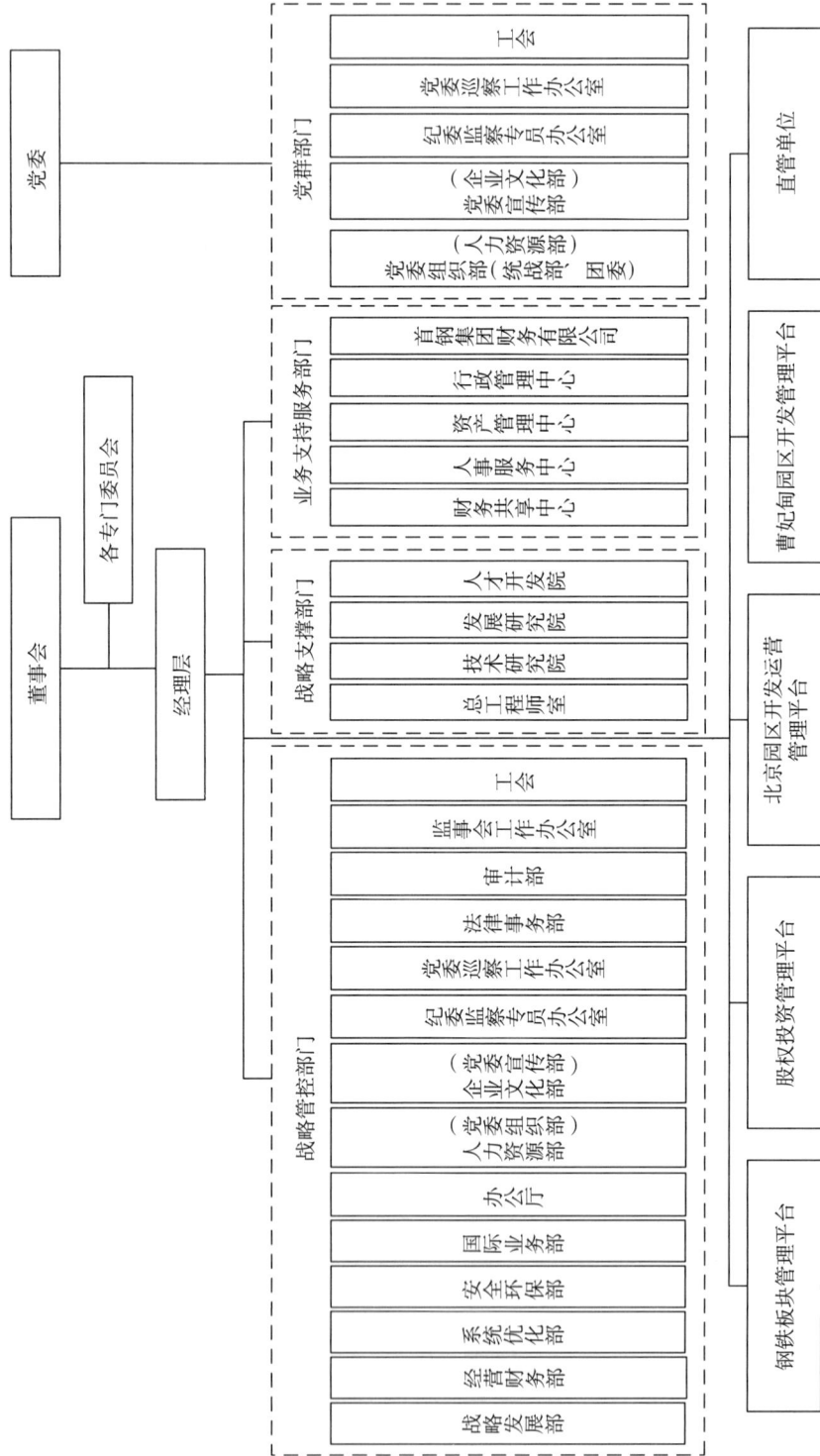

党委

董事会

各专门委员会

经理层

党群部门
- 工会
- 党委巡察工作办公室
- 纪委监察专员办公室
- 企业文化部（党委宣传部）
- 党委组织部（统战部）人力资源部（团委）

业务支持服务部门
- 首钢集团财务有限公司
- 行政管理中心
- 资产管理中心
- 人事服务中心
- 财务共享中心

战略支撑部门
- 人才开发院
- 发展研究院
- 技术研究院
- 总工程师室

战略管控部门
- 工会
- 监事会工作办公室
- 审计部
- 法律事务部
- 党委巡察工作办公室
- 纪委监察专员办公室
- 企业文化部（党委宣传部）
- 人力资源部（党委组织部）
- 办公厅
- 国际业务部
- 安全环保部
- 系统优化部
- 经营财务部
- 战略发展部

直管单位

曹妃甸园区开发管理平台

北京园区开发运营管理平台

股权投资管理平台

钢铁板块管理平台

首钢集团有限公司及直接投资单位组织架构图（集团总部管理单位）

党委

党群部门
- 工会
- 党委巡察工作办公室
- 纪委监察专员办公室
- 党委宣传部（企业文化部）
- 党委组织部（统战部、团委）

董事会

各专门委员会

经理层

业务支持服务部门
- 首钢集团财务有限公司
- 行政管理中心
- 资产管理中心
- 人事服务中心
- 财务共享中心

战略支撑部门
- 人才开发院
- 发展研究院
- 技术研究院
- 总工程师室

战略管控部门
- 工会
- 监事会工作办公室
- 审计部
- 法律事务部
- 党委巡察工作办公室
- 纪委监察专员办公室
- 企业文化部（党委宣传部）
- 人力资源部（党委组织部）
- 办公厅
- 国际业务部
- 安全环保部
- 系统优化部
- 经营财务部
- 战略发展部

直管单位

- 首钢商业保理有限公司
- 首钢融资租赁有限公司
- 北京首源劳务有限公司
- 北京首钢开源服务中心
- 北京首钢退休人员服务有限公司
- 北京市第八十职业技能鉴定所
- 首钢技师学院
- 首钢工学院
- 北京首钢报刊传媒有限公司
- 唐山首钢宝业钢铁有限公司
- 北京首钢华夏工程技术有限公司
- 北京首钢劳动服务管理中心
- 博迪投资有限公司

曹妃甸园区开发管理平台

北京园区开发运营管理平台

股权投资管理平台

钢铁板块管理平台

93

首钢集团有限公司及直接投资单位组织架构图（钢铁板块）

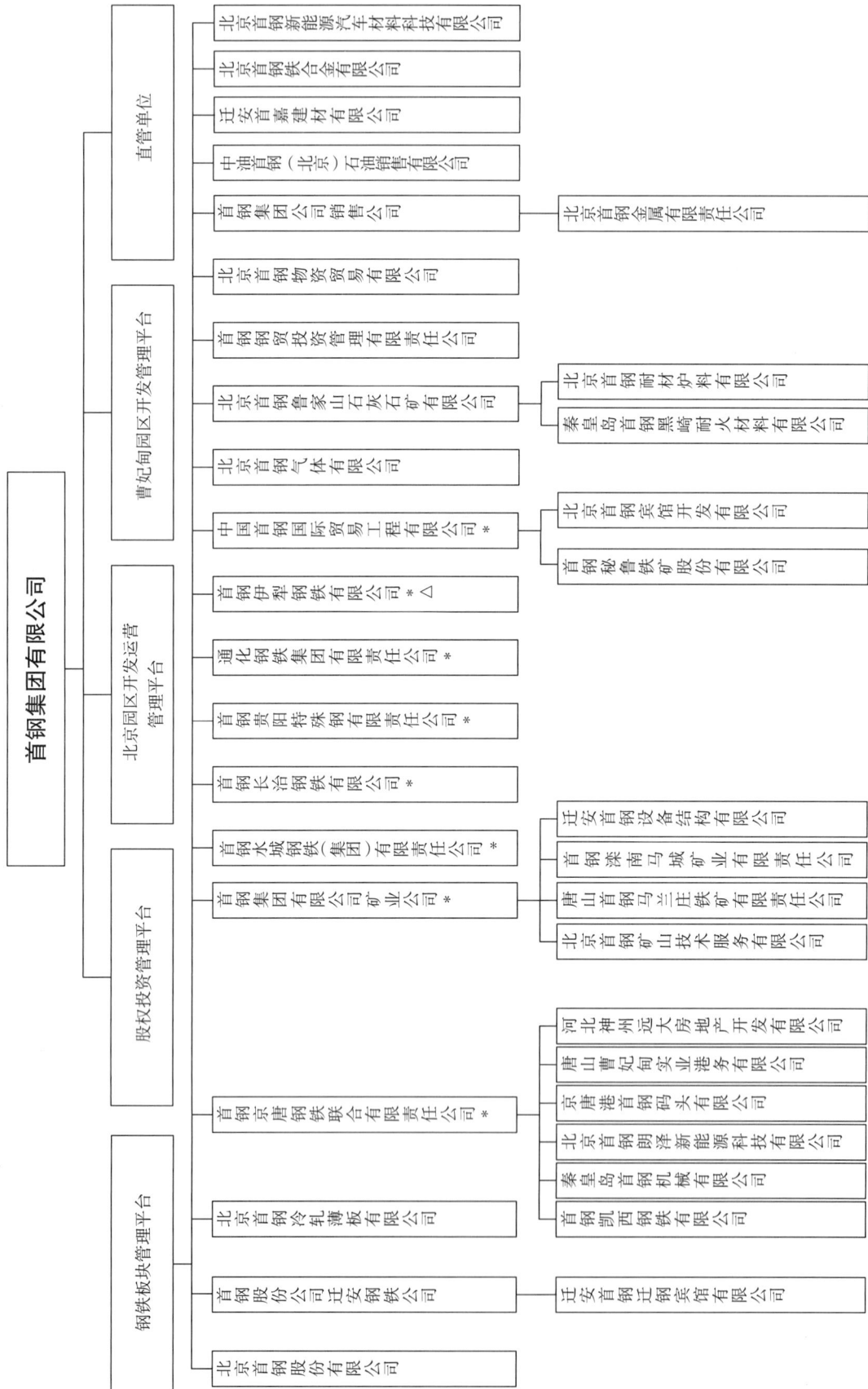

首钢集团有限公司

钢铁板块管理平台
- 北京首钢股份有限公司
- 首钢股份公司迁安钢铁公司
  - 迁安首钢迁钢宾馆有限公司
- 北京首钢冷轧薄板有限公司
- 首钢京唐钢铁联合有限责任公司*
  - 河北神州远大房地产开发有限公司
  - 唐山曹妃甸实业港务有限公司
  - 京唐港首钢码头有限公司
  - 北京首钢朗泽新能源科技有限公司
  - 秦皇岛首钢机械有限公司
  - 首钢凯西钢铁有限公司

股权投资管理平台
- 首钢集团有限公司矿业公司*
  - 迁安首钢设备结构有限公司
  - 首钢滦南马城矿业有限责任
  - 唐山首钢马兰庄铁矿有限责任公司
  - 北京首钢矿山技术服务有限公司
- 首钢水城钢铁（集团）有限责任公司*

北京园区开发运营管理平台
- 首钢长治钢铁有限公司*
- 首钢贵阳特殊钢有限责任公司*
- 通化钢铁集团有限责任公司*
- 首钢伊犁钢铁有限公司*△
- 中国首钢国际贸易工程有限公司*
  - 北京首钢宾馆开发有限公司
  - 首钢秘鲁铁矿股份有限公司

曹妃甸园区开发管理平台
- 北京首钢气体有限公司
- 北京首钢鲁家山石灰石矿有限公司
  - 北京首钢耐材耐火有限公司
  - 秦皇岛首钢黑崎耐火材料有限公司
- 首钢钢贸投资管理有限责任公司
- 北京首钢物资贸易有限公司

直管单位
- 首钢集团公司销售公司
  - 北京首钢金属有限责任公司
- 中油首钢（北京）石油销售有限公司
- 迁安首嘉建材有限公司
- 北京首钢铁合金有限公司
- 北京首钢新能源汽车材料科技有限公司

注1：标*企业为集团公司实行关键要素管理的企业

注2：标△企业为非集团公司直接投资企业，考虑其生产经营范围划入钢铁板块管理平台范畴

首钢集团有限公司及直接投资单位组织架构图（股权平台）

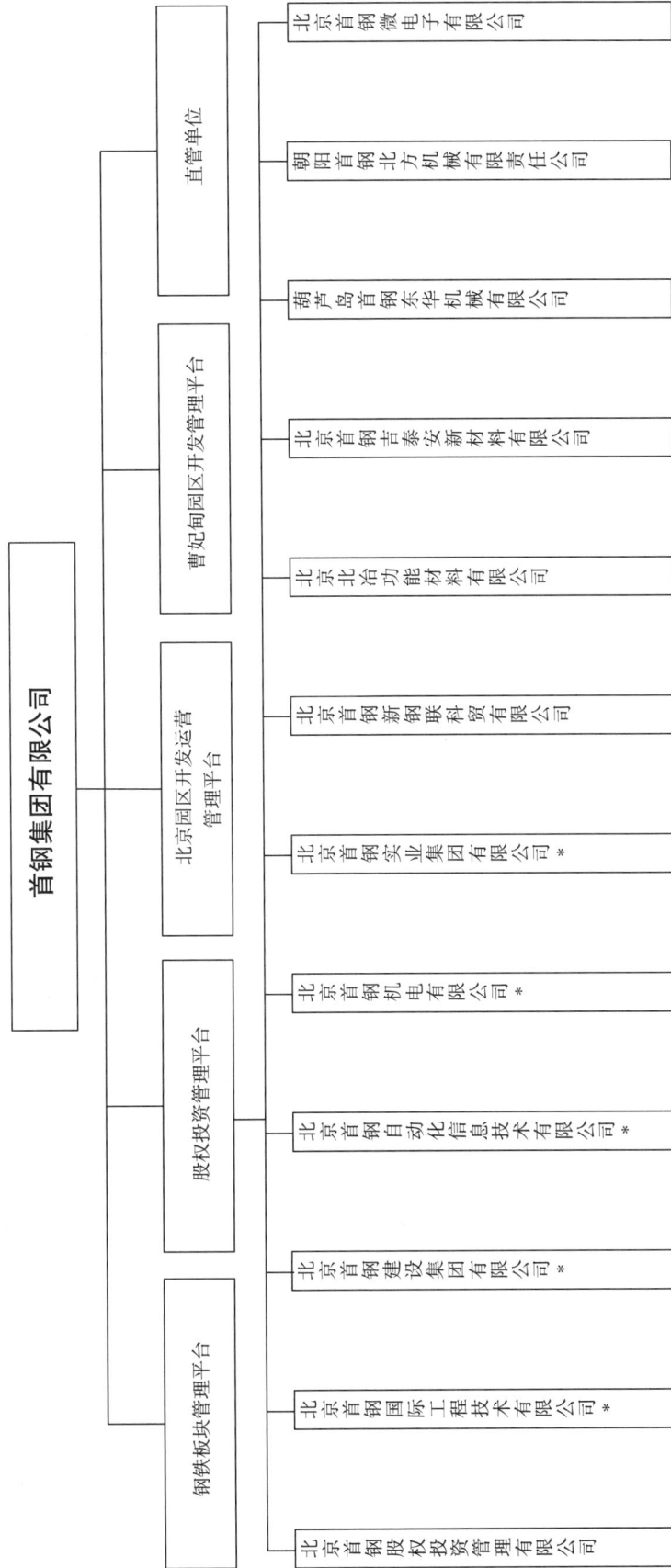

首钢集团有限公司

钢铁板块管理平台

- 北京首钢股权投资管理有限公司
- 北京首钢国际工程技术有限公司 *
- 北京首钢建设集团有限公司 *

股权投资管理平台

- 北京首钢自动化信息技术有限公司 *
- 北京首钢机电有限公司 *

北京园区开发运营管理平台

- 北京首钢实业集团有限公司 *
- 北京首钢新钢联科贸有限公司

曹妃甸园区开发管理平台

- 北京北冶功能材料有限公司
- 北京首钢吉泰安新材料有限公司

直管单位

- 葫芦岛首钢东华机械有限公司
- 朝阳首钢北方机械有限责任公司
- 北京首钢微电子有限公司

注：标*企业为集团公司实行关键要素管理的企业

首钢集团有限公司及直接投资单位组织架构图（园区平台及直管单位）

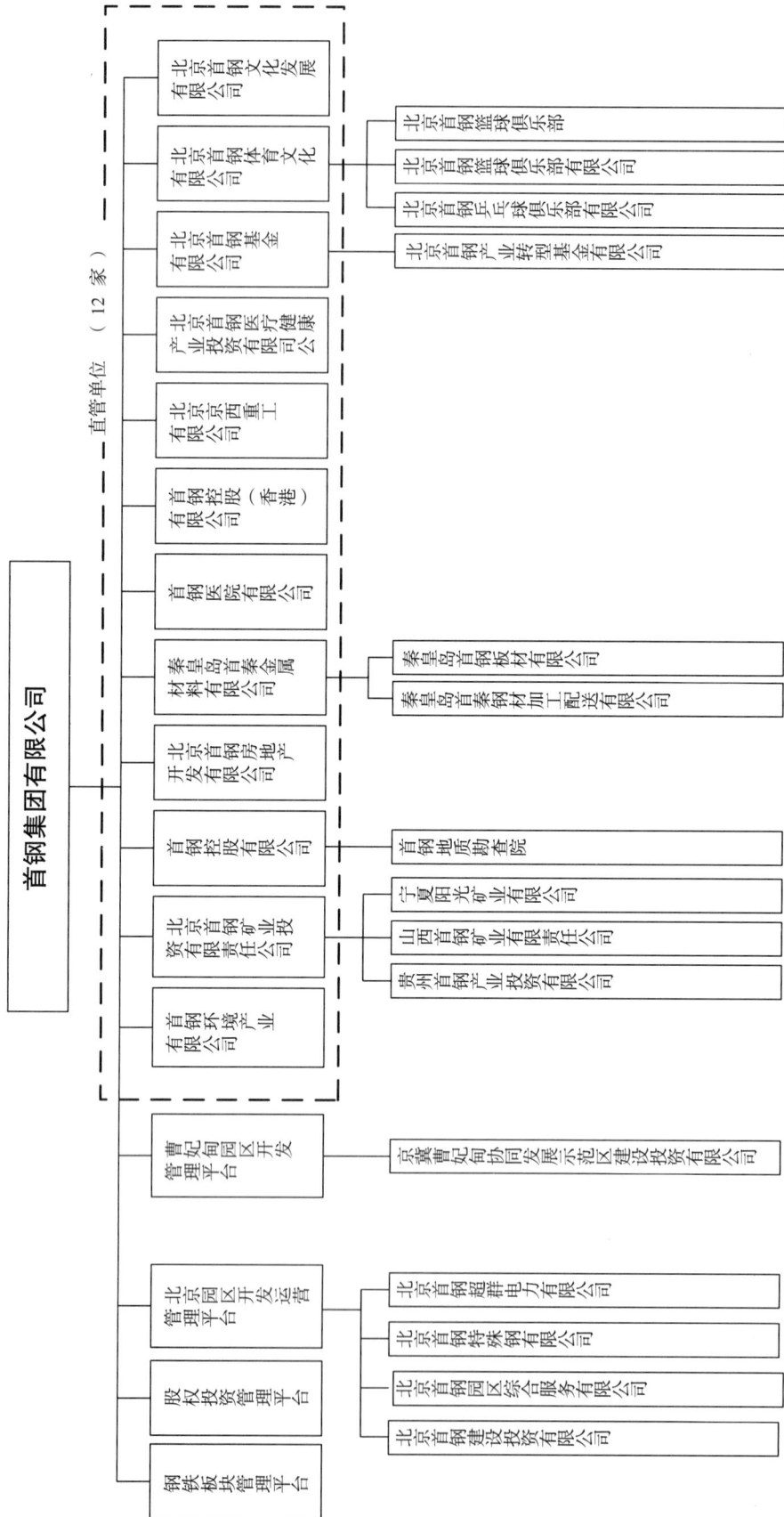

首钢集团有限公司

直管单位（12家）

- 北京首钢文化发展有限公司
- 北京首钢体育文化有限公司
  - 北京首钢篮球俱乐部
  - 北京首钢篮球俱乐部有限公司
  - 北京首钢乒乓球俱乐部有限公司
- 北京首钢基金有限公司
  - 北京首钢产业转型基金有限公司
- 北京首钢医疗健康产业投资有限公司
- 北京京西重工有限公司
- 首钢控股（香港）有限公司
- 首钢医院有限公司
- 秦皇岛首秦金属材料有限公司
  - 秦皇岛首钢板材有限公司
  - 秦皇岛首秦钢材加工配送有限公司
- 北京首钢房地产开发有限公司
- 首钢控股有限公司
  - 首钢地质勘查院
- 北京首钢矿业投资有限责任公司
  - 宁夏阳光矿业有限公司
  - 山西首钢矿业有限责任公司
  - 贵州首钢产业投资有限公司
- 首钢环境产业有限公司

- 曹妃甸园区开发管理平台
  - 京冀曹妃甸协同发展示范区建设投资有限公司

- 北京园区开发运营管理平台
  - 北京首钢朗泽电力有限公司
  - 北京首钢特殊钢有限公司
  - 北京首钢园区综合服务有限公司
  - 北京首钢建设投资有限公司
- 股权投资管理平台
- 钢铁板块管理平台

2020 年首钢集团有限公司领导

中共首钢集团有限公司委员会

党委书记：张功焰

党委副书记：赵民革(5 月任职) 何 巍

纪委书记：许建国(4 月离任) 满志德(9 月任职)

党委常委：许建国(4 月离任) 满志德(9 月任职)

梁宗平 白 新(3 月离任)

吴 平(6 月离任)

首钢集团有限公司董事会

董事长：张功焰

董 事：赵民革 许建国(4 月离任) 何 巍

职工董事：梁宗平

外部董事：刘景伟 范勇宏 肖 星(2 月离任)

卫爱民 白廷全(9 月任职)

首钢集团有限公司

总经理：张功焰(5 月离任) 赵民革(5 月任职)

副总经理：赵民革(5 月离任) 王世忠 胡雄光

韩 庆 梁 捷

副总经理(职业经理人)：赵天旸

工会主席：梁宗平

财务总监：王洪军(4 月改称"总会计师")

总法律顾问：梁 捷

总经理助理：王 涛 刘建辉 卢正春

党群与战略管控

◎ 责任编辑：马　晓、关佳洁

人力资源部
（党委组织部）

【人力资源部领导名录】
部　长：王相禹（6月离任）　王立峰（6月任职）
副部长：刘洪祥　闫　琳

（张海涛）

【综述】　首钢集团有限公司人力资源部（党委组织部）是首钢集团党委的组织职能部门、统战职能部门，首钢集团人力资源职能部门。人力资源部（党委组织部）负责领导人员队伍建设和领导班子、直管领导人员、优秀年轻干部管理；负责党组织、党员队伍建设和基层党委、党总支、党支部、党员、党费管理；负责集团人力资源规划、关键人才队伍建设，人才引进、招聘、调配、培训专业管理；负责集团薪酬绩效制度体系建设，直管领导人员、集团总部人员薪酬管理；负责统战工作和党外代表人士队伍建设；负责民主党派、民族团结、党外知识分子有关工作和人大代表、政协委员参政议政的服务工作；负责集团公司因公出国（境）政审、因公赴台工作的办理及领导人员因私出国（境）备案及审查工作。下设领导人员管理、党建管理、薪酬与员工绩效、人才发展4个业务模块，与首钢集团团委、机关党委合署办公。在岗职工21人，其中研究生11人，本科生10人；高级职称6人，中级职称12人。

2020年，人力资源部（党委组织部）以习近平新时代中国特色社会主义思想为指导，深入学习贯彻党的十九大和十九届二中、三中、四中、五中全会精神，贯彻落实中央、北京市委关于国有企业党的建设的一系列重大决策部署，围绕"十三五"指标和重点工作，聚焦首钢"两会"确立的各项目标任务和全面从严治党主体责任清单落实，全面加强基层党组织建设，不断提升干部人才工作质量，稳步推进薪酬分配制度改革，协同做好团委、机关党委各项工作，为集团年度目标任务完成提供组织保证。

（袁　杰）

【主题教育】　人力资源部（党委组织部）巩固深化主题教育成果，抓牢学习教育深入开展。按照北京市委主题教育领导小组办公室《关于认真做好"不忘初心、牢记使命"主题教育自查工作的通知》要求和集团公司党委部署，对集团公司开展主题教育情况逐项梳理、对照检查，并组织所属各单位开展自查，为认真贯彻落实习近平总书记关于主题教育重要讲话和重要指示批示精神，确保中央和北京市委关于主题教育的各项部署落实落地，实现主题教育全覆盖、高质量，不断巩固拓展主题教育成果打下坚实基础。持续推进"两学一做"常态化制度化，利用"学习强国"、北京长城网等学习平台，推动广大党员学习贯彻习近平新时代中国特色社会主义思想往深里走、往心里走、往实里走，推进学以致用，落实到党组织工作中、党员行动上。

（袁　杰）

【干部队伍建设】　人力资源部（党委组织部）组织完善领导人员选拔任用制度体系，修订颁发《首钢集团有限公司领导人员选拔任用工作办法》《首钢选聘职业经理人工作办法（试行）》，制定颁发《首钢集团有限公司领导人员选拔任用工作纪实办法》。集团党委讨论决定领导人员任免70人次，调整配备11个基层单位领导班子成员。组织开展首钢集团副总经理（职业经理人）试聘期满考核评价、正式任职。组织完成聘期满职业经理人的履职评价及续聘工作3人，新选聘职业经理人1人，解聘职业经理人3人。通过工作实践，初步建立起规范的职业经理人选聘、试聘期履职评价及正式任职、聘期满履职评价及续聘等工作流程，为进一步提高市场化选人用人工作水平奠定了基础。人力资源部（党委组织部）为规范全集团领导人员选拔任用工作，强化制度执行意识，编制印发《首钢集团有限公司领导人员选拔任用工作参考指南》，规范选人用人工作流程和业务标准，加强选人用人纪实工作，进一步提高首钢选人用人工作的制度化、规范化水平。

（张海涛）

【干部培训】　人力资源部（党委组织部）会同人才开发院举办2020年首钢中青年领导人员培训班，培养储备优秀年轻领导人员50人，平均年龄38岁。实现首钢各级领导人员在线学习全覆盖，为全集团L5职级及以上中层领导人员全部开通了北京干部教育网在线学习账号，并组织全体中层领导人员参加线上专题培训。围绕首钢"两会"精神和重点工作，聚焦提升领导人员综合素质及履职能力,组织全集团L6—L9职级领导人员约5600余人开展在线学习,并建立起长效机制。

(张海涛)

【年度测评】 人力资源部(党委组织部)组织完成单位(部门)56家和领导人员368人的年度民主测评工作,对领导班子和领导人员测评情况进行汇总分析,提出调整、谈话、整改等系列建议意见,并将测评结果按单位逐一反馈。强化对测评结果的运用,搭建起测评结果与领导班子建设、履职评价和领导人员选拔任用、培养教育、管理监督和激励约束相结合的管理机制。

(张海涛)

【落实党建责任】 人力资源部(党委组织部)开展党组织书记抓基层党建工作述职评议考核。各级党组织书记分别向上级党委述职抓党建工作情况,做到全覆盖,进一步推进各级党组织党建责任落实。在24家直管(双管)党委(总支)向集团公司党委进行书面述职基础上,3月3日,组织召开集团公司直管党委书记抓党建工作述职评议会,首钢矿业、首钢水钢、首钢贵钢、首钢国际、首钢环境、首钢矿投、首钢地产、首秦公司、首钢医院、京西重工、首钢体育、技术研究院12家单位党委书记进行现场述职。

(袁 杰)

【党支部规范化建设】 人力资源部(党委组织部)开展品牌党支部评选工作,落实党支部标准化规范化建设"B+T+X"内容体系要求,组织各单位在抓实党支部标准化规范化建设基础上打造工作特色,组织开展品牌党支部创建工作,评选出首钢品牌党支部32个,并将典型经验做法汇编成册下发集团各党支部参考借鉴,推进各党支部抓规范、创特色、争先进。

(袁 杰)

【签订垃圾分类承诺书】 人力资源部(党委组织部)深化党建引领,加强物业及生活垃圾分类管理,围绕稳步提升"三率"制定措施、明确责任,组织全体党员和干部职工100%签订垃圾分类承诺书,结合党员到社区报到工作推进党员群众"桶前值守",组织在职党员广泛参与所报到社区服务工作。

(袁 杰)

【创先争优】 人力资源部(党委组织部)组织在全集团开展"逐梦百年新征程、争当发展排头兵"创先争优主题实践活动,引领各级党组织和广大党员创先进、争优秀,对"创先争优"活动中的先进党组织、优秀党员进行表彰,集团公司党委评选表彰"六好班子"10个,模范基层党委19个,模范党支部48个,模范共产党员135人。对先进典型经验事迹材料进行总结推广,充分发挥示范引领作用。

(袁 杰)

【基层党建】 人力资源部(党委组织部)组织集团成员单位进一步健全基层党组织,逐级理顺党组织关系,推进基层党组织按照规定届期应换尽换,实现常态化管理。结合软弱涣散基层党支部整顿,推进党支部"达晋创"等级评定,820个参加评定的在职党支部,晋升一级的65个,晋升二级的4个,原125个一级、105个二级的支部分值提升。规范党内生活,日常抓实"三会一课"督导,组织完成年度基层党组织组织生活会和民主评议党员工作。

(袁 杰)

【疫情防控】 人力资源部(党委组织部)组织党员开展自愿捐款支持疫情防控工作,首钢党员21142人自愿捐款3830537.80元,及时为国家防疫工作贡献首钢党员的一份力量。组织选派党员干部职工25人下沉石景山区金顶街街道两个社区、广宁村街道三个社区,参与社区疫情防控工作,并以防控小组为单位组建5个临时党支部,为圆满完成各项任务提供组织保障。

(袁 杰)

【党建自查】 人力资源部(党委组织部)组织开展党建自查工作。由党委组织部牵头,会同相关部门,采用1+1+N模式,以习近平总书记在全国国有企业党的建设工作会议上的重要讲话为指南,以国有企业基层组织工作条例为遵循,系统梳理近一个时期首钢党的建设工作取得的成绩和存在的不足,并针对问题短板制定整改措施。结合集团层面、基层党委党建自查内容,提出整改措施推进各项党内法规的贯彻落实,编制《首钢基层党建工作指南1.0》,为基层开展党建工作基本项目提供流程化指南。

(袁 杰)

【党建创新】 人力资源部(党委组织部)围绕重点难

点开展党建项目创新,组织各单位坚持问题导向,针对基层党建工作责任体系建设、创建品牌党支部、"创先争优"主题实践活动等重点工作,向北京市国企党建研究会申报8项党建创新项目,获得一等奖1项,二等奖1项,三等奖3项,优秀奖3项。

(袁 杰)

【人工费管理】 人力资源部选择钢铁板块单位和8家非钢产业单位开展人工费对标分析工作,形成分析报告,上报集团公司领导,对人工费对标找差提出工作要求。集团人工费比预算降低6.7%,扣除社会保险减免因素后,实际降低3.04%,实现了降低3%的目标要求。建立各类人员人数、工资总额和人工费统计数据月度监控和月报制度。

(马昌云)

【工资总额决定机制】 人力资源部(党委组织部)在总结分析集团工资总额决定机制运行情况的基础上,提出《关于完善集团工资总额决定机制方案》和《首钢集团工资总额管理办法》,经集团公司批准后颁发施行。

(马昌云)

【建立领导人员薪酬升降机制】 人力资源部(党委组织部)在总结分析薪酬考核分配机制运行情况的基础上,提出《领导人员任期综合考核评价办法和薪酬升降机制实施方案》,经集团公司批准后颁发执行。

(马昌云)

【开展薪酬长效激励机制试点】 人力资源部(党委组织部)按照国家、北京市相关政策文件规定,集团公司颁发《首钢建立股权激励机制工作方案》,选择首钢股份、首程控股作为薪酬长效激励机制的试点。

(马昌云)

【关键人才队伍建设】 人力资源部(党委组织部)实施高端人才培养工程。组织做好国务院政府特殊津贴、青年北京学者等13项政府人才评选表彰项目参评人选的推荐工作。1人入选北京市百千万人才工程,1人获得国家留学回国人员择优资助,1人被评为国家级技能培育突出贡献个人,3人获批享受北京市技师津贴,5人被评为全国青年岗位能手,1人被推荐为国家级和市级技能人才评选评审专家。统筹政府津补贴申请等工作,获得北京市2019年职业技能培训补贴资金450余万元,获得第五笔"北京学者"100万元培养资金,技能专家获

得50万元市级大师工作室建设项目资金,3个科技创新团队获得220万元国有资本预算资金支持。

(姜典鑫)

【人才培训培养】 人力资源部(党委组织部)加强科技创新人才和高技能人才培训培养工作,组织开展第三期科技创新人才培训班,培训各单位技术骨干58人。举办首钢工匠研修班、操作专家创新能力培训班、首钢职工(技师)创新工作室研修培训等,培训高技能人才286人次。组织集团各单位60余家专业技术人员1万余人开展在线学习;组织首钢股份、首钢京唐、首钢长钢等炼钢、轧钢、电工专业职工1467人,以网上自主学习的方式开展高技能人才继续教育培训。集团公司组织培训4万余人次,初步形成在线培训、混合式培训、线下培训的新格局。高质量做好高校毕业生招聘,全集团招聘高校毕业生1153人,其中博士研究生15人,硕士研究生177人,本科生760人,学生党员146人,建档立卡贫困大学生39人,国家985/211工程院校毕业生198人。

(姜典鑫)

首钢企业文化部
(党委宣传部)

【企业文化部领导名录】

部　长:郭　庆

副部长:贺蓬勃

(郑　昕)

【综述】 首钢集团有限公司企业文化部(党委宣传部)是首钢集团战略管控部门之一,兼有首钢思想政治工作研究会、首钢企业文化建设协会办公室职能,负责宣传思想教育管理、企业文化建设、品牌与公共关系管理、文物管理,授权管理首钢新闻中心。岗位编制7人,其中部长1人,副部长兼新闻中心主任1人,品牌与公关管理总监1人,宣传教育处长1人,企业文化建设处长1人,宣传教育主任1人,企业文化建设主任1人。授权管理的首钢新闻中心下设总编室、电视新闻室、记者室、新媒体工作室、专题新闻室、网络媒体及舆情监控室6个科室44人。

2020年,面对突如其来的新冠肺炎疫情,企业文化部(党委宣传部)在首钢集团党委正确领导下,以习近平新时代中国特色社会主义思想为指导,贯彻落实《中

国共产党宣传工作条例》，牢牢把握"统一思想、凝聚力量"中心环节，在抗击新冠肺炎疫情、推进企业复工复产、完成全年目标任务、决胜"十三五"等重点工作中，不断加强和创新宣传思想工作，为打牢首钢高质量发展基础提供坚实的思想保证和舆论支撑。《首钢日报》刊发146期，刊发《众志成城首钢共筑牢固防线》等专版45个，设计制作《冰火之约京彩飞扬》《首秦赛车谷》等版面65个。首钢电视播报电视新闻208期，微视频120条，拍摄制作电视专题片63部。首钢新闻中心微信公众号发布篇数424条，阅读总量84万人次，关注人数2.77万人。首钢集团网站总访问量1569360人次。

（郑　昕）

【"两会"宣传】　企业文化部（党委宣传部）针对首钢集团第十八届六次党委扩大会和第十九届五次职代会的召开，围绕贯彻落实首钢"两会"精神，做好"一条主线""五个着力"的系列报道，把干部职工思想统一到打牢高质量发展基础工作主线上来，统一到攻坚克难落实集团党委各项决策部署上来，保持战略定力，坚持稳中求进，深化改革创新，为完成全年目标任务提供保证。《首钢日报》头版开辟"只争朝夕　不负韶华　开启百年首钢新征程"和"以实克难、以实促稳、以实寻机、以实求进，贯彻首钢'两会'精神、奋力完成全年目标任务"两大专栏，持续做好集团钢铁业加快打造竞争优势、园区开发加大开放合作、新产业坚持聚焦发展、产融结合进一步提升价值创造等方面的深度报道，刊发重点稿件46篇，其中评论员文章31篇，微信和电视等媒体同步跟进，多元编发。

（岳建华、郑　昕）

【重大事件宣传】　企业文化部（党委宣传部）指定《首钢日报》及时刊发《习近平总书记给在首钢医院实习的西藏大学医学院学生的回信引起强烈反响》。2月21日，习近平总书记给在北京大学首钢医院实习的西藏大学医学院学生回信，肯定他们献身西藏医疗卫生事业的志向，勉励他们练就过硬本领、服务基层人民，并向他们以及藏区各族群众致以节日的问候和美好的祝愿。总书记回信的喜讯传来，在首钢职工中引发强烈反响，大家倍感幸福、倍感自豪、倍感振奋。鼓舞首钢职工深入学习领会总书记回信的重大意义，以此为强大动力，全力以赴做好各项工作，以实际行动交出合格答卷。

（岳建华、郑　昕）

【抗击疫情宣传】　企业文化部（党委宣传部）围绕战胜新冠疫情，做好"疫情就是命令、防控就是责任""坚持两手抓、夺取双胜利"的系列报道，第一时间宣传贯彻党中央、北京市和集团党委各项重要会议和指示精神，发挥好党委喉舌和信息平台作用，确保正面引导迅速到位。设立"抗疫保产"相关专栏刊发34期、版面162个，刊发《白衣战士奋战"疫"线勇担当》等稿件150余篇30万字。《首钢电视新闻》及首钢微信公众号采编播发"首钢战疫24小时"等有关视频146条，营造万众一心抗疫情、众志成城保生产的浓厚氛围。

（岳建华、郑　昕）

【决胜"十三五"宣传】　企业文化部（党委宣传部）围绕打赢"十三五"规划收官战、系统谋划"十四五"规划，做好首钢深化改革、转型发展的成果变化及其内涵的系列报道，引导干部职工坚定信心，收好官、交好账、布好局，为首钢高质量发展奠定基础。《首钢日报》头版开辟"打牢高质量发展基础系列述评"专栏，策划采写《高目标引领强企之路》《市场化激发内生动力活力》等6篇系列述评文章，发挥引人思考、给人启迪的作用。开设"打好收官仗，决胜十三五"专栏，策划"'十三五'，我们这五年"系列报道，陆续刊发各板块12个主要单位综述，组织具有高深度、大跨度的集团整体"十三五"发展综述9篇，并根据稿件设计制作相关图表，配发图片，图文并茂，扩大宣传效果。

（岳建华、郑　昕）

【打赢脱贫攻坚战宣传】　企业文化部（党委宣传部）围绕"打赢脱贫攻坚战、全面建成小康社会"，做好首钢责任、首钢担当、首钢贡献等方面的系列报道，全面反映首钢作为大型国企在履行社会责任中的担当和作为。《首钢日报》理论专版定期转载人民日报、新华社、中央党校、中国社科院等关于脱贫攻坚重大意义的理论文章、调研报道、观点荟萃，增强干部职工参与脱贫攻坚系列工作的政治自觉、行动自觉。刊发《让更多贫困劳动力端稳就业"饭碗"——首钢推进产业扶贫、首钢矿投助力河北滦平县脱贫攻坚》等重点报道50余篇。首钢电视开辟《助力精准扶贫彰显国企担当》栏目，播出《300村民放下锄头进车间》等32条视频新闻；首钢新闻中心微信公众号发布扶贫报道41篇，营造为决战决胜脱贫攻坚做贡献的良好舆论氛围。邀请北京日报、北京电视台、首都建设报等新闻媒体深入到首钢定点扶贫单位开展体验式报道,充分展现首钢扶贫成果,在社会各界树立首钢良好形象。

（岳建华、郑　昕）

【理论学习】　企业文化部(党委宣传部)将集团党委中心组学习习近平总书记系列重要讲话、重要论述和党的十九届四中全会精神作为重中之重,纳入全年重点任务,组织各级党员干部认真学习《习近平谈治国理政》第三卷,切实发挥各级党委中心组和领导人员的理论学习示范带动作用,提升学习研讨质量,集团党委中心组集中学习研讨13次;围绕学习宣传党的十九届五中全会精神,印发《中共首钢集团有限公司委员会关于学习宣传贯彻党的十九届五中全会精神的安排意见》,开展集中学习研讨17次,其中专题交流研讨4次,编发党委中心组学习参阅10期。采用视频会议形式对基层单位的党委中心组学习巡听旁听。用好"学习强国"等网络学习平台,有效发挥各类媒体理论学习引导作用。

（郑　昕）

【首钢"三创"交流会】　企业文化部(党委宣传部)根据首钢"创新、创优、创业"交流会的召开,总结主要任务是以习近平新时代中国特色社会主义思想为指导,深入学习贯彻党的十九届五中全会精神,认真总结首钢"十三五"规划执行情况,准确把握面临的新形势,系统思考"十四五"改革发展的基本思路、主要目标和重点任务,进一步集思广益、统一思想、凝聚共识,群策群力把"十四五"规划编制好,扎实推动首钢高质量发展。会上,观看电视专题片《奋进新时代——首钢集团"十三五"改革发展巡礼》,集团党委书记、董事长张功焰以《深入学习贯彻党的十九届五中全会精神扎实推动首钢高质量发展》为题作主旨报告,战略发展部介绍首钢集团"十四五"发展规划建议主要内容,集团领导梁捷、刘建辉、王世忠、赵天旸分别围绕首钢北京园区、钢铁产业、新产业和产融结合"十四五"发展的战略思考作交流发言,参会人员围绕会议主题和张功焰的主旨报告分组讨论;集团党委副书记、总经理赵民革作总结讲话。

（郑　昕）

【意识形态工作】　企业文化部(党委宣传部)以全面从严治党主体责任清单和意识形态工作责任制任务清单为抓手,统筹抓好巡察、日常检查和动态抽查,做好北京市委巡视专项检查迎检,针对反馈问题,研究制定整改方案,推动意识形态工作责任制落实。深入学习中央新修订的《中国共产党宣传工作条例》《党委(党组)意识形态工作责任制实施办法》,组织对《首钢集团有限公司网络舆情信息管理办法》培训,邀请舆情管理专家作"新媒体时代的网络舆情监测与应对"专题辅导,就网络突发舆情处置与应对现场模拟推演训练。组织在全集团开展职工思想状况综合调研,参与近两万人,从职工所思所想所求所盼中,揭示一些单位职工队伍建设上存在的突出问题,发挥好调研成果价值,做好调研反馈和宣传引导,将部分单位的问题转集团分管领导以指导推动问题解决。在7月16日北京市国资委系统第二季度意识形态工作通报会上,党委宣传部代表首钢集团以"坚持三个统一　提高学习质量　打牢首钢高质量发展的思想基础"为题首先交流发言。

（郑　昕）

【网络舆情监控】　企业文化部(党委宣传部)加强网络舆情监控,运用"中国冶金报舆情大数据系统",对网络论坛、博客、微信公众号、APP客户端等社交媒体进行监测,对舆情信息进行智能统计分析。每日(含双休日、节假日)对互联网中涉及首钢的各类网络信息进行定时搜索监测,检测相关信息1424222条,编辑发布首钢集团每日舆情专报249期,为集团领导及时了解情况、作出决策和各部门及时处理奠定基础。向中宣部舆情局报送反馈4篇,向北京市国资委报送首钢集团舆情风险研判报告4期。

（郑　昕）

【企业文化建设】　1月10日,以"继承光荣传统、再创时代辉煌"为主题的"首钢之星"表彰暨演讲报告会召开,评选出体现"担当、创新、争先"精神的15名"首钢之星"。李海旭、姜金玉、郭彪分别以《在镀锡板的攻关路上奋力奔跑》《从开天车到讲冬奥》《勇当首钢绿色建材先行官》为题,讲述了一线职工拼搏进取故事,平凡中蕴含力量,细微处体现追求,点滴里彰显精神。

5月29日,"2020北京榜样"发布五月月榜及特别榜,北京首钢气体有限公司京唐作业区职工李超榜上有名。首钢集团有230件物证和电子影音资料被首都博物馆珍藏,包括38期反映首钢各单位抗击新冠肺炎疫情新闻报道的《首钢日报》、新闻中心制作的《首钢战疫钢铁长城》专题片、首钢矿业职工设计制作的测温枪保温盒、社区赠送给首钢实业的锦旗和感谢信、首钢机电在疫情期间为北京市公交公司制作的定制公交站牌、中首公司和首钢建设党员职工向武汉等疫区捐款证书等。

6月28日,企业文化部与工会联合印发《关于开展以"决胜十三五奋斗中有我"为主题的"首钢人的故事"宣讲活动的通知》,网络宣讲活动以"决胜十三五、奋斗中有我"为主题,第一次组织集团职工直接参与,第一次增加互动环节,第一次运用互联网技术,实现线上与线下、共性与个性、教育与趣味有机结合。

7月31日,"2020北京榜样"发布七月月榜,北京首钢园运动中心运营管理有限公司制冰工刘博强登上榜单。

8月17日—9月30日,企业文化部、工会联合组织开展"首钢人的故事"网络宣讲活动进入网上视频展播阶段,每周推送各单位宣讲视频到"首钢挚友"平台,借助云展播创新阵地,大力宣传职工勇担使命投身疫情防控一线,立足岗位建功立业的感人事迹。推出39个视频,参与观看3.5万人,留言近20万条,点赞超14万人次。

11月4日,首钢北京地区20余家单位职工400余人来到中国人民革命军事博物馆参观"铭记伟大胜利 捍卫和平正义——纪念中国人民志愿军抗美援朝出国作战70周年主题展览",回顾抗美援朝战争的伟大历程。

11月13日,首钢题为《坚定文化自信推进文化创新在高质量发展中实现企业文化升级》的企业文化建设实践成果入编中国企业文化研究会编著的《"十三五"中国企业文化建设优秀成果文集》。

(郑 昕)

【首钢人的故事宣传活动】 克服疫情影响,创新活动方式,在"首钢挚友"APP组织开展"决胜十三五、奋斗中有我"首钢人的故事网络宣讲活动。宣讲由线下延伸到线上,采取视频展播、学习问答、评论互动、宣讲动态、网络评选等多种形式,组织全集团职工直接参与,增加实时互动环节,运用移动互联网技术,实现线上、线下有机结合,宣贯教育、趣味互动有机结合。一个半月时间,推出39个视频,参与3.6万人,留言近20万条,点赞超14万人次。各单位挖掘推介宣传"首钢人的故事"383个,新闻中心媒体宣传报道200个。

(郑 昕)

【宣传专业会议】 3月18日,首钢宣传专业工作会召开,传达贯彻全国和北京市宣传部长会议精神,对开展职工思想状况调研工作进行布置培训,总结上年工作,安排部署今年任务。集团党委副书记何巍同志出席会议并讲话。4月1日,举办首钢宣传系统网络舆情工作培训会,对"管理办法""应急处置预案"进行解读学习,邀请舆情管理专家庞胡瑞作"新媒体时代的网络舆情监测与应对"专题辅导,并就网络突发舆情处置与应对进行现场模拟推演训练,通报了一季度集团开展意识形态工作有关情况。12月24日,首钢召开宣传工作专业会,通报北京市委巡视组对集团党委意识形态工作责任制落实情况监督检查的报告,对《中国共产党宣传工作条例》专题导学,对"决胜十三五 奋斗中有我""首钢人的故事"网络宣讲活动优秀视频故事和优秀组织单位进行表彰。

(郑 昕)

【品牌宣传】 2月26号,是习近平总书记视察北京并发表重要讲话6周年,也是京津冀协同发展的第6年。北京新闻广播等媒体联合推出特别报道《春天的脚步——走进新地标》第一集《百年首钢,打造新时代首都城市复兴新地标》,首钢度过百岁生日,北京西部崛起的新首钢大桥和首钢滑雪大跳台,是实现产业转型,贯彻落实京津冀协同发展战略的重要体现。从北京城西石景山,到渤海之滨曹妃甸,10年栉风沐雨,百年首钢实现凤凰涅槃,谱写一首火与冰之歌。

2月27日,北京日报客户端刊发《用海水自制消毒剂,首钢京唐就这么硬核!》,报道首钢京唐利用海水通过制氯系统制造消毒剂用于内部防疫使用的事例,体现首钢职工在疫情防控工作中,开动脑筋,凝聚智慧,众志成城,实现疫情防控和经营生产两不误的良好精神状态和工作作风。北京市国资委国资京京微信公众号进行了转载。

3月25日,"学习强国"北京平台推出了首钢职工原创MV《爱在前方》,讴歌了一线抗疫白衣天使无畏的精神,表达对战胜疫情的坚定信心和对美好生活的殷殷期盼。

4月23日,《人民日报》(海外版)以《来自雪域高原的"白衣春蕾"》为题报道了17名西藏大学医学院学生在首钢医院实习的日子,表达学生们以仁心仁术造福人民的决心意志。

5月1日劳动节,北京市新型冠状病毒肺炎疫情防控工作第九十八场新闻发布会召开,首钢园运动中心职工刘博强介绍团队在疫情期间服务国家冰壶队训练及自己转型成为一名冬奥会"制冰师"的历程,并回答记者提问。人民网推出《"制冰大工匠"刘博强:努力实现首钢工人的"冬奥梦"》。北京日报客户端发布了《精益求精保障冬奥,首钢工人刘博强讲述制冰故事》报道。

5月10日,中国冶金报社隆重发布2020年中国钢铁行业品牌榜。首钢集团有限公司获2020年"中国卓越钢铁企业国际影响力品牌",北京首钢股份有限公司(首钢牌)获2020年中国钢材市场优秀品牌(板卷类)。

6月1日,央视音乐频道《乐游天下》栏目播映《聆听》系列第三集,讲述首钢园全面复工复产,借助冬奥契机加快改造转型,以高度政治责任感打造新时代首都城市复兴新地标,实现从"火"到"冰"华丽转型。

7月27日发布的2020《财富》500强排行榜中,首钢股份以2019年691.51亿元的营业收入排名第150位,受到社会各界的充分肯定。

8月10日,《财富》官方APP发布2020年世界500强榜单,首钢集团以29273.6百万美元的营业收入列第429位,这是首钢集团自2011年以来第九次上榜。

8月15日,"电竞北京2020"系列活动北京国际电竞创新发展大会在首钢园三高炉隆重召开,大会举办"竞启未来"主论坛和四场平行论坛,主要包含主旨演讲、主题发布、揭牌仪式、集中签约等环节内容。

8月23日,北京卫视"北京新闻"围绕首钢园"体育+"、文化创意、数字智能三大产业的最新成果进行报道。

8月28日,央视"新闻联播"围绕首钢园推进服务业扩大开放相关情况进行报道。

9月2日,《人民日报》"走向我们的小康生活"栏目刊登通讯《首钢园区参与冬奥筹办着力转型发展》,通过讲述刘博强、姜金玉、李红继的转型实践,进一步展示新时代首钢人的新气象新作为,展现首钢老厂区发生的可喜变化。

8月28日,中国冶金政研会"学习贯彻习近平总书记重要讲话精神,加强企业党建宣传思想政治工作,推进媒体融合"学习交流会在首秦公司召开。集团党委宣传部、首钢股份、首钢京唐、首秦公司相关负责人分别在大会上作交流发言。

9月,首钢园举办多场重大活动。2020北京时装周开幕盛典、第三届联合国教科文组织创意城市北京峰会、中国舞蹈家协会首钢园环境舞蹈展演、中海·境界——空间系列4.0品牌发布会、第三届AIIA2020人工智能开发者大会等活动陆续在首钢园举办,新首钢已然成为全球品牌首发热选主场,国际潮流地标打卡地。

9月4日,2020年中国国际服务贸易交易会在北京举行,在文化服务和冬季运动专题展区,首钢园区分别设置展台,围绕首钢发展、园区规划、产业定位、招商项目、工业遗存利用与城市复兴融合发展等主题,宣传展示首钢园区的百年文化和卓越招商环境。

9月7日,中央电视台新闻频道《新闻直播间》节目播出《城市复兴新地标服务贸易新高地》,通过空中俯瞰首钢园区的方式,对首钢园工业建筑"变身"体育及休闲设施,加速建设品牌首店商业街区等内容进行深度报道。

9月21日,CCTV-5北京冬奥会开幕倒计时500天特别节目"春华秋实"专题讲述老职工眼中的首钢园变化。

9月26日,天津卫视天津新闻"在习近平新时代中国特色社会主义思想指引下——新时代新作为新篇章"栏目对首钢践行新发展理念,进行园区改造建设的情况进行报道。

10月3日,北京卫视北京新闻"走进北京网红打卡地"栏目专题介绍首钢三高炉、首钢园首店商业街等网红打卡点。

10月8日,《人民日报》《北京日报》分别以"新首钢新风采""工业遗存变网红打卡圣地"为题进行专题报道,称赞首钢园是京西的一道亮丽风景线,生动呈现筹办冬奥给首钢职工带来的喜人变化。

10月16日,首钢园旗舰品牌发布会暨BIBF菠萝圈儿国际插画奖颁奖盛典在三高炉举办。《北京日报》《北京青年报》《首都建设报》、北京新闻广播分别报道。

10月22日,首届上汽大众"首钢日"活动在上海举行,来自首钢股份、首钢京唐、技术研究院、营销中心的相关领导及专业部门代表与上汽大众相关部门负责人200余人参加,双方围绕首钢新技术新产品及首钢服务等进行深入交流。

10月25日晚,央视《焦点访谈》推出《非凡"十三五"来之不易的碧水蓝天》专题报道,称赞首钢股份迁钢做了环保系统改造的排头兵,成为国内首家实现全工序超低排放的钢铁企业。

10月25日刊发的《半月谈》2020年第20期,以"工业标准融入养老服务,首钢探新路"为题,对首钢养老服务产业进行报道。

10月31日,中国科幻研究中心成立并落户首钢园。

11月1日至2日,2020中国科幻大会在首钢园举办,中国科协党组书记、常务副主席怀进鹏、北京市委副书记、市长陈吉宁为首钢园科幻产业集聚区揭牌,首钢集团发布《首钢园科幻产业集聚区实施方案》,并面向全球发布首钢园科幻场景创意征集活动。

《财富》(中文版)发布2020年度最受赞赏的中国公司榜单,首钢集团位列第29名。通过向36811名中国企业管理者发放"最受赞赏的中国公司"问卷调查产生,问卷涉及管理质量、产品/服务质量、创新能力、长期投资的价值、财务状况、吸引及保留人才的能力、社会责任、资产的合理使用、全球化经营的有效性九大评比维度,综合得分排名前50的公司才能上榜。

11月18日,夜赏北京文化之美暨2020首届北京网红打卡地榜单发布,首钢园(三高炉、滑雪大跳台、星巴克)上榜"街区园区类"主题榜单。据统计,投票活动参与数近742万人次,最高票数近12万票。

12月17日,《人民日报》(海外版)《中国故事》刊登《百年首钢园:最"钢"最时尚》文章,生动讲述首钢老厂区加快转型升级,打造新时代首都城市复兴新地标的过程以及首钢职工不断挑战突破自我,成功转型服务冬奥的故事,展示了新首钢的新面貌。

12月24日,由北京市委宣传部、吉林省委宣传部、河北省委宣传部、北京广播电视台、首钢集团有限公司、石景山区委宣传部等单位联合出品摄制,首钢文化发展有限公司倾力打造的8集当代工业题材电视剧《山海蓝图》在北京卫视首播,次日在腾讯视频、爱奇艺、优酷、搜狐、风行网等同步上线。

12月31日,以"永远年轻永远爱"为主题的《2021迎冬奥相约北京BRTV环球跨年冰雪盛典》和"同心梦圆京彩华篇"2021北京新年倒计时活动在首钢园举行,北京卫视、天津卫视、河北卫视等频道同步播出

(郑 昕)

【社会媒体报道首钢】

1月,新华社报道《你好,2020!千余中外友人在首钢园喜迎新年》,《工人日报》刊发《钢铁摇篮"变脸"文化地标》,《北京日报》头版头条报道《首钢冬奥广场今年主体完工首钢园冬奥办公区等18万平方米项目已建成》《新首钢冬奥保障项目明年全部完工》,《首都建设报》刊发《首钢园区灯火璀璨迈入新年》《首钢环境长治垃圾焚烧发电项目点火试运行》《首钢园北区明年基本建成》《首钢园迎新年首场赛事 保障服务获点赞》,《北京青年报》刊发《拥抱冬奥"京彩"跨年新年钟声响 首钢园迎新》(头版头条)《精选千余冰雪"精兵"备战测试赛》,《北京晚报》报道《首钢冬奥广场等5项目今年建成》报道。

2月,《人民日报》刊发《冬奥工程,任务不减标准不降》《练就过硬本领 造福人民群众》,《人民日报》(海外版)刊发《导医问诊守好求医第一关》,新华社报道《习近平回信勉励在首钢医院实习的西藏大学医学院学生》《北京冬奥支线轨道交通建设复工》,中新社报道《首钢抗"疫"进行时:"疫情没有影响我们正常生产"》,《北京日报》报道《首钢滑雪大跳台配套项目有序复工》,《首都建设报》先后报道《首钢滑雪大跳台配套设施建设复工》《首钢京唐公司1月实现开门红》《首钢百名职工踊跃献血》,《北京青年报》刊发《首钢京唐公司1月钢产量超计划3.6万吨》,《北京晚报》刊发《海上首钢筑起"钢铁防线"》报道。

3月,新华社报道《致敬抗疫英雄北京首钢宣布主场设置永久免费区域》,《经济日报》刊发《北京加快重点工程建设投产》,《北京日报》刊发《首钢滑雪大跳台配套酒店复工》《52个重点项目将补民生短板》《首钢园入驻企业全部复工》,《首都建设报》刊发《首钢干部与社区人员轮岗排班》《首钢滑雪大跳台配套酒店6月封顶》(头版)《首钢园区入驻企业全复工》,《北京青年报》报道《新首钢18个重点项目复工今年将重点推进57个"十大攻坚工程"项目》等新闻。

4月,《人民日报》海外版刊发《遗址公园折射工业之魂》,《北京日报》刊发《首钢园金安桥项目复工》《新首钢地区将现城市森林公园群》《首钢冬奥广场留住首钢人乡愁项目预计明年完工交付》《新首钢地区投资49亿元打造文化地标》,《首都建设报》刊发《救治患者春暖凯旋》《首钢园金安桥项目将工业遗存改造成活力社区》(头版)《首钢园冬奥广场改造五一剧场完整保留》(头版)《首钢京唐职工获评河北省突出贡献技师》,《北

京青年报》报道《新首钢地区将投 7 亿元建 8 大生态项目》，《北京晚报》刊发《新首钢地区 13 个公园今年建成》《冬奥广场项目明年完工》《给你一个"文化复兴"的惊喜》报道。

5 月，《人民日报》刊发《战疫里的国企担当》、新华社报道《红色记忆文创先锋——《中国名牌》直播两会期间的首钢园》，《工人日报》报道《首钢推文旅小程序 游客预约火热》，《北京日报》报道《首钢园对游客恢复开放 5 天预约量达 5544 人》《首钢园区揭秘未来场景》，《首都建设报》刊发《首钢园 1919 快车售卖"怀旧汽水"》《首钢股份智新电磁公司获评高新技术企业》《首钢产业帮扶助滦平脱贫攻坚》（头版）《工业风首钢园气势恢弘景色秀美》《首钢园香格里拉酒店 C 楼主体结构封顶》《首钢股份与泰尔重工签订合作协议》《首钢厨余垃圾处置工厂：垃圾杂质含量下降 10%》，《北京青年报》报道《首钢园重开 须预约入园》《首钢园百亿投资打造未来场景》。

6 月，《人民日报》刊发《以冬奥筹办为契机首钢园再迎转型升级》，新华社报道《抓住冬奥机遇首钢园区加快"变身"》，《经济日报》报道《"十里钢城"加速蜕变》，《北京日报》报道《放下锄头进车间就业京企当工人》《首钢园帆船艺术书店十一开放》《"一把手"谈首都国际人才社区建设》《首钢老厂房将变现代演播厅》《首钢迁安高端汽车板生产线投产》《首钢极限公园即将亮相》、《首都建设报》刊发《首钢园冬奥广场全面开工建设》《首钢赛车谷恢复开园》《老厂房将变身演播厅》（头版）《首钢三处智慧停车库助力冬奥》（头版）《首钢园北七筒演播厅转播 CBA 赛事》《首钢极限运动公园初具规模》报道。

7 月，《人民日报》海外版刊发《把工业遗存打造成城市新地标》、新华社报道《首钢工业遗存改造新进展 28 米铁矿筒仓变身沉浸数字展厅》《老旧工业管廊"迎重生"：首钢园空中步道开放预约》，《北京日报》刊发《首钢香格里拉启动内部装修》《新首钢南区详细规划获批》《体育特色保税仓库年底落户首钢》、《首都建设报》报道《首钢秘鲁铁矿重启生产首船矿粉起航》（头版）《新首钢南区将形成"两带五区"空间结构》《首钢园数字展馆"再现"圆明园》《首钢园空中步道周末亮相》（头版）《首钢园入围市级文化产业园区》，《北京晚报》刊发《首钢园老厂房变身引新兴产业集聚》报道。

8 月，新华社报道《"水晶鞋"下赴"冬奥与七夕"之约》，中新社报道《百年首钢将在服贸会上亮新颜展示多业态融合发展》，《经济日报》报道《在数字光影中重返圆明园》《让文化与科技交相辉映》，《工人日报》刊发《百年首钢将在服贸会亮新颜展示多业态融合发展》，《北京日报》报道《2000 位游客周末打卡首钢园》《发挥优势培育热点 加快打造新时代首都城市复兴新地标》（头版）《首钢打造"首发+首店"新高地》《首钢 1 号高炉崛起电竞主题公园》《"水晶鞋"前拍婚纱》，《首都建设报》报道《首钢股份首家实现全流程超低排放》《首钢京唐二期一步工程获"十三五"钢铁工业创新工程奖》《疫情防控与重点工程建设并重打造首都城市复兴新地标》（头版）《首钢极限运动公园上演体育嘉年华》《首钢 7 项成果获冶金科学技术奖项》《首钢将展示多业态融合发展成果》（头版），《北京青年报》刊发《明年首钢北区将基本完成建设》，《北京晚报》报道《首钢园区景色美人气儿旺》报道。

9 月，《人民日报》刊发《北京首钢园区参与冬奥筹办 着力转型发展》、新华社刊发《首钢滑雪大跳台首钢园区建设改造有何新进展？》，《北京日报》刊发《冬奥不止于 17 天盛会》《首钢园与环境舞蹈撞出美的火花》《唱好京津"双城记"构建京津冀协同发展新格局》（头版）《首钢园三高炉前游客可品"钢啤"》，《北京青年报》刊发《首钢园打造首都城市复兴新地标》报道。

10 月，《人民日报》刊发《工业风、时尚范、炫科技、潮运动、新首钢、新风采》、新华社报道《首钢园冰雪项目国家集训队训练馆定期面向大众开放》，《北京日报》报道《首钢极限公园"十一"亮相》（头版）、《首钢南区将添五座新公园台》《无人车新零售店落地首钢园》《首钢迁安社会化管理服务中心成立》《聚焦"四个复兴"建设好新首钢地区》（头版）、《京西未来将现科幻之城》，《首都建设报》刊发《首钢集团新命名百个集团级创新工作室》《首钢园品牌集聚打造全球首发中心》《首钢紧抓试点机遇推进产业转型》（头版），《北京晚报》刊发《5 万多游客乐逛首钢园》报道。

11 月，《人民日报》刊发《中国科幻未来可期》，新华社报道《北京将建设约 16 万平方米"科幻之城"》《工业标准融入养老服务，首钢探新路》，中新社报道《首钢园将打造科幻国际交流中心》《首钢六工汇将打造北京新兴打卡地》，《经济日报》报道《炫酷风激活北京首钢园区》,《北京日报》刊发《科幻之夜点亮首钢》《首钢六工汇培育京西商业新地标》《全面贯彻新发展理念建好首都城市西大门》,《首都建设报》刊发《首钢园打造科幻国际交流中心》《首钢园打造时尚工业风"六工汇"》《首钢园后工业时代独特风景引游客打卡》,《北京青年报》报道《首钢园打造71.7公顷京西"科幻之城"》报道。

12月,《人民日报》(海外版)报道《中国科幻未来可期》《转型发展带来涅槃新生工业遗产助力城市复兴百年首钢园:最"钢"最时尚》,新华社刊发《我的人生"钢钢的"!》,《北京日报》报道《冰雪嘉年华首钢园开幕》《超级酷!"水晶鞋"迷倒中外健儿》《今年140亿元投向新首钢》《首钢园区:网红打卡地"新星"冉冉升起》,《首都建设报》报道《首钢紧抓冬奥机遇推进园区建设》(头版)《首钢园获评"北京市体育产业示范基地"》《首届首钢园冰雪汇迎客》,《北京晚报》报道《全民畅读书店今日亮相首钢园》《首钢极限公园变身冰雪乐园》报道。

(刘　娜)

【首钢十大新闻评选】　1月11日,由首钢企业文化部(党委宣传部)、首钢京唐、首钢新闻中心共同举办的"首钢京唐杯"2019年首钢十大新闻评选结果揭晓,分别是:习近平总书记到首钢园区视察慰问为百年首钢高质量发展指引方向,首钢产品获宝马"质量卓越奖"等众多奖项,深入开展"不忘初心、牢记使命"主题教育以高质量党建推动首钢高质量发展,首钢实现北京机场停车运营领域全覆盖,首钢京唐二期一步工程投产达设计水平,首届"首钢工匠"12人受到命名表彰,蔡奇、陈吉宁调研勉励首钢勇当高质量发展排头兵再度书写百年传奇,百年首钢厂东门开放新首钢大桥开通首钢滑雪大跳台建成实现完美首秀,首钢圆满完成新中国成立70周年庆祝活动服务保障任务,首钢建厂100周年系列活动丰富多彩。

(岳建华)

【首钢网络宣传管理】　党委宣传部严格落实《首钢集团门户网站运行管理规范》,加强网络正面宣传和对外宣传交流。对首钢集团门户网站12个一级栏目、47个二级栏目、26个三级栏目内容适时更新。其中,集团门户网站中文网站"首钢要闻"栏目发布新闻965条,"不忘初心　牢记使命"栏目发布新闻15条,"首钢建厂一

百周年"栏目发布新闻137条,"学习贯彻十九大"栏目发布新闻9条,"视频新闻"栏目发布视频新闻48条,"信息公开"栏目发布新闻20条,"宣传片矩阵"栏目发布视频9条,"企业文化"栏目发布新闻52条,"社会责任"栏目发布新闻45条,"人才发展"栏目发布新闻15条,"品牌荣誉"栏目发布首钢获奖荣誉101条,"投资者关系"栏目发布首钢股份1—3季度报告,集团门户网站英文网站发布新闻114条。集团网站总访问量1569360人次,集团网站邮箱收到邮件1076封,及时回复处理。"首钢集团协同工作平台(OA)"新闻信息发布965条、新华网首钢网页发布新闻171条。

(岳建华)

【推进建设"首钢融媒体中心"】　首钢新闻中心形成《首钢融媒体中心建设项目及改进新闻中心运行模式方案》,围绕融媒体中心建设,努力发挥各种媒体自有优势及媒体融合的全媒传播体系优势。做深做精《首钢日报》,编辑出版《首钢日报》146期,在加强深度报道、系列报道、系列评论的同时,着力打造品牌栏目、专刊、专版,重点把"每月关注·五个着力"专版向纵深打造,刊发《众志成城首钢共筑牢固防线》等专版45个,设计制作《冰火之约京彩飞扬》《首秦赛车谷》等版面65个。做优做快微信公众号,微信公众号编发信息424条,阅读量84万+。公众号粉丝量增加到2.77万人,同比增加2900人。微信直播平台粉丝量增加到3.1万人,同比增加10000人。首钢集团"微信矩阵"增加首钢股份在线竞拍交易平台和首钢园运动中心。做活做靓首钢电视,在顺利开通有线电视高清信道,实现首钢电视节目摄录编播全流程高清画质,继续在频道包装、报道形式、制作技术、航拍常态化、视频直播等创新应用上下功夫,制作播发电视新闻208期998条,微视频120条,拍摄制作电视专题片63部。做实做新集团门户网站,对网站内容及时更新,"窗口"作用更加突出。做全做细"今日首钢"APP,丰富内容巩固集成水平,推进"新闻+服务",提升读者阅读体验。

(岳建华)

【获奖与荣誉】　在中国企业文化研究会召开的"总结十三五·企业文化落地路径与方法规划十四五·企业文化建设方向与重点——中外企业文化2020杭州峰会"上,首钢集团获"'十三五'中国企业文化建设行业旗帜"称号。选派姜金玉、任莎莎参加北京市国资委演

讲比赛,姜金玉获"十佳宣讲员"称号,首钢获"优秀组织单位";组织推荐的首钢园运动中心刘博强、首钢气体公司京唐作业区李超,参加"北京榜样"评选,在《北京日报》月榜宣传,刘博强获2020年度"北京榜样"。组织推荐的首钢京唐雷振尧、刘延强和首钢股份徐厚军被评为"首都学习之星"。在11月25日北京市属报刊出版质量专题培训工作会议上,《首钢日报》作为优秀案例受到表扬,这在首钢媒体发展历史上也是第一次;《调整〈首钢日报〉出版模式推进媒体深度融合的创新与实践》项目获首钢管理创新成果一等奖。首钢7个抗疫故事案例入选中国企业文化研究会《中国企业抗疫故事》集;《首钢日报》38期抗疫专题报道和100多条微信、视频作品被首都博物馆征集收藏。首钢原创抗疫MV《爱在前方》在"学习强国"平台展播。电视专题片《首钢战疫·钢铁长城》在中国冶金政研会现场交流会上播放,同时作为党课电教片报送市委组织部在北京长城网展播并获奖。电视专题片《脱贫攻坚·首钢奉献》在北京长城网展播并获奖。《扶贫攻坚——向幸福出发》短视频被评为优秀影像作品在北京城市电视户外持续展映。在全国企业电视2020年"好新闻"评选中,首钢新闻中心获"全国企业电视抗击新冠肺炎疫情宣传报道先进集体""全国最佳企业电视台",多部新闻、专题和融媒体作品获奖。

(郑　昕、岳建华)

纪委监察专员办公室

【纪委监察专员办公室领导名录】

纪委书记、监察专员:

满志德(9月任职纪委书记,10月任职监察专员)

许建国(4月离任纪委书记,6月离任监察专员)

纪委副书记:王传雪

纪委副书记、审查调查室主任兼:周少华(3月任职)

(陈东兴)

【综述】

首钢集团有限公司纪委监察专员办公室(简称"纪委监察专员办公室")履行党章赋予的监督执纪问责职责,根据授权履行监督调查处置职责,并承担首钢反腐倡廉建设领导小组办公室、监督工作联席会办公室职责。纪委监察专员办公室定员编制13人,设岗位10个:纪委书记、监察专员,纪委副书记,纪委副书记兼审查调查室主任,监督检查室主任,案管审理室主任,综合室主任,监督检查干事,审查调查干事,案管审理干事,综合干事。设机构4个:监督检查室、审查调查室、案管审理室、综合室。

2020年,纪委监察专员办公室以习近平新时代中国特色社会主义思想为指导,深入贯彻落实党的十九大和十九届二中、三中、四中、五中全会精神,按照十九届中央纪委四次全会、北京市纪委十二届五次全会和首钢"两会"部署,履行监督执纪问责和监督调查处置职责,强化日常监督,精准执纪问责,一体推进不敢腐、不能腐、不想腐,推动全面从严治党、党风廉政建设和反腐败工作不断取得新成效。

(陈东兴)

【加强党内监督】

纪委监察专员办公室履行全面从严治党协助职责和监督责任,加强对主体责任落实情况的监督检查,推动"两个责任"一体履行。督促党委加强对党风廉政建设年度总结部署、半年研究推进、日常分析研判。集团党委常委会研究党风廉政建设议题9个。以主体责任清单为抓手,对基层单位全面从严治党(党建)工作开展动态考核,首钢集团领导带队督查,反馈问题36个,全面从严治党成效得到干部职工认可,民意调查满意率98.6%,比上年提高1.8个百分点,高于52家北京市管企业平均水平3.7个百分点,18项评价结果均高于北京市管企业平均水平。

(王国安)

【政治生态建设】

纪委监察专员办公室协助首钢集团党委制定政治生态分析研判实施办法,对集团及二级单位党委及领导班子成员政治生态状况综合分析研判,肯定工作成效、指出存在问题、提出工作要求,督促各级党组织涵养良好政治生态。首钢集团党委主要负责人讲授专题党课,透过信访举报和问题线索分析研判政治生态问题。邀请北京市纪委及监委专业领导专题辅导,推动落实查处诬告陷害为干部澄清正名、激励担当作为实施容错纠错等制度,保护干部干事创业的积极性。指导各单位纪委加强廉洁文化建设,营造政治生态良好氛围。首钢股份开展"廉洁文化入心,清风盈满股份"主题廉洁文化月活动,培育"干净与干事融一身、勤政与廉政为一体"的廉洁理念;首钢矿业持续推进"十个一"系列廉洁文化创建活动,5篇作品在"清风北京·廉洁颂"主题教育中获奖;首钢长钢开展"送党规党纪下基层"活动,讲解 64 场次,受教育党员干部 3000 余人次。

（陈东兴）

【监督巡视整改】 8月6日—9月30日,北京市委第一巡视组对首钢集团党委开展巡视,11月20日反馈巡视情况。纪委监察专员办公室提高政治站位,担负巡视整改监督责任,制定巡视整改专项监督工作方案,发挥工作例会、跟踪督办、追责问责等机制作用,推动巡视反馈问题真改、实改、彻底改。巡视反馈的37个问题,立行立改14个。

（王国安）

【专项监督】 纪委监察专员办公室加强新冠肺炎疫情防控监督,成立工作专班,建立日报机制,因时因势调整监督重点,组织直查 60 次,发提醒函 13 份,提出工作建议 90 条,推动疫情防控责任落实、措施落地。对北京冬奥重点工程全程监督,向上级专题报告 14 次。以党内监督带动其他监督,组织实施 12 项联合监督计划,发现问题 210 个,提出整改意见 279 条。开展"接诉即办"选单监督 16 次,促进薪酬发放、物业收费等热点问题妥善解决。借鉴巡视央企发现问题自查自纠、规自领域突出问题治理开展监督检查,推动整改问题 55 个。对落实扶贫攻坚任务及扶贫领域腐败和作风问题开展监督检查,围绕 10 项扶贫重点,梳理"六张表单",全程督办。

（赵新文）

【纠治"四风"】 纪委监察专员办公室深入落实中央八项规定,紧盯重要时间节点,聚焦"四风"隐形变异问题,加强纪律教育和监督检查。集团党委主要负责人对主责部门和单位负责人在国庆、中秋节前集体约谈提醒,督促落实作风建设主体责任。集团纪委主要负责人对新提职和平级转任重要领导岗位人员进行廉政谈话和节前教育。紧盯公款消费和职工食堂,制止餐饮浪费行为。持续整治公车私用问题,建立公车管理信息化监督平台,首批 76 辆公务用车已纳入监控系统,排查加油数据 936 条,对 253 次预警信息开展核查。从集团总部做起,深入排查杜绝领导人员既坐公车又拿车补隐患,完善管理流程,实现申请用车、实际用车、扣除车补的闭环管理。集团公务用车由车改前的 1482 辆核减至 791辆,公务出行费用降低 34%。

（王国安）

【线索处置】 纪委监察专员办公室严格执行《纪检监察机关处理检举控告工作规则》,建设纪检监察检举举报平台,编制信访举报受理工作指南,提升处置质效。对党的十九大以来信访举报梳理,分析研判多年、多层、多头举报情况,17件重点件按期办结。坚持集体研判、集体审理,严把结办审理关,21 件问题线索调查结果退回补充调查。首钢纪检监察系统受理信访举报 282 件,其中检举控告类 224 件。获取问题线索 233 件,其中处置初次问题线索 165 件,谈话函询 38 件、初步核实 119件、暂存待查 2 件、予以了结 6 件。

（王爱武）

【审查调查】 纪委监察专员办公室运用监督执纪"四种形态"批评教育帮助和处理 121 人。其中,第一种形态 90 人,第二种形态 18 人,第三种形态 8 人,第四种形态 5 人。对涉嫌违纪违法的 30 件问题线索立案审查,办结 28 件,给予党纪处分 28 人,其中党内警告 13 人,党内严重警告 2 人,留党察看 4 人,开除党籍 9 人。做好审查调查"后半篇文章",做到查处一案、警示一片、治理一域。协助集团党委召开"以案为鉴、以案促改"警示教育大会,通报典型案例和突出问题,对 35 个问题整改情况建账督办。拍摄《欲壑难填的"两面人"》专题片,强化警示教育。回访受处理处分党员、监察对象 18人,体现组织关心爱护和教育挽救。做好案件质量评查,开展违纪案件处分执行情况专项检查,自查整改问题 14 个。

（洪 君、马立为）

【体制改革】 纪委监察专员办公室贯彻落实北京市委、市纪委市监委和首钢党委决策部署,分类施策推进纪检监察体制改革。建立提名考察、政治生态分析研判等配套制度机制,总结评估改革进展情况,推动向基层单位延伸。23 家直管单位按计划完成纪检监察体制改革任务。专职纪检监察干部由改革前的 25% 提高至31%,其中专职纪委书记增加 7 人,副书记专职 14 人。

（陈东兴）

【队伍建设】 纪委监察专员办公室以提升政治能力和业务能力为目标,加强自身建设,强化自我监督。制定廉政档案、廉政风险防控等制度,推进纪检监察工作规范化、法治化。强化党支部政治功能,坚持"三会一课"等党内组织生活制度,召开党支部会议 10 次,开展主题党日活动 12 次。组织 9 个专题业务培训,运用线上线下等方式,培训纪检监察干部 380 人次。坚持问题导向,深化对策研究,表彰优秀调研成果 23 项、"正风肃纪·务实一招"优秀成果 7 项,1 项调研成果获北京市纪委年度优秀调研报告三等奖。参与"清风北京·廉洁颂"主题教育,首钢获"我心中的廉洁"公益作品征集优秀组织奖。参加全国钢铁企业纪检监察工作研究会第十六次年会,2 篇论文分获二、三等奖。

(史玉君)

党委巡察工作办公室

【党委巡察工作办公室领导名录】

 主　任:王相禹(6月离任)　王立峰(6月任职)

 副主任:高党红

【党委巡察组领导名录】

 组　长:熊万平

 副组长:洪　君(7月离任)　李春风(7月任职)

 　　　　邵文策(11月任职)　李金柱(11月任职)

(王邦国)

【综述】　首钢集团有限公司党委巡察工作办公室(简称"党委巡察办")是首钢集团战略管控部门之一,负责贯彻落实首钢集团党委巡察工作领导小组的决策部署,统筹协调指导集团党委巡察组开展巡察、被巡察党组织落实整改,研究解决巡察工作遇到的问题、研究巡察政策、制定方案并组织实施,建立健全首钢集团党委巡察工作机制。党委巡察组负责贯彻落实首钢集团党委巡察工作领导小组的决策部署,落实巡察工作方案、承担巡察任务、开展巡察工作。党委巡察办定员编制 6 人,主任由首钢集团党委组织部部长兼任,专职副主任 1人,巡察专员 5 人。党委巡察组设专职巡察组长 1 人,兼职副组长 1 人、兼职巡察专员 3—5 人。

2020 年,党委巡察办以习近平新时代中国特色社会主义思想为指导,深入贯彻党的十九大精神,贯彻全国巡视工作会议及上级党委关于加强市属国有企业巡察工作意见要求,按照"六个围绕、一个加强"和"五个持续",坚守政治监督职能定位,聚焦坚持党的领导、加强党的建设、全面从严治党,压实"两个责任",扎实开展首钢政治巡察,深入推进巡视巡察整改,有效发挥巡察震慑遏制治本作用,推动全面从严治党工作取得新进展。

(王邦国)

【巡察监督】　党委巡察办按照首钢集团党委巡察工作计划,对首钢建设、首秦公司、首钢环境、通钢公司和首钢医院 5 家单位党组织开展政治巡察,并一体推进首钢集团联合监督检查工作。在严格落实新冠肺炎疫情防控的基础上,坚守政治监督职能定位,推动首钢集团党委全面从严治党工作不断深入。按照上级精神和首钢集团党委要求,把巡视央企发现问题自查自纠、规划自然资源领域突出问题专项清理整治及"12345"接诉即办等工作,一并纳入巡察内容开展监督。同时,统筹协调开展集团联合监督检查;在巡察首钢建设时,党委组织部检查组同步开展领导人员选拔任用检查;在巡察首秦公司时,审计部与经营财务组成联合监督检查组,同步审计、财务联合监督。

(王邦国)

【巡察发现突出问题】　党委巡察组坚守政治监督职能定位,突出问题导向,政治巡察成为首钢集团党委全面从严治党工作的有力抓手。在 5 家单位党组织巡察过程中,巡察组全面审视被巡察单位工作情况,查阅资料17400 余份;抽查各类台账凭证 550 余册;个别谈话 220人次,其中领导班子成员 62 人次,中层领导人员 127 人次,相关人员了解情况 177 人次,相关单位调研 21 次,列席各类会议 26 次,问卷调查 63 份。经首钢集团党委审议通过,巡察共发现 5 家单位涉及党的领导、党的建设、全面从严治党两个责任、企业生产经营管理以及落实北京市委、市国资委党委巡察及集团内部审计、监督检查整改中存在的问题共 74 项 153 个问题,提出工作建议 85 条,移交线索 14 件次。体现开展巡察"发现问题、形成震慑,推动改革、促进发展"的政治监督效能,在抽查 3 个被巡察单位对巡察组的工作测评中,总体评价满意率分别为 100%、93.8%、96.9%。在首钢党风廉政建设和信访维稳工作会议、警示教育大会上,通报巡察中发现典型问题,推动全面从严治党工作不断深入。通过总结分析,形成《首钢集团有限公司党委 2020 年巡察发现共性问题分析报告》,不断深化首钢巡察成果运用。

(王邦国)

【巡察整改督导】　党委巡察办督导 2019 年开展巡察的 6 家单位落实问题整改,做好巡察"后半篇文章",做到"巡察一家、规范一家、提升一家"。2019 年开展巡察的 6 家单位党组织,认真组织开展反馈问题整改,制定整改措施 541 项;党委巡察办督促指导各单位推进整改,对整改方案提出工作建议185条,对整改报告提出工作建议195条,及时跟进督导各单位落实整改措施。截至12月底,6家单位巡察反馈的176个问题,落实整改162个,完成率92%。在抽查测评2个被巡察单位落实巡察整改中,总体评价满意率分别为100%、98.4%。

(王邦国)

【巡察整改"回头看"监督】 党委巡察办组织开展2次巡察整改"回头看"监督检查,确保被巡察单位整改措施落实落地。根据工作计划,分别于7—8月、12月成立监督检查组,对2019年度开展巡察的京西重工、京冀曹建投、首控公司、首钢矿投、人才开发院、技术研究院6家单位党组织,针对各单位巡察整改措施落实情况,开展巡察整改"回头看"监督检查,检查结果反映各单位认真组织巡察反馈问题整改工作,整改措施能够按整改方案落实,总体达到了预期目标。

(王邦国)

【推进上级党委巡察问题整改】 党委巡察办持续推进北京市委巡视首钢和北京市国资委党委巡察中首公司、首钢股份问题整改,深化成果运用,开展自查自纠。推进上一轮北京市委巡视首钢问题整改,8—9月,北京市委巡视组进驻时,组织各部门整理相关问题整改情况,形成汇报素材。及时跟进北京市委巡视首钢反馈问题整改。推进2018年北京市国资委党委巡察中首公司问题整改,及时跟进2020年北京市国资委党委监督检查组对中首公司巡察整改"回头看"反馈问题整改,党委巡察办指导中首公司提报6次进展情况汇报,完成2次专题报告。及时跟进督导北京市国资委党委第一巡察组巡察首钢股份党委问题整改,针对巡察整改工作责任分工方案、巡察整改工作安排提出10条工作建议,对巡察整改方案提出21条工作建议。深化北京市委第一巡视组对首钢巡视和北京市国资委党委第一巡察组对首钢股份巡察成果的运用,对照巡视、巡察反馈问题,结合集团警示教育大会精神,组织17家基层党组织开展自查自纠。

(王邦国)

【制度及队伍建设】 党委巡察办不断完善巡察工作制度,健全首钢集团党委巡察工作机制,加强巡察队伍自身能力素质建设。为进一步规范巡察工作流程,制定下发《首钢集团有限公司巡察整改监督检查管理办法》《首钢集团有限公司党委巡察报告问题底稿管理细

则》,不断完善首钢巡察工作制度体系。3月份,举办巡察人员培训班,系统学习习近平新时代中国特色社会主义思想以及《中国共产党巡视工作条例》等,开展巡察工作交流、集团制度宣贯,提高巡察人员梳理阅研材料、发现问题线索、整理问题底稿、形成巡察报告的业务能力,逐步建立首钢巡察人才库。集团党委巡察工作领导小组成员和巡察工作人员,参加中央巡视指导督导"讲师团"专题培训辅导。1月、4月,党委巡察办分别在集团基层党委书记会和集团纪检系统培训班上,对《首钢集团有限公司党委巡察工作制度》进行宣贯。

(王邦国)

工　会

【首钢工会领导名录】

主　席:梁宗平

副主席:陈克欣　刘　宏(兼)

常　委:梁宗平　陈克欣　刘　宏　聂桂馥

　　　　秦　勇　陈小伟　刘　燕

(要建峰)

【综述】 首钢集团有限公司工会(简称"工会")是依法维护职工合法权益的群众组织。负责首钢工会专业管理制度和专业工作标准、规范的制定、修订与指导、监督、检查,工会系统组织建设;首钢职代会筹备、会务组织和首钢集团范围内职代会的指导、监督、检查和落实;负责首钢民主管理、厂务公开,依法维护职工的合法权益;策划首钢困难职工的救助和职工困难的帮扶管理工作,指导监督职工生活服务保障方案的组织实施;开展劳动争议调解管理、劳动法律监督、普法与职工法律援助工作;首钢劳动竞赛方案的制定及劳模评选和劳模服务管理工作;策划组织首钢集团范围内职工素质教育的开展;策划首钢职工文化体育活动,协调开展全民健身活动。首钢集团(北京地区)有基层工会26个、会员47218人,工会专兼职干部418人。全集团有基层工会31个、工会分会683个,会员85884人,工会专兼职干部543人。

2020年,工会系统在集团公司党委和北京市总工会的领导下,以习近平新时代中国特色社会主义思想为指导,全面落实中央和北京市委关于党的群团工作的重大决策部署,落实首钢"两会"的工作要求,各项工作取

得新业绩。

（金志先）

【疫情防控】　工会严格落实党中央、国务院、北京市及属地政府和首钢集团的疫情防控部署,筹集疫情防控资金288.12万元。利用视频会议、OA 企业办公系统、微信防疫工作群等多种形式,转发"中华全国总工会关于抗击新型肺炎疫情的倡议书""防疫工作指南"等知识,开展"众志抗疫"网上学习活动。设立首钢疫情防控保障和慰问专项资金80万元,用于疫情防控一线各类工作人员及其不能照顾的直系亲属的慰问,购买防控物资。全集团工会干部做到24小时手机开机,并深入班组、食堂、通勤车等重点防疫区域,协调反馈疫情防控工作中的问题。基层单位相应设立疫情防控专项资金。首钢第一笔专项资金20万元,用于为首钢医院医务人员购买防护用品和慰问坚守防治一线的医务人员。针对首钢股份、首钢京唐等京外单位部分职工不能返京的情况,及时组织职工思想队伍状况调研,对因疫情影响造成生活困难的职工96人和低保、低收入困难职工35人,给予生活慰问金26.2万元。

（陈克欣）

【垃圾分类　首钢职工在行动】　工会制作"垃圾分类—首钢职工在行动"手提袋55000个,印制活动宣传海报2000张,与首钢团委组织模拟垃圾分类趣味有奖活动,组织首钢挚友 APP"垃圾分类一起行动"知识竞赛,参与职工11540人,线上预约赠送垃圾桶和垃圾袋。

（要建峰）

【推选劳模】　工会组织全国劳模、北京市劳模和模范集体的评选推荐工作。首钢京唐荣彦明、首钢安川机器人张明、首钢水钢吕春龙被授予全国劳动模范称号;首钢股份程洪全等21人分别被授予北京市劳动模范、贵州省劳动模范、新疆维吾尔自治区劳动模范称号,中首公司等3个单位被授予北京市模范集体称号。为首钢历年的全国劳模18人、省市级劳模328人发放春节慰问金、生活困难补助金和特殊困难帮扶金50万元。9月份,组织全国劳模和省市级劳模212人在北京康复医院健康体检。10月份,组织首钢劳模85人分两批到首钢北京园区、首钢京唐、首钢冷轧进行休养考察活动。为符合条件的省市级以上劳模申请办理"999 一键通"急救呼叫器,并为全国劳模发放《北京市全国劳模大辞典》。

（于远东）

【工匠选树】　工会大力开展各类工匠的推荐评选。技术研究院电焊工刘宏、首钢股份炼钢部作业长郭玉明、首钢京唐钢轧部 MCCR 作业区精轧操作工荣彦明、首钢矿业计控检验中心工控软件开发员马著4人获得"全国机械冶金建材行业工匠"称号。组织参加第二届"北京大工匠"挑战赛。首钢股份炼钢工高级技师郭玉明、首钢京唐炼钢工高级技师王建斌、首钢机电加工中心操作工高级技师刘琪入围炼钢工和数控铣工北京大工匠提名人选。组织数控机床操作工、焊工、维修电工3个工种的培训,职工报名参加200余人。开展第十九届全国质量奖个人奖项评选推荐,首钢机电卫建平成为北京市唯一获评的"中国质量工匠"。

（于远东）

【年度先进表彰】　4月28日,首钢召开2019年度首钢集团先进表彰大会,表彰首钢先进单位8个,首钢先进集体118个,首钢劳动模范149人。首钢北京园区职工刘博强参加了北京市新型冠状病毒肺炎疫情防控工作第98场新闻发布会,介绍疫情期间服务国家冰壶队训练及自己转型成为一名冬奥会"制冰师"的历程。组织"弘扬劳模精神、争做时代先锋"网络知识竞赛活动,职工参加3.5万人。

（于远东）

【职工技术创新】　工会全力推选,首钢技术研究院刘宏等7个创新工作室被授予"全国机械冶金建材行业示范性创新工作室"。颁发《关于命名首钢集团级职工创新工作室的决定》,对100个职工创新工作室进行命名表彰颁发职工创新工作室标牌。对100个集团级创新工作室和12个首钢工匠创新工作室进行资金助推,下拨资金260万元。首钢京唐、首钢股份、首钢矿业、首钢水钢、首钢长钢5个单位10项创新成果,获全国机冶建材行业职工技术创新成果奖。首钢4个创新工作室获北京市级(示范性)创新工作室,4个成果获首都职工自主创新成果奖,4个创新项目和43项职工发明专利获工会资金助推21万元。实施名师带徒、专家走进职工创新工作室、职工职业发展助推活动。首钢工学院安全技术与管理、首钢机电数控加工技术以及养老护理员、智能制造等项目获得首都职工素质建设工程技术工人职业培训项目。

（于远东）

【民主管理】　1月10日,召开首钢集团第十九届职工代表大会第五次会议,出席会议正式职工代表 280 人。集团领导班子成员,全国和北京市党代会代表以及北京市、石景山区人大代表、政协委员 21 人作为特邀代表,外埠企业技术服务团、香港首控等 9 人作为列席代表出席会议。首钢党委书记、董事长、总经理张功焰作题为《全面完成"十三五"规划目标任务为首钢高质量发展奠定坚实基础》的工作报告。会上签订第八期《首钢集团有限公司集体合同》。职代会代表提出提案 35 件,全部办复,满意和基本满意率 100%。

(聂桂馥)

【专项协商及监督检查】 工会组织基层单位做好专项协商工作,签订专项协商合同,参与企业监督联席会有关工作。分别参加对首钢长钢和大厂首钢机电公司的联合监督检查。重点对各单位职代会制度建设及民主管理工作进行检查,对存在问题客观分析,查阅资料 376 份,提出整改事项及意见建议 4 项。

(聂桂馥)

【开展安康杯竞赛】 工会持续开展"安康杯"竞赛活动,确定竞赛主题、活动目标、活动内容及评比办法,围绕"开展隐患排查治理"活动,严格落实安全生产主体责任,强化部门联动、创新竞赛开展形式。在全国总工会组织的"安康杯"竞赛评比中,首钢矿业运输部被评为全国"安康杯"竞赛优秀组织单位,首钢机电大厂公司城市建设服务部焊接班被评为全国"安康杯"竞赛优胜班组,受到全国总工会、国家应急管理部、国家卫生健康委员会表彰。

(聂桂馥)

【实施精准帮扶】 工会拓宽"送温暖"覆盖范围,提升"送温暖"帮扶力度,打造首钢送温暖工程品牌文化。筹集送温暖活动资金 1826.87 万元,募集职工捐款 283.37 万元,为因意外事件、重大疾病等情况造成特殊生活困难的职工 52 人发放帮困基金 66.26 万元,向因医药费负担特别巨大、意外灾害造成亲属死亡和财产损失严重的 3 个职工家庭申领发放北京市温暖基金·"首钢子基金"18 万元,为困难职工子女 44 人发放帮困助学金 21.6 万元。颁发《首钢集团关于进一步做好困难职工解困脱困及帮扶救助工作实施意见》。修订完善《首钢帮困基金管理办法》《首钢帮困助学金管理办法》,进一步推动多层次、多层级帮扶救助服务体系完善。实现困难职工精准认定、精准施策、精准脱困,建立脱困建档立卡,明确帮扶责任人和帮扶措施,达到"一户一档案、一户一计划、一户一措施"总体要求。首钢困难职工帮扶工作经受第三方评估,受到北京市总工会的肯定。

(秦 勇)

【开展普惠服务】 工会针对疫情防控创新活动方式,开展多级联动、形式多样的送凉爽活动,筹集送凉爽专项资金 110 万元。响应北京市政府"非必要不出京、在京过年"号召,取消回家过年计划职工 1787 人,筹措资金近 80 万元,为每名留京过节职工购买、发放节日慰问品一套。建立"温暖服务热线",成立义务服务小分队,为职工提供周到、贴心帮助,使职工感受"首钢大家庭"的温暖。开展送"健康礼包"行动,培养健康生活方式。为留京过节职工发放"健康礼包"一套。利用挚友 APP《职工书屋》载体,搭建"书香春节",增加图书排行榜等受职工欢迎的书目。为留京过节职工配送"流量包",助力职工"亲情连线",为职工在新春佳节搭建亲情连线。关心关爱女职工,开展"多彩生活、优雅人生"DIY手工制作活动,为留京过年女职工每人发放一套 DIY手工制作小礼品,让女职工在节日中品味生活,增添节日温馨。

(秦 勇)

【推进消费扶贫】 工会广泛发动职工自愿参与"爱心北京·消费扶贫"行动,办理"北京消费扶贫爱心卡"。对北京市消费扶贫双创中心进行调研,考察品种数量、价格,充分与消费扶贫产业双创中心进行对接,适时利用首钢工会挚友微信群等多种手段,推介扶贫产品信息,做到送温暖与消费扶贫两结合。工会系统采购扶贫消费产品 883 万元。组织"消费扶贫爱心卡"办理活动,广泛宣传发动职工参与"爱心北京·消费扶贫"行动,推进工会系统对北京市扶贫协作贫困地区进行消费扶贫和扶贫爱心卡办理,集团办卡 8588 张。

(秦 勇)

【职工体育活动】 工会为加强新冠肺炎疫情防控,开展线上、线下各项健身活动。工会与首钢团委共同组织"首钢悦跑团""首钢职工电子竞技比赛"。10—11月,组织 43 场"2020'中国足球发展基金会杯'中国职工足球联赛首钢职工足球赛",北京地区单位 21 家职工参赛近 400 人。在工业(国防)工会举办的太极拳比赛活动中获三等奖。

(席 宁)

【职工文化生活】　工会坚持办好首钢工会 APP《职工书屋》栏目,引导职工"多读书、读好书",先后上线《党政文选》《经营管理》《职场培训》《文学品鉴》等十四大类图书 5000 余册,全集团职工 13234 人阅览了图书,总阅览流量 50 多万人次。11 月,让公共文化惠民品牌惠及首钢职工,组织北京交响乐团在首钢举办"首都市民音乐厅"公益音乐会,在首钢迁安工人俱乐部的千人礼堂奏响"致敬首钢——北京交响乐团专场音乐会"。承办两场《艺术鉴赏活动》,北京市工业国防系统单位 20 余家,参加活动近 1000 人。

（席　宁）

【智慧工会建设】　工会运用"互联网+",打造网上服务新阵地,"首钢挚友 APP"集文化、资讯、服务、福利等功能为一体,"指尖上的职工之家"线上线下一站到底互动服务职工,集团 31 个所属单位注册人数 75590 余人,占集团在册职工 94.84%。发布福利、活动 405 项次,参与 126334 人次,线上留言互动 23969 次,好评率 99.8% 以上。围绕集团党委中心工作,首钢挚友 APP 平台,分别与企业文化部、安全环保部、系统优化部、法务部开展以"决胜十三五、奋斗中有我"为主题的"首钢人的故事"弘扬劳模精神宣讲活动以及"安全知识竞赛""民法典知识竞赛""网络安全与正版软件知识竞赛"。各类网上竞赛、在线宣讲,参与 21.93 万人次。

（金志先）

【展现巾帼担当】　工会组织开展首钢"巾帼标兵"的评选表彰,被评为首钢"巾帼标兵"荣誉称号 151 人,获"石景山区最美家庭"称号家庭 3 个,获"北京职工幸福之家"称号家庭 2 个。开展以"凝聚巾帼力量,助力疫情防控"为主题的有奖征文活动,展示巾帼担当。关注疫情防控期间及企业复工复产后女职工劳动保护,利用"首钢挚友"APP 开展"女职工网络知识竞赛",参加单位 45 个、线上答题 9325 人次。

（谭　颖）

【重要事件】　9 月 14 日,全国总工会党组成员、经费审查委员会主任李晓钟,中国机械冶金建材工会主席、分党组书记陈杰平,在河北省总工会副主席潘振华,唐山市人大常委会党组副书记、副主任、市总工会主席张国栋,首钢党委常委、董事、工会主席梁宗平的陪同下到首钢京唐调研。11 月 7 日—9 日,组织首钢京唐、首钢矿业参加以"发明、创新、合作、共赢"为主题的第二十三届全国发明展览会·一带一路暨金砖国家技能发展与技术创新大赛,获金奖 11 项、银奖 27 项、铜奖 34 项。制定《首钢集团有限公司工会委员会工作规则》,规范集团公司工会工作。12 月 23 日,"首钢挚友"网站新版上线。

（金志先）

【荣誉称号】　工会的首钢职工"网上之家"创新与实践获首钢管理创新成果二等奖。获评全国钢铁行业职工创新节优秀组织单位。获评中国企业体育协会 2020 年"中国足球发展基金会杯"优秀赛区。

（金志先）

战略发展部

【战略发展部领导名录】
部　长:朱启建

（陈　宏）

【综述】　首钢集团有限公司战略发展部(简称"发展战略部"),职责包括战略规划、经营计划、投资管理、资本运营、改革发展和战略合作管理。战略规划管理主要负责组织编制首钢中长期战略发展规划,对执行情况定期检查、评估、调整等动态管理;围绕首钢发展的全局性、战略性和前瞻性重大课题开展产业政策研究;开展企业改革改制分析研究,提出改革战略和方向建议。经营计划管理主要负责首钢所处行业与市场竞争地位分析,经营现状分析;提出年度经营目标和年度经营重点,分析、评估年度经营计划执行情况;配合系统优化部开展组织绩效监控分析工作。投资管理主要负责首钢投资分类分级和全生命周期专业管理;负责确定投资方向和原则,明确投资重点;组织编制中长期投资规划和年度投资计划,负责具体编制境内非金融类中长期投资规划和年度投资计划,跟踪执行情况并做好评估调整。资本运营主要负责组织编制首钢中长期资本运营规划,分解落实组织实施;负责推动相关产业资源在资本市场上市和上市后资本运作,审查各成员单位上市方案。改革发展主要负责收集国家有关国企改革政策、法规,开展企业改革发展研究,提出首钢改革战略和方向建议;协调推进重大改革事项,跟踪推进实施过程关键点;分析研究产业政策,根据业务组合战略提出新业务发展方向。战略合作主要负责与上级政府部门对接,首钢争取政府专项资金支持的专业管理,争取产业振兴、重大项目专项资金支持;负责对外战略合作协议专业管理,协调和推进对外战略合作。战略发展部于 2016 年 1 月起正式运行,截至 2020 年末,在册职工 25 人,其中高级职称 8 人,中级职称 14 人。

(陈 宏)

【颁发首钢"十四五"规划】　发展战略部编制首钢"十四五"规划历经"三上三下",首钢集团领导专题会、班子会反复研究论证,"三创会"凝聚共识,12 月,董事会审批同意,在集团范围内颁发。"十四五"时期,首钢总体发展目标按"3+2"安排,前三年打好高质量发展基础,后两年实现发展质量转变,集团主业为钢铁业、园区开发与运营管理、产业基金与资产管理,按照变"养马"为"赛马"的理念促进培育产业发展,确立规划期 6 项重点任务,提出 8 项保障措施,确保规划目标的落地实施。

(马力深)

【编制首钢 2021 年度经营计划】　发展战略部启动经营计划编制工作,组织各单位结合经营情况,提出全年经营预计结果。分析研判经营环境,提出 2021 年利润初步建议,形成经营计划大纲汇报材料。经集团领导多次专题研究、征求各单位意见后,提出 2021 年各单位经营计划安排,随预算大纲下发各单位。历经"两下两上",集团公司董事会决策批准后下发各单位。优化经营计划年度指标体系,围绕年度经营计划管理体系近年来取得成效,结合内外部环境变化、集团发展目标调整、国企管理案例启示,深入分析体系调整优化方向。分析引入 EVA 优势和必要性,结合各企业发展特点,借鉴央企等国有企业计算方法,探索构建集团 EVA 计算模型。

(江华南)

【加强投资管控】　"十四五"时期,发展战略部将严控投资规模,集团总体控制在 500 亿元左右。坚持主业投资,确保资源优先布局在集团战略方向。强化投资效益,将资源配置向有效益、有比较优势的单位或项目倾斜。开展全范围项目后评价,强化工作过程监督。修订投资管理制度,围绕经济效益、概算管理、竣工验收、增减持上市公司股票等重点环节,深化管理规则,细化管理要求。适应新版投资制度,升级完善投资系统。搭建效益分析、投资与资金预测、企业投资管理能力评价等模型,实现投资业务数据的多维度、综合性分析。持续推进业务数据与财务数据一致,试行全层级决策阶段在

线审批。

(胡欣怡)

【推动资本运营】　发展战略部推进钢铁核心资产上市,完成集团公司和首钢股份资产置换,推动首钢京唐剩余股权注入,集团公司回流现金 50 亿元。推动具备条件企业上市。完成首钢朗泽公司 C 轮融资 3 亿元,指导朗泽公司建立了首个真正市场化的员工持股平台,已具备启动上市条件。首钢环境生物质项目成为国家发改委基础设施公募 REITs 首批试点,探索股权融资新模式。盘活集团股票资产,完成集团公司持有宝钢股份划转基金公司,集团公司部分财务投资性股票委托基金公司开展减持。修订集团权力清单和投资管理制度,规范各单位通过证券交易系统增减持上市公司股票行为,优化审批流程。

(陈松林)

【推进企业退出】　发展战略部发挥党政合力,加大组织力度,完成铸造厂、电力厂、超群电力等重大项目退出。主动采取强制清算、破产清算等司法途径破解退出难题,完成首矿精选等 3 家退出,开源中心等 6 家法院已受理。克服境外疫情影响,咬紧目标不放,完成 15 家境外企业退出。退出 70 家,完成计划,退出数量保持较高水平。按期完成国务院组织的"僵尸"企业处置,北京市国资委疏解退出、降亏损户数任务。"十三五"期间退出 242 家,超额完成规划任务。首钢自 2016 年以来,连年被评为北京市国资委专项工作优秀企业和工作成绩突出单位。

(王瑞祥)

【推进深化改革】　发展战略部贯彻落实国家、北京市关于国企改革三年行动方案系列部署会精神,组织相关专业部门多次研究讨论、调整优化、细化分解,颁发《首钢集团有限公司 2021—2022 年综合改革方案》及工作台账。推进剥离社会职能工作,首钢医院、首钢矿业矿山医院重组改制工作完成,泰康医院完成编办举办人变更,正抓紧推进重组工作。稳妥推进混改工作,按照宜混则混、成熟一个、推进一个的原则,结合各单位实际情况,制订推进混合所有制改革专项工作方案。动态跟踪各单位混改进展,总结混改经验、做法,编写首钢朗泽、首钢医院等混改典型案例,按要求报送北京市国资委。

(郝 芳)

【开展对外战略合作】　发展战略部充分利用对外战略

合作平台,争取政府政策和机制支持,协同创新延长产业链,强化制造服务质量,促进集团产业结构、产品结构向价值链中高端迈进,助力首钢北京园区展现新形象。最大限度地整合和调动资源,提升企业发展能力。发展战略部以集团公司名义签订战略合作协议3项。

（王瑞祥）

【争取利用政府资金】 发展战略部坚持"统筹资源、信息共享、及早策划、务求实效"的原则,创造性开展工作。围绕抗疫扶企新政策,组织首钢单位就科技创新、技术改造、增强制造业核心竞争力、高精尖产业发展、稳定制造业投资、城镇老旧小区改造、人工智能、"新基建"、新增中央投资要素配置平台、工业互联网、金融科技、新一代信息技术、军民融合、教育医疗等,及时开展资金申报,获批政府资金14.26亿元。推进政府资金争取工作业务体系建设,持续打造谋划一批、储备一批、申报一批、落地一批的良性循环。在全集团滚动式甄选确定75个年度资金争取重点储备项目,组织105个集团主导产业重点项目进入国家发改委、工信部、北京市国资委等系统的资金支持重大项目库。

（严　慧）

【申报多项管理创新成果】 发展战略部将管理创新工作贯穿在业务体系建设中,营造坚持创新、崇尚创新、全员创新的良好氛围,形成部门管理创新成果组织体系和建立工作机制,内部开展选题立项、课题储备、成果总结。完成《借助资本市场推动集团转型发展的实践》《以提升体系能力为核心的柔性战略管理组织建设的创新与实践》《综合性多元化企业集团多维度迭代型经营对标体系构建与实施》三项管理创新课题,分别获首钢第二十二届管理创新成果一等奖、二等奖、三等奖。首钢第二十一届管理创新课题《大型企业集团围绕两大主业的战略调整》,被推送至中企联,获国家级管理创新成果二等奖。

（陈　宏）

经营财务部

【经营财务部领导名录】

部　　长:邹立宾

副部长:白　超

（王兴武）

【综述】 首钢集团有限公司经营财务部（简称"经营财务部"）,负责首钢财务与会计专业管理制度和专业工作标准、规范的制定、修订与指导、监督、检查,建立统一规范的会计政策和财务管理制度;组织建立健全专业管理体系和专业评价指标,开展指标评价,推进持续运营改善;策划专业管理能力体系建设,组织推进能力培育与提升。负责本专业业务流程的统一管理;专业业务需求分析与确认,平台公司和直管单位涉及集团管控的业务需求评审;专业集团级主数据建设与管理,专业业务数据规范管理,专业业务数据挖掘与应用;专业应用系统运行规范制定和执行,专业应用系统的推广和持续优化。负责全面预算管理,中长期财务规划制定、年度目标设定、预算编制、预算执行与控制、预算调整、经济运行评价。资金管理,负责资金预算管理、资金动态管理、筹融资管理、担保及内部借款管理、外汇及专项资金管理、资金风险管理、金融业务管理。负责财务管理,财务报告管理、财务状况分析、利润收益收缴管理、委派财务总监管理、会计内控与财务监督管理。负责产权管理,产权登记管理、资产评估备案管理、产权交易管理、国有资本经营预算管理、金融类投资项目管理。负责税务管理,税务政策研究、税务筹划、税务风险管理、关联交易管理。岗位设置:定员编制24人,其中L4、L5领导干部2人,L6、L7领导干部5人,其他17人。

（王兴武）

【制度建设】 经营财务部筑牢制度基础,财务管理制度体系进一步健全完善。制定颁发《首钢集团债务融资管理办法》《研发投入准备金管理办法》《首钢集团有限公司资金预算管理办法》,修订颁发《首钢集团有限公司国有资本经营预算管理办法》《首钢集团有限公司对外捐赠管理办法》《首钢集团有限公司债务融资工具信息披露制度》《首钢集团有限公司担保管理办法》《首钢集团有限公司内部借款管理办法》,试行转正《首钢集团专项资金管理办法》《首钢集团有限公司资金管理制度》。

（王兴武）

【风控体系及权利清单】 经营财务部进一步完善权力清单和风控体系建设。对集团风控手册确定的风险控制点运行情况及权力清单关键环节控制措施执行情况进行评价。自评中,风控体系38个关键控制点中,评价期内有33项发生业务,通过抽查,各项控制措施都得到有效执行。权力清单中经营财务部有16个关键事项的

28 个关键环节,评价期内有 24 项关键环节发生业务,经抽查,均按照制度执行。

(王兴武)

【信息化建设】 经营财务部强化信息化建设,实现首钢"两会"提出的"财务管控信息系统在合并报表单位全覆盖"目标。推进财务管控系统建转运,初步搭建运维体系。系统功能建设持续完善。实现财务分析模块在全集团成功上线运行。确保系统按照蓝图设计的各项功能落地,基本实现覆盖三层组织、服务三个层级、涵盖三个内容的数据结构化展示目标。持续支持已上线单位运行,制定运维工作规范及协同机制,逐步优化完善运维管理体系。

(王兴武)

【财务管理】 经营财务部组织完成首钢集团 2019 年度财务决算,优化决算报告编制模式,分板块展示决算结果,强化分析,并针对存在问题提出管理建议,在财务管理工作中加以落实。组织完成集团公司和下属各单位财务绩效评价,完成上报。持续推进业务能力培养,组织开展高级和普通会计人员继续教育、国资管理和税务培训。

(王兴武)

【管理创新成果】 经营财务部的《以管控一体化为核心的财务数字化转型实践》《国有企业集团境外债券融资创新实践》《企业集团以合规管理与价值创造为目标的税务信息化平台构建》获得首钢集团二十二届首钢管理创新成果一、二、三等奖候选项目。

(王兴武)

【资金管理】 经营财务部加强资金预算和资金重点工作监督执行,强化金融市场分析预判,做好资金风险控制。组织抓好集团资金一盘棋运筹,把融资接续和内部往来进一步灵活做精做细,坚持融资成本和资金利用率双赢运行,防范集团流动性风险。组织持续优化债务结构,降低融资规模。统筹配置融资资源,做好融资结构优化及接续。强化风险管控,提出反担保管理、账户清理等整改措施,下发强化筹融资业务规范管理的通知,各单位按制度要求开展内部借款及担保业务,并推动各单位反担保具体措施落实。组织完成东方金诚、中诚信、大公境内 AAA 评级,完成惠誉境外 A-跟踪评级。及时更新、维护境内外信息披露,维护首钢资本市场形象。

(刘同合)

【预算管理】 经营财务部组织开展 2020 年度预算关键指标任务分解;中期年度利润预算指标调整;季度、半年及年度预算执行情况分析;2021 年度预算编制。应对新冠疫情,及时跟踪、梳理疫情期间政府出台的各项政策,指导、督促各子公司充分利用政策红利,大力推进复工复产。牵头推进"三降一减一提升"专项行动,落实北京市国资委在市管企业开展扭亏增盈提质增效暨降杠杆、降"两金"、降成本减亏损专项行动计划,组织提出集团专项计划落实方案,有针对性地组织各单位开展工作。按照集团公司党委要求及监督工作联席会的总体部署,完成财务专项检查,落实审计整改事项。按照北京市国资委偿还民企欠款工作要求,完成民企清欠任务,工作扎实,顺利通过了国务院减负办和市国资委民企清欠工作回头看检查。

(俞义华)

【产权管理】 经营财务部加强集团资产评估管理,确保资产评估管理工作在北京市国资委放权后接得住。组织完成资产评估备案项目 37 项,涉及总资产 197.53 亿元、净资产 170.02 亿元、净资产评估值 202.47 亿元、评估增值 32.45 亿元、增值率 19.09%。强化产权登记工作,集团公司需办理产权登记企业共 651 家(该数据为今年剔除压减退出企业户数),各单位在集团公司产权登记系统登记申报家数为 651 家,登记申报率 100%。通过北京市国资委产权登记审核取证共计 456 家,取证率 70.05%,待审核家数 195 家。提高资产价值管理水平。推动集团资本运作、投资、退出等工作,出具专业意见,供集团公司领导决策。落实国拨资本金和财政专项拨款工作,改善企业经济结构,推进产业升级,争取国有资本金支持,并配合完成使用项目的经营预算审计、检查工作。配合推动三供一业移交工作。推动通钢公司采取司法重整方式推进债务优化。6 月 11 日,通化中院下达裁定确认重整计划执行完毕,标志着司法重整方式推进通钢公司债务优化工作顺利结束。

(何 俊)

【税务管理】 首钢集团纳税总额 79.27 亿元,享受税收优惠减免(退)税 16.5 亿元,享受疫情专项减免社保等费用 11.4 亿元。税务管理着力组织推进组织推进首钢北京园区开发、首钢宝业清算、首钢贵钢新区土地盘活、房地产项目建设和首钢体育项目重大项目、新型业务的税收筹划,为长效解决问题确定思路方案和实施路径。研究利用税收优惠政策,获取减税降费收益,针对疫情支持政策,颁布集团操作指引,组织跟踪分析。争取北京市、石景山区两级经济贡献共享机制落地实施。协调国资部门、税务部门、土地管理部门,支持集团集团土地补偿、权证办理过程中的涉税难点问题,化解税务风险。组织完成集团首次个人所得税汇缴,保证职工依法合理履行汇缴义务,维护个人合法利益。开发上线并推广税务信息化模块,首次实现发票集中办理,税务申报表的线上填报,指导完成全集团员工的汇缴,保证职工依法合理履行汇缴义务,维护个人合法利益。

（田　原）

【党建工作】　经营财务部按照支部学习计划,有序组织支部党员大会、支部委员会、党小组会。为了做好疫情防控工作,要减少人员聚集,最大限度避免交叉感染。取消各种人员密集的活动,精减各种会议。采用党内学习群、讨论群和协同办公系统多种手段将学习材料提前下发学习体会供全体党员交流讨论。加强入党积极分子教育培养工作,经走访群众、党员,召开党小组会、支部党员大会和支委会,经考察,同意将两人确定为发展对象。开展"学历史,忆往昔,展未来"主题党日活动,增强了队伍凝聚力。经营财务部党支部获首钢集团"模范党支部"。

（张宝龙）

系统优化部

【系统优化部领导名录】

部　　长:杨木林

副部长:高福文

（宫顺军）

【综述】　首钢集团有限公司系统优化部(简称"系统优化部")是首钢战略管控部门,负责全集团的公司治理、运营改善、组织绩效、风控与制度、应用系统、数据治理、信息技术管理。公司治理管理主要负责集团治理体系、公司章程、董事会建设、派出董事、外部董事管理;运营改善管理主要负责股权关系与管理关系优化、权力清单、组织功能定位与管控模式、组织机构与定岗定编、业务架构与业务流程优化、劳动效率、管理创新活动管理;组织绩效管理主要负责组织绩效指标体系建设、年度组织绩效、企业领导人员任期绩效、集团公司负责人绩效考核、集团公司年度重点工作专项计划管理;风控与制度管理主要负责内控制度管理、风险管理;应用系统管理主要负责应用架构、系统建设、系统应用评价与优化;数据治理管理主要负责流程与规范、数据架构、数据应用、主数据及决策分析平台管理;信息技术管理主要负责信息化规划、技术架构、信息安全、运维服务管理。系统优化部定员编制19人,截至2020年底,在册职工17人,其中硕士以上学历10人,本科学历6人,大专学历1人;高级职称9人,中级职称7人。

（宫顺军）

【持续运营改善优化】　系统优化部健全管控体系,规范集团治理体系。持续完善职责组织架构。明确员工持股、股权激励等职责分工,推进首钢矿业矿山医院重组成立北京首钢矿山医院有限公司,明确8家企业新增、33家企业退出集团管控信息系统管理。优化股权关系及管理关系。明确首钢集团所持宝钢股份股权划转首熙公司,将山西焦化、福田汽车等7家上市公司股权统一委托首钢基金全资子公司首熙公司管理。

（魏云胜）

【持续推进转型提效】　系统优化部持续推进转型提效工作,采取有效措施应对新冠肺炎带来的影响,深入学习巴登经验推广典型,大力推进信息化智能化应用,在基层推进TPM、QTI等改善创新活动,首钢园服实施机构改革、竞争上岗,有针对性研究措施推进劳动用工市场化,提高效率。截至2020年末,首钢集团在册职工10.1万人、比上年末净减1204人,在岗9.2万人、比上年末净减440人,集团钢实物劳产率达到982吨/人·年,比2015年434吨/人·年翻番,实现"十三五"规划目标,跑赢行业。

（宫顺军）

【年度绩效考核及目标制定】　系统优化部组织集团年度经营目标书制定、督导和考核。根据财务快报数据对2019年考核结果审核认定,减少预考核结果的再调整流程,工作效率进一步提高。责任书编制工作相对上年度,调整以经营性现金流为重心的考核方式,改用考核资产负债率指标,以此来引导成员单位努力改善经营性现金流,盘活低效无效资产,谨慎理性投资,严控债务风险;将需重点关注的17项重大风控项目纳入重点任务,守住不发生重大风险的底线;严控加分项目,效益型企业重点任务(含通用条款)合计加分不超10分,单项不超5分。

（冯先槐）

【集团领导人考核管理】 系统优化部围绕集团公司领导2019年经营业绩考核责任书，向北京市国资委提报了完成情况分析报告。组织完成集团公司领导2020年度、2018—2020年任期经营业绩考核责任书"基本指标""其他指标"的提报，并完成责任书考核指标沟通和核定，在考核口径、对标行业、考核基数等方面进一步明确。

（冯先槐）

【建立绩效考核对标评价机制】 系统优化部结合推进对标一流管理提升行动，在总结集团"十三五"领导人员年度和任期考核评价机制、经营计划指标"五比"评价体系、钢铁板块"三个跑赢"评价机制的基础上，结合集团"十四五"规划编制，提出建立绩效考核对标评价机制，考虑到集团成员单位的复杂性，率先在22家效益型企业建立对标评价指标体系，从企业盈利能力、资产质量、债务风险和经营增长4个方面22个财务绩效定量评价指标中，选择具有引导作用的核心指标，建立与上市公司对标机制。

（冯先槐）

【颁发领导人员经营业绩考核管理办法】 系统优化部在现有的任期经营业绩考核管理办法基础上，一并考虑年度经营业绩考核工作的要求，整合形成《首钢集团有限公司领导人员经营业绩考核管理办法》，更好地做好任期和年度考核工作的衔接，形成一体化设计，既有利于克服现有绩效考核体系面临的短板和挑战，也有利于与领导人员薪酬长效机制更好的衔接。

（冯先槐）

【推进二级单位董事会规范化建设】 系统优化部开展公司治理制度执行情况检查，进一步范"三会"议事规则、议事清单及"三重一大"制度的执行。梳理党建工作要求进章程情况，推进党的领导融入公司治理。完善董事会评价要点，细化董事会自查标准，组织董事会工作报告和年度评价工作，持续规范董事会运作。

（冯先槐）

【筹划"十四五"集团公司治理工作】 系统优化部组织开展集团公司董事会建设改革、公司治理相关制度建设、标杆企业公司治理案例分析、集团典型企业公司治理调研、董事会分类等专题研究，全面总结"十三五"公司治理成绩问题，统筹谋划"十四五"集团公司治理工作，确定了以董事会分类建设为核心的公司治理目标，形成了集团"十四五"公司治理整体方案和工作计划，按集团要求纳入集团改革三年行动方案。

（冯先槐）

【深化二级单位董事会改革】 系统优化部组织对首钢基金市场化改革试点经验进行总结，对集团历年赋予首钢基金的相关政策进行梳理，提出进一步规范和深化首钢基金市场化改革的相关政策意见。组织研究规范首钢地产法人治理及市场化机制方案，推进首钢地产建立外部董事占多数的董事会结构。

（冯先槐）

【制度制（修）定量化评价机制】 系统优化部颁发集团公司级制度34项、废止95项，现行公司级制度224项，比上年减少61项。专业部门按季度组织召开制度例会，对各部门制度制（修）定情况逐项分析，建立量化评价机制，并通报评价打分情况，有效促进了制度制（修）定工作。计划制度制（修）定51项，结题38项，进度计划完成率86%。计划单行废止制度12项，完成废止11项，计划完成率92%。经营财务部、安全环保部、战略发展部、审计部、国际业务部、法律事务部、纪委7个部门年度计划完成率100%。

（牛通庸）

【完善内控制度体系建设】 系统优化部协同党委组织部在党的建设自查工作基础上，下发《首钢集团有限公司领导人员选拔任用工作参考指南》《首钢基层党建工作指南》。协同办公厅制定《首钢集团有限公司"三重一大"事项决策清单》，并要求各单位结合实际制定本单位《清单》，同步修订完善党委会、董事会、经理层工作规则决策事项清单。建立制度制修定与权力清单调整的联动机制，调整权力清单16个关键环节，组织相关管控部门对股权平台、园区平台、钢铁平台管控权力清单进行审核，实现集团、平台权力清单一体化运行。组织平台公司、直管单位、要素单位完善违规经营投资责任追究制度体系，实现违规经营投资责任追究范围、组织体系、损失认定标准3个全覆盖。

（黄海峰、肖　艳）

【业务检查问题整改闭环工作机制】 系统优化部牵头组织集团公司业务检查问题整改，形成定期反馈汇报制度，32项整改问题分解形成任务清单126项，主责部门逐项组织整改，截至 12 月底，32 项问题整改完成 23 项，其余 9 项分解任务 50 小项，完成 41 项，完成率 82%，问题整改整体完成率 93%。对未整改完的问题，要求主责部门 2021 年持续整改，专业部门持续跟踪。对业务检查问题整改举一反三，组织开展总部业务体系优化工作，聚焦健全完善资产管理、合同管理等 5 个大类 8 项问题。联合战略发展部组织经营财务部、审计部等部门及首钢建投、首钢环境公司于 7—8 月份开展工程项目管理的流程穿越工作，形成《流程穿越工作分析报告》，并跟踪落实流程穿越工作成果，工程项目管理流程穿越是集团公司流程穿越的一次尝试，为深入开展流程分析、制度设计执行分析提供了工具方法。

（黄海峰、孙旭伟）

【内控检查监督作用提升】 系统优化部按照《首钢集团 2020 年监督工作联席会工作计划》安排，对首控公司等 4 家单位内控体系建设运行情况进行检查，发现内控缺陷 16 项，缺陷主要表现在合同管理制度及合同签订授权等方面。协同审计部组织 28 家单位开展内控自评价工作，发现 253 项内控缺陷，缺陷主要表现在缺少对工程转固、概算、设计变更流程的控制等方面；审计部进一步对其中的 10 家单位进行内控检查评价，发现 34 项内控缺陷，缺陷主要表现在外包管理等方面，不存在重大缺陷。协同资产管理中心组织对环境公司等 8 家单位进行固定资产管理体系检查评价，存在专业制度修订不及时、资产处置业务手续不规范等问题。对检查发现的缺陷及问题，组织落实整改，达到"以查促建、以评促改"工作目的。根据检查、巡视等发现的问题，持续完善《首钢集团公司风险事件库》。

（黄海峰、孙旭伟、肖　艳）

【持续推进风控专项工作】 集团确定风控专项 17 项。专业部门引导各主责单位深入业务场景，强调风险分类分级管理，组织制定工作方案，选择优秀项目方案进行交流分享，建立风控专项量化评价模型，组织战略发展部、经营财务部、法律事务部、监事会办公室对项目量化评价打分。在风控专项组织方面，以下单位表现较为突出。法律事务部在法律纠纷案件管理上引入风险矩阵，对法律纠纷案件分类分级，针对不同风险级别的案件差异化管理；系统优化部组织对集团全级次 206 家参股企业进行参股管理自检，自行设计参股管理自检问卷，建立量化评估模型，对参股企业进行风险分级；国际业务

部编制《首钢集团有限公司境外企业管理办法》，明确对境外企业进行分类管理；首钢股份对集团公司关注的首钢京唐中厚板项目和 MCCR 项目的投产达效进行重点跟踪，两个项目均完成控亏目标；系统优化部组织集团相关部门和单位，以矿投公司为主，编制《首钢集团矿产资源投资风控指引》，成为首钢集团风险管理工作拓展的又一标志，是专业部门整合集团内部资源提升管理赋能的又一体现。

（黄海峰、孙旭伟）

【开展重大风险事件摸底及自查自纠】 系统优化部贯彻落实北京市国资委《关于开展 2020 年度市管企业内控有关工作的通知》《关于开展重大风险自查自纠工作的通知》工作要求，专业部门组织本部及下属单位开展重大风险事件摸底及重大风险自查自纠工作。按照北京市国资委的调查范围要求，组织集团公司、中首公司、京西重工、香港首控、通钢公司、新钢联梳理重大经营风险事件，形成《首钢集团重大经营风险报告调查表》报北京市国资委。围绕"重大事项报告情况，企业发展观、业绩观，内控制度建设及执行情况，整改落实情况"四个方面开展重大风险自查自纠工作，形成《首钢集团重大风险自查自纠工作报告》报北京市国资委。

（黄海峰、孙旭伟）

【持续开展内控专业体系培训】 系统优化部落实国务院国资委、北京市国资委关于"风险、合规、内控"三体系融合的工作要求，把合规管理纳入风控及制度管理培训，为合规体系建设赋能；将专业培训与对标世界一流工作相结合，邀请外部企业风控专家进行优秀风控管理实践对标交流。深入基层培训专业人员，为首钢园服推进内控体系建设、首钢京唐外派高管开展有针对性的专业培训。

（黄海峰、孙旭伟、肖　艳）

【疫情期间远程办公服务保障】 面对突如其来的新冠肺炎疫情，系统优化部组织开展云视频技术应用测试，与视频、VPN 厂商协商增扩相关授权资源，于 2 月 3 日制定下发《首钢集团在疫情期间远程办公方案》，指导各单位使用 VPN、远程会议、云文档等开展远程办公工作。集团视频会议系统覆盖范围新增单位 12 个，已覆盖集团 33 个重点单位，涵盖集团全部二级单位及北京地区各主要单位，视频终端共 132 个，疫情期间组织视频会议 193 次，为集团新冠疫情防控工作保驾

护航。结合疫情防控远程办公需求,开通集团管控各系统用户 1726 个,创建资源 2202 个,为职工居家办公创造网络条件。

(哈铁柱)

【集团信息化水平测评】 4 月 29 日,北京市国资委组织开展首钢集团信息化测评复评,集团副总经理胡雄光参加。经过专家复评,首钢集团复评得分 89.09 分,评定级别为 B 级。

(杨慧芳)

【完善信息化制度体系】 集团公司颁发《首钢集团有限公司信息化管理办法》,系统优化部颁发《首钢集团有限公司信息化建设考核评价实施细则》《首钢集团有限公司主数据管理平台运行管理规范》。

(杨慧芳)

【推进集团管控信息化项目建设】 集团协同工作平台完成京冀曹建投、首秦公司、通钢公司推广上线。全面完成集团主数据一期项目建设并进行验收。自主研发集团主数据管理平台,实现新旧系统切换平稳过渡,新系统正式上线运行,移动端同步切换上线。财务管理项目完成首钢地产、首钢建投上线。财务共享项目完成首自信、京冀曹建投、首钢建设上线。资产管理项目完成固定资产、不动产、无形资产模块在首自信、智新电磁、真浩泰、廊坊生物质、首钢建设(一批次)、京冀曹建投上线。人力资源管理项目完成薪酬管理、人员合同管理、职工自助等 6 个模块全集团推广上线,完成招聘管理、劳务派遣管理、组织绩效管理等 10 个模块在钢铁板块成员单位上线。科技创新管理项目完成科技信息资源服务平台及科技信息资源整合、情报管理整体上线。审计管理项目完成可研及立项批复、业务蓝图评审。法律事务管理项目完成可研及立项批复。

(汪国栋)

【集团主要领导推进信息化工作】 5 月 22 日,张功焰在月季园二层大会议室主持召开专题会议,听取集团管控信息化建设情况的汇报。会议肯定了信息化建设在提升认识、培养人才、提升管控水平和业务处理效率方面取得的成效,对下一步工作提出要求。做好回顾总结,对照"十三五"目标,认真总结、归纳、分析建设现状,补齐短板;做好推广建设,全力推进十个项目的建设与优化;做好深化应用,强化信息共享,并做好信息保密,深入挖掘数据价值,提升数据分析能力;坚持运行优化,按照"谁的业务谁负责,谁建设谁运行"的原则,紧紧围绕集团发展战略,做好运行优化;开放合作,以开放的视野,对标先进,坚持向先进企业学习,加强与外部单位合作。6 月 4 日,首钢集团召开信息化工作会议,集团副总经理胡雄光主持会议,总部部门、平台公司及部分项下单位、直管单位 61 家参加。对软件正版化、网络安全、集团管控项目建设、"十四五"信息化规划编制进行安排。

(汪国栋)

【软件正版化工作】 系统优化部制定颁发《首钢集团 2020 年软件正版化工作推进方案》,由集团主要领导担任软件正版化工作领导小组组长,统筹部署、推进集团年度软件正版化工作。北京市软件正版化检查验收小组来首钢开展年度正版化检查验收工作,共抽查集团公司、首钢园服、首钢建设、首钢钢贸四个单位,实现软件检查工具安装率 100%、软件正版率 100%、检查开机率 90%,受到检查组高度评价。最终首钢集团软件正版化工作年度考核评分为 105.75 分。

(哈铁柱)

【集团信息安全态势感知平台建设】 系统优化部制定集团实施方案,完成信息安全态势感知平台技术测试、招投标采购,推进集团公司、首钢地产、首钢股份、首钢京唐实施部署。制定集团态势感知平台运营模式,梳理职责界面、业务流程及标准规范。

(哈铁柱)

【持续推进企业上云】 首钢云平台通过等保三级评测、信通院可信云测评,标志着云平台已具备与市场接轨的云服务能力。系统优化部制定颁发《首钢 IT 共享服务目录与费用标准》,完成人才开发院、首钢医院、首钢实业等 9 个成员单位的 23 个信息化应用的集约化上云项目,首钢云平台已运行 1300 余台云服务器、存储 320TB 数据,承载了 25 个成员单位的 89 套信息化应用,成为支撑首钢集团数字化转型和多元信息化产业发展的核心基础设施。

(哈铁柱)

【制定"十四五"信息化规划】 系统优化部制定颁发《首钢集团"十四五"信息化规划编制工作方案》,完成现状与需求分析、架构设计,推进实施蓝图编制,完成钢铁板块、首钢地产等 6 篇"十四五"信息化规划初稿,完成集团规划与成员单位规划第一轮衔接。

(汪国栋)

【对标世界一流管理提升行动】 8 月 13 日,集团召开经理办公会,学习贯彻国务院国资委《关于开展对标世界一流管理提升行动的通知》精神和北京市国资委有关要求,听取首钢集团开展对标提升行动初步安排的汇报。9 月 7 日,北京市国资委印发《关于将北汽集团等10 家企业列入对标世界一流管理提升行动重点督导范围的通知》(京国资办发【2020】24 号),首钢集团列入重点督导范围。9 月 17 日,集团公司颁发《首钢集团对标提升行动工作方案》(首发〔2020〕192 号),召开对标世界一流管理提升行动启动会,动员部署对标提升行动工作安排。10 月 22 日,集团公司颁发《集团总部管理对标工作清单》(首发【2020】205 号)。10 月 29 日,集团公司副总经理胡雄光带领集团总部部门赴京东集团调研,学习集团管控、经营分析、人事和财务共享、集采和供应链金融业务。12 月 24 日,集团公司副总经理胡雄光带领集团总部部门赴京东集团调研,学习中粮集团集团管控改革经验。

(郭素云)

【管理创新活动】 系统优化部、发展研究院联合颁发《首钢集团 2020 年管理创新活动推进计划》,聚焦夯实高质量发展基础等 14 个重点领域开展管理创新活动,营造鼓励创新、全员创新、崇尚创新、自主创新的良好环境,加快创新要素集聚,激发创新活力,推动首钢高质量发展。

(宋智芳)

国际业务部

【国际业务部领导名录】

副部长:孙亚杰

(方瑜仁)

【综述】 首钢集团有限公司国际业务部(简称"国际业务部")是首钢境外资产管理的主责部门,负责海外战略规划与评估、境外投资管理、境外融资管理、境外企业管理、外汇风险管理和海外业务协同与服务。海外战略规划与评估,负责组织编制集团海外战略规划,组织对海外战略规划执行情况定期检查、评估和指导。境外投资管理,负责集团境外投资的全生命周期管理,组织编制集团境外投资规划及年度投资计划,指导和审核涉外业务单位编制其境外投资规划和计划。境外融资管理,负责境外金融市场研究包括相关经济发展状况、货币政策、财政政策、资金与资本市场,配合制定集团境外融资计划、境外融资方案并组织实施。境外企业管理,负责平台公司、直管单位境外资产管理、重大事项管理和股东事务管理。外汇风险管理,负责制定集团外汇风险管理办法,制订权限内外汇保值策略和方案,完成外汇业务敞口收集和计量、风险评估和分析、交易的询价和确认,组织外汇风险管理月度例会。海外业务协同与服务,负责境内外公司之间战略、业务、要素协同管理,海外工程承揽及实施业务协同,海外业务服务与支持。部门设置海外战略、境外投资、境外融资和外汇风险管理 4 个主要业务模块,定编 10 人,在岗 8 人,副部长 1 人、总监 1 人、高级经理 1 人、专业员 5 人。

2020 年,国际业务部坚定执行国家、北京市和首钢集团对境内外疫情防控工作,监管境外资产及企业运营情况,大力推进境外企业和账户管理工作,退出公司 16家,完成境外融资 34 亿元,外汇风险管理业务稳步推进,集团欧债保值部分综合成本降至 0.6%,完成外汇保值。

(方瑜仁)

【境外投资制度管理】 国际业务部通过完善各项制度,推动集团境外投资运营高质量发展。根据北京市国资委要求和集团境外投资项目管理思路颁发《首钢集团有限公司境外投资管理办法》《境外投资项目负面清单》。重点围绕境外企业管理现状和问题,制定和下发《首钢集团有限公司境外企业管理办法》。构建集团境外企业分级分类管控方式,为境外企业运营风控打好基础。建立"一企一册"信息管理机制,规范境外企业跨境信息传送方式,打通境外企业跨境信息合规传递渠道。构建境外参股企业管理模式,通过选派董事及高管依法行使参与权落实集团和国资监管要求,对财务性参股企业,实行价值投资管理。

(冯昭)

【境外产业布局】 国际业务部搭建了境外投资项目"管方向、管流程、管回报、管风险"的四位一体管控机制。按国资监管新规,严格负面清单管理,严格控制决策层级不超过一级,严格境外特别重大投资项目审核把关流程,为集团带来较为理想的投资收益。复盘"十三五"期间境外投资总体情况,采取审慎开展境外投资战略安排,控制投资节奏,境外投资总额 79 亿元,矿产资源业和静态交通业投资占主导地位,比例达93.67%。形成境外产业布局为集团两大主业的细分产业,更好承接集团的战略安排。

(张俊峰)

【境外融资】 国际业务部完成境外融资约34亿元人民币。境外债项下融资,组织开展出口钢材贸易融资2.59亿美元(约17亿元人民币),节约成本281万美元(约1854.6万元人民币)。境外股权类融资,首程控股通过股权融资,完成20亿港币(约17亿元人民币),其中完成配股融资17亿港元,发行可转换债券3亿港元。

(郭 佳)

【企业退出】 国际业务部因企施策,重点对无实际功能和意义、已无存续必要的SPV公司依法注销,退出境外企业16家。按北京市国资委要求,境外企业产权层级不得超过六级。集团超6级境外企业6家,其中香港首控2家,京西重工4家。受疫情影响,香港、英属维京群岛、萨摩亚政府机构和律师复工情况差,提出的清撤申请及手续往往未能及时得到官方回复,工作效率低。通过反复努力,香港首控年底前完成境外产权层级压缩工作,退出14家。京西重工4家欧洲公司上两层连续嵌套SPV公司视同一级,将京西重工的境外实际产权层级按六级评价。

(李 帆)

【外汇风险管理】 国际业务部针对全球外汇市场上演蹦极行情、外汇风险波动巨大的情况,充分发挥自身专业能力,全力做好集团外汇业务的"压舱石"。以境内同期债券成本作为保值锚定标准,对集团持有的多笔境外债券开展汇率保值,显著降低了集团境外债券的汇兑风险。对到期的欧元债采取阶梯性动态保值策略,按比例完成欧元债的保值操作,保值部分综合成本约为0.6%,获取现金收益约3200万元,有效降低了集团外债融资成本,较好完成外汇保值工作。梳理中首公司保供矿进口业务,结合财务公司境外资金池和中首进口矿年度框架协议等内容重新设计中首外汇保值业务操作路径,拓展支持进出口贸易的保值产品;同时补充签订中首公司外汇衍生业务协议和授信,丰富交易对手,优化外汇衍生品竞价管理。

(方瑜仁)

【党建工作】 国际业务部加强党支部规范建设工作,紧密围绕《党支部工作规范》,严肃党的组织生活,落实"三会一课"等基本制度。面对突如其来的全球新冠病毒疫情,党支部充分发挥战斗堡垒作用,做好党内生活的保障和卫生防护工作,通过互联网对境外中方员工线上防疫培训;全力配合做好境外疫情统计工作,充分发挥境内外协同作用。由专人负责每天对所有境外机构和项目疫情进行跟踪,监测的境外中方人员164人,每天向北京市商务主管单位、每周向北京市国资监管部门汇报疫情动态;做好医用物资驰援工作,年初接到集团公司关于利用海外资源购买口罩的通知后,立即传达并组织京西重工、中首公司和首钢建设的境外站点进行撒网式的全球采购,与境外多个国家和地区的90多家口罩厂商商洽,充分发挥党员先锋带头作用,最终联系并购买到3.1万只口罩,用实际行动彰显国企责任担当。

(李 帆)

安全环保部

【安全环保部领导名录】

部　长:刘丙臣

副部长:张富贵　刘玉忠

(刘军利)

【综述】 首钢集团有限公司安全环保部(简称"安环部"),是首钢集团安全、环保、能源专业管理部门。定员编制11人,实有职工12人(不含矿山安全管理兼矿业公司安全处长1人),其中研究生5人,大学本科生6人;高级职称7人,中级职称4人。

2020年,安环部认真贯彻落实政府安全环保能源工作要求和集团公司决策部署,深入践行安全发展、绿色发展、低碳发展理念,以强化主体责任落实为主线,全面推进双重预防机制建设和本质化安全管理,持续提升事故预防能力;滚动实施绿色行动计划,不断夯实绿色发展基础,为首钢高质量发展提供坚实保障。持续推进能源管理体系建设,提升能源系统运营质量,二次能源发电量等指标创历史最好水平。

(刘军利)

【双重预防机制建设】 安环部组织首钢冷轧、首钢气体公司、京西重工等8家单位完成双重预防机制建设,辨识安全风险3291项,制定防控措施3461条,实施分级管控,双重预防机制信息系统上线运行。各单位持续加大隐患排查治理力度,全年共排查隐患28.98万项,整改率为99.9%,强化隐患排查治理体系有效运行。为从根本上消除事故隐患,组织首钢股份、首钢京唐、首钢矿业等7家钢铁板块单位开展预防隐患试点工作,通过对系统隐患数据统计分析,查找隐患成因,完成源头治理隐患111项,安全风险值降低29.5%,节省隐患治理费用882万元,实现安全与效益共赢。

(李 峰)

【本质化安全管理】 安环部组织首钢建设、首钢机电、京西重工等12家单位完成本质化安全管理试点区域建设,完成本质化安全管理项目攻关67项,安全风险值降低41%。组织首钢股份钢铁板块单位完成99个本质化安全管理项目攻关,安全风险值降低78.6%。首钢吉泰安通过对53台拔丝机954个塔轮的更新改造,使其使用周期由6个月延长至12个月,安全风险值下降66.7%,每年可节省成本150万元。

(李 峰)

【推进安全专项整治】 安环部坚持专项整治与双重预防机制建设、本质化安全管理有机融合,聚焦薄弱环节,加大组织力度,专项整治工作取得实效。联系确认专项整治,通过采取自动化、信息化手段,减少联系确认环节54个,优化联系确认环节177个,安全风险值降低81.4%。有限空间专项整治,以机械化换人、自动化减人为举措,取消作业的有限空间121处、延长作业周期的436处、降低作业频次的199处、减少作业人数的282处,安全风险值降低80%。开展冶金煤气专项整治,钢铁板块单位将易发生煤气泄漏点位作为整治重点,开展课题攻关,取消煤气区域作业149项,降低作业频次469项,安全风险值降低86%。

(李 峰)

【强化北京地区建设施工安全管理】 安环部组织首钢建设以建筑施工专项整治为载体,加强危大项目施工管理,对北京地区28个重点施工项目,开展安全风险辨识,辨识安全风险2550项,实施分级管控。组织对劳务人员安全培训1550人,提高安全意识和防护技能。首钢建投、首钢股权、首钢建设持续开展北京园区建设施工"四不两直"安全检查,排查治理隐患5631项,落实罚款73.33万元。组织对北京地区在建施工项目的塔吊、脚手架、深基坑、支模等关键设备、危大项目专项督查5次,查出整改隐患问题20项,提升现场安全管理水平。

(李 峰)

【做好疫情防控期间安全生产】 安环部面对突如其来新冠肺炎疫情组织各单位贯彻落实集团公司要求,强化安全生产底线思维和红线意识,优化劳动组织,加强思想疏导,规范消毒物资储存、使用管理,坚持安全管理责任不缺位、隐患排查治理不弱化、风险防控不缺失、安全检查不断线,推进各项安全防控措施落实,确保疫情防控期间安全稳定。

(李 峰)

【打造自主安全教育新模式】 安环部深入开展以"消除事故隐患,筑牢安全防线"为主题的安全生产月活动,继续举办主要负责人、安全管理人员、班组长、危险化学品作业人员安全生产培训班,参训2600人次。收集、整理典型生产安全事故案例微视频118个,组织各单位培育安全小教员931人。依托园区安全体验中心对北京地区单位重点岗位人员538人进行培训。各单位组织贴近实战生产安全事故应急演练219次,应急处置能力进一步提升。首钢股份获全国钢铁行业唯一全流程"国家级安全文化建设示范企业"。

(李 峰)

【主要污染物排放指标】 首钢集团烟(粉)尘排放总量计划13080吨,完成10468吨,比计划降低2612吨;二氧化硫排放总量计划14444吨,完成12024吨,比计划降低2420吨;氮氧化物排放总量计划26745吨,完成22351吨,比计划降低4394吨;化学需氧量排放总量计划691吨,完成579.6吨,比计划降低111.4吨;氨氮排放总量计划81.6吨,完成64.4吨,比计划降低17.2吨。

(刘玉忠、耿培君、牟文宇)

【环保管理】 安环部推进环保治理项目实施,打好污染防治攻坚战。各单位主动对接新《固废法》等环保新政新规,克服疫情影响,强化组织领导,不断完善绿色行动计划并有序实施,完成环保项目67项。动态跟踪研究新政新规,对首钢京唐、首钢长钢超低排放评估验收和绩效评级工作开展帮扶指导。首钢股份输出技术与管理,带动行业推进超低排放改造。首钢京唐、京唐焦化通过河北省超低排放评估验收并成为环保绩效A级企业。首钢长钢通过超低排放评估验收并成为山西省首批B-级企业。首钢建设迁安装配制品公司被评为河北省引领性企业。首钢股份、首钢贵钢、京西重工荣获国家级"绿色工厂"称号。首钢冷轧被评为国家级绿色供应链企业。首钢矿业水厂铁矿成为第一批国家级绿色矿山。首钢建投完成3个地块污染土修复和效果评估,顺利移出北京市建设用地土壤污染风险管控和修复名录;实施污染土原位修复1.52公顷、生物阻隔2.95公顷、完成异位修复11.56万吨。

（刘玉忠、耿培君、牟文宇）

【落实排污许可制】 安环部排污许可管理迈上新台阶。集团公司下发《关于全面推进排污许可证管理工作的通知》,组织反复梳理、核对、确保应领尽领。首钢铁合金、首钢建设钢构、首钢长钢医院等单位共申领(登记)排污许可证53张、完成延续或变更17张,实现固定污染源排污许可全覆盖。集团公司完成所有排污许可证备案归档,各持证单位全面完成自行监测和定期报告。

（刘玉忠、耿培君、牟文宇）

【环境责任报告体系建设】 4月,首钢股份、首钢京唐、通钢公司、首钢水钢、首钢长钢、首钢贵钢及首钢环境分别发布"2019年度环境责任报告",对进一步提升集团整体绿色发展形象起到了积极作用。

（刘玉忠、耿培君、牟文宇）

【环境保护制度建设】 集团颁发《首钢集团有限公司固体废物污染环境防治管理规范》,进一步完善环保专业管理"1+N"的制度体系。

（刘玉忠、耿培君、牟文宇）

【环境质量保障工作】 安环部在北京打赢蓝天保卫战三年行动计划收官之年,协同首钢京唐、首钢矿业、首钢长钢等单位主动对接落实各属地政府减排政策,首钢股份主动减排。首钢建设实施工地环境智慧化管控系统,通过信息预警及时处置污染隐患。首钢冷轧、首钢环境、京西重工、北冶公司、首钢吉泰安等单位制定落实"两会"期间调度措施,完成减排任务,受到政府部门好评。唐山市启动50次、3843小时应急响应,北京市启动黄色预警1次、响应72小时,首钢相关单位坚决落实。集团环保重点单位接受各级政府检查853次,其中省市级及以上141次。北京地区单位坚持高标准严要求,经受住中央环保督察多轮现场检查考验,环保工作得到肯定。

（刘玉忠、耿培君、牟文宇）

【提升能源利用效率效益】 安环部协同各单位克服新冠肺炎疫情冲击,全力以赴抓实能源系统运营质量。二

次能源发电量同比增加219959万千瓦时,增幅30.6%,首钢股份、首钢京唐、通钢公司、首钢水钢、首钢长钢二次能源发电量均创历史最好水平;吨钢能源成本同比降低86元,降幅7.8%。强化首钢北京园区及集团总部用能管理,能耗总量同比降低12%。

（刘军利、吴　刚）

【争取疫情期间用能优惠政策】 安环部协同相关单位研究争取疫情期间用能优惠政策,降低费用6272万元。包括,首钢矿业、首钢北京园区等非高耗能行业单位争取优惠政策降低电费1932万元;首钢水钢、首钢贵钢等单位及时调整变压器运行方式降低基本电费共计442万元;疫情期间冀北电网压减首钢京唐300兆瓦发电机组负荷,经全力协调解除限制,减少外购电费2700万元;首钢股份、首钢冷轧等单位享受疫情期间阶段性降低非居民用气成本政策支持,降低天然气费用1198万元。

（刘军利、吴　刚）

【持续推进能效对标】 安环部组织集团钢铁主业单位开展能效对标并发布对标报告,查找问题差距28项,制定改进措施61项,逐项推进落实,进一步补齐短板。

（刘军利、吴　刚）

【推进重点节能项目实施】 安环部协同首钢京唐重点完成1号高炉冲渣水余热利用、2250毫米热轧水泵节能改造、空压机干燥器零气耗改造、制氧一期循环水系统加装自清洗过滤器,协同首钢通钢完成360平方米烧结机余热发电、35兆瓦发电机组升级改造,协同首钢水钢完成3号高炉煤气余压发电装置升级改造,协同首钢长钢完成10千伏电力系统接地改造、新建45吨/小时燃气锅炉等9项节能项目,年节能132933吨标煤。

（刘军利、吴　刚）

【电力交易及能源介质营销持续创效】 首钢相关单位结合区域特点及企业实际,密切跟踪电力直接交易、绿电交易政策动态,实现交易电量351625万千瓦时,减少电费支出10818万元。首钢股份、首钢京唐等钢铁主业单位围绕周边用能市场,大力开展水、电、煤气、热等能源介质营销,创收66291万元。

（刘军利、吴　刚）

【碳排放管理持续进步】 安环部组织北京地区11家涉碳单位全面完成碳排放报告报送、履约等工作,8家重点单位碳排放总量同比降低4%。针对下游客户需求,协同首钢股份、首钢京唐、营销中心、技术研究院等

单位总结碳排放经验做法,谋划 LCA(产品生命周期评价)项目建设及未来减碳路径,高质量完成与下游客户的碳足迹管理对接。

（刘军利、吴　刚）

办　公　厅

【办公厅领导名录】
　　主　任:梁宗平(兼)
　　董事会秘书、常务副主任:杨　鹏
　　副主任:徐建华　陈　波

（王　帅）

【综述】　首钢集团有限公司办公厅(简称"办公厅")是首钢党委和首钢行政日常办公的综合协调部门。负责集团公司党委、董事会、经理层重要文件的起草、印发和会议组织;决定事项的催办反馈、综合调研、党政系统信息收集、编报和大事记管理;集团领导公务活动、商务活动、大型会议和重要活动的安排协调和组织落实,日常公文处理,党委、董事会、集团公司印鉴管理,集团机要管理工作;扶贫工作的日常组织协调;集团对外联络接待及北京冬奥委合作;集团公司信访维稳及保卫武装。办公厅下设党委办公室、董事会办公室、经理办公室、秘书处、值班室、联络接待处(冬奥合作部)、信访维稳处、保卫武装部,定员 32 人。

（王　帅）

【文稿起草】　办公厅完成各类文稿的起草工作,主要包括:围绕首钢转型发展面临的形势和任务,组织开展有针对性调研,并形成文字材料,提交集团研究讨论;围绕集团重大会议,起草工作报告或领导讲话;组织完成党委扩大会报告、职代会报告的起草工作;根据上级有关部门要求,完成首钢年度工作总结及工作计划、首钢董事会年度工作报告、外部董事工作动态供稿、外部董事履职评价等材料的起草报送;围绕集团公司领导对外交往、调研等活动,起草领导致辞、讲话等;修订《首钢集团有限公司董事会工作规则》及决策事项清单;围绕贯彻落实《首钢集团有限公司"三重一大"事项决策实施办法》,制定颁发《首钢集团有限公司"三重一大"决策事项清单》和制定《中共首钢集团有限公司委员会前置研究讨论重大事项清单及程序》。

（王　帅）

【会议管理】　集团公司召开党委书记办公会 49 次、党委常委会 17 次、董事会 5 次,经理办公会 17 次、专题会 213 次,编发会议纪要 180 期。完成集团公司党委扩大会、职工代表大会、季度经营活动分析会和"三创"交流会、党风廉政建设工作会、北京市领导双调研、北京市新首钢高端产业综合服务区发展建设领导小组第七次会议等重大会议的协调组织工作。加强会议管理,按照会议管理办法规定,落实会议计划、审批、组织等工作。

（王　帅）

【疫情防控】　办公厅充分履行集团新型冠状病毒肺炎疫情防控工作领导小组办公室职责,坚决贯彻集团党委决策部署,抓紧抓实抓细常态化疫情防控措施,落实集团 24 小时响应机制和日报告制度要求,将上级文件要求和集团领导批示指示迅速传达到各单位,及时掌握各单位疫情信息,第一时间向集团疫情防控领导小组报送。深入施工现场、医院、酒店、单身宿舍、物业小区等人员相对密集的场所检查各单位疫情防控工作,确保集团各项决策部署落实到位。按照集团统一部署,因时因势完善落实外防输入、内防反弹各项措施,加强对各单位日常疫情防控工作的业务指导、组织管理与监督检查,确保了集团国内 10 万职工"零感染"。

（韩　乐）

【督办工作】　办公厅围绕集团公司各类会议决定事项、集团公司领导批示,强化集团公司决策事项的监督检查,做好集团公司部署的各项工作任务执行情况的跟踪、检查、反馈等工作,向集团公司领导报送《催办与反馈》55 期。

（常　聪）

【信息工作】　办公厅向北京市委、市政府、市国资委报送首钢两办信息 285 期,其中"首钢集团落实蔡奇书记、陈吉宁市长调研首钢园区讲话精神,全力建设首都新时代城市复兴新地标""国内首家无人车新零售店落地石景山区首钢园"等 30 条信息被两办信息《北京信息》《昨日市情》刊采,信息刊采数量在北京市属企业中排名前列。向北京市国资委报送首钢年鉴。编发《首办通报》12 期。编发《首钢大事记》4 期。全面、准确、及时地报送信息,信息数量和质量达到了北京市、行业协会和集团公司的要求。

（李家鼎）

【扶贫工作】　办公厅落实北京市委、市政府扶贫攻坚工作要求,按照集团公司统一安排,组织集团内部参与扶贫攻坚工作的20家单位,制定年度扶贫实施方案和工作计划并加快推进实施。在产业扶贫方面,依托首钢矿产资源开发在河北滦平县推进产业扶贫项目1个,带动当地就业430人;在消费扶贫方面,采购贫困地区农副产品1085万元;在教育扶贫方面,首钢工学院、技师学院招收建档立卡学生36人;在就业扶贫方面,招收建档立卡大学生和务工人员177人。开展多种形式捐赠、慰问活动,各项扶贫工作全面完成。

（李家鼎）

【文秘与保密工作】 办公厅处理上级来文3300余件,移交档案馆文书档案6220件,办理首钢集团有限公司发文267件、首钢党委发文件115件、首钢董事会发文件26件、首钢集团有限公司函文件102件、办公厅发文5件、办公厅请示报告21件,发文清样、原稿归档率100%。刻制并启用印章2枚、废止印章3枚,办理首钢集团公司印章使用1726项29134件、首钢党委印章使用147项3335件、董事会及法人印章使用296项1927件、首钢办公厅印章使用167项678件、二级单位旧印章使用28项433件。集团公司公文处理及时准确率100%。

（路 明）

【冬奥合作】 办公厅按照国际奥委会的要求与中国奥委会、石景山区政府共同完成北京冬季奥林匹克公园命名协议签署,国际奥委会正式同意授权冬奥广场片区和工业遗址公园片区在赛后命名为"北京冬季奥林匹克公园"。与北京奥运城市发展促进中心签订《彩车资产存放和保管协议书》。完成了2020年度VIK结算。

（杨 飏）

【对外交往】 办公厅接待内宾83起1195人次,外宾3起12人次,会议会务、签字仪式5起114人次,总计接待活动91起1321人次。接待的重要领导及来宾有:中央政治局委员、北京市委书记蔡奇,中央政治局委员、天津市委书记李鸿忠,自然资源部党组书记、部长,国家自然资源总督察陆昊,北京市委副书记、市长陈吉宁,中国科协党组书记、书记处第一书记、常务副主席怀进鹏,北京市委常委、组织部部长魏小东,北京市委常委、宣传部部长杜飞进,中央第一生态环境保护督察组组长、全国政协环资委副主任张宝顺等。商务接待中到访的来宾有:碧桂园集团董事局主席杨国强,怡和集团董事局成员、怡和(中国)有限公司主席许立庆等。外事接待中到访的来宾有:秘鲁驻华大使路易斯·克萨达,挪威驻华大使白思娜,等等。

（杨 飏）

法律事务部

【法律事务部领导名录】
> 部　长:游文丽(3月任职)
> 副部长(主持工作):张　清(3月离任)
> 副部长:张　清(3月任职)
> 副部长:史　辉

（李 晋）

【综述】 首钢集团有限公司法律事务部(简称"法律事务部")是法律事务的管理部门,负责集团法律事务的专业管理,参与重要规章制度的制定,参与提出,普法方案,策划方案实施,指导平台公司和直管单位开展普法建设、法制宣传,参与组织,法制宣传,提供,与生产经营有关的法律咨询;协助、指导平台公司和直管单位法律咨询、律师管理,建立总法律顾问制度,组织企业法律顾问职业资格评审。负责集团诉讼、非诉讼业务律师的选聘和律师管理,并对其工作监督和评价,律师管理。负责参与集团重大经营决策,保证决策的合法性,并对相关法律风险提出防范意见,参与集团公司的分立、合并、破产、解散、投融资、担保、租赁、产权转让、招投标及改制、重组、兼并、公司上市等重大经济活动,处理有关法律事务;对平台公司和直管单位重大经济活动进行法律专业指导。负责集团经济合同的管理和审核,参加重大合同的谈判和起草,协助、指导平台公司和直管单位经济合同的管理。负责集团重大项目法律事项尽职调查,提供调查报告,指导平台公司和直管单位开展法律事项尽职调查管理。负责组织处理集团的诉讼法律事务,指导平台公司和直管单位重大诉讼案件的处理。负责组织处理集团的仲裁、行政复议、听证等非诉讼法律事务,指导平台公司和直管单位重大非诉讼法律事务的处理。负责协调、处理涉及集团的商标、专利、商业秘密等知识产权保护,指导平台公司、直管单位开展知识产权保护工作。负责参与协调集团内部成员间经济纠纷的处理,集团、平台公司和直管单位诉讼、仲裁案件的统计,组织平台公司、直管单位进行重大诉讼、仲裁案件的备案工作。截至2020年底,法律事务部在岗职工7人,其中部长1人,副部长1人,总监1人,高级法律顾问1人,法律顾问3人。

（李　晋）

【非诉工作】　法律事务部通过开展法律研究论证、参加各类专题会、决策会等方式,为各重要项目推进提供法律依据,确保项目在依法合规前提下开展。参加集团公司党委常委会、董事会、经理办公会及各项专题会近300次,涉及集团诸多难点重点项目,包括首耐公司整体退出、首钢钢材配送公司退出、开源中心清撤、一线材劳服历史遗留问题处理、首钢股份资本运作、首钢设结公司股权退出、首钢朗泽C+轮融资、首宇工贸腾退等;进行法律审核686项,确保所审核文件的100%合法性,其中涉及合同247项,授权事项178项,经营事项129项,制度等法律文件132项。单位范围涵盖集团总部部门、平台公司、直管单位、授权管理单位,涉及企业退出、合资合作、融资担保、新增投资、资产处置、园区开发、土地盘活、疏解腾退、非经资产移交等。按季度组织对集团公司长期授权使用情况动态跟踪与了解,形成分析报告文件报送集团领导,为专业管理工作提供支撑,根据集团领导分工调整安排,及时调整办理长期授权事项,为业务工作开展做好保障。推动合同分级分类和生命周期管理,通过完善合同管理制度,进一步明确集团合同的"分级、分类"管控思路,明确重大合同类别和管理要求,压实各主体的合同管理责任,推动合同风险管理精细化。

（李　晋）

【案件管理】　法律事务部落实法律纠纷案件指导协调工作,加快解决在诉历史遗留案件,依法维护企业权益,其中首钢宝业系列案件在集团统一部署、多方协调下,双方达成一揽子和解方案。秦皇岛首钢板材公司担保重大法律纠纷案件,在集团协调下,法务部协助起草各类汇报材料和申诉材料,推动案件进入重新审理。会同首控公司及律师针对历史遗留问题形成的重大案件分析论证,推动案件解决。推动耐材公司与大石桥新华镁矿货款执行案件的免除利息执行和解。组织首钢实业首宇工贸腾退的诉讼方案、律师选聘工作,推动以法律手段解决难点问题。开展年度法律纠纷案件汇总分析并形成分析报告,按季度落实案件统计整理和向北京市国资委的上报工作,督促重大案件发案单位落实重大案

件向集团汇报,针对集团简单欠款案件、担保纠纷案件开展专项分析,形成分析报告并提出相关建议,提报集团作为经营活动参考。

（李　晋）

【风控专项】　法律事务部将法律纠纷案件纳入集团风控专项,把推进企业法律纠纷案件的解决和风险防控,作为提高企业维权能力、依法治企水平的重要一环和落实北京市国资委关于纠纷案件三项目标任务的重要手段,制定下发《法律纠纷案件风控专项工作方案》,采用"风险矩阵图"对全集团法律纠纷案件风险分析,以法律纠纷案件解决的难易程度和影响大小作为风险矩阵图的横纵坐标,将案件分为四个风险类别,针对不同风险类别的案件提出不同的管理要求,将要求落实到集团不同级别单位层面,为全集团法律纠纷案件分级分类管理、推动高风险及严重风险案件的办理提供了有效工具,通过年度总法述职和合规风控培训进行宣贯,推进方案落实,对新发和存量未结重大法律纠纷案件进行风险识别,梳理集团层面重点关注的高风险和严重风险案件,并依其风险级别落实关键环节或全程管理,推动集团成员单位按管理关系落实案件分级管理,压实钢铁板块、股权平台等单位管理职责,督促案件解决。

（李　晋）

【合规管理】　法律事务部按照北京市国资委开展第二批合规管理工作通知要求,首钢成立以总经理为组长的合规管理试点工作领导小组、以法律事务部为办公室单位的工作小组,开展合规调研、访谈和培训,形成《首钢集团合规管理试点工作实施方案》报北京市国资委,并于12月30日正式取得方案批复。

（李　晋）

【法务信息化】　法律事务部开展内外部调研、形成建设思路,与国内5家法务软件供应商进行产品调研,了解法务管理信息化产品基本情况,对国电投、大唐集团、北京建工及北汽集团等信息化建设先进企业案例调研,了解其建设情况和应用效果,对集团总部各部门、平台公司及直管单位开展问卷调研,了解法务情况提炼建设需求,并对其中部分单位实地走访调研,对12家业财一体化单位自建业务系统中的合同管理情况进行线上及实地走访调研,形成推广集成思路,与经营财务部等六个部门集成交流管控项目,梳理系统集成点,梳理法务管理业务现状和信息化现状,提炼需求并形成法务管理

信息化建设思路,并根据已形成的法务管理信息化建设思路,与供应商多轮研讨,形成法务管理信息化项目建设方案,结合前期工作编制完成法务管理信息化项目建设可研报告,经12月11日经理办公会审议通过,于12月22日正式取得立项批复。

（李 晋）

【制度建设】 法律事务部按照集团公司"1+N"制度体系,在现有法律事务管理办法和法人授权管理制度框架下,进一步丰富细化法务管理制度体系,制定下发《首钢集团有限公司外聘法律顾问管理实施细则》《首钢集团有限公司合同管理实施细则》《首钢集团有限公司法律纠纷案件管理实施细则》,修订下发《首钢集团有限公司法治建设考核评价指标体系(2020年版)》。

（李 晋）

【方案颁发】 法律事务部制定《首钢集团有限公司2020年法治工作计划》,经集团公司经理办公会审议通过并下发执行。制定《首钢贯彻落实市国资委党委〈关于进一步加强市管企业法务和内控工作提高重大风险防控能力的若干意见〉的实施方案》,融合法务、内控、合规工作要求,提高集团重大风险防控能力,经集团公司党委常委会审议通过下发执行。

（李 晋）

【监督检查】 法律事务部参加首钢集团印章管理专项检查,参加对首钢长钢、京西重工联合监督检查工作;参加对"滑雪大跳台项目""TOC项目"专项检查,针对监督检查过程中发现的问题出具相关检查报告,有针对性提出整改建议,指导企业开展整改,推动集团范围内专业工作规范与法治建设的开展。

（李 晋）

【法治建设】 法律事务部参加北京市国资委组织的企业法治建设考评,考评结果良好。参加北京市国资委组织的企业总法律顾问述职评议工作。对集团公司所属平台公司、直管单位开展法治建设考核评价,开展集团所属重要子企业总法律顾问述职评议。股权平台项下的首钢建设、首自信公司、首钢实业、首钢机电四家要素单位设立总法律顾问。按照北京市国资委"关于开展2019年度法律顾问职业岗位等级资格评审工作的通知"精神,组织各单位法务专业人员参加法律顾问职业岗位等级资格评审,全集团通过评审、评议22人,取得法律顾问职业岗位资格;新办理公司律师5人,全集团

取得公司律师资格人员16人。

（李 晋）

【普法宣传】 法律事务部结合首钢集团业务特点,通过发布《法务参阅指引》《风险提示》等形式,以具体案例阐述相关法律规定并提示风险,提高各业务环节的合规管理意识、法律风险防范意识。组织开展"七五"普法规划自查、验收,查找短板,总结经验,推动"七五"规划确定的任务和要求得到全面落实。首钢"七五"普法工作得到北京市国资委肯定,被推荐申报北京市"七五"普法先进集体。落实北京市国资委关于学习宣传"民法典"要求,联合工会利用"首钢挚友"APP开展民法典线上答题活动,参加2.3万人。

（李 晋）

【法治培训】 法律事务部组织集团各单位参加国务院国资委、北京市国资委组织的法律讲堂。联合系统优化部、人才开发院开展为期4天的风控、制度、合规培训,为集团各单位专业人员提供学习交流平台,提升专业人员业务素质和履职能力。集团总法律顾问在北京市国资委"京企云帆法治讲堂"上,以"应对国际贸易调查经验分享——以首钢集团的实践探索为视角"为题,与北京市管企业进行经验交流。

（李 晋）

审 计 部

【审计部领导名录】

部　长:郭丽燕

（高 强）

【综述】 首钢集团有限公司审计部(简称"审计部")主要承担首钢集团审计体系管理职责。包括:统筹和制订集团审计工作计划;推荐平台公司和直管单位审计负责人,统筹调动平台公司和直管单位审计资源,组织集团审计专业培训。负责本专业管理制度和专业工作标准、规范的制定、修订与指导、监督、检查;组织建立健全专业管理体系和专业评价体系,开展指标评价,并推进持续运营改善;策划专业管理能力体系建设,组织推进能力培育与提升;完成上级部门和上级领导交办工作。审计部定员编制18人,其中部长1人,副部长兼经济责任审计总监1人,财务审计总监、工程投资审计总监、审计复核总监、内控评价及管理审计总监各1人,审计经

理 12 人。

2020 年，审计部认真贯彻落实首钢"两会"精神，紧紧围绕中心工作，认真履行内部审计职责，健全管控体系，推进审计信息化建设，提高工作实效，发挥审计的监督、服务作用，克服新冠疫情给审计工作开展带来的诸多困难，圆满完成各项审计任务。开展经营目标责任审计、领导人员离任和任期经济责任审计、工程项目审计、专项审计 48 项，审计资产总额 4597.74 亿元。审计部获 2017 年至 2019 年度全国内部审计先进集体称号。

（高 强）

【经济责任审计】 审计部按照首钢党委组织部委托，组织实施领导人员 6 人任职期间的经济责任审计，分别是：首钢财务公司原总经理姜在国、京冀曹建投原总经理李国庆、首秦公司原董事长总经理赵久梁、首钢体育总经理秦晓雯、首钢地产总经理韩俊峰、京西重工董事长蒋运安。

（高 强）

【工程项目审计】 审计部组织实施工程审计 30 项，分别是：首钢股份迁钢冷轧项目配套完善项目、炼铁部 F4 除尘环保技术改造项目、一热轧升级一二级自动化系统项目、产销一体化经验管理系统项目、首钢京唐二期项目、办公及生活设施项目、烧结脱硫项目、围海造地项目、首钢京唐一期 2250 热轧项目、2250 热轧两条横切线项目、综合管网工程项目、一期二步成品码头工程项目、顺义冷轧产销一体化经验管理系统项目、首钢水钢职工家属区"三供一业"供水分离改造项目、首钢贵钢制氧站、无缝钢管厂、炼铁 3 个项目、外部铁路、电炉搬迁、热力设施、供配电设施、总图运输、综合管网等项目补充报审项目、首钢矿业水厂铁矿新水村尾矿库恢复使用工程项目、铁矿修改设计项目、马城铁矿 3 个项目、铁合金厂包芯线项目、宁波首钢钢材加工中心项目、首钢建投园区群明湖改造、西十筒仓改造一二期项目、陶楼展厅改造工程项目、园区管理部首钢北京园区过渡期供电工程项目、一线材家属区锅炉清洁能源改造项目、一线材管理处 70 立方米/小时污水处理站项目项目、首自信首钢集团管控平台项目。审计工程报审额 131.98 亿元，审减额 4775.1 万元。

（高 强）

【重点工程全过程跟踪审计】 对首钢北京园区开发项目、首钢京唐二期项目、首钢矿业马城铁矿项目、首钢地产贵阳房地产项目的工程建设情况开展全过程跟踪审计，审计情况及时以专报形式上报集团公司。

（高 强）

【专项审计】 审计部组织开展专项审计 7 项，分别是：2019 年首钢国有资本经营预算资金使用情况，首钢京唐二炼钢、中板厂拆除项目，"四村"拆迁工程合规性审计，配合首钢纪委开展业务招待费专项检查、审计整改"回头看"检查、集团境内矿产资源专项审计、对集团层面业务梳理工作（同级审计）。

（高 强）

【内部控制体系评价】 审计部结合集团风控体系建设，对集团公司本部及首钢股份、首钢股权投资、京冀曹建投、首钢京唐、首钢国际、首钢贵钢、首钢地产、首钢基金、首钢财务公司、京西重工、首钢环境、香港首控、首钢控股、医疗投、首钢城运、北冶公司、首钢工程、首自信公司、首钢机电 20 家二级单位开展内部控制体系评价检查，形成首钢集团内部控制体系评价报告，经主要领导审批后报北京市国资委。

（高 强）

【开展审计整改回头看】 审计部在督促审计问题整改工作的同时，组织开展审计问题整改"回头看"检查，督促集团各单位切实落实审计整改主体责任，对审计查出的问题一追到底，确保整改到位。

（高 强）

【实施联合监督检查】 审计部牵头和参与的联合监督检查项目包括对京冀曹建投原总经理李国庆离任审计、首秦公司原董事长总经理赵久梁离任审计、首钢长钢 2015 年至 2020 年 6 月经营目标责任审计、首钢地产总经理韩俊峰任期经济责任审计、京西重工董事长蒋运安任期经济责任审计等。

（高 强）

【健全审计管控体系】 集团各单位主要领导落实集团审计管控体系要求，支持集团公司对审计人员的统一调配和使用。通过以干代训，统筹 18 人次参与集团审计工作，提升了集团审计工作规范化、标准化水平。

（高 强）

【审计管理信息化项目开发】 集团审计管理信息化系统项目批准立项，采取首自信自开发的模式，9 月底通过业务蓝图（一期）评审，12 月底完成一期项目系统开发。

（高 强）

【审计整改有序推进】 审计部按照集团党委统一部署,配合做好北京市委巡视相关工作,并专题向巡视组汇报内部审计整改情况。2015年至2019年内审问题整改完成率超过95%。

（高 强）

【多措并举做好疫情期间审计】 审计部坚持"两手抓,两手硬,两不误",在做好疫情防控工作的前提下,多举措优化审计工作模式,调整审计工作步调,圆满完成年度审计计划。

（高 强）

【打造高素质审计队伍】 审计部在集团机关党委的统一领导和部署下,始终将政治思想工作放在首位,把学习贯彻上级会议、文件精神与加强审计队伍建设结合起来,坚决执行集团党委和董事会的各项决议决定,努力打造信念坚定、业务精通、作风务实、清正廉洁的审计队伍。

（高 强）

监事会工作办公室

【监事会工作办公室领导名录】
　　常务副主任:邵文策

（初德和）

【综述】 首钢集团有限公司监事会工作办公室(简称"监事会工作办公室")由集团董事会领导,重点负责对集团所辖平台公司、关键要素管理单位、直管单位等24家企业的监管,集团派驻各监管企业监事会、委派监事等日常管理,履行集团对监管企业的监督管理职责。负责监督检查重点监管企业执行国家法律法规、首钢规章制度情况,掌握企业重大决策、改革方案落实情况,监督检查企业中长期规划、年度计划完成情况和"三重一大"决策及执行情况、企业生产经营重大问题及财务活动,定期向集团董事会提出监督检查报告;监督检查企业董事会经营决策和领导班子、主要负责人的履职行为,向集团董事会提出业绩考评、任免、奖惩意见及建议。监事会工作办公室设有3个检查组、1个管理组,职工17人,研究生以上学历12人,大学本科学历5人;高级职称13人,中级职称4人。

（初德和）

【体系建设】 监事会工作办公室按照集团关于"下管一级、逐级监管、系统受控"原则及"放管结合、优化管控"的总体要求,结合修订完善权力清单,在具备承接管控职责条件的平台公司建立逐级监管工作体系,推进做实平台公司,集团重点监管企业24家,建立逐级监管工作体系,进一步明晰监管边界,突出监管重点,激发板块平台公司的活力。按钢铁、园区、股权、直管企业业务板块调整分组分工,划分监管范围,明确监管职责。

（初德和）

【能力建设】 监事会工作办公室以习近平新时代中国特色社会主义思想为指导,认真贯彻党的十九届五中全会精神和落实首钢"两会""三创"会议精神,聚焦业务能力和学习型组织建设,结合监督检查报告评比,先后组织召开内部交流会、研讨会6次,通过微信平台编发国资监管有关政策知识培训26期、信息60余条;在集团协同工作平台门户发布信息100余条,通过相互学习交流、促进共同进步提高。

（初德和）

【对首钢环境监督检查】 3月—5月,监事会工作办公室成立检查组对首钢环境产业有限公司2017年以来执行董事会决议、产业发展、生产经营、财务管理、风控体系建设、重点项目建设、党的建设等方面开展监督检查。结合首钢环境的实际,利用调查问卷星系统,设计调查问卷内容14方面100个项目,首钢环境领导班子、中层干部、专业技术人员及下属单位有关人员94人,通过二维码识码问卷调查,形成4套调查问卷结果报告,并将监督检查报告的内容与调查问卷结果对比分析,力求监督检查报告严谨准确。检查所属单位及项下单位12个,深入到北京通州、河北永清、山西长治现场考察首钢环境项目建设3个,熟悉生产工艺流程,了解企业运营情况;到资源公司卢沟桥厂区现场,了解土地闲置和被占用等遗留问题处理情况等。检查期间,谈话30人次,阅研资料400余份,涉及资产总额334650.56万元,覆盖率100%。总结6个方面20个成绩,揭示4个方面15个问题,提建议16条;提出需集团公司重点关注事项1个,提建议1条,形成《关于对首钢环境产业有限公司监督检查情况的报告》《关于对首钢环境产业有限公司领导班子和主要负责人履职评价》等报告。

（初德和）

【对首钢城运监督检查】 3月—5月,监事会工作办公室成立检查组对北京首钢城运控股有限公司成立以来贯彻落实集团公司党委和董事会决议精神、法人治理、投资运营、风险管控、财务状况、领导班子及主要负责人履职等情况开展监督检查。对首钢城运监督检查期间，正处于新冠肺炎疫情高发期间，首钢城运一些项目管理人员尚未复工复产，给谈话调研工作提出较大挑战。检查组面对首钢城运新公司、新产业、新团队的特点，进驻前，通过与专业部门沟通、走访有关人员了解首钢城运情况，通过互联网查阅信息等方式和渠道，了解掌握静态交通产业有关情况、发展趋势等，集中组织研读学习近几年首钢"两会"报告中有关静态交通产业相关内容，开展讨论交流。期间，先后深入首都国际机场、北京大兴国际机场、秦皇岛加工制造基地、二通公交立体车库、北苑北公交枢纽地下车库、明月湾立体车库、昌平自行车库、京精医疗、北京儿童医院立体车库、大洋路立体停车、碧桂园、半壁店等项目现场调研、核实印证，谈话50人次，阅研资料600余份，涉及资产总额44211.08万元，覆盖率100%。总结4个方面10个成绩，揭示5个方面14个问题，提建议14条，形成《关于对北京首钢城运控股有限公司监督检查情况的报告》《关于对北京首钢城运控股有限公司领导班子和主要负责人履职评价》等报告。

（初德和）

【对首钢伊钢监督检查】 4月—6月，监事会工作办公室成立检查组，对首钢伊犁钢铁有限公司2017年以来运营管理、内控体系建设、财务状况、矿产资源等情况全面检查。检查工作期间，按属地政府疫情防控要求必须要进行20+14隔离措施，主动履行监督主责，创新远程调研谈话方法，利用视频会议等多种形式开启远程办公，提前拟定谈话调研提纲，通过深度阅研资料，掌握更多情况和信息，了解清楚有关问题或事项的背景，有针对性地做好谈话前的准备。在疫情可控情况下，钢铁板块检查组赴首钢伊钢与领导班子成员谈话交流，现场对炼铁高炉、炼钢车间、球团车间、轧钢生产线、能源中心制氧车间、制管生产线等生产主流程工序进行调研，深入了解伊钢公司经营生产状况等，进一步核实报告中涉及的数据内容；对13个矿产资源（铁矿项目4个，煤矿项目3个，铁铜矿项目2个，金铜钼矿项目2个，石灰岩矿项目1个，白云岩矿项目1个）详细调研和梳理；谈话45人次，阅研资料290余份，涉及资产总额541600万元，覆盖率100%。在肯定首钢伊钢取得6个方面17个

成绩的同时，揭示其存在的6个方面16个问题，提建议14条，提出需集团公司重点关注事项1个，提建议1条，形成《关于对首钢伊犁钢铁有限公司监督检查情况的报告》《关于对首钢伊犁钢铁有限公司领导班子和主要负责人履职评价》《关于首钢伊犁钢铁有限公司矿产资源的专题反馈》等报告。

（初德和）

【对首钢长钢联合监督检查】 8月—10月，监事会工作办公室牵头，会同法律事务部、审计部、工会成立联合监督检查组，对首钢长治钢铁有限公司2017年以来贯彻落实集团公司与首钢股份两级公司党委部署和董事会决议、运营管理、内控体系建设、职代会制度建设、法治建设、领导班子及主要负责人履职行为等情况进行联合监督检查，开展经营目标责任审计。期间，深入到长钢生产线，对炼铁高炉、炼钢车间、焦化车间、轧钢车间等生产主流程工序用长治瑞昌水泥公司、长治锻压机械公司和长治首钢生物质能源公司等所属单位、企业进行现场检查，并对中铁三局集团物资供应有限公司和山西焦煤国际贸易有限责任公司重点用户进行了走访调研，征求对首钢长钢产品质量、服务、技术合作、新产品开发等方面，征求用户的意见和建议，印证核实相关情况。现场检查历时近2个月，涉及资产总额96.31亿元，覆盖率100%，共计谈话78人次，收集、阅研、分析资料647份，总结了6个方面21个成绩，揭示了5个方面13个问题，提出13条针对性建议，形成《关于对首钢长治钢铁有限公司联合监督检查情况的报告》《关于对首钢长治钢铁有限公司领导班子及主要负责人履职评价》报告等。

（初德和）

【对大厂首钢机电联合监督检查】 9月—10月，监事会工作办公室牵头，会同首钢工会成立联合监督检查组，对大厂首钢机电有限公司（简称：大厂首钢机电）2016年以来贯彻落实集团公司及北京首钢机电有限公司（简称：首钢机电）党委和董事会决议精神、法人治理、财务管理、资产管理、市场开发、技术与产品研发、风险管控、人才队伍建设、领导班子及主要负责人履职等情况开展监督检查。结合首钢环境的实际，利用调查问卷星系统，设计调查问卷内容17方面125个项目，首钢机电、大厂首钢机电中层以上领导人员及专业技术管理人员210人，通过二维码识码进行问卷调查，形成6套

调查问卷结果报告,并将监督检查报告的内容与调查问卷结果进行对比分析,力求监督检查报告严谨准确。对项下重型装备分厂、市政设施分厂、智能制造事业部等8个生产单元、实体单位进行了实地考察,了解掌握第一手资料。走访首钢股份设备部、首钢京唐设备部及首钢机电迁钢检修分公司、京唐检修分公司,从客户、合作单位角度,了解大厂首钢机电在产品质量、交货期、售后服务等方面情况。检查期间,谈话50余人次,阅研资料360余份,涉及资产总额110038.87万元,覆盖面100%。总结4个方面16个成绩,揭示6个方面19个问题,提出针对性建议2条,形成《关于对大厂首钢机电有限公司联合监督检查情况的报告》《关于对大厂首钢机电有限公司领导班子和主要负责人履职评价》等报告。

(初德和)

【对首钢矿投联合监督检查】 8月—10月,监事会工作办公室牵头,会同经营财务部、纪委组成联合检查组,对北京首钢矿业投资有限责任公司(简称"首钢矿投")2017年以来贯彻落实集团公司党委和董事会决议精神、矿产资源开发、投资运营、风险管控等情况开展了联合监督检查。期间共谈话65人次,深入首钢矿投本部部门和辽宁硼铁、隆化新村、双滦建龙、信通首承、丰宁三赢5个投资公司调研,召开职工座谈会3次,查阅各类资料450份,检查资产总额420486.89万元,覆盖检查范围100%。总结5个方面17个成绩,揭示4个方面12个问题,提建议11条,形成《关于对首钢矿业投资有限责任公司联合监督检查情况的报告》《关于对首钢矿业投资有限责任公司领导班子及主要领导人履职评价》等报告。

(初德和)

【规范化常态化监管】 监事会工作办公室探索对重点监管企业规范化、常态化监管。及时了解掌握跟踪企业财务、重大决策、运营过程中涉及国有资产流失的重大事项和关键环节及党委会、董事会和经理层依法依规履职情况,着力强化对重点监管企业的当期监督和事中监督,时时把握经营管理、改革发展动态,主动服务企业,努力做到不缺位、不越位、监管到位。落实集团公司董事会精神,先后7次召开组长会和全体人员会议,组织学习《中华人民共和国公司法》《首钢集团有限公司章程》《首钢集团有限公司内部监事会管理制度》,坚持

"监督+服务",在监督的前提下,搞好帮促改,使服务寓于监督之中。

(初德和)

【过程监管】 监事会工作办公室研究分析对24家重点监管企业加强事前、事中、事后全过程监管等有关事项,注重对重点监管企业的全过程监管。拓宽知情渠道,全面落实监事会的知情权。重点监管企业监事会主席和监事参加监管企业党委会、董事会、经理办公会等重要会议,查阅相关文件资料,了解运行动态,主动融入企业重大事务,确保监督及时有效跟进。监督检查党委会、董事会、经理层工作制度建立和执行情况,针对发现的问题及时提出防范风险的意见建议。对企业重大决策的合规性、合法性和科学性进行监督,与董事会成员、经理班子成员、部门及所属企业负责人及时沟通、了解情况,发挥预警作用,防止国有资产流失,促进企业健康高质量发展。截至12月底,列席常驻、全过程、重要事项监管企业党委会、董事会等重要会议117次,主持重点监管企业监事会会议18次。

(初德和)

【重点项目监督】 监事会工作办公室按照监督工作联席会要求,持续动态监督首钢滑雪大跳台中心项目及奥运技术支持中心TOC项目建设,编制提报《监事会工作办公室对首钢滑雪大跳台项目监督检查安排》,3次深入现场跟踪检查,实地了解项目进度、投资进展、现场管理、复工复产等情况,发现风险及时提示。提报专项督察情况反馈7期,督促落实问题整改。

(初德和)

【常驻制】 监事会工作办公室继续在首钢水钢、首钢贵钢2家企业实施监事会主席、监事常驻制,工作中确保实现监督独立性,做到实事求是、上情下达、下情上陈。按照"监督+服务"工作思路,强化对常驻企业资产运营的过程管控,列席党委会、董事会、经理办公会等重要会议63次,对决策的合法合规性实时监督,促进企业规范治理;梳理首钢水钢、首钢贵钢年度各专业工作指标任务,将重点关注事项分解到各事业部和分、子公司,开展调研10次,座谈4次,查阅各类文件资料1996份,对重点关注事项形成反馈74期;协助首钢水钢成立联合专项监督检查组,先后对首钢水钢市场采购部、钢轧事业部、赛德公司、铁焦事业部等8家单位的采购、安全、计划、成本等专项检查,针对揭示问题督促落实整

改。协助首钢贵钢提高基础管理水平,4次召开专题会议,对人力资源分析、市场化改革、成本核算等21个议题涉及有关问题提建议;深入调研中空钢生产线及高线生产线达产能力不足、构成成本主要消耗指标偏高、产品整体销售流向性和效益性差、直供比例低等问题,提出制定《小指标竞赛考核方案》建议已采纳。针对企业股权划转问题,提报《关于贵州省国资委持有首钢水钢和首钢贵钢股权划转的情况反馈》。

（初德和）

【整改帮促】 监事会工作办公室持续将整改帮促纳入当期重点工作,做到同部署、同安排、同落实、同检查,针对不同时期整改帮促问题,分板块明确整改责任人与联系人,规范整改工作流程、整改方案审核、认定完成整改标准,将集团公司整改计划作为整改帮促的责任清单分解落实。持续做好各阶段监督检查揭示问题整改工作,促进监管企业健康高质量发展。围绕强化整改计划落实,有针对性地进行督导,取得成效。《首钢落实市委巡视反馈和首钢内部检查问题整改工作计划》（首党发〔2017〕33号）涉及帮促174个问题,完成整改167个,计划兑现率97.66%;《首钢2017年内部检查发现问题整改工作计划》（首党发〔2018〕19号）涉及帮促89个问题,完成整改89个,计划兑现率100%;《首钢2018年内部检查发现问题整改工作计划》（首党发〔2019〕41号）涉及帮促105个问题,完成整改79个,计划兑现率100%;《首钢2019年内部检查发现问题整改工作计划》（监督工作联席会发文）涉及帮促62个问题,完成整改36个,计划兑现率100%。综上,落实集团公司整改工作计划共涉及帮促整改问题430个,完成整改问题371个,整改计划兑现率达98.93%。及时通报检查情况,促进问题立行立改。认真落实集团公司董事会精神,对董事会审议通过的监督检查项目,及时召开监督检查整改工作通报会,传达董事会决议精神、通报检查情况、下发整改通知、明确整改要求,督促指导受检企业制定整改工作方案、整改计划,明确整改责任单位、责任人、整改措施、完成时限,持续跟踪整改进展情况,助推受检企业落实整改,实现监督检查工作闭环运行,促进监督检查成果最大化。组织召开整改工作通报会7次,向7家企业下发整改通知,组织对揭示的87个问题,制定整改措施223条。

（初德和）

【管理制度建设】 监事会工作办公室深入贯彻执行《首钢集团有限公司内部监事会管理制度》,遵循集团公司权力清单V3.0、风控手册V2.0,逐步完善监管工作体系,提升管理能力。为提高监督的科学性和有效性,配套制定《监事会工作办公室监事工作指导意见》,多维度细化、补充完善监督检查具体内容及事项,组织全员专题培训、逐条解读指导意见,进一步规范事中监督、监督检查报告编报、评比与交流、整改帮促、保密与档案等相关工作,指导全体人员不断提高"监督+服务"的能力与水平,促进监督工作实现制度化、规范化、常态化。

（初德和）

【党支部建设】 监事会工作办公室党支部按照《中国共产党党章》,认真贯彻落实《中国共产党国有企业基层组织工作条例》,根据年初制定的党支部工作计划和实施方案,4个党小组细化全年活动计划。党支部定期研究党建情况,并经常性督促党支部班子成员在集中检查期间指导党小组党建活动开展,按照每月检查一次、每季度评比一次、每半年汇报一次,年终检查通报机制,推动党支部党建工作水平。开展主题党日活动,组织党员"开启新征程,夺取新胜利——深入学习党的十九届五中全会精神""治理有我、健康强国"主题党日活动。钢铁板块党小组,在首钢长钢监督检查期间,利用周六时间,到全国爱国主义教育基地—八路军总部旧址王家峪纪念馆,开展主题党日活动。开展党课宣讲交流,围绕《深入学习贯彻党的十九届四中全会精神,推动首钢监事会工作向更高质量迈进》《深入理解和把握经济高质量发展,争当新时代高质量发展排头兵》为题作党课宣讲交流报告。

（初德和）

【开展献爱心和三必访】 监事会工作办公室党支部组织全体党员响应党中央、集团党委对广大党员的号召,组织党员抗击新冠肺炎疫情自愿捐款12100元、首钢集团"献爱心"自愿捐款12950元,体现全体党员在力所能及范围内的无私支持,是对有困难群众的守望相助。组织开展送温暖活动,党员日常工作做到"三必访",即职工生病住院必访,职工家庭发生重大变故必访,职工发生困难必访。慰问退休人员及生病住院职工12人次,增强了党支部的凝聚力和战斗力。

（初德和）

【开展警示教育和廉政教育】 监事会工作办公室党支部组织观看了"以案为鉴、以案促改"警示教育专题片,深刻汲取违纪违法典型案例的教训,举一反三,始终保持廉洁本色、守住廉洁底线。特别是各检查组进驻受检企业监督检查时,履行党支部书记主体责任,加强党员干部教育管理,常敲"警钟",严格落实中央八项规定精神和监事会"六要""六不"行为规范,坚决杜绝违规吃喝,督促党员干部时刻紧绷纪律规矩这根弦,筑牢廉洁从业防线。

(初德和)

战略支撑

◎ 责任编辑：马　晓、刘冰清

总工程师室

【总工室领导名录】

　　副总工程师兼总工室主任:张福明

　　副总工程师兼总工室副主任:刘英杰

　　副总工程师:张福明　刘英杰　陈汉宇　王全礼

　　　　　　　朱伟明　李国庆

　　技术室技术专家:张思斌　刘正发　朱志远

　　　　　　　　　　张卫东(8月任职)　南晓东

　　办公室主任:魏松民

（魏松民）

【综述】　首钢集团有限公司总工程师室(简称"总工室")是首钢重大技术决策参谋部门,负责组织首钢重大项目技术方案研究、论证、审查,对重大项目方案实施进行技术指导;首钢科技发展规划、科技工作计划、科技项目方案审查,组织、指导、协调重点科技项目研究攻关和技术开发;开展工艺技术运行情况、技术改造情况调研,针对关键、疑难重大技术问题组织专题研究,推进工艺技术进步和节能减排降本增效;组织、协调或参与重大生产技术问题的处理和攻关。截至2020年底,总工室设副总工程师6人,总工室技术室技术专家5人,总工室办公室调研员4人(含办公室主任1人)。

　　2020年,总工室围绕首钢钢铁业工程项目、首钢北京园区开发项目、冬奥项目等,组织重大工程项目技术方案研究审查;围绕科技进步组织科技项目方案审查和重大科技项目组织协调;围绕工艺技术进步、品种开发、重大生产技术问题处理进行专题调研和指导,为首钢建设及生产经营发展做出努力。

（魏松民）

【工程项目方案研究审查】　总工室紧密围绕钢铁业技术改造、北京冬奥项目、园区开发、新产业开发组织开展相关项目技术方案研究、研讨和方案审查,提出大量优化完善技术方案意见建议,促进了项目实施,涉及主要项目近40项。参加集团公司关于首钢京唐矿料场改造封闭工程项目、募投项目、钢渣高值化综合利用项目、炼钢作业部增加火焰清理设施改造项目以及秘铁新建矿石码头项目、首钢滑雪大跳台本体项目立项及可研情况汇报、园区一高炉超体空间项目、国家电网冬奥保障指挥和展示中心等项目专题研究、经理办公会审议、董事会审议,分别提出专业意见建议。

（魏松民）

【首钢京唐项目方案研究审查】　总工室组织首钢京唐技术方案审查和研究12项,包括铁前系统节能降耗综合改造项目(含磨煤机制粉系统改造、新建变压吸附机前富氧制氧、一号轴流式鼓风机优化节能改造、1号2号热风炉自动换炉控制改造、烧结主抽及环冷风机变频节电改造)、钢渣高值化综合利用项目、炼钢作业部增加火焰清理设施改造项目、矿料场改造封闭工程项目、球团料场改造封闭工程项目、首钢京唐二期5000吨脱钙镁膜法海水淡化项目、无人仓储及智能物流管控改造项目、曹妃甸甸头区矿石装车系统整体改造等。结合项目具体情况总工程师室进行充分的现场调研、研讨,组织技术方案审查,提出优化和完善项目技术方案建议,促进了技术方案的优化完善。

（魏松民）

【迁安地区项目方案研究审查】　总工室多次组织和参加首钢股份2号高炉新增热风炉方案研讨和审查工作,提出具体意见建议;参加集团公司关于首钢股份建设取向电工钢二期项目专题研究,提出专业意见建议。围绕首钢矿业马城铁矿项目开展了选矿厂磨矿系统技术方案优化及立磨机选型、精矿输送系统水处理方案优化等研讨和现场指导工作,协助审查马城铁矿精矿管道输送工程回水处置项目方案,提出修改完善方案指导意见建议,研究和沟通马城铁矿下一步充填有关工作。审阅首钢矿业水厂铁矿深度开采项目方案。

（魏松民）

【外埠钢铁企业等项目方案研究审查】　总工室对首钢贵钢钢铁配套物流业项目立项及可研的请示进行审查并提出立项建议;参加集团公司关于通钢公司新建干熄焦项目、2号焦炉改造项目方案研究,提出建议,组织新建140吨/小时干熄焦及3号焦炉异地改代项目(一期)立项及可行性研究方案研讨,要求完善方案;审查中首公司关于秘铁新建矿石码头项目申请立项的请示并提出会知意见;对首钢朗泽贵州、宁夏冶金工业尾气生物发酵法制燃料乙醇合作项目进行深入调研并对项目初步方案进行多次沟通和指导,对最终形成的项目可行性研究报告进行审查和指导完善;认真调研对首钢环境终止3万吨/年煤基活性焦项目请示提出专业意见建议。

（魏松民）

【园区开发及冬奥项目方案研究审查】 总工室组织首钢北京园区北区修理厂西路综合管廊及管线项目、南区保税仓(一炼钢食堂)项目、园区冬奥高压 B 天然气调压箱扩建工程项目、焦化厂(绿轴)地块污染治理项目、新首钢国际人才社区(核心区南区)项目、园区一高炉超体空间项目、国家电网冬奥保障指挥和展示中心项目、北京冬奥会技术运行中心及附属通信枢纽等项目可行性研究报告审查,在指导和促进项目项目技术方案完善的基础上,对项目投资等提出建议。

(魏松民)

【其他项目方案研究审查】 总工室组织对首钢建设投资、园区管理部提出的 ERP 大楼火灾自动报警系统设备更新完善项目、园区二炼钢生活楼装修及中板厂监控系统工程、行政管理中心小车队临时停车设施搬迁工程、废钢作业区办公楼及库房搬迁工程项目方案进行审查;组织相关单位专题研究金安源汽车公司搬迁立项相关工作。参加京冀曹建投京唐生活基地住宅项目户型评审研讨。对首钢建投关于与北京市自来水集团签订《新首钢高端产业综合服务区供水资产移交协议》的请示进行研究和会签,提出具体建议。

(魏松民)

【科技发展战略研究及规划编制指导】 总工室按照集团公司主要领导的要求,协同技术研究院、首钢股份、首钢京唐等单位,开展首钢“十四五”科技创新规划、产业发展规划战略研究工作。参加集团公司钢铁板块“十四五”规划的专题研究,提出重视重大技术工艺的改造、发掘现有设备基础上的技术创新、重视工艺流程的创新工作等建议。对首钢股份、首钢京唐、首钢长钢等钢铁基地铁前、炼钢、轧钢、能源、环保等专业“十四五”规划编制工作给予了协助和指导。

(魏松民)

【组织和指导科技创新规划编制前期准备】 总工室参与集团“十四五”科技创新规划前期策划、组织、研究和部分专业规划的主持起草工作。组织技术研究院相关专业和部门,开展“十四五”铁前、炼钢、轧钢、能源环保技术等创新规划编制过程工作交流和研讨,对“十四五”期间集团重点工序的发展目标、技术指标、发展路径和关键技术创新以及补短板、降成本、增效益等方面,提出了许多具有前瞻性和实施性的意见建议,深入开展专业战略规划的深入推进工作。参加集团公司“十四

五”科技创新规划战略研究铁前及能源环保、炼钢、热轧、冷轧、电工钢、镀锡及彩涂产品等专题会议,结合专业规划汇报材料提出具体意见建议 60 余项。

(魏松民)

【组织和协调规划编制考察建立参考目标】 总工室协调集团技术部门,开展信息调研和实地考察,了解宝武集团(含湛江)、河钢集团、山钢集团等大型企业集团“十四五”科技创新发展规划情况,掌握竞争对手情况,结合首钢集团实际,在高质量发展、充分提高装备效能、发挥资源和能源特色、差异化产品竞争、低碳绿色发展等方面收集了大量技术信息和资料,为首钢集团“十四五”科技创新规划的制定和实施,建立了参考标准和目标。

(魏松民)

【科技创新规划初步方案研讨及完善】 总工室分阶段分专业组织或参加“十四五”铁前系统、能源环保、炼钢、热轧、冷轧技术创新规划讨论,指导相关专业部门和技术人员,开展具体专业规划的编制。通过开放视野,以全球同级别高炉的技术经济指标和运行情况为参照,具体提出“十四五”期间首钢集团不同级别高炉、烧结、球团、焦化的生产运行技术指标和主要产品性能技术指标,确定以高炉生产稳定顺行为中心的铁前系统一体化生产运行理念和措施,进一步降低生铁成本,改善技术经济指标,摆脱依赖原燃料采购降低成本的单一途径。参加集团公司专题会议对首钢“十四五”技术创新体系建设方案的研讨和规划的最终敲定。

(魏松民)

【科技项目评价审查】 总工师室组织和协助技术研究院等对年度科技项目选题进行研讨、论证、审查,对科技项目方案进行审查把关,对重点科技项目研发工作进行跟踪指导。完成科技成果验收评价报告、科技进步奖申报审查等工作。

(魏松民)

【科技项目立项论证和立项方案审查】 总工室对 2020 年科技项目方案论证和审查,分专业就高炉风口喷吹熔剂及固废技术研究、热态钢渣脱磷、钢铁制造流程绿色化和智能化、贝氏体合金钢等相关项目深入讨论论证。对技术研究院、首钢股份、首钢京唐“高炉风口喷吹熔剂及固废技术研究”“300 吨转炉智能出钢技术开发”等 60 余项科技项目申请立项方案审查把关。对技术研究

院、首钢股份、首钢京唐 2021 年科技项目立项工作及重点课题进行沟通和讨论,参加三地钢铁业 2021 年拟新立项目论证会,提出立项方向等建议。

（魏松民）

【开展重点项目及前沿技术跟踪和研究】 总工室组织并参加国家重点研发技术低温多效海水淡化项目"课题二"利用钢铁厂余热余能高效制备海水淡化课题月度检查、年中总结、年度总结,开展课题验收。组织技术研究院、首钢国际工程等单位探讨交流"十四五"期间非高炉炼铁、熔融还原及氢冶金技术发展有关问题,研究铁前系统流程结构优化课题、Hismelt 技术研究及与推广事宜等。与钢铁研究院等单位协商铁前系统耗散结构研究课题策划和筹备工作及申请国家课题支持。跟踪重点炼钢、轧钢科技项目研发,及时提供指导。

（魏松民）

【科技成果验收及科技进步奖申报审查把关】 总工室组织对技术研究院、首钢股份、首钢国际工程等单位申报的科技成果验收评价报告审查 100 余项,参加科技成果验收评价 80 余项。对技术研究院等单位提出的申报国家、省市、行业科学技术奖项目报告审查 30 余项。指导冶金科技进步奖申报项目"首钢高铁低硅碱性球团在大型高炉的应用"申报材料准备和完善工作,参加项目答辩,项目获得冶金科技进步一等奖。

（魏松民）

【协助和指导科技进步基础工作】 总工室对技术研究院相关专业技术研究进行日常性指导和协助;组织或参加专业科技技术交流、研讨、讲座等;参加技术研究院重点项目季度评审、项目结题验收、首创首发工艺技术鉴定验收、新产品转产验收、首席工程师评审等。参加首钢科技奖、首钢管理创新奖评审。

（魏松民）

【首钢京唐铁前系统技术指导】 总工室指导首钢京唐 1 号高炉检修,参加高炉停炉、检修、开炉及恢复方案研究,提出具体建议和意见,对高炉停炉检修及开炉恢复进行全程跟踪指导。现场协助 2 高炉布料溜槽脱落处理及炉况恢复,针对布料溜槽多次脱落问题组织召开无料钟炉顶设备技术研讨,提出结构设计、设备制造、高炉操作等环节改进措施。指导和协助针对受疫情影响秘鲁铁矿断供进行的炉料结构调整研究和调整方案实施,结合秘矿复产组织高炉炉料结构调整生产运行研讨,提

出恢复配料及保高炉顺行建议。组织技术研讨会提出大比例球团炉料结构调整技术指导和咨询建议,提出高炉球团矿入炉比例变化后高炉及球团烧结系统运行书面建议。围绕高炉炉壳开裂及京唐制粉问题开展现场调研及改进方案研究,参加 3 号高炉炉缸温度上升情况视频会议讨论等,提出建议。对转底炉项目、海水淡化项目、球团项目运行情况、热风炉烟气脱硫脱硝进行现场调研及探讨和交流。

（魏松民）

【首钢股份铁前系统技术指导】 总工室参加首钢股份 3 号高炉检修方案研讨,提出关于高炉检修停炉、开炉和技改措施的具体建议 20 余项,现场协助开炉。组织首钢股份高炉提高热风温度专题会,提出了保设备安全前提下提高风温降低消耗和成本具体措施建议,对 2 高炉增加热风炉方案深入研讨并提出具体工作建议。与首钢股份开展高炉综合喷吹讨论和工业试验方案研究,组织高炉喷吹试验并取得初步成果。

（魏松民）

【通钢高炉炉况攻关技术指导】 2020 年初,总工室参加了集团公司关于通钢公司高炉运行情况、通钢公司 3 号高炉炉况治理专题研讨,组织技术研究院、首钢股份、通钢公司召开视频会议,落实集团公司要求制定高炉炉况恢复措施,赴通钢公司现场指导和协助高炉炉况恢复攻关并取得突破。对高炉运行给予持续跟踪指导。就通钢公司 10 月份两座高炉因断电发生停风灌渣故障进行远程交流和处理工作指导,并针对通钢公司 3 号高炉恢复问题赴通钢进行现场指导,提出建议,促进了高炉炉况的恢复。

（魏松民）

【首钢伊钢高炉炉况攻关技术指导】 总工室参加首钢伊钢高炉开炉专题会议讨论并提出完善开炉方案建议,组织集团专家、技师指导和协助高炉开炉。针对高炉检修期间风口、冷却壁损坏造成高炉炉冷问题,提出炉况治理及恢复措施,组织集团多名相关专业技术专家赴首钢伊钢技术服务和指导,促进生产恢复。11 月份,赴首钢伊钢进行现场专门技术指导和服务,就装备、管理、技术水平等进行研讨交流和指导。

（魏松民）

【炼钢工艺技术专业指导】 总工室指导首钢京唐 VD 炉夹杂物攻关,提出合理工艺路线探索建议,与首钢京

唐、技术研究院讨论钢轧部夹杂物控制实验结果,制定进一步工作计划,讨论 VD 炉在工艺过程中的使用问题,提出建议,指导大压下试验,组织实验结果进行分析研讨;研究包晶钢提拉速的方案,跟踪推进淬火段工程,就淬火段冷试存在问题、尾坯利用等进行研讨交流,提出了改进措施建议。协助组织并参加集团炼钢专业技术交流会,总结集团炼钢专业工作,对绿色制造、固废资源化利用、新工艺研究、连铸工艺优化等进行细致研究交流。会同技术研究院和北京科技大学讨论转炉钢渣热态脱磷技术。组织对中国金属学会《智能炼钢体系架构与建设指南》提出修订意见。

（魏松民）

【产品推进及轧钢技术指导】 总工室对首钢股份热轧钢板表面质量进行技术指导并提出改进建议,与首钢京唐研讨稀土元素在钢中应用有关技术实施工作,参加技术研究院差异化产品讨论及新产品开发立项工作研讨,研究并交流通钢公司冷轧设备租赁后续原料供应有关工作提出建议。参与产品推进工作,组织制定首钢集团长材产品推进计划,参加年度产品推进启动会、产品推进阶段性总结,对存在问题提出建议。调研耐候钢预氧化工艺改进技术研究进展情况等。

（魏松民）

【矿产资源有关工作组织和指导】 总工室针对秘鲁新冠疫情影响首钢京唐铁矿供应问题,跟踪秘鲁疫情情况及秘铁生产情况,组织研究利用首钢股份钢渣处理设备处理秘鲁铁矿解决球团细粉不足问题。组织首钢矿业马城铁矿矿渣综合利用方案调研及技术方案讨论,提出指导意见建议。与秘鲁铁矿就帮沟铁矿港口合作事宜进行交流。对香港首控有关澳大利亚煤矿项目材料研究并提出建议。参加集团公司 2021 年铁前炉料优化及矿粉平衡的专题研究,提出专业意见和建议。

（魏松民）

【能源环保系统优化及技术交流指导】 总工室对首钢股份污水处理、除盐水处理站进行现场调研,提出优化工作建议。对迁焦公司现场调研,就焦化水处理等提出建议。现场调研首钢京唐煤料场改造封闭项目施工情况、CCPP 机组、转底炉、炼钢 CO_2 喷吹项目 CO_2 捕集装置等,就有关问题进行交流并提出建议。赴首钢长钢进行各工序环保工作情况调研,提出建议。就首钢长钢动力厂反渗透系统设备故障问题进行远程应急指导,赴首

钢长钢就污水处理厂故障现场检查分析,提出解决建议,并针对水系统系统管理给予指导。现场调研首钢伊钢动力系统情况,对焦化、炼铁系统、高炉风机、炼钢水系统等动力系统问题进行现场技术指导。现场协助通钢公司高炉恢复工作对通钢能源规划进行现场讨论交流,提出具体指导意见。对首钢冷轧水处理设施进行现场考察,协助技术研究院开展水处理现场实验。

（魏松民）

【物流系统优化工作指导和推进】 总工室围绕物流降成本工作组织京唐地区、迁安地区运输系统优化工作研讨。现场调研首钢京唐物流工作,并就物流系统进一步规划进行了详细研究及完善,以促进物流信息化、一体化,提升码头吞吐量降低成本。就首钢矿业马城铁矿、煤炭、灰石等原料港口运输方案、物料组织、设施建设等有关工作与首钢京唐进行研讨并提出优化组织建议。

（魏松民）

【技术服务工作推进】 总工室开展技术服务工作,对首钢水钢、通钢公司等进行现场技术指导和服务,针对问题组织开展技术支持。针对新冠疫情参加集团应急解困有关工作专题会,按照会议要求组织集团服务团配合支援首钢股份、首钢京唐及外埠企业不能返京职工医药配送及家属送药相关服务工作。安排技术服务团在疫情期间的各项安全保障措施。对各基地技术服务情况进行跟踪指导。还参加了园区一高炉及二高炉、园区北区施工区域涉及动力厂地下管网管线、白庙 220 千伏变电站等资产处置鉴定工作等技术支持工作。

（魏松民）

【参与重大专业技术活动】 总工室组织、参与集团重大专业技术工作会议、行业学术交流等相关工作。参加集团经济活动分析会、集团钢铁板块经营活动分析会、首钢创新创优创业交流会、集团安全生产委员会会议、集团信息化工作会等,落实相关工作要求。与人才开发院、技术研究院联合筹办冶金领域智能制造专家论坛,参加集团 2020 年职业技能竞赛有关工作,参加首钢集团党外知识分子联谊会成立大会。

（魏松民）

【技术交流及成果评审】 总工室参加全国炼铁生产技术会暨炼铁学术年会、香山流程制造业智能化科技会议、中国金属学会烧结球团绿色化智能化论坛、全国轧钢生产技术会议、全国棒线材轧钢厂厂长论坛、全国钢

标准化技术委员会会议、参加河北省绿色建筑研讨会、钒推广中心的技术年会;参加中国冶金材料大讲堂视频学习;参加北京金属学会理事会、中国金属学会冶金流程工程学分会成立会议等。参加冶金科技进步奖评审、冶金企业管理现代化创新成果评审、北京市科技奖评审、中级高级职称评审、北京大工匠炼钢工挑战赛评判等。

（魏松民）

技术研究院

【技术研究院领导名录】
院　长:赵民革
第一副院长:朱国森
副院长:张卫东(7月离任)　章　军(7月离任)
　　　　李　飞(7月任职)　王松涛(7月任职)
院长助理:田志红　李　飞(7月离任)
副总工程师:罗家明
党委书记:王立峰(6月离任)　朱国森(7月任职)
党委副书记、工会主席:章　军(7月任职)
纪委书记:周全宏

（付百林）

【综述】　首钢集团有限公司技术研究院(简称"技术研究院")是1995年国家认定的国家级企业技术中心,是首钢科技创新组织管理中心、研发推广中心和高素质人才培养输送基地。技术研究院负责推进首钢科技进步和技术创新,新技术、新产品、新工艺,新材料和新装备的研究开发与成果转化。机构设有科研管理处、产品推进处、条件处、知识产权处等职能处室,设有钢铁技术研究所、薄板研究所、宽厚板研究所、特殊钢研究所、用户技术研究所、冶金过程研究所、信息研究所、检测中心、京唐技术中心、迁顺技术中心。科研工作以"创新、引领"为核心,多中心的科研工作以"及时、高效"为核心,通过搭建人才成长平台,实现人才的柔性流动,促进科技人才的培养。截至2020年底,在岗职工509人,拥有首钢技术专家55人,首钢技术带头人65人,博士生119人,硕士生253人,本科生86人,高级职称214人。

（班丽丽）

【新产品开发】　技术研究院新产品开发持续发力,推动首钢产品结构调整厚积薄发,高端领先产品完成958

万吨,汽车板338万吨,EVI供货量227万吨;7项新产品实现国内首发,首发产品供货量4.8万吨,同比增长1.4倍;新产品65万吨,同比增长73%;汽车板对日系、宝马、奔驰供货量同比均增长40%以上,镀锌、高强、外板和合资品牌产品供货量同比均增长20%以上,免涂外板、锌铝镁产品、DH高强钢实现国内"领跑";电工钢无取向高牌号产品和取向超薄规格产品分别增长17%和41%;镀锡板DR材同比增长77%。11类重点产品中耐候钢、冷轧专用钢、汽车结构钢等8类创历史最好水平;酸洗复相钢HR660Y760T进入奔驰总部核心供应商名录,扭力梁用钢HR700HW实现进口材料替代;冷轧专用钢同比增加15%,高强搪瓷钢HC300EK实现首发,成功开发0.11毫米5G基站用钢。高端产品认证稳步推进,汽车板新增定点零件重量6209千克,同比增长90%;GA980等3个产品通过日产全球认证;DH590+Z通过戴姆勒材料认证,助力首钢京唐通过奔驰产线及材料认证,具备双基地保供条件;2个锌铝镁产品通过宝马材料认证,锌铝镁外板通过沃尔沃材料认证;25项电工钢产品通过认证,新能源用途产品实现西门子、特斯拉、华为等客户供货;镀锡板DI材通过美国BALL认证,高氮DR材通过福建祥达两片罐认证;热轧排锯钢S75PJ通过广盛认证并实现进口替代;酸洗板首次实现丰田主机厂零件供货。

（班丽丽）

【科技成果】　技术研究院完成科技成果评价111项,达到国际先进及以上水平26项,占比23%。获行业奖励25项次,省部级奖励12项次,其中一等奖5项。"迁钢钢铁生产全流程超低排放关键技术研究及集成创新""大型高炉低碳冶炼用优质球团矿开发与应用"等4个项目获冶金科学技术一等奖。"高性能低合金耐蚀钢系列钢种研制及应用成套技术"获北京市技术发明一等奖。获国家专利授权884件,其中发明专利341件,钢铁业获国际专利授权2件。首钢集团获"最具专利创新力企业"称号。完成国家、行业、团体标准的制修订44项。认定技术秘密370项,其中核心技术秘密93项。发表高水平论文37篇。

（班丽丽）

【技术工艺攻关】　技术研究院聚焦挖潜增效,坚持对标找差,强化创新驱动,提升技术工艺攻关质量。在炼铁技术领域,面对秘鲁矿粉断供的严峻形势,开发19种新铁矿资源,实现应用 200 万吨;碱性球团矿还原膨胀率控制到 16.8% 以下,支撑了高炉顺稳。首钢京唐 3 座 5500 立方米高炉平均利用系数达到 2.30 吨/立方米·天。消石灰制备碱性球团矿技术实现全球首创。首钢京唐烧结实现 950 毫米超厚料层烧结,利用系数 1.40 吨/平方米·小时。开发 6 种新炼焦煤资源,吨焦成本降低 5 元以上。通过工艺优化,首钢股份球团产量完成 380 万吨,创近十年新高。首钢股份 1 号高炉利用系数 2.51 吨/立方米·天。首钢贵钢电炉耐火材料寿命提高至 328 次。在炼钢技术领域,首钢京唐、首钢股份 RH 精炼真空处理时间缩短 4 分钟以上,温降控制在 5℃ 以内。开发大型 VD 高效生产成套技术,实现 [S%]≤10 毫克升、[H%]≤1.5 毫克升、T[O]≤10 毫克升的稳定控制。开发高铝钢板坯质量提升技术,解决高碳高铝钢断坯问题,实现单浇次稳定连浇 1200 吨。MCCR 产线生产低碳钢拉速提高到 5.3 米/分钟,最大连浇炉数 20 炉。推进高效生产技术,首钢水钢、首钢长钢铁耗分别降低至 880 千克/吨、840 千克/吨,首钢贵钢电炉平均冶炼周期降低至 53 分钟。

(班丽丽)

【用户技术领域】 技术研究院完成高强汽车板冲压边裂控制技术攻关,实现边部成形性能提升 10% 以上。开发镀锌板 TriboForm 摩擦模型,流入量仿真精度 90%。等厚镀锌板高等级可视件电阻点焊技术降低焊点压痕深度 50% 以上。锌铝镁材料胶接性能优化技术实现橡胶类密封胶内聚断裂率 90% 以上。开发镀锌高强钢锌层质量与涂装工艺协同控制技术,解决上汽大众电泳漆膜石击耐循环腐蚀不合的问题。用户技术支撑 11 款乘用车 EVI 实践,增加了用户粘性。提出含 Ti、Nb 的碳当量修正公式,实现工程机械用高强钢焊接接头强度的精准预测。

(班丽丽)

【纵向科技计划项目】 技术研究院策划并获批国家新材料生产应用示范项目"农机装备材料生产应用示范平台"、国家重点研发计划"大宗钢渣源头减量与跨行业协同利用技术"等纵向项目 6 项,首钢获国家专项资金 1908 万元。组织推进首钢集团牵头的国家重点研发计划"基于钢铁流程的余热利用海水淡化技术应用及示范"、北京市科技计划"全天候多车型自动驾驶技术开发及首钢园区功能示范"项目验收工作,两个项目均

按任务书计划完成各项研究内容,"海水淡化"项目及其下设 5 个课题考核指标均超额完成,示范工程建设提前一年建成并投入运行,产生经济效益 2.8 亿。

(班丽丽)

【对外开放合作】 技术研究院与国内外知名院校开展横向合作 18 项,强化与德国亚琛工业大学和英国帝国理工大学的前沿技术研究,围绕超高强钢氢脆、双相钢 CPFEM 建模等领域,布局人才培养和项目合作。布局绿色制造项目,与北京科技大学合作开展"二氧化碳在转炉炼钢中的资源化利用技术开发"。推动与龙头企业联合实验室的深度协同创新,助力一汽红旗品牌 C100 和 C095 两款新车型研发,实现新车型 EVI 全周期参与。联合正兴车轮成功开发国内外最轻重卡车轮轮辐钢及轮辋用钢,车轮重量减至 31 千克。

(班丽丽)

【科技信息工作】 技术研究院坚持以支撑首钢科技创新战略需求为重点,不断探索与完善特色化服务模式。围绕首钢"十四五"技术创新规划的编制,开展环保技术、钢铁工艺、智能制造等方面情报研究与专利分析,完成调研报告 10 份。时刻追踪外部环境变化,完成《德国巴登钢厂情况调研》《疫情对钢铁行业的影响—海外钢铁企业和矿石重点供应商停产减产情况》等专题报告 8 份,为首钢与先进企业对标缩差、产品开拓市场提供参考。提高科技情报研究质量,注重指标分析,对标先进企业,完成《钢铁技术情报》等简报 40 期,持续提升"钢铁情报"微信公众号关注度,原创信息占比 10%。

(代云红)

【国内外学术交流】 技术研究院克服疫情带来的影响,开展线上与线下相结合的学术交流活动。组织参加"中国冶金材料大讲坛"院士讲座、"第 22 届炼钢学术年会"等会议近 120 场次,其中境外会议 2 场次,组织征文录用 88 篇,宣讲 43 篇。组办讲座 52 场,其中为庆祝建院 60 周年,提高学术活力,发挥首席技术专家、首席研究员、首席工程师领军人才效能,采用企业微信网络平台视频会议的方式,在首钢集团内举办首席大讲堂 24 场次。

(代云红)

【科研基地建设】 技术研究院科研检测能力持续提升。保护渣等熔化温度实现动态实时测定。开发新镀层表征技术,实现锌铝镁、铝硅、铝锌等镀层质量分析

XRF 法替代化学法,单卷检测耗时缩减至 6 分钟。新增煤焦专用马弗炉,控温精度提高至 ±3℃。ICP 光谱仪投入运行,分析下限拓展至 10ppm。完成小炉冶炼 343 炉、热轧试样 854 块、冷轧试样 142 块,实现合金总量 41% 的高合金产品的冶炼和 400℃ 的低温轧制。顺利通过 CNAS 实验室认可复评审。完成 LIMS 系统流程开发,中试冷轧模拟器完成硬件系统集成,热模拟实验数据共享平台完成开发并应用。

(班丽丽)

【人才队伍建设】 技术研究院不断拓宽人才培养渠道,举办领导人员培训 4 场,组织选拔 2 人参加集团中青年领导人员培训班、10 人参加集团青年科技创新培训班,参加赴外培训 11 项 39 人次,组织参加继续教育在线培训近 900 人次,考试合格率 100%。晋升首席技术专家 1 人、晋升首席研究员 5 人,新聘首席工程师 9 人,领军人才结构进一步优化。获得职务职级与薪酬晋升 184 人,通过北京市高级工程师专业技术资格评审 29 人。刘宏技能大师工作室评为"全国机械冶金建材行业示范性创新工作室",3 个职工创新工作室评为"集团级职工创新工作室"。先进典型不断涌现,全国机械冶金建材行业工匠刘宏、北京市劳动模范刘锟、北京市"百千万人才工程"入选者李海波、"首钢之星"肖宝亮,成为职工学习的榜样。

(班丽丽)

【凝聚力工程建设】 技术研究院营造科学务实氛围,突出职工参与、形式多样,突出科研文化、历史传承,突出使命践行、筑梦奋斗,高质量举办建院 60 周年系列庆祝活动。举办具有科研特色的首席大讲堂 24 场次,组织科技创新故事宣讲会两场,宣讲员 10 人的故事深深感染了听众。开展职工摄影书画展、足球联赛等文体活动,建成企业文化展廊与职工健身步道。加大宣传力度,在《中国冶金报》等发表宣传报道 6 篇,在首钢日报发表 23 篇,发布首发产品、冶金奖、书画展专刊各 1 篇。编写院庆纪念图书《在我成长的地方 2》,集团主要领导亲自作序,对研究院表示热烈祝贺,给予高度评价,并提出期望。关心关爱职工心理健康,邀请知名专家开展心理健康知识讲座,举办心理健康主题沙龙。在七一表彰会上,邀请职工家属为先进代表颁奖,增强了职工荣誉感和家属认同感。

(付百林)

发展研究院

【发展研究院领导名录】
院　　长:徐建华(办公厅副主任兼)
副院长:费　凡

(陈必值)

【综述】 首钢集团有限公司发展研究院(简称"发展研究院")为首钢集团发展战略研究咨询机构,承担集团战略性、全局性、超前性发展问题的研究,组织集团公司重要文稿起草、重大专项调研工作,为集团领导决策提供智力支持。设综合调研室、钢铁产业研究所、城市服务研究所、改革创新研究所、政策情报研究所、史志年鉴办公室和《企业改革与管理》杂志社。截至 2020 年底,在册员工 36 人,其中博士生 3 人,硕士生 21 人,高级职称 9 人,中级职称 13 人。

(陈必值)

【重大文稿起草】 发展研究院完成集团公司重要文稿 8 项。组织、参与起草首钢"两会"、科技大会、"五一"和"七一"表彰大会、"三创"交流会报告以及北京市领导"双调研"、新首钢第七次领导小组会等重要汇报材料。完成集团领导出席国家工信部、北京市国资委及中钢协等会议发言材料的起草,参与完成北京市国资委半年分析、钢协闭门会议等材料起草。

(王铭浩)

【重要专项调研】 发展研究院围绕企业高质量发展,聚焦集团发展战略重点、难点问题,有效开展专项调研。开展企业多元化及德国巴登钢厂专题研究,并在集团党委中心组学习会上作交流。按照集团领导批示,结合首钢北京园区科技+产业定位,梳理北京市、石景山区虚拟现实产业现状,形成《关于首钢北京园区发展虚拟现实产业相关调研报告》。围绕化解首钢搬迁调整带来的有息负债问题,形成《钢铁企业搬迁政策支持情况报告》,为研究集团化解搬迁债务路径提供参考。聚焦园区"十四五"规划,针对张江高科、九龙仓集团园区商业模式等内容展开深入分析,形成《张江高科及九龙仓案例分析》,获集团领导的肯定,并被首钢"三创"交流会园区专题报告采用。对集团重点盈利企业进行全要素生产率对标分析,形成《集团重点企业全要素生产率对标分析报告》。针对部分国外大型钢铁企业 2019 年会计年度财务报表出现大幅亏损的现象,深度挖掘相关资料,形成《国外大型钢铁企业亏损原因分析报告》。

(王铭浩)

【支撑首钢"十四五"规划编制】 发展研究院为支撑首钢"十四五"规划编制,开展宝武、中建材、首创、国资公司等先进企业的战略发展调研,完成《先进企业调研分析报告》及相关子报告报送集团领导及相关部门。开展"十四五"宏观经济及集团相关产业外部环境、发展趋势研究工作,形成宏观经济、钢铁产业、环保产业及静态交通业发展趋势5个子报告,报送集团领导及相关部门,为编制"十四五"规划提供外部环境分析支撑;配合系统优化部进行集团"十四五"公司治理规划编制,完成《标杆企业公司治理案例分析专题》,配合首钢股份《钢铁平台"十四五"规划》和技术研究院《集团"十四五"技术创新规划》编制,提供相关外部环境、产业发展和先进企业对标等研究资料。

(王铭浩)

【科研成果】 发展研究院完成《金融政策和利率汇率动态月度分析报告》《钢铁行业运行分析与预测季度报告》《房地产业运行分析与预测季度报告》《宏观经济形势分析与预测季度报告》,围绕做优做强钢铁业,完成《疫情对宏观经济和钢铁行业的影响分析及对策建议》《钢铁下游行业发展趋势及用钢需求分析》《我国废钢资源现状及未来发展趋势》。围绕新产业及园区发展,完成《集团非钢产业聚焦发展调查研究》《首钢北京园区产业定位及实施情况调查研究》。围绕改革发展,完成《优化首钢组织绩效考评体系研究》《企业治理体系政策及模式研究》《首钢科技人才队伍建设情况调研报告》。与经营财务部共同完成《集团资产负债率分析》,为2021年预算大纲编制提供支撑。配合系统优化部开展集团对标一流管理提升工作,力求通过持续对标,促进企业高质量发展。联合首钢股份完成《2018—2019年全要素生产率分析》,强化了与集团管控部门及重点单位的协同配合。编发《每日信息》249期。

(王铭浩)

【管理创新成果评审】 发展研究院组织完成首钢第二十一届成果汇报表彰、第二十二届成果评审以及2019—2020年度冶金企业管理现代化创新成果专家评审、答辩等工作,其中根据疫情防控要求,第二十一届管理创新成果采用网络和书面投票方式完成函评。与系统优化部共同起草并颁发《首钢集团2020年管理创新活动推进计划》,合作完成2020年度管理创新工作报告,开展首钢管理创新成果优秀组织单位评选工作。

(王铭浩)

【学术沙龙】 发展研究院邀请北京迪威格咨询有限公司专家围绕"人民币外汇市场及主要产品"授课和交流研讨,围绕钢铁产业新技术、园区开发、REITS等举办4期学术交流,紧扣集团改革发展主题,围绕对标提升专项行动要求组织开展财务知识等专题讲座。

(陈必值)

【党组织建设】 发展研究院持续推进党支部规范化建设,发挥党支部战斗堡垒作用和党员先锋模范作用,认真落实"三会一课"制度,开展党支部"达晋创"、党员示范岗以及党员责任区和党内"创先争优"主题活动。调整党员示范岗4人和党员责任区3个。组织党员参与打赢防控攻坚战、捐资助学活动等捐款活动。创新主题党日活动,组织党员赴首钢北京园区北七筒、海淀东升科技园区及中国知网等开展主题党日活动,不断推进党建工作与科研工作融合。加快青年科研人员推优入党,加入党组织1人,培养积极分子1人。

(张立新)

【人才队伍建设】 发展研究院按照《2020年发展研究院教育培训计划》,加强学习型团队建设。以"师带徒"培养为抓手,组织新入职员工到首钢冷轧参观学习,对近年入职的9人开展"师带徒"培养。采取学术案例、实战拉练、课题复盘等方式,提升学术思考和持续改进的能力,并通过制定相应课题研究任务,组织研究人员在集团《首钢发展研究》等刊物上发表《疫情对金融市场的影响分析》《从浦项、宝武入选"灯塔工厂"看钢铁企业智能制造发展趋势》等学术成果10余项。

(王铭浩)

【夯实基础】 发展研究院坚持管理业务聚焦,加强压力传导,做强基础支撑。通过整合优化,将财务、人事、安全、保密、工会等业务进行集中统筹。提出并落实"三个能力"的要求,即有效的履职能力,掌握专业制度、标准、流程和协作关系,精准开展业务工作;持续改进管理的能力,能发现流程中存在的问题,提出有效的工作建议,加快自我完善;自我积累的能力,做到基础工作扎实,数据准确,台账规范,对专业工作有支撑。

(张立新)

【首钢组织史编写】 2020年,史志办完成《组织史2008—2017》八、九册262家单位、100多万字的编辑审核工作。第九册修改核对稿件15次;与各单位沟通、确认上百次,纠正、修改错误1000余处;逐项核对159家单位稿件,确保无遗漏单位和内容;上报组织部。完成第八册编辑核对4次。查询核对组织史八、九两册中央、省市等百位领导职务、姓名。

（关佳洁、王铭浩）

【年鉴外部供稿】 2020年,史志办完成《石景山年鉴》供稿,文字编纂量2.6万字,图片12张;完成《北京工业年鉴》供稿,文字编纂量3.1万字,图片12张;完成《中国钢铁工业年鉴》供稿,文字编纂量0.67万字,图片8张。

（马　晓、刘冰清、郭　锋）

【首钢年鉴编纂培训】 2020年,史志办形成《2020首钢年鉴编纂培训设计》计9份资料,长达5万字,通过OA系统与首钢年鉴编纂者分享,组织部、纪委、系统优化部、机电公司、长钢、特钢等部门给予好评。

（车宏卿）

【《首钢年鉴·2020》编纂】 2020年,《首钢年鉴·2020》彩页部分新增《首钢建厂100周年》分目,文字部分增加百年首钢材料;在交付出版社之前开展自我严格校对为期1个月,获出版社好评;《首钢年鉴·2020》印刷字数长达99.2万字。

（刘冰清、郭　锋、王铭浩）

【参编《中国工业史（钢铁卷）》】 2020年,史志办代表首钢参加《中国工业史·钢铁卷》编写工作,完成首钢承担《中国工业史·钢铁卷》当中《"文化大革命"时期的钢铁工业》和《新世纪的钢铁工业》2个章节计23万字写作初稿。

（车宏卿）

【首钢年鉴主编寄语】 2020年10月10日,首钢党委常委、工会主席、首钢年鉴主编梁宗平指示:"首钢史的编写工作意义重大,越是重要的历史年份,越显示出珍贵。去年,百年首钢的纪念活动感触尤为深刻。高标准、高质量、精致精品作为我们的目标,体现对历史负责的价值,留下珍贵的无形资产。创新方法,可以留下影像资料。祝今年更好!"

（车宏卿、郭　锋）

【首钢史料存放】 2020年,史志办寻找首钢历史资料存储空间,园区管理闫广顺、刘峻等帮助谋划,人才开发院领导胸怀首钢全局,果断施以援手,首钢发展研究院从学院南路明光村回迁石景山区之前留存的首钢党建材料、首钢历史资料、首钢年鉴等大部分首钢历史资料顺利转移并得到妥善存储。

（车宏卿、郭　锋）

【杂志与内刊】 《企业改革与管理》(外刊)出刊24期,编辑文字量1000多万字;《首钢发展研究》(内刊)出刊6期,编辑文字量100多万字。其中,外刊刊登首钢专栏文章12篇,《首钢发展研究》(内刊)刊登首钢集团优秀管理创新成果13篇。

（王铭浩）

人才开发院

【人才开发院领导名录】

院　长:何　巍(兼)

党委书记:石淳光

常务副院长:段宏韬

副院长:胡立柱　王洪骥　张百岐　尹雪梅

院长助理:周伯久

调研员:郭　伟

【首钢党校领导名录】

校　长:何　巍(兼)

常务副校长:段宏韬

副校长:胡立柱　王洪骥　张百岐　尹雪梅

校长助理:周伯久

【首钢工学院领导名录】

党委书记:石淳光

院　长:段宏韬

副院长:胡立柱　王洪骥　张百岐　尹雪梅

院长助理:周伯久　张　毅

书记助理:李冬华(12月离任)　孙继伶(12月任职)

【首钢技师学院领导名录】

党委书记:石淳光

院　长:段宏韬

副院长:胡立柱　王洪骥　张百岐　尹雪梅

院长助理:周伯久　张　毅

书记助理:李冬华(12月离任)　孙继伶(12月任职)

（卢　芳）

【综述】 首钢集团有限公司人才开发院(简称"人才开

发院")成立于2016年3月,位于北京市石景山区晋元庄路6号和11号,占地面积17.57万平方米,建筑面积13.89万平方米。作为首钢战略支撑部门,以人才培养为目标、以能力提升为重点的企业内部培训机构,与首钢党校、首钢工学院、首钢技师学院为一套机构、四块牌子,实行一体化管理,并保持工学院、技师学院社会办学职能相对独立。人才开发院主要职能包括:通用职能、培训体系建设、培训计划管理、培训实施、能力管理体系建设、知识共享体系建设、学习系统平台搭建和中高等职业教育管理。按照"服务首钢、面向高端、能力为本、辐射全员"指导原则,通过建设人才开发体系、高质量举办培训项目、创新培训模式与内容等方式,努力为首钢一流人才队伍建设提供强有力支持。充分发挥工学院、技师学院的社会服务功能,坚持"立足首钢、面向京西、服务首都"的办学定位和"校企融合、工学一体、多元育人"的办学理念,通过建设特色专业、胡格教育模式改革、承办社会培训等方式,为首都输送紧缺的专业性人才。人才开发院设党群工作部和纪(监)委2个党群机构,以及运营管理部、计财部、总务部、保卫部等4个职能管理部门。内训板块6个部门,即内训管理部、党建文化培训中心、领导人员培训中心、专业人才培训中心、技能人才培训中心、人才测评中心。学校板块17个部门,即综合管理办公室、教务与招生就业处、学生处、团委、职业教育培训处、资产管理处、实习实训中心、网管中心、图书馆、继续教育学院、计算机与媒体艺术学院、机电工程学院、冶金安全环保学院、管理学院、护理与学前教育学院、基础学院和马克思主义学院。院长由首钢集团有限公司领导兼任,设党委书记、常务副院长1人,副院长4人。截至2020年底,在册教职工466人(党校42人,技师学院330人,工学院94人),其中研究生以上学历131人,大学本科学历297人,正高级职称16人,副高级职称112人,中级职称147人。

2020年,面对突如其来的新冠肺炎疫情,人才开发院做到疫情防控和教育培训工作两手抓、两不误,实现了师生员工"零感染"。在集团人才队伍建设、全日制职业教育、社会培训服务等方面取得优异成绩。技师学院再次获得北京市技工院校"教育教学优秀单位",并被评为"首都学生资助推荐学习单位",获批国家级高技能人才培训基地建设项目。在北京市脱贫攻坚专项奖励中,技师学院被推荐记功集体。工学院获批"网龙

数字创意产业工程师学院"第二批"特高"建设项目,安全生产实训基地被评为北京市"综合类一级公共安全教育基地"和"法治宣传教育示范基地",获批"北京市注册安全工程师继续教育机构"。

(卢 芳)

【主要指标】 人才开发院为集团培训职工44506人次,实现新突破。两院办学收入1.5亿元,保持收支平衡。技师学院录取1325人,其中中级工612人,高级工645人,预备技师50人,技师18人,中考统招录取人数名列北京市同类院校第一名。工学院录取新生1030人。技师学院毕业生就业率99.39%。工学院毕业生就业率99.58%,名列北京市同类院校第一名,获北京高校毕业生就业工作先进集体称号。成人学历教育招生2310人,超计划156.7%。安全生产培训6113人次。参加教师职业能力比赛获得北京市一等奖5项,全国二、三等奖各1项。参加第一届全国职业技能大赛获得优胜奖4项,其中云计算、健康与社会照护选手获得第46届世界技能大赛国家集训队资格。

(卢 芳)

【中青年领导人员培训班】 人才开发院根据新阶段首钢高质量发展的要求,聚焦L4/L5职级领导人员梯队建设,举办2020年首钢中青年领导人员培训班,培养学员50人,项目周期21个月。10月26日—12月18日,完成集中培训及在岗研修阶段课题立项。作为集团人才开发项目,实现"五个创新优化",即按照源头培养、跟踪培养、全程培养的要求,制定"培养政治素质优秀、具备治企兴企本领、满足首钢未来发展需要的新一代领军人才"的办班目标,体现前瞻性、全局性和针对性,统领办班内容、方式和周期设计;跳出培训办班的思维定式,打通"选培用评"人才开发全链条,首创具有首钢特色的"全周期四阶段递进式"开发模式;严把学员入口关,选拔高绩效高潜力的"双高"学员,平均年龄38岁;首创为期两个月的集中培训阶段,搭建五大教学单元,引导学员明确成长方向、加强自我认知,打牢知识体系、完善知识结构;注重在岗开发、训战结合,首次组织在岗研修,首次引入行动学习,为学员创设真实场景,在实战中实现领导力的跃迁和提升。

(李海青)

【党建及企业文化培训】 人才开发院组织完成集团重点培训项目7类10期,平均满意率98.78%。完成基层

各单位培训项目 21 期,完成培训项目 31 期,培训学员 3583 人次。在疫情期间,开发《疫情大考与中国之治》《中国共产党国有企业基层组织工作条例》《党的组织纪律和组织制度》等 6 门新课;优化录制《中国共产党发展历程和基本经验》《首钢百年与转型发展》等 7 门课程;同中央党校和中国人民大学合作,订购具有针对性和时效性的 5 门课件。开发、录制和订购课程在集团重点项目和基层单位培训项目上讲授和播放。在《冶金企业文化》《中国冶金报》《现代交际》上分别发表《百年首钢企业文化十大启示》《新地标上的钢铁记忆》《"中国之治"的唯物史观意蕴》3 篇文章;编写《新时代首钢党支部工作学习辅导》,在集团党支部书记示范班上应用;《新时代大型国有企业党建培训模式创新与实践》获首钢管理创新成果三等奖;完成北京市委党校建校 70 周年首钢材料《坚持党校姓党 服务企业大局 不断开创首钢党校建设发展新局面》的撰写上报。人才开发院党建文化培训工作借助多种平台开展同步在线直播和异步在线自学的"云端培训",超额完成任务。

(李海青)

【领导人员培训】 人才开发院开发制定《首钢集团学习贯彻十九届四中全会精神领导人员研修班教学计划（总经理班)》《2020 年首钢中青年领导人员培训班教学计划》《2020 年首钢集团领导人员在线学习安排》等 7 个集团重点项目,逐步形成系统完整的领导人员培训项目体系。组织举办首钢中青年领导人员培训班、首钢集团领导人员在线学习、首钢国际优秀年轻干部远程轮训班、技术研究院领导人员培训班以及首钢京唐领导人员任职资格培训班等 11 个班次。举办首钢中青年领导人员培训班、首钢集团领导人员在线学习 2 个集团重点项目,打造新的首钢高端精品培训项目,塑造新的领导力培训开发品牌。主动适应疫情防控要求,调整年度领导人员培训计划,提高在线培训比重,其中在线项目 7 个,占比 64%。培训学员 6093 人,其中在线培训 5930 人次,占比 97.32%,是上年在线培训人数的 79 倍。

(李海青)

【专业人才培训】 人才开发院组织举办首钢青年科技创新培训班、首钢数据分析及应用培训班、集团审计信息化系统上线培训班、风控及制度管理培训班等专业人才培训项目 19 期,培训 26196 人次。探索"选培用评"全链条开发,以"理论与实践相结合、首钢内外相结合、

讲授与考察相结合"的模式,举办第三期首钢青年科技创新培训班,完成技术和管理类 16 个课题的解决方案,形成成果汇编,培训效果满意率 100%。组织集团 60 家单位 6000 多人完成"学习贯彻党的十九届四中全会精神"专题培训,组织 66 个单位 11000 多人完成 2020 年度首钢集团专业技术人员继续教育培训,以"在线学习+自学+考试考核"方式开展,成立培训工作组和技术支持组,做好协调、服务和督学工作,做到重视到位、组织到位和服务到位。

(李海青)

【技能人才培训】 人才开发院举办首钢工匠大讲堂、首钢工匠人才开发创新能力研修、全国钢铁企业班组长能力提升培训等技能培训项目 17 项,兑现率 100%。实施培训 65 班次,培训技能人才 9327 人次;积累成功案例库素材 103 项。为大力传承和弘扬工匠精神,利用"互联网+培训"手段,采取线上讲座、线下实操练习、考核点评为一体的三段培训模式,举办(电焊工、数控车工)两个工种的"首钢工匠大讲堂"项目,提升职工的技能水平。创新培训模式,以首钢高技能人才能力模型确定的能力标准为依据,以能力提升为主线,以问题为导向,以"行动学习、分析研讨、案例教学、对标交流、参观考察、专家督导"等多元的培训方式为手段,遵循"循序渐进,分步实施,逐步深化"的原则,开展首钢工匠人才开发创新能力研修。培训按三年一个周期组织,每年确定培训主题,2020 年是以"角色、意识、工具"为主题,提升高技能人才的创新能力。

(李海青)

【培训体系建设】 人才开发院总结提出首钢特色的培训项目体系,以人才开发理念为指导,分析新的管控体系下集团培训形式及近几年人才开发院的项目分类,打破原有依据人员类别分类框架,按照人员类别、专业划分、培训层级,形成集团和二级单位两个层级的高端研修类、高潜开发类、党建党务类、业务推进类、继续教育类、技能提升类培训项目体系;在线培训 44506 人次,首次形成覆盖三支人才继续在线教育体系。

(李海青)

【集团职业技能竞赛】 人才开发院按照首钢集团 2020 年职业技能竞赛"学知识、练技能、促提升"的主题,按动员报名、命题、初赛、复赛、决赛、总结表彰六个阶段组织。竞赛中不断创新,聘请第三方人员担任裁判长;赛

前封闭试卷、天车赛场,及时处理疑义;组建监审组,巡视检查竞赛工作;选手签字确认成绩、成绩公示等措施,保证公平、公正。赛前培训不少于16学时,赛后进行技术点评,为选手答疑解惑,让培训贯穿始终。全集团共组织161个工种、参加比赛10700余人,人才开发院经过精心组织,完成4个赛区6个工种决赛阶段的比赛。通过"定制培训、强化训练、递进选拔"的方式,经过三轮淘汰选拔转炉炼钢工、金属轧制工、工具钳工和内燃机车司机4个工种优秀选手备战第十届"河钢杯"全国钢铁行业职业技能竞赛。

(李海青)

【党建工作】 人才开发院认真贯彻落实习近平总书记重要讲话精神,全力抓好校园疫情防控。组织召开巡察整改专题民主生活会,全面对照检查,深刻剖析问题原因,制定整改措施,实现"整改问题、责任领导、牵头单位、路径措施、完成时限"的清单化、具体化、项目化。建立全面从严治党主体责任清单体系,构成完整的落实党建责任链条。扎实推进"两学一做"学习教育常态化制度化,抓实党内生活制度落实落地,深入开展"创先争优"主题实践活动。修订完善《党支部等级评定考核表》,形成党支部等级评定标准。

(卢 芳)

【深化思政育人教学改革】 人才开发院落实《新时代爱国主义教育实施纲要》《新时代公民道德建设纲要》和教育部印发《新时代高校思想政治理论课教学工作基本要求》,组织制定《关于加强思想政治理论课建设的实施意见》。加强思政育人顶层设计,成立马克思主义学院。围绕"立德树人"核心,通过集中学习、集体备课、观摩交流等形式不断提升思政课教学质量。推进思政课教学改革,将教材体系向教学体系转化,探索专题化教学、完善过程性评价;充分利用首都、首钢红色资源丰富实践教学形式。全面启动"思政教育融入专业课堂"教育改革,研究制定课程思政指引,依据不同专业特点,梳理出职业精神、工匠精神、劳模精神等思想政治教育元素,融入学生职业道德、职业素养、职业行为习惯的培养,提升立德树人实效,促进学生全面发展。

(卢 芳)

【推进胡格教学模式改革】 人才开发院以机电一体化技术、电气自动化技术、计算机网络技术、环境工程技术、旅游管理5个试点专业和人力资源管理、数字媒体艺术设计2个伴随专业为引领,借鉴阶段性成果经验,按照胡格教育教学设计理念和改革路径,推进全院2020级所有专业教学模式改革。制订《胡格教学模式改革项目——学习领域课程标准编制规范》《胡格教学模式改革项目——学习领域课程开发指南》指导性文件,完善《学习领域课程标准》《学习领域课程教学设计方案》模板文件。

(卢 芳)

【专业建设进展】 人才开发院适应首都"四个中心"建设需要,申报城市轨道交通车辆运用与检修、机电一体化等5个"3+2"中高职衔接项目以及救援技术等3个新专业。发挥两院一体化办学优势,制定联合贯通培养改革实施方案,以实现技工教育与高职学历教育优势互补、教学内容与职业标准紧密对接、学历证书与能力证书相互融通为目标,构建技术技能人才培养新机制。建立"递进式项目化"教学体系,完成18个专业中高职联合培养方案。

(卢 芳)

【推进教学信息化改革】 疫情期间,人才开发院按照"一院一方案、一周一安排、一课一清单、一班一平台、一班一主任"的教学组织原则和"计划少改、改有方案、改有审批"的教学调整原则,保证线上教学有序开展,线上线下同质等效。根据课程性质特点,100%课程结合线上教学情况科学调整教学安排,确保教学内容不减少、要求不降低。加强线上教学指引,强化学生学习的主体地位,据统计70%以上课程通过任务式、模块化学习,实现以学生自我学习为主,教师指导为辅,培养学生学习能力、方法能力,推动课堂革命。线上教学学生满意率85%以上,课程目标达成率90%以上。

(卢 芳)

【产教融合校企合作】 人才开发院坚持开放办学,加强专业与产业、课程与职业岗位的对接,将产教融合、校企合作落实到人才培养过程中,不断拓展校企合作的广度与深度,创新校企合作内容,在人才培养、技术研发、技能培训、社会服务等各个领域探索校企合作新模式,依托北京市教委《构建深化产教融合、校企合作新模式的研究与实践》课题,全方位开展职业院校与行业企业合作培养人才机制、产教融合与校企合作工作机制的研究。创建工程师学院、技能大师工作室、技术创新中心、导游学研究中心等,促进技术技能的积累与创新,实现校企双方互利互惠、合作共赢。

（卢 芳）

【探索线上训练创新机制】 人才开发院创新开展疫情防控下的教师能力大赛备赛工作，组织参加 2020 年教学能力大赛教学团队开展线下以我为主的教学设计和线上研讨，举办 9 次教学设计线上、线下交流研讨培训，参会 238 人次；聘请大赛评委专家对教学设计文稿进行线下 2 次评审和 2 次线上视频一对一辅导 73 人次；组织教学能力大赛参赛团队教师参加北京市教委举行的教学能力提升线上培训，参赛教师参加 65 人。组织参赛教师团队"微课制作、PPT 美化、动画制作、剪接"等专题线上培训 5 期，参加 120 人次。北京市教师能力大赛工学院获得 2 项一等奖，技师学院获得 3 项一等奖。全国教师能力大赛获得二等奖 1 项，三等奖 1 项，创历史最好成绩。

（卢 芳）

【参加全国首届职业技能大赛获奖】 人才开发院组织焊接、云计算、健康与社会照护和工业机械 4 个项目代表北京市参加 46 届世界技能大赛全国选拔赛，其中健康与社会照护、云计算跻身前 10 名进入国家集训队，实现了学生技能大赛进入国家集训队零的突破。

（卢 芳）

【学生活动丰富多彩】 人才开发院组织开展"众志成城 抗击疫情""上好云端课自主学技能""肩负使命奋斗有我""抗击疫情一起来每天锻炼一小时"等线上主题教育活动。开通"心理热线"并 24 小时线上辅导，加强学生心理疏导，坚定学生战胜疫情的信心，减少极端事件发生。组织学生们行动起来，在做好自身防护的同时，投身到疫情防控中去，捐款捐物、参加志愿服务活动、踊跃献血。制作微视频、画报，进行爱国主义教育和防疫知识宣传。开展"厉行勤俭节约 制止餐饮浪费"教育，践行"光盘行动"，引导学生从节约每一粒粮食做起，养成良好的行为习惯。

（卢 芳）

【开展信息素养教育】 人才开发院充分发挥高校图书馆在信息素养教育领域的核心引领作用，多元推进新时代图书馆资源和服务的宣传推广，推动信息素养教育教学的发展。借助北京地区高职高专图书馆工作研究会开展的北京地区高职院校信息素养大赛，全面推动师生开展信息素养教育，提升信息素养，在全院师生中组织开展信息素养知识普及与技能竞赛活动。北京地区高职院校信息素养大赛，教师微课视频获市赛一等奖 1项、三等奖 2 项，学生市赛竞赛获一等奖 2 人、二等奖 3人、三等奖 5 人。教师微课进入国赛获三等奖 1 项。获市赛一等奖的 2 人进入国赛复赛，成绩排北京市高职院校第一名。

（卢 芳）

【创新创业大赛 师生共获佳绩】 9 月，北京市教育委员会主办第二届"北京职教国际青年创新创业技能大赛"，来自 21 所职业院校的 55 支代表队、280 人参赛。通过企业创业模拟运营和企业运营汇报答辩两个环节，最终首钢工学院两支代表队分别获一等奖和三等奖。该次大赛首次增加教师赛，为北京职教从事双创教育教学工作的教师搭建了施展教学技能的平台。首钢工学院选派老师 4 人组成代表队获得首届教师大赛第二名。

（卢 芳）

【就业率高职院校排名第一】 截至 2020 年 10 月底，首钢工学院毕业生 953 人，实现就业 949 人，就业率99.58%，签约率 86.46%，升本率 14.06%。在北京市教委 10 月份就业进展通报中，首钢工学院毕业生就业率在北京高校中排名第四，在北京 30 所高职院校中排名第一。首钢工学院教务与招生就业处获 2020 年北京高校毕业生就业工作先进集体，机电学院杜宝芹老师获2020 年北京高校毕业生就业工作先进个人。

（卢 芳）

【冰球项目服务社会】 首钢工学院社会体育专业（冰雪方向）承担了大陆冰球联赛场外裁判与技术统计工作。承担北京市青少年冰球联赛的场内、场外裁判任务。在 2020 年全国冰球锦标赛中担任裁判工作，并参加北京冬奥会冰球国内技术官员（NTO）培训，为北京市培养冰球裁判员 19 人，在北京市冰球协会举办的冰球比赛中担任裁判工作。

（卢 芳）

【获评北京市第一批法治宣传教育示范基地】 首钢工学院安全生产实训基地是北京市首批命名挂牌的 10 家基地之一。截至 2020 年 8 月，基地接待参观企业 68家，1043 人；实训 47 家，3946 人。为北京市应急管理局进行安全生产执法队队长培训、安全生产检查（督查检查）队队长培训、安全生产执法监察人员培训、2015 及

2016 年入职专职安全员轮训等共 6113 人。

（卢 芳）

【承办重大活动】

承办"国家应急管理体系和能力现代化建设研究高级研修班"。10 月 26 日—30 日，首钢工学院承办"国家应急管理体系和能力现代化建设研究高级研修班"，来自山东、山西、江苏、广东、福建、河北、北京等省市政府部门、高校、企业等 31 家单位应急管理领域的学员 50 人参加培训。该项研修项目，旨在围绕首都乃至全国应急管理理论、标准、科技、法律、机制、人才等重大前沿问题，重点研讨应急管理标准化一体化、提升安全风险防控能力、健全法律法规预案标准体系、提高应急救援能力、培养应急管理人才等方面内容。

承办京蒙扶贫协作教师进京培训。9 月 11 日—20 日，来自内蒙古乌兰察布市、锡林郭勒盟、兴安盟、赤峰市、通辽市五个京蒙对口扶贫盟市的学员 23 人在首钢技师学院参加电工、幼师、数控三个专业的培训。承办智能制造技术工人职业培训。9 月 12 日—24 日，首钢工学院承办北京市总工会智能制造技术工人职业培训项目。项目组紧密围绕智能制造产业发展前景，按照高水平、重实效的要求，精心设计培训方案。结合专业特点，聘请具有较高理论水平的专家和具有丰富经验的实践指导教师，师资队伍配备合理，优势互补，全面提升了培训质量，达到预期培训目标。

协办第二届"北京大工匠"选树活动——大工匠挑战赛。8 月 11 日—8 月 19 日，在首钢技师学院举办维修电工等 5 项职业（工种）大工匠挑战赛活动。该次大赛是一次承接 5 个高端赛项，增强了大赛组织协调能力，提升了在同行兄弟单位的认可度，为政府与学校搭建了新的合作模式，分别在《劳动午报》《北京晨报》《首钢日报》刊登报道。

承办钳工、电工、数控高技能人才研修培训。11 月 6 日—22 日，首钢技师学院举办首钢集团钳工、电工、数控高技能人才研修培训。本次培训设计了创新能力提升培训、工业 4.0 智能制造、自动生产线控制系统、技术革新与发明创造等内容，实现了"两个带来，一个带走"的目标，深受广大学员好评。

助力脱贫攻坚。8 月 16 日—21 日，首钢技师学院与石景山区人社局共同开办北京市对口支援贫困地区致富带头人培训班，来自河北省保定市顺平县的学员

124 人参加培训。

援疆援教。10 月，人才开发院邵国锋作为北京市人社局援疆教师团队领队，代表北京市人社局、首钢集团、首钢技师学院赴新疆和田地区和田技师学院开展为期 2 年的教育扶贫，担任和田技师学院党政办公室副主任兼汽车工程系主任，负责学院教学教改及管理水平提升等工作。带领援疆团队先后开展"和田地区七县一市教务科长培训""和田地区职业院校专业教师师资能力提升培训""师带徒青蓝工程""汽车专业人才培养方案修订"等系列教学教改和师资培训工作，惠及和田地区职业院校专业教师 300 余人。牵头组建"和田技师学院京和技师班"和"巴哈汽车兴趣社团"，作为项目组成员参与学院"十四五"规划编制等工作，助力和田技师学院教育教学水平和学生社团活动质量的总体提升。

（卢 芳）

首钢集团财务有限公司

【首钢财务公司领导名录】

党支部书记：姜在国（6 月离职）

党支部副书记：吴 岩

董事长：邹立宾

总经理：姜在国（6 月离职） 朱 挺（11 月任职）

副总经理：张 帆（8 月离职）

财务总监：王群英

（王树岗）

【综述】 首钢集团财务有限公司（简称"首钢财务公司"）由首钢集团有限公司和北京首钢建设投资有限公司共同出资设立，注册资本金 100 亿元人民币，其中首钢集团占比 80%，北京首钢建设投资有限公司占比 20%。首钢财务公司实行独立核算、自主经营、自负盈亏，是具有独立法人地位的非银行金融机构。首钢财务公司在业务上接受中国银行保险监督管理委员会、中国人民银行的指导、监督和稽核。按金融监管要求，财务公司设立股东会、董事会、监事会，实行董事会领导下的总经理负责制，并建立风险控制委员会、审计委员会、信贷审查委员会与经营管理层相结合的"三会一层"法人治理结构和内控体系。设置 9 个职能部门，即综合管理部（党群工作部）、计划财务部、风险管理部、信息管理部、结算业务部、公司业务一部、公司业务二部、国际业

务部、审计稽核部。秉承"依托集团、立足服务、助推转型、发挥引领、合规经营、稳健发展"的宗旨,以加强集团资金集中管理和提高资金使用效率为目的,构建集团"资金归集平台、资金结算平台、资金监控平台、金融服务平台",助推集团产融结合和转型发展。截至2020年12月底,资金归集率69.09%,总资产454.78亿元,实现利润5.64亿元。

(王树岗)

【服务实体】　首钢财务公司切实做好金融服务实体经济,进一步完善成员单位让利机制。按照人民银行要求,做好存量贷款LPR价格转换,贷款转换LPR比例100%;进一步降低成员单位贴现成本,通过各类金融服务降低成员单位财务费用12.87亿元。开业运营5年以来,累计为集团创效70亿元,实现利润29亿元。

(王树岗)

【资金集中】　首钢财务公司资金归集规模和归集率两方面均稳步攀升,归集规模达到历史峰值451.67亿元,持续保持钢铁行业排名第一,归集率69.09%。

(王树岗)

【票据业务】　首钢财务公司持续推进集团票据的全面集中管理,不断优化票据池系统功能,紧跟关键业务,解决关键问题,票据集中业务量实现稳步增长。丰富票据盘活渠道,提升票据流动性。除承兑、贴现、再贴现等方式外,进一步探寻票据内部盘活方法,提升票据流动性。集团整体开票余额从2015年末283.58亿降至129.82亿,其中外部银承从283.58亿降至23.65亿,外部贴现费用降至0。

(王树岗)

【外汇业务】　首钢财务公司跨境集中运营管理,获批在工行、农行、中行、建行、交行五大行开展跨境外汇资金集中运营管理,比上年新增2家银行,最新批复外债额度30亿美元,境外放款额度4.5亿美元。即期结售汇取得结售汇资格和中国外汇交易中心交易资格,同时结售汇系统完成开发、测试及上线运行。

(王树岗)

【风险管理】　首钢财务公司加强重点风险防控机制,筑牢风险防范的"三道防线"。完善客户风险识别机制,对成员单位信用评价体系进行优化,细化评级结果运用标准,为科学授信打下坚实基础。加强信用风险审查力度,从风险的可控性和操作的合规性两方面严格执行审查制度,充分发挥风控作用。

(王树岗)

【内部控制】　首钢财务公司加强内控建设,强化审计稽核的事后评价和监督职能,坚持全面审计与重点事项核查相结合,夯实前中后台"三道防线"。截至2020年12月末,实现无不良贷款,各项风险指标较高于全行业平均水平。

(王树岗)

【信息化建设】　首钢财务公司强化信息科技支撑能力,启动核心业务系统升级迭代,开发集团投资专户管控系统,优化集团一体化资金系统业务接口,实现境外资金管控项目二期上线运行,系统功能累计优化提升238项。强化应急和灾备管理,健全"两地三中心"灾备体系,建立分类分层的应急预案体系,实施资金管理系统首次非计划性灾难恢复演练,灾备管理实战化水平进一步提升。持续深化科技统筹管理和规划,修订和颁发制度3项;并结合集团产融定位,编制"十四五"信息科技规划,开展供应链金融业务调研。

(王树岗)

【企业文化建设】　首钢财务公司营造"走进首财、融入首财、奉献首财"的氛围,立足金融服务,提升价值创造。持续开展每周一"升国旗、唱国歌"爱国主义教育品牌活动。抓实抓细常态化疫情防控,组织"加油中国、抗疫必胜"党员自愿捐款活动,慰问一线抗疫英雄。组织参观纪念抗美援朝出国作战70周年主题展览。组织庆祝首钢财务公司开业五周年系列活动,展示五年来"坚持金融为实体服务、坚持价值创造为集团战略实施"的初心和使命。

(王树岗)

业务支持服务

◎ 责任编辑：刘冰清、郭 锋

财务共享中心

【财务共享中心领导名录】

主　任:王　健

副主任:高　静

（贺　寅）

【综述】　财务共享中心是集团财务核算、会计处理的中心,是为集团和各级子公司战略决策提供财务数据的支持服务部门和共享平台,于2015年10月成立。负责建立集团财务共享信息化项目,开展共享信息化平台管理与维护,协同推进集团其他信息化建设。负责编制集团合并报表,完善报表核算体系,组织决算审计,配合内、外部审计及会计档案归口管理;负责收入、成本等账务处理;负责税务核算及纳税申报管理;负责进出口业务核算及会计档案归档、保管;负责集团公司费用预算编制和控制,负责备用金借款、相关费用核算及报销;负责集团银行账户管理、收付款结算、票据业务、承兑汇票结算、财务费用、进出口业务结算;负责集团公司股权等长期资产核算;负责国有资本金、政府支持资金、市政工程拆迁补偿费及园区开发前期费用核算;负责园区停产资产、开发项目工程核算;负责技术研发费核算及代管独立法人单位会计核算;负责集团统计专业归口管理,组织集团和集团公司统计核算,实施各项统计调查,编制及对外披露统计年报和定期统计报表;负责编制集团生产经营指标快报、月度统计公报及统计资料管理等业务。

　　财务共享中心目前共设置总账报表室、会计核算室、费用核算室、资金结算室、资产核算室和数据信息室六个业务室,在职职工77人。

（贺　寅）

【信息化建设与推广】　财务共享中心组织完成股份智新、首自信和首建等20余户法人单位新上线应用;筹划推进财务共享三个模块深入应用,扩展74个流程场景,三个月完成131户法人单位409项业务场景的标准化评估分析,坚持财务共享信息化深入推广应用。全力推进财务共享运营管理制度化、流程化,颁发《财务共享用户权限及审批层级变更管理规范》,起草《首钢集团财务共享静态数据管理规范》,并持续优化流程运行,实现业务处理效率缩短1.7天。发挥业务与财务的桥梁纽带作用,打通费用报销与股份产销数据传输,完成与曹建投、首自信业务系统贯通。以用户为本,持续深耕共享服务,年均提供服务2500次,处理单据23.5万笔,超过年度目标15%,综合满意度86%、财务共享应用满意度94%。持续优化财务报表标准化和应用规范化,实现成员单位由直报系统、数据管理平台向一体化报表模块切换,助推应用功能完善和提升。做好财务共享"十四五"规划方案,确定业务提升点和应用功能完善框架。

（李圆博）

【总账报表工作】　财务共享中心再集团债权债务清理工作方面,完善管理制度体系,建立常态化、规范化内部清偿机制,组织修订和颁发《首钢集团内部债权债务管理细则》,在集团范围进行宣讲,全年召开组织协调专项会议21次,全年累计实现内部闭环倒抵60亿元,有效降低双方资金占用;积极组织推进内部退出单位债权债务清理,解决华禹和首源电力历史债权债务6.76亿元。克服年度决算时间紧、任务重及新冠疫情影响,提前组织、精心筹划,按时保质完成409户并表单位2019年财务决算和2020年中期审阅。启动新收入、金融工具和租赁3项新会计准则在集团范围内全面执行转换工作,组织会计师事务所,面向成员单位开展新准则培训,分析准则转换对集团整体权益利润、资产负债率等财务状况和指标的影响,推进集团并表406户法人单位顺稳转换。

（李圆博、陈元龙）

【资产核算工作】　财务共享中心推进"三供一业"资产移交,组织完成账实核对,履行交接手续,推进移交工作完整闭合;配合区自来水公司账面资料提供,完成回购实业供水、供电资产4939万元的核算和移交工作;会同专业部门积极推进物业资产移交,核实拟移交物业资产共507项,净值19338万,完成回购实业物业资产10项644.42万元的入账核算。组织行政管理中心、首钢地产等清理自1995年以来首钢北京地区房改房、集资房业务,围绕资金拨付、成本归集、售房款及维修基金缴存等内容,统筹提出专项处理意见,为集团后续工作开展奠定坚实基础;全力配合迁钢生活小区"三供一业"移交工作,解决一些长年未解决的难题,为后续移交打下基础。全程参与首钢宝业债权申报、审计报告评析,配合清算组落实和解协议推进实物资产处置挂牌交易、债权债务清理催收等;推进设备公司债权债务清理、股权处置及审计评估等,为年底前全部退出奠定基础;积极推进耐材公司、开源中心、首运物流、首源电力、博迪等单位清撤退出,针对不同企业不同业务特点,对资产处置、债权债务清理等提出不同专业意见。

(张 鹏)

【会计核算工作】 财务共享中心积极争取税务抵扣、疫情减免优惠等情况,借助为企业减税降费的有利时机,精准施策、努力与税务局反复沟通集团公司增值税留抵退税工作,并在短时间内克服困难完成数据整理、资料提供等工作,取得留抵退税1.11亿元,充分享受税收红利;积极与税务局沟通,提供代扣代缴境外债券利息、个人所得税以及信托管理服务费的税费返还手续费资料,取得手续费返还50.91万元;关注国家在疫情期间对复工复产企业的优惠政策,集团公司购电享受优惠政策节约资金140.78万元;主动对接社保管理中心,集团公司落实减半政策优惠2062万元,退服公司减免社保57.69万元;助力集团公司境外融资工作,克服疫情影响,按时对外付汇利息,主动超前与业务部门、税务局做好业务对接,完成6类融资业务及外籍人员工资薪酬付汇税务备案40次,办理境外融资代扣代缴税费完税3384.64万元,保证集团境外信誉。

(杨 巍)

【资金结算工作】 财务共享中心合理调拨资金,保证到期融资兑付,维护公司良好信誉,在确保薪酬、税金等刚性支出以及园区重点工程项目资金需求基础上,全年累计完成资金收支14531笔、4765.82亿元。对阶段性资金头存支付通过办理定期存款、票据盘活等方式盘活存量资金,全年实现固定存款利息收入0.42亿元,减少贴现费用0.04亿元。严格执行国际惯例,做好国际业务结算工作的同时,密切关注汇率变化,与银行协商对比即时汇率最优价格购汇,降低财务费用;持续加强账户动态管理,全年累计办理新增账户13个,清理注销账户13个,补充银行资料68份。加强内部借款管理,积极推进内部借款本金回收和利息催收工作,维护集团公司资金链安全。完善资金管理制度体系建设,根据集团公司资金管理制度修订进展,结合财务一体化项目实施,完成《货币资金管理细则(试行)》等三项制度的修订及颁发工作。

(苏 红、王立群)

【费用管理工作】 财务共享中心按照集团"低成本管理理念"精神要求,组织业务人员按计划开展业务流程制度学习,定期组织岗位交叉互查,检查业务合规性、审批权限、执行标准等,将从严、从细原则贯穿始终。严格落实年度预算安排,组织各部门结合实际做好预算任务的分解落实,紧密依托信息化手段系统管控费用标准及额度;密切跟踪集团总部费用使用,围绕费用日常支出,定期反馈预算执行情况与完成分析,特别是预算外费用严格履行总经理"一支笔"审批程序,杜绝预算外及逾越制度标准报销事项发生。2020年集团公司费用完成10.34亿元,扣除新增资产折旧、冬奥服务费等因素0.77亿元影响外,同口径比预算降低0.57亿元。

(张永卫)

【统计管理工作】 财务共享中心适应行业新形势和新变化,提高统计效率与服务水平,扎实做好统计数据报送工作。组织对2020年《首钢集团主要统计指标手册》指标进行修订,对集团重点工作相关财务指标和重点行业纳入统计指标月报,为集团及时掌握生产经营情况提供数据支撑。认真落实中央、北京市复工复产工作要求,努力克服疫情带来的不利影响,做好复工复产数据报送工作。高质量完成日常统计资料报送工作,对内累计服务战略管控部门专项报告百余次,涉及数据上千条;组织完成集团公司和首钢集团两套年报,坚持每日向集团公司领导报送中国铁矿石价格指数日报,首钢集团被国务院国资委评为重点企业信息报送先进单位、被钢铁工业协会评为统计工作年度先进集体。继续组织世界500强企业申报工作,集团在2020年度世界500强排行中位列429位。完成集团公司固定资产投资编报,并对项目形象进度跟踪及数据真实性进行审核,全年累计上报区统计局固定资产投资项目21个、完成投资96569万元。

(贺 寅)

【党建工作】 财务共享中心全面落实集团党委年度部署,切实抓好中心党总支工作。加强政治思想建设,推动学习贯彻习近平新时代中国特色社会主义思想,组织党员认真学习全国两会、党的十九届四中、五中全会及习近平总书记在抗击新冠肺炎表彰大会、纪念抗美援朝胜利70周年等重要会议和最新精神,确保党员同志在思想上、行动上始终与党中央保持一致。高质量贯彻落实集团党委年内任务部署,组织完成主题教育"回头看"自查整改、"逐梦百年新征程、争当发展排头兵"创先争优活动、党员捐款支持防疫及"垃圾分类、桶前值守"等系列工作,进一步增强组织战斗力。圆满完成总支委员换届选举工作,为中心党建发展注入新活力。丰富职工生活,结合疫情防控条件组织策划防疫知识竞赛、垃圾分类知识竞赛、庆祝建党99周年知识竞赛,组织开展财务系统"学历史,忆往昔,展未来"主题党日、观看纪念抗美援朝70周年主题展览等活动,得到广大党员的好评。高标准落实集团疫情防控工作,组织实施楼门执勤、外来人员检测登记、防疫物资订购等工作,及时掌握职工健康状况,确保职工安全;在业务上全面助力集团防疫工作,累计拨付防疫资金及办理费用结算661万元,为集团疫情防控、复工复产筑牢坚实基础。

（王　健）

人事服务中心

【人事服务中心领导名录】
中心主任:吴　涛

（张英明）

【综述】　首钢集团有限公司人事服务中心(简称"人事中心")2015年10月成立,是集团公司人力资源领域行政事务类工作集中处理和为员工提供人事服务单位,既是集团总部的业务支持服务类部门,同时又是人力资源信息集中管理单位,具有管理与服务双重职能。

2020年,人事服务中心认真贯彻落实集团公司"两会""三创会"等会议精神,抓党建促业务,疫情防控和业务工作两手抓,在高质量服务上下功夫,细化分解集团公司重点任务,"核心人力资源管理项目建设、退休人员社会化管理、共享服务拓展"三项重点任务取得实质性进展,各项专业管理工作取得新成效。

（张英明）

【信息化建设】　人事中心核心人力资源信息化项目建设基本完成。核心人力资源系统管理18个功能模块上线,分两批次对钢铁板块12家单位,非钢板块包括股权及项下27家单位培训推广工作,初步完成集团推广目标;系统接口集成功能基本实现,按照集团信息系统整体设计,完成投资、主数据、核算和OA待办消息等系统接口集成,按计划推进财务共享与薪酬社保公积金集成;制定颁发《关于进一步规范首钢核心人力资源

系统管理的通知》《首钢集团核心人力资源系统数据治理工作安排》,为集团人力资源盘点分析打下坚实基础。

（韩立功）

【退休人员社会化】　人事中心面对疫情防控形势严峻,退休人员数量大、历史问题多、构成复杂、户籍分散等诸多情况,按照国家及属地政府相关政策,加强与市、区两级专业部门沟通,及时了解分析相关政策,制定和优化业务流程,积极稳妥组织协调各单位集中力量,推进"社保关系、人事档案、组织关系"转移落地工作。其中:集团北京地区分别达到94.6%、92.7%、99.9%,超额完成市国资委下达的任务目标;外埠单位水钢、长钢和贵钢分别达到100%、100%和99.9%,伊钢和通钢已实现退休人员社会化管理。

（张连永）

【规范管理】　人事中心梳理集团公司法人范围内社保、公积金等业务,制定并实施《集团公司移交"五险一金"代管业务规范专业管理工作实施方案》,完成薪酬计发、社会保险缴纳、公积金汇缴等业务集中管理,逐步清理文化公司、技师学院、工学院和首秦公司的社保代管业务工作;清理股权公司、财务公司等10家代管企业的补充医疗保险业务;将发展研究院人事业务纳入中心集中管理,承接技术研究院的离休干部管理工作。

（郭　伟）

【协同创新】　人事中心进一步拓展"三方"平台服务,全力促成北京市、石景山区在矿区先后成立石景山区"劳动鉴定中心首钢唐山地区工作站"和"驻首钢迁安地区退休人员社会化管理服务中心",实现人事服务向迁安矿区的不断延伸。联合人力资源部,规范基金公司等单位的统计工作,完善人事报表。根据疫情期间京港两地政策变化,与人力资源部、国际业务部等部门统筹细化,开展对香港首控等境外企业人员的人事、外事综合服务,确保境外人员稳定。

（郭　伟、张连永）

【"开源"清撤】　人事中心在集团公司相关部门及北京市清算事务所的支持配合下,成立工作专班;制定破产清算方案;向法院提交破产申报;按照法院要求,向管理人移交企业资料;配合财务共享中心及集团公司内部相关债权单位,做好有关债权申报相关工作。配合市一中院组织召开第一次债权人会议,明确债权人会议议事规

则和开源财产管理及变价方案等。

(刘　杰)

【保障职工利益】　人事中心疫情防控期间,颁发延长春节假期和在疫情防控期间灵活安排工作等两个文件,保障职工生命安全和身体健康。通过视频会议为集团北京地区28个单位的业务人员开展政策培训,邀请区社保中心解读本市人力资源和社会保障政策性文件,就疫情防控期间政府社保网上办理流程进行答疑。利用远程网上办公系统,采取在线为企业办理"五险一金"、适当延长职工报销单据收取截止时间等措施,做到疫情防控和业务工作两不误。

(郭　伟)

【资金支持】　2020年,人事中心共争取政策支持资金4045.64万元,其中:由市财政承担的"两家抬"支持资金76万元,职教幼教退休教师补贴2229.82万元,离休干部市属困难单位市财政支持资金预计1300余万元,残疾人岗位补贴和招用"三类残疾人"社会保险补贴199.82万元,稳岗失业保险返还236万元,北京市博士后科研活动经费资助4万元。

(程金花、郭　伟、蔡　玲、冯清仁)

【外事管理】　人事中心强化疫情防控期间因公出入境管理,做好境外疫情精准防控工作,制定下发《关于加强新冠肺炎疫情防控期间因公出入境管理的通知》(首人服发【2020】28号)。日常管理中,加强政策宣贯,做好出访团组人员的关心、关爱工作,建立"点对点"日常联络机制,及时掌握境外人员动向,做好境外常驻人员日常管理与服务。与有关单位共同做好外籍来华人员的疫情防控工作,在外籍人员住宿地及办公区域张贴中英文《新冠肺炎疫情防控知识》海报,发放新冠肺炎疫情防控手册。加强护照管理,与组织部到首建集团宣讲严禁持因私护照出国(境)执行公务等外事政策。加强基础管理,召开专题培训会,完善密钥管理。

(郝　玉)

【毕业生招聘】　人事中心面对突发疫情,及时拓展线上招聘渠道,组织指导集团各单位,向清华大学等40余所重点联系高校发布招聘信息,在首钢集团网站及线上招聘平台、中智招聘等网站刊登招聘信息,参加政府机构或高校组织的"空中双选会"等线上招聘活动200余场。利用电子邮件、网络平台、视频等方式收集个人简历,线上笔试面试、素质测评等方式进行选拔招聘。

2020年,组织集团各单位招聘毕业生1153人(博士研究生15人、硕士研究生177人、本科生760人、专科生201人),其中定向选录贫困生39人。北京高校毕业生就业指导中心对首钢集团2020年在努力吸纳毕业生就业方面做出的贡献和主动参加多场招聘会给予肯定,专门发来表扬信。

(蔡　玲)

【工伤保险管理】　2020年度,人事中心按集团规定时限认定各类工伤事故17起。根据北京市人力资源和社会保障局《关于北京市2020年调整工伤人员和工亡人员供养亲属工伤保险定期待遇的通告》等文件要求,调整集团公司1—4级工伤人员及工亡职工家属抚恤金的工伤定期待遇,包括:工伤人员34人伤残津贴的调整、工伤人员45人护理费及供养亲属25人抚恤金的工伤待遇调整及费用补发工作,确保按时发放。

为满足受疫情影响滞后的鉴定需求,人事中心协调石景山区人力资源和社会保障局劳动能力鉴定委员会,举办劳动能力伤残鉴定专场,为工伤职工47人进行劳动能力鉴定,有效保障工伤职工自身合法权益。人事中心还协调石景山区人力资源和社会保障局在矿山地区成立"石景山区劳动能力鉴定中心首钢唐山地区工作站",首钢河北唐山地区工伤职工在当地即可进行劳动能力鉴定。

(李海明)

【劳动合同管理】　人事中心落实集团公司关于"加强固定期劳动合同续签管理,严格考核评价,择优续签,真正实现人员能进能出"要求,组织开展固定期限劳动合同有关情况专项调查摸底工作,与系统优化部、人力资源部联合颁发《关于印发〈首钢集团规范劳动合同管理完善市场化用工机制工作方案〉的通知》,召开视频专题会动员布置。指导矿业医院、体育公司艺术团、机电公司、耐材公司等单位处理好劳动关系问题。

(张凤光)

【工会会员管理】　人事中心负责管理和维护首钢集团103家单位、工会会员6.3万人的数据库系统管理。2020年,根据首钢集团机构调整变化情况,及时对会员系统进行相应的调整和会员会籍的划转。指导并协助基层工会办理数字证书和权限开通等。在京卡办理方面,全年为股份公司、房地产公司和首钢医院等单位会员 417 人办理京卡。

(杨英旗)

【职业资格管理】 人事中心根据《关于启动钢铁行业职业技能等级认定申报工作的通知》(中钢协〔2020〕40号),组织首钢四地企业配合中钢协申报"第三方职业技能等级认定机构",共申报 168 个认定职业(工种);根据《关于全面推进职业技能等级认定工作的通知》(京人社职签发〔2020〕3 号),以集团公司名义组织申报北京市企业技能等级认定资格,共申报 16 个认定职业(24 个工种)。

2020 年,组织首钢四地政工人员参加政工职称评审,审定政工师 10 人,向北京市推荐高级政工师人选 4 人;组织首钢四地和市属企业专业技术人员 503 人参加北京市工程类冶金专业高、中、初级职称评审,125 人参评高级职称,244 人参评中级职称,10 人参评初级职称;组织 1853 人参加国家职业资格认证,2266 人参加企业技能等级评价,核发 2018 本《首钢职业技能等级证书》。同时,按照《北京市应急管理局关于 2020 年特种作业人员安全技术考核安排的通告》要求,组织首钢技师学院、矿业公司培训中心两个考点开展特种作业操作证取证与复审,共有 2916 人参考。

(刘经耀)

【医疗保险报销】 人事中心负责首钢集团 50 多个单位近 2 万人的补充医疗报销工作。全年共为 9642 人报销企业补充医疗保险,支付费用 672.46 万元,其中在职职工 1353 人,报销金额 106.18 万元;退休人员 8289 人,报销金额 566.28 万元。

(张连永)

【职工保险】 作为首钢职工互助保障的具体操作机构,针对北京市新推出的综合险以及缴费形式的变化,积极服务基层,做好业务指导,实现 2020 年度参保率超过 96%,参保额 1145.59 万元,超 2019 年参保额 265.59 万元,超额完成北京办事处下达的 950 万元的参保指标。

规范理赔。2020 年为职工办理赔付 2471 人次 4891455.29 元。其中:住院赔付 2181 人次 2556755.29 元;意外赔付 144 人 763700 元;重疾赔付 126 人 1387000 元;女工特病赔付 15 人 134000 元;附加身故 5 人 50000 元。另外,非工伤意外赔付 67 人 38600 元。

2020 年新冠肺炎疫情暴发后,人事服务中心及时将北京办事处的"三项"措施传达到各单位,特别是首钢医院等奋战在抗疫一线的单位,做好互助保障工作。组织首钢集团 2019 年度互助互济 626 人 30 万元,对 2019 年度医疗费用超封顶的职工 87 人进行申报赔付。首钢办事处获"2019 年度中国职工保险互助会先进单位"和"中国职工保险互助会北京办事处优秀单位"荣誉。

(付 强)

【老干部服务】 人事中心及时发放《面对疫情,给老年朋友的一封信》,向老干部宣传防控要点及健康常识;建立健全服务信息台账,每月定期联系 220 余位离退休干部,了解情况,舒缓情绪,让老同志时刻感受到党委关心;开展线上互动,利用微信群等编制并转发疫情防控、心理减压、医疗常识、书画讲座等学习资料,丰富老同志们居家生活;引导老干部们结合自身特长发挥作用,老干部创作抗疫诗歌 36 首、书画作品 89 件、纪实摄影作品 91 件;64 位离退休干部为抗击疫情捐款 65900 元。

2020 年底,集团北京地区现有离休干部 169 人,老干部服务中心管理服务离休干部 106 人,平均年龄 91 岁;服务集团退休助理级以上领导 28 人,平均年龄 73 岁。同时,服务处级以上领导 800 余人,服务去世离休干部无工作配偶 40 人。

全年先后走访慰问 260 余位老干部及去世离退休干部遗属。结合老同志特点,在首钢医院、办公厅保健室的支持下,完成 18 位离休干部和 24 位集团助理级以上老领导体检,做好体检报告解读及健康咨询工作。认真核对确认信息,为 118 位参加抗美援朝出国作战老同志发放纪念章。扎实服务获肯定,老干部服务中心荣获"北京市老干部工作先进集体"荣誉。

(程金花)

【人员管理】 人事中心按照北京市要求,2020 年首钢退休人员社会化移交基本完成,在移交工作过程中,做好退休人员人事中心负责首钢集团 49 家单位、退休人员 10778 人,园区范围内 13 家单位不在岗人员 401 人集中管理工作。

以"诚心、热心、耐心、爱心",认真做好退休人员和不在岗职工服务。采取"针对化解决、个性化处理,一事一议"的方法,努力让退休职工和不在岗人员感受到企业的关怀。全年接待来访、来电 300 余次,定期家访慰问 160 余次,解决信访问题 10 件;为年龄超过 95 岁的老人 20 人发放慰问金或慰问品;为 60 人办理退休手续;为 6600 名退休人员支付 2020 年取暖费 1200 余万元。

针对不在岗党员"离岗、分散、居家、休养"的实际情况,不断强化不在岗党员的管理。通过与党员居住地街道保持联系,多角度了解党员思想生活状态;成立党小组,完善党员组织管理;加强日常联系,建立党员微信群,组织不在岗党员通过网络信息化进行政治学习,做到不在岗党员管理不失控,不在岗党员全部到社区"双报到"。

(张连永)

行政管理中心

【行政管理中心领导名录】

主　　任:韩瑞峰

副主任:薛　伟

(李晓波)

【综述】　行政管理中心是集团总部的业务支持服务类部门,同时具有管理与服务双重职能,直属首钢集团有限公司领导。行政管理中心作为集团总部行政与后勤等专业的职能管理部门,主要是承担政府赋予企业的社会管理职能,为总部提供行政办公和后勤保障的服务实体,为员工提供生活服务管理。行政管理中心设置行政管理室、档案管理室(首钢档案馆)和生活管理室,截至2020 年末,在册 81 人(管理人员 33 人,占 41%;操作人员 48 人,占 59%)。

2020 年,行政管理中心全力贯彻落实首钢"两会"精神,积极应对新冠疫情,全面保障集团总部平稳运行。建成首钢数字档案馆,实现"存量数字化、增量电子化、利用网络化"建设目标;持续推进首钢集团北京地区非经营性资产及外埠单位职工家属区"三供一业"分离移交后续工作;加强公务用车及领导人员履职待遇管控;履行国企社会职责,全面完成市、区各级部门下达的各项企业社会职责任务指标,发挥好首钢示范带头作用;持续健全风控体系和制度体系,在总结"十三五"基础上,明确"十四五"工作重点。全年各项工作均有效实施并取得成效。

(李晓波)

【疫情防控】　行政管理中心按照北京市、集团公司疫情防控领导小组要求,积极协调政府相关部门,克服疫情暴发初期物资极为紧张的不利因素,多渠道采购防疫物资,共组织采购口罩 47.45 万只,一次性橡胶手套 3 万副,测温枪 40 把,消毒用酒精 875 升,有力保障集团疫情防控需,确保集团总部办公生活安全。中心一把手亲自挂帅,成立疫情防控工作领导小组,制定工作方案。办公区域实行封闭管理,设置体温检测设施,加强公共区域消毒通风,明示消毒标识,关停公共浴室,取消食堂堂食,实行分时取餐分散就餐。加强班车、公务用车使用管理,增加消毒通风频次,监测司机体温,严格佩戴口罩手套。暂停外用工、外派工使用。核查上岗职工北京健康宝。制定集团复产复工期间应对新型冠状病毒肺炎疫情应急预案,针对办公场所、食堂、超市等重点部位,组织各类防疫监督检查近 200 次。严格执行防控措施,确保中心职工生命安全。严防死守,狠抓落实,分类建账,确保全员通讯通畅,实行每日零报告,返京人员严格执行 14 天居家隔离,及时调整工作安排,妥善做好隔离职工思想工作。中心无一例感染情况发生。中心按照集团党委要求,抽调骨干党员下沉社区,支持社区抗疫,获得社区居民和街道党委的充分肯定,用实际行动体现首钢党员干部职工的担当精神和过硬作风。

(李晓波)

【信息化建设】　行政管理中心在档案共享平台方面,上线历史档案数字化扫描,全面实现档案管理信息系统网上利用功能。对 2019 年完成的扫描数据进行二次核检,确保数据准确无误。补充完善 20 世纪 50 年代历史档案目录;完成档案数字化数据光盘刻录,与清华紫光公司进行数据交接,更新系统目录数据,完成扫描数据与管理系统的完整挂接,全面实现档案管理信息系统网上利用功能。制定"电子档案系统容灾备份方案",并进行档案信息静态容灾备份工作。不断推广档案信息化系统应用,以点带面,初步形成分地域(层)的基层单位档案信息化的建设体系。目前,已完成京唐公司、首钢地产、首控公司 3 家单位推广试点,超额完成年度计划。

商旅平台方面,适应疫情防控常态化新形势,在各单位差旅出行急剧萎缩的情况下,不断加大集团各单位推广应用,重点针对集团人员多的单位加大推广力度,在前期推广 40 家单位、覆盖约 4 万职工基础上,今年完成 24 家单位推广,新覆盖职工范围增加 3 万人,超额完成年度计划。

(李晓波)

【制度体系建设】 行政管理中心按照《首钢集团2020年风控及制度建设计划》（首发〔2020〕17号）安排，高度重视，多次专题研究，完成年度制度体系建设目标。完成《首钢总公司住房公积金实施细则》《关于调整首钢单身宿舍收费价格的通知》《首钢总公司办公用房管理办法》《首钢厂容绿化管理办法》《首钢总公司无线电管理办法》五5项不适用集团发展的制度废止程序。针对受政府政策法规影响大的制度，如公共卫生、公务用车制度，紧密跟踪政策变化趋势，及时调整工作计划。稳步推进部门级制度修订工作，完成《档案安全管理细则》《档案利用管理细则》草稿编制，目前正在结合新修订的《中华人民共和国档案法》进行完善。

（李晓波）

【"三供一业"分离移交】 行政管理中心按照集团部署，继续推进北京地区非经资产及外埠单位"三供一业"分离移交后续工作。积极对接市自来水集团、国网北京市电力公司，完成北京地区供水、供电资产账务移交；组织各单位完善房产设备移交明细，推进物业资产账务移交。在2018年完成非经资产及公建配套移交后，2020年为落实市国资委对非经资产配套用房进行补充移交的工作要求，首钢集团于4月和6月先后与首开集团、房地集团签订《非经营性资产配套用房补充移交协议》《非经营性资产配套用房补充移交实施协议》，共补充移交配套用房104处，8.2万平方米。12月，首钢集团与首开集团就东堂子胡同38号院移交签订协议。12月底，首钢集团与首开集团签订《非经营性资产移交面积确认协议》，最终确认非经资产移交面积为3947061.40平方米，综合补助费13.81亿元。

2020年继续推进供电移交，减少企业损失及运行风险；在集团供电专班领导下，与实业公司、动力厂、供电公司等供电上下游重点单位联动，建立隐患排查清单，制定措施，保障家属区度夏供电。

首钢外埠涉及"三供一业"移交单位12家，截至2020年12月底，贵钢公司、通钢公司、秦皇岛板材、秦皇岛机械厂、中勘公司、燕郊公司和东华公司7家单位已全部完成移交；股份公司、水钢公司、长钢公司、长白公司和东星公司5家单位已完成部分项目移交，剩余项目按照属地政府的工作要求正在推进中。

（毛波、杨星奎）

【公务用车管理】 行政管理中心持续加强公务用车专业管理，不断提升集团总部用车服务能力。一是强化公车管理，不断完成履职待遇专项预算管理和公车购置更新审核，利用信息化手段不断加强公车检查，第一时间完成市巡视组问题整改。二是总部用车实现申请、审批、调度派车、用车评价、车补扣除全流程线上闭环管理，管理效率进一步提升。三是狠抓队伍思想教育，提升安全意识、服务意识，服务能力稳步提升。签订安全行车责任状和两会安全行车保证书，全年无违纪情况发生。积极应对疫情防控，全力保障总部用车服务，坚持车辆三检制，严格执行派车单制度，好评率100%。全年预计执行任务6000台次，行驶50万公里，圆满完成各项任务，得到各部门的一致好评。

（陈丹伟、李晓波）

【社会职能工作】 行政管理中心加强国有企业社会职责落实，全面完成各项社会职能工作。在北京市用血量逐年增加和首钢北京地区职工人数持续减少的压力下，完成市、区下达的指标；特别是新冠疫情的非常时期，在各单位党委的全力配合下，紧急组织无偿献血达21870毫升，超额完成市国资委下达的任务。开展生活垃圾分类，发挥国企示范带头作用。按照市国资委统一部署和集团领导批示要求，中心根据5月9日市国资委系统学习贯彻物业及生活垃圾分类管理条例培训会精神，结合集团实际，制定并颁发《首钢集团有限公司生活垃圾分类工作推进实施方案》，迅速组织集团在京单位开展落实《北京市生活垃圾管理条例》工作。共设置垃圾桶站1576处，配备分类垃圾桶4612个，投放宣传海报、资料3616张，设立垃圾分类指导员534人，组织检查督导35次。组织集团在京单位全面开展"垃圾分类国企在行动"实践活动。落实市委市政府、市国资委关于扶贫攻坚工作部署，按照集团扶贫工作要求，制定集体食堂消费扶贫采购方案并组织实施，协调实业公司、特钢、首建、首钢工程等单位对接北京市消费扶贫产业双创中心和受援地区农副产品供货企业，全年消费扶贫采购201.88万元；组织动员实业公司等单位认购和田鸭1300余只，助力解决新疆和田地区扶贫产品和田鸭滞销问题；组织开展消费扶贫智能专柜布设工作，在京19家单位共安装智能专柜20余台。按照北京市政府和市国资委对老旧小区综合整治工作部署，在完成首钢职工家属区非经营性资产移交的前提下，充分利用首钢在专业、技术、设备等方面的优势，组织协调股权公司、基金公司、城运公司、医疗投等单位研究并提出首钢集团参与老旧小区综合整治工作的思路和路径，全力配合政府部门逐步完善老旧小区相关配套设施，提升服务，改善小区环境。

（李晓波、宋立宁、翟　艳）

【行政办公】　2020年，行政管理中心在全力抗击疫情保障集团办公稳定的同时，积极做好各项行政管理、服务。发挥强化集团总部支持功能，持续加大差旅平台共享服务范围，优化总部办公、电信通讯、固资管理、会议服务等职责，进一步规范业务管理、完善业务流程，构建高效行政办公服务。强化集团重大会议服务监督检查，对重大会议供餐食品的原料采购、加工制作、自助就餐及持证上岗等情况进行监督检查，确保大型会议期间的公共卫生安全，有效完成集团"两会"等重点会议和重要来访等大型会议、重大活动服务保障工作。加强对物业公司的日常监督、考核和检查，全面保障集团总部行政办公服务。持续提升办公用房和办公家具管理水平。按照胡雄光副总经理3月3日现场调研和4月7日专题会精神，结合市政规划要求和园区腾退单位安置需求，全面梳理园区办公用房情况，经现场实地踏勘，本着"勤俭节约、充分利旧、长短期结合"的原则，形成安置方案并专题汇报。根据专题会决议，配合首建投公司和首钢设计院，完成客车队搬迁方案的确定，以及生活管理室、人事中心办公地点更换和办公家具搬运工作。三是做好办公室调配，持续提升办公条件。为人力资源部、审计部等部门调剂办公用房，完成机关办公区域共计42台空调更新，结合疫情防控要求，暑季前组织对集团机关部门共494台空调进行集中清洗，对办公厅大院4个会议室更换会议桌、重新布线，配合实业公司对西四北大街、大栅栏的两处房屋进行市场开发调研。做好固定资产管理。完成房屋土地税务基础信息统计、核实及缴纳工作。完成房屋土地及固定资产清理、核查及房屋土地的评估和测量工作。完成古城社区卫生服务中心移交首钢医院的各项工作。配合资产管理中心做好对外出租房屋国资委北交所鉴定备案工作。完成2019年资产盘点及评分，按资产中心要求完成总部部门固定资产标签粘贴，完成新闻中心固定资产转固，完成人事服务中心退休办固定资产转固。加强电信和车务专业管理工作。针对首钢园区开发后部分办公场所手机信号差的问题，积极与移动、电信协调，加强基站的建设。

为集团总部部门职工办理优惠移动集团套餐36人次。按照财务审计要求，完成集团领导手机号从首钢总公司办公厅行政处过户到首钢集团有限公司工作。与车管所和解体厂协调，协助环境公司及国际工程公司办理2台无手续车辆报废。全力保障总部用车服务。根据疫情传播特点及车队实际情况，建立体温测量台账，确保"专车、专人、专用"。每天进行两次消毒、通风，凡出车必须佩戴口罩，手套等防护用品。狠抓队伍思想教育，加强驾驶员的安全意识教育和服务意识教育，与每位职工签订《2020年安全行车责任状》《两会安全行车保证书》，坚持周一安全大会制度，全年共召开30余次安全教育大会。加强车辆检修，确保状况良好。坚持车辆三检制，及时做好车辆保险及维修保养。严格执行派车单制度，好评率100%。持续改善职工办公环境。为方便总部职工工作之余健身锻炼，协调市政部门，开通办公大院到石景山新安记忆公园小门。同时，颁发《办公厅大院东侧临时出入门管理规定》，为职工开通门禁卡，确保疫情防控和大院办公安全。做好机要文件收发和劳保用品采购发放。

（陈丹伟、李晓波）

【档案收集与保管】　行政管理中心工作人员加强与总部机关的沟通、指导，深入现场，宣传档案归档范围，做好文件的收集、归档工作，全面完成2019年度机关文件整理、装盒、入库工作，共归档文件7669件。做好重大项目、重大活动收集归档工作，接收首钢医院移交的抗击疫情过程中的照片827张、习近平总书记给在首钢医院实习的西藏大学医学院学生的回信新闻联播新闻光盘1盘、西藏学生给习近平总书记的信件（复制件）1件、《人民日报》（海外版）报道西藏大学医学院学生17人在首钢医院实习的新闻报纸1件。接收首建投公司移交的冬奥工程滑雪大跳台工程建设照片229张、视频10个。加强档案安全防护工作，提高档案工作人员的防护意识，积极开展档案库房巡检，检查档案安全设备设施，消除隐患。

（武志辉）

【档案利用与编研】　行政管理中心积极开展档案提供利用，为集团各部门做好服务，共完成155个单位，2196件/卷/张文书、报纸、专利、照片档案等查询利用工作，满意率达到100%。在疫情期间，档案管理室通过集团OA、电话等方式开展档案利用工作，减少利用者到馆查阅档案,提高档案利用效率。尤其是重点做好北京市委第一巡视组档案利用,共提供档案322件,查询及时、提供准确、服务上门,得到各级领导好评。积极挖掘历史珍贵档案,展示首钢企业文化,2020年6月9日"国际档案日",挖掘出1950年8月30日《职工小报》刊载的李金泉、高伯聪、侯德成等七名北京市劳动模范先进事迹报道,这也是迄今为止首钢档案馆保管的首钢最早刊发的报纸。在1955年的档案中,挖掘出侯德成、刘正五、李友芝3名同志的北京市劳动模范登记表。行政管理中心在集团门户网站展示老档案原件内容,弘扬劳模精神,传承企业文化。10月,发布首钢档案馆的有关石钢职工抗美援朝的照片、档案资料,纪念抗美援朝70周年。

(武志辉)

【档案现代化管理与管控】 行政管理中心继续推进档案数字化建设,完善首钢档案管理信息系统档案数据,对扫描数据进行二次核检,确保数据准确无误,全面实现档案管理信息系统网上利用功能。按照逐步推进原则,推进基层单位档案信息化建设。指导京唐公司开展档案信息化建设,建设京唐公司智能档案管理信息系统,对25120件机关档案、18595卷工程档案进行扫描;实现档案库房的"人防、物防、技防"三位一体的管理系统。指导地产公司推进档案管理信息系统建设和档案数字化工作,地产公司完成室藏档案数字化工作,共扫描档案23万页,开展档案管理信息系统升级工作并上线正式运行。

(武志辉)

【生活后勤服务】 行政管理中心生活管理室持续做好职工生活后勤服务保障工作。加强职工食堂监督监管,不断提高供餐质量和服务水平;新冠肺炎疫情防控期间,调整职工食堂就餐方式,实行分时取餐、分散就餐等措施,督促食堂做好消毒和环境卫生整治,确保职工就餐安全;多渠道征求职工对食堂供餐服务的意见和建议,持续改进服务,满足职工多元化就餐需求。完成园区39个单位、职工3000余人工作餐补助审核、发放工作。完成集团总部部门职工工作餐消费金额报销及支付工作。结合首钢单身宿舍升级改造、住宿费收费标准提高的情况,对集团公司职工居住单身宿舍住宿费报销标准进行调整。完成集团总部部门2020—2021年采暖季采暖费审核报销工作。

(翟 艳、董林迎)

【房管房改工作】 行政管理中心生活管理室持续做好非经资产移交过渡期房改业务工作。分类施策,有序推进,妥善解决已售房改房、集资房不动产登记办证遗留问题。对于办证过程中因首钢改制企业名称变更涉及的税收问题,在经营财务部等部门的协同配合下,通过与政府有关部门密切沟通,顺利打通办证通道。2020年共完成16户房屋转移登记工作,向职工发放《不动产权证书》。按政策要求向财务部门申报房改售房合同等合同印花税共545.30元。配合首开集团做好移交后续工作,对《非经营性资产移交清册》中部分信息误差等问题进行核实更正,共出具《更正函》12份;归集移交过渡期间由首钢集团负责办理的各类房改业务档案94件,并移交首开集团。

(李燕红、陈 磊)

【公共卫生管理】 行政管理中心生活管理室2020年组织食品制售、生活饮用水、公共场所卫生检查112次。配合有关部门做好集团重要会议及活动的餐饮服务食品安全保障工作。按照北京市政府、市国资委、集团公司应对新冠肺炎疫情防控要求,参与编制《首钢集团有限公司复工复产期间应对新型冠状病毒肺炎疫情应急预案》。应对6月北京新增新冠肺炎病例防控形势,下发《关于加强疫情期间集体食堂食品安全及防控措施的通知》,进一步加强食品原料采购(特别是进口冷链食品)、制作过程、公用具消毒及从业人员健康状况管理,严防食品安全事故发生。对新建、改建、扩建的园区初轧食堂、首建投职工食堂等项目按专业要求进行预防性卫生审查,协助办理《食品经营许可证》。首钢集团被石景山区食品药品行业联盟评选为"2020年度优秀理事单位"。

(宋立宁)

资产管理中心

【资产管理中心领导名录】
中心主任:卢贵军

(杨明娟)

【综述】 首钢集团有限公司资产管理中心(简称"资产中心")是集团有形资产和无形资产的专业管理部门,通过掌握集团资产信息,以资产价值管理为核心,加强资产使用效率分析,深入挖掘资产潜在价值,实现分散式管理到高效集约的转变、事务性管理到价值管理的转变和资产保值增值目标。负责不动产价值管理;负责集团土地权属处置的专业审核,集团公司国有土地、工业厂房、办公及经营用房的权属管理,组织集团公司不动产登记的办理;负责监督、检查评价集团土地房屋使用、租赁等管理工作;负责组织集团公司新增建设用地手续的办理、占地拆迁补偿等工作;负责集团占地拆迁补偿的专业指导审核工作;负责集团总图资料专业管理。负责资产管理体系建设;负责提出存量资产管理优化建议或方案、配合提出资产证券化和固定资产投资规划建议或方案;负责集团资产信息化系统建设、维护及持续更新;组织集团资产年度盘点;负责办理集团相关实物资产的验收、转固等工作;负责集团运营资产实物资产异动、调配调拨、投资租赁等实物核实和审批工作,配合财务共享中心进行资产核算。负责首钢商标、字号等无形资产管理,负责收集首钢商标、字号等无形资产数据信息。负责集团固定资产处置(集团内部转让、对外转让、报废等)专业管理。包括:审核资产处置申请与备案,组织开展资产处置统计与分析,制定资产处置计划方案,配合建立、更新资产评估机构备选库及资产评估评审工作,办理在北交所上市交易手续;负责组织集团公司权属闲置资产处置工作。

资产管理中心设不动产管理室、资产运营管理室和资产处置管理室,职工24人,其中高级职称8人,中级职称7人。

(杨明娟)

【管控体系建设】 资产中心建立集团资产管理情况汇报制度,开展固定资产管理评价。在集团资产年度盘点的基础上,对上年度集团资产管控工作进行总结,揭示分析存在问题,提出下一步工作重点,形成集团资产年度报告提报集团董事会;董事会审议通过后及时组织集团资产年度专业会议,落实董事会相关要求,加强集团资产专业管理。资产中心完成集团52家二级产权企业固定资产管理自评价,对首钢冷轧等8家企业开展固定资产管理集团评价,深入现场抽盘各类固定资产552项,针对问题提出改进建议66项,促进基层单位提升固定资产管理水平。完善集团资产管理体系,下固定资产标签和盘点工作管理规范和固定资产处置手册,逐步形成规范管理的长效机制。

(傅建忠)

【疫情防控】 资产中心严密组织集团在京商务楼宇、出租房和首钢园区复工复产防疫工作。编写《首钢集团北京地区商务楼宇防控指引》,积极落实疫情防控各项措施,建立北京地区17栋商务楼宇新冠疫情防控工作日报机制,每日数据按时上报无迟报漏报;同时,按照市政府、市国资委要求组织减免中小微企业房租5356万元,积极申请减免中小微企业房租补助资金共483.87万元。

(王 磊)

【资产盘点】 资产中心组织集团固定资产和无形资产年度盘点,组织集团417家企业和单位进行资产盘点,分别按资产属性、地域分布、板块构成、增减变动情况进行综合分析,保持首钢集团家底清晰。

(傅建忠)

【疏解整治促提升及占地拆迁】 资产中心坚定有序开展北京地区"疏整促"专项行动。提前完成2020年北京市国资委挂账8处点位治理工作并及时销账,共拆除地上物1.3万平方米,利用腾退空间织补便民服务网点4家,改造提升面积2000多平方米;连续4年提前完成市国资委部署的任务目标,有效发挥市管企业示范带头作用;完成市专项办挂账的太平湖停车场改造建设项目1项,北京电视台以"疏整促"解民生为题,对该项目进行专题报道。全力做好占地拆迁补偿工作。推动北辛安路南段道路工程、衙门口棚户区改造、地铁11号线项目等8个重点项目落地,全年共签订相关补偿协议14份,合同总金额24亿元。

(王 磊)

【资产处置】 资产中心结合首秦搬迁、北京园区建设、企业退出等工作,持续推进低效无效资产处置。全年集团完成资产处置31.5亿元,超计划16.5亿元,实现处置收入2.8亿元。组织242个标的资产在北交所进行公开交易,成交180项,审核合规率100%;完成28项集团内部转让和207项报废处置,提升集团资产质量。积极推进首钢京唐利旧北京园区二炼钢、中板资产利旧手续办理,涉及资产原值18亿元。结合北京园区开发建设,组织提出1号高炉、一线材厂搬迁资产处置方案,扎实开展铁区、冬奥广场等重点区域资产处置工作,推进落实历史遗留项目后续手续办理,实现业务闭环。审核首钢开源、超群电力等4家企业退出资产处置方案,积极推进首钢耐材、钢材配送等退出企业的资产处置工作;组织完成京冀曹建投、首钢医院等单位 150 套房产转让工作,成交金额近 1 亿元。

(李明霞)

【不动产合规管理】 资产中心推动解决集团土地遗留问题,全年完成三年行动方案治理点位 5 项,逐步达到使用规范、管理可控。深入开展规自领域突出问题专项清理整治工作,全年完成整改 51 项。组织相关单位推动不动产登记工作,全年完成不动产登记 23.9 万平方米,超计划 13.9 万平方米。

(王 磊)

【土地房屋租赁管理】 资产中心强化房屋对外出租规范管理,提高出租收益。在北京地区土地房屋出租面积降低 9.8% 情况下,租金收入增长 1.1 亿元;同时加强与安全部门的联合检查力度,做到依法依规、风险可控。积极组织落实改制企业有偿使用集团公司土地房屋。组织首自信、首钢建设等 7 家改制企业签订土地使用协议及建构筑物租赁协议,涉及有偿使用费近 2500 万元,目前已完成全部结算办理工作。

(王 磊)

【信息化系统建设】 资产中心推进资产信息化建设,制定资产信息系统与决策分析系统、浪潮核算系统集成方案;完成资产信息化"十四五"规划现状与需求分析、架构设计两阶段工作;组织完成第四批单位推广,资产系统共覆盖 392 家法人单位;进一步开发和完善资产盘点等 6 项系统功能,全部达到预期应用效果。集团资产管理信息系统基本建成,在线管控资产达 15.3 万项,在线资产基本实现账实相符。

(傅建忠)

【首钢商标字号保护】 资产中心积极推动"首钢"商标国际化,结合首钢北京园区建设,强化首钢商标字号保护,持续优化首钢商标管理。一是对首自信、首钢实业、首钢水钢、首钢贵钢的商标、著作权、软件等无形资产管理工作进行调研,检查相关制度、审批流程、台账及档案管理是否健全规范,针对存在的问题提出改进建议。二是组织集团使用"首钢"字号和商标的单位续签使用协议,完成 13 家单位的首钢商标无偿使用协议。三是不定期对商标局网站公告进行检测,若发现相同或相似商标及时提出异议,维护集团商标权益。同时,监控市场发现相同或相似商标构成侵权的,及时利用法律手段维权。

(傅建忠)

钢 铁 业

◎ 责任编辑：刘冰清、车宏卿

北京首钢股份有限公司

【首钢股份领导名录】

1. 董事、监事和高级管理人员

姓　名	职　务	任职状态	性别	任期起始日期	任期终止日期
赵民革	董事长	现任	男	2013 年 05 月 16 日	2022 年 12 月 22 日
刘建辉	董　事	现任	男	2014 年 09 月 19 日	2022 年 12 月 22 日
邱银富	董　事	现任	男	2014 年 09 月 19 日	2022 年 12 月 22 日
吴东鹰	董　事	现任	男	2019 年 12 月 23 日	2022 年 12 月 22 日
尹　田	独立董事	现任	男	2016 年 01 月 07 日	2022 年 12 月 22 日
叶　林	独立董事	现任	男	2017 年 12 月 26 日	2022 年 12 月 22 日
杨贵鹏	独立董事	现任	男	2016 年 01 月 07 日	2022 年 12 月 22 日
刘　燊	独立董事	现任	男	2020 年 06 月 23 日	2022 年 12 月 22 日
彭　锋	独立董事	现任	男	2020 年 06 月 23 日	2022 年 12 月 22 日
邵文策	监事会主席	现任	男	2019 年 12 月 23 日	2022 年 12 月 22 日
郭丽燕	监　事	现任	女	2016 年 01 月 07 日	2022 年 12 月 22 日
杨木林	监　事	现任	男	2019 年 12 月 23 日	2022 年 12 月 22 日
陈小伟	职工代表监事	现任	女	2019 年 12 月 23 日	2022 年 12 月 22 日
郭玉明	职工代表监事	现任	男	2019 年 12 月 23 日	2022 年 12 月 22 日
刘建辉	总经理	现任	男	2014 年 08 月 29 日	2022 年 12 月 22 日
彭开玉	副总经理	现任	男	2019 年 04 月 24 日	2022 年 12 月 22 日
李　明	副总经理	现任	男	2015 年 01 月 27 日	2022 年 12 月 22 日
李百征	总会计师	现任	男	2015 年 10 月 28 日	2022 年 12 月 22 日
孙茂林	副总经理	现任	男	2017 年 10 月 25 日	2022 年 12 月 22 日
李景超	副总经理	现任	男	2017 年 10 月 25 日	2022 年 12 月 22 日
马家骥	总工程师	现任	男	2019 年 12 月 23 日	2022 年 12 月 22 日
陈　益	副总经理	现任	男	2019 年 04 月 24 日	2022 年 12 月 22 日
陈　益	董事会秘书	现任	男	2015 年 08 月 26 日	2022 年 12 月 22 日

2. 公司董事、监事、高级管理人员变动情况

姓　名	担任职务	类　型	日　期	原　因
唐　荻	独立董事	任期满离任	2020 年 06 月 23 日	独立董事 6 年任期满离任
张　斌	独立董事	任期满离任	2020 年 06 月 23 日	独立董事 6 年任期满离任

（崔亚洲）

【综述】 北京首钢股份有限公司(简称"首钢股份")是由首钢总公司(2017年6月改制并更名为"首钢集团有限公司")独家发起,以社会募集方式设立,在深圳证券市场上市的股份有限公司。

1999年10月15日,经北京市工商行政管理局核准,首钢股份正式成立。12月16日,首钢股份(股票代码000959)股票在深圳证券交易所上市。2010年底,公司位于石景山区的钢铁主流程停产。2013年1月16日,中国证监会重组委审核通过与首钢总公司进行的"北京首钢股份有限公司重大资产置换及发行股份购买资产暨关联交易的相关事项"。2014年1月29日,首钢股份收到中国证券监督管理委员会《关于核准北京首钢股份有限公司重大资产重组及向首钢总公司发行股份购买资产的批复》文件。2014年4月25日,重组工作完成。2015年4月23日,首钢股份公司股票停牌,启动重大资产置换。置换方案主要内容:以贵州投资100%的股权置换京唐钢铁51%股权,不足部分以现金形式补足。2015年底,重大资产置换交割完成。2016年4月,京唐公司完成董事会改选及章程修订,首钢股份具备合并其会计报表的条件,重大资产置换完成。2019年,首钢集团与宝武集团无偿划转,实现钢铁业两大巨头的交叉持股和战略合作。2020年6月,通过资产置换,首钢股份对首钢京唐控制比例提升至80.82%,9月停牌,计划收购首钢京唐19.18%的剩余股份。

首钢股份建立股东大会、董事会、监事会和经理层的法人治理结构,设有董事会秘书室、办公室、运营规划部、制造部、设备部、计财部、人力资源部(党委组织部)、营销中心、采购中心等职能部门。拥有首钢京唐钢铁联合有限责任公司、北京首钢冷轧薄板有限公司、首钢智新迁安电磁材料有限公司、迁安首钢冶金科技有限公司、北京首钢新能源汽车材料科技有限公司五家子公司。

(张京刚)

【主要指标】 2020年,首钢股份生铁产量802.68万吨,粗钢产量849.01万吨,钢材产量794.14万吨,其中:热卷340.78万吨,开平板8.30万吨,热轧酸洗卷106.47万吨,冷轧硅钢154.26万吨,冷轧薄板184.33万吨。入炉焦比307.29千克/吨,喷煤比157.44千克/吨,转炉实物钢铁料消耗1091.74千克/吨,吨钢综合能耗520.67千克标煤,钢材成材率首钢迁钢97.45%、智新电磁93.34%、首钢冷轧95.68%。

(武如月、韩奕葵)

【重要会议】
1月7日,首钢股份召开2020年安全生产大会。
1月16日,中共北京首钢股份有限公司委员会(扩大)会议召开。
1月16日,北京首钢股份有限公司第二届职工代表大会第二次会议召开。
3月19日,首钢股份视频召开2019年质量先进表彰暨2020"质量提升年"启动大会。
4月29日,首钢股份视频召开"五一"先进表彰暨高层级职务人员聘任大会。
5月14日,首钢股份召开首钢钢铁产销一体化项目上线交工验收总结会。
6月30日,首钢股份视频召开庆祝中国共产党成立99周年暨创先争优表彰大会。
8月14日,河北省冶金行业"双控"机制建设现场推进会在首钢股份召开。
8月27日,首钢股份召开2020届新员工入职起航动员会。
8月27日,首钢股份召开环保工作誓师大会。
9月23日,北京首钢股份有限公司工会召开第二次代表大会。
11月5日,首钢股份召开酸洗客户座谈会。
11月20日,"节能服务进企业"活动暨钢铁行业节能技术和高效节能电机交流会在首钢股份召开。
11月25日,首钢股份举办2020年"最美小家"展示评比暨"职工小家"建设成果分享会。
11月28日,全国超低排放治理与评估监测交流会在首钢股份召开。
12月16日,首钢股份召开中共北京首钢股份有限公司代表大会。

(吴郑)

【专利技术及科技成果】 2020年,首钢股份获得专利授权209项,其中发明专利76项,实用新型133项;专利受理195项,其中发明专利84项,实用新型111项。智新电磁获批河北省知识产权优势企业、河北省先进制造业和现代服务业融合试点单位、工业企业知识产权运用试点单位。15项科技成果通过首钢科技成果验收评价,通过率100%,其中4项达到国际先进水平,10项达到国内领先水平。全年3项科技成果通过省部行业级成果验收评价,全部为国际先进水平。获得冶金行业科技奖1项,河北科技奖3项,其中"钢铁全流程超低排放关键技术研究与创新"获得冶金行业一等奖;"碳钢端部/边部质量控制技术研究"等13项科技成果获得首钢科技奖,其中一等奖1项。

(陆　晔、蒋自武)

【推进精益JIET管理】　2020年,首钢股份按照"两会"精神要求,本着"全员参与、透明经营、创造价值、培养人才"的总体思路,与生产经营相结合,制定并下发《2020年精益JIET工作安排》推进年度工作。全面总结阿米巴和OEE试点区域好的做法和经验,整理成标准手册进行固化,逐步拓展,确保实效。2020年累计创建阿米巴152个,OEE实施区域15个(23条产线),实施快速改善项目1091项,攻关课题121项,创效19155万元。

(郝　圆、聂建康)

【推进六西格玛管理】　2020年,首钢股份推进实施精益改善项目"4+1"一体化方案,聚焦公司重点项目,结题MBB项目13项,BB项目64项,GB项目60项,焦点课题269项,提报合理化建议731条。完成2019年度88项精益改善项目指标跟踪工作,对结题项目6个月指标保持和标准化措施效果组织检查评估。利用网络和现场授课,组织开展六西格玛培训64学时,JMP软件数据分析课程培训70余人次。

(林小航)

【管理创新活动成果】　2020年,首钢股份开展管理创新活动,形成管理创新成果33项,其中16项荣获首钢管理创新成果奖,"钢铁企业以数字化转型为目标的产销协同体系构建与实施"和"国有冶金企业高效协同采购物料管理体系构建与实施"两项成果获第二十二届首钢管理创新成果一等奖,首钢股份获"2019—2020年度首钢管理创新活动优秀组织单位"称号。组织优秀管理创新成果对外申报,6项成果在外部获奖,其中,"钢铁企业电工钢智能工厂管理探索与实践"和"钢铁企业分单元核算经营体系的构建与实施"两项成果获第十九届冶金企业管理现代化创新成果一等奖;"国有冶金企业以标准化、信息化为载体的质量链管理"获第二十七届河北省企业管理现代化创新成果一等奖。

(董柏君)

【推广TPM管理】　首钢股份制定《首钢股份2020年TPM管理工作安排》,组织各单位开展"基础巩固管理""现场提升管理"和"设备星级常态管理"专项活动,全年通过专项活动开发改善亮点6800项,月均千人改善个数为56.68个。在确保公司内部TPM管理有序开展的基础上,采取专业人员每月驻厂辅导一周的形式,到首钢通钢、首钢长钢开展TPM辅导工作,逐步强化钢铁板块各基地现场基础管理。全年查出全员生产保全不合理问题71301项,整改70928项,整改率99.5%,形成改善亮点11338项。

(褚建伟、王　进)

【深化板块协同】　2020年,首钢股份围绕"保生存求发展"的工作主基调,结合集团重点工作,贯彻落实"做大蛋糕"、对标找差等经营方针,深入学习"巴登经验",以板块12项专项工作方案为抓手,消化两头市场22.1亿元减利因素,2020年实现利润68.86亿元,同比提高13.84亿元,经营现金流净额195.1亿元,资产负债率68.74%,两金周转率9.69次,经营成果进一步提升。

(刘　颖)

【强化财务管控】　2020年,首钢股份以"以低成本生产高附加产品"为目标,面对新冠疫情、环保持续加严、购销市场剧变等严峻挑战,坚持"优化成本费用存量"与"创造效率效益增量"并举。内部工作增效10.2亿元,实现利润8.65亿元,经营现金流净额40.15亿元,资产负债率63.44%,体现自身经营韧性。

(吕　迪)

【统筹资金管控】　2020年,首钢股份强化资金管控,坚持落袋为安,严控应收账款,经营资金盈余40.1亿元。强化融资筹措,加大降杠杆力度,推进高息贷置换,成功发行公司债25亿元及超短融5亿元,如期归还30亿元中票和13亿元并购贷款,资产负债率比上年降低1.9个百分点,外部融资成本降低4%。强化业财融合,筹措28.3亿元现金支持采购降本1.3亿元,争取契税、所得税等优惠1.5亿元,吨钢税负降低20.6元。

(张大成、孔维维)

【加强资产管理】　2020年,首钢股份全面落实集团企业产权登记管理工作,有效维护国有资产产权权益,为构建完整的产权管理体系,促进产权流转打下基础。钢铁板块全年申报登记率为100%。加快组织已完工程项目资产转固,明晰资产清单,全年完成66个工程项目的转固工作,新增资产 21.4 亿元。

(孙 强)

【推进业财融合】 2020 年,首钢股份持续完善优化产销系统流程,修订相关制度办法,规范业务财务流程,陆续上线首钢智新电磁、2 号酸洗线和新拉矫线业务,信息化支撑持续加强。成本系统功能完善及业务流程优化共计 117 项,实现负产量自动处理功能,系统自动生成时间不超过 30 秒,错误数据上传率降低 90%。财务优化完善需求 121 项。完成 2020 年高新项目研发费归集,研发费台账、明细账开发,制定风险防控措施,在产销系统新建规则并增加科研材料出库业务功能,配合技术研究院完成科创系统的前期准备工作。

(崔秀美、吴 数)

【持续推进资本运作】 2020 年,首钢股份成功引入宝武集团为战略投资者,将首钢京唐 29.8177% 股权无偿划转至首钢钢贸,完成首钢股份所持北京汽车内资股与集团所持首钢钢贸 51% 股权置换工作;稳步推进首钢京唐剩余股权收购工作。完成首钢股份发行股份,购买北京京投和北京国瑞持有的首钢京唐 19.1823% 股权,并配套募集资金项目报证监会审核工作。

(崔亚洲)

【投资管理】 2020 年,首钢股份获得北汽、迁安中化等 4 家投资企业分红共 3.27 亿元,首钢股份通过参股北京首新晋元管理咨询中心投资车和家(理想汽车)1.16%,2020 年 7 月 31 日理想汽车上市,按照会计核算方法,首钢股份权益将增加约 3 亿元。2020 年 8 月 31 日,首钢股份持有北京铁科首钢轨道技术有限公司股票 1124.96 万股,北京铁科在上交所科创板上市。按发行价计算市值 2.53 亿元,比 2006 年原始投入 0.097 亿元,增加权益 2.433 亿元。

(崔亚洲)

【产品质量提升】 2020 年,是"十三五"规划收官、"外板+日系"产品爬坡过坎、酸洗产品放量提质的关键之年,首钢股份确立 2020 年为"质量提升年"。通过持续完善质量一贯制管理工作。各项质量指标控制水平得到全面提升,以指标评价工序制造能力框架搭建基本完成。全年降低质量损失 1.13 亿元,质量成本 49.67 元/吨,全口径带出品率 4.12%,工艺降本 4.26 亿元。

(元小敏)

【产品推进】 2020 年,首钢股份持续推进酸洗板提质

增量及打造热系精品集群。全年酸洗板完成 106.5 万吨,其中酸洗汽车板 47 万吨,同比增长 71%。复相钢 HR660Y760T 通过奔驰德国总部认证,进入核心供应商名录;丰田、本田等日系主机厂实现认证突破,宝马多款车型稳固转化,合资品牌供货量增幅 70%。先进高强钢市场份额增幅 57%,结构规模效益逐步显现。热系外销产品集装箱板薄规格、高强占比突破 40%,市场份额进一步提高;焊瓶钢连续 10 年市场占有率第一,马口铁市场份额位居第二,桥壳、厢板、轴管等商用车专用品种快速增量,管线钢助力中俄东线中段建成通气;特殊钢首次突破年销量 10 万吨,成功开发大理石排锯钢,实现国内首发,打破国外 30 年垄断。

(刘 志)

【新 360 平烧结机建设】 首钢股份结合国家钢铁产业调整政策要求,于 2020 年 5 月 1 日正式启动施工 360 平烧结机项目,该烧结机采用新型密封技术、三段混合工艺、双斜式节能型点火器以及内、外烟气循环等多项新工艺、新技术。2021 年 1 月,6 台 99 平烧结机正式停产,结束 28 年的历史使命,新 360 平烧结机顺利投产。

(赵瑞丰)

【板坯库存控制】 2020 年,首钢股份紧抓"合理库存控制"和"板坯周转率提升"两个要素。克服机清搬迁、新酸洗产线投产、品种结构变化、排产难度增大等困难,通过品种排产优化、资源平衡、检修动态调整等手段,实现低板坯库存下的精准排程,板坯库存月均按照 3.5—4 万吨组织。2020 年,去除纯铁,板坯库存日均 3.87 万吨,较 2019 年的 4.26 万吨相比降低 0.39 万吨,降幅 9.15%。2020 年热轧日产达到 2.6 万吨,板坯周转效率达 1.5 天。

(吴利欢)

【首家通过超低排放评估】 首钢股份按照生态环境部、发改委等国家五部委《关于推进实施钢铁行业超低排放的意见》要求,超前谋划,快速实施钢铁行业超低排放改造,有组织排放、无组织排放、清洁运输、在线监测监控全部达到钢铁行业超低排放标准。2020 年 1 月 7 日,中国钢铁工业协会网站公示:首钢股份公司迁安钢铁公司成为全国第一家通过钢铁行业全工序超低排放评估监测,实现钢铁生产全工序超低排放,证明钢铁生产全工序超低排放的可行性,为引导钢铁行业超低排

放改造的持续高效推进树立标杆。

（杨荣力）

【自主减排】 2020年，首钢股份积极履行社会责任，主动减少污染物排放，重污染天气应急响应期间，落实自主减排措施，同时执行重型运输车辆禁运措施及非道路移动机械管控措施，全年累计响应57次，持续时间7983小时，有效改善区域大气环境质量。11月15日，河北省生态环境厅网站公示，首钢股份公司迁安钢铁公司连续3年被评为"重污染天气长流程联合钢铁绩效评级A级企业"，继续执行自主减排措施。

（杨荣力）

【钢铁板块设备管理】 2020年，首钢股份继续推行钢铁板块设备管理"专业管控+技术服务"模式。设备全优润滑完成362个点位验收；特种设备标准化评选优秀单位4家，组织事故演练65次，消除各类隐患752项；检修协同开展44次，参与830人次，完成118项；组织钢铁板块高炉设备运行专题研讨，重点强化高炉鼓风机运行管理。

（杨宏）

【设备技术管理】 2020年，首钢股份通过设备改造、备件国产化攻坚、设备功能精度提升解决"卡脖子""独家"、质量瓶颈等难题。完成设备改造29项，重点项目360平烧结机台车升级改造；备件国产化65项，重点项目变频器国产化、轴承国产化，酸轧圆盘剪、二十辊轧机卷取机芯轴国产化等。与京唐全年完成在装变频器国产化改造148台（套），新建工程领域投用43台（套），共191台（套），同时搭建强有力的技术团队。通过搭建多专业、多部门协同的设备功能精度管理平台，实现设备、工艺质量、采购一体化管理。

（杨宏）

【设备信息化管理】 2020年，首钢股份优化完善EQMS系统，推行设备管理无纸化，减少台账50余类，记录量减少77.5%；开发油品管理、电子操作牌、循环品管理功能；优化经营决策报表自定义分析和固定报表41项；初步搭建点检智能化管控平台，智能点检分析系统与EQMS系统融合，实现点检计划自动排程，结果自动上传和异常闭环管理。

（杨宏）

【设备检修管理】 2020年，首钢股份制定《设备检修疫情防控方案》，做到防疫、检修两手抓、两不误。自6月

底起，重点组织30条产线系列检修，历时44天，6502人参战，在保障"零安全、环保事故""产线高质量运行"的前提下，所有产线平均提前38.74小时完成检修任务。

（杨宏）

【安全生产长效机制】 2020年，首钢股份组织参加30个作业区的月度例会、124个相关方班组的班前会，一对一帮扶96人，细化班组考评标准14项。推进完善、制定危险化学品、煤气系统等9类132项安全管理标准，提高管理精度。实施"目标、指标、责任一体化"，优化会议流程，解决难点问题72项，约谈相关方单位5次，组织制定标准化作业指导书240份。开展"矩阵式"安全培训，各级培训9299次、88106人次。成立安全管理市场化服务团队，25人被聘为武安院安全生产专家，15人入选河北省安全生产专家库。

（杨帆溟）

【深化"双控"建设】 2020年，首钢股份全面推进专项模块治理，纵深推进本质化安全管理。建立以工艺、设备等专业技术人员为核心的35个工作团队，分析隐患2769条，确定18类课题项目，收集17项安全管理难点问题，完成攻关，对15项"四新项目"实施危险性预先分析表法，制定预防性控制措施172条，排查治理隐患56636项，安全风险总值同比降低10%。8月，成功召开河北省全省"双控"机制建设现场推进会。9月，应急管理部基础管理司司长到首钢股份开展调研。12月，本质化安全管理经验在冶金安全发展高峰论坛专题分享。

（杨帆溟）

【消防维保标准化】 2020年，首钢股份为适应新形势下消防维保工作需要，对现行维保模式进行创新、调整，建立设备故障、维保巡检云管理系统，将消防维保工作划分为设备管理、巡检维护、问题报修、故障处理、检测保养等多个标准单元，在管理后台将消防设备设施生成信息二维码，可运用该系统APP扫码上传，由系统平台进行派工、督办、结单，同步留存故障处理、维护保养等相关信息，形成闭环管理，消防维保规范化水平得到提高。

（邓利）

【推进治安防范体系建设】 2020年，首钢股份以打牢防范基础为主责，各作业部加强固废物资管理，按照物资名称、存放点位、外排时限、措施要点，采取网格式进行登记造册，查找管控风险点，有针对性地完善防范措

施。通过对固废物资现场监装程序进行梳理,针对存在问题,将装车前、装车中及装车后三张照片上传到系统进行审批,真正落实各级审批人员职责,通过不断强化各级审批人员执行落实,从而达到源头到结尾的闭环管控。

(邓 利)

【重点工程】 2020 年,首钢股份完工 26 项工程并交付使用,其中包括新建一条连续式酸洗线、板坯精整火焰清理机移地搬迁、转炉渣产线工艺升级、智新电磁 CA2 机组高牌号生产适应性改造等重要工程。

(刘陈刚)

【工程招投标】 2020 年,首钢股份完成各类招标项目 31 项,包括炼铁部新建 360 平烧结机配套厂房项目板坯精整拆除、新建 360 平烧结机及配套厂房项目、烧结脱硫脱硝废水无害化处理项目、烧结新建 360 平烧结烟气外循环治理项目、烧结一烧配料除尘系统治理项目、能源部焦气再生尾气复线项目、炼钢部一炼钢增加钢包倾翻机装置项目、采购中心脱硫渣产线新建洗轮机项目等重点项目。最终中标金额 2.74 亿元,比最高投标报价降低 0.56 亿元。

(贺 振)

【概预算审查】 2020 年,首钢股份审核概算 39 项,其中迁钢 2 项、顺冷 3 项、新能源 3 项、智新 3 项、球烧 12 项,初设概算 41.16 亿元,批准概算 40.47 亿元,审减 0.69 亿元,为公司降本增效提供有力支持。2020 年审核板块 13 项,其中京唐 6 项、矿业 3 项、长钢 2 项、迁钢小区 2 项,初设概算 34.66 亿元,批准概算 33.01 亿元,审减 1.65 亿元。

(魏 远)

【产销一体化项目】 2020 年 5 月,首钢股份产销一体化项目完成交工验收。集团相关部委、首钢股份及首钢京唐相关领导、项目核心参与人员、宝信及首自信相关领导和顾问参加项目验收会。会上对项目工作任务完成情况和系统应用情况进行总结,首钢股份、京唐、宝信、首自信代表共同签署产销一体化项目交工验收报告,标志着产销一体化项目顺利完工。

(王 熹)

【信息化项目上线】 2020 年 4 月,首钢股份热轧连续式酸洗线信息化系统和智新电磁财务系统成功上线。热轧连续式酸洗线信息化系统完成财务管理、成本管理、销售管理、销售物流管理、制造管理、一贯制过程质量控制系统、厂内物流管理、设备管理、热轧 PES 系统、投料 PES 系统、决策支持系统、数据采集、大数据平台应用、能源管理等系统的改造优化,实现连续式酸洗线一体化计划、一体化质量、一体化物料的全流程管控,为连续式酸洗线达产创造信息化支撑。智新电磁财务系统完成智新电磁智能工厂系统整体与集团财务一体化和产销一体化系统对接。范围涵盖财务、成本、采购、工程、销售、制造、物流、设备、能源 9 大业务领域,囊括所有产线机组,涉及智能工厂客户精准服务管理系统、智能工厂协同制造管理系统、智能工厂生产管理系统 3 个主要系统的改造及 4 个集团财务系统、9 个产销系统及 3PL、中首贸易管理系统的适应性调整。

(王 熹)

【数据应用项目】 2020 年,首钢股份推进大数据应用,探索构建 POC 智能管控、性能风险管控等 21 个业务决策模型,实现业务管控一键式统计分析。经营决策支持系统二期项目 213 项需求上线运行。6 月份完成信息化运营、成本、财务、采购、资金 5 个专业 29 个业务操作场景的 RPA 流程机器人应用,工作效率普遍提升 70%,该应用在首钢范围内尚属首次,具有一定的理念创新性和业务引导性,是首钢股份在流程自动化技术上的一次全新突破。

(王 熹)

【干部管理】 2020 年,首钢股份落实习近平总书记对领导干部增强"八项本领"、提高"七种能力"的要求,坚持人岗匹配、人岗相宜,促进领导人员能进能出、合理流动,全年调整、交流、选拔配备领导人员 442 人次,29 名领导人员实现党务与业务"双向交流",38 名年轻同志经过严格考察走上领导岗位,领导人员平均年龄 44.28 岁,较 2019 年降低 0.82 岁,本科及以上学历达到 88.72%,较 2019 年升高 3.82%。对 23 个基层领导班子进行调整,使队伍结构得到明显优化。对 14 家集团授权管理企业直接调整或任前审批领导人员 37 人次。优化测评体系,对 30 个中层领导班子、115 名助理级以上领导、49 名外派人员开展考核评价。有序安排 15 名青年骨干到实职岗位挂职交流,选拔 15 名经营管理、专业技术人员到首钢钢贸、加工中心等市场一线挂职锻炼,让更多优秀人才在"看得见硝烟""听得见炮火"中提升本领、增长才干。

(王启源)

【党建管理】 2020 年，首钢股份党委持续完善基层党组织设置，撤销耐材党委，新组建 1 个党总支、2 个党支部。截至年底，下设基层党委 15 个、党总支 2 个、党支部 155 个，实现党的工作全覆盖。坚持两个"一以贯之"，完善"三重一大"决策事项清单，召开党委会 31 次，审议事项 167 项，重点工作按照党委部署有序推进。突出"碰撞思维、凝聚共识、合力攻坚、推动落实"，精心组织基层党委书记会，塑造"对标对表学先进、集思广益谋发展"的态势，引领各级党组织作用发挥。落实"四早"要求，坚决打赢疫情防控阻击战，成立党员突击队 60 余个，开展专项监督检查 185 次，党旗在防疫一线高高飘扬，持续织密防护网，实现"三零"目标。坚持"两不误、两促进"，全力以赴做好巡视巡察各项工作，高标准梳理、报送各项材料 1904 份。坚持"四到位、四足以"，针对巡察反馈意见制定整改方案，把巡视巡察成果转化为促进发展的强大动力。坚持"清单化、指标化、项目化"，完善党建工作体系。创新开展"转进解办"和"党员领跑"活动，中层以上领导人员深入一线解决现场"痛点""难点"问题 130 余项，党员结合实际制定领跑计划，围绕经营生产中心任务，形成"领导带头、党员领跑、全员攻坚"的良好氛围。围绕"夯实基础、深度融合、提升价值"，深化党建品牌创建，开展第五届"基层的精彩"建设成果展示，涌现出"红色引擎·炼钢先锋""首钢硅钢·金名片""鼎盛成·旗耀鼎心"3 个品牌党委，"质量卫士""E 路创新"等 10 个品牌、特色党支部。开展首钢股份全面从严治党（党建）工作考核评价，考评结果与领导人员薪酬挂钩。

（苗文霞）

【人才建设】 2020 年，首钢股份招收高校毕业生 67 人，其中博研 1 人、硕研 16 人、本科 20 人、专科 30 人。持续推进三支人才队伍建设机制改革，截至年底，首钢股份高层级职务人员 257 人，其中专业技术系列 203 人，含首席技术专家 7 人、首席工程师 6 人、高级主任师 28 人、主任师 147 人；技能操作系列 54 人，含首钢工匠 2 人、首席技能专家 4 人、首席技师 48 人。承办首钢集团级金属轧制、天车工比赛，其中金属轧钢工包揽冠亚军，天车工获冠军；4 人被授予"首钢技术能手"称号。组织参加第三届唐山工匠职业技能大赛，17 名选手闯入 8 个工种实操决赛，3 名选手总成绩进入本职业前 10 名，获"唐山市技术能手"称号。组织"海康微影杯"全

国设备点检管理职业技能竞赛选拔工作，刘靖获全国总决赛第 16 名好成绩，于新乐获优秀裁判员称号。

（范 斌）

【转型提效】 2020 年，首钢股份实物劳产率完成 1145 吨/人·年，较"十二五"末提高 242%；全口径在岗人数完成 8776 人，较"十二五"末减少 4829 人，效率提升 35%。一是推进机构优化整合提效。调整纪检监察机构、人力资源部（党委组织部）、董秘室、审计部的职责及定员编制；二是推进环境除尘系统管理模式优化。建立除尘布袋的制作、更换、维护一体化管控模式，将炼钢二次除尘和泥处理区域业务调整由鼎盛成管理，实现一体化管控，整体运行平稳。三是挖潜确保鼎盛成新项目人力资源配备。结合转型提效工作的持续开展，统筹协调，为鼎盛成转炉渣二次处理、新水洗球磨生产线等六个新项目配备 92 人，为新产线的顺利投产提供人力保障。

（胡东阳）

【退休人员社会化管理】 首钢股份按照北京市社保部门安排制定《北京首钢股份有限公司退休人员社会化管理实施方案》，全面启动退休人员移交属地社会化管理工作，通过开展"社保关系、人事档案、组织关系"转移落地的三项实质性工作。至 2020 年底，完成 273 名存量退休职工社保关系转移及人事档案送第三方公司，以及 194 名退休党员组织关系转移，实现退休人员社会化管理。

（种祥浩）

【内部审计】 2020 年，首钢股份落实内部审计监督管理职责和帮助服务理念，开展迁冶科技离任领导干部任期经济责任审计，审计资产 1.97 亿元，为领导干部顺利交接提供审计专业服务；组织实施首钢股份数据中心等 14 个项目工程审计，合计报审额 10500 万元，审减投资额 8.23 万元，助力公司提高建设项目投资控制水平。

（陈 伟）

【审计管控】 2020 年，首钢股份按照集团审计专业管控要求，依据权力清单对钢铁板块管理单位进行审计，为克服疫情影响，探索"网络远程审计+短期驻地审计"模式，顺利完成审计任务，经济责任审计方面，完成首钢物贸离任领导干部任期经济责任审计，审计资产 9.57 亿元；工程审计方面，组织对首钢钢贸重庆武中加工中心项目、水钢公司物业改造项目等 4 个项目工程审计，

合计报审金额 25493.97 万元,审减投资额 584.64 万元,有效促进钢铁板块相关单位节约工程投资。

(陈 伟)

【审计问题整改】 2020 年,首钢股份建立审计问题整改对账销号机制,以整改证据为依据,以整改时限为准绳,督促相关单位对照问题清单,编制整改方案,明确整改措施、期限和责任人,推进审计问题整改,共完成审计问题整改 95 项,其中首钢股份经责审计问题 16 项、内控评价缺陷 17 项、IT 审计问题 16 项、钢铁板块落实首钢内部检查问题 46 项。

(陈 伟)

【党风廉政教育】 2020 年,首钢股份召开警示教育大会,通过点人、点事、点案例,给党员干部敲警钟、亮红灯,增加警示震慑力度。召开廉洁共建大会,专业部门与相关方共同交流廉洁共建工作,营造风清气正的业务环境。举办两期重点涉外人员廉洁从业警示教育培训班,编制"以案说纪"材料 12 篇,筑牢党员干部思想防线。举办第一届"廉洁文化入心,清风盈满股份"主题文化月,多种形式开展廉洁教育活动,打造"干净与干事融一身、勤政与廉政为一体"的廉洁理念,营造"人人思廉、人人促廉、人人保廉"的浓郁氛围。

(李金凤)

【廉政风险防控】 2020 年,首钢股份结合机构调整、业务变化,组织对照业务流程中存在的风险点进行重新梳理,新增涉权事项 45 项,完善风险管控措施 97 项,对 42 名有业务处置权人员进行岗位轮换,进一步规范权力运行。强化选人用人、评优评先、"两委"换届的监督,回复党风廉政意见 116 人次,防止"带病提拔""带病表彰""带病选举"。加强对领导人员的监管,严格执行领导人员廉政谈话制度和党风廉政意见实施细则,对首钢股份直管的 67 名新提职和平级转任领导人员进行集体廉政谈话,确保廉洁从业。

(周纪维)

【执纪审查】 2020 年,首钢股份建立健全纪检系统检举举报平台,提升处置质效。深化运用"四种形态"。针对调查发现的问题,综合运用"四种形态"处理 22 人次。其中,运用第一种形态处理 19 人次,占比 86.4%;运用第二种形态处理 1 人次,占比 4.5%;运用第四种形态对 2 名党员作出开除党籍处理,占比 9.1%。回访受处理处分党员、监察对象,体现组织关心爱护和教育挽救。

(胡 楠)

【精准监督】 2020 年,首钢股份把打赢疫情防控工作作为重大政治任务,公司党委成立工作领导小组,督导检查 180 余次,提出建议 142 条,提出考核意见 22 人次,实现零确诊、零疑似、零密接的目标。开展"不忘初心、牢记使命"主题教育"回头看"、党建工作自查、巡视央企发现问题对照检查、扶贫领域和规自领域专项清理整治,标本兼治抓整改。落实监督工作联席会制度,发挥相关业务、职能部门协同监督作用,围绕公司降本任务、环保工程、餐饮浪费、业务招待费、招投标管理监督检查,下发《监督检查建议书》11 份。充分发挥钢铁板块协同管理优势,深挖在线平台采购新业态业务风险点和廉政风险点 53 项,从源头上规避业务风险和廉政风险的发生。

(赵连生、焦 焱)

【党群工作】 2020 年,首钢股份强化先进典型示范效应,通过形势任务宣讲、"五一""七一""基层的精彩""三星"表彰、"首钢股份人的故事"网上展播、开设"最美劳动者"专栏等方式,弘扬精神、表彰先进,加强对"两会"精神、坚持疫情防控和经营生产两手抓、两手硬好的经验做法和成效进行宣传,营造正气候,传播正能量。深入组织开展"学巴钢、育文化、促发展"活动,对标对表,培育问题文化、执行文化、奋斗文化。加强资源整合,开展融媒体建设,抓好电视、网站、微信宣传阵地一体化管理,综合运用传统媒体和新兴媒体,凝聚同心向前的强大合力。落实党委主体责任,深入推进意识形态工作,实行清单化管理。把研究解决突出矛盾问题作为中心组学习经常化的任务和要求,充实学习内容,增强成效转化。加强舆情监控,实现监测有机制、预测有重点、解决有时效。按照集团统一安排,采取问卷调查和走访座谈的形式,组织各单位对职工思想动态进行专题调研,形成调研报告,受到集团党委宣传部好评。在央视、新华网、人民网、《经济日报》《中国青年报》北京电视台、《证券日报》等主流媒体有序推出 30 多篇有力度、有温度、有影响力的作品。中央电视台、《河北日报》等央媒、省媒对首钢股份绿色制造、绿色发展进行联合采访、专题报道,成为世界上首家实现全流程超低排放钢铁企业。获"十三五中国企业文化建设优秀单位","培育问题文化,推动企业高质量发展"获得全国冶金行业党建思想政治工作研究优秀论文。

（李旭龙）

【调研交流】

5月19日—20日，河北省生态环境厅在首钢股份组织全省钢铁行业创建A类企业对标培训。

5月22日，燕山大学副校长张立峰一行17人到首钢股份座谈交流。

6月4日，首钢股份与震坤行、西域供应链、固安捷、上海艾逊、苏州工品汇等国内龙头工业品电商平台签约采购合作协议。

7月15日，《人民日报》、新华社、中央电视台等19家中央、省级及京津地区主要新闻媒体走进首钢股份，深入调研采访。

10月20日，国家生态环境部生态环境保护执法实训班60余名学员到首钢股份现场实训。

11月17日，生态环境部综合司副司长田成川到首钢股份考察调研。

（吴　郑）

【2020年首钢股份大事记】

1月14日13点58分，首钢股份炼钢作业部板坯火焰清理机成功热试投产。

1月21日，首钢股份举行首钢迁安地区2020年春节联欢晚会。

3月11日，首钢股份获郑州宇通客车股份有限公司2019年度交付奖。

3月31日15点10分，炼钢作业部3号KR脱硫改造工程成功进入试生产阶段，一炼钢3座KR脱硫改造工程顺利完成。

4月1日9点，智新电磁公司财务对接项目系统完成主要改造系统上线切换，成功上线。

4月21日9时58分，首钢股份热轧作业部新建连续式酸洗线一次性穿带成功。

4月29日，首钢股份热轧作业部连续式酸洗线第一卷钢成功下线。

5月5日9时，鼎盛成公司颚式破碎加工线热试成功。

5月6日，首钢智新电磁公司收到由河北省科技厅、财政厅和税务局联合颁发的《高新技术企业证书》，成功获得"国家高新技术企业"认定。

5月19日，首钢股份与泰尔重工签订总包合作协议。

5月31日，首钢智新电磁CA2机组完成高牌号生产适应性改造。

6月5日，首钢股份获中国安全生产协会颁发的"全国安全文化建设示范企业"荣誉证书。

6月5日，首钢股份质量检验部参与起草的国家标准《GB/Z 38434—2019金属材料力学性能试验用试样制备指南》发布，7月1日起正式实施。

7月7日，由首钢股份智能化应用部牵头组织的公司机器人流程自动化（RPA）技术在公司流程首次应用上线。

7月7日，首钢股份徐厚军、赵建宣荣获"全国青年岗位能手"称号。

7月13日，首钢智新电磁公司《超高效低损耗新能源汽车驱动电机用电工钢的关键技术及应用示范》项目获河北省2020年省重点研发计划批准。

7月16日，首钢股份新能源汽车材料项目空压站1#机组正式试车，送风成功。

8月26日，工业和信息化部会同水利部、国家发展改革委、市场监管总局联合公布四家钢企入选2020重点用水企业水效领跑者，首钢股份迁钢公司榜上有名。

8月27日11点26分，首钢股份炼铁作业部烧结白灰1#窑完成改造，进入试生产阶段，是华北地区首座以天然气为燃料的梁式白灰竖窑。

9月1日，首钢股份刘磊创新工作室荣获"全国机械冶金建材行业示范创新工作室"称号；炼钢作业部高级技师郭玉明荣获"全国机械冶金建材行业工匠"称号。

9月4日—6日，首钢质量检验部通过中国合格评定国家认可委员会（CNAS）专家组现场审核评审。

9月18日，在中国钢铁工业协会发布的《关于"全国重点大型耗能钢铁生产设备节能降耗对标竞赛"2019年度评审结果的公示》中，首钢股份2号高炉、360平烧结机被评为"冠军炉"，3号高炉、5号转炉被评为"优胜炉"。

10月10日，首钢智新电磁公司收到由中国质量检验协会颁发的《全国质量信得过产品》《全国冶金行业质量领先企业》和《全国百佳质量检验诚信标杆企业》等多项全国性质量奖项证书。

10月11日,首钢股份亮相央视《新闻联播》《"十三五"成就巡礼丨我国经济结构持续优化》专题报道。

10月22日,首届上汽大众"首钢日"活动在上海隆重举行。

10月29日,张立峰专家工作站揭牌。

10月29日,国家工信部公布第五批绿色工厂名单,首钢股份公司迁安钢铁公司榜上有名。

10月30日,由中国物流与采购联合会举办的2020全国公共采购年度评选活动结果揭晓,首钢股份采购中心获评2020年度全国"十佳集中采购机构"。

11月4日,首钢2020年职业技能竞赛决赛在首钢股份举行。

11月20日,首钢智新电磁公司被河北省市场监督管理局授予"河北省知识产权优势企业"称号,成为迁安市首家知识产权优势企业。

11月25日,首钢股份炼钢作业部一炼钢板坯作业区1号铸机实现"单铸机一千万吨不漏钢"。

12月15日,首钢股份举行第五届"基层的精彩"党组织建设成果展示评比活动。

12月21日,首钢股份《钢铁企业电工钢智能工厂管理探索与实践》《钢铁企业分单元核算经营体系的构建与实施》2项成果荣获冶金企业管理现代化创新成果评选一等奖。

12月22日,首钢股份与鑫方盛控股集团签署电商采购合作协议。

12月28日,首钢股份2020年青年骨干培训班开班。

（吴 郑）

首钢股份炼铁作业部

【炼铁作业部领导名录】

党委书记:康大鹏

部　长:龚卫民

副部长:杨金保　贾国利　刘　斌(1月任职)
　　　　吴建海(4月任职)

党委书记助理:高广金　武　煜(1月离任)

部长助理:杜丽霞(1月任职)

（陈俊生）

【概况】 炼铁作业部现拥有三座大型高炉,设计年产能780万吨。拥有1台360平方米和6台110.5平方米烧结机,烧结矿产能1150万吨。拥有2条氧化球团生产线,设计年产球团矿300万吨。

炼铁作业部下设综合办公室、政工室、生产技术室、设备管理室、资源经营室、成本核算室、安全管理室7个科室和高炉、烧结、球团、公辅、动力5个作业区,87个班组,在册职工1421人;有研究生学历37人,大专以上学历964人;职能管理和专业技术人员取得副高级职称13人,中级59人;岗位操作人员取得高级技师14人,技师98人;在聘高层级职务人员:首席工程师1人、高级主任师1人、主任师7人、首席技师9人。

（陈俊生）

【安全管理】 2020年,炼铁作业部推进安全生产标准化、三年专项整治工作,安全生产形势保持稳定。推进"三重"预防性工作体系建设,依法健全完善管理体系,以抓实班组安全标准化建设为抓手,开展示范班组"回头看"活动,切实发挥示范班组引领作用。深化人员行为管控,查报"两必须、一义务"13起13人次。加强相关管理,确保技改工程和检修施工安全顺利进行。强化安全生产标准化运行管控,组织2次安全生产标准化自评,达到一级安全标准化要求。利用现代化信息技术,推行可视化班前会。针对高风险作业行为制定管控措施,提高人员安全作业能力。开展月度调研工作,通过对调研情况和存在问题的分析,组织相关单位按照"五落实"立即组织整改。结合疫情管控的实际,编制并组织职工学习酒精、消毒液安全使用视频,使职工掌握消毒用品安全知识。2020年,炼铁作业部发生轻伤事故2起2人次,百万工时伤害率为0.7。

（吉恩柱）

【环保管理】 炼铁作业部认真执行唐山市人民政府办公厅关于启动重污染天气应急减排政策,严格按照控制要求执行停限产,稳定环保设施运行,执行重污染天气应急响应57次,全部符合规定要求,无违规情况发生。迎接各级环保部门检查128次,其中国家级5次、省级7次、地市级116次,围绕国家超低排放工作,开展全流程完善无组织现场治理工作。

（李 伟）

【技术指标】 2020年,炼铁作业部铁前生产克服国内外新冠疫情影响、外部资源质量劣化等困难,顺利完成7月份铁前系列检修,实现全年铁前生产高水平、长周期顺稳。铁、烧、球各工序年产量分别完成 802.68 万吨、872.76 万吨、380.76 万吨。铁产量首次突破 800 万吨,创建厂投产以来年度最好水平。球团在实现超低排放条件下高效生产,日产水平保持在 11300 吨左右的高水平,全年产 380.76 万吨,创近十年以来最好水平。高炉利用系数 2.368 吨/立方米^3·天,焦比 307.29 千克/吨,煤比 157.44 千克/吨,燃料比 503.31 千克/吨,累计焦炭负荷 5.26。

(段伟斌)

【成本指标】 2020 年,炼铁作业部铁水累计成本 2309.87 元/吨,其中一高炉 2290.64 元/吨、二高炉 2255.08 元/吨、三高炉 2367.47 元/吨;烧结矿成本 896.75 元/吨,其中一烧 873.59 元/吨、二烧 928.21 元/吨;球团矿成本 938.50 元/吨,其中一系列 942.86 元/吨、二系列 936.25 元/吨。

(杜丽霞)

【降本增效】 2020 年,炼铁作业部铁前生产以高炉顺稳为中心,通过铁前一体化运作、资源跑赢、打产提效、优化金属料结构、降低燃料消耗、增配固废、精细管理降本等措施,深挖降本潜力,全年降本增效完成 101372 万元,吨铁 126.3 元,其中内部工序降本 111.5 元,市场化运作降本 14.8 元。

(杜丽霞)

【转型提效】 2020 年,炼铁作业部持续推进转型提效工作,一是满足 360 平烧结机新产线人力挖潜工作。为新建 360 平烧结机项目配备 56 名生产岗位操作人员,实现新项目人员配备内部提效和有序置换。二是推进区域协同创效。球团作业区生产用煤粉利用公辅作业区三制粉的磨煤生产能力,跨区域协同提效后,球团作业区制粉岗位实现撤岗,转岗分流 8 人。三是外委外包实现提效降费目标。组织对外委外包项目的经济性运行进行逐项调研、评价,规范组织外包项目招投标,外委外包项目综合降费完成 5% 的目标任务。四是开展生产操作及管理岗位效率提升工作。通过整合管理业务、优化操作岗位职责,落实好退养、协商一致解合分流政策,2020 年炼铁作业部优化分流 77 人。五是加强服务作业区建设,在稳定创效的基础上不断拓展新业务,人均创效 6486 元/人·月,实现人员合理安置、增收创效。

(陈俊生)

【360 平方米烧结机】 炼铁作业部新建 360 平方米烧结机项目和迁钢公司炼铁部新建 360 平方米烧结机配套厂房项目,于 2019 年 10 月 10 日正式启动,2020 年 2 月 14 日板坯精整停产,开始进入全面拆除阶段,3 月 18 日开始第一根桩基的施工,8 月底开始设备安装,9 月 19 日完成环冷机设备安装交接,9 月 30 日完成主厂房烧结机设备安装交接,10 月 15 日高压室二段高压送电,12 月 7 日一段高压送电,12 月 12 日 10 台变压器全部受电完成。12 月 20 日开始设备远程单体和联锁调试。

(王焕云)

【球团原料资源供应】 2020 年炼铁作业部受新冠疫情、环保限产影响,导致秘细粉断供。炼铁作业部与矿业公司密切沟通,分阶段组织加工 9.29 万吨的秘矿产粉、组织大石河老厂转产 13.18 万吨的高品矿粉、组织配吃 12.23 万吨的大石河低品粉和 0.62 万吨的马兰庄矿粉等计划外资源。有效解决秘细粉断供问题,化解球团待料停机风险。

(高新洲)

【采购进口煤】 炼铁作业部通过市场调研,择机采购高性价比喷吹煤,置换高价资源,降低铁前燃料成本。全年累计采购进口煤资源 8.3 万吨,其中俄罗斯煤 4.9 万吨,朝鲜煤 3.4 万吨,减少同期高价资源的采购,按照同期价格差异测算,累计降低采购成本 1290 万元。炼铁作业部对质量标准进行修订,外购白灰 CaO 指标由 75% 提高到 78%,SiO_2 指标由 6% 降低到 3.5%,$MgO \leqslant 5\%$ 调整到 $3.5\% \leqslant MgO \leqslant 9\%$,并增加活性度指标的检验。同时,对消石灰质量标准进行修订,将含硫量指标由 0.3% 调整到 0.2%,减少外购消石灰含硫量波动对环保指标控制的影响。

(高新洲)

【回收利用迁焦灰】 2020 年初,炼铁作业部将迁焦公司市场外销的部分除尘灰资源作为喷吹燃料组织回收,替代部分高价喷吹煤资源,取得良好效果和经济效益。全年累计采购 3.3 万吨迁焦灰,降低燃料采购成本约 1400 万元。

(高新洲)

【炼铁系统检修和恢复】 2020 年,炼铁作业部圆满完成年度生产检修协调、炉料平衡及组织协调工作,重点解决年度生产检修计划中的短期炉料不平衡问题:一是球团二系列 18 天中修期间球团矿缺口大、3 号高炉检修期间球团矿大量富余;二是二烧大修改造和三烧工程接点前的烧结缺口大。综合考虑季节性生产因素,经平衡协调将球团二系列18天中修调整至与3号高炉同步,并且按照二烧改造和三烧接点烧结矿缺口量进行炉料平衡和烧结矿存储,分两次各存储15万吨、18万吨烧结矿,满足高炉需求。

(李志海)

【系列检修】 6月29日至7月30日,炼铁作业部完成360平方米烧结机计划大修,主要处理项目:二混混合机改逆流式陶瓷衬板,烧结机九辊更换,点火器更换,台车整体更换,轨道、滑道调整,大烟道、风箱喷涂,310平除尘器漏风治理,脱硫布袋除尘器治理,环冷机改水密封。大修后,烧结漏风率由60%以上下降至35%作用,烧结利用系数由1.22吨/平方米·小时左右提高到1.35吨/平方米·小时。7月9日至7月24日,3号高炉完成首次降料面检修。此次检修主要工作是停风降料面至风口带进行炉内喷涂,更换炉顶料罐称量支架。检修后高炉利用系数达到2.02吨/平方米·小时,实现快速开炉达产。

(张志东、段伟斌)

【专利科技成果】 2020年,炼铁作业部获得专利授权33项,其中发明专利2项,实用新型31项;专利受理28项,其中发明专利6项,实用新型22项;科技成果"复杂生产条件下的大型高炉柔性操控技术及应用"获得河北省科技进步三等奖,"超低排放条件下链箅机—回转窑球团高效生产技术研究"获得首钢科技奖三等奖。

(郑雅青)

【科技项目】 2020年,炼铁作业部科技项目新立项3项,全年结题项目9项。其中"1号高炉破损调研""鱼雷罐侵蚀监测系统开发及应用""北京首钢股份高炉降本增效潜力研究""脱硫灰资源化利用技术基础研究项目"4项达到国内领先技术水平;"铁前成本智能管控系统开发与应用""三高炉热风系统红外成像监测技术开发与应用""二高炉炉缸侵蚀模型升级优化"3项达到国内先进技术水平;"3号高炉增加炉缸水温差自动检测和智能预警系统""高炉炉缸长寿维护技术拓展及应用"2项达到首钢先进技术水平。

(赵俊花)

【环保治理项目】 2020年筹建制酸废水无害化处理项目,项目主体已完工。积极开展无组织排放治理工作,

取得较好效果。其中球团一系列干返系统把皮带输送系统改为刮板输送系统,进行全密封,成为无组织排放行业标杆。

(李 伟)

【250立方米竖窑改造项目】 2020年5月1日,炼铁作业部250立方米竖窑煤改气项目进场施工,主要改造项目:每座竖窑新增五根燃烧梁(采用上三下二布局)及附属平台,新增窑底冷却机、燃烧梁冷却系统;原鼓风机改为助燃风机,除尘风机改为高压引风机,原旋转布料器改为固定溜管式布料器。8月27日1号窑送天然气点火,9月10日2号窑送气点火。改造后,烟气二氧化硫基本稳定在30毫克/立方米以下,氮氧化物100毫克/立方米以下。

(张志东)

【球团使用高炉喷吹煤粉】 2020年,炼铁作业部由高炉三制粉直接向球团塔楼增设输煤管道及相关设施输送煤粉,取消球团现有磨煤系统,解决中速磨配套的沸腾炉没有脱硝环保设施的问题,通过回转窑热工参数调整,生产情况良好。

(刘长江)

【球团一系列环冷机环形皮带改造】 2020年7月,炼铁作业部球团一系列环冷机环形皮带推广使用,由人工推动料斗小车放料改为环形皮带自动卸料。环形输送机可360度转弯,具有结构简单、维护方便、成本低、通用性强等优点,解决人工运输小车的麻烦。卸料阀由单层改为双层卸灰阀,彻底解决3台鼓风机风量损失、胶带输送可以密封解决扬尘等环境问题,实现自动控制,降低岗位劳动强度。

(张建超)

【设备改造升级项目】 炼铁作业部链箅机三环减速机与电机连接方式改型。对链箅机电机传动方式进行改造,由电机减速机直连改为分体式。改型后电机更换时间缩短,而且设备运行可靠性提高。1号高炉上料直流装置的升级改造。从西门子6RA7075-6DV62-OAA0升级成西门子6RA8075-6DV62-OAA0系列,避免原设备停产带来的隐患,提高上料布料系统直流装置稳定性。通过设备的系统升级改造,提高设备稳定性,满足生产需求。

(薛理政)

【热风炉红外成像技术】 炼铁作业部实施炼铁1号、2

号高炉热风炉红外成像技术,对热风炉进行 24 小时实时监控,可以及时发现热风炉炉壳温度异常现象,发现高温点进行报警提示,消除风险和隐患,提高热风炉运行的稳定性。

(闫本领)

【组织活动建设】 2020 年,炼铁作业部党委制定深化落实全面从严治党主体责任清单,推进全面从严治党主体责任落实;规范基层党支部建设,每季度自行组织开展党建工作检查,形成整改台账,逐项消缺党建基础问题;以"党员领跑计划"为抓手,带动基层党建工作开展,深入开展创先争优活动。全年建立党员示范岗 32 个,提报好建议 491 项,党员课题攻关 40 项。

(胡 刚)

【党群工作建设】 炼铁作业部紧贴经营生产重点、难点工作开展宣传报道,以"封面人物""榜样 2020""技能工匠"为平台,挖掘职工身边的榜样,全年降本、重点工作、榜样人物宣传稿共 176 篇,其中《铁前成本硬碰硬降低 1.19 亿元》《系列检修职工众志成城》等报道,反映经营生产成果及职工敢于拼搏的意志。创建 20 个职工小家;组织 49 个团队参加公司"和谐团队"专题培训;开展"转进解办"和职工需求办理工作,全年办理职工需求 47 条;评选职工好建议 105 条;帮助 43 名困难职工解困。坚持以党建带群建,构建群团组织体系,开展 32 期青年大学习工作;开展"青安杯"竞赛活动和争创青年安全示范岗竞赛活动;疫情期间,多次组织青年志愿者开展测温、消毒等防疫工作。

(胡 刚)

首钢股份炼钢作业部

【炼钢作业部领导名录】

　　书　记:姚利苹

　　部　长:刘凤刚

　　副部长:刘珍童　张小辉(1 月任职)

　　首席工程师:郝殿国(2 月离职)

　　首席工程师:成天兵

(刘子龙)

【概况】 炼钢作业部始建于 2003 年 6 月份,2010 年配套项目全面投产稳定运行,产能 800 万吨。设 5 个专业科室、10 个作业区。2020 年底,在册职工 1327 人:中层

领导 4 人,基层领导 36 人,一般管理人员 159 人,生产操作人员 1128 人。在册职工中,党员 564 人、团员 25 人,党团员占在岗职工的 44.4%。2020 年,炼钢作业部贯彻落实股份公司"两会"精神,以"不忘初心、牢记使命"主题教育作为发展的源动力,把"增进职工的自信心、增强职工的自豪感、增加职工的收入"作为干事创业的出发点和落脚点,坚持"对标一流、争创一流",坚持"走出去、引进来"思维,坚持用世界胸襟思考问题,全面完成公司下达的生产经营任务,多个领域实现从跟随到引领。

(刘子龙)

【安全管理】 2020 年,炼钢作业部持续以安全标准化建设为主线,以"双控"机制建设为核心,以本质安全管理为重点,以"专项整治"为载体,以应急救援、应急处置为防线,以上下同欲、高效协同为力量,构建安全生产"一条心"。不断强化各级责任担当,带头深入基层、扎根现场,组织专业进班组、基层调研等活动,推进解决"4 号倾翻机热修平台移位、一炼钢板坯主控室移位以及一、二炼钢厂房顶治理"等重点难点问题;利用本质化工程技术措施,推进"板坯地沟积渣免清理""干法除尘区域封闭管理优化""3 号套筒窑煤气操作平台优化"等项目。大力宣传安全文化,建立隐患排查清单,实行相关方单位人员及工机具准入管理。

(黄起极)

【产量和指标】 2020 年,炼钢作业部钢产量完成 849 万吨,超计划 30.5 万吨,创历史纪录。在重点指标的管控上取得显著效果,钢铁料消耗 1079.65 千克每吨,铁耗完成 946.2 千克每吨,副枪自动化炼钢命中率平均 90.56%,继续保持较高水平,IF 钢终点氧 350—600ppm 比例 91.67%,转炉终点温度 1653 摄氏度,板坯综合合格率保持在 99.91%以上,恒拉速指标 97.74%。一炼钢 3 号 KR 投运,实现铁水 100%KR 脱硫处理。二炼钢的 4 号和 5 号转炉均实现自动出钢操作。转炉出钢量达到 224 吨。

(张立国)

【降本增效工作】 2020 年,炼钢作业部强化降本任务分解落实,一手控过程金属损失,一手调结构、扩大固废消纳,盘活资金、缓解采购压力同时降低金属料消耗,钢铁料降本 30.07 元/吨;做大"蛋糕",持续提高产线制造能力,增产贡献 19.50 元/吨;拓展废钢市场化改革,

实现价格降本 11.2 元/吨;成本打开九张表,聚焦问题点,寻找改善点,辅材降本 8.13 元/吨;招标降价,提高出钢量、提高真空室耐材寿命,与厂家利润分成等措施,降低耐材费用,耐材降本 23.42 元/吨;精细管理控制总费用降本 13.41 元/吨;提高产能、节能降耗,燃动力降本 4.22 元/吨。全年实现降本 126 元/吨,总额 107018 万元。

(王 芸)

【重点品种生产】 2020 年,炼钢作业部主要以汽车板、酸洗板、集装箱和焊瓶钢为主。汽车板完成 132.7 万吨,超计划 7.7 万吨,其中汽车外板完成 41.2 万吨,较 2019 年增加 16.9%,高强汽车板 39 万吨,合资品牌 38.9 万吨;酸洗产品完成 106.5 万吨,超年计划 6.5 万吨,其中汽车酸洗完成 47.4 万吨,占比 44.5%,较 2019 年增加 71.1%。汽车板炼成率 99.35%,外板铸坯产出率 78.4%。BH 钢过剩碳合格率全年 100%;汽车外板钢包顶渣 TFe<6% 合格率 90.29%,RH 加铝前氧 ≤ 400ppm 比例 95.79%,中包全氧 ≤23ppm 比例 99.39%。为实现汽车板高效化生产,开展生产工艺攻关,缩短 RH 纯循环时间,取消镇静时间要求,连铸采用防堵水口、优化氩气控制策略、增加浸入式水口深度等措施,2020 年汽车板 11 级洁净水口比例完成 81.75%,IF 钢卷渣缺陷带出量控制在 1% 以下。对汽车结构酸洗板可浇性进行攻关,取得阶段效果。双联工艺高强钢开展 RH 取消钙处理试验,降低过程温降 10 摄氏度,缩短 RH 精炼周期 12 分钟。高强复相钢通过改善铸坯偏析水平,解决分层缺陷。针对高 Ti 钢 TiN 夹杂物开展 Mg 处理、稀土处理等新工艺研究。工业纯铁开发 LF 炉外脱 P 工艺,使纯铁极低 P 控制水平得到提升,实现平均成品 P 为 0.0027%。

(郝丽霞)

【硅钢生产】 2020 年,炼钢作业部硅钢总产量 170.99 万吨,其中取向硅钢 23.13 万吨,较 2019 年升高 1.09 万吨,综合炼成率 100%;无取向硅钢 147.86 万吨,综合炼成率 99.66%,其中高牌号无取向硅钢 23.61 万吨,较 2019 年的 16.36 万吨升高 7.25 万吨;HiB+高牌号无取向占比升高 5.07%。取向 Als±7ppm 比例由 82.03% 提高到 85.46%,取向硅钢 0.20 毫米及以下产品国内市场占有率第一;高牌号无取向硅钢实现全钢种转炉不剩钢;高牌号无取向硅钢开发 HW070002,成为特斯拉新

能源汽车独家供货商。

(孙 亮)

【规程管理】 2020 年,炼钢作业部完成 80 个新版活页岗位规程的审批、印刷、发放工作,完成 7 个技术规程的印刷、下发工作,合计印刷 2093 本规程。申请废止吹氩站、CAS-OB、方坯以及钢坯精整泵站和天车 15 个规程,梳理整合相关方规程,由原来 130 个规程整合到 109 个。开展规程学习考试系统的上线工作,所有单位完成上线工作。

(杨晓艳)

【专利技术】 2020 年,炼钢作业部累计完成专利申请 45 项,专利受理 44 项,20 项发明,24 项实用新型;专利授权 22 项,8 项发明,14 项实用新型。

(杨晓艳)

【重点技改项目】 2020 年,炼钢作业部板坯火焰清理机移地搬迁项目顺利投产;3 号 KR 脱硫工程的热试成功,进一步提升高端汽车板和酸洗板等战略产品质量;脱硫渣一次处理线热试成功,开辟降本增效新的道路;二炼钢 4 号倾翻机搬迁,达到安全整改要求。

(马 银)

【人才培养】 2020 年,炼钢作业部充分发挥年轻人有知识、精力充沛、接受新知识、新事务能力强的特点,重点培养,使一大批年轻人挑起重担。当选股份之星 1 人,卓越之星 2 人,希望之星 9 人;通过内部选拔,任用 12 名专业技术人员上岗主任(首席作业长)助理岗位进行锻炼培养。按照管理权限,炼钢作业部党委共计直接提拔使用领导人员 5 人次,岗位平动 3 人次,3 名专业管理走上领导岗位,3 名专业管理交流到营销中心进行锻炼,新聘高级主任师 2 人、主任师 5 人,领导人员队伍梯队进一步完善,结构更加合理。

(侯友松)

【扎实推进主题教育】 2020 年,炼钢作业部全面打造"红色引擎炼钢先锋"股份品牌党委,扎实推进"五三四六"党建体系建设,把党建工作的政治优势转化为经营优势、竞争优势、品牌优势。在公司第五届"基层的精彩"中获第一名。

(张 超)

【红色教育】 2020 年,炼钢作业部组织开展"喜迎建党 99 周年主题演讲""红色七月讲党课""观看红色电影""八一军人座谈会"和自编自导自演廉洁微视频《来自

父亲的电话》等活动,奏响红色七月凯歌,传承红色基因、凝聚发展力量。

(张 超)

【工匠评比】 2020 年,炼钢作业部职工郭玉明被评为冶金行业工匠。同时,在"北京大工匠"终极挑战赛阶段获得第一名。

(李仁伟)

【职工小家建设】 2020 年,炼钢作业部共建立 14 个职工小家,配备相应家具和设备设施,炼钢作业部职工小家数量上升为 24 个,代表作业部参赛的 6 个职工小家,均获得"股份公司最美小家"称号。

(李仁伟)

首钢股份热轧作业部

【热轧作业部领导名录】

党委书记、部长:蔡耀清

党委副书记、纪委书记、工会主席:费书梅

副部长:王 伦 陈 波(5月任职)

部长助理:刘志民

部长助理:东占萃(5月任职)

首席工程师:兰代旺

(张来忠、赵 阳)

【概况】 热轧作业部拥有两条热连轧生产线,两条热卷开平生产线、一条罩式炉生产线、两条酸洗生产线、一条破鳞拉矫机组生产线、一条酸洗横切生产线,一条热卷切边生产线、一条酸再生生产线。热轧作业部下设综合办公室、政工室、生产技术室、设备管理室、安全管理室、一热轧轧钢作业区、二热轧轧钢作业区、精整作业区、酸洗板材作业区、天车作业区 10 个科级单位。共有在册职工 759 人,协力职工 20 人。

(张来忠、尹海霞、郎振东)

【产量及订单】 2020 年,热轧作业部坚持做大"蛋糕"。两线计产产量完成 827.1 万吨,较 2019 年增产 41.9 万吨,再创历史最好水平。其中,一热轧完成 470.7 万吨,二热轧完成 356.4 万吨,实现里程碑式的新突破。酸洗两条产线计产产量完成 106.46 万吨,其中一酸洗完成 68.15 万吨,二酸洗完成 38.26 万吨,均达到历史最好水平。截至 2020 年底,热轧已累计轧钢 8686.9 万吨。重点品种上,硅钢完成 170.4 万吨(其中

高牌号无取向 31.7 万吨,取向 23 万吨),其中高牌号无取向较 2019 年增加 8.3 万吨。汽车板完成 132.65 万吨,外板 41.15 万吨。酸洗汽车结构订单完成 47.63 万吨,较 2019 年增加 19.9 万吨;≤2.0 毫米薄规格订单 2020 年完成 13.92 万吨,较 2019 年增加 5.41 万吨,汽车结构、薄规格完成情况均创历史新高。

(程艳飞、刘恩庆)

【降本增效】 2020 年,热轧作业部实现降本 40.2 元/吨,其中轧钢工序 35.3 元/吨,酸洗工序 4.9 元/吨,降本总额 3.41 亿元。增加可利用材交售数量,实现硅含量大于 1.2%而小于等于 3.0%的检废卷及平整尾卷改判可利用材。中间坯实现即产即销的组织模式,月均收集可利用材 4800 吨,较 2019 年增加 341 吨,月均降低成本 6.65 元/吨。

(刘杏荣、贾雨樨)

【品种结构调整】 热轧作业部完善品种质量管理体系,持续推进热轧工序产销系统上线后的系统优化工作。提质保量完成 170.4 万吨硅钢,其中高牌号 31.7 万吨,取向 23 万吨;二转一硅钢 9.52 万吨;2.0 毫米及以下薄规格取向硅钢生产 4.31 万吨。

(冀建卫)

【开拓酸洗板市场】 2020 年,热轧作业部通过加快酸洗板市场开拓,发挥高效协同机制,构建客户精准服务体系,实现以 HR800CP 复相钢为代表的宝马、一汽、丰田、日产等高端客户认证和批量供货,为持续提升公司盈利能力和市场竞争力奠定基础。

(冀建卫)

【技术创新结硕果】 2020 年,热轧作业部大力推进关键核心技术自主创新攻关,《高牌号无取向硅钢超低同板差控制关键技术研发》获得河北省科技奖二等奖;《高精度、智能化轧后多段冷却控制技术研究与自主开发》等 3 项荣获首钢科技奖三等奖;申报专利共 53 项,其中授权 33 项,受理 20 项;IF 钢宽度标准差达到 1.16 毫米,达到国内先进水平;根据连续油管用钢的需求,开发自动变厚度轧制功能;开发活套 CONV 控制和 ILQ 控制投入时间的自动统计功能,开发 F7 前馈 AGC 功能、开发工作辊冷却水间歇功能,使得 2.3 毫米厚度以下薄规格酸洗板 ILQ 投入率已从 2019 年的 89.5%提高到 94.09%;在二轧新增板卷箱调试与运行中,自主完成原 V3000 系统和新的 NV 系统的软件升级、参数配置、程

序调试等工作;研究开发一热轧 FDTC-2 控制模式,并在高强酸洗板、日系酸洗板以及专用板等薄规格带钢共推进 32 个品种,精轧轧制时间由 85 秒缩短到 78 秒。

(王 伦、罗旭烨)

【自动化技术攻关】 2020 年,热轧作业部一热轧完成 SSP 前测宽仪控制系统自主改造,开发侧压机短行程自学习模型,宽度极差从 11.2 毫米降低到 9.2 毫米左右。开发轧制力模型的长期自学习系统,厚度标准差由 18.6 微米降低到 13.94 微米,封锁率由 1.1% 降低到 0.28%。国内首创层流冷却横向流量检测设备,完成一热轧 F1-F3 机架轧辊冷却水喷嘴布置的优化。一热轧精轧出口横向温差由 50℃ 降低至 43℃;二热轧 QS340-P 等典型品种卷取温度横向温差由 30℃ 降低至 15.1℃。薄规格集装箱二次精整率由 20% 下降到 10%。两线酸洗板指标大幅提升,分别由 51.78%、52.62% 提高到 95.6% 和最高 98.44%,同时实现所有美芝板切边量较 2019 年降低 6 毫米,达到提质、降本的目的,同时为后续高端酸洗板接单能力提升奠定技术基础和能力。

(董立杰)

【质量控制】 2020 年,热轧作业部轧线综合成材率 98.23%,较 2019 年提升 0.09%,其中一热轧完成 98.08%,与 2019 年持平,二热轧完成 98.44%,较 2019 年提升 0.2%;酸洗成材率 96.39%,较 2019 年提升 0.04%,开平成材率 98.4%,与 2019 年持平。一热轧临时封闭率 10.7%,较 2019 年降低 2.2%,二热轧临时封闭率 7.771%,较 2019 年降低 2.36%;1 号酸洗线临时封闭率 10.27%,较 2019 年降低 5.09%,2 号酸洗临时封闭率完成 7.98%,较计划降低 17.02%。轧线带出品率 1.03%,较 2019 年降低 0.29%,其中质量带出 0.64%,生产带出 0.39%;酸洗带出品率 3.39%,较 2019 年升高 0.64%,主要受 2 号酸洗线投产调试带出影响,剔除 2 号酸洗产线带出,1 号酸洗线带出品率完成 2.26%,较 2019 年降低 0.86%。

(徐 伟、呼智勇)

【推进设备功能精度管理】 2020 年,热轧作业部通过推进轧机牌坊修复工作,提升轧机配合精度,一二热轧精轧机刚度综合评分由原来 71%、72% 提升至 73.4%、73.6%,轧机刚度保持率分别达到 97%、96.7%,轧机刚度水平达到国内领先。继续完善设备精度测量手段,引

入轧线功能精度评价指标,两条轧线的设备功能精度评价得分由原来的 94% 提升至 96%。通过开展功能精度项目攻关,进一步提升带钢表面及边部表面质量,设备带出品降低至月均 50 吨以内。

(东占萃、郭维进)

【管理创新促降本】 2020 年,热轧作业部全面推进检修管理创新。年修由原来两条主产线全部长时间变更为"一长一短"组织模式,项目"化整为零",减少年修时间,降低修理费用。推行"一长二短"定修组织新模式,以减少定修次数,降低定修时间,为产能提升创造条件,实现年降本 1000 万元。结合精益管理设备管理巴的推进,不断探索管理改革和创新,"开源""节流"双管齐下,持续、高效的推进降本增效工作。全年吨钢修理费较 2019 年降低 3.45 元/吨,降幅达 12.86%;首次实施胶管备件大包,节约采购资金 65 万元;挖掘维护单位潜能,全年共计完成备件自修 499 项、1689 件,核算降本 185.37 万元;本部人员承接精密测量项目 239 次,测算创收产值 317.61 万元。

(东占萃、郭维进)

【环保设备设施改造】 2020 年,热轧作业部在持续巩固超低排放成果的同时,加强环保日常管理工作。从中修环保管控、强化危险废物管理、土壤污染隐患排查、排污许可证管理完善、环保设施运行保障、环境突发事件应急演练实施等方面着手,环保设施运行率、粉尘综合排放合格率均实现 100% 目标。利用日常检修和中修,完成两线粗轧区域 R1R2 轧机水雾抑尘装置的安装调试,投入后运行稳定。依据河北省要求,完成热轧作业部范围内分表记电系统的安装调试,年投入率完成 100% 目标。

(东占萃、付 磊)

【转型提效】 热轧作业部以"大工种多技能"促进转型提效,职工队伍活力持续得以激发,超额完成两年转型提效任务 127%,形成"一二四三"转型提效管理体系,不向公司要一人,完成新建连续式酸洗线人员筹备工作,职工总数从 2018 年的 848 人,同口径降低至目前的 666 人。

(张来忠、赵 阳)

【干部队伍建设】 热轧作业部树立能者上、庸者下、劣者汰的用人导向,对 3 名基层干部提职、3 名基层干部免职、6 名基层干部岗位及职责进行调整。选派 5 名同

志参加股份公司青训班;评选出 3 名卓越之星、8 名希望之星。

(张来忠、赵　阳)

【职业技能竞赛】　2020 年,热轧作业部根据首钢集团统一安排,承办天车工、金属轧制工两个工种的决赛工作。来自首钢京唐、长钢、通钢等单位共计 50 名选手参加此次为期 6 天的竞赛活动,其中热轧作业部 4 名选手获得"首钢级技术能手"称号。

(张来忠、尹海霞)

【安全管理】　2020 年,热轧作业部坚持双重预防机制建设为核心,有序模块化推进安全生产三年专项整治,优化上锁挂牌流程和机械防护设施;编制安全标准化作业指导书;推进安全家文化建设,实现安全工作家企联动;落实现场配合人是项目安全第一责任人的作业项目安全管控方法;建立人员池,严把相关方人员准入关;高度重视应急保障,采取"演习+演练"的应急准备模式。

(周剑飞、刘晓波)

【推进精益管理】　热轧作业部固化精益管理成果,强化自主管理。2020 年完成一热轧、二热轧、精整作业区、酸洗作业区 4 个三级利润巴的固化工作;完成 2160 轧线和 2160 平整机 2 个 OEE 试点单位的固化工作。2160 产线 OEE 值由 79.40% 提升到 84.43%,2160 平整机 OEE 值由 66.00% 提升到 77.18%。全年热轧作业部精益管理快速改善创效 1892.89 万元,焦点课题创效 2344.34 万元。推广阿米巴和设备 OEE 管理。发挥阿米巴裂变效应,作业部推广设备管理室三级管理巴、酸洗 3 个四级巴和 12 个五级巴;推广 1580 轧线和 1 号酸洗线设备 OEE 管理。

(费书梅、杨春明)

【党建引领】　热轧作业部强化党建引领,推进公司党委重点工作任务,坚定不移用习近平新时代中国特色社会主义思想武装头脑、指导实践、推动工作。全年组织理论学习中心组学习 12 次,结合作业部党委实际组织交流研讨 4 次,持续推进"两学一做"学习教育常态化、制度化,巩固"不忘初心、牢记使命"主题教育活动成果。按照《首钢股份公司 2020 年重点任务分工方案(150 项)》,结合实际制定《热轧作业部 2020 年重点任务分工方案(109 项)》;落实《关于深化落实全面从严治党主体责任的实施办法》,制定 2020 年度热轧作业部党委深化落实全面从严治党主体责任清单 36 项;强化

特色支部建设,充分发挥战斗堡垒作用,以品牌创特色,以特色铸品牌,设备管理室党支部在首钢股份第五届"基层的精彩"党组织建设成果展示活动中获评为"特色党支部";开展党员"六比六争""党建引领保安全,党员领跑排隐患""党建引领强品牌,党员领跑提质量"等系列活动,不断深化党建工作与经营生产的深度融合。

(蔡耀清、郎振东)

【党风廉政建设】　2020 年,热轧作业部推进"六廉"活动,通过"廉洁党课、读书思廉、警示教育、廉洁故事会、廉洁家书、廉洁研讨"活动,扎实有效地明晰思想底线、收紧思想防线、把牢思想总开关。领导班子成员带头在所在支部讲廉政党课;读书思廉守初心,牢记使命守红线;强化廉洁教育,营造良好从业氛围;警示教育常态化,开展纪检监察专业培训 8 期,累计培训并测评考试 100 余人次;开展廉洁家书活动,利用家庭熏陶渗透清风正气;开好廉洁故事会,用好线下"微电影",线上"云教育"。组织职工及有业务处置权人员拍摄廉洁微电影《规矩·底线》,创新教育培训模式,通过 VR 技术走进江苏太仓纪法教育基地。

(费书梅、王小军)

【营造和谐环境】　2020 年,热轧作业部围绕生产经营重点工作,广泛实施劳动竞赛,营造比争赶超的良好氛围。表彰劳动竞赛中表现突出的职工 72 人次;激励基层创新,创建 11 个创新工作室,全力助推生产、技术、设备、质量、安全等生产经营工作;以建设"职工小家"活动为载体,不断丰富职工精神文化,提高职工幸福感和归属感,累计建设"职工小家"21 个;促进和谐团队建设,开展 69 次和谐团队活动、997 人次参加;坚持开展谈心、入户巡访和"两节"送温暖活动。领导班子家访慰问 41 余户;落实疫情防控要求,开展形式文体活动。组织参加公司工会健步走活动,步数排名、达标率排名均位列公司第一。

(费书梅、郎振东)

首钢智新迁安电磁材料有限公司

【首钢智新电磁领导名录】
　　执行董事:孙茂林(兼职)
　　党委书记:姚福顺
　　党委副书记、总经理:齐杰斌

纪委书记:姚福顺

工会主席:姚福顺

副总经理:员大保　胡志远　张叶成

　　　　　游学昌(3月任职)

副总工程师:游学昌(3月离任)

监　　事:刘新亮(兼职)

财务总监:靳彦博(兼职)

首席技术专家:赵东林　黎先浩　司良英　王现辉

首席工程师:翁晓羽　梁元　夏兆所　安冬洋

（李　超）

【概况】　首钢智新迁安电磁材料有限公司(简称"首钢智新电磁")以原北京首钢股份有限公司硅钢事业部为主体,于2018年5月1日正式成立,是首钢股份的全资子公司,注册资本为748400.55万元。产品定位于钢铁业"皇冠上的明珠"——硅钢(亦称"电工钢"),于2008年12月开工建设,拥有酸连轧机组、连续退火机组、常化酸洗机组、二十辊轧机、脱碳退火机组、环形炉、拉伸平整机组等生产机组及酸再生等公辅配套设施,集成世界上先进的板形控制技术,创新"产销研一体化"运行机制,建立和完善电工钢一贯管理体系。2020年电工钢年产量达到154.24万吨,连续7年成为世界上最大的无取向电工钢单体制造工厂,产品出口到日本、意大利、美国、印度、巴西等31个国家。首钢智新电磁大力推动电工钢新技术、新工艺的研发及应用工作,在特高压变压器、新能源、节能变频家电及配电变压器等领域取得批量应用,为国家大气污染防治、节能减排等做出贡献;并积极推动本质化安全、超低排放、智能工厂建设,成为安全、环保、智能化示范工厂。

截至2020年12月底,首钢智新电磁下设计财部、生产管理部、设备管理部、营销管理部、技术一贯部、质量一贯部、产品研发中心、安全管理部、党群工作部、工会、纪委和综合管理部12个职能机构;以及一作业区、二作业区、三作业区、精整作业区、动力作业区、维检作业区、工程筹备组和服务作业区8个作业单元,实有人员1292人,其中管理人员288人、生产操作人员1004人;硕士研究生及以上学历77人、本科学历639人、专科学历385人、专科以下学历191人;高级工程师及以上42人、工程师194人、助理工程师82人。

（张　扬、李　超）

【产量稳增】　2020年,首钢智新电磁克服市场压力大、客户规格多样化的特殊要求,以保证质量、生产顺行、降低成本为主题开展工作,取得全年电工钢产量154.24万吨的成绩。其中,中低牌号92.32万吨,高牌号42.68万吨,取向19.24万吨。

（杨立军、李立霞）

【订单兑现】　2020年,首钢智新电磁紧抓市场机遇,实施设备改造,提升高牌号供货能力。继续推进产销高效协同、信息共享、全流程精细组织模式,全年电工钢平均订单兑现率99.25%,其中中低牌号平均订单兑现率99.28%,高牌号平均订单兑现率99.19%。全流程生产组织优先保证重点客户排产,实现重点客户订单按期交货,美的、格力、艾默生等重点客户逐月订单兑现率均达到100%,维护首钢品牌信誉。

（杨立军、闫伟利）

【质量提升】　2020年,首钢智新电磁围绕"提高质量保障能力,降低质量损失"的工作主线,各项重点指标全面超计划完成,实现质量减损4163万元,比计划多降1349万元。无取向综合成材率94.04%,比计划高0.04%;取向综合成材率88.75%,比计划高0.25%。现货发生率完成3.48%,较2019年降低12%,其中带出品和废品较2019年分别降低10%和20%。

（赵运攀）

【销售创效】　2020年,首钢智新电磁电工钢销售结构调整达历史最好水平。全年销售完成154.32万吨,其中,中低牌号92.89万吨,高牌号42.18万吨,取向19.25万吨。高端产品销量同比增加5.14万吨,占比提高5.51%,无取向高牌号刷新历史纪录。变频空调压缩机用电工钢市场占有率全球第一,行业领先地位持续巩固。取向电工钢0.20毫米及以下超薄规格产品连续3年国内市场占有率第一,站稳世界第一阵营。全年实现调结构增效10914万元,一体化利润24891万元,同比增加2729万元。

（于海光）

【科技创新】　2020年,首钢智新电磁坚持科技创新,打造产品竞争力,《高效变压器用高性能取向硅钢研发及产业化》《高牌号无取向硅钢超低同板差控制关键技术研发》2个项目获得河北省科学技术奖二等奖;《钢铁企业电工钢智能工厂管理探索与实践》获得中钢协管理创新成果一等奖;《超高效低损耗新能源汽车驱动电机用电工钢的关键技术及应用示范》项目获得河北省重点研发计划资助；无取向电工钢完成 12 个新产品开发，开发"软穿带"起车等技术，突破酸轧机组高硅轧制能力，实现高效率 30SW230、30SW-MZLZ 产品开发；开发第二相析出物控制、固溶强化及连退小张力控制技术，实现新能源汽车用高强低铁损产品 30SW1500H、25SWYS480 国内首发；成功开发两轧程低铁损超薄规格 15SW1100 产品；取向电工钢完成 4 个新产品开发，聚焦微合金抑制剂强化技术，实现超低铁损 27SQGD080、20SQGD065 产品开发；突破超薄规格 Als 工艺窗口，实现新 1 级能效变压器用 18SQGD065 牌号产品批量供货，达到国际领先水平；研发无底层产品表面低氧化技术，实现无底层 27SQG120NG 小批量稳定供货。

(赵松山)

【产品认证】 首钢智新电磁持续提升 EVI 技术服务优势，全年实现 EVI 供货量 30.30 万吨，为 20 个用户 27 个项目提供电机认证样品，总量达到 40 吨，其中 9 个项目进入小批量认证阶段。为 42 家次客户提供仿真技术、材料应用等技术服务，其中无取向客户 30 家次，取向客户 12 家次，累计解决客户问题 25 项。建立日本、德国技术服务办事处，初步具备海外技术服务能力。无取向电工钢 14 项产品通过认证，供美的战略产品 35SW-MZLZ 认证周期由 9 个月缩短至 3 个月，抢占家电能效提升对高牌号旺盛需求的市场红利。新能源产品从跟随走向引领，从商用车转向乘用车，成为天津大众 MEB 项目独家供应商，实现联电、西门子稳定订货，特斯拉、比亚迪、华为、大众、日产、丰田等项目小批量供货，全年销量首次突破 2 万吨大关，达到 2.93 万吨。取向电工钢 11 项产品通过认证，其中 23SQGD075 通过西门子认证，20SQGD070、18SQG080 高端牌号在宏源、特变和台湾 MAXWELL 通过认证并批量应用。新增 500kV 及以上变压器应用 90 台，在三峡乌东德水电站应用占比达 76.32%，在重庆 ABB、西门子批量制造的 500kV 变压器，应用于菲律宾 NGCP 和泰国 EGAT 等重点工程项目。

(赵松山)

【技改攻关】 2020 年，首钢智新电磁坚持"以产品质量为中心"功能精度组织理念，以项目为抓手，兼顾体系建设，重点围绕提升设备功能、夯实精度管理开展工作，通过设备管理模式的优化、深挖设备潜能，为高端产品

增量、新品种、新技术的研发创造条件。环形炉机组首创"空中加油"能源保供新模式，实现 7 种介质 98 小时高度紧张的临时能源供应，打破动力检修环形炉必须全停的惯例，实现取向电工钢增产 5447 吨。抢抓家电、电机、变压器能效升级政策红利，突破关键工艺技术，打通"最后一公里"瓶颈，连退机组自主集成的"局部"改造替换前期的退火炉"整体"改造方案，26 天昼夜奋战完成高牌号适应性改造，投产即达产，取得无取向高牌号月产增幅 39% 的重大突破，实现工期及投资双最优，创造无取向电工钢退火炉改造的行业典范。

(屈英刚、郭子健)

【精益管理】 2020 年，首钢智新电磁精益管理再精进，人人讲精益、事事用精益成为"新潮流"。坚持目标导向，持续效率提升，酸轧、二十辊机组 OEE 分别完成 85.88%、72.87%，同比提高 2.03%、7.71%，完成连退机组 OEE 推广。实施《快速切换工具应用专项方案》，实现连退涂机切换、二十辊轧辊更换时间缩短 15%、19%。深入推进阿米巴经营管理模式，2020 年高质量完成二级巴、管理巴搭建，累计建立 68 个阿米巴，实现经营利润体系的承接。持续开展快乐积分活动，提报项目 4363 项，积分 110257 分。实施《能源介质消耗精益改善活动方案》，形成 14 项改善方案，降本 769 万元。深化基层阿米巴赋权管理，人人争当经营者，结题攻关课题 39 项，完成快速改善 421 项，实现年降本 9720.67 万元。

(杨立军、肖桂姣)

【降本增效】 2020 年，首钢智新电磁围绕工艺降本、降低辅材及动力能源消耗、降低制造费用、市场化运作等方面全面开展降本工作，全年完成降本增效 13547 万元，吨钢降本 15.95 元(钢产量 849.34 万吨)，其中工序降本 8840 万元，市场化运作 4707 万元，有力地支撑公司经营业绩。

(杨立军、王辉)

【安全管理】 2020 年，首钢智新电磁深化专业协同，瞄准作业难点，持续发力人工干预项目攻关，193 项作业项目实现本质安全可控，风险 D 值降低 22%；建立以安全行为数据分析为核心的安全管理体系，436 人通过安全观察员培训考试，安全观察实现 7 个作业区，16 个区域全覆盖运行和使用，《行为数据分析管理体系构建》获得首钢集团安全管理创新一等奖；开展安全单元最小

化提升,突出自主管理,推进"零隐患"单元创建;加强专业协同,推进安全风险辨识在品种工艺、物流运输、检修作业的深度识别和源头管控,并通过课题调研机制,营造"安全出课题、专业解难题"的氛围;本质化安全模块成果从固化到优化转变,由表及里推行深层次问题攻关,管理成果不断夯实;形成一批煤气防护、有限空间、安全标准化、相关方等安全培训教材,进一步丰富培训形式。

(王小明、杨建文)

【环保管理】 首钢智新电磁践行"绿水青山就是金山银山"的环保理念,以红线思维、底线意识确保各项排放指标达标,完成独立环保体系搭建,建立健全环保设备设施运转和环境管理台账,加强环保自查自改,狠抓排口动态管理,91 个监测点位共监测 128 次,均达到超低排放标准。全生命流程跟踪、管控危险废物的产生和转移过程,创新管理、优化设备、升级工艺,实现危险废物同比减量 12%。深入实施绿色行动计划,大力推行无组织排放治理行动,开展密闭无组织排放点位封闭改造和空气阻断(雾桩)系统建设,改造完成后有效控制粉尘类污染物外溢,倒路扬尘得到有效控制。获评河北省生态环境信用评价"良好"企业。

(张红军、王禹焜)

【人才建设】 2020 年,首钢智新电磁进一步完善并加强培训教育,全年组织在职及后备班组长培训 96 人次、特培取证复审 274 人次、技能等级鉴定 150 人次。目前,持有高级技师证 8 人次、技师证 123 人次、高级工证 653 人次、中级工证 556 人次、初级工证 481 人次。深入开展三支人才队伍建设,全年共计职务晋升 64 人,其中晋升主管员 5 人、晋升主管师 12 人、晋升主任师 3 人、晋升高级主任师 1 人、晋升技师 30 人、晋升高级技师 9 人、晋升首席技师 4 人。拓展人才队伍建设渠道,开展"大工匠"养成计划,评选出大工匠、金牌工匠、银牌工匠、铜牌工匠及最佳操作能手 50 名;继续开展"领导干部上讲台"培训、"以讲促学"管理人员讲课培训、安全模块培训等多主题培训活动,全年累计组织培训 195 场,长达 496 学时,共 2979 人次参加培训。

(张 扬、刘 欣)

【党群工作】 2020 年,首钢智新电磁党委持续坚持疫情防控扎实到位,党建工作与生产经营深度融合,打赢"疫情防控阻击战和生产经营攻坚战"。全年紧紧围绕"夯实基础、深度融合、提升价值"的主题,进一步强化"金牌"党建引领,打造"首钢硅钢'金名片'"品牌建设。2020 年首钢智新电磁党委获评首钢股份公司品牌党委、技术质量党支部获评品牌党支部。组建生产管理部和营销管理部党支部。组织开展纪念首钢电工钢投产十周年系列庆祝活动,激发全体干部职工不忘初心再出发的激情和动力。撤销纪检监察部,纪委主要聚焦智新电磁党委主管单位,重点是深化转职能、转方式、转作风职责。完成职工小家建设 23 个,实现一线班组全覆盖;刘磊创新工作获得全国冶金建材行业示范创新工作室,黎先浩创新工作室获得北京市创新工作室,徐厚军等 5 个创新工作室获得集团创新工作室命名,徐厚军获评"全国青年岗位能手""北京青年榜样",青年双争课题获得 13 项最佳课题、14 项优秀课题,连续 5 年股份公司数量和质量排名第一。

(刘新亮)

首钢股份质量检验部

【质量检验部领导名录】
党委书记:宋振武(5 月任职)
　　　　　张广治(1 月任职;4 月离任)
　　　　　魏建全(1 月离任)
部　　长:张广治
副部长:王贵玉(1 月任职)
首席工程师:顾红琴

(王秉文)

【概况】 质量检验部负责首钢股份钢铁生产全流程的检验分析工作,主要包括:进厂原燃(辅)料取制样及检验;炼铁、炼钢炉前冶炼分析;钢铁产品出厂性能检验;工艺介质及功能性材料检测分析;并在质量改进、工艺攻关、产品开发等工作中承担科研检验任务。下设生产技术室、安全管理室、综合办公室、政工室、原料质检作业区、化学分析室、物理检测室。年末在册职工 361 人,其中管理人员 51 人,操作人员 310 人;硕士研究生 29 人、大学本科 147 人;高级工程师 14 人、工程师 53 人;在聘首席技师 8 人,高级技师 5 人,技师 26 人;党员 159 人,团员 2 人。

(王秉文、张凤荣)

【主要指标】 2020 年质量检验部生产检验 794679 批,

月均 66223 批，较 2019 年相比减少 1785 批，减少 0.22%。2020 年科研检验 34997 批，月均 2916 批，较 2019 年同比增加 1585 批，增加 119.1%。产品检验效率提升:硅钢精炼分析及时率从 2019 年的 77.54%上升到 2020 年的 85.44%；一炼钢双厚样平均分析时间由 217 秒缩短至 210 秒，二炼钢取向硅钢提桶样平均分析时间由 340 秒缩短至 325 秒；日检验能力由上半年每日 220 批提升到 350 批，平均性能等待时间由年初的 20.04 小时改善到 9.22 小时。降本任务:钢产量较 2019 年增加 4.7%的情况下，可控成本备材消耗降低至 741 万元，较 2019 年降幅 15.9%；吨钢检验费 8.30 元/吨，较 2018 年 10.65 元/吨基数，降低 2.35 元/吨。

（徐 佳、王 浩）

【质量体系】 2020 年 9 月 4 日至 6 日，质量检验部通过中国合格评定国家认可委员会现场评审。认可范围包括钢铁与合金、矿石与矿物、水、焦炭和煤、耐火材料、金属材料与金属制品、铁磁材料、腐蚀试验等 26 类 109 个检测项目 130 个检测标准(包括美标 12 项)。极参加中实国金组织的分析测试能力验证工作，2020 年参加能力验证及测量审核 24 项 66 个元素，全部为满意结果。

（张秀丽、张希静）

【精益管理】 2020 年，质量检验部搭建精益改善平台，制定《质量检验部 2020 年精益管理推进方案》《质量检验部 QCDE 精益改善实施方案(试行)》。QCDE 精益改善设定"五加二"七类，着力打造有质检特色的精益管理模式，依托六西格玛项目、TPM 焦点课题、QCDE 内部攻关项目、合理化建议及快速改善建议为载体全面开展精益改善工作。2020 年共开展精益攻关项目 31 项，快速改善建议 47 项。

（张希静）

【标准修订】 质量检查部参与起草的 3 项国家标准在 2020 年实施:《GB/Z38434-2019 金属材料力学性能试验用试样制备指南》《GB/T 5687.12—2020 铬铁磷、铝、钛、铜、锰、钙含量的测定电感耦合等离子体原子发射光谱法》已分别于 2020 年 7 月 1 日、2020 年 9 月 1 日起实施，GB/T 8454-2020《焊条用还原钛铁矿粉 亚铁含量的测定重铬酸钾滴定法》将于 2020 年 12 月 1 日起实施。组织主持修订 2 项标准:YB/T 4174.1-《硅钙合金 铝含量的测定电感耦合等离子体原子发射光谱法》

共同试验数据已收集完毕，下一步形成标准征求意见稿和撰写标准编制说明，GB/T 4333.8-《硅铁 钙含量的测定 原子吸收光谱法》处于共同实验阶段。

（张希静）

【阿米巴经营管理】 2020 年，质量检验部将阿米巴经营管理模式与实际工作深度融合，开展四个三级巴管理，以问题为导向，以项目为载体，提升全员经营意识。全年累计创建三级阿米巴 4 个(3 个利润巴，1 个管理巴)，同口径比较，在 2020 年钢产量较 2019 年增加 4.7%的前提下，备件材料可控成本从 2019 年的 881 万元降低至 741 万元，降幅为 15.9%；全年获得骏马奖一次，完成一个三级利润巴的星级验收，获得四星级阿米巴。

（张明超）

【设备管理】 2020 年，质量检验部依托创新工作室为平台，提升自主维护能力，建立点检定修制，实现对设备运行状态的管理，制定《设备自主维护实施方案》，由首席技师牵头组织设备自主维护攻关，编写《检化验设备典型案例集》，作为培训教材进行经验分享及培训，提高维护人员整体能力，最终实现替代上海美诺福技术服务的 55 台设备、美国热电维护的 23 台设备自主维护，设备自动化运行有效率也由 2019 年的 98.9%提高到 99.2%，自动化运行有效率提高 0.3%，全年节约外委维护费用 80.4 万元。

（王明利）

【创新驱动】 2020 年，质量检验部提报合理化建议 53 项；发表科技论文 14 篇；科技技术秘密 1 项；提报专利 15 项，其中《一种金属板材拉伸试样制备工艺》等 8 项专利已获受理，另外《一种辅助安装的升降台工装》《一种用于线切割机床的换丝装置》2 项获得专利授权。自主设计开发完成 Z3 除尘自动化改造，成立攻关团队，自主完成主要装备工艺设计、自动化程序开发，节约资金约 60 万元；国内首创"热轧板卷全自动智能检测系统"，试样加工精度由±0.1 毫米提高到±0.02 毫米，平均检测周期缩短超 40%，实现"一键式"操作，全程闭环。

（张秀丽、夏碧峰、赵乃胜）

【检验市场化】 2020 年，质量检验部持续推进检验市场化，内部工序聚焦数据作用发挥，积极与工序联动，结合产品工艺需求及数据应用情况，在炼铁入炉烧结矿、热轧产品弯曲试验优化等方面促使工序优化检验项目、组批规则,全年降低检验费用 1391.1 万元,实现检测能力释放,内部市场化累计利润 2276.9 万元;外部委托客户累计建立联系 20 余家,全年开展外部委托检验 408 批次,创收 44.3 万元。

(周志超)

【安全生产】 2020 年,质量检验部经营、生产、建设总体平稳有序,未发生生产安全事故,百万工时伤害率、职业病发病率、火灾事故及交通事故均为零;各级排查安全隐患 1429 项,整改 1429 项,年度整改合格率 100%;现有安全风险 204 项,有效监管率 100%,现场安全风险总 D 值 5151.8;按同口径计算,比 2019 年实际降低 13.00%,超额完成降低 10% 的管控目标。

(曹士广)

【三年专项整治】 2020 年,质量检验部通过强化组织、落实现状分析、组建团队、问题梳理、风险评估、现场整治等工作环节,对作业现场存在的触电伤害、电弧灼伤、车辆伤害等重点问题实施重点治理,解决问题 34 项,梳理、确定、完成整治任务 2251 项,本质化安全水平得到有效提高。

(曹士广)

【人才队伍建设】 质量检验部现拥有高层级职务 14 人,其中首席工程师 1 人,主任师 5 人,首席技师 8 人,高层级人才队伍渐成规模;2020 年推选 1 名职工参加首钢集团青年科技创新培训班,3 名职工参加首钢股份青年骨干培训班,1 名职工参加首钢集团钳工高技能人才研修班,为进一步提高人员创新理论水平、增强创新实战能力提供机会和平台;2020 年共有 3 人取得高级职称,5 人取得中级职称;2 名职工评选为股份公司"股份之星",2 名职工评选为"希望之星"。

(王秉文)

【党风廉政建设】 2020 年,质量检验部党委贯彻落实习近平新时代中国特色社会主义思想,履行全面从严治党主体责任,聚焦打好疫情防控阻击战和生产经营攻坚战,充分发挥党组织战斗堡垒作用和党员先锋模范作用,保证防疫、检验两不误。推进党建与业务相融合,打造形成原料支部"质量卫士、廉洁表率"党建品牌,党建引领作用进一步提升。持续深入开展党风廉政建设和反腐败工作,编制《质检部以案说纪》,推进原料取制检自动化率由 50% 提升至 70%,修订制度、规程等 5 项,完

善"人、技、制"三防体系建设,风险防控能力不断进步。

(林宝财)

首钢股份能源部

【能源部领导名录】

党委书记、纪委书记、工会主席:毛松林(5 月任职)
　　　　　　　　　　　　　　　刘卫华(5 月离任)
副部长:李双全(主持工作)　唐和林　杜 斌
部长助理:阎 波　吴 亮(1 月任职)
首席技术专家:雷仲存

(董作福)

【概况】 能源部主要负责首钢股份钢铁工序生产所需的风、水、电、气、汽五大类、20 余种能源产品的生产、供应、管理工作,涵盖供风、发电、供电、供水、制氧等系统,既是能源介质的生产作业实体,又是公司的能源专业管理部门,具有作业与管理双重职能。能源部始终坚持"安全顺稳、经济环保、节能高效、协同保障"的理念,为公司提供优质的动力能源。下设综合办公室、政工室、能源管理室、运行管理室、安全管理室 5 个科室;供风作业区、供水作业区、发电作业区、供电作业区、制氧作业区、燃气作业区、压差发电作业区、能源服务作业区 8 个作业区。主要设备有:150 兆瓦燃气蒸汽联合循环发电机组一台、50 兆瓦燃气蒸汽联合循环发电机组两台、25 兆瓦汽轮发电机组两台、15 兆瓦背压发电机组一台、30 兆瓦高炉炉顶煤气压差发电机组一台、15 兆瓦高炉炉顶煤气压差发电机组两台、6000 千瓦饱和蒸汽发电机组两台、8000 立方米/分钟高炉鼓风机一台、7000 立方米/分钟三台、110 千伏变电站八座、30 万立方米高炉煤气柜一座、20 万立方米高炉煤气柜一座、15 万立方米焦炉煤气柜两座、15 万立方米转炉煤气柜一座、8 万立方米转炉煤气柜两座、除盐设备两套、二级除盐设备一套、污水处理设备两套、23000 立方米/小时制氧机组一套、35000 立方米/小时制氧机组四套等。

(汤丰宁)

【主要指标】 2020 年,能源部多项指标创造历史最好水平。全年发电量完成 27.31 亿千瓦·时,创历史最高水平,较年预算提高 2.81 亿千瓦·时,同比升高 2.49 亿千瓦·时;全年液体外销量完成 101119 吨,创历史最好水平,较年预算提高 1119 吨,同比增长 2523 吨;吨钢

综合能耗创历史最好水平,完成 584 千克标煤/吨,较年预算降低 18.28 千克标煤/吨,同比降低 15 千克标煤/吨;全年转炉煤气回收量创历史最高水平,完成 109.88 立方米/吨,较年预算提高 1.38 立方米/吨,同比提高 1.48 立方米/吨;吨钢耗新水达到历史最好水平,完成 2.88 立方米/吨,较年预算降低 0.08 立方米/吨,同比降低 0.02 立方米/吨;吨钢综合电耗创历史最好水平,全年完成 592 千瓦时/吨,较年预算降低 12 千瓦时/吨,同比降低 11 千瓦时/吨。

(徐建楠)

【新能源汽车电工钢项目】 能源部空压机七站于 7 月 16 日第一台机组并网送风成功,9 月三台空压机具备投运条件;九总降于 1 月 9 日完成全部标段招标,11 月开始全面施工;三除盐在公司现有水系统装备基础上整体规划,既能满足新能源高品质供水需要,又统筹考虑北区新增产线、发电系统未来需求,于 11 月进行主体框架施工。

(李志永)

【能源管理】 2020 年,能源部全年持续对标对表,提高能源管理水平。与宝钢、京唐等企业开展全流程工序能耗对标对表,深度挖掘提升目标。以成本和效益为生产经营的核心,以工序能耗管控为突破点,推进节能降耗工作落实。制定能源成本专项管控方案,建立以炼铁、热轧、采购中心等部门为核心的联动工作机制,吨钢能源成本创历史最好水平,完成 1036.43 元/吨,比年预算降低 45.57 元/吨,同比降低 81.42 元/吨。9 月,首钢股份在全国重点大型能耗钢铁生产设备节能降耗竞赛中获两座"冠军炉",两座"优胜炉"。10 月,首钢股份公司迁安钢铁公司被国家工信部、水利部等四部委联合认定为"国家级水效领跑者"。11 月,配合工业和信息化部节能与综合利用司与冶金工业规划研究院,组织召开"节能服务进企业"活动暨钢铁行业节能技术和高效节能电机交流会,为全国各地大型钢企、节能科技公司提供节能理念、管理、科技交流进步的平台,引导国内钢铁行业节能减排和高质量转型发展的方向,全面提升公司绿色发展的引领力,绿色制造的竞争力。

(杨 明)

【降本增效】 2020 年,能源部全年做实挂图作战,逐级细化分解,落实降本任务目标,制定降本增效措施 118 项,持续开展降本督导,完善降本考核激励机制。围绕

修理费降费,严格控制管理外委资金,开展备件国产化、备件自修、备件定额管理等工作,围绕各站所电耗、水耗、煤耗、化药消耗等,优化能源消耗指标和成本指标,构建技术—经济—管理 109 项 9 个系列的精细化指标管控体系,每月统计反馈,实时跟踪分析指标变化。全年吨钢降本创历史最好水平,完成 28.28 元/吨,同比提高 13.05 元/吨。

(杨 佳)

【设备管理】 2020 年,能源部推进产销一体化设备模块与"三定"体系衔接。推动设备产销一体化基准、点检、状态、检修、计量五大模块应用提效。组织设备年修 15 次,完成检修项目 3283 项,完成日常维护项目 7357 项,点检完工登录率 99.93%,位居公司第一名。重点完成制氧二号空分机组中修、1 号 50 兆瓦燃气蒸汽联合循环发电机组大修、2 号 15 万立方米焦气柜大修、1 号 2 号风机变频励磁升级改造等项目。针对运行状态及季节特点开展各类专项隐患排查治理,全年共发现并处理设备缺陷 1363 项。高炉鼓风机四台机组连续两年稳定运行。150 兆瓦燃气蒸汽联合循环发电机组机组满负荷作业台时达到 8376 小时,满负荷作业率处于国内同类型机组领先水平。

(刘 宝)

【安全管理】 2020 年,能源部推进本质化安全管理。推动各级管理安全责任清单量化落实,实施目标、指标、责任一体化管控。梳理七大类安全隐患频发问题,集中整治 1208 点位,实施本质化安全改造 7 项。全面推进三年专项模块治理,开展联系确认、煤气区域、有限空间专项整治,完善优化 9 个联系确认环节,排查整改 333 项煤气区域问题,有限空间专项整治整改 42 项隐患。持续深化双控机制建设,完成能源部重大危险源在线监控数据上传,共计设置视频监控 38 路,数据点位 64 个,进一步完善上传数据日常监控,开展上传分级管控,实施三级报警推送。全年共计排查安全隐患 3384 项,整改率 100%,整体安全风险值下降 11%,实现安全生产零事故。

(高玉艳)

【队伍建设】 能源部全年围绕"学巴钢、育文化、促发展",突出高层级人才引领作用,全面推进人才开发工作。能源部现有首席技术专家 1 人、主任师 16 人、主管师 34 人,主任师同比提高 23.1%,主管师同比提高

13.3%,主管师及以上人员占管理人员比例48%;技能操作序列,现有在聘首席技师2人、在聘高级技师16人、在聘技师64人,高级技师同比提高23.1%,技师同比提高14.3%,在聘技师及以上职务占操作人员比例12.7%。在2020年能源部三支人才队伍激励工作中,通过组织公司级、部级及作业区及评审,实现岗级晋升5人、职务晋升22人、职级晋升16人、工资晋升280人。突破原有运行机制,通过改进劳动组织,推进重点项目、精简岗位定员等方式开展转型提效工作,发挥服务作业区人才蓄水池、孵化器作用,输送9名职工支援鼎盛成公司压球二次线用人需求;承接新建LNG气化站运行业务,有效补充股份公司气体燃料供应的不足,为稳定生产创造条件;整合油品处理、检化验业务,助力油品全寿命周期管理,成立油品循环处理班组,推进油品降耗和梯级利用。2020年末在岗人数792人,同比减少12人。

（李志杰）

【阿米巴精益管理】 2020年,能源部制定发布推进方案和评价机制,逐级推广阿米巴精益管理。组织推进16个阿米巴实施运行,完成8个三级巴《能源部阿米巴经营推行手册》,实现巴星级独立验收。推进日常改善项目162项,创效益890.85万元;形成攻关课题15个,创效益545.36万元。在公司双月评价总结会上三次荣获骏马奖,供风三级巴荣获"四星级"三级巴,制氧三级巴在公司精益管理推进过程中起到引领作用,成为首批"五星级"三级巴获得者,在巴长PK赛中斩获一等奖。

（关 娜）

【党建引领】 2020年,能源部突出党建与生产经营互促进的工作体系,以深化"转、进、解、办"工作,开展党员领跑活动为抓手,培育能源部问题文化、执行文化、奋斗文化,创新开展能源部党建工作。充分发挥能源部党委"把方向、管大局、落落实"作用和党支部的战斗堡垒作用,将政治优势转化为能源部发展活力。坚持党建品牌建设,形成供电作业区党支部"红黄绿"3C特色党支部、发电作业区党支部"红色引领、保产达效"、供风作业区党支部"风行股份、大道顺稳"等特色支部文化。做实"转、进、解、办"活动,部领导进基层67次,解决问题46项,管理进基层372次,解决问题532项;组织各支部建立党员"领跑计划"评价机制,定期开展评议,强化闭环管理组织;建设完成15个职工小家,在2020年的最美小评比当中,5个获得"最美小家"称号;持续推

动基层创新,雷仲存创新工作室、净晓星创新工作室获得2019年股份公司"优秀创新工作室"称号,王文彬创新工作室被首钢集团有限公司正式授牌为集团级创新工作室。

（王 敬）

首钢股份营销中心

【营销中心领导名录】

总经理:李 明
党委书记:刘志民
副总经理:赵 鹏 肖京连 刘海龙
　　　　　王兴洪 陈凌峰
总经理助理:张 亮 谢天伟

（陈昊阳）

【概况】 营销中心是首钢股份公司产品营销工作的专业机构,按照"统一资源计划管理、统一客户技术服务、统一销售物流管理、统一价格归口管理、统一销售管理"原则,承担"股份+京唐"营销专业管理职责,下设营销管理部、客户与产品服务部、热板销售部、冷板销售部、汽车板销售部5个行政部门。营销中心党委,下设纪委、党群工作部。负责管理北京首钢钢贸投资管理有限公司,北京钢贸下设5个区域钢贸公司、13家加工中心,授权管理首钢金属公司。2020年,营销中心聚焦打造竞争优势,强化市场意识和交账意识,对标找差、挂图作战,经营能力和绩效指标持续提升,产品结构、渠道结构不断优化,管理体系日趋完善,体制、机制守正创新,技术营销能力显著提高,初步实现成为综合服务商的转型目标。

（陈昊阳）

【主要指标】 营销中心负责产品销量完成1745万吨,同比增长282万吨;高领产品销量完成718万吨,同比增长219万吨。冷轧汽车板完成335万吨,同比增长25万吨。三地整体实现跑赢市场2.44%。

（陈昊阳）

【经营创效】 营销中心深挖产销运协同潜能,保证合同到位质量,支撑产线稳产高产和新产线达产提效,全年合同节点完成率98%。加强市场研判,深挖提价潜力。坚持对标找差,落实分解任务指标,推动专项工作落地做实,深挖价格提升潜力。主要产品价格倒挂幅度

均超过上年水平。全年销售集装箱 133 万吨,风电钢 104 万吨,车轮钢 67 万吨,销量创历史纪录。提升绿色物流,实现保供费费。积极推进公转铁业务,提高绿色物流比例,迁钢、冷轧外发火运比例分别增长 22%、10%,迁顺供料实现 100% 火运。加大自有码头集港量,迁钢、冷轧发曹妃甸集港量较去年增加 12 万吨。市场化运作汽运定价机制,迁钢、冷轧汽运价格较去年分别降低 8% 与 4.5%。通过对比汽运、以量换价模式,实现新增三条火运线路运费下浮最大 40%。

（陈昊阳）

【新建产线实现顺稳达产】 营销中心发挥迁钢、京唐酸洗新产线优势,重点开发冷成型、以热代冷高强钢及酸洗汽车钢等产品,迁钢连续酸洗线 10 月份实现销量 8.4 万吨,京唐高强酸洗线 9 月份实现销量 10 万吨,实现新产线达产增效。京唐高强镀锌线全年销量 36 万吨,超年计划 6 万吨,国内高强钢 14.3 万吨。MCCR 产线全年销量 89 万吨,超年计划 23 万吨,薄规格产品完成 45 万吨,占比 51%。热基锌铝镁产线实施差异化战略,结合产品特点快速抢占光伏、畜牧行业市场份额,同时向建筑钢结构、钢板仓、高速公路护栏板等行业重点推广。中厚板全年销量 219 万吨,超年计划 19 万吨,其中品种钢完成 178 万吨。

（陈昊阳）

【产品结构】 营销中心坚持以效益为标尺,加大高端产品的认证开发工作力度,深耕细分市场,深挖优质渠道合作潜能,产品和渠道结构调整取得新突破。汽车板聚焦结构优化调整,重点推进日系、德系等高端合资品牌和锌铝镁、免中涂外板、高强产品认证增量工作。全年汽车板完成 335 万吨。酸洗板汽车结构钢全年完成 62 万吨。热轧板发挥渠道容量弹性优势,起到产销压舱石作用。汽车用钢形成产品系列,连续 3 年销量过百万吨。中厚板产品、渠道、供货业绩实现快速突破。家电板高领产品连续两年突破百万吨。涂镀板持续完善市场布局,拓展终端应用领域。

（陈昊阳）

【营销服务】 2020 年营销中心获得上汽大众"优秀供应商入围奖"、海尔"金魔方奖"、海信"优秀供应商"等 11 个奖项,获评《中国冶金报》颁发"中国卓越钢铁企业国际影响力品牌""中国钢材市场优秀品牌"。首钢"制造+服务"能力得到市场和客户越来越多的认可。优质

服务赢得发展先机。汽车板积极争取主机厂新车型零件发包份额。宝马服务团队完成 22 个零件 DP980 材料的国产化测试,实现冷成形最高强度材料国内独家供货,获得宝马 2021 年新项目 ZM 材料定点资格;长城服务团队全面提高服务响应速度,主动为用户排忧解难,服务质量得到用户高度赞扬,首钢锌铝镁、DH 钢、免中涂等新产品在长城获得广泛应用。酸洗板获得汽车产品认证机会 502 项。中厚板实现船级社认证规格扩充到 100 毫米,成功取得 CCS、ABS、VL 等船级社证书,获得沙特海洋平台用钢投标资质。扎实推进技术营销。汽车板围绕轻量化和技术降本,完成一汽、广汽、长城汽车等 8 家车企 11 款车型 EVI 实践。全年开展技术交流 650 次。推动规范产品交货标准管理,制定外设换版工作流程,工作效率提升 90%。规范供货技术协议管理,推动新增、升级企标 26 项,产品升级 40 项。举办上汽大众、东风日产"首钢日"活动,开展酸洗板客户座谈会在线直播,创新技术营销手段,加强产品宣传推广。完善客服体系建设。优化服务资源配置,针对重点车企,成立 8 个汽车板大客户服务团队;汽车板服务人员达到 113 名,一线服务力量进一步加强。增设酸洗板专业服务团队,补充热板、中厚板服务力量;持续推进客户服务体系的分类、分区、分级管理;利用客户服务例会平台建立问题跟踪和挂牌督办机制,提高问题处理效率。提升物流保障能力。加强管理,全年汽运准时到达率 98.3%、海运产品准时到达率 86.2%,运输质量异议较上年降低 5.6%。疫情期间通过多渠道组织运力、加大火运量、开通设结厂外储库等措施,保证迁钢产销运衔接顺稳;通过拓展京唐自有码头库容、协调目的港及时接卸、以船代库方式拓展库容 20 万吨以上。强化加工配送服务体系保障能力。建立本部、地区公司、加工中心高效协同工作机制,汽车板加工配送保供能力得到有效提升,加工中心服务支撑作用日益显著。

（陈昊阳）

【经营管控】 营销中心持续强化基础管理。聚焦全年经营目标及重点任务,月度营销分析会布置事项落实整改率 90%。实现管理重心向事前审批、过程监控方向前移,业务评价向线上管控转变。完善内控管理,首次在全体系开展违规经营投资自查及审计整改回头看专项检查工作,保障销售业务合规高效稳健有序运营。全面加强资金管理。持续提升产销运衔接质量,压实基地

库存管控责任;强化钢贸库存专业管理,重点加强经营库存、定金订货库存、汽车板备库管控力度。严控政策外和计划外应收,强化应收风险防控。进一步规范公司治理,强化运营管控。完成风控体系建设工作实施方案及风控手册的编制,依法厘清股东会、董事会、监事会的职责边界,明确三会议事规则和决策机制;完成对天津钢贸、上海钢贸、宁波首钢、佛山首钢负责人离任经济责任审计工作;完成钢材配送公司清退。加大信息化系统推广应用。强化系统规范应用;组织实施系统功能优化超500项;针对跑赢、测算和现货流向分配三类复杂业务场景开发大数据分析模型;稳步推进"首钢—客户"生态圈建设,实现智慧营销平台四大自助、客户诉求提报功能上线,完成汽车板用户长城、宝马、大众ISP应用推广,实现中集EDI对接,提升客户对首钢服务的感知度。全年智慧平台登录用户比例达到84.2%,年末活跃用户比例达到57.4%。

(陈昊阳)

【特色党建】 营销中心坚持党建引领,强化全面从严治党主体责任。进一步加强党的基层组织建设。坚持廉洁警示教育常态化,开展"正风肃纪"微视频评比和"风清正气树家风、携手共进幸福门"家庭助廉活动。坚持疫情防控、经营管理齐抓共管。各单位全面贯彻党委疫情防控要求,制订周密防控措施,保障职工生命安全和身体健康,支撑产销运工作顺畅开展。武汉公司做到职工"零感染"、业务"零耽误"、客户"零抱怨",展现不惧疫情、迎难而上的十足韧性和顽强拼搏精神。开展线上线下文体活动,举办职工"荣休"仪式,增强退休职工的荣誉感;郑天然同志荣获"北京市劳动模范"称号。拓展人才上升空间,打造高效专业化营销团队。加快推进专业化人才梯队建设,高层次人才达到32人,拓展高层次专业化人才上升空间。加大培训力度,促进各层级人员素质提升。引进华晨宝马退休专家,开展"师带徒"活动,加快专业人员的培养和成长。持续推进营销体系提质增效。

(陈昊阳)

首钢股份采购中心

【采购中心领导名录】

党委书记、总经理:郑宝国

党委副书记、纪委书记、工会主席:张贺顺
副总经理:邹 召 周 波 李 鹏
宋开永(9月离任)
总经理助理:马秋彬 刘政群(7月离任)
副总工程师:于洪喜(5月任职)

(王雪冬)

【概况】 采购中心承担首钢股份、京唐等基地的原燃料、资材备件、耐材、工程设备、工程材料采购业务集中管理职责。主要负责原燃料采购计划编制、供应商开发和评价管理、采购价格制定、物料的采购和质量控制、结算和付款等工作;负责首钢股份备件计划管理、设备及备件采购和结算管理、库存占用管理、机旁管理、备件修复管理、设备备件仓储管理等工作;负责京唐工程设备材料采购、资材备件采购、京唐仓储中心实物及配送管理等工作。采购中心设立党委,党群系统下设党群工作部和纪委(监察部)2个部门;行政系统下设综合办公室、经营管理室、燃料采购室、炉料采购室、材料采购室、物流管理室、备件管理室、备件采购室、工程采购室、仓储中心10个部门。

(王雪冬)

【经营采购】 2020年,采购中心原燃料采购计划2205.13万吨,采购额2833591万元。对比年度预算降低18.4亿元,其中市场因素带来6.36亿元,主动作为降本12.04亿元。股份、京唐两地国内原燃料采购价格跑赢市场2.57%,比计划2%多完成0.57%。各品种采购价格行业排名同比2019年都有提升,其中京唐炼焦煤提升17名,迁钢喷吹煤提升6名,京唐喷吹煤提升3名,迁钢焦炭提升1名,京唐焦炭提升3名,迁钢废钢提升18名,京唐废钢提升21名,京唐动力煤提升1名。实现供应链金融创效31770万元。煤炭长协和国矿采购比例完成66.5%,比计划少完成3.5%;灰石基地直采比例完成85.3%,比计划多完成10.3%;废钢基地直采比例完成76.4%,比计划多完成1.4%。2020年,围绕协同高效,聚焦降库降本,实现库存指标管控和经济高质供应,为各地经营生产顺稳、"做大蛋糕"提供支撑。通过工程设备招标议价、优化采购渠道等措施,实现年度采购降本1.58亿元。通过专业职能管控、逐级指标分解、基地备件联储等手段,实现股份公司备件库存资金占用降至42423万元,备材库存降至25748万元,分别比年初降低2084万元和14476万元,实现备件、备材库存"双降低"。

（王　鑫、李　欣）

【板块协同】 2020年,营销中心原燃材料协同采购完成136.26万吨,比计划多完成31.26万吨,协同效益10680万元。为实现抱团取暖,内部采购合金、熔剂完成142.35万吨;内部耐材12426万元;矿业捆带供应额2830万元,其中迁钢占100%份额,京唐占44.15%份额;贵钢钎具供应额1300.82万元,其中迁钢占55.7%份额,京唐占67.65%份额。2020年,完成2019年备件协同采购中标项目7008项、192.73万件、中标金额3.31亿元,较历史节资1477.16万元,节资率4.47%。2020年协同采购项目通过首钢电子商务平台发询标段36个、6174项、88.81万件,项目金额3.2亿元,其中通钢2.94亿元、矿业983万元、长钢833万元、水钢719万元。部分已完成报价并开标。

（王　鑫、李　欣）

【备件联储】 营销中心依托产销一体化系统,整合股份、京唐、顺义三地物料代码及供应商。充分利用三地技术专业力量及供应商资源,核实备件通用性,充实联储项目。全年"三地"新增联储备件315.79万元,实现联储规模747项、15766.06万元。各基地间联储备件调拨461.33万元。

（李　欣）

【进口矿中间费】 2020年,营销中心组织进口矿资源转储运输737.59万吨,其中:火运626.94万吨、汽运110.65万吨,火运占比85%。物流中间费完成67.52元/吨,较年度预算降低11.48元/吨,节约运输成本8467.53万元。

（张冬松、刘世赤）

【固体二次资源】 2020年,营销中心固体二次资源销售外排(含危废)总量542.66万吨,销售收入完成54455.68万元(其中集团内销售量83.22万吨,金额31869.76万元;集团外销售量311.75万吨,收入26657.79万元;付费外排总量147.68万吨,付费4071.87万元)。比2019年销售总量增加168.96万吨,销售收入增加19155.68万元,销售收入增幅54.27%。

（张冬松、刘世赤）

【党群工作】 2020年,采购中心党委以习近平新时代中国特色社会主义思想为指导,贯彻党的十九大和十九届四中、五中全会精神,围绕股份公司"两会"精神确定重点工作及目标任务,树立"抓好党建是本职、不抓党建是失职、抓不好党建是不称职"的责任意识,不断提高政治站位。充分发挥党委"把方向、管大局、保落实"的作用,组织修订完善党委会、经理层工作规则,健全党组织参与企业重大问题决策程序和机制。全年召开党委会29次,研究议题102项,对党建工作、干部调整、廉政工作等事项深入研究。领导干部调整9人。领导干部试用期转正23人,其中处级干部10人,科级干部13人。落实党务公开、厂务公开制度,着力打造"阳光工程",以公开促公正、以透明促廉洁。落实党委理论学习中心组学习制度,全年召开中心学习13次,交流研讨5次。制定全面从严治党主体责任清单,按计划推进落实。积极开展疫情防控工作,保证职工的安全及采购业务有序开展,保障疫情形势紧张期间股份公司产线生产稳定。组织233名党员为防疫捐款54700元和无偿献血、捐赠活动。制定实施"4+8+N"主题党日安排,组织实施,炉料党支部获得股份品牌支部称号。深入开展"学巴钢、育文化、促发展"活动,并开展四期大讨论活动。通过微信、股份内网、首钢日报等平台大力宣传采购业务工作的典型事迹20余篇。关心关爱困难党员和群众,发放慰问金46000元。强化廉政教育与共建,编发50期廉洁从业周提示。组织12期"读廉"活动。全年向1979家供应商下发"廉洁告知函",建立"职工之家"供应商来访业务洽谈室,有效降低廉政风险。规范拓展信访举报途径,在电梯口、楼道、库房等12个点位开设信访举报专线电话和专用邮箱,接受社会监督。积极推进管理创新,充分发挥邵文华管理创新工作室作用,围绕经营采购、点价、对标压价、品种替代等课题,超计划完成全年跑赢市场工作任务。

（运长山）

首钢股份职工创业开发中心

【职工创业开发中心领导名录】
党委书记:周凤明
副主任(主持工作)兼资源开发事业部副部长:周　阳
副主任:付　民
主任助理:张建民　林海涛
部长助理:布景华(1月任职)

（陈　帅）

【概况】 职工创业开发中心现有生产管理室、安全管理室、综合办公室、政工室4个职能科室和汽运项目部、物流项目部、创业开发室3个科级单位。主要业务包括:汽运项目部工程车辆配合主流程生产、检修、运输,环保车辆为公司提供环保服务;物流项目部火运物流、金属结构加工;创业开发室绿色种植、文体场务服务等。资源开发事业部下设电子商务中心和备件管控中心两个一级项目部,电子商务中心下设运营部、销售部、采购部、储运部4个二级项目部,主要负责首钢股份在线交易平台的运营业务;备件管控中心下设备件仓储、备件配送2个二级项目部,主要负责备件仓储、备件配送业务。2020年末,职工创业开发中心和资源开发事业部在册职工总数642人(不含向各作业部服务作业区的劳务派遣人员453人)。职工创业开发中心党委下设资源开发事业部党支部、汽运党支部、开发室党支部、机关支部,共有党员181人。

(张建家、赵 辉)

【在线交易平台】 创业开发中心下属电子商务中心秉持"让交易更公平、更公正、更公开"的宗旨,将"首钢产品高质量、交易模式高效率、售后服务高品质"贯穿始终,为客户做所有,为企业解难题,客户粘性不断增强,销售价格屡创新高,采购价格大幅降低。2020年交易量745万吨,交易额43.66亿元。销售400多个品种,招标采购200多个品种。入驻企业包括迁钢、智新、顺冷、京唐、水钢、通钢、长钢、首钢园区、矿业、首秦、首秦深加工、首钢贸易、工学院、首建、迁首冶科、兴矿实业等16家,平台注册客户2932家,成交客户过千家,客户覆盖全国30个省市,服务费收益1052万元。在稳固销售、采购、招标业务的基础上,与震坤行、西域、固安捷、艾逊、鑫方盛5家国内知名电商签约合作,新增电商直采业务。在线交易平台成为首钢股份公司推进数字经济与钢铁企业深入融合,通过工业互联网重塑现代供应链,推动企业数字化转型的重要抓手,为各入驻企业降本增效注入新动力,增添新活力。

(茹 磊)

【汽运保产、环保服务】 创业开发中心汽运项目部精心组织保产运输,全年完成炼钢作业部5次转炉炉役拆炉和2号转炉1次炉底快换;完成脱硫渣山清理,倒运装车70万吨;围绕提高水渣火运装车量开展《铲车火运装车操作标准》专项课题攻关,提升效率和精准性,全

年装运火车7435车45.5万吨。项目部对环保服务开展精细化管控,全年为迎接参观、检查及重大接待完成清扫道路、酒水降尘作业280余次,开展"洗厂行动"8次,为公司环保提升提供有力保障。新冠疫情期间,先后13次出动雾炮车配合迁安市政府进行消毒防疫工作。积极开展降本增效工作,挖掘设备和人员潜力,配合公司绿化、小区绿色种植、道路修缮等重点项目,全年节约外租运费47万元。

(齐振军)

【物流项目】 创业开发中心物流项目部通过加强内部管理,开展设备改造和技术培训,装车效率明显提高,全年接收智新硅钢卷5.49万卷38.82万吨;汽、火发运5.48万卷、38.76万吨,结算费用300.71万元;铺设火运支架1.8万节,结算费用1461.42万元;完成出入库板坯2131块44018吨,结算费用11.31万元;修复坏火车厢375节,结算费用1.88万元;全年制作老式扒渣板2585件、KR扒渣板1102件、脱硫销子1060件,结算费用121.53万元。全年完成创收2030.64万元。

(许建东)

【备件仓储配送】 创业开发中心备件管控中心一方面积极推进备件集中管控,优化迁钢库区,实施"一站式"管理模式,将备件送货点位由原来的钢区库、铁区库、热轧库,统一归集到长白库办理,提高其工作效率。通过拓展备件配送业务,全年完成各单位物料备件配送1190项、11163件,配送兑现率100%。

(陈 冲、杨宝郁)

【绿色种植】 创业开发中心推进绿色蔬菜种植和二期蔬菜基地建设。2020年产有机绿色蔬菜20余种6.21万斤,全部供给小区、厂区及小岛食堂。二期蔬菜基地建种植总面积38亩,包括8个长100米的蔬菜大棚和10块露天菜地。疫情防控期间,将一部分新鲜蔬菜用于慰问厂区职工,一部分配送到小区接受隔离观察的职工门口,受到各单位和广大职工的欢迎。

(刘 明)

【安全管理】 创业开发中心领导班子成员以"四不两直"方式深入现场20余次,协调解决各类问题30余项,开展"领导话安全"活动6次。协调解决问题167项。修订安全操作规程51个、完善应急处置方案28个、制定标准化作业指导书21份。组织开展安全标准化达标

"回头看"活动,达标率100%。组织修订教育培训教材37份,开展全员培训、考试4次,组织线上安全、消防知识竞赛活动2次。开展职业病危害及机动车驾驶人员健康体检,对12名职业禁忌人员调离作业岗位。深化"双控"建设,对辨识出的380项风险因素制定相应的管控措施;对录入"双控"系统的1546条隐患问题查找隐患根源,落实改进措施;开展5个模块专项整治,收集标准规范,组织意识导入培训。对运输车辆作业线路进行全程跟踪,解决问题15项,规范临时加油点8处,安装作业场所停车位标识牌20处,规范人员等待区域24处,拟定物流安全管理推进项目29项,完善基础资料80项。捋顺"四新项目"安全风险评估程序,推行"安全评估+督导服务"安全管理模式。全年落实安全奖励2280元,落实安全考核23800元。

(刘亚南)

【精益管理、成本管控】 2020年,创业开发中心持续推进精益管理,开展TPM小组活动461次,发现不合理问题417项,整改率100%,亮点120个;固化三级巴利润巴1个、推广利润巴2个、管理巴1个、四级巴1个、五级巴2个,完成12期作业301项。完成焦点课题5个、日常改善36项、优秀改善案例28项,节约费用38.73万元。通过加强成本管控,2020年创业中心完成降本9389.9万元,吨钢降本11.09元,完成公司计划指标。制造费实际发生11206.2万元,计划指标15290.6万元,对比计划降低4084.4万元。外租运费实际发生12752万元,由于脱硫渣加工项目、公转铁和产量等因素,增加2693万元,增幅26.77%。自有车辆发生费用2520万元,创收115万元。自7月1日起,迁钢外包部分车辆费用由创业中心制造费列支,智新部分车辆费用由智新公司制造费列支,截至年底共计支付912.66万元。修理费月均指标1368万元,实际结算1255万元。备件材料费用发生978.44万元。持续推进产销一体化工作,通过同类同属性项目统一价格、调整结算模式、变更生产组织流程和内部车替代外租车等,实现降低外运费约689万元。

(苏剑鹏)

【设备管理】 创业开发中心加强生产组织,强化调度职能,全面完成生产任务。推进项目检修管理,打造星级设备,提高设备管理水平。对45台自主运行车辆进行外包,球烧区域车辆划转规范开展,对新建充电桩相关问题组织改进和优化。协调炼钢板坯主控室迁移装修装饰项目招标,中标价28.95万元,降幅36%。完成创业中心及相关方161台重型运输车辆的置换,厂内重型运输车辆尾气排放全部达标,置换车辆较2019年底增加77台。

(苏剑鹏)

【创新用人机制】 创业开发中心推进项目经理制,完善项目经理管理办法,实施差异化薪酬政策,修订考核评价机制,构建人才开发新机制,充分调动项目管理人员的积极性,推动项目高效运行。截至2020年底,创业中心在聘一级项目经理3人,资源开发事业部在聘一级项目经理1人,二级项目经理7人。

(张建家)

【党建工作】 2020年,创业开发中心开展党支部标准化规范化建设,落实"B+T+X"的要求,推进"两学一做"学习教育常态化制度化;确定党委、党支部党建特色项目5个,总结党建工作法5个,资源开发事业部党支部荣获首钢和股份公司"品牌党支部"称号;推动党建工作与生产经营深度融合,开展党员领跑活动,创建党员示范岗4个,开展党员攻关课题4个,党员提好建议145条。利用创业中心内网和微信公众号积极开展宣传工作,全年共发表各类报道98篇,其中《首钢日报》刊载6篇、首钢新闻中心微信公众号推送1篇。组织落实党风廉政建设责任,抓好《以案说纪》学习,认真开展节前廉政教育;将资源开发事业部组长、储运项目组和备件仓储项目组班组列为重点岗位人员落实节前廉政教育;在内网、交易平台网站和微信公众号公布廉政举报方式,设置举报公示牌18块,打造覆盖全员的监督举报体系;对首钢钢铁板块在线交易业务进行梳理,排查整改风险点9项。新创建4个职工小家,组织困难职工慰问帮扶,根据疫情期间的特殊要求重点开展线上文体活动。组织青工参加疫情防控、志愿理发等活动。开展"双争"活动,"竞价数据文档生成系统"课题获得优秀奖。加强企业文化建设,用"激情点亮梦想、创业成就未来""最标准、最规范、最严格"引领职工思想,激情创业,拼搏奉献。坚持以人为本,尊重职工、关心职工、相信职工、依靠职工,淡化身份,创建和谐企业,提升企业软实力。

(赵 辉)

北京鼎盛成包装材料有限公司

【鼎盛成公司领导名录】

董事长、党委书记、纪委书记、工会主席:盛　强

副总经理:王　磊(主持工作)

副总经理:邱金锋　焦月生

总经理助理:安春武

（孙德彪、张丽坤）

【概况】　北京鼎盛成包装材料有限公司下设5个管理部和5个作业区,包括运营管理部、综合管理部、安全环保部、经营财务部、设备管理部、废钢供应作业区、资源循环作业区、物资作业区、原材料作业区、除尘作业区。主要承担首钢股份钢铁生产所需原燃料及废钢的收料、存储、供料、除尘布袋加工及固废加工、二次资源返生产利用等业务,面向市场开展对外开发、增收创效任务。2020年末,鼎盛成包装共有职工688人,其中在册职工469人,外协职工219人,在册人员中,公司领导4人,基层领导19人,职能管理37人,专业技术6人。营业收入完成12620.49万元,利润总额262.06万元。

（熊荣祥、李亚军）

【生产经营】　2020年,鼎盛成公司为进一步提升固体二次资源循环利用深度,公司连续新建多条产线:1月10日,滚筛线投产;3月2日,钢渣二次线投产;4月11日,新球磨水洗线投产;5月5日,颚式破碎加工线投产;9月25日,脱硫渣一次产线投产;10月30日,转炉渣二次线二期投产,逐步补齐"绿色循环产业园"板块拼图。通过积极挖潜,推进精益管理,强化工艺及设备攻关,制定实施《按产量计奖考核分配办法》,充分调动职工积极性,各条产线实现产量效益双突破,其中脱硫渣处理线产能实现日处理2000吨能力,超设计100%;压球线产能达到日处理100吨,超设计50%;球磨线实现日处理1000吨能力,超设计产能25%。产能的提升,实现近百万吨的脱硫渣山于11月30日被全部移走,累计生产渣铁36.85万吨,创效9.87亿元的同时,保证新能源项目的施工建设。五月份,在股份公司生产经营最要劲的关键时期,公司全月渣3铁渣钢累计供炼铁、炼钢配吃8.18万吨,超额完成8万吨月度目标,得到股份公司党委嘉奖表彰。全年,公司固废资源加工利用45.6万吨,其中:渣铁完成30.3万吨,渣钢完成15.3万

吨,创效6.7亿元,为股份公司完成全年经营任务提供重要支撑。

（李亚军）

【财务核算】　2020年鼎盛成公司实现浪潮税务二期、报表系统上线工作;完成鼎盛成税务、审计相关工作;完成2020年预算、决算工作。完成个人所得税专项附加扣除政策落实及收集信息工作,保证职工及时享受政策。

（陈秉权）

【设备管理】　鼎盛成公司围绕公司重点任务,结合各区域设备特点及新产线装备的运行实际,开展技术改造,不断提升设备运行功能精度和效率。扎实做好基础管理,及时发现并解决设备设施隐患159项,组织废钢、合金库天车设备大修改造6次,组织天车、除尘设备强化检修23次,组织钢渣、脱硫渣产线全流程检修26次。开展废钢天车起升控制系统、天车称重系统改造,延长电机使用寿命。完成脱硫渣产线天车利旧改造,满足使用需求。落实降本增效,组织备件修复,节约费用23.26万元。通过废次材利用,节约材料费用32.62万元。利用废钢次板对料池进行防护,全年减少维修费用50万元;全面保障产线运行,围绕新产线建设,积极配合相关单位进行设备选型及备件计划提报工作,按节点跟进施工进度,协调处置尾工问题80多项。组织新岗位人员操作培训及三规两制编制,制定投产准备和运行监护方案,完善产线自动化连锁运行配置。新产线试运行后,组织技术扩能改造30余项,开展新产线护航,查处隐患问题185项,确保产线稳定顺行。

（冯连元、李金星）

【降本增效】　2020年,鼎盛成公司降本增效完成21908.3万元,比计划多增效8137.9万元,全年创效6.7亿元。根据降本任务进行逐项分解落实,实现层层管控;每月按周进行成本预测,动态掌握措施落实进度和费用进账情况,确保降本计划兑现;打开成本,对比分析,实现精确管控;公司各新产线陆续投入,效益不断体现,废钢配送量持续提升,脱硫产线固废回吃利用降本增效显著,渣铁产品满足炼钢、炼铁生产需求,持续深度利用含铁固废资源,提升各产线产能加快固废资源处理能力满足降本需求,财务报表、核算方式快速跟进,确保计产、结算、考评准确。

（陈秉权）

【本质安全】 2020年,鼎盛成公司强化安全、环保主体责任,加强现场隐患排查及整改,为生产经营保驾护航。以安全标准化建设为主线,全年安全教育培训计划兑现率100%,全面完成公司及相关方29个班组安全生产标准化复审工作。以"双控"机制建设为核心,将安全风险分级管控与隐患排查治理结合,梳理风险399项,制定防控措施399条,查处隐患2487项。以本质安全及专项整治为重点,深化安全发展,开展起重吊索具、坠落预防、人员行为、基础档案专项整治工作,梳理作业任务及风险78项,全部落实整改、管控措施。

(黄维国、王印田)

【环保管理】 2020年,鼎盛成公司结合国家日益严格的环保要求,紧紧围绕公司A类企业超低排放要求,加强污染防治和超低排放控制管理,环保设施运行率100%。迎接国家、省、市各级环保部门检查50余次,接待各钢铁企业来公司参观学习21次,查处环保问题40余项,新建洗轮机2座、加装固定式雾炮2台、移动式雾炮1台,有效降低扬尘污染,呵护公司碧水蓝天。

(黄维国、邱顺金)

【人才建设】 2020年,鼎盛成公司组织开展三支人才队伍激励机制工作,通过开展职务、职级晋升答辩及年度综合评价,基层岗级晋升3人、工资晋升3人;管理人员主管员晋升主管师2人,主管师职级晋升3人,工资晋升7人;操作岗位工资晋升107人。加强管理人员梯队建设,通过培养、考察、竞聘,选拔4名有潜力、能力的操作岗位人员走上管理岗位;坚持"党管干部、党管人才"原则,全年选用L9以上干部3名;组织在职班组长参加培训6期28人次,组织后备班组长参加培训5期19人次。

(孙德彪、杨雪媛)

【党群工作】 2020年,鼎盛成公司党委共有党支部6个,党小组19个,党员199人。公司党委以提升党的组织力为重点,倾力打造"旗耀鼎心、服务无疆"党建品牌,打造红色引擎,为公司高质量发展提供"新动能",在股份公司第五届"基层的精彩"党组织建设成果展示中获得"品牌党委"称号。一是增强政治领导力。疫情发生以来,公司党委发挥党组织统筹、协调作用,明确党委书记、支部书记为本单位疫情防控第一责任人,层层压实责任,实现"零确诊零疑似零隔离"的"三零"目标。梳理完善全面从严治党责任清单,进一步明确党委及领导个人全面从严治党政治责任和领导责任;二是完善自我革新力。制定《贯彻落实中央八项规定行为清单》,改进工作作风,党委班子成员带头执行"转进解办"工作要求,参加现场活动18次,调研指导15次,慰问帮扶16次,召开职工座谈会11次,解决职工生产生活各类需求31项。围绕对基层领导及管理人员磨练党性、锤炼作风的总体要求,采取定量分析与定性评价相结合的方法开展履职评价,组织谈心谈话,提高履职能力。召开党风廉政建设大会,进一步压实管党治党和廉洁从业责任;三是提升职工凝聚力。2020年春节前,公司领导班子带队对生产骨干进行入户慰问,向职工及家属送去新春的祝福。为保证各重点产线投产期间稳定顺行,广大党员和职工坚守一线保障生产,公司多次提供丰富加餐,得到职工高度认可。组织"云"插花、"云"厨艺、军事素质拓展等多项文体活动,丰富文化生活,不断提升广大职工幸福感。

(李宗鸿、籍东慧、张丽坤)

北京首钢冷轧薄板有限公司

【首钢冷轧领导名录】
　　董事长:张　涛
　　董　事:李百征　陈　益　张　涛
　　　　　　王建辉　齐春雨
　　总经理:齐春雨(主持工作)
　　副总经理:陈　光　杨　毅
　　总会计师:王占林
　　总经理助理:商光鹏(7月任职)　柳智博
　　党委书记:张　涛
　　党委副书记:齐春雨
　　纪委书记:曹　俊(7月离任)　张　涛(9月任职)
　　工会主席:张　涛

【综述】 北京首钢冷轧薄板有限公司(简称"首钢冷轧")位于北京市顺义区李桥镇,厂区占地面积1100亩,注册资本26亿元,项目设计投资额约64亿元,年产能力170万吨。首钢冷轧由首钢集团有限公司、北京首钢股份有限公司、北京汽车投资有限公司共同出资设立,三家股东单位分别占注册资本的9.72%、70.28%、20%。首钢冷轧生产工序主要包括酸洗—连轧生产线1条、连续退火生产线1条、连续热镀锌生产线2条。

产品厚度范围 0.3 毫米—2.5 毫米,宽度范围 900 毫米—1870 毫米,产品主要定位于汽车板、家电板等冷轧高端产品。首钢冷轧现行组织机构为五部一中心五作业区,并代管股份公司落料作业区。五部:制造部、设备部、能源环保部、安全保卫部、综合管理部和股份公司派驻的计财部;一中心:职工创业开发中心;五作业区:酸轧作业区、连退作业区、镀锌作业区、成品罩退作业区、维检作业区。2020 年底,首钢冷轧(含落料作业区,下同)在册职工 845 名,其中博士学历 1 名,硕士学历 41 名,本科学历 220 名,大专学历 297 名,中专及以下学历 286 名。高级职称 29 名,中级职称 74 名,初级职称 37 名,无职称 69 名;首席工程师 2 名、高级主任师 2 名,主任师 14 名,主管师 58 名,主管员 80 名,助理员 7 名。

(宋洋阳)

【主要指标】 2020 年,首钢冷轧以"提质量、降成本、调结构、强基础、扩产能"为主线,战略引领、创新驱动,以镀锌汽车板、外板、GA、日系产品为抓手,对标先进企业,借助精益管理手段,持续提升高端产品制造能力,优化产品结构,夯实基础管理,顺利完成全年经营生产任务。完成销售收入 87.21 亿元,同比增加 10.25 亿元,创 7 年来最好水平;首钢冷轧利润 4795 万元,同比增加 4372 万元。完成产品产量 184.33 万吨,同比增加 14.46 万吨,其中汽车板 132.66 万吨,同比增加 7.15 万吨;完成镀锌产量 85.76 万吨,创历史最好水平。汽车板专线化率 71.97%,其中连退汽车板专线化率 84.37%;镀锌汽车板专线化率 64.66%。高强钢 38.98 万吨;外板 41.2 万吨;O5 板 17.75 万吨;合资品牌 38.89 万吨;日系供货 4.65 万吨;外板、O5 板、合资、日系均创历史最好水平。综合成材率 95.68%;整体合同兑现率 91.4%,同比提高 1.3%;重点客户整单兑现率 89%;汽车板整单兑现率 92.1%,同比提高 0.5%;带出品率 5.07%,同比降低 0.13%;吨钢综合能耗 59.33 千克标煤,同比降低 0.87 千克标煤。

(王占林)

【产品认证】 2020 年,首钢冷轧完成大众、奔驰、日系、吉利、长城等用户的 966 个零件认证。前十大车企认证比例 91%,镀锌比例 69%,高强比例 62%。完成东风日产 780GA、980GA 的钢种认证,开展本田 780GA、980GA 的钢种认证,启动 GA 外板、预润滑 GA 认证。完成北京奔驰 590DH 的钢种认证。完成镀锌高强外板 HC300/500DPD+Z 开发。完成高强搪瓷钢 HC300EK 开发并实现小规模应用。

(白 海)

【结构调整】 2020 年,首钢冷轧汽车板同比增加 6%;主机厂订单达 41.2%;镀锌、外板、GA 结构同比分别增长 5%、17%、28.9%;日系、奔驰、宝马和一汽大众同比分别增长 37%、60%、2.7% 和 11%;连续三年蝉联华晨宝马、长城、北汽第一供应商;汽车外板产量 41.2 万吨,同比增加 17.05%;镀锌外板完成 10.92 万吨,同比增加 30%;免中涂外板完成 4.47 万吨,同比增加 670%;GA 外板完成 0.42 万吨。

(白 海)

【服务提升】 2020 年,首钢冷轧"制造+服务"能力受肯定。宝马供货 ppm 为 40,外板连续 5 个月"0"ppm;长城供应商评级外板 1.3 级、内板 1 级;东风本田、东风日产、郑州日产、北京奔驰全年"0"ppm。协助客户解决东风本田模具异物、东风日产冲压开裂、徐水长城板料清洁度、北京长安冲压坑包等问题,受客户认可。全年受理质量投诉 304 件,同比减少 26.6%,年度客户满意度评价 97.5 分,同比提高 1.15 分。

(白 海)

【技术创新】 首钢冷轧获评"北京市知识产权示范单位"。完成专利申请 6 项,其中发明 4 项。获得国家知识产权局授权专利 26 项,其中发明 11 项。共计办理北京市、顺义区专利资助 26 项,获得资助金 21.6 万元。"高鲜映性免中涂汽车外板制造关键技术及装备"项目获得冶金科学技术奖一等奖。29 项科技成果确定为首钢技术秘密。全员提报合理化建议 204 项,采纳 158 项。

(白 海)

【精益管理推进】 2020 年,首钢冷轧完成协同创新项目 9 项,产生年度经济效益 255 万元。优化二级以及冷轧生产系统管理办法,规范产销系统事件处理流程。在酸轧、成罩、连退、镀锌等作业区有序推进阿米巴精益管理,抛出问题 29 项,实施日常改善 62 项,预算创造效益 818 万元。发现 TPM 问题点 2217 个,整改率 100%;提报改善提案 1140 件;公司开展联检 8 次,检查治理隐患问题 166 项,作业区自查 139 次,检查治理隐患问题 1568 项。六西格玛第八期 9 个项目全部结题。开展焦点课题 36 项、自主管理课题 37 项、差异化推进项目 10 项。

（白　海、冯超凡）

【三支人才队伍建设】 2020 年，首钢冷轧全年开办培训班 287 个，累计培训 17071 人次，人均培训 91 学时。1 人参加集团青年科技创新培训班，5 人参加股份青年骨干培训班，2 人参加中国科协"青年人才托举工程"。参加股份三星评选，1 人获"股份之星"，1 人获"卓越之星"，4 人获"希望之星"。形成首席工程师 2 人、高级主任师 2 人、主任师 13 人、主管师 61 人、主管员 80 人、助理员 7 人的技术管理人才梯队；形成首席技能专家 1 人、首席技师 9 人、高级技师 22 人、技师 45 人的技能操作人才梯队；涌现出 3 名行业领军人才。18 名职工获得首钢冷轧技术能手。

（王树来）

【党建引领】 2020 年，首钢冷轧以习近平新时代中国特色社会主义思想为主线，深入学习贯彻党的十九届四中全会精神，发挥党委中心组学习引领作用，开展月度党建主题活动和季度党支部达晋创活动。制定下发《北京首钢冷轧薄板有限公司基层党支部考核办法（试行）》。组织开展"新起点、新担当、新作为"读书学习活动。围绕保生存求发展的总基调，以作风建设为重点，以强化责任落实和作风建设为重要抓手，落实全面从严治党主体责任。首钢冷轧党委被评为股份公司先进基层党委。

（王树来）

【关心职工】 2020 年，首钢冷轧召开五届二次职代会组长联席会扩大会第一次会议，对企业与职工协商一致解除劳动合同经济补偿最高限额和关于申报"和谐劳动关系单位"的自查报告进行表决。积极承担社会责任，购买扶贫产品 20 万元。开展小指标劳动竞赛活动，累计奖励一线职工 157 万元。开展季度劳动竞赛活动，72 人受到股份公司表彰奖励。建立职工困难补助制度，走访慰问劳模先进、生产骨干、病休职工、困难职工、退休职工，共发放慰问补助金 20 万元。齐春雨创新工作室和聂加余创新工作室被评为首钢集团级创新工作室。开展丰富多彩的文化体育活动，提升团队凝聚力。

（王树来）

北京首钢新能源汽车材料科技有限公司

【首钢新能源领导名录】
董事长：齐杰斌
副董事长：叶　芊
总经理：游学昌
副总经理：龚　磊
党支部书记：王婷婷
监事会主席：张　蕴
监　事：刘新亮
财务总监：赵维旭
【迁安电工钢领导名录】
执行董事：齐杰斌
总经理：游学昌
副总经理：龚　磊
监　事：刘新亮

（吴　硕）

【概况】 北京首钢新能源汽车材料科技有限公司（简称"首钢新能源"）于 2019 年 4 月 25 日正式成立，注册资本为 9.8 亿元。首钢新能源下设全资子公司首钢迁安新能源汽车电工钢有限公司（简称"迁安电工钢"），于 2019 年 6 月 12 日正式成立，注册资本为 7.8 亿元。新能源汽车电工钢项目是河北省 2020 年省重点项目之一，也是推动京津冀行业转型升级和高质量发展的项目之一，是首钢股份立足国家重大产业发展趋势，结合钢铁去产能和供给侧改革需求，紧抓重点优势特色产品提出的战略性建设项目。该项目产品广泛应用于新能源汽车驱动电机、变频家电和新兴领域，具有低铁损、高磁感、高强度、高效率和节约能源的特点，以满足新能源汽车驱动电机等设备启动时高扭矩、高速运行时高转速、高频率范围内高效率等要求。项目投产后，将有效缓解高端电工钢市场供需矛盾，为新能源汽车、高端变频家电、高铁牵引电机、无人机等行业健康发展提供支撑，引领绿色钢铁制造及高端产品发展，为钢铁行业技术进步和国家经济转型升级贡献"首钢力量"。

（王婷婷、吴　硕）

【项目建设】 2020 年，首钢新能源汽车材料项目全面启动工程建设，场地三通一平和拆迁工作提前完成，项目一公辅设施建设提前启动，空压站于 7 月 16 日试车送风。9 月 26 日项目打下第一根桩,标志着主体产线和厂房全面开工建设。新能源项目施工以实现产线设备功能精度为中心,坚持质量第一的原则,精心策划、严控质量和工期,2020 年共计组织工程例会 21 期,组织设计交底、安全联检、质量观摩、参观迎检 32 次,图纸收发 73 套,其中 2020 年 10 月 20 日至 2021 年 1 月 30 日组织第一阶段百日大会战活动,活动效果显著,40 项任务节点完成。截至 2020 年底,地基处理工作完成,连退主产线活套设备基础底板、墙板施工完成,轧机主产线设备基础土方开挖完成,公辅脱盐水站、110 千伏变电站、电缆隧道全面开工建设。

（咸合生）

【科技创新】 2020 年,首钢新能源汽车材料项目围绕项目工期计划和重点设计工作,完成六机架冷连轧机、连退机组和剪切包装机组的基本设计和详细设计联络及审查,完成各产线土建图纸审查及出图,基本完成主线设备原理图、加工制造图、装配图等图纸的审查及出图。六机架冷连轧机、连退机组和剪切包装机组基本设计和详细设计工作涉及 34 家设计单位、140 余位设计人员,共历时 7 个月,确认设计联络文件 1346 份,形成会议纪要 74 份,解决技术问题 2603 项,提出优化设计 198 项。六机架冷连轧机是世界上首创的最先进的超级万能凸度控制冷连轧机,通过各方设计形成小直径工作辊超级万能凸度控制技术、多段正弦辊型工作辊窜辊边降控制技术、工作辊驱动的超强扭矩齿轮接轴应用技术和多模式多钢种的智能化轧制润滑应用技术,有利于轧制屈服强度高、难于变形的高牌号硅钢和高强钢。连退机组设计采用低张力控制技术、氢气和余热回收控制

技术、超高温全氢控制技术和超高精度涂层控制技术,使最终产品实现性能最优化、表面质量及板形最优化、规格最薄化。各产线设计采用行业内最新智能化设备,实现操作集中化,生产自动化,现场少人化,各产线生产效率均为同行业最高水平。

（刘海超）

【环保管理】 2020 年,首钢新能源推进新能源汽车电工钢项目环境影响评价报告编制,积极办理环评相关手续,确定主要排放污染物二氧化硫 8.736 吨,氮氧化物 29.118 吨,完成唐山市主要排污物排放权交易,获唐山市行政审批局环评批复。

（石云鹏）

【安全管理】 2020 年,首钢新能源落实项目安全设计和施工安全管理工作。新能源项目组编制并实施《首钢新能源项目施工安全、消防、保卫管理实施方案》,建立施工月度安全绩效考核标准,从 9 个方面分别对施工单位日常安全管理进行评价,最大限度推动总包单位自主安全管理水平的提升。

（刘 畅）

【人才建设】 2020 年年底,首钢新能源共有员工 4 人,一般管理及以上人员 4 人(中层 1 人,基层 2 人,一般管理 1 人);迁安电工钢共有员工 19 人,一般管理 12 人,操作 7 人。结合企业发展规划,首钢新能源进一步加大人才培养力度,持续开展专题讲座、学习培训、技术交流、岗位测评等,培养一批基层青年骨干,为新能源工程项目早日投产夯实基础。

（王婷婷、宋 淼）

首钢京唐钢铁联合有限责任公司

【首钢京唐领导名录】
董事长:邱银富
总经理:曾 立
副总经理:杨春政　杜朝辉(7 月离任)
　　　　周 建　王贵阳　周德光

刘国友(7 月任职)　吴礼云(7 月任职)
总经理助理:刘国友(6 月离任)
　　　　吴礼云(6 月离任)
　　　　张丙龙(6 月任职)
党委书记:邱银富

党委副书记:曾　立
纪委书记:关　锴(3月离任)　张云山(3月任职)
工会主席:冷艳红
安全总监:吴礼云(6月任职)

（董鸿斌）

【综述】　首钢京唐钢铁联合有限责任公司(简称"首钢京唐")作为首钢搬迁的载体,2005年10月9日成立。首钢京唐位于河北省唐山市曹妃甸工业区,2005年2月国务院批准首钢搬迁后,开始围海造地;2006年3月该项目被纳入国家"十一五"发展规划纲要;2007年2月,围海造地形成陆域面积21.05平方公里;2007年3月12日正式开工建设;2009年5月21日,一期一步工程竣工投产;2010年6月26日,一期二步工程竣工投产。2015年8月21日,二期工程正式启动;2019年8月1日,二期一步工程全面投产。目前,首钢京唐设计年产生铁1347万吨、钢坯1370万吨、钢材1340.6万吨。

党中央国务院高度重视首钢京唐钢铁基地建设,时任中央领导指示:要坚持高起点、高标准、高要求;要把首钢京唐钢铁厂建设成为"产品一流、管理一流、环境一流、效益一流"的现代化大型企业,成为具有国际先进水平的精品板材生产基地和自主创新的示范工厂,成为节能减排、发展循环经济的标志性工厂;要实现低成本生产高附加值产品。

2020年末,首钢京唐下设计财部、制造部、技术中心、设备部、销售管理部、安全管理部、保卫部(武装部)、工程部、人力资源部、运营规划部、信息计量部、审计部、办公室、党委组织部、党委宣传部(企业文化部)、纪委、工会、团委、机关党委19个职能部门,供料作业部、焦化作业部、炼铁作业部、炼钢作业部、钢轧作业部、热轧作业部、冷轧作业部、彩涂板事业部、镀锡板事业部、中厚板事业部、能源与环境部、循环经济中心、运输部、质检监督部14个作业单位。在岗职工9525人(不含焦化),其中经营管理人员443人、专业技术管理人员2100人、生产操作人员6982人;博士学历27人、硕士学历820人、本科学历3365人;高级职称432人、中级职称1100人、初级职称515人;女职工692人。

2020年,首钢京唐以习近平新时代中国特色社会主义思想为指导,深入贯彻党的十九届四中全会和中央经济工作会议精神,认真落实首钢"两会"工作部署,勇于担当,科学应对,实现疫情防控和经营生产"两手抓、两不误";协同作战,奋力攻坚,实现一二期高水平运行;效益优先,强化管控,运营质量迈上新台阶;市场导向,持续改进,品牌影响力进一步提升;夯实基础,做实体系,系统管理效能逐步显现;人才为本,完善机制,队伍建设迈出新步伐;凝心聚力,共建共享,和谐企业氛围更加浓厚。

（于　杰）

【股权投资情况】　2020年末,首钢京唐共管理合资公司13家(含代管集团公司合资公司6家),分别是唐山首钢京唐西山焦化有限责任公司、唐山首钢京唐曹妃甸港务有限公司、北京首宝核力设备技术有限公司、唐山曹妃甸盾石新型建材有限公司、唐山中泓炭素化工有限公司、唐山唐曹铁路有限责任公司、唐山国兴实业有限公司;受集团公司委托,代管北京首钢朗泽新能源科技有限公司、首钢凯西钢铁有限公司、唐山曹妃甸实业港务有限公司、京唐港首钢码头有限公司、河北神州远大房地产开发有限责任公司、秦皇岛首钢机械有限公司。

（郑翠军）

【生产情况】　2020年,首钢京唐全年生铁产量1286.6万吨,比目标增加51.6万吨;钢坯产量1359.8,比目标增加75.7万吨;成品钢材产量1246.1万吨,比目标增加170.1万吨,均打破历史纪录。高端领先产品产量630.9万吨,战略产品产量265.1万吨。总发电量77.44亿千瓦时。

（张丙龙）

【疫情防控】　首钢京唐面对新冠肺炎疫情第一时间成立两级组织领导机构,制定联防联控工作方案,健全全天候响应保障机制,全面构建网格化、立体式防控体系。畅通信息渠道,加强宣传引导,严格落实疫情防控措施,疫情初期京、唐、秦三地职工连续2个月驻岛坚守岗位,职工出勤率达到95%以上,保障生产经营正常秩序。坚持以人为本,集中采购防疫物资、代开常用药品,解决职工燃眉之急。结合疫情形势变化,坚决抓好外防输入、内防扩散和反弹各项措施落地,实现职工"零感染"。

（于　杰）

【化解疫情风险】　首钢京唐在疫情防控关键时期,结合市场形势和生产实际,开展投产以来时间最长、规模最大、项目最多、范围最广的1号高炉系列检修,制定施工方案 248 项,完成检修项目 8400 余项,参检单位 41 家,投入检修 7000 余人,历时 68 天 18 小时 58 分钟,提前 3 天完成 1 号高炉大检修,顺利攻克炼钢 G 列轨道梁修复等多项重难点项目。圆满完成检修期间返曹报审、隔离观察、核酸检测等基础保障工作,取得疫情防控、系列检修"双胜利",为后续系统高效运行、抓住市场机遇提供支撑。同时,为有效应对疫情期间秘铁连续停产、秘鲁细粉断供,推进"产供研"一体化,组织替代资源 203 万吨,实现资源有效衔接和存储耗动态平衡。

(张 扬)

【新产线投产】

2 月 29 日,首钢京唐高强镀锌产线达产。

5 月 8 日,首钢京唐炼铁作业部高炉冲渣乏汽消白工程热试投产。

7 月 22 日,首钢京唐炼铁作业部含锌固废工程正式投产。

7 月 29 日,首钢京唐高强钢热基镀锌产线热试成功。

9 月 15 日,首钢京唐 4300 毫米中厚板产线复合制坯及精整设备项目热试成功。

9 月 30 日,首钢京唐高强酸洗产线达产。

10 月 28 日,首钢京唐十八辊单机架热试成功。

12 月 14 日,首钢京唐热膜耦合式海水淡化项目调试成功,海水淡化产能达到 95000 立方米/天。

(刘志忠)

【环保创 A】 首钢京唐实施"环保创 A",完成治理项目 2392 项,建成全球单跨最大的球团料场封闭大棚,升级改造 1 号球团超低排放、一期高炉联合料仓除尘系统、增加炼钢铸机大包转台除尘、治理连铸机切割清理过程无组织排放等项目。改善厂容厂貌及现场环境,提高清洁运输水平,绿化覆盖率达到 41%,被河北省生态环境厅评为环保绩效 A 级企业。

(汪国川)

【新产线达产达效】 首钢京唐克服疫情期间外方调试人员撤离影响,围绕 MCCR 产线调试难题开展自主攻关,铸机拉速、连浇炉数、单辊期轧制公里数等关键指标均达预期,2.0 毫米以下薄规格占比 80% 以上,7 月份以来保持全口径盈利。中厚板产线全面取消现货流通材,增加风电、容器等高附加值产品订单,全年实现盈利目标。

(王国连、王 普)

【降本增效】 首钢京唐成立 17 个降本增效攻关组,分解细化措施 906 项,通过原材料采购、降低能源消耗、降低设备费用、开展技术攻关、强化内部费用管控、优化产品结构、铁前富余产能外销等措施,实现降本增效总额 39.7 亿元、吨钢 292 元。

(杨玉芳)

【设备体系改革】 首钢京唐分层级开展系列培训,促进点维检人员能力和效率提升。重点分析点检绩效,持续优化四大标准,提升设备状态保障能力。有序推进智能运维建设,"设备智能运维数据中心"初具规模。以 EQMS 为抓手,强化职责落实,建立量化评价指标 28 项,完善点检标准 70 余万条,点检计划排程达到 84% 以上,点检漏检率保持在 1% 以下。

(张 扬)

【信息化建设】 首钢京唐推动信息化、智能化与生产运行、经营管理相融合,实施成本主题数据治理项目,提升数据应用能力。自主研发板坯库垛位智能推荐系统并探索智能排程,提高生产作业效率。首钢京唐"5G 智慧钢铁实训基地"正式挂牌,成为中国移动 5G 技术在工业领域正式应用的首家钢铁企业。

(郭 亮)

【产品研发】 首钢京唐开发新产品 134 项。汽车板重点推进镀锌外板、高强、新镀层产品,具备 500 兆帕级高强汽车外板生产能力,锌铝镁镀层板、DH 高强钢国内"领跑",宝马、大众等高端车企供货量翻番。镀锡板薄规格产品比例达 56.4%,DR 材同比增长 91%,奶粉罐同比增长 20%,成功开发 0.11 毫米 5G 基站用钢。家电板实现专用板焊管钢、搪瓷钢等高附加值产品增量。高强酸洗 800 兆帕及以下级别产品全覆盖。国内首发 800 兆帕级别双相车轮钢。热轧板聚集汽车用钢、耐候钢等产品强度升级及用途拓展,二代集装箱板实现 4 万吨级供货,同比增长 8 倍;中厚板完成杭州湾大桥、青岛机场线等国家重大项目桥梁钢供货,中标中石化和中石油储罐钢项目,桥梁钢、高建钢、风电钢和船板四大类产品实现年产百万吨的历史突破。

(王浩宇)

【产品认证】 首钢京唐产品认证 144 项。其中汽车板认证完成 22 家车企 930 个零件,长城汽车认证通过锌铝镁零件 280 个,均已实现供货;家电专用板通过邦迪 0.33 毫米铜镍双层焊管 SHG2 认证,实现进口产品替代,完成国内首发;中厚板完成 8 国船板认证扩证审核,钢级扩至 E 和 E36 级,厚度扩至 100 毫米,交货状态涵盖 TMCP 和正火。

（王浩宇）

【工艺稳定】 首钢京唐推进工艺稳定评价,持续开展对标缩差,从效率、效益、成本、质量四方面全面对标,建立指标 79 项,其中 50 项指标累计 150 次创自身历史最好水平,多项指标达到行业先进水平;在产品质量过程管控方面,全面建立基于过程控制的质量评价和提升体系,锁定铁、钢、轧全流程 47 个工序 407 项关键控制点,Cpk≥1.0 完成率提升至 73%,产线控制稳定性和产品质量一致性实现新提升。

（田贵昌）

【质量攻关】 首钢京唐开展产品质量缺陷攻关,建立健全"工艺巡查—问题曝光—挂图作战—问题回头看"工作机制,实现 PDCA 闭环管理。坚持内抓质量瓶颈突破,开展十大重点缺陷攻关,生产带出品率降低 0.27 个百分点;外抓用户抱怨解决,实行"摘挂牌"模式,全年挂牌攻关 191 项,实现摘牌 171 项,明显改善带头印、涂油等用户抱怨频繁的缺陷。

（田贵昌）

【QTI 现场精益管理】 首钢京唐推进 QTI 现场精益管理,打造具有京唐特色的现场自主管理、持续改善管理创新品牌。完成首批次 10 个区域专用可视化打造,输出管理标准 569 项。开办改善骨干培训班 2 期、六西格玛带级培训班 8 期、班组长改善能力提升培训班 13 期,除黑带培训外,均实现师资、教材、培训自主化,班组长培训覆盖率达 100%。全年改善亮点 17842 项、改善提案 27384 项、改善课题 127 项,职工改善参与率达到 90% 以上。截至 2020 年底,培养一线改善骨干 320 名;培养以专业管理人员为主的精益六西格带级人才 1267 名,其中绿带 1078 人、黑带 98 人、中质协带 70 人、中质协注册黑带 21 人;培养六西格玛内部顾问 32 名,现场管理及快速改善内部顾问 20 余名。

（赵世杰）

【本质化安全管理】 首钢京唐持续开展安全量化评价,打造 80 个本质化推进区域,同步推进"双控"机制建设,辨识安全风险 10161 个,制定管控措施 23781 条,消除和降低安全风险。将相关方分级分类纳入体系管理,促进相关方安全管理水平提升。全面落实消防、交通、治安、维稳管理责任,强化闭环管控,为经营生产创造安全稳定环境。

（刘红军）

【人才工作】 首钢京唐着眼于企业与职工共同发展,系统筹划人才工作,不断完善激励机制。12 月 10 日,召开第一届人才工作会议,发布《关于"十四五"时期全面深化人才发展体制机制改革,推进高素质人才队伍建设的指导意见》,表彰突出贡献荣誉奖获得者、杰出人才、新锐人才以及新晋京唐专家,举行铁前和轧钢专家工作站揭牌仪式,树立技术精、技能强、善管理的先进典范。实施三支人才队伍薪酬激励机制,受到薪酬激励 2350 人,薪级晋升比例由 10% 提至 15%,特殊奖励晋级延展至职能业务领域人才,晋升激励覆盖面达到 25%。

（董鸿斌）

【转型提效】 首钢京唐持续推进转型提效,为构建适合京唐公司的组织运行体系,对焦化、炼铁等 15 个部门组织机构岗位定员进行调整优化,共核减专业室 1 个、作业区 6 个,核减定员 577 人。盘活整体人力资源,提高人员使用效率,为热基镀锌、高强酸洗、十八辊单机架等冷轧新产线补充协调 145 人。通过职责调整、强化产品制造统筹管理、充分利用产销系统等方式,不断推进管理变革、优化管理流程,持续提高工作效率。全年实物劳产率 1420 吨/人·年。

（董鸿斌）

【素养提升】 首钢京唐推进职工文明素养提升,全年发放宣传手册 7000 余份,素养条幅 50 余条,文明标识 500 余个,绶带 100 余条;围绕"规范仪表着装""规范交通出行""规范文明就餐"及"其他日常行为"等方面,制定素养执行规范标准;针对人员活动较为频繁、设施短缺、损坏等区域进行全面梳理,共计增设垃圾桶 60 余个、绿化标识 100 余个、整改车位 10 余处;开展两次素养答题活动,参与人数达 2 万余人。

（董鸿斌）

【学习培训】 首钢京唐开展 458 项员工培训项目,培训计划兑现率 95.63%。实施分层分类培训,开办 11 期领导人员大讲堂、4 期党支部书记轮训班、1 期入党积极分子培训班、1 期新党员培训班、2 期班组长任职资格培训,1 期后备班组长培训。

（董鸿斌）

【文化建设】 首钢京唐以习近平新时代中国特色社会

主义思想为指导,持续推进思想引领和文化创新,融媒体中心投入运行,出版《企业文化建设故事案例(第二卷)》。深入总结企业文化建设成果,推进曲线文化、尺子文化、精细文化在发展中创新、在创新中发展,荣获"十三五"中国企业文化建设优秀单位、荣获"第十五届北京市思想政治工作优秀单位"。

(任全烜)

【党建工作体系】 首钢京唐落实首钢集团党委健全完善党建工作责任体系工作实施意见,制定两级党委年度任务清单,重新修订党建工作责任书并组织两级党委逐级签订党建工作责任书9份,基层党委和党支部逐级签订党建工作责任书,完善考核评价体系,对基层党委党建工作进行考核评价;修订《首钢京唐公司2020年基层党委党建工作量化指标评价体系》,优化指标设置;修订《首钢京唐钢铁联合有限责任公司党支部建设考核评价实施办法(第二版)》,完成120个党支部建设考核评价。

(王 萍)

【组织建设】 首钢京唐规范党组织换届管理,4个党支部按期完成换届选举;规范基层党组织设置,按照规范要求,依据机构整合、党员人数变化,动态调整基层党组织,其中组建4个党支部,撤销1个党支部、7个党支部更名;规范党员发展流程,结合党员队伍整体现状,优化发展结构,将发展重点向基层一线和班组长倾斜,全年发展党员83名。

(王 萍)

【党风廉政建设】 首钢京唐党委制定深化落实全面从严治党主体责任清单,领导班子成员结合分管工作制定分管责任清单,L9及以上领导人员签订党风廉政建设责任书,覆盖率达到100%。加强廉政风险防控管理,排查业务流程1490个,确定廉政风险点3192个,制定防控措施6675条,推进基层党支部廉政风险防控体系化建设。坚持分层分类深化纪律和警示教育,召开"以案为鉴、以案促改"警示教育大会,用身边事警示身边人。针对新提职领导人员及有业务处置权人员100余人,举办2期廉洁从业警示教育培训班。开展第二届纪律教育宣传月活动,摄制2部正风肃纪教育片,打造50余个廉政读书角,征集380余幅篇"洁在心·廉在行"作品,开展30余次特色倡廉活动,涵养企业廉洁文化。

(张延凤)

【普惠职工】 首钢京唐组织慰问劳模先进、退休和伤病困难职工960人,落实专项慰问资金46.2万余元;办理互助保险650人次,理赔金额83万元;为困难、重病职工134人申请各类困难补助和帮扶基金87.2万元。推进"鹊桥"工程,组织大型相亲活动5次,帮助解决职工婚恋交友问题。建设心灵驿站,教授女工类心理关爱知识和舞动解压课程。持续打造职工小家,荣获"全国模范职工之家""北京市职工心灵驿站"称号。

(王雪青)

【共享发展成果】 首钢京唐完善职工关怀机制,开展5期780名劳模先进参加疗休养,248名先进职工家属上岛荣誉参观。打造厂前步行街,改造游泳馆,增添体育健身器材,实施厂前生活污水系统改造,改善厂前居住条件,丰富职工业余生活。升级改造医疗保健站,开通唐山医保收费系统,满足职工医疗需求。"一卡通"消费和通勤功能投入运行,推进网上订餐功能,职工工作和生活更便捷更智能。加快渤海家园二期项目建设,启动商品房预售,协助推进新城首钢职工生活基地建设取得积极进展。加强与政府沟通协调,多方努力为职工子女入读景山学校创造条件,多措并举解决职工现实需求。

(于 杰、王雪青)

【创新成果转化】 首钢京唐全年申请专利360项,其中发明专利165项,实用新型专利195项。全年共获得各级科技奖55项,其中《大型高炉低碳冶炼优质球团矿开发与应用》等4个项目获得冶金奖,《先进制造用高品质钢洁净化制备集成关键技术》等3个项目获得河北省奖。《5500立方米高炉50%球比绿色高效技术研究与应用》等项目,达到国际先进水平,《奶粉罐用镀锡板开发及关键技术研究》等项目,达到国内领先水平。2020年9月,首钢京唐成功上榜河北省第一批科技领军企业名单。

(魏志军)

【职工荣誉】 首钢京唐荣彦明获评"全国劳动模范""全国机冶建材行业工匠",王建斌、王保勇创新工作室分别获评"国家技能大师工作室""全国机冶建材行业示范性创新工作室"。多人获评全国青年岗位能手、省市级技师、首都市民学习之星、唐山工匠、唐山技术能手、首钢技术能手等称号,为广大干部职工树立榜样。

(董鸿斌)

造等技改项目。

（古　晋）

首钢京唐炼铁作业部

【炼铁作业部领导名录】

部　长：刘国友（6月离任）

副部长：王　凯（主持工作）

　　　　王晓朋（6月离任）　张振存

党委书记：刘国友（6月离任）　王晓朋（6月任职）

党委副书记：王晓朋（6月离任）

纪委书记：王晓朋

部长助理：黄文斌　陈　建

（张诗诗）

【概况】　炼铁作业部现有3座5500立方米高炉，生铁年生产能力1348万吨；2台550平方米烧结机，烧结矿年生产能力1093万吨；3台504平方米带式球团焙烧机，球团矿年生产能力1200万吨。

炼铁作业部下设生产技术室、设备工程室、安全管理室、综合办公室4个专业管理室，有炼铁一作业区、炼铁二作业区、球团一作业区、球团二作业区、烧结作业区、烟气净化作业区、铁包修砌作业区7个作业区，118个班组，在册职工968人，其中：研究生学历57人，大专以上学历662人；高级技师39人，技师1177人，高级工272人。

（闫雪燕）

【主要指标】　2020年，炼铁作业部生产生铁1286.6万吨，超年目标51.6万吨；烧结矿1085.5万吨，超年计划92.4万吨；球团矿1019.6万吨，比年计划降低160.4万吨；焦比288千克/吨，比年计划降低4千克/吨；燃料比495千克/吨，比年计划降低1千克/吨；综合工序能耗430千克标煤/吨，比年计划降低0.3千克标煤/吨；铁水成本累计行业排名第三，实现"保五争三"目标。

（刘长江）

【工程技改】　2020年，炼铁作业部完成1号高炉炉顶料罐均压煤气回收改造、高炉冲渣乏汽消白、一期高炉联合料仓N1-1和N2-1转运站除尘改造、烧结一二次混合机封闭、1号球团烟气脱硫脱硝超低排放优化升级等环保类技改项目，满足环保创A要求。完成1号高炉适应大球比炉体及炉体结构优化、高炉热风炉换热器、高炉热风管系优化改造。完成1号烧结环冷机改造、烧结机振动筛改造、铁包烘烤器高效节能化改

首钢京唐炼钢作业部

【炼钢作业部领导名录】

部　长：袁天祥（7月任职）　张丙龙（6月离任）

副部长：曾卫民　吴耀春　秦登平　赵长亮

党委书记：王　胜（7月任职）

党委副书记：王　胜（6月离任）

纪委书记：王　胜

（朱　辉）

【概况】　炼钢作业部现4座KR脱硫站、2座300吨脱磷转炉、3座300吨脱碳转炉、2座RH精炼站、1座CAS精炼站、1座LF精炼站和4台高效化板坯连铸机，年设计产能904.3万吨。

炼钢作业部下设生产技术室、设备工程室、安全管理室、综合办公室4个专业管理室和供料、炼钢、精炼、连铸、公辅、板坯库6个作业区89个班组，在册职工853人，其中：研究生学历66人，大专以上学历522人；高级技师36人，技师142人，高级工330人。

（薛超杰、朱　辉）

【主要指标】　2020年，炼钢作业部生产合格钢坯975.5万吨，比年计划超产88.5万吨；工序能耗完成-10.918千克标煤/吨，比2019年降低1.539千克标煤/吨；钢铁料消耗完成1080.3千克/吨，比2019年降低1.5千克/吨。主要经济指标不断攀升，全年铁水消耗947.3千克/吨，3号碳转炉碳氧积指标降低至0.00147，单月平均出钢温度最低降低至1643.9摄氏度，RH真空处理时间降低至22.8分钟，连铸机平均拉速1.491米/分钟。

（潘云龙）

【工程技改】　2020年，炼钢作业部完成钢渣大棚封闭改造项目，通过唐山市环保局专家组验收，改善钢渣露天堆放的堆存方式，满足无组织排放政策要求。完成二氧化碳回收利用项目，利用白灰窑尾气制备CO_2，用于炼钢冶金，提高冶金效果，减少碳排放，增加煤气回收，引领行业发展。完成废钢间环保改造、3台连铸机大包除尘改造、新增300吨脱磷转炉底吹氧气-石灰粉等多项工程技改项目。

（丁　剑）

首钢京唐热轧作业部

【热轧作业部领导名录】

部　　长:艾矫健

副部长:周　政　王文忠　杨孝鹤

部长助理:刘木刚

党委书记:吴宝田

纪委书记:吴宝田

(王　婷)

【概况】　热轧作业部有 1580 和 2250 两条热轧主产线,设计年产热卷 940 万吨。有 1580 和 2250 平整生产线各一条,设计产能 160 万吨。热轧作业部下设综合办公室、生产技术室、设备工程室 3 个职能室和 1580、2250、生产准备、板材精加工 4 个作业区 74 个班组,在册职工 526 人,有博士研究生学历 2 人,硕士研究生学历 52 人,大专以上学历 423 人,其中高级职称 36 人,中级职称 64 人;岗位操作人员 382 人,其中高级技师 38 人,技师 106 人,高级工 137 人。

(童燕成、陈　伟)

【主要指标】　2020 年,热轧作业部热卷综合产量 957.35 万吨,超计划 47.31 万吨,同比增加 62.37 万吨,年产超设计水平 17.31 万吨;平整产量 157 万吨,超计划 52 万吨,同比增加 24 万吨;综合成材率 98.30%,超计划 0.04%,同比提高 0.08%。新增钢种 150 个,新增规格 4870 个,开发高强酸洗板新品种 9 个,推进开发重点用户新品种牌号 10 个、规格 52 个。

(童燕成)

【工程技改】　2020 年,热轧作业部完成 2250 产线精轧 F7 出口板型仪改造、2250 产线层流节能改造等项目。

(马红利)

首钢京唐冷轧作业部

【冷轧作业部领导名录】

部　　长:周　欢

副部长:唐　伟　李　众　肖激杨　吕　剑

党委书记:周　欢(7 月任职)　王松涛(7 月离任)

纪委书记:周　欢(7 月任职)　王松涛(7 月离任)

党委书记助理:李　宁(7 月任职)

部长助理:谭谨峰　郑艳坤

(张　薇)

【概况】　冷轧作业部现有 1700 产线、2230 产线、新产线,1700 产线生产规模为 160 万吨/年,产品面向建筑、家电、汽车等行业;2230 产线生产规模为 215 万 t/年,产品定位为高级汽车板;新产线生产规模为 309 万吨/年,重点生产品种以汽车用超高强钢板、热基镀锌产品和酸洗冷成型产品为主。

冷轧作业部设有 4 个专业室,11 个作业区,共有在册职工 1433 人,平均年龄为 33.5 岁,其中 L7 以上领导人员 6 人,L8—L9 领导人员 26 人,专业技术管理人员 235 人,生产操作 1166 人。其中博士研究生 1 人,硕士研究生 105 人,本科 408 人,占比 28.4%;专业技术人员中,中级职称 159 人,高级职称 31 人,占比 80.85%;技能操作人员中,高级技师 64 人,技师 173 人,占比 20.29%。

(许国安、赵春月)

【主要指标】　2020 年,冷轧作业部加工量完成 1001.1 万吨,首次突破千万吨;商品量完成 511.5 万吨,超计划 15.4 万吨。高端领先产品 285.37 万吨,超计划 28.9 万吨;汽车板完成 205.3 万吨,超计划 20.3 万吨;宝马、大众、吉利、长城等十大用户供货量完成 26.6 万吨,实现翻番。

(巫雪松)

【工程技改】　2020 年,冷轧作业部完成 3 号镀锌线锌锅沉没辊辊臂改造、4 号镀锌表检仪升级改造、3 号镀锌线全线服务器升级改造、4 号镀锌线镀后冷却塔增加移动冷却风箱改造、2 号镀锌线增加切边剪及配套设备改造、镀锌退火炉能力提升改造、2230 酸轧入口双切剪改造、2230 酸轧轧机轴承润滑系统改造、2230 智能仓储升级改造、2230 成品库钢卷干燥仓储车间项目、1700 罩退节能(煤气)改造及镀锌表面处理废液减量项目。

(白　健)

首钢京唐钢轧作业部

【钢轧作业部领导名录】

部　　长:王国连

副部长:郭世晨　潘　彪

党委书记:高洪斌

纪委书记:高洪斌

部长助理:李继新　高宠光　胡显堂

　　　张　磊(1月任职)

主任工程师:闫占辉

（蔡香君）

【概况】　2020年底,钢轧作业部共拥有2座500立方米套筒窑、3座KR脱硫站、3座200吨转炉、3座LF钢包精炼炉、2座双工位VD真空脱气炉、2台单流中厚板连铸机、1条多模式全连续铸轧生产线,设计年产钢坯241.8万吨,钢卷210万吨。

钢轧作业部下设生产技术室、设备工程室、安全管理室、综合办公室4个职能科室,以及供料、炼钢、精炼、板坯连铸、MCCR、公辅6个作业区;包含108个班组。在册职工982人,其中:管理人员220人,岗位操作人员759人;博士研究生2人,硕士研究生77人,本科学历242人,大专学历463人,高中以下学历195人。专业管理中高级职称134人,技师及高级技师134人,高级工291人。

（蔡香君、杨木兰）

【主要指标】　2020年是钢轧作业部热试投产后的第一个完整年,连铸坯完成384.26万吨,钢卷产量135.31万吨;1号/2号铸机钢铁料消耗1070.4千克/吨,MCCR铸机钢铁料消耗1090.5千克/吨,铁耗完成945.4千克/吨。转炉终点氧完成456.8毫克升,热包周转率76.3%。钢卷综合成材率达到95.5%,MCCR平均辊期逐步提升,最长轧制公里数133公里,无头比例86%,2.0毫米以下薄规格完成67.3%。

（毕景志、蔡香君）

【工程技改】　2020年,钢轧作业部完成套筒窑成品间新增破碎机项目,完成套筒窑上料小车区域封闭、套筒窑除尘系统完善、1号-3号铸机大包转台新增钢包除尘罩、1号铸机切割区域增加除尘罩、2号铸机切割车氢氧发生器改造、1号—4号钢包热修除尘罩改造等环保创A技改项目。完成渣处理辊压区域湿电除尘器新增沉淀池和脱硫渣处理二次线增加筛分系统改造、投入使用转炉蒸汽调质炉、按时投用MCCR产线钢卷塔形修复项目。

（熊汉斌）

首钢京唐镀锡板事业部

【镀锡板事业部领导名录】

部　　长:尹显东

副部长:张召恩　莫志英　朱防修

党委书记:赵继武

纪委书记:赵继武

部长助理:王东林　常树林　郭大庆

主任工程师:万一群　沈鹏杰

（刘美松）

【概况】　镀锡板事业部年生产规模80万吨,定位为高档包装用钢及冷轧专用钢,拥有1420酸洗连轧联合机组、连续退火机组、脱脂机组、罩式退火炉、离线DCR机组、两条电镀锡机组、两条横切机组、三条重卷机组和包装机组等主要装备。

镀锡板事业部下设综合办公室、生产技术室、安全管理室、产品管理室、产品营销室、设备工程室6个专业室,以及酸轧、连退、罩退、镀锡、磨辊、物流6个作业区43个班组,在册职工560人,其中:研究生学历51人,大专及本科学历485人,操作岗位人员433人(其中,高级技师13人,技师52人,高级工210人),技术岗位104人(其中,中高级工程师52人)。

（刘美松、吴俊达）

【主要指标】　2020年,镀锡板事业部总加工量完成200.36万吨,高端领先产品64.33万吨,产品总销量64.69万吨。

（刘美松）

【市场营销】　2020年,镀锡板事业部开发国内年度协议用户镀锡23家、镀铬15家,镀锡、镀铬产品内销渠道协议订单量分别占国内订单总量比例99%、97%;签订镀锡镀铬共用协议10份,协议订单总量21.05万吨,较上年增长10.9%。重点细分品种市场开发取得成效,DR材订单比上年增长89%,奶粉罐订单比上年增长20%,镀锡产品综合售价跑赢市场4.28%。全年组织镀锡、镀铬现货网络拍卖619次,累计溢价增收213.8万元。

（张　磊）

【工程技改】　2020年,镀锡板事业部1420废水站扩容改造项目成功投用,1420脱脂焊机升级改造项目设备已经制作完成,正在进行 A 检。

(岳增海)

首钢京唐彩涂板事业部

【彩涂板事业部领导名录】

副部长:刘鸿明(主持工作) 张振飞 吴 辉

党委书记:汪万根

纪委书记:汪万根

(张文龙)

【概况】 彩涂板事业部共有 1 条年产 77 万吨推拉式酸洗和酸再生生产线,1 套年产 35 万吨 6H-3C 单机架可逆式冷轧机组和 1 套年产 30 万吨 UCM 单机架可逆冷轧机组,1 条年产 20 万吨的高铝锌铝镁生产线,1 条年产 37 万吨的锌铝镁生产线,1 条年产 17 万吨的彩涂生产线。产品定位于建筑、家电板以及部分汽车用酸洗板。

彩涂板事业部下设生产技术室、设备工程室、综合办公室 3 个专业管理室和酸轧、镀锌、彩涂、物流 4 个作业区 33 个班组。在册职工 379 人,其中:研究生学历 21 人,大专以上学历 354 人;技师 12 人,高级工 121 人。

(武亚林、康红霞、张文龙)

【主要指标】 2020 年,彩涂板事业部成材率 97.89%,比上年提高 0.54%;高端领先产品 30 万吨,完成年计划的 187.50%,比上年增加 193.5%。

(张文龙)

【工程技改】 2020 年,彩涂板事业部完成彩涂板成品库扩建项目、镀铝锌线钝化塔冷却通风、锌锅地下室通风及产线封闭改造项目、2 号镀锌涂油机改造项目、磨辊间新增磨床项目、1420 轧机五辊矫直机改造项目、1 号镀锌机组产能提升改造项目、1 号镀锌机组镀铝锌改造项目。

(魏东旭)

首钢京唐中厚板事业部

【中厚板事业部领导名录】

部 长:王 普

副部长:田士平 闫智平 韩立民 王建国

党委书记:李 勇

纪委书记:李 勇

(郭 静)

【概况】 中厚板事业部产线年设计产能 218 万吨,主要包括:3500 毫米单机架产线、4300 毫米双机架产线、热处理产线、预处理喷漆线、横切线、复合板产线。其中 3500 毫米产线设计能力 53 万吨,4300 毫米产线设计能力 165 万吨,热处理产线设计能力 36 万吨。

中厚板事业部下设生产技术室、设备工程室、安全管理室、综合办公室、产品营销室 5 个专业管理室和 3500、4300、热处理、成品公辅、复合板 6 个作业区。截至 2020 年底,中厚板事业部共计 707 人,其中中层管理人员 6 人,基层管理和现场管理人员 19 人,专业技术人员 141 人,生产、设备操作人员 541 人。现有男职工 666 人,女职工 41 人,平均年龄 41.8 岁。

(张 鹏)

【主要指标】 2020 年,中厚板事业部中厚板产量 219.16 万吨,超年计划 14.16 万吨;热处理过炉量完成 36.60 万吨。中厚板高领产品完成 133.9 万吨,超年计划 46 万吨,完成年度计划 166%,高端领先产品比例 63.63%,创历史新高。

(姜林宪)

首钢京唐能源与环境部

【能源与环境部领导名录】

副部长:汪国川(主持工作) 王树忠 王津明

党委书记:凌 晨(6月任职)

党委副书记:凌 晨(6月离任)

纪委书记:凌 晨(6月任职)

(任振宇)

【概况】 能源与环境部发电系统总装机容量 1034.5 兆瓦,2 台 300 兆瓦煤—煤气混烧发电机组、1 台 180 兆瓦燃气蒸汽联合循环发电机组、2 台 25 兆瓦乏汽发电机组、2 台 30 兆瓦 CDQ 发电机组、1 台 35 兆瓦 CDQ 发电机组、3 台 36.5 兆瓦 TRT 发电机组;供气系统 7 座集中空压机站、3 台 10000 立/分高炉鼓风机、1 台 8000 立/分高炉鼓风机、2 套 75000 立方米/时制氧装置、2 套 40000 立方米/时制氧装置及液化装置;供电系统 2 座 220 千伏变电站、18 座 110 千伏变电站;供水系统 4 套 1.25 万吨/天海水淡化、1 套 3.5 万立/天热法海水淡化、1 套 1 万立/天膜法海水淡化、1 套原水处理站,2 套污水处理站;燃气系统 1 座 15 万立焦炉煤气柜、2 座 30 万立高炉煤气柜、5 座 8 万立转炉煤气柜、5 座煤气加压站、3 套煤气混合站、3 套 1000 立/时变压吸附制氢装置。

能源与环境部下设能源技术室、环境保护处、设备工程室、安全管理室、综合办公室(党委办公室)、能源运行中心 6 个处室和水电作业区、供气作业区、热电作业区、燃电作业区 4 个作业区 70 个班组,在册职工 792 人,其中:内退 4 人、外派 2 人;有研究生学历 61 人,大专以上学历 684 人;岗位操作人员 597 人,其中首席技师 5 人,高级技师 10 人,技师 77 人,高级工 336 人。

(魏唐槐、任振宇、胡佳思)

【主要指标】 2020 年,吨钢综合能耗完成 590 千克标准煤,吨钢综合电耗完成 627 千瓦时,吨钢耗新水完成 2.65 立,氧气放散率完成 0.3%,均创历史最好水平。焦气放散率持续零放散、高气放散率完成 1.2%、自供电率完成 85%、吨钢转气回收完成 114 立、总发电量完成 77.44 亿千瓦时,300 兆瓦发电小时数达 8004 小时。

(魏唐槐)

【工程技改】 2020 年,能源与环境部完成二期酸轧线煤气加压站、U5 膜法海水淡化工程、二期高炉鼓风脱湿项目、二期冲渣水换热站、原水水系统优化等项目建设、调试、投产,完成 1 号 300 兆瓦机组环保提效改造、空压干燥器机零气耗、1 号高炉冲渣水余热利用、1 号 2 号高炉鼓风机控制系统升级、300 兆瓦发电机组粉煤灰细磨加工等技改项目,实现能源介质循环利用。

(代琳娜)

首钢京唐运输部

【运输部领导名录】
    部　　长:张海云
    副部长:张　英　关志发　陈　波　夏令祥
    党委书记:王　伟
    纪委书记:王　伟

(王旭晖)

【概况】 2020 年,运输部建立起以三座高炉为中心的运输保产体系,发挥海陆联动多式联运优势,形成"海运、铁运、汽运"三驾马车立体协同、并驾齐驱的新格局。

运输部下设物流运输室、设备工程室、安全管理室、港口经营室、综合办公室 5 个专业管理室和港口、铁运、汽运、铁运设备维检 4 个作业区 50 个班组,在册职工 568 人,其中:研究生学历 11 人,大专以上学历 362 人;高级技师 1 人,技师 26 人,高级工 267 人。

(宋厚领、王旭晖)

【主要指标】 2020 年,运输部总运量完成 7209 万吨,同比涨幅 13.5%;港口吞吐量完成 1740 万吨,同比涨幅 10.9%,港口吞吐量和迁顺钢材发运量均创历史最好水平。铁路运量完成 2230 万吨,同比涨幅 19.8%;钢材铁路集港量完成 124 万吨,同比增加 86 万吨。汽运运量完成 3239 万吨,同比涨幅 10.9%。自有码头创收利润 7707 万元,同比增加 2154 万元。

(徐金龙、刘冬园)

【工程技改】 2020 年,运输部完成码头铁路新增四台门式起重机工程技改项目,在现有码头铁路 400 米门式起重机轨道上增加四台门式起重机,满足自有码头钢材产品的装船作业需求,确保公司产品海运顺畅。

(张海建)

【其他部室领导目录】
    计财部
        部　　长:杨玉芳(2 月任职)
        副部长:杨玉芳(主持,2 月离任)　于俊良
    制造部
        部　　长:林绍峰(6 月离任)　张丙龙(6 月任职)
        副部长:傅　丁　鲍成人　安　钢　王　新
               徐海卫　缪成亮(6 月任职)
        党委书记:苏震霆(6 月离任)
               林绍峰(6 月任职)
        纪委书记:苏震霆(6 月离任)
               林绍峰(6 月任职)
    设备部
        部　　长:张　扬
        副部长:刘冀川　秦伍献　孙连生
               刘国生(6 月离任)　陈　辉
        党委书记:李春风
        纪委书记:李春风
    供料作业部
        部　　长:宿光清

党委书记:石韶华

纪委书记:石韶华

销售管理部

 部 长:李 越

 副部长:王忠宁 孙立欣

安全管理部

 部 长:刘红军

 副部长:闫志勇

保卫部

 部 长:郑 斌

工程部

 部 长:刘志忠

 第一副部长:段雪亮

 副部长:刘天斌 曹 震

人力资源部

 部 长:董鸿斌

 副部长:张保光 韩建国 陈士俊

信息计量部

 部 长:郭 亮(5月任职)

 副部长:郭 亮(5月离任) 陈伟刚(5月任职)

办公室

 主 任:于 杰

 副主任:张洪波(5月任职)

党委组织部

 部 长:董鸿斌

 副部长:王 萍 于 杰

党委宣传部(企业文化部)

 部 长:任全烜

纪委

 副书记:张延风

工会

 副主席:王雪青

团委

 副书记:姜晓璐

机关党委

 党委书记:曾德辉

 纪委书记:曾德辉

运营规划部

 部 长:刘建华

 副部长:郑翠军

审计部

 副部长:刘 颖

焦化作业部

 部 长:杨庆彬

 副部长:王贵题 陶维峰 纪永泉 闫焕敏

   宋渊博(5月任职)

 党委书记:杨庆彬

 党委副书记:金亚建

 纪委书记:金亚建

质检监督部

 副部长:王 莉(主持)彭国仲

 党委书记:于学斌

 纪委书记:于学斌

技术中心

 常务副主任:徐海卫

 副主任:于 孟

循环经济中心

 主 任:苏震霆(6月任职)

 副主任:刘国生(6月任职)

（董鸿斌）

【2020年首钢京唐大事记】

 1月13日,中共首钢京唐召开第二届委员会(扩大)会议。

 1月14日,首钢京唐召开第二届职工代表大会第三次会议。

 1月21日,首钢京唐举办2020年春节联欢晚会。

 1月23日,首钢京唐成立以党委书记、总经理为组长的京唐公司疫情防控工作领导小组,各基层单位成立相应疫情防控工作小组。

 1月26日,首钢京唐党委制定下发《首钢京唐公司关于充分发挥基层党组织战斗堡垒作用和党员先锋模范作用,全力抓好新型冠状病毒感染的肺炎疫情防控工作的通知》。

 1月30日,河北省委常委、省政府副省长、唐山市委书记张古江来首钢京唐调研。

 2月4日,首钢京唐制定《首钢京唐公司新冠肺炎疫情防控督导组工作方案》。

 2月23日,唐山市、曹妃甸区相关领导在首钢京唐服务企业复工复产现场办公。

 2月29日,首钢京唐汽车板突破1000万吨。

2月29日,首钢京唐4300毫米产线船板钢顺利通过八国船级社认证。

3月6日,首钢京唐恢复唐山和秦皇岛地区职工通勤路线。

3月13日,河北省驻唐疫情防控第四指导组组长高德海一行15人来首钢京唐参观调研。

3月24日,唐山市市委常委、副市长杨华森一行12人来首钢京唐参观调研。

3月26日,首钢京唐召开2020年党风廉政建设工作会议。

4月10日,首钢京唐开展"全民国家安全教育日"活动。

4月14日,首钢京唐开展义务植树活动。

4月29日,首钢京唐召开2020年度先进表彰会。

5月10日,首钢京唐举办第十届职工文化节开幕式暨"职工环厂跑"比赛。

5月11—12日,冶金工业规划院院长、党委书记李新创来首钢京唐参观、授课。

5月18日,首钢京唐炼铁作业部1号球团脱硫脱硝正式投产。

5月20日,首钢京唐举行第五届第一期京唐故事宣讲活动。

5月26日,首钢京唐举行第六期QTI改善骨干培训班军训汇演暨开班仪式。

5月1日,首钢京唐成功下线第一卷供可口可乐全球自动贩卖机外壳用彩涂板。

5月13日,首钢京唐成功下线抗菌型彩涂板。

6月10日,河北省人大财经委副主任委员、省人大常委会财经工委主任王昌一行7人来首钢京唐参观调研。

6月30日,华北理工大学校长张福成一行2人来首钢京唐参观交流。

6月30日,首钢京唐召开庆祝中国共产党成立99周年暨创先争优表彰大会。

7月1日,河北省应急管理厅厅长薛永纯一行18人来首钢京唐公司参观调研。

7月2日,首钢京唐举行循环经济中心成立揭牌仪式。

7月7日,首钢京唐召开宣传思想工作座谈会。

7月20日,国家监测总站一行来首钢京唐参观调研。

7月21日,首钢京唐锌资源循环产线正式投入运行。

7月23日,河北省统计局核查组一行来首钢京唐参观调研。

7月26日,宝武集团马钢矿业资源集团公司党委书记、总经理张华一行来首钢京唐参观交流。

7月26日,首钢京唐镀锡板事业部通过全球领先的认证机构SGS审核,获颁国内马口铁包装材料首张HAB清真食品Halal认证证书。

7月28日,首钢集团领导赵民革、刘建辉,离退休老领导朱继民、王青海、王毅、苏显华、沈安东、王兆镛一行来首钢京唐参观调研。

7月29日,首钢京唐冷轧作业部高强钢热基镀锌工程热式第一卷成功下线。

7月30日,首钢集团和股份公司领导一行来首钢京唐参观调研。

7月31日,首钢京唐荣获"十三五"钢铁工业创新工程奖。

8月7日,中国移动河北分公司党委书记、董事长、总经理刘殿锋一行来首钢京唐开展党建合创并就5G项目进行商务洽谈。

8月18日,首钢京唐举行河北省煤焦化技术中心揭牌仪式。

8月25日,福田汽车一行来首钢京唐参观调研。

8月26日,长城汽车徐水分公司何长玉总经理一行来首钢京唐参观调研。

8月27日,首钢京唐融媒体中心举行投运仪式。

8月31日,首钢京唐完成煤料场和钢渣大棚封闭。

9月2—3日,中国工程院院士、北京科技大学终身教授、国家"2011计划"钢铁共性技术协同创新中心主任毛新平来首钢京唐公司参观授课座谈。

9月10日,自然资源部和国家发改委领导一行来首钢京唐参观调研。

9月10日,首钢京唐召开第六期QTI改善骨干培训班总结报告会暨第七期开班仪式。

9月14—15日,全国总工会领导一行来首钢京唐参观调研,首钢集团领导梁宗平,首钢京唐领导邱银富、曾立、冷艳红接待。

9月16日,北京市委巡视组一行来首钢京唐参观调研,首钢集团领导何巍、刘建辉,首钢京唐领导邱银富、曾立、张云山接待。

9月24日,首钢京唐炼钢作业部实现日产114炉的历史新纪录,创出投产以来的最好水平。

9月24日,首钢京唐举行"海誓山盟·京唐之恋"青年集体婚礼。

9月25日首钢集团党委副书记、总经理赵民革一行来首钢京唐看望慰问广大干部职工,并与基层职工座谈交流,实地了解首钢京唐生产经营建设情况。首钢集团领导刘建辉陪同。

10月16日,首届"首钢—东风日产汽车文化节"盛大开幕。

10月28日,首钢京唐高强度钢十八辊单机架热试成功。

11月11日,首钢京唐完成矿料场封闭。

11月15日,河北省生态环境厅发布2020年重污染天气重点行业绩效评级企业名单公示文件,首钢京唐被评为钢铁长流程A级企业。

11月24日,首钢京唐彩涂板事业部1号镀锌产线第一卷镀铝锌镁产品成功下线。

11月24日,在全国劳动模范和先进工作者表彰大会上,首钢京唐钢轧作业部职工荣彦明被授予"全国劳动模范"称号。

12月1日,在唐山市第四届"市长特别奖"颁奖仪式上,首钢京唐党委书记、董事长邱银富荣获"市长特别奖"。

12月1—2日,首钢京唐举行首届唐山市焦化行业职业技能竞赛。

12月2日,首钢京唐举行渤海家园住宅小区二期项目开盘仪式。

12月2日,首钢京唐成功举办首届维修作业工装工法大赛总结表彰会。

12月10日,首钢京唐召开第一届人才工作会议。

12月11日,首钢京唐举行"吴胜利铁前专家工作站"现场挂牌暨"拜师仪式"。

12月14日,首钢京唐热膜耦合式海水淡化项目进入试运行阶段。

12月15日,首钢京唐举行"康永林轧钢专家工作站"现场挂牌暨"拜师仪式"。

12月17日,中共首钢京唐代表大会召开。

12月23日,首钢京唐召开"以案为鉴、以案促改"警示教育大会。

12月24日,首钢京唐举办第四届青年安全管理创新大赛成果发布会。

12月29日,首钢京唐召开第七期改善骨干培训班结业式暨2020—2021年总结启动大会。

12月30日,首钢京唐举办"第十届职工文化节闭幕式暨职工才艺大比拼展演活动"。

(刘坤明)

唐山首钢京唐曹妃甸港务有限公司

【曹妃甸港务公司领导名录】

董事长:张海云

副董事长:李晓民

总经理:张 英

副总经理:张有明 李海峰

财务部部长:李海涛

(朱旭辉)

【综述】 2007年3月,唐山首钢京唐曹妃甸港务有限公司(简称"曹妃甸港务公司")由首钢京唐钢铁联合有限责任公司(以下简称"首钢京唐公司")全面开工建设,同步在一港池东岸厂区西侧填海形成的海岸线上,按国家发改委批复的位置自北向南进行码头建设,2007年底建成2000米码头结构,2008年底建成1632米码头结构。2008年7月,在向交通部门申请办理码头工程初步设计审批过程中,交通部提出首钢京唐公司建设的码头位置与该部批准的《唐山港总体规划》不符。已建的2000米码头结构占用《唐山港总体规划》中公共物流园区岸线1600米,经协商,同意将已建成的2000米码头结构中1600米改由首钢京唐公司出资80%、曹妃甸港口集团股份有限公司(原唐山曹妃甸港口有限公司,以下简称"曹妃甸港集团")出资20%,组建曹妃甸港务公司,实现社会服务功能,实现码头项目审批的合规管理。

2009年,根据唐山市政府总体规划安排,要求首钢京唐公司将已建成码头的北段1600米恢复公共使用;2010年2月,首钢京唐公司和曹妃甸港集团组建曹妃甸港务公司;2010年4月,北京京都资产评估有限责任公司针对曹妃甸港务公司在建工程出具评估报告,资产总额约 8.13 亿元;2010 年 7 月,曹妃甸港务公司完成工商登记,注册资本 6 亿元,其中:首钢京唐公司以实物(含土地)出资 4.2 亿元,以现金出资 0.6 亿元,共计 4.8 亿元,占股 80%,曹妃甸港集团以现金出资 1.2 亿元,占股 20%;2017 年 5 月 25 日,唐山市交通局颁发港务公司通用码头工程试运行《港口经营许可证》。2019 年 1 月 18 日,港务公司组织通用码头工程竣工验收会议,顺利通过竣工验收现场核查,取得竣工验收现场核查报告。

经过双方股东深入探讨、磋商,于 2019 年 9 月 16 日,双方签订《关于唐山首钢京唐曹妃甸港务有限公司运营管理的协议》,明确合资公司的组织架构、管理体系、经理层构成等经营管理内容。于 9 月 24 日获取唐山市港航局审批的港口经营许可证,12 月 25 日取得新的工商营业执照,公司经营范围变更为港区内的货物装卸、仓储;为船舶提供码头设施、货物运输,自有房屋及场地租赁、港口设施设备和机械租赁等项目。

2019 年 11 月 28 日,港务公司召开"唐山首钢京唐曹妃甸港务有限公司经营推介会",向广大客户、合作伙伴介绍合资公司的现状、业绩、经营思路、2020 年的重点任务。通过推介会,坚定双方股东的信心,得到客户的认可,树立首钢京唐港务公司良好的品牌形象。推介会以后,于 12 月 27 日举行揭牌仪式,从 2020 年 1 月 1 日正式开始对外经营。

(朱旭辉)

【主要指标】 2020 年,曹妃甸港务公司利润计划 11 万元,实际完成 17 万元,完成 154.5%;京唐产品计划 210 万吨,实际完成 290 万吨;迁顺产品计划 140 万吨,实际完成 166.4 万吨;细磨粉计划 250 万吨,实际完成 253.8 万吨;水渣计划 65 万吨,实际完成 102.6 万吨。铁运物资集、疏港量完成 150 万吨(含迁顺)。引入新客户,开通九江、宁波、泉州等新航线,实现社会钢材增量。

(刘冬园)

【业务开展】 曹妃甸港务公司成功引入战略合作客户天津恒润物流有限公司,与其合力开发宁波流向班轮航线。该客户是曹妃甸地区主要钢材代理之一,宁波航线全年运量超 100 万吨。

(刘冬园)

【支部建设】 曹妃甸港务公司完成支部建设工作,选举出支部书记、副书记、委员,规范党支部工作。通过党

建工作提高全体党员的道德素质和业务水平,带动港口经营工作向好、向实发展。

(安文杰)

北京首宝核力设备技术有限公司

【首宝核力公司领导名录】

董事长:张 扬

副董事长:孙 东

总经理:陈 辉

党支部书记:张永宏

副总经理:刘 涛 史后扬

总经理助理:戴玉明

财务负责人:石 兵(3 月离任)

王园园(3 月任职)

(任振华)

【概况】 北京首宝核力设备技术有限公司(简称"首宝核力公司")于 2011 年 6 月 22 日成立,注册资本 1200 万元,首钢京唐钢铁联合有限责任公司、宝武装备智能科技有限公司各出资 50%。(2020 年 4 月 13 日北京首钢设备技术有限公司将 50%股权转让至首钢京唐钢铁联合有限责任公司,上海宝钢工业技术服务有限公司名称变更为宝武装备智能科技有限公司)。首宝核力公司为首钢与宝钢战略合作平台,经营范围:技术服务、技术咨询;施工总承包;专业承包;工业设备及备件调试、检修、维修;机械电动工具的维修;工业炉窑维修;货物进出口、技术进出口、代理进出口;销售金属制品、电子产品、电子元器件、仪器仪表、计算机、软件及外围设备、机械设备等业务。下设计划财务室、设备技术室、安全管理室、综合办公室、新业务开发部、检修运维事业部、运行事业部 7 个部门。

(任振华)

【体系建设】 首宝核力公司立足双方股东优势、坚持问题导向、加强基础管理、创新工作方式,管理体系逐步实现规范化,管理效能显著提升。法人治理结构逐步完善,修订公司章程,制定《"三重一大"事项决策实施办法》《经理办公会议事规则》《党支部会议事规则》,统一思想,凝聚共识,谋划确定企业发展思路和目标。对标首钢京唐制度体系,结合业务发展,全面加强制度建设,规范管理、优化流程、控制风险、提高效率,逐步推进制

度完善,新增制度 13 个,修订制度 3 个。持续开展维修作业标准完善工作,全年共修订、制定维修作业标准 336 项,现场作业指导水平有效提升。引入精益管理理念,开展全员现场改善,完成改善项目 14646 项,改善亮点 3795 项,QTI 积分 25396 分。完成 630 专项审计、评估工作。

(任振华)

【设备检修】 首宝核力公司全年产线定修 173 次,产线年修 7 次,完成首钢京唐 1420 酸轧 5 号轧机减速机更换、顺冷连退活套调整等重点协同项目。

(任振华)

【业务拓展】 首宝核力公司拓展与行业一流企业、高校的战略合作,变"筑巢引凤"为"引凤筑巢",发挥"市场+人力+场地"三大资源优势,本年度与西门子、SEW、NEO 等公司开展深入交流与合作,实现进口减速机、高端阀门、液压伺服阀、大型风机、各类传动电机等通用类高端备件独家供货和自主修复。2020 年 12 月,首宝核力公司建设完成备件修复中心,后期将以备修基地为实体平台,着力在厂内自修、协同修复方面打造首宝特色,重点培养首宝自修能力,服务首钢钢铁板块,体现首宝品牌价值。

(任振华)

【队伍建设】 首宝核力公司坚持"以技术为本,走技术之路"理念,提出"重技术,讲技术,钻技术,靠技术,奖技术,立技术"原则,组建首宝"2+28"核心技术团队,搭建"1+5"统(领)分(支)管理平台。开展首宝技术团队沙龙活动,深入开展实操基地培训、职业技能竞赛、技术成果输出、设备故障分析等工作。

(任振华)

【支部建设】 首宝核力公司推进"践行牛精神,打造牛品牌"特色党建,提炼"以担当精神为引领,积极践行开拓精神、服务精神、严谨精神,推动公司创新发展、和谐发展、健康发展"的核心创建思想。

(任振华)

北京首钢朗泽新能源科技有限公司

【首钢朗泽公司领导名录】

董事长:王贵阳

副董事长:Jennifer

总经理:董 燕

副总经理:赵毅锋 王晓东

(陈 锋)

【概况】 北京首钢朗泽新能源科技有限公司(简称"首钢朗泽")2011 年 11 月成立,由首钢集团、新西兰唐明集团(惠灵顿)投资有限责任公司和朗泽科技香港有限公司三方组建,2016 年、2017 年、2019 年先后三次引入首钢基金、上海德汇集团、三井物产株式会社等战略投资者,现有十方股东,注册资本 2.3 亿元。首钢朗泽拥有首钢朗泽(河北)新能源科技有限公司(以下简称"河北首朗")、北京首朗生物科技有限公司(以下简称"首朗生物")两家全资子公司及宁夏首朗吉元新能源科技有限公司(以下简称"宁夏首朗吉元")、贵州金泽新能源科技有限公司(以下简称"贵州金泽")和宁夏滨泽新能源科技有限公司(以下简称"宁夏滨泽")三家控股子公司,首钢朗泽设有首钢朗泽综合管理部、法律事务部、财务部、人力资源部 4 个部门和产业发展、采购商贸、科技研发、菌种制备 4 个中心。

首钢朗泽践行绿色低碳、循环经济和可持续发展理念,采用微生物发酵制燃料乙醇技术,经 300 吨中试装置验证,将钢铁工业尾气直接转化为清洁能源、化工产品及蛋白饲料,实现钢铁工业尾气资源的高效清洁利用。可年产燃料乙醇 4.5 万吨,饲料蛋白 5000 吨,压缩天然气 330 万立方米,每年可减少二氧化碳排放 54 万吨、颗粒物 870 吨、氮氧化物 3200 吨,为碳达峰、碳中和做出积极贡献。

河北首朗 2015 年 1 月成立,注册资金 9166.8 万元,位于河北省唐山市曹妃甸工业园区首钢京唐钢铁联合有限责任公司厂区,是全球首个利用钢铁工业尾气生物发酵法制燃料乙醇商业化项目。该项目总投资 4.2 亿元,于 2018 年 5 月,一次调试成功,顺利产出合格产品,2020 年 8 月被评为"河北省技术创新中心",2020 年 9 月被评为唐山市企业技术中心。截至 2020 年底,河北首朗设有综合管理办公室、生产运营部、技术研发部、设备自动化部、质检部、储运部、财务部、安全环境保卫部 8 个部门。

首朗生物于 2016 年 10 月成立,注册资本 5000 万元,主要负责生物技术推广、技术开发,技术转让,销售生物制剂、化工产品等业务。

宁夏首朗吉元于 2019 年 5 月 16 日成立,注册资本 2

亿元,位于宁夏回族自治区石嘴山市平罗县太沙工业园区。负责建设全球首套年产 4.5 万吨冶金工业尾气生物发酵制燃料乙醇项目,计划 2021 年 4 月份建成投产。

贵州金泽于 2020 年 9 月 28 日成立,注册资本 2 亿元,位于贵州省遵义市绥阳县蒲场镇新场地村。负责建设年产 6 万吨冶金工业尾气生物发酵制燃料乙醇项目,计划 2021 年 12 月份建成投产。

宁夏滨泽于 2020 年 11 月成立,注册资本 2.2 亿元人民币,位于石嘴山市平罗县工业园区。负责建设年产 6 万吨冶金工业尾气生物发酵制燃料乙醇项目,计划 2021 年 12 月份建成投产。

(陈 锋)

【主要指标】 河北首朗成功产出浓度大于 99.5% 的燃料乙醇产品,各项指标均符合国家标准(GB18350—2013)。蛋白饲料粗蛋白含量高达 85%,氨基酸种类齐全平衡。基本实现废水全回用(50% 直接回用,30% 间接回用,其余用于冷却补水)。一氧化碳利用率大于 80%,发酵液乙醇浓度大于 40 克/升,蒸馏处理脱水后获得的成品乙醇水分含量小于 0.5%(V/V)。

(陈 锋)

【市场销售】 首钢朗泽入围中石油、中石化供应商名单,产品供应石家庄、邯郸、沧州等地。

(陈 锋)

【项目拓展】 首钢朗泽与宁夏回族自治区石嘴山市人民政府签署年产 30 万吨燃料乙醇产业集群项目合作框架协议。

(陈 锋)

【科研专利】 2020 年,首钢朗泽申请并受理 43 项专利,其中发明专利 20 项、实用新型专利 23 项。

(陈 锋)

首钢凯西钢铁有限公司

【首钢凯西公司领导名录】
董事长:杨春政
副董事长:黄亚河
总经理:张庆春
副总经理:叶松仁 万方潜
财务总监:李宝玉(4月任职) 钱 伟(4月离任)

(黄紫云)

【概况】 首钢凯西钢铁有限公司(简称"首钢凯西公司")成立于 2011 年 5 月 30 日,注册资本 15 亿元,其中首钢集团、福建凯西集团有限公司分别持股 60%、40%。首钢凯西公司位于福建漳州招商局经济技术开发区,主要产品为酸洗板、冷硬板、退火板、镀锌钢板和电镀铬板等,产品销售市场主要以闽粤为中心,辐射江浙、江西、台湾地区及东南亚、欧美等海外市场。首钢凯西公司是首钢集团唯一的镀铬包装用钢生产基地,国内高端市场占有率接近 40%。除钢铁制造板块外,依托首钢整体优势和凯西自身区位优势,与首钢京唐、首钢迁钢等紧密衔接,做好产业链延伸,发展钢材加工物流配送及出口贸易。

截至 2020 年底,首钢凯西公司下设经营部、计财部、安全环保部、技术中心、建设工程部、综合办公室、新事业部、轧钢一分厂、马口铁分厂,在职职工 516 人,平均年龄 37 岁,其中本科及以上学历 79 人,女职工 112 人。

(黄紫云)

【主要指标】 2020 年,首钢凯西公司利润 410 万元,实现首钢凯西公司成立以来第一次年度盈利,同比增利 1308 万元。持续推进镀铬精品战略,镀铬产品高端市场占有率超过宝武、统一,位居国内第一,马口铁产品出口累计达到 4.38 万吨。

(方嘉雯)

【疫情防控】 首钢凯西公司面对新冠肺炎疫情,第一时间成立疫情防控领导小组,建立 24 小时响应机制和日报告制度,全面做好环境消杀及人员出入管制,做到"零输入、零扩散、零感染",为经营生产工作的正常开展打下坚实的基础,是福建漳州招商局经济技术开发区第一个复工复产的企业,也是福建省最早全面复工复产的企业之一。

(黄紫云)

【技改工程】 首钢凯西公司推进 1 号酸洗线、3 号拉矫线、纵剪机组等系列技改工程,初步完成热基镀锌产线锌铝镁项目建设和调试,年底启动镀锌机组恢复连退功能技改工程。

(黄紫云)

【产品结构】 首钢凯西公司完成电镀、高碳钢、汽车行业订单 1625 吨,稳步推进与国内第一、世界第二轴承保持器客户的材料替代认证工作;实现运动器材、货架等

4 个行业以热代冷替代性应用,增加品种销量 4.19 万吨。镀铬产品 LDR-8 CA(高延伸率)完成 3600 吨,实现零的突破;DR8M-CA、DR9-CA 高强减薄订单完成 2200 吨,同比增长 200%;两片罐行业通过福建华冠、山东旭源认证,年新增订单 2400 吨;高强饮料底盖通过昇兴、吉源认证,年新增订单 1000 吨。

(林斐凡)

【对外合作】 首钢凯西公司与厦门海翼、厦门馨天达、广州镒辰等外部单位合作规模持续增大,与厦门海翼双经销合作量达到 25.06 万吨,同比增长 63%。与厦门海翼签订新战略合作协议,整合双方原料资源和市场渠道,发挥低成本生产优势和厦门海翼的资金优势,共同开启全新的联营合作模式,联营合作模式共完成销售量 6.48 万吨,利润贡献超 300 万元。配合首钢京唐镀锡板事业部全力推进镀铬协同工作,完成镀铬产品加工量 10.53 万吨,同比增长 8%。首钢凯西公司制作完成首个对外大型成套设备,与东北大学签订技术服务协议,将技术进行有偿输出。

(林斐凡)

河北神州远大房地产开发有限公司

【河北神州远大房地产开发有限公司领导名录】
执行董事:王贵阳
总经理:于 杰
财务负责人:季根华

(胡东风)

【概况】 河北神州远大房地产开发有限公司于 2008 年 2 月被首钢京唐收购,注册资金 2000 万元,具备四级房地产开发资质。2015 年 7 月,首钢京唐将所持有的 100% 股权无偿划转首钢集团。河北神州远大房地产开发有限公司为首钢集团全资子公司,由首钢京唐代管。

自 2008 年,河北神州远大房地产开发有限公司主要开发完成渤海家园小区住宅和幼儿园项目。渤海家园小区总建筑面积 27.33 万平方米,一期建有 23 栋住宅,2392 套住房,已全部售完。渤海家园幼儿园总建筑面积 2600 平方米,2014 年 9 月开园,由首钢实业公司幼儿保教中心运营。

(胡东风)

【在建项目】 河北神州远大房地产开发有限公司在渤海家园住宅小区东南角原有空地开发建设渤海家园住宅小区 201 号—203 号项目,427 套住房。截至 2020 年底,项目施工前期各项手续已全部办理,地基处理和土方清运施工已完成,主体结构已施工至 11—14 层。2020 年 10 月底,项目取得《商品房预售许可证》,12 月 2 日正式开盘,开盘期间共售出住宅 252 套。

(胡东风)

京唐港首钢码头有限公司

【京唐港首钢码头有限公司领导名录】
董事长:曹 宏
党委书记:王瑞杰
总经理:李宏民
副总经理:李晓锋 穆进章

(白 玉)

【概况】 京唐港首钢码头有限公司注册总资本金为 133306.5 万元,其中,唐山港集团股份有限公司占 65%,首钢集团有限公司占 35%。2008 年 1 月 18 日成立,2009 年矿石码头工程开工建设,2011 年 10 月 2 个 25 万吨级散货专业化泊位建成投产,开展以矿石为主的装卸业务。码头可同时靠泊 2 艘 25 万吨级散货船,30 万吨级散货船可减载靠泊;卸船设备为 6 台桥式抓斗卸船机,实际年通过能力 4500 万吨;堆场 110 万平方米,堆存能力 800 万吨,堆取设备为 6 台堆取料机。

2010 年至 2012 年,京唐港首钢码头有限公司连续 3 年被唐山海港经济开发区管委会授予"集体二等功";2015 年,河北省总工会授予"模范职工小家";2016 年,中国港口协会授予"四星级绿色港口",荣获"唐山市安全文化建设示范企业";2017 年荣获"河北省安全文化建设示范企业";"用于维修抓斗的平台"创新项目获得国家专利;实现年货物吞吐量 4792 万吨;完成两套 3MKV 高压船舶岸电建设;2018 年、2019 年连续两年被河北省科学技术厅授予"高新技术企业"荣誉称号,荣膺开发区"推动高质量发展特殊贡献企业";2020 年,河北省交通运输协会授予"品牌创建先进单位"。

(白 玉)

唐山曹妃甸实业港务有限公司

【曹妃甸实业港务公司领导名录】

董事长:张小强

副董事长:陈立新

总经理:马国宏

副总经理:韩 锋 李 勇 周雪莉

葛笑海 单春鹏

（崔 鹏）

【概况】 2002年9月4日,唐山曹妃甸实业开发有限责任公司由首钢总公司、河北省建设投资公司、唐山钢铁集团有限责任公司、唐山港口投资有限公司四家企业分别出资30%、30%、20%和20%投资组建。2003年9月,经第四次股东会审议,同意秦皇岛港务集团有限公司参股,参股后股比为:秦皇岛港务集团有限公司35%,首钢总公司30%,唐山钢铁集团有限责任公司15%,河北建设投资公司10%,唐山港口投资有限公司10%。经过多次股权转让,现公司股东为:秦皇岛港股份有限公司35%,首钢集团有限公司30%,唐山钢铁集团有限责任公司15%,河北建投交通投资有限责任公司10%,唐山港集团股份有限公司10%。

2008年7月1日公司正式更名为唐山曹妃甸实业港务有限公司(简称"实业港务公司"),经过多年的运营发展,目前公司注册资本200000万元,拥有25万吨级(兼顾30万吨级)矿石专用泊位4座、5万吨级(兼顾10万吨级)通用散杂货泊位2座,总设计通过能力6550万吨/年。开港至今,累计完成吞吐量超9亿吨,实现利润超60亿元,上缴利税超20亿元。

实业港务公司秉承"绿色、安全、智慧、高效"的发展理念,建设现代化港口企业。通过ISO9001质量管理体系认证、ISO14001环境管理体系认证和OHSAS1800职业健康管理体系认证,率先成为港航企业一级安全生产标准化达标企业。建设现代智慧型港口,研发码头信息系统(EIS)、客户关系管理系统(CRM)、采购管理及库存系统(PO,INV)、设备管理系统(EAM)、港口业务管理系统(SO)和生产管理系统(PIM),在全国散货港口中率先实现管理信息化,与货主、船东之间实现"无缝对接"。

实业港务公司先后获得"2006年度河北省五一奖状""全省港航系统安全生产先进单位""全省交通系统安全生产工作先进单位""2009年度全国五一劳动奖状""2010年河北省和谐单位""2011年河北省劳动关系和谐企业""2015年度全国模范职工之家""河北省AAA级和谐企业""中国质量诚信企业"等多项殊荣,得到各级政府和主管部门的高度评价。经过多年积累沉淀,确立"同心协力、锐意进取、至诚至善、和谐发展"的企业精神,铸立"实业港务"的璀璨品牌。

（崔 鹏）

秦皇岛首钢机械有限公司

【秦皇岛首钢机械有限公司领导名录】

党委书记:李洪波

总经理:朱新喜

党委副书记、纪委书记、工会主席:朱旭明

副总经理:关 健 孙建存 孙狂涛(5月任职)

总经理助理:任为民 祖 健

（李 刚）

【概况】 秦皇岛首钢机械有限公司(简称"秦机公司"),原名为秦皇岛市拖拉机配件厂,成立于1955年,1988年4月8日成建制划转首钢,成为首钢总公司全资子公司,并将本公司定位为钢铁主流程的专业配套厂。

1996年9月23日完成工商登记,企业更名为秦皇岛首钢机械厂,注册资本金953万元,出资人首钢总公司,占股100%。

2016年12月1日,经首钢总公司批准,秦机公司注册资本金增资至3000万元,出资人首钢总公司,占股100%。

2017年5月27日,首钢总公司由全民所有制企业改制为国有独资公司,企业名称变更为"首钢集团有限公司"。按照首钢集团公司的改制要求,2017年12月25日秦机公司完成"翻牌"改制工作,由全民所有制企业整体改制为法人独资公司,企业名称变更为"秦皇岛首钢机械有限公司"。注册资本金3000万元,出资人首钢集团有限公司,占股100%。

（李 刚）

【主要指标】 2020年,秦机公司实现销售收入7.06亿元,比计划增加1.81亿元,比上年增加2.03亿元。实现利润 301 万元，比计划增加 181 万元，比上年增加 182 万元。

（李 刚）

【项目建设】 秦机公司 11+综合服务基地建设项目，由曹妃甸工业区钢电园区委托第三方，已对拟拆分土地进行评估，开始履行集团内相关审批手续。政府层面按国有土地出让程序履行招拍挂手续，初步设计概算在审核过程中。4 月 27 日，均质化产线投料试生产，最高日产 448 吨，达到设计产能水平。6 月 30 日，转底炉热试一次成功。7 月 21 日，锌资源循环产线正式投运。2020 年 12 月，达到设计生产能力，在疫情影响下，创造国内同类型工艺产线的最短达产时间。

（李 刚）

【降本增效】 秦机公司从瘦身资金支出规模、确保资金计划刚性执行、稳定现金流措施开源节流、用好政策等四个方面入手，解决长期应收账款 437 万元，压缩库存 557 万元，针对国家对疫情的补贴政策，主动研读沟通，社保和税收优惠政策全部争取到位。

（李 刚）

【基础管理】 秦机公司以"管理提升年"为抓手，持续开展制度修订完善，全年累计修订规章制度 84 项，深入开展合同管理、安全管理、内部制度专项检查，加大通报考核力度，基础管理逐步提升。

（李 刚）

【队伍建设】 秦机公司实施正式工协商解合、内退和转岗等减员增效政策，全年办理协商解合 14 人，内退 1 人；招收优秀大学毕业生和定向引进技术、技能专家共计 18 人，员工结构不断优化。计财部杨凯同志被评为首钢京唐公司第一届"新锐人才"，为公司争得荣誉。

（李 刚）

【党群建设】 秦机公司践行"忠诚、感恩、激情"核心价值追求，启动首届企业文化节系列活动，创办"最美秦机人"故事会文化载体，以活动凝聚人心，以故事汇聚正能量。召开"三八""五四""八一"等节日座谈会，共同畅享职工与企业成长发展之路。开展"夏日送清凉、两节送温暖"活动，特别是疫情初期，为在岛连续坚守 2 个月的职工提供餐饮和饮用水供应保障，稳定职工情绪，关心关爱职工生活。加强职工业余文化阵地建设，在富岛大厦打造首个"秦机之家"，获"最美职工小家一等奖"。

（李 刚）

首钢集团有限公司矿业公司

【矿业公司领导名录】

总经理：黄佳强

副总经理：王自亭　郭志辉　张金华　张建军

总经理助理：刘建强　孙平安　齐宝军（2 月任职）

安全总监：叶　凯

党委书记：王自亭

党委副书记：黄佳强　董　伟

纪委书记：姚永浦

工会主席：董　伟

（吴予南、王守政）

【综述】 首钢集团有限公司矿业公司（简称"矿业公司"）位于河北省迁安市，1959 年建矿，是首钢主要原料基地。矿区面积 7.16 万亩，铁路与京山线、通坨线、京秦线相接，公路与京沈高速相连，海运与秦皇岛港、京唐港、天津港相邻。原矿处理能力 2283 万吨；拥有资源综合利用产线 8 条，年生产能力 1200 万吨；抓住国家"公转铁"政策契机，运输物流产业年运量历史性突破 4900 万吨；发展机械制造、电气设备修造、建筑安装、矿山生产技术服务等相关产业。设有计财处、生产处、技术质量处、机械动力处、能源环保处、安全处、技改工程处、资源土地管理处、人力资源部（党委组织部）、办公室、党群工作部（工会）、纪委（监察处）12 个职能处室，大石河铁矿、水厂铁矿、杏山铁矿、运输部、协力公司、机械制造厂、物资公司、计控检验中心、保卫处（武装部）、培训中心、实业公司、职工子弟学校、矿山街道居民管理委员会 13 个厂矿级单位。管理北京首钢矿山建设工程有限责任公司、迁安首钢矿业化工有限公司、迁安首钢兴矿实业有限公司、北京速力科技有限公司、迁安首矿建材有限公司、烟台首钢矿业三维有限公司。托管首钢滦南马城矿业有限责任公司、唐山首钢马兰庄铁矿有限责任公司、迁安首钢设备结构有限公司。2014 年 5 月，北京首钢矿山技术服务有限公司注册成立。年末固定资产原值 123.07 亿元，净值 43.62 亿元，国有资本保值增值率 110.88%，年末从业人员 7813 人。

（李　泽、栗帅鹏）

【抗疫保产】　矿业公司扛起责任保大局。第一时间启动应急响应，成立疫情防控领导机构，组建指挥系统，落实属地政府和集团公司要求，担负起保护首钢驻迁单位近三万名职工、家属生命安全的防疫重任。健全防控责任体系，畅通政府联系渠道，统筹协调部署，统一防控指挥。关停公共场所，封闭厂区社区，严管重点部位，大排查、严管控、广宣传、营氛围、备物资，筑牢铜墙铁壁，持续守护矿区阵地。非常时期超常应对，"四班"改"三班"，管理人员下班组，日夜鏖战保运转。各级组织送温暖，工友之间结对子，共渡难关见真情。精矿粉超产保供，守住资源保障线；为京唐直供高精粉，缓解秘矿粉断供带来的资源缺口；相关产业单位驰援京唐大修和二期工程，关键时刻保大局。马城、唐首马、杏山等重点工程现场精准复工；资源综合利用产品火运月发超 200 列；铁路运输运量水平连创纪录，北京铁路局连发三封表扬信。严密编织社区防控网，社区上演最美逆行，投身疫情防控工作近 3000 人次，排查登记 9000 余户，发放居民出入证 21000 余个。开展社区卫生大清扫、大整治，严把食堂、宿舍、物业关。打造"空中课堂"，精细组织防疫复课，确保校园安全。千方百计采购防疫物资，克服断交困难点对点提货保供应。

（李　泽、栗帅鹏）

【主业生产经营】　矿业公司矿产主业服务大局，稳产打产，克服停限产影响，强化生产组织，优化转车模式，提升供矿能力。持续推进"百元选厂"工程，大石河、水厂选矿加工成本同比分别降低 3.75 元/吨精、1.22 元/吨精，实现效益 867 万元。做足资源增量，境界优化，挂帮矿回收矿石 104 万吨，建材回收矿石 56 万吨，全年生产精矿粉 484 万吨，超计划 8.1 万吨，直供京唐

高精粉，解秘矿粉断供燃眉之急，实现服务钢铁零影响。大石河铁矿、水厂铁矿、杏山铁矿获第七届冶金矿山"十佳厂矿"。

（李　泽、栗帅鹏）

【资源接替】　矿业公司推进资源接替，马城铁矿调整采矿权矿区范围通过政府审批，取得采矿许可证；土地证办理取得关键性进展，启动精矿管道输送项目施工，地采工程掘进 28 万立方米。杏山地采扩建工程划定矿区范围报告通过迁安市审批，基建工程完成掘进 9.3 万立方米。马兰庄铁矿完成地采施工工程量 19.5 万立方米，获得技术改造中央财政补助金 4148 万元。水厂铁矿-350 米以上地采工程完成可研、初步设计编制，申请集团立项。

（毛清华、闫　伟）

【资源利用】　矿业公司坚持"五绿标准"，以市场需求为导向，优化产品结构，提高产品质量，提升产线产能产率。坚持"做强火运、拓展海运、稳定汽运"营销策略，建立发运联系协作机制，打造"制造+服务"营销文化，改进售后服务机制，稳定销售渠道，巩固重点区域市场。全年生产资源综合利用产品 1015 万吨，同比增长 69%。销售收入 1.7 亿元，同比增长 97%；火运销售 1730 列，同比增长 158%，实现资源综合利用产品产销双提升。矿业公司被评为砂石骨料行业创新企业，建材产品获全国砂石骨料大赛一等奖。

（李　泽、栗帅鹏）

【运输物流产业】　矿业公司铁路物流产业实现提量增效。抓住国家"公转铁"政策契机，补短板、强服务，实施硬件配套改造，推进智能运输，组织全域提速提效，提升高效运行能力，建材直发率提升至 90% 以上，发运能力提升至日 10 列水平。围绕基础倒运、建材发运、围钢到发、区域市场四个板块，优化作业流程，提高服务质量，实现运量规模增长，全年运量完成 4910 万吨，同比增长 910 万吨，再创历史新高。推进"百厘物流"三年工程，物流成本同比 2018 年降低 114.69 厘。

（李　泽、栗帅鹏）

【相关产业】　矿业公司相关产业市场化程度高，面对疫情影响，主动作为，加强技术攻关、产品研发、资质升级等工作，千方百计闯市场，实现耐磨产品质量大幅提升、钢球产品系列化；取得招标资质，代理马城矿业建设项目招标，标的额 3.6 亿元。对内严密组织杏山扩建工

程施工、重点项目检修、铁路运输设备和地采设备制作维修;对外高标准完成股份公司 360 平烧结机建设,建成废钢加工、铁路物流项目,服务股份服务周边市场;捆带、钢球、备品备件、自动化信息化产品及维检市场不断拓展。在保障矿业经营生产的同时,大力服务钢铁板块,积极开拓外部市场。全年营业收入完成 17.36 亿元、社会收入 12.42 亿元,同比分别增加 16% 和 13%,实现疫情影响下逆势发展。

(李　泽、栗帅鹏)

【转型提效】 矿业公司坚持转型提效与人力平衡、劳产率提升、人工费管控有机结合,促进全要素效率提升。规范基层机构设置,精简科级机构 6 个,核减职能岗位 25 个,向组织管理要效益;探索机台承包、区域承包、生产岗位与修理人员角色转换、协同检修等操检合一新模式,向岗位协同要效益;拓展"四新"成果运用,以无人化为主线推进智能矿山建设,向科技创新要效益。对比"十二五"末,在岗职工净减 2434 人、减幅 23.8%,精矿粉实物劳产率提高 320 吨/人、提幅 36.5%,劳动效率、期末控制人数均超额完成"十三五"目标任务。

(刘　军、栗帅鹏)

【设备管理】 矿业公司深化全寿命管控,提升设备管理水平。设备综合故障停机率完成 0.02%,比计划降低 0.08%;设备综合检修停机率完成 3.92%,比计划降低 0.3%。坚持依法治企、全员参与、效益优先,以"设备健康管理"为主线,推进设备信息化、智能化管理模式的构建;持续推进全优润滑、检修提效、操检合一,全面提升综合管理水平;开展技能实训,打造地采、铁路运输等方面专业化检修队伍。

(王春林)

【风险防控】 矿业公司完善治理打牢发展基础。运用风控手册,完善管控清单,厘清权力事项,实施内控评价,整改缺陷 25 项。修订"三重一大"决策事项清单,完善基层党委会、经理层工作规则,民主议事、科学决策机制更加规范。改进"三查"调研模式,自查互查促进经营管理提升。推进法治建设,完善考核评价机制,量化考评指标 35 项。深化审计、监事、财务多专业联合监督,规范运营,防范风险。

(刘　军)

【安全管理】 矿业公司以双重预防机制和本质安全建设为主线,聚焦地采工程施工、资源综合利用产线打产、

运输产业提效等重点难点,开展安全专项整治;系统辨识危险源点 7 类,修正管控措施 286 条;实施本质安全课题攻关 179 项,风险量值降低 68.5%;强化隐患排查治理,压实逐级安全责任,实现重伤以上生产安全事故为零目标。运输部被授予全国"安康杯"竞赛优秀组织单位,水厂铁矿被评为北京市安全生产先进单位。

(张晓峰)

【能源环保管理】 矿业公司建立全能源费用管控体系,能源费支出 36635 万元,比计划降低 520 万元。推进本质减排,投资 1500 余万元,完成水厂 2 号粗破区域封闭、杏山道砟线环保设施改造等 8 项治理项目。推进生态环境恢复治理,投资 1100 余万元,栽植各类苗木 365 万株,复垦绿化 2400 余亩,实现矿区可绿化率 100% 的三年目标。推进绿色矿山建设,水厂铁矿成为第一批国家级绿色矿山,杏山铁矿入选河北省绿色矿山储备库。

(张彦军、贾延来)

【重点工程】 矿业公司杏山地采扩建工程累计完成 9.34 万立,完成总工程量 17.2%;马兰庄铁矿地采工程累计完成 39.4 万立方米,完成总工程量 72%;马城铁矿地采工程累计完成 180.8 万立方米,完成总工程量 40%。完成水厂铁矿建筑砂区域封闭、裴庄产线复垦土、大石河铁矿裴庄外部公路硬化、二马区域销售道路硬化、水厂铁矿尾矿车间区域临时挡水坝、水厂铁矿北区上盘 4 处边坡隐患加固治理、水厂铁矿-110 米水平检修通道、龙山区域水资源回收系统改造等项目。

(代鲁飞)

【科技管理创新】 矿业公司健全完善创新管理体系,建立创新积分机制,营造全员创新氛围。管理创新课题立项 214 项,同比增加 89 项,评选创新成果 34 项,奖励 146 万元。10 项课题成果获首钢级以上奖励。《班组建设"六要素"发展基础管理体系的构建与实施》等 2 项成果获北京市管理创新二等奖,《大型非煤企业以建设无人值守现代化矿山为目标的本质安全管理体系的构建与实施》获第二十六届全国企业管理现代化创新成果二等奖。

矿业公司构建创新管理立项申报、协同创新推进、创新评价、创新长效激励及成果推广转化机制。实施创新工作考评,评价结果与领导班子年度评价挂钩。实施职工个人创新工作能力考评,对 449 人进行行政创新积

分评价,对 25 人进行党政创新积分评价。评选表彰创新成果 32 项,1 项成果获国家级管理创新成果二等奖,2 项成果获中国建材行业协会一、二等奖,6 项成果获集团公司一、二、三等奖。

(雷立国、刘 军)

【"三查"调研】 矿业公司结合当前经营形势和重点工作,改变"三查"方式,突出企业效益,健全管理体制机制。围绕管理基础、创新管理、质量管理等开展 6 期调研,查找管理问题 100 余项。改变以查制度执行为重点的"三查"方式,突出"三查"对经营管理的引领、促进作用。围绕对标、效率、消耗等开展 6 期调研,查找管理问题 80 余项,提出整改建议和措施 60 余项。推进"三查"模式前移,加强单位自查、专业检查环节,建立单位、专业检查效果评价机制,促进全员检查行动,主动发现问题。注重问题整改,实现管控闭环,强化整改效果。

(刘 军)

【班组建设】 矿业公司深化班组建设,形成常态化机制。建成特级班组 18 个、一级班组 44 个,合格率完成 99.7%。开展班组对标,48 个试点班组构建 114 项次对标指标体系,实施领导带班组、指标劳动竞赛,成功经验全公司推广,班组建设再上新水平。

(刘 军)

【智能矿山建设】 矿业公司建设智能矿山助力高质量发展,拓展智能计量到全部汽车,推进现场无人化、释放人力资源。开发火运装车精度控制分析系统,实施智能调控,助力经济高效运行。门卫管理系统与智能计量联控,强化智能联控、提升防风险能力。搭建装庄产线实时监控分析系统,启动运输一张图智能调度系统建设,推进操控集约化。加强信息化建设,完成公司云平台扩容,深入开展财务一体化推广项目可研论证,深度开发设备健康管理系统、能源管控系统、技术管理平台、物资采购供应一体化平台等系统,推进管理智慧化。

(李娜松)

【治安综合治理】 矿业公司开发门卫监控管理系统,在水厂铁矿东门、北门和大石河铁矿大采、二马区域四个门卫运行。完善重点部位管控措施 160 处,封堵进入排土场道路 13 处,拆除地方干选机 2 台,处置盗拉问题 29 次,破获厂区被盗案件 2 起,移交公安机关打击处理不法人员 9 人,回收落地矿粉 20 余吨。6 个居民小区安装集中充电点 38 处,排查治理治安、消防等隐患问题 2855 项,隐患整改率达到 100%。接收北京市应急管理局调拨救援装备 60 台(套件),救护队员在北京市救援技能竞赛中获得团体第三名。

(刘 科)

【人才队伍建设】 矿业公司落实公开选拔机制,搭建竞争平台,在多数人中选人用人,9 人走上领导岗位。实施民主推荐机制,主张人岗相适,7 人到中层副职岗位任职。固化研修班、大讲堂、主题读书活动等载体,提升领导人员综合素质。运用"双评+绩效"综合考评结果,推动能上能下,激发队伍活力。组织专业技术职务评聘,聘任主任师 3 人、主管师 217 人,35 人晋级职级。实施"英才计划",组建采矿、选矿、矿山机械等 7 个"英才计划"专业团队,开展培训交流 32 场次,8 名团队成员晋升高级职称,马著-智能矿山建设创新团队获批 2020 年度国有资本经营预算资金支持企业创新型高层次人才队伍建设项目,获得北京市资金支持 180 万元。以职称晋升带动人才素质提升,236 人晋升中高级职称。

王涛获得全国第一届职业技能大赛第 10 名。27 人取得唐山工匠大赛名次,其中冠军 3 人、亚军 4 人、季军 5 人。年末,矿业公司高技能人才比例达到 58%。"十三五"期间,矿业公司 123 人获得首钢级以上技能手荣誉称号,其中全国冶金矿山行业技术能手 16 人,全国钢铁行业技术能手 4 人,全国技术能手 11 人,北京市有突出贡献的高技能人才 1 人,享受北京市政府技师特殊津贴 2 人。

(吴予南、张 华、王守政、李云龙)

【组织建设】 矿业公司开展基层党建年度评价,落实经营绩效挂钩,促进党建责任落实。开展定向自查、专项检查、随机抽查、线上普查,不断夯实党建基础工作。深入推进"党建+"工作模式,发挥党建工作在生产经营和疫情防控中的引领作用,全年表彰优秀"党建+"工作案例 10 项。矿业公司党委《推行"党建+"实现双融双促双提升的思考与实践》获北京市国企党建研究会课题调研成果一等奖。抓实"创先争优"主题实践活动,提出合理化建议 2130 条,开展课题攻关 445 项,完成急难险重任务 282 项。持续推进基层党建工作创新实践,命名首批品牌党委和第四批品牌党支部,6 个党支部被评为首钢品牌党支部,表彰"三包三比"等 5 项优秀支部特色工作法。加强不在岗党员管理,退休党员党组织关系100%实现社会化管理。制定组工干部与党支部"一对一"精准帮扶和党支部联建共建活动方案,加强指导帮扶力度,推进党建工作全面进步、全面过硬。

(赵鹏飞)

【思想文化建设】 矿业公司组织"提质蓄势勇担当"大讨论,以网络有奖知识竞赛方式,组织全员学习党的十九届五中全会精神、两级公司职代会精神,查找案例1102个,领导班子成员参与职工座谈会86场次,深入一线走访调研126次,解决问题110项。承办冶金矿山企业文化创新论坛暨现场经验交流会,展示"十三五"期间文化创新成果,在冶金矿山行业唱响首钢品牌。编辑出版《弘扬工匠精神,推进文化创新——首钢集团有限公司矿业公司"十三五"企业文化成果文集》。矿业公司荣获"十三五"中国企业文化建设典范组织、2020年新闻宣传优秀单位、砂石骨料行业企业文化先进单位、北京市书香企业。《基层创新工作"343"管理体系的构建与实践》荣获第三十四届北京市企业管理现代化创新成果二等奖。马著工作室获评"全国机械冶金建材行业示范性创新工作室"。参加第二十四届全国发明展览会,获1金3银7铜的成绩。矿业公司始终坚持正确舆论导向,定期分析研判意识形态领域的新情况,加强网络舆情事件管控,2020年未发生舆情不良影响事件。

(刘 媛)

【纪检监察】 矿业公司推进纪检监察体制改革,明确改革任务,聚焦主责主业。强化监督履职,推动各类监督贯通融合。围绕疫情防控、重点工程建设、招投标管理、物资采购等工作,开展专项监督项目40余项。实施联合监督45项,发现问题620余项,提出建议660余条。重新梳理共性廉政风险点292个,个性廉政风险点273个,制定防控措施1425条。推进科技防腐,开发应用全能源管控系统,完善智能计量系统,开展业务招待线上审批,防范廉政风险。开展党风党纪教育,把党风廉政建设内容作为党委中心组学习必修课,提升廉洁意识。召开"以案为鉴、以案促改"警示教育大会,剖析问题表现,明确下步要求。针对违纪违法案件,开展专题警示教育,推动以案治本。推进廉洁文化建设,5件廉洁文化作品在北京市"清风北京·廉洁颂"主题教育中获奖。强化问题线索处置,全年受理信访举报17件次,运用"四种形态"处理20人次,做到违纪必究、执纪必严。强化监督执纪能力建设,围绕党风廉政建设难点开展调研,形成调研成果28项,5项成果在集团公司获奖,1项成果在全国钢铁企业纪检监察工作研究会年会获奖。矿业公司纪委被评为2020年度首钢先进纪检监察组织。

(朱会亭)

【群团工作】 矿业公司以"服务职工、服务企业"为宗旨,为疫情防控提供保障。线上举办第二十五届首钢矿山文化节,开展活动40余项、360余场。举办"双线战役"文艺汇演,展示矿山人抗疫、保生产精神。获得"北京—雄安三人篮球交流赛"亚军。矿业公司团委获2020年度首钢"青安杯"竞赛先进单位,水厂铁矿团委被评为首钢五四红旗团委,青工王涛被评为全国青年岗位能手,满玉宝获全国青年职业技能大赛铜奖,9名青工当选首钢"最美青工"。

(朱亚娟、张 伟)

【品牌宣传】 矿业公司围绕塑品牌、育新人,讲好矿山故事。发挥新媒体优势,坚持"有料、有情、有用"定位,全年推送文章349篇,点击量85余万次。矿业公司绿色建材技术成果、生态恢复治理成果登上"学习强国",扩大影响力。开展"抗疫保产"专题报道,矿业公司防疫保产"双线战役"1个案例、1个故事、2个短视频入选中国企业文化研究会《众志成城,使命担当——中国企业抗疫故事》一书。10名工匠人物事迹入选中国冶金矿山企业协会主编的《矿山工匠,行业先锋》一书。

(刘 媛)

【学校教育】 矿业公司职工子弟学校共有103个教学班,在校学生3398人;在册教师336人,其中研究生31人,高级职称65人。围绕立德树人的根本任务,统筹疫情防控和教育教学工作,坚持"停课不停学,停课不停教"。在各级各类评比、竞赛、活动中600余名学生获奖。中考升学率100%,500分以上200人,占比达58.31%。高考升学率100%,600分及以上28人,其中高分段640分以上8人,创近年新高。2020年1项市级课题、2项区级课题成功立项,7项市级课题、7项区级课题顺利结题。教师在竞赛活动中获奖700余人次。子弟学校被评为全国教育系统教研先进单位。获得北京市级专项补助资金763.31万元。

(高慧平)

【街道工作】 矿业公司矿山街道居民管理委员会服务

于矿山居民,服务于驻矿企业,服务于稳定大局。提供法律咨询服务176件次,指导参与调解39起民事纠纷,受理来信来访198件312人次。办理低保待遇104户,核发低保金、特困供养金247.4万元。落实各类专项救助和应急救助252人次,支付救济金29.2万元。审核发放80岁、90岁高龄津贴6450人次,支付金额100万元;"阳光基金"救助58户,发放救济金2.37万元。为矿区575名残疾人服务,发放慰问金7.1万元。开展群众文化活动12场次,在重大节日举办专场演出,丰富居民文化生活。

(王冬冬)

【形势任务】 矿业公司"十四五"时期是我国向第二个百年奋斗目标进军的首个五年,是百年首钢在新的历史起点上加快转型发展的重要五年,也是矿业公司推动实现第三次大发展的关键五年。从宏观形势看,我国在加快构建以国内大循环为主体、国内国际双循环相互促进的新发展格局。从行业发展看,铁矿资源受国外约束的态势没有改变,矿价将在峰谷间震荡运行。从我们自身看,三个地采项目陆续投产,战略性资源保障基地的地位将进一步提升。绿色发展理念及"公转铁"政策、区域发展战略深入实施,为资源综合利用产业、铁路运输物流产业发展带来广阔空间。相关产业也将随之迎来产品结构优化、瘦身强体新契机。四大产业相互支撑、深度融合、协同并进,形成独特竞争优势。同时,内外因素影响也为产业发展带来风险挑战:矿产主业露采产能衰减,资源挖潜任务艰巨,多重因素带来运营成本上升;地采处于建设期,项目手续办理和施工难度大,不确定性因素多,工期紧迫;矿石价格的波动性、难以预见的疫情、重污染天气应急响应和管控,对经营生产冲击将加大。

(李 泽、栗帅鹏)

【调研交流】

2月,迁安市委书记、市长韩国强率领市有关单位负责人,深入矿山街委检查疫情防控情况。公司领导王自亭、黄佳强,矿山街委安丽娟等陪同。韩国强一行慰问奋战在疫情防控一线的社区工作人员,详细了解矿山社区人员构成和疫情防控措施落实情况,对疫情防控工作提出具体要求。

5月,马城铁矿采矿工程安全设施设计审查会召开。国家应急管理部、河北省应急管理厅、唐山市应急管理局、滦南县应急管理局、专家组、中国冶金矿山企业协会、中冶北方工程技术有限公司、北京国信安科技有限公司、秦皇岛中冶地五一五勘测有限公司、首钢集团安环部及矿业公司相关领导人员参加。马城铁矿采矿工程安全设施设计通过专家审查。

5月,北京市应急管理局非煤矿山监管组贾克成等一行5人对矿业公司进行汛前非煤矿山安全督查。公司副总经理张金华、安全总监叶凯,相关处室、厂矿负责人陪同督查工作。

6月,矿冶科技集团有限公司来矿签约考察。公司副总经理张金华主持签约仪式,矿冶科技集团有限公司总经理韩龙、矿业公司总经理黄佳强分别进行发言,矿冶科技集团有限公司工程管理部主任张俊杰与矿业公司技术质量处处长孙建珍签订战略合作协议。矿冶科技集团有限公司一行在黄佳强、张金华及相关处室负责人的陪同下前往文化馆、水厂铁矿进行现场参观考察。

6月,迁安市政协主席、党组书记李维林,唐山东安超商董事长李致华,天圣制药集团河北有限公司总经理白宇,九朵文化传媒有限公司董事长、民盟迁安直属小组组长马永宝,滦河文化产业园区管委会副主任郑勇,建昌营镇人民政府副镇长杨振红,文广新局政策法规科科长付智军等唐山市政协驻迁委员及迁安市政协有关部门负责人一行10余人莅临矿山调研指导。矿业公司总经理黄佳强、党委副书记董伟,相关部门和单位负责人接待。

8月,迁安市市委副书记、市长王鸿飞一行来矿调研。公司总经理黄佳强、水厂铁矿负责人接待并陪同。调研过程中,先后前往水厂铁矿生产指挥中心三楼观礼台、破碎车间新细破厂房、磁选车间新主厂等点位,对水厂铁矿采场生产现状和破碎、磁选工序进行详细了解。

8月,北京科技大学领导,北京金隅集团股份有限公司党委常委、副总经理姜长禄,唐山冀东资源综合利用发展有限公司党总支书记杨贺良一行在股份公司党委书记、董事、总经理刘建辉、副总经理李景超及相关部门负责人的陪同下来矿进行参观交流。矿业公司总经理黄佳强及相关单位负责人接待。

8月,石景山区医疗保障局局长李凤芹、副局长魏玉英一行20余人来矿进行联合检查调研。公司副总经理张建军、相关部门和单位负责人热情接待并陪同。

8月,北京市石景山区人口普查办公室主任邹斌、常务副主任徐毅娟一行6人来矿调研指导第七次人口普查工作。公司副总经理张建军及人口普查小组工作成员接待并陪同调研。

8月，北京市石景山区劳动鉴定中心首钢唐山地区工作站正式成立，揭牌仪式在矿山街委二楼会议室举行。石景山区区委常委、常务副区长齐春利，北京市劳动能力鉴定中心主任王培亮，石景山区人力资源和社会保障局局长齐兵、副局长田明将，石景山区劳动能力鉴定中心主任胡长江，迁安市人民医院副院长李锐锋、院长助理贺长江，首钢集团副总经理胡雄光、人事服务中心薪酬保险室经理郭伟，矿业公司党委书记王自亭、副总经理张建军，矿山街委党委书记、主任安丽娟，股份公司人力资源部副部长时连兴，矿业公司人力资源部副部长徐军参加揭牌仪式。

8月，石景山区区委常委、常务副区长齐春利，石景山区应急管理局局长张玉国、副局长栾松，石景山区公安分局副局长于东辉一行来矿检查指导安全生产及防汛工作。首钢集团副总经理胡雄光、安全环保部部长刘丙臣、副部长张富贵，矿业公司党委书记王自亭、副总经理张金华、安全总监叶凯及相关处室和单位负责人陪同。

9月，由中国冶金矿山企业协会、矿业公司共同主办的，以"弘扬工匠精神推进文化创新"为主题的冶金矿山企业文化创新论坛暨现场经验交流会召开。中国机械冶金建材工会主席、分党组书记陈杰平，首钢集团工会主席梁宗平，中国冶金矿山企业协会常务副会长项宏海，中国企业文化研究会理事长孟凡驰，中国地质调查局国际矿业研究中心常务副主任、中国矿业报社副社长（主持工作）夏鹏，中国冶金矿山企业协会常务副秘书长马增风，全总机冶建材工会钢铁工业部部长刘向东，河北省冶金矿山管理办公室主任李凤海，首钢集团工会副主席陈克欣，首钢集团企业文化部副部长贺蓬勃，中国冶金矿山企业协会会员部主任、中矿协企业文化教育委员会秘书长揭香萍，全国冶金矿山单位相关领导，矿业公司领导王自亭、黄佳强、董伟、姚永浦及来自全国各冶金矿山企业的近百人参会。

9月，国家菌草工程技术研究中心首席科学家、菌草技术发明人林占熺，国家菌草工程技术研究中心主任助理罗德金，贵州中科青绿矿山修复工程有限公司副总经理余娟一行来矿就菌草种植及相关技术开展交流。

公司领导黄佳强、张金华，相关处室和单位负责人参加交流。

10月，南京宝地梅山产城发展有限公司矿业分公司党委书记朱胜华一行来矿对标交流。公司领导王自亭、董伟，相关部门和单位负责人热情接待并陪同。

10月，北京市石景山区人力资源和社会保障局驻首钢迁安地区退休人员社会化管理服务中心签约及揭牌仪式在矿山体育馆多功能厅举行。北京市劳服中心党委书记李勇，石景山区人力资源和社会保障局党组书记、局长齐兵，石景山区人力资源和社会保障局党组成员、副局长周翠英，首钢集团副总经理胡雄光，矿业公司领导王自亭、黄佳强、张建军、孙平安，以及北京市人社局、医保局、国资委，石景山区人社局，首钢集团人事服务中心、股份公司、首建集团、地勘院相关人员参加。

11月，北京矿业协会领导一行6人赴大石河铁矿裴庄生态恢复治理项目参观考察。公司总经理黄佳强、大石河铁矿和相关部门负责人陪同。

11月，宝钢资源高级副总裁、安徽马钢矿业资源集团有限公司党委书记、总经理张华，安徽马钢矿业资源集团有限公司副总经理任文田一行6人来矿参观考察资源综合利用产业。公司总经理黄佳强、相关处室和大石河铁矿负责人陪同。

12月，石景山区医疗保障局党组书记王鑫，党组成员、副局长赵胜云一行18人来矿开展长期护理保险政策宣讲、培训交流及脱卡结算医保信息系统验收工作。公司副总经理张建军等陪同。

（黄红军、李　泽）

矿业公司大石河铁矿

【大石河铁矿领导名录】

矿　　长：闫尚敏

副矿长：郭　刚

党委书记：宁宝宽（4月任职）　杨立文（4月离任）

（李旭东、杨　禄）

【概况】　大石河铁矿1959年建矿，拥有设备2871台套，固定资产原值9.69亿元，采剥能力1600万吨/年，原矿处理能力835万吨/年。下设生产技术科、机动科、计财科、综合管理科、安全保卫科5个科室，选矿车间、尾矿车间、动力车间、二马采矿车间、裴庄采矿车间5个车间和二马地采筹备组。期末从业人数758人,其中有技术业务职称人员164人。托管迁安首矿建材有限公司。

(李旭东、杨　禄)

【主要指标】　大石河铁矿全年生产精矿粉141.01万吨,资源综合利用产品生产741.43万吨。纳入矿业公司年度计划的42项技术经济指标中,24项超上年水平,15项创历史最好水平。

(李旭东、杨　禄)

【资源增量】　大石河铁矿深挖内部潜力,提升干选矿及粗精矿产率,全年入选干选矿41.99万吨、粗精矿5.57万吨,增加精矿粉产量10.78万吨。推进资源接替,编制孟家沟和二马采区《资源开发利用方案》,核实区域资源储量,办理孟家沟和二马采区矿权延续相关工作。

(李旭东、杨　禄)

【三供服务】　大石河铁矿克服环保停限产常态化等影响,强化供料系统设备管理,开展降硫攻关试验,满足股份公司高低品不均衡需求,保证产销平衡。全年输出精矿粉216.95万吨,实现保供零影响。细化分时段供水措施,控制用水成本,全年供水量3251.35万立,取得供水效益1624.48万元。实施电气预试199项,强化功率因数管控,完成新过滤电磁站改造、总降110千伏部分户外隔离开关更换、大沟配电室高压柜操作机构大修设备升级改造等,增强供电稳定性。

(李旭东、杨　禄)

【资源综合利用】　大石河铁矿坚持市场导向,发展资源综合利用产业。通过落实场强升级、分料板优化等措施,选矿建筑砟产率达到15.73%。实施滚筛工序改造,大采建筑砂产率达到19.15%。开展工艺流程理顺、皮带系统专项整治、职工技术操作培训,实施技术改造百余项。裴庄生态恢复治理项目建成投产,大石河铁矿资源综合利用产业产能突破千万吨。

(李旭东、杨　禄)

【安全环保】　大石河铁矿深化安全风险分级管控和隐患排查治理,辨识安全风险1423项,排查整改隐患3794项、实施本质安全项目124项,实现安全风险源头防范治理。积极推进土地复垦,裴庄尾砂区域形成耕地60亩,开展菌草种植试验;尾砂1、3线之间形成复垦空间;加快推进裴庄东排土场南端部位及二马西排土场一区土地复垦。

(李旭东、杨　禄)

【人才队伍建设】　大石河铁矿开展大讲堂、专题培训、读书交流等活动,提升领导人员综合素质。择优选拔4名骨干到科级岗位挂职锻炼,加强后备干部梯队建设。举办资源综合利用产业后备人才培训班,为转型发展提供人才支撑。积极推进专业技术人员职称晋升,14人取得中、高级职称。开展群众创新,以"向现场要课题"活动为抓手,交流展示一线创新成果58项,选矿车间创新工作室、二马采矿车间创新工作室获评首钢集团级创新工作室。12人被评为矿业公司技术能手。

(李旭东、杨　禄)

矿业公司水厂铁矿

【水厂铁矿领导名录】

矿　　长:傅志峰

副矿长:陆云增　张韶敏(2月离任)

　　　　吕志国(10月任职)

党委书记:李　昕

(林振法、赵东升)

【概况】　水厂铁矿始建于1968年,有采、选两个生产系统,矿岩采剥能力为6000万吨/年,选矿原矿处理能力为1448万吨/年,是国内最大的露天铁矿之一。拥有设备2045台套,其中有牙轮钻机、电铲、130吨、150吨、170吨、190吨电动轮矿车、排岩机等大型设备74台,破碎机、球磨机、过滤机106台,以及边坡钻机、碎石机、挖掘机、大型推土机、平路机、皮带机、磁选机等,固定资产原值27.86亿元。采矿生产为露天开采,采用汽车运输和汽车—破碎—胶带半连续联合运输方式,有3条半连续胶带运输系统。选矿生产为三段一闭路破碎和阶段磨选,精矿粉1979年、1987年获得国优产品金质奖,累计生产精矿粉1.275亿吨。现设生产技术科、机动科、计财科、人力资源科、安全保卫科、办公室6个科室,有穿爆车间、采掘车间、汽运作业区、西排车间、东排车间、破碎车间、磁选车间、输送车间、尾矿车间、筑排供电车间、建材车间等11个生产车间,年末在册职工1530人。

(林振法、赵东升)

【主要指标】　水厂铁矿完成采剥总量4962.94万吨、铁矿石835.75万吨,生产精矿粉276.97万吨,输出

274.77万吨,超计划4.77万吨。全员劳动生产率完成22286.61吨/人年,同比提高567.26吨/人年。

（林振法、赵东升）

【资源综合利用】 水厂铁矿持续优化生产工艺,产线稳定性和经济性不断提升。完善建筑砂、建筑砟质量管控体系,强化干排砂销售组织。全年产销建材产品176.57万吨,实现社会收入2049.43万元。

（林振法、赵东升）

【技术管理】 水厂铁矿坚持运距最短的区域化模式组织生产,优化采场运输系统,科学平衡矿岩流向,努力缩短运距,三油一胎消耗同比降低185.74万元。优化爆区分布和爆破设计,降低综合火药费用111.33万元。实施南区境界优化、北区下盘挂帮矿回收,增加矿石103.6万吨。推进西部边坡治理工程,改善作业空间。优化设备交接班和定保模式,高效组织三条皮带系统运行。

（林振法、赵东升）

【设备管理】 水厂铁矿完善设备管理体系,创新可视化管理模式,创建设备健康管理系统,主体设备基本保持稳定。推进操检合一、协同检修,全矿协同、区域配合、集中力量开展大型设备检修和工程施工的格局初步形成。全年完成内部协同检修项目281项次,减少外委费用324.23万元,降幅20.58%;生产每吨精矿粉综合修理费32.37元,同比降低338.15万元;主体矿车完好率达到96.72%。

（林振法、赵东升）

【环境治理】 水厂铁矿严格执行环保政策,健全应急预案、管理制度和岗位责任,完善监督机制和自查自纠机制,不断增强工作主动性。完成2号粗破站翻卸口、建筑砂料场封闭,修建发运车辆洗车台,实施全域道路、露天物料堆场洒水降尘、苫盖封闭,矿区环境持续达标。加大生态环境恢复治理力度,在排土场和尾矿库种植树木328.64万株,增加绿化面积2439亩。

（林振法、赵东升）

【科技创新】 水厂铁矿完成课题攻关55项,发表科技论文12篇,《不同雨型下排土场降雨入渗及其对稳定性影响研究》等在《有色金属》《现代矿业》等期刊发表;《一种尾矿处理系统》《一种新型油气加力器》在第二十四届全国发明展览会上分获银奖、铜奖,其中《一种尾矿处理系统》获得首都职工自主创新成果一等奖;《高

陡边帮开采中深孔控制爆破技术研究与实践》获得首钢科学技术三等奖。《一种新型能自主闭合给料机》和《一种皮带给矿自动检测装置》等成果申请国家专利。

（林振法、赵东升）

【和谐矿山建设】 水厂铁矿持续开展党内"三评三争"主题实践活动,夯实党建基础,促进党支部和全体党员战斗堡垒和先锋模范作用发挥。巩固深化"不忘初心、牢记使命"主题教育成果,开展常态化专项整治。深入推进党组织品牌建设,水厂铁矿党委被矿业公司被命名为基层党建品牌,汽运作业区、磁选车间党支部被命名为首钢品牌党支部,穿爆车间党支部被命名为矿业公司品牌党支部。抓实党风廉政建设,落实全面从严治党主体责任,加强廉政风险防控,开展"倡廉守纪、廉洁从业"主题创建活动,开展学纪学法知识竞赛,营造风清气正管理环境,职工队伍没有发生违法违纪问题。

（林振法、赵东升）

矿业公司杏山铁矿

【杏山铁矿领导名录】

矿　长:康计纯

副矿长:李永新　姜兆进　陈国瑞(12月离任)

党委书记:迟春革

（葛垄）

【概况】 杏山铁矿2006年7月11日成立,是矿业公司率先由露天转为地下开采的矿山。杏山铁矿属于鞍山式沉积变质贫铁矿床,保有储量8967万吨,开采范围为-30米水平以下矿体,共分两期进行开采。一期开采范围为-330米以上矿体,年产铁矿石320万吨,服务年限19年。二期开采-330米水平以下矿体,按照每年320万吨规模建设。杏山铁矿在账固定资产1104项,固定资产原值8.04亿元。下设生产技术科、机动科、安全保卫科、计财科、综合管理科,开拓作业区、采矿作业区、提升作业区、动力作业区,年末从业人员652人。

（葛垄）

【主要指标】 杏山铁矿全年开采矿石306万吨。21项矿业公司级指标中,16项超去年水平,9项达到或超过历史水平。杏山铁矿获得第七届冶金矿山"十佳厂矿"荣誉称号,被集团公司评为安全生产先进单位。

（葛垄）

【资源综合利用】 杏山铁矿以"产、销、量、质"四个基准点为抓手,建立健全管理体系,做实做细资源综合利用产业化发展。组织建材产线改造升级。精细管控,协同作战,强化技术攻关,不断摸索最佳工艺运行参数,建筑砟产率提升0.92%、面砟降低1.74%,资源综合利用产品销售完成78.5万吨。

（赵 岩、葛 堃）

【工程管理】 杏山铁矿完善措施工程方案,确保可行性和可靠性。优化地表隧道施工方案,减少投资120万元。积极应对西南风井出水增大难题,缩短建设整体工期。全年完成工程总量9.3万立方米,总体进度符合关键线路要求。

（郭 晨、葛 堃）

【设备管理】 杏山铁矿完成设备大修12项、总成修11项,保证设备技术状况。优化主流程检修管理,完成主副井钢丝绳更换、箕斗更换、-378下部矿仓修复等地采关键检修项目。实现全优润滑管理常态化,集中治理渗漏103项,液压油消耗同比下降7.7%。强化能源精细管控,实现用电用油自动监控,矿石能源费降低0.06元/吨。持续开展地采备件国产化,累计效益达到561万元。深推操检合一,拓宽岗位职责,深化试点承包管控,抓好检修练兵,抓实设备全优提素,外委费用同比降低6%。在矿业公司设备评比中连续三次排名第一。

（尹更博、葛 堃）

【机构整合】 杏山铁矿坚持转型提效与人力平衡、劳动效率提升、人工费管控三者有机结合,实现全要素提效。精简科级机构,优化人力资源配置,6个作业区整合为4个,32个班组整合成26个,调整科级领导职务8人,得到集团公司肯定。

（王 毅、葛 堃）

【人才工作】 杏山铁矿实施人才培养"萃英工程"和领导人员"七个一"活动,形成"五化五度"领导人员作风研判机制。在专业技术人员层面开展职称争晋等4项主题活动,60人取得或晋升职称等级。在操作队伍层面开展"开拓者杯"技能大赛,实现搭台练兵的目标,中高级以上技能人员比例达到65.1%。输出3名青年人才,5名青年骨干到科级岗位挂职锻炼。

（葛 堃）

【安全和谐】 杏山铁矿实施月度安全调研,强化专业沟通协作,推进齐抓共管。全面辨识工程施工现场风险954项,完善安全管控措施500余条。推进本质安全课题攻关,完成本质安全项目130项,降低安全风险。强化非煤矿山治理,逐级检查整改安全隐患6425项,改善现场作业环境。

（崔保攀、葛 堃）

矿业公司运输部

【运输部领导名录】

主 任:刘 欣

副主任:张旭东

党委书记:刘 欣

党委副书记:齐晓辉

（闫 军）

【概况】 运输部主要负责首钢迁安地区、顺义地区铁路运输业务及管理工作,承担矿业公司、股份公司、中化公司、顺义冷轧原材料和产成品的铁路运输任务。下设运输科、设备科、安全保卫科、计财科、人力资源科、办公室6个专业科室,7个车间(作业队),53个班组,年末从业人员1276人。现掌控内燃机车和电力机车48台;翻车机、挖掘机、卸车机等装卸设备8台套;鱼雷罐车、敞车、翻斗车等铁道车辆619辆;铁道线路225.13公里,道岔459组,信号楼16座,解冻库1座。

（闫 军）

【主要指标】 运输部开拓市场大量创收,经济运行降本提效,坚持开源节流并重,提质增效,运营质量不断提升。多项重点经济指标创历史最好水平,全年铁路运输总量完成4910万吨,超计划7.79%;全员劳产率完成39377吨/人年,同比提高22.85%;机车台日产量完成67044吨公里/台日,同比提高6.95%;机车综合能耗完成81.49千克/万吨公里,同比降低7.86%。

（闫 军）

【安全生产】 运输部创新安全管理模式,推进安全标准化工程。在基层一线岗位推进标准化星级职工评比,补充完善标准化工程建设,制定下发《运输部标准化星级职工评比实施方案》,促进岗位"学标、贯标、达标",实现安全生产工作标准化、信息化和精益化。结合排摸出12项安全风险,开展针对性培训,修订完善8个岗位操作指导书。推进本质化安全建设,实施本质安全项目185项,在矿业公司2020年度本质安全综合评价中排名第一。

（闫　军）

【技能培训】　运输部推进"学练赛选"活动，全年开展培训 4869 学时，参培职工 57648 人/次，组织岗位练兵 2964 项/次。操作岗位技能人员初、中、高、技师人员比例分别达到 12%、35%、48%、5%。高级工以上职工占比达 53%。全年晋升高级职称 1 人、中级职称 12 人、初级职称 38 人。

（闫　军）

矿业公司物资公司

【物资公司领导名录】

　　经　　理：王恩宇

　　副经理：王新华　马学兵　郑建锋

　　党委书记：王恩宇

（贺顺鹏）

【概况】　物资公司 2001 年成立，负责矿业公司生产建设所需的 13 大类原燃材料、17 类备品备件的采购供应及专业管理，年采购额 9.92 亿元、供应总额 9.94 亿元。下设办公室（政工科）、计划科、财务科、综合管理科、经销科、物资采购科 6 个科室，总油库、总仓库、化工公司 3 个车间单位。年末员工 234 人，其中：研究生 9 人、大学文化 80 人、大专文化 69 人；高级职称 5 人、中级职称 45 人、初级职称 24 人。

（贺顺鹏）

【主要指标】　物资公司采购资金完成 9.92 亿元，拓展电商采购 3125 万元，取得效益 335 万元。提高直采比例，直采率达到 84.65%。实施快速直采 3012 万元，实现效益 563 万元。全口径库存资金占用 2.24 亿元，比计划降低 33 万元。全年资源综合利用产品销售 965.73 万吨，销售收入 1.7 亿元，销售收入同比增长 97%。全年销售废旧物资 398 万元。化工公司营业收入 6049 万元。

（贺顺鹏）

【物资采购管控】　物资公司开发一体化采购平台，规范采购工作流程。实施预算指标管控，保证预算精准执行，采购资金比预算降低 713 万元。拓宽电商采购渠道，实现效益 335 万元。扩大直采范围，实现效益 563 万元。提高物资直采比例，直采率达到 84.65%。推进

钢铁板块协同采购，深化联采联招。开展大宗物资择机采购，取得效益 191 万元。推行内燃设备冬季 0 号柴油替代负号柴油，实现效益 200 万元。实施年度分类集中采购和分级谈判，创效 431 万元。深化筐箩库管理，库龄三年以上资金占用比年初降低 264 万元。

（贺顺鹏）

【专业管理】　物资公司严格落实盘点职责，收发准确率达到 100%。探索仓储管理新业态，建立电商采购专储场地，提升服务能力。推进标准化库区建设，提升仓储管理水平。优化整合南、北两区库房，降低仓储费用，提高劳动效率。完善废旧物资管理制度，集成智能计量系统与废旧物资管理系统功能，规范回收管理；推进废旧物资线上竞价销售，扩大销售竞争范围。开发物资质检管理系统手机 APP，提高质检效率，全年查出质量问题 625 项，落实质量罚款 3.3 万元，索赔 56.16 万元，维护企业利益。

（贺顺鹏）

【资源综合利用】　物资公司推进资源综合利用产业发展，明确"稳定汽运、拓展火运、探索海运"营销思路，充分发挥汽运销售优势，跑出销售"加速度"；火运销售形成京津冀鲁 5 区 13 站的市场格局，火运销售能力显著提升；深入调研长三角、珠三角海运市场，先后打通上海、连云港、江阴等区域海运销售渠道。全年销售 962 万吨，收入 1.7 亿元，同比分别增长 73%、97%。

（贺顺鹏）

【炸药生产】　物资公司全年生产炸药 14842 吨，同比增长 2155 吨，计划兑现率达到 100%，保证稳定供应。强化市场销售，开发内蒙古宏大、中煤四处等新客户，巩固原有市场。连续三年被评为河北省民爆行业安全标准化对标提升 A 级企业。

（贺顺鹏）

【安全管理】　物资公司推进双重预防机制"六个一"活动，完善风险管控措施 58 项。完成 9 个班组、35 个区域"隐患排查明白卡"建设，实现安全操作精准化，隐患排查科学化、规范化。以"安全主题活动"为抓手，推进本质化安全管理，开展本质安全课题攻关 43 项，在矿业公司位综合考评中名列第一。强化消防安全隐患排查治理，消除火险隐患 41 项，开展消防应急预案培训、演练，提高职工自救避险能力。

（贺顺鹏）

【党建工作】 物资公司不断巩固"不忘初心、牢记使命"主题教育成果,助力企业发展。推进品牌支部建设,开展党支部联建共建。建立党风廉政建设文化长廊和创新工作室,探索廉政教育新途径。围绕主要风险点开展专项调研,堵塞漏洞,补齐短板。强化专业人才培养,4名职工取得专业技术职称。开展课题攻关,《资源综合利用产品"三驾马车"高效营销体系的构建与实施》荣获矿业公司管理创新成果一等奖。

(贺顺鹏)

矿业公司计控检验中心

【计控检验中心领导名录】

主　任:刘兴强

副主任:李　文　王久强

党委书记:刘兴强

(李中良)

【概况】 计控检验中心下设综合管理科、理化管理科、信息化办公室3个科室和信息开发中心、计控科、计衡通信科、质量检验站4个科级实体,托管北京速力科技有限公司。年末从业人员386人(含速力公司45人),其中:研究生学历41人、大学学历186人;高级职称27人、中级职称119人;高级技工207人。主要承担矿业公司自动化、信息化、计算机、计量、检验、电信等专业管理及负责自动化、信息化技术研发、系统建设、运维,直接操作计量和质量检验业务;对外以速力公司为平台,依托内部优势技术及资源,开拓社会市场,推进矿自信产业化发展。

(李中良)

【智能矿山建设】 计控检验中心推进"现场无人化、操控集约化、管理智慧化"。以现场无人化为主线,推进智能矿山建设,全年实施智能矿山建设项目41项,释放人力资源73人。推动操控集约化,助力经济运行,搭建装卸产线一张图操控系统,完成水厂采区排水、生活供水智能化,实施大石河破碎机远程集控,实现裴庄、二马破碎机满负荷自主调控,助力主流程提升作业效率。加强信息平台建设,推进管理智慧化,搭建设备健康管理、全能源管控系统,实现设备智能分析、能源数据实时采集,火运装车精度管控系统完成物流、计量等深度集成,提升管理效能。

(李中良)

【矿自信产业发展】 计控检验中心以优势产品强化市场开发,推进"5G+"项目,行业影响力持续提升,速力公司全年实现产值10099.56万元,同比提高26.02%。推进电机车无人驾驶向全过程自主运行升级,持续提升产品性能,优化系统功能。强化技术输出,融合智能矿山建设经验,开拓智能矿山咨询服务市场,扩大矿自信发展空间。加强运营管控,完善应收账款、存货、资金管控体系,规避经营风险,运营质量得到提升。

(李中良)

【精准高效质检】 计控检验中心全年取制样品8.76万组,出具检验数据21.27万个,检验抽查合格率99.76%。研制自动取样机,在用自动取样机总量达到51台,优化三酸测铁操作方法,研究铬铁中铬、硅、磷联合测定,改进检验技术方法;实现偏远点位检验视频可溯,完善参检任务表,建立互检机制,修订建材产品异常数据通报复验标准,建材实验室通过国家认可委监督评审,检验质量、管理服务水平得到提高。

(李中良)

【人才提素】 计控检验中心推进三支人才队伍建设,安排4名后备干部挂职锻炼;38人通过中、高级职称评审,68人实现技能等级晋升;组织内部技能竞赛,参与唐山工匠、全国青年职业技能大赛,1人获"唐山工匠"称号,4人获"技术能手"称号,1人夺得铜奖,1人获评全国机械冶金建材行业工匠。发挥创新工作室作用,开展课题攻关55项,形成技术成果19项,获得矿业公司及以上科技成果奖9项,获得国家专利6项,取得软件著作权13个。

(李中良)

【党建引领】 计控检验中心推进"党建+"与经营深度融合,组织党员建言献策,提出合理化建议124条,开展课题攻关39项,涌现党员典型51名。开展"两专一评"主题活动,组织专项检查47项,研发门卫管理、自助装车等系统,实现与智能计量集成联控。开展家庭助廉"四个一"活动,全年无违规违纪。发挥宣传导向作用,提升队伍凝聚力。被授予首钢模范党委称号。

(李中良)

矿业公司协力公司

【协力公司领导名录】

经　理:张保刚

副经理:郑海军(5月份任职)

李金生(10月份任职)

党委书记:章俊伟

（金　城）

【概况】　协力公司2003年12月成立,主要从事设备维检、技改工程、机电检修、电气产品制造、汽车吊装运输、机加工、金属结构件制作等业务,具备电气产品制作、特种设备安装改造维修、危险品汽车运输等8类46项资质能力。固定资产原值3.77亿元。下设综合管理科、计财科、安全保卫科、市场经营科、维检工程科、烧结维检项目部、球团维检项目部、南区工程项目部、北区工程项目部、电机修理项目部、机电工程项目部、汽运一队、汽运二队、机械安装工程队,年末从业人员1217人。

（金　城）

【主要指标】　协力公司全年实现产值2.87亿元,同比增利121万元。

（金　城）

【新动能培育】　协力公司成立机车电气系统大修、地采提升设备维修、地采内燃设备大修3个攻关团队,完成攻关课题10项,培养核心技术骨干。完成运输部117电力机车、东风4DD内燃机车电气系统大修,杏山铁矿主井箕斗、罐道绳、尾绳更换和281凿岩台车等大修。

（金　城）

【经营管理】　协力公司优化三级指标管控体系,固化旬、月、季经营预测分析常态化机制,将利润、社会收入作为关键挂钩指标,将非运输收入、电机返修率、机电预试效率等5项指标与经营者绩效挂钩,严格兑现奖惩,调动主动经营积极性。坚持风险抵押和挂钩考核机制。深化全过程预算管理和"两率"管控,改善经营质量。

（金　城）

【检修服务】　协力公司强化协同检修,全年完成矿业公司内部检修41次,股份公司全流程修28次,京唐公司、顺义冷轧等集团内部协同检修5次。

（金　城）

【市场开发】　协力公司打造"设备维检、机电综合、吊装运输+优质服务"的"3+1"新名片。完成矿业公司大石河裴庄复垦土建设、杏山道砟升级改造等重点工程11项,承揽集团公司内部通钢板石矿业配电柜制作、京唐球团造球盘辊筛改造、股份新建360平烧结机施工等重点项目12项,承揽津西钢铁、唐山中润、九江钢铁、首嘉等社会市场业务。

（金　城）

【人才队伍建设】　协力公司加强专业管理队伍建设,公开招聘1名科级领导人员,推荐2名青工参加矿业公司青年骨干培训班,3名青工到科级岗位锻炼。全年组织学习培训255次,1793人次参加,签订师带徒协议60份。举办第十四届职工技能运动会,选拔各工种技术能手84人。王涛荣获全国职业技能大赛优胜奖,被评为全国青年岗位能手、北京市劳动模范。

（金　城）

【党群工作】　协力公司深化创先争优活动,表彰党员之星52人、党员优质项目11项。开展"两学一做"主题教育,通过"3+8"活动组织模式,建设特色廉洁文化。构建"5+1"廉政风险防控机制,梳理廉政风险点19个,制定防控措施29条,强化源头治理。举办班组文化节,开展线上线下文体活动13项,参与矿山文化节各项活动,被评为优胜单位。

（金　城）

首钢矿山机械制造厂

【首钢矿机领导名录】

厂　长:夏成军

副厂长:李淑玲

党委书记:李洪河

（马　威）

【概况】　首钢矿机是集冶炼、铸造、金属结构、机加工、热处理于一体的矿山及冶金机械制造专业厂,具有设计、制造、安装、服务综合能力,拥有较强的耐磨钢球、捆带生产能力和技术装备改造能力。下设生产运营科、设计研究所、销售科、财务科、办公室5个专业科室和铸造分厂、机加工分厂、金结分厂、磨球项目部、精铸项目部、技改项目部、捆带项目部7个经营实体,固定资产原值2.9亿元,年末从业人员416人。

（马　威）

【主要指标】 首钢矿机全年实现营业收入 2.4 亿元,超计划完成;利润同口径增长 436 万元;社会收入完成 1.28 亿元,超计划 642 万元,社会收入占比 53.3%。

（马 威）

【市场开发】 首钢矿机承揽股份公司、长钢公司 190 台烧结台车制作任务,中标通钢公司 2 台球磨机和旋回破碎机改造项目;提高优势产品销量,耐磨件同比增加 17.5%。开发新客户,陆续在承德宝通、滦平宝财、田源矿山组织两壁试验;合金钢铸件在抚顺矿务局实现批量销售。开发甘肃、山西及迁安周边 13 家磨球新客户,新增订单 2000 吨。实现集团公司捆带市场全覆盖,开发新疆八一钢铁、甘肃酒钢、杭州有力等社会市场,社会收入突破 5000 万元,同比增长 45%。

（马 威）

【技改项目】 首钢矿机改进台套设备,优化 360 平台车设计,烧结面积增加 10%,提升使用性能。首次完成带宽 1200MM 大倾角皮带机设计制作,拓宽产品系列。改进通钢 2 台球磨机设计,首次设计制作叶轮洗砂机。采用齿板合金块镶嵌技术,破矿量突破 40 万吨;提高承包类耐磨备件使用寿命,为业主降低消耗 40 万元。运输备件实现扩品,采用新材质,自翻车车厢减重 11%;完成运输部 GK1 型内燃机车、150T 电力机车等多种规格转向架大修和鱼腹梁总成测绘及设计。

（马 威）

【设备管理】 首钢矿机以机台达标为抓手,精度恢复为重点,改善设备状况。大修 2 台车床,提高加工精度。实施 2.5 米立车数控改造,提高自动化水平。投入罩式窑,提升热处理质量。强化设备月度检修,降低故障率。

（马 威）

【队伍建设】 首钢矿机实施"三英工程",坚持把育人才、用人才、管人才与高质量发展有机融合。优化干部队伍,80 后科级干部占比达到 53%。16 人晋升中、高级职称。开展"管理案例讲坛""专业进现场"季度考评,锤炼专业技术人才;注重一线操作技能传承创新,操作水平持续提升。备件国产化工作室被矿业公司命名为优秀创新工作室,张宇峰获"唐山技术能手",刘士华被评为"矿山之星"。

（马 威）

北京首钢矿山建设工程有限责任公司

【首矿建公司领导名录】

董事长:周新林

董　事:周新林　郭会明　陈浩永
　　　　王宏图　马卫国　李树学
　　　　尹红卫

监　事:刘颖超　路 平　刘艳兵

总经理:郭会明

党委书记:周新林

党委副书记:郭会明

纪委书记:周新林

工会主席:周新林

（方 亮）

【概况】 首矿建公司 2005 年注册成立独立法人企业,现为北京首钢矿山技术服务有限公司的独资子公司,公司注册资本 8899.61 万元。公司主营:施工总承包;专业承包;劳务分包;建设工程项目管理;工程勘察设计;检修矿山及冶金机械设备;销售建筑材料、钢材、五金交电、金属矿石、非金属矿石、金属材料、机械电气设备;租赁建筑机械设备;普通货运;劳务服务;技术咨询、技术服务、技术开发;货物进出口;技术进出口;装卸服务;搬运服务;制造金属结构。公司拥有矿山工程施工总承包壹级资质、冶金工程设计乙级资质及其他建筑施工资质 6 项。通过质量管理体系认证、环境管理体系认证和职业健康安全管理体系认证,通过美国钢结构协会(AISC)标准认证,具备海外工程承包资格和进出口业务自主报关能力。下设经营财务部、安保部、办公室(政工部)3 个综合部室,土建分公司、金结分公司、采矿分公司、井巷分公司、设计院、秘鲁分公司 6 个实体单位。2020 年底在岗职工 194 人,全年实现营业收入 48529 万元,实现利润 560.38 万元。

（方 亮）

【高质量发展】 首矿建公司转变经营方式,自行组织杏山 B 标段、采矿穿爆运、秘鲁检修服务等项目,建筑安装工程自采主材,提升项目利润率。加强精细化管理,采矿产业持续规范采场建设,提高爆破质量,全年完成矿拉运岩总量 6270 万吨。建安产业强化施工生产过程控制,提升服务质量,发展 EPC 总包业务。完成迁安钢构基地立项及环评审核。

(方 亮)

【管理提升】 首矿建公司完善公司决策程序,修订"两会一层"制度,完善"三重一大"决策事项清单及实施办法,明确各层级决策权限和维度。严格管理合规经营,抓实基础工作,规范招投标程序。推进风险防控建设,形成三级风险控制工作机制。持续推进法治建设,完善法律审核机制,加强诉讼案件管理,规避法律风险。

(方 亮)

【拓展业务范围】 首矿建公司取得北京市、山西省、河北省招标代理资格,累计完成马城矿业建设项目招标代理 19 项,标的金额 35868 万元。

(方 亮)

【创新工作】 首矿建公司完善"五位一体"创新工作体系,围绕经营生产实际,表彰创新课题 15 项,评选推优合理化建议 37 项。尹树强创新工作室、井巷分公司创新工作室分别被命名为首钢集团级创新工作室、矿业公司级优秀创新工作室。

(方 亮)

【党建工作】 首矿建公司坚持目标引领,落实逐级责任,细化分解党建工作责任清单。加强支部建设,学习巴钢经验,深化"党建+"。加强意识形态工作,开展大讨论活动和主题思想教育,激发职工工作热情和开拓进取精神坚持按周警廉教育,开展"学纪学法强意识,遵纪守法做表率"专题教育,召开职工家属护廉座谈会,构筑风险防控体系,营造风清气正环境。

(方 亮)

矿业公司实业公司

【首矿实业领导名录】

经　理:崔　勇
副经理:谷响林
党委书记:崔　勇

(李春阳)

【概况】 首矿实业 2001 年 1 月由原首钢矿业公司生活服务公司、房产公司、厂容绿化队等后勤单位组建,承担矿区生活区供水、供电、供暖及物业、职工餐饮、住宿、厂容绿化、文化场馆等服务工作。下设经营管理科、生活管理科、综合管理科、办公室、物业公司、南区生活服务公司、北区生活服务公司、开发服务公司,年末在职人员 349 人。实现矿区生活系统运营整体平稳。

(李春阳)

【主要指标】 首矿实业全年民生投资近 700 万元,改善矿山生活环境。电费收支率完成 92.18%,水费收支率完成 93.76%。红旗食堂占有率在集团餐饮系统评比中继续保持领先水平。

(李春阳)

【抗击疫情】 首矿实业勇挑重担,齐心抗疫。每天对 2730 人次工作人员、矿山 10 个小区 140 栋住宅楼及公共区域进行消毒,高质量完成矿山家属区防疫消杀任务,守护矿区广大职工家属健康底线。推动矿区各单位参与社企平台共建,开展集中治理 2 次,治理环境死角 40 余处,清运杂物 300 余车,改善家属区环境,得到住户认可。

(李春阳)

【二手房上市】 首矿实业先后处置滨河小区 I 期建设遗留问题、滨河村区域九宗地分割确权、核物入机等问题,完成滨河村 9 宗生活用地不动产权证办理。先后启动滨南、滨西、滨中、滨东小区换证,完成 719 户不动产权证办理。打通滨河村家属区房产更换不动产登记证渠道,为二手房上市交易创造条件。

(李春阳)

【生活项目】 首矿实业实施滨中家属区及主干路雨季积水治理、26 栋家属楼电表改造、97 栋住宅楼水表更换、3 栋住宅楼屋面防雨大修、17 栋住宅楼雨排管更换,完成 14 台变压器总配电箱更换、滨河小区配电室改造、72 亩地小区主路路灯及电缆更换,提升生活保障能力。完成龙山区域水资源回收改造,实现雨污分离环保排放。

(李春阳)

【服务保障】 首矿实业围绕"1+3+5"管控体系,强化炊事用具热力消毒、售饭区域紫外线消毒管控措施,双消双保险。精细食品原料切配用具颜色化管理,杜绝生熟交叉污染,筑牢安全支撑。开展食堂卫生达标活动,红旗食堂占有率在集团继续保持领先地位。开展"制止餐饮浪费　践行光盘行动"专项创建活动,发挥"健康餐饮工作室"骨干力量技术优势,改良菜品 70 余样。组织家属区水电系统整备,修复水厂小区路灯照明设施,完成 72 亩地分支线路检修,推进矿区家属区车棚升级改造,安装电动车充电设施 40 套。实施春植绿化,栽植 25000 余株,绿化草坪 3100 平方米。

(李春阳)

【党建工作】 首矿实业加强意识形态建设,调研走访 34 场次,涉及调研对象 174 人次。组织现场座谈 22 场次,涉及座谈人员共 128 人。深抓作风建设,锤炼过硬本领,为提高公共服务保障等级奋勇争先。加强清单化履职,找准问题表现,明确工作目标,制定工作措施 60 项,组织细化分解,促进党建主体责任落实。

(李春阳)

唐山首钢马兰庄铁矿有限责任公司

【马兰庄铁矿领导名录】

董事长:董 伟(兼)

副董事长:刘作利 张 荣

董 事:刘作利 张 荣 刘景玉

刘守新(兼) 张立友 李金喜(兼)

监 事:宋文军(兼) 崔健新(兼) 张文东

总经理:刘作利

副总经理:张 荣 刘景玉 李廷忠

王云峰 何建彬

党委书记:张 荣

(张海波)

【概况】 唐山首钢马兰庄铁矿有限责任公司(简称"马兰庄铁矿")是首钢总公司和唐山市人民政府于 1997 年 9 月 8 日共同出资成立,属于国有股份制企业,公司注册资本 3400 万元,其中首钢总公司占股 70%、唐山市政府占股 30%,2002 年 12 月划归迁安市人民政府代管,2017 年 6 月由迁安市国控公司代管。公司主要产品为铁矿石、铁精粉。

马兰庄铁矿实行董事会领导的总经理负责制,下设办公室、生产销售处、技术处、设备物资处、安全处、计财处、劳人处、基建工程处、资源土地管理处、武保处、自动化信息室、工会、采矿厂、选矿厂、柳选厂、汽车队、实业公司。年末在职人员 1093 人,其中:大中专以上学历 445 人;专业技术人员 287 人,中、高级职称 78 人。

(张海波)

【主要指标】 马兰庄铁矿全年完成采剥总量 574.64 万吨,铁矿石 260.02 万吨,铁精粉 56.39 万吨。3 项对标指标达到历史最高水平,6 项指标进入国内前十。

(张立友)

【地采工程】 马兰庄铁矿坚持安全、工期、质量、投资全要素管控,强化关键线路施工组织,重点推进主井工程建设,巷道掘进超额完成计划。全年计划工程量 18 万立方米,完成 19.5 万立方米,累计完成 39.4 万立方米,完成基建工程量 72%。

(李 河)

【资源综合利用】 马兰庄铁矿主动适应市场,提高生产效率、资源利用率,增强经济性和市场竞争力,拓展客户资源,加大销售力度。全年资源综合利用产品生产 165.13 万吨,销售 167.07 万吨,实现利润 3810 万元,创历史最好水平。

(王月锋)

【安全管理】 马兰庄铁矿深化本质安全建设,开展现场安全专项调研 8 项。加强隐患排查治理,修订完善风险清单 430 条,制定管控措施 457 项,治理隐患 1172 项。加强安全教育培训,全年培训人员 347 人次,开展"小教员"讲学 137 次,推行安全规程可视化教学。修订完善应急预案 12 个,开展专项应急演练 14 项次。加强外委施工管理,定期开展隐患排查,严格安全措施审批,监督安全职责落实。

(何雨山)

【技术改造】 马兰庄铁矿组建专业队伍,建设国内一流智能矿山,形成地采自动化建设方案,与地采工程建设同步推进,实现排水系统地表远程监控、井下无人值守,国内首例成功应用水位监测摄像头,"基于 5G 通讯的采矿设备远程控制及井下电机车自动驾驶系统"被评为唐山市新兴产业发展专项项目。

(玄作为)

【队伍建设】 马兰庄铁矿提前培养地采行政管理、专业技术、生产操作各类人员 263 人、特种作业人员 162 人。成立岗技融合创新工作室,打破工种界限,培养一专多能复合人才。总结完善操作经验,形成以职工命名的优秀操作法;推进班组建设,使班组成为具有核心竞争力的市场主体。参加第三届唐山工匠职业技能大赛,获得网络与信息安全管理员第一名、第三名和第四名,机械制图员第三名。

（张海波）

首钢滦南马城矿业有限责任公司

【马城矿业公司领导名录】

董事长:黄佳强（兼）

副董事长:齐宝军（2月离任）

董　事:黄佳强　齐宝军（2月离任）　刘守新

付振学　李新明（5月任职）

魏　宇（职工代表）

监　事:宋文军　张秋平　刘永晖（职工代表）

总经理:付振学

副总经理:阚雅新　李晓刚　李新明

赵继忠（12月离任）

陈国瑞（12月任职）

财务总监:白东月

党总支书记:阚雅新

党总支副书记:付振学

工会主席:阚雅新

（袁　槐）

【概况】　马城矿业公司位于河北省滦南县马城镇,矿区面积9.76平方公里,矿区范围内资源储量9.95亿吨。设计采用充填法地下开采,分为上下两个采区同时开采;采用主副井斜坡道联合开拓方式,有3条主井、3条副井、2条进风井、4条回风井和1条主斜坡道,年产铁矿石2200万吨;选矿采用单一磁选工艺,年产铁精粉737.5万吨。预计2023年底局部投产,服务年限39年。目前处于建设期,设有工程部、技术工艺部、机械动力部、计划财务部、安全部、供应保卫部、资源土地管理部和综合管理部;动力作业区、采矿作业区、碎提作业区、选矿作业区。年末从业人员149人。

（袁　槐）

【要件办理】　马城矿业公司完成采矿许可证矿区范围调整工作,取得新采矿许可证。通过安全设施设计专家审查会,取得审查批复,完成复工验收,

（袁　槐）

【工程推进】　马城矿业公司落实基建期安全、进度、质量、投资"四大控制",全力推进工程建设。全年完成井巷工程掘进28万立方米,累计完成180.8万立方米,完成基建工程量的40%。有序推进精矿管道输送项目、110千伏输变电、生产指挥中心、宿舍楼、厂区外部道路等工程施工。全年完成投资38.94亿元,完成审批概算的27.56%;累计投现36.38亿元,完成审批概算的25.75%。

（袁　槐）

【设计优化】　马城矿业公司按照"智能采矿、无人选厂、绿色开发"战略目标,围绕工艺优化、采选一体化、先进技术转化、矿山信息化和智能化等,持续开展研究攻关。优化选矿设备选型,提高系统效率,降低运营成本。开展矿体详探,优化基建工程,减少工程量,降低工程投资。优化提升系统,采用"溜井+储矿仓"辅助运输系统,提高效率能力。与长沙矿山研究院、华北理工大学、中煤三建等单位开展防治水研究。

（袁　槐）

【科技创新】　马城矿业公司持续开展创新攻关,打造核心竞争力。取得《一种矿井提升罐笼运矿车自动装料方法》《一种矿井提升罐笼泊位系统及方法》《一种矿井罐笼提升安全控制系统》《一种地下硐室施工方法》《一种减振保护装置》《一种密封环及密封装置》6项专利。申报受理专利4项。

（袁　槐）

迁安首钢设备结构有限公司

【设结公司领导名录】

董事长:王海军（12月任职）　刘贵彬（12月离任）

副董事长:刘贵彬（12月任职）

王海军（12月离任）

董　事:王海军　刘贵彬　惠庆久

李玉成　黄军县　李克靖

王丙涛

监　事:金印辉　马洪智　刘有文（5月任职）

侯海成（6月离任）

总经理:刘贵彬

副总经理:李玉成　黄军县　李克靖

党委书记:王海军

党委副书记:刘贵彬　惠庆久

工会主席:惠庆久

（张树林）

【概况】 设结公司原名首钢设备结构厂,于2008年12月23日完成改制注册登记,注册资本3000万元,注册地址河北省迁安市沙河驿镇。改制后首钢集团占股35%,企业团队及职工占股65%。设结公司是一家集科研、设计、制造、安装、检修、服务于一体的大型冶金成套设备专业制作、维护单位。1996年通过ISO9001国际质量管理体系认证,主要拥有压力容器Ⅰ、Ⅱ级制造许可证、A级烟罩余热锅炉制造许可证、钢结构工程专业承包、B级锅炉、建筑机电安装工程专业承包等资质,能够自主制作炼钢转炉、托圈、烟罩、钢铁水包、炼铁高炉、热风炉、板(管)式换热器、阀门、铁水称量车、鱼雷罐车、600至1300吨混铁炉等大批成套设备,产品遍及全国冶金行业。同时,抓住国家"公转铁"契机及周边钢铁企业废钢需求,分别建成货物吞吐500年万吨的铁路物流仓储集散基地和20万吨废钢加工基地。

(张树林)

【主要指标】 设结公司完成产值15116万元,同比增长11.4%。利润6.12万元,同比增长104%。在岗职工人均收入同比增长6.3%。

(张志海)

【新型产业】 设结公司建成股份公司废钢加工配送基地,产量逐月提升,实现保质保量配送,统筹把握全年目标任务。加强与股份公司、沙河驿站、运输部等单位沟通协调,9月份铁路物流项目实现通车运营。

(贺 程)

【管理创新】 设结公司修订党委会工作规则、董事会议事规则、经理层工作规则和"三重一大"决策事项清单等,完善决策执行机制。制定下发6个专项方案,规范讲评发布机制。围绕"三位一体""指标管控""消防安全管理"等调研课题,梳理形成权力管控清单,逐步夯实管理基础。

(金德新)

【规章制度】 设结公司制定下发《工序分包与劳务用工管理办法》《招录优秀人才管理办法》《机关部门绩效考核实施办法》等制度10余项,承接两级公司制度文件,梳理专业制度清单,初步形成专业横向到边、纵向到底的管理体系。

(金德新)

【技术创新】 设结公司铸余渣罐技术推广应用到京唐公司,防止高温喷溅的防护结构专利技术应用到天钢、天铁等单位,得到业主肯定和好评。申报《板坯保温车》专利技术,《渣罐可伸缩格栅》获得实用新型专利。《炼钢连铸铸余渣罐》成果获全国钢铁行业职工技术创新成果二等奖。

(张彦丰)

【质量管理】 设结公司优化质量管理体系,按工序下达指导说明书,增设产品质量曝光台,狠抓工序质量过程管控。组织锅炉、压力容器、ISO9001质量体系换证及鉴定评审,新增安装、改造、修理等项目,为市场创造提供条件。

(张彦丰)

【人才队伍】 设结公司调整交流L9职级人员1人,L9职级人员正式任职5人,安排青年人才挂职锻炼3人。招收技校及以上毕业生15人,对大专毕业生3人进行激励期考评。开展基层领导人员读书活动,交流读书体会。实施专业管理人员带课题,确定年度调研课题70个。5人晋升学历、职称。

(金德新)

【党建工作】 开展"不忘初心、牢记使命"主题教育,推进"两学一做"学习教育。梳理分析不在岗党员,完善换届纪实系统信息。开展入党积极分子队伍整顿,发展预备党员4人,预备党员转正3人。开展"达晋创"等级评定,评定一级党支部2个、二级党支部4个。开展创先争优、劳动竞赛等系列评选,先进集体4个、先进个人10人、"党员之星"47人。职工获"首钢劳动模范"1人,获"首钢模范共产党员"1人。

(金德新)

首钢水城钢铁（集团）有限责任公司

【水钢公司领导名录】

党委书记：王建伟

董事长：王建伟

董　事：龙　雨　袁国雄

职工董事：申　燕

党委副书记、总经理：龙　雨

监事会主席：王鹤更

党委副书记、纪委书记：袁国雄

党委委员、副总经理：夏朝开　何友德

副总经理：曹建军

党委委员、工会主席：申　燕（女）

总会计师：杨　荣

总经理助理：周岁元　翟勇强　罗达勇

安全总监：张　毅

调研员：张新建（9月离任）　常　进

（周庆高）

【综述】 首钢水城钢铁（集团）有限责任公司（简称"水钢公司"）位于贵州省六盘水市，始建于1966年，是以钢铁业为主，集采矿、煤焦化、水泥制造、机加工、建筑、物流、进出口等配套经营的大型国有控股企业。公司注册资本341,395万元，首钢集团公司、中国华融资产、中国信达资产、中国长城资产、中国建设银行、贵州省国资委分别占股61.06%、16.23%、13.15%、0.36%、4.69%、4.51%。主要产品涵盖长材、建材、高强钢、软线钢、硬线钢、焊接用钢、碳结圆钢、PC母材用钢等20多个系列、100多个品规。水钢公司下设公司办公室（直属机关党委）、党群工作部、纪检监察部、组织人力资源部、财务部（兴源公司）、安全环保部、设备工程部、战略发展部、审计风控部、总工办、保卫（武装）部11个职能管理部门；制造管理部、离退休服务中心2个复合部门；铁焦事业部、钢轧事业部、能源事业部、物流仓储事业部、智能应用事业部、维检中心6个主体单位；销售公司、市场采购部（进出口公司）2个购销部门；博宏公司、赛德公司、职教中心（模拟子公司）3个子公司、瑞泰

公司1个代管单位、同晟鑫公司1个控股公司。2020年底在册人数10651人，在岗职工7716人（含瑞泰公司），其中：硕士研究生23人，研究生13人，大学本科学历874人；高级职称100人（其中正高级8人），中级职称352人；高级技师43人，技师267人，高级工3256人；在岗职工平均年龄44.30岁。

2020年，水钢公司党委紧紧围绕"保生存、谋发展"主基调，将中央、省委、首钢集团党委决策部署不折不扣落实到改革发展各项工作中，服务经营生产不偏离，掌稳把牢政治航向，统筹疫情防控和经营生产，团结带领广大干部职工开拓进取、拼搏实干，钢材产量、自发电量、资产负债率等多项指标实现去产能以来历史最好水平。

（杨　艳、陈小艳）

【主要指标】 2020年，水钢公司主要产品生铁产量完成年计划的105.37%，同比增产16.67万吨；钢完成年计划的105.37%，同比增产24.13万吨；材完成年计划的104.27%，同比增产19.44万吨。主要技术经济指标：毛焦比442.75千克标准煤/吨，烧结固体燃料消耗54.8千克标准煤/吨，炼钢钢铁料消耗1079.38千克标准煤/吨，炼钢铁水单耗889.63千克标准煤/吨，轧钢综合成材率97.49%。

（刘阳飞）

【降本增效】 2020年，水钢公司紧紧围绕预算目标任务，以效率效益为导向，以深化改革为动力，一手抓疫情防控，一手抓经营生产，以党政30项重点任务、12个降本增效攻关组为抓手，围绕既定经营方针，以"三个跑赢"为标尺，对标找差挂图作战，眼睛向内着力降本增效，强化资金风险管控，提高资金运营效率，积极应对外部形势不利变化，强化预算执行运行管控，完成全年目标任务，保持连续四年盈利的良好发展态势。全年完成内部工作增效5.32亿元，超额完成内部吨钢增效100元目标，消化两头市场减利影响；非钢产业实现盈利，经营发展能力明显增长。

（杨绍成）

【疫情防控】 2020 年,水钢公司面对新冠肺炎疫情的暴发,迅速制定疫情防控方案,第一时间明确措施、压实责任,积极应对上游原材料资源紧、运输难、价格高和下游工地停工、钢材积压、价格大幅下滑的"两头市场挤压"影响,各主体单位 24 小时不间断生产,实现疫情期间稳产高产,带动上下游产业链复工复产。疫情期间,水钢党政积极与政府部门、居委社区共同联动,实施厂区封闭、出行管控、灵活安排工作等措施,保障水钢疫情受控。公司党委紧急下拨党费 40 万元,捐赠热成像测温仪到水钢总医院,专项用于疫情防控工作;向市、区政府和六盘水红十字会等部门捐款 210 万元;水钢总医院派出 3 批 8 人次支援鄂州医疗队,20 人参加属地医疗救援,142 名党员配合街道开展封禁管理;赛德公司仅用 7 天抢建"凉都小汤山"六盘水市第三人民医院发热门诊。3 月,在环境艰难情况下,实施完成 2000 余名省内外检修人员同时参与的年度检修。水钢防疫工作全年保持"零"感染,得到省市各级肯定,水钢疫情防控和经营生产"两手抓、双促进"的成功经验在六盘水全市推广。

（周庆高）

【品牌建设】 2020 年,水钢公司着力提升产品质量,打好质量管理"组合拳"。尤其水钢钢筋产品依托独有的钒微合金化工艺,生产出的产品性能优良,组织预应力螺旋钢丝盘条等新产品开发,不断优化 82B、镀锌钢丝、钢绞线等工艺。目前,水钢公司已具备生产 HRB600 螺纹钢、碳结圆钢、25MnV 等高附加值产品能力;通过 APP 销售模式,建立以直发模式对贵州全省的覆盖,直送终端遵余高速、都安高速、威围高速、贵阳地铁三号线等贵州省重点工程项目,全面提升工程直供服务能力。50 余项省内外重大、重点工程,大量使用水钢钢材,品牌竞争力不断提升。同时,积极参加中国质量检验协会"3·15""质量月"、六盘水市首届市长质量奖评选活动等,水钢获得"2020 年产品和服务质量诚信示范企业""全国钢铁行业质量领先品牌"、冶金工业信息标准研究院"重大工程建设榜样"、六盘水市首届市长质量奖等多项荣誉。

（吴学林）

【科技创新】 2020 年,水钢公司在省、市科研经费引导和支持下,《绿色高性能制绳用钢的研制及产业化》获得贵州省科技成果转化计划 50 万元资助,六盘水市研

发经费后补助 157.2 万元,并持续加大科技创新投入力度。共立项技术创新项目 19 项,投资 2865.08 万元,预计创造直接经济效益 3660.71 万元。4 个项目获首钢集团科技项目奖,其中《首钢水钢免酸洗高效钢绞线用钢的研制》获得二等奖,22 项公司级科技成果、188 项合理化建议与技术改进项目获得表彰。全年共申请专利 14 项,授权专利 24 项。同时,按照建立"研发—销售—服务—用户"技术创新体系的要求,水钢与贵州钢绳集团签订《首钢水钢—贵州钢绳联合产品研发室合作协议》,加快建设冶金与金属制品行业产业联盟,不断提高冶金行业科技创新能力,促进金属制品产业升级,对省、市国民经济与社会发展具有一定支撑作用。

（张东升）

【财务管理】 2020 年,水钢公司围绕年度总体部署,着力做好年度经营计划和预算编制。聚焦降本增效和现金流,坚持"三个跑赢",优化调整考核指标导向,设立 12 个降本增效攻关组,围绕吨钢增效 150 元攻关目标制定攻关方案,对标找差,挂图作战;坚持并完善月度经营计划管控模式和日成本及效益测算,强化经营运行管控保目标实现。融资工作坚持有进有退,确保安全合理,着力优化融资结构降本;坚持账期管理,严格计划实行,支撑采购工作;主动加强与银行、供应商三方协同,用好金融新产品,通过往来业务支撑供应商融资,通过产融结合稳固供应链;严控费用支出,着力化解债务风险。围绕公司内部市场化改革、转型提效等改革发展任务,夯实财务工作基础,加强财务体系管控能力建设,着力推进财务信息化建设。年末资产负债率比上年末降低 1.21 个百分点;存货、应收账款"两金"周转率比预算加速 2.03 次;积极争取获得税收优惠、疫情防控等政策支持,同时争取到西部大开发企业所得税优惠政策。通过加强财务管理,保障全年预算目标实现,财务状况持续改善,资金管控和抗风险能力增强。

（杨绍成）

【绿色环保】 2020 年,水钢公司积极实施推进绿色行动计划项目,分步实施钢铁行业超低排放改造任务,完成混匀料场大棚封闭、原煤堆场封闭大棚、酚氰废水系统项目、120 立方米竖窑除尘系统改造等四项目的建设,环境污染防治能力大幅提升、生态环境质量持续改善。严格执行排污许可证执行报告制度,按要求办理建设项目环评手续。完成辐射安全许可证换证工作。制

定年度危险废物管理计划,规范处置危险废物。开展放射源防丢失事故应急预案演练,完成年度放射源及射线装置监测工作。完成《首钢水钢排污许可证管理办法》等3个环保管理制度的修订。完成废水、废气、噪声和核技术应用装置企业自行监测,对固定污染源在线监测系统进行维护。举办环保在线设施管理、环保法律法规等环境保护知识培训,开展"六·五环境日"宣传活动。全年吨钢烟(粉)尘排放量、吨钢二氧化硫排放量、吨钢氮氧化物排放量、吨钢化学需氧量排放量、吨钢氨氮排放量,均完成排污许可及集团内部排放总量限额要求,区域环境空气质量优良率100%。

(谌谋平)

【安全管理】 2020年,水钢公司安全管理工作围绕安全生产专项整治三年行动计划,认真学习贯彻习近平总书记关于安全生产的重要论述,进一步压实安全生产主体责任。制定并有效开展2个专题和7个专项整治的安全生产专项整治三年行动,建立问题隐患和制度措施"两个清单"。9—12月分别迎接省、市专项督查,贵州省推进办公室对水钢部分实施方法进行经验推广。推动从源头着手本质安全管控,完成1号堆取料机、三高炉主皮带系统等6个本质安全试点,实现源头治理54项,使这些项目的安全风险值由2416降低至283。完成"双控"体系升级专项培训7期,增加97个岗位责任制,实现风险管控和隐患排查治理线上进行。投入安全整改资金2342万元用于41项隐患整改。对现场能量隔离点进行明码标识,落实坐标式管理,建立1903项检修标准、1677项能量隔离控制程序的项目库。全年未发生工亡事故和人身伤害事故,完成三高炉系统、烧结系统、冶金焦化系统、炼钢系统单元二级安全生产标准化延期复审;内部评审新增55个安全生产达标班组、1个安全生产示范班组。

(刘 健)

【设备管理】 2020年,水钢公司通过狠抓设备隐患排查整改、规范检修作业标准、提升检修质量等一系列举措提升设备基础,有力保障设备安全、稳定、高效运行,为公司高节奏生产奠定基础。设备故障影响生产时间与指标比月平均降幅27.27%、同比去年下降6.25%;设备综合作业率95.49%,与指标比提升0.49%,同比去年提升0.40%。同时,将设备隐患排查整改作为设备基础的常态化管理工作,按照每月不少于两期通报对存在的

问题进行通报考核,通过不断督查整改,电气UPS、电机、联锁等设备基础工作有较大提升;实施检修作业标准化管理,制定实施液压设备、电动机、减速机、风机等七大公司级设备维护、检修通用标准,提前策划以转炉为中心的年修和高炉例修,圆满完成以1号、2号转炉为中心的13天年修2次、以高炉为中心的例修5次,在年修期间,除对二棒线、3号制氧机分子筛、一棒线Ⅰ冷剪改造外,同步对焦化煤气鼓风机煤气管道、6号、7号烧结机电除尘及脱硫塔、轧线煤气管道等制约安全环保生产的较大隐患进行处理,设备基础得以夯实。

(周天春)

【转型提效】 2020年,水钢公司紧紧围绕"十三五"规划目标和首钢集团对外埠钢铁企业转型提效工作的要求,坚持"保生存、谋发展"主基调,坚持全口径转型提效,聚焦钢铁主业,深化机制、体制改革,纵深推进转型提效工作,依托智能化建设,有力推动"减员提效"向"科技提效""协同提效""全员提效""机制提效"转变,持续推进生产制造、经营管理、销售服务等各环节内部市场化改革,深化铁前一体化、钢轧一体化、产销一体化协同机制,实现钢铁主业实物劳产率716吨/人·年,管理单位在岗职工控制在7200人以内,全面完成转型提效工作目标。

(陈小艳)

【多元经营】 2020年,水钢公司多元产业紧紧围绕"双轮驱动,两翼齐飞"主基调,全力打造水钢城市综合服务商品牌,初步形成钢丝钢绞线、废钢回收加工、新型环保建材、循环经济、职业教育等主导产业和拳头产品,实现营业收入翻番、利润年均增长96%的好成绩,经营发展能力得到大幅提升。博宏公司50万吨废钢回收加工项目二期工程建成投入运行,废钢回收加工利用项目入选贵州省重点项目库,获"中国优质废钢加工配送基地"称号;赛德公司成功中标贵钢物资库工程项目,获"贵州省建筑施工企业100强"称号;瑞泰公司加大科技投入,获贵州省"科技型小巨人"企业称号。同鑫晟公司20万吨金属制品异地改扩建项目(一期)工程顺利投产,被评为全国预应力钢绞线行业"人气品牌企业"和"优质生产企业";职教中心实现"十三五"规划5000人办学规模目标,成功承办两项省级职业技能赛事,中职强基学生宿舍楼建设项目合规手续基本完成。

(钱晓波)

【信息化管理】 2020年,水钢公司信息化管理持续提升,10月20日MES铁前系统按期上线,标志着制造管理与执行MES系统全面上线投运,打通产供销全流程数据,基本实现业务贯通,取消手工台账39个,实现数据实时集中收集,精准数据统计分析。系统数据库与MES系统实现交互,焊接命中率有效提升,为"少人化、集控化、一键化"智能工厂奠定基础。实现OA系统与HR系统、集团主数据系统组织结构编码、人员信息编码等信息核对工作,HR系统人员及组织信息经主数据系统自动同步OA系统,确保数出一源。大力推广钉钉办公软件应用,活跃度为40%。水钢智慧控制中心建成投用,智能网络、融合智能监控、工业云平台完成建设,能源管控系统、主数据系统、设备管理系统、数据采集系统等项目有序推进并实现试运行,信息化项目的上线运行初步实现产、供、销全流程数据贯通。同时,三条棒线共12台实现机器人智能焊牌棒线全覆盖,智能工厂建设初见成效。

(牛小兵)

【产城共融】 2020年7月17日,水钢公司"三供一业"分离移交改造工程全面完成,累计完成供电、供水、供气及物业改造63506户,相应的管理职能实现移交,区域居民用上安全电、健康水、天然气,生活环境明显改善,结束水钢半个世纪以来对外转供电、转供水的历史;11月15日,六盘水市城市集中供暖启动运行,年度供暖集中供热面积达95万平方米,水钢采取停运余热发电机组及调配企业内部职工供暖蒸汽量等措施,全力保障市民冬季取暖需求;5月,六盘水市污水体治理示范城市建设项目—水钢污水处理厂、污水主管网新建部分等分项工程在水钢区域实施建设,水钢成立以公司副总担任组长的协调联络工作领导小组,多次组织召开专题协调会,并采取有效措施,全力配合市水务公司加快推进项目建设进度,有力保障民生工程按计划建成投用及区域居民正常生活需求;持续实施绿色行动计划,全年投资2.43亿元,加快推进原煤堆场大棚、混匀料场大棚、焦化脱硫脱硝等环保项目建成投用,保持区域空气质量优良率100%。

(朱启斌)

【风控管理】 2020年,水钢公司持续推进"权力清单、制度建设、风控手册"三位一体制度体系建设。为更好承接首钢集团、平台公司权力事项,结合新修订下发的公司章程、三会一层工作规则、"三重一大"事项决策管理办法、《首钢集团管控权力清单(V3.0)》和运行以及内控评价发现的问题,调整审批流程57项、新增38项、调整描述21项、删除17项、调整发起/主责单位9项、不分维度整合修订8项,促进权力清单管控模式更加科学、授权体系更加完善;持续推进规章制度管理规范化、制度化和科学化进程,按照规章制度"合法合规性、先进性、系统性、有效性、持续改进"原则,坚持问题导向、目标导向、风险导向,修订40项、新增9项、归并4项、直接申请废止6项,促进制度体系逐步完善;对现有管理系统进行全面梳理和持续优化,修订完善风险控制手册,使其内容更加完善,逻辑更加合理,风险控制手册V2.0版与V1.0版的相比,一级流程从29个精简至27个,二级流程从131个精简至127个,三级流程从360个精简至358个,关键控制点从476个增加至518个。

(王志兰)

【依法治企】 2020年,水钢公司面对疫情暴发,下发《首钢水钢关于疫情期间法律风险防范的通知》,切实做好疫情期间依法防控和法律风险防范工作。深化公司"法治能力提升"四项专项整治工作,对法律风险重点业务领域的合同、印章、授权、招投标管理进行专项治理,组织检查40次,抽查合同282份,并对存在的问题督促整改。推进合同文本的"标准件"管理,清理缩减公司合同专用章数量,减少管控风险点;严格授权办理,建立公司证照管理制度,明确归口管理部门和专业管理部门监督管理职责,以及持证单位作为办证主体责任单位职责,形成专业与归口管理部门协同监管模式,开展证照清理和日常监督管理,保证水钢各级各类证照的合法性、有效性和延续性。积极应对诉讼,依法办理法律纠纷案件,加强潜在法律纠纷案件预防。深入开展法治宣传教育,举办《民法典》和企业法律风险防范系列培训;组织科级以上管理(技术)人员701人通过"法宣在线"学法用法,普法考试合格率100%;组织公司相关职能部门和分子公司参加法治视频讲座12次,强化法律法规的宣传和普及。

(陈卫菊)

【购销工作】 2020年,水钢公司采购环节应对疫情期间资源紧、运输难、价格高等挑战,紧急启动保产预案,建立挂图作战表,定人、定责、定时、定点抓落实,保障用料需求。全年采购国内矿环比增幅30%,刷新历史纪录。资材、备件实现 100% 线上采购,全年资材采购降幅 17.49%;备件采购推行"缩短采购周期、拓宽采购渠道、实施线上采购"三大举措,全年备件采购环比节约 1.51 亿元;全年吨钢辅材消耗环比节约 5619 万元;清仓利库盘活闲置资产,年末库存明显减少。销售环节围绕"立足省内、突破云南、做强终端、合理分流"的营销布局,积极应对市场变化,克服疫情影响,持续拓展渠道增量,借助"设库+直供"销售的优势,年销量同比增加,优钢市场月度销量刷新历史纪录;初步打通川渝湘桂市场,有效缓解省内销售压力;紧密衔接工程项目,成功中标隧道局镇七高速 4 万吨项目,新开辟贵金古高速 17 万吨项目和德余高速 28 万吨项目的直供渠道。全年产销率 100%,货款回笼率 100%,销售钢材 391.04 万吨、综合售价 3951.55 元/吨、直供比 60.85%。

(王　俊、张童瑶)

【党建工作】 2020 年,水钢公司党建工作主要围绕开展"钢城先锋"主题实践和创建党建品牌系列活动,举办党支部工作论坛,51 名基层党支部书记参加;组织召开公司 2019 年度基层党建述职评议考核会,9 家二级党委(总支)书记进行现场述职;全年完成 26 家基层党组织的换届工作;"智慧党建"平台投入运行,进一步推进党建工作信息化系统应用;举办党支部书记、支部委员集中培训,提升确保党务工作人员能力素质;制作拍摄"创新、创优、创业、担当、服务、奉献"6 个先锋 12 个先进典型微视频,做到典型引路;开展党支部"达晋创"活动,18 个党支部晋级,10 项党建创新成果获奖;培植 6 个公司"样板党支部",1 个首钢集团品牌党支部;3 个模范基层党组织,5 名模范共产党员受到首钢集团党委表彰,55 个先进集体、89 名先进个人受到公司党委表彰;与杨柳街道开展地企党建工作共建,二级党委(总支)主动融入、服务和奉献社区;按照退休人员社会化管理,转出退休党员组织关系 2820 人。信访维稳工作关口前移、重心下沉,积极推进治安保卫监控系统建设,有力维护公司生产秩序。

(肖永宁)

【脱贫攻坚】 2020 年,水钢公司切实履行脱贫攻坚责任,将脱贫攻坚列入公司党委年度重点工作,以"定点帮扶""结对帮扶""挂牌督战"作为重要抓手,主动担当,履行国企社会职能;公司领导带队调研指导 41 人次,各职能部门到结对帮扶村镇调研 211 人次;全年物

质资助、慰问、扶贫捐款累计 250 余万元;积极推动壮大村集体经济结对帮扶工作,郭其村草制品加工项目已投入生产;督战工作组对挂牌督战 29 个行政村 720 户 2104 人进行 2 次全面走访;水钢 101 个基层党支部与贫困户结对开展"百户一对一"帮扶活动;全年深入帮扶村开展实用技能培训 3 次,大型义诊 2 次;1 个党委荣获贵州省"全省脱贫攻坚先进党组织"称号,2 名党员荣获钟山区"脱贫攻坚优秀共产党员"称号;驻村第一书记张家相被贵州省推荐为全国脱贫攻坚先进个人。

(肖永宁)

【人才队伍建设】 2020 年,水钢公司推荐 2 人享受政府特殊津贴;推荐 3 人为贵州省智能制造专家咨询委员会专家;推荐 7 人为贵州省职业技能等级认定工作专家库成员人选;推荐 1 人为六盘水市司法局立法咨询专家候选人;推荐 5 人参与申报"贵州省第六批高层次创新型人才遴选培养计划和第十三批优秀青年科技人才计划";推荐 1 人参加生态文明建设和生态环境保护专题研讨班;推荐 2 人参加钢铁行业安全体感与管理实务研修班(GL202012);推荐 1 人参加六盘水产业转型升级专题培训班;推荐 1 人参加首钢集团青年科技创新人才培训班。选派 1 人参加十二届贵州省委第九轮、第十轮巡视工作、1 人到贵州省国资委改革与资本运营处交流学习、1 人到贵州省政府办公厅秘书五处跟班学习;选派 1 人到贵州省发改委跟班学习、1 人到六盘水市发改委帮助工作。推荐 1 人参加首钢中青年干部培训班。举办为期 1 个月的水钢青年骨干培训班,培训 39 人。全年调整任免公司中层干部 63 人次。完成 20 名高级职称及二级单位党政正职职称聘任工作。对各单位推荐申报的工程师 24 人、助理工程师 37 人、技术员 21 人、助理政工师 14 人进行初审;外委评审职称 9 人。

(党季鹏)

【职工培训】 2020 年,水钢公司累计共举办培训班 421 期,培训职工 18904 人次。180 人参加中层干部环保法律法规培训;39 人参加青年骨干培训班;867 人参加危险作业培训;1525 人参加安全环保管理制度及业务技能培训;85 人参加首钢高技能人才创新能力继续教育培训;345 人次参加炼焦、烧结、炼铁、炼钢、轧钢工艺知识培训;94 人参加专利知识培训;326 人参加精益 TPM 管理培训;23 人参加基础自动化培训,结师徒对子 23 对;133 人参加法务宣贯暨以案说法管理培训;112

人法律知识视频讲座;109 人参加民法典宣讲;2847 人参加主要负责人、安全管理人员和特种(设备)作业人员培训;30 人参加中央企业班组长岗位管理能力资格认证远程培训;344 人参加公司内部班组长培训;378 人参加企业新型学徒制培训;20 人参加首钢工匠大讲堂培训;1381 人参加企业复工复产网络培训;完成 100 个职业(工种)职业技能等级评价规范编写,编写题库 60 余万题;向钟山区人社局申报补贴 270.4 万元。

(伍华菲)

【纪检监察】 2020 年,水钢公司纪委认真履行协助职责和监督责任,持续推进纪检监察工作取得成效。全年依规处置信访件 77 件、处置问题线索 80 件,行政撤职 1 人,追缴违规违纪资金 13 万余元。完成首钢集团、股份公司对水钢全面从严治党检查工作任务;牵头做好政治生态研判十项重点内容分解细化,草拟呈报水钢党委政治生态分析研判报告。坚持"提素+提质"结合,完成对 8 家二级党组织政治巡察,发现问题 94 个,持续推进整改;以公司党委书记向领导班子成员赠送廉洁书籍和家信为主要载体,深化廉洁家风建设。深化纪律教育,分 3 批(次)对 46 名中层领导人员进行任前集体廉政谈话,组织召开公司警示教育暨集体廉政谈话会议;制定《关于敏感岗位"三管六外"人员轮岗工作的指导意见(试行)》,169 名敏感岗位人员按要求实现岗位轮换。推动完善"阳光购销"工作机制,组织梳理竞拍领域风险点,督促措施落实。巩固和深化"四风"治理成果,劝止职工操办升学宴 2 起。按要求开展新冠情防控工作专项督查、以 1 号转炉为中心年修项目监督检查等。针对个别工程建设项目开展专项监督,制定实施《纪检监察部绩效考核办法》,通过量化考核提升专职纪检干部工作质效。深入推进水钢纪检监察体制改革,按照分级管理原则,推进公司层级纪检监察机构设置及岗位人员配置规范化,将《首钢水钢公司党委关于推进纪检监察体制改革的实施方案》中相关要求落到实处。

(黄 霞)

【离退休服务】 2020 年,水钢公司根据《中共中央办公厅国务院办公厅印发〈关于国有企业退休人员社会化管理的指导意见〉》,及时拟定《水钢社会化管理工作方案》;会议审定移交方案、多次召开会议解决实际问题;组织人力资源部、公司办、审计风控部等单位协调联动,为完成移交工作扫清障碍;全年完成 14988 名退休人员移交和 2983 名党员的党组织关系的移交工作。另外,严格落实政策待遇,在抗美援朝出国作战 70 周年之际,为抗美援朝老战士送去纪念章。申请离休干部医疗财政补贴离 300 万元,报销离休干部医疗费 140 余万元,退休厅级干部医疗费预计 31 万元。发放老干部、遗孀、建国初期退休干部等特殊群体各类慰问金和困难帮扶资金 13.7 万元,看望生病住院离休干部及遗孀 100 余人次。"两节"送温暖 72 人 50700 元;公司级困难职工帮扶 7 人次 17300 元。发放困难退休职工生活救助 120 人次 42000 元、二级帮扶 306 人次 156900 元、困难职工家庭子女"金秋助学"8 人次 12800 元。看望慰问生病住院离退休人员、困难党员、90 岁以上高龄、独居、孤寡老人 960 人次,开展调查、谈心、疏导工作上千人次。配合水钢总医院组织 200 余名退休人员进行前列腺癌、白内障免费筛查。

(李海迪)

【意识形态】 2020 年,水钢公司党委聚焦企业改革发展、经营生产、疫情防控等中心工作和重点任务,严格落实意识形态工作责任制,通过报、视、网等媒体,高频次推送疫情防控相关消息 300 余条,壮大正面主流声音。回应职工关切,开展线上线下相结合的全员职工思想调研、基层职工政治学习调研。定期分析职工思想动态,编报 4 期《季度职工思想动态分析报告》,12 期《水钢每月舆情专报》。围绕全面从严治党、执行"三重一大"等专题,坚持"一月一主题",组织基层党委(总支)书记开展交流研讨。加大外宣力度,在中央、省市等各类媒体发稿 824 篇(条),开通"水钢视窗"视频号,策划发布 3 期微视频。加强阵地管控,制定实施《使用钉钉视频召开公司生产会议的暂行规定》《规范使用钉钉软件系统的通知》等规定,取消 4 家非独立法人单位微信公众号 4 个,成立"水钢网络文明志愿者"团队,积极开展网评工作。开展 3 次意识形态专题培训,开展党员干部意识形态行为自查自纠,对 8 个二级党委(总支)意识形态工作进行巡察,以责任落实倒逼意识形态工作能力提升。

(陈冬云)

【企业文化】 2020 年,水钢公司企业文化围绕公司总体部署,结合实际制定下发《首钢水钢 2020 企业文化建设工作实施方案》,组织开展"加强文化融合,打造精神高地"主题研讨交流会,策划开展庆祝建厂 54 周年暨

"寻找三线·致敬三线"主题宣传活动、三线纪念邮戳征集活动;创新开展第十二届"最美水钢人"故事宣讲暨表彰活动等。同时择优推荐2名职工参加"首钢之星"评选,在"首钢人的故事"网络宣讲活动中水钢荣获"优秀组织单位"等11个奖项,钢轧事业部文安义入围2020年"首钢之星";征集上报10个典型案例故事参加"中国企业抗疫故事征集"活动等,4名职工作品获奖;撰写《弘扬三线精神,助推水钢高质量发展的创新与实践》等3篇论文,参加首钢管理创新项目申报、全国企业文化研究会交流等,扩大企业宣传;完成《首钢年鉴》《六盘水市年鉴》编撰以及《水钢思想与文化》4期杂志出刊任务;举办"水钢开放日"活动15期,接待社会各界参观840人(次)。全面系统梳理企业历史资料,持续开展水钢遗址、遗迹以及老图片、老物件征集,全年共征集344份(个)。2020年,水钢荣获"'十三五'全国企业文化建设优秀组织单位"等荣誉称号。

(杨　艳)

【工会工作】　2020年,水钢公司工会汇编制定《工会法律法规参考文本》,着力保障职工民主权益。凝聚职工力量,举办"奋进钢城·燃动你我"职工文体活动月、首钢"高雅艺术鉴赏"走进水钢等系列活动,丰富职工文化生活;立足关注职工需求,积极争取上级工会组织帮扶资金及专项补助277万元,获得工匠场、创新工作室扶持资金53万元。开展"抗疫保产、'心理'有我"劳动保护专项行动,举办线上心理疏导讲座1期,慰问抗疫保产做出突出贡献的职工和援鄂医务人员家属211人,为70户困难职工发放疫情期间生活补贴。"夏送凉爽·关爱到岗"专项行动为10家单位56个高温岗位配送冰柜、冰箱、空调、冷风扇等降温设施。开展"两节"送温暖、金秋助学活动,落实对困难职工生活救助、医疗救助、助学救助,全年共发放帮扶救助资金226万元。满足职工日益增长的文化需求,修建职工足球场2个、篮球场1个。走访慰问24位"抗美援朝"老战士,转送国家入朝作战纪念章。

(王爱华、罗　娟)

【人才队伍建设】　2020年,水钢公司立足提升职工技术技能,大力弘扬工匠精神,围绕"加盖铁水罐自动操作系统""五切分轧制工艺",开展2场"工匠里程碑"成果展示,示范带动职工技术能力和职业道德水平提升。加强先进典型选树,1人(铁焦事业部吕春龙)被评为全国劳动模范,3人(钢轧事业部王万斌、博宏公司张家斌、物流仓储事业部熊贤波)被评为贵州省劳动模范,11人被评为首钢集团劳动模范。启动首钢水钢第二届职工技术运动会,职工技术运动会设置竞赛工种42个,3000多名岗位职工参加竞赛活动;承办2020年六盘水市职工职业技能竞赛电工、钳工、焊工决赛,申办2020年六盘水市冶金行业高炉炼铁工、转炉炼钢工、轧线调整工技能竞赛,2名职工被授予"贵州省冶金工匠"称号,4名职工被授予"凉都工匠""六盘水市技术能手"称号,22名职工获"凉都金牌工人"称号。5项职工技术创新成果获得贵州省职工优秀技术创新成果奖,1个工作室被命名为"全国机械冶金建材行业示范性创新工作室",2个创新工作室获首钢集团命名。弘扬劳模精神、劳动精神、工匠精神蔚然成风,向先进学习、向榜样看齐成为自觉行动。

(王爱华)

【融媒体建设】　2020年初,水钢公司受新冠肺炎疫情影响,组建水钢媒体矩阵推广的微信群和钉钉群队伍,对《首钢水城钢铁》微报纸、《水钢新闻》微视频进行推广。以"水钢视窗"为载体,在微信上编发疫情防控的相关知识与信息,采写《坚定信心,打好疫情防控战》《创新是应对疫情的积极措施》等评论员文章,做好舆论引导。为方便工作开展,完成"水钢视窗"由个人号到企业号资料与用户的迁移工作,并开通"水钢视窗"视频号,先后发布《水钢原煤堆场环保封闭大棚主体工程建设已完工》《六盘水市冶金行业职工职业技能竞赛决赛在水钢鸣锣开赛》等作品,进一步推动媒体融合,取得较好反响。同时,将水钢域名申请为首钢集团子公司二级域名,确保网站安全运行。

(吴道辉)

【团青工作】　2020年,水钢公司各级团组织秉承"为青年成长搭桥引路,为公司发展凝心聚力"的工作理念,团结带领广大团员青年在助力公司疫情防控和经营生产中提素成长。先后对习近平总书记在中青年干部培训班上讲话等会议精神进行集中学习传达,线上承办首钢团委"党的十九届五中全会精神竞答"活动,全集团2732名青工参与。先后开展10场"悦读青春"青年读书协会系列活动、2期"让工匠精神成为青年职业信仰"活动。积极组织青年志愿者通过文明值守、整脏治乱等活动参与市"创建全国文明城市"工作;青年志愿者会议服务队完成市旅发大会、安六铁路首发仪式及水钢内部重要会议、活动的服务工作。疫情防控中,组织成立19支青年突击队积极参与公司和社区抗疫宣传、消毒防护、信息统计报送等工作。全年开展废钢铁回收工作112次,累计回收废钢铁8342.16吨。在青年安全环保工作中,全年查出隐患2681项,整改隐患2678项。全年17个团青先进集体和57名青年先进个人受到团系统表彰,2名青年当选贵州省第十一届青年联合会委员,水钢荣获六盘水市旅发大会优秀组织单位、郭明义爱心团队水钢志愿者分队荣获六盘水市"优秀志愿服务组织",2名青年荣获六盘水市"优秀志愿者"荣誉称号。

(葛晓丽)

【2020年首钢水钢公司大事记】

1月6日,水钢在俱乐部召开"2020年度安全环保工作会议"。

1月8日,省有色冶金工会主席吴晓英在水钢工会主席申燕的陪同下,深入一线,慰问贵州省五一劳动奖章获得者钢轧事业部职工李天应和困难职工铁焦事业部肖礼红、能源事业部动检作业区李炳全。

1月7日,六盘水市委宣传部马永刚一行代表市委市政府,对列入2019年"贵州脱贫攻坚群英谱"的驻海螺村干部张家相和钢轧事业部职工王万斌进行慰问。

1月11日,水钢在"贵州省2019年绿色发展·品牌文化工作年会"中喜获"贵州省行业第一品牌"等多项殊荣。

1月14日,六盘水市残联副理事长黄淞一行到水钢开展"春节慰问"暨十九届四中全会集中宣讲活动,水钢党委副书记、纪委书记袁国雄陪同慰问水钢困难残疾职工。

1月15日,水钢召开"2019年度精益TPM管理表彰会"。

1月17日,六盘水市总工会党组成员邹凤玲等到水钢慰问先进女职工。

1月19日,水钢工会召开二届三次全委(扩大)会,公司工会主席申燕、第二届工会委员会委员、第二届经费审查委员会委员、水钢参控股改制单位工会主席及特邀代表参会。

1月20日,钟山区区委书记王赟携班子成员到水钢走访慰问,向水钢广大干部职工送上新春的祝福。

1月21日,水钢党委书记、董事长王建伟,党委副书记、纪委书记袁国雄等到离退休服务中心,向离退休老同志进行团拜慰问。同月,水钢党委书记、董事长王建伟,党委副书记、纪委书记袁国雄率队对水钢退役军人、先进骨干、困难职工和部分离休老干部进行慰问。

1月22日,水钢党委书记、董事长王建伟,党委副书记、纪委书记袁国雄及保卫(武装)部一行走访慰问地方驻军官兵,为他们送去节日的问候和新春的祝福。

1月22日,水钢召开"2020年党风廉政建设工作大会"。

1月27日,水钢总医院院感科主任张琴随贵州省专家团出征武汉。

1月31日,水钢党委副书记、总经理龙雨代表水钢向六盘水市红十字会捐款200万元,用于新型冠状病毒感染的肺炎疫情防控工作。

2月4日,水钢通过钉钉视频召开二级党委(总支)书记会,对新冠疫情防控工作进行再部署、再动员、再落实。同月,市总工会党组书记、副主席吴世平到水钢看望慰问贵州省首批援鄂医疗队队员——水钢总医院医师张琴家属。

2月6日,六盘水市副市长何枢携六盘水市政府副秘书长龚海生、卫生健康局副局长郑国伦一行到水钢总医院检查指导新冠疫情防控工作。

2月10日,钟山区区委书记王赟、副区长赵奇以及钟山区工信局一行到水钢调研疫情防控和复工复产工作,水钢副总经理何友德陪同调研。

2月11日,六盘水市委副书记、市长李刚到水钢调研疫情防控工作。同日,水钢总医院夏仁海加入由137名医护人员组成的"贵州省对口支援鄂州市新型冠状病毒肺炎防治工作第二医疗队"出征湖北。

2月13日,六盘水市副市长何枢一行到水钢总医院,代表市委市政府慰问援助湖北医务人员张琴的家属和疫情防控一行医院人员张逸尘。

2月17日,六盘水市委副书记、市长、市应对新型冠状肺炎疫情防控领导小组组长李刚到水钢总医院视察疫情防控工作,水钢副总经理何友德陪同视察。

2月18日,国务院应对新冠肺炎疫情联防联控工作机制第二十三工作指导组邓海华率队,在省、市相关领导陪同下到水钢总医院指导工作。

2月19日,水钢党委副书记、总经理龙雨,副总经理何友德,工会主席申燕一行到水钢总医院进行慰问。

2月22日,由5名医生、2名护士组成的水钢总医院第四批援鄂医疗队出征湖北鄂州,分别是张进、陶燕子、李露、杨永珍、肖翔。

2月25日,贵州省统计局党组成员、副局长董安娜到水钢调研疫情防控和复工复产工作,水钢总经理龙雨、总经理助理罗达勇一行接待调研组。

2月27日,贵州省副省长郭瑞民在六盘水市市长李刚、副市长李恒超的陪同下,到水钢督导检查企业项目复工复产情况。

3月1日,水钢公司"双超"发电机组项目(场平及挡护工程)开工。

3月2日,六盘水市委书记王忠到水钢调研指导疫情防控和复工复产工作。

3月4日,省企业项目复工复产专班督查督办组、贵州省发展改革委以及调研员胡明祥到水钢进行达产督查调研。

3月12日,水钢组织第42个植树节活动,公司领导王建伟、龙雨、袁国雄、何友德、曹建军、申燕、杨荣、周岁元、张毅、罗达勇参加植树活动。

3月16日,水钢疫情防控领导小组办公室将首钢集团下发的7500个新型硅胶口罩发放到一线职工手中。

3月17日,水钢召开以钢轧事业部炼钢1号转炉为中心、二棒提升改造为重点的上半年年修动员会,此次年修从3月20日正式实施,工期13天。

3月21日,水钢召开2019年度基层党建述职评议考核工作会议。

3月23日,贵州省省委常委、省纪委书记、省监委主任夏红民带领调研组到水钢调研复工复产工作,市委书记王忠、市长李刚、钟山区区委书记王赟陪同调研,水钢党委书记、董事长王建伟,党委副书记、总经理龙雨,总经理助理翟勇强接待调研组一行。

3月26日,成都铁路局党委书记、董事长周荣一行到水钢调研。同月,水钢《西部钢铁企业以打造精品长材基地为目标的品牌培育与管理》等5个管理创新成果在北京市和首钢集团获奖。

4月2日,水钢党委书记、董事长王建伟来保华镇海螺村实地调研帮扶项目及脱贫攻坚工作。

4月3日,2020年贵州省重大工程项目六盘水市分会场集中开工仪式在水钢利用富余煤气新建2x55MW超高温超高压发电机组项目现场举行。市委书记王忠作批示,市委副书记、市长李刚宣布开工,水钢党委书记、董事长王建伟,党委副书记、总经理龙雨,副总经理曹建军以及市发改委党组书记陈石,钟山区区委书记王赟、钟山区代理区长李仕强出席开工仪式。

4月3日,水钢党委书记、董事长王建伟、副总经理何友德迎接战疫英雄回家。

4月3日,博宏公司50万吨废钢项目正式进入第七批《废钢铁加工行业准入条件》企业名单。

4月9日,水钢举办"寻找三线致敬三线"建厂五十四周年活动。

4月9日,水钢启动退休人员社会化管理服务移交工作。

4月12日,贵州省人民医院院长孙发一行到水钢总医院就加强紧密型医联体合作及疫情期间的复工复诊工作进行指导。

4月15日,水钢产品喜获中国质量协会三项殊荣,即全国百佳质量诚信标杆企业、全国产品和服务质量诚信示范企业、全国质量检验稳定合格产品。

4月15日,水钢召开利用富余煤气新建2x55MW超高温超高压发电机组项目"双超"发电机组项目开球会,标志着该项目正式进入主体项目建设施工阶段。

4月16日,北部湾港防城港码头有限公司到水钢走访。

4月20日,博宏观矿橡胶皮带通过2020年度ISO9001:215质量体系认证审核。

4月23日,市工信局到水钢调研退休人员社会化管理工作。

4月24日,首钢集团纪检监察系统表彰优秀单位与优秀成果,水钢获得多个奖项。

4月24日,国家外汇管理局贵州省分局到水钢调研。

4月28日,省国资委党委委员、副主任游明进一行到水钢调研,水钢党委副书记、总经理龙雨,党委副书记、纪委书记袁国雄接待调研组。

4月29日,水钢党委副书记、纪委书记袁国雄主持召开2020年脱贫攻坚工作推进会。

5月8日,贵州钢绳(集团)有限责任公司副总经理王朝义一行到水钢参观交流,水钢领导龙雨、何友德、翟勇强接待王朝义一行。

5月12日,六盘水市市委书记王忠慰问水钢总医院援鄂护士。

5月12日,六盘水师范学院化学与材料工程学院党委副书记、院长陈定海一行到水钢开展技术交流,共同研究冶金工程科研课题。

5月13日,水钢HRB600热轧带肋钢筋通过国家检验。

5月20日,公司召开2020年科技大会,对一批科技成果以及先进集体、先进个人进行表彰。

5月21日,省安委办副主任、省应急厅副厅长叶文邦带队到水钢开展安全生产督查,公司总经理龙雨、副总经理夏朝开、安全总监张毅接待督察组一行。

5月22日,省发改委党组成员、副主任杨波一行到水钢调研智能制造项目建设工作。公司副总经理曹建军陪同调研组一同调研。

5月27日,北京国金衡信认证有限公司审核组张朝阳一行4人对水钢开展能源体系实施监督审核。

5月29日,水钢铁焦事业部化产作业区一区脱硫塔圆满完成拆除作业。

6月6日,水钢开展"安全生产月"宣传活动。

6月9日,贵州省总工会基层工作部副部长李刚一行到水钢开展民主管理工作调研,公司党委委员、工会主席申燕陪同调研。

6月9日,水钢启动"百日质量提升"专项行动。

6月11日,省科技厅副厅长秦水介一行在六盘水市科技局相关人员陪同下到水钢调研企业科技研发活动开展情况,公司党委书记、董事长王建伟,总经理助理翟勇强接待调研组。

6月11日,六盘水市副市长李恒超携市应急管理局、市工业和信息化局、市能源局一行到水钢开展工作调研,公司党委书记、董事长王建伟,副总经理夏朝开、曹建军陪同调研。

6月11日,水钢昆明销售分公司门店在昆明泛亚物流园区举行揭牌仪式,标志着水钢销售公司在云南市场的营销渠道得到进一步拓展。

6月12日,水钢铁焦事业部化产作业区再生塔在指定位置顺利倾倒,标志着水钢1、2号焦炉化产及回收区域环境提升项目塔体类拆除任务全部完成。

6月17日,国家应急管理部副部长刘伟一行到水钢调研,省政府副秘书长张仕和省应急管理厅厅长冯仕文、省消防救援总队政委刘延华,市委书记王忠,水钢领导王建伟、龙雨、夏朝开、张毅等配陪同调研。

6月22日,水钢煤气泄漏演习在8万立转炉煤气柜拉开序幕。

6月30日,水钢召开庆祝中国共产党成立99周年暨"钢城先锋"表彰大会。

7月2日,首钢水钢公司2020年股东会暨二届八次董事会、监事会在贵阳万丽酒店召开。

7月7日,贵州省人民检察院检察长傅信平一行到水钢调研,公司总经理龙雨、总经理助理翟永强接待调研组一行。

7月8日,安六高铁动车开通首发仪式在六盘水站举行,公司党委书记、董事长王建伟,党委副书记、总经理龙雨受邀出席。水钢为安六高铁工程提供建筑用钢6.4万吨,占比80%。

7月8日,水钢召开质量、环境、职业健康安全管理审核首次会,迎接中国检验认证集团贵州有限公司审核组对水钢实施质量管理体系换证审核、职业健康安全管理体系转换及监督审核、环境管理体系监督审核。

7月9日,贵州钢绳集团公司党委书记、董事长王小刚一行到水钢,与水钢签订战略合作协议,并为"首钢水钢—贵州钢绳联合产品研发室"的成立揭牌。

7月10日,水钢举行焦炭运输"敞改集"项目启动仪式,标志着水钢又一节能项目正式投入使用。

7月14日,贵州省人大常委会党组副书记、副主任袁周率省人大常委会检查组来到水钢进行安全检查,六盘水市副市长李恒超、水钢党委书记、董事长王建伟,总经理龙雨,副总经理夏朝开,安全总监张毅等陪同检查。

7月15日,中铁物资成都有限公司总经理刘平一行到水钢走访。

7月16日,省大数据发展管理局局长马宁宇到水钢调研大数据建设工作。

7月16日,水钢技师学院"强基工程"学生宿舍楼项目举行开工仪式,水钢副总经理曹建军参加开工仪式并宣布项目动工。

7月17日,水钢直径25毫米螺纹钢两切分开发成功。

7月17日,水钢"三供一业"物业改造项目竣工验收会在瑞泰公司召开。

7月23日，水钢总医院荣获全国先进示范基地称号。

8月2日，由贵州省人力资源和社会保障厅、教育厅、总工会、团省委主办，水钢技师学院承办的电气装置和电子技术两个项目第46届世界技能大赛贵州省选拔赛圆满结束。

8月10日，水钢"双超"项目工地第392根桩基浇筑完成，标志着"双超"项目建设基础施工第一阶段——桩基施工顺利完成。

8月12日，水钢开展员工援助计划EAP知识培训。

8月12日，水钢第二批次"夏送凉爽·关爱到岗"劳动保护专项行动入岗慰问活动启动。

8月14日，由首钢水钢集团、重庆科技学院、《钢铁》杂志社、中国钢铁网主办的第12期全国炼铁、烧结、焦化、球团技术培训班在艾兰国际酒店开班，水钢公司党委书记、董事长王建伟致欢迎词。

8月18日，以"企业'手拉手'，产品'面对面'，银企'心连心'"为主题的2020年六盘水工业产品产销对接会在红桥会展中心开幕。会上，水钢签约项目6个，签约资金约3.46亿元。

8月19日，水钢通过第三方测量管理体系监督审核。

8月20日，水钢2020年青年骨干培训班在六盘水市委党校开班，此次培训共计39名学员参加培训。

8月21日，水钢总医院与北大首钢医院举行泌尿外科第三轮合作签约暨肿瘤规范化诊疗培训。

8月，水钢自发电完成10219万千瓦时，月度首次突破10000万千瓦时。

9月1日，水钢"深化百日质量提升，打造市场一流品牌"为出题的"质量月"活动全面启动。

9月3日，由国家税务总局六盘水市税务局主办，水钢承办的"凉都税企杯"乒乓球邀请赛在水钢成功举办，水钢代表队斩获桂冠。

9月2日，水钢党委副书记、总经理龙雨主持召开创文攻坚工作会。

9月4日，水钢召开"学巴钢、育文化、促发展"交流研讨会。

9月12日，水钢第二届职工技术运动会电工、钳工、焊工决赛拉开帷幕。

9月14日，水钢党委书记、董事长王建伟率队来脱贫攻坚壮大村集体经济结对帮扶村水城县猴场乡黄果树村进行调研。

9月16日，贵州省安全生产专项整治三年行动领导小组专家组组长李荣华带队，到水钢开展"两个清单"工作督导。

9月16日，水钢举行基础自动化技术实训"师带徒"签订仪式。

9月14—15日，水钢党委书记、董事长王建伟率队前往贵州钢绳集团、贵州高速公路集团、贵州交建集团等战略合作单位走访交流。

9月23日，由六盘水市总工会、市人力资源和社会保障局联合主办，水钢承办的2020年六盘水职工职业技能竞赛电工、钳工、焊工决赛在水钢举行。

9月25日，水钢20万吨金属制品异地改扩建项目一期工程竣工投产，水钢党委副书记、总经理龙雨，副总经理何友德出席投产仪式。

9月28日—29日，以"中西方歌剧鉴赏"为主题的"掌声响起"高雅艺术鉴赏走进水钢活动在凉都大剧院举行。

9月，在全国质量检验协会持续组织开展的2020年全国"质量月""企业质量诚信倡议"专题活动中，水钢喜获"全国质量诚信标杆企业""全国钢铁行业质量领先品牌""全国百佳质量检验诚信标杆企业"等多项荣誉。

10月1日—8日，"两节"长假期间，水钢铁钢材产量实现稳产高产，共生产铁93801吨，完成率102.18%；钢109244吨，完成率102.11%；材107328吨，完成率105.40%。

10月13日，首钢长钢公司副总经理郭新文一行到水钢围绕信息化建设等工作进行为期3天的调研交流探讨。

10月14日，贵州贵安商贸投资有限公司纪委书记、工会主席、副总经理黄海东一行到水钢钢轧事业部交流党建工作，相互对标学习"取经"。

10月16日，"拥抱5G·万物互联"——第四节华南废钢&废钢不锈钢产业交流会在广东佛山召开，博宏公司被授予"中国优质废钢加工配送基地"荣誉。

10月19日，水钢总医院召开新常态下新冠疫情防控工作培训布置会，对新常态下新冠疫情防控工作进行安排部署。

10月20日，水钢以2号转炉为中心的年修正式开始，本次年修共计13天。

10月23日，在中国人民志愿军抗美援朝出国作战70周年之际，公司领导带队入户慰问在水钢工作过的抗美援朝志愿军老战士，为他们送上由中共中央、国务院、中央军委颁发的"中国人民志愿军抗美援朝作战70周年纪念章"和慰问金。

10月23日，水钢与《炼铁交流》杂志社签订媒企战略合作协议。

10月24日，钟山区区委书记王赟一行来博宏公司年产50万吨加工配送现场调研。

10月24日，贵州省委副书记蓝绍敏到水钢调研，六盘水市和省直有关部门负责同志参加调研。

10月28日，新华社贵州分社党组书记、社长李自良、新华社贵州分社党组成员、常务副总编辑王丽一行到水钢调研。

10月29日，水钢与贵州乌江能源集团召开战略合作座谈会，会议本着"优势互补、互利双赢、共同发展"的原则，围绕钢材、水泥、清洁能源、金融等方面的战略合作事项作深入探讨与交流。

11月，在六盘水市2020年第三季度"身边好人·凉都榜样"评选活动中，水钢职工王述贤、郭承政、黄玉胜、刘桂珍4名职工荣登榜单。

11月9日，受六盘水市市长质量奖评审委员会委托，深圳市卓越质量研究院组长沈斌一行组成的评审组到水钢开展首届六盘水市市长质量奖现场评审。

11月18日，2020年六盘水冶金行业职工职业竞赛三工种（高炉炼铁工、转炉炼钢工、轧线调整工）决赛在水钢钢轧事业部初心广场举行。

11月18日，水钢双超发电项目锅炉水压试验一次成功，为锅炉部分下一个节点点火烘炉创造条件。

11月19日，首钢股份公司纪委书记关锴一行对水钢2020年全面从严治党（党建）工作进行检查。

11月19日，水钢公司召开三届三次职代会提案审查会议，对征集的职代会提案进行审查、审议。

11月，在2020年（第五届）钢筋关键技术创新与应用研讨会暨钢筋质量分级交流会上，水钢荣膺"钢筋品牌计划—重大工程建设榜样"榜单。

11月，在"第41次全省质量管理小组代表大会暨贵州省质量协会2020年年会"上，水钢荣获2020年"贵州省推进全面质量管理优秀企业"称号。

11月20日，在全国精神文明表彰大会上，水钢荣获"创建全国文明城市工作先进集体"称号。

11月23日，六盘水市总工会经济工作部部长漆俊一行到水钢对钢轧事业部"'恋钢'工匠场""张志华劳模创新工作室"，维检中心"材检车间工匠场""铁电车间自动化工匠场""烧检车间肖成国创新工作室"，博宏公司"米树志创新工作室"，职教中心"数控车工工匠场"进行验收。

11月26日，首钢集团对水钢开展全面从严治党动态抽查和督查。

11月27日，水钢第十二届"最美水钢人"故事宣讲暨颁奖典礼在水钢俱乐部举行，张琴、王辉霞、程芸、张世军、江金东、袁春梅、文安义、谢钦、王明忠、黄华海等10人获"最美水钢人"称号。

11月27日，六盘水市召开精神文明建设总结大会，博宏公司获评"2018—2020年度市级文明单位"。

12月6日，水钢技师学院选派8名选手出征第一届全国技能大赛。

12月7日，水钢召开2020年度法治能力提升暨法律风险防范培训工作会。

12月9日，辽宁省档案馆副馆长欧平一行到水钢调研"三线建设"相关情况。

12月14日，水钢铁产量完成341.63万吨，提前16天完成公司下达的340万吨铁产量年度目标任务。

12月15日，2020年六盘水市辐射安全应急演练在水钢举行。

12月17日，水钢公司举行第39次QC成果发表会。

12月18日，六盘水市委副书记、市长李刚到水钢调研3号高炉冲渣水和6号烧结环冷机取热点供热情况。

12月21日，贵州省召开全省文明建设表彰大会，水钢总医院获得"全省文明单位"荣誉称号。

12月25日，六盘水市人民政府与水钢召开地企共建座谈会。

12月29日上午，中共首钢水钢委员会三届六次（扩大）会在水钢酒店召开。

12月29日下午，首钢水钢第三届职工代表大会第三届全体会议在水钢俱乐部召开。

（杨 艳）

水钢公司铁焦事业部

【铁焦事业部领导名录】

部　长:罗晓岗

党委副书记(主持工作):刘　欣(12月任职)

党委书记:王为环(12月离任)

纪委书记、工会主席:代　红

副部长:雷仕江　肖扬武　刘　麟

副部长:丁　华(10月任职)

挂任部长助理:丁　华(10月离任)

部长助理:陈　军　吕春龙

(孙　涛)

【概况】　铁焦事业部由原炼铁厂和煤焦化分公司于2018年3月21日整合成立。主要设备有1350立方米高炉1座,2500立方米高炉1座,5.5米焦炉两座,265平方米烧结机两台及相应的配套设施。年产生铁能力350万吨,全焦100万吨,烧结矿567万吨。主要产品为炼钢用铁水,副产品为高炉渣和高炉煤气。化工产品主要有工业萘、中温沥青、高温沥青、改质沥青、粗酚、筑路沥青、沥青漆等20余种。下设高炉、烧结、炼焦、原料、料运、化产、备煤7个作业区和综合党群室、生产技术室、安全环保室、设备室、经营室5个科室,现有职工1491人,其中:专业技术人员241人,中高级技术人员192人,中共党员345人,女职工245人。

(王　月)

【主要指标】　2020年,铁焦事业部完成铁358.26万吨,焦炭97.63万吨,烧结矿595.29万吨,两座高炉生产创历史最好。铁产量比预算目标增产18.26万吨,同比增产16.67万吨;焦炭产量完成预算目标,同比增产2.06万吨;烧结矿产量比目标增产25.29万吨,同比增产32.45万吨。毛焦比完成443公斤/吨,同比降低7公斤/吨;烧结固体燃料消耗54.77公斤/吨,同比降低0.63公斤/吨。铁成本完成2459.11元/吨,同比降低4元/吨;焦炭成本1202元/吨,同比降低86元/吨;烧结矿成本938元/吨,同比上升60元/吨。化工产品改质沥青完成1.78万吨,粗苯0.49万吨,工业萘0.28万吨,蒽油0.61万吨。多元化经营收入190.94万元,实现利润144.92万元。实现主要污染物排放浓度和总量受控、环保指标受控,重大环境污染事故为零的环保目标。重大设备事故为零,设备完好率100%,高炉冲渣率99.04%,烧结机停机故障率同比降低0.27%,达同期最好水平。

(孙　涛)

【重点工作】　2020年,铁焦事业部攻克四号高炉出气流顽疾,高炉稳定创历史最好,铁产量超额完成任务;烧结产量实现再突破,炼焦稳定有提升;成本同比再降低,优化用煤用矿攻关成绩显著,外购焦采购跑赢市场。"铁肩担当"保落实,四号高炉同比增产19万吨,同比焦比降低20公斤/吨;"铁骨匠心"挖潜力,日产生铁突破1万吨,不断刷新纪录;"铁腕执行"抓制度,确保执行无差池,制度面前一视同仁;"铁血铸魂"抓文化,营造干事创业的氛围,打造对企业忠诚、与企业休戚与共的职工队伍。有针对性组织"铁烧焦"工艺等4次专项考察,选择参加行业前沿技术交流;以"职工大讲堂"为平台,组织考察人员上讲堂;邀请首钢专家、行业学者到铁焦指导工作,通过《炼铁交流》杂志,刊登铁焦信息,提升品牌形象。实施绿色行动,原煤堆场大棚、混匀料场大棚、焦化脱硫脱硝等10个项目环保项目投运。以"绿色高炉、绚丽焦化、活力烧结"创建为推手,打造8个样板区,9个标准化"四室",16个标准化库房。开展党员"五争先"、支部"四个一"以及"三提三创"主题实践活动,助推经营生产稳定顺行。

(王　月)

水钢公司钢轧事业部

【钢轧事业部领导名录】

副部长:王　劼(主持工作,7月任职)

部　长:胡友红(7月离任)

党委书记、纪委书记、工会主席:

　　胡友红(7月任职;12月离任)

　　王海益(7月离任)

党委副书记:郭　翔(主持工作,12月任职)

纪委书记、工会主席:郭　翔(12月任职)

副部长:吴　俊　龙明华(7月任职)

　　王　劼(7月离任)

部长助理:路　遥　熊　波　魏福龙

　　王涤资(12月任职)

党委书记助理:王涤资(12月离任)

主任工程师:伍从应 杨 延 蔡 冬

（王秀鹏）

【概况】 钢轧事业部由原炼钢厂和轧钢厂整合后于2018年3月成立。主要装备有900吨混铁炉1座（为节能降耗,已于2014年停用,采用"一罐到底"的铁水入炉方式）,100吨氧气顶底复合吹炼转炉3座、6机6流全弧小方坯连铸机3台、100吨LF精炼炉1座,以及3条棒材和一条高速线材生产线,年设计生产能力350万吨钢,330万吨材。主要产品有直径5.5毫米—直径20毫米高速线材、直径12毫米—直径40毫米热轧带肋钢筋及其他优质棒材。产品在国家西部大开发基础设施建设、城镇化建设、新农村建设等系列工程项目中被广泛使用。产品先后荣获国家冶金实物质量金杯奖、贵州省名牌产品、国家免检产品、全国用户满意产品,2015年、2016年连续两年荣获"白玉兰杯"最受欢迎优质建筑用钢品牌,2017年入选全国"重点工程建筑钢材推荐品牌"目录。企业先后获得"全国先进基层党组织""全国五一劳动奖状""全国模范职工之家""全国工人先锋号""贵州省绿化先进集体""贵州省厂务公开民主管理先进单位"等荣誉称号。下设5个职能科室、8个作业区。职工1416人,其中:研究生学历3人、本科96人、大专学历396人、中专以下学历921人;高级技师28人,技师124人,高级工744人、中级工168人、初级工32人;职工平均年龄43.96岁。

（王秀鹏）

【主要指标】 2020年,钢轧事业部全年钢产量完成400.4万吨,材产量完成386.03万吨;综合加工成本完成802.85元/吨,同比降低84.15元/吨。炼钢工序故障影响9170分钟,同比下降6.24%;铸机非计划停浇20次,同比下降41.18%;轧机作业率完成74.12%,同比提高0.89%。开展降低冶炼周期攻关,一次倒炉率（含不倒炉出钢率）达44.61%,同比提高25.21%;冶炼周期完成30.75分钟/炉,同比降低3.2分钟/炉,多产钢19.26万吨;废钢装入量从22.5吨提高到26吨左右,增加废钢用量,努力降低铁耗。铁耗完成889.63公斤/吨,同比下降15.33公斤/吨,多产钢6.82万吨,其中,9月份铁耗完成873.71公斤/吨,为2018年以来最好水平;轧机机时产量完成147.83吨/小时,同比提高5.5吨/小时。

（郑新泉）

【重点工作】 2020年,钢轧事业部全年钢、材产量同比分别增产24.12万吨,20.57万吨;有3个月钢、材产量分别突破平均日产历史记录,班产、日产31次刷新历史纪录,9月14日钢产量创日产13070吨佳绩,首次突破13000吨日产大关。通过技术进步和工艺优化提高品规产能,直径25规格两切分工艺实现日产4188吨的历史记录;进一步完善轧制工艺,特别是三棒直径12规格五切分投产以来,通过不断总结和优化,机时产量提高约28吨,日产提高约450吨,最高日产纪录达3605吨;锚杆钢两切分工艺步入正常化,直径18毫米规格两切分机时产量比单线工艺提高约62吨,直径20毫米规格两切分机时产量比单线工艺提高约55吨。炼钢工序获冶金企业安全生产标准化二级企业资质,38个班组通过班标验收;三棒冷床本质化安全成果获得贵州省机械冶金行业班组安全成果展示第一名;开展班组"一日一学"活动,累计参与危险作业取证114人。"工作室、工匠场"22项成果组织实施。承办水钢工匠里程碑"第二站"交流会,王万斌工作室（工匠场）获贵州省"劳模创新工作室"称号,二棒作业区"智汇+"工匠场获六盘水市"凉都工匠场"称号,文安义荣获"首钢之星"称号。在"抗疫·保产"双线战役中,涌现出胥鹏、严建新、侯毅等先进典型。

（吴向东）

水钢公司能源事业部

【能源事业部领导名录】
党委书记:龙国荣
部　长:李　庆（12月任职）
副部长:李　庆（主持工作,12月离任）
　　　　郑　雄（7月离任）　朱瑞芳（12月任职）
　　　　尹　红（12月任职）
部长助理:杨倩槟　尹　红（12月离任）
主任师:游　鹏　朱瑞芳（12月离任）

（冉梦婷）

【概况】 能源事业部主要承担水钢风、水、电、汽（气）等动力介质的生产与供应。现有制氧机4台、氧压机3台、氮压机5台、高温高压锅炉2台、中温中压锅炉7台、低温低压锅炉2台、汽轮鼓风机2台、电动鼓风机1台、中温中压汽轮发电机6台、高温高压发电机2台（其中18干熄焦发电机1台、60兆瓦富余煤气发电机1台)、烧结低温余热发电1台、煤气差压TRT发电机组2台、炼钢低压低温余热发电1台、高低压空气压缩机15台、15万立方米、16.5万立方米高炉煤气柜各1座、8万立方米转炉煤气柜1座、7万立方米焦炉煤气柜1座,比肖夫洗涤系统、干法布袋除尘装置各1套,混合煤气站1座,煤气加压机16台,电系统通过6回110千伏线路引入,厂区内110千伏总降压变电所4座,供水系统以确保全水钢工业生产用水、民用生活用水为目的,取水水源有大河水源、深井水源及污水回收,水泵站18座、深井1口。年生产电10.95亿千瓦时、蒸汽1699万吉焦、高炉鼓风480万千立方米、压缩空气50万千立方米、氧气36万千立方米,净化处理、输配高炉煤气647万千立方米,焦炉煤气51万千立方米,转炉煤气45万千立方米,供水量1.25亿立方米。具备独立完成煤气带压开孔作业,水质、汽质的化验及处理,润滑油和煤气的化验等工作。下设4个职能科室、7个作业区。职工833人,其中:研究生学历1人、本科学历65人、大专学历213人、中专以下学历663人;高级技师4人,技师37人,高级工600人,中级工107人,初级工15人。

(孟玮、宋超、柴标)

【主要指标】 2020年,能源事业部全年完成自发电量10.88亿千瓦时,自发电率62.71%,吨钢耗新水3.09立方米/吨,功率因数0.96,最大需量18.23万千瓦时,氧气放散率0.87%,内部模拟利润完成17665.15万元,超额完成5965.15万元。

(孟玮)

【重点工作】 能源事业部精心组织能源介质高效利用,实现经营生产效能稳步提升。实现自发电月产、年产均创历史新高。8月份首次突破1亿千瓦时大关,日均发电量329.65万千瓦时,同比增加1.05亿千瓦时,创效3788万元,创历史新高。针对高炉富氧20000立方米/小时要求,结合现有制氧机组产能有2000立方米/小时的缺口,及时采取精细化调整和信息传递,确保氧气不间隙性放散等措施,实现自2020年5月起高炉富氧均达20000立方米/小时的目标,创历史最好水平。组织降低新水消耗攻关,优化、调整大河新老系统运行方式,最大限度停运大河老系统,降低运营成本,全年实现吨钢耗新水2.9立方米,创效894.92万元。组织完成煤气柜、液氧槽等重大安全隐患有效整治。对公司及

上级管理部门查出的156项隐患,已全部整改;对事业部查出的1680项隐患,已整改1605项,75项按周计划推进中。出台《能源事业部管理(技术)人员考评末位淘汰方案》,考评主要看业绩。开展"三家"阵地建设,使党员、职工、青年都有固定活动场所,目前汽机、供电支部已完成。以"二泵站、井组"划归地方为契机,积极推进整合、转岗政策,实现2020年底在岗人员控制在824人的减员目标。

(冉梦婷)

水钢公司制造管理部

【制造管理部领导名录】
部　长:翟勇强
党委书记、纪委书记、工会主席:周奇荣
副部长:王　刚　李正嵩　顾尚军　蒙世东
部长助理:徐媄娜(7月任职)
主任工程师:李　燚　刘立德　毛　锐
　　　　　谢　祥　刘　欣(12月离任)

(董文文)

【概况】 制造管理部是水钢公司下属的复合部门,2018年5月,由原生产运输部、技术中心整合成立,主要承担水钢生产组织、物流运输、产品研发、工艺管理、科技管理、质量管理等职能。下设公司总调度室、综合党群室、科技管理室、质量一贯室、生产管理室、工艺技术(产品开发)室6个业务科室和铁焦质量管理站、钢轧质量管理站、理化测试室3个基层站室,现有职工190名,其中:高级技师3人,技师2人;高级职称19人,中级职称20人。

(董文文)

【主要指标】 2020年,制造管理部生产铁358.26万吨,完成年计划的105.37%,同比增产16.67万吨;钢400.4万吨,完成年计划的105.37%,同比增产24.13万吨;材386.86万吨,完成年计划的104.27%,同比增产19.44万吨。毛焦比442.75公斤/吨,烧结固体燃料消耗54.8公斤/吨,炼钢钢铁料消耗1079.38公斤/吨,炼钢铁水单耗889.63公斤/吨,轧钢综合成材率97.49%。

(刘阳飞)

【重点工作】 制造管理部依托独有的钒微合金化工

艺,水钢钢筋产品性能优良。组织预应力螺旋钢丝盘条等新产品开发,不断优化82B、镀锌钢丝、钢绞线等工艺。目前已具备生产HRB600螺纹钢、碳结圆钢、25MnV等高附加值产品能力。水钢通过APP销售模式,建立以直发模式对贵州全省的覆盖,直送终端遵余高速、都安高速、威围高速、贵阳地铁三号线等贵州省重点工程项目。参加中国质量检验协会"3·15""质量月"相关活动,水钢获得"2020年产品和服务质量诚信示范企业""全国钢铁行业质量领先品牌"、冶金工业信息标准研究院"重大工程建设榜样"等7项荣誉称号。荣获首届六盘水市"市长质量奖"荣誉称号。《绿色高性能制绳用钢的研制及产业化》获贵州省科技成果转化计划50万元资助,六盘水市研发经费后补助157.2万元。立项技术创新项目19项,投资2865.08万元,预计创直接经济效益3660.71万元。4个项目获首钢集团公司科技项目奖,其中《首钢水钢免酸洗高效钢绞线用钢的研制》获二等奖,22项公司级科技成果、188项合理化建议与技术改进项目获得表彰。申请专利14项,授权专利24项。与贵州钢绳集团签订《首钢水钢—贵州钢绳联合产品研发室合作协议》,加快建设冶金与金属制品行业产业联盟,促进金属制品产业升级。

(吴学林、张东升)

水钢公司物流仓储事业部

【物流仓储事业部领导名录】

部　长:胡友红(12月任职)
　　　陈　刚(12月离任)
党委书记、纪委书记、工会主席:温培华
副部长:赵红军　周庆兴(12月任职)
主任师:罗忠一(7月离任)
　　　冯德建(12月任职)
部长助理:周庆兴(12月离任)
　　　冯德健(12月离任)

(李世华)

【概况】　物流仓储事业部主要负责大宗原燃材料的输入和产品的输出,重点衔接铁、钢、材工艺,运输处理生产废料等工作,年运量1600万吨左右。下设综合党群室、生产保供室2个科室,机务车辆段、工电段、厂内站、炼铁站、炼轧站5个车间。目前内燃机车19台(其中

DF7G5197、DF7G5208为大机车,其余17台为GK1C型)。铁路道岔217组。厂内冶金车196辆,100吨平板车28辆,隔离车10辆,100吨救援轨道吊1台,16吨、32吨工务轨道吊各1台,挖掘机2台,50吨履带吊2台,装载机1台,电动遥控炉下对位机车2台。现有职工435人,其中:研究生学历1人,大学学历14人,大专学历89人,中专学历71人,技校学历81人,高中学历101人,初中学历77人,小学文化1人;具有从业资格2人,职称资格59人,副高级2人,中级3人,助级32人,员级22人;工程系列49人,政工系列7人,经济系列1人,其他系列1人。聘任41人。

(李世华、向幼生、谢　娜)

【主要指标】　2020年,物流仓储事业部全年完成铁路运输量1580.23万吨,三号高炉月均配罐正点率94.6%,四号高炉配罐正点率100%,加盖铁水罐开关盖率87.07%;重铁水运行正点率年均78.48%;实现外发产品计划兑现率100%、进出厂和厂际间物料上秤率100%目标。货车延时使用费"挂图作战"年度控制在365.3万元,较2019年度减少165.44万元;吨钢发生可控费用3.60元,较2019年度减少1.12元/吨钢。多元发展上,全年对外经营实现收入311.05万元、利润269.32万元;同比收入增加100.7万元,利润增加89.74万元。实现生产性人身伤害事故为零、急性职业危害事故为零的安全目标;实现环保污染事故为零、工业固体废物处理利用率100%、危险废物无害化处理利用率100%的环保目标。

(李世华、王延文、钱　利)

【重点工作】　2020年,物流仓储事业部主要根据水钢经营生产计划,合理平衡费用指标,边干边算控制费用,全年预算费用1801.78万元,实际发生1442.8万元,吨钢发生可控费用3.60元,节约358.98万元。机车自营大轮修6台。修旧利废轮对40条、摇枕41个等,节约155.08万元。送废钢铁1267.32吨。水城隧道病害治理(一期)工程施工,修建隧道外两侧排水沟298米、隧道内两边排水沟1109.8米,安装波纹板116米,处理渗水点213处。完成炼轧区域10号道口、8号道口联络线混凝土预制道口板置换。铁路线大修整治2083米、道岔大修3组。设计并实施高炉区域"问路式调车"可视化、检车作业"生命锁",在机车上安装列尾装置,矿渣道口和10号道口实现远程操控。分两批遴选5名内

燃机车司机参加国铁司机取证培训,其中1名通过理论和实操考试。制定下发《员工取证激励方案》《降货车延时使用费管理办法》等激励措施,推进工作上台阶。职工钱武《加盖铁水罐自动取电装置的研制》项目,在2020年全国钢铁行业职工技术创新成果展示交流暨"讲工匠故事,展劳模风采"主题活动中获二等奖。职工熊贤波领衔的"火车头"工匠场荣获"凉都工匠场"称号。结合实际创新开展"示范党支部""新时代党员先锋岗"创建、季度"新时代火车头之星""火车头班组"评比、"补短板、稳效益、促提升,推动物流仓储事业部高质量发展"解放思想大讨论活动、"修身律己、廉洁从严"主题实践活动。

(王延文、徐 波、向幼生、高艳霞、谢 娜)

水钢公司智能应用事业部

【智能应用事业部领导名录】

党委书记、纪委书记、工会主席:袁永偿
部　　长:阳　杰(7月任职)
副部长:阳　杰(主持工作,7月离任)
　　　　刘　丹　陈　强
部长助理:何　星(7月任职)

(朱 瑜)

【概况】 智能应用事业部于2002年由原水钢电器仪表修理制造厂和自动化公司合并成立,2019年6月更名为智能应用事业部,主要承担水钢各单位大、中型电机、变压器维护和修理;电话通讯、电视监控系统、对讲指令系统、宽带网、VPN等信息工程的规划、设计、建立及运行维护;进出厂物资的计量、厂际间物资计量,自动化仪表的安装、维护与检修,工业自动化控制系统的设计、施工,办公自动化设备的维护,测量设备检定,"8+1"信息化项目等工作。下设综合党群室、生产保供室、智能技术管理室3个科室,计量车间、自动(信息)化车间、制造修理车间3个生产车间。现有职工192名,其中:技师10名,高级职称3人,中级职称5人。

(朱 瑜、李霜霜)

【主要指标】 2020年,智能应用事业部检定、校准(集团)公司各类仪器仪表12187台/次,送检(集团)公司最高计量标准器具76台(套),完成4项水钢最高计量标准复查,确保水钢公司最高计量标准运行的连续性。

全年发生可控费用251.74万元,与挂钩钢产量考核指标预计为319.72万元相比节约67.98万元(含废旧物资充抵成本-33.96万元)。可控费用控制在0.8元/吨钢以内。伤害事故、生产操作事故、交通事故、设备事故、爆炸事故、火灾事故、职业病发病率为零。工业固体废物处置(利用)率100%;危险废物(含危化)无害处理(利用)率100%;生态环境污染事故零次。

(朱 瑜、陈 静)

【重点工作】 2020年,智能应用事业部持续推进操作岗位使用机器人,水钢机器人增至12台,优化人员8人,并将一、三棒机器人焊牌系统数据库与MES系统数据库信息交互,自动焊牌成功率达到设计要求。棒材生产线全部实现智能焊牌,自动焊牌成功率99.5%以上。强化自动化仪表维护,完善二棒加热炉PLC控制程序,PLC模块故障处理效率由5小时降低到0.5小时;完成厂际间焦2号皮带秤跑皮重校零点96次,快速处理电话故障389次,迁移电话144台,成功改造水钢视频会议系统,实现水钢视频会议系统与贵州省国资委视频会议系统高效衔接。成功攻克轧钢飞剪电机接线技术难题。完善公司固定式煤气报警仪现场检定装置、检定流程及作业指导书,补齐不能现场检定固定式煤气报警仪的短板。自制研发工具99件。采用与首自信签订师带徒协议方式,举办一期"首钢水钢基础自动化培训班"。启动第四届蓝海工匠工程项目,确立《信息终端集中管控》等10个项目,其中《信息网络安全运维的构建与实施》被列入水钢2020年管理创新重点培育项目。《首钢水钢二棒线自动焊牌机器人研发与应用》获"首钢科学技术奖"三等奖。学习首自信公司信息化运维模式,参照引进IT服务台模式,8月8日正式启用以来,处理事件管理1080条,问题管理144条,需求变更59条,需求发布82条,记录解决方案1080条。"信息化智能化"项目获市级安全生产专项资金40万元支持,并顺利通过市应急管理局对二棒线机器人安全专项资金项目验收。自制电机清洗区防护板,对废油抹布进行集中管理。按月召开党支部书记会,选定11项主题开展月度交流。完善党员"承诺、亮诺、践诺"管理模式。开展送党章、重温入党誓词,"亮身份、展风采"等主题党日活动。

(余兴念、李霜霜、王金生)

水钢公司维检中心

【维检中心领导名录】

党委书记、纪委书记、工会主席:吴永康

主　　任:王　林(7月任职)

副主任:王　林(主持工作,7月离任)　卢祖泉

　　　　王大兵(12月任职)　方　旭(12月任职)

主任师:黄　昇　汪　洪(12月任职)

主任助理:李　勇　王大兵(12月离任)

　　　　汪　洪(12月离任)

挂任中层助理:方　旭(12月离任)

(冷光亚)

【概况】　维检中心于2015年4月1日成立,主要承担水钢各种大型生产设备的维护和检修任务,是水钢精心打造的一支专业维检队伍。下设生产保供室、安全环保室、综合党群室3个科室,高检、焦检、钢检、材检、铁电、烧检6个车间。现有职工611人。其中:大专以上文化程度261人,高中、中专文化程度374人;高级工程师2人、工程师12人;技师、高级技师30人,高级工354人。

(冷光亚)

【主要指标】　2020年,维检中心完成大型同步检修2次,完成检修项目2444项。系统定修163次,完成检修项目7305项。临时检修完成项目6921项;开展联合点检609次,发现隐患1967项,治理1919项,完成率97.6%;实现轻伤、重伤、死亡事故"三为零"的目标;高炉设备故障影响时间123分钟,比2019年489.2分钟下降366分钟。烧结机设备故障影响2448分钟,比2019年1525分钟上升923分钟。焦化设备故障影响1713分钟,比2019年1564分钟上升149分钟。炼钢设备故障影响时间471分钟,比2019年460.9分钟上升10.1分钟。全年轧线故障时间控制在3800分钟/月内,三条轧线月度平均影响2824分钟,比2019年4条轧线月度平均影响3654分钟下降830分钟。

(冷光亚)

【重点工作】　维检中心以"红牌作战""奔马"班组评比为主要手段,以"四室一柜"整治改善为重点,以检修过程"规范化、标准化"为目标,以"两站一所"为突破口,6S问题点改善总计9569项,月度人均1.44项,改善亮点1555项、专项主题139个。566人取得水钢《危险作业安全管理培训合格证》,取证率91.44%。7个班组晋级达标班组,6个班组保级,23个班组中有22个通过安全标准化达标评审,达标率95.65%。电气焊工、电工(仪表工)、高处、煤气等取证人员比2019年有较大提升。承担《液压设备技术标准》《电气PLC技术标准》《风机设备技术标准》等通用设备标准的编制。《拦焦车极限开关改造》课题荣获2020年贵州省QC成果二等奖。申报合理化建议142项,评出奖励102项,《一种高可靠性高炉料流阀》《一种混匀堆料机的对中装置》《一种液力耦合器折卸装置》3项荣获国家实用型专利;《一种法兰垫片切割合金刀》等4项正在申办实用型专利。开展技师带项目活动,成立项目攻关小组,共立项31项,并进行总结提炼,印发《首钢水钢技师论文集》(维检专刊)。组织承办水钢第三季度精益TPM管理知识竞赛;先后选派40人到技师学院"何异彬技能大师工作室"、王永"凉都工匠场"等进行培训;在市电工、钳工、焊工职工职业技能竞赛中,荣获焊工二等奖2名、钳工二等奖1名、三等奖1名;职工李天华在全国电气点检大赛中荣获第17名;精心筹办"让工匠精神成为青年职业信仰走进维检中心"主题团日活动;先后荣获"首钢安全生产先进单位""首钢青年安全生产示范岗"等荣誉。

(冷光亚)

水钢公司市场采购部

【市场采购部领导名录】

党委书记:刘登其

部　　长:蔡　欣(7月任职)

纪委书记、工会主席:梁建康

副部长:蔡　欣(主持工作,7月离任)

　　　　龙明华(7月离任)　丁　勇(12月任职)

部长助理:欧阳习卓　周　宁(7月任职)

　　　　丁　勇(12月离任)

(王　俊)

【概况】　市场采购部是水钢大宗原燃材料采购的职能部门,主要承担原燃料、备件、资材辅料的采购、储存、供应管理工作,进口矿的采购和产品出口工作,阳光购销的组织开展和管理工作。主要采购品种有铁矿石、炼焦煤、燃料煤、备品备件、耐火材料及资材辅料等。下设8

个科室,现有职工 153 人,其中:高级职称 1 人,中级职称 32 人,初级职称 26 人。

(王 俊)

【主要指标】 2020 年,市场采购部进口矿跑赢市场 2.44 美元,降低采购成本 6385 万元;全年国内矿采购 166 万吨,环比增幅达 30%,刷新历史纪录;煤炭采购在贵州省减少产能 828 万吨的艰难环境下,依托本地资源不断供,拓展外围渠道保增量,全年采购贵州区域外资源 35 万吨,占比 18%,书写历史纪录。资材、备件全面进入"网购"新时代,实现 100% 线上采购,全年资材采购降幅 17.49%,节约资金 5250 万元;备件采购降幅 8.3%,节约资金 2077 万元。

(王 俊)

【重点工作】 2020 年,市场采购部积极应对疫情期间资源紧、运输难、价格高等挑战,紧急采购口罩 11 万个、测温仪 110 把、消毒液 3000 公斤、酒精 1000 瓶;正月初四紧急启动保产预案,赊销 1.5 万吨巴卡粉,持续加强与国有矿务局及民煤供应商沟通,保障用料需求;建立挂图作战表,定人、定责、定时、定点抓落实,3 月 20 日前备件 512 项、资材 296 项全部到货,保证同步检修正常进行。5 年以来首次通过中首采购 9 万吨杨迪粉;协调港口,收集 1.29 万吨底子矿进厂使用,创效 780 万元。实现跑赢市场 2.44 美元,降低采购成本 6385 万元。提高国内矿使用比例,消化进口矿价格上涨,提前锁定资源,赫章地区焙烧矿全部输入进厂,成功开发云南铁精粉,7 月开始焙烧矿、铁精粉配比分别从 6% 提升至 11%,全年采购国内矿 166 万吨,环比增幅 30%,刷新历史纪录。开发河南烧结煤、新疆喷吹煤、俄罗斯煤等 6 个新品种,缓解保产压力,平抑市场价格,11 月喷吹煤实现单月跑赢市场,全年采购贵州区域外资源 35 万吨,占比 18%,突破历史纪录。资材、备件实现 100% 线上采购,全年资材采购降幅 17.49%,节资 5250 万元;备件采购降幅 8.3%,节资 2077 万元。坚持"能拍尽拍、能上尽上"原则,其中首钢股份在线交易平台竞拍上线品种达 140 个,交易额 5.14 亿元,创效 2247 万元,实现竞拍金额和竞拍品种突破,创历史纪录。备件采购推行"缩短采购周期、拓宽采购渠道、实施线上采购"三大举措,全年备件采购 2.49 亿元,环比节约 1.51 亿元;全年吨钢辅材消耗 54.98 元,环比节约 5619 万元;持续加强对接港口优惠政策,全年港口达量优惠 1128 万元。全年

节支降费 2.19 亿元。推进精益 TPM 管理,改善 402 个问题点、15000 平方米库房,改善后标识明确、定位堆放、存取快捷,库房利用率提升 30%。清仓利库盘活闲置资产,年末库存减少 1706 万元。

(王 俊)

水钢公司销售分公司

【销售分公司领导名录】
经　　理:欧阳宇峰
党委书记:陈　刚(12 月任职)
　　　　　李贵荣(12 月离任)
纪委书记、工会主席:陈　刚(12 月任职)
　　　　　　　　　　郭　翔(12 月离任)
副经理:冯晓东　罗桂安(12 月任职)
经理助理:单雪春(7 月任职)
　　　　　罗桂安(12 月离任)

(张童瑶)

【概况】 销售分公司主要负责销售水钢钢材、煤化工副产品及气体产品,产品销售以贵州省内市场为核心,同时辐射西南、华中、华南、华东。下设综合党群室、市场营运室、仓储中心、贵阳经营部、昆明经营部、遵义经营部、六盘水经营部、综合经营部 8 个机构。现有职工 73 人,其中:内部职能管理部门 18 人、仓储物流人员 26 人、营销人员 29 人。

(张童瑶)

【主要指标】 2020 年,销售分公司产销率 100%,货款回笼率 100%,销售钢材 391.04 万吨、综合售价 3951.55 元/吨、直供比 60.85%,跑赢长材指数 1.06 个百分点,比较西南三家钢厂,对标价格高 27.7 元/吨。

(张童瑶)

【重点工作】 2020 年,销售公司以市场为导向,以创造客户价值为中心,以合同管理为主线,以改革创新为动力,围绕"立足省内、突破云南、做强终端、合理分流"的营销布局,持续优化营销要素,积极应对市场变化。克服疫情影响,实现 2 月份贵阳网价高于全国均价 228 元/吨,3 月份创下汽车运输量 128773 吨的历史记录。持续拓展渠道增量,昭镇市场从一单一议的工程直付入手,逐步形成稳定的客户渠道,年销量同比增加 3.37 万吨,增长 142%;都凯铜怀市场,自主开发铜仁、怀化、南

宁区域,年销量同比增加3.3万吨,增长86.5%。昆明经营部充分依托战略客户为支柱,借助"设库+直供"销售的优势,年销量同比增加23万吨,增长41.8%;优钢市场月度销量突破3000吨,刷新历史纪录。外围市场资源分流,初步打通川渝湘桂市场,共计分流资源7.35万吨,有效缓解省内销售压力。紧密衔接工程项目,成功中标隧道局镇七高速4万吨项目,新开辟贵金古高速17万吨项目和德余高速28万吨项目的直供渠道。

(张童瑶)

贵州博宏实业有限责任公司

【贵州博宏实业有限公司领导名录】

董事长:罗达勇

副董事长:郑德荣

董　　事:徐　涛

董　　事:刘银堂(11月任职)

职工代表董事:刘银堂(11月离任)

监事会主席:帅学国

监　　事:李明久

职工监事:李鸿娟

党委书记:罗达勇

总经理:郑德荣

副总经理:郑德荣(主持工作,7月离任)

　　　　刘银堂　杨忠学

纪委书记:黄东云(7月任职)

纪委副书记:黄东云(7月离任)

工会主席:黄东云

财务总监:徐国东

(奚宽俭)

【概况】　贵州博宏实业有限公司(简称"博宏公司")主要生产经营废钢回收加工配送、铁矿石、石灰石、轻烧白云石、白云石粉、活性石灰、冶金石灰、石灰微粉、水泥、矿渣微粉、钢渣铁渣及冷料加工、水渣开发、钢材加工配送、橡胶皮带、阻燃带、乙炔、氧气、炭黑、浓氨水、环保除尘、净水剂、机加工、印刷、煤焦矿石贸易、物流运输、铁路货站、疗养服务、旅游开发等。分布于六盘水、贵阳、安顺、遵义、昆明等地。资产总额14.21亿元。先后荣获全国优质废钢加工配送企业、中国优质废钢加工配送基地500强、全国"安康杯"竞赛优胜单位、贵州省2020年企业100强、贵州省节能减排卓越贡献奖、贵州省AAA级诚信企业、贵州省精神文明建设先进单位、首钢先进集体、首钢交通运输安全先进单位、六盘水市文明单位、六盘水市A级纳税信用企业等荣誉称号。现有职工1633人(含内退),其中:专业技术人员289人,高级专业技术职称3人,中级专业技术职称84人,初级专业技术职称202人。

(熊　锋)

【主要指标】　2020年,博宏公司生产水泥974623.61吨、熟料675190.36吨、冶金石灰499424.43吨、石灰石粉295352.76吨、白云石粉89220.34吨、轻烧白云石79715.12吨、氧气24419瓶、乙炔28706瓶、石灰石微粉29194.65吨、石灰制品25181吨、砂石325610.17吨、水渣1308620.31吨、废钢709569.8吨、磁选粉203300.17吨、渣钢40179.47吨、橡胶带153310平方米。水泥综合电耗92.09千瓦时/吨,熟料实物煤耗162.65千克标煤/吨,活性石灰活性度321.75毫升,氧化钙含量90.07%,普通石灰120立方米石灰活性度220.25毫升,氧化钙含量84.48%,120立方米石灰焦耗109.36公斤/吨,250立方米石灰活性度216.35毫升,氧化钙含量81.53%,250立方米石灰混合煤气单耗398.4立方米/吨,轻烧白云石MgO 30.11%,轻烧白云石焦煤耗133.30公斤/吨。全年累计实现营收26.65亿元,利润1812万元,超额完成目标任务。实现生态环境污染事故为零;排放废水、废气达到公司考核指标;工业水重复利用率100%;环保设施同步开动率100%;工业固体废物处置(利用)率100%;危险废物无害化处理(利用)率100%等环保管理目标。

(荆晓茜、熊　锋、张佳家)

【重点工作】　2020年,博宏公司轻烧白云石、活性石灰CaO、轻烧白云石MgO全面完成攻关指标;废钢采购多次实现价格不涨、保产不误、同比完成水钢对比指标。完成28项阳光平台物资采购,创效46.61万元。快速制定新冠疫情应急预案,启动防护用品生产线,生产加工防护用品20000个,助力复工复产;年产50万吨废钢采购加工配送入选国家工信部第七批《废钢铁加工行业准入条件》资质,进入贵州省重点项目库,6月份开始享受增值税即征即退30%优惠政策,主营废钢铁回收加工利用和水泥生产经营符合国家西部地区鼓励类政策,全年其他项目及工作争取到政策奖励500余万元;

投资 2229.5 万元,对石矿 120 立方米竖窑除尘系统、水泥厂原料堆放输送系统、冷料厂 50 万吨废钢切割除尘项目进行升级技改,对豆腐山区域进行环境整治,栽种树木 17098 棵,绿化美化 56216 平方米;实现管控达标排放,杜绝无组织排放,确保区域内空气质量达标。完成年产 6000 吨特种色素炭黑、2600 吨/月烟气脱硫石灰石微粉生产线等 4 个项目的固定污染源排污登记。重新办理石灰矿业分公司、水泥分公司新版排污许可证,积极争取环保税减免政策,将石矿原季度环境监测改为月监测,实现环保税减免政策的每月减免。采购废钢 70 余万吨,石矿按计划完成 120 立方米竖窑除尘升级改造。使用党组织工作经费 9 万元支持水城县营盘乡罗多村、蟠龙镇发贡村、猴场乡黄果树村开展"小康菜园"建设;15 个党支部与 3 个贫困村 15 户贫困户"一对一"结对帮扶;为钟山区保华镇、木果镇、二道坪村、奢旮村,以及水城县野钟乡等地无偿提供水泥 650 吨;为"携手扶贫济困、关注孤弃儿童"大型公益募捐活动捐款 41239 元。重点推进昆明水钢经贸有限公司破产清算,5 月组织召开第一次债权人会议,8 月宣告破产,并挂网公告。

（熊　锋、张佳家、奚宽俭）

贵州瑞泰实业有限公司

【贵州瑞泰实业有限公司领导名录】
　　党委书记、董事长:杨胜刚
　　经　　理:何孟超
　　纪委书记、工会主席:邹　伟
　　副经理:李亮斌　徐　雷
　　主任师:郑克勤

（詹洪芬、郭　华）

【概况】　贵州瑞泰实业有限公司(简称"瑞泰公司")是集环保建材产品生产销售;销售贸易;物业管理、工业清洗、布草洗涤;道路修建、大修、维护;重型机械作业、机电制造(备品件加工制作);双洞山泉饮用水生产销售;绿化美化工程施工与维护;酒店、餐饮、服务接待;幼儿教育、工业旅游、民用水电煤气供应、管线网安装和维护、环境卫生管理、安保、消防、生产物资保卫等一体的多元化发展的综合型企业。公司先后荣获国家级绿色工厂、贵州省"科技小巨人"、贵州装配式建筑产业基地、六盘水市海绵城市建材制品工程技术研究中心、"贵州省脱贫攻坚先进党组织"等荣誉,连续 4 年获六盘水市"A 级纳税信用企业"。下设 6 个部室、19 个分子公司。现有职工 601 人,其中:大专以上学历 202 人;专业技术 107 人,中级职称 26 人,副高 1 人,高级 1 人,助理级 62 人,初级 17 人。职工平均年龄 43.6 岁。

（詹洪芬、郭　华）

【主要指标】　2020 年,瑞泰公司经营收入完成 9.56 亿元;实现利润 1780 万元;国有资产保值增值率 445%;资产负债率 57%;职工收入稳步增长;全年安全无事故,环保达标。

（詹洪芬、郭　华）

【重点工作】　瑞泰公司召开 2020 年第六届科技大会,对 24 个科技项目、5 名科技带头人予以表彰,聘请省管专家 2 名;投入 1000 余万元资金,对环保建材公司加气砌块外观形象及质量进行攻关,召开公司级攻关会 13 次,最高日产 1250 立方米,具备年产 40 万立方米产能。加气砌块连续 3 次突破历史纪录;机器人项目在 12 月份投入使用;重新设计"双洞山泉"550 毫升瓶装水瓶型;沥青路面铺设采用新工艺,延长道路使用周期。共计获奖补资金 376.3 万元(已到位 277.5 万元);合理运用国家减税降费政策,减税降费 131.8 万元;积极争取社保费用减免政策,全年共计减免费用 540 万元。环保建材产品市中心城区市场占有率 80% 以上,威宁、纳雍等周边县市的年销售量 5 万立方米以上,占总销售量 30% 以上;销售贸易公司、贵阳分公司与发耳电厂、黔东电厂等大型企业开展业务合作,做大贸易体量;"双洞山泉"远销大连、上海、沈阳等地,整体产销同比增加 20% 以上。抽调 30 余人配合地方政府疫情期间执勤,向社会捐款 20 余万元,其中,疫情捐款 9.5 万元,留守儿童捐款 3.1 万元,退伍军人捐款 2.3 万元,为疫情防控提供瓶装水 500 余件,向鸡场镇箐头村委会捐助价值 3 万元产品;向海螺村采购农产品,提前预付资金订购大量生猪。成立产业扶贫领导小组,对丁旗镇郭其村进行产业扶贫,15 个党支部开展"百户"结对"一帮一"帮扶活动。掀起"风暴式"的应收款清收工作,对已停止合作且长期未支付的合作方进行清收,全年清收应收款 800 余万元。开展"企业文化"专题讲座、第六届文化艺术节系列活动。

（詹洪芬、郭　华）

水钢公司赛德建设有限公司

【赛德建设有限公司领导名录】

董事长:刘俊杰

董　　事:吴崇双(8月离任)　姚华强(8月任职)

　　　　张　欣(8月任职)　谢玉德(8月离任)

外派董事:徐　涛

职工董事:顾怀琴(10月任职)

　　　　许　琨(10月离任)

董事会秘书:喻荣玲(10月任职)

　　　　　鲁　维(10月离任)

监事会主席:李贵荣(12月任职)

　　　　　李明久(12月离任)

外派监事:帅学国

职工监事:郑昌勇

经　　理:姚华强(8月任职)

副经理:吴崇双(主持工作,8月离任)

　　　　谢玉德(8月离任)　熊家强

　　　　宋文军(8月任职)

党委书记:刘俊杰

纪委书记、工会主席:顾怀琴

经理助理:张　欣(8月离任)

挂任经理助理:刘国富(8月离任)

(喻荣玲)

【概况】　首钢水钢赛德建设有限公司(简称"赛德公司")系水钢公司下属的全资子公司,为独立企业法人实体,注册资金1.02亿元,是目前六盘水市具有国家房屋建筑工程施工总承包和钢结构工程专业承包"双壹级资质"的国家一级建筑企业,同时具备市政公用工程施工总承包、电子与智能化工程专业承包、环保工程专业承包、建筑机电设备安装工程专业承包、冶炼工程施工总承包贰级、电力工程施工总承包叁级;特种设备生产许可证(起重机械安装);预拌混凝土专业承包不分等级资质及"CMA"计量认证建筑检测等专项资质。拥有见证取样检测实验中心、商品混凝土搅拌站、轻钢加工生产线及各类工程吊装机械、运输设备。下设综合党群室、市场部、工程部、安全环保部;下属分公司为工程技术分公司、钢结构分公司、混凝土分公司、维保分公司、贵州精正检测公司、欣欣房地产开发有限公司(代

管)。先后荣获"贵州省建筑安全生产先进单位""全国安全生产施工安全优秀施工企业""全国优秀建筑施工企业"、贵州省优秀施工企业、贵州省建筑施工100强企业、贵州省科技小巨人企业、贵州省重点扶持100个建筑业骨干企业、首届贵州质量"金鼎奖"、贵州省AAA级诚信企业等荣誉称号,连续31年被贵州省授予"重合同、守信用"企业。现有职工195人,专业技术人员62人,其中:高级职称5人、中级职称26人、初级职称31人;技能人员74人,高级技师1人、技师4人、高级工43人、中级工22人、初级工4人;一级建造师执业资格证6人、二级建造师执业资格证21人;施工员、质量员、安全员、材料员、资料员、机械员、标准员、劳务员"八大员"建筑行业岗位41人。

(张文锐)

【主要指标】　2020年,赛德公司坚持"保生存、谋发展"主基调,聚焦"建设+制造+维保"产业定位,持续深化改革创新,厚植"五个赛德"品牌文化,实现营业收入3.53亿元、利润240万元。

(张万红)

【重点工作】　2020年8月,赛德公司经理层进行"瘦身健体"。"115米超大跨度钢网架安装单元拼装、累积滑移施工工法"获贵州省省级工程建设工法,《高性能钢渣混凝土的产业化技术开发及应用示范》通过贵州省科技成果应用及产业化计划项目的现场考察,《新型聚苯颗粒复合轻质墙板的研制》各项物理性能经第三方检测符合国家标准,市级科技项目《六盘水知识产权试点单位》顺利通过验收、"钢铁工业固体废渣综合利用重点实验室"立项挂牌获20万元经费支持。全年申报专利14项,获专利授权12项,其中发明专利7项,实用新型专利5项。该公司已累计获得国家发明专利16项、实用新型专利88项。全年累计获省市科技资助、专利质押贷款贴息补助等共计114.4万元。积极推行项目经理负责制,由项目经理自主搭建管理团队,以安全、质量、工期和利润为焦点,细化全要素过程管控,对项目从合同、实施方案编制到竣工验收审计、资金回笼全过程负责。在"双超"发电机组110千伏并网线路、贵钢3号物资库标准厂房建设等项目中取得较好效果。将有限资金用于企业发展和职工薪酬,全年职工工资发放同比增加56.97万元;劳务费同比降低28.9%,实现年初压减劳务费用支出20%目标。认真贯彻落实合同、印

章、授权、招投标"四项专项行动"要求,新增和修订健全完善规章制度 10 项。在偿还前期京西保理融资 5166 万元的前提下,向水钢借资 3000 万元,保证赛德公司正常经营运转。

(梅 涛、王 玉、张文锐、张万红、喻荣玲)

水钢公司离退休服务中心

【离退休服务中心领导名录】

党总支书记:杨安成

主 任:杨安成

副主任:陈端清 陈云凤

(李海迪)

【概况】 离退休服务中心的前身是水钢离退休干部管理处,成立于 1981 年 4 月 23 日,主要负责水钢离休干部、退休人员的管理服务和博宏公司、赛德公司退休人员的宏观管理。下设综合室、党群室、退休室 3 个科室,动力服务站、桃林服务站、综合服务站、贵阳服务站、鞍山服务站 5 个服务站。现有职工 22 人,其中:中级以上职称 7 人,大专以上学历 16 人。

(李海迪)

【主要指标】 2020 年,赛德公司按时发放养老金 749045290.23 元(其中统筹发放 633699874.86 元,非统筹发放 115345415.37 元),发放供养人员生活费 11739722.24 元(正退 9208040 元,内退 2531682.24 元)。办理由省社保拨付的全年离休干部津补贴生活费等共计 1943840 元,补发 2019 年度差额 260700.01 元;落实离休干部及建国前参加工作的老职工各类费用共计 294232.2 元。为 127 名职教幼教退休人员比照地方补差 4208946.2 元;发放家居农村轮换工 1374 人的医疗补助费 49428 元。

(李海迪)

【重点工作】 赛德公司根据《中共中央办公厅国务院办公厅印发〈关于国有企业退休人员社会化管理的指导意见〉》,拟定《水钢社会化管理工作方案》;公司党委 4 次会议审定移交方案,多次召开会议解决实际问题,组织人力资源部为档案制作做冲刺,公司办为移交团队开设绿色通道,审计风控部为移交把控法律风险;各党支部利用"三会一课""党日活动"等载体,为老同志讲形势、讲政策。完成 14988 名退休人员移交和 2983 名

党员的党组织关系的移交工作。抗美援朝出国作战 70 周年之际,水钢领导为抗美援朝老战士送去纪念章。申请离休干部医疗财政补贴离 300 万元,报销离休干部医疗费 140 余万元,退休厅级干部医疗费预计 31 万元。发放老干部、遗孀、新中国成立初期退休干部等特殊群体各类慰问金和困难帮扶资金 13.7 万元,看望生病住院离休干部及遗孀 100 余人次。认真核对退休职业病人员 86 人相关信息并做好宣传。"两节"送温暖 72 人 250700 元;公司级困难职工帮扶 7 人次 17300 元。发放困难退休职工生活救助 120 人次 42000 元、二级帮扶 306 人次 156900 元、困难职工家庭子女"金秋助学"8 人次助学金 12800 元。看望慰问生病住院离退休人员、困难党员、90 岁以上高龄、独居、孤寡老人 960 人次,开展调查、谈心、疏导工作上千人次。各党支部配合水钢总医院组织 200 余名退休人员进行前列腺癌、白内障免费筛查。组织第一期"水钢开放日"活动。

(李海迪)

水钢公司职教中心

【职教中心领导名录】

党委书记、工会主席:龙建刚

主 任:汤 哲

纪委书记、副主任:李健红

副主任:方俪滔

主任师:王伟林(12 月离任)

(王 勇、李 践)

【概况】 职教中心和"贵州首钢水钢技师学院""首钢水钢广播电视大学""首钢水钢中等专业学校"是 4 块牌子、1 套人员编制的培训、办学机构,党政班子成员同时兼任贵州水钢技师学院、水钢电大、水钢中专 3 所学校的领导职务。主要负责水钢职工教育培训计划的实施和开展技师学院、电大、中专的办学以及社会培训工作。现有职工 73 人,大专以上文化程度 70 人(其中研究生 5 人),专职教师 70 人(其中已聘高级职称教师 20 人,中级职称教师 19 人);技师学院、电大、中专在校学生 9300 余人。

(王 勇、李 践)

【主要指标】 2020 年,职教中心全年实现培训、办学收入 4142.60 万元(其中技师学院 1714.85 万元、电大

431.57 万元、技能培训 411.48 万元、内部培训 150 万元、其他收益 1434.70 万元),超额完成水钢公司下达的 2500 万元的收入考核指标及 3000 万元的收入攻关目标。获得各级各类专项资金 1058 万元。举办水钢内部职工线上线下培训 18 期 2394 人,举办农村致富带头人、建档立卡贫困户培训 995 人,面向社会开展特种作业人员、特种设备作业人员、安全管理人员等的取证、换证、复审等培训 4683 人,"两后生"培训 1497 人。

(王　勇、李　践、刘　毅)

【重点工作】 2020 年,职教中心在贵阳开办经开校区,通过合作办学扩大招生市场,全年技师学院招生 3552 人,现在校生 5630 人,实现《水钢职业教育"十三五"规划》提出的技师学院 5000 人办学规模目标。水钢电大招生 2308 人,在校生 3700 余人,以办学质量、专业优势赢得社会信赖。根据各系部专业特色增设数学、英语、美术等基础课程,通过学校数字化校园平台和腾讯课堂等教育平台,采用线上线下相结合方式,确保疫情防控期间"离校不离学,停课不停教"。按照"优绩分"管理办法对教学工作严格管理。选派 60 名教师 80 人次参加浙江机电职业技术学院、清华大学(继续教育院)等高校线上线下培训。承办第 46 届世界技能大赛贵州省选拔赛电气装置、电子技术两项目赛项,承办第一届全国职业大赛贵州省选拔赛装配钳工、电子技术赛项,技师学院获省优秀组织单位。在广州举办的第一届全国职业大赛暨第 46 届世界技能大赛全国选拔赛中,罗程成等 8 名同学代表贵州省参赛,何异彬等 6 名教师参与执裁。参加全国扶贫职业技能大赛贵州省集训选拔 7 个项目比赛,取得电工第 1 名,并代表贵州省参加全国扶贫职业技能大赛。参加全国第二届技工院校教师职业技能大赛,教师杨鑫获服务类三等奖。组织 3 组 7 人教师参加市中等职业学校德育主题网络课教学技能大赛,两组获二等奖,一组获三等奖。承办 2020 年市职工技能大赛、市职业院校职业技能大赛及水钢第二届职工技术运动会相关工种项目赛事。在疫情防控期间,通过送技术、送服务等方式为水城县经济开发区舞阳制衣公司等中小企业提供复工复产帮助。其中,帮助舞阳制衣公司停工停产的口罩生产线重新开动的新闻,在 4 月 24 日中央电视台新闻直播间播出。《2020 年度省级预算内基本建设投资六盘水产业转型升级示范区专项贵州首钢水钢技师学院产业升级实训中心建设项目》成

功获批,现正在实施一期钢结构实训楼项目建设。完成校园录播室建设、电子技术、电气装置、综合网络布线激光创客及茶叶加工生产线等 6 个项目专项资金的招投标及项目建设;技师学院获批省首批职业技能等级认定机构。

(卢　娅、张人钦、曾小一)

水钢公司总医院

【水钢医院领导名录】
院　长:周兴高
党委书记、纪委书记、工会主席:邵　军
副院长:田景玉　郭炯辉　张　敏
　　　　陈冀欣　马四海(5 月任职)
财务总监:葛　颂(5 月任职)

(李红娟)

【概况】 首钢水钢总医院有限公司(简称"水钢医院")是集医疗、教学、科研、预防、康复、急救于一体的现代化大型三级综合医院,现为北京大学首钢医院、中国医科大学航空总医院医联体成员单位,贵州省人民医院紧密型医联体、遵义医科大学附属医院医联体成员单位,贵州省第三人民医院帮扶医院;中国中医科学院广安门医院"李光熙名中医工作站",中国医学科学院肿瘤医院、首都医科大学附属天坛医院专科联盟成员单位;系华西医院远程会诊和继续医学教育平台医院,省内外多家医学类院校教学实习医院,省首批助理全科医师规范化培训基地,以及各级各类医保定点协议医疗机构。编制床位 800 张,开放床位 782 张。下设临床科室 31 个、医技科室 6 个、机关后勤科室 21 个。胸痛中心通过国家认证;中医康复科为全国综合医院中医药工作示范单位、省中医重点专科建设项目单位;泌尿外科、心血管内科为市首批医学重点学科建设单位;六盘水市临床质控中心 5 个。各类专业技术人员 916 名,副高以上职称 69 名,博士 23 名,博士生导师 8 名。北大首钢医院、贵州省人民医院、遵义医学院附属医院专家 23 名。拥有现代化的百级、千级和万级手术室、重症监护病房(ICU),先进的诊疗设备如 1.5T 核磁共振成像系统、64 排螺旋 CT、数字减影血管造影系统、动态 DR、多功能彩超、电子内窥镜系统、直线加速器、全自动生化分析仪等,以及影像一体化诊断中心、PACS、HIS 等较为完善

的医院信息管理系统。相继荣获全国人文品牌创新医院、全国钢铁行业"青年文明号";全省精神文明建设先进单位、全省文明单位;全市卫生系统先进集体、六盘水市行风建设先进集体、市精神文明建设工作先进单位等荣誉。

（李红娟）

【主要指标】 2020年,水钢医院在抗疫情、保运营双重考验下,实现收入35143.14万元,同比增加888.82万元,增长2.59%;利润1365.59万元,同比减少39.30万元。实现门急诊238838人次,同比增长1485人次,上升0.63%;入院26568人次,同比减少1984人次,下降6.95%;出院26598人次,同比减少1845人次,下降6.49%;住院手术台数6182台,同比增长334台,提高5.71%;病床使用率93.61%,同比下降7.08%;病床周转次数34.01次,同比下降2.36次;平均住院天数9.86天,同比增长0.02天。

（李红娟）

【重点工作】 2020年,水钢医院抗击新冠肺炎疫情工作得到国务院应对新冠肺炎疫情联防联控工作机制第二十三工作指导组以及省、市、区政府、行政管理部门的高度认可和充分肯定。8名援鄂医务人员获贵州省记功奖励,5名医务工作者因表现突出火线入党。与北大首钢医院泌尿外科进行第三轮合作签约;与遵义医科大学附属医院急诊科实现"两院一科"管理新模式。中医/康复科省级中医重点专科顺利通过验收;遵义医科

大学教学医院落户总医院,六盘水市房颤防控创新人才团队建设在总医院启动;市区内首家电子发票在总医院上线。承办国家、省、市级各类学术交流活动26场;承办贵州省2020年首届中药师职业技能大赛六盘水选拔赛,并荣获团体一等奖。承办水钢公司第二届职工技术运动会医务人员技能竞赛,省机械冶金建材工会授予ICU团队程贵玲等4人"技术能手"称号。开展新项目46余项3053例。脑科中心成功救治2个多月大脑积水宝宝,创省内最小年龄纪录。消化内科开展首例内镜下逆行阑尾炎治疗术(ERAT),实现不开刀治疗急性化脓性阑尾炎,达到国内先进水平;普外科开展超声下甲状腺结节穿刺填补六盘水市空白。荣获"全省文明单位"荣誉称号;在2020年度中国医院人文品牌峰会上,总医院荣获"人文创新医院"和"人文创新案例"两项大奖;在第五届中国胸痛中心质控大会暨中国医学救援协会心血管急救分会年会上,总医院荣获中国胸痛中心表彰;中国前列腺癌联盟授牌,前列腺癌诊疗一体化中心落户总医院。陈祎荣获贵州省"向上向善"优秀青年,曾恕娟荣获贵州省护士岗位技能竞赛二等奖,夏仁海、徐康荣获贵州省第三届"百名优秀医生"称号,3人荣获"首钢劳模"称号,王儒柏等10人荣获"凉都好医生"称号,王声飞等10人荣获"凉都好护士"称号,援鄂医生张琴荣获"最美水钢人""贵州省抗击新冠肺炎疫情先进个人"称号。

（李红娟）

首钢长治钢铁有限公司

【首钢长钢领导名录】

董事长:贾向刚

董　事:李怀林　张振新(7月离职)
　　　程向前(7月任职)　杨富进
　　　陈　波(职工董事)

监事会主席:王中华

监　事:李国庆　杨俊祥(职工监事)

党委书记:贾向刚

党委副书记:李怀林　王春生

纪委书记:王春生

工会主席:王春生

总经理:李怀林

副总经理:郭新文　李　明　程向前

总会计师:张振新(2月离职)

总经理助理:周剑波　冯云林

（张　玲）

【综述】 首钢长治钢铁有限公司（简称"首钢长钢"）前身为故县铁厂，始建于1946年，是中国共产党在太行山根据地亲手创建的第一座红色钢厂，曾为新中国解放和建设事业做出过重要贡献，被誉为"共和国红色钢铁的摇篮"。2009年8月与首钢集团联合重组，成为《钢铁产业调整和振兴规划》颁布后国有钢铁企业首例跨地区联合重组成功典范。

主要设备有：65孔6米炭化室捣固焦炉2座、200平方米步进式烧结机2套、1080立方米高炉2座、80吨转炉3座、80吨LF钢包精炼炉2座、方坯连铸机5机5流1台、方坯连铸机6机6流2台、异型坯连铸机4机4流1台、棒材生产线1条、高速棒线复合生产线1条、高速线材生产线1条、H型钢生产线1条，以及熔剂、动力、发电、制氧等公辅设施。

长钢实行董事会领导下的总经理负责制；设规划发展处、计财处、生产技术处（能源管控中心/技术中心）、新产品开发部、设备处、安全处、环保处、公司办公室（党委办公室/董事会办公室）、人力资源处（党委组织部）、党委宣传部（与党校/职工培训中心/技工学校合署办公）、纪委、效能监督办公室、信访办公室、法务审计处、工会/团委15个职能管理部门；炼铁厂、炼钢厂、轧钢厂、熔剂厂、动力厂、运输部、计控室、质量监督站、采购中心、销售中心10个钢铁主流程单位；焦化厂、武装保卫处、创业服务中心、离退休管理中心、后勤服务中心、医院、太原办事处7个非钢及后勤辅助单位；长治钢铁（集团）瑞昌水泥有限公司、长治钢铁（集团）锻压机械制造有限公司、长治市长钢工程建设有限公司、北京金长钢贸易有限公司、长治市华利信贸易有限公司、深圳龙隆国际贸易有限公司、上海臣诚国际贸易有限公司7个子公司。

2020年底，长钢在岗职工6349人，其中：含博士在内研究生学历69人、本科学历1426人、大专学历1708人、中专及以下学历3146人；高级职称119人、中级职称654人、初级职称808人；高级技师226人、技师645人、高级工1740人、中级工219人；职工平均年龄43岁。

2020年是"十三五"收官之年，也是长钢在疫情大考面前彰显政治和社会责任担当、创造非凡业绩的一年。这一年，长钢坚持疫情防控与经营生产"两手抓、两不误"，保持战略定力，统一思想共识，首次在两座高炉生产条件下突破300万吨钢生产能力；提前两个月完成年度经营目标任务；主要工序成本行业排名首次全部进入前十；环保绩效评级获得B-级；高炉利用系数等14项指标62次创历史最好水平。

（李 彤、李昊欣、张宏伟）

【主要指标】 首钢长钢全年产铁255.46万吨，比2019年增长19.57%；产钢300.65万吨，比2019年增长19.32%；产材285.50万吨，比2019年增长14.23%；焦炭129.09万吨，比2019年增长7.29%；实现主营业务收入103.85亿元，利润总额4.69亿元。全年自发电量8.03亿千瓦时，自发电比例65.92%，比2019年提高4.75%；焦炭、生铁、低合金坯、三级螺纹钢制造成本行业排名分别为第3位、6位、8位、8位，比2019年前进4位、1位、4位、7位，首次全部进入行业前十。

（明月霞）

【安全管理】 首钢长钢持续推进安全生产标准化建设，炼铁厂等10个单元取得安全生产标准化二级企业证书，39个班组完成安全标准化班组达标创建工作；深入推进"双重"预防体系建设，建立岗位隐患排查标准清单，辨识各类风险9601处，制定管控措施10091项；开展不同形式安全教育培训57项，培训人员8273人次，1034人次接受"VR"安全教育体验，编制印发5500份"话说安全"手册；实施煤气排水器更新等9个本质化安全项目，有效防范化解较大风险；开展有限空间专项整治攻关，消除有限空间作业风险53处，降低风险131处，降低作业频次51处，减少作业人数47处。

（史旭刚）

【环保管理】 首钢长钢投入4.8亿元，建成投运烧结脱硫脱硝、无组织排放管控信息平台等40项超低排放项目和141套空气质量检测设施，建立污染源排放清单，实现重点污染源全覆盖、无死角实时监测管控，超低排放项目一次性通过省专家组验收，环保绩效被评定为B-级；列入集团公司管控12项绿色行动计划任务全部完成，"学习强国"平台对长钢环保工作进行推介，被中国冶金报评为"2020年绿色发展优秀企业"，热轧光圆钢筋、热轧带肋钢筋、热轧H型钢产品首次获得二星级"绿色产品"认证。全年颗粒物排放量比计划降低323.5吨，二氧化硫排放量比计划降低573.09吨，氮氧化物排放量比计划降低616.19吨；共通过各级环保检查102次，其中国家级检查5次、省级检查8次、市级检查 47 次、区级检查 42 次,均未出现环保通报和处罚。

(牛虎钢)

【设备管理】 首钢长钢强化点检定修和预防性维修,根据设备的重要程度、使用频率、任务类型,在主要工序实行点检定修机制,将岗位点巡检与专业点检有机结合,检修计划兑现率 92%,非计划停机率 1.01‰。推进"全优润滑",对 159 个液压站达标评比,查处漏点 838 处,在用油品全部实现国产化,油品消耗比 2019 年降低 150 万元;实施供电系统小电阻接地改造,电力系统安全性进一步提升。

(李 彤)

【能源管控】 首钢长钢采用竞争性直供电交易机制,实现直供电全电量交易,最大限度降低电费支出,全年直供电交易 6.7 亿千瓦时,减少电费支出 3645 万元;有序推进高能耗电机淘汰,更换节能电机 1203 台(套),年可节电 450 万千瓦时,为实现源头"减量化""节约化"用能创造条件;实施 10 千伏配电网系统小电阻接地改造项目,大幅提高电力系统安全运行水平;科学合理平衡煤气和蒸汽资源,建成投运 45 吨锅炉,有效缓解煤气阶段性富余问题;专项整顿工业污水、辛安水系统,实行限额排污,吨钢综合能耗比 2019 年降低 8.37 千克标准煤,电耗降低 11.7 千瓦时,新水消耗降低 0.52 立方米。

(赵全文)

【三个跑赢】 首钢长钢原燃料采购跑赢市场,日照、岚山港铁路运费比基准价降低 32 元/吨,节省物流费 2150 万元,外矿跑赢普指 8.08 美元/吨,比计划提高 3.08 美元/吨;加强与山焦等大型煤企战略合作,直采比例 77.03%,国内采购跑赢行业 0.76%,炼焦煤采购成本行业排名第 3 位。钢材销售跑赢行业,供应郑太高铁 13 万吨钢材,向雄安新区供货 20 万吨,成为山西省首家供货雄安新区的企业;直销比例 70.70%,比 2019 年提高 5.31%,钢材价格跑赢行业 1.1%,销售单利 215 元/吨。降本增效跑赢自己,降本增效任务增加至 3 亿元,全部工作增效 3.55 亿元,吨钢增效 118.08 元,超计划 18.08 元。

(张 纲、靳 洁、明月霞)

【信息化建设】 首钢长钢将信息化融入采购、销售、财务、计质量等专业,3 月 15 日钢材产品标牌增加二维码信息打印,实现一物一码内部流转和外部追溯防伪管控。4 月将首钢电子采购平台与 NC 系统、欧冶采购平台对接,实现从招投标到合同签订、订单协同流程闭环,进一步扩大采购寻源范围,降低采购成本,缩短采购周期。9 月对无人值守一卡通计质量管理系统升级改造,实现企业门禁管理与长治市重污染天气应急车辆管控平台对接。

(张小刚、冯 烨、刘 峰)

【直轧改造】 首钢长钢 7 号连铸机提拉速直轧改造项目,采用热送直轧工艺,可免去加热炉二次加热铸坯环节,实现"方坯连铸—直接轧制"的钢轧一体即铸坯热送直轧高效化生产流程,可节省大量煤气,减少 SO_2、NO_x、粉尘等污染排放。8 月 25 日直轧改造正式实施,9 月 8 日一次性热负荷试车成功;月直轧率最高达 32.3%,日最高达 80.9%。

(杨 霖)

【新产品开发】 首钢长钢成立新产品开发部,制定品种钢研发工作方案和激励机制,产品开发实行独立经营、核算,搭建起公司和二级单位"两级"产品研发体系;开展优质 45 钢、合金结构圆钢、低成本焊线钢等 11 项新产品研发课题攻关,开发生产 5 大类 8 个品种 13 个规格 8.9 万吨品种钢,完成全年计划的 143.98%,产销率达 100%,实现利润 1720 万元。

(宋 健)

【TPM 管理】 首钢长钢持续推行 TPM 管理,合理有序推进"1"阶段设备微缺陷治理工作,7 月 23 日,33 个评价单元全部通过"1"阶段验收并转入"2"阶段。开展发生源和困难部位"两源"治理工作,共发现问题 1216 项,整改 1096 项。TPM 工作开展以来,生产现场管理实现由"乱"到"治",设备管理逐步由"事后维修"向"预防维修"转变,累计发现整改问题 13.7 万项、设备微缺陷 48000 余项,发掘"亮点"项目 12974 项,设备非计划故障率降低 28%、盘活闲置资产 2526 万元。

(李海洋)

【小指标竞赛】 首钢长钢挂图作战开展"小指标"竞赛,通过小指标完成保大指标提升。炼焦工序严格按照 126 炉/日组织生产,焦炉利用系数达 96%;炼铁工序强化高炉稳顺管控,八、九高炉分别已稳定顺行 1748 天、1565 天,高炉利用系数行业排名第 12 位,九高炉利用系数连续行业排名前 10 名;炼钢工序学习重钢降铁水消耗经验,月最好水平达到 837.21 千克/吨,转炉作业率 89.83%，比 2019 年提高 8.72%，其中 1 月份达 92.03%，为新区两座高炉生产以来最好水平；轧钢工序优化高棒倍尺剪控制、提升高线精轧机轧速、实施棒材冷剪改造，机时产量 126.15 吨/时，比 2019 年提高 5.85 吨/时，实现连续 4 个月进步，其中 4 月份机时产量达到 131.51 吨/时，创历史最高水平；炼焦煤采购成本 8 个月行业排名保持第 3 名。

（马力红）

【专利授权】 首钢长钢《以稀油为润滑剂的自动授油装置》《一种连续肋锚杆钢及其制备方法》等 52 项专利取得受理通知书；《一种带肋钢筋热轧夹送辊》《高速棒材倍尺剪后摆杆电缸控制系统》等 24 项实用新型专利取得授权；《一种高炉喷吹煤粉的装置》《一种热轧带肋钢筋四切分进口导卫在线对中装置》《一种用于焦炭的配煤》《一种热轧带肋钢筋的生产方法》4 项发明专利取得授权。

（桑海宁）

【管理创新】 首钢长钢提炼总结管理创新成果 46 项，荣获集团成果奖 3 项，冶金行业成果奖 1 项，山西省创新成果 3 项。其中《依托能源管控中心平台实现节能降耗》荣获第十九届中国钢铁工业协会创新成果三等奖；《基于岗位责任体系的内部风险控制应用与实践》分别荣获集团 22 届创新成果一等奖、山西省第七届企业创新成果一等奖；《国有企业向高风险防范单位推行派驻监督工作机制的创新与实践》《推进文化深度融合的实践与思考》荣获集团 22 届管理创新成果三等奖；《"一基两线双回归"中层干部闭环培训》《钢铁企业"项目制"内部市场化运行机制的建立与实施》荣获山西省第七届企业创新成果二等奖。

（秦　娜）

【群众性质量活动】 首钢长钢推荐 8 个优秀 QC 小组、3 个质量信得过班组参加各级质协评比，1 个小组获"全国优秀 QC 小组"荣誉称号；3 个小组获"山西省优秀 QC 小组特等奖"荣誉称号，1 个小组获"煤炭行业 QC 小组特等奖"荣誉称号，4 个小组获"山西省优秀 QC 小组三等奖"荣誉称号；1 个班组获"山西省质量信得过班组特等"荣誉称号，2 个班组获"山西省质量信得过班组三等奖"荣誉称号。

（桑海宁）

【制度管理】 首钢长钢围绕"规章制度、风控手册、权力清单"三位一体的规章制度体系，持续从制度体系完善、制度效能保障与充分发挥等方面着手，围绕企业法人治理结构，建立健全党委会、董事会和经理层工作规则审议和决策事项清单，建立健全违规经营责任追究制度。全年累计颁发规章制度 100 项，其中新定 38 项、修订 62 项，废止制度 97 项，现行规章制度共计 270 项，其中一级制度 19 项，二级制度 206 项，三级制度 45 项；涵盖组织制度管理、战略投资管理、财务管理、人力资源管理、社会责任管理、内部监督管理等 17 大类。

（秦　娜）

【"三清晰三到位"】 首钢长钢在坚持对典型案例专项调研的基础上，长钢"三清晰三到位"岗位责任体系建设逐步向单位突出问题、专业管理短板"开刀"，选择厂矿代表焦化厂、专业代表设备处，通过现场岗位跟踪写实、走访询问、分析研判三个步骤环节，创新性开展从厂处长到普通职工四层级的现场跟踪写实调研，梳理焦化厂 9 类 34 项问题、设备处 4 类 19 项问题，提出 11 项整改措施。持续完善"双基"题库，试题数量由 376 套 7 万题扩充至 535 套 13.6 万题；常态化开展全员"双基"考试，参考人数 5900 余人，及格率 97.3%。

（李　丽）

【学巴登钢厂】 4 月起，首钢长钢持续开展"学巴登钢厂，促长钢发展"大讨论，在干部职工中形成"巴登钢厂的路，就是长钢今后要走的路"的思想共识，激发"巴钢能做到的，长钢也一定能做到"的奋斗热情，并在"三创"经验交流会上得到集团公司的充分肯定。制定下发"学巴登钢厂，促长钢发展"管理、技术创新工作方案，设立基层单位创新基金，全年立项《"跑赢市场"指标引入成本考核的探索与实践》等 56 项管理创新课题，《基于岗位责任体系的内部风险控制》等 4 项成果荣获省级、行业级奖励。坚持对标巴钢"可比之处"，真学巴登"可学之长"，深入开展"学巴钢经验·促指标提升"工作，自上而下建立起党组织书记为第一责任人的领导机构，从政治上保障、思想上引导、组织上推动；自下而上建立起"金字塔"式的指标体系，以基层小指标的持续进步保障厂级大指标和公司经营效益的不断提升。

（王　婷、贾慧娟）

【人才建设】 首钢长钢强化人才梯队建设，选派 2 名青年骨干参加集团公司中青年领导人员培训班，33 名青年业务骨干参加长钢青年骨干班培训，招聘 84 名应届毕业生充实关键岗位。推进高技能人才建设方案，初步形成从初级工、中级工、高级工到技师、高级技师的技能人才分层分级培养体系，为技能人才能力提升提供广阔平台；获批山西省首批职业技能等级认定企业资格、山西省首批社会培训评价组织资质，牛旭红技能大师工作室获批国家级技能大师工作室，开展职业技能鉴定和职业技能等级认定试点工作；"一所一站一试点""一基地一大师工作室"落户长钢，打通各类人才成长通道。

（李昊欣）

【人才培养】　首钢长钢党员干部培训坚持党员全员轮训常态化、青年人才培训常态化，全年共举办专题讲座和专题报告93场，组织研讨20场，累计培训393人次，合计课时680个；在吸取前三期青干班办班经验的基础上，举办一期青年骨干培训班。开展职工培训166项，培训职工8611人次，其中内培134项8369人次、外培32项242人次，培训计划完成率98%；完成集在线培训、考试、归档、管理统计于一体的线上培训考试系统建设。有序推进省级高技能人才培训基地项目建设，组建专业师资库4个，开展技术技能培训1168人次，其中高技能人才613人次；持续开展企业新型学徒制培养工作，自主开发企业文化、职业素养、工匠精神、安全生产4门线上教学课程，组建职业素质课教学班级37个，线上课件发布总时长11840分钟，学徒线上学习任务完成率和考核合格率均达100%；选拔企业实训导师115名，提炼典型工作任务近600个，开展岗位实训1326次，平均每名学徒完成10—12个典型工作岗位实训任务；申报并获批山西省2020年度企业新型学徒制培养计划179人。

（陈　璞、冯燕玲、宋　军）

【职工提素】　首钢长钢深入开展班组经济技术小指标上台阶竞赛活动，组织11个单位140余个班组39项指标开展竞赛，全年获奖指标230项/次，获奖班组223个/次；"五小"竞赛活动立项49项，创效6037.16万元，10项成果获长治市"五小"竞赛成果奖，长钢连续6年获长治市优秀组织奖；4名职工在第三届长治技能大赛中被授予"太行技术能手"荣誉称号，其中1人获大赛一等奖，3人获大赛三等奖；推进互联网+建设，17个单位3386名职工参加网上练兵活动，参与人数比2019年增加50%；10个职工创新工作室受上级授牌，其中国家级技能大师创新工作室1个、全国钢铁行业示范性职工创新工作室1个、长治市级职工创新工作室1个、长治市级职工创新工作岗2个、首钢集团职工创新工作室5个。

（赵奎东）

【择优升级】　首钢长钢以完善通道建设、优化人才梯队、配套激励机制为重点，制定下发《首钢长钢2020年三支人才队伍激励机制实施方案》，成立机关评聘委员会，开展专业技术管理系列晋升横评，完善择优晋升机制；建立专业技术管理系列职称与职业资格对应关系，拓宽晋升条件。一季度有序稳妥完成择优升级工作，4月完成各单位择优升级审核和择优晋升增资兑现，全年择优升级1881人，月增资25.57万元。

（郭　进、李昊欣）

【疫情防控】　首钢长钢党委面对突如其来的新冠肺炎疫情，第一时间进行周密部署，加强与政府部门、集团公司的信息互通和请示报告；大力实施宣传引导、医疗防护、社区防控、后勤保障四大行动，取消大规模集体活动、精减会议、调整职工返岗上班时间和日常考勤方式，层层严防死守；为职工配发23.2万只防护口罩、2500瓶酒精消毒液、32把体温枪，对外来人员实行严格管控，实现职工家属及医护人员"零感染"目标；积极争取当地政府政策支持，累计享受稳就业、保就业减免税费及政策补贴3400余万元。

（贾慧娟）

【党建工作】　首钢长钢以基层党组织书记例会和"夺旗"竞赛为载体，对月度重点工作实行汇报交账闭环管理，实现党建与经营生产的深度融合。全年开展4次党建"夺旗"竞赛活动，评选出20个优秀党组织和4个后进党组织；制订下发18项组织专业制度，着力加强基层党组织规范化建设，销售中心党支部和八高炉党支部荣获首钢"创新引领"和"攻坚克难"品牌党支部，是外埠企业唯一一家两个党支部获此殊荣的单位；创新开展"党员思想汇报"工作，全面系统了解党员思想状况；以骨干党员示范培训和基层党组织自训相结合的方式开展在职党员轮训，集中轮训骨干党员130人（基层培训400余人），强化骨干党员的党性修养和角色担当。

（王晋芳）

【纪检监察】　首钢长钢完善派驻监督机制，派驻纪检组长找病灶，促落实，共发现问题22个，提出监督工作建议24条；严把党风廉政意见回复关，共回复党风廉政意见 278 人次;运用四类方式处置问题线索 11 件,运用监督执纪"四种形态"批评教育帮助和处理 63 人,考核 64 人次;开展送党规党纪下基层宣讲教育活动,为 35 个单位近 3000 名党员讲解 60 余场共 200 余课时,实现宣讲全覆盖;推进纪检监察体制改革落实落地,内设纪检机构 4 个,组织修订完善 6 项配套制度;深化落实效能监督工作制度,全年共立项 31 项,全部达到预期目标,下发效能建议书 20 份,提出监督建议 90 条,完善制度 23 项,考核 10 人次,避免经济损失 258.55 万元;报送的 3 篇调研报告分获集团公司纪检系统一、二、三等奖,长钢纪委荣获"优秀组织单位"和 2020 年"先进纪检监察组织"称号。

(申红岗)

【企业文化】 首钢长钢编制完成企业文化建设"十四五"规划纲要,持续推进《首钢长钢企业文化手册》落地;对厂史展览馆版面进行动态更新,充分展示"十三五"期间的"长钢之变";评选出 9 名"长钢之星",并举行表彰暨"担当　创新　争先"宣讲会,持续在微信平台推出"长钢之星"的先进事迹,从先进典型人物中汲取精神力量;炼钢厂牛嘉佳获得"首钢之星"之"创新之星"荣誉,并作为"首钢之星"三名代表之一在颁奖现场演讲。

(王　婷)

【脱贫攻坚】 首钢长钢积极履行红色国企社会责任,为长治地区打赢脱贫攻坚仗做出积极贡献,荣获"长治市干部驻村帮扶工作模范单位"、"驻壶扶贫优秀单位"等称号。制定《首钢长钢公司扶贫工作实施方案及 2020 年工作计划》,公司领导带队深入贫困村开展调研慰问,关注脱贫攻坚进展、明确精准帮扶措施;以党建带动脱贫攻坚,各基层党组织赴被帮扶的"两县五村"开展消费扶贫、义诊服务、义务劳动、公益献爱心等主题党日活动;深入挖掘被帮扶村资源,帮助南郊村发展小杂粮加工产业、苇则水村发展乡村旅游产业;探索建立企业与被帮扶村农副产品直供销售模式,采购苇则水村 1320 斤中药连翘防暑降温茶,有力推动该村药茶产业的发展。

(张广明、李昊欣)

【民生工程】 首钢长钢坚持企业发展效益与职工薪酬挂钩,职工收入得到提升,全年人均收入超过地方社平工资水平。组织 6346 名职工健康体检,项目平均增加 4 项,人均体检费用达 978 元;持续开展职工过生日慰问活动,增设公交通勤车 IC 卡充值点和流动餐车配餐,通过"首钢挚友"为职工送福利 11 次共 5588 份,开展"送清凉"活动慰问职工 4868 人;采用"云展播"举办"心连心、战疫情"职工消夏活动,改建室内篮球馆对职工免费开放,满足职工多元化文体需求;开展两节"送温暖""金秋助学""暖冬工程"一次性困难救助等活动,帮扶 1186 人次共计 150 万元;职工大病医疗互助活动参保率达 91.36%,创历史新高。

(解俊峰)

【2020 年首钢长钢公司大事记】 1 月 1 日,长钢党委书记、董事长贾向刚赴扶贫帮扶结对村壶关县石坡乡苇则水村开展扶贫送温暖和调研活动。

1 月 15 日,长钢荣获第二届全国青年运动会(长治赛区)组织筹办工作"特别贡献奖"。

1 月 13 日,长钢召开 2020 年安全工作会议。

1 月 23 日,长治市委书记孙大军、市委秘书长刘卓良一行来长钢,现场调研长治首钢垃圾发电项目投运后试运行情况。

1 月 25 日,长钢印发《2020 年新型冠状病毒感染肺炎防控工作方案》,成立疫情防控领导机构,全面启动疫情防控工作。

1 月 28 日,长钢领导李怀林、程向前、冯云林慰问春节期间奋战在生产和疫情防控一线的职工群众,调研指导疫情防控工作。

3 月 19 日,长钢《现金流量管控体系构建与实施》等 4 项成果荣获二十届首钢管理创新奖;《依托能源管控中心平台实现节能降耗》1 项成果荣获二十一届首钢管理创新成果三等奖;《焊接用钢盘条生产工艺技术升级创新与应用实践》等 3 项成果荣获 2019 年度首钢科学技术三等奖。

3 月 27 日,长钢召开 2020 年党风廉政建设工作会议。

4 月 1 日,山西省委书记楼阳生,长治市委书记孙大军、市长杨勤荣一行来长钢,调研指导长治首钢垃圾发电项目。

4 月 15 日,长钢举行国家职业技能鉴定所、冶金行业首钢长钢职业技能鉴定站、山西省职业技能等级认定试点企业、山西省高技能人才培训基地、牛旭红技能大师工作室揭牌仪式暨企业新型学徒制工作推进会。

4月21日,长钢党政启动"学巴登钢厂,促长钢发展"大讨论活动。

4月23日,长钢炼铁厂八高炉党支部、销售中心党支部分别荣获首钢第一批品牌党支部"创新引领"型党支部和"攻坚克难"型党支部称号。

4月29日,长钢举行2019年度"五一"暨"五四"表彰大会。

4月30日,长钢获2019年度长治市模范单位荣誉;长钢副总经理李明获"长治市特级劳动模范"荣誉;动力厂职工张卫东获"山西省五一劳动奖章"荣誉;轧钢厂棒材作业区获"山西省工作先锋号"荣誉;炼钢厂职工贾鹏岗、炼铁厂职工王晓东获"长治市劳动模范"荣誉;武装保卫处职工张伟获"长治市五一劳动奖章"荣誉。

5月15日,长钢参加"晋材晋用·潞材潞用"长治市建材工业产品推介会,与6家企业现场签署共计21500吨钢材销售意向合作协议。

6月5日,长钢被中国冶金报社评为"绿色发展优秀企业"。

6月17日,长钢3项技术成果通过山西省冶金行业科技成果评价。其中《多领域高品质特种焊丝用钢生产关键技术开发与应用》《超低烟气排放高效烧结工艺开发与应用》2项技术成果被评为国内领先;《基于"低温脱磷+抑制回磷"的转炉超低磷钢冶炼技术研究》1项技术成果被评为国内先进。

7月1日,长钢召开庆祝中国共产党成立99周年暨创先争优表彰大会。

7月9日,长钢获"2019年度驻壶扶贫优秀单位"荣誉。

7月14日,长钢获2019年度长治市潞州区"优秀企业"荣誉;长钢党委书记、董事长贾向刚获"优秀企业家"荣誉;长钢社区获"优秀社区"荣誉。

8月6日,长钢"一种高炉喷吹煤粉的装置"和"一种热轧带肋钢筋四切分进口导卫在线对中装置"2项专利获得国家知识产权局发明专利授权证书。

8月11日—12日,长钢"心连心、战疫情"职工消夏晚会首次采取"云"端直播方式播出。

8月25日,长钢获得长治市潞州区"国防教育先进单位"荣誉;武装保卫处2名职工获得"武装工作先进个人"荣誉。

9月8日,长钢7号连铸机提拉速直轧改造工程一次性热负荷试车成功。

9月10日,长钢炼铁厂"王晓东职工创新工作室"荣获"全国机械冶金建材行业示范性创新工作室"称号。

9月23日—24日,2020年首钢长材产品及技术发展研讨会在长钢召开。

9月24日,长钢举行"国家级牛旭红技能大师工作室"揭牌仪式。

9月25日,长钢召开"长钢之星"表彰暨"担当创新争先"主题宣讲会。

10月16日,长钢退休人员社会化管理工作完成,共移交退休人员10017人。

10月31日,长钢超低排放改造工程通过验收,被山西省生态环境厅认定为B-级。

11月6日,长钢位列2020年山西省企业100强第34名、制造业企业100强第18名,获得2019年度山西省"功勋企业"荣誉;长钢党委书记、董事长贾向刚获得2019年度山西省"功勋企业家"荣誉;长钢管理创新成果《基于岗位责任体系的内部风险控制》获得一等奖,《"一基两线双回归"中层干部闭环培训》和《钢铁企业"项目制"内部市场化运行机制的建立与实施》获得二等奖。

11月19日,长钢授予海纳管理咨询团队赵丹、王进、王聚中3人"首钢长治钢铁有限公司名誉职工"称号。

11月27日,长钢被授予"2020绿色发展优秀企业"荣誉称号。

11月27日,长钢轧钢厂棒材作业区荣获"山西省工人先锋号"荣誉;长钢动力厂职工张卫东荣获"山西省五一劳动奖章"荣誉。

12月8日,长钢获取"绿色产品"二星级认证证书。

12月24日,长钢被山西省工信厅授予"2020年省级智能制造示范企业"荣誉。

12月20日,长钢获得2020年全国设备点检管理职业技能竞赛全国总决赛团体三等奖和优秀组织奖;职工马翔、路鹏飞分获第5名和第12名。

12月30日,长钢召开第二十一届职工代表大会第三次会议。

12月31日,长钢炼钢厂实现300万吨钢奋斗目标。

(姚晓燕)

长钢公司焦化厂

【焦化厂领导名录】

党委书记、工会主席:王 晨

党委副书记、厂长:林留户

纪委书记、副厂长:焦钰山

副厂长:苗 卫 朱振军

(赵宇峰)

【概况】 焦化厂现有5个职能科室、5个作业区。2020年底在册职工510人,其中:中级职称28人、初级职称34人;高级技师13人、技师47人、高级工230人。2020年,焦化厂以"夯实基础、提升管理能力"为工作重点,以"冶金焦成本排名前三"为目标,坚定保障各项经营生产任务全线飘红。

(赵宇峰)

【主要指标】 焦化厂全焦产量129.09万吨,完成年度计划的102.45%,比2019年增产8.77万吨,创历史最好水平。干熄焦累计发电1.9亿千瓦时,比2019年增长21.74%;全年累计降本1006万元,完成年度降本任务的125.75%;冶金焦成本比行业平均低319.83元/吨,行业排名第3,比2019年排名前进4位,其中8月份排名行业第一、7月排名行业第二;焦炭合格率97.41%,达国家准一级冶金焦质量标准,焦油、粗苯、硫酸铵质量合格率100%,达估计一级标准。

(张兵韬、张 磊)

【重点工作】 焦化厂节能减排工作成效显著,全年工序能耗125.77千克标准煤/吨,达到行业要求,比2019年降低18.24千克标准煤/吨;通过"煤焦一体化"工作有序开展,保证煤资源优势,促进生产稳定,全年炼焦煤跑赢行业1.9%,比计划好0.9%,降低炼焦煤综合成本。焦炉煤气回收指标逐步提升,全年吨焦回收指标203.2立方米/吨,比2019年提高57.29立方米/吨,年增效2370余万元。

(张兵韬、张 磊)

长钢公司炼铁厂

【炼铁厂领导名录】

党委书记、工会主席:杨建城(12月离职)

　　　　　　　　　　李 伟(12月任职)

党委副书记、厂长:许满胜(9月任职)

党委副书记、副厂长(主持工作):许满胜(9月离职)

纪委书记、副厂长:冯 龙

副厂长:李雪峰(9月离职) 曹 锋

　　　　边晋生(9月任职)

(刘小龙)

【概况】 炼铁厂现有作业区6个,职能科室5个。2020年底在册职工860人,其中:高级职称4人、中级职称46人,初级职称111人;高级技师33人、技师78人、高级工252人。2020年,炼铁厂以"敢于担当、勇于创新、稳顺高效、走在前列"为己任,本着"早发现、早谋划、早落实、早见效"的宗旨,持续深化铁前一体化管控,坚持"稳顺、精准、协同、高效"的工作理念,牢牢把握"守住底线、远离红线、筑牢基础、对标挖潜"的工作重点,高炉利用系数等多项小指标创历史最好水平,全面完成公司下达的年度目标任务。

(苏荣慧)

【主要指标】 炼铁厂生铁产量255.46万吨,烧结矿产量386.96万吨;生铁成本2214.92元/吨,较行业平均水平低101.53元/吨,较对标企业低7.50元/吨,在集团公司钢铁板块排名第二,行业排名第六;高炉燃料比529千克/吨,煤比完成136千克/吨,高炉工序能耗430.94千克标准煤,烧结工序能耗57.30千克标准煤。

(冯 龙)

【重点工作】 2020年,炼铁厂克服新冠肺炎疫情带来的不利影响,实现高炉长期稳定顺行。八高炉第二个"千天稳定顺行"攻关活动实现806天,九高炉大修开产后实现稳定顺行623天;精细操作、强化管控,生铁产量屡创两座高炉运行以来历史新高,生铁成本前5个月行业累计排名第2,九高炉利用系数、生铁一级品率等关键经济技术指标进入行业前十;TPM"1"阶段评比中,获得3次金牛奖、2次笑脸,厂级综合排名第一;党建工作以"融入中心抓党建,心系职工促发展"

为核心,以"四个一流"为目标,深入开展炼铁厂"六个三"创先争优夺旗竞赛活动,为完成全年任务提供思想保障。

（苏荣慧）

长钢公司炼钢厂

【炼钢厂领导名录】
党委书记、工会主席:黄志文
党委副书记、厂长:午亿土（9月任职）
党委副书记、副厂长（主持工作）:午亿土（9月离职）
纪委书记、副厂长:康 伟
副厂长:李 宁 侯 栋（3月离职）

（孙 强）

【概况】 炼钢厂现有5个职能科室,6个作业区。2020年底在册职工652人,其中:含博士在内的研究生6人、本科生106人、大专生165人;高级职称2人、中级职称23人;高级技师24人,技师84人,高级工219人,中级工17人。2020年,炼钢厂坚持以"安全、绿色、经济、稳健、高效、有序"为目标,着力破解制约钢厂经营生产的突出问题,产量、铁耗、低合金坯制造成本等关键经济技术指标实现较大突破,钢产量首次突破两座高炉运行以来300万吨生产能力;新产品研发体系逐步完善,7号连铸机提拉速直轧改造等一批重点项目进入生产序列,本质化安全、超低排放等一批安全环保工程落地。

（孙 强）

【主要指标】 炼钢厂钢产量300.65万吨,比2019年增加48.18万吨,合格坯产量比例99.93%;钢铁料消耗1040.98千克/吨,比2019年降低5.11千克/吨;转炉作业率89.94%,比2019年提高8.72%;炼钢工序成本543.23元/吨,比2019年降低44.09元/吨。

（孙 强）

【重点工作】 炼钢厂生产组织推行"列车时刻表",钢产量突破300万吨,创两座高炉运行以来年产钢新水平;围绕工艺技术进步和指标提升,完成7号连铸机提拉速直轧改造;实施钢渣生产线环保验收整改、铸铁机除尘、高位料仓除尘改造、压滤间污染源头治理、钢包水口热修包除尘等环保整改项目;完善铁水"一罐到底"系列配套工程和水系统平衡及水污染治理;

党建工作围绕"三转二提一目标",广泛开展"党员先锋创优""过政治生日、忆入党初心"、季度党员思想汇报等活动,深入开展"学巴登钢厂,促长钢发展"大讨论,管理能力稳步推进。

（孙 强）

长钢公司轧钢厂

【轧钢厂领导名录】
党委书记、工会主席:马河平
党委副书记、厂长:李罗扣
纪委书记、副厂长:邵忠文（6月离职）
胡 洪（6月任职）
副厂长:张 奇

（卢 婷）

【概况】 轧钢厂现有6个职能科室,4个作业区。2020年底在册职工917人,其中:高级职称3人、中级职称40人、初级职称67人;高级技师30人、技师95人、高级工315人。2020年,轧钢厂全体干部职工一手抓疫情防控,一手抓经营生产,坚持以安全环保为底线,以市场需求为导向,以生产稳顺为前提,学巴钢经验,促指标提升,提产能创效益,圆满完成各项经营生产任务。

（卢 婷）

【主要指标】 轧钢厂材产量285.50万吨;综合成材率99.82%。轧钢工序成本135.66元/吨,比2019年降低7.82元/吨,全年降本增效完成2195万元。

（冯 飞）

【重点工作】 轧钢厂以先进单位指标为标杆,制定2020年生产指标提升目标以及完成情况表,重点对机时产量、作业率和非计划停机时间进行攻关,实现月月有进步,在集团钢铁板块小指标竞赛活动中连续获得A类评价,机时产量多次刷新历史最高纪录。全年轧钢机时产量比2019年提升5.63吨,作业率比2019年提升3.12%,产量比2019年增加35.57万吨,固定费用比2019年降低796万元。7号连铸机提拉速直轧项目投运后,直轧机时产量和直轧率逐月提高,月直轧率最高达到32.3%,日直轧率最高达到80.9%。2020年9月至12月完成直轧产量3.60万吨。

（冯 飞）

长钢公司熔剂厂

【熔剂厂领导名录】

党总支书记:郭新平(9月离职)

苗振平(9月任职)

厂　长:苗振平(9月任职)

副厂长(主持工作):苗振平(9月离职)

副厂长:祝建波(9月任职)

工会主席:郭新平(9月离职)

苗振平(9月任职)

（郭蛟龙）

【概况】　熔剂厂现有4个职能科室,3个作业区。2020年底,熔剂厂在册职工143人。其中:男职工99人,女职工44人;研究生学历3人、本科学历30人、大专学历27人、中专及以下学历83人;高级职称1人,中级职称9人;高级技师2人,技师7人,高级工14人,中级工8人。2020年,熔剂厂全体干部职工鼓足干劲,稳中求新,积极适应安全环保新常态,主动破解经营生产制约新难题,实现安全环保与经营生产双提升。

（郭蛟龙）

【主要指标】　熔剂厂全年熔剂产品产量完成53.44万吨,首次突破50万吨大关。其中活性灰产量39.87吨,轻烧白云石产量13.57万吨,均创历史最好水平;1月、3月、5月熔剂产品产量均创新高,9月日均产量达1552.4吨,创日均产量历史最好水平。

（郭蛟龙）

【重点工作】　熔剂厂装备水平大幅提升,环保、基础等设施进一步完善。完成回转窑、套筒窑超低排放在线监测平台、机房建设,安装在线监测设备并入中控;回转窑活性石灰、轻烧白云石、熔剂产品月产量均创出历史最好水平,降本任务累计完成年度计划的126.91%;套筒窑引射器系统改造获得国家专利、首钢科学技术三等奖、长治市"五小"竞赛一等奖、长钢科学技术二等奖等荣誉;熔剂厂荣获长钢从严治党"优秀党组织"、首钢技术创新三等奖等荣誉。

（郭蛟龙）

长钢公司工建公司

【工建公司领导名录】

党委书记、工会主席:秦　军

党委副书记、经理:焦忠平(9月任职)

党委副书记、副经理(主持工作):焦忠平(9月离职)

纪委书记、副经理:郤旭林

副经理:薛彦军(9月任职)

（牛　剑）

【概况】　工建公司现有3个职能科室,3个作业区。2020年底在册职工450人,其中:高级职称5人,中级职称30人,初级职称67人;高级技师50人,技师99人,高级工128人。2020年,工建公司以长钢在线设备安全维检为主业,凭借二级冶金设备安装资质,兼顾开拓周边冶金设备制作安装工程。

（王　莉）

【主要指标】　工建公司完成计划检修71次,完成承揽工程项目44项,实现产值9145.02万元(含维修业务),实现利润182.01万元;重要关键设备检修质量合格率99%,设备返修率小于1%;服务质量满意度大于98%;全年实现10个月非计划停机为零。

（牛　剑）

【重点工作】　工建公司克服新冠肺炎疫情影响,保证在线生产设备的稳定运行。在7号连铸机提拉速直轧改造中,成立"党员先锋突击队",历时15天,高效完成大包、振动装置和拉矫机等关键设备的全部安装调试和土建任务,并一次性试车成功。电气施工项目探索新组织模式,融合"专业分包"和"劳务补充"方式,高效率、高质量完成烧结脱硫脱硝外围工程、储料仓工程和焦炭仓工程;在电焊工中开展班后一小时技能轮训工作,职工技能有效提升。

（薛彦军、牛　剑）

长钢公司动力厂

【动力厂领导名录】

党委书记、工会主席:王晋林

党委副书记、厂长:田开平

纪委书记、副厂长:吉素文

副厂长:宋海清 李豹山

(王海峰)

【概况】 动力厂现有 4 个职能科室,4 个作业区。2020 年底,在册职工 382 人,其中:中级职称 13 人;高级技师 16 人、技师 42 人、高级工 113 人。2020 年,动力厂围绕公司生产需求,以能源介质持续平稳输供为中心,精心平衡,科学调配,确保能源动力系统经济稳顺运行;坚持强化安全环保管理,积极构建安全环保管理网络,实现本质安全;坚持开展全员降本,不断努力挖潜增效,确保全年生产经营任务顺利完成。

(王海峰)

【主要指标】 动力厂输供氧气 2.48 亿立方米、氮气 3.47 亿立方米、压缩空气 1.21 亿立方米、氩气 68.76 万立方米、新水 951.53 万吨、辛安水 272.91 万吨、软水 130.05 万吨、蒸汽 60.78 万吨。全年输配高炉煤气 23.99 亿立方米、焦炉煤气 2.39 亿立方米、转炉煤气 2.89 亿立方米;自发电 5.1 亿千瓦·时,比 2019 年增加 0.808 亿千瓦时,增长 18.8%,自发电指标创历史新高。

(王海峰)

【重点工作】 动力厂以"无人则安、提效降险、危险隔离"为目标,严格按照实施方案要求,精心组织,顺利完成煤气平台钢梯治理及 8 号、9 号喷碱主控室合并两个公司级本质化安全项目;高标准、严要求全力跟进 45 吨锅炉建设,积极投入人力、物力,确保锅炉顺利投入运行,进一步提高长钢二次能源利用率,有效缓解饱和蒸汽供应不足压力。

(王海峰)

长钢公司运输部

【运输部领导名录】

党委副书记(主持工作)、经理:郭　伟(9 月任职)

党委副书记、副经理(主持工作):郭　伟(9 月离职)

党委副书记、工会主席、副经理:杨例钢

纪委书记、副经理:朱　理

副经理:孙志林

(郭玉梁)

【概况】 运输部现有 7 个职能科室,6 个作业区。2020 年底在册职工 490 人,其中:高级职称 3 人、中级职称 55 人、初级职称 124 人。运输部主要负责长钢矿粉、煤、钢坯、钢材及杂货的内部汽车倒搬,厂内检修项目及技改工程用车,矿粉、煤等原燃料的进厂,产品外发等铁路运输以及炼铁至炼钢厂间铁水运输;同时还承担着长治市区相关企业的军品、油品、煤、焦炭及杂货的铁路运输工作。

(郭玉梁)

【主要指标】 运输部营业收入首次突破"亿元"大关,达 1.27 亿元,全年超额完成目标利润;服务满意度首次突破"百分"门槛,平均达 100.4 分;全年铁运货运量 577.89 万吨,周转量 5265.53 万吨公里;机运货运量 1165 万吨,周转量 2.14 万吨公里。

(段佳荣)

【重点工作】 运输部提出进一步深化经营机制的思路,建设首钢长钢智慧金网网络货运平台,5 月起通过平台承接王庄煤、余吾煤、水渣、卸矿、除尘灰等拉运业务,仅王庄和余吾两项业务节约物流成本约 100 万元,降低采购成本 120 余万元。根据九高炉出铁模式的改变,自主施工延长九高炉出铁线路 45 米,优化作业流程,重罐出满后空罐对位时间由原来的 21 分钟缩短至 15 分钟左右,大幅提高作业效率。

(郭玉梁)

长钢公司质量监督站

【质量监督站领导名录】

党总支书记、副站长、工会主席:王晓华

党总支副书记、站长:吴晓春

副站长:韩璐雁

(崔文娟)

【概况】 质量监督站现有 3 个职能科室,3 个作业区。2020 年底在册职工 215 人,其中:本科生 40 人、大专生 89 人;中级职称 20 人;高级技师 10 人、技师 47 人、高级工 90 人、中级工 17 人。2020 年,质量监督站强化质量过程管控,推进质检设施升级,较好完成各项指标和检化验工作任务。质量监督站荣获长钢"立功单位"和"模范党组织"等称号;化学分析作业区荣获"首钢先进集体"称号;化学分析作业区炼钢分析室、原料检验作业区煤检验班组荣获"省质量协会质量信得过班组"称号。

(崔文娟、李　峰)

【主要指标】　质量监督站检化验准确率98.52%,完成年初制定检化验准确率98%的计划目标;检化验及时率100%;质量异议率0.041‰,较计划降低0.159‰;严把入厂原燃料质量关,全年对进厂大宗原燃料罚扣明水和杂质等82644吨,通过对进厂大宗原燃料目测扣水和成分超差扣罚为公司挽回损失1518.86万元。

(常慧敏、赵攀峰)

【重点工作】　质量监督站全力推进"两化"项目建设,全自动焦煤焦炭采样项目率先在国内采用双通道六头无交叉全自动采样技术,项目实施后进厂焦煤、喷煤、工序焦炭产品实现全自动采样,大大提升检化验效率,改善职工工作环境,规避重点岗位廉洁风险。完成X荧光光谱仪、拉伸试验机等设备零购投资11台(套),增加检化验固定资产346.19万元;在废钢库及焦煤区域增设15路监控,纳入公司集中远程监控平台。以职工小讲堂、师带徒、职工网上练兵、股份公司钢铁板块实验室比对等活动为抓手,全力推进全员提质提素,岗位人员业务技能得到提升。在长钢约谈提醒5类岗位基础上,结合实际增加作业长(科长)、薪酬社保岗位、班组长等8类关键岗位责任清单和负面清单,强化廉洁风险防范。

(常慧敏、赵攀峰、崔文娟)

首钢贵阳特殊钢有限责任公司

【首钢贵钢领导名录】

党委书记、董事长:张　兴

党委副书记、总经理:汪凌松

党委副书记、副董事长:杨　方

党委委员、纪委书记、工会主席:潘昆仑

副总经理:范　军　郭蜀伟(9月离任)

　　　　　唐落谦(9月离任)

安全总监:佘　凯

总经理助理:杨接明(5月任职)

　　　　　王衍冬(5月任职)

(肖　阳)

【综述】　首钢贵阳特殊钢有限责任公司(简称"贵钢公司")前身为贵阳钢铁厂,始建于1958年。1958年9月12日,生产出贵州第一根钢,结束贵州不产钢的历史。1964年国家调整工业布局,加快"三线"建设,改扩建为贵阳钢厂。1998年,进行公司制改革,更名为贵阳特殊钢有限责任公司。2009年7月,经贵州省委、省政府批准,首钢集团重组控股贵钢,更名为首钢贵阳特殊钢有限责任公司,并启动实施贵钢城市钢厂搬迁工程,2016年7月,已全部搬迁至贵阳市修文县扎佐镇"新特材料循环经济工业基地。"

2020年是"十三五"收官之年。面对突如其来的新冠肺炎疫情,在公司党委的坚强领导下,全体干部职工直面挑战克服困难,凝心聚力共克时艰,积极应对主动担当作为,打赢抗击疫情、经营生产两场攻坚战。

(肖　阳)

【经营指标】　贵钢公司全年钢产量39.5万吨,同比增加7万吨,比年计划32万吨增产7.5万吨;产材42.08万吨,同比增加11.5万吨,比年计划30.4万吨增产11.68万吨;实现营业收入24.78亿元,同比增加4.09亿元,比年计划增加5.06亿元;实现利润2915万元,同比增加303万元,比年计划增加315万元;经营资金盈余10201万元,同比增加4542万元;比年计划6000万元增加4201万元;两金周转率完成4.46次,同比提高1次,比年计划3.69次提高0.77次。通过加强管理,强化内部控制等措施,使各项财务指标得以改善。

(马金钊)

【转型升级】　贵钢公司坚持推进企业转型升级,企业发展新的动能效果显现。按照"钢业为主、物流配套、物业支撑"产业布局,钢业快速推进填平补齐各项工作,超低排放封闭料场项目达到使用条件;物流规划东方物流园项目获得政府备案,物流配套仓储三号库、交易中心等项目基本建成,铁路专用线全年到发量达到90万吨;新成立的首钢贵钢物业公司积极承接老区自持物业,探索物业转型发展。贵钢公司得到政府有关部门认可和支持,先后进入国家工信部"规范企业"名录,工信部第五批"绿色制造"名单,成为贵州省高新技术企业。取得"安全生产标准化二级企业"等证书,为企业正常经营奠定基础。安全环保工作从搬迁前的短板成为新形势下市场竞争新优势。实施精益六西格玛管理,开展"降本增效"项目攻关,转变发展方式,企业实现由生产经营型向经营生产型转变,实施产销一体化等战略。

(肖 阳)

【疫情防控】 贵钢公司各单位协同高效,上下一心共克时艰,共筑防控疫情防线。制定印发《持续加强新型冠状病毒感染的肺炎疫情防控工作的通知》《关于在疫情防控期间职工食堂实行分时段就餐的通知(暂行)》《关于疫情防控期间严控会议和大型活动的通知》《贵钢公司通行(摆渡)车疫情防控暂行规定》等文件,从用餐、乘车、会议等方面加大管控,从根本杜绝职工聚集,坚持每天组织召开1次疫情防控工作例会。面对新冠肺炎疫情带来的经营生产压力,坚持"一手抓好疫情防控、一手抓好经营生产",克服原材料紧张、物流交通受阻、下游客户停工等影响,实现春节疫情期间连续生产。全公司干部职工在困难面前体现出讲政治、讲大局、讲规矩、讲奉献、讲担当。通过分类精准施策,严格防控措施,保障企业顺稳生产和职工生命安全。

(蔡 军)

【产线产品】 贵钢公司经搬迁升级改造,已具备年产50万吨特殊钢、70万吨材的能力,拥有世界先进水平的电炉钢生产线和国内先进水平的轧钢、制钎、锻钢生产线,是国内最大的凿岩用钎钢钎具产品生产与科研基地,是具有区域特色的特殊钢企业。产品主要用于基础设施建设工程、工程机械、汽车高铁、装备制造、国防军工等领域。自主研发的高速重载铁路机车车轴用钢EA4T获德国西门子公司国内独家认证并供应中车集团,与铁路用弹簧钢产品同列为国家和省重大科技支撑项目,与中车株洲电力机车有限公司合作开发的动车组用车轴钢成为首钢集团首发产品,应用于国之重器项目。拳头产品钎钢钎具和高端易切钢国内市场占有率第一。成功打造轨道用钢、汽车用钢、军工用钢等新产品,品种结构发展为汽车用钢、易切削钢、轨道交通用钢、钎钢钎具、焊接用钢、军工用钢、紧固件用钢、石油化

工用钢、工模具钢、轴承钢等13个产品系列。

(刘厚权)

【体系管理】 贵钢公司通过评审机构中国质量认证中心贵州分公司对公司ISO9001质量管理体系再认证,获发新的认证证书;通过评审机构BV公司对公司IATF16949:2016、ISO22163质量管理体系的年度监督审核,并组织相关单位对审核过程中发现的不符合项进行整改,完成年度审核;通过法国船级社认证,获得认证证书;通过浙江晋椿公司、株机公司等对公司质量管理体系二方审核。

(吴少斌)

【安全管理】 贵钢公司以全国安全生产三年行动专项整治为契机,强化重点领域安全管理,切实深化公司10个专项整治工作,安全生产规章制度体系进一步健全完善。组织修订、完善事故应急预案;按照职业健康安全管理体系ISO45001标准,完成职业健康安全管理体系认证并取得认证证书;完成重大危险源在线监测系统建设;通过贵州省健康企业建设示范企业验收。开展安全标准化班组建设,持续推进"安全生产双重预防控制系统"建设,12月底完成"双控"系统升级上线调试。在轧钢高线作业区、锻钢后部作业区、钎钢热处理作业区3个本质化安全推广工作。开展现场职业病危害因素日常监测、年度检测和职业危害现状评价以及涉及职业危害的732人职业健康体检和宣传教育培训工作。

(田 波)

【绿色环保】 贵钢公司超低排放评估监测通过专家评审,污染物排放情况符合国家标准规范及超低排放要求,环保税减征额近50%。根据《中国制造2025》等国家相关要求,贵钢创建绿色制造体系建设,被列入国家绿色工厂名单。《首钢贵钢公司2019年度环境责任报告书》,以及相关环保信息向社会公开发布。通过ISO14001环境管理体系的外部评审。贵州省生态环境厅对贵钢的环境信用评级为A级即"环保诚信企业"。编制《首钢贵钢公司新特材料循环经济工业基铁路专用线(一期工程)竣工环境保护自主验收报告》并组织竣工环保验收,经环保部门向社会公开发布,标志着贵钢公司铁路专用线完备环保手续。制(修)订并完善相应的环保管理制度,按照超低排放要求对各生产线有组织、无组织等进行整治,完成建设废钢堆场大棚及厂区

环境监测等项目。

（吴尚峰）

【能源管理】 贵钢公司依据新能源管理体 ISO50001：2018 标准完成认证标准换版工作，通过中国船级社质量认证公司的能源管理体系第二次监督审核，通过政府部门专项节能监察及能耗限额标准检查。围绕"安全、稳定、优质、经济"的工作目标，持续改善能源管理成效，使能源管理由符合性向有效性转变。在精细化管理、工序服从和工艺技术上进一步强化系统节能和管理节能，实现管理效益提升的战略目标牵头成立降低能源消耗攻关组，制定降耗措施、指标，落实负责人，完成时限、奖惩办法，总计降低能源费用 2465 万元。贵钢公司对标先进企业，充分挖掘节能潜力，吨钢综合能耗比上年降低 6 千克标准煤/吨；吨钢新水消耗降低 0.24 立方米/吨，吨钢能源成本降低 57 元/吨。实现废水"零排放"，提升企业的绿色形象和竞争力。

（罗于超）

【信息化建设】 贵钢公司产销信息化管理项目 4 月份完成项目方案确认和流程组织优化工作，5 月份完成需求确认工作，7 月 1 日实现炼钢、高线制造管理和执行系统上线试运行。8 月 31 日实现产销信息化管理系统全面上线试运行，系统涵盖制造执行、实验室管理、采购管理、销售管理、成本核算等业务系统，初步实现产供销业务全流程信息化。全面推进软件正版化相关工作，完成 100 套操作系统，400 套 WPS 办公软件授权采购工作。新增 VPN 设备，满足业务用户远程办公需求，更新上网行为管理设备，提升对于终端用户行为的管控力度和细度。持续推进 360 天擎部署相关工作，完成网络安全项目建设，在全公司范围内规范 IP 地址使用，提升网络安全防护水平。先后制定《首钢贵阳特殊钢有限责任公司信息系统防病毒管理制度（试行）》《首钢贵阳特殊钢有限责任公司产销信息化系统临时管理规定（试行）》等一系列管理办法和管理制度，通过制度的完善使业务流程更加流畅、安全、规范。

（雷 博）

【人力资源】 贵钢公司持续优化公司组织机构，部门设置从 26 个调整为 24 个。调整后部门机构设置分为职能 10 个、钢业 6 个、非钢 8 个。截至 12 月 31 日，公司在册正式职工 2184 人，其中：男职工 1706 人，女职工 478 人；在岗职工 1840 人，不在岗职工 344 人；职工平均

年龄 42 岁，平均工龄 21.2 年。持续优化人才晋升通道，完成技术技能职务评聘制度修订。现有在聘技术技能职务人员 117 名，其中技能系列 66 名，技术系列 51 名。贵钢公司加强培训管理，全年开展各类培训 6403 人次，共 2975 学时。积极推进职业技能等级认定改革，确定公司认定的 10 个职业 15 个工种，完成贵州省职业技能等级认定机构报备。开展精益六西格玛第二期 15 个项目，中国质量协会黑带、绿带理论考试通过率≥56%，其中黑带学员通过率 77%。推进核心人力资源信息系统的运用，完成薪酬、五险一金、合同、编制、劳务派遣 5 大模块的 HR 线上数据的录入、更新与维护。

（王立新）

【党建工作】 贵钢公司继续巩固"不忘初心、牢记使命"主题教育活动成果，开展主题教育整改落实和专项整治整改"回头看"。开展全面从严治党自查整改，制定《全面从严治党任务清单》并按计划完成相关工作。党建与中心工作深度融合，结合中心工作，坚持"一月一例会""一月一主题"的"1+1"模式书记例会。建立党员责任区 131 个，实施攻关课题 93 项，助力生产经营。持续推进"三个 100%"工程。发展党员 19 人，党员转正 21 人。与贵阳南车站铁路开展党建联建共创，开展主题实践活动 5 次，助推物流发展。提升干部素质能力，开展 15 期"干部大讲堂"，11 期主管培训，培训 2000 人次。开展走访慰问困难党员、驻村干部及家属，表彰优秀党员、先进模范等。2020 年首钢贵钢党委被评为首钢集团"六好班子"。1 个党支部被集团党委评为"品牌党支部"。

（卢伟山）

【脱贫攻坚】 贵钢公司继续驻关怀村、群英村扶贫；成立挂牌督战沿河县脱贫攻坚工作队，派遣 9 同志督战沿河县土地坳镇 7 个村，结对帮扶集体经济 3 个村。公司党委高度重视脱贫攻坚工作，全年召开 6 次党委会对脱贫攻坚工作进行研究部署，公司党委书记及班子成员深入帮扶村开展精准扶贫、督战工作。召开挂牌督战及驻村工作周例会及专题会议 23 次，编制督战简报 39 期。开展用工扶贫、公益扶贫、消费扶贫和项目扶贫，资助土地坳镇 2 个帮扶村排洪沟、储水池、太阳能路灯、经济作物种植等项目；购买碳汇指标等，全力助力脱贫攻坚工作。2 个驻村帮扶村、7 个定点督战村顺利完成市级、省

级、国家级验收考核,全部精彩高质量出列。

（朱绍平）

【企业文化】 贵钢公司提炼企业精神,编制《企业文化手册》,规范识别系统(MIS),形成以公司标识为基础的企业视觉识别系统(VIS)。编制《数说贵钢"十三五"建功立业新成就》,展现贵钢十三五取得的进步。评选出2020年的"贵钢之星"9名,向集团推荐炼钢事业部周兵入围2020年"首钢之星"人选。疫情期间,充分利用海报、视频、广播、微信公众平台、贵钢报、倡议书等宣传疫情防控知识,编发疫情防控简报86期,推送微信12期。全年发布微信消息135期、出版报纸48期,在天眼新闻、贵阳新闻联播、《首钢日报》、首钢新闻中心微信、《中国冶金报》、青春首钢、多彩贵州等媒体发布,稿件共104篇,向贵州省国资委报送信息稿件65篇。组织完成《2020年年鉴》编撰印发。拍摄制作《战疫》《硬闯》法治微电影,《传承苟坝精神牢记担当使命》由贵州省委组织部向中组部推荐。拍摄以"绿色工厂"为主题的党建工作宣传片。在《首钢日报》《中国冶金报》、天眼新闻等多家媒体发表《贵钢公司参加挂牌督战脱贫攻坚工作》《关山迢递攻坚志怀揣梦想映初心》和《奋战在大娄山深处》等文章,为决战决胜脱贫攻坚工作擂鼓助威,展现贵钢紧跟贵州省脱贫攻坚工作,勇于承担社会责任的形象。

（袁昆喜）

【团青工作】 贵钢公司围绕企业中心工作,狠抓团组织建设,完成公司基层8家团组织换届选举工作,深入开展青年创先争优,9个项目团队实现项目结题,评选1个最佳课题,3个优秀课题;面对疫情防控工作,主动出击、周密部署,有序开展疫情防控,构建青春防线,成立青年疫情防控突击队,对入驻湖北籍游客来黔居住酒店负责监测游客体温及医疗服务工作,共服务湖北籍、境外返乡游客237人。成立青年志愿服务队4支,组织青年团员配合公司做好居家观察人员送餐工作,送餐等服务。狠抓安全管理,安全知识抢答、安全管理创新大赛等丰富的安全教育形式,宣讲学习安全知识,在集团团委安全管理创新大赛中,安全实践活动获三等奖、安全漫画宣传组图获三等奖,开展青年安全监督岗检查12次,发现问题102项,全部完成整改;助力脱贫攻,为贫困学生购买学习用品;表彰先进,学习先进,26名优秀青年职工、2个先进团支部和2个青年创新

团队获得荣誉表彰。

（代余旭）

【纪检工作】 贵钢公司组织公司纪检干部和"三管六外"人员学习北京市国资委印发的《市国资委党委第三轮巡察整改中追责问责企业党组织及企业领导人员情况的通报》,让广大干部职工吸取教训、引以为戒、依纪依法履职;10月,邀请贵阳市纪委监委信访室负责人来贵钢进行预防职务犯罪专题讲座,进一步强化全体干部职工的纪律意识、规矩意识;组织召开警示教育会议,传达学习集团公司警示教育大会精神,观看《欲壑难填的两面人》警示教育片。通过开展教育活动,进一步强化全体干部职工的纪律意识、规矩意识,养成遵规守纪、严于律己的思想自觉、行动自觉。完善内控机制,印发《关于开展首钢贵钢公司扶贫领域腐败和作风问题专项监督工作方案》《首钢贵钢公司廉政培训管理制度》,修订《首钢贵钢公司纪委开展问责工作程序规定》《首钢贵钢公司反腐倡廉教育培训管理办法》等制度。

（熊克胜）

【审计风控】 贵钢公司形成《首钢贵阳特殊钢有限责任公司风险控制手册(V2.0)》,包含一级流程27项,二级流程117项,三级流程319项,关键控制点561个。印发《首钢贵阳特殊钢有限责任公司规章制度管理办法》,将部门级制度纳入制度管理范畴,进一步细化完善各层级制度编制、审批、印发、执行、日常管理、持续改进等全过程管理规范。印发制度60项,其中新增制度19项,修定制度41项,废止制度46项,公司现行制度共计272项。

（刘 静）

【武装保卫】 贵钢公司武装保卫部成立于2020年5月,承担着公司新老两区消防安全、治安保卫及交通安全等管理职责。下设消防室和武保室,部门编制共6人,其中部门领导1人,主管2人,专业管理3人。修订完善并下发《首钢贵阳特殊钢有限责任公司消防安全管理办法》《首钢贵阳特殊钢有限责任公司武装保卫工作管理制度》《首钢贵阳特殊钢钢有限责任公司新区交通安全管理规定》等管理规定及制度,同时为加强对公司的消防安全管理工作,制定下发《首钢贵钢公司消防安全三年行动专项整治实施方案》。突出"线上宣传+线下宣传",充分运用微信、QQ群和宣传栏,悬挂宣传横幅,开展对各市场经营户及职工消防知识及灭火器

材的使用培训,全面提升消防安全意识。处理厂区违规车辆140余辆,处理治安案件3起;对烈军属进行慰问,开展国防教育等。12月制定摩托车管理制度,大幅降低厂区道路交通安全隐患。

(胡 涛)

【工会工作】 贵钢公司工会举办劳模上讲堂活动。通过身边人讲身边事、身边事教育身边人,在全公司掀起学劳模、赶先进、创高产的热潮,激发广大职工的积极性、主动性和创造力。深入推进职工网上练兵活动。参与人数就同比增长21%,闯关人数达到280多人。5名职工分获炼钢原料工、轧钢工、热处理工、变电站值班员、安全知识5个工种获中国机冶建材工会网上练兵第一名。三、四季度开展群众性劳动竞赛。举办"首钢贵钢公司2020年职工职业技能大赛",有天车工、轧钢工、维修电工、钳工、焊工、成品钎锻钎工、成品钎扩孔工等7个工种共152名职工参加角逐。召开技能大赛总结表彰会,对获得工种比赛前3名的优秀选手进行奖励。每季度组织一次劳动保护监督检查,检查内容包括劳保用品穿戴和遵章守纪、文明生产、定置管理等情况,检查完毕后进行当期讲评打分,对1个优胜单位和2个表扬单位分别给予奖励。

(万建华)

【退休人员社会化】 贵钢公司向贵阳市、遵义市、毕节市、铜仁市、安顺市、黔东南州、黔南州、黔西南州8个地区26个区县市的182个街道、社区、乡镇移交5349退休人员的人事管理关系移交,完成率100%;向上述除安顺市、黔西南以外的6个地区的19个区、县、市移交退休党员党组织关系1461人,完成率100%;向上述8个地区36个区县市档案馆移交档案5338卷(省管退休干部档案不移交),完成率100%,按期完成目标任务。

(万建华)

【文体活动】 贵钢公司完成职工文体活动中心的建设和验收,并利用文体活动中心的辅助用房建成职工书屋及棋牌室,向职工全方位开放。举办2020年职工篮球、羽毛球、乒乓球、气排球和五人制足球赛,及迎新拔河比赛,各二级单位的307人次参加这些比赛。举行"学巴钢、见行动"职工演讲比赛,有14名选手进行竞逐,50多名职工观看演讲赛。开展"我爱贵钢"职工摄影展活动,150余幅职工作品参加比赛和评选。与贵钢公司团

委联合组织开展职工电子竞技大赛等。

(冉 群)

【荣誉表彰】 贵钢公司党委荣获2019—2020年度首钢"六好班子"称号,钎钢事业部党总支荣获首钢模范党委,炼钢事业部生产运行党支部荣获首钢模范党支部,炼钢事业部黄冶伟荣获首钢模范共产党员,驻村第一书记冉文获得铜仁市"全市脱贫攻坚优秀共产党员"称号。炼钢事业部原料室、轧钢事业部高线作业区乙班获集团公司2019年度"首钢先进集体",陈昌贵、佘晓东2人获"首钢劳动模范"荣誉称号。龙奕、高传菊、张雁3名女职工获"首钢巾帼标兵"荣誉称号。职工医院烧伤科获"贵州省五一巾帼标兵岗"荣誉称号。公司团委获集团"五四红旗团委"荣誉称号。

(朱绍平、冉 群)

【2020年贵钢公司大事记】

1月6日,中国特钢企业协会秘书长王怀世一行来贵钢调研。

1月7日,贵钢公司召开一届二次党代会和三届三次职代会。

1月7日,贵州省总工会副主席刘吉、贵州有色冶金工会主席吴晓英等来公司慰问。

1月8日,贵钢公司召开环保大会,部署2020年安全环保工作。

1月15日,贵钢公司召开信访维稳工作会,安排部署2020年信访维稳工作。

1月19日,贵钢公司获评贵州省"环保诚信企业"。

2月6日,贵州省国资委党委书记、主任王勇深入贵钢职工医院督导调研新冠疫情防控工作。

2月20日,贵阳市南明区区长黄成虹来东方现代钢材市场指导疫情防控工作。

2月27日,贵阳市卫健局来贵钢公司开展疫情防控工作督导检查。

3月27日,公司召开党风廉政建设工作会议,安排部署2020年党风廉政工作。

3月30日,贵钢公司组织学习巴登钢厂交流研讨。

3月31日,贵钢公司领导张兴到沿河县调研挂牌督战工作。

4月8日,贵钢公司2020年"师带徒"培训工作正式启动。

4月10日,贵州省国资委党委委员、副主任游明进

一行 3 人来贵钢就疫情防控、安全环保、经营生产等工作进行调研。

4 月 28 日,贵钢公司召开 2019 年度先进劳模表彰大会。

5 月 6 日—9 日,贵钢公司通过 IATF16949 质量管理体系年度监督审核。

5 月 11 日,贵钢公司召开精益六西格玛工作会。

5 月 19 日,贵钢公司召开"安全生产专项三年行动计划"启动会。

5 月 27 日,株洲中车天力锻业有限公司董事长韩军一行来贵钢公司洽谈合作事宜。

6 月 2 日,贵钢公司总经理汪凌松到沿河调研驻村帮扶、挂牌督战工作。

6 月 10 日,水利部节水中心就用水排水情况暗访贵钢,经检查,贵钢无用水超标情况,生产及生活用水实现"零排放"。

6 月 12 日,公司开展天然气泄漏引起火灾应急救援演练。

6 月 20 日,贵钢帮扶项目沿河县消费扶贫农特产品贵钢体验馆开馆。

7 月 26 日—27 日,中车株洲电力机车有限公司和株洲中车天力锻业有限公司来贵钢进行座谈交流。

7 月 29 日,四川自贡大西洋焊丝制品有限公司总经理一行来贵钢进行座谈交流。

7 月 30 日,贵钢公司召开三届二次董事会及 2020 年股东会议。

8 月 18 日,公司举行物流配套项目开工仪式。

8 月 20 日,贵州省副省长陶长海一行来贵钢调研企业生产经营、物流产业、发展规划情况。

8 月 20 日,工业和信息化部工作组来贵钢检查指导工作。

9 月 11 日,原贵州省发改委副巡视员王发坤带队来贵钢实地调研物流发展情况。

9 月 21 日,集团公司领导王世忠来老区调研房地产项目开发情况。

10 月 14 日,中国钢铁工业协会副会长骆铁军一行来贵钢调研企业生产经营情况。

10 月 29 日,国家工信部公布第五批绿色制造名单,贵钢公司成为国家绿色工厂。

11 月 10 日,财政部中国财政科学研究院院长刘尚希一行来贵钢调研企业成本情况。

11 月 11 日—13 日,BV 公司对公司 ISO9001 质量管理 ISO22163 质量管理体系进行年度监督审核并通过。

11 月 15 日,轧钢高线成功轧制 DY552 新品种钢。

11 月 20 日,贵钢公司召开"三降一减一提升"对标提升专项行动启动会。

12 月 1 日,贵钢公司召开"以案为鉴,以案促改"警示教育大会。

12 月 14 日,贵阳市卫生健康局对贵钢公司开展贵阳市 2020 年健康企业市级验收工作,验收通过。

12 月 18 日,贵州省总工会"两节"送温暖活动启动仪式在首钢贵钢新区举行。省人大常委会党组副书记、副主任,省总工会主席袁周出席并宣布活动启动。

12 月 23—25 日,中国船级社质量认证公司对贵钢公司能源管理体系进行第二次监督审核。

12 月 28 日,贵钢公司召开第三次"以案为鉴,以案促改"警示教育大会。

(李 闯)

贵钢公司炼钢事业部

【炼钢事业部领导名录】
党总支书记、工会主席:唐 飞
部 长:杨接明(8 月离任)
副部长:李玉全(11 月任职) 肖 丹(6 月任职)
部长助理:李玉全 张 勇 王 伟(6 月任职)

(韦昌江)

【概况】 炼钢事业部下设生产技术科、装备科、原料科及综合办公室。生产技术科负责炼钢工艺技术质量管理、品种开发、生产计划及生产组织安排,下设出坯站综合班各 1 个,出坯站对外发运钢坯(锭)。装备科负责炼钢生产设备的引进、改造、管理、点检定修与抢修。原料科负责炼钢生产主辅材料验收、定级把关、管理厂内各种原、辅材料分类管理、分配使用,为炼钢生产提供原料条件。生产设冶炼、浇铸两大作业区,作业区下设甲、乙、丙、丁 4 个大班,4 个大班共计由 28 个小班组成。截至 2020 年底,在册职工 193 人。其中:研究生 2 人、本科生 20 人、专科生 26 人、中专生 84 人;高级工程师 2 人,工程师 8 人,政工师 1 人,助理工程师 48 人,助理政工师 2 人;岗位操作人员 164 人,技师 2 人,高级工 46 人。高级工及以上职称占在册职工人数 56.48%。炼钢事业部党总支有党员 42 人、团员 14 人,党团员占在岗职工人数的 29.01%。

（韦昌江）

【主要指标】 炼钢事业部全年产钢 39.55 万吨,入库 39.50 万吨,创历史新高。1 月—8 月产钢量除 2 月、3 月、4 月受疫情影响,其余各月均超过 3.75 万吨。后续在 10 月、11 月连续两月产钢突破 4 万吨,连续突破月产最高纪录。全年钢铁料消耗平均 1084 千克每吨。电炉冶炼周期由原来的 60 分钟缩短到 51 分钟,电炉炉龄由原来的 220 炉提升到 369 炉。

（王　伟）

【重点工作】 炼钢事业部一手抓疫情防控,一手抓经营生产,全力打赢两场攻坚战。通过抓班组均衡生产和提高生产效率,刷新历史纪录,首次具备年产钢 45 万吨的能力。瞄准行业竞争对手、恶补短板、苦练内功,加快前进的步伐。年轻大学生担纲的班组占比达到近60%,炼钢团队活力增强。辅之以师带徒和人力调配等手段,缩小班组之间的差距,逐步实现班组均衡生产。涌现出一批先进集体和先进个人,在参加全国网上练兵活动中,刘壹、代飞等同志摘取冶炼专业和安全专业的前三名,黄治伟等同志获得 2019—2020 年度集团级的先进表彰。炼钢党总支获得 2019—2020 年度首钢贵钢公司先进党组织荣誉称号。

（唐　飞）

贵钢公司轧钢事业部

【轧钢事业部领导名录】
党总支书记、工会主席:韦　平(4 月任职)
　　　　　　　　　　　　伍　林(4 月离任)
部　长:韦　平(4 月离任)
副部长(主持工作):欧洋宇(4 月任职)
副部长:欧洋宇(4 月离任)　赵　泊　梅先富
部长助理:宋　金

（戴　宾）

【概况】 轧钢事业部下设 3 个科室、4 个作业区,即:综合办公室、生产技术室、设备室,和高线作业区、中空钢作业区、精整作业区、准备作业区。轧钢事业部职工共有

357 人,其中:大学专科以上学历 66 人;岗位操作人员 321 人,高级工程师 1 人,中级工程师 5 人;公司评聘技师 14 人,高级工 22 人。高级工以上人才占职工队伍的 13.08%。党员 56 人,共青团员 35 人,职工群众 265 人。

（付　敏）

【主要指标】 轧钢事业部钢材产量超历史纪录,跨过年产 42 万吨的门槛,与 2019 年同比增长 35.2%,两条产线日产破纪录 9 次,月产破纪录 5 次。高线吨钢加工成本比 2019 年降低 111.46 元,在 6 月 23 日创造日产材 1576 吨历史最好成绩。

（欧洋宇）

【重点工作】 轧钢事业部积极推进技术创新、促进效率效益提升,力推"优化高线新孔型系统"等技术创新项目,完成新孔型设计、导卫改造、样板制作等工艺的优化固化工作。降低辊环储备量,减少资金占用约 357 万元。降低导卫备件量,减少资金占用 47.6 万元。易切钢成材率指标达 96.5% 以上。高线的轧制速度得以稳定并提升,直径 6.5 毫米规格,首次达到设计最高保证速度 112 米/秒。直径 8 毫米的螺纹钢,终轧运行速度提升至 102 米/秒,达行业领先水平。改轧规格比原来更简单、高效,职工劳动强度降低,达到劳动效率提高的预期目标。

（戴　宾）

贵钢钎钢事业部

【钎钢事业部领导名录】
党总支书记、部长:张金刚
副书记:任光海
副部长:杨　云(6 月任职)
部长助理:丁胜利(4 月任职)

（罗　杰）

【概况】 钎钢事业部下设综合办公室、生产技术、设备和销售 4 个职能科室,4 个生产作业区,1 个维检班,1 个质检班,现有职工 234 人,年最高总产值约 4 亿元。主导产品有锥形连接钎杆、整体钎杆、接杆钎杆、MF 钎杆、钻车钎杆、镐钎、片状钎头、球齿钎头、钎尾、连接套、潜孔钻具、高炉开口钻具、特殊钎具等数十个系列、近 800 个品种规格,产品按照国际标准、国家标准生产。锥形连接钎杆产量国内第一,市场占有率约 39%,性能

及使用寿命领先国内同类产品,达到国际一流水平。工艺装备和产品质量在国内处于领先水平,其中 2500KN 锻钎机、五轴加工中心、车铣复合加工中心等装备在国内首创,属世界一流水平。产品主要用于矿山开采、公路铁路隧道施工、基础工程建设、高炉开口等众多领域,还出口 30 多个国家和地区。

(罗 杰)

【主要指标】 钎钢事业部全年产量 18730 吨,平均月产 1560.834 吨,相比 2019 年降幅 8.04%。其中成品钎减少 2979.068 吨,降幅 16.46%;钎具增加 1341.396 吨,增幅 59.18%。年销 20015.153 吨,金额 28616.1 万元。海外销售由 500 万元提升到 2000 万元。重型钎全年销 49649 支,创 10 年来最高,9 月销售 5525 支,创历史新高。液压机钎尾完成 5802 支,创 10 年来最高,10 月销 1015 支,创历史纪录。成品钎 16453 吨,市场占有率达到 52%。

(罗 杰)

【重点工作】 钎钢事业部海外市场销售额从 500 万元增加到 2000 万元。重型钎、液压机钎尾销售创 10 年来新高,成品钎市场占有率达到 52%。设备改造节能降耗明显。其中,两台杆件抛丸强化机抛室优化更新,节省投资近 25 万元。加热变压器改进节约成本约 75 万元/年。制作除尘器抛丸灰接料小车节省人工成本约 1.53 万元/年。高炉开口十字型钎头合金齿焊接单工位改双工位降低人工成本一倍,节省投资 5 万余元。改进渗碳炉风冷塔风冷控制程序节省硬件改造费约 2 万元。丙烷站防爆灯改进修复节约成本 1.4 万元。数控自维修节省维保费近 30 万元/年,解决液压刹车盘等数控难题节省配件费近 40 万元。开展劳动竞赛、技术比武、师带徒、网上练兵等,职工技术技能显著提高。积极参与疫情防控、脱贫攻坚等社会捐赠,党员群众 629 人次捐款人民币 14471 元。开展"成长关怀责任"主题青年座谈,青年"双争"项目等促进青年成长。

(李昌寿)

贵钢锻钢事业部

【锻钢事业部领导名录】

党支部书记、工会主席:王道安(6月离任)

党支部副书记、工会主席(主持工作):

黄 新(6月任职;12月离任)

副部长(主持工作):李伟林(6月离任)

郑玉龙(6月任职)

副部长:李伟林(6月任职;12月离任)

王道安(6月任职;12月离任)

潘 江(5月离任)

(李伟林)

【概况】 锻钢事业部从事锻材、锻件及模块的专业生产制造,工艺水平先进,技术力量雄厚,设计年生产能力 5 万吨,配有 30MN 快锻机、8MN 快锻机、7T 电液锤、3T 电液锤等 4 条生产线,以及多台电渣炉和热处理设施。生产的主要产品:高速重载机车车轴钢、动车轴、合金工具钢、优质模具钢、高级易切钢和各类模块等。下设生产技术科、设备科、销售科、综合办、调度中心、前部作业区、后部作业区;共有在册职工 89 人,其中:处级干部 4 人,科级管理干部 4 人;作业长(含作业区技术员 2 人)4 人,大班长 7 名;工程师 2 名,讲师 1 名,助理工程师 11 名,聘任工程师 1 名;技师 2 名,聘任技师 5 名,高级工 18 名;硕士研究生 1 名,本科生 9 名,大专生 13 名,中专生 11 名,中技 21 名;党员 21 人,团员 13 人。党团员人数占职工总数的 38.20%;中级专业人员占职工总数的 3.40%;高级工人数占职工总数的 20.20%。

(李伟林)

【主要指标】 锻钢事业部全年完成生产总量 13485.365 吨,其中,入库量 12687.771 吨,发运量 13238.716 吨,电渣 1710.785 吨。主要品种为车轴钢 EA4T、电机转轴钢 30CrNiMo8、易切削钢 Y40Mn、盾构机刀圈用钢 H13E 等高附加值锻材、锻件。

(黄 祥)

【重点工作】 锻钢事业部车轴钢为主的高端产品 28161 吨,与中车株机公司进行深度研发合作,获德国铁路公司 HPQ 认证,动车组用车轴通过 CRCC 认证,成为集团首发产品,应用于国之重器项目中。高铁用钢坯 30NiCrMoV12 的大样和小样疲劳试验顺利通过,地铁用车轴钢坯 EA1N、动车组车轴用钢 DZ2 的开发也处于顺稳推进中。动车转轴用 35CrMo 和 30CrNiMo8 电渣钢的产品研发成功并形成稳定交货,丰富公司车轴钢的品种,提高公司在轨道交通用钢市场中的竞争力。大规格环保型高强度易切削钢 Y40MnB、1141 开发取得成功,项目获得首钢科技进步二等奖,规格直径 435 毫米的

Y40MnB 已形成批量交货。结合现场实际情况,进行电渣重熔工艺及装备升级,改善电渣锭冶炼全流程工艺(包括电渣锭高度、降低除尘风量、调整电流电压等),质量得到有效控制。全年电渣生产完成 1710.785 吨,包括电机转轴(35CrMo、30CrNiMo8),模具钢(SGN80H、H13、SG136ESR)等 12 个品种的生产,进一步拓展锻材产品的竞争力。

(郑玉龙)

贵钢设备工程部

【设备工程部领导名录】

制造党总支书记:韩大卫

副部长(主持工作):王　峰(5月任职)

副部长:赵俊杰(5月任职;12月离任)

　　梁　磊(5月任职)　李定超(挂职)

(付旭林)

【概况】　2020 年 5 月,成立设备工程和制造部(技术中心),调整后的设备工程部承担着设备、工程、能源、物资采购管理等重要工作职责。下设设备科、工程科、采购科、能源运行作业区 4 个部门,在册职工 65 人,领导班子 3 人,技术、管理岗 31 人,操作岗 31 人。其中,党员 25 人,入党积极分子 1 人;具有本科学历 13 人,大专 30 人;高级职称 3 人,中级职称 14 人,初级职称 16 人;技师 1 人,高级工 14 人。

(丁作文)

【主要指标】　设备工程部全年降低能源费用 2935 万元。吨钢能源成本比计划降低 57 元。吨钢综合能耗比计划降低 6 千克标煤,吨钢耗新水比计划降低 0.15 吨。电能质量功率因素保持 0.95 以上,获得供电局电力市场化交易奖励 123 万元。取得电力市场化交易让利取得优惠 1280 万元。取得管道天然气让利优惠 518 万元。天然气综合不含税采购单价比 2019 年降低 0.17 元,全年降低采购成本 447 万元。调整光亮材、退火材、易切钢、焊丝钢等优势产品的生产比例,月均稳定在 30%左右;缩减每月高线、中空钢线的生产规格,炼钢至中空钢线的钢坯全部实现平车转运,吨钢成本降低 5.6 元;高线、中空钢实现 Q235 钢坯热送,吨钢降低天然气费用 26 元。

(丁作文)

【重点工作】　设备工程部完成轧钢拉拔机、探伤线改造,中空钢深孔钻床线路规范整改工作及高线集控项目的开展、锻钢行车、电渣炉改造,钎钢成品钎中频淬回火设备、领盘机、扩孔机改造工作,该项目的投入可使成品钎锻造工序能耗下降 20%左右,同时大幅提升高加热温度的稳定性。建立公司级精密点检站,实现设备状态监控、检修组织、备品备件提报验收等工作的直接管控。将余热站、空压站、水处理站和天然气站的监控数据引至设备工程部调度室,实现集中控制,运行人员由 78 人减至 28 人。完成新区铁路专用线的全面开通,保障钢业在新区的生产,完善货 3 线集装箱货场延伸和封闭式管理等项目配套工程;东方 3 号综合物资库、炼钢事业部装卸粉尘超低排放等重点改造项目超计划完成。

(丁作文)

贵钢制造部(技术中心)

【制造部(技术中心)领导名录】

部　长:刘厚权(5月任职)

副部长(主持工作):王　峰(5月离任)

主　任:王　翔(11月任职)　刘厚权(11月离任)

副主任:王　翔　陈　涛(挂职,12月离任)

　　马　跃(12月挂职)

副部长:王　翔(5月任职)　卢甲子(挂职)

部长助理:王　伟(挂职,6月离任)

　　龙　跃(挂职,6月任职)

　　张小波(11月挂职)

主任助理:马　跃(挂职,12月离任)

　　刘　珂(12月挂职)

(全世红)

【概况】　制造部(技术中心)是由原制造部与技术中心整合而成的管控部门,是钢业板块的主要管控部门之一,承担着公司信息化管理、生产管理、产品实物质量管理、过程质量管控、技术质量管理、质量体系管理、科技项目管理、检测分析等职责。下设有信息化室、生产室、技术质量室、产品开发室、检测分析室、科技管理室等六个科室,部门编制 54 人;制造部(技术中心)全员 55 人,部长 1 人、主任兼副部长 1 人,副部长 1 人(挂职),副主任 1 人(挂职),部长助理 2 人(其中 1 人挂职),主任助理 1 人(挂职),管理人员 10 人,工程技术人员 18 人,操

钢 铁 业

作人员 20 人。正高级职称 1 人,副高级职称 5 人,中级职称 11 人,初级职称 15 人。

（全世红）

【主要指标】 制造部全年实现产钢 39.5 万吨,同比增长 21.3%,是原老区两台电炉产量的 1.2 倍;产材 42.07 万吨,同比增长 35.2%,钢、材产量均取得巨大的进步,创造贵钢最好水平。

（全世红）

【重点工作】 制造部通过优化生产组织、生产流程,加强协同作战,全面提升生产管控力度,通过法国船级社认证,获得认证证书;成功开发 TH550 - NQ - II、H08MnSiNiMoCu、ER70S - 6、H08 - 3、H10MnSi、H08 - A、DY552、DY600、DY700 等优质焊丝钢产品,已形成焊丝钢系列品种结构。钎具产品扩展 T38、T45、T51、ST68、ST87 等规格台车用管式钻杆和台车用 T38、T45、T51 等单头螺纹及 ST68、ST87 等双头螺纹管式钻具新产品,质量达到国际先进水平,进入国际高端市场。贵钢产销信息化管理系统全面上线,先后完成核心人力资源系统、投资管理系统、协同办公平台进入集团公司平台上线,实现贵钢信息化系统从无到有的跨越,为贵钢加速发展提供技术支撑。

（全世红）

贵钢营销部

【营销部领导名录】

部　长:韩大卫

副部长:杨　刚

部长助理:杨　松(11 月任职)

（詹　丽）

【概况】 营销部负责炼钢、轧钢事业部产品销售及市场开拓,负责锻钢、钎钢产品销售的监督管理,负责公司炼钢和轧钢产品售后服务、客户关系协调等工作,负责市场调查、分析和预测,及时掌握市场动态,为公司制定生产经营策略提供依据,负责指导完成事业部专用物资的采购,负责办公用品及服务类的采购、结算、统计及招投标工作,负责轧钢事业部产品发运的物流管理工作,负责销售、采购合同管理,资金平衡及预算管理。下设信息科、销售科、采购科、综合服务科。截至 12 月 31 日,部门在册职工 25 人,其中:党员 16 人;中级职称 3

人、初级职称 9 人。

（杨　刚、詹　丽）

【主要指标】 营销部销售量完成 43.54 万吨,完成年度计划的 143%,实现销售金额 20.18 亿元。采购废钢 37.81 万吨,含税采购均价 2732 元/吨;采购合金 1.04 万吨,含税均价 10820 元/吨。承运总量 23.92 万吨,均价每吨 166.31 元;比 2019 年每吨运输均价降低 32.61 元。

（王可军、周昌金）

【重点工作】 营销部持续推进营销机制改革,通过实行片区经理负责制,不断调整人员配置,加强采购、销售两头市场的扩差工作,不断修改完善销售策略,构建并实施全流程产、供、销、研体系,逐步完善以销定产、以产定供,以产品研发、技术更新、质量优化作为销售重要保障的生产经营模式。协同技术中心及各事业部开发 11L44、10S20、9SiCr、S235JRG2C、JK20CrNiMo、SAE8620H、9SMnPb28 等品种,新开发苏州、昆明等用户十余家,成功向巴基斯坦出口优特钢材。

（孙家荣）

贵阳金泰建筑有限责任公司

【金泰公司领导名录】

党总支书记、董事长、工会主席:李　蛟

经　理:刘国冰(6 月离任)

副经理(主持工作):肖　园(6 月任职)

副经理:吴大江　方　颖(12 月离任)

经理助理:王道安(12 月任职)

（王　兵）

【概况】 贵阳金泰建筑有限责任公司(简称"金泰公司"),成立于 1996 年。下设"两科、两区、一室","两科"指综合科、业务科。"两区"包括维检作业区、行管作业区。"一室"指财务室。下设机动作业班、轧钢运保区、炼钢运保班、锻钢运保班、能源维护班、行车维护班、炼钢行车班、轧钢行车班、钎锻行车班 9 个基层一线管理班组。在册职工人数 290 人,其中:高级工程师 2 人,工程师 6 人,助理工程师 28 人;技师 8 人,高级工 63 人。通过采取不断优化和调整人员配置、搭建技能培训及职工成长平台、创新激励机制等方式,全力完成钢业板块的生产运保维护及抢检修工作。

（王　兵）

281

【主要指标】 金泰公司全年实际经营收入 2539 万元。全年炼钢共计开展 21 次轮炉体更换检修、4 轮停产检修、14 次断面、22 次 EBT 更换检修，共计完成计划检修项目 700 余项。轧钢共计开展 16 轮停产检修,6 轮改轧定修,共计完成轧钢部下发计划检修项目 600 余项,设备整改 50 余项。行车修复整改 140 余项,有效确保各事业部顺稳生产。

（吴大江）

【重点工作】 金泰公司围绕全年目标任务的完成,积极搭建职工成长平台,不断提升职工岗位技能水平,服务和保障钢业生产。创建技能培训组,利用技能培训室及实操培训基地,开展职工机械、液压、电气及行车等专业技能培训 7 期,培训电焊工 20 余人,行车工"操检合一"100 余人,承办公司年度职工(电、钳、焊)技能竞赛,选派公司青年技术骨干外出交流培训 8 人,研修深造 1 人。通过不断地开展职工岗位技能培训,为炼钢、轧钢屡创月产、班产新高奠定设备基础。组建 HSE(健康、安全、环保)工作组,全面推进公司健康、安全、环保等各项工作。

（陈 杰）

贵阳东方鑫盛钢材物流有限公司

【东方鑫盛领导名录】

董事长(法定代表):徐 前(6月离任)
　　　　　　　　安朝智(6月任职)
党总支书记兼工会主席:徐 前(6月离任)
　　　　　　　　　　安朝智(6月任职)
董 事:黄 维 王筑生 龙永闽(7月任职)
　　　　陈 敏(7月任职)
监事会主席:许建祥
监 事:许建祥 史 永 廖文琅
副经理(主持工作):黄 维
副经理:龙永闽(7月任职)
经理助理:甘明伟(挂职)

（史 永）

【概况】 贵阳东方鑫盛钢材物流有限责任公司(简称"东方鑫盛")成立于 2010 年 8 月。2020 年 6 月,在贵钢公司党委领导下,按照贵钢公司"钢业、物业、物流业"三大产业发展规划,东方鑫盛整合贵阳东方现代钢材市场股份有限公司和贵阳金吉运输有限公司物流资源,形成集中精干高效管理格局,实现资源优势互补,为企业规模化转型发展创造良好条件。公司物流产业的发展,充分整合发挥专用铁路、土地和网络平台优势,以集装箱业务为核心,引进港口业务合作,实现"公海铁"多式联运,融入西部陆海新通道,打造国内具有竞争力的生产生活服务型现代物流业。

（史 永）

【主要指标】 东方鑫盛全年完成收入 9860.22 万元,同比增加 8351.98 万元,增长 553.76%。物流客户增到 76 家,年均增长 70.97%,集装箱到发量增长到 41.6 万吨 7574 组,占全年到发量的 35%。物流业务同比增长 17.9%。

（毛姝红）

【重点工作】 东方鑫盛围绕公司物流产业发展规划,深入推进物流项目建设,完成钢材中转库地面硬化及侧面墙封闭安全整改、物流车辆集中管理、集装箱货场延伸、3 号综合物资库、物流配套客户交易中心等项目建设,进一步提升物流硬件基础设施;完善大数据平台功能并配套建立微信小程序,为客户远程预报、开单、查询等业务操作提供优质服务;同时扩展经营范围,重点推进集装箱、综合物资仓储物流及钢贸服务,提高营业收入。

（史 永）

贵阳东方现代钢材市场股份有限公司

【东方现代领导名录】

董事长(法定代表)、工会主席:徐 前(6月离任)
　　　　　　　　　　　　安朝智(6月任职)
贵钢方董事:黄 维 龙永闽(7月任职) 王筑生
　　　　　　伍 林(7月任职) 陈 敏(7月任职)
贵铁物流方董事:李成阳 万 松 夏黔胜
监 事:杨 洁(贵铁物流方,11月任职)
　　　　廖文琅(贵钢方,7月任职)
　　　　李忠勇(职工监事,7月任职)
党总支书记:安朝智(6月任职)
副经理(主持工作):黄 维
副经理:夏黔胜(贵铁物流)
　　　　龙永闽(贵钢方,7月任职)

（史永）

【概况】 贵阳东方现代钢材市场股份有限公司(简称"东方现代")成立于2009年11月。2020年6月,按照贵钢公司"钢业、物业、物流业"三大产业发展规划,贵阳东方鑫盛钢材物流有限公司整合贵阳东方现代钢材市场股份有限公司和贵阳金吉运输有限公司物流资源,形成贵钢公司物流产业板块集中资源发展的格局。物流产业发展定位为充分整合发挥专用铁路、土地和网络平台优势,以集装箱业务为核心,引进港口业务合作,实现"公海铁"多式联运,融入西部陆海新通道,打造国内具有竞争力的生产生活服务型现代物流业。

(史 永)

【主要指标】 东方现代全年收入6655.09万元,利润720.78万元,完成计划102.97%,比2019年703.11万元增加17.67万元。

(毛姝红)

【重点工作】 东方现代克服新冠肺炎疫情对市场带来的影响,针对老市场新思维新管理,开展复工复产工作,推动铁路机待线启用,规范同厂家同品种钢材货物"井字形"堆码,提高工作效率,并降低翻货成本和安全风险;加强物业租赁宣传,提高房屋出租率;强化装卸业务合作管理,提高服务质量,稳定客户队伍,确保业务收入和利润。

(史 永)

贵阳金吉运输有限公司

【金吉运输公司领导名录】
执行董事:安朝智
党支部书记兼工会主席:赵崇文(6月离任)
经　理:安朝智(6月离任)
副经理(主持工作):黄　维(6月任职)
监　事:冯胜容(10月离任)　安建军(10月任职)

(周思武)

【概况】 贵阳金吉运输有限公司(简称"金吉运输公司"),成立于1996年1月28日。2020年6月,在贵钢公司党委领导下,按照贵钢公司"钢业、物业、物流业"三大产业发展规划,贵阳东方鑫盛钢材物流有限公司整合贵阳东方现代钢材市场股份有限公司和贵阳金吉运输有限公司物流资源,形成贵钢公司物流产业板块集中资源发展的格局,为企业规模化转型发展创造良好条

件。公司物流产业发展定位为充分整合发挥专用铁路、土地和网络平台优势,以集装箱业务为核心,引进港口业务合作,实现"公海铁"多式联运,融入西部陆海新通道,打造国内具有竞争力的生产生活服务型现代物流业。

(周思武)

【主要指标】 金吉运输公司全年计划收入6710万元,实际完成7143.99万元,完成计划119.07%,利润115.03万元。全年完成厂内转运26322车72.61万吨,事业部59.12吨,铁路站台13.49吨,完成产品发运4.06万吨。

(毛姝红、黄　彬)

【重点工作】 2020年,金吉运输公司紧紧围绕公司"提升效益效率"工作要求,积极加强与制造、炼钢、轧钢等部门协调厂内运输生产业务,在降低钢业成本费用的同时保障生产顺稳运行;整合外部物流运输资源,加大成品发运车次,在提高经济效益的同时,降低销售物流费用,同时还加强对外租赁业务,提高租赁业务收入。

(史 永)

贵阳首钢贵钢物业管理有限公司

【物业公司领导名录】
党委书记、董事长、工会主席:张　波(6月任职)
副经理(主持工作)、董事:刘国冰(6月任职)
纪委书记、董事:史良勇(6月任职)
副经理:吴贵平(8月任职)
董事会成员:张　波　刘国冰　史良勇
　　　　　　周　梅　陈　敏
监事会成员:关　俊　王筑生　康　乐

(冯旭会)

【概况】 贵阳首钢贵钢物业管理有限公司(简称"贵钢物业")成立于2020年6月,贵钢物业位于南明区油榨街,注册资金300万元。8月,撤销老区园区管理部,首贵物业公司承接原园区管理部除武装保卫、消防安全管理职责外所有的职责。实行自主经营、自负盈亏、独立核算、完全市场化营运的管理模式。主要负责老区首贵房开拟交付贵钢自持物业及现有物业的综合经营管理、公司新区主厂区内除钢业资产的运营管理、所辖区域安保、保洁、交通安全、维稳及应急处理、违法建筑的管控、

城市综合管理、公司范围内重点要害部位的治安巡逻、厂区、园区内交通安全秩序维护与重大活动的安保工作、谷脚农场的综合管理、创业中心管理,妥善安置转岗培训再就业,负责下岗人员的日常管理。下设综合办公室、经营财务部、医疗健康部、商业物业部、文旅事业部、物业服务部、安保部和创业中心。现在编人数 104 人,外派干部 5 人,调研员 4 人,科级 4 人,一般管理人员 18 人,操作岗 73 人。创业中心 451 人。

（冯旭会）

【主要指标】 贵钢物业实现营业收入 1977 万元。对原来按照 9% 纳税的经营业务重新分类,按照房屋租金、物业服务、停车服务、技术服务分门别类对口纳税,完成退税申请 17 万元,实缴减税 10 万余元。

（冯旭会）

【重点工作】 贵钢物业强化基础、理顺公司组织机构及管理体系的构建;修订公司章程内容规范公司法人治理结构,编制或修订包含基本管理制度、人力资源、业务管理等 38 个制度和操作规范,构建基层党组织、工会组织。推进公司物业市场化运营管理,828 户物业上调租金 427 户,调租比例 51.63%。按区域划分对老旧物业进行市场引导和培育,各区域形成业态统计和层级分类,有目的性的进行招商引资。对标挖潜实现停车场板块效益最大化。规范停车场车辆制度管理,清除系统原有免费车辆 896 辆,推进车辆收费标准的市场化运行,高效开展停车场场地商业出租活动。加强风险防控、依法依规创造性解决问题。处理历史遗留半年之久的电费收缴问题和押金退款问题,完成上级市场监督管理部门要求清查和联合检查组等审计部门要求整改的各项历史遗留事项的处置工作。

（彭万成）

贵阳钢厂职工医院

【职工医院领导名录】

党总支书记、工会主席:丁晓燕

院　　长:龙　奕

副院长:吴应红

（贺光龙）

【概况】 贵阳钢厂职工医院,成立于 1961 年。设有预防保健科、内科、外科、烧伤整形科、口腔科、妇科、中医科、儿科、五官科、影像科、医学检验科、麻醉科、皮肤科等临床科室。烧伤、内科、外科、中医科、妇科 5 个科室设有住院病房,病床位共计 200 余张。全院职工 203 人,高级职称 13 人、中级职称 40 人。

（贺光龙）

【主要指标】 贵阳钢厂职工医院全年实现业务收入 7158 万元,实现利润 462 万元,全年门诊接诊 48146 人次;入院 2167 人次,开展手术 958 台次,同比增加 23.77%。

（贺光龙）

【重点工作】 贵阳钢厂职工医院成立防疫青年突击队,承担湖北来黔人员指定酒店的体温监测和医疗咨询工作,服务 200 余人;成立火车站值守医疗工作组,按时选派医护人员到火车站承担医疗保障工作。深入扎佐厂区、幼儿园、花鸟市场、物管菜场、社区等提供专业的疫情防控指导,协助做好公司疫情防控工作;组织医护人员熬制预防新冠肺炎的中药汤剂,提供给公司职工及社区防控工作者 3000 余人份;组织全院党员干部职工开展"助力打赢新冠肺炎防控阻击战"主题捐款活动,235 名职工参与捐款,合计捐款 29238 元。内科新增高血压病区,设置床位 20 张,专病专治,提高高血压疾病诊治质量,发展以专病建设为核心的学科建设。成功承办《2020 中国烧伤医学合作促进会》,医院在烧伤学科领域取得的成绩得到业界专家的肯定。烧伤科全年就诊人次逐年稳步提升,全年发表学术论文 7 篇,参加全国学术会议交流 9 人次,申请专利 3 项。

（贺光龙）

贵阳金麟物业管理有限公司

【金麟公司领导名录】

支部书记:徐　前(6月任职)　张　波(6月离职)

经　　理:徐　前(6月任职)　邹　磊(6月离职)

副经理:吴凌雯　焦占军

（徐　东）

【概况】 贵阳金麟物业管理有限公司(简称"金麟公司"),成立于 2001 年。主要负责贵钢职工家属区的日常卫生、停车、维修维护等管理工作,贵钢自有公房和房改房的管理工作、职工存量补贴工作。公司实行自主经营、自负盈亏、独立核算的管理模式,下设财务科、综合办公室、物业经营中心3个部门,正式职工45人。

(徐 东)

【主要指标】 金麟公司2020年收入771万元,利润30万元。

(徐 前)

【重点工作】 金麟公司面对突如其来的疫情,金麟公司积极贯彻落实首钢贵钢公司疫情防控工作要求,对所管辖物业小区全面实施封闭式管理,在非物管小区油38栋、39栋、40栋、白大楼等区域设置4个疫情防控值守点,动员收费人员、维修人员、行政人员等30余人开展全天候的值守工作,为疫情防控工作贡献力量。

(徐 东)

贵阳阳明花鸟市场有限公司

【花鸟市场领导名录】

董事长:贺中炼

董　事:郭蜀伟　王筑生　李季华
　　　　马金钊　牟成勇　刘黔俊

经理兼法定代表人:安世宏

常务副经理:刘黔俊

党支部书记兼副经理:胡汉文

财务总监:李年增

(李 杰)

【概况】 贵阳阳明花鸟市场有限公司于2004年1月15日成立,董事会成员共7人,股东首钢贵钢公司方董事4人,股东贵阳绅缔公司方董事3人。公司经理层现有4人,岗位设置为经理1人、常务副经理1人(绅缔外派)、党支部书记兼副经理1人、财务总监1人。

(王 勇)

【主要指标】 贵阳阳明花鸟市场全实际完成营业收入2219万元,实际完成利润总额684万元。截至12月31日,公司的资产总额为2529万元,资产负债率为47.01%。

(李 杰)

【重点工作】 贵阳阳明花鸟市场抗疫工作中,树牢“疫情就是命令,防控就是责任”意识,对出入市场人员扫描健康码、测体温、登记台账,严格做好监测,每天对市场公共区域进行消杀,对经营户做好耐心解释疏导安抚工作,打赢疫情防控阻击战,确保市场平稳运营。通过

残保金减免、内部挖潜、争取对中小微企业用工优惠政策、争取税务减免政策等,约成本47万余元。开展消防“黔小消”监管平台信息采集录入及宣传工作,完成1277户商家信息填报,构建与新时代应急救援体系相匹配的“智慧消防”工作体系,建设“互联网+监管”大数据火灾防控体系,实现利用大数据推进基层消防安全综合治理。筑牢市场安全四级管控,全年检查发现市场63起安全隐患,即查即改隐患52起,下达隐患整改通知书12起,均按时限要求完成整改。取缔有火灾隐患炭火炉具76台,向经营户发放冬季取暖专用炭火炉具130台。拟定《花鸟市场升级改造工作方案》,各项工作均按计划有序推进。

(王 勇)

首钢贵阳钢厂幼儿园

【贵阳钢厂幼儿园领导名录】

支部书记:李 燕

园　长:黄　梅

(李 燕)

【概况】 贵阳钢厂幼儿园始建于1958年,现有的办园许可证为1999年由贵阳市南明区教育局等6家单位联合颁发的贵州省幼儿园办园许可证,属于国有企业办幼儿园,园区占地面积2413平方米,校舍建筑总面积约4779平方米,户外活动场地约100平方米,幼儿园位于贵阳市南明区青年路63号。目前共有班级14个,幼儿600余名,教职工53名。其中女职工49人,男职工4人,平均年龄约46岁,教师队伍具备大、中专以上学历人数为91%,教师资格证的持有率为100%,取得二级教师资格6人,三级教师资格18人。

(李 燕)

【主要指标】 贵阳钢厂幼儿园全年食品、消防、意外等安全事故为零。受突如其来的新冠疫情影响,幼儿园停园近5个月,全年经营收入384万元。

(李 燕)

【重点工作】 贵阳钢厂幼儿园面对新冠疫情导致停园,为保证疫情控制后的正常开园,幼儿园班子组织各班教师利用网络开展线上教学、线上防疫宣传、开展家庭亲子活动指导等,家长参与率在90%左右。同时为防输入、防传染,坚持对在家540余名幼儿进行每天轨

迹、身体状况跟踪,6月顺利通过教育部门开园检查,成为第一批可返园的幼儿园,幼儿返园人数达95%以上。

(李 燕)

贵阳首钢房地产开发有限公司

【贵阳首钢房开领导名录】

董事长:吴 林

董　事:侯锦山　杨　方　郭蜀伟

监　事:潘明祥　沈萌萌

党支部书记:宗民胜(10月离任)

　　　　　薛道瑾(11月任职)

总经理:侯锦山

副总经理:杨　方　薛道瑾(11月任职)

　　　　　宗民胜(10月离任)　刘宗波

(陈彦锟)

【概况】　贵阳首钢房地产开发有限公司(简称"贵阳首房公司")2015年7月成立,贵钢全资子公司,注册资本金7亿元。贵阳中心城区在建的最大城市综合体首

钢·贵州之光项目,由贵钢全资子公司贵阳首钢房地产开发有限公司、贵阳金嘉华置业投资有限公司、贵阳金鹰翔置业投资有限公司、贵阳金穗祥置业投资有限公司、贵阳金麟房地产开发有限公司进行开发,组成公司房地产开发板块,目前5家公司委托北京首钢房地产开发有限公司经营管理。

(陈彦锟)

【主要指标】　贵阳首房公司销售收入117676万元,利润总额37184万元,完成融资审批100000万元,实现签约金额36863万元,回款金额79724万元。

(陈彦锟)

【重点工作】　贵阳首房公司全面落实疫情防控要求,实现零感染的目标,保障疫情防控常态下的复工复产和工作正常开展。全年提取预售监管资金约7.4亿元,强力缓解资金压力。协调推进税收筹划,取得阶段性成果。认真落实房抵账工作,全年完成房抵账签约77套,金额约6968万元。积极开展融资工作,完成10亿元融资审批,保障现金流稳定。

(陈彦锟)

首钢通化钢铁集团有限责任公司

【通钢公司领导名录】

通化钢铁集团有限责任公司

执行董事:魏国友(3月任职)

经　理:魏国友(3月任职)

监　事:王中华(3月任职)

通化钢铁集团股份有限公司

党委书记:孙　毅

党委副书记:魏国友　李秀平

纪委书记:王海鹰

工会主席:李秀平

党委委员:孙　毅　魏国友　李秀平　王海鹰

　　　　　张德慧　王新生　唐　颖

董事长:魏国友

董　事:魏国友　孙　毅　徐景海

　　　　　宋连仁　康　硕　赵　炬

　　　　　张成武(职工代表)

监事会主席:

监　事:毛长武　吕　欣

　　　　　李秀平(职工代表)

　　　　　王海鹰(职工代表)

　　　　　于鹏举(职工代表)

总经理:魏国友

副总经理:孙　毅　赵　炬　张德慧　马卫旭

总经理助理:刘云龙　王玉全(6月任职)

安全总监:吴　焱

(王金波)

【综述】　首钢通钢公司(简称"通钢公司"),始建于1958年6月,前身为通化钢铁厂,系国家"一五"时期重

点建设项目。1958年10月改为通化钢铁公司。2010年7月与首钢联合重组,成为首钢集团在东北地区主要钢铁生产基地。是吉林省最大钢铁联合企业,也是国家振兴东北老工业基地重点支持企业。现已发展成集采矿、选矿、烧结、焦化、炼铁、炼钢、轧钢于一体的大型钢铁联合企业。先后荣获全国先进基层党组织、全国创四好班子先进集体、全国思想政治工作优秀企业、全国五一劳动奖状、全国精神文明建设工作先进单位等荣誉称号。2020年产铁394万吨,钢416万吨,材409万吨,成品铁矿143万吨。在册职工10535人,其中在岗职工8048人。

通钢公司下设办公室(党委办公室、董事会办公室)、人力资源部(党委组织部、党委统战部)、党群工作部(党委宣传部、工会、共青团)、纪委(监察部、信访办)、审计法务部、制造部、技术质量部(技术中心)、设备工程部、规划创新部、安全环保部、计财部11个管理部门,检测中心、供应公司(供应管理部)、应急保卫中心(武装部)、创业服务中心、培训中心(党校)5个直管机构,炼铁事业部、炼钢事业部、轧钢事业部、能源事业部、运输公司(物流管理中心)、机电修造公司、辉南轧钢公司7个直管生产单位。下辖通钢矿业有限公司、通钢国际贸易有限公司、吉林市焊管有限公司、通钢自动化信息技术有限公司、磐石无缝钢管有限公司、吉林通钢金属资源有限公司、四平钢铁制品有限公司7家企业,所属企业分布在吉林省通化市、白山市、长春市、吉林市、四平市、延边州等地。

在首钢集团支持下,通钢公司先后淘汰5座小高炉、3座小转炉等落后产能,完成2座大高炉、1座大转炉等重点技改项目建设,实现减量置换和装备大型化。2014年成功进入国家《钢铁行业规范条件》准入名单。2016年以来主动压减炼铁产能80万吨、炼钢产能60万吨,得到国务院充分肯定。目前形成生铁440万吨、钢460万吨、钢材540万吨的大型化、合规生产规模。

通钢公司主要装备有:焦炉4座,分别是2座55孔焦炉、1座60孔焦炉、1座65孔焦炉;2台360平方烧结机,1条链箅机回转窑球团生产线;2座2680立方高炉;3台120吨顶底复吹炼钢转炉,2台8机8流方坯连铸机,2台一机一流薄板坯连铸机;1560毫米热轧超薄带钢生产线、高强度机械制造用钢生产线、高速线材生产线、小型、中型型钢生产线、无缝钢管及焊管等轧钢生产线。主要产品有:板材、建材、优特钢、型材、管材5个系

列,主要应用于建筑、交通、电力建设、水利工程、汽车、机械加工、石油开采等行业。通钢公司产品立足东北,辐射华东、华南和华北等地。

(赵福星)

【股权变化情况】 2005年,通钢公司按照吉林省国企改革攻坚总体要求,作为全省816户改制国有工业企业之一,以产权改革为核心,积极推进剥离办社会职能、辅业改制、主业瘦身等改革改制工作,并在此基础上与建龙钢铁重组。2005年末,各项改革任务顺利完成,国有资本由改制前的82.84%(华融占股17.16%),减持到46.64%(建龙占股36.19%、华融占股14.6%、经营层持股2.57%),形成国有、民营、金融机构共同出资的多元产权结构。2009年末建龙退出通钢。

2010年7月,在吉林省委省政府的大力支持下,首钢公司响应国家钢铁产业调整和振兴规划要求,以首钢控股公司为实施主体,出资25亿元重组通钢(首钢占股77.59%、省国资委占股10%、华融占股10.33%、其他占股2.08%),通钢的改革发展步入新的历史时期。

2019年,在北京市、吉林省两地党委政府的大力支持下,通钢公司积极抢抓国家供给侧结构性改革政策机遇,全力推进市场化、法治化债转股工作,采取司法重整方式推进债务优化,同步对债务结构、股权结构和资产结构进行调整。11月4日进入司法程序,历时38天,创近10年来国内司法重整案例最快纪录,完成吉林省、北京市两地政府提出的"快进快出、完成"目标要求。通钢公司债务优化得到省政府通报表扬,写入2020年全国"两会"最高法工作报告,成为全国国有企业供给侧结构性改革脱困的典型案例。2020年6月24日,通化中院裁定终结重整程序,标志着通钢司法重整计划执行完毕。重整后,首钢集团持有通钢集团100%股权,通钢集团持有通钢股份公司44.12%股权,转股债权人持有通钢股份公司55.88%股权。重整后的通化钢铁股份有限公司承接原通钢集团全部资产负债及业务,实质上成为通钢系企业新的运营管控平台。

"十四五"(2021—2025年)是百年首钢在新的历史起点上加快转型发展的关键时期,是通钢公司债务优化后奠定高质量发展的关键时期。"十四五"期间,通钢公司要以习近平新时代中国特色社会主义思想为指导,紧紧把握东北全面振兴全方位振兴机遇,坚持党建引领,坚持改革创新,坚持"低成本+高效率"发展战略,产

品推进聚焦东北区域市场,资源配置聚焦低成本制造,体制机制聚焦高效率运行,依托首钢综合优势,深入贯彻高质量发展理念,做精做强钢铁主业,不断增强市场竞争力和综合创效力,打造具有区域竞争力和影响力的钢铁制造企业。

(冯世勇)

【生产经营】 2020年,通钢公司以习近平新时代中国特色社会主义思想为指导,按照省委省政府和首钢集团总体部署,坚持保生求发展总基调,坚持改革创新主线,统筹抓好生产经营、司法重整和疫情防控,夯实基础,严格管理,敢于创新,各项工作在应对挑战中砥砺前行。全年产铁394万吨、钢416万吨、材409万吨、成品铁矿143万吨;实现工业总产值163亿元、销售收入150亿元。

(冯世勇)

【安全环保】 通钢公司落实安全生产主体责任,强化全员安全培训、风险分级管控、隐患排查治理,实现工亡、重伤事故零目标。举办安全培训班306期,培训2.1万人次,排查事故隐患2万余项,开展应急演练103次。完成本质化项目134项。完成特种设备检验674台(套),检测达标率100%。全年火灾、煤气中毒事故为零。建立微型消防站4个,参与社会火灾扑救和实施救援16起,应急保卫中心应急大队被命名为省级应急救援专业队伍。创建"家"文化试点班组44个,新增安全标准化班组121个,班组达标率86%。排查环保问题334项。推进绿色行动计划,完成160万吨化产脱硫脱氰改造、板石井下污水处理循环利用项目,提升环保治理水平。

(冯世勇)

【疫情防控】 通钢公司坚决落实各级党委政府和首钢集团决策部署,把精准疫情防控作为首要政治任务,成立疫情防控工作指挥部,建立5级测温包体系,全力落实防控措施,实现"零确诊、零疑似、零输入"的"三零"目标。积极争取各级政府疫情防控政策支持,全年获得政府补贴1934万元,职工社保费、港口建设费等减免5227万元,缓交企业税金等费用2.85亿元。

(冯世勇)

【节能减排】 通钢公司牢固树立能源就是现金流的理念,强化能源管控,优化煤气蒸汽等介质平衡,促进能源节约和回收。35兆瓦发电项目6月29日投入运行;360平方烧结余热发电项目11月19日并网成功。开展合同能源管理项目4项,节约电量1290万千瓦时。40项水泵节能改造项目全部完成。全年自发电量8.15亿千瓦时,同比增加2.25亿千瓦时,超计划1850万千瓦时。全公司峰谷比1.05。自发电率41%,同比提升10%。

(冯世勇)

【深化改革】 通钢公司债务优化达到预期。按照"不留任何后遗症"的要求,推进重整执行四个阶段七条线39项任务。6月24日,通化中院裁定重整计划执行完毕,标志着通钢公司债务优化工作顺利结束。夯实低效无效资产153亿元,金融普通债权205亿元实施债转股,年节约利息支出9亿元,实现所得税负为零目标。体制机制激发活力,完善KPI考核体系,对全公司27个分配单元制定个性化指标,锁定工资总额基数,拉开收入差距,激发内在活力。发挥创业服务中心平台作用,全年销售固废、非正品钢材、矿渣、钢渣尾渣,采购材料备件等完成交易额3.3亿元,创效1750万元。

(冯世勇)

【优化结构】 通钢公司落实"挂图作战、做大蛋糕"方针,突出规模效益,通过打铁耗等措施打满各产线,转炉铁耗月度最好水平867.8公斤/吨。推进产品比例63.7%,比计划提高0.7%。板带生产Q355B低合金卷62万吨,比计划提高16.98%。精棒线开发直径75、直径55、直径50规格20钢轧制管坯,精棒优等品比例14.36%,比计划提高4.36%;Cr系钢占优特钢比例27.76%,同比提高6%;棒材线实现HRB500E产品直径18—40规格全覆盖;线材线开发生产45钢硬线产品。

(冯世勇)

【提升效率】 通钢公司开展小指标竞赛,37项挂图作战指标攻关,提高生产效率。矿业球团作业天数同比提升15.46天;9月份2号高炉利用系数2.35,创历史最好水平;12月份转炉冶炼周期最短达到30分钟,9月份板带线机时产量424.25吨/小时,创历史最好水平;棒材线机时产量100.89吨/小时,同比提高3.93吨/小时。优化钢种牌号降低合金消耗,带肋钢筋牌号由24个优化为8个。

(冯世勇)

【设备管控】 通钢公司深入开展TPM管理,1阶段38个评价单元全部通过验收,2阶段"两源治理"工作已启动,各单位实施创新亮点10098项,自制工具4494件。

加强生产组织及设备维护,强化标准化操作及专项整治,生产故障率同比降低 0.4‰,设备故障率同比降低 0.09‰。

(冯世勇)

【购销管理】 通钢公司全年销售跑赢市场 2.1%,比计划提高 0.1%。开展委托加工业务完成销量 5.8 万吨,增加收入 2.1 亿元。期货、现货联合销售开拓东北市场,8 月份本地化比例 99.5%,板材东北销量 27.2 万吨,创历史最好水平。推进 EVI 服务,开发终端直供 16 户,开发重点工程项目 24 个。全年采购跑赢 1.64%,在首钢集团内部排名第二。依据性价比增采周边铁精粉 105.5 万吨,超计划 44.5 万吨。原料直采率 91.6%,燃料直采率 98%。采购质量合格率同比提高 11.4%。发挥物流管理中心优势,初步构建起大物流体系框架。吨钢物流成本 342 元,同比降低 13 元。

(冯世勇)

【转型提效】 通钢公司调整 8 个部门及直管机构职能,专业管理能力进一步加强。推进集中监控、集中计量、远程操控等技术改造,精干岗位作业人员,优化在岗职工 471 人,优化比例 5.6%,提前完成 2020 年转型提效目标任务。全年劳产率 685 吨/人·年,同比提高 40 吨/人·年,比计划提高 35 吨/人·年。推进部分岗位取消夜班试点,8 家单位 18 个岗位 80 人调整为白班工作制,占倒班职工总数的 1.75%。

(冯世勇)

【自动信息化】 通钢公司开展"运用信息化手段提升管理工作"活动,增强职工信息化理念,全年自主完成信息化应用项目 58 项。推动"两化"融合,自主改造焦炉自动加煤控制系统、远程自助无人检斤系统等 19 个项目,提升设备自动化水平,降低劳动强度。持续推进皮带优化工程,无人皮带增加 12 条,减少皮带岗位 99 个。信息化系统建设有序推进,协同办公平台系统、设备管理系统正式上线,自主开发铁水智能管理系统、炼钢物料平衡系统、能源数据采集系统,提升现场信息管理能力。

(冯世勇)

【风险管控】 通钢公司全年修订制度 46 项,废止制度 35 项。开展管理制度、"三规两制"执行专项检查,查出问题 961 项,整改 957 项,综合整改率 99.6%。召开夯实基础管理现场会 7 次。全面推进岗位"三化"责任体系,梳理岗位 2095 个,编制"三化"岗位责任书 2568 份。组织职工代表参加民主评价会 2 次,民主评价议题 18 项。完成审计项目 18 项,发现审计问题、提出审计建议 218 个。聚焦"吨钢降本 300 元",开展专项监督 54 次,发现并通报问题 78 项,制定整改措施 120 余项,宣传推广降本好做法 75 项。

(冯世勇)

【资产盘活】 通钢公司通过劣势企业退出、资产盘活和降低库存等措施,防范化解经营风险,提升资产创效能力。通过入驻拍卖平台、发布公告、网络竞价、签订成交书等工作,完成东圣焦化、金刚冶金渣等 5 家参股企业股权拍卖,收回资金 2265 万元,超评估值 291 万元。通过盘活栗矿高炉、磐管产线,出租长春通钢大厦,回收淘汰产线拆除废钢等措施,盘活资产 3207 万元。

(冯世勇)

【人才建设】 通钢公司强化三支人才队伍建设,新增高技术高技能人才 79 人,招聘毕业生 74 人。举办第四期青年干部特训班,48 名优秀年轻干部参加培训;举办第 23 届职业技能竞赛,选拔优秀技能人才 123 人。建立职工创新工作室 24 个,解决实际问题 263 项。"马增毅创新工作室"被评为"全国机械冶金建材行业示范性创新工作室"。风军、徐智友被评为"通化青年工匠";王勇、徐凤娟被评为"通化工匠"。4 人被授予"首钢技术能手"称号。9 人在"辽科大"杯模拟炼铁—炼钢—轧钢竞赛全国总决赛中获得单项一等奖,通钢获得全国总决赛第一名,获团体挑战赛银奖。

(冯世勇)

【职工创新】 通钢公司学习巴登钢厂经验,炼铁事业部组织 160 万吨化产脱硫塔改造,节省资金 1500 万元。炼钢事业部自主改造方坯连铸机,研发转炉工艺无缝管用铸态圆管坯,并实现方圆坯混拉,填补吉林省此项工艺空白。轧钢事业部推进自主维检,通过自学检修技术、自创检修工艺、自制检修器具等系列工作,实现大型项目外委转自营。机电公司开展设备技术升级攻关,对 7 台老旧机床完成数控升级改造;矿业球团厂不断优化工艺技术设备管理,生产效率大幅提升。能源事业部利旧改造清洗机。运输公司修复液压板料折弯压力机;检测中心为周边企业提供检测等服务。

(冯世勇)

【党风建设】 通钢公司始终把政治建设摆在首位,党委中心组组织集中学习研讨 16 次。落实"三重一大"决策制度，坚持重大事项党委会前置审议。优化基层领导班子结构，推进干部交流任职，对 26 个单位部门 59 名领导人员交流调整。开展创先争优竞赛活动，评选表彰夺杯竞赛优胜单位 60 个，先进基层党组织 96 个，先进党支部 72 个，优秀共产党员 240 人。推进基层党支部规范化建设，创建选树品牌党支部 10 个。结合孙利军案开展"以案为鉴、以案促改"系列警示教育活动，用身边事教育身边人。严肃执纪问责，运用"四种形态"处理 15 人，对涉嫌违纪违法的 7 件案件进行立案审查，给予党纪处分 8 人。加强精神文明建设，保持省文明单位荣誉称号。开展"四季恒温"活动，投入资金 66.8 万元。开展"职工接待日"工作接待职工 412 人，听取职工意见建议 401 项。开展"全员共建、绿美通钢"绿化行动，种植树木 1.14 万棵，新增草坪 6 万平方米。

（冯世勇）

【2020 年通钢公司大事记】

1 月 6 日，通钢公司召开领导班子专题民主生活会，结合孙利军严重违纪违法案件，开展批评与自我批评。

1 月 7 日，通钢公司召开 2020 年安全环保大会。

1 月 9 日，吉林省电力公司副总经理李大勇来通钢公司开展"走万企、解难题、送服务"活动。

1 月 9 日—10 日，通钢公司党委组织职级 L7（含助理）以上领导人员及部分有业务处置权人员到通化市廉政警示教育展馆，接受廉政警示教育。

1 月 13 日，通钢公司党委召开理论学习中心组（扩大）学习会。

1 月 13 日，通钢公司召开债务优化稳定工作专题会议。

1 月 15 日，通化市二道江区区委书记于大军到通钢公司检查春节前安全工作。

1 月 15 日，通钢公司召开 2020 年党风廉政建设工作会议。

1 月 16 日，通化市人大常委会副主任王平、副市长王国昌聊来通钢公司慰问全国劳动模范孙寿旭。

1 月 21 日，通化市市长李平来通钢公司检查安全生产工作。

1 月 22 日，吉电股份二道江发电公司总经理丁吉钰来通钢公司洽谈交流。

1 月 23 日，通钢公司成立疫情防控工作领导小组和工作组。

1 月 31 日，通化市副市长蒋海燕来通钢公司调研生产经营及疫情防控工作。

2 月 1 日，通钢公司调整疫情防控工作领导小组，成立领导小组办公室，下设 9 个工作组。

2 月 5 日，通化市委书记高治国来通钢公司检查疫情防控工作。

2 月 19 日，通钢公司召开工程建设有序复工复产工作会。

3 月 3 日，经首钢集团研究决定：魏国友同志为通钢公司执行董事、经理人选；王中华同志为通钢公司监事人选。

3 月 4 日，通钢公司召开党委会会议、经理办公会，强调要克服新冠肺炎疫情影响，按照"不留任何后遗症"要求，全面完成四个阶段七条线任务。

3 月 9 日，通钢公司召开党委理论学习中心组学习（扩大）会议暨统筹做好新冠肺炎疫情防控和生产经营各项工作会议。

3 月 10 日，通化市市长李平、市政府秘书长李涛来通钢公司调研疫情防控和复工复产工作情况。

3 月 17 日，吉林省委副书记、省长景俊海来通钢公司调研时强调，要完善长期规划，推动转型升级，实现安全、精准、高效生产，夺取疫情防控和经济社会发展双胜利。副省长蔡东、省政府秘书长王志厚，通化市委书记高志国、市长李平等参加调研。

3 月 29 日—4 月 1 日，通钢公司炼钢事业部自主改造方坯连铸机，研发转炉工艺无缝管用铸态圆管坯，并实现方圆坯混拉，填补吉林省此项工艺空白。

4 月 1 日，通化市常务副市长经希军组织召开专题会议，研究通钢公司厂办大集体改革工作。

4 月 1 日，通钢矿业公司完成营口元泰矿业有限责任公司股权转让退出。

4 月 5—11 日，通钢矿业公司球团厂年修。

4 月 7 日，通化市委副书记、市长李平、副市长田锡军来通钢公司检查督导中央环保督察反馈问题整改情况。

4 月 7 日，通钢公司召开 4 月份系列年修动员会。

4 月 10 日，通化市市委常委、纪委书记、监委主任所永吉来通钢公司调研。

4 月 11 日，白山市市长马坚来通钢矿业公司板石尾矿库进行安全巡查。

4月11日，通钢公司2号高炉检修结束复风生产，工期88小时，较计划提前20小时。

4月14日，通钢公司召开一季度意识形态会商研判会议。

4月16日，通钢公司、大成律所与建行、中行、工行、建信金融召开视频会议，通报通钢股份公司章程修订进展和董事、监事人选推荐情况。

4月16日，通钢公司召开2020年一季度安全生产委员会会议。

4月17日，通钢公司召开一季度经营分析会暨夯实基础管理推进会。

4月20日，通化市二道江区副区长高峰来通钢公司开展"服务企业周"活动。

4月21日，通钢公司召开规划自然资源领域突出问题专项清理整治工作动员会。

4月21日—24日，通钢公司各单位召开"学巴登、育文化、促发展"大讨论座谈交流会。

4月22日，首钢集团总经理助理卢正春来通钢公司指导高炉恢复工作。

4月22日，通化市人大调研组来通钢自信公司调研通化市智慧康养平台项目建设情况。

4月28日，通钢公司党委召开理论学习中心组学习（扩大）会议。

4月30日，首钢集团总经理助理卢正春与通化市委书记高治国进行会谈。

5月9日—16日，通钢炼钢事业部1号转炉年修。

5月11日，通钢公司转炉出钢滑板挡渣改造项目竣工。

5月14日，通钢公司召开十一届四次职代会代表团长联席会议，表决通过2020年转型提效相关文件方案。

5月22日，通钢公司管理人向通化中院呈送《关于提请人民法院确认无异议债权的报告》。

5月26日，通钢公司结合司法重整后法人治理结构运行实际召开专题会议，研究制定通钢公司"三重一大"决策事项清单。

5月27日，通钢公司召开专题会议，研究《通钢公司"十四五"发展规划要点》。

6月2日，北京首钢国际工程技术有限公司副总经理朱灿朋来通钢公司研讨干熄焦项目建设。

6月4日，通钢公司制定《2020年6—12月份吨钢降300元增效方案》。

6月4—5日，通钢矿业公司完成吉林省恒加投资管理有限公司破产清算注销工作。6月5日，经研究决定：聘任王玉全同志为通钢公司总经理助理（L6）（试用期一年）。

6月9日，首钢集团党委副书记、总经理赵民革主持召开专题会议，研究通钢司法重整执行情况。

6月11日—12日，国家开发银行吉林省分行法律合规处处长班军明来通钢公司调研。

6月12日，通钢公司下发《"万众一心加油干、吨钢降本300元"倡议书》。

6月18日，通化市人大常委会副主任王绍红来通钢公司调研。

6月18日，吉林省军区战备建设局副局长唐成、通化市军分区副司令张忠文来通钢公司，开展吉林省民兵组织整顿工作检查验收。

6月24日，通化中院裁定《通钢系企业重整计划》执行完毕，标志着通钢公司债务优化工作顺利结束。

6月29日，首钢集团董事会召开2020年第二次会议，听取通钢公司债务优化完成情况的汇报。

6月29日，首钢集团致函吉林省政府——《关于恳请继续支持通钢公司的函》（首函〔2020〕41号）。

6月29日，通钢公司召开2019—2020年度先进表彰大会。

6月29日，通钢公司35兆瓦发电机组项目竣工投产。

7月2日，沈阳铁路监督管理局处长冯彦辉带队，来通钢公司专用铁路进行监督检查。

7月16日，通化市人大常委会副主任王平来通钢公司调研上半年预算执行情况。

7月27日，白山市常务副市长张习庆来通钢矿业公司选矿厂尾矿库进行汛期安全巡查。

7月27日，首钢集团总经理助理卢正春主持召开会议，专题研究通钢干熄焦项目有关工作。

7月28日，通钢公司与辽宁科技大学签订战略合作框架协议。

7月29日，国家职业安全健康协会党委书记、理事长王德学来通钢公司调研。

8月3日,通化市副市长蒋海燕来通钢公司调研。

8月10日,通化市市长李平来通钢公司调研。

8月14日,通钢自信公司与中国电信吉林分公司签署"新基建761省重点系列项目"合作协议。

8月17日,国务院国资委《国企改革简报》(2020年第23期),以《地方携手扭亏脱困通钢集团重新焕发生机》为标题,刊发通钢债务优化取得成功的典型做法。

8月27日,通钢公司召开第十三次科技大会。

8月28日,白山市常务副市长张习庆来矿业公司调研。

8月30日,通钢公司冶金渣处理(钢渣热闷)前期占位拆除及改代项目竣工。

9月3日,通钢公司2号高炉出铁场除尘改造项目、矿槽除尘改造项目竣工。

9月15日,方圆体系认证专家组来通钢公司审核质量、职业健康安全和环境体系。

9月15日,通钢公司4号焦炉烟气脱硫脱硝项目获得2020年中央大气污染防治资金补助330万元。

9月23日,吉林省高级人民法院党组书记、院长徐家新来通钢公司调研。

9月25日,通钢公司获得由方圆标志认证集团公司颁发的质量、环境、职业健康安全管理体系认证证书。

9月28日,通化市市长李平来通钢公司节前安全检查。

9月28日,通化市总工会主席李涛来通钢公司调研。

9月30日—10月14日,通钢轧钢事业部棒材线年修。

10月10日,全国应急与安全产教融合联盟副理事长、陕西中国西部发展研究中心常务理事宁春林来通钢公司专题讲座。

10月15日,华冶科工集团有限公司董事长刘玉军来通钢公司拜访。

10月21日,吉林省人大常委会副主任贺东平来通钢栗矿公司视察企业复工复产及疫情防控工作。

10月26日,通化市二道江区委书记魏增福、副区长高峰来通钢研讨合作推进产城融合发展事宜。

10月30日,通钢公司冶金渣处理(钢渣热闷)项目全部竣工投入使用。

10月,通钢公司在"辽科大杯"全国模拟炼铁—炼钢—轧钢大赛中喜获佳绩,获得团体挑战赛企业组银奖;全国总决赛企业组团体奖一等奖;轧钢单项赛包揽前五;炼钢单项赛斩获三个一等奖。

11月1日,通钢公司安全生产双重预防控制系统(二期)上线运行。

11月2日,首钢集团党委巡察组进驻通钢公司并召开巡察工作动员会,全面开启巡察工作。

11月10日,首钢钢铁板块安全检查组来通钢公司开展2020年度安全消防检查。

11月11日,《通钢小方坯连铸机高效化改造与应用》获通化市科学技术奖三等奖。

11月17日,通钢公司厂办大集体企业——通钢企业公司召开职代会,审议表决通过改革方案。

11月19日,通钢公司360平米烧结余热发电工程项目并网成功。

11月22日,通钢公司厂办大集体企业——通钢辉南实业集团公司召开职代会,审议表决通过改革方案。

12月1日,通钢公司炼钢事业部生产2炉供吉林宏佳驰公司车轮钢TG380CL,性能合格,达到用户使用要求。

12月3日,吉林省国家保密局检查组来通钢公司开展防谍保密检查。

12月3日,辽宁科技大学专家来通钢公司对配煤方案进行交流研讨。

12月14日,通钢公司3.5万立方米制氧组、精品棒材产线、转炉螺杆发电项目通过环保验收。

12月15日,通钢公司顺利通过吉林省生态环境厅清洁生产审核评价。

12月24日,通钢党委论文成果《党建引航债务优化工作通钢重新焕发生机》获全国党建思想政治工作研究优秀论文一等奖。

12月,通化市人才领导小组办公室下发表彰决定,授予通钢公司职工王勇、徐凤娟"通化工匠"称号,凤军、徐智友"通化青年工匠"称号。

(冯世勇)

吉林通钢矿业有限公司

【通钢矿业领导名录】

党委书记:梁纯岩(5月任职)　于鹏举(5月离任)

党委副书记:吴 波 刘志坚

纪委书记:刘志坚

工会主席:刘志坚

董事长:吴 波

经 理:吴 波

副经理:梁纯岩(5月任职) 于鹏举(5月离任)

张 勇 朱生青 苑广智

(冯井亮)

【概况】 吉林通钢矿业有限责任公司(简称"通钢矿业")位于白山市浑江区板石街道,是通钢主要的含铁原料基地。成立于2007年7月,占地面积1010.2万平方米,注册资本110170.5万元;为通化钢铁股份有限公司出资设立的法人独资有限责任公司。在册职工2375人。下辖4个控股公司:板石矿业公司、大栗子矿业公司、通钢桦甸矿业公司、敦化塔东矿业公司。各子公司主要位于吉林省内白山地区、吉林地区、延边州境内。

(冯井亮)

【主要指标】 2019年,通钢矿业生产成品矿142.7万吨,铁精粉117.7万吨,球团矿135.7万吨;实现工业总产值15亿元,营业收入13.22亿元;实现利润1.7亿元,超预算0.28亿元。

(冯井亮)

【生产经营】 通钢矿业围绕"做实采选、做精球团"目标,以稳产保供为中心,坚持生产型向经营型转变,挖掘资源潜力,将提质增产新篇章全力书写在矿山各产线上。栗矿公司克服人员结构老化、技术工种匮乏、矿层结构变化开采难度大等困难,加强采掘工程组织,成品矿增产1.9万吨。桦甸矿克服前期疫情和"两会"影响,按期恢复三道沟选矿厂生产,实现增产3.02万吨。露天矿积极主动寻找矿源,超产1.08万吨。开展定期自查、检查和排查问题1374项,设备故障时间同比减少81小时,较上年降低17.1%,球团厂实现10个月零故障。各单位挖掘废旧设备、配件的剩余价值,完成修旧利废4502件,节约费用916.52万元。开展内外检修互助503人次,节约费用73.6万元。积极研究争取国家及各级政府疫情防控政策支持,争取疫情期间电费政策性扶持,减少支出907.92万元,枯竭资源税、职工社保费用减免877.09万元。

(冯井亮)

【安全环保】 通钢矿业深入贯彻执行上级安全管理工作要求,组织各单位分区域、分时段利用微信网络、腾讯会议等形式开展警示教育和安全培训。深化双重预防机制建设,着重对高危行业单位及相关方加大"两休一夜"抽查,以及节假日、全国"两会"等特殊时段专项检查,共排查隐患问题441项。开展本质化安全项目攻关19项,化解安全风险5项。逐级落实安全生产责任,隐患排查全员参与度、隐患整改率实现双提升,持续保持安全稳定生产局面。履行社会责任,强化环保管控,狠抓主体责任落实,全员环保意识不断提高。加大治污减排,投资1850万元完成井下污水治理项目。大力推进生态环境恢复治理,栽植树木500余株,花草1万余株,绿化2万多平方米。

(冯井亮)

【工程建设】 通钢矿业疫情期间,克服施工人员不足压力,积极组织复工复产,通过召集本地施工队伍先复工,最大程度上减少疫情对工程的影响,紧盯影响生产的关键工程、时间节点,坚持挂图作战,加快施工进度和工程消缺。围绕大宗工业固体废弃物综合利用,推进非矿产业发展。经过多次协商洽谈,在浑江区政府的协调下与辽宁新兴化工集团有限公司达成合作意向,并于7月28日就建设固废资源化综合利用产业园签订三方框架协议。

(冯井亮)

【企业改革】 通钢矿业推行全额计件、定员工资、承包经营、量化积分等分配形式,激励内部创效,鼓励外部创收。栗矿公司推行"国企民管"模式,将生产任务与绩效薪酬挂钩包干,跨部门、跨专业兼工,大幅提升效率和效益。球团厂生产作业区深化班组积分管理和降费创效提成,月份班组间人均积分奖金差额598元,降费创效人均增加收入1696元。井下矿在18号采矿作业区推行吨矿承包经营,节约成本29.6万元。选矿厂推行巡岗制和操检合一岗位模式,打破工种界限,实现一职多能兼工作业,兼工员工每月绩效工资增加200—400元。

(冯井亮)

【内部管理】 通钢矿业制定2020年"从严、从实、从新"管理活动方案,通过管理活动内挖潜力,提高效益、提升效率,增强核心竞争能力。实施专项管理督查评价,通过单位自查、专业管理部门检查和企业管理复查三级督查,强化专业管理改进和执行力建设,促进管理水平实现新提升,2020 年度开展专项管理督查 6 次。完成 2020 年管理创新立项 56 项,自主管理活动共组建 94 个活动圈,全年完成 209 个活动主题,创效 720 余万元。

(冯井亮)

【党风建设】 通钢矿业开展"扭亏争赢、翻身争气"活动,围绕企业疫情防控、工程接续、持续发展等中心工作,以"学巴钢、育文化、促发展"为主题,推动"三个怎么干"大讨论活动。抓实意识形态工作责任制,召开意识形态工作研判会 4 次。开展民主监督评价,提出监察建议 12 条,下发考核通报 4 次,考核 3300 元。开展效能监察立项 42 项,提出建议 186 条,建章立制 50 项。招聘毕业生 5 人,利用"千名学子归巢计划"引进紧缺主体专业毕业生 3 人。14 个职工创新工作室持有国家新型实用专利 7 项,年度攻关立项 57 项。拓宽"四季恒温"活动渠道,加大重点节日对特困职工的走访力度,两节期间走访慰问 253 人,发放慰问金 5.7 万元。

(冯井亮)

吉林通钢国际贸易有限公司

【通钢国贸领导名录】

党委副书记:赵国惠(主持工作)

党委副书记:苑桂佳

纪委书记:苑桂佳

工会主席:苑桂佳

副董事长:赵国惠(主持工作)

副经理:韩立海(主持工作,6 月任职)

赵国惠(主持工作,6 月离任)

副经理:张曙光 郝云飞 李 海(7 月离任)

经理助理:柳 卓

(王广晟)

【概况】 吉林通钢国际贸易有限公司(简称"通钢国贸")位于吉林省长春市,是通钢全资子公司,2004 年 5 月成立,注册资本 10.5 亿元,是经营建筑用钢材、型材、板材及国际贸易、仓储物流,兼营煤炭、铁精粉、含铁原料、化工原料、冶金炉料、机电设备、工矿等产品的大型冶金综合贸易企业,兼通钢销售管理职能。现有在册职工 107 人。下辖 3 个全资子公司:通化钢铁集团进出口有限公司、通钢集团(香港)有限公司、吉林通钢物流有限公司;1 个控股公司:长春通钢国贸钢材仓储有限责任公司;4 个参股公司:通钢辽宁板材加工配送有限公司、苏州通钢舜业钢材加工配送有限公司、杭州通钢东联钢材加工配送有限公司、浦项通钢(吉林)钢材加工有限公司。

(王广晟)

【主要指标】 2020 年,通钢国贸销售钢材 411.36 万吨,实现销售收入 132.86 亿元,实现利润 934 万元,钢材跑赢市场 2.26%。年末存货资金占用为 17,822 万元,同比减少 19087 万元;现货销量完成 187 万吨。

(王广晟)

【市场营销】 2020 年,通钢国贸产销率 100.65%,回款 156.45 亿元。全年平均单价 3650 元/吨,推进产品比例 62.92%,推进产品创效 1.60 亿元。全年本区域销售比例 71.1%,同比提升 11.1%。SPHC 板材实现销售 5.34 万吨,同比增量 3.32 万吨。30MnSi 线材销售 9.77 万吨,同比增量 4.65 万吨。HRB500E 四级抗震钢筋完成销量 0.38 万吨。外销库存焦炭 0.29 万吨。

(王广晟)

【现货销售】 通钢国贸全年开发中小客户 409 家,现货总客户数量 1163 家,新开发客户数占总数的 35%。抓住市场区域价差时机,调配资源 10.33 万吨,增加利润 689 万元。通过一站式用户服务,中交物资年采购量 1.96 万吨、润德实业年采购量 2.82 万吨、中铁物贸沈阳年采购量 8.05 万吨。重点工程业务开发新项目 18 个,实现销量 6.56 万吨。成功开发抚长高速口改移工程项目,实现销售 2.26 万吨。开发长春市内轨道交通 2、4、5、6 号线项目,实现销售 1.5 万吨。开发省内集安—桓仁、烟筒山—大蒲柴河高速公路项目,实现销售 0.22 万吨。

(王广晟)

【国际业务】 通钢国贸全年进口原燃料 402.49 万吨,出口板材 4.82 万吨。以国内大型央企为目标,拓宽代理进口渠道,新开发供应商 4 家,代理进口融资成本平均每年降至 2%,降费 133 万元。优化保险费用招标事宜,保险费率由 1.2‰降至 0.89‰。坚持转港方案测算常态化,10 月份通过调整卡粉以及 PB 粉靠泊顺序,实现降本 73 万元。紧盯港口 CIQ 监管,增效 480.94 万元。新增申报外贸贷款贴息项目,获取外贸发展专项资金 520.22 万元。

(王广晟)

【物流业务】 通钢国贸全年吨钢销售物流成本 80.01 元,物流费用 33323 万元,分别比预算低 3.26 元/吨和 2898 万元。铁路方面通过申请一口价下浮降低物流费用,全年创效 10303 万元。规范汽运物流管理,组织汽运竞价线路 252 条,通过设定最高限价及增加符合资质要求的物流公司参与竞价运输方式控制汽运价格,降低销售物流费用 29 万元。通过吸引优质船务公司合作、完善竞价模式、与合作企业协商减免费率,累计降低物流费用 478 万元。

(王广晟)

【融资及资金运作】 2020 年,通钢国贸发挥融资平台作用,在首钢财务公司、招商银行等金融机构开具承兑票据 2.6 亿元,协助股份公司通过国贸公司平台票据贴现 15 亿元。

(王广晟)

【党风建设】 通钢国贸开展"管理创优、市场创效"党内创先争优竞赛。根据机构调整实际组建新的党支部,召开支部党员大会选举支部书记和支部委员。签订党委委员党建工作责任书和基层支部党建工作责任书。组织"网络手牵手、共迎九十九"党内答题活动。通过"职工接待日"解决建议 25 项。开展"以案为鉴、以案促改"警示教育,领导干部带头讲党课、进行警示教育 14 次。开展吨钢降本 300 元销售增效专项监督,编发 21 期《销售增效专项监督工作旬报》。签订个性化的《领导干部廉政承诺书》8 份,签订《廉洁从业承诺书》48 份,与 76 家用户签订《诚信承诺书》。

(王广晟)

吉林市焊管有限公司

【吉林焊管领导名录】

    党支部书记:周 杰

    执行董事:周 杰

    经 理:周 杰

    经理助理:吕成林(兼)

(张淑梅)

【概况】 通钢集团吉林市焊管有限责任公司(简称"吉林焊管")位于吉林省吉林市,是通钢集团全资子公司,2004 年 8 月成立,注册资本 8650 万元;占地面积 15.06 万平方米。主要产品为精密焊管、汽车用管、石油管。

现有在册职工 4 人。

(张淑梅)

【主要指标】 2020 年,吉林焊管公司实现产量 1.24 万吨,销量 1.61 万吨。

(张淑梅)

【工艺装备】 吉林焊管拥有从意大利进口的具有 20 世纪 90 年代国际先进水平的整套直径 219 毫米、国产直径 114 毫米、直径 76 毫米、直径 60 毫米、直径 50 毫米、直径 45 毫米、直径 32 毫米精密焊管生产线,共计 7 条生产线。8 毫米厚大形宽板纵剪机组一条,两台小型带钢纵剪机;配有超声波探伤、水打压机、在线热处理、多套去内毛刺等配套辅助设备。可年产直径 15 - 直径 219.1 毫米圆形管、15×15 - 175×175 毫米方形管、15×20 - 100×150 毫米矩形管及六面体、P 型管、鼓形管等各类复杂端面的高品质焊管,年产能 15 万吨。高频焊接钢管产品已通过 ISO9001 质量管理体系认证、IATF16949 认证、VDA6.3 供应商认证、环境管理体系认证、职业健康安全管理体系认证工作。与一汽集团、大庆油田、黑龙江龙煤集团等国内大型国有企业形成稳定的长期供货关系。

(张淑梅)

磐石无缝钢管有限责任公司

【磐石钢管领导名录】

    党总支书记:李太仁

    执行董事:李太仁

    经 理:李太仁

    经理助理:吕成林(兼)

(李太仁)

【概况】 磐石无缝钢管有限责任公司(简称"磐石钢管")位于吉林省磐石市烟筒山镇,是通化钢铁股份有限公司的全资子公司,1998 年 10 月成立,占地面积 39.29 万平方米,注册资本 18782 万元。主要产品为无缝钢管。在册职工 2 人。

(李太仁)

【主要指标】 磐石钢管推进转型提效,厂房及设备租赁给新企业即磐石铸诚无缝钢管有限公司。2020 年租金收入 250.17 万元,转销圆管坯收入 45.49 万元。

(李太仁)

【工艺装备】 磐石钢管现有四条热轧无缝钢管生产线和一条冷拔无缝钢管生产线。其中包括:直径90毫米、直径100毫米、直径140毫米Accu-Roll热轧机组各一套,直径76毫米冷拔机组、直径90毫米热轧自动轧管机组,管加工机组,精整生产线。拥有完善的产品检测、试验装备,配置有涡流、漏磁无损探伤机、超声无损探伤、管端磁粉探伤机、高温拉伸试验机、70兆帕水压试验机、100吨电液伺服万能试验机、光谱分析仪、500倍金相显微镜、冲击试验机。可按国家标准、API石油管标准及用户特殊要求生产结构用管、输送流体用管、低中压锅炉用管、金刚石岩芯钻探用管、汽车半轴管、液压支柱管、石油套管、油井管等上百组距的无缝钢管。目前具备年产39万吨无缝钢管生产能力。

(李太仁)

吉林通钢自动化信息技术有限公司

【通钢自信领导名录】

党总支书记:郭延东

工会主席:郭延东

执行董事:王树强

经　理:王树强

副经理:王君海

经理助理:李志新

(侯佳清)

【概况】 吉林通钢自动化信息技术有限公司(简称"通钢自信")位于吉林省通化市二道江区,是通钢集团全资子公司。2012年5月,通钢集团在原通钢网航信息技术有限责任公司基础上,重组成立通钢自信公司。注册资本5000万元,总资产6868万元,占地面积460平方米,职工总数111人,其中在岗职工96人。下设办公室、财务室、技术室、市场室、信息室和运行室6个科室。

(侯佳清)

【主要指标】 2020年,通钢自信实现销售收入2090.75万元,其中:内部收入1756.27万元,外部收入334.48万元。全年盈利91.54万元。

(侯佳清)

【工艺装备】 通钢自信通讯系统核心设备采用华为U1981,2018年投入使用,为通钢提供通讯服务,固定电话近2500户。通钢自信有线电视网络系统采用星型网络结构,数字电视用户4500余户。通钢信息网络采用星型拓扑结构,核心机房使用2台cisco 6513作为核心交换机,各分机房使用cisco 3750作为汇聚层交换机,为数据安全稳定传输提供保障。外埠单位采用DDN专线与总公司互联,全集团终端数约3000台。网络出口处架设防火墙、上网行为管理、账号管理、WAF(web应用防火墙)、入侵防御系统、防毒墙等安全产品来保证数据和网络的安全。内网有70台物理服务器支撑业务系统,品牌包括IBM、H3C等。采用虚拟化、云、SAN等先进的技术保证系统构架的高可用性、高可靠性、高可管理性和高扩展性。

(侯佳清)

首钢伊犁钢铁有限公司

【首钢伊钢领导名录】

党委书记、董事长:夏雷阁

党委副书记、董事、总经理:马金芳

党委副书记、纪委书记、工会主席:王　鹏

党委委员、董事、副总经理:王浩然(9月离任)

党委委员、董事、财务总监:金　昆

副总经理:邵凤金

副总工:韩宝进

安全总监:张志宏

董事会成员:夏雷阁　任黎鸿　马西波

　　　　　马金芳　金　昆(12月任职)

(朱双念)

【综述】 首钢伊犁钢铁有限公司(简称"首钢伊钢")原为新疆石油管理局新源钢铁公司,始建于1958年。

2006 年由河北前进钢铁集团有限公司重组控股成立"伊犁兴源实业有限公司"。2009 年,首钢控股有限责任公司整合伊犁地区钢铁企业,与天津前进实业有限公司共同出资成立"首钢伊犁钢铁有限公司",2010 年 8 月,首钢伊钢项目签约,公司揭牌,注册资本 10 亿元,首钢控股、天津前进实业分别占股 75%、25%。公司位于新疆维吾尔自治区伊犁哈萨克自治州新源县则克台镇则新路 41 号,与宝钢集团八钢公司参股的新疆伊犁钢铁有限责任公司毗邻。首钢伊钢下设巴州凯宏矿业(相对控股)、库车县天缘煤焦化(控股 60%)、库车县金沟煤矿(控股 60%)、乌恰县其克里克煤矿(控股 90%)4 家企业,总资产 62 亿元,职工 900 余人。公司现有主要装备:410 立方米高炉 1 座、80 万吨链篦机回转窑球团生产线 1 条、40 吨氧气顶吹转炉 2 座、方坯连铸机 2 台、板坯连铸机 1 台、650 轧机带钢生产线 1 条、年产 80 万吨 850 中宽带生产线 1 条、合计年产 30 万吨高频直缝焊管生产线 6 条、每小时 6500 标准立方米制氧机组 1 套、日产 500 吨套筒石灰窑 1 座、50000 立方米转炉煤气柜、日处理 7900 立方米污水处理站及焦化厂 45 万吨焦炉 2 座。公司已建成集采矿、选矿、采煤、炼焦、炉料、炼铁、炼钢、钢铁制品为一体的产业链,年产铁精粉 150 万吨、焦炭 90 万吨、生铁 60 万吨、钢坯 60 万吨。上游主要产品有铁精粉、焦炭,下游主要产品有钢坯、热轧窄带钢、热轧中宽带钢、直缝高频焊管及方管等。

2020 年,首钢伊钢公司在集团公司和自治区国资委的正确领导下,结合年度经营生产计划目标,按照钢铁、矿山、焦化三大产业总利润最大化的原则,结合市场变化情况,持续强化铁矿、炼焦与钢铁的产能供应协同、技术指标协同。发挥"一体两翼"产业协同优势,以突出优化生产组织、增收节支降成本、提高经营效益等工作为重点,组织广大党员干部职工有序推进各项工作。积极发挥党委"把方向,管大局、保落实"的重要作用,不断强化党支部的战斗堡垒作用,坚持以党建带动经营生产、以经营生产促进党建,不断推动党的建设与生产经营工作深度融合,全力以赴提高经营生产效益。

(朱双念)

【主要指标】 2020 年,首钢伊钢生铁产量 28.07 万吨,比年计划减少 2.93 万吨;钢坯 27.87 万吨,比年计划减少 4.13 万吨;带钢完成 27.31 万吨,比年计划减少 3.89 万吨;铁精粉 105.86 万吨,比年计划增加 15.86 万吨;焦炭 83.78 万吨,比年计划增加 8.78 万吨。

(白 强)

【一体两翼】 2020 年,首钢伊钢在疫情影响下,结合新疆地域特点"一方面地方政府对区域资源保护尤为严重,一方面疫情管控措施严厉以致生产物料采购、运输多方面受到较大影响",克服多方困难,保生产稳定。伊犁地区两家铁矿未能正常生产,铁精粉资源供应不足,首钢伊钢通过和各级地方政府积极沟通协调,在资金极度紧张的形势下,发挥"一体两翼"资金归集优势,完成铁精粉采购 46 万吨,其中凯宏矿业保供铁精粉 32 万吨;以天缘焦化为载体通过带钢抵账方式购买焦炭焦炭采购 13.5 万吨,即缓解资金的压力又有力支撑钢铁本部生产经营。

(朱双念)

【矿产资源管理】 2020 年,首钢伊钢针对新疆维吾尔自治区对涉及伊钢及下属子公司矿产资源接续问题,投入较大力量组织协调,主动与自治区、州、县政府积极沟通。年初凯宏矿业划出生态红线区,根据相关政策,开展该矿范围内的资源储量重新核实、环评手续等工作;9 月,超预期完成金沟煤矿探矿权人转让变更工作,为煤矿后续工作开展奠定基础。

(和中胜)

【市场化改革】 2020 年,首钢伊钢按照首钢钢铁板块平台公司《首钢钢铁板声 2020 年推进市场化改革指导意见》(钢铁平台发〔2020〕26 号)文件精神,完成包括体制改革、推进一体化高效运作、运营机制增效、对标找差、惠企政策、其他市场化改革 6 大项 14 小项改革内容的推进工作。

(姚 坤)

【风控体系建设】 2020 年,首钢伊钢持续推进风控体系建设,一是按照集团公司要求开展违规经营投资责任追究工作体系建设自查工作;二是组织完善违规经营投资责任追究制度体系,实现违规经营投资责任追究范围、组织体系、损失认定标准全覆盖;三是落实检查问题整改,建立月汇报、季反馈工作机制,有序推进 16 项问题的整改落实。

(姚 坤)

【固废资源化利用】 首钢伊钢固废资源化利用平台于 2019 年 11 月 14 日开始上料生产,截至 2020 年 10 月底已生产约 31000 吨固废烧料,起初原料配比为:5%氧化皮+4%白云石+67%返矿+10%精粉+9%白灰+5%焦粉。5月16日将精粉从固废生产原料中退出,全部采用返矿、污泥、氧化铁皮、除尘灰作为原料进行生产。通过治理风箱漏风,调整和优化原料配比改善透气性,优化烧结时间等手段,产量不断提高,日产量由去年的100吨左右,提高并稳定到150吨以上,碱度也由2.3倍左右提高到现在的3.5倍左右,目前产能可基本消化当期产生的固废。

(王道慧)

【天然气伴烧球团项目】 首钢伊钢建立天然气站后,目的是解决公司单座高炉生产、煤气用量紧张问题,起到保证生产稳定的作用。2020年复产时炼铁球团作业区,采用天然气进行烘窑,节省烘窑时间,2020年球团作业区烘窑时间较2019年复产烘窑时间减少约70余小时;同时,通过天然气伴烧球团,可延缓球团回转窑窑口结圈问题,正常生产时,预计较2019年结圈周期再延缓5—7天,这与使用天然气进行烘窑和阶段性生产有关系。同时,固废资源化利用平台也是利用天然气独立进行焙烧生产,没有影响其他煤气用户。

(王道慧)

【人才队伍建设】 2020年,首钢伊钢坚持"人才是企业发展根基"的宗旨,不断拓展人才进步的新形式、新渠道,不断搭建人才成长平台。在2019年三支人才队伍建设的基础上,结合伊钢公司实际,持续优化、完善三支人才队伍建设,2020年聘任主任师、主管37人,评定内部技师20人,聘任为中级工27人、聘任为高级工38人,进一步打通职工队伍成长渠道。

(张翔)

【争取惠企政策】 2020年,首钢伊钢根据自治区下发的《关于做好疫情防控期间有关就业工作的通知》《关于失业保险支持企业稳岗就业岗位的通知》相关规定,为切实减轻疫情对企业就业岗位和生产、经营的影响,截止到10月末,伊钢公司享受社保免征、医保减征及稳岗返还补贴、南疆人员就业安置补贴、培训补贴、交通补贴费用共计961.51万元,有力缓解公司资金压力。

(张翔)

【扶贫脱坚】 2020年,首钢伊钢据伊犁州下发《关于接收安置2020年深度贫困地区有组织转移就业劳动办的通知》要求,为贯彻落实新疆维吾尔自治区脱贫攻坚工作,2020年共接收86名南疆深度贫困地区人员。为合理安置利用这部分人员,帮助其创收,先后通过为期20余天的国语培训、安全等培训,分批交替参加厂区绿化、安保维稳等基础工作;经培训考试合格后,挑选出素质相对好的人员补充到生产单位和生产辅助单位,余下人员安排到维稳、绿化、三产开发等方面的工作,为维护地区社会稳定和打赢脱贫攻坚战做出贡献。

(李林)

【安全管理】 2020年,首钢伊钢安全工作以落实主体责任为主线,深入推进双重预防机制建设为核心,通过专项整治,对标检查,不断加强安全标准化建设,强化安全教育培训,积极向本质化安全管理靠近;主要从修订完善公司各级安全生产责任制,明确各级人员的安全生产职责,确定安全生产责任清单,形成"一岗一清单";梳理完善安全管理制度,对下发的制度进行相应的培训,对特殊作业安全管理制度中各单位涉及的有限空间作业、动火作业台账进行梳理,完善管理台账。对天然气、冶金煤气系统安全、联系确认和操作牌管理、有限空间作业、外委施工安全、制氧系统开展专项整治;深入开展各类隐患排查治理工作。同时,按计划对球团、炼铁、炼钢、轧钢四个单元二级安全标准化建设进行复审换证。2020年度,未发生工亡事故、重大交通事故、重大火灾爆炸事故,没有职业病或疑似职业病患者,各项指标在控制范围内。

(朱鸿)

【环保管理】 2020年,首钢伊钢认真践行绿色发展理念,环保工作主要围绕《排污许可证》《环境影响评价报告》及其批复,以及国家、地方相关环保法律法规的要求展开。2020年11月完成排污许可证延续办理工作;聘请第三方检测机构完成4个季度的手工监测工作,手工监测数据与在线监测均匹配,比对结果在伊犁州生态环境局备案。进一步规范《生产设施运行情况记录》《废气处理设施运行情况记录》《染料分析记录》《监测信息记录》等执行台账的建立、报送工作,加强在线监测设施及监测数据管理,积极与各部门沟通、协调,确保环保设备运行良好,污染物达标排放;编制完成《首钢伊犁钢铁有限公司2019年度碳排放报告》并将报告向各级环保部门进行备案,完成污水处理站单体环保验收工作,解决污水处理站建设及运行的合法合规性问题。2020年颗粒物实际排放量为946.24吨,二氧化硫实际排放量为53.48吨,氮氧化物实际排放量为35.35吨,完成排污总量控制指标。

（朱 鸿）

【党建工作】 2020年，首钢伊钢持续推动习近平新时代中国特色社会主义思想入脑入心、见诸行动，锻造过得硬的领导班子和党员队伍，提高党员干部政治能力，积极运用党的创新理论武装头脑、指导实践、推动工作，坚持中心学习制度。围绕学习形式的多样性，坚持理论联系实际，共组织党委中心组理论学习20次，召开党委会4次，研究议题29项，同时对重大事项进行梳理。坚持党对企业的领导不动摇，服务企业经营发展不偏离。

（文 玲）

【2020年首钢伊钢大事记】

5月8日，伊犁州工会主席谢主席协同新源县工会主席、副主席来公司开展防疫复工复出调研。

5月13日，伊犁州常委库蓝协同工作人员来公司调研。

5月16日，伊犁州党委副书记兼组织部部长石刚协同工作人员来公司进行调研。

5月16日，伊犁州范局长协同工作人员来公司巡视巡查。

5月20日，首钢集团公司王中华、温立文、李白、孙建民、陈培来伊钢公司进行巡视巡查。

9月17日，首钢集团公司总经理助理卢正春一行来公司调研指导工作。

10月11日，宝武集团领导来公司调研。

（文 玲）

巴州凯宏矿业有限责任公司

【凯宏矿业领导名录】

董事长、总经理：赵进学

副总经理：冉记东　李学文　辛世刚　杨 敏

支部书记：赵进学

工会主席：杨 敏

董事会成员：夏雷阁　金 昆　赵进学　龚 亮
　　　　　　禹 凯　刘彦东　马西波

（罗 燕）

【概况】 巴州凯宏矿业有限责任公司（简称"凯宏矿业"）是一家集矿山开发、矿石加工与销售的大型国有控股矿山企业，为疆内单一磁铁矿最大的生产企业之一，地处新疆维吾尔自治区天山南麓和静县巩乃斯镇乌拉斯台沟，218国道在厂区南侧通过，厂区海拔在2800米—3600米之间，地势由北向南倾斜，属高山寒冷大陆性气候，年最高气温为28.7摄氏度，最低气温为零下48.1摄氏度。凯宏矿业于2007年12月21日注册成立，由新疆凯宏投资有限公司和巴州天山地质矿业有限责任公司两大股东组成。公司设预选厂、一选厂2个生产单位；下设生产检验部、设备供应部、安环部、综合事务部、后勤保障部、计财部、销售部7个职能部室，定员329人（不含采矿协作方的300余人）；投资建设一座占地面积8000平方米的"职工之家"，丰富员工业余生活。经多年实践，凯宏矿业形成"开拓、创造、和谐、无谓"的凯宏精神和以建设富美和谐矿区为目标打造个性的凯宏文化。

（罗 燕）

【主要指标】 2020年，凯宏矿业采出矿石349.7万吨，完成年计划的116.57%；生产铁精粉105.86万吨，品位63.32%，完成年计划132.33%；销售铁精粉105.49万吨，销售价格631.16元/吨（不含税），实现销售收入6.66亿元；实现利润总额1.87亿元，完成年度计划187.07%，上缴税费1.65亿元。

（罗 燕）

【强化管理】 2020年，凯宏矿业加强各项管理工作，严肃计划的制定与执行，落实目标管理，全面深化细化薪酬分配机制，将生产指标、经济技术指标、成本控制指标、重点工作等全部纳入对公司各单位、部门的考核内容。强化过程控制，实现不断改进提升，坚持"一事一分析"的控制原则，落实月度经营活动分析工作，本着汲取经验、改进不足的工作目标，加大分析考核力度，提升工作效率；落实设备是基础管理理念，主体设备运转效率大幅提升。通过技术改造、规范操作、强化定检维修、提升员工素质等工作方式，主体设备作业效果明显改善。

（罗 燕）

【创新提效】 2020年，凯宏矿业开展系列技改技革工作，探索试用新型材料，立足实际解决困难，淘汰落后产能更换异步电动机为稀土永磁同步电机，共计更换157台。同时配变频器进行调速控制，五级泵站改三级泵站，采用高效节能水泵，使用变频器控制高压电机，2020年9月份泵站改造工作完成，现已实现远程集中控制供水。打破传统思维方式,不断降低运营成本。一选厂球磨机润方式由油泵直供改为开式齿轮喷油雾润滑系统;预选厂半移动车间圆锥破的防尘圈由内外同压变为内高外低;燃煤锅炉供热改为电锅炉和太阳能双重保障热水供应提供热水。发挥专业技术优势,开展修旧利废工作。

（罗 燕）

【安全环保】 2020年,凯宏矿业不断加强安全环保管理。明确逐级安全、环保责任,促进逐级责任落实;持续深入开展安全大检查及专项安全大检查活动,不断促进整体安全工作开展;坚持绿色发展理念,加大投入环保资金,使公司整体生态环保状况持续改善。2020年,凯宏矿业始终坚守"安全、环保"底线,牢固树立"红线意识",通过切实落实逐级主体责任、不断提升全员安全意识、狠抓现场隐患排查与治理、强化生产作业过程管控,实现全年无重伤以上人身伤害安全生产目标,环保工作实现"零污染、零排放、零事故"的目标。

（罗 燕）

【抗击疫情】 凯宏矿业在严格落实州、县党委政府及相关部门防疫要求的基础上,结合工作实际确定"强化内控、严防输入"的疫情防控工作原则,并狠抓落实。公司在疫情期间向和静县红十字会捐款50万元,向和静县妇联捐款1.3744万元用于困难群体临时救助,购买当地农产品扶贫蟠桃750箱、鸡300只,共计4.59万元。按照政府要求,积极扶持周边村庄工作,全年累计投入5万元用于该村的取暖用煤。同时,组织全体员工和乙方协作单位,深入学习贯彻习近平新时代中国特色社会主义思想,深刻领会总书记提出的治疆方略,切实把维护社会稳定作为头等大事来抓。2020年,公司全年无治安消防、维稳(案)事件发生。

（罗 燕）

【党工群建设】 2020年,凯宏矿业认真贯彻落实上级党委的部署和要求,落实党建主体责任,抓实支部,规范建设,支部全体党员主要围绕在"管大局、把方向、保落实"充分发挥党组织的核心保证和党员的先锋模范作用上下功夫,切实加强和改进党建工作,充分发挥党组织战斗堡垒和党员先锋模范作用。一是加强党组织自身建设,进一步完善"三重一大"议事决策机制,认真落实民主集中制原则,严格"三会一课一汇报"制度落实,实现党支部各项工作制度化、规范化、日常化;

二是组织公司党员用实际行动践行"一名党员就是一面鲜红的旗帜"的主题教育专题党课;三是开展"党员带课题"活动、以"党员示范岗""党员责任区"活动为载体,切实加强全体党员思想政治教育;四是公司召开第三届职工代表大会第二次会议,安排部署当年总体目标任务,各单位、各部门将确定的目标任务逐项、逐级予以分解,切实形成一级保一级、日保月、月保年的工作格局,坚持"只为成功想办法、不为失败找借口"的工作理念。

（罗 燕）

库车县天缘煤焦化有限责任公司

【天缘焦化领导名录】
　　总经理:姜　涛
　　党支部书记、副总经理:王得峰
　　副总经理:王寿钧　汪和平(2020年4月离任)
　　　　　　　尹忠华
　　工会主席:张福松
　　总经理助理:陈大松

（赵文晨）

【概况】 库车县天缘煤焦化有限责任公司(简称"天缘焦化"),成立于2008年8月,位于库车县北山矿区,注册资本26535.67万元,总资产近7亿元,主要产品焦炭、高温煤焦油、粗苯、焦炉煤气。经营范围:机焦烧炼及附属产品销售;煤焦油回收、提炼及销售;粗苯生产、储存、销售;余热废气回收净化;焦炉煤气发电;钢材、铁、硅锰合金、建材、矿石、煤、氧化钙、设备、材料销售;厂房、场地、设备租赁。年产能:焦炭90万吨/年、煤焦油4.5万吨/年、粗苯1.3万吨/年,焦炉煤气4亿立方/年。现有职工420余人。

（赵文晨）

【主要指标】 2020年,天缘焦化生产焦炭83.34万吨,粗苯产量1.34万吨,焦油产量3.8万吨,发电量4858万度,完成利润3987万元。

（赵文晨）

【经营管理】 2020年,天缘焦化在新冠疫情下,为稳定职工、提高职工工作积极性,天缘焦化经营班子坚定发展信心,及时出台"不减员、不降薪、不减奖"政策,同时在年初通过上调先进个人和先进集体奖金等措施,让广大职工亲身感受到公司对未来发展的坚定信心和制度诚信,迅速稳定广大职工的思想,形成同心同德、共克时艰的良好氛围。

(赵文晨)

【安全环保】 2020 年,天缘焦化日益完善安全管理体系,并建立管理人员培训机制,强化"人命关天"的底线意识,时刻牢记习近平总书记关于安全生产的重要指示,将"强三基,反三违"工作落实到每个岗位,为稳产高产打下坚实基础。2020 年安全工作得到自治区、地区及库车市应急局的好评。2020 年积极开展环境保护工作,加强污染防治设施、在线监测设施的管理和运行维护,开展从业人员环保知识、设备操作规程和污染防治措施培训,提高全体人员环保意识和环保事故应急处置能力,确保各项环保设施正常稳定运行,各类污染物均得到有效治理,圆满完成各项环保目标任务;2020 年公司完成《环境风险分析报告》《环境资源调查报告》《环境突发事件应急预案》和《清洁生产审核报告》的编制、修订工作,并提交地区生态环境局审核、备案,以实际行动落实生态环境治理的主体责任。

(赵文晨)

【成本管控】 2020 年,天缘焦化从"提高产量、减少事故、降低采购成本(坚持评议标工作原则,相同品牌低价中标、相同品质低价中标)、压缩备品备件库存(与库房积极沟通,保证生产使用的前提下,基本做到备品备件零库存,减少资金占用)、严控非生产性开支(坚持非必要不采购原则)"方面下功夫,努力开展降本工作。天缘焦化建立成本管控体系,一级向一级下达生产成本控制指标,做到成本指标横向分解到各要素,纵向分解的车间、班组、个人;天缘焦化对成本指标执行月度严考核,硬兑现。各部门、车间都制定自己的消耗材料控制目标及管理办法;设备维修方面、修旧利废、不浪费每一个零件;生产方面通过技术改造、调整技术指标、节省辅助材料。

(赵文晨)

【抗疫情打产量】 2020 年,天缘焦化经营班子一方面科学统筹防疫及生产工作;另一方面加大供应、生产、销售三环节的协同力度,同时加大超产奖的奖励力度,调动大家真抓实干的积极性,除2、3月份影响以外,其他月份稳定在日产 140 炉左右,其中 12 月份 8.63 万吨创造出历史最高月产纪录、4 季度 23.49 万吨创造出历史最高季度产量纪录、2020 年 83.34 万吨创造出历史最高年产纪录。

(赵文晨)

【党建工作】 2020 年,天缘焦化按照上级党组织要求,积极开展"不忘初心　牢记使命"活动,系统学习习近平总书记的重要论述,以及党中央、新疆维吾尔自治区党委、首钢党委的重要文件,通过系统学习,广大党员的政治认识和思想觉悟不断提高,并将增强"四个意识"、坚定"四个自信"、坚决做到"两个维护"落实到日常的工作中。目前我公司在册党员人数 16 人,增长率33%;另外还有 7 名入党积极分子正在强化培养,党员队伍逐渐壮大。加强、规范流动党员管理,我公司共有流动党员 15 人,现已按党章规定纳入正常管理,按时参加公司三会一课党组织活动。严格按照党章开展"三会一课",2020 年组织党员集体学习 11 次,组织召开党员大会 4 次,组织召开党支部委员会 12 次,逐步加强党小组管理,指导党小组按要求开展有关工作。开展全体党员再一次参加宣誓活动,通过重温入党誓言,牢记共产党员的信仰和使命,激发干事创业的激情。按照地方党委要求,积极开展"书记带头讲党课"活动,受到上级好评。

(赵文晨)

【工会工作】 2020 年,天缘焦化工会认真贯彻执行工会"十九大"精神,紧紧围绕战略目标和全年生产经营任务,以加强工会自身建设为主线,以"安康杯"和"10+N"劳动竞赛活动的开展为契机,充分履行工会职能,积极开展职工素质教育、班组劳动竞赛、困难职工帮扶、维护职工合法权益、走访职工家庭、文体活动等工作,统一职工思想,凝聚职工人心,挖掘职工潜能,有效促进和谐稳定的劳动关系。天缘煤焦化地处深山戈壁,离城市较远,职工文化活动匮乏,为活跃职工文化生活,在各个节日期间由工会组织举办职工文艺演出、球类比赛、棋类比赛、小型运动会、书法比赛、周末舞会等活动,丰富职工文化生活,营造出天缘煤焦化祥和、文明、健康的文化氛围。

(赵文晨)

中国首钢国际贸易工程有限公司

【首钢国际领导名录】

董事长:张炳成

副总经理:姚 舜(主持工作) 李本海 邱留忠

总经理助理:朱振财 周 芹

党委书记:张炳成

党委副书记:姚 舜

纪委书记:张 箭

(李 佳)

【综述】 中国首钢国际贸易工程有限公司(原中国首钢国际贸易工程公司,2018 年 1 月 16 日改制更名,简称"首钢国际")1992 年成立,是首钢集团全资子公司,注册资本 5 亿元,主要经营进出口贸易、海外工程承包、国际经济技术合作、货运代理、宾馆服务业及境内贸易。首钢国际设矿产资源事业部、钢材贸易事业部、工程设备事业部、服务产业事业部、开发业务事业部计 5 个经营业务部门;运营管理部、财务部、党委组织部(人力资源部)、法律事务部、审计部、党群工作部(企业文化部)、纪委(监察处)、办公室(三办)计 8 个职能管理部门。在境内投资的企业有宁波保税区首德贸易有限公司、北京首荣货运代理有限公司等;在境外投资的企业或机构有首钢控股贸易(香港)有限公司、首钢国际(奥地利)有限公司等;受首钢集团委托代管首钢秘鲁铁矿股份公司和北京首钢宾馆开发有限公司等,共 45 家境内外企业及机构。首钢国际在册职工 310 人,党员总数 223 人,团员 19 人,群众 67 人,民主党派 2 人。具有助理级及以上职称的共有 249 人,其中,具有高级职称的为 42 人(其中:教授级高级工程师 2 人),占在岗员工总数的 13.5%;中级职称的为 154 人,占在岗员工总数的 49.7%;初级职称的 49 人,占在岗员工总数的 15.8%。

2020 年,面对新冠肺炎疫情,在首钢国际党委和董事会的正确领导下,广大干部职工直面压力、众志成城、奋力拼搏、共克时艰,经受住"战疫情"和"稳经营"的双重考验,全面超额完成各项计划指标和重点任务,保障

"十三五"圆满收官。2020 年,首钢国际荣获北京市模范集体、"十三五"中国企业文化建设优秀单位、首都文明单位、北京市构建和谐劳动关系先进单位、中国对外贸易 500 强企业等荣誉称号。

(李 佳)

【主要指标】 2020 年,首钢国际全年实现利润 27.3 亿元;销售收入 303 亿元;进出口总额 37.13 亿美元;钢铁产品出口量 93.72 万吨;进口集团内供矿 2540 万吨。

(李 佳)

【矿石进口】 首钢国际克服秘矿资源减量带来的完成全年利润指标压力,利用有限的资源提前谋划销售策略,争取效益最大化,紧密跟踪市场货源与价格,在最短时间内以合理的价格为基地生产采购市场矿;完成保供任务同时,克服销售时间紧、港口限制等不利因素,将基地调整出的长协资源全部售罄,提高长协执行率,拓展客户群体。全年外销矿石 891.81 万吨,其中秘鲁矿 398.23 万吨,长协富余矿 493.58 万吨,完成利润 16.93 亿元,跑赢市场 2.7 亿元。通过矿石、海运业务税务筹划工作,合理降低税费支出 1.26 亿元。

(李 佳)

【原燃料保供业务】 首钢国际争取到力拓 2 年期 350 万吨 FOB 合同,为基地锁定稳定资源的同时,扩大自有海运规模;针对秘细粉阶段性断供,基地紧急调整用料方案,高效协同补充采购 366 万吨进口矿资源,有力支撑基地大变料情况下的安全生产;其中 108 万吨资源是在市场价大幅高于长协价情况下,争取到长协平价资源,为基地降成本做出贡献;在持续做好进口矿石与焦煤新品种开发基础上,构建美国和马来西亚热压铁块新渠道,保证基地需求。全年进口矿石 2539.46 万吨,焦煤 187.53 万吨,热压铁块 48.99 万吨,石灰石 70.48 万吨,全年进口矿为基地降成本 3.57 亿元,进口煤降成本 5.25 亿元,进口热压铁块及生铁降成本 1.87 亿元。

(李 佳)

【海运业务】 首钢国际在执行一船一策措施减亏 400

万美元的基础上,与中远海运散运公司签订《合作备忘录》,并就长期合约价格调整等一揽子协议达成一致,在锁定秘鲁航线稳定预期运力的同时,降低 2021 年至 2026 年海运业务报表亏损 9600 万美元;通过提高指数折扣 COA 合约执行量覆盖率,制定更加合理的派船计划和应急方案,完善秘鲁航线铁矿石海运保障与成本控制体系;消化秘铁疫情停产带来的富余运力,承揽市场第三方货载,实现市场货利润 151 万美元。全年实现海运量 5266 万吨,其中运输首钢货物 225 载,外销和外部市场 111 载。

(李 佳)

【钢材出口】 首钢国际全年钢材出口量 93.72 万吨。出口产品结构优化、市场结构优化、客户结构优化工作取得新进展。全年高端领先产品出口比例 65%,直供比例 42%,三大战略产品出口量同比增长 33%,占总出口量的 50%。成功开发德国大众、奥迪、法国雷诺汽车品牌并实现汽车板供货,欧盟外市场占汽车板总量的19%;硅钢与艾默生、LG、松下等战略用户合作数量同比提高 18%;镀锡板出口数量同比提高 60%,创历史最高水平;酸洗、精冲钢、家电和专用钢等产品在认证、市场渠道拓展上取得明显进展。出口供应链降本工作取得成效,汽车板 DDP 供应链中间费用同比降低 5.3 欧元/吨,降费 78 万欧元,海运费跑赢市场指数 5%,集装箱支线船业务为基地节省 225 万元陆运费。克服疫情影响,通过提前筹划、国内外紧密协调,在 1 季度集中组织生产并向欧盟 11 个港口发运 21.72 万吨汽车板,在自有配额外,高效利用欧盟汽车板全球配额的 1/3 进行清关,为首钢降低 1100 万欧元的关税风险。全力维护首钢国际品牌声誉,通过分析研究案情,调整应诉策略,在欧盟耐腐蚀钢反规避调查中,成为唯一被豁免的中国企业。

(李 佳)

【海外工程】 首钢国际秘铁新区选厂项目 34 种设备及材料全部完成验收,应收账款 100%回笼,完成 22 种国内合同结算和关闭工作。首钢国际完成在手海外工程项目承揽和售后服务工作,垃圾发电及塔塔热风炉壳回款进度达到 90%;获得印度 JRIL 公司高炉、烧结和 SHYAM 公司综合钢厂设计项目,中标秘铁皮带机项目;开发新市场,完成俄罗斯、埃塞俄比亚等 7 个国家的市场调研,参与 8 个国家 17 个项目及贸易的新市场开

发,跟踪项目总额约 8000 万美元;加强售后服务,获得大量已投产项目备件订单;经营管理上,深挖潜力、主动革新,发挥中信保和商会的作用,进一步推进信息渠道建设;完善制度建设和风险控制措施,制定《工程设备事业部业务操作及管理规范手册(第一版)》。全年实现利润 5123 万元。

(李 佳)

【设备引进】 首钢国际完成京唐二期、技改等在手项目到货后续工作,协调京唐二期及技改项目外方专家远程指导安装调试,将疫情对 MCCR、酸洗、高强钢等项目调试的影响降到最低,保证项目的工期。充分利用国家政策,为京唐公司实现进口关税减免 1895 万元,利用"对美加征关税商品排除申报系统"规避特别关税,单项合同为基地节省税金 10.5 万元。高效组织迁安新能源汽车 6 个项目进口设备开标、谈判和合同签约,签约金额 9417 万美元,提前谋划减免税工作,完成进口合同注册登记,合同顺利执行。优化进口备件渠道,降低采购成本,签约合同量价双升。2020 年新增直采品牌 18个,签约合同 28 个,签约金额约 1073 万美元。

(李 佳)

【综合服务业】 首钢国际有序做好复工复产常态化防疫工作,对外上报 1559 次疫情防控反馈。正式中方职工、外协、服务人员及所涉及的服务对象人数 2.78 万人,全部"零感染",做到经营、防控工作两不误;落实国资委和集团公司部署,积极履行国企社会责任,减免小微企业房租金额共计 1116 万元;制定有针对性的应对措施,全力消除疫情影响,高鹏天成 2020 年 8 月经营扭亏为盈,东直门国际公寓保持正常经营,按要求完成计划指标,大厦物业顺利完成北银金融科技公司签约,大厦出租率由 70%提高到 83%;采取降低成本、技改升级、申请政府补贴等措施,千方百计降本增效,全年综合服务业所辖单位共申请到各类优惠 1172 万元。

(李 佳)

【企业退出】 首钢国际坚持战略导向,主业突出,部署提质增效攻坚战,推进退出低端低效股权投资,做实应退尽退、应退早退。2020 年克服巨大困难超额完成集团下达的年度任务,完成 8 家企业退出,超出计划 1 家。退出的 8 家企业共计收回资金 1.3 亿元;及时退出僵尸企业、失血企业、不符合主业发展及参股比例小的企业,形成退出收益 5148.8 万元,为集中资源做优做强、实现

首钢国际高质量发展奠定坚实基础。推进华夏国贸清算破产。加强债权债务清理,收回账款2821万元,偿还首钢国际借款9500万元;完成保险业务结算,收回339万元;按要求履行华夏国贸房产评估审批程序,推动资产处置;提前完成扬州首泰公司退出。

（李　佳）

【风控建设】　首钢国际完成钢铁平台重大风险识别、股份权力清单修订、国资委重大风险自查自纠和风控评价等工作。识别秘鲁细粉供应重大风险并制订应对策略,保障集团原料供应安全。将法务工作与风控体系建设结合起来,严把业务工作关键环节的法律风险关,加强事前预防和事中管理,不断提高法治管理水平。开展税务风险检查,积极寻找风险点,并逐一制订风险防控措施进行整改。

（李　佳）

【党建工作】　首钢国际以习近平新时代中国特色社会主义思想为指导,把牢公司发展政治航向,不断提升运用党的创新理论解决实际问题的能力。深入开展职工思想状况调研,关心职工诉求,解决实际问题。全面贯彻落实北京市、集团关于疫情防控的各项要求,积极推进退休人员社会化工作,落实"三重一大"制度要求。全年召开党委会16次,前置审议重大事项21项。推动党的组织和党建工作在基层经营管理一线双覆盖,严格党组织换届选举工作程序,做到届满即换、应换尽换。首钢国际党委深化落实全面从严治党主体责任清单、基层党组织深化落实全面从严治党主体责任实施方案,部署基层党组织深化落实全面从严治党主体责任工作,推动全面从严治党向基层延伸。组织疫情防控、领导人员履职待遇等检查45次,对关键部门主要负责人进行节前廉政约谈提醒,筑牢底线意识和红线意识。强化纪委监督职责,严格监督执纪问责,对苗头性问题做到早预判、早提醒,将"四种形态"要求落到实处。

（李　佳）

【保障职工权益】　首钢国际组织召开工会第一次会员代表大会,申办工会法人资格证书,开设工会独立账户,制度化、规范化工会工作,提升工会为职工服务的能力;加强对职代会提案受理工作的全流程管理,提案和建议答复率100%,满意率100%,不断完善和建立科学有效的诉求表达机制和权益维护机制;签订疫情防控期间专项协商集体合同,保障特殊时期职工合法权益;建设职工"暖心驿站"和健身房,营造舒适如家的和谐工作氛围;关注职工福利,完善电影票、生日慰问品、公园年票等发放流程;"两节"期间走访离退休老干部、先进劳模、困难职工并发放慰问品3.72万元;为325名职工投保职工互助保险综合险种,选择最高赔付额度级别,共计9.13万元。

（李　佳）

【干部人才管理】　首钢国际持续加强干部管理,制定《首钢国际领导人员选拔任用工作办法》,提升干部管理工作的制度化、规范化水平。根据经营发展需要,结合领导人员队伍建设实际,统筹做好领导人员配备工作。截至2020年底共讨论决定领导人员任免26人,对31家合资联营企业的董事会、监事会成员及高管人员进行调整,累计92人次。完成首钢国际领导人员年度述职及民主测评,加大干部考核评价结果运用力度。

（李　佳）

【安全工作】　首钢国际安全稳定工作进一步强化。搭建安全生产责任体系,压实责任链条,推进落实安全生产主体责任;公司领导带队,对各单位开展"四不两直"检查10次,查出78项隐患,已完成76项整改;推行月度安全生产例会制度,实现安全生产全过程管理;完成城镇燃气、有限空间、消防和建筑施工专项治理工作。高度关注信访维稳形势和"接诉即办"工作,党政"一把手"负总责,发挥信访维稳工作领导小组作用,落实专人办公。经过耐心工作、反复沟通,信访历史遗留问题全部可控,多起"接诉即办"恰当处置,履行国企社会稳定责任。

（李　佳）

【治理体系日臻完善】　首钢国际完善法人治理结构,修订"三会"议事规则,将决策事项清单化。制定党委前置研究讨论重大事项清单及程序,巩固党组织在治理结构中的法定地位。对现行制度进行评估、修订、颁发和废止,不断完善制度体系。截至2020年底,公司现行制度100项,与去年同期相比减少7项,其中2020年新颁发制度15项,废止制度20项。

（李　佳）

【2020年首钢国际大事记】

1月17日,首钢国际第一届职工代表大会第三次会议隆重召开,党委副书记、董事、副总经理（主持工作）姚舜同志作题为《励精图治,高质量发展创佳绩;笃定前行,"十三五"奋进谱新篇》的工作报告。

1月25日,面对中关村皇冠假日酒店突发公共卫生情况,首钢集团党委书记、董事长、总经理张功焰同志和首钢国际党委书记、董事长张炳成同志亲临现场慰问员工,对酒店情况研判分析、统筹协调,并对后续工作作出指示,为中关村皇冠假日酒店疫情防控小组明确下一步工作方向。

1月27日,首钢国际党委召集在京领导班子成员、各党组织书记、各部门(单位)负责人及下属物业、酒店等相关负责人召开紧急会议,成立首钢国际疫情防控领导小组和领导小组办公室,就应对疫情防控工作作出安排部署。

2月1日,首钢国际纪委书记张箭带队,采取"四不两直"方式分别对东湖别墅、首钢国际大厦开展疫情防控工作进行现场检查,督促落实防控责任。

2月6日,首钢国际党委通报表彰在疫情防控中表现优异的高鹏天成党支部和先进个人。

2月12日,首钢集团副总经理韩庆来到首钢国际现场办公,检查指导疫情防控工作。对首钢国际党委在新冠肺炎疫情防控的关键时刻,果断处理皇冠假日酒店突发事件所做的工作给予肯定评价。

2月21日,首钢秘铁公司捐赠的万余只医用防疫口罩和其他防疫物资装箱运抵北京,移交到当前急需医疗物资的首钢医院。

3月16日,秘鲁进入全国紧急状态,明确要求停止所有矿业企业和工农业、渔业生产。秘铁公司暂定在全国紧急状态期间停止生产,矿区生产现场安排轮班、值班和基础服务,组织人员保证装船作业。

3月20日,首钢国际纪委荣获首钢集团先进纪检监察组织称号,这是首钢国际纪委连续4年荣获这一荣誉。

3月26日,首钢国际以视频形式召开党风廉政建设工作会议,持续推动首钢国际全面从严治党向纵深发展。

4月28日,首钢集团2019年度先进表彰大会召开,首钢国际下属北京高鹏天成投资管理有限公司荣获"首钢先进集体"。

5月22日,秘鲁能矿部、卫生部正式批准秘铁有条件复工复产申请,要求施行严格的防疫措施,封闭式管理,确保不发生积聚性感染。

6月15日—16日,首钢国际党委副书记、董事、副总经理(主持工作)姚舜对首钢国际大厦、东直门国际公寓、中关村皇冠假日酒店的疫情防控工作开展检查。

6月28日,首钢庆祝中国共产党成立99周年暨创先争优表彰大会召开,首钢国际领导班子荣获首钢集团"六好"班子称号,秘铁公司党总支荣获首钢"模范基层党委(总支)"称号,矿产资源事业部第一党支部荣获首钢"模范党支部"称号。

6月28日(秘鲁当地时间),因疫情影响停泊秘鲁圣尼古拉斯港74天之久的"CAPE CRANE"号巨轮满载17万吨精矿粉顺利离港驶往国内。这是秘铁复工后向国内发运的第一船矿产品,标志着秘铁复工复产工作取得阶段性成果。

7月15日,北京市疾控中心、海淀市场监督管理所、海淀疾控中心对高鹏天成所属中关村皇冠假日酒店防疫工作进行检查,北京市疾控中心充分肯定中关村皇冠假日酒店的疫情防控工作。

7月17日,首钢国际与中远海运散货运输有限公司在北京首钢国际大厦签署《合作备忘录》。

7月30日,中国首钢国际贸易工程有限公司工会第一次会员代表大会召开,公司领导张炳成、姚舜、李本海、张箭、朱振财以及其他工会会员代表共60人参加。公司党委书记、董事长张炳成作重要讲话;首钢集团工会副主席陈克欣应邀参会并致辞。

8月4日,欧委会发布终裁公告,确认首钢的贸易行为没有构成法律规定的规避行为,豁免首钢不受将要延展的反倾销税措施影响。

9月18日,"2020年中国对外贸易500强企业排名发布暨自由贸易创新发展(洋浦)论坛"在海南省洋浦经济开发区举办。中国首钢国际贸易工程有限公司以进出口总额29.13亿美元位列外贸500强企业综合排名第114位。

11月14日,2020第十八届中外企业文化峰会在杭州开幕。峰会集中表彰一批企业文化建设标杆单位,首钢国际名列其中,获评"'十三五'中国企业文化建设优秀单位"。

11月26日,首钢集团党委副书记何巍主持召开秘铁总支会。集团党委组织部长王立峰同志通报集团党委《关于首钢秘鲁铁矿股份有限公司领导班子调整的决定》,由首钢国际党委副书记、董事、副总经理(主持工作)姚舜同志暂时代行秘铁公司党总支书记、董事长、总经理职责。

11月30日,首钢国际与巴西淡水河谷公司首单区块链技术支撑下的全流程跨境人民币电子交单结算业务宣告完成。

12月17日,首钢国际召开党员代表大会,以无记名方式投票差额选举出张炳成、姚舜、王志伟三名同志为首钢国际出席首钢集团有限公司第一次党员代表大会的代表。

12月22日,北京市劳动模范、先进工作者和人民满意的公务员表彰大会在北京会议中心隆重召开,张炳成同志被评为"北京市劳动模范",首钢国际被评为"北京市模范集体"。

（景建武）

首钢秘鲁铁矿股份有限公司

【首钢秘铁领导名录】

董事长:孔爱民

总经理:孔爱民

副总经理、新区项目总指挥:孟祥春

副总经理:吴忆民

工会主席:庄桂成

（杜保岐）

【综述】 首钢秘鲁铁矿股份有限公司(简称"首钢秘铁公司")是首钢1992年收购的控股子公司,总部在秘鲁首都利马市耶酥玛丽亚区智利共和国大道262号,矿区在利马东南520公里的伊卡省纳斯卡县马尔科纳地区。首钢在秘企业还有首钢秘鲁电力股份有限公司、阿格纳夫企业集团股份有限公司、圣尼古拉斯海关代理公司以及合资的首信秘鲁矿业公司。

截至2020年底,首钢秘铁公司主要在用设备有:钻机5台,电铲7台,矿车20辆,旋回破碎机2台、颚式破碎机1台,中破机7台,细破机6台,堆料机3台,斗轮取料机2台,辊筒取料机1台,高压辊磨机3台,棒磨机9台,球磨机14台,过滤机42台,造球机11台,带式焙烧机2台,港口装船设备1套,海水淡化设备2套。公司生产球团矿细精粉、粗粒度矿和大粒度,选矿厂年设计生产能力1750万吨,产品销往亚洲、美洲等市场,2020年中国市场占总销量的96%。

公司设生产技术部、工程部、物资部、安全环保部、财务部、人事行政部、办公室、审计室、法律室。在职职工2191人,其中首钢派驻38人。

2020年,在两级公司的正确领导下,首钢秘铁公司以习近平新时代中国特色社会主义思想和党的十九大精神为指导,充分发挥各级党组织的战斗堡垒和党员的先锋模范作用,沉着应对内外部冲击,以生产保供为中心,积极组织疫情防控和复工复产,不断完善新系统存在的问题、优化产品质量,逐步实现生产平稳顺行,产品产量、质量在最短时间内恢复正常,并抓住铁矿价格好的有利时机,取得经济效益。

（杜保岐）

【主要指标】 首钢秘铁公司产量完成1254万吨;销量完成1380万吨;在秘企业实现销售收入11.75亿美元,其中首钢秘铁11.41亿美元;在秘企业实现利润3.38亿美元,其中首钢秘铁实现利润3.31亿美元。

（杜保岐）

【生产组织】 首钢秘铁公司以保供为中心,全力抓好生产组织工作。确保矿石供应。先后组织完成4号采场的扩帮和2号等采区的开拓方案,针对不同采区制定详细的供配矿方案,合理细化爆区,不断改善爆破质量。与第三方的协调配合,保证供矿均衡稳定。加强设备维检。围绕提高设备的完好率与作业率,对采场重点设备进行大修和更新,对新破运系统混匀堆场堆、取料机自动化系统优化,对取料机传动系统进行大修改造,改善尾矿系统运行不稳定的问题,开发和优化新选厂控制系统等。加强质量控制。以供配矿管理和生产过程质量控制为重点,加强从钻孔、爆破、破碎、送矿的全流程矿石指标的跟踪,根据不同区域的矿石品质进行配比,保证矿石质量稳定;同时根据入选矿石品质及时调整磨选参数和药剂使用,稳定产品质量,满足京唐公司的质量要求。做好产品发运。针对天气恶劣及疫情的影响,积极与矿石部等协调,及时调整运力,合理安排船期,提高装船效率,最快装速达到 2.3 天/船,创有记录以来最短装船时间。特别是 3 月 16 日秘鲁政府宣布进入国家紧急状态,矿业企业全面停产停工的不利情况下,积极与秘鲁国家能矿协会机构等沟通协调,促成政府下达法令,保留矿业企业的基本服务和装船运输作业,克服防疫压力大、生产现场住宿条件简陋等困难,积极组织装发运,3 月 16 日至 4 月 23 日,共装载发运 8 船,销量 128 万吨,缓解基地用料压力,降低资金占用,减少经济损失。

(杜保岐)

【疫情防控】 2020 年 3 月份秘鲁新冠疫情暴发后,首钢秘铁公司党总支认真贯彻落实首钢国际党委和使馆党组织的要求,对疫情防控工作做到早部署、早启动。新冠肺炎疫情在国内发生后,秘铁班子未雨绸缪,组织制定《秘铁公司防疫工作预案》和《秘铁公司疫情防控手册》,并加强中方人员防疫有关规定,成立疫情防控领导小组、工作小组和医疗响应工作小组,以统一部署和组织公司的疫情防控工作。通过电视、网络和传单等方式及时宣传防疫知识,在办公和生产现场张贴宣传画,提醒督促员工勤洗手、戴口罩、保持社交距离,并严格按照秘鲁卫生和防疫标准对员工办公、宿舍、食堂等区域进行清洁消杀。在疫情严重期间中方食堂采用中方人员帮厨等方式减少与秘方接触,加大防控力度。对复工人员实行封闭管理,组织对生产现场板房、办公室、食堂、材料库等进行改造,建设卫生间、淋浴室,紧急采购床品、帐篷和生活必需品,搭建、完善现场的住宿设施,满足现场住宿需要,为复工创造条件。紧急采购口罩、手套、消毒液等防疫和米、面、油等生活用品,保证疫情防控及居家隔离的需要。通过上述工作,避免疫情的聚集性爆发,中方人员实现"零感染"。

(杜保岐)

【复工复产攻坚战】 首钢秘铁公司的复工复产是在秘鲁每天新增确诊人数超过 3000 人、全国紧急状态未解除,经济活动全部停止的情况下进行的。同时秘铁及第三方公司也面临矿区人员严重不足、滞留在矿区以外人员返回困难、生产现场不具备完全封闭条件以及秘方工会组织的干扰阻拦、申请手续繁琐和防疫标准严格等实

际困难,局面十分严峻复杂。面对巨大困难,秘铁班子充分发挥核心作用,全力抓好复工复产工作。成立复工复产指挥部,全面负责复工复产所需人员安排、现场工作计划、组织复工及封闭管理所需物资的采购以及现场防疫、生产、安全、环保等各环节工作;租下矿区所在地所有可用旅馆以及金兆公司矿区营地,并重新规划现有单身宿舍,满足复工人员的隔离检测需要;加强疫情下生产组织,不断完善新系统出现的问题、优化产品质量,逐步实现生产的平稳顺行,产品产量、质量在最短时间内恢复正常。经过中秘员工的奋力拼搏,全年产品产量达到 1250万吨,销量达到 1365 万吨,复工复产实际进展和效果全面超过预期,保证极端情况下国内钢铁用矿需求。

(杜保岐)

【新码头项目】 首钢秘铁公司在首钢国际的组织下,境内境外密切协同,持续推进新码头项目的前期各项工作,未因为疫情影响进度。截至 2020 年 12 月份,新码头项目的基本设计已正式启动,项目的海洋水文研究、可研阶段海域工勘、基本设计阶段海域工勘均已完成。项目环评报告按照环境部环境事务认证局的要求进行多次修改,于 2020 年 11 月底上报。项目临时技术可行性、码头临时海域使用权申请等手续正在办理之中。

(杜保岐)

【海水淡化项目】 首钢秘铁公司按照集团投资管理办法的要求,对海水淡化项目开展后评价工作。克服疫情影响,组织各部门对项目整体情况,实施各阶段资料进行整理,分别对项目的实施过程、投资情况、运行效果、经济性、环境和社会影响以及持续能力等进行分析,在规定时间内形成完整的项目评价资料。该项目的实施,打破秘铁长期使用海水选矿工艺的局限性,在提升产品质量的同时,保证淡水供应的经济性和可持续性。

(杜保岐)

【社会责任】 首钢秘铁公司履行社会责任,树立企业正面形象。国内疫情暴发时,口罩一度成为稀缺物品,考虑到国内医疗用品可能会面临短缺的情况,首钢秘铁从 1 月底就多渠道收集口罩等医疗用品的生产和供货信息。与可能的代理商、分销商和生产厂家进行撒网式联系,仅用 48 小时,就从供应商处采购第一批 10200 只 3M N-95 口罩,并积极与货运公司、快递公司及秘鲁海关等进行沟通协调,最终以最短的时间解决发运问题。2 月 20 日、25 日两批共计 34200 只口罩运达国内。此

外，还组织开展献爱心捐款活动，包括全体首钢派驻人员、中方翻译共44人为武汉红十字会捐款13800美元，支援国内抗疫。秘鲁发生疫情后，秘铁公司积极支持地方政府的防疫工作，多次拜访马尔科纳市政府、警察局、海军基地等部门，倡议各方加强合作，对人员出入实施管控、联合清洁消杀等，并赞助防疫、医疗物资，向贫困家庭发放食品、必需生活物资，与社区共同抗击疫情。参与秘鲁能矿协会组织的捐赠活动，与秘鲁其他19家矿业公司一起向秘鲁政府捐赠50万只快检试剂；参与秘鲁中资企业协会向卫生部的捐款活动，充分展现中资企业的责任担当。

（杜保岐）

【党建工作】 首钢秘铁公司明确政治站位，提高政治辨别力。坚持把学习贯彻习近平总书记系列重要讲话精神以及党的十九大、十九届四中、五中全会精神作为首要的政治任务，不断增强"四个意识"、坚定"四个自信"、做到"两个维护"。明确责任体系，切实加强党风廉政建设。组织制订2020年秘铁重点工作分工方案、层层签订深化落实全面从严治党主体责任清单，把责任落实到岗、明确到人，保证每项工作有人抓、有检查、有考核。充分发挥核心作用。2020年总支班子面对因疫情和停产造成的复杂严峻局面，分析研究面临形势，安排布置防疫抗疫任务，统筹谋划复工复产步骤目标，疏导缓解职工紧张心理，使公司在重大疫情情况下，主要业务流程不断线，将疫情影响降至最低。充分发挥党员的先锋模范作用，以生产经营建设的重点工作为中心，坚持问题导向，树立严细作风，以薄弱环节为突破口，认真查找本单位、本岗位的重点、难点，分析问题产生的根源，围绕着矛盾和问题抓各项工作的落实。

（杜保岐）

北京首钢气体有限公司

【首钢气体领导名录】
党委书记、纪委书记、工会主席：孙贵锁
董事长：孙贵锁
董　事：马银川　赵光明　范华刚
　　　　高亚男（职工董事）
监　事：李文晖　赵树伟　韩广军（职工监事）
总经理：马银川
副总经理：赵光明
副总经理：刘　健
安全总监：范华刚

（韩广军）

【综述】 北京首钢气体有限公司（简称"首钢气体"）是由首钢集团有限公司100%出资设立的法人独资有限责任公司，企业经营范围：工业气体制造；医用氧气制造；标准气配置；气瓶充装、检验；普通货物运输；危险货物运输；施工总承包；工业设备修理；技术开发、技术服务；产品设计；货物进出口；技术进出口；代理进出口等。主要产品包括氧气、氮气、氩气、氢气、氖气、氦气、氙气、氢气、液氧、液氮、液氩、医用氧。

首钢气体管理机构设销售部、计财部、设备部、安全保卫部、生产技术部、氧通业务部、人力资源部、党群工作部、经理办公室、顺冷、动力、电力、迁钢、京唐作业区、设备检测中心。

2020年12月末，首钢气体在册职工435人，其中研究生学历24人，本科学历107人，大专学历135人，占在册职工的61.1%；高级职称14人，中级职称26人，初级职称24人；技师和高级工164人，占操作人员的53.4%。持有两种及以上技能证的职工96人，占操作人员的31.2%。

2020年首钢气体完成营业收入29565万元，比上年降低264万元；实现利润566万元，比上年增长78万元。全年安全、环保实现"零事故、零伤亡、零污染"目标。

（韩广军）

【主要生产指标】 首钢气体委托经营的顺冷作业区全年生产完成管道氮气7927万立方米，比上年减少921万立方米；氢气215万立方米，比上年增长14万立方米;压缩风 12327 万立方米,比上年减少 290 万立方米。实现安全供水,新水补充 112 万立方米,比上年减少 4 万立方米;中水来水 86 万立方米,比上年增长 44 万立方米;除盐水产量 66 万立方米,比上年增长 20 万立方米;蒸汽产量 15.56 万吨,同比增长 4.66 万吨;天然气供应 6725 万立方米,比上年增长 1783 万立方米;实现冷轧公司 110 千伏供电保供,全年光伏发电 1027 万度,圆满完成冷轧光伏运维服务工作。

（韩广军）

【气体产品销售】 首钢气体面对疫情肆虐、经济停滞的严峻形势,公司上下始终坚持"三个跑赢"营销理念,顶住压力,打主动仗,不断强化市场跟踪和客户联系,及时把握复工复产有利时机,充分发挥资源优势和渠道优势,稳固市场主导地位,多方向发力,努力增加销售收入。全年气体产品实现销售收入 1.53 亿元,比计划增长 1300 万元。其中直供户累计销量占比为 10.6%,比上年提高 0.8%。

（韩广军）

【医用氧气市场拓展】 首钢气体结合新冠肺炎疫情防控医用物资保障,积极发挥国企抗疫"突击队"作用,向北京及周边地区 70 家医院供应医用氧 25648 吨,比上年增长 612 万元。医用氧全年新增客户 10 家,续签合同 26 份,每月合同量增加 159 吨,实现医用氧销售新的历史突破。

（韩广军）

【稀有精制装置搬迁项目】 首钢气体在唐山市曹妃甸行政审批局、钢电园区管委会等政府部门的支持帮助下,完成规划和工程项目备案。公司内部组织先后完成氪氙装置技术协议交流、EPC 大包招标与合同签订、环境影响评价技术服务招标与合同签订和子公司营业执照年审等重要基础性工作。5 月 18 日,该项目开工仪式在京唐公司隆重举行,标志着项目进入施工建设阶段。项目完成围墙修砌、地基打桩、附属用房主体结构和主体厂房钢结构安装等施工建设任务。

（韩广军）

【车载 LNG 公交车检测业务】 首钢气体针对公共交通防疫措施的特殊要求,夯实基础,规范服务,稳妥开展车载 LNG 公交车检测业务。全面升级公交车检测软硬件条件。不仅完善管理体系,而且更新场地及附属配套设施。从 3 月底首批公交车进场检测,全年完成公交车用气瓶检测共计 2857 辆/支,比上年增长 129 辆/支,为北京市公共交通安全运营提供基础保障,北京市特检中心领导现场调研并给予高度评价。

（韩广军）

【安全管理】 首钢气体持续提升安全标准化管理水平,完成 5 个班组标准化达标验收。完善"双控"机制,开展新一轮风险辨识及分级管控工作,确定各级风险 494 项。强化生产联系确认管理,梳理 8 个岗位排查 20 项生产联系确认工作流程。通过企业自主评定、外部专家评审,5 月份取得安全生产标准化二级企业证书。扎实推进安全专项整治,完成安全生产风险预警监测系统和安全仪表自动化（SIS 系统）整改项目并通过验收。丰富培训教育方式,使用安全微信群开展有限空间作业安全培训,试行班组"安全小教员",强化基础安全教育,提高职工安全意识和自我防护能力。定期组织应急预案演练,提升干部职工应急反应能力。

（韩广军）

【"十四五"规划】 首钢气体组织制定《首钢气体"十四五"规划编制工作方案》,成立编制领导小组和编撰工作办公室,定期召开协调会针对产业发展重大问题、重点任务等方面进行深入研究,确定首钢气体"十四五"期间"4533"战略发展定位、发展思路、规划目标、重点工作和保障措施。5 月份形成规划初稿,按照"三重一大"制度,经首钢气体董事会审议通过后上报股份公司审核备案。

（韩广军）

【企业注册地变更】 4 月 26 日,首钢气体完成工商营业执照注册地由石景山区石景山路（旁村）变更为顺义区李桥镇任李路 200 号。

（韩广军）

【企业资质管理】 首钢气体依据营业执照新址变化,各专业部门按照分工牵头组织,互相配合,6 月份先后完成税务登记、安全生产许可证等 12 个特许资质的迁移变更。7 月份完成危险化学品经营和危险货物道路运输经营 2 个特许资质属地新办落地。有效解决企业注册地和经营地不统一问题。还根据资质到期情况,完成安全生产许可证、气瓶充装许可证、移动式压力容器充装许可证和药品生产许可证的到期评审换领,开展交通运输企业安全生产标准化一级达标企业申报验收,并以高分通过专家评审。为首钢气体依法合规长远经营和高质量发展奠定坚实基础。

（韩广军）

【人才队伍建设】 首钢气体落实三支人才队伍激励机制,12月份增资兑现,2020年在岗职工工资总额比上年增长10.3%。开展职工提素培训。根据疫情防控要求,组织利用钉钉平台直播授课,完成国军标质量管理、机修维护等相关知识全员提素培训,共411人参加,完成17262课时学习,向顺义区政府申领培训补贴41万元。组织空分制氮、电工等5个工种的技能竞赛,91人次参赛,对12名优胜选手进行奖励。招录接收大学生5人,为气体公司发展注入新鲜血液。

（韩广军）

【退休人员社会化】 首钢气体克服疫情影响,组织按时完成涉及北京10个辖区退休人员信息采集和签字确认,截至2020年12月,完成132名退休人员保险转移,所有人员档案移送三星公司进行数字化加工,整体工作多次受到集团专业部门表扬。

（韩广军）

【党建工作】 首钢气体制定党委班子、党委书记、总经理和副总经理的落实全面从严治党责任清单。党委班子制定工作措施36项,4名班子成员制定工作措施96项。明确党建责任目标,组织两级党组织签订党建目标责任书9份,党建责任书34份,制定2020年党建工作任务清单,开展党建工作联检互检,发现并整改问题20项。组织"逐梦百年新征程、争当发展排头兵"创先争优主题实践活动,深入开展"党员领跑计划"。完成8个党支部"达晋创"等级评定,组织8名专兼职党支部书记进行述职和评议。制修订《领导人员交流办法(试行)》等党内制度6项。

（韩广军）

【群团工作】 首钢气体全年走访慰问职工151户,为34名病困职工发放补助金6.44万元。为8名职工申报受疫情影响低收入职工补助金1.6万元。响应上级号召消费扶贫采购12.8万元,办理扶贫卡71张。签订《工资专项集体合同》,受理答复职工代表提案16件。申报创新工作室成果,王林章工作室被评为北京市科学家走进创新工作室试点单位,刘胜锋创新工作室获评首钢级创新工作室。维护职工合法权益,为430名在岗职工续保职工住院、职工意外伤害保险和重大疾病保险,办理理赔21人次,赔付6.18万元。组织436名在岗职工及31名协力工进行健康体检和职业病体检。完成职工食堂操作间改造和灶台气改电,改善食堂卫生环境和安全条件。落实生活垃圾分类管理要求,党员干部带头,在京365名职工积极参与社区"桶前值守",垃圾分类承诺书签订率100%。

（韩广军）

【气体行业动态】 9月10日,首钢气体作为中国气体协会理事长单位,参加2020年第二十二届中国国际气体设备、技术与应用展览会。借助展会向国内外客商宣介首钢气体的特长资质、装备能力、产品服务、技术创新、人才培养和品牌培育等多元化模块,全方位展现出首钢气体的企业内涵和发展战略。

（韩广军）

【荣誉称号】 首钢气体因在抗击疫情中的积极贡献,9月份中国气体协会医用气体及工程分会2020年会授予其"抗疫先进单位"荣誉。

在2020年10月底召开的中国工业气体工业协会年会上,首钢气体医用氧被授予"中国气体行业知名品牌"称号,同时获得国内气体行业最高等信用等级AAA级证书。

首钢气体京唐作业区职工李超救人事迹,入选"2020年北京榜样"年度提名奖。

（韩广军）

北京首钢鲁家山石灰石矿有限公司

【首钢鲁矿领导名录】
董事长:刘政群(7月任职)
　　　　张竞先(7月离任)

董　事:彭开玉(7月离任)　唐锡鹏(7月离任)
　　　　刘凤刚(7月任职)　赵志军(7月任职)
　　　　王金波　郭金保

总经理:王金波

副总经理:郇红星 王 海 倪任付 王金亚

党委书记:刘政群(6月任职)

　　　　　崔全法(6月离任)

纪委书记:刘政群(6月任职)

　　　　　崔全法(6月离任)

工会主席:刘政群(6月任职)

　　　　　崔全法(6月离任)

（柳 岩）

【综述】 北京首钢鲁家山石灰石矿有限公司(简称"首钢鲁矿")始建于1951年,2006年改制注册成立,公司注册资金3600万元,资产总额5亿元。2016年1月按照首钢总公司文件精神,正式列入钢铁板块,划归股份公司管理。

首钢鲁矿专为钢铁冶炼配套生产供应石灰石、石灰、氢氧化钙等冶金熔剂产品和耐火材料。在露天矿山设计、开采,新型节能环保石灰竖窑和氢氧化钙生产线的整体设计、制造、安装方面,具有较强实力。同时,拥有全国通用营业性爆破作业资质和冶金工程三级资质。此外,还经营固体废物治理、企业管理、机械制造、普通货物运输、生产建筑材料、内燃设备维修、会议服务及销售建筑材料、矿产品、化工产品、非金属矿山、耐火材料等业务。

首钢鲁矿总位于门头沟中关村科技园,下设7部1室1个车间,分别是:经营部、财务部、技术开发部、安全部、人力资源部、党群工作部和经理办以及鲁采车间。在迁钢、京唐基地分别设立4个作业区,分别是:迁钢套筒窑作业区,京唐石业熔剂制造作业区、炼钢套筒窑作业区和钢轧套筒窑作业区。项下单位包括:唐山市曹妃甸工业区京唐石业有限公司(滦州分公司)、建昌县融成钙业有限公司(建昌分公司)、库伦旗龙世源石业有限公司等控股公司,以及秦皇岛首钢黑崎耐火材料有限公司、北京首钢耐材炉料有限公司等托管代管单位。2020年末在册职工225人。

（柳 岩）

【主要指标】 2020年,首钢鲁矿完成经营收入4.2亿元,较年计划2.45亿元增加71%,较上年度增长46%;实现利润4453.58万元,较年计划1700万元增加162%,较上年度增长54.48%;上缴首钢集团公司投资回报1050万元。产品总销量313.09万吨,完成年计划

147%,包括:石灰石151.88万吨,完成年计划100.4%,同比增长14%;白云石21万吨,完成年计划116%,同比增长49%;生石灰24.56万吨,完成年计划245.6%,同比增长53%;氢氧化钙2.41万吨,完成年计划84.5%;建筑料、无机料112.85万吨,完成年计划376%;冶金辅料(高钙铝渣球、熔渣剂)0.39万吨,完成年计划78%。此外,污泥处置1.94万吨,完成年计划83.6%;加工服务(京唐制备站、消化线)114.67万吨,完成年计划82.3%。2020年8至12月套筒窑白灰产量78.5万吨。

（柳 岩）

【经营亮点】 2020年,首钢鲁矿通过采取有效措施,顽强克服新冠肺炎疫情严重影响,实现经营收益逆势增长。一是全面完成迁钢烧结白灰22.44万吨保供任务,实现收入1.03亿元。二是建昌矿通过提升产线产能,在保障首钢内部市场供应稳定同时,加大社会市场销量,实现销售收入1.37亿元。三是京唐石业超额完成消石灰、石灰、溶剂制备加工任务,实现收入8260万元,炼钢套筒窑作业区超额完成白灰、合成渣和竖窑白灰生产任务,实现销售收入2018.52万元,钢轧套筒窑作业区结算收入483.82万元。四是密切关注市场走势,通过及时调整北京地区石灰原料采购价格,全年累计转移消化内部市场调价损失240万元,同时,通过深挖火运潜力,及时试行竞价机制,全年节省运费124万元。

（柳 岩）

【企业退出工作】 首钢鲁矿根据2020年4月8日首钢集团公司专题会议精神,自2020年8月1日起成建制接收耐材公司迁钢、京唐两地三个套筒窑作业区业务和全部80名职工。通过组织耐材公司实施内退解合优惠政策、由首钢鲁矿再行安排岗位等措施,2020年共分流安置耐材公司职工150人。同时,完成耐材公司项下钢材配送公司、华夏工程公司、首秦嘉华公司3家参股企业的清撤、退出工作;依法合规处置耐材公司所持重钢公司A股股票回收资金74.5万元;履行唐山首港冶金炉料有限公司、营口首耐高新耐火材料有限公司审计评估和集团内部审批程序。2020年11月,耐材公司北京区域房屋、构筑物资产正式移交集团公司园区管理部。

（柳 岩）

【重点工程】 首钢鲁矿为满足首钢内部市场炼钢用灰和自产氢氧化钙用灰需求,投资2300万元在建昌矿新建第一座300TPD环形套筒对烧窑,以气源燃料代替传

统固体燃料,用于煅烧粒径在 20~40 毫米、40~80 毫米优质石灰石产品。

（柳 岩）

【技术改造】 首钢鲁矿主动承担迁钢 4 座竖窑环保改造任务。2020 年 8 月 27 日、9 月 10 日,工程一期 2 座 250 立方米混烧石灰竖窑改造为梁式气烧窑项目完工,试运行效果良好,符合环保超低排放指标要求。

（柳 岩）

【绿色矿山建设】 2020 年,首钢鲁矿建昌矿启动申报省级绿色矿山项目筹备工作,通过逐级上报绿色矿山自评报告,矿区内部开展自上而下、全方位清理整顿,11月 13 日顺利通过省级专家审核验收,以总评分 86 分首批进入辽宁省省级绿色矿山创建库,为申请获评国家级绿色矿山打下基础。与此同时,建昌矿采矿扩界、排污许可证审批,爆破作业资质续证工作也取得阶段性进展,初步形成建昌矿从单纯依靠资源转向绿色可持续发展的新格局。

（柳 岩）

【北京区域功能转型】 2020 年,首钢鲁矿北京矿区以落实矿山地质环境恢复治理为主,为实现区域功能从采矿生产型向城市服务型过渡,培育新的经济增长点,利用门头沟区建筑垃圾处理尚无合法资质企业的机会,通过实施矿区边坡治理、道路修缮、绿化及防排水工程;实施生产线工艺改造;合理规划平整后场地等前期工作,顺利取得北京市门头沟区建筑垃圾(含装修垃圾)大件垃圾临时资源化处置合法化手续。

（柳 岩）

【安全环保】2020 年,首钢鲁矿在全面修订完善安全生产责任制和各项安全管理规章制度基础上,有针对性强化职工安全教育培训,增强安全防范意识,通过深入开展风险分级管控、日常安全检查和隐患排查治理工作,进一步强化企业安全管理工作。同时,为适应环保严控态势,以落实京唐公司环保创 A 达标、北京矿区高频次环保检查为契机,通过细化管理制度、实施技术改造、完善环保设施、增加现场清理频次等一系列举措,牢固树立环保达标理念,提升企业环保管控水平。

（柳 岩）

【人力资源】首钢鲁矿以落实企业退休人员社会化管理移交、耐材公司职工划转和劳务用工接续管理工作为重点,进一步理顺人员管理关系和组织关系,完善企业在职、退休人员信息库。同时,通过首钢鲁矿内部机构调整,进一步完善人员配置,强化人力资源管理体系建设,为职能机构与实体单位各业务环节有序对接,更好地发挥协同效应提供有力的人力资源保障。

（柳 岩）

【党群工作】2020 年,首钢鲁矿工会组织充分发挥桥梁纽带、凝聚人心作用。全年共走访慰问退休劳模、困难党员、困难职工、献血职工、住院职工及家属 23 人次,共为 5 名职工办理住院理赔 2700.82 元,核对在职职工医疗互助保险赔付 74 人次 9589.56 元。全年发放困难补助金 3000 元。完成 2019 年股份公司先进集体、个人评选表彰,发放奖励金 25900 元,物质奖励 2300 元。

（柳 岩）

北京首钢铁合金有限公司

【首钢铁合金领导名录】
党委书记、纪委书记、工会主席:张少华
董事长:张少华(9 月任职) 刘 军(9 月离任)
副董事长:刘 军(9 月任职) 张少华(9 月离任)
总经理:刘 军
副总经理:王 庄 胡光磊
总经理助理:胡更雷

董事会成员:刘 军 胡更雷 张少华
胡光磊 刘凤刚
监事会成员:李希骏 孙振蛟 杨海东
首席专家:马立新 谢学斌

（谢 冬）

【综述】 北京首钢铁合金有限公司(简称"铁合金公司"),原为北京首钢铁合金厂,始建于 1961 年,曾经是全国十八家重点铁合金企业之一。2008年5月,经首钢总公司批准改制成立北京首钢铁合金有限公司,注册资本1200万元,首钢集团、其他自然人分别占股35%、65%。公司位于北京市朝阳区西直河村。铁合金公司下设迁安分公司、平定分公司、北京首铁企业管理服务有限公司3家企业,总资产4000余万元人民币。公司现有主要装备:3吨中频电炉1座、压球产线1条、铝粒生产线2条、铝铁连铸机1台、50千克真空中频炉1台、铝系产品生产线1条。铁合金公司已经形成集铝制品、铝铁合金制品加工等一系列黑色金属加工制造为主要内容的产业链。上游主要产品有铝杆、铝棒,下游产品主要有不同牌号铝铁合金、不同成分压球产品、铝粒、钢砂铝、铝棒等。

2020年,铁合金公司紧紧围绕上级党组织工作安排部署,结合集团公司下达的年度经营生产计划目标,发挥比邻首钢迁钢公司地域优势,以突出平定分公司达产达效、提升产品质量、优化生产组织等工作为重点,全力推进新品种产品试验和不同牌号铝铁冶炼工作,不断优化3吨中频炉生产能力,并通过优化炉料配比、简化浇铸设备等一系列措施,努力提高经营生产效益。

(谢 冬)

【主要指标】 2020年,铁合金公司产品产量完成5.24万吨,其中迁安分公司产量2.59万吨,平定分公司产量2.65万吨。全年高新产品收入实际完成4.69亿元,占全年产品销售收入的88.72%,高新投入3068万元。全年实现销售收入5.29亿元,完成利润1424万元。全年资产负债率24.65%,应收账款周转率完成8.42次,存货周转率完成6.68次,总资产收益率3.87%,均完成计划目标,并均优于去年指标。

(刘 健)

【疫情防控】 2020年初,面对突如其来的新冠肺炎疫情,铁合金公司按照"生命重于泰山,疫情就是命令,防控就是责任,坚决打赢疫情防控阻击战"的要求迅速反应,并先后多次召开疫情防控工作专题会议,积极采购防疫物资,避免疫情大面积爆发期间采购不到防疫物资的情况发生,截至12月末,铁合金公司共采购防疫用口罩6650只、测温枪10余把、消毒液162箱,为落实疫情防控措施提供坚实的保障。

(谢 冬)

【达产达效】 2020年,平定分公司克服新冠肺炎疫情、

人员操作水平不一、铝水供应方面的问题,月产量稳定在2200吨以上,12月份最高产量达到2531吨,全年完成利润551万元,实现当年收回投资回报的目标,标志着铁合金公司战略转型又一次获得成功。

(谢学斌)

【市场保内扩外】 2020年,铁合金公司克服销售和市场服务工作受新冠肺炎疫情影响困难,紧密结合客户的不同需求,制定生产与服务方案,在保证首钢内部市场铝系产品供应的基础上,凭借平定分公司产品全力开拓外部市场,2020年外销收入达到1.62亿元,占全年销售收入的31%。

(马立新)

【安全管理】 2020年,铁合金公司持续深化公司双重预防机制建设,大力推进安全风险分级管控,召开安全整顿启动大会,积极与股份公司对表对标,全面推进地面车辆、机械防护、挂牌上锁本质化安全建设,同时制定月度安全例会管理办法以及课题调研机制,形成"安全提题,各专业解题,全员管理"的管理思路,实现安全全员管理,人人有责的先进的管理模式和理念。全年共完成53项安全整改,投入安全费用35万余元,消除现场作业行为2项,降低现场作业风险值30%。

(赵 军)

【降本增效】 2020年,铁合金公司组织成立滞库物资清理小组,通过资产盘活、自主消化等方式,预计到2020年12月底,实现经济效益17.7万元,为下一步加快存货周转、提升物资管理水平打下坚实基础。铁合金公司结合生产实际,对迁安地区的部分设备和工艺进行改造,使铝粒产品由原每班每人可以生产6吨提高到每班每人生产10吨;压球产品由每班5人生产减少至4人生产,班产由20吨/班提高到24吨/班,劳产率得到提高。

(李希骏)

【风控体系】 2020年,铁合金公司通过对全业务流程细致梳理,辨识风险点,建立风控矩阵、权限指引表、流程图等风控工具,显著提升全体职工的风险意识以及规避风险的能力,并且对各部门存在的风险点提出整改意见,进行有效的整改。为企业持续健康发展建立第一道防火墙。

(刘 健)

【人才培养】 2020年,铁合金公司高度重视班组长综

合素质提升工作,组织参加股份公司的班组长培训、内部的绩效考核培训,并召开座谈会交流班组长工作经验等10余次,又组织班组长和业务骨干到兄弟单位观摩班前会和班组安全活动20余人次,使得班组长在综合素质和管理技能上有一定提升的同时,班前会的召开也更加规范化。

（李希骏）

【退休职工社会化】　2020年,铁合金公司按照集团公司退休职工社会化工作统一部署,克服新冠肺炎疫情、人员复杂等困难,通过面签、微信、快递多种方式完成749名退休职工的社保关系转移手续。并且提前1个月取得移交人员复函,受到集团公司高度赞扬。

（牛继如）

【薪酬改革】　2020年,铁合金公司继续深入推行《三支人才队伍薪酬激励机制实施方案（试行）》和《技术、技能职务评聘管理制度（试行）》,通过理论考评、实操考评及360度测评等方式组织全公司85名合乎条件职工参与职级评聘工作,最终使10名职工的职级和收入得到双重提升。

（李希骏）

【制度建设】　2020年,铁合金公司在现有规章制度体系的基础上,新增《北京首钢铁合金有限公司专业管理考核实施总则》等制度3项、重新修订下发规章制度3项、制定制度实施细则9份并组织全员学习,为公司合法依规运行提供坚实的制度保障。

（李希骏）

【党风建设】　铁合金公司在全国疫情大面积爆发的特殊时期,公司各级党组织和全体党员充分发挥战斗堡垒和模范先锋作用,为公司经营生产正常开展提供坚实的保障;铁合金公司积极组织先锋党员发挥带头作用,积极投身疫情防控和经营生产工作当中,全年累计组织支援生产394人次,组织开展抗疫捐款1.32万元。

（桑庆杰）

【人文关怀】　2020年,铁合金公司坚持"以人为本"的经营理念,坚持把企业职工当做企业不可或缺的财富,

累计申报工会互助保险二次报销13人次,报销金额共计1万余元。春节慰问共计发放慰问金2.14万余元,向上级工会申请特困补助金3.2万元;还结合铁合金公司全员队伍实际情况,以丰富多样的组织形式,开展党建带团建,激励广大青年积极向党组织靠拢,做好"推优入党"工作。

（李赛）

【文体活动】　2020年,铁合金公司文体活动本着寓教于乐、团结互助的宗旨,先后组织举办办公软件大赛、"迎双节"健康健步走等文体活动,以文体活动为纽带,增进公司职工间的沟通、交流、互信,营造团结、和谐、稳定的企业文化氛围。

（李赛）

【重要会议】　1月20日,铁合金公司2020年党委扩大会议由党委书记张少华主持召开,会上总经理刘军作题为《推进管控体系建设优化产业结构转型提效提高企业运营能力》的报告,报告中总结2019年度出现的问题和经验,全面部署2020年生产经营任务;7月6日,铁合金公司召开深入推进本质化安全工作暨安全整顿启动大会,会上通报铁合金公司安全工作存在的问题并提出下一步工作计划,公司董事长、总经理刘军对安全整顿工作提出工作要求。9月3日,铁合金公司召开临时董事会,会上通过张少华兼任北京首钢铁合金有限公司董事长、刘军兼任北京首钢铁合金有限公司副董事长的议案。铁合金公司外部董监事刘风刚、杨海东参加会议。

（桑庆杰）

【调研交流】　3月26日,铁合金公司迎来股份公司纪委书记关锴一行的调研,其肯定铁合金公司在钢铁板块所做出的贡献,并希望铁合金公司加快转型提效,完成转型发展;9月3日,股份公司党委副书记彭开玉来铁合金公司调研北京市巡视巡查工作部署情况,并与公司党政一把手进行交流。

（桑庆杰）

股权投资管理

◎ 责任编辑：马　晓、刘冰清

北京首钢股权投资管理有限公司

【首钢股权投资领导名录】

董事长:王　涛

董　事:徐小峰　朱从军　袁新兴(1月离任)

职工董事:刘　燕(10月离任)

监事会主席:闫　杰(3月离任)

　　　　　张焕友(4月任职)

监　事:于　杰　白昆岩

职工监事:刘志强

党委书记:王　涛

党委副书记、总经理:徐小峰

党委副书记、纪委书记、工会主席:刘　燕(10月离任)

　　　　　张　焕(11月任职)

副总经理:朱从军　李春东

(张占军)

【综述】　北京首钢股权投资管理有限公司(简称"首钢股权投资"),是首钢集团有限公司全资子公司。首钢股权投资致力于股权投资的运营管理,确保国有资本保值增值,推进企业可持续发展。截至2020年底,在岗职工67人,硕士以上学历26人,大学本科学历37人;高级职称32人,中级职称29人。

2020年,首钢股权投资坚持"深化改革、聚焦产业、规范管理",紧紧围绕年初确定的经营目标和重点任务,一手抓疫情防控,一手抓复工复产。坚持目标倒逼、问题倒逼,迎难而上、主动作为,开拓内外市场、扎实推进企业深化改革、不断提升发展质量,全面完成了各项指标及重点工作任务,为"十三五"画上圆满句号。

(张永红、马兵波)

【主要经济指标】　2020年,首钢股权投资不断健全经营管理体系,继续完善月度经营动态简报,建立"月度监控、季度分析、半年分析、专题调研"的立体式过程管控机制,强化督导纠偏。坚持推行"前欠后补"的"滚动计划",坚持深挖一层的全级次预算管理,坚持PDCA的考核奖罚机制,进一步推动标准化、规范化经营管理。克服疫情影响,完成销售收入181.6亿元,完成计划174.1亿元的104%。实现利润3.7亿元,完成计划2.9亿元的128%。

(祖燕超)

【服务钢铁业】　首钢股权投资各单位围绕首钢"一业多地"产业布局,努力提升钢铁主业服务和保障能力。确保首钢京唐创A项目顺利推进,完成首钢京唐1号高炉大修、首钢股份迁钢3号高炉中修及系列年修等检修任务。参与的首钢京唐二期一步工程获得"'十三五'钢铁工业创新工程奖"。首钢股份迁钢3号高炉15天检修任务,首钢建设提前38小时完成任务,为3号高炉完成全年产量提供了保障,获得"首钢股份迁钢公司2020年优秀协作单位"的称号。在首钢京唐1号高炉大修工程中,面临工期紧、任务重和疫情防控等不利条件,在检修任务下达的第一时间组织召开动员大会,提高认识,统一思想,对股权平台各参战单位复工准备工作和防疫工作进行全面梳理和部署,确保了首钢京唐1号高炉大修工程提前3天顺利完成。

(王自强、刘立东)

【服务园区】　在首钢北京园区建设中,首钢股权投资抓好园区"三年行动计划"落地,严格按照时间节点,重点抓紧抓好北京冬奥项目建设。股权平台各参战单位充分利用和发挥勘察、设计、制造、建安、运维等专业齐全的综合优势,主动参与、目标倒逼、系统谋划、同步跟进,构建立体协同体系。截至2020年底,首钢北京园区开工项目120项,建筑面积约139.15万平方米,签约合同量94.84亿,完成产值65.81亿元。其中,高线公园、群明湖景观提升、三高炉改造、冬训中心公寓等7个项目完成移交;脱硫车间改造、三高炉啤酒坊项目进入工程实体移交;冬奥广场项目、工业遗址公园转运站地下结构施工、地上结构封顶等16项重大节点按计划推进。首钢滑雪大跳台现场被评为北京市绿色安全样板工地,老工业区改造西十冬奥广场项目获工程建设质量最高荣誉"国家优质工程奖"。

(王自强、刘立东)

【企业管理特色】 首钢股权投资按照"分层管理、下管一级"的管控原则，要求首钢国际工程、首钢建设、首自信公司、首钢实业、首钢机电五家单位依据集团公司和股权平台权力清单，结合实际，制（修）订本企业权力清单。其他单位采用授权机制，由各单位按层级制定权力授权清单。对权力清单中财务管理、信息化管理、投资管理等部分章节进行修改，分层建立的制度管理体系得到进一步完善和加强。首钢股权投资直接执行集团公司的制度234个，本公司制定的各类制度63个，合计297个。

（王自强、何　永、郭　爽）

【风险管控和治理】 首钢股权投资围绕全年重点任务目标，坚持风险问题导向，创新推出"自选动作"，在股权平台范围内甄选22个规范管理类和经济运行类风险事项，开展"1+1"专项风险治理活动，20项完成预期治理任务，完成率91%。经履行董事会审议批准程序，《首钢股权投资风控手册V2.0》正式颁行，涉及设计类指标168项，执行类指标321项。组织8家单位开展内控自评价，促进股权平台内控评价体系的建立健全，实现企业风险由识别到评估、预警直至应对全流程管控贯通。按照"规范管理"要求对制度修订、业务规范、审计信息化应用、团队建设等方面统筹规划，实现审计监督全覆盖目标。

（王自强、何　永、郭　爽）

【信息化建设与管理】 首钢股权投资根据首钢集团系统优化部要求，成立股权平台"十四五"信息化规划工作组织机构，明确职责分工，推进落实"十四五"信息化规划编制组织工作。对股权平台信息化现状进行分析，结合业务目标、信息化需求和信息技术发展趋势，制定完成股权平台"十四五"信息化规划。为进一步给项下公司减负松绑，提高工作效率，规范数据、信息采集管理工作，实现专业把关、数据共享、系统管控、分类施策。按照首钢股权投资24项重点工作要求，在现有协同办公(OA)系统上企业管理部着手建立完成9个领域的项下单位基本信息库，为决策提供参考，避免信息重复采集。12月9日，迎接北京市检查组对首钢集团的软件正版化验收，首钢股权投资受检开机率98.59%，未发现不合格软件，完成迎检验收工作，被评为"首钢集团2020年度软件正版化工作先进单位"。

（王自强、刘立东）

【战略规划】 首钢股权投资制订颁发《首钢股权投资"十四五"规划编制工作方案》《首钢股权投资"十四五"发展规划重点课题研究方案》，完成"7+N"共40余项课题研究，形成"十四五"发展规划及专项规划初稿50余篇，初步搭建股权平台"十四五"规划体系；落实"国企改革三年行动""三降一减一提升"要求，结合首钢"三创"会精神和"十四五"规划，进一步完善"十四五"规划。组织完成总体规划与各级专项规划衔接论证，确保专项规划有效支撑、分解总体规划。

（朱俊杰）

【对标提升】 首钢股权投资制订颁发《首钢股权投资对标提升行动实施方案》。在集团"1+4"重点对标单位的基础上，全面开展平台内部对标，实现对标全覆盖。规范化管理，统筹设计指标对标和管理对标体系，确定股权平台对标工作清单112项，完成细化方案汇编册。典型引路，促进实践经验共享、成果推广及应用，组织开展对标调度会，月总结、季分析，典型单位经验交流。将对标行动与"三降一减一提升""十四五"规划、预算编制、年度重点任务、目标责任书、经营活动分析及管理创新活动有效结合。

（朱俊杰、吴玉权、王　海）

【科技创新】 股权平台申请专利238项，完成计划的148%，其中发明专利89项，"可主动转向的自行驶钢卷运输车"获得韩国发明专利授权。首钢建设等单位迈入国家高新技术企业行列。股权平台科技研发获得政府专项资金1.28亿元，研发费用加计扣除减免税1698万元，高新技术企业减免税1195万元，凸显创新驱动发展的引擎作用。加强科技研发管理，组织完成股权平台2021年度科技研发专项预算编制，着力为聚焦传统产业升级和新产业培育开发提供技术支撑。

（冯小菊）

【新技术新产业培育】 首钢股权投资落实集团和本单位发展战略，沿着两个方向，聚焦核心业务，培育新技术新产业，着力提升核心竞争能力。首钢建设自主研发的"装配式框架抗侧力高层钢结构住宅设计与建造综合技术"分获首钢和中施企协"科技成果一等奖"，完成《装配式PC建筑施工技术汇编》编制，首钢园西十冬奥广场项目获"国家优质工程奖"。首钢城运签约回龙观公交车库项目，实现北京公交立体车库全承揽，获评年度"行业最具成长性奖"。首自信公司研发集成的首钢京唐二期五个原料和成品智能仓储无人天车项目、首钢水钢棒线自动焊牌机器人系统建成投运;应用数字孪生2.0建成园区"四块冰"场馆室内照明、冰球馆安防等项目。首钢国际工程承揽的首钢京唐1号球团烟气脱硫脱硝超低排放升级改造项目顺利投产。首钢机电签约石横特钢烧结机烟气循环、首创淮南石姚湾净水厂污泥治理等项目。北冶公司磁屏蔽材料应用于"北斗"卫星核心部件原子钟。首钢吉泰安的高端铁铬铝合金材料形成批量供货应用于芯片制造原料热处理。

(吴玉权、崔瑞成、王　海)

【企业退出】 首钢股权投资按照"应退尽退、能退早退"的工作要求,组织平台各单位统筹策划、精心组织、攻坚克难,完成首新电子、贝思特、海瑞克、吉泰盛源、贵阳智能、方圆工贸等10家企业退出工作,完成集团公司下达任务目标。

(梁广新)

【优化产权】 首钢股权投资持续优化股权关系与管理关系,进一步推进股权平台做实,完成烟台电装、烟台压缩机2家股权置入股权公司工作。

(梁广新)

【人才队伍建设】 首钢股权投资以"深化改革、聚焦产业、规范管理"为引领,扎实开展人才队伍建设工作。通过人力资源分析,摸清股权平台各单位人才底数,为下一步人才素质优化提升以及培训培养提供有力支撑。创新思路,加强人才开发各项工作,以关键紧缺人才开发为突破口,人才开发体系化建设迈出实质性步伐;争取集团支持,探索建立核心人才激励机制,在"留住人才"上下功夫;在平台搭建上下功夫,把交重任压重担与政策支持资源支持结合起来,为人才成长创造良好生态环境;加强教育培训,组织项下单位参加集团公司举办的各项培训,结合实际建立股权平台教育培训体系,定期发布各单位教育培训信息,实现教育培训资源共享。股权平台组织各类培训17场次,参加培训664人次;组织入职培训、规章制度培训11次,参训431人次。成功举办法律知识、财务三张表和战略规划等领导干部大讲堂,收到较好的培训效果。

(祝娜娜)

【党组织及文化建设】 首钢股权投资党委深入学习习近平新时代中国特色社会主义思想,贯彻落实党的十九届四中、五中全会精神,围绕企业中心工作全面加强党的建设。将"把方向、管大局、保落实"内嵌到生产经营的各个方面,召开党委会21次,研究议题88个,其中专题研究"三重一大"事项10个,有效发挥党组织的领导核心和政治核心作用。突出廉政建设和监督检查,每季度组织对项下单位经营目标和重点任务推进情况开展监督检查,发布通报。开展党建突出问题专项整治工作,营造风清气正的干事创业氛围。围绕落实集团公司安排的重点工作、本单位目标任务及应对疫情防控、倡导垃圾分类、助力消费扶贫等工作,采取各种方式组织宣传报道450余篇次,不断推进企业文化建设,提升首钢股权投资品牌形象。

(张永红)

【2020年首钢股权投资大事记】

1月15日,首钢股权投资召开第一次干部大会暨2020年安全环保大会。

2月6日,首钢股权投资召开"股权平台疫情防控紧急会",传达集团公司党委常委扩大会和疫情防控工作领导小组会议精神,对新型冠状病毒感染的肺炎疫情防控工作进行动员、部署。

4月28日,首钢股权投资、首自信公司2个单位获"首钢先进单位"称号;股权平台共有24个集体获"首钢先进集体"称号,23人被授予"首钢劳动模范"荣誉称号。

5月8日,首钢集团董事长张功焰批复同意首钢股权投资撤销首钢70项目相关组织机构的请示,并启动相关工作。

6月28日,首钢股权投资党委被首钢集团评为"首钢六好班子"。

7月9日,首钢股权投资及首钢城运正式搬迁至八大处路45号。

7月21日,首钢股权投资12名优秀年轻干部挂职锻炼,树立使用年轻干部的鲜明导向。

8月5日,首钢股权投资完成工商变更登记。

8月31日,首钢股权投资参股的北京铁科首钢轨道技术股份有限公司在上海证券交易所科创板上市成功。

9月24日,首钢股权投资完成集团公司所持烟台首钢电装有限公司18.36%股权以及烟台首钢丰田工业空调压缩机有限公司11.96%股权划转。

11月27日,首钢股权投资开展"终身学习活动周"

活动,营造崇尚学习的良好氛围。

12月1日,首钢股权投资召开警示教育大会,传达贯彻首钢集团警示教育大会精神。

12月4日,按照集团公司统一要求,将首钢股权投资管理的交通银行、福田汽车、山西焦化、银河证券和秦皇岛港5家可出售类金融企业管理关系划转至首钢基金管理。

12月11日,首钢股权投资组织党的十九届五中全会精神宣讲活动。

(庞际阳)

北京首钢国际工程技术有限公司

【首钢国际工程领导名录】

董事长:李　杨

副董事长:朱从军

董　事:侯俊达　李长兴　张　建

　　　　张成群　尚忠民

总经理:侯俊达

副总经理:李长兴　张　建

党委书记:李　杨

党委副书记:侯俊达

纪委书记:陈国立

工会主席:陈国立

(周　鑫)

【综述】　北京首钢国际工程技术有限公司(简称"首钢国际工程",英文简称 BSIET),是由始创于1973年的北京首钢设计院改制成立的国际型工程公司,是首钢集团子公司,注册资本1.5亿元。经过40多年的改革创新发展,已经拥有中日联节能环保工程公司、考克利尔冶金工程公司、山西首钢国际工程公司、贵州首钢国际工程公司、首设冶金科技公司、首钢筑境国际建筑公司等11家投资公司,企业综合实力在全国勘察设计行业始终位居前列,成为国家火炬计划重点高新技术企业和北京市设计创新中心、北京市企业技术中心、北京市冶金三维仿真设计工程技术研究中心、北京市专利示范单位,拥有国家最高等级的工程设计综合甲级资质,主要从事钢铁技术服务和城市综合服务行业的规划咨询、工程设计、设备成套、工程总承包、工程监理、生产服务等业务,能够以 EPC、PPP、BOT、EMC 等多种模式承揽项目。依托全流程、全方位、全生命周期、全天候的"四全"服务体系,首钢国际工程为武钢、太钢、包钢、济钢、唐钢、重钢、酒钢、新钢、宣钢、承钢、湘钢、日钢、山钢等100余家钢铁企业提供了钢铁工程及环保升级、节能减排、能源综合利用技术服务,为北京、长治、酒泉、秦皇岛、眉山、盘锦、沧州、怀集、白云鄂博等60余个城市提供了环境治理治理、垃圾综合利用、供水管网、供配电设施、能源管理、规划建筑与基础设施工程技术服务。海外工程业绩遍布巴西、印度、伊朗、韩国、加拿大、委内瑞拉、埃塞俄比亚、秘鲁等20多个国家。为200多个国内外客户完成了近800项优质工程。总体设计了国家"十一五"重大工程——首钢京唐钢铁厂等多个国内外大型钢铁项目,承担西十冬奥广场等首钢工业遗址园区开发和曹妃甸京津冀协同发展示范园区重大项目的总体规划设计。

(周　鑫)

【经营指标】　2020年,首钢国际工程沉着应对各种挑战,保持企业平稳有序发展,全面完成"十三五"规划目标以及年度经营任务。实现营业收入35.17亿元,完成年度目标27亿元的130%,同比增长16%;实现利润3546.4万元,完成年度计划目标3500万元的101%;签订合同37.19亿元,完成年度经营计划目标30亿元的124%,同比增长30%;施工图完成7.94万张A1。

(周　鑫)

【疫情防控】　首钢国际工程面对突发疫情,成立了党政一把手担任组长的防疫领导小组、管理部门领导牵头的日常工作小组和纪委牵头的监督检查小组,每月组织召开党委会、每周召开专题会研究推进防疫工作。制定并下发《疫情防治工作方案》《疫情防治工作细则》,进一步明确防疫工作细节。制定《复工复产防控方案》《复工复产应急预案》，确保若出现问题能有效合理及时处置。严格落实本部办公区、外地出差、施工现场等场所和人员的防疫措施，保障职工生命安全和身体健康。安排离京职工返京行程近 600 人，组织单身宿舍返京职工进行 14 天集中隔离 150 余人。购置消毒液、洗手液、口罩、测温仪等防疫物资以及采取必要的隔离等措施投入 130 万元，购置视频会议系统、关键岗位配备摄像头、耳麦及 VPN 扩容等硬件和软件投入约 65 万元。组织全体员工核酸检测。面对疫情反复，专门研究应对策略，加强中高风险地区访客识别，将职工健康管理纳入常态并长期坚持下去，实现了"零感染、零报告"目标。

（周　鑫）

【深化改革】　首钢国际工程坚持战略引领，组织开展"十三五"规划总结、"十四五"规划编制。总结"十三五"期间成绩与不足，提出"十四五"时期量化指标、重点任务和实施计划。启动对标提升工作，坚持"四个结合"，制定工作方案，通过情报搜集、到标杆企业调研，拟定对标工作清单。成立纳德设计事务所、园林景观事务所，为建筑市政业务聚焦、激发专业活力创造条件。将装备材料部与云翔公司业务整合，设立云翔装备分公司，进一步理顺管理关系，提升协同效率，为做实做强公司装备业务板块提供组织保障。聚焦消化预留股、自然人股权正常流转、企业注册资本金等问题，研究并拟定深化改革工作方案，提交上级管理部门研究决策。

（周　鑫）

【钢铁冶金】　首钢国际工程钢铁冶金产业成绩显著。抽调骨干力量成立专门的服务团队，派驻首钢京唐、首钢股份迁钢、首钢水钢等工程建设现场，强化对重点工程项目技术、质量、进度以及安全等方面的管理。通过网络视频与本部沟通，调动优质资源提供全方位的技术支持。组织完成首钢京唐 1 号高炉大修、高强度钢热基镀锌生产线、环保创 A 系列项目，首钢股份迁钢连续式高强钢酸洗线项目、新建拉矫切边机组等项目，为集团钢铁业保驾护航。内外市场多点开花，首钢内部市场签订首钢矿业环冷机、首钢京唐球团料场封闭、首钢股份迁钢拉矫切边机组、首钢水钢 3 号高炉煤气干法除尘和 4 号热风炉等一系列总包和设备供货合同，外部市场承揽日照钢铁氧化球团工程、中天钢铁带式焙烧机球团工程、昆钢高炉炼铁热风炉工程、晋城福盛钢铁石灰窑工程（三期）、河北天柱链箅机球团工程、攀钢西昌带式焙烧机球团工程、建邦电炉等设计和总包合同。技术实力不断攀升，首钢京唐高强度钢热基镀锌生产线是首钢国际工程第一次通过技术集成以 EPC 模式组织完成冷系处理线，标志着首钢第一次拥有厚规格、厚锌层、高耐腐的热基锌铝镁产品。首钢股份迁钢新建拉矫切边机组项目正式投入试生产，是国内首条用于硅钢生产的拉矫切边机组。首钢京唐球团料场改造封闭工程完工，创造了目前全球最大跨度的预应力管桁架结构，对首钢京唐创 A 起到关键支撑作用。

（周　鑫）

【能源环境】　首钢国际工程能源环境产业实现聚焦。市场开发逐步聚焦，能环分公司拓展烟气治理、水处理、余热余压发电等业务领域，签订太钢袁家村铁矿球团脱硫，首钢水钢煤气余压发电，首钢股份迁钢 CCPP 机组新增背压机改造，首钢京唐搬迁稀有气体装置、烧结环冷机余热蒸汽回收及发电等总承包合同，秘铁海淡备件及运维合同。项目实施有序推进，重点完成首钢水钢双超发电、昆明海口工业园污水处理、山西通才炼钢水处理、江苏永钢建筑垃圾处理等设计项目。首钢京唐 1 号球团脱硫脱硝项目、煤气精脱硫项目、CCPP 项目、二期海淡项目均已整体竣工投产并完成结算。推进总包项目实施，首钢水钢双超发电、首钢京唐烧结余热发电两个总承包项目的顺利推进。科技开发持续创新，大力培育新产业优势技术，加大科技研发力度，垃圾焚烧发电技术、工业固（危）废处理技术、土壤修复技术、海水综合利用技术等，为拓展市场领域奠定基础和支撑。开展课题立项工作，新立课题有针对性地贴近分公司市场发展方向。

（周　鑫）

【建筑市政】　首钢国际工程建筑市政产业步入正轨。精心服务首钢三个园区。首钢北京园区：完成了北京冬奥会技术运行中心及附属通信枢纽方案和施工图，首钢沸雪世界杯赛事临时设施、滑雪大跳台场馆赛时前后院室内装修等涉奥项目施工图设计，组织实施一高炉超体空间、南区保税仓、电厂酒店景观、北区修理厂西路综合管廊等重点开发项目的设计工作。首秦园区：开展赛车谷导视系统标识、厂前区浴室及电教中心改快捷酒店项目、火车皮星空酒店项目、卡丁世界项目完善的方案设计。首钢曹妃甸园区：完成首钢京唐生活区 E-3、E-2

地块可研编制,推进优化设计、图纸报审等相关工作。全面推进市场开发,深耕首钢内部市场,099 地块、一高炉改造、首钢京唐曹妃甸生活基地等项目的方案工作完成出色,提升了公司在首内市场的影响力。精准切入外部市场,以前期规划为切入点,重点跟踪工业遗存改造、工业物流园区、城市更新类项目,签订九天微星卫星研发制造基地、鼎向滨海超算中心、磁县垃圾焚烧发电、昆钢修规、中科院张家口产业园等设计项目。

(周　鑫)

【支撑产业】　首钢国际工程支撑产业扎实推进。云翔装备稳步做实。不断提升招采平台的服务质量与效率,保质保量完成对外招标采购工作。开拓设备利旧服务业务,签订首秦中速磨设备利旧合同,实现该项业务合同额零的突破。加强重载智能运输技术和装备推介,创新运作模式,拓展营销渠道,签订东海云浮热轧运输线项目合同。造价咨询展现实力,做好营销报价、费用控制、项目结算等工作,拓展工程造价咨询市场,承揽首钢北京园区、首秦园区、首钢京唐、首钢特钢以及湘钢等多项咨询合同。海外业务蓄势待发,面对新冠疫情冲击、国外出访受限、行业投资锐减等不利因素影响,以"业务能力建设+项目营销跟进"为主线,加强项目信息收集、合作平台建设、技术引进交流和重点项目跟踪等工作。采取视频会议等方式与业主沟通交流,洽谈技术及商务问题,努力克服疫情对项目进展造成的不利影响,保证重点项目的持续跟进。

(周　鑫)

【科技创新】　首钢国际工程强化科技创新管理。加大科技开发投入,分两批完成科技开发课题立项 63 项,立公司级课题 15 项,立分公司级课题 30 项,业务建设类课题 18 项。加强成果转化工作,申请专利 112 项,授权 93 项,其中发明 4 项,实用新型 69 项,外观设计 20 项。获冶金建设行业优秀勘察设计成果奖一等奖 8 项、二等奖 6 项、三等奖 8 项。钢厂智能化多功能钢卷运输系统核心装备的研究与应用,经北京金属学会科技成果评价验收,评价结果为国际领先。经首钢集团科技成果评价验收 6 项,评价结果为国内领先 5 项、国内先进 1 项。公司获钢铁协会、冶金建设协会"十三五"创新工程奖。申报科技减免,完成企业研发费用加计扣除备案工作,申报项目 64 项,研发费用 5804 万元,实现减免税额 650.46 万元。通过国家高新技术企业、北京设计创新

中心的重新认证。

(周　鑫)

【质量管理】　首钢国际工程强化质量信息化管理。强化产品高质量,开展日常随机对图面质量、施工图成品质量、设计过程符合性等进行抽查,在公司内网发布质量简报,督促各分公司分别开展内部设计质量自查。组织开展"质量月"活动,组织评选"年度质量标兵"并进行表彰,构建以持续改进为核心的质量文化,不断营造浓厚的质量文化氛围。推进公司内部管理信息化建设,组织完成包括合同管理、员工绩效、经营管理人员绩效、公文管理、企业门户、员工招聘、图纸归档签署等 15 项自研及外委信息化项目,启动并组织推进的信息化项目 2 项,完成已上线管理信息化系统优化升级 81 项。推进 BIM 技术应用,建立工业、民用正向 BIM 设计的软件体系及业务实施架构,编制 BIM 业务流程及配套制度,开展 BIM 软件的多轮标准化培训。开展各类不同深度 BIM 项目实践 11 个,为 BIM 设计在公司内全面推广打下基础。公司新食堂采用全 BIM 设计,初见成果。

(周　鑫)

【资金管理】　首钢国际工程强化财务资金管理。加强现金流的监控、分析,坚持每月召开经理办公会研究资金收付,做好资金总体平衡和收支管控,确保资金流良性运转。持续推进项目经理负责制,强化在施项目资金回收,严控新增债权。公司主要领导每月召开专题会推进项目结算、项目关闭和资金回收,处理回款慢、回款难和涉及诉讼的项目。完善内部审计体系,制定内部审计制度、工作手册,加强审计监督。开展党费、工会经费、业务招待费使用情况专项检查,组织对公司 65 个项目开展审查或审计,对发现的问题督促整改。

(周　鑫)

【运营管理】　首钢国际工程强化生产运营管理。召开党委会 37 次,审议和决策议题 161 项。召开经理办公会 29 次,审议和决策议题 83 项。制定、修订运营、项目、市场营销、法务、人力资源、质量、投资、财务管理等各方面制度 40 余项,为强化运营管理提供有力保障。加强设计组织,各项在手和新签合同设计超前安排,重点项目提前启动,施工图设计作业计划按月下达,确保计划兑现率。开展优化设计、限额设计,严格把控总包项目项量。采取现代网络、通讯手段提高招采工作效率,密切跟踪供应商复工情况和货物制造进度,加大设

备及大宗材料监制、催交工作范围和深度。招采工作与项目实施紧密联系,时刻关注主材市场动态,试行大宗材料自采,降低采购成本。优化施工组织方案,根据项目特性和具体情况,采取适当的赶工措施,提高现场作业效率,合理压缩工期,加快施工进度,严控计划外成本支出,将疫情的不利影响降到最低。推进实施总承包项目40余项,对项目进度、质量、安全环保等全面把控。

（周　鑫）

【债权法务】　首钢国际工程强化债权法务管理。系统梳理债权债务库,明确回收目标,逐级分解落实,层层压实责任。历史遗留项目结算51个,回收资金16101.35万元。合理控制债务处理节奏与方法,债权债务管理工作走上正轨。加强法务体系建设,完善法务工作制度,推进法务工作信息化。评审各类合同、协议1711份,维护公司的经济利益。收到律师函29份,发出律师函5份,避免一定的被诉案件,向债务人主张债权,保护公司诉讼时效。推进案件办理,法律纠纷案件35件,结案18件,结案率50%,胜诉4件,和解5件,胜诉率100%,避免或挽回损失393.35万元。

（周　鑫）

【安全环保】　首钢国际工程强化安全环保管理。完善安环管理体系,设立安全环保室,引进注册安全工程师1人,调整安委会组织机构。制定下发《安环管理办法》《总承包项目现场安环检查对照表》等文件,提高安环规范化、标准化管理能力。加强安环教育培训,开展事故案例剖析和警示教育,增强职工安全环保管理意识和能力。强化安环风险因素识别,组织开展危险源辨识共计268项,污染源辨识158项。加强现场项目部对施工单位的日常管理,加大本部对现场"飞行检查"力度,考核施工单位安环问题74项。各级领导深入一线检查安环工作,公司党政主要领导每月组织安环月度例会,集中开展警示教育、解决突出矛盾、总结和部署阶段性工作。

（周　鑫）

【人才队伍】　首钢国际工程加强人才队伍建设。公司本部招聘60人,其中应届生38人,社会招聘22人。举办培训班513个,参与9565人次,培训9万学时。组织开展员工绩效考核评价,落实人才分层分类管理,晋岗升薪232人,占参与考评的合同制员工31.02%。其中,晋升高级设计师及以上层级47人,晋升设计师层级11人,同层级升薪174人。项目制劳动合同员工转固定制劳动合同员工13人。开展减员增效,推进2019年绩效考评末位人员处理。年底前办理离岗手续11人,降岗7人,降薪31人。组织开展突出贡献奖评选活动,获得突出贡献个人奖14人、突出贡献团队奖5个。

（周　鑫）

【企业文化】　首钢国际工程加强企业文化建设。开展职工思想状况调研工作,通过座谈会等形式,形成调研分析报告。组织开展"感动首钢国际"年度人物评选、突出贡献评选和公司2020年春节联欢会,坚定全体员工深化改革的信心和决心。围绕经营生产、疫情防控、复工复产、技术创新等开展宣传,组织发布内网新闻900余篇、微信新闻150余篇、更新大屏幕200余条、外网新闻40余篇。加强品牌宣传,拍摄《2020年公司宣传片》《新首钢园区三维动画》《首钢京唐高强度热基镀锌生产线品牌工程》《首钢京唐球团料场改造封闭工程（全球最大跨度钢结构料场封闭）》等,制作各专业专题宣传册。坚持以人为本办实事,组织开展职工体检,推进新食堂建设,租赁停车场、建设电动车充电桩,组织开展"春节""五一""国庆"职工慰问活动等,增强了企业凝聚力。

（周　鑫）

北京首钢建设集团有限公司

【首钢建设领导名录】
　董事长:杨　波

副董事长:朱从军
董　　事:武阔君　徐　磊　任立东　梁　舰

张成群(3月任职) 徐镜新(3月离任)

监事会主席:李岩岩(3月任职)

张文忠(3月离任)

监 事:尚忠民 王东坡 康京山 赵桂艳

党委书记:杨 波

党委副书记:武阔君

纪委书记:武长群

总经理:武阔君

副总经理:徐 磊 金福民

总经济师:任立东

总经理助理:刘海峰

总工程师:谢木才

(吕英瑞)

【综述】 北京首钢建设集团有限公司(简称"首钢建设")成立于1956年,是首钢集团有限公司所属子公司,也是唯一的大型综合性建筑施工企业,1998年成立有限责任公司,2008年初改制成为国有控股企业,注册资本金4亿元。下设15个专业分公司、9个子公司、16个直属单位和4个控、参股公司,拥有各类工程技术、经营管理和项目管理人员3600余人。首钢建设是首批中国工程建设企业社会信用评价"AAA"企业,连续11年获得全国优秀施工企业和北京建设行业诚信企业,冶金行业全国优秀施工企业,中国工程建设诚信典型企业,国家装配式住宅产业基地,北京市级技术中心和市级专利试点企业。首钢建设拥有60余年丰富的工程施工经验,具有冶金工程施工总承包特级;建筑工程、市政公用工程、机电工程施工总承包壹级、钢结构工程、建筑装饰装修工程专业承包壹级;输变电工程、起重设备安装工程、环保工程专业承包贰级资质;公路工程和矿山工程施工总承包叁级资质;冶金行业、建筑装饰工程设计专项甲级设计资质;特种设备安装改造维修许可(锅炉、压力管道、压力容器、起重机械)等资质。首钢建设坚持创新创优发展,近年来获得国家级科学技术奖1项,获得省部级科学技术奖35项;拥有国家级工法6项,部级工法36项,企业级工法139项;有效专利232项,其中发明专利38项;主编国家标准2项,参编国家和行业标准19项;获得鲁班奖和其他国家级工程质量奖7项,省部级工程质量奖142项。首钢建设以京津冀协同发展、国家"一带一路"发展战略为契机,按照首钢集团有限公司打造城市综合服务商的总体要求,在经营理念上

改革创新,以建筑业、建筑/设备维检综合服务业、新兴产业和国际工程为主要业务,多种业务并行的综合性建筑企业公司。

(吕英瑞)

【主要指标】 2020年,首钢建设完成收入79亿元,为年度计划的105%,同比增长13.3%;实现利润1.3亿元,完成年度计划100.5%,同比增长5.9%;新签合同额100.3亿元,完成年度计划的118%。实现市场签约连续两年突破百亿。

(吕英瑞)

【科技创新】 首钢建设参与国家重点研发计划"竞技型人工剖面赛道精细建造技术研究"课题、"赛道转换、共享及设施全季利用技术研究"课题,"赛道环境营造及观赛保障技术研究"课题、"赛道可持续性建造技术研究"课题,获得政府支持资金75万元。获得省部级科学技术奖5项、首钢级科学技术奖2项、获得冶金行业部级工法8项、受理专利120项,获得授权专利81项。新参编行业团体标准19项。在《施工技术》《建筑技术》等国家核心期刊发表论文10篇,在《建筑细部》《建筑工程技术与设计》等学术期刊发表论文19篇。获得国家级工程奖2项,省部级优质工程奖13项,地市级优质工程奖1项。获得国家级QC小组活动成果奖3项。首钢滑雪大跳台项目BIM应用获北京市建筑业联合会2020年度北京市工程建设BIM应用II类成果、第二届冶金建设行业BIM应用技能大赛一等奖、工业和信息化部人才交流中心第三届"优路杯"全国BIM技术大赛一等奖。

(李建辉)

【市场开发】 首钢建设开发签约百亿目标再次实现(完成签约100.26亿元)。"三大"项目陆续落地,签约亿元以上大项目67.67亿元,占比67.5%。品牌客户同比增长,签约35.71亿元,同比增长11.67%,完成年计划25亿元签约目标的142.84%。签约项目实现聚焦,签约项目主要集中在京津冀、山东、内蒙古和四川六地,签约金额93.2亿元,占总签约量93%。项目中标率保持平稳,参加工程投标299项163亿元。其中,中标工程137项60.87亿元,中标率37.3%。装配式建筑签约25.38亿元,其中首钢内部签约16.32亿元,外部签约9.06亿元。外部市场签约占外部民用合同总额41.71%。检修市场稳步推进,检修备件及加工签约

5.46亿元,完成年计划目标4亿元的136.5%,实现了检修市场可持续发展。

(丁利霞)

【工程管理】 首钢建设各单位在国内国外2个市场、15个省市、32个地区、122个在手项目上开展工程建设,支撑年度经营发展任务的完成。开工面积238.5万平方米,年度竣工面积158万平方米。新开工程56项,竣工项目34项。合同额亿元以上的项目43个,占在施项目的48.8%。首钢园冬奥大跳台区域进入内外装饰阶段,铁狮门六个地块23个单体主体结构全部完成,金安桥一体化工程二次结构全部完成,脱硫车间改造、三高炉啤酒坊全部投入使用。首钢京唐四大料场(矿料场、球团料场、煤料场、钢渣料场)封闭工程总建筑面积43.9万平方米,总钢结构制安量4.65万吨,通过强化施工组织、深化设计、精选施工队伍,工程进度满足要求,10月底首钢京唐环保项目全面竣工并投入使用。首钢京唐1号高炉大修及全系列年修,克服新冠疫情带来的不利影响,历时68天,比原计划提前3天零5小时完成各项检修任务。首钢股份迁钢3号高炉中修工程历时42天,提前38小时顺利送风,彰显了首钢建设检修服务业的综合保障能力。首钢建设一公司的天津祥瑞佳园项目获得省市级安全文明工地,唐山分公司的京科园项目获得省级安全文明工地,贵州分公司的贵钢棚户区改造10—3号地项目获得省级安全文明工地。

(王怀庆)

【企业管理】 首钢建设管控能力不断增强,运营质量持续提升。颁布实施《企业管理标准与风控手册》,植入信息系统进行流程"固化",将风控体系、制度体系、权力清单与信息系统建设有机整合,形成具有特色的"企标—风控"体系。建立健全新会计准则衔接核算体系,提高资金回收方案准确性和可执行性,资金回收82亿元。开展纳税筹划,降低企业所得税1440万元。加强信息化建设,项目管理经济类业务全部上线,业财一体化稳步推进,实现对下合同、结算业务在线审批、在线签章。实现管控信息化落地,完成信息系统24个界面116项业务功能配置,项目经济模块上线项目2917项。完善项目承包机制,从以结果为主向强化过程管控转变,完成项目承包管理子模块研发,上线责任书703项。项目结算质量逐步提高,实现施工图预算编制三级动态管控,规范完工项目结算管理,通过强化结算策划、包案

到人、定期讲评、重点项目督办等措施持续推进"抓结算、降存货"活动。集中采购效率不断提升,价格体系覆盖范围从上年的6大类增加至12大类29个品类,专业分包指导价格从上年的10类增加至18类,建立信息系统编码体系,正式推广实施民用住宅项目劳务分包报价模板。创新工作方法,实现采购成本降低率4%。按照风险隔离,管理可控的原则,搭建劳务集中管控平台。强化隐患排查,排查治理隐患1865项。强化分包班组军事化建设,组织制定班组军事化管理手册制定和班前会标准视频。强化本质化安全管理建设,9个本质化安全项目顺利通过达标验收,被评为"本质化安全试点先进单位"。严格落实环境污染防治责任,建立环保"三级管控体系",所属21个二级单位及156个施工项目100%建立环保机构体系。

(吕英瑞)

【管理成果】 首钢建设加强工程施工质量管理,注重管理创新,重点工程施工取得一定成果。系统谋划"十四五",落实首钢集团深化改革、聚集高质量发展的总体要求,完成"十四五"规划编制。加强工程施工质量管理,施工质量稳步提升,获各类省部级以上优质工程奖共计16项。其中,首钢老工业区改造西十冬奥广场项目荣获国家优质工程奖,首钢老工业区冬训中心冰球馆项目获得北京市建筑长城杯金质奖;国家体育总局冬季训练中心及配套设施项目1607—746地块首钢冰球馆、训练中心配套1号楼、2号楼项目,获得建筑装饰行业优质工程的最高荣誉——中国建筑工程装饰奖。实施工程管理创新,获北京市创新成果二等奖1项,首钢集团管理创新成果一等奖1项、三等奖1项。

(吕英瑞)

【人才建设】 首钢建设紧密围绕转型发展,提供人力资源保障。加速人才引进,缓解事业与能力矛盾。引进各类实用型人才98人,招收应届高等院校毕业生139人,招收属地化员工136人,为满足重点工程项目提供有效的人力资源保障。组织开展各项培训240期,参加人员5480余人次,不断提高各类人员管理水平和操作能力。与西安建筑科技大学、西安华清学院联合办学,逐级推荐选拔专业技术管理骨干38人进行为期四周的项目经理脱产培训,为培养高素质后备项目经理人才队伍奠定了基础。赛练结合,提升技能人才操作水平。组织技能培训与练兵3000余人次,分别在首钢股份迁钢、

首钢京唐、首钢北京园区三个分会场举办焊工、低压电工、起重工、热修瓦工、钳工5大工种的初赛、复赛，有效地支撑服务钢铁主业、做强维检专业、做精服务板块的发展需求。新增备案注册建造师67人、注册造价师7人、注册安全工程师9人，中级及以上职称人员62人，人才结构进一步优化。

（张学平）

【党组织建设】 首钢建设认真落实首钢"两会"和首钢股权投资干部大会部署，团结带领广大干部职工积极克服新冠肺炎疫情影响，勇于担当、主动作为，全面打好"十三五"收官之战。首钢建设党委把习近平总书记最新重要讲话精神作为每月党委理论中心组集中学习的重点内容，提高了学习的积极性和主动性。始终围绕生产经营，紧扣企业发展主题，勇于探索，不断创新，采取一系列有力举措加强党的自身建设。认真落实党建工作责任制，切实履行主体责任，推行全面从严治党主体责任清单制管理。进一步完善考核体系，强化日常监督，确保党建工作有方向、有措施、有考核、有成效。充分发挥基层党组织的战斗堡垒作用和党员的先锋模范作用，为企业的改革发展提供了坚强的组织保障和强大的精神动力。筑牢意识形态，加强网络媒体的日常监管，收集网络舆情信息，强化正面宣传引导，加强宣传阵地建设，开展典型宣传、专题宣传。完成了组织机构调整和党组织换届工作，严密组织体系；开展网上党建工作培训，增强履职能力；完成了滞留党员清理工作，向北京、迁安等地区党组织转出党员组织关系184人，实现了党组织关系"零滞留"目标。

（康京山）

【党风廉政建设】 首钢建设党委修订《首建党建及党风廉政建设考核评价办法》，推进巡察问题整改，将抓好巡察问题整改作为重要政治任务，研究制定《落实巡察反馈意见整改方案》，查原因、堵漏洞，逐步形成用制度管理、按制度办事、靠制度管人的长效工作机制。强化监督问责力度，深入开展警示教育、党风廉政宣传教育，推进以案促教、以案促改、以案促建，持续正风肃纪，有效发挥了纪委监督主体作用。强化干部监督管理，制定和完善领导人员履职待遇和业务支出管理制度，严格落实个人有关事项报告及抽查核实制度规定。

（康京山）

【干部队伍建设】 首钢建设以人为本抓落实，队伍建设见成效。规范干部选拔任用程序，合理配备基层领导班子。认真执行首钢《领导干部选拔任用管理办法》《领导人员选拔任用操作指南》，促进干部管理工作进一步规范。严格干部考核评价，促进各级班子履职尽责，坚持对领导人员"德、能、勤、绩、廉"五个方面的具体表现进行素质测评和考核评价。聚焦能力培训，组织直管领导人员参加领导力培训班114人，对L9及以上职级领导人员开展28学时的线上培训878人。加强后备干部培养，针对年轻干部素质参差不齐、复合型人才偏少的实际，实行年轻干部挂职锻炼制度，举办青年干部培训班、线上培训班、领导力赋能培训等，为青年干部提供学习成长的机会。选拔优秀中青年干部3人参加首钢集团中青年干部培训班、推荐优秀青年骨干3人参加首钢股权投资组织的为期一年的挂职锻炼。落实"党管人才"原则，大力推进"四支人才队伍"建设，采取到高等院校现场招聘、利用网络平台招聘等形式，引进紧缺人才。

（康京山）

【疫情防控】 首钢建设全力做好疫情防控，确保职工的生命安全。各级党组织和广大干部职工把做好疫情防控工作作为最重要最紧迫的政治任务，切实增强打赢疫情防控阻击战的责任意识，在打好防疫阻击战上当先锋、做表率。第一时间成立疫情防控工作领导小组，制定防控工作方案，多次召开专题会议，研究部署疫情防控工作。充分利用局域网、微信工作群视频会议等方式实时报告防控信息，普及防控知识，下发防控指南。各单位严肃落实防控工作要求，设立隔离场所，实施隔离措施；加强各类人群的摸排。对施工现场、职工宿舍、食堂、办公基地开展监督检查。千方百计组织好复工复产，在保证做好疫情防控的同时，保证重点工程建设的顺利开展。

（康京山）

【群团工作】 首钢建设群团组织实施"为党分忧为民谋利，群团工作温暖聚人心"工程。开展"心系职工，携手同行"系列活动。开展送温暖、送凉爽、献爱心活动，围绕重点工程建设开展创新工作室、劳动竞赛、技术比赛等活动。疫情期间，为职工采购防护用品，响应国家号召，采购贫困地区的农副产品。组织职工及家属暑期疗休养。开展共青团"达标创优"表彰评比暨青年宣讲交流活动，线上有奖知识竞赛和首钢建设第八届职工文化体育节暨职工摄影大赛等文化体育活动,丰富了职工业余生活。

(康京山)

【2020年首钢建设大事记】

1月2日,首钢建设所属二冶建承建的首钢股份迁钢转炉渣处理工艺升级工程圆满完成。

1月3日,首钢建设唐山分公司承建的京科园住宅工程荣获"国家AAA级安全文明工地"称号。

1月20日,首钢建设第三届职工代表大会第三次会议召开。

3月2日,首钢建设所属二冶建防疫情、保发展、敢担当提前3小时完成首钢股份迁钢24小时检修任务。

3月16日,首钢建设国际公司哈萨克斯坦项目部召开春季复工动员会。

3月24日,首钢建设所属贵州分公司打响贵阳棚改项目交工攻坚战。

4月1日,首钢集团党委巡察首钢建设党委动员会召开。

4月3日,首钢建设所属二冶建承建首钢股份迁钢2号颗粒镁脱硫改3号脱硫项目热试成功。

4月9日,疫情期间首钢建设所属国际公司向斯里兰卡驻中国大使馆捐赠84消毒液544箱(11.864吨)。

4月10日,首钢建设所属一公司承建首特园区项目获2019年度北京市绿色安全样板工地。

4月21日,河南省光山县委书记刘勇一行莅临首钢建设所属贵州分公司新发地光山农副产品批发市场项目指导工作。

5月12日,首钢建设所属一冶建全面取得"首钢京唐1号高炉大修及系列年修"攻坚战的胜利。

5月18日,首钢京唐党委书记邱银富一行到首钢建设负责施工承建的渤海家园住宅二期工程现场检查调研。

5月27日,首钢建设党委书记、董事长杨波出席集团与迁安星远地产战略合作签约仪式。

6月4日,首钢建设所属一冶建十八辊轧机乳化间成套设备供货及安装调试EPC项目取得新成果。

6月18日,首钢建设所属一公司迁安市睿德佳苑项目被授予"唐山新市民俱乐部"称号。

6月22日,首钢建设所属一冶建取得2020年首钢建设"王者荣耀"电竞比赛冠军。

7月1日,首钢建设召开庆祝中国共产党成立99周年暨表彰先进大会。

7月2日,首钢建设所属二公司施工的滑雪大跳台电厂酒店工程B楼主体结构封顶。

7月6日,首钢集团领导胡雄光莅临首钢建设调研。

7月17日,首钢建设二公司负责施工承建的首钢二通厂南区棚改定向安置房项目配套小学项目举行开工仪式。

7月20日,首钢建设所属一冶建负责施工承建的湖北安陆市蒿桥安置区一期等项目先于进度计划要求接续封顶。

8月3日,由首钢建设承建的首钢京唐供料作业部球团料场改造封闭工程245米跨钢结构管桁架27轴线第六榀滑移顺利完成。

8月4日,首钢建设重点参与施工的首钢京唐二期一步工程获"'十三五'钢铁工业创新工程奖"。

8月7日,首钢建设举办"领导人员领导力赋能培训"。

8月10日,首钢建设青年在首钢职工电子竞技大赛中再夺佳绩。

8月17日,首钢建设所属一公司首钢北京园区项目氮气车间办公楼A栋较计划提前3天顺利封顶。首钢建设所属一公司承建的首钢医院新建门急诊大楼项目主楼第一根钢柱安装成功,提前完成裙楼封顶工程节点。

8月19日,首钢建设工会组织开展2020年职工疗休养工作。

8月21日,首钢建设贵州分公司贵阳贵钢棚户区改造4号地块——小学项目圆满竣工验收。

8月28日,首钢建设所属二冶建获首钢股份迁钢2020年系列检修"优秀协作单位"称号。首钢集团副总经理王世忠一行莅临首钢建设所属搅拌站分公司负责施工承建的迁安装配式视察加气板材生产线运行情况。

9月1日,首钢建设钢构分公司承建首钢京唐供料作业部煤料场封闭改造工程钢结构主体结构提前顺利竣工。参加第十届钢结构行业发展峰会。

9月10日,首钢建设山东分公司承揽的联东U谷·福山生态科技谷一号地二期项目举行开工典礼。

9月11日,首钢建设所属一公司负责施工承建的天津祥瑞嘉园项目1号楼顺利封顶。

9月17日，首钢建设2020年新招员工拓展训练结束。

9月22日，首钢建设机运分公司首次安全、高效完成河南七顶山3兆瓦风机风电场工程。首钢建设项目管理标准化培训工作结束。

9月24日，首钢建设钢构分公司负责施工承建的天安门主题花坛钢结构工程全面竣工。

9月25日，首钢建设所属二冶建扎实落实迁安市政府各类帮扶行动。

9月29日，首钢建设与石景山区公安分局、住建委、社保局、首钢相关领导联动维护劳动者权益，群力群策助力首钢北京园区"双节"维稳工作。

10月13日，首钢建设被首钢集团评为本质化安全试点先进单位。

10月19日，首钢建设所属一公司负责施工承建的河北省沧州碧桂园项目封顶。

10月23日，首钢建设负责施工承建的首钢京唐1号镀锌线改造工程热负荷试车成功。

10月29日，首钢建设承建的首钢京唐十八辊单机架生产线工程热负荷试车成功。

11月4日，首钢建设所属二冶建承建的首钢矿业新建360平方米烧结机项目提前8小时完成横跨铁路长28米，直径5米，总质量70吨烟道安装的工程节点，保证铁路系统提前通车。

11月9日，首钢建设钢构分公司承建的义乌市综合保税区一阶段（物流仓储一期）工程二标段D7、D8仓储主体钢结构提前封顶。

11月19日，首钢建设负责施工承建的首钢园冰球馆项目被评为2019—2020年度建筑长城杯金质奖工程。首钢建设所属钢构分公司海港钢构被唐山海港经济开发区安全生产委员会评为安全生产目标管理优秀单位。

11月24日，首钢建设贵州分公司承建的光山新发地工程获河南省信阳市安全文明标准化示范工地称号。

11月27日，首钢建设所属一公司首钢园区项目部与建设单位、监理单位、设计单位、勘察单位对滑雪大跳台附属项目主体结构验收成功。

12月3日，首钢建设2020年项目经理培训班开班式在西安举行。

12月7日，首钢建设负责承建的首钢老工业区改造西十冬奥广场项目获国家优质工程奖。北京市副市长靳伟一行莅临首钢建设所属一公司首钢特钢项目现场考察时对施工组织表示肯定。

12月9日，首钢建设山东分公司负责施工承建的联东U谷·福山生态科技园项目11号楼顺利封顶。

12月10日，首钢建设获"2020年度工程建设诚信典型企业、企业信用评价AAA级信用企业、2020年度工程建设行业诚信建设十佳案例"荣誉。

12月17日，首钢建设获中国施工企业管理协会2020年工程建设科技进步奖一等奖1项、二等奖2项。

12月22日，首钢建设所属一公司负责施工承建的万科翡翠山晓053地块项目首栋1号楼主体结构封顶。

12月23日，首钢建设负责施工承建的首钢京唐3号解冻库工程正式投产。首钢建设直管领导人员领导力培训活动结束。

12月29日，首钢建设国际工程分公司承接的首钢园脱硫车间西楼室内装修项目竣工验收并实现一次性验收合格。

12月31日，首钢建设所属二冶建承担的首钢股份迁钢炼钢部渣处理新建制砖产线项目按期试联锁重试成功。首钢建设人才社区劳务生活基地正式投入运营。

（韩　静）

北京首钢自动化信息技术有限公司

【首自信公司领导名录】

董事长：张宗先

副董事长：李春东（兼）

董　　事：佘国平　胡丕俊　李　腾

张成群(兼)　尚忠民(兼)

党委书记:张宗先

党委副书记:佘国平(兼)

总经理:佘国平

副总经理:胡丕俊　李　腾　李振兴　许　剑

总经理助理:刘　涛　李　杰　王鹏南

(刘勃茹)

【综述】　北京首钢自动化信息技术有限公司(简称"首自信公司")是首钢集团旗下的自动化信息化专业性公司,是集信息化规划实施、自动化系统设计、软件开发、系统集成、技术服务于一体的高新技术企业,在册员工3000余人。首自信公司实行集中领导下的专业事业部制,设有智能工业事业本部、智慧城市事业本部、信息化事业本部、工程事业部、数据科学研究所5个板块;设有深圳分公司、贵州分公司2家企业;公司机关设党群部、办公室、企划部、人力资源部、财务管理部、经营项目部、安全运行部、采购管理部、总工程师办公室、保密办公室、审计室、法务室、政企联络部13个专业管理部室;公司投资设立秦皇岛首信自动化系统工程有限公司、迁安首信自动化信息技术有限公司、唐山首信自动化信息技术有限公司、北京首冶仪器仪表有限公司4个全资子公司;对外投资控股北京中关村华夏科技有限公司、北京华夏首科科技有限公司、天津首钢电气设备有限公司3家企业;对外投资参股北京首泰众鑫科技有限公司1家企业。首自信公司凭借40余年技术经验积累,培养造就一支专业配套齐全、熟悉工艺、经验丰富的专业化队伍,在自动化控制、数学模型、MES、ERP、集团管控信息化等领域具有强劲实力,拥有国家重点实验室和400余项专利技术、软件著作权及注册软件产品,具备承担大型企业自动化信息化"交钥匙"工程的整体实力。"十三五"以来,首自信公司结合新业态、新形势,努力向"工业智能化和智慧城市"两大领域转型发展。在工业智能化领域重点发展"智能装备""智能工厂""智能物流""智慧服务"等产业;在智慧城市领域重点发展"智慧园区""智能建筑""静态交通"等产业。承揽北京副中心、北京冬奥园区、首钢股份迁钢冷轧智能工厂等一批有行业影响力的重点项目实施与运用,在工业机器人、无人天车和智慧城市顶层设计、智慧交通、智能家居及云计算中心建设等领域积累众多优秀业绩,形成智能工厂、装备、物流和智慧服务的核心能力,为城市、园区、

社区提供全面的智慧解决方案以及先进的技术应用服务。

(杨　莹)

【主要经济指标】　2020年,首自信公司销售收入计划15000万元,实际完成156108万元,完成计划的104.07%;利润计划8500万元,实际完成8520.7万元,完成计划的100.24%。

(庄　伟)

【疫情防控】　面对新型肺炎疫情,首自信公司坚决贯彻落实习近平总书记关于疫情防控的重要指示精神,深入贯彻落实党中央、国务院和北京市委、市政府和市国资委,以及首钢集团、股权公司部署要求,把职工的生命安全和身体健康放在首位,把抓好疫情防控作为首要的政治任务,立足实际,精准发力,疫情防控取得了良好的效果,实现了疫情稳控、职工稳定和事业发展的良好局面。

(安思羽)

【科技创新】　首自信公司贯彻科技创新"十三五"规划指导思想,持续深化改革,围绕智能工业和智慧城市两大产业加强科技投入及管理,有效结合市场和公司发展需求,探索具有潜质和竞争力的产品化之路,充分发挥拳头产品和优秀解决方案的优势,助力企业外部市场开拓和市场竞争力提升,以科技带动产品,促进成果转化,为企业转型增加动力。

(左永红)

【科研成果】　首自信公司5项科技成果通过首钢集团科技成果验收评价,10项科技成果获首钢科学技术奖。研发的"首钢股份一冷轧磨辊间智能化系统研究与应用"获首钢科学技术二等奖、冶金科学技术三等奖。"首钢水钢二棒线自动焊牌机器人研发与应用""财务共享系统的研究及应用"获首钢科学技术三等奖。合作研发的"硅钢一冷轧智能工厂构建与应用""绿色装配式框架抗侧力高层钢结构住宅产业化设计与建造综合技术"获首钢科学技术一等奖,"智能公交立体车库研发设计与应用""首钢炼焦信息技术服务平台的建立与应用"获首钢科学技术二等奖,"首钢京唐3500毫米中板迁建产线工艺升级及产品突破""首钢股份汽车板铸坯火焰机清'镜面'技术研究与开发""首钢汽车板使用性能数据库开发与应用"获首钢科学技术三等奖。"超高效变频压缩机用铁心材料的研发及产业化"获河

北省科学技术进步奖二等奖。倒班助手 APP 获得北京市互联网+工业应用项目示范企业奖。"基于 5G 的智慧场馆大脑"获得中关村 5G 创新应用大赛"最佳科技成果奖"。

（左永红）

【成果转化】 首自信公司经过充分调研和论证,确定投资管理解决方案、资产管理解决方案、实验室管理系统、首安云云平台、主数据管理解决方案、加热炉控制系统方案、RH 二级控制系统、KR 脱硫二级控制系统、烧结智能控制系统、转炉自动化炼钢控制系统、拆捆带机器人、焊标牌机器人、智能磨辊间和交直流充电桩等 15 款产品,作为拳头产品及优秀解决方案重点扶持并走向市场。首安云产品及解决方案完成 39 家客户系统应用,自动取样贴标机器人在首钢股份迁钢、首钢京唐等多条产线推广,智能烧结系统实现行业推广应用 6 套,国内市场占有率排名第一。园区智慧文旅"AI 尚首钢园",注册用户 28 万人,开展运营活动 58 场次。

（左永红）

【钢铁业智能控制科研开发】 首自信公司重点开展"烧结燃烧及热状态智能监控分析系统""脱硫扒渣辅助一体机的研究与开发""复合板深加工信息化系统的研发与应用""机器人自动取样与识别技术""冷热轧钢卷边部检测一体机的研究与开发""3500 毫米中厚板稳定轧制及薄规格板形控制优化"等项目的研发。其中,"冷热轧钢卷边部检测一体机的研究与开发"项目利用图像语义分割和深度学习技术实现钢卷边部缺陷检测像素级精度,形成一套具有完全自主知识产权的钢卷边部缺陷检测方法,成功在首钢京唐热轧 2250 毫米产线上线运行。"烧结燃烧及热状态智能监控分析系统"借助机器视觉和智能算法,形成信息技术与生产线相融合的技术产品,实现烧结生产的可视化、量化解析,提升了烧结生产智能化控制水平。

（左永红）

【新产业研发】 首自信公司继续加大新产业研发投入,重点开展"首钢园北区智慧文旅系统的开发和研究""冬训场馆机电设备监控系统的研究与应用""基于人脸识别的餐饮系统""基于 CPS 的场馆节能控制平台的研发"。"首钢园北区智慧文旅系统的开发和研究"为园区游客提供线上导览、园区预约、活动购票、在线求助等综合智慧服务,为园区运行管理提供基础数据和决策支撑,有效提高了园区综合服务保障能力。"基于 CPS 的场馆节能控制平台的研发"项目围绕低碳、绿色、智慧的场馆展开研究,通过物联网、CPS、智能化、三维可视化等技术的有机融合与深度协作,实现冬训中心场馆智慧化运营管理,大幅提升首钢园冬训中心场馆智能化和节能水平。

（左永红）

【知识产权】 首自信公司申请专利 96 项,其中发明专利 49 项,实用新型专利 13 项,外观设计专利 34 项;取得专利授权 45 项,其中发明 12 项,实用新型专利 11 项,外观设计专利 22 项,注册软件著作权 12 项。截至 2020 年底,首自信公司申请专利 376 项,取得专利授权 231 项,申请软件著作权 251 项,注册商标 18 项,企业知识产权保护布局日益成熟。运用各级政府对企业知识产权工作的优惠政策,取得北京市专利资助金,中关村创新能力建设专项资金等 641434 元。

（崔玉芳）

【论文及学术交流】 首自信公司充分利用石景山区知识产权局、北京软协等平台,组织各类人员参加研发技术沙龙、政策税收、知识产权阶梯培训等系列学术交流专场,组织参加 2020 年全国炼铁生产技术会暨炼铁学术年会、2020 全国第二十五届自动化应用技术学术交流会、第五届中国钢铁工业智能制造高峰论坛中国金属学会冶金设备分会、2020 年工作会暨"高端板带生产装备与无头轧制新技术研讨会"、第二届"烧结球团产线维修改造技术交流会暨烧结球团新工艺技术应用推广会"、2020 年高质量创新发展·全国板带钢行业会议等学术交流活动,参加 86 人次,扩大专业技术和管理人员视野,共享、更新知识体系,鼓励科技人员做好技术成果总结和提炼,提高学术水平,营造良好专业理论学术研究氛围,19 篇被《冶金自动化》正刊、增刊录用,1 篇被《轧钢》杂志等刊物录用,推荐参评北京金属学会"第十一届冶金年会"论文评选活动的论文中,有 19 篇优秀论文获奖,其中一等奖 2 篇,二等奖 9 篇,三等奖 8 篇。

（张 婧）

【产业联盟与政府支持】 首自信公司通过产业联盟、参与合作,进入优势企业行列。长期与"北京工业互联网技术创新与产业发展联盟""北京工业互联网联盟""中国金属学会智能制造标准化技术委员会""中国软件行业协会""北京软件和信息服务业协会""北京企业技术中心联盟"等保持合作。动态跟踪各级政府资金政策信息,高效组织和精准开展政府补贴项目申报工作。"基于CPS的场馆节能控制平台的研发"申报2020年度石景山区新技术、新产品研发应用场景项目,获得资金支持108万元。申报"新增企业技术改造和技术创新政策"资助金,获北京市专利资助金2.64万元。获中关村创新能力建设——专利部分1.2万元。组织完成15项科技项目研发费用加计扣除,取得退税额度488.3万元。完成北京市企业科技研究开发机构认定。

(张 婧)

【绩效考核】 首自信公司加大对各单位完成全年利润指标的考核力度,设立A、B、C三个考核基点,加大对C点(完成100%计划)奖励力度,有效激励各单位完成全年计划指标,实现财务数据与经营数据联动模型的有效数据控制。

(赵宗棠)

【退休人员社会化】 2月,首自信公司按照首钢集团要求启动退休人员社会化工作,制定退休社会化工作实施方案,建立周例会制度,定期研究,按期督导,解决工作推进过程中存在的问题。截至2020年底,首自信公司(含控股公司)共取函1426人,存量1407人。做到能转尽转社保关系,全部完成数字化档案制作,党员组织关系全部转移到社区,各项指标在集团专项工作中名列前茅。

(赵宗棠)

【职业技能竞赛】 7月—11月,首自信公司发挥职业技能竞赛在职工技能培训和高技能人才培养、选拔、激励等方面的突出作用,持续推进学习型技能人才队伍建设,组织955人参加"自动化维护工"比赛、"压力表检定"比赛、第三届唐山工匠职业技能竞赛、2020年全国行业职业技能竞赛—"海康微影杯"全国设备点检管理职业技能竞赛、首钢股份相关方职业技能竞赛。通过竞赛的选拔与赛前培训工作,参与员工提升了技能水平,拓展了知识面,加快了成长。

(赵宗棠)

【"十四五"规划编制】 首自信公司全面启动"十四五"规划编制工作,加强顶层设计,构建包含公司层战略、业务层战略及职能层战略三级战略体系。公司层战略规划《首自信公司"十四五"战略发展规划》,业务层战略发展规划《智能工业"十四五"战略发展规划》《智

慧城市"十四五"战略发展规划》《信息化"十四五"战略发展规划》等,职能层战略发展规划《科技创新发展规划》《人力资源发展规划》《企业文化发展规划》《市场营销发展规划》《企业资质发展规划》等。

(康艺凡)

【投资管理】 首自信公司完成固定资产投资项目6项,投资总额4948.06万元,其中首钢集团管控平台项目完成投资2418.44万元,完成投资11236.67万元;首钢云平台管理中心项目完成投资163.15万元,完成投资4092.39万元;首钢北京园区移动基站建设项目完成投资2.16万元,完成投资61.12万元;标准器购置及办公设施项目完成投资138.04万元;计划外项目在京唐地区购置房产完成投资2226.27万元;首钢集团网络安全运营中心项目暂未发生投资支出。

(苗 晶)

【企业退出管理】 根据《关于开展集团"十四五"发展规划重点课题研究的通知》(首发[2020]7号)要求,首钢股权投资下达《关于开展股权平台企业"十四五"规划产业聚焦工作的通知》,北京首新电子有限公司、天津贝思特电力电子有限公司、深圳首实科技有限公司列入企业退出计划。2019年3月,北京首新电子、天津贝思特股权退出工作正式启动,3月,两家企业分别取得北交所下发的《企业国有资产交易凭证》。3月,深圳首实股权退出工作正式启动,12月30日取得北交所下发的《企业国有资产交易凭证》。首自信公司按计划完成转让所持首新电子15%股权、天津贝思特19.43%股权、深圳首实17%股权。

(齐海荣)

【权力清单管理】 首自信公司修订权力清单,其结构及内容更加满足企业深化改革、转型发展,以及各板块业务延展的需要,发挥引领作用。修订后的权力清单包含36个职能领域,122个关键业务,254个关键事项,504个关键环节。根据深化改革要求,做实各板块职能,促进责权利相统一,下放"外委外协采购管理""售前项目管理""各类保证金付款""大包备件管理"等57个权力事项。

(田文娟)

【制度管理】 首自信公司制度制定17个,修订128个,废止141个。注重对"规章制度评估"管理,每季度,组织制度主责部门对制度的制(修)定、执行、废止情况进

行汇总,形成《现行规章制度目录》《废止规章制度目录》,并在公司内网发布。截至2020年末,首自信公司现行规章制度190个。

(田文娟)

【内部审计体制机制建设】 首自信公司深化内部审计体制机制改革,构建完成集中统一、全面覆盖、权威高效的审计监督体系。建立以决策机构、管理机构、执行机构和监督机构四级组织架构,加强组织保障;健全"1+N"制度体系,规范审计工作;创新监督机制,强化高效协同。通过有效履行各项审计职责,全面提升内部审计监督效能,提高整体管控能力,助力高质量发展。

(独长芹)

【强化审计结果运用】 首自信公司收集近期审计发现的典型性及代表性问题,结合实际,研究编写8类21个案例,形成《审计案例选编》。案例客观再现内部审计的开展过程,展示审计方法,剖析问题根源,明确法人治理、财务管理、经营活动和内部控制的合规性要求,以及日常管理中的风险隐患。通过对照检查,以案促改,提升公司风险管控能力,提高依法合规管理水平。

(独长芹)

【利用税收优惠政策】 首自信公司在原有企业所得税、增值税减免退的基础上,利用软件产品"即征即退"政策,拓宽税收减免退渠道,减免、退返税款1021万元,其中企业所得税减免673万元,增值税减免54万元,增值税即征即退3万元,向北京冬奥组委无偿提供服务减免增值税102万元;个税退手续费20万元,财政返还(科技创新)169万元。

(单惠敏)

【加强资金管控】 首自信公司为确保流动资金的安全,与首钢财务公司和银行沟通,努力拓展融资渠道,融资67356万元(流动资金贷款25315万元、开具商业承兑汇票17642万元、票据贴现24399万元)。满足付款需求,办理承兑汇票大拆小730张,金额6560万元。有效提高资金使用效率,节约利息支出253万元。为顺应深改需求,根据新的组织框架,重新梳理规范财务系统各专业业务流程,相继修订完善资金管理办法、发票管理办法、实体单位核算管理办法等14项专业制度。制度体系的健全和完善,为进一步强化专业管理和监督职能提供了有力保障。

(单惠敏)

【新《会计准则》宣贯】 首自信公司邀请会计师事务所完成账务处理方案评审,多次组织召开新《会计准则》宣贯会,组织专业部门完成新《收入准则》流程改造评审。

(单惠敏)

【研发机构认定】 首自信公司与石景山区科委建立沟通机制,及时获取有效讯息,牵头组织总工办和信息化事业本部完成"研发机构"政府补贴申报,获"研发机构"资格认定,成为石景山区仅有北京市企业科技研发开发机构7家单位之一。

(单惠敏)

【三降一减一提升】 首自信公司贯彻落实首钢集团开展"扭亏增盈提质增效暨降杠杆、降两金、降成本、减亏损专项行动"要求,成立领导小组和工作小组和专项行动办公室,提出"三降一减一提升"行动实施方案和分阶段目标,与首钢股权投资建立沟通机制,按月、季度定期汇报,组织"三降一减一提升"专项行动实施方案落实情况检查与考评,制定相关措施。

(单惠敏)

【智能制造】 首自信公司独立完成首钢水钢全流程智能制造、首钢贵钢产销一体化项目,并形成面向钢铁长材、特钢的全流程智能制造自主产品及解决方案。首钢水钢智能制造项目,采取现场+远程服务模式,实现制造管理和执行系统的整体上线切换,包括炼钢管理、轧钢管理、制造管理和实验室管理等系统,铁前管理、能源管理、设备管理上线部分已稳定运行。首钢贵钢产销信息化管理项目,完成整体上线切换工作,覆盖炼钢、轧钢、锻钢、钎钢等全部生产线,业务范围覆盖采购、销售、设备、能源、成本、制造等相关专业,实现产销一体的全面应用,完成整体验收。首钢股份智新电磁公司财务对接项目,完成智能工厂信息化系统,实现信息化系统整体对接集团财务一体化和产销一体化系统,项目整体已转入验收阶段。实施首钢股份智新电磁公司、首钢京唐高强钢新产线产销项目推广,完成柳钢防城港物流管理和实验室管理等外部市场项目实施。持续完善首安云产品及解决方案,完成37家客户项目交付。以首钢各基地智慧能环建设为契机,形成自主产权的钢铁能环产品及解决方案。完成首钢股份在线交易平台全面升级,实现与行业领先的5家工业品电商对接。

(吕明欣)

【智慧供应链及智慧安全】　首自信公司升级首钢股份电商平台,集成销售、采购、工业品等业务模块,结合中台技术研发一键式采购,可视化展示等核心功能,强化竞拍应用效果,客户注册 2283 家,交易品种 501 个,交易额突破 42 亿元,为集团钢铁板块降本增效、盘活库存、资产保值增值持续发力。智慧物流完成首钢股份火运发运能力提升优化项目、推广实施柳钢物流、好货云物流等项目,借鉴美的、中冠物流产业发展经验,编制首钢集团物流产业规划,智慧物流初步形成可为客户提供物流管理、园区物流管理、网络货运物流管理产品、业务咨询及解决方案能力,形成智慧供应链 6 大子产品系列。完善安全双控平台,实现隐患排查闭环治理、安全生产预测预警、安全风险分级管控、安全生产电子台账管理、重大危险源在线监控及预警、职业病防治与管理、应急管理 7 大核心模块。"首安云"以"标杆示范、引领拓展"的模式和多渠道市场推广策略,在钢铁、矿山、建材、危化等行业全面推广,客户 172 家,合同额超 1000 万元,被推荐为企业安全管理信息化标杆产品。

（吕明欣）

【数字政企】　首自信公司推进集团管控咨询规划及以 SAP ERP 为核心的项目实施,完成首钢、首旅、首开等规划项目和北京市政府移动办公平台等项目交付,依托集团科技创新管理系统、审计管理系统以及中首公司国际经营管理平合项目形成产品原型。集团审计项目,完成审计管理信息化平台搭建,实现审计管理模块、审计作业模块以及审计分析模块以及审计管理信息化项目业务蓝图评审,系统整体开发测试工作并切换上线。集团科技创新项目,通过信息化实现高效的科技创新管理与科技资源服务。完成现状调研、蓝图设计、概要设计、详细设计、数据清理等工作,项目一期主体功能研发完成上线试运行。中首公司经营管理项目,实现原燃料、钢铁、工程设备等商品的进出口贸易业财一体化集成,为用户提供合同管理、船期管理、信用证管理、关键节点提醒、决策分析等丰富的系统功能,解决用户在业务管理、流程审批、风险防范、文档查询等多方面的需要。格盟国际信息化项目完成上线,经行业技术专家的评审,顺利通过结项验收。

（吕明欣）

【云计算】　首自信公司聚焦云服务生态体系建设,形成覆盖信息安全、网络、容器、数据库等 30 余项主流 PaaS 服务能力,完成人才开发院、首钢实业等 9 家成员单位的 23 个信息化应用上云,中标北辰地产、科大讯飞等外部市场云服务项目,通过等保三级、可信云认证,标志着云平台资质与外部市场全面接轨。成立集团公司网络安全运营中心,推进网络安全态势感知平台部署、实施工作,协助集团对成员单位开展信息安全检查,推动安全集成、安全服务、企业上云等业务。完成风险评估、安全运维等信息安全服务资质认证,参与工信部工业互联网创新发展工程项目。云计算完成云管理平台、信息安全 PaaS 平台及数据库平台等云服务能力建设,通过国家等级保护三级测评、可信云认证。拓展人才开发院、首钢园服等 10 个单位的 27 个信息化应用上云。云平台承载 98 套应用系统、运行 1200 余台云服务器,已经成为支撑首钢集团数字化转型和多元信息化产业发展的核心基础设施。

（吕明欣）

【品牌建设】　首自信公司注重品牌建设,承担的中蒙永久性展览馆、首钢京唐 MCCR 及 3 号高炉、中冶新材料等施工项目已申报鲁班奖。在自动化施工外部市场,树立良好口碑,打响企业品牌,被中冶天工集团列为最佳分包商,获得优秀诚信分包商证书(证书号:ZCB-JD-005)。与中冶天工集团合作实施中蒙博览会永久性国际会展中心建设项目、首钢京唐二期含锌固废处置项目、曹妃甸矿石码头堆场升级机械及电气项目。

（时　杰）

【首钢园会议重要保障】　首自信公司负责首钢园冬奥组委办公区域的事业部职工克服困难,加班加点,保障各类终于会议、重大活动 777 场,时长 1930.5 小时。完成在北京冬奥组委首钢办公区召开的世界媒体大会,世界各地 400 多家媒体机构通过视频会议方式参会,为北京冬奥会筹办工作重要节点性会议,被冬奥组委技术部定为重保会议;完成西班牙世界转播商大会(WBM2020)视频会议重保工作;完成在北京冬奥组委 MOC(赛时指挥中心)召开的国际冬季单项体育联合会,保障 MOC 运行时长 85.5 小时,保障视频会议场次 17 场,会议总时长 27 小时,参会 300 余人次。经过会议保障团队的共同努力,IF 来访考察期间各项技术保障稳定可靠,视频会议音视频效果清晰良好,保障工作取得圆满成功。

（张红艳）

【重点技术改造工程】 首自信公司完成多次重大设备事故抢修。完成金安桥南主干光缆抢修恢复工作,该光缆故障影响面广,直接影响到首钢云平台运行、金顶街、西黄村、北七筒等地区的通信及网络的运行,职工克服露天高温施工、环境差的诸多困难,历时11个小时完成。NEC办公大楼通信系统改造工程。此项工程班组克服了因疫情防控进场施工人员受限、拆除工程量大、无照明、粉尘大、现场施工单位交叉作业、工期紧等不利因素,精心施工,布放网线3500米,校对电缆联络线600对,历时2个月完成NEC办公楼通信系统改造工程。首钢生物质公司东西渗沥液池技改项目,现场安装气体监测设备、视频设备、消防感温设备、铺设光缆、池内安装各类仪表。施工作业空间小,正值夏季,天气闷热,渗沥液池与垃圾池内阴暗潮湿、臭味难忍,给施工带来了不小的难度,生物质维护班人员在困难面前没有退缩,在保证安全的情况下,加班加点,历时24天完成了此次技改项目。

(张红艳)

【重点实验室工作】 首自信公司标准计量站完成《中关村开放实验室》CNAS复评审。由于疫情原因,CNAS评审组不能到现场评审,需要在网上进行,标准站计量实验室按要求将文件性资料100余份全部补充完善后扫描通过平台提交;录制实验室介绍视频,详细介绍实验室整体情况,同时进行8个校准项目的现场操作试验的视频录制。5月份,远程评审末次会如期举行,CNAS评审组专家肯定了实验室各项工作的有效性,宣读了这次评审报告,认定实验室申请认可的全部技术能力,评审结果满意。

(张红艳)

【拓宽外部市场】 首自信公司智慧城市产业坚持"走出去"战略,拓宽外部市场,签订诸多外部项目工程:与宁夏首朗吉元新能源科技有限公司签订"宁夏首朗吉元新能源科技有限公司年产4.5万吨燃料乙醇项目合同",智能化仪表供货签订金额1700万元;计算机控制系统及计算机SIS控制系统签订金额249万元,可为该项目实现生产系统全流程自动化。与首钢环境协同签订"张家港市建筑垃圾资源处理项目拆除及装潢垃圾处理生产线电气自控及弱电设备及服务合同",项目金额848万元。承担国家工信部"智能制造系统解决方案供应商智能工厂集成"项目,签订金额2000万元,可获得项目金额20%的政府补贴。回龙观镇公交首末站立体停车楼机械车库项目,签订金额579万元。

(解春香)

【园区建设项目】 首自信公司围绕首钢北京园区建设,完成了三高炉C馆啤酒坊、首钢极限公园、脱硫车间改造(一期二期)、厂东门广场修缮、石景山超市及卫生间、群北卫生间、MOC改造、首秦赛车谷项目等区域内网络系统、电话系统、安防监控系统、门禁系统、背景音乐系统、AV系统等弱电系统及室内精装照明系统的管、线、槽施工、设备安装、系统调试等工作,得到业主方的一致认可并顺利完成验收。三高炉啤酒坊项目,多次组织香格里拉酒馆业主方调研试听音响系统,为后期的竣工验收奠定基础。

(邓 波)

【智慧文旅系统】 针对智慧文旅在首钢园整体智慧园区建设的重要作用,首自信公司注重智慧文旅系统的研发及应用,提升园区游览体验,促进消费升级,提升综合服务能力,创建优质旅游生态环境。"智慧文旅系统"主要为到首钢园访游客提供游园导览、停车缴费、室内外导航、活动购票/预约、会员积分、推广分享等功能,为游客提供专业化、定制化和个性化的导览服务。系统采用微服务架构,将各子系统业务拆分为单独的服务,各服务既可单独存在,也可以任意组合使用,同时保证各服务之间的权限关联,打造灵活的生态体系。该系统通过创新"平台+"的服务模式,与全民畅读、香啤坊、茶钢儿等10余家商户签订合作协议,园区商家覆盖率95%以上,在北京园区类小程序中活跃度排名第一。

(李 烨)

【基于CPS的场馆节能控制平台】 首自信公司打造首钢园北区国家体育总局冬季训练中心的场馆大脑平台,启用以来成功服务国家冰雪队员日常训练和30余场世界级赛事活动。该平台采用国内外先进的数字孪生技术,模拟一个同比例的冬训中心建筑群,打造出数字孪生场馆,通过物联网、大数据、移动互联等技术,使模拟建筑群与真实体育场馆同步运行。实现冬训中心8.3万平方米场馆建筑内18个弱电专业设备的统一控制,通过信息科技手段优化场馆的运维管理。将监测、控制、管理一体化,基于大数据分析对设备进行精准控制,为运动员等提供舒适的训练、比赛环境,为观众提高观赛环境的舒适度,同时降低了场馆运行的能耗成本。

"基于 CPS 的场馆节能控制平台"作为首自信软件产品的样板工程推向市场，在工信部举办的"绽放杯"5G 应用征集大赛中获"优秀项目奖"、中关村 5G 创新应用大赛中获"最佳科技成果奖"。

（李　烨）

【北京大兴机场智能停车管理项目】　首自信公司完成北京大兴国际机场智能停车管理系统项目，系统包括停车收费管理系统、车位引导及反向寻车系统以及"停车管家驻场""多样化自助缴费""24 小时监控""24 小时远程岗亭"、VGA 停车机器人、综合体停车管理平台等。"智能停车系统"的数据中台，叠加前沿的 AI 算法能力之后，可以支撑停车场运营决策分析能力，对停车场设备设施、车位进行一体化管控，对机场停车场车流量、收入、车主情况等进行智能分析。停车场可以远程控制各停车场业务运营状况，包括场地管理、车辆管理、电子支付和发票、优免系统、团队管理、考勤管理、审批流程等，实现场地"无人值守"。通过大屏，停车场管理者还可以直观看到工作人员的实时定位和轨迹追踪，完成线下运营数字化。

（李　烨）

【行业荣誉】　北京首钢自动化信息技术有限公司获得 2020 年"北京市诚信创建企业"称号。

（庄　伟）

【变革创新文化】　首自信公司落实《变革创新文化建设纲要》，以变革创新为主线，着力构建具有首自信特色的企业文化体系。开展"企业文化创新年"（提升年）活动，重点开展"五个一"专项文化活动，汇编《自信风采》"首自信人奋进者的故事"首卷，评选表彰"首自信之星"15 人，持续开展"首自信人的故事"宣讲活动，召开第三届企业文化建设年度交流表彰会，扎实打造变革创新文化，引领企业高质量转型发展。

（关福生）

【深化应用"八步工作法"】　首自信公司党委坚持从严治党的方针，不断探索党支部规范化建设的新思路新途径，把加强党支部建设作为推进党建工作重心下移，提升党建科学化水平，探索党支部规范化建设，扎实推进"八步工作法"，即选好支部书记、配强支委班子、明确使命任务、制定责任清单、梳理工作流程、完善评价标准、定期严督实导、聚焦自查自改。制定《开展"应用'八步工作法'，强化党支部规范化建设，激发党支部战

斗堡垒作用"活动实施方案》，明确了工作目标和标准，突出一个"细"字，推进党建责任落实落地；突出一个"实"字，夯实党建基础；突出一个"特"字，培育特色党支部。要求基层党支部结合实际抓出特色、抓出亮点、抓出示范、抓出成效。

（薛　莉）

【干部教育培训在线学习】　首自信公司围绕全面学习贯彻党的十九大和十九届四中、五中全会精神，深入落实首钢"两会"精神，组织开展系列课程和材料学习，以提高政治素质和领导能力，强化战略思维和系统思维，提升履职能力和工作水平。组织全体（L6—L9）领导人员参加学习 236 人，按照要求学习 11 门在线课程（包括首钢特色课程 8 门），分政治理论、国企改革、首钢重点工作及制度宣讲、首钢管理创新成果分享、首钢典型经验交流 5 个学习模块进行系统化课程学习。领导人员利用个人业余时间、休息时间学习在线课程，完成所有在线课程并参加在线结业考试，学习、考试通过率 100%。

（刘勃茹）

【2020 年首自信公司大事记】

1 月 8 日，首自信公司受邀参加 2019 年度北京市石景山区网络安全工作总结表彰会，由信息事业部代表首自信公司作了典型发言，重点介绍重保期间的做法及先进经验。首自信公司被授予"石景山区网络安全工作先进单位"称号。

1 月 9 日，首自信公司自主研发的会议签到系统成功应用于首钢"两会"会议服务，自主开发的系列人工智能科技产品集中亮相首钢科技成就展，受到了集团公司领导和与会各单位领导的一致好评。

1 月 13 日，首自信公司召开安全环保大会，与各下属单位签订《2020 年安全生产责任状》。

1 月 21 日，首自信公司收到一封来自北京冬奥会和冬残奥会组织委员会的感谢信，对智慧城市事业本部、维护事业部参与 VIK 技术服务项目团队的职工给予高度评价。

2 月 10 日，首自信公司召开第四届董事会第六次会议暨第一次临时股东会，会议审议并一致表决通过公司第四届董事会更换人选的议案（草案）；授权管理办法（试行）。

2 月 13 日，首自信公司精挑细选员工 12 人参加首

钢集团"疫情特殊时期"义务献血。

2月25日，首自信公司领导就疫情防控和复工后，以"四不两直"方式分别对信息化事业本部、工程事业部、数据科学研究所、运行事业部、自动化研究所、智能控制事业部、智能装备事业部等单位进行疫情防控工作检查，对冬奥滑雪大跳台等重点项目的防疫工作进行检查督促，现场对职工的工作、休息、交接班等提出要求。

2月29日，首自信公司领导到高井社区等地看望慰问正在参加社区防疫工作的首自信公司员工。

3月23日，首自信公司召开2020年党风廉政建设工作会议。

4月3日，首自信公司召开职工思想状况调研座谈会。参会人员分别结合自身情况及了解掌握的本单位本部门职工思想动态，对当前员工关注的热点、存在的问题及建议轮流发言。

4月9日，首自信公司召开第四届董事会第七次会议暨第二次临时股东会，会议审议并一致表决通过公司2020年度财务预算方案和经营计划。

4月13日，首都信息发展股份有限公司副总裁兼首都信息科技发展有限公司董事长夏晓清、总经理赵克文一行7人到访首自信公司，双方领导一致表达了强烈的合作意愿。

4月24日，首自信公司举办"企业招聘、人工成本控制及薪酬设计暨劳动风险防控"培训，邀请人力资源和社会保障部、中国劳动和社会保障科学研究院的权威专家授课，讲解招聘方法与技巧、人工成本管控、薪酬设计与劳动风险防范等内容。

5月30日，首自信公司助力格盟国际ERP系统建设一期项目成功上线。

6月1日，首自信公司为首钢股份连续酸洗生产线定制开发的自动取样贴标机器人系统成功上线，使取样贴标成功率稳定在99%以上，取样贴标周期完全满足生产要求。

6月10日，首自信公司收到了两封来自石景山广宁街道党委发来的感谢信，感谢首自信公司给予街道防疫工作的大力协助。

6月12日，首自信公司助力首钢水钢制造管理与执行系统成功上线，至此首钢水钢制造管理与执行系统完成钢、轧业务的全面贯通。

6月29日，首自信公司召开第四届董事会第八次会议暨第十六次股东会。

7月10日，首自信公司召开党政联席会暨上半年经济活动分析会。

8月14日，首自信公司以首安云研发团队为代表出席河北省冶金行业"双控"机制建设现场推进会，首安云作为"双控"建设的核心系统，博得与会人员的高度关注，塑造了首自信公司良好品牌形象。

8月25日，首自信公司召开第四届董事会第九次会议暨第三次临时股东会，会议审议并一致表决通过议案，同意购置京冀曹建投公司蓝海嘉苑50套房产。

8月30日，首自信公司获得SM信息系统集成资质甲级证书。

9月15日，首自信公司获得建筑智能化系统设计专项资质。

9月18日，首自信公司召开党委（扩大）会，公司党委书记、董事长张宗先题为《收官"十三五"，建功"十四五"，加快推进首自信公司高质量转型发展》工作报告。

10月15日，首自信公司收到了来自北京城市副中心弱电智能化系统运维项目组的感谢信，高度赞扬该技术服务中心成员的敬业精神、专业技能和服务水平。

10月19日，首自信公司篮球场正式开放，并成功举办首场职工篮球友谊赛。

10月22日，首自信公司收到一封来自北京冬奥组委媒体运行部的感谢信，对公司会议保障团队表示感谢。

11月15日，首自信公司"倒班助手APP"获得"2020北京工业APP和信息消费创新大赛"互联网+工业应用项目示范企业奖项。

11月30日，首自信公司召开"百日安全无事故活动"动员大会。

11月30日，首自信公司召开第四届董事会第十次会议暨2020年第四次临时股东会，会议审议并一致表决通过关于投资建设首钢集团网络安全运营中心的议案、董事会工作规则（修正案）和董事会和股东会各项决议。

12月3日，首自信公司召开"应用'八步工作法'，强化党支部规范化建设，激发党支部战斗堡垒作用"总结表彰会。

12月16日，首自信公司获得机电工程施工总承包资质。

12月25日,首自信公司召开2020年度企业文化

交流暨表彰会。

（杨　莹）

北京首钢机电有限公司

【首钢机电领导名录】

党委书记、董事长:张满苍

党委副书记、副总经理(主持工作):李海龙

纪委书记:乔　梁

副总经理:张秀怀　王三恒

总工程师、总经理助理:刘小青

董事会成员:张满苍　李春东　李海龙　王东坡

徐镜新　张秀怀　王三恒

（张宏珂）

【综述】　北京首钢机电有限公司(简称"首钢机电")始建于1986年,伴随百年首钢不断发展壮大,总资产34.6亿元。已形成研发销售中心在北京,生产制造基地在河北大厂、迁安、曹妃甸、秦皇岛的"一核四翼"发展格局。截至2020年底,职工总数2350人,其中工程技术人员200余人。首钢机电形成以大型冶金中高端设备制造为核心的主导产品,具备设计、制造、安装调试、工程施工、维保服务、技术咨询、设备供应总承包等综合能力,能够生产制造以2.4米以上板坯连铸机为代表的一批大型冶金高端设备,拥有炼铁、炼钢、轧钢、焦化、烧结等冶金成套设备的制造能力。通过提供核心备件的开发制造、设备全线维保、设备在线和离线检修、设备技改等服务,实现了为用户全方位保驾护航。在做优做强钢铁服务业的同时,围绕打造一流城市设备设施综合服务商,集中技术和制造优势,又相继研发高端护栏、智能站牌、防撞路桩、立体车库等系列产品。连续24年负责天安门广场国旗杆系统的制造、维护和升级改造任务,在2008年北京奥运、2015年纪念抗战胜利阅兵等重大活动中承担任务,为首都城市建设做出突出贡献。从服务钢铁主业到转型城市服务商,在加快推进企业转型发展的进程中,持续提升"制造+服务"综合竞争实力,朝着现代装备制造业一流企业目标不断迈进。

2020年,面对突如其来的新冠肺炎疫情,面对企业发展面临的内外部严峻挑战,首钢机电广大干部职工众志成城、沉着应对、迎难而上、负重前行,创造了来之不易的经营业绩,顺利实现"十三五"规划收官。市场承揽、深化改革、减员提效、两金压降、企业退出、资产清查等重点工作有序推进,为"十四五"加快改革发展奠定了基础。

（郭鑫鑫）

【主要经济指标】　2020年,受疫情及处理历史遗留问题的影响,首钢机电部分指标有所下降,其中利润－58391万元,比上年同期减少48021万元,合并报表实现销售收入90522万元,比上年同期降低9.5%,实现工业总产值63090万元,比上年同期降低6%,销售收入劳产率38.6万元/人·年,同比降低5.8%,环保板块承揽额3亿元,完成计划,全年杜绝了因工死亡和重伤事故,推进了新产业培育、提质增效、企业退出及深化改革等重点任务的开展。

（田　兵）

【疫情防控】　首钢机电坚持"疫情就是命令、防控就是责任",针对"一业多地"产业布局,常态化抓好联防联控、群防群控,严格落实外防输入、内防反弹各项举措,确保了公司范围内职工零感染,将疫情影响降到最低。第一时间成立疫情防控领导机构和工作小组,结合实际制定工作方案和应急预案,召开疫情防控专题会12次,下发各类防疫工作通知要求132份,接受各级部门督导检查16次。坚持疫情防控和生产经营建设"两手抓、两不误",重点加强疫情期间资金管控,确保生产经营重大项目资金筹措到位。制订下发《机电公司关于解决京外单位离京复工人员后顾之忧的专项方案》,全方位落实各项保障措施,最大限度消除职工的后顾之忧。在疫情最严重时期,全力参与到大兴区口罩生产线运行的

保驾护航当中,配合北京公交集团完成177块定制公交站牌的统计、定制和更换工作,组织北京地区职工无偿献血,干部职工下沉社区,党员200多人利用业余时间参与疫情防控。

（张守禄）

【深化改革】 首钢机电组织完成公司及下属单位"十四五"规划初稿编制,聚焦产业布局,做好顶层设计。围绕预留股过高问题,形成初步解决方案。成立深化改革领导小组和工作小组,在全面梳理历史遗留问题和经营现状的基础上,深入把脉问诊,反复研究酝酿,初步形成优化产业布局、聚焦优势产业、推进二次改革、盘活土地资产、加快减员增效为主体框架的发展战略思路,在解决企业生存发展问题上深刻探索。

（周海峰）

【机构改革】 首钢机电实施总部机构改革,设立风控审计部、市场营销部,补齐专业短板。组织机关岗位竞聘,处级以下干部职工竞聘上岗38人。根据规范化管理要求,重新划分机关部门职责分工,理顺管理流程。成立建安事业部、清算服务中心,外拓市场形成新的经济增长点,苦练内功减员清账。实施大厂机电公司、设研院、经营部重组,通过百名管理人员下沉基层,加快实施产研销一体化,推进独立法人回归"五自"属性。

（黄 诚）

【提质增效】 首钢机电加大富余人员清减力度,降低费用支出,年底在册职工较年初减少115人,全口径职工数量减少203人。统筹推进压降两金占用,压降陈欠应收账款2.2亿元。强化投资管理,维护公司利益,组织开展投资企业经营状况分析,对账十年来投资企业欠缴股利情况,追缴收回热力众达投资回报资金296万元,实现向管理要效益。完成海瑞克、金科朋2家企业退出,与塞维拉初步达成清算意向,北京博创完成自行清算的股东会决议,企业退出工作取得阶段性成果。

（郭鑫鑫）

【市场开发】 首钢机电健全开发体系,深挖首钢内外部冶金、环保、城市基础设施及管片模具等业务市场,提高承揽水平。克服疫情影响,新签合同额12.3亿元。

（李 文）

【战略管控】 首钢机电完成规章制度梳理232项,编制权力清单(V2.0),动态完善风控手册,加强"1+1"专项风险事项治理,"三位一体"内控体系进一步健全。

推动法人治理体系规范化建设向下延伸,修订完善"三会一层"工作规则,开展管理创新课题研究28项,申报集团管理创新课题5项,获得三等奖1项,打破近三年来管理创新课题申报"零"的局面,为提高企业综合管理能力发挥促进作用。

（周海峰）

【风险防范】 首钢机电结合效能监察工作开展,加强对相关制度执行情况检查。全面推进审计问题整改、对账销号,推动问题整改落实到位27项。发挥监事会作用,对企业经营管理、重点工作落实、高管人员履职等方面监督检查,协助集团监事会做好监督检查整改工作。加快解决历史遗留在诉案件,依法维护企业权益,追讨回收欠款140多万元。加强重大经营决策、重大合同审查,完善授权管理及诉讼案件代理工作机制,企业经营风险有效降低。

（张宏珂）

【安全环保】 首钢机电组织各层级检查205次,治理安全隐患394项,落实考核6.7万元。全面推进本质化安全管理试点工作,完成迁安机械分公司硫化罐区域和铜板打磨区域两个本质化安全试点项目,风险值下降60%,一次通过首钢集团和首钢股权投资验收。紧盯短板弱项,坚持预防隐患与本质化安全管理相结合,有效消除在燃气专项整治方面隐患10项。持续开展有限空间专项整治工作,通过机械化换人、自动化减人,消除各类有限空间作业4处。

（张 准）

【党群工作】 首钢机电制定下发全面从严治党主体责任清单,坚持清单化引领、项目化推进、动态化考核,压紧压实全面从严治党主体责任。严格执行民主议事规则,集体决策"三重一大"等有关事项,全面抓好廉政建设工作。深入开展作风建设,坚持以机关为先导,以党员干部为表率,推动全员转作风、促学风、树新风。对照北京市委巡视首钢检查发现的问题及中央巡视央企各项工作检查发现的普遍存在的问题持续落实整改,营造廉洁从业、风清气正的良好政治生态。

（鲁军体）

【履行社会责任】 疫情期间,首钢机电采取"致职工家属一封信+上门服务+电话慰问+采购邮寄"的模式,为146户离京职工家庭送去慰问感谢信,联系医院为职工采购各类必备药品,向京外各单位邮寄口罩等防护用品一万余件,为职工身心健康提供坚强保障。持续推进退休人员社会化工作,上下联动、重点突破,社保转出率和档案送出率96%以上。扎实推进生活垃圾分类,选派职工参与社区"桶前值守",北京地区各单位垃圾分类承诺书签订率100%。

(鲁军体)

【2020 年首钢机电大事记】

3月2日,北京市经济和信息化具副局长陈志峰一行2人到首钢机电慰问指导工作。

4月17日,首钢股权投资纪委书记刘燕带领相关部门人员一行8人到首钢机电调研。

4月29日,首钢集团领导王涛到首钢机电调研并听取汇报。

6月9日,龙佰利联集团股份有限公司有关领导到访首钢机电,对海绵钛项目进行考察交流。

7月21日,西马克供应链管理副总裁于书文到访首钢机电,就推动业务合作有效落地,实现在更多领域协同发展进行深入交流。

7月29日,首钢集团领导王世忠一行3人到机电公司调研了解情况。

8月19日,首钢股权投资副总经理朱从军到机电公司参加党日活动并讲党课。

8月25日,首钢机电与到访的龙佰利联集团股份有限公司开展技术研讨交流,首钢机电党委书记、董事长张满苍与龙佰利联集团代表——美国专家 Jeff 先生及其团队互致问候。

8月3日,北京市总工会职工发展部部长李刚一行3人,到首钢机电"卫建平创新工作室"调研。

9月16日—17日,首钢集团领导王涛先后到首钢机电及下属曹妃甸检修分公司、迁安机械修理分公司、迁安电气分公司、大厂机电公司等单位调研。

9月17日,首钢股权投资党委副书记、总经理徐小峰,纪委书记刘燕带领相关部门人员一行8人到首钢机电调研督导工作。

(郭鑫鑫)

北京首钢实业集团有限公司

【首钢实业领导名录】

董事长:陈四军

副董事长:朱从军

总经理:王立新

副总经理:王丽君(女)　王树芳　汤　红(女)
　　　　　陈　尚　李　明

副总工程师:张效新

党委书记:陈四军

纪委书记:刘章英

工会主席:刘章英

(赵小璐、李　楠)

【综述】　北京首钢实业集团有限公司(简称"首钢实业")是经营服务业的企业法人,2008 年由首钢生活服务管理中心(首钢实业公司)改制成立,首钢集团持有股份35%,首钢股权投资持有股份51.9%,经营团队和职工持有股份13.1%,地址在石景山区八角西街85 号。公司机关设办公室、党群工作部、财务部、规划发展部、人力资源部、审计部、监事会办公室、市场部、法务部、运营部,管理 20 家全资公司、16 家控参股公司。员工1957 人,其中:研究生及以上学历76 人,大学专科以上学历1342 人;高级职称21 人,中级职称109 人;国家认定的技师14 人;高级工 86 人;女职工 776 人。

2020 年,首钢实业实现"十三五"规划发展目标,营业收入 264715 万元,实现盈利6100 万元。

(张　旭、韩和平)

【规划编制】　首钢实业按照《首钢股权投资公司"十四五"规划编制工作方案》和《首钢实业"十四五"规划编制工作方案》要求,完善"十三五"重点工作执行情况表、SWOT 对比分析,按照产业分类进一步分解"十四五"规划指标数据,将对标管理提升行动纳入"十四五"

规划中,并提报首钢实业"十四五"发展规划初稿和修订稿。5月28日,首钢实业组织召开"十四五"规划编制推进会,对规划编制的整体情况进行总结。8月20日—26日,首钢实业召开"十四五"规划纲要会审专题会,对纲要文字表述和相关数据内容进行核实和确认,形成规划纲要会审完善稿。10月下旬及11月上旬,完成产业"十四五"规划会审工作。

(张 旭)

【开拓市场】 首钢实业市场开发跟踪的项目322个,跟踪项目领域涉及写字楼、工商企业、教育领域、医疗系统、政府机构、部队后勤及高科技园区等,洽谈项目169个,新签约项目41个,其中物业服务18个、餐饮服务11个、劳务服务11个、工业服务1个。新增项目签约额6922.52万元。截至12月末,首钢实业有社会市场运行项目172个,服务类别构成为物业服务78个、餐饮服务44个、幼教28个、劳务派遣21个、工业服务1个。

(赵俊超)

【信息化建设】 首钢实业贯彻落实集团公司软件正版化工作精神,推进软件正版化工作。对各单位实地开展调研,制定工作方案,对接集团公司专业部门完成正版化软件集中采购及使用授权工作,顺利完成公司机关和各产业机关的正版化软件安装工作。物业各项目使用物业ERP系统开展客服报修服务、秩序管理、工程设备移动巡检、线上收费管理、远程监控等服务功能,与ERP物业管理系统功能模块结合,为业主提供便捷服务。开展物业项目现场管理升级,在各项目安装网络监控摄像头,做到远程监控画面传输,实现总部对项目可视化管理。推进"绿色、阳光、智能"餐厅建设,探索高端团餐服务模式。以首钢京唐指挥中心地下餐厅为试点,引入智能团餐精准营养分析系统。新型供餐模式以就餐者个体为核心,以减少食物浪费、个性化精准营养摄入为目标,配以智能计量选餐和人脸识别智能结算。10月份投入使用后,受到首钢京唐广泛好评。

(刘 昊、王 扬、孙丽梅)

【科技创新】 首钢实业坚持创新驱动、创新引领,把科技创新与各产业转型发展相结合,筑牢高质量发展基础。按照《北京首钢实业集团有限公司2020年科技项目安排》,计划安排科技项目10项,其中已立项项目5项,新立项目4项,2019年结转项目1项;受市场需求变化、产业发展战略调整等因素影响,取消立项5项。

实际使用科研经费183.73万元,资金主要用于打造新首钢智慧餐厅示范项目(一期)、首实雪糕系列新产品研发与升级项目、首实速冻食品新品研发项目。申请专利5项,著作权2项,共获得授权专利8项,获得著作权2项。

(金 露)

【疫情防控工作】 面对突如其来的新冠疫情,首钢实业针对行业多、人员多、分布广的实际,认真贯彻上级防控要求,积极落实各项措施,取得抗击疫情阶段性胜利。构筑坚强抗疫防线。成立疫情防控领导小组和工作小组,组织完成了初期全员摸排、北京地区疫情发生后的重点区域摸排及有全国重点风险区接触史摸排工作,对离返京职工668人和去过重点区域职工29人的共同居住人情况全面掌控,完成了全员核酸检测工作,确保了公司内部疫情可控。加强监督检查,围绕"四查看四发现",组织全体机关人员检查指导帮促工作,重点对在京8个单位、20个住宅项目实行"双包日查",确保公司范围内无疑似或确诊病例。今时宾馆主动承担疫情期间首钢集团职工返京居家观察工作,接待居家观察34个单位280人;金安源公司严格执行14天隔离防疫要求,克服人员紧张情况,保障三地班车正常运营。首实包装公司和曹首实公司职工克服长时间独立作战的困难,保障在疫情防控、复工复产和钢铁主流程顺稳生产;首实教育各幼儿园严格执行防控标准,全部一次验收合格并按要求第一时间复园复课。成立专班落实防控物资采购,制定《新型冠状病毒感染疫情防控物资保障实施方案》,对所有复产复工员工,做到防护措施到位;发放保温餐盒2000个,保温杯800个;安排105万元资金,发放慰问食品1800余份。制定下发《应对疫情影响增收降本增效工作方案》,各单位认真落实"增创追补降"措施,实现增收19466.52万元,增效8113.15万元。

(董文通)

【退休人员社会化工作】 首钢实业推进退休人员社会化移交工作,经过项下物业、饮食、幼教、国旅、首实新业、首融汇、金安源、总部分等单位积极努力和通力协作,本部及下属单位全部取得复函;存量退休职工3197人,截至12月底,完成信息表签字3140人,占退休人员总数的98%。对信息表签字、同意移交人员,完成社保关系移交、档案转移、党组织关系转移;围绕信息表尚未签字的人员,将继续深入社区街道走访,利用各种信息化手段,广泛发动基层群众,继续开展退休职工沟通联络工作。

(杨松年)

【培训体系】 首钢实业全面落实"十三五"战略目标,持续赋能产业转型升级、满足高质量发展需求。面对疫情,转变培训方式,扩大培训覆盖面,进一步形成"我要学、全员学"的良好氛围,促进学习型组织的不断完善。从高管、中层、青年骨干、专业管理人员、高技能人员、党支部书记等多群体、多维度推进培训项目实施,不断搭建多层级的员工培训体系。举办各类培训班392个,其中领导人员培训5个,主要为在岗研修培训;专业人员培训173个,包括专业业务培训74个,继续教育17个,其他培训82个;技能培训214个,包括班组长培训22个,特培取证、复审1个,新上项目、转岗培训25个,技术业务讲座62个,岗位作业规程培训68个,其他培训36个。成功举办首钢集团级、首钢实业级中式面点师大赛,电梯技能维修竞赛,组织技能岗位人员参赛并取得优异成绩。推进首欣物业公司电工、电梯维修工企业新型学徒培训,实现产业技能人才等级显著提升。全年培训人员近2万余人次。

(戴　欣)

【人才晋升】 首钢实业制定人力资源专业"十四五"发展规划,以全面提高就业人员的整体素质,全面建设学习型企业为出发点,以提升核心竞争力为目标,优化人才发展环境,创新人才发展体制机制,以深化改革为动力,建立与公司发展相配套的人力资源管理体系。编写下发《北京首钢实业集团有限公司领导人员选拔任用工作办法》,对领导人员选拔、任用、交流、考核、管理及退出全流程作出规定。通过考察、培养、选拔、挂职锻炼等方式,完善企业骨干队伍配备。提职1人,平调6人,免职或退休4人,董监事会调整31人次,组织具有较高学历、强烈事业心和责任感的年轻专业技术管理骨干5人挂职锻炼。

(李　楠)

【党建工作】 首钢实业坚持党建引领,落实全面从严治党责任。坚持党的全面领导,研究制定全面从严治党主体责任清单,推进落实;坚持战略引领,做好顶层设计,统筹推进"十四五"规划编制工作。坚持政治建设首要地位,紧密围绕中心工作,开展理论学习和交流研讨,强化理论武装,增强"四个意识",坚定"四个自信",

做到"两个维护"。坚持党管干部原则,全面梳理整合领导人员管理制度,制定下发《首钢实业领导人员选拔任用工作办法》并严格落实,规范程序,对党委直管领导人员交流调整11人次,对项下单位董事会、监事会充实调整31人次;以"三责一单两抓实"为载体,加强党风廉政建设。强化意识形态工作,坚持每半年党委专题研究。开展职工思想状况调研,掌握第一手资料。加强阵地建设,紧密围绕中心和重点工作,编发《党群工作简报》13期,官微发布新闻资讯103条。

(安占礼)

【接诉即办及助力扶贫】 首钢实业履行国企责任担当,加强"接诉即办"落实,助力打赢扶贫攻坚战。持续打造主要领导亲自抓、分管领导重点抓、主责单位具体抓的责任落实体系,强化"接诉即办"落实。办理"接诉即办"网络派单155件次,涉及8个单位,有效回访145件次,6—12月"接诉即办"考核均取得100分的好成绩。助力打赢扶贫攻坚战,组织有关部门到黑峪口村座谈,基层党组织开展"扶贫双创"主题党日活动,全面完成120万元扶贫产品采购任务。深化党建引领落实物业管理和垃圾分类两个条例,下发实施方案和通知,组建两级专班,统筹推进两个条例落实,完成职工承诺书签订和"桶前值守"100%目标。首欣物业公司全面完成三率指标和年度指标任务。大力宣传引导,开展光盘行动,反对舌尖上的浪费。

(安占礼)

【首欣物业】 首欣物业按照"四个一批"的工作要求,全力组织社会市场的开拓,加快向高端高效转型。全年跟踪项目153个,洽谈项目92个。中标青岛地铁保洁服务、首钢北京园区保税仓库改造工程等40个新项目,签约金额6383.69万元。成立了青岛分公司,依托青岛地铁物业服务项目,采取区域性辐射,持续推进外埠地区社会市场开发。完成金顶阳光、海特花园、杨庄15号楼项目退出工作。截至2020年底,首欣物业管理面积1000万平方米。贯彻落实"两个条例",制定下发《生活垃圾分类工作推进实施方案》《关于深化党建引领加强物业管理及生活垃圾分类管理工作的通知》。北京地区20个在管住宅项目设置垃圾桶点位381处,配备垃圾桶1007部;各项目足额配置垃圾分类指导员,指导分类投放垃圾;各小区布置专题展板24场,发放宣传手册5000余册,印制宣传海报300余张,悬挂条幅80幅,利用小区电梯广告屏、公共区域广播、微信公众号等渠道，全方位、多角度宣传生活垃圾分类的重要意义和投放方法。以提升"三率"为切入点，推进所服务的住宅物业项目成立业主委员会（物业管理委员会），在管 17 个住宅项目已成立业委会 4 个，物管会 3 个，业委会（物管会）覆盖率 41.18%，完成了年度指标任务。

（王 扬）

【首钢饮食】 首钢饮食坚持市场开发不动摇，大力拓展外部市场，成功中标三峡集团雄安驻地办公楼、电厂路小学、武汉（北京）大厦开办物资采购、中建八局 04-1 号集租房工程服务、航天科研中心食材采购供应、首实幼教中心原料供应等项目，实现"三新"及食材供应领域新突破。实现产品升级，打造首钢餐饮特色食品，在保持首钢红肠、汽水、糕点等老字号食品的基础上，大力开发节日特色产品，设计提升食品包装，更加突出首钢特色元素展示。创新营销手段，丰富销售渠道，首钢汽水在国家银保监会、全国总工会、北京市电视台、壹公里超市等进行销售，首钢汽水被中国国际服务贸易交易会、北京国际旅游博览会会务评审组评为 2020 年最佳人气奖。严格落实食品安全制度，把好食品安全关口。完成环境管理体系、质量管理体系、食品安全管理体系、危害分析与关键控制点、职业健康安全管理体系"五个体系"认证，进一步夯实首钢饮食品牌影响力和竞争力。

（马燕辉、刘 淼）

【首实包装】 迁安首实包装服务有限公司（简称首实包装）隶属于北京首钢实业集团有限公司，于 2010 年 3 月份注册成立，注册资金 5000 万元，总资产 4 亿元，现有职工 1800 余人。首实包装拥有国内钢铁工业包装先进技术及工艺装备，下设北京首成包装服务有限公司、唐山曹妃甸工业区首瀚鑫实业有限公司、北京鼎盛成包装材料有限公司、唐山曹妃甸分公司，主要承揽钢铁工业产品包装、包装材料研发生产及销售、钢材深加工、钢铁贸易等业务，各项经营业务及产品通过了 ISO9001 质量管理体系认证。公司致力于包装材料的研发、加工生产、金属制品包装标准研究和包装工艺改进等，所属包装实验室，通过国家认可委实验室认证，获得 CNAS 认可资格。经过多年的发展，现已具备加工生产纸制品、塑料制品等非金属包装材料 11 类、金属包装材料 3 类的生产能力，年包装量 1100 万吨，各种包装材料年生产能力 63000 吨以上，形成了工业包装服务和包装材料生产为一体的产业链，包装产品畅销海内外，广泛应用于国家重点工程，打入奔驰、宝马、现代、长城等知名企业，出口至欧洲、东南亚、非洲等国家和地区。

跟进钢铁主流程基地建设规划，实现首钢京唐二期高强镀锌、高强酸洗、热基镀锌产线包装业务顺稳承接并运行。完成包装量 127.92 万吨，超额完成年度生产任务。以首钢股份迁钢酸洗包装业务为依托，跟进新建产线设备安装调试进度，于 4 月份正式进驻并开展包装业务，酸洗产线包装产量 104.82 万吨，包装规模进一步扩大。全力推进钢材深加工项目的实施，完成了内部项目立项审批程序，确定了设备厂家，开展横纵剪切、分条机、冲床等设备订货、制作等工作，钢材深加工项目的落地实施为企业可持续发展提供了有力保障。

按照 2020 年度本质化安全工作要求，明确工作目标和任务，各单位本质化安全建设工作，顺利通过上级公司达标验收. 推进"双控"体系建设，组织修订风险分级管控、隐患排查治理等 5 项制度，公司双控体系建设已全面完成唐山、迁安两级应急管理部门专家现场达标验收。推进安全生产标准化建设，全面开展专项治理工作，排查隐患 19 项，全部完成整改。加快推进班组安全标准化创建，全面完成 16 个基层班组安全标准化达标验收。强化安全教育培训，修订完善安全培训教材 33 份，更新安全培训教育档案 257 份，全年开展各类安全培训 117 批次，培训达 3890 人次。

强化环保基础管理，推进重污染行业绩效分级评价手续的办理，顺利完成重污染行业绩效分级评价验收评审，首实包装被评为重污染行业绩效分级地方 B 级企业。建立健全环保管理制度，完善管控体系，深化危险废物管控职责，固废、危废治理管控成效显著，被上级公司确定为环保治理试点单位进行参观，并交流经验。在已取得省级排污许可证的基础上，取得了国版排污许可证，实现环保治理工作高标准依法依规达标运行。全年迎接国家生态环境部、河北生态环境厅检查 7 次，各级检查组都给予了较高评价。

（邵帅超）

【首实教育】 首实教育按照首钢集团和属地教委要求，坚持疫情防控和复工开学"两手抓、两不误"，全面落实首钢实业提出的"增、创、追、补、降"五大措施和"一园一策"工作部署，取得阶段性成果，实现了"十三五"圆满收官。始终以"办人民满意的幼儿园"为己任，坚持以服务社会、服务企业、服务家长为宗旨，坚持重点突破，全面推进幼教产业深化改革发展。

面对新冠疫情，响应上级"停园不停教""停课不停学"的精神和要求，各园校完成录制 205 个网络课程，实现家园有效互动；通过线上云端六一联欢互动活动，组织线下送"儿童遮阳防护帽""致孩子们一封信"，充分体现首钢集团各级领导在特殊时期对孩子们的关爱。

按照"一园一策"工作部署，以多种形式、多种途径推进首实教育项下 2 所幼儿园强化管理、提升品质、持续经营。石景山古城、金顶街幼儿园 4 月完成转普工作，曹妃甸渤海幼儿园 9 月完成转普工作，首钢矿业第一幼儿园与矿业第二幼儿园 10 月合并，完成转普工作。建西苑幼儿园按照海淀区教委要求，推进申办普惠园工作。推进大兴梦想屋幼儿园、太仓幼儿园退出；首钢水钢与首钢长钢区域幼儿园，通过友好协商启动退出托管等决策落地实施。

完成 10 项北京市"十三五"课题结题工作，其中 5 项获得北京市"优秀课题奖"，分别是"幼儿园创意写生活动的价值与指导策略研究"项目、"根据幼儿动作发展特点开展适宜的室内体育游戏的实践研究"项目、"在表演区中提高幼儿自主学习的行动研究"项目、"以幼儿园节日活动为依托提升管理者课程领导力的实践研究"项目、"在表演游戏中培养幼儿学习品质的策略研究"项目。完成由首钢技术研究院组织的"妙趣"系列课程研发与实践项目首钢科技奖的评审和答辩工作，获得首钢科学技术三等奖。

（谭丽爽）

【曹首实】 唐山曹妃甸首实实业有限公司（简称曹首实）是北京首钢实业集团有限公司的全资子公司。曹首实经过多年的发展，从最初的一家专业从事酒店服务的管理企业，现已发展成为跨区域、跨行业、以综合服务业为主体的大型实业企业。公司经营业务涉及餐饮服务、酒店服务、物业管理、物流运输、工业服务等多个产业，并下设餐饮分公司、物业分公司、酒店分公司、工业分公司以及首实丰扬国际物流公司 5 家分公司。

2020 年，作为首钢实业在曹妃甸区域的产业协同发展平台，公司坚持高端高效市场化发展方向，瞄准唐山、曹妃甸区域市场，不断加大社会市场项目的开发力度。克服新冠肺炎疫情影响，在全体干部职工不懈努力下，市场开发工作凸显成效，先后中标大唐北郊电厂、通用码头、中物航萧公司等 6 个新项目，实现新签约额 858 万元。围绕延伸产业链，加大对具有自主知识产权、标准化配方及加工工艺的首实雪糕、首实速冻水饺系列产品研发力度，在原有雪糕产品基础上，新研发清爽菠萝、冰皮芒果 2 种口味雪糕及 3D 造型的高端冰激凌产品。自主研发的三大系列 10 余种口味的速冻水饺，深受首钢京唐职工欢迎。首实雪糕、速冻水饺系列产品已成为公司新的经济增长点。

（孙丽梅）

北京首钢吉泰安新材料有限公司

【首钢吉泰安领导名录】

党委书记、董事长、总经理：李　刚
副总经理：李洪立　陶　科
纪委书记、总经理助理：李小旗
安全总监：时文辉
董事会成员：李　刚　陈自力　尚忠民
　　　　　　李洪立　李小旗
监事会成员：张　毅　李岩岩　王志强

财务总监：宁建丽

（黄素娟）

【综述】 北京首钢吉泰安新材料有限公司（简称"首钢吉泰安"），是原北京钢丝厂于 2008 年改制成立，注册资本 2600 万元，占地面积 8.8 万平方米，建筑面积 39268 平方米。公司前身北京钢丝厂于 1956 年成立，中苏关系破裂后联合北京钢铁学院、北航和清华共同自力更生研发出电热合金，后又研发出精密合金等多种新材料,填补了国内的空白,为"两弹一星"做出了贡献,多次收到党中央、国务院、中央军委的贺电,1964 年朱德委员长到公司视察时将公司门前的小路命名为"增光路"。2000 年为响应政府工业企业外迁的号召,搬迁至北京市昌平区沙河镇富生路 9 号。首钢吉泰安是一家主营高端电热合金、精密合金、高铁动车电阻材料、机动车尾气净化材料、国家电网超高压特高压输变电材料、环保型圆珠笔头用超易切削材料、城市清洁供热蓄能材料、高端玻璃热处理材料、太阳能光伏晶圆热处理材料等金属功能材料的高新技术企业,在电热合金材料领域"国内第一,世界第二"(世界第一是瑞典康泰尔)。拥有"国家高新技术企业""中关村高新技术企业""高新技术企业科技成果转化示范企业""北京市企业技术中心",被评为"北京市节水型企业""昌平区节能先进单位"资质;拥有《高电阻电热合金》《金属蜂窝载体铁铬铝箔材》《机动车尾气净化纤维丝材》《高电阻电热合金快速寿命实验方法》4 项国家标准,正在申请 1 项国家标准的制定立项,近五年获授权专利 25 项。拥有"钢花""吉泰安""GITANE""HRE"4 个注册商标,其中"钢花"商标是北京市著名商标,国内外知名度很较高。首钢吉泰安在历史上共获 33 项奖,近年"铁铬铝金属纤维丝材"获国家重点新产品、"圆珠笔头用超易切削不锈钢材料"获北京市新技术新产品、"超高温铁铬铝合金"获北京市新技术新产品、汽车尾气净化材料获首钢科技二等奖,金属蜂窝载体铁铬铝箔材获首钢科技三等奖。长期与北京科技大学冶金学院及新金属材料国家重点实验室、钢铁研究总院、安泰科技产学研合作,被评为"产学研合作示范企业",获"国家产学研合作创新奖",2020 年获得首钢股权投资授予的"2020 年特殊(突出)贡献奖"。

(黄素娟)

【主要经济指标】 2020 年,首钢吉泰安面对突如其来的新冠疫情对生产经营造成严重的冲击、市场订单断崖式下滑、产品出口几乎停滞的严峻形势,细致研判市场形势,制定"外拓市场、内强管理"的经营策略,大力开拓市场,坚持疫情防控和复工复产两手抓两手硬,奋力弥补疫情带来的损失,最终实现了经营业绩逆势增长。实现销售收入 23604 万元,完成计划 21160 万元的 111.55%,比上年 20204 万元增加 3400 万元,增加率 16.83%。实现利润 2603 万元,完成计划 2300 万元的

113.2%,比上年 1900 万元增加 703 万元,增加率 37%。实现了"十三五"完美收官,为"十四五"开局打下良好基础。

(黄素娟)

【综合效益指标】 2020 年,首钢吉泰安全面加强生产组织管理,加强设备节能管理,加强采购降成本及生产成本管控,综合效益显现。创出单月轧条产量 539 吨的高产,创出粗丝月产成品 370 吨、规模产量 668 吨的新纪录。钢产量 5030 吨,材产量 4997 吨;丝产量 4608 吨,商品产量 5324 吨,商品产量比上年 4657 吨增加 667 吨,增加率 14.3%。压库存 1843 万元,库存降低率 15.58%。采购降成本 297 万元,比计划 260 万元多降 37 万元。设备热停 198 小时,比上年 262 小时降低 64 小时,降低率 24.5%。总能耗 4162 吨,同比减少 302 吨,吨钢能耗 782.1 千克,同比下降 176.4kg,万元能耗 178 千克,同比降低 49 千克。人均劳产率 53.75 万元/人·年,同比上年 38.05 万元/人·年提高 15.7 万元/人·年,同比提高 41.3%。计划成本降低 450 万元,降低率 3%,实际降低 530 万元,降低率 3.49%。

(黄素娟)

【产品结构优化】 首钢吉泰安进一步调整优化产品结构,增加高端、高利产品销量,镍铬、HRE、0Cr21Al6Nb、YHZ 产品销售量 2114 吨,比上年同期 1716 吨增加 398 吨,增加率 23.19%,销售收入 11950 万元,占总销售收入的 50.6%,销售收入增加 2488 万元,增加率 26.3%。产品毛利同比提高 4.32 个百分点。

(黄素娟)

【经营质量】 首钢吉泰安加强生产经营管理,经营质量显著提高。经营性净现金流 5934 万元,比上年 2158 万元增加 3776 万元,增加率 174.97%。应收账款上年末余额 1807 万元,今年末应收账款余额 1596 万元,同比降低 211 万元,降低率 11.7%。库存降低率 15.58%。资产负债率由年初的 58.12%降到年末的 53.53%,资产负债率降低 4.59%,超额完成首钢股权投资下达的 4.4%计划。

(黄素娟)

【市场拓展】 首钢吉泰安坚持主动出击,抢抓订单,以订单拉动生产经营。销售总量 5238 吨,比上年销售量 4553 吨提高 685 吨,销售收入同比增加 3400 万元,增加率 16.82%。公司领导牵头组织市场部、非晶作业区,抢

抓市场订单,同时抓住疫情降级的窗口期,对江苏、浙江、广东、辽宁、山东、湖南、河南等地区重点客户走访,承揽合同,实现合同签约额 28000 万元。多次组织价格委员会,快速应对市场变化,制定灵活的定价机制,为合同承揽创造有利条件。修订完善市场拓展奖励政策,激发市场人员市场拓展活力。大力开拓高端市场,承接高端高利产品合同订单 2471 吨,有力支撑品种结构优化和毛利提高。克服国外疫情大爆发,出口受阻的影响,产品出口实现逆势增长,出口销售完成 841 吨,比上年增加 82 吨,增加率 10.8%。其中,直接出口销售 661 吨,同比上年增加 10.35%。大力压缩应收货款,扎实落实对账机制,推行款到发货营销策略,大力压缩应收货款比例,应收货款降低 11.7%,应收账款周转率 13.87 次,比上年 10.03 次提高 3.84 次,提高资金使用效率。

(黄素娟)

【基础管理】 首钢吉泰安坚持"内强管理",苦练内功,开展调查研究,加大财务管控、物资管控、数据化管理力度,进一步夯实管理基础,切实提升管理能力,解决瓶颈问题,不断提高经营质量。19 个调研课题全部结题。加强财务管控、制定《加强财务管控提高经营质量的实施方案》及 25 项落实清单,定期到作业区及专业部室指导、督导和检查,月度专题会,对方案落实情况总结、分析,提出考核意见。推进《加强物料管控的实施方案》及任务清单落实,制定库管人员管理职责,建立库房整改工作进度和问题日反馈机制,纪委牵头计财部对细丝成品库清查盘点,对库房整改工作开展效能监察。建立数据化、可视化管理机制,各层级根据业务特点进行分类、统计、分析,做到数据可视化,建立全面数据化管理体系,每,周例会各专业将管理数据可视化结果投屏发布,月度经营例会,将各专业的生产经营情况及管理情况可视化呈现,各项关键效率指标逐月提升。

(黄素娟)

【科技创新】 首钢吉泰安科技创新及工艺技术研究取得新进展,在微电水替代拉丝油实现清洁化生产工艺、电热合金高温抗蠕变机理、氧化膜生成机理、铁铬铝拉拔开裂断丝机理、辊模拉拔技术研究等工艺技术研究方面取得突破,解决了佐帕斯 Cr15Ni60 成品丝下垂度超标、蓝色铁铬铝表面颜色不稳定、Cr20Ni80 表面颜色不均、SG140 一次电渣轧制开裂等工艺难点问题。新产品开发取得新进展,完成火花塞侧电极、高温抗蠕变电热

合金、点火针三项新材料的样品试制和测试。新产品市场转化成效明显,拓展 HYZ 新产品市场,加大转化力度,销售 50 吨,较上年 16 吨增长 2 倍以上,销售额 575 万,同比增长 2.3 倍;超高温电热合金销售实现"零"的突破,创收 8.4 万元;粉末冶金管材成功交付样品,结束了国产高端电热合金"有丝无管"的历史。推进产学研合作,与北京科技大学签订两项合作课题,共建联合实验室。专利申请 11 项,获得专利授权 8 项,完成首个国际商标注册申报。搭建小改小革创新平台,形成"人人参与创新、人人思考创新、人人能够创新",在提高生产效率、优化工艺流程、提升产品质量、设备局部革新等搭建创新平台激发全体员工的创新活力,创新 30 余项。

(黄素娟)

【质量管控】 首钢吉泰安不断加强质量管控,制定《加强质量管控工作方案》,建立调查分析及质量快速分析机制、纠正预防机制和质量例会制度,成材率、一次合格率明显提高,废钢产生量明显降低,提升了钢花产品品质。开展"一次做对"质量大培训、大讨论,提升全员的质量意识,凝聚质量第一的共识。推进质量事故调查追责,建立质量问题分析举一反三的改进机制,建立镶嵌物控制组、脆裂控制组、轧钢成材控制组、镍铬成材控制组、蓝色金黄控制组五个质量专项控制组,严格对成材率、一次合格率、废钢产生量的控制。盘条镶嵌物控制成效显著,双循环备料生产量下降一半以上,全流程废钢量较上年度下降 200 吨以上。蓝色金黄成品表面颜色控制进一步稳定,成材率、一次合格率明显提高。

(黄素娟)

【深化改革】 首钢吉泰安全面深化改革,解决多项长期没有解决的历史遗留问题。聚焦主业提升发展,实现税务关系跨区转移,最终结束注册和纳税跨区异地的局面,理顺了税务关系。聚焦高端电热合金主业,进一步明确首钢吉泰安产业属于北京市鼓励发展的高精尖产业,符合北京市和昌平区产业发展定位。制定高质量长远发展提升方案,纳入"十四五"规划。推进提质增效,采取工序班组合并、岗位合并、一岗多能、岗位考评、提高局部自动化等方式,实现人均劳产率 53.75 万元/人·年,同比提高 41.3%。消化预留股,在上年消化 317 万股基础上,又消化 307 万股,预留股比例由原来 27.65% 降低到 3.66%,净降低 23.99%。完成吉泰盛源

公司清撤,制定《北京首钢吉泰安新材料有限关于吉泰盛源公司退出工作推进安排》,成立专项工作组,对吉泰盛源职工69人妥善安置,于9月14日经昌平区市场监督管理局核定注销。完善法人治理体系,加快推进工商变更,于8月12日完成法人、董事、监事、股东的工商变更,领取新的营业执照。推进退休社会化,截至12月底通知825人,通知率99.88%;社保转移814人,完成转移率98.55%;党组织关系转出318人,转移率100%。针对长期历史遗留未实施规范管理的东院土地问题,公司领导班子同南一村主管进行了10余次的艰苦谈判,据理力争,将东院土地收回。

（黄素娟）

【安全管理】 首钢吉泰安深刻汲取"5·24"事故教训,建立管控长效机制,深化教育警醒,抓实职责落实,严格检查考核,安全管控水平取得实效。坚持党建引领安全,建立党委领导、纪委监督、支部保障、党员带头的安全管控机制。深入推进安全隐患排查,做实本质安全建设,隐患全员排查、岗位排查,有效减少隐患,提高本质安全水平。采用岗位写实、事故倒推法,全方位、全过程排查风险,辨识安全风险189项,制定防控措施567条,加装机械防护23处,推进现场安全目视化打造,顺利通过集团公司验收。建立安全生产双重预防控制系统,排查整改安全隐患2996项,排查率99.56%,整改率100%。对煤气、液化气、危险化学品、有限空间等开展专项治理,直面重大安全隐患,对彩钢房、三相车间、环形加热炉煤气快切、变压器室配电室消防监控等进行根本治理,消除了一批重大安全隐患。组织安全、消防检查61次,排查整改隐患245项,整改率100%。迎接北京市、昌平区、首钢集团、首钢股权投资各级安全检查21次,得到各级各部门认可。

（黄素娟）

【环保治理】 首钢吉泰安坚持绿色发展理念,实现环保生产绿色发展。从工艺提档升级、缩短流程、减少排放上开展源头治理,调整专业管理的人员,加强专业管理,借助清洁生产审核契机,梳理一大批无低费方案和安排一批中高费方案,提高清洁生产的水平,顺利完成排污许可证续证。成立环境整治领导小组、工作小组,专题研究制定环境整治工作方案,下大力度推进文明生产、定置管理、厂容厂貌等的综合深度治理。

（黄素娟）

【党建工作】 首钢吉泰安党建引领作用进一步发挥。党委充分发挥把方向、管大局、保落实的作用,对疫情防控和生产经营全面领导,对历史遗留问题研究部署抓落实,既挂帅又出征,推动生产经营、重要任务完成和重大问题的解决。加强党委班子、经理班子和中层干部队伍建设,进一步推动各级党组织和党员领导干部切实担负起管党治党的政治责任。组织召开党建暨党风廉政建设工作会,明确党建与生产经营高度融合,一切工作到支部的鲜明工作导向。公司领导和各单位支部书记签订党建及党风廉政责任书20余份,促进主体责任和监督责任落实。加强干部的履职能力,开展九个专题管理培训,提升干部的管理能力。坚持党管干部原则,组织对领导干部进行360度全方位考察,树立能者上、平者让、劣者汰的选人用人导向,建立干部勤政档案,对中层干部25人全方位考察测评,免职、降职干部7人。团委扎实组织青年大学习大提升活动,受到集团团委的肯定和表彰。

（黄素娟）

【企业文化建设】 首钢吉泰安坚持党委管宣传,坚持把统一思想、凝聚力量作为宣传工作的中心环节来抓。外部宣传21篇,编发钢花报30期,微信公众号72篇,传递正能量。多措并举,不断提升员工获得感、幸福感。践行"员工第一"理念,扎实落实为员工解难题、办实事,完成季度福利发放、改善青工宿舍上网条件、食堂提高质量丰富菜品、食堂装修改善用餐环境、新建员工运动健身场所、办工作居住证等8项实事。为退休职工解决历史原因欠的供暖费、独生子女费等480余万元。改革发展成果惠及职工群众,职工收入有较大幅度提高,月人均涨1180元,涨幅达到23%。在疫情期间履行企业的社会责任,制定吉泰安公司疫情防控期间工资发放临时办法,保障了员工疫情期间工资收入。关心职工身体健康,组织全员健康体检。举办羽毛球比赛、职工艺术节、职工趣味运动会等活动,丰富员工业余文化生活。坚持以人为本,关心困难职工,慰问退伍军人、困难党员、劳模先进等142人次,助困金额11.06万元。

（黄素娟）

【人才队伍建设】 首钢吉泰安对关键岗位人才提高待遇,对年轻科技人才4人业绩评定,提高薪资待遇。加强安全、环保专业管理人员队伍建设,研究制定《北京首钢吉泰安新材料有限公司安全、环保专业岗位津贴实施办法》,提高安全环保专业人员岗位待遇,显著提高了注册安全工程师和注册环保工程师的岗位待遇标准。

(黄素娟)

【疫情防控】 首钢吉泰安贯彻落实中央、北京市对疫情防控工作部署以及首钢集团疫情防控专题布置会议要求,召开党委会、中层干部视频电话会议研究部署疫情防控工作,成立疫情防控领导小组和工作小组,制定详实的复工复产方案、安全保障方案和防护用品采买使用方案。加强重点人群、场所疫情防控工作,加强对作业区、部室离京人员管理。纪委全程对各单位落实疫情防控工作进行督导检查。全体干部职工提升自我保护意识,人员密集场所、公共场所做好清洁、消毒工作,保持良好通风状态,严格执行体温筛查制度。鼓励采用电话、网络、视频等灵活方式开会。严格执行职工及外部来访人员体温检测及信息登记制度,按时完成健康状况线上填报,实行健康状况日报告和零报告制度。职工食堂实行一日三餐配餐制,将饭菜按照用餐时间发放至各单位,每天定时对食堂、浴室、宿舍等公共场所消毒,加强防控管理。做到“外防输入内防扩散”的疫情防控总要求,未发生新型冠状病毒感染病例。

(黄素娟)

【2020年首钢吉泰安大事记】

1月2日,首钢吉泰安召开合同员培训专题会议,向合同员11人颁发授权证书,签订合同员岗位承诺书。

3月5日,首钢吉泰安工会、团委以“情系雷锋月,爱洒三月天”为主题,开展学雷锋活动。

3月25日,首钢吉泰安召开2020年党建暨党风廉政建设工作会。

3月,首钢吉泰安完成税务由石景山区迁移到昌平区跨区迁移工作。

4月7日,首钢吉泰安同北京科技大学郭汉杰教授团队签订“电热合金洁净化冶炼及工艺优化研究”项目。

4月14日,首钢吉泰安召开安全生产委员会会议,

对“5·24”事故一周年进行回顾警醒,传达首钢集团安全生产委员会会议精神。

4月28日,首钢吉泰安召开表彰大会,表彰荣获2019年度先进集体、劳动模范、先进个人以及共青团“十佳”青年。

5月26日,北京市经济和信息化局材料产业处处长李野川、副处长冷少林一行莅临公司调研指导工作。

6月29日,首钢吉泰安召开庆“七一”暨创先争优表彰大会。

7月9日,首钢吉泰安召开2020年上半年经营活动分析会。

8月18日,北京市经济和信息化局材料产业处副处长冷少林带领由市经信局材料产业处、经信局产业经济研究中心、机械工业经济管理研究院、先进碳材料促进会、石墨烯技术研究院、中科评信信息技术研究院、浙商银行燕郊支行等单位的领导、专家一行11人到公司考察调研。

9月5日,首钢吉泰安在京团员青年作为志愿者到所在社区直接参与“桶前值守”专项行动。

10月16日,首钢吉泰安新第四届四次董事会、第十七届股东大会召开。

11月5日,首钢吉泰安召开管理评审会议,依据ISO9001:2015质量管理体系要求,对现行质量管理体系的适宜性、充分性、有效性进行验证,达到持续性改进目标。

11月15日,首钢吉泰安党委与巩华新村社区党支部举行结对共建启动仪式。通过与社区结对共建,企地关系更加紧密、融合。

11月,北京国金衡信认证有限公司对公司ISO9001质量管理体系运行情况进行审核。

12月8日,首钢吉泰安“以案为鉴、以案促改”警示教育大会召开。

12月18日,《首钢日报》头版“决战四季度决胜十三五”版块专题报道《有韧性,才敢“任性”——首钢吉泰安市场经营工作小记》。

(黄素娟)

北京北冶功能材料有限公司

董事长:降向冬

副董事长:尚忠民

董　事:薛轶青　赵书田　李岩岩

监事会主席:张　荣

监　事:陈自力　黄　建

总经理:薛轶青

副总经理:吕　键　赵书田

党委书记:降向冬

工会主席:赵书田

（刘翠莺）

【综述】　北京北冶功能材料有限公司(简称"北冶公司")的前身北京冶金研究所始建于1960年1月18日,由北京首钢冶金研究院于2005年改制成立,地址北京市海淀区清河小营东路1号,注册资本5000万元,首钢集团有限公司、北冶公司经营团队及职工分别占股权35%、40%、25%。北冶公司是国内专门从事金属功能材料研发和生产的基地之一,软磁合金、永磁合金、弹性合金、膨胀合金、双金属、电阻电热合金、高温合金、特种不锈钢等材料及制品的研发生产达到国内领先水平,部分新材料填补国内空白,达到国际水平,产品用于航空航天、能源、石化、计算机、通讯、自动控制、交通、家电等领域。公司先后被认定为北京市科技创新企业、公司信用等级AA、银行信誉AA级企业、北京市高新技术企业、北京市首批"专精特新"中小企业、国家高新技术企业、中关村科技园区创新型企业试点单位、中关村科技园区企业信用A级单位、国家火炬计划重点高新技术企业。北冶公司现有材料研究所、理化研究室,有特冶分厂、冷加工分厂、热加工分厂3个生产分厂,以及铁芯、磁钢(拔丝)等制品部门,一个全资控股子公司:北京首冶磁性材料科技有限公司。有技术先进、配套齐全的生产、试验装备和较齐全的理化检测手段。有高精度特种金属材料冷轧带材生产线、特种金属材料棒材生产线、软磁铁芯及制品生产线、铸造高温合金生产线、磁钢

精密铸造中试线、特种材料丝材中试线、复合金属材料生产线7条生产线。截至2020年底,在岗员工650人,其中:博士研究生9人,硕士研究生64人,大学本科学历107人,大中专学历235人;中级以上职称83人,中级工以上技能等级245人。

（信　翀）

【主要指标】　2020年,北冶公司实现收入89696万元,实现利润4929万元。钢锭产量7397吨,高温合金产量3084吨,精密冷带产量3301吨。子公司北京首冶磁性材料科技有限公司实现收入4508万元,实现利润364万元。

（赵书田）

【科技创新】　北冶公司组织开展在研项目共80项,其中6项上级特殊研发项目,2项一条龙项目,1项大飞机专项,2项两机专项项目,2项制造基础技术与关键部件专项项目,1项国家重大仪器专项科技项目,1项条件建设项目,14项重燃横向项目,2项标准制修订项目,5项横向项目,18项公司级研发和科技项目,11项新产品研发项目,15项一般研发项目。参与"GH625合金精密管材合金"配套科研项目竞标。获得"Haynes214合金箔材研制"和"重型燃气轮机用大尺寸第一代单晶空心透平叶片材料材料及制造基础技术"两机专项项目和"重燃透平叶片组织与缺陷的分析及对力学性能影响研究"等6项重燃横向项目、"高阻尼合金通用规范"国军标制修订项目、"涡流制动装置用高导磁BYR27铁芯材料试制"等4项其他横向项目;"层状金属复合材料关键技术及产业化研究"项目获得首钢科学技术奖一等奖;"高品质铁镍钴膨胀合金关键技术及产业化开发"成果,经北京金属学会组织的专家成果鉴定,整体技术达到国际先进水平;"一种高弹性模量的高强弹簧丝及其制备方法"等17项发明及1项实用新型专利获得授权;"BYR132合金棒材"等16项产品企业标准完成形式审查及备案;选送的"冷轧及热处理对复合材料界面及性能的影响"等2篇论文获得"北京金属学会第十一届冶

金年会论文征集评选"活动三等奖。组织开展科技奖励,3 项科技成果、3 项授权专利、17 项申请专利、12 项制订的标准、39 项发表的科技论文受到奖励。

(高春红)

【技术改造】 北冶公司技改项目完成转固 7 项:精密带材表面处理机组、高温合金带材专用高温光亮连续退火炉、丝材管道式连续退火机组、钢带涂层机组、高温光亮连续退火炉改造、单机架四辊可逆热轧机改造、三段式连续加热炉(12 平方米)燃油改燃气。项目已完工、进入试生产、验收阶段 4 项:自备井置换工程、先进燃气轮机涂层技术实验室建设、冷带包装线改造、冷带表面修磨线改造。公司已立项、处于实施过程中的项目 7 项:真空感应炉 D 炉升级改造及配套精整线升级改造、二十辊轧机板型系统改造、冷带清洗机组电控系统国产化改造、理化研究室力学试验能力建设、提升 BYP27 钢质精炼系统改造、铁芯生产线自动化改造、供电系统改造。

(信 飞)

【管理创新】 北冶公司实施管理评审,定制 4 项年度改进计划,通过生成厂房内清洁等措施降低复合产品分层,进一步提高中频炉冶炼钢质纯净度,为不断满足顾客需求,BYP27、BYP12、BYP44 等牌号产品质量进一步改善,通过培训专业技术人员提升了技术、质量管理能力。相关部门制定计划并实施,公司跟踪验证,改进计划全部完成,基本有效。

(高 勇)

【产品认证】 北冶公司在完成 AS9100D 航空航天体系认证工作取得证书。为保证换版工作顺利进行,提前半年进行策划实施,明确过程及对应清单,将标准新要求逐一转化在执行文件中,主管部门按照清单对主管文件进行完善、修改、编制、会签、审批,修改程序文件 15 份,质量手册 1 份,新增文件 3 份。11 月,南德认证北京分公司审核组对公司 AS9100D 航空航天体系质量管理体系进行现场审核。审核期间,审核组对公司航空航天产品质量管理体系范围覆盖的所有部门、过程和产品类型进行严格的审核。审核结束后,审核组召开末次会议,对审核情况进行全面的总结和评价,对公司质量体系的符合性、有效性给予充分认可,既肯定成绩,也指出努力方向,希望公司质量管理体系再上新水平。

(高 勇)

【安全环保】 北冶公司在领导关注和各相关部门主管、安全员的重视以及全体员工认真努力工作的基础上,安全形势与上一年度相比保持稳定,全年未发生上报工伤事故,千人负伤率为"零",实现年度安全生产目标。在安全生产方面仍然存在着一些差距,尤其是部门在隐患查究方面,员工在安全意识方面,特别是自我防护与互保联保意识方面,基层班组在严格管理方面,还需要做更多更细的工作。评选"优胜单位"1 个,"安全 365 日无事故"先进单位 6 个,"先进班组"13 个,"先进个人"19 人。接待海淀区生态环境局和科信局等检查 11 次。完成排污许可证续审,按照排污许可证上载明的监测因子和频次检测 1300 次项,委托有资质的第三方监测 134 次项。制定新的《固体废物管理办法》并首次对非道路移动机械(公司内叉车和电瓶车)取环保编号。

(朱宇飞)

【职工培训】 北冶公司组织新进内审员进行 IATF16949 内审员培训,组织各部门质量体系相关人员进行 AS9100D 质量管理体系培训。与克劳士比学院合作组织"质量管理能力提升训练营"系列培训,对中层管理及技术人员进行《基于价值创造的零缺陷管理培训》,重点提升员工质量管理意识,对技术人员进行《质量管理工具综合应用能力提升》,提高技术人员质量管理工具的应用能力,技术人员通过日常工作进行质量管理知识和工具运用与实操。组织"互联网+职业技能培训",通过线上教学授课的形式完成 65 学时的课程学习 178 人,并获得国家技能提升补贴。参加海淀区总工会主办的"师带徒"活动,11 对师徒被评为优秀师徒。组织操作人员进行轧钢和炼钢初级工及技师技能鉴定培训及考试。组织技能鉴定考评人员继续教育和资格认证培训。与八九点管理咨询有限公司合作组织"班组长胜任力提升训练营",提升班组管理人员质量管理理念和技巧。参加首钢组织的领导人员在线学习。参与"海淀区领军企业国际化培养工程"培训项目。入职新员工安全培训。组织员工学习《北京市生活垃圾管理条例》《北京市物业管理条例》《中华人民共和国民法典》。12 月,组织员工进行应急救护技能培训 43 人,参训人员均已取得北京市红十字会颁发的《救护技能证》。

(丁 彤)

【党的建设】 北冶公司加强党的政治建设,制定《2020年度北冶公司党委深化落实全面从严治党主体责任清单》《关于加强党的政治建设的工作措施》《北冶公司2020年宣传工作要点》《北冶公司2020年信访维稳和"接诉即办"工作要点》4个文件。开展北冶公司党建自查工作,查找薄弱环节,认真落实整改。制定《北冶公司领导班子2020年重点工作任务分工方案》。全面总结"十三五"规划实施情况,编制北冶公司"十四五"规划。全面落实从严治党主体责任,召开领导班子民主评议会。

（刘翠莺、邢 娜）

【厂庆活动】 1月18日,北冶公司成立60周年,为继承北冶的光荣传统,弘扬北冶的创新精神,凝聚北冶的发展力量,推进北冶的快速发展,公司组宣部面向全体员工以"我与北冶共成长"为主题组织征稿活动。

（信 翀）

【企业文化】 北冶公司响应北京市国资委号召,组织员工参加"首钢职工无偿献血,大爱无疆抗击疫情"的紧急无偿献血活动,有4人献出了爱的热血。组织女职工在家制作美食、手工书画、开展健身运动以及亲子互动类活动庆祝"三八国际妇女节",8个分会女职工111人展示作品。组织庆祝"五一"国际劳动节、表彰先进集体和优秀员工活动。举办"最美员工笑脸"摄影展,共展出了员工精心拍摄的45幅摄影作品。举办"第14届员工摄影展",展出14个部门员工58人的156幅摄影作品。材料研究所文新理博士被评为2020年全国"百姓学习之星"。材料研究所李振瑞所长当选"北京市劳动模范"。

（信 翀）

【工会工作】 北冶公司工会组织召开了第三届十一次职代会的线上视频会议,大会表决通过了《2020年度北冶公司工资集体协商协议书》。组织给生产一线员工"送清凉"活动。章清泉创新工作室、牛永吉创新工作室、文新理创新工作室同时获得海淀区创新工作室荣誉称号。北京市总工会职工自主创新项目助推2项,职工创新发明专利助推2项。海淀区"师带徒"活动获优秀"师带徒"11对。技术技能素质提升5人。职工合理化建议受理18条奖励15条。组织健球、篮球、乒乓球比赛及化妆、朗诵、舞蹈培训。走进故宫,感受历史文化。"送健康"亚健康中医调理。组织参加女工专项体检。

组织参加北京市总工会垃圾分类、冬奥知识线上培训。完成了3225册图书建档,公司职工小家建设2个。

（赵书田、鄂志英）

【2020年北冶公司大事记】

1月17—18日,北冶公司召开干部大会,全面总结2019年工作,传达学习贯彻首钢和首钢股权投资"两会"精神,对2020年任务目标和重点工作全面部署。

1月24日,北冶公司成立新冠疫情防控工作领导小组和疫情防控工作领导小组办公室,公司党委书记降向冬,总经理薛轶青任组长。

3月24日,联合信用评价有限公司基于对北京北冶功能材料有限公司所处行业环境、运营与管理、财务状况等多方面因素分析,评定公司信用等级为AA。

4月16日,首钢股权投资调研组一行7人在副总经理李春东的带领下来北冶公司调研。

4月23日,首钢股权投资党委副书记、总经理徐小峰带领督导组到公司检查指导工作,落实在疫情防控常态化条件下加快复工复产工作,确保"两手抓两不误"。公司党委书记、董事长降向冬,总经理薛轶青等人陪同参观,并就北冶公司的创新发展与股权公司领导进行了探讨和交流。

4月26日,中国重燃公司领导莅临北冶公司进行工作交流。

4月28日,北冶公司团委表彰"五四"先进集体和优秀个人。

6月8日,首钢发展研究院领导来北冶公司调研。

6月18日,首钢股权投资副总经理李春东、人力资源部部长徐波来北冶公司检查指导防疫工作。

6月29日,海淀区西三旗街道组织对北冶公司全体员工806人次进行核酸检测。

6月,北冶公司启动"垃圾分类国企在行动"实践活动。

7月21日,北冶公司入选2020年度北京市首批"专精特新"中小企业名单。

7月24日,北冶公司召开上半年经济活动分析会。

8月24日,不锈钢联盟首席顾问李新创带队莅临北冶公司交流合作。

9月3日,中国重燃—北京北冶联合实验室举行建设发展研讨会暨入驻仪式。

9月11日,北冶公司举办质量管理能力提升训练营。

10月23日,人民论坛课题组莅临中国重燃—北京北冶联合实验室调研。

10月,北冶公司启动"光盘行动"实践活动。

(信 翀)

北京首钢城运控股有限公司

【首钢城运领导名录】

董事长:王学明

董　事:朱从军　王　婕　王学明　肖树坤

　　　　王恩宽　沈灼林(独立董事)

　　　　孙　亮(独立董事)

　　　　倪仕水(独立董事,10月离任)

监　事:张成群(4月任职)　王东坡　尚忠民

　　　　来秀海　刘　猛(10月任职)

总经理:肖树坤

副总经理:周　黎　周　淳(11月离任)

　　　　　田向军(6月离任)

　　　　　马　罡(3月任职,职业经理人)

财务总监:薛树新

党总支书记:王学明

(宫金铭)

【综述】 北京首钢城运控股有限公司(简称"首钢城运")是首钢静态交通产业,是借力供给侧结构性改革、整合城市运营资源组建大型平台公司,成立于2015年10月26日,注册资本3亿元。首钢城运秉持"政企合作、服务城市、共赢发展"理念,承载着培育和发展静态交通产业的重要使命,整合最优质社会资源,推动产业上下游的聚集和延伸,以智能立体停车库投资、建设、运营为核心业务,致力于为解决城市停车难提供智能化一站式综合解决方案,具备6个方面核心能力,即公交车、环卫车、共享单车等特种车辆停车库定制研发能力;不同场景的立体停车库定制建造能力;机场、交通枢纽等大型停车综合体运营管理能力;老旧小区停车设施改造能力;智慧停车信息化管理能力;城市级静态交通项目投资能力。首钢城运下设立设备制造的全资子公司北京首嘉钢结构有限公司,是智能立体车库规划、设计、投资、建设、运营一站式服务的专业公司,具有机械式停车设备制造安装改造维修资质、钢结构工程专业承包一级资质以及海外工程承包等资质,是国内最早获得公交车机械式立体车库特种设备制造许可证的企业,是目前唯一一家有第二代产品的企业,也是国家重机协会停车设备工作委员会会员单位、中国市政协会停车专业委员会会员单位,具备6大系列13种机械式立体车库、2种公交智能立体车库及自行车立体车库的设计与制造能力,能满足不同场地的个性化需求,以产品质量为基础创首钢品牌,面向市场,服务社会。

(陈 辰)

【主要指标】 2020年,首钢城运实现销售收入25067万元,同比增加9512万元。完成市场签约4亿元,同比增加19626万元。实现利润360万元,同比增加1604万元。

(徐洪印、刘莉莉)

【市场开发】 首钢城运通过对停车产业的发展趋势,结合自身拓展现状和能力,制定"2+1"的市场开发模式,由公司领导牵头带领业务员重点拓展,各实体单位全员参与,按照承揽一个项目,拓展一片市场的原则,开拓重点城市和区域市场,首钢城运品牌市场认可度不断提高。公交车立体车库签约回龙观立体车库项目,合同额4251万元,实现北京市场的100%承揽,巩固了公交车库领域的主导地位。小汽车立体车库签约荣盛花语城、定州开元科技城、北京石油大院、中国电科院十五所、防化部队社区、东城区干休所、北方工业大学停车管理、北京儿童医院维保项目等,合同额超过3亿元。自行车库北京区域再创佳绩,到西安等地,开拓全国市场,签约同城街自专路二期东延、房山自行车慢行系统、与美团合作西安车吧等项目,合同额476万元,自行车项目利润率超过30%。承接首钢医院、北京半壁店文化产业园、北京丰台汇丰汽配城、北方工业大学停车场等7个车场运营项目，投入运营车位2960个。建设完成"停车运营调度中心"，车场运营数据接入云平台，实现停车场的网络化管理。签约种类包括平面移动、升降横移、垂直升降、垂直循环等多种车库产品。

（伍 岳）

【重点工程】 首钢城运重点工程建设快速推进。河北计生院车库项目、国家专利局车库项目、六安车库项目、宜春车库项目、宿州二期车库项目、中兴小区车库项目、贵阳壹号车库项目完成监检取证。花语城项目完成B1层钢结构载车板安装。石油大院项目、华利佳和项目完成调试，待业主验收。大境门景区项目完成半联动调试。承揽北京公交集团回龙观公交首末站项目，完成合同签订，是承揽的第三个立体公交车库建设项目。承揽中国电科第十五研究所立体车库项目，完成全部施工内容。承揽房山慢行系统配套建设项目自行车立体停车库建设，完成全部施工内容，达到运营条件。承揽并完成昌平天通苑地铁站双层停车架建设，正式投入使用。与美团合作在陕西省西安高新区打造的美团单车共享驿站项目，完成全部施工内容。为首钢园北区滑雪大跳台项目配套建设三层平面移动车库230/车位，为脱硫车间改造项目配套建设三层巷道堆垛车库62/车位，均完成全部施工内容，达到运营条件。

（刘 猛、张大勇、杨金慧、王 京）

【科技开发】 首钢城运继续推进公交车库、小汽车库、自行车库产品研发，完成大轿厢小汽车库、新一代公交车库以及垂直循环二代自行车库产品研发，取得1项发明、9项实用新型、1项外观设计专利授权。《自行车立体停车库研发设计与应用》获首钢科学技术奖三等奖，获得"遨博杯首届全国机械工业设计创新大赛"优秀奖。由于在公交立体车库上的技术优势，承接《客车用机械式停车设备通用技术条件》行业标准编制任务。组织完成全资子公司首嘉钢构公司的高新技术企业资质认定工作。

（李咏唯）

【车场运维管理】 首钢城运停车运维板块认真贯彻落实公司发展战略部署，坚持以新发展理念引领停车运维板块新发展，加强立体车库运营和维保专业集中整体化管理，优化流程明确职责，发挥运营、维保一体化优势，努力推进运维工作高质量。承担首钢医院、首钢办公厅、北京半壁店1号文化产业园、汇丰汽配城、齐齐哈尔百花园等9个停车项目运营，承担天津渤海银行、北京儿童医院、朝阳区电子城、国网北京供电、沈阳鑫迪等15个停车项目维保。运营车位近3000个，维保车位超过3000个。实现签约额608.8万元，销售收入926.28万元。

（安新乐）

【制造基地】 首钢城运首嘉钢构秦皇岛分公司年产量约2000吨，开展实施项目20余个项目。其中，章丘二层升降横移项目取得特种设备使用合格证，得到了业主的一致好评。承接组织东王岭车库、贵阳壹号、首钢园脱硫车间、花语城一期与和二期、石油大院、181地块、东城区干休、星座商厦、天洲视界城等10余个项目，4000余个车位的升降横移车库设备产品。与中集集团合作代加工制作，组织西安中集、武汉镇跃置业项目，得到中集集团肯定。承揽张家口大境门平面移动智能车库项目，回龙观公交车库项目修配改及设备新制，承接太重板勾项目、山桥门吊项目的钢结构加工制作。完成智能立体车库核心部件生产，研发示范基地的平面移动、云街垂直循环、树状自行车库、双层自行车架五种库型复建，延续北京静态交通研发示范基地的展示功能。推进二期建设，与设备制造基地现有设备进行整合，建设并形成公交车库与小车库钢结构部分的制造加工能力。

（林 峰）

【基地安全及环保】 首钢城运首嘉钢构秦皇岛分公司以锁挂牌模块、机械防护模块为重点推进目标，开展本质化安全工作，逐步规范管理人员及员工的安全管理活动行为，检查整改内容及评价验证标准，使安全工作步入"常态化、标准化"，实现因工重伤、死亡、火灾爆炸、中毒等生产安全事故为"零目标"。首嘉钢构秦皇岛分公司取得《排污许可证》，各类污染物排放符合国家标准，"危废"全部合规处置，环境问题整改率100%，环保设施运转率≥98%，环境污染事故为零。排放颗粒物0.13吨、氮氧化物0.02吨、VOCs0.05吨，完成排污许可及集团公司排放总量限额要求。

（林 峰）

【组织机构调整】 首钢城运进一步优化管控模式，为精简职能管理和减少业务流程和界面，对组织架构进行改革，设置10个部门，其中组织人事部（综合办公室及法律事务部)、财务管理部、经营生产部(安全环保部)、技术研发部 4 个职能管理部门,市场开发部、第一事业部、第二事业部、第三事业部、停车运维事业部、秦皇岛分公司 6 个业务生产部门。加大市场开发力度,形成市场开发部和各事业部两级开发体系,各个事业部加强项目管控,成本管控主体,执行独立核算体系,按照部门岗位设定及实体单位任务量核定工资总额,强化奖励、考核机制,形成日常发放、专业奖罚、年度考核兑现分配体系。

(陈 辰)

【制度规范】 首钢城运持续推进制度管理制度落实,完善制度体系,完成《北京首钢城运控股有限公司印章管理办法(试行)》《北京首钢城运控股有限公司经理层工作规则》等 64 项制度修订,新制定《北京首钢城运控股有限公司开展针对巡视央企发现问题自查自纠工作的实施方案》《关于建立首钢城运违规经营投资责任追究体系的决定》等 16 项。截至 2020 年底,正在执行的制度 127 项,对新修订制度及时组织宣贯。

(庄元锋)

【安全管理】 首钢城运坚持"安全第一,预防为主,综合治理"方针,遵循安全生产法律、法规和企业安全管理制度,持续开展建筑施工、消防安全、联系确认及设备操作牌专项整治,推广本质化安全管理,完善员工安全教育管理,推进示范班组达标工作,强化重点区域、重要风险监督和预防管理,安全生产隐患排查治理信息系统的应用,提升安全风险防控、隐患排查治理水平,推动安全生产管理工作有效落实。未发生安全生产事故、消防火灾事故,员工职业健康体检率 100%。完成修订《北京首钢城运控股有限公司安全生产责任制》等安全生产相关管理制度 64 个,重新梳理双重预防控制系统排查任务、排查标准,涉及岗位 99 个,隐患排查标准 526条,综合排查率 99.3%,比上年提升 5.7%,提报安全隐患 279 个,比上年增加 112 个。下发《开展 2020 年安全生产标准化达标班组创建工作的通知》等 28 个文件通知,细化管理职责、明确管理内容。

(刘自鹏)

【环保工作】 首钢城运贯彻《生态环境局关于对排污许可证管理等环保工作的要求》等相关规定,结合年度环保工作安排,完成秦皇岛分公司一期项目环评验收,完成排污许可证的申领。根据《排污许可管理办法(试

行)》的规定,完成编制自行监测方案工作。二期环评工作于 9 月 27 日得到政府批复,待现场通过式抛丸机完成安装后开始申请验收。首钢城运秦皇岛分公司各污染物排放数值同比均有所减少,烟尘外排量比计划减少 0.5 吨;氮氧化物外排量比计划减少 0.002 吨,化学需氧量外排量比计划减少 3.46 千克,氨氮外排量比计划减少 0.06 千克。

(刘自鹏)

【风控管理】 首钢城运完成 2019 年风控体系评价报告,对公司内部控制建设总体情况进行梳理,范围覆盖27 个业务流程发生业务,占比 96.43%;评价期内未发生业务的 1 个,占比 0.03%;推进现行风控制度的修订,按照公司新的体系架构及部门设置,对现行的风控制度修订与优化,修订《城运公司风控手册》《城运公司内部审计管理办法》等 5 项制度。完成风控缺陷整改,按现有部门职责针对 2019 年度评价过程中出现的 15 条风控缺陷,组织开展整改落实。配合首钢股权投资完成内控检查,对内控体系自评价发现问题整改落实情况、制度建设等方面进行检查,杜绝管理漏洞。完成"1+1"专项整治风险工作,按要求进行目标分解,确定专项方案定期反馈责任人,以任务目标为导向,明确责任部门、落实到人,按季度分解任务,安排工作进度,按月上报。

(王 红)

【主题教育】 首钢城运聚焦初心使命,从严从实抓好主题教育揭摆问题整改。针对专题民主生活会上查摆出 4 个方面 9 个问题,精心制定整改实施方案,坚持整改工作与重点工作双促进、双提高的原则,明确整改时限、责任人、整改标准,定期跟踪检查,及时解决存在的问题,按照计划要求完成存在问题的整改。

(宫金铭)

【党建工作】 首钢城运党总支结合实际,坚持"从严治党、从严治企"原则,紧紧围绕企业的经营重点工作,充分发挥党建的引领作用,实现党建工作与经营工作深度融合、双提高。制定《首钢城运领导班子成员 2020 年度全面从严治党责任清单》,将党总支班子管党治党的政治责任,把方向、管大局、保落实的领导责任,25 个子项细化分解到班子成员、实体单位及专业部室,明确工作时限、标准,进一步压实责任。制定《党支部党建述职评议考核工作》,对述职评价工作提出明确要求,完成领导人员考核、"一报告两评议"工作,结合机构调整及

时调整党员信息库。制定《党总支理论学习中心组2020年学习计划》,学习习近平新时代中国特色社会主义思想、"两会"精神、廉政建设、安全环保等内容,中心组理论学习11次,集体学习76项内容。召开党总支会13次,对于干部任免、年度预算及任务分解、企业文化等48项议题进行研究和前置审议。将"接诉即办"工作纳入逐级从严治党责任清单和党建考评体系,颁发《首钢城运重点矛盾纠纷包案管理办法》,妥善处理一起"接诉即办"事项。

(宫金铭)

【廉政建设】 首钢城运持续推进党风廉政建设。强化教育,不断提高全员廉洁从业意识。落实中央八项规定,紧盯春节、清明、五一、端午等关键时间节点,深化专项治理。严明纪律要求,做到令行禁止,针对不同时期容易发生问题的环节,明确"严禁"要求。节日期间采取召开会议、当面谈话、上传微信短信等形式,对干部员工进行教育、引导和提醒。畅通举报渠道,向广大职工公布举报电话、邮箱、微信号和通信地址,随时受理各途径举报,接受群众监督。认真学习贯彻北京市警示教育大会精神,结合实际开展警示教育,以案为鉴,以案促改,组织领导干部和有业务处置权岗位人员学习集团公司下发的《警示案例选编》,不断提高廉洁从业意识。组织召开"以案为鉴、以案促改"警示教育会,给党员干部敲警钟、亮红灯。组织中层以上党员干部及有业务处置权岗位人员30人,参观北京市反腐倡廉警示教育基地,增强警示教育的针对性、实效性。推进效能监察工作,对六盘水项目遗留问题处理进行督促,对贵阳公司清撤工作进行跟踪。

(宫金铭)

【企业文化建设】 首钢城运对官网、官方微信公众号、企业宣传册、企业宣传视频进行改版,大力宣传改革发展和经营亮点,讲好城运故事,依托对致信、集团协同平台相关板块调整,对集团相关消息转载及扩散,为首钢城运注入首钢文化基因,展现新产业蓬勃生机。通过年终表彰、月度流动红旗、设置光荣榜、激励标语和倒计时展板,增强员工的目标意识,激发荣誉感,形成"比学赶超"的争先氛围,广泛宣传先进典型,涌现了一大批集团公司、首钢股权投资和首钢城运公司级的先进集体和个人。通过设置团队风采、组织团建文体活动,增强员工的凝聚力,使企业更具竞争力。拓宽宣传渠道,利用社会媒体开展对外宣传,《首钢日报》《北京日报》《首都建设报》、学习强国北京学习平台、《北京晚报》等社会媒体,从不同角度报道冬奥张家口、大跳台立体智慧停车等项目。受中央电视台《创新进行时》、北京电视台《创新者说》等栏目之邀,拍摄公交智能公交车库研发专题片,增强了企业的品牌影响力。

(张云龙)

【维稳工作】 首钢城运严格落实逐级信访维稳工作责任制,推进信访矛盾的预防和化解。为强化维稳责任制的落实,加大信访积案化解力度,按照上级党委的重点矛盾纠纷包案制度有关要求,制定《首钢城运全国"两会"期间应急预案》《首钢城运重点矛盾纠纷包案管理办法》,明确责任人员、时限及标准,确保了稳定。对重要节日及特殊敏感时期、民生领域、企业改革以及重大任务实施与建设、经济案件利益受损人员等开展矛盾纠纷排查调处工作,将各类矛盾纠纷全部纳入工作视线,依法及时就地解决问题,没有发生大规模集体越级上访、因信访问题引发的群体性事件、因信访问题引发的重大个人极端事件、非接待场所集体访等事件。

(宫金铭)

【职工培训工作】 首钢城运组织各类培训25次,其中参与集团公司组织专业技术培训16次,参加培训185人次。组织内部培训5次,参加培训78人次,邀请外聘讲师培训1次,参加培训80人次。组织低压电工取证、安全员B本取证及安全员A/B本继续教育培训,参加15人。组织首钢城运员工35人、首嘉钢构73人,参加互联网+职业技能培训。

(李永青)

【人才队伍建设】 首钢城运加强干部队伍建设,为企业发展奠定基础。依据《首钢城运中层管理人员选拔任用管理制度》,选聘日常工作表现优异的4人走上重要工作岗位。按照市场化用人方式,引进职业经理人1人,签订《聘用协议书》《岗位目标责任书》。制定《首钢城运后备中层管理人员管理办法》,推荐出中层管理人员后备17人,搭建员工成长的舞台。加强"三支人才队伍"建设,结合企业经营管理实际需要,多渠道、多途径加大招聘力度,通过网络招聘和校园招聘、内部推荐等渠道收集人员信息、发掘人才、建立人力资源库。筛选简历432份,面试90人、办理入职手续30人。校园招聘收集185份简历,已签三方8人。加大员工的绩效考评、试用期及合同到期人员的业绩考核,对不合格的人员淘汰。在岗员工硕士以上学历 11 人,本科学历 79 人,专科学历 33 人,其他学历 20 人;高级职称 7 个,中级职称 13 个,一级建造师 5 人,二级建造师 3 人,八大员证书 46 本,人员结构逐渐合理,资质证书逐年增加。

(宫金铭)

【信息化建设与管理】 首钢城运信息化建设不断推进,修订《信息化管理制度》,上线并完善集团协同平台系统、HR 系统、主数据管理系统、财务共享系统、投资管理系统、资产管理系统。自主优化致远 OA 系统 67 张表单流程开发,配置 137 张,提高工作效率,节约成本 8 万元。创建首钢城运官网,5 月份完成上线,内容简洁清晰,促进亮点宣传,扩大了企业影响力。软件定义网络技术大范围应用,满足不在公司总部办公的员工通过互联网访问集团内网系统的需要。

(郭翔辰)

园 区 管 理

北京首钢建设投资有限公司

【首钢建投领导名录】
  董事长：赵民革（7月任职）
      王世忠（7月离任）
  副董事长：梁　捷
  董　　事：朱启建　邹立宾　金洪利　张福杰
  监事会主席：张焕友（11月任职）
  监　　事：孙佐刚（11月任职）
      刘振英（11月离任）
  职工监事：张清暖
  总经理：金洪利
  副总经理：兰新辉　王达明　付晓明
      李景园　郭　宏
  财务总监：戴　军
  总经理助理：白　宁
  党委书记：梁　捷
  党委副书记：金洪利　张福杰
  纪委书记：姜　宏
  工会主席：张福杰

（王玉娟）

【综述】　北京首钢建设投资有限公司（简称"首钢建投"）于2010年6月21日注册成立，是首钢集团有限公司的全资子公司，承担首钢北京地区搬迁腾退土地的开发建设任务。主营项目投资与管理、土地开发、房地产开发、施工总承包、专业承包、商品房销售、房地产经纪、房地产价格评估、物业管理、物资销售、技术咨询与服务。2017年4月，首钢印发《首钢总公司关于组建北京园区开发运营管理平台的通知》（首发〔2017〕83号），整合首钢北京园区相关业务，组建园区开发运营管理平台，明确园区开发运营管理平台实行"管委会—首钢建投—授权委托平台管理单位"三级组织体系。新首钢高端产业综合服务区管理委员会是首钢北京园区开发运营管理的领导机构，首钢建投行使平台管理职能，园区管理部、首钢园服、首钢特钢纳入平台管理体系，授权委托首钢建投管理。2017年6月，集团党委印发《关于

组建中国共产党北京首钢建设投资有限公司委员会和纪律检查委员会的通知》（首党发〔2017〕70号），组建中国共产党北京首钢建设投资有限公司委员会和中国共产党北京首钢建设投资有限公司纪律检查委员会。首钢建投下设职能管理部门14个，包括规划设计部、工程建设部、市政基础设施部、成本控制中心、计划风控部、总工室、招商中心、运营服务部、产业发展部、财务管理中心、党群工作部、行政管理部、大跳台项目协调部、安全环保部；全资子公司6家，参股公司1家。截至2020年底，在编职工183人，其中博士研究生4人，硕士研究生79人；高级职称30人，中级67人。

（董军旗、段　凯）

【北京市新首钢发展建设领导小组第七次会议】　8月18日，北京市新首钢高端产业综合服务区发展建设领导小组召开第七次会议。北京市委副书记、市长陈吉宁强调，前一阶段，新首钢地区建设工作聚焦功能定位，坚持专业化、国际化招商，加速培育新产业，着力提高管理服务能力，通过一系列有影响力的活动，提升了园区热度和关注度，形成良好发展势头，成绩值得肯定。下一步，要把握新首钢园区转型发展重要历史机遇，统筹资源、精准谋划、综合施策，创新开发建设和产业培育模式，提高园区运营质量和管理服务水平，进一步深化园区控制性详规，优化开发时序，加强成本控制。完善区企合作建设发展模式，强化协同对接，明确管理职责，提高公共服务设施建设管理水平。要精选项目重点培育，打造特色品牌，形成关注热点，展示发展前景，提升人气热度和活跃度，加快生活、娱乐等配套设施建设，吸引要素聚集，完善创新产业生态，不断夯实高质量发展基础。

（王玉娟）

【获得荣誉】　7月，首钢北京园区获2020年度北京市级文化产业园区。8月，首钢北京园区获大众点评"全国新晋网红榜第一名"。11月，首钢北京园区上榜首届北京网红打卡地。首钢建投获得中关村高新企业认证。12月，首钢建投规划设计部建筑设计师周婷、首园运动

中心制冰扫冰工刘博强2人获"北京市劳动模范"称号,首钢建投大跳台项目协调部获"北京市模范集体"称号。

(王玉娟)

【风控体系建设】 首钢建投持续推进权力清单、规章制度、风控手册三位一体制度管理体系建设。正式颁发《北京园区开发运营管理平台权力清单(试行)》(v1.0)。在风控手册基础上,完成内控体系运行评价,纳入评价范围的业务与事项均建立内部控制并有效执行。颁发《首钢北京园区开发运营管理平台违规责任追究实施办法》,组织首钢北京园区平台单位完成违规经营责任追究组织体系建设。根据集团关注的首钢建投重大风控专项工作,编制《首钢北京园区政策落地重大风控专项工作方案》,审慎稳定推进落实首钢北京园区政策落地风险管理工作。颁发制度28项,废止22项;现行制度80项,涉及投资、采购、合同、资产管理等业务支撑类制度已基本具备。

(陈 傲)

【公司运行】 首钢建投组织召开董事会会议2次,审议议题12项;召开经理办公会38次,对公司生产运行过程中重要事项进行研究审议。完成日常公文处理6135件,其中首钢建投董事会、党委、纪委及公司发文171件,发函58件,子公司发文及发函116件。组织社会招聘及首钢集团内部调入33人。组织2期"共享空间"活动,组织新职工赴首钢股份、首钢京唐等四地参观学习14人。开展相关培训项目25项。完成公务接待186次,3300余人次。

(王玉娟、李思慧、赵 钰)

【手续办理】 首钢建投完成西十冬奥广场办公区全部单体11个不动产证办理。完成新首钢国际人才社区(核心区北区)036地块手续主体变更并取得新立项批复;取得新首钢国际人才社区(核心区南区)030—034地块工程规划许可证。取得北京冬奥会技术运行中心及附属通信枢纽项目临时建设工程规划许可证及节能审查批复。完成脱硫车间改造项目、三高炉本体及C馆规划验收。与北京公交集团签订《首钢园北区1607—032、1607—008地块公交场站用地及站务用房协议》和备忘录。一高炉立面改造及夜景照明设计方案顺利通过专家评审会并取得北京市规划委批复意见。协同北京市住建委和石景山区住建委组织编制《既有

工业建筑物绿色改造评价标准》,已通过标准终期评审。完成金安桥交通一体化项目出让合同签订及政府土地收益缴纳。完成国家体育总局冬季训练中心及配套设施、国际人才社区南北区、城市创新织补工场项目土地协议出让申报。

(冯少华、鞠慧雅)

【完成开发目标】 首钢建投完成东南区一级开发整体验收,实现三年完成土地一级开发工作目标,完成东南区1612—757、1612—759地块成交,实现溢价12.5亿元,为集团获取政府收益专户注入资金6.25亿元。推进长安街西延项目、北辛安北段项目土地拆迁补偿,实现北京市财政局预拨长安街西延首钢段占地拆迁补偿项目专项资金9.37亿元并到账。实现古城南街剩余补偿款7.7亿元并到账。取得石景山区政府核发《石景山区政府关于首钢工业遗址公园(金安桥站交通一体化及工业遗存修缮)项目收回首钢集团有限公司国有土地使用权的批复》,首钢北京园区北区收回原国有土地使用权。

(冯少华、鞠慧雅)

【项目建设】 首钢建投高标准按期完成北京冬奥会技术运行中心(TOC)、主运行中心(MOC)项目建设。完成氧气厂南北区、冷却塔酒店、电厂酒店主体结构施工。一高炉超体空间进入主体结构施工阶段。完成冬奥广场(五一剧场、制粉车间改造)、金安桥一体化、金工车间等项目主体结构施工。完成保税仓库装修改造、三高炉C馆啤酒坊精装修项目。新首钢国际人才社区(核心区南区)项目进入地下结构施工阶段。城市织补创新工场(一期)进入土护降施工阶段。完成初轧食堂改造项目。整改完成首钢北京园区北区道路无障碍设施改造项目。

(罗 刚)

【基础设施建设】 首钢建投取得首钢北京园区北区东部管廊"多规合一"协同意见函,完成北区东部第一批5条道路立项材料编制并报北京市发改委申请立项。完成锅炉厂南路和北辛安路南段补偿协议签订并报送至北京市发改委评审。完成东南区第一批交房地块周边道路及管线建设。取得园区各项目电力、给排水、热力等能源报装方案21项,完成滑雪大跳台、冰球馆、冬奥开闭站和冬训中心开闭站电源切改及炼钢110千伏变电站发电。完成脱硫车间相关电力资产和凉水池东路

及以西自来水管网实物和管理移交。完成北区 19 个污染地块修复,其中 18 个污染地块完成修复效果评估并移出名录,清理转运危废物 4000 余吨。

（张玉逊）

【成本控制】 首钢建投按照项目全流程投资管控和成本管控体系加强成本控制,首钢园南区项目在前期方案设计阶段提前介入投资管控,组织编制建造和交付标准、交付界面及相关建造费用标准（投资估算）,提前做好界面划分和设计限额工作,建立成本管控体系;对于已完工项目抓紧办理结算,梳理项目相关争议事项,协调推动结算手续办理,完成西十冬奥广场、西十筒仓、冬训中心（网球馆及公寓、精煤车间）、三高炉、北七筒等 19 个项目工程结算;严格按照园区四级分级投资管控方式,进行项目总体投资及分级投资的管理;推动重要设备材料的集中采购,滑雪大跳台、金安桥、三高炉等 5 个项目,采购设备 133 批次;推进自备电站酒店项目精装主材采购,加强计划性管理,满足样板间需用时限,通过确标会的方式,确保材料质量合格,通过寻源、询价,降低采购成本。

（吕建卫）

【产业发展】 首钢建投成功举办 2020 中国科幻大会,推动全国首个科幻产业集聚区正式挂牌,明确首钢北京园区科幻产业"三中心、一平台"的功能定位,推动中国科幻研究中心落户园区。获得北京市电子竞技产业品牌中心、北京市游戏创新体验区授牌,争取到北京市、中关村产业支持资金 150 万元。完成《科幻产业集聚区总体实施方案》《首钢园"体育+"产业工作实施方案》《新首钢国际人才社区建设规划》编制,汇编形成《首钢园产业发展蓝皮书 2020》。成功举办 AIIA2020 人工智能开发者大会、百度 2020 世界大会等 7 项重要产业活动,中关村数智人工智能产业联盟落户园区。开展 5G、自动驾驶等前沿科技示范应用,实现百度、京东、北汽、美团等企业 22 台无人车、16 台机器人入园测试。实施 11 项科技冬奥项目,争取到第三个科技部科技冬奥重大专项课题,通过科技冬奥示范应用吸引 20 家科技企业在园区落户。拓展中欧合作渠道,与中国德国商会、中法工商大会完成签约,与中国欧盟商会深度洽谈合作,举办 5 次"欧洲企业走进首钢园"活动,向 80 余家欧洲企业推介首钢北京园区,稳步推进与弗劳恩霍夫、世坤体育等机构和企业的深度合作。

（吴　鑫）

【招商推广】 首钢建投深度挖掘科技、文化和体育行业龙头企业生态资源,引入腾讯平台与内容事业群、亚太文融、当红齐天等 15 家产业及商业客户入驻园区,实现新石器、云迹等 8 家企业落位精煤车间集中办公区,实现签约面积 4.17 万平方米,首钢园北区已建成可出租空间,整体出租率 92.41%。持续推动 TOC、怡和、华夏银行等重大项目的谈判工作。优化营商环境,完成多项地址备案,新增 251 个工商注册地址,配合 37 家企业、协会、联盟完成注册登记。培育产业生态,打造电竞产业聚集区,在园区内成立北京市电子竞技产业发展协会。

（丁　磊）

【运营服务】 首钢建投持续完善运营体系建设,制定颁发《资产交接管理办法》《合同欠费管理办法》《活动场地管理办法》等,通过精益管理提升运营效率,降低管理风险。以北京冬奥为契机,不断完善国际化商业配套,打造良好商业环境,香格里拉与北京冬奥组委正式签署协议,成为冬奥官方合作酒店并完成五星预评审工作。与政府部门沟通,首钢北京园区纳入首店政策支持范围,推动美团 MAI SHOP 全国首店、Re 睿·国际创忆馆首店、全民畅读艺术书店旗舰店、泰山体育瑞豹自行车首店等多家商户落地园区并顺利开业,活力园区的氛围初步形成,组织落地 55 场具有影响力的活动,打造全球首发中心,如首钢园旗舰品牌发布会、北京时装周开幕式、电竞北京 2020、景贤大会等,国内国际影响力显著提升。完善运营标准化管理,将数据资产的标准化运营当作重点,形成园区北区月度消费经营报告,通过消费数据分析反思管理问题和运营模式提升。响应国家政策为园区中小微企业开展租金减免。充分发挥平台公司职能,通过月度例会、质量考评、引进来走出去等方式,不断提升服务水平。创新服务模式,完善服务体系,研究北京市文化园区等相关政策,为客户申请补贴,清城睿现、红盾大数据等获得房租补贴支持。

（刘　铎、石巧琳）

【安全环保】 首钢建投行使平台管理职能,以安全环保主体责任落实为主线,以措施落地见效为根本,严抓疫情防控,安全复工复产,严控环境污染源,保障园区北区开发建设和对外开放。园区内各类大型活动如期举办,实现生产安全事故、疫情防控、火灾事故、环境污染事件防控工作目标。针对园区开发建设的多样性和复杂性,聚焦安全生产主要问题和薄弱环节,确定"1+N"模式制度架构,完善相关方安全管理、场地场所出租、大型活动举办等 14 项安全环保管理内容。针对重要时期、重大活动、重点项目,制定 23 个专业指导性文件和 6 个安全环保管理专项方案。为加强过程管控,组织督察检查 105 次,查处隐患问题 658 项,下发《隐患问题督查通知书》59 份,违约处罚 39.1 万元。约谈监理公司经理、总包项目经理、专业分包公司经理 4 人次。下发施工暂停令 2 次。

(李建海)

【队伍建设】 首钢建投完善薪酬考核激励机制,推出在线考核评审系统,严格落实计划指标及业绩考核。实施劳动合同到期续签考核评审,强化绩效考核"指挥棒"作用,续签合同 12 人,解除合同 17 人。专业人员招聘坚持"好中选优",组织面试 79 场,新招入职 23 人,公司社会化招聘人员比例 70%。推荐参加集团中青年干部培训班 1 人。

(田希全、韩雪娇)

【疫情防控】 针对突如其来的新冠疫情,首钢建投党委第一时间成立首钢北京园区平台疫情防控工作领导小组,按照"大封号、小隔离"的工作思路,针对北京冬奥组委办公、训练场馆、商业办公、施工项目等,分别组织制定专项疫情防控方案。组织做好中高风险重点区域人员排查,完成全体职工核酸检测。组织园区党员为疫情防控一线捐款 22.67 万元,组织园区平台选派两批 14 名党员下沉社区支援疫情防控。公司领导班子及中层管理人员带头落实疫情防控工作,党员和青年团员自愿放弃休息时间参与志愿服务,为园区开发建设提供坚实保障。

(田希全、张亚杰)

【党建工作】 首钢建投加强党委会规范化运行,组织召开党委会 13 次,研究议题 75 项,其中党建议题 39 项,前置审议"三重一大"事项 28 项。制定首钢建投党委年度深化落实全面从严治党主体责任清单,签订领导班子成员全面从严治党主体责任清单,修订首钢建投"三重一大"决策事项清单,明确管党治党责任。配合北京市委第一巡视组对首钢北京园区延伸巡视,报送调阅材料 200 余项,根据巡视反馈意见制定方案扎实推进整改。开展领导班子综合分析研判,明确工作改进方向。组织园区平台选举产生出席集团第一次党代会代表 14 人。规范基层党组织设置,撤销基层党委 2 个,新设立党总支 2 个。调整干部 21 人次,其中免职 2 人。完成中层干部年度民主测评,做好结果运用。开展"致敬新时代、建设新地标"创先争优主题实践活动。第四党支部工作法被《支部生活》杂志深入报道,工作案例同时入选北京"长城网"优秀党建课件资源开发计划。

(张亚杰)

【廉政建设】 首钢建投颁发《纪检体制改革实施方案》,成立推进纪检体制改革工作小组,完成既定任务。制定《纪委会工作规则》,加强对园区平台各单位纪委工作的指导。组织各级纪委制定疫情防控专项监督方案,对园区项目现场、住宿区、场馆、餐厅、门岗等重点区域开展常态化监督检查。对滑雪大跳台建设及赛事筹备、TOC 项目建设开展重点监督。组织园区招采领域集体谈话会。加强与首钢股权投资、首钢建设等园区参建单位纪委协同联动,形成监督合力。

(张亚杰)

【企业文化建设】 首钢建投采用海外直播形式同步亮相国际广播电台,推介"四个复兴"新成效,覆盖人群超过 1200 万人。首钢园微信号推送消息 190 条,关注用户增长 4 倍。抖音号用户超过 11 万人,赢得年轻人群青睐。组织开展高炉溜索、攀岩、插花、登山等共享空间活动,提高职工归属感。为全体职工按投保工会互助保险。做好传统节日普惠式慰问、生日祝福和消费扶贫,慰问住院、生育和抗疫人员 113 人次,发放大病住院慰问金 22 人次。首钢建投获"十三五"中国企业文化建设优秀单位奖。

(张亚杰、赵富忠)

【2020 年首钢建投大事记】
1 月 2 日,首钢北京园区东南区土地一级开发项目取得征地结案,标志着东南区土地一级开发前期手续全部办理完毕。

1 月 3 日,首钢北京园区东南区第二批 757、759 地块溢价成交。

1 月 10 日,《北京园区开发运营管理平台建设期(2018—2023 年)产业培育和投资促进管理办法》颁布实施。

2 月 10 日,首钢滑雪大跳台项目相关配套设施建设正式复工。

3月4日,石景山区委书记常卫、区委副书记田利跃先后来到首钢滑雪大跳台中心电厂酒店和地铁M11线施工现场,检查冬奥工程复工复产及疫情防控有关工作。

3月5日,首钢北京园区东南区二街取得电力建设工程规划许可证。

3月10日,首钢北京园区东南区二街取得给水、排水建设工程规划许可证。

3月12日,《北京首钢建设投资有限公司税务管理办法》颁布实施。

3月17日,首钢北京园区东南区三街取得排水建设工程规划许可证;东南区三路取得热力建设工程规划许可证。

3月18日,石景山区副区长左小兵率区疾控中心到首钢园秀池酒店考察疫情防控等有关工作,区疾控中心对酒店服务人员卫生防疫工作进行了专门的辅导和培训。

3月19日,首钢国际人才社区(核心区南区)项目(1607—030、034地块地下室东区、西区)取得建设工程规划许可证。

3月23日,《北京首钢建设投资有限公司〈关于新首钢高端产业综合服务区市区经济贡献共享专项资金的使用管理办法(试行)〉》颁布实施。首钢北京园区东南区三路取得排水建设工程规划许可证;东南区三街取得给水建设工程规划许可证。

3月27日,首钢北京园区东南区四路取得排水、再生水建设工程规划许可证。

4月8日,首钢国际人才社区(核心区北区)项目(1607—036地块)取得"多规合一"协同平台意见函。

4月15日,北京市委常委、市纪委书记、市监委主任陈雍一行到首钢北京园区调研复工复产有关工作,并对进一步统筹抓好园区疫情防控和复工复产提出了明确要求。

4月15日,首钢北京园区东南区二街取得燃气、燃气拆改移建设工程规划许可证。

4月15日,国家体育总局冬运中心在首钢园国家冬季运动训练中心举行欢送仪式,向与中国冰雪健儿一起在防疫一线奋战28天的北大首钢医院医务工作者致以最崇高的敬意。

4月20日,首钢北京园区东南区一街取得给水、排水、再生水建设工程规划许可证;东南区四路取得电力建设工程规划许可证。

4月30日,"新首钢大桥"LOGO在大桥东侧安装就位,大桥正式落地。

5月1日,首钢园运动中心职工刘博强亮相北京市新型冠状病毒肺炎疫情防控工作新闻发布会。

5月9日,首钢北京园区恢复开放,实行实名制预约入园。

5月11日,首钢国际人才社区(核心区北区)项目(01607—036地块)取得核准批复。

5月12日,首钢北京园区东南区一路取得排水、再生水建设工程规划许可证。

5月13日,首钢园北京冬奥会技术运行中心及附属通信枢纽取得临时建设工程规划许可证。

5月15日,《北京首钢建设投资有限公司招标采购工作管理办法》颁布实施。

5月22日,首钢建投在三高炉A馆报告厅举办"首旺百年,机遇再现——首钢园新品推介及渠道合作说明会"。

5月25日,首钢国际人才社区(南区)地下室部分取得建筑工程施工许可证。

5月26日,首钢北京园区东南区一路取得给水建设工程规划许可证;东南区三街取得燃气建设工程规划许可证。

5月27日,首钢三高炉改造项目(C馆)取得建设工程规划核验意见。《中国名牌》全媒体走进首钢园进行网络直播,全景展现首钢园区开发建设成果,瞬间引爆网络。

6月3日,北京冬奥组委副秘书长徐志军一行到首钢滑雪大跳台场馆调研,并就做好世锦赛筹备工作提出明确要求。首钢北京园区秀池西路南段取得排水建设工程规划许可证。

6月8日,首钢建投参加石景山区经济发展推进大会,围绕冬奥、科技与文化融合、高端商务配套、未来城市示范四大板块,与中国银行、中国联通、万豪、雅诗阁、清城睿现、美团、泰山、明略科技等多家优质企业签订10个新引进重大项目合作意向。

6月9日,北京市委常委、组织部部长魏小东一行考察首钢北京园区。

6月10日,《首钢北京园区经营性房屋租赁合同欠费管理办法(试行)》颁布实施。

6月11日,首钢东南区五街取得建筑工程施工许可证;秀池南街取得建设工程规划许可证。

6月17日,《北京园区开发运营管理平台违规经营投资责任追究实施办法》颁布实施。

6月19日,《北京首钢建设投资有限公司"三重一大"决策事项清单》颁布实施。

6月23日,《北京首钢建设投资有限公司国有资本经营预算管理办法(试行)》颁布实施。

6月29日,首钢北京园区东南区二路、六街取得建筑工程施工许可证;四高炉南路西延、群明湖西路取得建设工程规划许可证。正式取得《新首钢高端产业综合服务区南区详细规划(街区层面)》批复。

6月30日,《首钢园集中办公区管理办法(试行)》颁布实施。

7月1日,首钢国际人才社区(核心区北区)项目(1607—035地块)取得地下文物保护工作函。

7月3日,《北京首钢建设投资有限公司第三方招商服务机构管理办法(修订版)》颁布实施。

7月9日,首钢北京园区东南区二街、三街取得使用国有土地的批复;电厂路、电厂东路取得建设工程规划许可证。

7月31日,国家体育总局局长苟仲文、冬运中心主任倪会忠等一行到首钢园国家冬季训练中心,实地考察驻训队伍复训及备战工作。

8月3日,首钢园群明湖北路取得建设工程规划许可证。

8月6日,首钢老工业区西十冬奥广场项目[工业设施改造(料仓)一炉料仓、主控室]取得不动产权证书。

8月7日,北京市国资委党委书记、主任张贵林调研首钢园区重点项目工程进展和疫情防控等有关工作,对进一步抓实抓好园区开发建设工作提出了具体要求。

8月10日,首钢保税仓库(首钢南区一炼钢厂7—9号楼)装修项目取得建筑工程施工许可证。

8月11日,首钢老工业区西十冬奥广场项目(N1-2转运站、N3-3转运站)取得不动产权证书。

8月12日,首钢老工业区西十冬奥广场项目(N3-17转运站、一三高炉压差发电综合楼)取得不动产权证书。

8月13日,首钢老工业区西十冬奥广场项目(南1-6筒、原料系统主控室、Nm-3转运站、一高炉空压机站及返矿仓、除尘及料仓除尘机房)取得不动产权证书。

8月15日,首届"北京国际电竞创新发展大会"主论坛在首钢园举办。

8月19日,首钢北京园区东南区三街取得国有建设用地划拨决定书。

8月21日,北京市政协副主席于鲁明率市政协常委一行到首钢北京园区考察。

8月24日,北京市委第一巡视组对首钢建投进行延伸巡视。

8月28日,中国科协党组书记、常务副主席、书记处第一书记怀进鹏,中国科协副主席、书记处书记孟庆海等一行到首钢园区调研科幻工作,北京市副市长隋振江等一同调研。经北京冬奥组委授权,位于首钢园区三高炉东北侧的首家北京2022官方特许商品零售店——"首钢园冬奥特许商品实体店"正式试营业。

9月2日,《人民日报》头版以《参与冬奥筹办着力转型发展》为题,对首钢园以冬奥筹办为契机,着力推进园区"文化复兴、产业复兴、生态复兴、活力复兴"所展现的全新风貌,以及首钢职工刘博强等一批老首钢传统产业工人投身新首钢园区开发建设,实现职业生涯的转变,创造着新时代的新生活生动故事,引发社会广泛关注。

9月4日,首钢北京园区展示区亮相中国国际服务贸易交易会,受到广泛关注和好评。

9月7日,央视首钢园航拍视频惊艳亮相《新闻直播间》,全景展现了首钢园区开发建设成就和服务保障冬奥成果,引爆各界关注。

9月15日,"2020北京时装周"开幕盛典在首钢园三高炉举办。

9月17日,"中关村论坛联合国教科文组织创意城市北京峰会"在首钢园开幕,北京市委副书记、市长陈吉宁视频致辞。

9月18日,首钢老工业区西十冬奥广场项目(N3-2转运站)取得不动产权证书。

9月19日,中国舞蹈家协会环境舞蹈展演在首钢园拉开序幕。

9月21日,首钢老工业区西十冬奥广场项目(一三高炉车间联合泵站)取得不动产权证书。

9月26日,"第三十五届石景山区金秋体育盛会"启动仪式暨"激昂青春逐梦冬奥滑板挑战赛"在首钢极限公园成功举办。

9月27日,中国德国商会组织17家德国企业的30余名代表到访首钢北京园区,双方围绕推进首钢中欧创新园建设广泛交换意见并签署合作协议。

9月28日,由中关村管委会、石景山区政府、中国人工智能产业发展联盟(AIIA)和首钢集团联合主办的"第三届 AIIA2020 人工智能开发者大会"在首钢园举办。

9月29日,首钢国际人才社区(核心区南区)项目(1607—030、031、032、034 地块)取得建设工程规划许可证。

10月1日,首钢极限公园正式开业并举办"首钢极限公园——街 SHOW 嘉年华"。

10月16日,"首钢园区旗舰品牌发布会"暨"BIBF波萝圈儿国际插画奖"颁奖盛典在首钢三高炉举办,引发社会广泛关注。

10月23日,北京市委书记蔡奇,市委副书记、市长陈吉宁到石景山区就推进新首钢地区建设发展开展调查研究,实地考察了首钢园脱硫车间、极限公园。

10月24日,"ARCFOX 品牌之夜"暨"αT 上市发布会"在首钢园三高炉举办。

10月26日,国家文化和旅游部办公厅熊远明主任等一行到首钢北京园区调研。

10月31日,"2020 全国轮滑大联动"在首钢极限公园举行。

11月1日,"2020 中国科幻大会"在首钢园举办。中国科协党组书记、常务副主席、书记处第一书记怀进鹏,北京市委副书记、市长陈吉宁出席并致辞。大会通过线上线下相结合方式进行,促进科幻电影发展联系机制成员单位、北京市有关部门、石景山区委区政府以及部分地方科协负责人、首钢集团领导张功焰、赵民革、梁捷、科幻业界代表、影视界人士和科幻爱好者等300余人出席开幕会,10余位来自美国、英国、日本等国家的科学家、著名科幻作家、科幻业界知名人士和全球科幻机构组织代表通过线上方式参会。

11月4日,首钢园一高炉超体空间项目取得建筑工程施工告知单。

11月6日,"2020 全国大学生品牌故事创意大赛"暨"创意营"活动在首钢园举办。

11月7日,"北京 2022 年冬奥会——冰上运动纪念邮票首发"暨"中国邮政冬奥文化校园行"启动仪式在首钢园国家冬季训练中心举行。

11月11日,《北京首钢建设投资有限公司风控管理办法》《北京园区开发运营管理平台法治建设考核评价实施细则(试行)》颁布实施。和合谷首钢园店正式开业。

11月24日,首钢集团与欧洲最大科研机构"德国弗劳恩霍夫协会"联合举办的"全球国际创新论坛"在首钢园开幕。

11月25日,石景山区公安分局反恐特巡支队、新古城派出所、首钢内保大队,以及首钢园区各参建单位约600余人在首钢滑雪大跳台举行赛事应急反恐演练。

12月3日,首钢国际人才社区(核心区南区)项目(1607—032 地块)取得公交场站用地及站务用房协议;城市织补创新工场项目(1607—008 地块)取得公交场站用地及站务用房协议。

12月18日,"2020 年中关村 5G 创新应用大赛总决赛"以及闭幕式在首钢园举行。北京市政府副秘书长张劲松、中关村管委会主任翟立新、石景山区区长李新、首钢集团领导梁捷和中关村管委会、北京市通信管理局及市经信委、中国信通院、中国移动集团研究院、中国联通北京公司、中国移动北京公司、中国电信北京公司、华为技术有限公司等单位相关负责人出席大赛闭幕式。

12月21日,首钢滑雪大跳台本体起跳平台区域开始进行造雪。

12月23日,首钢集团党委书记、董事长张功焰主持召开新首钢高端产业综合服务区管委会第一次会议。会议原则同意市区经济贡献共享专项资金使用管理办法修订和2019年专项资金使用情况及2020年专项资金使用安排,强调,首钢建投要认真学习贯彻领导小组会议精神,尽职尽责做好园区各项工作。要严格按照专项资金使用管理有关规定,做好资金使用和管理工作,用好政策资金支持。

12月24日,全民畅读艺术书店及小米体验店在首钢园三高炉正式亮相。

12月26日,石景山区 2020 年首届"冰雪嘉年华"

分会场——"首钢园冰雪汇"正式向北京市民开放。

12 月 29 日,《北京首钢建设投资有限公司项目成本核算管理办法》《北京园区开发运营管理平台安全生产管理办法》《北京园区开发运营管理平台安全生产责任制》《北京园区开发运营管理平台消防安全管理办法》《北京园区开发运营管理平台特种设备安全管理办法(试行)》《北京首钢建设投资有限公司建设项目文件管理办法》《北京首钢建设投资有限公司园区资产交接管理办法(试行)》颁布实施。

12 月 30 日,首钢北京园区东南区二路、东南区五街取得国有建设用地划拨决定书。

(王玉娟)

北京首钢园区综合服务有限公司

【首钢园服领导名录】

董事长:陈 尚

董 事:韩瑞峰(3 月离任) 金洪利(3 月任职)
     郭 宏(3 月任职) 赵晓波(2 月任职)
     汪 兵(3 月任职)

监 事:刘振英(11 月离任) 张 巍(9 月离任)
     华 超(2 月任职)

党委书记:金洪利

党委副书记:陈 尚 赵晓波

总经理:陈 尚

副总经理:汪 兵

(郑焕红)

【综述】 北京首钢园区综合服务有限公司(简称"首钢园服")是为适应首钢北京园区开发工作需要,引导留守职工转型发展,打造园区高端服务,于 2013 年 6 月 6 日注册,7 月 1 日正式挂牌成立。注册资本金 900 万元,2019 年增资 4600 万元。按照市场化运行机制,实行自主经营、独立核算,纳入园区开发平台体系。下设经营财务部、运行管理部、人力资源部、安全环保部、党群办公室、信息化办公室、战略规划部 7 个职能部门;另设培训部、文化旅游事业部、包车客运事业部、酒店餐饮事业部、物业公司、绿化公司、动力厂等 7 个实体单位。截至 2020 年底,在册职工 1133 人,其中:硕士生 39 人,本科生 394 人,大专生 463 人;高级职称 23 人,中级职称 66 人;高级工 337 人,中级工 115 人。

(李 亮)

【经营指标】 2020 年,首钢园服计划收入 29541 万元,实际完成 32857 万元,完成计划的 111.22%,比上年同期 32729 万元增收 128 万元。计划利润控亏 3000 万元,实际完成控亏 2578 万元,完成计划的 114.07%,比上年同期控亏 3416 万元减亏 838 万元。动力厂计划收支差 -4514 万元,实际完成 -3335 万元,完成计划的 126.12%,比上年同期 -5304 万元减亏 1969 万元。

(张 巍)

【活动保障】 首钢园服通过不断总结重大活动服务经验,不断优化服务方案,先后圆满完成各项重大服务保障任务 230 项,高质量完成北京市主要领导"双调研"、首钢"三创"交流会、中国科幻大会、北京时装周等服务保障任务。完成重要会议 76 项,完成重要接待 104 项,完成重要活动 50 项。高标准完成商务、政务参观接待 600 余批次,服务满意率 100%,得到各级领导及冬奥组委的高度认可。

(李 明)

【疫情防控】 针对新冠疫情,首钢园服成立疫情防控领导小组及工作专班,制定《首钢园服公司疫情防控工作方案》,建立 24 小时响应机制和日报告制度。以对客户和职工群众高度负责的态度,层层压实责任,完善防控预案,细化防控措施。压实"四方责任",做到"三防""四早""九严格"。对北京冬奥组委、国家冬训中心等重点区域实行全封闭管理,对所管物业项目严格执行"双楼长"制,严格落实酒店餐饮、文化旅游、交通服务等行业防控要求,外防输入、内防反弹,实现零感染。加强"四不两直"检查,做好防控物资供应,确保各项防控措施落到实处。390 名党员、149 名群众防疫捐款 6.7 万元。统筹抓好疫情防控和复工复产工作，有力有序推进"防疫""经营"两不误。

（韦 哲）

【园区物业】　首钢园服以新机构组建为契机，梳理完善现行制度及应急预案 117 个。打造体育大厦、三高炉等标杆示范项目，通过细化服务方案，开展品质提升专项治理，园区服务品质得到明显改善，连续三年跻身全国物业企业百强。深入挖掘园区资源内在价值，以首钢园三高炉、高线公园、厂东门等场地为切入点，通过各类活动提供增值服务。按要求做好事业部垃圾分类，建立健全垃圾分类管理制度、管理台账等，张贴垃圾分类宣传画 150 余套，以集中培训或微信群方式组织垃圾分类培训 26 次，配置四分类垃圾桶 414 个。

（田晓峰）

【服务冬奥】　首钢园服坚决落实北京冬奥赛事保障工作精神，编制首钢滑雪大跳台赛事清废保障方案，选拔优秀人员进入赛事服务保障团队，赛事服务保障工作按时间节点有序推进。对标市场化标准，完成冬训中心项目标杆项目打造工作。统一制定内部市场开发计划，有序进行 MOC 项目前期介入及 TOC 项目承接查验；完成参观接待 178 次计 3978 人次；其中北京市级以上参观 67 次计 2628 人次；重大活动 179 次，总人数 7026 人。完成各类会议 7222 次计 91199 人次，实现重大活动服务保障零投诉，北京冬奥项目客户满意度 96.5 分以上。

（张金坡）

【文化旅游】　首钢园服以园区旅游资源为载体，加强对外合作，着重打造靓丽首钢、科技冬奥等系列研学产品，提升园区文旅新体验。筹开北京冬奥特许商品店，实现当年盈利。做好业务拓展，成功申办北京礼物店，开发首钢礼物 32 种主题文创产品，培育"首钢文旅"品牌。开展与园区新科技项目合作，实现无人车、机器人等高科技产品投入运行。

（高新增）

【包车客运】　首钢园服加强对标合作，扩大汽车租赁、包车客运业务。充分利用交通运输管理平台，有效提高经营和管理能力。开展与首汽租车、北方创业等社会汽车租赁公司对标合作，提高车辆运营效率，车辆出租率 100%。在疫情防控最严峻的时刻，克服人员困难和运营压力，完成冬运中心交通运输工作任务，受到国家体育总局高度评价和充分认可。

（沈颖杰）

【餐饮服务】　首钢园服围绕北区建设运营，探索新的业务增长点，茶钢儿成为园区零售模式的新亮点和新品牌。推进初轧食堂建设和筹开工作，彻底解决周边职工就餐问题，得到职工一致好评。围绕为北京冬奥、冬训中心提供最高标准服务，与北辰会展、洲际酒店等单位开展合作交流，苦练内功、凝心聚力，打造一支优秀的服务保障团队。与冬运中心建立良好的合作关系，成功中标国家体育总局在二七厂、河北崇礼及涞源基地的住宿餐饮服务项目。开拓市场，成功中标高教职工食堂、金茂大厦餐厅等餐饮服务项目。

（陈红波）

【安全环保】　首钢园服坚持依法合规管理，修订完善安全管理制度及应急预案，构筑从顶层到班组的安全管理框架，推进园区综合管理网格化。强化过程管控，查摆存在问题，完善相关制度和管理台账，扎实开展专项整治，确保"开展一次整治，提升一层管理"。定期对餐饮油烟净化设备检查，确保油烟排放符合国家标准。加强交通安全培训教育，深入开展"122 全国交通安全日"宣传活动，提高职工交通安全意识。各级领导带队开展"四不两直"联合检查 26 次，开展专项检查 56 次，下发隐患整改通知 23 份，整改各类隐患 36 项。

（吕 菲）

【信息开发】　首钢园服开发利用"AI 尚首钢园"小程序，创新"平台+"的服务模式，与全民畅读、香啤坊、茶钢儿等 10 余家商户签订合作协议，园区覆盖率 95% 以上。充分发挥"假日经济"作用，国庆期间联动园区商户共同举办"嗨 in 首钢园"系列活动，实现园区用户画像、交易使用等关键数据沉淀和分析，活动转化率 58%。小程序运营以来，注册用户 30 万人，点击量破千万，在首钢北京园区类小程序中活跃度排名第一，初步形成了园区优质服务生态。

（李丽萍）

【党组织建设】　首钢园服党委结合园区服务特点，修订《党建工作责任清单》，强化意识形态工作。总结运用"五结合、五坚持、五提升"工作法，促转型、强服务、谋发展，推进基层党支部规范化、特色化、品牌化建设。

首钢园服党委被评为首钢集团模范党委,获企业党建实践创新典范单位。冬奥物业事业部党支部被评为首钢集团第一批品牌党支部。

(董立勋)

【廉政建设】 首钢园服全面落实党委主体责任和纪委监督责任,召开党风廉政建设工作会,层层签订《党风廉政建设目标责任书》。开展"以案为鉴、以案促改"警示教育 5 次,逐级开展提醒谈话,做到警示教育常态化。深入开展"大学习大讨论"活动,深入一线调研、征集意见建议 125 项,立行立改 78 项,持续整改 47 项。加强监督检查,开展党建巡查、合规经营、遵规守矩等专项行动 3 次,营造风清气正生态环境。做好维稳和接诉即办工作,确保企业安定稳定。

(赵 新)

【企业文化建设】 首钢园服坚持党建引领,文化驱动,编制《企业文化手册》,将"匠心服务追求卓越"的精神口号内化于心,外化于行。首钢园服北京市劳动模范姜金玉、首钢之星李红继等多人的转型故事在北京电视台、中央电视台、《人民日报》多次宣传报道,姜金玉获北京市国资委"十佳宣讲员"称号。弘扬主旋律,传播正能量,围绕深化改革、重大服务保障任务,发布微信公众号 70 余期,编发各类典型 150 个,各业态品牌宣传 10 期,进一步激励职工干事创业热情。

(赵 洋)

园区管理部

【园区管理部领导名录】

部　长:王云平

副部长:李建设

党委书记、工会主席:王云平

纪委书记、党委副书记:闫广顺

【综述】 首钢集团有限公司园区管理部(简称"园区管理部")成立于 2013 年 3 月 14 日,负责园区停产资产处置、拆迁和新建工程组织、合同预算、设备材料采购、废旧材料回收加工、厂容绿化、安全、保卫、防火、防雨防汛、信访维稳以及一线材、南区管理处管理等工作。园区管理部设有处级机构 10 个,职能处室 5 个,职能带实体处室 2 个,实体单位 3 个。截至 2020 年末,在岗职工 1425 人,其中:男职工 1225 人,女职工 200 人;专业管理人员 328 人,操作岗位 1097 人;研究生及以上学历 8 人,本科学历 282 人,大专学历 353 人。

(牛全尧)

【疫情防控】 在抗击新冠肺炎疫情工作中,园区管理部坚持把职工健康放在第一位,第一时间启动疫情防控方案,紧急采购防疫物资,成立疫情防控工作领导小组,下辖 9 个专项工作组,实行封闭管理,划分最小防控单元,建立信息反馈网络,逐级开展督导检查,及时整改所发现的问题,检查 98 次,检查重点防控区域和岗位 802 个,并先后制订下发 29 项措施方案。各单位主要领导、各级疫情防控人员,坚持疫情防控各项工作不断线、不松劲,按照"外防输入,内防反弹"的要求,抓实返京人员、中高风险人员隔离及管理,及时统计、反馈各类信息,落实常态化防控措施,有序做好复工复产。

(任明琦)

【资产管理】 园区管理部所管资产合计原值 354.04 亿元,资产净值 316.22 亿元。其中,园区停产及管理部成立后新建并接收的资产,包括生产时期各厂矿、运输部、供应公司、一线材、行政处、耐材炉料公司等单位资产,原值 49.8 亿元,净值 11.98 亿元;土地资产,原值 304.24 亿元,净值 304.24 亿元。结合园区开发项目建设时序和安全消隐,全面加强资产管理和处置。组织完成固定资产盘点工作,粘贴固定资产标识 4960 项。办理办公厅大院、张仪村小站房屋所有权证,配合资产管理中心测绘评估园区账外房屋 86 处,完善资料后纳入账内房屋管理。加强土地房屋使用费催收,首钢北京园区内有偿使用土地房屋 14 项,收取土地房屋有偿使用费 156.67 万元,维护了集团公司利益。

(牛全尧)

【"两违"治理】 园区管理部坚持"看护好每一寸土地",推进"两违"治理,强化治理后的看护和保持,组织对杨家坡、红光山东坡地块现状及历史遗留问题现场勘察了解,明确管理单位及职责。坚持守土有责、守土尽责,推进解决各个项目遗留的历史问题,有效防止问题扩大化,实现"两违"零增长。

(牛全尧)

【机构整合】 园区管理部成立初期有19个处级机构。近几年,在集团公司战略管控部门指导帮助下,围绕精干机构、精减人员,持续开展工作,逐步向按照业务单元进行管理的方向转变,明确职责,理顺管理关系,促进转型提效。根据园区单位业务调整、看护范围变化与职工队伍建设等实际情况,撤销北区管理处,实施了南区、北区管理处机构整合。截至2020年底,处级机构减少到10个,其中职能处室5个、职能带实体处室2个、实体单位3个,与成立初期比,处级机构减少9个。

(李德军)

【转型提效】 园区管理部通过定期组织召开转型提效工作专题会,研究、分析转型安置重点、难点问题,寻找转型安置的岗位需求,下发转型安置岗位需求信息9期,推荐报名岗位25个,报名149人次。加强对困难职工的关心和关注,逐人做好细致的动员工作,用好集团公司对转型困难职工离岗待退的政策,引导职工认清自身条件与新岗位要求的差距,选择退出企业或工作岗位,转型安置221人。

(白 松)

【费用节降】 园区管理部高度重视费用节降,增强交账意识,坚持极低成本原则,花好每一分钱。按照年度费用预算,深入挖潜,反复算账,剖析每项支出,挤干指标水分,强化计划管理,严格费用支出审批程序,把降费职责分解落实到各专业处室,制定标准,细化措施,逐月总结分析,落实绩效考核。集团公司下达园区管理部预算指标30403.54万元,实际发生26486.82万元,在消化预算外的"两违"治理、民事诉讼及计划外资产折旧摊销等费用的基础上,节降费用3916.72万元。

(牛全尧)

【安全环保】 园区管理部全面落实安全生产主体责任,建立月度专题会制度,先后制定完善《安全生产责任制》等7项专业制度,调整修订应急预案,进一步完善应急机制,提升应急能力。组织排查各项安全隐患,累计检查150余次,查出各类安全隐患及问题38项,全部落实整改。深入推进"燃气""建筑施工"等安全专项整治,强化安全宣传教育,开展"安全生产月"活动,提升职工安全意识。严格落实《北京市污染防治攻坚战2020年行动计划》,以扬尘污染治理"六个百分之百"为重点,全面布控和落实空气重污染预警及雾霾天气治理措施,严格扬尘治理,落实裸露地面苫盖。环保日常检查605次,专项检查14次,发现环保隐患131项并全部落实整改,保持了园区安全环保工作稳定的良好局面。组织完成集团公司碳排放权管理工作,完成集团公司2019年度碳排放履约16105吨,完成与首钢医院、京西重工、北冶公司碳配额交易8000吨,收入48万元。

(牛全尧)

【服务保障】 园区管理部牢固树立"红线"意识,强化安全、环保、治安、防火、交通与维稳等工作,落实季节性灾害防控防治,将安全检查常态化,节假日风险排查重点化,切实保障园区稳定。加强北京地区防雨防汛牵头组织,应对强降雨等极端天气,及时组织地势低洼路段抢险抽排,督促检查在京单位防雨防汛措施落实情况和领导人员值班值守情况,确保首钢北京地区安全度汛。强化门禁和道路交通、重点场所服务保障,克服阶段性人员紧张,统筹安排,加强组织。处置各类上访问题210余起,出动警力1900余人次,疏导车辆4720余辆,完成北京冬奥组委各类会议、北京市领导及各委办局领导调研、集团公司接待等重要活动的保障任务98次。

(牛全尧)

【信访维稳】 园区管理部全面落实集团公司信访维稳、平安建设及"接诉即办"工作要求,通过党委会、部务会、专题会、协调会等多种形式进行研究和部署,落实定期排查和动态排查相结合的原则,坚持领导包案,压实逐级责任,强化预案演练,全力做好各项重要会议、重大活动、传统节日期间信访维稳工作,确保园区秩序稳定。排查重点矛盾纠纷17项,主要涉及住房、工伤、社保等问题,通过耐心疏导,总体保持可控状态;受理接诉即办87项,在集团公司月度考评中,累计8次排序第一;接待来电、来信、来访61人次,及时疏导劝离重点场所。开展积案化解工作,2项历史遗留的矛盾纠纷达到销项条件。切实解决一批职工群众反映强烈的现实困难和问题,彰显国企的责任担当,展示了首钢园区的良好形象。

（白　松）

【党群工作】 园区管理部巩固"不忘初心、牢记使命"主题教育成果，推进"两学一做"学习教育常态化、制度化。组织党委中心组学习12次。组织修订完善党委会工作规则等4项党建制度，认真贯彻落实民主集中制原则，推进党支部规范化建设，组织10个基层党组织完成组建和换届选举工作。提升领导人员素质，举办基层党支部书记培训班、领导人员培训班。开展"创先争优"主题实践活动，涌现出先进党组织5个，优秀共产党员34人。完成针对巡视央企发现问题自查自纠以及规自领域突出问题专项清理整治工作。开展"以案为鉴、以案促改"警示教育，营造良好政治生态。举办第七届职工体育文化节，开展系列活动4项。在疫情防控工作中，发动党员655人捐款95270元，选派党员5人下沉社区参与疫情防控工作。在"垃圾分类国企在行动"活动中，发动党员参与垃圾分类、桶前值守。收到社区发来的感谢信47封，多名党员受到社区表彰。

（门伟强）

【结对帮扶】 园区管理部全面落实北京市、集团公司党委关于打赢脱贫攻坚战的决策部署，扎实研究推进"一企一村"对口帮扶工作，制定落实《园区管理部帮扶工作实施方案及2020年工作计划》。组织7次到黑峪口村实地调研，与黑峪口村两委共同研究帮扶工作。全力支持驻村第一书记开展疫情防控、党建共建。组织投入50.73万元进行产业扶贫、农产品包销、慈善捐助，巩固脱低成果，进一步增加村民收入。

（门伟强）

北京首钢特殊钢有限公司

【首钢特钢领导名录】

　　党委书记、董事长、总经理：李兵役

　　副总经理：王　敏　段武涛

　　总经理助理：梁玉洁　许　良

　　董　事：王　敏　段武涛　乔春海（职工代表）

　　纪委书记、工会主席：李兵役

（乔春海）

【综述】 北京首钢特殊钢有限公司（简称"首钢特钢"）是首钢集团有限公司下属独立法人子公司，位于北京市石景山区杨庄大街69号，总占地面积85.35公顷。下设开发部、招商运营部、工程部、首特绿能港科技中心项目部、园区管理部、投资管理部、经营部、办公室、计财部、人力资源部、党群工作部、生活管理部等职能管理部门12个。全资及控股子公司7家、参股公司6家。截至2020年底，在册职工635人，其中：在岗567人；大学本科及以上学历175人，大中专学历185人；中高级职称63人；技师、中高级技工173人。

2020年，首钢特钢认真落实首钢党委扩大会、职代会和"三创"交流会的工作部署，克服突如其来新冠肺炎疫情带来的困难和挑战，凝心聚力，攻关克难，全力抗击新冠肺炎疫情，持续深化改革，首特钢园区开发建设稳步推进，招商运营工作取得新进展，经营质量稳步提升，基础管理不断迈上新台阶，职工队伍建设和物质文化生活水平进一步提升，完成年度经营指标及各项重点任务。

（郝占起）

【主要指标】 2020年，首钢特钢营业收入完成164702万元，比计划增加84702万元；实现利润328万元，比计划增加17万元；偿还集团公司资金2000万元，完成计划。

（任广兴）

【工作思路】 1月16日，首钢特钢召开十二届四次职代会，审议通过《凝心聚力，打牢基础，加速推进特钢高质量转型发展》工作报告。会议明确2020年工作思路：贯彻落实首钢十八届六次党委扩大会和十九届五次职代会工作要求，在上级党委正确领导下，全面加强党的建设，坚持园区开发建设和招商运营并重，打造高端物业管理团队，全面提升物业运行质量，坚持优化经营质量和提升效益水平,坚持深化改革,持续推进转型提效,加强基础管理和职工队伍建设,为首钢特钢高质量转型发展打牢基础。

（郝占起）

【抗击新冠肺炎疫情】 面对突如其来的新冠肺炎疫情,首钢特钢坚持"疫情就是命令、防控就是责任",加强群防群控,坚定完善落实各项措施,人员物资快速到位,构筑起厂区、楼宇、医院、食堂、幼儿园一体化疫情防控体系。严格按复工复产标准,使工程建设项目等重点领域,医院、食堂、楼宇等重点场所,返京复工人员等重点群体有序复工复产,实现职工零感染。广大党员利用业余时间参与疫情防控,自愿捐款42100元,职工参加紧急无偿献血3人。

（郝占起）

【首特钢园区开发建设】 首钢特钢实施"三年行动计划",首特园区开发建设克服疫情等因素影响,抢抓工期进度,全力推进15、16号地项目建设、市政过渡方案、园区规划调整工作。项目工程建设。完成15、16号地项目土建、机电、智能化、消防、电梯、泛光照明、幕墙等专项施工,开展规划验收并取得批复;正在进行精装修和变配电工程施工。16号地项目获得北京市建筑长城杯银奖。项目周边道路及市政过渡工程。完成电力、热力、燃气、污排专业管线的立项、招投标、合同签订等前期工作。成立工程小组,编制施工方案,各项工程进行分阶段施工。

（高　博、尹海娟、杨　威）

【园区规划调整】 首钢特钢落实北京市新首钢高端产业综合服务区发展建设领导小组、石景山区企对接会议精神和集团公司要求,组织工作专班多次专题讨论研究园区规划,开展方案调整优化及整体资金平衡测算。石景山区政府已明确将首特钢园区纳入1610街区控规统筹研究、列入2021年度街区控规申报计划,并委托北京规划院编制街区规划。

（高　博、尹海娟、杨　威）

【项目招商推广】 首钢特钢推动15号地首特钢科技中心项目策划宣传推广及预招商,完成项目全案广告设计,采取路演、展示等多种方式向社会推介项目,拓展新渠道25个,对接外区域代理公司超过20家,组织看房16次,现场接洽客户26户,与有影响、有实力的3家重点大客户深入接触。开展项目运营筹备,完成人员架构

方案编制,完善工作手册、管理制度等基础工作;引进物业驻场顾问,组建物业运营专班,开展物业技能培训7次,组织职工走出去进行轮岗实习培训15人次。

（黄　河）

【物管运营】 首钢特钢克服因突发疫情、写字楼市场整体下行等因素导致部分客户非正常退租影响,采取优化招商策略、分解落实指标、完善合同管理、为客户落实租金减免政策等系列应对措施,存量项目出租率止跌回升。深入挖掘土地房屋等存量资产潜力,开发创业大厦C座、创新工场新载体经营项目,自持物业经营面积增加到8.3万平方米。加强物业管理团队建设,完善物业管理评价体系,运营项目客户综合满意率达到90.85%。按照园区发展产业定位及规范管理要求,清理低端产业面积378平方米,促进物业运营管理水平和服务品质的提升。

（黄　河）

【管控体系】 首钢特钢不断完善管控体系,强化转型发展新导向,进一步优化完善"三重一大"决策事项清单及"三会"议事规则、议事清单,强化党委前置审议程序,召开董事会12次,审议通过19项议题;党委会40次,审议通过77项议题;经理办公会39次,审议通过116项议题。完善风控体系建设,评价体系运行,实现风控体系业务评价全覆盖。完善制度体系建设,组织梳理评估现有规章制度,修订完善33项,制度建设实现提质减量。认真落实"接诉即办"要求,接诉116起,狠抓责任落实,满意率100%。

（郝占起、刘爱民）

【市场化机制】 首钢特钢逐步完善内部市场化机制,建立投资回报机制,坚持正向激励。强化资金预算管理,严格落实预算计划。落实工资总额与效率效益挂钩机制,制定工资总额预算,发挥薪酬分配制度的激励作用。优化市场化用人机制,完善引进专业技术人才综合考核评价机制,严格聘期绩效考核。开展对标一流管理提升工作,以极低成本运行和严控各项费用为重点,建立市场化对标评价机制。

（郝占起、刘爱民）

【转型提效】 首钢特钢围绕转型提效及降低管理费用目标,制定机构、定员调整方案,厘清调整部门管理职责和业务流程,核减机构设置,整合汽车园区内物业管理。结合项目物管运营需求设置岗位和定员,编制岗位说明

书,指导人员配置和上岗培训。利用现有政策,进一步优化人员结构和素质,在册人数减少 25 人。

（刘爱民）

【"十四五"发展规划】 首钢特钢贯彻新发展理念,坚持高质量转型发展战略导向,落实集团公司和园区管理平台编制"十四五"规划要求,将规划作为企业发展战略指南,体现前瞻性、战略性、指导性和可操作性。经过几轮反复讨论,完成规划编制,明确发展思路和任务目标,确定重点任务和保障措施。

（郝占起）

【投资企业运营】 首钢特钢强化对全资子公司和对外投资企业的运营管控及服务,全资子公司以提高效益水平为主导,营业收入、利润均完成计划,收取租赁费和投资回报 782 万元。对外投资企业以确保国有资产保值增值和投资质量为重点,强化资产和投资的监督检查,随时分析掌握经营状况及相关事项的动态分析,维护股东权益,收取投资回报 65 万元。

（任广兴、马瑞杰）

【安全环保】 首钢特钢落实安全环保主体责任,多措并举,强化培训教育和管控。落实隐患排查治理体系要求,不断提升信息系统应用水平,全员隐患排查率月均99.08%。实施安全生产专项整治三年行动方案,持续开展隐患排查及专项整治工作,对所属区域、施工现场、人员密集场所等进行检查,深入开展有限空间、燃气使用、施工作业等安全专项整治,落实隐患整改 298项。落实大气污染综合治理措施,发挥联动机制作用,督促施工单位对现场散料堆、裸露地面采取有效覆盖,土石方施工加强喷洒水抑尘,16 号地项目被评为 2019 年度北京市绿色安全样板工地。投资近 60 万元,推进安全环保基础化建设。未发生安全、环保、火灾等事故。

（杨 威、高 博）

【企业退出及优化管理关系】 首钢特钢加大企业退出、管理关系优化工作力度,完成首特房地产公司清算注销退出、北京汽车贸易服务园区公司退出的前期工作、北京特宇板材有限公司股权的无偿划转。泰康医院公司股权转让,在北京产权交易所正式挂牌上市。推进"三供一业"配套资产移交,按照整体移交、现状移交的原则,对非经营性资产配套用房移交进行核实确认并签订协议,完成移交各项工作。退休人员社会化管理,完

成社保转移 7010 人,转移率 95.19%,完成年度任务。

（马瑞杰、李国庆、刘爱民）

【党建工作】 首钢特钢坚持把全面从严治党落在实处,制定深化落实全面从严治党主体责任清单,制定工作措施 30 条;细化党委班子"把方向、管大局、保落实"的领导责任,制定工作措施 7 条,并把责任清单及领导责任分解到班子成员和基层单位,将落实情况纳入年度考核。加强思想建设,采取集体学和个人学相结合的方式加强学习,党委中心组联系工作实际集中学习 12 次;深入学习贯彻党的十九届五中全会精神,将全会公报及"十四五"规划建议要点制作成 PPT 供党员干部学习,开展线上知识竞赛,约 400 人参与。组织开展党支部书记党建述职评议,坚持对各党支部党建工作开展情况进行日常检查。加强职工队伍思想建设,采取微信公众平台、学习平台、主题党日活动等多种形式引领广大干部职工深入学习。深入开展职工思想状况调研,结合实际落实整改。开展"创先争优"主题实践活动,模范党支部 1 个、模范党员 1 人,受到首钢集团表彰。

（郝占起、乔春海）

【社会责任】 首钢特钢履行社会责任,响应打赢脱贫攻坚战号召,与有关部门对接,采购扶贫商品 29.5 万元,为干部职工办理扶贫爱心卡 133 张。落实物业管理及生活垃圾分类管理要求,开展"垃圾分类国企在行动"实践活动,在岗职工全部签订承诺书 697 人、参加社区"桶前值守",签订率与值守率均为 100%。响应政府疫情防控期间租金减免政策,减免租金 992 万元。

（乔春海、张 娜）

【党风廉政建设】 首钢特钢召开 2020 年党风廉政建设工作会议,结合实际部署 2020 年工作。开展针对巡视央企发现问题自查自纠工作,对清单中所列 4 个方面、14 个问题,积极落实整改。开展北京地区规划自然资源领域突出问题专项清理整治工作,梳理完善制度14 项,完成整改问题清单 1 项。认真贯彻落实中央八项规定精神实施细则、首钢集团"以案为鉴、以案促改"警示教育大会精神,加强重大政治活动、节假日前廉政教育和督促检查,严格执行重要时间节点逐级书面报告制度。元旦、春节、国庆等重要节假日前,做好廉政警示教育提醒,提出具体要求。

（乔春海）

【职工队伍建设】 首钢特钢适应园区开发建设运营管

理和转型发展新要求,推进三支人才队伍建设,加大职工培训力度,组织领导人员参加在线学习培训48人,参加企业管理、人力资源管理、安全教育等网络课程点播观看464人次;管理人员参加继续教育培训211人,组织审计、财务、安全管理、信息化等相关人员参加专业培训;参加职业素质与工匠精神、劳动标准法律制度、消防安全等线上线下技能提升培训424人次。加强优秀年轻干部培养使用,选拔年轻干部上岗培养锻炼4人。高质量招收应届大学毕业生16人。

(刘爱民、乔春海)

【职工生活】 首钢特钢坚持以人为本,切实为职工办好事办实事,推进古城小街5号院房产证的办理,完成4栋楼公维资金的缴纳。为15户符合"租改售"条件的职工办理了手续。建立干部职工健康管理体系,完成在岗职工健康体检和女职工专项体检。继续实施职工互助保险,为出险职工30人次办理赔付32984元;为职工32人发放医疗补助金4.3万元。广泛开展送温暖活动,元旦、春节期间,组织走访慰问困难党员职工、离退休和伤病职工代表,发放慰问金52550元;组织"献爱心"募捐39970元;组织在岗职工开展形式多样的线上线下文体活动。

(李国庆、郭建辉)

京冀曹妃甸协同发展示范区建设投资有限公司

【京冀曹建投领导名录】

  董事长:韩　庆

  董事、总经理、支部书记:杜朝辉

  副总经理:李　峰

  董事会成员:韩　庆　杜朝辉　郭庆力

【综述】 京冀曹妃甸协同发展示范区建设投资有限公司(简称"京冀曹建投")是落实京津冀协同发展战略,在北京市、河北省政府共同推动下,于2015年1月29日成立。京冀曹建投是京冀两省市指定的京冀曹妃甸协同发展示范区开发建设主体,承担着示范区的投资、开发、建设、运营管理。注册资金20亿元,由首钢集团有限公司代表北京方企业持股67%,唐山曹妃甸发展投资集团有限公司代表河北方企业持股33%。开发区域总计110.1平方千米,包括产业先行启动区5.5平方千米,产城融合先行启动区4.6平方千米,北京(曹妃甸)现代产业发展试验区100平方千米。京冀曹建投践行国家战略、服务协同发展,贯彻落实"创新、协调、绿色、开放、共享"发展理念,以产业先行启动区和试验区为北京产业转移集中承载地,发展高端装备等先进制造业;以产城融合先行启动区为产城融合生活配套和产业服务区,发展科技研发、总部经济、科技成果转化、教育培训、高端商务、休闲养老等现代服务业。京冀曹建投坚定不移地落实好北京市、首钢集团的战略部署,立足京津冀协同发展,配合政府做好招商引资,着力打造区域协同发展重要平台,推动首钢北京园区和曹妃甸园区"双园区"联动发展,为京津冀协同发展作出新的更大贡献。

(梁　涵)

【主要指标】 2020年,京冀曹建投聚焦年度经营目标责任书以及集团下达的各项任务,通过定责任、定目标,构建分工协作体系,严抓落实;营业收入完成3.51亿元,利润总额完成4108万元,超计划18万元;资产负债率56.69%,比计划降低0.8个百分点。全面完成年度经营指标。

(梁　涵)

【配合当地政府招商引资】 京冀曹建投加强与京冀两地国资委、经信局(委)、发改委及曹妃甸区委区政府等部门的信息交流,强化"示范区管委会+建投公司"运作模式,围绕曹妃甸已形成的钢铁、装备制造等产业布局,重点对行业上下游产业链精准对接,推动曹妃甸园区高质量发展;对接首钢建投开展实质性对接,共议北京园区无法落地企业可导入曹妃甸园区的可行性途径;引入人民网人民体育开展战略合作,共同探索建设曹妃甸新城"体医康养"示范基地,促进双园区协同发展。

(梁　涵)

【首钢生活基地】 京冀曹建投聚焦城市发展,谋划首钢生活基地建设。贯彻落实首钢集团指示精神,牢牢把握"内部市场化+定制"的理念,坚持"零利润"原则,严格控制成本,着力开展竞拍项目用地、优化规划方案设计、项目区域市场调研、全方位降低项目成本等工作,力争为首钢职工提供优质生活配套,同时更好地带动新城发展,实现示范引领作用。

(梁　涵)

【区域协同发展】 京冀曹建投坚决贯彻落实谨慎投资、控制风险的原则,充分利用土地资源搭建平台,对接人民体育、策划方及出资方,先后签订了《健康中国体医康养融合产业示范区项目战略合作框架协议》及《曹妃甸新城产城融合先行启动区1号地块商业综合体项目投资合作框架协议》,并由意向投资方成立项目投资主体乾明金旭(唐山)体育产业有限公司,达成了商业综合体项目深度合作意向,实现了曹妃甸新城区域无规模商业的突破,助力曹妃甸新城高质量发展。

(梁　涵)

【风控审计管理】 京冀曹建投为提升公司经营业务运转效率,强化风险管控能力,组建经营风控部,优化企业经营体系、完善风险防控机制。通过"流程测试专班"梳理公司现行业务流程272项,归纳流程问题14大项并制定整改优化措施;规范规章制度审批流程,各部门修制定规章制度31项。发布"风险合规法律参阅",提升公司整体法律合规意识;法律审核合同及协议74项,应诉华盛房产销售公司等案件并判决胜诉;有效规避潜在风险。

(梁　涵)

【人才建设】 京冀曹建投坚持统筹协调,优化人才结构,通过借调、招聘、劳务等多种形式,引进专业人员4人,组织大讲堂系列活动7次,登台宣讲18人,专业培训11次,继续教育31人,在线教育17人,有效地提升职工综合管理水平和业务素质。组织完成薪资核算、奖金分配模块160项的规则配置和公式编制,保证北京和唐山地区职工"五险一金"规则配置无误。落实疫情期间社保减免政策,实现社保、医保等合计减免164.7万元。

(梁　涵)

【党建工作】 京冀曹建投建立党支部中心组学习机制,每月定期组织学习交流。制定全面从严治党主体责任清单,增强"党支部管党治党的政治责任"和"把方向、管大局、保落实的领导责任",充分发挥战斗堡垒作用。及时传达党中央、京冀两省市、首钢集团的指示精神,深化细化意识形态工作,开展宣传91次,制定公司党支部意识形态工作责任制实施细则,从制度上规范支部意识形态管理;成立专项联合监督检查组,着重开展全方位自纠自查工作,确保业务开展合法合规。

(梁　涵)

直 管 单 位

◎ 责任编辑：马　晓

首钢环境产业有限公司

【首钢环境领导名录】

董事长:李　浩

董　事:朱伟明(4月离任)　马刚平(4月任职)
　　　　祁　京　张国春

监事会:丁建国(11月离任)　段伟成　才艳芳

党委书记:李　浩

党委副书记、总经理:朱伟明(4月离任)
　　　　　　　　　　马刚平(4月任职)

纪委书记:史玉琢(11月离任)
　　　　　耿云虹(11月任职)

副总经理:张永祥　贾延明　王向安
　　　　　马刚平(4月离任)姜　猛(4月任职)

财务总监:祁　京

工会主席:李　浩

(孙铁全)

【综述】　首钢环境产业有限公司(简称"首钢环境")于2014年1月成立。作为首钢发展新产业、打造城市综合服务商的重要板块平台,首钢环境致力于为用户提供全循环、全流程、全功能的定制化城市固废解决方案。共管理11家下属单位,其中5家全资子公司,分别为北京首钢生物质能源科技有限公司、北京首钢资源综合利用科技开发有限公司、北京首华科技发展有限公司、北京首钢生态科技有限公司、北京首钢新能源发电有限公司。4家控股公司,分别为北京首科兴业工程技术有限公司、长治首钢生物质能源有限公司、通化首钢环保科技有限公司、廊坊首钢盛业生物质能源有限公司一家参股公司,唐山曹妃甸盾石新型建材有限公司。1家非法人实体单位,为首钢集团有限公司北京环境监测中心。职能部门包括,市场开发部、财务部、运营管理部、人力资源部、工程管理部、办公室(党群工作部)、设计技术中心(技术部)。截至2020年末,在岗职工644人,其中硕士研究生55人,本科学历306人,大专及以下学历283人;高级职称30人,中级职称80人,初级职称33人。

(廖家慧)

【主要指标】　2020年,首钢环境处理各类固废341万吨,营业收入9.57亿元,同比增长25%;实现利润9345万元,同比增长28%。

(廖家慧)

【生活垃圾综合处理产业】　生物质公司垃圾处理103.3万吨,发电量4.06亿度,完成计划。持续对标行业一流,精准施策挖潜缩差,物料消耗、飞灰产生率、人工成本和维检费用大幅降低。发挥优势承揽外部渗沥液、污泥处理业务,实现创收。获北京市"环保先锋集体"称号。生态公司优化生产运营模式,处理餐厨垃圾5.9万吨,超年计划63%,销售工业粗油脂730吨。抢占市场先机,开拓西城区餐厨垃圾、石景山和门头沟区厨余垃圾处置业务。与西城、海淀、石景山、门头沟四区签订餐厨、厨余垃圾收集运输处置合同,实现垃圾供给多元化、稳定化。完成项目竣工验收、决算审计,政府补助资金458.8万元全部拨付到位。获批北京市第四批环保设施向公众开放单位,成为北京市生态环境教育基地。长治生物质公司加强设备调试及试运行生产组织,1月10日实现并网发电,下半年进入正式生产。大力协调垃圾原料,日均进厂量由412吨增加到816吨,垃圾处理量25.8万吨。加强与"四区四县一中心"、省市两级电力部门沟通协调,理顺垃圾处理服务费和电费结算流程。

(廖家慧)

【工业污染场地土壤治理及生态修复产业】　首华公司紧跟首钢北京园区开发进度,热脱附生产线修复污染土11.5万吨,原位热脱附3万平方米完成验收,生物阻隔区域总面积5.4万平方米,地下水修复完成20口监测井钻施工,跨省转运首钢北京园区危废4687吨。贵阳电磁波热脱附项目二期一阶段顺利投产,处置污染土3.6万平方米,水泥窑协同处置6.6万吨。开发社会市场,中标并完成石景山区石丰桥区域总量1000吨污染土治理修复项目,取得良好的社会效应。首科公司新签合同额突破亿元,实现扭亏为盈,工程管理能力显著提升,顺利通过 ISO 三体系认证。

(廖家慧)

【城市固废资源化处置产业】 资源公司完成生产线升级改造,产品结构不断优化,建筑垃圾处理 115 万吨,再生产品销售 51 万吨,砂石料销售 81.6 万吨。紧跟北京市末端垃圾处置需求,协同处置装修垃圾 10 万吨;服务北京冬奥会附属工程建设,接收城市织补创新及新首钢国际人才社区等重点项目砖瓦类建筑垃圾 13.4 万吨。保障北京、长治垃圾焚烧项目生产顺稳,接收处理两地炉渣 22.7 万吨。承揽的通钢公司冷压球团项目顺利投产,年产 2.6 万吨。

(廖家慧)

【企业运营管控】 首钢环境加强战略引领,全面总结"十三五"规划落地成果,结合产业发展定位,编制完成首钢环境"十四五"规划。创新融资模式,推进生物质项目公募 REITs 首批试点申报,经国家发改委及北京市审核,报送证监会和深交所审批,为快速做大做强环境产业注入活力。持续理顺管理体系,建立符合产业发展规律、职责清晰、管理高效的组织和管理架构,形成首钢环境权力清单(V1.0)。制修订投资、预算、招投标管理等制度 36 项,2 项课题在集团管理创新成果评选中获奖。强化风险防控,制定 15 项整改措施,全力抓好监事会监督检查问题整改。落实实体单位全覆盖要求,制定下发首钢环境对标提升实施方案。加强成本管控,开展"三降一减一提升"专项行动,稳步提高资产质量。优化股权结构,首同公司完成退出和工商变更,收回资金 2930 万元。通化活性焦项目终止并开展公司清撤。盛世首佳公司实施现有资产拍卖及实物资产拆除。推进规自领域专项治理和"疏解整治促提升",原首钢综合利用厂区域违法占地诉讼案件一审胜诉。

(廖家慧)

【加强过程管控】 首钢环境加强工程项目全过程管控,启动流程穿越工作,完成残渣暂存场项目后评价,生物质项目竣工验收、决算,餐厨项目决算审核。生物质公司以生活垃圾焚烧发电业务为切入点,与北京市六家相关单位开展对标找差,吨垃圾发电量、飞灰产生率等指标明显进步。强化逐级安全主体责任落实,完成首华公司、资源公司双重预防机制建设,生物质公司、资源公司本质化安全管理试点建设。中央环保督察组现场检查污染土修复、生活垃圾焚烧、餐厨项目,给予充分肯定。生态科技公司取得排污许可证,连续三年发布社会责任报告,助力企业绿色发展。

(廖家慧)

【市场开拓】 首钢环境紧盯政策导向,把握市场先机,强化产业协同,加速推进市场开发。调整运营管控模式,开拓厨余、装修垃圾处置新业务,为首都垃圾分类提供保障。新能源发电项目完成可研报告、环评、夏季大气环境数据采样和分析,取得北京市生态环境局《关于在鲁家山基地开展生活垃圾协同焚烧处置医疗废物有关意见的复函》。鲁家山园林景观区展陈项目顺利完工,通过竣工决算和评审验收,获得政府专项资金全额拨款 235.5 万元。推进永清县城乡静脉产业园项目,完成公司注册、特许经营协议签订、主体设备招标、临建施工等。通过"技术+工程"业态组合模式实现轻资产扩张,张家港建筑垃圾资源化综合利用项目建成投运,石丰桥污染土治理修复工程获得业主高度认可,首钢水钢自备电厂烟气脱硫脱硝工程顺利中标。加强对外合作,与山东水发集团新环境公司签订合作框架协议,与浙江安吉城投公司、宁夏石嘴山九柱集团签订技术服务协议。优化产业布局,推进惠州、昌黎等新项目前期工作。

(廖家慧)

【科技创新】 首钢环境坚持以产业需求为导向,瞄准行业热点,通过"技术+"模式拓展新业务、新领域,集成创新形成装修垃圾与拆除垃圾一体化处理技术,成功应用于张家港建筑垃圾资源化综合利用项目,实现自主核心技术的咨询、设计、设备供货与安装"一条龙"对外推广。推进已建项目应用型技术创新,实施建筑垃圾处理线工艺改造,提高精品骨料生产量、销售量。实施餐厨垃圾水处理系统改造,促进生产线顺稳运行。将餐厨渗沥液引入生活垃圾渗沥液处理系统,提高污泥掺烧比例,实现协同处置和挖潜增效。承担各类研发项目 14 项,完成中日双边政府间科技合作,"十三五"国家重点研发计划项目结题验收。申报国家专利 19 项,获专利授权 34 项,参与编制行业标准和规范 3 项。"微波修复有机类污染土壤新技术及装备"通过中国金属学会科技成果鉴定,工程化应用方面达到国际领先水平。维护各项技术资质,完成"中关村高新技术企业""北京市工程技术研究中心"和 CNAS 等资质复评审年审,按照国家住建部下发文件,两项环保工程资质转为通用类专业承包资质。生物质公司通过高新技术企业认定,首钢环境高新技术企业达到5家。

(廖家慧)

【党组织建设】 首钢环境深入贯彻落实习近平新时代中国特色社会主义思想和党的十九届四中、五中全会精神,不断提升党建质量,厚植政治优势。压紧压实管治党责任,制定下发领导班子全面从严治党主体责任清单、党委重点工作计划。制定集团党委巡察反馈问题整改方案,做好巡察"后半篇文章",以整改促提升。深化党建创新,推行"党建+疫情防控"模式,发挥党员在疫情防控中的作用。强化基层党组织建设,3个基层党组织开展换届选举。深入推进"创先争优"主题活动,首钢环境党委被评为首钢集团"六好班子",生物质公司生产运行部党支部获评首钢模范党支部,并被集团命名首批品牌党支部。坚持正风肃纪,深化"以案为鉴、以案促改"反腐倡廉警示教育,创建"清风徐来、廉洁环境"在线学习平台,增强党员干部纪律规矩意识。

(廖家慧)

【企业文化建设】 首钢环境扩大企业形象宣传,22篇新闻报道和专栏文章在国家、北京市和首钢媒体平台刊登刊播。开展"首钢人的故事"典型宣讲,1篇视频作品被评为三等奖。挖掘和选树先进典型,首华公司范海畴入围"首钢之星"评选。生态科技公司、首华公司制作发布宣传片。坚持共建共享,维护职工利益,丰富职工生活,凝聚职工力量,实现职工收入与企业效益同步增长。

(廖家慧)

【2020年首钢环境大事记】

1月10日,长治首钢生物质能源公司完成设备调试试运行实现并网发电。

3月10日,首华公司完成排污许可登记。

3月13日,廊坊首钢盛业生物质能源有限公司注册成立。

3月19日,长治首钢生物质能源公司取得排污许可证。

4月1日,山西省委书记楼阳生、长治市委书记孙大军、市长杨勤荣一行到长治生物质公司现场调研指导工作。

4月30日,首科公司中标张家港建筑垃圾资源化综合利用项目。

5月27日,电磁波修复有机类污染土壤新技术及装备被评定为"国际先进水平",其中在微波热脱附处理土壤有机污染物工程化应用方面达到国际领先水平。

6月,生物质公司获得北京市"环保先锋集体"称号。

6月28日,首华公司中标石景山区石丰桥污染场地修复项目。

6月29日,集团董事会同意以鲁家山项目为基础资产,参与REITs试点申报。

7月,贵阳电磁波热脱附项目二期一阶段建成投运。

7月,生物质公司完成能源管理体系认证。

7月,生态公司取得排污许可证。

7月8日,北京市市委书记蔡奇、市长陈吉宁一行到鲁家山基地调研生活垃圾分类处理,集团领导张功焰、赵民革及有关部门负责人陪同。

7月10日,国家发改委投资司副司长韩志峰到鲁家山基地参观调研。

8月,生物质公司完成建设工程竣工验收消防备案工作,取得备案凭证。

8月4日,北京市副市长杨斌及生态环境局一行10余人到首钢热脱附土壤修复现场参观调研,集团领导赵民革及有关部门负责人陪同。

8月17日,由首钢环境和资源公司共同申报的"高混杂建筑废弃物全资源化利用关键技术及产业化应用"获2019年度北京市科学技术奖二等奖。

9月,生物质一期项目完成竣工验收工作。

9月2日,首钢环境召开董事会,同意以鲁家山项目为基础资产,申请发行基础设施REITs。

9月3日,中央生态环境保护督察组组长张宝顺一行20余人到首钢热脱附土壤修复项目检查,集团领导赵民革及有关部门负责人陪同。

9月9日,长治生物质公司通过CEMS验收。

9月21日,长治生物质公司办理完成《建设工程竣工规划认可证》。

10月,北京首钢餐厨垃圾收运处一体化项目完成竣工决算审核。

10月,生物质一期项目完成不动产权登记,取得门头沟区规划和自然委员会颁发的《不动产权证书》。

10月,REITs申报材料通过北京市发改委审核。

10月16日,鲁家山园林景观区展陈项目顺利完工,通过竣工验收和专家评审。

10月21日,首科公司顺利通过ISO三体系认证。

12月,REITs申报材料通过国家发改委审核。

12月,生态公司获批北京市第四批环保设施和城市污水垃圾处理设施向公众开放单位,成为北京市生态环境教育基地。

12月24日,首钢环境获第七批"国家生态环境科普基地"荣誉称号。

(廖家慧)

首钢控股有限责任公司

【首钢控股领导名录】

董事长:徐景海

董 事:王德春 白 超 任黎鸿

监事会主席:刘振英

监 事:徐国生 陈晓军

总经理:徐景海

党委书记、副总经理、工会主席:王德春

副总经理:任黎鸿

纪委书记:郭晓兵

财务总监:周一萍

总工程师:高学朝

总经理助理:李 猛

(时 彦)

【综述】 首钢控股有限责任公司(简称"首钢控股")是首钢集团有限公司下属的国有投资控股公司,总部位于北京市石景山区石景山路乙18号院国际资源大厦,注册资本22.6亿元。首钢控股成立于2004年12月,2005年7月正式运营,2015年5月完成股权结构调整,首钢成为唯一股东。"十三五"期间,本着"尊重历史、正视现实、面向未来"原则,明确"内涵式与外延式相结合,投资与运营并重"的发展思路和打造新型国有资本投资运营公司的发展目标,聚焦煤炭主业,依法依规处理历史遗留问题。坚持市场化方向,深化改革,稳定经营,企业经营收入年均增长9.5%,利润年均增长45.6%。2020年,实现收入5.22亿元,实现利润9409万元。按照"战略协同、资产运营、风险管控、团队建设、服务监督"五大核心功能,设经营财务部、投资发展部、风险管理部、人力资源部(组织人事部)和综合办公室(党群工作部)5个部门。截至2020年底,首钢控股的投资控股企业15家,业务范围包括矿产资源、物业、交通运输业等。公司总部34人,硕士研究生及以上学历占60%,中级以上职称及行业中高级别职业资格占60%。

(时 彦)

【疫情防控】 首钢控股坚持把职工群众生命安全和身体健康放在第一位,第一时间成立由"一把手"负总责的疫情防控领导小组和工作专班,健全日报告工作制度,建立"横向到边、纵向到底"的信息沟通网络,实行公司领导全员在岗值守。组织各单位紧急组织采购口罩、消毒液等防疫物资,投入资金127.9万元。落实体温检测、身份查验和信息登记。4月下旬全面实现疫情防控常态化条件下复工复产。践行国企社会责任,派驻干部下沉社区,全体干部职工自愿捐款28.8万元,北京地区各单位党员参与社区防疫工作160余人次。落实国际资源大厦租金减免工作,减免15家租户150余万元。

(时 彦)

【历史问题处置】 首钢控股把2020年明确为历史遗留问题处置攻坚年,制定实施方案,明确责任分工,强化协调组织力度,实行部门长包项目制,专题研究26次。开展非主业资源类项目调研。组织完成8家境内退出企业和2家境外退出企业的可研获集团审批通过,完成3家企业退出。强化南阳项目现场协调,矿权维护工作和重大案件处置均达到预期目标。

(时 彦)

【企业经营】 首钢控股聚焦煤炭主业发展,实体经营

377

保持平稳,投资运营管理水平提升。首旺煤业生产原煤95.69万吨,生产精煤59.71万吨,实现销售收入4.32亿元,实现利润1.23亿元。西沟煤矿取得国家能源局批复的60万吨产能指标,纳入自治区"十三五"调整规划并获国家发改委批复,并完成空白区划转、项目核准、采矿证手续办理等工作。规范投资管理,建立统一标准,构建"投前决策、投中跟踪、投后评价"全闭环管理体系,下属单位投资后评价完成率100%,获得集团通报表扬。落实参股企业管理职责,参加南阳村镇银行、临哈铁路等参股单位股东会、董事会会议,履行股东职责,维护公司权益。强化预算执行,实现预算线上填报,有效降低预算偏差率,保障年度经营指标任务完成。完善以资金为核心的财务管控体系,提升财务管理精细化水平,严把大额资金申请使用,确保公司整体资金平衡。

（时　彦）

【管控体系】　首钢控股完善公司法人治理结构,修订完善《董事会规则》及专门委员会工作规则,完成董事会年度工作评价。修订"三会""三重一大"决策事项清单,明确"三重一大"事项范围。召开党委会14次、董事会3次、经理办公会17次,审议"三重一大"议题13项。调整下属单位董监事6人次。巩固和完善权力清单、规章制度、风控手册"三位一体"的管控体系,实现管控权力清单建设全覆盖。启动风控手册修订,开展下属单位风控体建设。持续开展联合监督检查,完成6家下属单位现场检查。加强内审管理,推进审计信息化、规范化。加强实体单位招投标工作监督管理。推进信息化建设,保障疫情期间职工居家办公高效平稳运转,建成投用电子档案管理系统。安全环保工作态势平稳,严格贯彻落实安全生产责任制,持续健全完善安全风险管控和隐患排查治理双重预防机制建设,实现轻伤以上事故和环保曝光双"零"目标。

（时　彦）

【人才队伍】　首钢控股落实工资总额决定机制,推动工效挂钩联动。落实全口径、全要素、全覆盖的人工费管控要求,推进转型提效工作,人工费比预算降低8%。建立规范劳动合同管理完善市场化用工清单。稳步推进职务职级晋升,完成实体单位首个任期考核,不断激发人才干事创业的活力。完善创新管理机制,优化管理创新工作组织,评选表彰管理成果13项。规范领导人员选拔任用管理,颁发《领导人员选拔任用工作办法》等三项制度。加大人才培训力度,参加集团专业管理培训70余人次,开展在京企业职工技能提升线上培训190余人次,参加集团2020年中青年领导人员培训班青年干部2人。

（时　彦）

【党群工作】　首钢控股党委坚持把方向、管大局、保落实,围绕"三条主线"战略目标,把握"保生存谋发展"总基调,推进"两学一做"学习教育常态化制度化,开展"不忘初心、牢记使命"主题教育,实现全体党员学习教育全覆盖,深入基层调研发现解决问题18个。推动党委理论学习中心组学习制度化规范化。贯彻落实意识形态工作责任制,开展职工思想动态分析,管好用好"今日首控"APP、《首旺报》等宣传媒体,聚焦先进典型,讲好"首控人的故事",并推荐参加"首钢人的故事"网络宣讲。全面落实管党治党政治责任,制定全面从严治党责任清单并定期监督检查落实情况,接受集团党委巡察,抓实巡察整改"后半篇"文章。开展"规自领域专项整治"和"巡视央企发现问题自查自纠工作"。推进全面从严治党纵深发展,严格落实"两个责任",定期组织廉政党课、召开警示教育大会,深化"以案为鉴、以案促改"警示教育,编发16期《党风廉政建设宣教简报》。综合运用监督执纪"四种形态",开展业务招待费使用情况自查自纠,规范业务行为。试点开展群众监督员制度,构建和谐企业,开展"接诉即办","三率"实现100%。职工参与垃圾分类承诺书签订率和桶前值守率100%。开展职工摄影比赛、健步走等文体活动,落实"送温暖"活动,慰问外派人员及一线职工。

（时　彦）

【荣誉称号】　首钢控股被评为首钢模范党支部1个,模范共产党员1人;先进集体2个,劳动模范3人;五四红旗团支部1个,青年创新先锋1人,优秀团员2人,青年安全生产示范岗2个,优秀青年安全监督员3人,"决战决胜四季度团员青年当先锋"主题活动先进个人1人;巾帼标兵1人;安全生产先进单位1个、车间3个、班组3个,先进个人11人;优秀纪检监察干部1人;治安防范先进个人1人。"首钢之星"入围1人;"首钢人的故事"网络宣讲优秀视频故事二等奖1人、三等奖1人,优秀组织单位1个。

（时　彦）

首钢地质勘查院

【地勘院领导名录】

院　长：邓　斌

副院长：王自文

党委书记：赵宪敏

（安诗蕊）

【概况】　首钢地质勘查院（简称"地勘院"）是在北京市编办登记的差额补贴的事业法人单位。境内有首钢地质勘查院地质研究所、北京爱地地质勘察基础工程公司、北京金地通检测技术有限公司、北京首勘金结水暖管道有限公司等具有法人资质的实体单位，境外有独资设立的"首勘矿产地质勘查有限责任公司（秘鲁）"、首钢控股设立的"华夏矿业评估有限公司（香港）"。地勘院具有固体矿产勘查与地质钻探甲级资质，地基与基础工程专业承包一级及工程勘察综合类甲级资质，测绘甲级资质，地质灾害治理工程勘查、设计、施工甲级资质，工程地质、水文地质、环境地质调查、区域地质调查、地球物理勘查乙级资质，测绘乙级资质（无人飞行器航摄、摄影测量与遥感），地基基础与桩基检测专项检测资质及CMA计量认证。秘鲁能矿部核发的地质勘查资质，国家经贸部核发的在境外进行工程承包的资格，香港证券会批准的在香港对涉矿类企业上市进行评估的资格等。

（安诗蕊）

【经营指标】　2020年，地勘院实现销售收入2.22亿元、利润1152万元，分别超年度计划5.0%、15.2%，主要经济指标保持继续增长，进一步巩固"百年地勘"的发展基础，为改革转型积蓄了力量。

（安诗蕊）

【市场开发】　地勘院地勘业在秘鲁疫情持续加剧，紧急状态法不断延期的条件下，创造条件复工复产，适时改变生产组织方式，提高钻探效率，组织完成钻探进尺2.5万米，按期、保质、保量完成秘鲁铁矿八期地质勘探项目。组织完成香港首控山西郭家沟煤矿复核性勘查项目，进一步拓宽服务领域。工勘业坚持以项目管理为中心，继续保持产业结构调整的良好势头，聚焦市场开发，紧密跟进首钢北京园区建设等重点项目，加大对恒大地产、中铁建工、保险产业园等战略客户服务的深度和广度，加强对重点客户培养和潜力挖掘，加大对一般客户的开发力度和转换升级，形成"以点带面，产业联动"的良性市场模式。检测业在完成以大兴新机场安置房配套项目为代表的100多项地基检测项目的基础上，利用两台新购置三维地质雷达，采用多种市场组合方式快速进入道路病害检测等新兴市场，完成了包头道路检测，待疫情稳定将奔赴保定、成都、洛阳、深圳接替开展工作。

（安诗蕊）

【科技成果】　地勘院新获实用新型专利授权6项，分别是"一种防噪音的旋挖钻头""一种漩涡固化地下水修复系统""一种原位钻孔压缩试验设备""一种便于翻越陡坎的勘探钻机""一种锚杆装置"；新申报实用新型专利1项，专利名称"一种线坠自动收缩机"。首钢矿业水厂铁矿北区上盘边坡隐患加固治理工程、A座等7项（首特绿能港科技中心15号地项目）基坑支护工程获得全国冶金行业工程勘察优秀成果一等奖；首钢滑雪大跳台及配套项目（大跳台本体、048、052、电厂酒店地块）基坑支护工程第三方监测、通州运河核心区Ⅸ-06地块桩基工程F3其他类多功能用地项目-A、B、C、D楼桩基工程（灌注桩、CFG桩及抗浮锚杆）获得全国冶金行业工程勘察优秀成果二等奖；首钢长钢富余煤气发电灌注桩及CFG桩地基处理工程、和美·帝宝壹號18—22号楼CFG桩复合地基工程获得全国冶金行业工程勘察优秀成果三等奖。北京爱地地质勘察基础工程公司获得北京岩土工程行业"信用优秀企业"称号。

（安诗蕊）

【产业布局】　地勘院面对新形势、新任务，进一步清晰发展新思路，注重运用更加开阔的思维来规划工作，围绕"构建技术精湛、功能齐全的高级勘查公司与提供城市地质工程的专业服务商"的奋斗目标,提出各产业的发展战略,并在实践中不断补充与完善。地勘业按服务一个基础,明确一个目标,拓展两个方向,构建技术精湛、功能齐全的国际化勘查公司发展。工勘业以需求端为导向,从供给端发力,通过实施市场结构、产业结构、产品结构三个方面的升级与改造,努力向发展为提供城市地质工程的专业服务商的目标迈进。检测业按照"两个强化、四个提升"的目标,不断强化管理体系运行,强化现有市场维护与保持;提升资质能力,提升装备水平,提升技术能力,提升北京周边地区及外埠市场份额,逐步形成"一业多地、多领域"的新发展格局。

(安诗蕊)

【党建工作】 地勘院党委把政治建设摆在首位,推动全面从严治党向纵深发展,压紧压实管党治党政治责任,努力促进党建工作与经营生产深度融合,把保证和促进地勘院转型发展、提高各产业经营生产成效作为党建工作的出发点和落脚点。深入开展党组织建设自查工作,在院党委、党支部两个层面,认真组织开展自查,针对查找出的问题和不足,制订切实可行的具体措施,明确路线图和时间表,按项目化推进方式逐项整改落实。开展"不忘初心、牢记使命"主题教育"回头看"工作,确保主题教育整改落实取得实效。做好中层干部人事档案专项审核工作。对 L8、L9 职级中层干部人事档案进行专项审核,确保干部人事档案材料真实准确、全面规范,维护干部人事档案工作的严肃性和公信力。不断完善党员考评系统,按季度对广大党员进行综合考评,激励党员发挥先锋模范作用。加强意识形态工作,开展"地勘人的风采"系列宣传活动,努力营造干事创业的良好氛围。开展"指尖教育"、先进典型教育、革命传统教育、现实爱国主义教育、典型影视作品教育等系列教育活动,增强队伍的凝聚力与向心力。

(李建红)

北京首钢矿业投资有限责任公司

【首钢矿投领导名录】
　　董事长、总经理:冯国庆
　　党委书记、副总经理:李洪革
　　副总经理:周弘强
　　纪委书记:史玉琢

(颉天经)

【综述】 北京首钢矿业投资有限责任公司(简称"首钢矿投"),成立于 2003 年 12 月,2013 年 1 月开始独立运营,为首钢集团有限公司直管单位。注册资本 13.64 亿元,其中首钢集团有限公司出资 11.75 亿元、持股 86.14%,中首公司出资 1.89 亿元、持股 13.86%。首钢矿投持续探索混合所有制下的一业多地管控模式,加强依法依规经营,保持持续盈利,努力打造成具有鲜明特点的国有资本投资运营公司。设有办公室、经营管理处、财务处、审计处,管理 13 个资源项目,其中铁矿项目 5 个、煤矿项目 4 个、其他项目 4 个。截至 2020 年底,在册职工 111 人。

(颉天经)

【主要指标】 2020 年,首钢矿投完成营业收入 62222 万元,超计划 20222 万元;实现利润 13772 万元,超计划 5522 万元。

(郇玉革)

【科技创新】 首钢矿投隆化新村、双滦建龙各获得 2 项发明专利,并取得国家高新企业资质;辽宁硼铁获得 4 项国家专利,其中 3 项发明专利、1 项实用新型专利;信通首承获得 5 项实用新型专利。

(吴建华)

【安全环保】 首钢矿投坚持绿色发展理念,有 3 家矿山项目获批国家级绿色矿山,1 家通过当地市级审查、进入省级验收阶段。层层压实安全环保管理责任,组织安全教育培训 6033 人次,排查治理隐患 1055 项,实现安全生产零事故。

(李国军)

【矿产资源业管理】 首钢矿投进一步建立健全内控体系和制度体系,组织下属企业开展违规经营投资责任追究工作体系建设自查,下发首钢矿投《违规经营投资责任追究实施办法》。以集团矿产资源产业领导小组办公室名义组织 10 家投资主体,初步形成《关于矿产资源项目矿业权出让收益相关情况的汇报》。

(陈云飞)

【教育培训】 首钢矿投组织和参与各类培训 18 班次,参培 396 人次,总培训 10400 学时。其中,领导人员在岗研修培训 4 人次,专业继续教育培训 134 人次,专业业务培训 11 人次,其他培训 247 人次。

(胡 伟)

【法制建设】 首钢矿投重视企业法治建设,加强党政"一把手"法治建设第一责任人的职责落实,加强统筹谋划组织领导,制定下发《北京首钢矿业投资有限责任公司 2020 年法治工作计划》,对企业法治工作进行总体部署和要求,逐步培养和加强全员依法治理、合法经营、规范管理的自觉意识。疫情期间,将《首钢集团复工复产疫情防控期间法务工作参阅指引》装订成册,督促各单位自行组织学习。

(郭 星)

【信息化建设】 首钢矿投建设和完善数字化矿山系统,以辽宁硼铁选矿厂为试点,逐步以简单自动化为基础的生产管控模式向以数据分析为中心的综合解决模式转变,共建设 7 个平台 45 类业务功能,完成信息化业务流程需求梳理及框图绘制 299 张,基本实现前期蓝图构架方案和开发工作,逐步打通首钢集团公司、首钢矿投、硼铁公司之间的数据和信息传输通道,下一步在首钢矿投所有投资项目中复制推广。

(郭 星)

【制度管理】 首钢矿投梳理规章制度,制定下发新制度 6 项,修订制度 5 项,废止制度 8 项,转发制度 4 项,逐步形成适应企业自身发展需求的规范制度体系。

(胡 伟)

【风控体系建设】 首钢矿投按照集团公司领导指示,会同系统优化部共同制定《矿产资源治理风控指引工作方案》,梳理矿产资源产业全生命周期的风控重点,组织相关部门和单位完成《首钢集团矿产资源投资风控指引》编制工作。

(张凌云)

【重点审计项目】 首钢矿投开展审计项目 3 个,同时根据硼铁公司党委组织部的委托,对其离任的 3 位关键岗位中层领导开展干部离任审计。

(张凌云)

【精准扶贫】 首钢矿投组织项下信通首承深化产业开展精准扶贫,扩大当地就业机会,截至 2020 年底该公司有职工 467 人,其中 426 人为滦平县当地人员,包括 16 人建档立卡贫困家庭成员。北京市国资委、集团公司领导进行现场调研,北京电视台、《北京晚报》、学习强国等多家媒体跟踪报道,得到各级领导和社会各界的关注和好评。组织项下首钢硼铁与丹东市委、凤城市政府联合助力中兴村,从"产、购、销"全方位帮助中兴村脱贫致富,为实现长期稳定脱贫奠定基础。

(郭栩萌)

【党组织建设】 截至 2020 年末,首钢矿投党委下设 6 个党支部、党员 70 人。辽宁硼铁项目在当地设立党委,组织关系隶属凤城市委,有党员 94 人。组织召开党委会 24 次、党委中心组学习 12 次。发扬首钢党建工作优良传统,践行党的建设服务生产经营不偏离,以企业改革发展成果检验党组织的工作和战斗力,形成党建工作与经营生产相互支撑、相互促进的良好局面。

(郭栩萌)

【党风廉政建设】 首钢矿投逐级制定、签订《全面从严治党主体责任清单》55 份,组织有业务处置权岗位人员(监察对象)签订《廉洁承诺书》90 份。开展"知法明纪、守住底线"在线学习测试活动,组织党员 135 人通过线上答题的方式检验学习成效。组织对领导人员 62 人建立廉洁档案,将 98 个业务流程嵌入企业信息化管理系统,对 220 个关键点做出重点标识。开展廉政风险点排查,共梳理业务流程 592 个,查找廉政风险点 315 个,制定防控措施 517 条。建立纪检系统疫情防控日报机制,报送疫情防控监督表 336 份。强化对重要时间节点的监督,下发节前廉政教育通知,组织对党员干部、监察对象 50 人开展节前廉政提醒谈话,对节日期间公务用车使用管理等情况进行监督检查,坚决防止节日腐败问题的发生。举办纪检监察干部培训班,以中纪委国家监委 18 张课程光盘为基础,通过视频系统每月专题讲解,不断提高履职能力水平。

(孙 斌)

【2020 年首钢矿投大事记】

1 月 15 日,首钢矿投创建"首钢矿投"微信公众号(shougangkuangtou),促进企业文化建设。

1 月 20 日,首钢矿投召开职工代表大会,审议通过了集体合同、薪酬改革方案、2020 年预算、领导班子廉洁自律情况报告等。公司领导与工会代表签订集体合同,与项目代表签订安全责任书。

1 月 27 日,首钢矿投下发文件(首矿投发〔2020〕2 号),成立首钢矿投疫情防控小组,明确工作职责,加强组织领导,建立人员动向台账。

3 月 27 日,辽宁硼铁取得硼酸安全生产许可证、排污许可证。

3 月 30 日,首钢矿投召开 2020 年党风廉政建设工作会议。

4 月 9 日,首钢矿投召开信息化建设(二期)项目启动会,明确组织体系和协同机制,以信息化为手段,不断完善混合所有制下"一业多地"发展的管控体系建设。

4 月,辽宁硼铁职工吴洋被授予辽宁省五一劳动奖章。

4 月 29 日,首钢矿投组织召开一季度经营活动分析会。

5 月 7 日,就宁夏阳光项目股权转让事宜,首钢矿投代表集团与力量煤业、中国阳光签订了明确各自责任的三方协议。

5 月 8 日,集团领导梁宗平带队,前往信通首承矿业公司,围绕项目生产经营、扶贫工作情况进行实地调研,并对项目招收的当地建档立卡贫困人员进行慰问。

5 月 18 日,北京市国资委党委书记、主任张贵林,国资委党委委员、副主任、一级巡视员钱凯到承德信通首承科技有限责任公司调研市管国企高质量发展和产业帮扶落实情况。通首承矿业公司产业扶贫项目被北京电视台、北京晚报、学习强国等多家媒体跟踪报道,得到各级领导和社会各界的关注和好评。

7 月 3 日,辽宁硼铁续办取得了姜家沟尾矿库安全生产许可证、铀水冶尾矿库许可生产批复。

7 月 24 日,首钢矿投组织召开上半年经营活动分析会。

8 月 27 日,承德信通首承矿业有限责任公司更名为承德信通首承科技有限责任公司。

9 月 25 日,信通首承污染物排放达到超低标准,续办取得排污许可证,有效期至 2025 年 9 月 28 日。

10 月 16 日,首钢矿投 40 余人参观"明镜昭廉"明代反贪尚廉历史文化园,以史鉴今,接受警示教育。

10 月 22 日,首钢矿投组织召开三季度经营活动分析会。

12 月 7 日,丰宁三赢取得前营采区安全生产许可证。

12 月 9 日,首钢矿投代表集团与力量煤业签订宁夏阳光项目股权转让的双方意向书,并根据约定向对方收取了 5000 万元诚意金。

12 月 31 日,首钢矿投召开"以案为鉴、以案促改"警示教育大会。

(孙 斌)

秦皇岛首秦金属材料有限公司

【首秦公司领导名录】

董事长:沈一平

董 事:王铁良 张国春(4月离任) 张立伟 郭湘平

副总经理:王铁良

总经理助理:张立伟

党委书记:沈一平

党委副书记:王铁良

纪委书记:李金柱

工会主席:郭湘平

(何 健)

【综述】 秦皇岛首秦金属材料有限公司(简称"首秦公

司")是首钢集团 2003 年全资建设的一家钢铁联合企业,地处河北省秦皇岛市海港区。2018 年,在京津冀协同发展的背景下,服务于秦皇岛建设国际旅游城市的总体定位,首钢集团做出战略结构调整,历经 15 年的首秦公司全面停产转型开发,建设首钢赛车谷项目。项目规划面积 8.13 平方公里,先行启动 2.4 平方公里核心区,布局汽车运动、汽车后市场、工业遗址公园、汽车教科研、娱乐度假营地、产业配套六大功能板块。首钢赛车谷项目以汽车运动为引擎,聚焦高性能汽车全产业链,打造中国汽车运动文化产业示范基地。首秦公司设置机构 7 个:人力资源部(党委组织部)、行政管理部(风控办公室)、计财部、园区管理部、规划发展部、运营部、安保部。截至 2020 年底,在册职工 217 人,其中:博士学历 1 人,硕士学历 21 人,本科学历 84 人,大专学历 72 人;高级职称 11 人,中级职称 26 人;技师 16 人,高级工 34 人,中级工 14 人;职工平均年龄 43 岁。

(金品楠)

【疫情防控】 首秦公司坚决执行当地政府和首钢集团工作安排,第一时间成立疫情防控领导小组,建立日报告、零报告制度,构筑办公场所、项目场馆、施工现场、食堂公寓等一体化防控体系。严格值班值守,实时监测疫情动态,强化监督检查。开园前疫情排查 5000 人次,开园后严格执行文旅业各项防疫要求。科学研判疫情对园区项目主体的影响,认真落实属地审批要求,制定开园计划,灵活安排职工复工上岗。2 月 18 日,加工公司率先复工;2 月 24 日,首秦园区办公系统复工;3 月 20 日,工程建设系统分类有序复工;5 月 30 日,首秦园区正式开园运营。组织职工 20 人下沉社区,协助开展疫情防控。党员干部坚守岗位,党员自愿捐款 2.37 万元。

(于纳伟)

【规划建设】 首秦公司核心区域单元控规方案完成公示,纳入秦皇岛市城区规划发展,全面征求广大干部职工意见,完成首秦公司"十四五"规划编制。关注了解政府、行业相关政策信息,形成需政府给予政策支持的专项方案,赛车谷被列为河北省重点开工项目和省领导包联重点项目。克服疫情影响,一期工程按计划收尾。对 2 号高炉及附属改造提升,消除各类隐患,完善游览交互,拓展研学功能,6 月完工投入。驻场大楼 7 月完

工投入。钢铁酒店 8 月交付使用。卡丁室内完成商贸综合体基础装修。观光火车线路完成改造升级,实现双进双出,增设避让线,形成"南门"至"卡丁"专线。完善信息化布局,园区网络、亮化、监控、票务等项目实现智慧管控。

(于纳伟)

【赛道运营】 首秦公司钢铁赛道举办 14 场赛道开放日,招募车辆 270 台,举办奔驰、宝马、奥迪等品牌活动 8 场。卡丁赛道全年消费 1.3 万节,会员、散客、疗养三者比例分别为 32%、51% 和 17%;举办"2020-CRKC 中国娱乐卡丁车大奖赛",来自 10 省市、20 支车队、车手 110 人展开激烈角逐;谋划自主 IP 赛事活动。在秦皇岛市体育局注册"秦皇岛市娱乐卡丁挑战赛"项目,举办第 1 届 1 小时耐力挑战赛和卡丁挑战争霸赛,吸引了京津冀众多爱好者参与。因地制宜改造场地投入儿童卡丁项目,丰富卡丁赛道产品。直线赛道举办 2 场挑战赛,参赛车辆 85 台、赛手 200 人。UTV 赛道不断丰富特色项目,增加挑战性和趣味性,体验突破 1300 人次。

(于纳伟)

【市场开发】 首秦公司紧扣"为职工群众服务""为集团发展服务",创建"集团职工康养基地",接待首钢股份、首钢京唐、首钢矿业等 8 家单位职工 2300 余人康养度假。与首钢京唐、京冀曹建投等单位敲定冠名赞助权。共创转型成就,同享转型成果,策划并启动集团职工优惠畅游赛车谷活动,职工和家属 6000 余人到赛车谷享受优惠体验。利用现有会务、住宿资源,拓展会议市场,中国冶金思政交流会、中国冶金体协年会和多家集团单位会议在首秦赛车谷举办,共承办 11 场会议服务活动。

(于纳伟)

【特色服务】 首秦公司以干法除尘和大通廊编织"时空镜像",以高炉百米平台构建观景天台,以高炉主控室为基底推进钢铁制造研学基地建设,以炼铁人 7 座雕像模型还原沉浸式场景,打造工业游亮点。与燕山大学、河北环保工程学院、河北科技师范学院等高校进行资源对接,陆续接待大学生 200 人及河北省环保干部研修学员 150 人研学观摩。主导创建秦皇岛北部景区联盟,串联北部优质文旅产品,稳定优质客流。强化媒体融合,赛车谷活动报道多次登上国家级和地

方级媒体,赛车谷公众号关注量超 1.3 万人,转发推文 600 篇。

（于纳伟）

【文旅产品】 首秦公司根据不同群体和特点,有针对性设计 3 套汽摩特技表演方案,引入夜场概念,新增体验环节,累计演出 122 场,观众人数 2.58 万人次。制定观光火车双进双出运行方案,服务游客 3000 人次。电瓶车服务游客 2 万人次。借助首迁小岛餐饮经营力量,钢铁酒店高效投运,试营期间接待 2800 人。赛车谷国际车展 4 天成交 346 辆,给园区带来了更多关注和流量。利用制氧区遗存引入真人射击竞技项目,累计接待 30 个团队入训。吉祥物设计开发取得成果,从 120 个征集稿件中,Roro 蜗牛和赛车娃形象脱颖而出,系列衍生品已投入商业应用。融合钢铁工业风格,亮化美化工业遗存,创意夜间产品形式,推出为期 1 个月的"夏季燃情夜""钢铁电音节",夜间文旅活动精彩纷呈,吸引大量市民、游客参与。

（于纳伟）

【安全环保】 首秦公司百万工时伤害率为零,安全生产事故和环境污染事件均为零发生。对运营项目、用气用电、工程建设、拆除现场、有限空间等综合治理和专项管控,确保安全平稳。卡丁、秀场室内消防验收建设取得进展,经过反复研究与咨询,形成工作方案。以游客安全为中心,加强安全体系建设,为统筹打好疫情防控与运营攻坚两场硬仗提供了安全保障。

（于纳伟）

【财务管理】 首秦公司严格项目概预算和结算审核控制,审核 34 项。按照"强化内控、规范运作"原则,对新投入项目进行梳理和规范,建立起"业财税"协同办法。组织资金、税务、预算、核算、风控等多专业,成立联合评审小组,对合作方案及合同协议进行把关审核,突出事前筹划,降低经营风险。完善准利润中心核算体系,为园区运营提供数据治理服务。配合完成集团内审和各项外部审计,开展费用专项自查自纠,不断推进公司治理规范化。

（于纳伟）

【制度建设】 首秦公司初步构建起与转型发展相适应的制度体系,修订制度 88 项,新定 20 项,废除 104 项。全面推行岗位包联,运营期间减少外用工 79 人。

（于纳伟）

【队伍建设】 首秦公司实施全员提素,聘请旅游业界专家交流授课,提高标准化服务水平。全体职工均取得汽摩二级裁判证,36 人取得电瓶车操作证。落实退休人员社会化工作,北京籍 46 人和秦皇岛籍 19 人退休人员实现档案进社区。

（于纳伟）

【党建工作】 首秦公司落实巡察整改,对集团党委巡察反馈的 4 个方面、16 个问题、54 项具体表现照单全收、分解认领,认真查找问题根源,明确责任和时限,制定了 124 项整改措施,做到全落实、全整改。配合集团开展专项经济责任审计,涉及 4 大类 8 项问题,全部完成整改。强化全面从严治党,研究制定主体责任清单,压实"一岗双责"。坚持"党的一切工作到支部",进一步提升基层党组织的战斗力和凝聚力。

（于纳伟）

【思想文化工作】 首秦公司抓牢意识形态,深入开展学习教育、交流研讨。组织开展为期 1 个月的转型发展全员大讨论活动,以调查问卷、部门座谈、书面交流、会议交流等方式层层展开,问计广大职工、凝聚发展共识。开展"争当排头兵、先锋讲解员、党史知识竞赛、建言献策"等主题活动,选学比树,激发共鸣。

（于纳伟）

【廉政风控建设】 首秦公司建立常态化联合监督机制,组织 2 期检查。对商务合作、园区开发、引入战投等新领域潜在风险深入研究,累计排查业务流程 219 个,梳理廉政风险点 163 个,制定防控措施 296 条。制定完成风控手册 1.0 版,夯实廉政和风控体系建设。

（于纳伟）

秦皇岛首秦钢材加工配送有限公司

【首秦加工公司领导名录】

董事长:沈一平

董　事:周德光　齐凤平　王建国　高　清

总经理:魏延义

（邵　雪）

【概况】　秦皇岛首秦加工配送有限公司（简称"首秦加工公司"）由首钢集团有限公司、秦皇岛首秦金属材料有限公司共同投资建设，2007年4月27日注册成立，注册资本3亿元。位于秦皇岛经济技术开发区东区（山海关），占地365亩，建设厂房面积9.16万平方米，具备钢板切割、焊接、热处理等加工制造能力。通过开展厂房租赁、加工业务逐渐转为以租赁为主、钢材加工为辅的经营模式。

（邵　雪）

【厂房租赁】　首秦加工公司通过调研建立了厂房租赁价格体系，将根据租户产品结构形式的需求及厂房配置确定厂房租赁价格，对厂房租赁价格进行合理分类，制定了不同的定价区间，加大开发不同需要的承租客户，减少厂房资源闲置，增加租赁收入。

（邵　雪）

【生产业务开发】　首秦加工公司经首钢电子采购平台系统，签订首钢京唐热轧部所需的导板备件合同，并且开发了除尘罩装置及导板非标备件新产品。继续与太原重工股份有限公司加强合作，承揽签订的板钩合同，已发展为加工公司长线产品。与天威保变进行油箱试制合同的洽谈与开展，拉开了变压器油箱大型结构件制作的序幕。主要生产产品有太重板钩、首钢京唐热轧备件、来料切割、太重法兰、热处理、保变油箱等。

（邵　雪）

【钢结构资质审核】　5月，首秦加工公司重新启动承揽大型钢结构制造、安装工程一级资质年审和延续工作。经过填报中国钢结构协会网站上的各种年审及资质延续资料、邮寄相关证明文件、参加钢结构协会培训，于10月重新取得钢结构一级制造资质。

（邵　雪）

【制定岗位责任清单】　首秦加工公司研究并制定了加工公司各个岗位的责任清单，对各岗位职责表格化管理，每一个岗位的每一项职责对对应的相应的岗位标准，做到了职责分工明确、岗位标准清晰。同时，制定了具有加工公司特色的绩效考核分配办法。

（邵　雪）

北京首钢房地产开发有限公司

【首钢地产领导名录】

董事长:吴　林

董　事:吴　林　李　斌　侯锦山　韩俊峰

　　　张　焕（1月离任）

　　　薛道瑾（1月任职）

监　事:刘振英　徐国生　孙月红

总经理:韩俊峰

副总经理:李　斌　侯锦山　王　坚

　　　　　马　滨　赵兰子　付卜君

党委书记:吴　林

纪委书记:张　焕（11月离任）

　　　　　张芳芳（11月任职）

工会主席:薛道瑾

（康鑫磊）

【综述】 北京首钢房地产开发有限公司(简称"首钢地产")是房地产开发、商品房销售、房地产咨询专业化公司,具有房地产开发一级资质。设有 2 室 16 部 1 个项目部,分别为办公室、总工程师室、信息管理部、党群工作部、人力资源部、纪委工作部、财务资金部、工程(安全环保)部、土地利用部、研发设计部、投资拓展部、营销管理部、协调管理部、成本合约部、招标采购部、审计部、战略运营部、法务部、二通项目管理部。有分公司 1 家,为北京首钢房地产开发有限公司新北分公司;全资子公司 11 家,分别为北京首房商业管理有限公司、北京首钢创意产业投资有限责任公司、秦皇岛首房物业服务有限公司、北京首钢二通建设投资有限公司、首钢宝泉(天津)投资有限公司、天津首钢房地产开发有限公司、葫芦岛市首海房地产开发有限公司、成都首鑫房地产开发有限公司、重庆首金房地产开发有限公司、重庆首钢房地产开发有限公司、重庆首钢鼎业房地产开发有限公司;控股子公司 3 家,分别为安徽省首钢房地产开发有限公司、福建首鑫建设发展有限公司、秦皇岛市江盟房地产开发有限公司;参股子公司 6 家,分别为天津富远置业有限公司、渤海国际会议中心有限公司、北京万年花城房地产开发有限公司、北京首房金晖房地产开发有限公司、重庆品锦悦房地产开发有限公司、北京金安兴业房地产开发有限公司。截至 2020 年底,在岗职工 931 人,其中:北京区域 215 人,京外项目公司 280 人,所属物业 186 人,所属酒店 176 人,疗养院 74 人;本科以上学历 380 人(研究生 80 人),中级以上职称 223 人(高级职称 51 人),平均年龄 37.6 岁。

（王照薇）

【主要经济指标】 2020 年,首钢地产实现销售签约 55.7 亿元,回款 60.5 亿元,收入 71.9 亿元,利润 5.8 亿元,土地投入资金 40 亿元,新开工面积 69 万平方米,竣工面积 169 万平方米。

（陈名洁）

【自有用地盘活】 首钢地产研究提出首钢北京园区外在京自有用地可盘活利用统筹实施方案,为缓解集团历史债务提供支撑。首嘉钢构厂用地与通州区政府签订土地收储《框架协议书》,收回土地补偿费 4.7 亿元。二通东二期用地同丰台区政府对接,成功转化为丰台区

建设棚改定向安置房项目,列入北京市 2020 年第二批政策性住房建设计划。文创大厦项目按照协议出让方式供地取得北京市政府批复。设备处用地已具备上市条件。一线材厂用地与昌平区政府协商收储工作取得进展。同河北省迁安市政府对接,提出迁安办公中心用地及迁钢生活区用地历史遗留问题解决方案,可收回集团公司前期投入的土地款。首钢地产北京公司完成销售签约 29.8 亿元,回款 17.3 亿元,收入 25.2 亿元,利润 2.6 亿元。二通南区 1674 套精装安置房顺利交付;二通东一期项目 12 个关键节点全部提前完成,对比标杆企业开盘时间提前近 2 个月。示范区 10 月底对外开放,12 月份开盘销售,实现回款 10 亿元。铸造一区项目 6 月份取得施工许可证。铸造村 14 号楼工程比计划提前 20 天结构封顶。首钢医院项目 10 月达到正负零。

（陈名洁）

【市场化项目开发经营】 首钢地产贵阳公司完成销售签约 3.59 亿元,回款 6.88 亿元,收入 11.95 亿元,利润 3.69 亿元,实现开复工面积约 215 万平方米,竣工面积约 26 万平方米。重庆公司完成销售签约 8.44 亿元,回款 8.37 亿元,收入 1.58 亿元。成都公司完成销售签约 12.84 亿元,回款 11.25 亿元,收入 21.74 亿元,利润 0.48 亿元。天津公司面对疫情反复,实现销售签约 1.63 亿元,回款 0.91 亿元。安徽公司住宅和商业全部清盘。秦皇岛公司实现回款 0.33 亿元,利润 1.93 亿元。金安兴业公司首个合作项目股东借款及利息 11.5 亿元全部还清。完成 3 家企业清撤和南戴河鸥洲小区物业管理的退出工作,推进首房金晖的清撤工作。

（陈名洁）

【优化治理体系】 首钢地产进一步优化治理结构,完成《董事会工作规则》,以及"三重一大"和经理办公会、党委会、董事会决策事项清单的修订工作。

（陈名洁）

【强化业务管控】 首钢地产建立项目全周期动态经营分析体系,开展定期动态经营分析。建立项目激励机制、首问责任制季度调查机制及对标提升管理机制,组织公司治理结构及市场化机制改革成果获得集团第 21 届管理创新一等奖。新增制度 12 个,修订制度 31 个,优化表单模板 116 个。营销管理模式不断优化,通过"以销定产"及时调整开发节奏,梳理新产品价值体系,多措并举制定销售方案。进一步优化营销费用管控模

式,合并管理招采线条。建立营销巡检机制,探索营销体系销售一线市场化改革,建立案场自销团队。招标采购体系不断完善,实现月度招采计划完成率100%,根据项目需求全年共完成10项战略采购。成本管控力度逐步加强,推进成本体系优化和成本标准化建设,完成招标清单编制及清标123项,合同审核254份,结算审核63份。完成安徽公司、南戴河公司、铸造村集资房结算工作。

(陈名洁)

【提升专业能力】 首钢地产设计专业化水平稳步提升,完成风华系建筑、景观和阳光系精装产品标准化工作,枼里风华示范区景观获"2020年全国人居景观前瞻奖",璟辰里、二通东示范区、样板间获得良好口碑。工程管理能力稳步提升,建立三个层次的检查体系,全年未发生火灾事故、死亡事故、重伤事故及环保事件。技术管理创新取得成效,完成工程技术审查及优化26项,《高层钢结构住宅产业化设计与建造综合技术》研究成果获得首钢科学技术一等奖。在二通南区定向安置房住宅建设中开发的实用新型专利《一种建筑外墙的保温结构》,获得首个专利授权。完成《建筑防渗漏、防开裂工程做法》企业标准编制。

(陈名洁)

【资金管理】 首钢地产财务管理支撑作用凸显,完成集团公司下达主要财务指标,坚决贯彻资金集中管理,量入为出,实现资金流入140亿元。持续融资创新,补充经营资金缺口,获取新增融资授信101亿元,其中创新融资51亿元,融资提款64亿元。北京两个项目以内部保函替代预售监管资金,盘活资金10亿元,为北京首家。密切跟踪金融市场动态,把握融资敞口期,实现综合利率同比下降。开展项目全过程税务筹划,创效8000余万元;实现退税回笼资金1.58亿元、减免税款340万元。夯实财务基础管理工作,完成业财一体化系统上线。

(陈名洁)

【风控管理】 首钢地产推进合同模板标准化,新修订及制订合同标准文本21个,主要经济合同均已建立标准化模板。案件管理取得效益,指导和跟踪案件纠纷处理,挽回损失约1500万元。参与重大合同谈判,有效规

避风险,保障公司利益。在公司股权收并购、疑难拆迁处理、重大法律纠纷等问题上,发挥风险防范作用。完善风控管理体系,开展重庆空港、成都八里庄全过程跟踪审计3期,强化项目过程管控。完成经营目标、经济责任、工程专项审计等12项,提出问题,督促整改,整改完成率92%。配合完成贵阳全过程跟踪审计、四村拆迁等审计项目。风险管理向下延伸,开展重庆公司风控体系建设。通过风控手册修订、重大风险管理、内控检查评价,全员提升风险防控意识。

(陈名洁)

【人才队伍建设】 首钢地产秉承市场化原则,坚持契约式管理,调整人才队伍,交流调整中层人员34人次。优化岗位胜任力模型,提高人岗匹配度,引进中高端专业人才89人,应届毕业生10人。对不胜任岗位要求的终止劳动合同员工6人;退出员工64人。坚持员工收入水平与公司整体经营业绩挂钩的薪酬分配原则,加强人工费精细化管理。持续推进公司培训体系建设,开展"房地产大讲堂"10次,推进"钢之翼"三年培养工作。拓展员工职业发展通道,开展总部员工职级评定。完成退休人员社会化移交工作。落实政策,减免社保费用1900余万元。

(陈名洁)

【廉政建设】 首钢地产完成针对规自领域突出问题专项整治和针对巡视央企发现问题自查自纠监督工作。组织联合监督检查6次。在全公司开展廉政风险防控教育,引导全员廉洁从业,开展廉政家访、家庭助廉活动,举办廉政书画作品展,推进廉政教育入脑入心。

(陈名洁)

【文化建设】 首钢地产开展职工行为规范和企业文化宣传语大讨论,制定《首钢地产企业文化手册》。发挥首钢地产官微的宣传作用,挖掘宣传基层典型30余人次。组织"首钢地产人的故事"演讲比赛,开展"地产之星"评选表彰活动,用典型、榜样引路,凝聚力量。

(陈名洁)

【疫情防控】 首钢地产坚持疫情防控和经营开发两手抓,成立领导小组和工作专班,多措并举实现新冠疫情零输入、零感染、零传播。

(陈名洁)

首钢医院有限公司

【首钢医院领导名录】

党委书记：向平超

院　　长：顾　晋

副院长：雷福明　王海英　杨布仁

　　　　王宏宇　关振鹏

（何赛男）

【综述】　首钢医院有限公司（简称"首钢医院"）是一所集医疗、教学、科研、预防保健于一体的三级综合医院。占地面积65610.07平方米、建筑面积105450.2平方米。截至2020年底，固定资产净值15643.4344万元，其中医疗设备净值为15643.4344万元，有甲类医用设备0台、乙类医用设备6台，重症医学床位（包括ICU、CCU、EICU、MICU、NICU、PICU等）39张。在职职工中编制内人员971人，合同制人员953人，正高级职称46人、副高级职称144人、中级职称649人、初级职称700人。执业医师449人，注册护士759人。护理人员中具有大专及以上学历者占66%、本科及以上占31%，有专科护士93人。首钢医院总收入154920万元，其中医疗收入69132万元。

首钢医院牵头的医联体有13家：北京康复医院、北京首钢特钢有限公司泰康医院、北京市石景山区古城卫生社区服务中心、北京市石景山区金顶街卫生社区服务中心、北京市石景山区老山卫生社区服务中心、北京市石景山区苹果园卫生社区服务中心、首钢矿山医院、石景山八大处中西医结合医院、北京同心医院、北京市石景山区五里坨街道南宫社区卫生服务站、石景山区苹果园街道西黄村社区卫生服务站、北京市石景山区杨庄社区卫生服务站、北京市石景山区金顶街街道赵山社区卫生服务站。专科联盟有4个：中国人民解放军陆军总医院（儿科），中国人民解放军总医院（神经内科、眼科、骨科），首都医科大学附属北京天坛医院（神经内科），首都医科大学附属北京同仁医院（耳鼻咽喉头颈外科）。对口支援与扶贫协作的单位有：内蒙古赤峰市宁城县中心医院、内蒙古一机医院、内蒙古四子王旗人民医院、首

钢水钢总医院。

（何赛男）

【医疗工作】　首钢医院出院23661人次，床位周转25.03次，床位使用率59.23%，平均住院日8.73天。卫技人员与开放床位之比为1.65∶1，执业医师与床位之比为0.5∶1，病房护士与床位之比为0.85∶1。住院手术6826例，其中三级手术占36.99%，四级手术占39.01%，日间手术200例。剖宫产率38.4%，孕产妇死亡0人、新生儿死亡0人、围产儿死亡1人。开展临床路径的科室22个，病种132个，入径率47.76%，完成率80.95%。医院药占比（即药品收入占医疗业务总收入的比率）41.54%，其中门诊药占比55.73%、住院药占比30.84%。门诊抗菌药物处方比例9.6%，急诊抗菌药物处方比例18.4%，住院患者抗菌药物使用率52.13%，抗菌药物使用强度为46.06DDD。临床用血总量10072单位，自体输血280人次725单位。预约挂号占门诊总人次的57.36%。本地医保门诊435367人次、次均费用639元，医保出院14173人次、次均费用25477元；异地医保出院4090人次、次均费用27636元。医疗责任险参保人数1524人，保额1491059.4元。发生医疗纠纷数量12起，其中调解10起，诉讼2起。年度赔付总金额2412856.75元，其中医院承担630264.75元。

（何赛男）

【科研工作】　首钢医院获批立项科研项目48项，其中国家级（国家自然基金1项）1项，省市级2项（首发2项），石景山区区科技计划项目课题1项，获资助经费365万元，医院匹配经费150万元。在研课题120项，结题30项。发表科研论文145篇，其中核心期刊论文65篇，及SCI论文30篇，影响因子（IF）共计150分。申报并获批北京大学医学部结直肠肿瘤与炎性疾病精准诊治研究中心成功。通过石景山区医学重点扶持专科肿瘤内科、病理科的验收。正式出版《中华临床医师杂志（电子版）》，ISSN 1674-0785，CN11-9147/R。

（何赛男）

【教学工作】 首钢医院承担北京大学医学部 2016 级生物医学英语专业临床教学工作 39 人,承担,2017 级海外口腔专业留学生的临床教学工作 9 人。完成 2015 级西藏大学医学院实习任务 17 人,并于 2 月 21 日,收到习近平总书记给在北京大学首钢医院实习的西藏大学医学院的学生的回信。承担其他院校(石家庄医专、沧州医学高等专科学校、山西同文职业学院、河北东方学院、首钢工学院、北京卫生职业学校、承德医学院、张家口学院、山东第一医科大学、聊城职业技术学院、永州职业技术学院、湖北理工学院、黑龙江林业卫校、莱阳卫校、河南理工大学、白城医学高等专科学校、锡林郭勒职业学院、青岛黄海学院、辽宁医药职业学院、开封大学、潍坊护理职业学院)临床、口腔、医技和护理专业学生的实习带教 281 人;接收协同单位进行住院医师规范化培训 12 人。临床带教和指导教师 343 人,其中获得省级及以上教育教学培训且取得培训合格证书 73 人,北京大学医学部教授 4 人,副教授 7 人。录取硕士研究生 1 人,在职参加学历教育 10 人,完成在职博士学位 1 人,硕士学历 1 人,本科学历 7 人。到外院进修人员共 19 人,其中 4 人分别在美国和加拿大进修学习。

(何赛男)

【抗击疫情检查】 首钢医院金顶街社区卫生服务中心接受北京市委常委、宣传部部长杜飞进检查疫情防控工作。石景山区委书记常卫,区委常委、宣传部部长姚茂文,区委办公室主任杜涛、区卫健委主任葛强,首钢医院院长顾晋、副院长杨布仁、金顶街社区卫生服务中心主任陈新陪同迎检。陈新汇报金顶街社区卫生服务中心疫情防控工作开展情况,并陪同检查组检查中心预检分诊、发热观察室和转出通道、人员培训、卫生宣教以及与街道、社区联防联控工作。

(何赛男)

【抗击疫情医疗队】 首钢医院赴石景山区定点医疗队出发。党委书记向平超、院长顾晋等领导以及相关处室负责人、队员所在科室主任为队员们送行。医务处举行简朴而又庄严的出征仪式,副院长王海英主持仪式。

(何赛男)

【抗击疫情荣誉】 首钢医院党委被授予"北京市先进基层党组织"称号,呼吸与危重症医学科主任向平超,检验科主任、输血科主任胡守奎及金顶街社区卫生服务中心主任陈新被授予"北京市抗击新冠疫情先进个人"称号。

(何赛男)

【党建工作】 首钢医院共有党支部 18 个(在职党支部 17 个,离退休党支部 1 个),党员 471 人(在职党员 460 人,离退休党员 11 人)。持续巩固深化"不忘初心、牢记使命"主题教育成果,围绕医院中心任务及疫情防控开展党建工作。疫情暴发后,向全院党员干部发出"恪尽职守,勇于担当,众志成城,抗击疫情"倡议书;组织全院党支部开展重温入党誓词主题党日活动;设立党员流动岗开展党员支援服务;组建援外医疗队及对外支援工作;开展走访慰问 11 次,为基层解决实际困难,送去组织温暖。首钢医院党委被评为北京市先进基层党组织。

(何赛男)

【群团工作】 首钢医院鼓励并督促团员青年通过"青年大学习"平台进行线上学习,每期团员学习率 100%。组织相亲交友、视频祝福、图书捐赠、健康运动、电子竞技、家书寄情等多项青年活动。开展"志愿服务在医院"活动,招募以大学生和退休人员为主的社会志愿者来到医院参与志愿服务,招募社会志愿者 88 人,服务时长约 1078 小时。响应北京团市委号召,为新疆和田地区中小学生捐赠图书 300 余本;为"我在北京有个家"青少年助学帮扶项目捐款 3189.2 元。呼吸与危重症科护理团队获"2020 年度石景山青年榜样集体"。

(何赛男)

【基建项目】 首钢医院建设发热门诊项目,总建筑面积 991.06 平方米。建设内容主要包括:呼吸发热门诊及其辅助用房,已竣工完成。新建门急诊医技楼工程,总建筑面积 52727 平方米,其中地上建筑面积 41135 平方米,地下建筑面积 11592 平方米。建设内容主要包括门急诊、医技、科研、教学、办公、大型医疗设备等功能用房,项目正在施工中。

(何赛男)

【2020 年首钢医院大事记】
2 月 21 日,在藏历新年来临之际,中共中央总书记、国家主席、中央军委主席习近平给正在北京大学首钢医院实习的西藏大学医学院学生回信,肯定他们献身西藏医疗卫生事业的志向,勉励他们练就过硬本领、服务基层人民,并向他们以及藏区各族群众致以节日的问候和美好的祝愿。

4月22日，北京市卫生健康委科技教育处公布2020年首都卫生发展科研专项项目资助名单。首钢医院院长、胃肠外科首席专家顾晋教授牵头申报的重点攻关项目"II期结直肠癌复发转移分子机制及预测模型构建——多中心临床研究"和副院长、血管医学科主任王宏宇教授牵头申报的自主创新项目"血管结构和功能联合评估对于心脑血管事件预测价值的前瞻性队列研究——北京血管健康分级标准的应用价值研究"两个项目喜获资助。

5月25日，首钢医院院长顾晋教授、骨科关振鹏教授团队在全球顶级医学杂志 The Lancet（柳叶刀）上发表通讯文章"Caution against corticosteroid - based COVID-19 treatment"。文章呼吁在新型冠状病毒肺炎治疗中谨慎使用激素疗法，避免出现激素诱导性股骨头坏死（ONFH）。

7月1日，石景山区区委书记常卫，区委副书记、区长李新，区委副书记田利跃，副区长左小兵，以及区相关部门负责人一行到首钢医院，看望慰问四川省支援北京市核酸检测的医疗队队员，感谢他们为北京市疫情防控工作作出的贡献。首钢医院党委书记向平超，副院长王海英、杨布仁、关振鹏等陪同慰问。

8月10日，为推动石景山区呼吸与危重症医学科规范化发展，全面建设学科医师人才梯队，不断提高区域呼吸与危重症医学整体水平，以满足人民日益增长的呼吸疾病就医需求，在首钢医院呼吸与危重症医学科学科带头人向平超教授的提议和推动下，在石景山区卫健委的支持下，共同发起石景山区 PCCM（国家呼吸与危重症医学科规范化建设项目）全区模式的建设。石景山区呼吸与危重症医学科全区模式启动会举行，会议由大会主席向平超主任主持，石景山卫健委领导和辖区内基层医院的负责人出席。

9月1日，首钢医院肺小结节人工智能多学科门诊成立大会在学术报告厅成功举行。石景山区副区长周西松及北京市投资促进局，石景山区科委、中关村石景山园管委会、石景山区卫健委、市场监督管理局、投资促进服务中心等单位的领导出席活动，与来自社会各界的诸多企事业代表及医院职工代表共同见证成立仪式。

11月12日—13日，北京大学首钢医院第四届医教协同研讨会在泌尿中心报告厅举行。该次研讨会分为立德树人篇、学科建设篇和科学研究设计与方法篇三个环节，与会专家围绕医教协同的意义和目标、实现路径、发展空间与质量提升、学科建设与人才培养等问题进行全面而热烈的讨论。国家卫健委医政医管局副局长邢若齐，北京大学医学部祝学光教授，北京大学医学部副主任段丽萍教授，北京大学心血管研究所所长董尔丹院士，北京安贞医院国家心血管中心主任马长生教授，北京大学医学部继续教育处处长姜辉教授、学工部副部长郭琦教授莅临开幕式。首钢医院领导班子成员出席会议，开幕式由副院长王宏宇教授主持。

（何赛男）

首钢控股（香港）有限公司

【香港首控领导名录】

董事长：张功焰

董　事：赵天旸　孙亚杰　白　超
　　　　徐　量　丁汝才

总经理：徐　量

副总经理：丁汝才　苏凡荣　程晓宇

财务总监：李金平

（宋清秋）

【综述】　首钢控股（香港）有限公司（简称"香港首控"）是首钢于1992年10月在香港注册成立的投资控股公司，发行股本70,909万港元，首钢持有100%股权。1993年—1995年，香港首控联合长江实业（集团）有限公司通过一系列的收购、兼并和重组，通过共同控股首长国际企业有限公司（简称"首长国际"）、首长四方集团有限公司（简称"首长四方"）、首长宝佳集团有限公司（简称"首长宝佳"）及首长科技集团有限公司等香港上市公司,为打造香港首控成为集团的香港上市公司管控平台奠定基础。香港首控直接或间接持有首长国际、首长四方、首长宝佳、首钢福山资源集团有限公司(简称"首钢资源")、环球数码创意控股有限公司(简称"环球数码")五家主要上市公司股权。

2020年,香港首控继续发挥区位优势和投融资功能,不断强化自身管理和上市公司管控。有效开展资本市场运作,首程控股募集境外资金20亿港元,首钢方持有的首钢资源股比得到稳步提升;继续聚焦主业发展,不断压缩企业层级和管理链条;各上市公司主业更加清晰并不断做强,克服疫情带来的不利影响,持续保持全部盈利,资产负债率整体下降,市值大幅度提升;逐步完善内控体系和上市公司考核机制建设,有序实施股权激励,进一步激发上市公司活力和防风险能力。

(宋清秋)

【主要指标】 香港首控计划销售收入1.71亿元,实际完成销售收入3.29亿元,完成年计划的192%。计划实现利润调整预算为1.32亿元,实际完成1.50亿元,完成全年计划的114%。截至2020年底,香港首控控股和参股的五家上市公司总市值267.12亿港元,较上年底的212.20亿港元增长26%。

(杨俊林)

【提升科学管控能力】 香港首控坚持以打造"服务、协调、管控及高效的管理平台"为目标,夯实制度建设,制定、修订管理制度10项,规范管理流程。完善考核机制、考核办法,推动综合指标考核评价体系建设。加强多行业调研,做好后续项目储备,为上市公司赋能。建立对标提升组织体系,选择对标企业进行分析,找差距,着力提高发展软实力。在继承、发展、创新的基础上,进一步理清思路,通过全面审视公司近30年来的历史发展,梳理比较优势,绘就高质量的香港首控"十四五"发展蓝图。

(宋清秋)

【做好企业清撤层级压缩】 香港首控响应集团部署的三年企业退出计划,监督境外企业退出整体进程,完成14家公司清退,三年累计完成清退38家企业。逐步改善离岸公司数目过多和管理链条过长等问题,完成清理境外银行账户52个。

(杨俊林)

【首程控股持续深耕业务】 香港首控首程控股持续深

耕停车资产经营管理和城市更新基金管理,凭借强劲的业绩增长,被纳入恒生综合小型股指数,入选"深港通"港股标的。全方位推进停车场库提质增效,科技赋能,围绕停车场景创新增值服务,切实推进业务管理标准化工作,实现停车业务板块新突破。新增签约及中标停车项目20个,涉及车位4万多个,签约及中标车位近11万个。城市业务板块按照整体安排稳步开展施工建造、招商运营以及投融资等工作。

(杨俊林)

【首钢资源多渠道增效】 港首控面对疫情影响努力打产,提质增效,全面完成年度预算任务。持续降本增效,降低销售费用,加强途耗管理,进一步压缩管理费用。通过协调努力,争取到郭家沟煤矿项目列入国家及山西省的煤炭"十四五"规划。持续坚持高派息,已向股东派发股息合计达8.40亿港元,其中首钢系获得2.52亿港元。

(杨凯峰)

【狠抓降本增效】 香港首控首长四方严控综合管理成本、减员增效,香港总部总体费用成本降低12%。紧抓市场机遇,稳步进行业务布局,融资租赁拓宽管道,优化资产负债结构,有序开展5G手机租赁项目、如皋港项目和金源华兴项目。商业保理业务坚持做大规模提升效益,拓展外部业务资产,实现资产增量。供应链金融业务有序调整,效益实现明显增长。

(杨凯峰)

【首长宝佳持续逆势盈利】 香港首控首长宝佳解决滕州土地历史遗留问题。同时,多措并举提高盈利水平,加强逾期应收款催收,提高销售回款率。控制存货规模,减少资金占用,降低资产负债率,压缩财务费用,改善现金流。加速开发新客户,加大内销渠道,保持9%的市占率;持续争取政府优惠政策及扶持政策2813万元。

(杨俊林)

【环球数码推动转型发展】 香港首控环球数码为业务转型作充分准备。精简团队,提升核心竞争力。有针对性锁定动画影视项目,成功争取订单。取得佛山产业园项目产权证,实现资产增值。申报争取各项政策资金奖励和补助约740万港元,旗下影视文化公司通过国家高新技术企业认定。环球数码的"城市IP+虚拟人+文化空间"获得市场良好反映,推进10个以上区域的项目。

(杨凯峰)

【维护香港社会团结稳定】 香港首控一如既往发挥在港企业的积极作用,用实际行动为香港地区的繁荣稳定贡献力量。大力呼吁员工及其亲朋好友齐心协力共同防疫,踊跃参与中企协和明曦基金组织的各项公益活动,主动呼吁各界团结一致,坚决支持全国人大决定。香港首控获京泰"言商言政"先进单位。

(宋清秋)

北京京西重工有限公司

【京西重工领导名录】

董事长:赵久梁

副董事长:李　志

董　事:郤　钊　韩卫东　陈舟平

外部董事:叶盛基　许　敏

总　裁:赵久梁

副总裁:郤　钊　赵子健　道格·卡森

总裁助理:黄　彦

党委书记:赵久梁

党委副书记:蒋运安(4月离任)

纪委书记:孙　炜

工会主席:邓友旺

(付树浩)

【综述】 北京京西重工有限公司(简称"京西重工")成立于2009年3月23日,业务涉及全球14个国家和地区。注册资本金13.2亿元,其中首钢集团占股比例55.45%,北京房山国有资产经营有限责任公司占股比例44.55%。2009年3月30日,京西重工与德尔福公司正式签署收购其全球减震和制动业务主协议,同年11月2日正式签署交割协议,至此收购工作全部完成。2014年1月27日,京西重工在香港联交所成功上市交易(简称京西国际,股票代码02339)。作为一家服务全球的底盘系统零部件供应商,京西重工在设计生产减震和制动零部件、模块及系统集成方面具有丰富经验,能够根据全球不同客户的车型差异、品牌特点和功能需求提供系统一体化解决方案。京西重工在全球拥有7家工厂(波兰克拉斯诺、墨西哥奇瓦瓦、英国卢顿、捷克海布、美国印第安纳、中国上海、中国北京),6家技术研发中心(美国布莱顿、美国代顿、法国巴黎、波兰克拉科夫、中国上海、中国北京),以及十多个技术服务中心,拥有1000多项专利或专有技术。减震器和制动器两项业务,其双模态减震器、轻量化减震器、主动稳定杆系统(ASBS)、电子稳定性控制系统等产品技术处于世界领先水平。服务于全球50多家客户,先后获得包括法拉利、捷豹路虎、上海通用、沃尔沃、本田在内的众多整车厂年度"优秀供应商奖"和"突出进步奖"。

(陈元庆)

【主要指标】 2020年,京西重工实现销售收入39.09亿元,比上年降低5.23亿元;亏损5.36亿元,比上年增亏4.75亿元,比首钢集团下达的预算亏损2.87亿元增亏2.49亿元;获得新订单8.54亿美元,超额完成首钢集团下达的5亿美元新订单目标。

(陶思铭)

【疫情防控及复工复产】 全球疫情暴发后,京西重工按照集团公司要求,成立疫情防控领导小组和工作小组,统筹全球各工厂疫情防控。建立疫情每日沟通机制,及时掌握境内外站点最新信息。为境外站点采购口罩2批次15万只,以及红外测温仪等防疫物资。克服时差影响,通过电话会、网络视频会等方式,对全球各工厂复工复产统筹协调。国内房山工厂3月份恢复生产,4月份产销量、销售额、经营利润实现高水平,净利润首次为正。上海工厂混合所有制改革后,各项工作取得成效,获得长安福特CDX706/707两个项目的EPB(电子驻车制动)定点,控亏0.6亿元。国外波兰克拉斯诺工厂6月份开始恢复5天3班生产,宝马、沃尔沃、标致等客户订单量稳定,下半年产量稳定,各月排产与当月预算基本持平。英国卢顿工厂和捷克海布工厂受捷豹路虎复工进度影响,6—8月份产量低于预算水平,9月份以后产量有所提升,但与预算安排仍有差距。墨西哥奇瓦瓦工厂复产后受墨西哥政府对复工人数的限制,6月15日前复工人数不超过30%,6月15日至8月复工人数不超过50%,8月底至12月底复工人数不超过80%。

(陈元庆)

【技术研发】 京西重工持续加大研发资源投入,开展技术创新和技术研发,推动本土化研发不断深入。悬架申请专利35项,专利授权108项。京西重工研发中心成功获批北京市专利试点单位,获得3项北京市新技术新产品认证。完成高新技术企业的再认证工作,再次获批北京市高新技术企业。研发中心获批北京市企业技术中心授牌,依托新开发的总装四线追溯系统,以及新上线WMS系统、PLM系统,获批北京市智能制造标杆企业,并获批北京市工程技术中心。京西重工上海工厂申请发明专利6项,获得发明专利授权4项。"汽车智能底盘线控制动系统关键解决方案2-box"案例,获第五届铃轩奖前瞻类底盘优秀奖。

(张兴业、六升波)

【新工厂改善】 美国印第安纳工厂于2019年10月量产,由于遭遇全球经济下行、汽车产业下滑,以及全球新冠疫情的影响,欧洲、北美等地区的整车和零部件企业停工、停产,面临订单和资金的巨大压力。京西重工开展强化工厂管理团队组织架构、优化调整活塞杆生产工序降低制造费用、科学安排复工复产提升生产效率等多项措施,在确保通用31XX、福特C727等新项目投产的同时,通过成本压降、投资推迟工作,工厂现金流净流出从4.01亿元(5726万美元)压缩至3.62亿元(5179万美元),节约资金0.39亿元(547万美元)。捷克海布工厂投产后,通用汽车订单取消导致工厂产能不高、订单不足,虽然海布工厂最大限度地争取新的订单填充产能,但是最终难以弥补General Motors Europe(GME)取消订单带来的产能差。京西重工组织深入分析捷克工厂投资经营与可研报告差距较大的原因,提出并制定调整管理架构,设置欧洲区域管理模式;调整产品结构,优化营销策略,提高产品获利能力;加强欧洲区大客户战略攻关,拓展新业务机会;优化欧洲产业布局,提升区域获利能力。通过各项成本压降、付款推迟等措施,捷克工厂现金流净流出从0.5亿元(714万美元)压缩至0.4亿元(573万美元),节约资金0.1亿元(141万美元)。

(陈元庆)

【制动业务重组和引入战略投资者】 京西重工完成制动业务重组和引入战略投资者工作,华登国际、北创投和宏芯投资3家战略投资者完成3.15亿元的注资。增资完成后,京西重工持有京西重工上海公司约48%股权,仍为第一大股东。

(陈元庆)

【推动京西重工股权退出】 京西重工按照集团公司要求,推进股权退出相关工作。上半年,公司与产业咨询顾问、审计师、评估师、律师等中介机构开展前期准备工作,形成投资者路演介绍材料,并对产业类、财务类等不同类型的投资者开展路演推介和拜访工作,初步确定四家潜在的意向投资者,完成资产评估工作,并提请上报集团公司董事会审议,下一步根据集团公司董事会的批复,推进相关工作。

(陈元庆)

【经营与管控】 京西重工全力推进国际化经营改革试点方案的落实。完善公司治理结构,深化用人机制改革方面,完善激励考核机制,完善投资者管理机制,加强风控体系建设。

(陈元庆)

【人才建设】 京西重工加大人才培养力度,优化人员结构,交流调整中高管理人员4人,其中聘任到高级管理层1人(弗兰克罗宾逊),提拔到全球管理岗位1人(塞巴斯蒂安)。针对北美运营团队高级管理层2人退休,采用"存量开发"模式,从公司自身人才库中选择年轻化的后备干部接任;进一步推动人才梯队建设,组建更具活力和能力的运营管理团队,优化北美管理团队领导人员梯次与结构。

(陈元庆)

【风险防范】 京西重工继续加强企业风险防范和内控体系建设。组织运营团队和各工厂围绕预算和现金流平衡目标,通过成本压降、投资压缩、付款推迟等措施,缓解资金周转压力。组织全球各工厂开展减员增效,提高劳动产出效率。制定实施三年裁员计划方案,可降低人工成本1300万美元。加强境外工厂经营指导,督办落实新工厂止血方案。美国印第安纳工厂贯彻优化产品生产工艺流程,研究制定加快产品结构升级,提高附加值高的磁流变减震器、空气悬架及模块化产品订单占比等长期商业化运行方案。捷克工厂继续推进落实经营止血方案提出的各项措施,确保欧洲产业布局及区域化管理取得成效,重点对捷豹路虎等受疫情影响严重、复产存在不确定性的客户进行跟踪,做好欧洲3个工厂的订单平衡和利润平衡。

(陈元庆)

【党组织建设】 京西重工以习近平新时代中国特色社会主义思想为指导,制定《京西重工党委理论学习中心组2020年学习计划》,组织中心组集体学习12次并开展季度交流研讨。各级党组织落实党建工作责任制各项工作,全面推进国际化经营改革进程,推动京西重工高质量发展。在打赢疫情防控阻击战中,认真落实上级党委的各项部署,广大党员尽职尽责,及时有效推进复工复产,国内工厂经营生产取得有史以来最好成绩。按期召开领导班子民主生活会、基层党支部组织生活会和民主评议党员工作。组织各党支部开展"达晋创"等级评定、"逐梦百年新征程争当发展排头兵"创先争优主题实践活动。加强党支部规范化建设,所有在京党支部全部按规范化建设开展工作,切实提高党支部战斗堡垒作用。开展党组织和党员"双报到"工作,在规定时间节点完成京西重工党委到所在地区的街道党(工)委报到和北京地区在册党员到社区桶前值守等工作,报到率100%。

(刘世俐)

【巩固和深化主题教育成果】 京西重工巩固和深化"不忘初心、牢记使命"主题教育取得的成果,各基层党组织深入推进"两学一做"学习教育常态化制度化,坚持"三会一课"融入日常、抓在经常,开展主题党日教育活动。组织房山工厂党员观看《我爱我的家乡》教育宣传片,赴抗日战争纪念馆开展主题党日活动。各级党组织抓好疫情防控工作,组织广大党员捐款30200元。制定全面从严治党主体责任清单,认真开展党的建设自查工作,按照习近平总书记在全国国有企业党的建设工作会议上的重要讲话精神、党内通用性法规制度等四个方面176项逐条对照自检,重点查找在贯彻中央要求和党内法规制度上存在的薄弱环节和不足,针对存在不足制订措施,明确完成时限,按项目化推进方式逐项落实,形成35000字的自检报告。酝酿推举首钢集团第一次党代会代表工作。开展"一人多证"专项清理工作,进一步巩固主题教育成果。

(刘世俐)

【党风廉政建设】 京西重工纪委根据实际情况,组织领导班子、中层管理人员,房山工厂党总支成员逐一签订《党风廉政建设目标责任书》。制定2020年《纪检工作要点》,明确方向、找准定位,聚焦监督执纪问责。落实集团纪检监察体制改革任务,健全完善监督体系。做实做细谈话函询监督,坚持"以案为鉴、以案促改"警示教育。把反"四风"和反腐败经常化,协助党委从改变党员干部工作习惯、生活习惯抓起,从每个细节严起,持之以恒纠"四风",强作风、树新风。切实扛起协助职责和监督责任,开展各类疫情防控监督349次。结合实际情况落实集团纪委要求,制订《京西重工纪委关于2020年下半年纪检人员培训工作的安排》,实现培训全覆盖。召开警示教育大会深刻剖析问题根源,开展警示教育,对党员干部落实管党治党责任提出明确要求。

(王兵俐)

【企业文化建设】 京西重工总部与北美经营团队建立周例会机制,总部领导在与外籍高管就企业经营等情况进行沟通交流,在推动业务工作基础上,进一步增强企业内部东西方文化融合。各专业部门加强与境内外各工厂、站点间的沟通联系,在强化专业指导与管控的同时,传递企业文化。特别是面对疫情,公司总部把中国区疫情防控经验与欧洲和北美地区员工共同分享,全球各站点团结协作共同抗疫,提升企业的凝聚力和战斗力,增强员工对企业的文化认同和情感认同。在各工厂、各站点悬挂展板,宣传京西重工的愿景、使命、价值观,加强企业文化传播,让员工更加充分了解企业性质和目标。

(李所牛)

北京首钢基金有限公司

【首钢基金领导名录】

董事长:张功焰

董　事:张功焰　郭　为　范勇宏　肖　星
　　　　赵天旸　白　超

总经理:赵天旸

党委书记:赵天旸

党委副书记:周迎春

副总经理:聂秀峰(11月离任)
　　　　　张建勋(5月任职)
　　　　　沈灼林　许华杰

（张耀之）

【综述】　2020年首钢基金在集团公司的坚强领导下,坚持"精准投资+精益运营"模式,持续提升投资、运营和风控能力,按照市场化原则,聚焦产业方向,优化投资结构,持续提升盈利能力,全力以赴做好各项工作,助力百年首钢新征程。2020年首钢基金在行业和社会影响力进一步增强。在市财政组织的26家市级政府投资基金的绩效评价排名第1;荣获中国证券报金牛奖私募股权投资优胜机构、高端装备制造行业最佳投资机构TOP10等荣誉。

首钢基金设立战略指导委员会、投资决策委员会、战略投资审核与组织优化委员会。基金前台设基金业务发展部、园区业务发展部、资本市场部、战略客户投资与创新业务部,专注投资和产业运营。中后台,设投后管理与服务部、人力资源部、法律事务部、合规审计部、经营财务部和运行支持部,对基金整体的合规运行进行综合把控,并对投后项目实行有效的管理和赋能。截至2020年12月底,首钢基金年末职工数量72人,党员28人;本科及以上学历占比98%。

（张耀之）

【主要指标】　首钢基金净资产规模284.21亿元,累计收入51.17亿元,利润总额49.21亿元;其中2020年全年实现收入17.21亿元,实现利润15.85亿元。累计投资决策已签约项目66个,决策金额251.25亿元,其中2020年实际出资33.36亿元,累计出资195.4亿元。

（张耀之）

【八亿时空登陆科创板】　首钢基金旗下北京服务新首钢基金投资的新材料公司八亿时空(证券代码:688181)正式在科创板挂牌上市,成为新年以来科创板首批上市公司。八亿时空主营业务是液晶显示材料的研发、生产和销售,主要产品广泛应用于高清电视、智能手机、电脑等终端显示器领域。作为我国液晶显示材料国家标准的主要起草者,八亿时空目前是国内掌握TFT混合液晶核心技术、拥有自主知识产权并成功实现产业化的三家主要液晶材料企业之一。公司自主研发创新的数项液晶材料产品均走在国内前列,成功填补国内空白并实现产业化。

（张耀之）

【成功发行5亿元基金债】　首钢基金有限公司成功发行2020年第一期债券,注册规模20亿元,首期发行规模5亿元,发行利率3.27%。本期债券是国内首只以首钢基金为主体发行的债券,发行利率创2017以来地方国企同期限、同级别企业债券新低。募集资金将投向产业投资基金,有效助力京津冀协同发展及冬奥会园区建设。

（张耀之）

【抗击疫情】　首钢基金首颐医疗旗下的首钢水钢总医院、北大首钢医院、首钢贵钢职工医院、首钢矿山医院等企业医院的广大医务工作者挺身而出、忠于职守,全力投入到医疗救治和疫情防控工作中。水钢医院累计派出31名医务人员和专家参加贵州省援鄂医疗队、六盘水市传染病医院等工作;首钢医院选派5名医护人员参加北京市援鄂医疗队,选派12名医护人员赴石景山区定点医院工作;贵钢医院承担区政府定点的湖北旅客隔离酒店管理工作。同时,首颐医疗向贵州省六盘水市红十字会捐赠防护服、KF94口罩等抗击疫情应急物资;向顺义区人民政府捐赠防护服、鞋套等应急物资。

（张耀之）

【隐山基金】 首钢基金投委会审议批准首钢基金作为有限合伙人,向隐山基金投资不超过人民币 0.5 亿元。投资隐山基金,可基于该基金的投资为首钢产业转型培育新产业,助力集团产业转型。同时,隐山基金关注多式联运及枢纽建设,可与首钢基金城市更新板块和停车运营端进行结合,带来新的切入点与增长机会。

(张耀之)

【投资晨壹并购基金】 首钢基金投委会审议批准首钢基金作为有限合伙人,向晨壹并购基金投资不超过人民币 1 亿元。晨壹基金投资方向符合北京市高精尖产业发展方向,未来拟投资项目与首钢集团产业转型方向高度契合,将能与首钢集团和首钢基金产生协同效应。

(张耀之)

【中航基金项目批复】 中国证监会下达《关于核准中航基金管理有限公司变更股权的批复》,核准首钢基金认购中航基金新增注册资本。增资完成后,中航基金管理有限公司的股权结构为中航证券有限公司出资 1.65 亿元,股比为 55%;首钢基金出资 1.35 亿元,股比为 45%。首钢基金增资中航基金,有利于深化金融领域布局,打通公募 REITs 链条,实现资源整合,助力集团产融结合和转型升级。

(张耀之)

【首钢医院重组工作基本完成】 根据北京市国资委关于将相关不动产由北京大学首钢医院无偿划转至首钢医院有限公司的批复精神,4 月 2 日,北京产权交易所出具首钢医院增资项目交易凭证,相关国有产权交易程序最终完成。5 月 7 日,首钢医院不动产顺利更名,取得 14 个新不动产登记证。至此,首颐医疗重组首钢医院工作基本完成。

(张耀之)

【大兴新机场项目完成退出】 首钢基金通过协议转让方式退出首中停车(北京大兴国际机场停车楼)项目。相关股份转让给首程控股旗下首兴智行。这一举措,有利于集团整合资源,提升停车相关产业管理效率,助推打造城市综合服务商这一战略目标,同时对减少关联交易和保护商业秘密方面也有较好的促进作用。

(张耀之)

【不动产 REITs 试点】 首钢基金积极协助集团鲁家山项目争取第一批试点工作,助力集团基础设施存量资产流动,于 6 月 29 日通过集团董事会审议。本次试点预计助力集团实现回笼资金约 13 亿元,能够有效提升资产证券化率,并在集团持续控制资产的基础上实现资金快速回流,为下一步由重资产运营模式向轻资产模式转变探索通路。此外,本次试点将有利于优化集团财务结构、拓宽融资渠道、降低财务杠杆,为产融结合支持新产业发展提供支撑,为未来园区类资产经营管理提供实践经验。

(张耀之)

【首钢基金与百胜中国签署战略合作协议】 首钢基金与百胜中国控股有限公司(简称"百胜中国")签署战略合作框架协议,双方将在城市更新六工汇项目上联手打造百胜中国在华首家概念融合店。六工汇以"创建跨界产业总部社群,打造新型微度假式的生活方式"为战略定位,吸引来自运动体验、高科技、创新、国际文化娱乐的行业领先者。六工汇与百胜中国在受众上的高度契合,使双方具有天然的合作优势。

(张耀之)

【北京首颐中医医院亮相侨梦苑】 北京首颐中医医院(冬奥中医药国际保障中心)于首钢侨梦苑正式开业运营。首颐中医医院是由北京市中医药管理局、石景山区政府联合发起,会同冬奥会组委会共同设立,由首颐医疗承建的以冬奥运动为主题的中医药特色诊疗机构。首颐中医医院既能满足区域内高端中医诊疗服务需求,同时也作为中医药对外展示和宣传的平台,承担中医药文化推广和特色中医养生康复项目创新性发展的使命。首颐中医医院秉承"冬奥聚首 筑梦成钢 传承精华 守正创新"的宗旨和理念,将集中医药优势力量、借助集团内外部优质资源,竭力中医药服务新品牌。

(张耀之)

【理想汽车挂牌上市】 首钢基金投资的理想汽车在纳斯达克挂牌上市,股票代码"LI",当日收盘市值为 139.17 亿美元,较发行价上涨 43.13%,首钢基金投资账面收益超过 3 倍。首钢基金连续三次投资理想汽车,三支基金累计投资金额达 7 亿元。理想汽车上市,是继首程控股(0697.HK)、北汽新能源(600733.SH)、福田汽车(600166.SH)、瓜子二手车后,首钢基金出行领域投资的又一重要成果。理想汽车成为第二家登陆资本市场的造车新势力企业,并成为北京造车新势力中第一家上市公司。通过上市募得的资金,理想汽车将主要用于重大核心技术布局——L4 自动驾驶、战略扩张以及新车型的开发。

（张耀之）

【首钢基金获好评】 首钢基金获得北京市级 26 支政府投资基金进行绩效评价综合评分第一名。本次评价主要从基金数量、资金规模、运作效率、政策效果等方面，对不同领域内的政府投资基金进行全面分析，重点对基金合规性、运行效率、价值创造、政策效果等进行综合考评。首钢基金获得好评，是对基金成立以来各项工作的充分肯定，也为基金未来获得更多政策及资金支持提供助力。

（张耀之）

【字节跳动入驻创业公社中关村 e 世界】 首钢基金旗下创业公社运营字节跳动教育部门的员工入驻中关村西区中关村 e 世界。中关村 e 世界，楼宇结构单层 10000 平方米，颠覆传统写字楼单层 2000 平方米的格局，打破密集型科技企业分层办公的限制。作为中关村地区大型商改办项目，e 世界为密集型科技企业创造同层办公的优越条件。创业公社秉承"为空间赋能，为企业安家"的使命，提高自身标准，为客户提供全面、优质的服务。

（张耀之）

【标普、惠誉再次给予首钢基金高评级】 首钢基金获国际三大信用评级公司之一惠誉"A-"的长期发行人违约的评级和"F1"的短期发行人违约评级。展望为稳定。这是首钢基金继 2017 年、2019 年之后，再次获得惠誉确认该等级的评级。此外，首钢基金还获得标普授予的"BBB+"长期评级和"A-2"短期评级，长期评级的展望是稳定。是继 2018 年、2019 年获得标普 BBB+ 评级后，首钢基金第三次获得标普的高评级。首钢基金近年来连续获得并保持国际评级机构的高评级，在同类型企业评级中处于领先地位。

（张耀之）

【首钢基金与金鹰集团共商城市更新项目】 首钢集团副总经理、首钢基金总裁赵天旸在北京与新加坡金鹰集团董事局主席陈江和先生及夫人一行会面，双方就首钢东南区项目进行友好交流。首钢基金介绍项目定位、设计方案，就招商及合作伙伴的最新进展和金鹰方面进行沟通，并感谢金鹰集团的大力支持。金鹰方面表示看好和首钢基金的合作，希望双方资源共享，继续加强合作，

共同将首钢东南区项目建设成为高品质、有社会影响力的北京地标建筑。

（张耀之）

【首钢基金与雪松控股集团签署战略合作协议】 首钢基金与世界 500 强企业雪松控股集团签署战略合作协议。双方计划在以下领域开展合作：一是推进创业公社在雪松控股集团园区及商业地产项目上开展业务对接；二是在停车资产管理方面开展合作；三是发挥首钢基金在城市更新领域的专业优势，在雪松控股位于珠三角的旧改项目上开展合作；四是通过雪松控股 A 股上市公司平台，在产业投资方面开展合作。双方通过战略合作，实现互利双赢。

（张耀之）

【投资首钢生物质公募 REITs 项目】 首钢基金投委会审议批准首钢生物质公募 REITs 项目，同意首钢基金在首钢生物质项目公募 REITs 获得监管最终批复后，以战略投资人身份出资认购 REITs 发行总规模 45% 的份额。本次投资契合集团战略发展方向，助力集团打造 REITs 平台及环境产业高质量发展。

（张耀之）

【中日产业合作链接平台】 第三届中国国际进口博览会智慧供应链专业委员会大会暨企业成果签约大会举行，在商务部副部长、进博局局长王炳南等领导见证下，首钢基金与欧力士亚洲、中国建筑国际签订框架合作协议，共同发起成立中日产业合作链接平台。未来三方将充分发挥在全球金融、产业、投资等方面的优势，在中日产业超级链接平台建设、产业园运营、TOD 综合开发、环保新能源、医疗大健康、金融等领域开展全方位合作，通过"金融+产业+投资"的一体化综合业务，推动中日产业落地实施。

（张耀之）

【首钢基金、首程控股与绿城中国达成战略合作意向】 首钢基金、首程控股与绿城中国共同签署战略合作备忘录，三方将在城市更新、停车等领域开展合作。绿城中国是中国领先的优质房产品开发及生活综合服务供应商，总资产规模超 3000 亿元。在城市更新领域，首钢基金与绿城中国将在项目股权合作、定位策划、设计规划、工程建设管理、智慧园区建设、园区运营等方面开展深入合作。在停车领域，绿城中国旗下涵盖高端住宅、高端商业写字楼在内的众多高品质停车资产。双方将

通过合作整合资源,为停车资产赋能,提升停车资产效率和运营品质,促进共同发展。

（张耀之）

【投资招商局蛇口产业园公募REITs项目】 首钢基金投委会审议批准了招商局蛇口产业园公募REITs投资项目,同意首钢基金或其下属企业作为战略配售投资人,参与招商REITs投资,拟认购份额不超过10%。首钢基金与招商蛇口将以本次REITs投资为契机,在首钢园区产业导入、产融结合、停车等方面

开展战略合作。

（张耀之）

【投资北京5G产业发展基金】 首钢基金投委会审议批准了北京5G产业发展基金项目,同意首钢基金作为有限合伙人,实缴出资不超过人民币1.9亿元,并签署相关协议。本次投资有助于做大做强北京5G产业,有利于首钢基金在早期获取5G产业链上游、中游投资机会,开展战略投资布局。

（张耀之）

北京首钢体育文化有限公司

【首钢体育领导名录】

董事长:梁宗平

董　事:秦晓雯　郑佳伟　闵鹿蕾

总经理:秦晓雯

副总经理:郑佳伟　陶颖

　　　　严晓明(4月离任)

党委副书记:郑佳伟

纪委书记:郑佳伟

工会主席:郑佳伟

（高润宁）

【综述】 北京首钢体育文化有限公司(简称"首钢体育"),成立于2008年,是首钢集团有限公司全资子公司。经营竞技体育、健身服务、体育培训、场馆经营、社区文体服务、文艺演出、书画艺术、房屋租赁等业务。2013年以来首钢集团对体育相关组织机构实施改组,以首钢体育为主体进行整合做实,按直管企业纳入行政管理序列。下设党群工作部、战略规划部、人力资源部、财务部、综合管理部、采购部、传媒部、市场部、销售部、物业部、场馆管理部、书画院、社区文化活动中心、篮球俱乐部、乒乓球俱乐部、冰球俱乐部、雏鹰学院、中职棒(北京)赛事有限公司18个部门、212人,其中:公司领导3人,中层干部14人,管理人员154人,生产操作38人,内退3人。

2020年,首钢体育在集团党委坚强领导和经理层

鼎力支持下,面对突发疫情,坚决执行集团安排,围绕重点工作,坚持总体部署、注重过程监督、推进项目实施,克服赛事停摆、场馆运营受限、租赁市场整体下滑等不利因素,实现营业收入10786万元,利润为-503万元。

（高润宁）

【疫情防控】 首钢体育全力以赴做好新冠肺炎疫情防控,做到快速响应,领导班子带队组建专项工作组,按照北京市、集团公司疫情防控精神,相继制定公司楼宇疫情防控方案、楼宇办公疫情防控措施,加强对进入停车场、体育大厦、篮球中心人员的测温、登记管理,组织做好体育大厦、篮球中心的消毒、电梯分流等措施落实。通过立即响应,精心组织,严密落实,确保公司疫情有效防控的同时,联系区体育局、疾控中心等有关部门,在做好各项防疫措施的前提下确保各运动队正常驻训。

（高润宁）

【俱乐部建设】 首钢体育在接到CBA联盟2019—2020赛季复赛通知后,立即开展组织外援回京,公司班子主动担当,敢于作为,在集团公司和属地社区的帮助下,主动申请将体育大厦设为隔离点,按照区疾控中心的要求严格落实各项疫情防控措施的同时,为处于隔离期的队员提供更好的饮食和室内训练条件,确保队员安全健康、状态良好的归队集训。冰球俱乐部受到疫情影响取消赴美参赛和训练的计划,转在国内寻求资源,为了能让队员们在实战比赛中找感觉,在激烈对抗中积累

经验,组织冰球队赴齐齐哈尔参加外训和比赛。通过教学比赛巩固和实践训练成果,达到在对抗中锻炼队伍、磨炼技术、考验心态的实战目的,为备战2022年冬奥会打好基础。

（高润宁）

【赛事成绩】 首钢男篮在2019—2020赛季半决赛时遗憾负于冠军得主广东队,止步半决赛,但首钢男篮3年多来,成绩稳步提升,逐步从联赛第七名、第五名直至本赛季的第四名。2020—2021赛季首钢男篮先后引进范子铭,李慕豪等国内顶级内线球员,加上汉密尔顿、吉布森等外援的加持,队伍逐步调整,球队状态有待进一步稳定。2019—2020赛季,首钢女篮以17胜1负的战绩夺得WCBA中国女子篮球联赛第一名。2020—2021赛季,在邵婷、高颂等主力队员相继转会,周宏华、刘美彤等老队员退役的情况下,通过内部挖潜培养郑茗、柳佳琦等一批新队员,本赛季重点以锻炼队伍、培养新人为目的,最终获得联赛第七名。

（高润宁）

【"雏鹰计划"品牌】 首钢体育与时俱进调整雏鹰计划方向,全体留美学员33人于上半年回国,在国内寻求发展。中国篮球青训采取体教结合模式。在集团领导及相关工作单位的大力支持和认可下,雏鹰计划同北京市第九中学达成合作,将全部高中适龄学员组成一个班级在九中借读,学习内容主要以全国单招考试科目为主,除了有针对性地开展文化课外,还指定德育主任负责雏鹰学员们的统一管理,受到大部分学生和家长的认可。

（高润宁）

【风控制度建设】 首钢体育紧抓风控及制度建设,按照《首钢体育2020年风控及制度建设计划》,持续推进权力清单、规章制度、风控手册三位一体的制度管理体系建设。截至2020年底,共颁发制度24项,已上会未发文5项,已审核未上会11项,现行制度66项,满足管理需要。对组织架构、租赁、资产管理及物业等业务进行梳理,对现有控制流程进行精简,在组织机构优化调整后对《首钢体育风控手册(V1.0)》进行修订,实现三位一体风控体系。

（高润宁）

【接诉即办】 首钢体育提高政治站位,落实"接诉即办"。进一步理顺工作机制,做到"快速受理、高效办

结、耐心回复、暖心回访",进一步提高办结质量,加强宣传引导,注重源头治理,完成接诉即办类工作87件次,特别是涉及"老山文化馆""首钢篮球中心游泳馆"等疫情相关事项,均做到24小时内回复,三率达到集团公司要求;跟进办理"同创涉案会员问题"等相关信访工作,热心接待北京市民来访,并就会员提出的各种问题给予耐心解答,得到部分会员的理解和认可。与石景山区政府、市场监督局等相关单位加强沟通商议解决方案,共同推进解决会员问题。

（高润宁）

【开展规自领域专项治理】 首钢体育及时传达、落实集团专项清理整治工作精神,通过梳理问题清单,针对租赁制度管理较薄弱、出租价格没有明确依据、日常监督覆盖不全面以及体育大厦前期规划手续不全开展专项治理。修订颁发《北京首钢体育文化有限公司土地房屋管理办法》,从制度上解决土地房屋出租管理不完善的问题。针对出租价格没有明确依据、日常监督覆盖不全面的问题,形成以集团公司房屋出租区域指导价格为依据,结合充分市场调研,经公司经理办公会决策的工作模式,并按集团要求建立租赁台账,按时填报、定期查看、实时更新,掌握租赁房屋状态。解决体育大厦前期规划手续不全等历史遗留问题,在集团公司领导和相关部门的协助下,已就绿化验收方案与石景山区园林局达成一致,待石景山区审批后,进行下一步规划手续办理工作。

（高润宁）

【品牌公关和商务开发持续发力】 首钢体育以首钢篮球为载体,深度挖掘品牌价值,梳理品牌IP,通过融合体育+的商务合作模式,实现体育商务合作跨界经营,进一步扩大"首钢体育"的品牌影响力,打造北京首钢美食赛季、球迷纪念季卡项目、京·聚首钢球迷云观赛、首钢DO MORE公益赛、首钢会员3V3等具有自主产权的品牌产品。首钢男篮成为全联盟唯一一家在品牌经营开发上实现"体育+"产业的俱乐部。在票务及衍生品销售上,因CBA、WCBA等大型体育赛事停摆,赛季票务收入比预算减少约1000万元,公司领导班子率领销售团队千方百计地开发新业务、新产品,完善体系,建立CBA联盟首个俱乐部天猫电商平台,搭建线上线下招商渠道,通过举办首钢3V3篮球赛、DO MORE公益赛等自有赛事提高曝光量,品牌美誉度显著提升。成交客

户 14 家,实现商务赞助合同签约额 2238 万元。

（高润宁）

【资产盘活与运营】 首钢体育克服周边地区办公租赁市场受疫情影响整体下滑等不利因素,打破传统观念,搭建工作体系,完善工作流程,大厦招商工作呈跨越式推进,截至 11 月大厦新增租户 16 家,全年出租面积合计 22948.61 平方米,出租率 62%,比上年同期增加 39%,实现收入 3417.84 万元。以体育大厦为依托平台,突破传统房屋租赁模式,通过对大厦内租户的梳理,建立精准的客户画像,挖掘出"和合谷"优质客户,双方已从主题店授权、球员代言、会员体系、首钢男篮主场广告、场馆租赁等多方面展开合作,进一步提升首钢体育品牌的变现能力。

（高润宁）

【安全工作】 首钢体育开展双重预防机制和本质化安全建设,大力推进岗位风险辨识,组织开展风险辨识宣讲、专题培训,对 44 个岗位辨识出 182 条风险因素,并相应制定控制措施,双重预防机制建设系统于 10 月份正式投入运行;推进实施两项本质化安全项目,即在餐饮场所安装天然气自动报警和自动切断装置,在篮球中心北侧外墙实施危险隔离,降低安全风险,开展天然气专项整治活动,实现安全、火灾和交通事故为零的目标。

（高润宁）

【党建工作】 首钢体育深化理论学习,学习习近平新时代中国特色社会主义思想以及国企党建工作会议等重要文件精神。制定印发《2020 年度体育公司党委深化落实全面从严治党主体责任清单》《关于在全公司开展针对巡视央企发现问题自查自纠工作的工作方案》,编制针对巡视央企发现问题自查自纠工作问题清单,建立自查自纠工作台账。加强党内监督,为全面从严治党找到抓手和发力点。注重意识形态建设,通过摸清找准影响企业稳定矛盾问题,结合艺术团清撤、非经资产移交,开展职工思想动态调研,掌握职工所思所想,为队伍稳定提供决策依据,培育协同高效企业氛围。召开党风廉政建设工作会,签订《党风廉政建设责任书》。采取学习违纪事件、观看正风肃纪教育片的方式强化规矩、责任,将党员干部节前警示教育工作常态化。

（高润宁）

【工团工作】 首钢体育组建成立工会。发挥组织作用,助力脱贫攻坚。发放职工互助互济补助金 5000 元,筹集"帮困助学"善款 13240 元,购买扶贫农产品 36000 元,响应集团号召,在体育大厦设置消费扶贫自助售卖机,为打赢脱贫攻坚战贡献一份力量。

（高润宁）

【重点工作】 首钢体育紧盯政策,争取政府资金支持。疫情期间主动通过网络、新闻等渠道深挖北京市疫情期间补贴政策,按照社会保险减免政策填报各种材料,获得社保减免、困难企业失业保险返还、奖补基金等 673.67 万元。研究分析国家及地方有关政策规定,申报北京市大型体育场馆免费、低收费开放补贴,组织男女篮开展各种社会公益活动,争取到北京市财政给予的各项补贴 3335 万元。

（高润宁）

【2020 年首钢体育大事记】

1 月 18 日,"铸梦·争朝夕"2020 年首钢体育年会在首钢体育大厦举行。首钢集团党委常委、董事、工会主席,首钢体育董事长梁宗平,首钢体育总裁、北京首钢篮球俱乐部董事长秦晓雯出席年会并致辞。北京首钢男篮、北京首钢女篮、北京首钢冰球等各支球队和首钢体育全体工作人员参会。

3 月 5 日,首钢体育宣布在首钢男篮主场开辟专属免费区域,设置永久"战疫专区",以纪念和致敬抗击疫情的中国力量。

3 月 30 日,首钢体育天猫旗舰店正式开业,进驻强势电商平台开启全新的资源融合型销售模式。

4 月 10 日,记录北京篮球历史的六集专题片《北京篮球·致青春》正式上线,微博上北京篮球致青春话题量 1.1 亿,主流媒体、流量平台总播放量超过 1000 万次。5 月 12 日,首钢体育会员平台发起"首护者联盟",联合各行各业共同致敬战疫逆行者,呼吁公众提高健康意识、推进更加健康的生活方式。

6 月 1 日,北京首钢正式成立公益品牌"DO MORE",意为热爱和梦想,始于篮球、不止于篮球。"DO MORE"公益品牌首次活动,将公益对象对准热爱篮球的少年儿童,并引入希尔顿欢朋作为活动赞助商。北京首钢篮球俱乐部男女队首次同场竞技,奉献一场童心和爱心同在的交流赛,为助力发展少年儿童篮球事业发声出力。

6 月 10 日,北京首钢女篮以 17 胜 1 负的成绩位列积分榜榜首,在 2019—2020 赛季 WCBA 联赛中,北京首钢女篮获得联赛第一名。

8月8日,在为期55天的2019—2020赛季CBA联赛复赛期间,北京首钢男篮最终取得联赛第四名的成绩。

8月26日,北京首钢体育文化有限公司工会第一次会员代表大会在首钢体育大厦召开。

8月27日,"下半场,见真章!"和合谷与首钢体育战略合作发布会在首钢体育大厦二层剧场举行,和合谷成为首钢篮球俱乐部官方合作伙伴。

10月10日,2020—2021赛季北京首钢男篮"纪念季卡"开始发售,限量款全部售罄。

10月28日,首钢体育携手招商银行联合发布"招商银行首钢体育联名借记卡",联名卡发布会在北京首钢男篮主场、北京最炙手可热的消费地标——华熙Live喷泉广场举行。

11月6日,首钢体育携手国内领先的生活服务电子商务平台——美团,强强联手打造"北京首钢美食赛季",为京城球迷提供更丰富的服务和体验,呈现专属北京球迷的美食优惠福利。

11月23日,首钢体育完成都市歌舞团清撤。

(高润宁)

北京首钢文化发展有限公司

【首钢文化公司领导名录】

副董事长、经理:撒元智

副经理:张亚男

(孙会冬)

【综述】 北京首钢文化发展有限公司(简称"首钢文化公司")前身为北京首钢源景文化发展有限公司,2006年3月注册成立,2011年9月完成股权转让,成为首钢集团全资子公司,2015年8月更名为"北京首钢文化发展有限公司",资本金5180万元。设有剧本孵化部、创意制作部、行政管理部及首钢博物馆筹备办,主要经营范围:组织文化交流活动,承办展览展示,影视策划,摄影摄像服务,租赁影视器材,资料编辑,会议服务,技术培训,销售工艺美术品,广告设计、制作、代理、发布,公园管理,软件开发,零售国内版音像制品、公开发行的图书、电子出版物,演出及经纪业务,互联网文化活动,餐饮管理及服务,等等。截至2020年底,在册职工人数23人。按照集团公司党委的部署和要求,首钢文化公司坚持改革发展,树立保生存求发展的理念,创新开放合作模式,创新体制机制,创新人才通道,强化危机意识,推进可持续发展,不断开创发展新局面。结合首钢文化产业发展,深入发掘首钢历史文化、红色文化传承,推动首钢企业文化建设,推出系列话剧《实现》、话剧《升起天安门广场的国旗》、电视剧《山海蓝图》,得到政府主管部门和集团公司领导肯定,中央电视台、《人民日报》等媒体及腾讯、爱奇艺等网络及微信公众号进行深入报道。

(孙会冬)

【电视剧《山海蓝图》发行播出】 首钢文化公司以首钢转型发展、搬迁调整等重大历史事件为素材,推出现实工业题材电视剧《山海蓝图》,并全力进行电视剧推广发行。在推广发行中,3次提交央视样片审查,多次联系北京市委宣传部及河北、辽宁、吉林、黑龙江等宣传部及卫视,并委托上报中宣部进行汇报。与北京电视台达成播出意向,剪辑成8集电视剧,北京市委宣传部、吉林省委宣传部、河北省委宣传部、北京广播电视台、首钢集团公司、石景山区委宣传部、湖北省文学艺术界联合会等单位作为联合出品人,12月24日《山海蓝图》在北京卫视播出,并在腾讯视频、爱奇艺、优酷、搜狐等同步上线。据统计收视率排名第5、腾讯评分7.5播放量140多万次,爱奇艺为70多万次,网络评论、弹幕6300余条。电视剧播出后引发社会各界、冶金企业和首钢干部职工及离退休职工的关注和赞誉。《人民日报》《光明日报》《文艺报》《北京日报》《河北日报》《中国冶金报》《首都建设报》及学习强国、今日头条、北京时间等60

多家媒体,发表著名评论家仲呈祥、汪卫星、张德祥等剧评9篇,各种宣传报道30余篇,产生较大社会影响。

（孙会冬）

【品牌提升】 首钢文化公司为展示创意设计能力,提升品牌影响力,结合北京国有企业奋战抗"疫"的生动感人事迹,发挥国企担当作用,总结国企在抗"疫"中,从基础设施建设、医疗物资保障以及能源、通信、粮油、公共交通运输等服务供给,到复工复产和经济恢复的推动引领等各方面发挥的关键作用,围绕首都国企劳动者奋战抗"疫"事迹,展现一线劳动者在疫情中不畏险难、无私奉献精神风貌,并向北京所有劳动者献礼致敬,历时两个月,完成5版共25张主题为《为人民服务》的手绘海报,得到北京市国资委的肯定和认可,4月29日《首都建设报》刊发。

（孙会冬）

【延伸业务】 首钢文化公司结合影视化业务实际和自身条件,深化延伸影视化业务链条,承接视频制作任务,形成可持续发展的固定化业务内容。组织员工8人,通过培训、实习、交流,建立起网课等视频编剪业务工作团队,通过委托、代培等模式承接完成《确保核安全打赢污染防治攻坚战》《遥感数字图像处理理论与方法》《环境土壤学》《汕头大学—母婴护理》《水产动物》《水利工程学》等12个课件制作。

（孙会冬）

【创意设计】 首钢文化公司承揽长治首钢生物质能源公司环保科普教育功能区域美化创意设计项目,工作人员为降成本节约开支多次自驾车赴长治现场考察,6次修改设计方案,4次进行材质市场价格调研,分别进行生产线参观通廊科普教育布展、沙盘设计制作、宣传片摄制、环保科普教育配套区域布置及相关设施配置等项内容。

（孙会冬）

【开发直播】 首钢文化公司结合新媒体业态发展及疫情防控要求,开发最具人气的直播新业务,承接完成首钢股份酸洗客户座谈会"感恩客户"直播项目,同时推广宣传首钢酸洗生产线和350万吨产能布局,河北、北京、广东、上海、山东、天津、湖北、江苏、浙江、辽宁等地客户参加,直播142分钟,获得2606点赞数,最高450余客户同时在线,直播访问量14000余次、

观众2500余人次。

（孙会冬）

【修订章程】 首钢文化公司按照集团公司部署,结合经营规模和发展定位,完善法人治理结构,修订《北京首钢文化发展有限公司章程(修改草案)》。经集团公司法律事务部、工会、监事会办公室、人力资源部、经营财务部、战略发展部、系统优部等专业部门审查后通过集团公司审批,1月集团公司按新的公司章程对首钢文化公司执行董事和监事进行人事任命,5月完成公司章程工商备案及法人、执行董事、监事等变更。

（孙会冬）

【企业退出】 首钢文化公司结合业务开展实际,报集团法律事务部、经营财务部、战略发展部审核,经5月7日集团公司经理办公会同意,对北京首钢影视文化发展有限公司完成清撤,9月14日完成税务注销、工商注销等工作。

（孙会冬）

【党建工作】 首钢文化公司党支部以加强党的建设为统领,认真履行党组织党建第一责任人职责,召开支委会12次,党员大会2次,建立完善支委会工作规则,定期研究党建工作,前置研究讨论财务管理、风险防控、薪酬岗位改革、党员发展等10余项议题,严格执行"三会一课"等组织生活制度,被评为一级党支部。推动在职党员参加"双报到"活动,参加抗疫值守、垃圾分类值守、签订垃圾分类承诺书等工作。落实中央八项规定,在元旦、春节、中秋等重要时间节点,坚持开展廉洁教育,杜绝和防范违规收送礼品礼金、公款吃喝、私车公养等,开展党员廉政法规答卷测试。组织党员到香山革命纪念馆"新中国奠基——中共中央在香山"、香山革命旧址、双清别墅、来青轩参观学习。在疫情防控工作中党员15人捐款3600元。按照上级党委部署要求完成党建责任清单、从严治党责任表、党建工作自查等工作。完成党支部委员会换届工作。

（孙会冬）

【疫情防控】 首钢文化公司落实中央和北京市委、集团党委对疫情防控工作的各项决策部署,落实各项措施,制订应急预案,全面开展疫情防控。建立2个微信群对重点人员监测体温和健康情况,确保无一人感染。

（孙会冬）

首钢医疗健康产业投资有限公司

【首钢医疗投资公司领导名录】

党总支书记:张利海

董事长:张利海

总经理:张利海(代行)

董 事:张利海 向平超 顾 晋 周 黎

副总经理:贺轶民

财务总监:潘世信

(张文峰)

【综述】 首钢医疗健康产业投资有限公司(简称"医疗投公司"),成立于2013年2月,注册资金3000万元,公司位于北京市石景山区石景山路乙18号院2号楼6层703、705。2013年5月,医疗投公司以股权投资方式收购成立"北京首钢医药有限公司"。2016年1月,将"北京首钢医疗投资有限公司"更名为"北京首钢医疗健康产业投资有限公司"。2016年2月,公司以增资扩股的形式对北京市石景山区老年福敬老院进行整合;2017年1月,公司顺利完成集团养老产业平台搭建工作。2016年12月,成立医疗投党总支。2017年5月,成立医疗投党总支部委员会。

医疗投公司主要经营范围有:项目投资;投资管理;投资咨询;市场调查;资产管理;技术咨询;技术服务;技术推广;教育咨询;组织文化艺术交流活动(演出除外);健康管理(须经审批的诊疗活动除外);销售医疗器械Ⅰ类;租赁机械设备;承办展览展示;会议服务;设计、制作、代理、发布广告;住宿;物业管理等。

医疗投公司下设:项目管理部、财务部、办公室、医药公司、石景山老年福敬老院以及门头沟区沁心园养老照料中心。截至2020年底在册职工45人,其中博士研究生1人、硕士研究生2人、研究生3人、本科生29人、大专生10人;高级职称4人、中级职称9人、初级职称2人;高级工2人、中级工2人;职工平均年龄38岁。

(訾晓凯)

【主要指标】 2020年,医疗投公司实现营业收入5239万元,较上年减少4606万元,完成年预算的46.2%,其中:老年福养老收入1057万元(不含政府补贴344万元);实现利润总额371万元,较上年减少2932万元,完成年预算的18.5%,其中:老年福在扣除新项目投入后整体保持基本盈亏持平。受新冠疫情影响及医药集采业务的退出,导致全年营业收入和经营结果未达到年度预算目标。

(简毅鸣)

【项目建设】 2020年,一耐项目已纳入2020年度市政府重点工程计划、新首钢三年行动计划和"一会三函"试点,取得市发改委"前期工作函",办理"多规合一"初审意见。2020年2月25日,集团公司专题会明确:基金公司作为一耐项目的实施主体,要加快项目建设前期手续办理、项目资金筹措、合作运营模式确定等工作,提出切实可行的运营方案报集团公司研究;医疗投公司做好项目团队与基金公司的对接,协同高效推动项目实施。

(龚飞洲)

【培育养老品牌】 医疗投公司把培育首钢养老品牌作为核心工作来抓。投入资金对老年福进行改造升级,持续提升机构适老化、标准化水平;被北京市养老服务质量星级评定委员会评定为三星级养老服务机构,门头沟沁心园养老照料中心完成二星级评审。养老业务团队现有项目开发和运营管理团队23人,其中8人通过培训取得养老机构院长执业资格证书。在石景山区金顶街和门头沟区东辛房地区实现了"机构+驿站"的品牌连锁布局,服务覆盖京西22个社区,形成"机构+社区+居家养老"三位一体养老服务体系。四是通过提升服务品质,坚持"老人舒心、家属安心、政府放心"的理念,服务综合满意率达98%以上,养老社会影响力不断提升。

(张文峰)

【制度建设】 2020年,制定《医疗投公司"三重一大"决策事项清单》,围绕"三重一大"等事项共召开党总支会15次、经理办公会17次、党总支会前置审议2次。加强风控体系建设,制定风控体系建设计划,通过内控体系评价,根据企业管理需要,围绕安全、经营、人事等方面制定下发个制度性文件。强化预算管理,合理编制年度预算,认真做好预算分解工作,结合公司实际情况,合理安排月、季度预算,严格按照预算控制各项费用支出,按季度开展经营活动分析工作。强化交账意识,细化责任指标,组织各单位签订目标责任书,制定《医疗投公司关于加强月度绩效考核管理的通知(暂行)》,严格按照绩效进行挂钩考核分配。强化安全管理,分解年度安全生产重点工作,完善安全工作月度专题会制度,开展安全隐患排查工作,推行安全网格化管理,按计划组织应急演练,以"四不两直"方式组织安全检查,压实安全主体责任,老年福敬老院被评为石景山区"一警六员"消防基本技能实操实训工作先进单位。

(张文峰)

【党群工作】 2020 年,老年福敬老院党支部被命名为首钢第一批品牌党支部和首钢集团机关优秀党支部。制定《医疗投公司党总支中心组学习计划》,开展集中学习 14 次。按照集团有关要求,完成集团第二十届职工代表大会代表换届选举工作。完成党支部书记党建工作述职评议工作,保持对下级党组织的监督检查力度。加强组织建设,构建党建责任体系,制定下发《医疗投公司党总支深化落实全面从严治党主体责任清单》,进一步明确各级党建责任主体的职责清单、任务

清单。修改完善公司"三重一大"决策事项清单。扎实开展"七一"有关活动,制定《关于做好纪念中国共产党成立 99 周年有关工作的通知》,结合通知内容组织各党支部开展各种形式活动。组织完成《医疗投公司开展针对巡视央企发现问题自查自纠工作问题清单》,不断夯实党建工作基础。选派党支部书记参加集团基层党支部书记培训班,不断提升下级党组织书记工作能力。加强人才队伍建设,开展中层管理人员民主测评,制定《医疗投公司挂职锻炼管理办法》,选拔职能部门管理人员到基层单位领导岗位挂职锻炼。制定《医疗投公司团队建设工作计划》,按计划推进团队建设;围绕春节、端午等节日开展慰问职工,以及祝贺职工生日等关爱职工活动,持续开展"转提做"立功竞赛活动,按季评比"转提做"先进个人,进一步凝聚了团队合力。

(张文峰)

【"转、提、做"主题教育】 医疗投公司按照集团公司部署,坚持从严从实要求,部署开展"转作风、提效率、做表率"学习教育,召开专题讨论会、开展每季度"转、提、做"先进个人评比等环节,进一步转变干部职工工作作风,强化责任担当意识,提高工作效率,确保全面完成全年各项目标任务。

(张文峰)

首钢医药有限公司

【首钢医药有限公司领导名录】
董事长:张利海
总经理:张兆伟
副总经理:何 爽
质量负责人:于泽国
财务总监:潘世信

(誉晓凯)

【综述】 北京首钢医药有限公司(简称"首钢医药")是由首钢集团公司与嘉事堂药业股份有限公司共同出资设立的医药批发企业,是首钢打造医疗健康产业板块的重要组成部分。公司位于北京市石景山区石景山路乙 18 号院 2 号楼 6 层,注册资金 383.25 万元;公司的宗旨和运营目标是通过建立医药集中采购组织(GPO)运营模式,在首钢集团内所属医疗机构以及首钢体系以外的医疗机构开展医药供应链管理,实现医药供应集中采购,将首钢医疗服务产业链向上游延伸,创造更大的社会价值和商业价值。公司成立以来,始终秉承"质量第一、诚信经营"原则,坚决贯彻落实各项法规、政策要求和 GSP 经营管理规范,依法依规经营,取得良好的经济效益和社会效益。

(誉晓凯)

石景山区老年福敬老院

【老年福敬老院领导名录】

党支部书记:张文峰

院　长:苏　妤

副院长:李　桐

（张文峰）

【综述】　北京市石景山区老年福敬老院(简称"老年福敬老院")是由首钢医疗投和首钢实业举办,位于北京市石景山区西井小区注册资金 1400 万元;宗旨和业务范围:提供收养老人的服务,服务于老人,服务于家庭,服务于社会。为老人提供居住舒适、保健医疗、营养膳食、娱乐健身、缝补拆洗换的服务。

（张文峰）

大　事　记

◎ 责任编辑：郭　锋、刘冰清

2020 年首钢大事记

1月，东风商用车有限公司举办 2020 年度供应商大会，首钢凭借质量优良的产品、稳定的供应保障体系和优质的售后服务，荣获"战表优胜奖"。

1月，首钢股份公司与北京科锐联合组建"电工钢应用技术联合实验室"揭牌仪式举行。双方领导为联合实验室揭牌，并签署合作协议。

1月 3 日，首钢安全环保大会召开，深入学习贯彻党的十九届四中全会和中央经济工作会议精神，总结首钢 2019 年安全环保工作，分析面临的安全环保形势，全面动员部署 2020 年安全环保各项任务。集团领导张功焰、何巍、梁宗平、赵民革、白新、王世忠、韩庆、梁捷、王涛、刘建辉、卢正春参加。集团各部门负责人，各单位党政一把手、分管安全环保工作的有关领导和专业部门负责人在文馆主会场参加会议；股份公司、京唐公司、矿业公司等相关单位及外埠企业通过视频方式参加会议。赵民革以《全面落实企业主体责任不断提升"精、细、实"管理水平努力做安全发展示范者、绿色发展领跑者》为题，作了首钢集团安全环保工作报告。党委书记、董事长、总经理张功焰作重要讲话，并代表集团公司分别与股份公司、首建投公司、股权投资公司和环境公司 4 家单位代表签订了《首钢 2020 年安全生产责任状》。与会领导向 2019 年安全生产先进集体、"安康杯""青安杯"竞赛优胜单位代表颁奖。

1月，第七届 Construction21 国际"绿色解决方案奖"颁奖典礼在法国建筑博览会 Batimat 展厅举办。经健康建筑联盟国内外专家联合评审，首钢老工业区西十冬奥广场改造项目荣获"既有建筑绿色改造解决方案奖国际特别提名奖"。

1月 3 日，由北京市总工会主办的"最美劳动者微笑带回家"大型公益活动颁奖和照片发放仪式暨城市副中心"两节"送温暖慰问活动，在北投集团北京城市副中心项目总部"职工之家"举行，首钢园运动中心制冰师刘博强获评"首都最美劳动者"。北京市总工会党组书记、副主席郑默杰向"首都最美劳动者"获得者颁奖，赠送新春"福包"并讲话。仪式由市总工会党组成员、副主席赵丽君主持。市总工会副主席林林出席。首钢集团领导梁宗平参加。

1月 8 日，集团召开经理办公会，听取 2019 年经理办公会决定事项及集团公司领导班子 2019 年重点任务分工方案进展完成情况的汇报，审议集团公司 2020 年 1 月份资金预算安排、2019 年经营目标责任书考核情况及 2020 年二级单位经营目标责任书制定情况、水钢公司超高温超高压发电机组项目立项及可研情况等事项。集团党委书记、董事长、总经理张功焰主持会议。会议还审议了其他事项。

1月 9 日，在"第四届金汇奖年度盛典"上，首钢基金荣获 2019 年度中国最具影响力产业投资母基金（TOP30）。

1月 9 日，中共首钢第十八届委员会第六次全体（扩大）会议在文馆召开，集团党委书记、董事长、总经理张功焰受集团党委常委会委托，作题为《深入推进管控体系和管理能力建设　争当新时代高质量发展排头兵》的报告。集团领导、集团党委委员，集团各部门、平台公司、直管单位、要素管理单位和部分授权管理单位领导人员，党的十九大代表、北京市第十二次党代会代表、首钢第十八次党代会代表，全国、北京市、石景山区人大代表，北京市、石景山区政协委员参加会议。会议审议通过了《中共首钢集团有限公司第十八届委员会第六次全体（扩大）会议决议》。

1月 11 日，首钢集团第十九届职工代表大会第五次会议圆满完成各项议程胜利闭幕。职工代表 285 人出席会议。集团领导张功焰、许建国、何巍、梁宗平、赵民革、白新、王世忠、胡雄光、韩庆、梁捷、王洪军、赵天旸、王涛、刘建辉、卢正春出席会议。集团党委书记、董事长、总经理张功焰作题为《全面完成"十三五"规划目标任务，为首钢高质量发展奠定坚实基础》的工作报告。各代表团组审议了《首钢集团 2020 年预算》《首钢集团领导班子廉洁自律情况的报告》《首钢集团 2019

年业务招待费使用情况及首钢领导班子成员履职待遇、业务支出的报告》《首钢集团十九届四次职代会代表提案受理情况的报告》等大会文件。会上，与会正式代表以举手表决的方式通过了《首钢集团有限公司集体合同》，举行了《首钢集团有限公司集体合同》签字仪式，企业方首席代表张功焰同志与职工方首席代表梁宗平同志签订集体合同。张功焰同志分别与股份公司、股权投资公司、首建投公司、环境公司、房地产公司5家单位负责人签订2020年经营目标责任书。集团对各单位2019年度经营目标责任书完成情况进行了综合考评，对考评结果进行公布。与会正式代表以举手表决的方式通过《首钢集团第十九届职工代表大会第五次会议决议》，完成了会议各项议程。

1月13日，首钢召开基层党委书记会议，集团领导何巍，集团党群部门负责人，各平台公司、要素管理单位、直管单位党委书记以及党群部门负责人等参加会议。股份公司、京唐公司、矿业公司、水钢公司、长钢公司、通钢公司、贵钢公司、伊钢公司、首秦公司、曹建投公司通过视频参会。会议对集团党委《关于深化落实全面从严治党主体责任的实施办法》《首钢领导人员选拔任用工作办法》《关于规范备案人员因私出国（境）审批有关工作的通知》《关于进一步规范做好离退休人员关心关爱工作的通知》进行了宣讲，并就信访维稳工作进行了安排部署，并对做好近期信访维稳工作提出具体要求。

1月15日，中船集团总经理助理，中船重工物资贸易公司董事长、党委书记杨乾坤，产业发展部副主任周忠，中船工业成套物流公司董事长李俊峰，青岛北海船舶重工公司董事长王国海，大船集团山海关船舶重工公司总经理姚洪山，天津新港船舶重工公司副总经理刘志刚等中船集团相关负责人到访首钢，受到集团领导张功焰、赵民革及相关部门负责人的热情接待。双方就战略合作等方面进行了交流座谈。

1月，在中国施工企业管理协会2019年科技成果表彰会上，中国施工企业科技成果奖项发布，首建集团绿色建筑工程承包部申报的《高层被动式住宅外围护系统施工技术》获得中国施工企业科技成果二等奖。

1月17日，首钢集团党委中心组学习会举行，深入学习贯彻习近平总书记在"不忘初心、牢记使命"主题教育总结大会、中央经济工作会议、十九届中央纪委四次全会上的重要讲话精神，以及北京市委书记蔡奇在全市"不忘初心、牢记使命"主题教育总结大会上的讲话要求。集团党委书记、董事长、总经理张功焰主持会议。集团领导班子成员，集团战略管控部门、发展研究院负责人参加。

1月17日，首钢集团纪检监察系统学习贯彻十九届中央纪委四次全会精神暨纪检监察干部培训班结业总结会召开，集团领导许建国传达学习十九届中央纪委四次全会精神，并作培训班总结讲话。集团纪委相关负责人，在京单位纪委书记、纪委副书记和纪检干部，股份、京唐、矿业、首秦纪委书记，集团党委巡察办、巡察组人员参加会议。会上，组织了纪检监察知识应知应会测试，许建国同志对测试情况进行了讲评。

1月19日，北京卫戍区司令员王春宁、政委张凡迪、副司令员张洪波、副政委鲍泽敏、政治工作部主任于靖东、保障部部长程庆增；预备役高炮师政委李铭；石景山区委常委、人武部部长邓晓兵，人武部政委张道伦等领导一行到访首钢，受到首钢集团领导张功焰、何巍、胡雄光及有关部门负责人的热情接待。大家就共同关心的话题进行了交流座谈。

1月19日，首钢召开产品推进启动会。集团领导张功焰、赵民革、刘建辉、卢正春，以及总工程师室、经营财务部、技术研究院等专业部门以及股份公司、京唐公司、中首公司等相关部门和单位负责人参加，赵民革主持会议，并围绕贯彻落实会议精神，对进一步做好2020年产品推进工作提出具体要求。

1月20日，首钢"献爱心"募捐活动在首钢文馆举行。集团领导张功焰、何巍、梁宗平、白新、王世忠、胡雄光、韩庆、王洪军、王涛，战略管控、业务支持服务部门以及首建投公司、体育公司的职工代表参加现场捐款。

1月21日，首钢集团纪委书记、监察专员许建国主持召开会议，对2019年集团（直管）新提职和平级转任重要领导职务人员进行集体廉政谈话。

1月，在"2019北京应急管理榜样人物"表彰会上，首钢股份公司智新电磁二作业区获评"北京市青年安全生产示范岗榜样集体"，并被推荐为"2019年全国青安岗"集体；股份公司炼钢作业部设备管理室转炉钳工班组、热轧作业部设备管理室二热轧电气自动化点检班组获"北京市青年安全生产示范岗"称号。

2月4日，集团党委书记、董事长、总经理张功焰到营销中心检查疫情防控工作,向春节期间坚守岗位,依旧奋斗在一线的广大干部职工致以崇高的敬意和诚挚的问候,强调要认真学习贯彻习近平总书记重要讲话精神,坚定信心、战胜困难、经受考验,在紧抓疫情防控工作不放松的同时,统筹抓好生产经营建设各项工作,努力实现今年首钢"两会"确定的目标任务。集团领导赵民革参加。

2月5日,首钢集团党委常委(扩大)会召开,传达学习习近平总书记在中央政治局常务委员会会议上的重要讲话精神和北京市委对疫情防控工作部署要求,听取集团疫情防控工作汇报,对集团疫情防控下一步工作进行再部署。集团党委书记、董事长、总经理张功焰主持会议。集团党委常委以及集团副总经理胡雄光,集团办公厅、党委组织部、党委宣传部、纪委、党委巡察办、工会、首钢医院等单位负责人参加。

2月4日,北大首钢医院举行出发仪式,为赶赴石景山区新型冠状病毒感染定点医院的医疗队送行。为支援石景山区新型冠状病毒感染的肺炎疫情防控和患者救治工作,北大首钢医院迅速选派医务人员12人赴石景山区新型冠状病毒感染定点医院参加防治工作。此次北大首钢医院赴石景山区定点医疗队医务人员12人,包括2名医生、2名技术人员、8名护理人员,均为医院中青年骨干。在抗击疫情这个没有硝烟的战场上,共产党员们冲在抗击疫情的最前线,医疗队共有6名共产党员,占总人数的一半;医疗队全体成员克服孩子年幼、父母年迈等个人、家庭困难,义无反顾地投身到疫情防治工作中。

2月4日,集团党委书记、董事长、总经理张功焰到营销中心检查疫情防控工作,在疫情防控工作进入关键时期,向春节期间坚守岗位,依旧奋斗在一线的广大干部职工致以崇高的敬意和诚挚的问候,强调要坚定信心、战胜困难、经受考验,在紧抓疫情防控工作不放松的同时,统筹抓好生产经营建设各项工作,努力实现今年首钢"两会"确定的目标任务。

2月11日,首钢集团党委常委会扩大会议暨集团新冠肺炎疫情防控工作领导小组会议召开,传达学习贯彻习近平总书记在京调研指导新型冠状病毒肺炎疫情防控工作时的重要讲话精神,落实北京市委常委会扩大会议暨市新冠肺炎疫情防控工作领导小组第二十次会议的工作要求,进一步研究部署全集团疫情防控工作。

集团党委书记、董事长、总经理张功焰主持会议。集团领导班子成员,集团办公厅、党委组织部、党委宣传部、纪委、工会、行政管理中心、首钢医院、首建投公司等单位负责人参加。

2月12日,集团党委常委、纪委书记、监察专员许建国主持召开集团纪委会会议(视频),认真学习贯彻习近平总书记在北京市调研指导新型冠状病毒肺炎疫情防控工作时的重要讲话精神,落实集团党委工作部署,进一步研究疫情防控监督工作。会议强调,全体纪检监察干部要聚焦打赢新型冠状病毒肺炎疫情防控阻击战,忠诚履职尽责,靠前监督检查,体现忠诚干净担当的政治本色。

2月20日,集团党委常委、纪委书记许建国受集团党委书记、董事长、总经理张功焰委托,到首钢医院慰问医护人员,并检查疫情防控情况。听取了首钢医院疫情防控工作有关情况介绍,先后来到门诊大厅、住院大楼和食堂,检查了测温、出入登记和食堂就餐管理情况。集团纪委、巡察办负责同志参加慰问和检查。

2月21日,在藏历新年来临之际,中共中央总书记、国家主席、中央军委主席习近平给正在北京大学首钢医院实习的西藏大学医学院学生回信,肯定他们献身西藏医疗卫生事业的志向,勉励他们练就过硬本领、服务基层人民,并向他们以及藏区各族群众致以节日的问候和美好的祝愿。

2月23日,首钢集团党委常委会召开会议,传达学习习近平总书记给在首钢医院实习的西藏大学医学院学生的回信精神。集团党委书记、董事长、总经理张功焰主持会议。会议还传达学习了市委十二届十二次全会精神和市纪委战"疫"特殊时期有关严格执行纪律的要求。

2月26日,集团召开经理办公会,审议2019年度首钢科学技术奖评审及奖励、首钢第二十、二十一届管理创新成果评审有关情况等事项。集团党委书记、董事长、总经理张功焰主持会议。会议还审议了其他事项。

2月27日,随着工厂认可环节的资料审核、现场审核、型式试验、外委试验及型式试验报告全部圆满完成,标志着首钢京唐公司中厚板升级产品顺利通过八国船板认证,进一步拓宽了产品市场,为首钢品牌驶向市场蓝海注入了新动能。

2月28日,首钢集团党委中心组学习会暨集团新冠肺炎疫情防控工作领导小组会议举行，深入学习贯彻2月26日中央政治局常委会会议精神和习近平总书记在统筹推进新冠肺炎疫情防控和经济社会发展工作部署会议、十九届中央纪委四次全会上的重要讲话精神，听取集团近期疫情防控工作汇报，进一步研究部署疫情防控和生产经营建设工作。集团党委书记、董事长、总经理张功焰主持会议。集团领导班子成员，集团有关部门和单位负责人参加。

2月28日，按照集团党委书记办公会要求，首钢召开基层党委书记会，深入学习贯彻习近平总书记在统筹推进疫情防控和经济社会发展工作部署会议上的重要讲话精神，就首钢集团当前疫情防控等重点工作进行安排部署。集团党委副书记何巍主持会议并讲话。会议传达学习了中央、北京市委有关文件精神，并就首钢基层单位党的建设自查、加强政治生态建设等有关工作提出明确要求；通报了首钢集团意识形态工作情况并就开展职工思想状况调研作出安排。会议采取现场和视频的形式进行。集团党群部门负责人，各平台公司、授权委托平台公司管理单位、要素管理单位、直管单位党委（总支）书记以及党群部门负责人参加。

3月3日，集团召开首钢京唐二期一步工程项目联合调研整改工作通报会。集团领导梁宗平、赵民革，集团监事会工作办公室、经营财务部、审计部、纪委监察专员办公室、监督工作联席会办公室有关负责人，首钢京唐领导班子成员等参加会议。赵民革主持会议。会上，联合调研组相关负责人通报了首钢京唐二期一步工程项目联合调研主要情况；集团监事会工作办公室负责人宣读了《关于做好首钢京唐二期一步工程项目联合调研整改工作的通知》；首钢京唐相关负责人做了表态发言。

3月3日，集团召开通钢公司监督检查整改工作通报会，集团领导梁宗平、赵民革、卢正春，集团监事会工作办公室、集团公司工会、监督工作联席会、联合监督检查组相关负责人，通钢公司领导班子及有关职能部门负责人、协调联络组人员等参加会议。赵民革主持会议。会上，集团公司联合监督检查组负责人通报对通钢公司监督检查的主要情况；集团公司监事会工作办公室负责人宣读《关于做好监督检查整改工作的通知》；通钢公司负责人作表态发言。

2月28日至3月3日，首钢集团各部门各单位在全

力投入疫情防控阻击战的同时，积极响应党中央对广大党员的号召，在党员中积极开展自愿捐款支持新冠肺炎疫情防控工作。首钢党组织关系在京的所有在岗党员均自愿捐款，部分不在岗党员也自愿参加了捐款，共产党员21142人自愿捐款3830537.80元。

3月3日，首钢滑雪大跳台中心电厂酒店项目正式复工，第一批隔离期满的114名工人正式返岗。一大早，记者来到项目施工现场，看到首建集团的建设者们正在门口有序排队，每人间隔1米左右，轮到自己时报出工号和名字，工作人员随后进行体温检测登记，体温正常后方可进入施工现场。这是首钢园继2月10日相关配套设施建设复工后又一项目复工。

3月4日，集团召开首钢股权投资信息产业发展情况联合调研整改工作通报会。集团领导梁宗平、白新、王涛，集团监事会工作办公室、监督工作联席会办公室、纪委监察专员办公室、系统优化部、战略发展部、联合调研组有关人员，首钢股权投资、首自信公司及相关部门负责人等参加会议。白新主持会议。会上，集团公司联合调研组负责人通报对首钢股权投资信息产业发展开展调研的主要情况；集团公司监事会工作办公室负责人宣读《关于做好联合调研整改工作的通知》；首钢股权投资、首自信公司负责人分别作表态发言。

3月4日，集团召开首钢特钢整改复查工作通报会。集团领导梁宗平、王世忠，监事会工作办公室、纪委监察专员办公室、战略发展部、首钢建投、首钢特钢领导班子成员，协调联络组和问题整改主责部门负责人等参加会议。王世忠主持会议。会上，检查组负责人通报对首钢特钢整改复查工作的主要情况；监事会工作办公室负责人宣读《关于做好监督检查整改工作的通知》；首钢特钢相关负责人作表态发言。

3月5日，集团召开经理办公会，审议集团公司2020年3月份资金预算安排、首钢集团有限公司2020年法治工作计划等事项。集团党委书记、董事长、总经理张功焰主持会议。会议还审议了其他事项。

3月6日，首钢科技与管理创新会议召开。集团党委书记、董事长、总经理张功焰强调，要深入学习贯彻习近平总书记重要讲话精神，以更加奋发有为的精神状态应对疫情带来的严峻挑战，统筹做好疫情防控和生产经营建设，大力推进科技创新和管理创新，努力实现集团"两会"确定的目标任务。集团领导许建国、何巍、梁宗

平、赵民革、白新、王世忠、胡雄光、韩庆、梁捷、王洪军、王涛、卢正春参加。何巍主持会议。许建国宣读《首钢集团有限公司关于2019年度首钢科学技术奖和第二十届、二十一届首钢管理创新成果的表彰决定》。赵民革作题为《好学笃行，求实鼎新，奋力夯实首钢高质量发展基础》的报告，回顾了2019年科技创新工作，对2020年科技创新重点任务作出安排部署。会上，与会人员观看了"首钢集团十三五科技创新成果及首发新产品发布专题片"和"首钢集团管理创新成果专题片"；特殊贡献奖获得者股份公司龚坚，科技项目一等奖获奖代表技术研究院青格勒，管理创新一等奖获奖代表股份公司周凤明分别进行了典型交流发言。会议以视频形式召开。集团总部各部门、各平台公司、要素管理单位、直管单位负责人以及部分科技和管理创新获奖人员代表在主会场和分会场参加会议。

3月，首钢集团7项产品实现首发，其中，新产品实现1项全球首发，5项国内首发，实现1项新设备国内首次开发应用，涉及绿色新能源，汽车轻量化，智能在线检测等多个领域，科技创新力度不断加强，"首钢制造"为高质量发展奠定坚实基础，产品研发实力得到国内外用户好评。

3月，通钢自信公司自主研发的企业复工系统在吉林省通化市全市范围内上线运行。经过通钢自信公司职工连续两个昼夜奋战，该系统二维码在通化市发改委发布复工方案前成功交付。该系统的上线运行，有效解决了通化市企业、行业管理部门和企业职工的申报难题等问题。在疫情防控阻击战中，通钢自信公司项目团队贡献了硬核"软"力量，用实际行动交上了一份"大考"中的满意答卷。

3月，由首钢技术研究院和京唐公司组成的攻关团队完成的"高铁低硅碱性球团矿的开发及应用技术研究"项目获得2019年度首钢科学技术一等奖。该成果为国家"十三五"重点研发计划《钢铁流程绿色化关键技术》提供了重要支撑，对钢铁企业实现节能环保和绿色发展具有示范引领作用。

3月12日，中国铁路北京局集团有限公司发来感谢信，对首钢股份践行国企担当，密切路企合作，提高铁运比，实现效益与环保双提升，共同打赢疫情防控阻击战、蓝天保卫战，表示高度认可和感谢。

3月，凭借高效的合同交付、优良的产品质量和精

准的营销服务，首钢作为唯一一家获奖的钢材供应商，荣获了郑州宇通客车股份有限公司2019年"年度交付奖"。

3月，首钢技术研究院金属3D打印研发团队和北京首钢机电有限公司工程制造团队联合攻关，成功将金属3D打印再制造技术应用于股份公司、京唐公司热轧产线轧机牌坊窗口面修复工作，使设备使用寿命提高数倍，实现了该项技术在集团内部从实验室研发到产业化应用的新突破。

3月18日，首钢宣传专业工作会召开，传达贯彻全国和北京市宣传部长会议精神，落实首钢"两会"对宣传工作提出的要求，总结去年工作，安排部署今年任务。集团领导何巍到会并讲话。

3月19日，集团党委召开纪委监察专员办公室及股份、京唐公司纪委领导人员调整会议。集团领导许建国，党委组织部相关领导，纪委监察专员办公室全体干部职工参加。股份公司、京唐公司相关领导通过视频参加会议。会上，集团党委组织部有关领导宣布了集团公司党委关于集团公司纪委监察专员办公室领导人员调整的决定。经集团党委常委会研究决定：王传雪同志担任集团公司纪委副书记，周少华同志担任集团公司纪委副书记兼纪委监察专员办公室审查调查室主任。同时，宣布了集团公司纪委监察专员办公室内设机构及股份公司、京唐公司纪委领导人员调整的决定。

3月20日，首钢集团2020年党风廉政建设和信访维稳工作会议召开。集团领导张功焰、许建国、何巍、梁宗平、赵民革、白新、王世忠、韩庆、王洪军、赵天旸、王涛、刘建辉、卢正春参加。集团党委书记、董事长、总经理张功焰代表集团党委对纪检监察和信访维稳战线同志们所做的大量卓有成效工作给予充分肯定，向大家表示诚挚的慰问和衷心的感谢。会上，张功焰就结合实际贯彻落实北京新冠肺炎疫情防控工作领导小组第四十五次会议精神，进一步严格境外进京人员管控等提出具体要求。许建国作题为《强化日常监督精准执纪问责为新时代首钢高质量发展提供坚强保障》的报告。何巍作题为《以更高水平的信访维稳工作为服务冬奥和企业高质量发展提供坚强保障》的报告。梁宗平宣读《中共首钢集团有限公司委员会关于表彰先进纪检监察组织和优秀纪检监察干部的决定》。会议以视频形式召开。集团党委委员、纪委委员，集团总部各部门负

责人,各平台公司、直管单位和要素管理单位党政主要领导、纪委书记和信访维稳部门负责人在主会场和分会场参加。

3月,为表彰先进,学习先进,弘扬清风正气,经集团党委研究,决定对股份公司纪委等10个先进纪检监察组织,王会静等23名优秀纪检监察干部予以通报表彰。

3月23日,首钢医院首批支援石景山区新型冠状病毒肺炎定点医院医疗队凯旋。首钢医院支援医疗队分三批次进驻定点医院,共21名医护人员,经过连续近50天的战"疫",石景山区新冠肺炎定点医院成功清零,患者全部治愈出院,所有医疗队实现零感染。首钢医院其他医疗队成员也将在观察期满后分批返回。

3月,继首钢滑雪大跳台中心项目复工后,五一剧场制粉车间项目、首钢工业遗址公园(金安桥一体化)两大项目已经复工复产。

3月27日,集团党委中心组2020年第一季度交流研讨会召开,围绕"推进企业健康可持续发展,夯实首钢高质量发展基础"主题开展交流研讨。集团党委书记、董事长、总经理张功焰主持会议,集团领导班子成员参加。会议以视频形式召开。集团有关部门和单位负责人分别在主会场和分会场参加。

3月27日,首钢伊钢公司接收安置136名来自和田地区皮山县"深度贫困地区"的少数民族职工就业,这是伊钢公司深入贯彻落实中央决战决胜脱贫攻坚重要指示,按照自治区党委九届九次全会关于就业扶贫的安排和自治区国资委关于做好2020年南疆四地州劳动力转移就业工作部署要求,积极发挥国企担当,履行社会责任,助力脱贫攻坚的重要举措。

3月31日,首钢集团党委巡察首钢建设党委动员会召开。集团领导许建国,集团党委组织部(人力资源部)、纪委监察专员办公室、集团党委办公室、集团党委巡察办和巡察组,股权投资公司及首钢建设领导班子成员、各部门负责人参加会议。首钢建设在京、京外项目公司主要负责人及党员代表、技术人员和职工代表视频参会。集团党委组织部(人力资源部)负责人主持会议。会上,首钢建设、股权投资公司党委负责人分别作了表态发言。会前集团党委巡察组与首钢建设领导班子进行见面沟通,通报了巡察工作任务安排及有关要求。

4月,首钢京唐公司中厚板事业部4300毫米产线实现21.1毫米高级别管线钢X70M三定尺首次批量生产,轧制过程中各项工艺参数实现精准控制,板形一次合格率、性能合格率及成材率全部达到历史最好水平。

4月,首钢城运公司成功签约"回龙观立体公交车库项目",本项目总建设用地面积为8000平方米,总合同约3500万元,日前已开工建设。

4月,矿业公司运输部机务段完成150吨电力机车制动系统升级改造工作,成为迁安地区首个自主改造成功的案例。

4月3日,首钢集团扶贫工作推进会召开,传达学习习近平总书记在决战决胜脱贫攻坚座谈会上的重要讲话精神,落实北京市委市政府和市国资委的工作要求,总结部署集团扶贫工作。集团领导许建国、梁宗平、梁捷参加。会上,有关单位作了汇报发言。会议以视频形式召开。有关单位负责人分别在主会场和分会场参加会议。

4月7日,集团召开经理办公会,听取一季度安全生产工作总结及下一阶段工作安排、一季度集团公司经理办公会决定事项执行情况的汇报,审议集团公司2020年4月份资金预算安排及集团2019年度财务决算情况、2019年首钢集团固定资产和无形资产年度专业工作完成情况等事项。集团党委书记、董事长、总经理张功焰主持会议。会议还审议了其他事项。

一季度,股份公司炼铁作业部认真落实集团"两会"精神,紧密围绕生产经营计划安排,坚持一手抓疫情防控、一手抓经营生产,克服原燃料质量不稳定、炉体设备老化等不利因素,持续保持了高水平顺稳。铁水产量超计划5.22万吨,焦炭负荷完成5.31,全焦消耗完374.40千克/吨,各项技经指标创出较好水平。

4月9日,首钢集团召开纪委全委会暨纪委书记述职评议会,听取部分单位纪委书记述责述廉,安排布置年度及近期重点工作,进一步推进纪检监察体制改革、疫情防控监督以及自身建设,推动集团纪检监察工作高质量发展。集团党委常委、纪委书记、监察专员许建国主持会议。会上,水钢公司等6家单位纪委书记进行了述责述廉;通报了2019年纪检监察系统调研成果以及"正风肃纪·务实一招"评选情况;学习了中国一汽纪委强化政治监督的经验做法,并安排布置了2020年及近期重点工作。会议以视频形式召开。集团纪委委员,各单位纪委书记、副书记及纪检监察干部参加了会议。

4月，由首钢机电公司和首钢技术研究院联合攻关的金属3D打印再制造技术，成功应用于股份公司助卷辊、西马克液压缸活塞杆等多个项目，使设备使用寿命提高数倍。

4月10日，集团党委中心组学习会召开，深入学习习近平总书记重要讲话精神和中央有关重要会议精神。集团领导班子成员参加。会议由集团党委副书记何巍主持。与会人员认真学习了习近平总书记关于决战决胜脱贫攻坚、落实常态化疫情防控举措全面推进复工复产工作的重要讲话精神和在浙江考察时的重要讲话精神；传达学习了中共中央办公厅印发的《党委（党组）落实全面从严治党主体责任规定》等文件精神；通报了近期首钢疫情防控和复工复产情况。会议以视频形式召开。集团有关部门和单位负责人分别在主会场和分会场参加。

4月10日，集团召开安全生产委员会视频会议，总结集团2020年一季度安全生产工作，对下一阶段重点工作进行安排部署。集团领导赵民革、刘建辉、卢正春参加会议。会上，安全环保部负责人传达集团经理办公会对安全生产工作的指示精神；对集团一季度安全生产工作进行总结、下一阶段工作进行布置；股份公司和吉泰安公司分别作经验交流发言。集团各部门、相关单位主要领导在主会场参加会议；股份公司、京唐公司、矿业公司、长钢公司、通钢公司、水钢公司、贵钢公司、伊钢公司、曹建投公司、首秦公司等以及北京地区其他单位相关负责人通过视频会议系统参加。

4月，斯里兰卡驻中国大使馆向首钢建设集团发出感谢函，感谢首钢建设集团在危难之中提供的宝贵支持，表示斯中两国一定可以打赢这场对抗新冠肺炎的战役。

4月15日，首钢集团有限公司董事会召开2020年第一次会议。听取并审议集团外部董事及专门委员会成员调整情况、集团董事会2019年度工作报告、5家重要子企业董事会2019年度工作报告、集团2019年度财务决算情况报告、集团2019年度固定资产和无形资产报告等事项。集团党委书记、董事长、总经理张功焰主持会议。会议还审议了其他有关事项。

4月15日，国家体育总局冬运中心在首钢园区国家冬季运动训练中心举行了温馨而又令人感动的欢送仪式，向与中国冰雪健儿一起在防疫一线奋战28天的北京大学首钢医院医务工作者致以最崇高的敬意。国家体育总局冬运中心主任、党委书记倪会忠对首钢医院医疗队给予高度评价，并与教练员代表赵宏博、运动员代表隋文静一起，为医疗队员献上了鲜花，赠送了中国冰雪徽章、国家队运动服和最新刻录的纪念光碟。

4月16日，首钢钢铁板块2020年一季度经营活动分析会召开，集团领导赵民革、王洪军、刘建辉、卢正春参加。王洪军、刘建辉、卢正春分别就统筹做好疫情防控和生产经营建设，加强资金管控，持续推进降本增效、产品结构优化等工作提出具体要求。会议以视频形式召开。集团专业部门、钢铁板块各单位负责人分别在主会场和分会场参加。

4月，河北省人民政府下发《关于表彰河北省突出贡献技师的决定》，命名表彰了100名"河北省突出贡献技师"，首钢京唐公司热轧作业部职工张维中名列其中。

4月，京唐公司成功开发5毫米和5.5毫米厚度极限规格锯片钢产品。

4月20日，首钢召开基层党委书记会，进一步推进针对巡视央企发现问题自查自纠和规划自然资源领域突出问题专项清理整治工作，交流研讨现阶段工作开展情况，研究解决落实过程中存在的问题。集团领导何巍主持会议并讲话。会议就巡视央企发现问题自查自纠和规划自然资源领域突出问题专项清理整治工作方案、《首钢集团有限公司党委巡察工作制度》进行了宣讲解读，并对推进落实全面从严治党主体责任清单等有关事项提出要求。会上，股份公司、股权投资公司、首建投公司、京唐公司、环境公司5家单位分别进行了工作交流。会议以视频形式召开。集团直管单位党委（总支）书记和集团党群部门负责人参加。

4月22日，华夏银行党委书记、董事长李民吉，党委委员、董事会秘书兼办公室主任宋继清，党委委员、首席财务官兼计划财务部总经理王兴国，党委委员、首席审批官刘瑞嘉等客人一行到访首钢，受到首钢集团领导张功焰、赵民革、王洪军及有关部门负责人的热情接待。双方就共同关心的话题进行了座谈交流。

4月24日，在习近平总书记给在北大首钢医院实习的西藏大学医学院学生回信2个月之际，17名藏大医学院学生顺利结束为期48周的临床实习，带着学有所成的收获,即将返回家乡西藏。欢送会上,大家重温了习近平总书记给在北大首钢医院实习的西藏大学医学院学生的回信。

4月,水钢牌热轧带肋钢筋、矿用锚杆钢、优质高碳钢热轧盘条等产品荣获中国质量检验协会2019年度"全国质量检验稳定合格产品"。同时,水钢公司被评为"全国百佳质量诚信标杆企业""全国产品和服务质量诚信示范企业"。

4月28日,首钢集团先进表彰会召开,深入学习贯彻习近平总书记重要讲话精神,表彰2019年度首钢集团先进单位、先进集体、劳动模范以及共青团系统的先进青年集体和优秀青年。集团党委书记、董事长、总经理张功焰强调,要弘扬劳模精神、劳动精神、工匠精神,以更加奋发有为的精神状态应对疫情带来的严峻挑战、奋力完成集团"两会"确定的目标任务。集团领导许建国、何巍、梁宗平、赵民革、王世忠、韩庆、梁捷、王涛参加会议。张功焰还就节日期间认真落实国家和北京市的各项要求,在做好疫情防控的同时,抓好安全环保、信访维稳、廉政建设等工作提出明确要求。何巍在主持会议时要求,要认真学习贯彻落实这次会议精神,动员全集团干部职工立足本职、扎实工作,为完成今年集团"两会"确定的目标任务而努力奋斗。梁宗平宣读《中共首钢集团有限公司委员会首钢集团有限公司关于表彰2019年度首钢先进单位、首钢先进集体、首钢劳动模范的决定》和《共青团首钢集团有限公司委员会关于表彰2019年度团系统各类先进集体和个人的决定》。模范集体代表中首公司张炳成,劳动模范代表股份公司程洪全,劳动模范代表水钢总医院夏仁海,青年创新先锋代表首建投公司郭鹏先后发言。会上,播放了《劳模精神,奋进伟力》专题片。会议以视频形式召开。集团总部各部门负责人,集团各平台公司、直管单位和要素管理单位的党政主要领导、党群部门负责人,以及受表彰的先进集体代表、劳动模范代表、优秀青年代表分别在主会场和分会场参加。

4月30日,集团党委中心组学习会召开,深入学习习近平总书记重要讲话精神和中央有关重要会议及文件精神。集团党委书记、董事长、总经理张功焰主持会议,集团领导班子成员参加。会上,与会人员认真学习了习近平总书记主持中央政治局会议和在陕西考察时的重要讲话精神;传达学习了《关于持续解决困扰基层

的形式主义问题为决胜全面建成小康社会提供坚强作风保证的通知》和《关于构建更加完善的要素市场化配置体制机制的意见》等中央文件精神。会议以视频形式召开。集团有关部门和单位负责人分别在主会场和分会场参加。

4月30日,首钢集团召开固定资产及无形资产专业年度会议。首钢集团领导胡雄光参加。集团资产管理相关专业部门,板块平台公司、直管单位、集团主要成员单位的固定资产、无形资产、土地房屋专业分管领导、专业部门领导及专业人员参加会议,首钢股份、京唐、冷轧、矿业、长钢、水钢、伊钢、通钢、首秦等单位通过视频参会。

5月7日,集团召开经理办公会,审议集团公司2020年5月份资金预算安排等事项。集团党委书记、董事长、总经理张功焰主持会议。会议还审议了其他事项。

5月,由中国重型机械工业协会停车设备工作委员会、中国城市公共交通协会联合主办的,以"新停车、新基建、新格局"为主题的第四届中国城市停车大会暨第二十二届中国停车设备行业年会圆满落幕。首钢城运凭借雄厚的实力、丰富的项目经验、优秀的市场业绩,荣获中国停车设备行业"2019年度机械式停车设备最具成长性奖",首钢城运肖树坤荣获"2019年度机械式停车设备优秀个人奖"两项大奖,并在中国机械式停车设备10个案例展播中首个展示"首钢城运北京二通公交智能立体停车库项目"宣传片。

5月8日,集团领导梁宗平到首矿投公司信通首承矿业公司,围绕项目生产经营、扶贫工作情况进行实地调研,并对项目招收的当地建档立卡贫困人员进行慰问。

5月10日,是我国第四个中国品牌日,中国冶金报社隆重发布2020年中国钢铁行业品牌榜。首钢集团有限公司荣获2020年"中国卓越钢铁企业国际影响力品牌",北京首钢股份有限公司(首钢牌)获得2020年中国钢材市场优秀品牌(板卷类)。

5月,首钢京唐公司4300毫米中厚板生产线成功轧制12毫米薄规格极低温容器用高锰钢,钢板力学性能优异,表面、板形及内部质量良好,完全满足相关标准与用户要求,其配套焊材和焊接工艺的研发也已同步完成。

5月,在第109个"5·12"国际护士节来临之际,北大首钢医院召开了纪念南丁格尔诞辰200周年暨"5·12"国际护士节表彰大会,对2019年度护理及抗击疫情工作中表现突出的优秀护理团队、优秀护士长、护士进行了表彰并颁发证书。

5月,北京市妇女联合会、北京市人力资源和社会保障局、北京市总工会联合下发表彰决定,首钢股份有限公司热轧作业部生产技术室模型工程师王秋娜被授予"北京市三八红旗奖章"称号;首钢集团有限公司矿业公司运输部工务电务段北区信号班被授予"北京三八红旗集体"称号。

5月,首钢股份智新电磁公司收到由河北省科技厅、财政厅和税务局联合颁发的《高新技术企业证书》,成功获得"国家高新技术企业"认定。

5月14日,由园区管理部牵头组织,邀请石景山区防汛办及防汛器材维护专业部门开展防汛业务培训演练活动。

5月14日,首钢钢铁产销一体化项目完成上线交工验收,标志着首钢钢铁业产销一体化、管控一体化、业财一体化信息系统升级改造圆满告捷。

5月18日,首钢人才开发院、首钢集团工会精心谋划,统筹安排,利用"互联网+培训"手段,率先在数控车工、电焊工两个工种启动了"首钢工匠大讲堂",来自集团10家单位152名职工报名参加。

5月20日,集团党委召开人力资源部(党委组织部)、党委巡察工作办公室干部大会。集团领导何巍,人力资源部(党委组织部)、党委巡察工作办公室全体人员参加。会上,何巍宣布了集团党委关于集团人力资源部(党委组织部)、党委巡察工作办公室领导人员调整的决定。经集团公司党委研究决定:王立峰同志担任集团公司人力资源部(党委组织部、党委统战部)部长兼党委巡察工作办公室主任、机关党委书记,并按相关规定履行任职程序。

5月21日,首钢干部大会召开,市委组织部分管日常工作的副部长(正局级)王建中出席会议并讲话,市国资委党委副书记、副主任晋秋红主持会议,市委组织部企业领导人员管理处处长高渝蓉宣读市委市政府的任职通知,赵民革同志任首钢集团有限公司党委副书记、总经理。市国资委企业人才处处长潘纳佳,首钢集团领导班子成员参加会议。会议以视频形式召开。集

团总部中层正副职及二级单位主要负责人在分别主会场和分会场参加。

5月,在"2020中国物业服务百强企业研究成果发布会暨第十三届中国物业服务百强企业家峰会"上,首欣物业公司荣膺"2020年中国物业百强企业","2020中国物业服务年度社会责任感企业""2020中国特色物业服务领先企业——特色餐饮增值服务"等荣誉。

5月,首钢京唐公司供可口可乐全球自动售卖机外壳用彩涂板第一卷成功下线,标志着首钢基本具备该领域产品的小批量生产能力,向优化产品结构、满足市场客户需求迈出了重要的一步。

5月,国家煤矿安全监察局公布第八批达到国家一级安全生产标准化煤矿名单,首控公司下属全资子公司山西翼城首旺煤业有限责任公司名列其中。按照国家有关制度规定,入选国家一级安全生产标准化煤矿后,将在优先复产验收、办理安全生产许可证延期、企业信用评级等9个方面享受激励政策。

5月,由首自信公司信息化事业部打造的倒班助手APP累计下载量突破300万人次,月活量用户近100万,在安卓26个应用市场以及苹果商店综合排名均位于同类软件前列。

5月22日,首长国际正式更名为"首程控股"。今年以来,首程控股紧抓"新基建"提速布局的历史机遇,持续发力停车业务,新签8个停车项目,车位数为24684个。

5月22日,由首建投公司主办的"首旺百年,机遇再现——首钢园新品推介及渠道合作说明会"在首钢园区举行。

5月26日,集团领导梁宗平先后来到首钢办公厅食堂、特钢食堂调研近期食堂采购贫困地区农副产品工作进展情况,以及扶贫展销专柜销售情况。

5月28日,集团召开经理办公会,审议利旧首钢北京园区原钢铁主流程部分设备和备件项目评估结果备案、对非全资子公司使用集团公司房屋资产收费等事项。集团总经理赵民革主持会议。

5月,北京市知识产权局公布2019年北京市知识产权试点示范单位集中确认名单,冷轧公司榜上有名。2020年5月26日,顺义区知识产权局莅临冷轧公司指导知识产权工作,并将"北京市知识产权示范单位"牌匾授予冷轧公司。

5月,从国家钢材检验中心实验室获悉,水钢公司送检的HRB600热轧带肋钢筋屈服强度和抗拉强度都达到热轧带肋钢筋新标准要求,具备生产许可证申报条件。

5月29日,首钢集团党委中心组学习会召开,专题学习习近平总书记在全国"两会"期间重要讲话精神和李克强总理所作的《政府工作报告》,以及北京市委书记蔡奇在全市领导干部会上的讲话精神。集团党委书记、董事长张功焰主持会议,集团领导班子成员参加。会议以视频形式召开。集团有关部门负责人分别在主会场和分会场参加。

5月29日,首钢集团与碧桂园集团战略合作框架协议签约仪式在首钢陶楼举行。秦皇岛市委副书记、市长张瑞书,市政府秘书长杨学功;碧桂园集团董事局主席杨国强,常务副总裁程光煜,董事局主席助理丁杰,天津区域总裁何晓镭;首钢集团党委书记、董事长张功焰,党委副书记、总经理赵民革,副总经理韩庆,以及秦皇岛市、碧桂园集团、首钢集团相关部门负责人参加。赵民革主持签约仪式。

5月,北京市国企党建研究会发布了2019年度党建调研优秀课题表彰名单,首钢8项党建成果获奖,其中一等奖1个,二等奖1个,三等奖3个,优秀奖3个。

5月29日,"2020年北京榜样"发布五月月榜及特别榜,北京首钢气体有限公司京唐作业区职工李超榜上有名。

5月,水钢公司自发电量完成9981.44万千瓦时,较计划多发电371.44万千瓦时,自发电率66.29%,日均321.98万千瓦时,日均多发11.98万千瓦时,突破历史纪录。

6月1日,水钢公司相关负责人在钢轧事业部5G工作室,通过水钢制造管理与执行系统下达了系统上线后的第一个组坯信息,这标志着水钢制造管理与执行系统轧钢管理正式上线运行。炼钢、轧钢业务管理的全面贯通,是水钢智能制造系统建设项目推进过程中的又一重要里程碑,标志着水钢在实现企业信息化、智能化过程中再次迈出重要一步。

6月4日,集团召开经理办公会,审议集团公司2020年6月份资金预算安排、制定《首钢集团有限公司债务融资管理办法》《首钢集团有限公司资金预算管理办法》、修订《首钢集团有限公司担保管理办法》《首钢集团有限公司内部借款管理办法》等事项。集团党委副书记、董事、总经理赵民革主持会议。会议还审议了其他事项。

6月,首钢城运公司中标首钢滑雪大跳台038地块机械式停车库项目,成功签约河北省张家口市桥西区大境门景区地下停车库项目,承建的张家口市桥西区政务中心地下停车库项目已经完成前期设计。以上3个项目均为北京2022年冬季奥运会智慧停车提供解决方案。

6月4日,集团领导梁宗平来到首钢集团结对帮扶低收入村延庆区香营乡黑峪口村,围绕"一企一村"结对帮扶工作开展实地慰问调研。集团办公厅、园区管理部相关负责人参加。

6月4日,首钢集团召开信息化工作会议,集团领导胡雄光,总部部门、平台公司及部分项下单位、直管单位共61家单位相关人员参加。

6月4日,首钢集团召开信息化工作会议,集团领导胡雄光,总部部门、平台公司及部分项下单位、直管单位共61家单位相关人员参加。会议以视频形式召开。会上,审计部负责人就联合监督检查工作进行安排;首秦公司原党委书记、董事长作述职报告;首秦公司党委书记、董事长作表态发言,表示主动接受巡察和联合监督检查工作,诚恳接受监督、指导意见。会前巡察组与首秦公司领导班子进行见面沟通,通报了巡察工作任务安排及有关要求。

6月,中国安全生产协会为首钢股份颁发"全国安全文化建设示范企业"荣誉证书。

6月15日,集团新冠肺炎疫情防控工作领导小组会议召开,深入学习党中央、国务院,以及北京市委市政府、市国资委关于疫情防控工作的决策部署要求,研究进一步强化复工复产疫情防控常态化工作,对落实好市委市政府、市国资委有关工作要求,进一步抓实抓细常态化疫情防控工作进行部署。集团党委书记、董事长、疫情防控工作领导小组组长张功焰主持会议。集团领导赵民革、何巍、梁宗平、胡雄光,集团疫情防控工作领导小组成员参加会议。

6月15日,按照上级通知精神,首钢集团迅速行动,组织25名干部职工再次下沉社区,配合开展疫情防控工作。

6月18日,集团党委书记、董事长张功焰,集团党委副书记、总经理赵民革以普通党员身份分别参加了其所在的党支部党日活动,并为大家讲党课。

6月,在甘肃省金川集团龙首矿运输工区某运输线路上,有轨运输电机车通过5G无线通信网络实现无人驾驶运行,标志着"5G+电机车无人驾驶"技术链全部打通。在业主的支持下,首钢矿业下属的北京速力科技有限公司携手电信公司将电机车无人驾驶系统与5G通信技术融合,为"5G+电机车无人驾驶系统"新模式运行作出了重要贡献。

6月,在2020年4、5月"身边好人·凉都榜样"评选中,首钢水钢职工驻钟山区保华镇海螺村第一书记张家相和博宏石灰矿业分公司退休职工叶树堂分别获得六盘水市"身边好人·凉都榜样"敬业奉献类和助人为乐类荣誉称号。

6月,《福布斯》日前发布了2020年"全球上市公司2000强"榜单,首钢股份与新日铁、浦项、宝钢股份等国内外著名钢铁巨头位列其中,在"建设具有世界竞争力的优秀上市公司"愿景目标中阔步前行。

6月,中国钢铁工业协会2019年度冶金产品实物质量认定结果公布,首钢9项产品获殊荣。其中,首钢股份公司"冷轧取向钢带(片)"、京唐公司"汽车车轮用热连轧钢板和钢带"两项产品被认定为"金杯特优产品";首钢股份公司冷成型用热连轧酸洗钢板和钢带、冷轧低碳钢板及钢带、冷轧无取向电工钢带,京唐公司汽车车轮用热连轧钢板和钢带,长钢公司钢筋混凝土用热轧带肋钢筋(直条)、通钢公司石油天然气工业管线输送系统用钢管、低中压锅炉用无缝钢管(冷拔无缝钢管)等7项产品被认定为"金杯优质产品"。

6月19日,首钢各单位总法律顾问2019年度述职评议会暨法律纠纷案件风控专项宣贯会召开。集团领导梁捷参加。会上,首钢股份公司、股权投资公司、首建投公司、中首公司、房地产公司总法律顾问分别进行述职,评议小组和现场评议团进行评议;法律事务部相关负责人对法律纠纷案件风控专项工作方案进行宣贯。集团战略管控部门相关人员、平台公司、直管单位、主要子企业总法律顾问、法律负责人、法律专职人员等参加会议。首钢股份公司、曹建投公司、首秦公司、京唐公司、矿业公司通过视频会议系统参会。

6月22日,首钢集团党委巡察首钢建设党委巡察意见反馈会召开,集团领导张功焰、王涛,集团党委组织部、纪委、党委办公室、党委巡察工作办公室、党委巡察组;股权投资公司领导,首钢建设领导班子成员、各部门、项目公司负责人及党员、技术人员和职工代表参加。会议以视频形式召开。会上,首钢建设、股权投资公司领导先后作了表态发言,表示对巡察反馈问题虚心接受,照单全收,并积极落实整改。会前,巡察组向首钢建设党委书记及领导班子分别反馈了巡察情况。

6月23日,集团召开经理办公会,审议关于清算注销六盘水瑞丰旅行社有限责任公司、清算注销北京吉泰盛源劳务服务有限公司等事项。集团党委副书记、董事、总经理赵民革主持会议。会议还审议了其他事项。

6月23日,北京首钢股份有限公司2019年度股东大会在首钢陶楼召开。首钢集团党委副书记、总经理,北京首钢股份有限公司董事长赵民革,公司董事、监事及高管人员,公司聘请的律师及负责公司年度审计的注册会计师出席。赵民革主持大会。

6月28日,首钢庆祝中国共产党成立99周年暨创先争优表彰大会召开,表彰一年来在首钢改革发展和党建工作中作出突出贡献的先进基层党组织和模范共产党员,交流党建工作经验,进一步提高党建工作质量,推动首钢高质量发展。集团党委书记、董事长张功焰讲话,党委副书记、总经理赵民革主持会议,集团领导何巍、梁宗平、胡雄光、韩庆、梁捷、王洪军、王涛、刘建辉、卢正春参加。会上,张功焰对切实发挥党组织的战斗堡垒作用和党员的先锋模范作用,坚持一手抓疫情防控、一手抓生产经营建设,主动为职工排忧解难等提出明确要求。张功焰通报了市委对集团公司领导班子2019年度考核测评结果。赵民革指出,各单位要结合纪念建党99周年系列活动,广泛宣传受到表彰的先进集体和模范党员事迹,形成学习先进、赶超先进的浓厚氛围。要持续巩固和深化"不忘初心、牢记使命"主题教育成果,深入学习贯彻习近平新时代中国特色社会主义思想,抓实"两学一做"学习教育常态化制度化,持续推进党建与企业生产经营建设融合互促,不断激发基层党建工作活力,提升基层党建工作质量,为全面完成首钢"两会"确定的各项目标任务提供坚强的组织保障。何巍宣读《中共首钢集团有限公司委员会关于表彰2020年度先进基层党组织、模范共产党员的决定》。京唐公司党委书记、董事长邱银富,首建投公司第四党支部书记韩彦海,首钢医院机关第二党支部书记、护理部主任左晓霞分别代表首钢"六好"班子、首钢模范党支部、首钢模范党员进行典型交流发言。集团成员单位党政主要领导、集团总部部门负责人、部分基层一线党员代表分别在主会场和视频分会场参加。

6月29日，首钢集团有限公司董事会召开2020年第二次会议。听取并审议集团有关领导职务变动情况，通钢公司债务优化完成情况，北辛安路及锅炉厂南路涉及首钢权属土地及地上物资产评估补偿工作，以及对首钢伊钢、首钢环境和首钢城运开展监督检查情况等事项。集团党委书记、董事长张功焰主持会议。会议还审议了其他有关事项。

6月29日，首钢集团取得北京市规划和自然资源委员会关于《新首钢高端产业综合服务区南区详细规划(街区层面)》的批复。此版规划的获批，确定了新首钢南区的土地使用性质、使用强度等控制指标、道路和工程管线等控制性位置以及空间环境控制要求等内容，为加快打造新时代首都城市复兴新地标和实现新首钢地区高标准发展目标，发挥前瞻性规划的引领作用奠定基础。新首钢南区将形成永定河生态带、后工业景观休闲带，前沿科技引领区、国际交流展示区、后工业城市活力区、战略留白区、生态景观休闲区的"两带五区"的空间结构。

6月30日，随着首钢园香格里拉酒店项目B栋楼封顶工作的完成，该项目所有建筑顺利完成主体结构封顶，全面进入内部装修阶段。

7月2日，北京市委宣传部副部长、市新闻出版局局长、一级巡视员王野霏，传媒监管处处长、二级巡视员丁梅，副处长张俊杰、邓勇，一级调研员何英、二级调研员滕秋义，新闻出版信息中心副主任汤浩等领导一行就媒体融合工作到首钢调研，首钢集团领导何巍，集团企业文化部(党委宣传部)、首建投公司负责人参加。

7月3日，首钢集团党委中心组2020年第二次专题交流研讨会举行，围绕"深入学习贯彻习近平总书记重要讲话和全国'两会'精神，推进全年重点工作任务落实，打牢首钢高质量发展基础"主题开展交流研讨。集团党委书记、董事长张功焰主持会议，集团领导班子成员参加。会上，与会领导认真学习了习近平总书记在中央政治局第二十一次集体学习时的重要讲话精神和主持召开中央全面深化改革委员会第十四次会议的重要讲话精神，以及北京市国资委《关于进一步加强市管企业法务和内控工作，提高重大风险防控能力的若干意见》文件精神。集团有关部门负责人分别在主会场和视频分会场参加。

7月8日，市委书记蔡奇来到首钢鲁家山循环经济基地、石景山区，调研检查生活垃圾分类工作。市领导魏小东、崔述强、张家明，市政府秘书长靳伟参加调研检查。

7月9日，集团召开经理办公会，审议上半年集团公司经理办公会决定事项执行情况，集团公司2020年7月份资金预算安排，修订《首钢集团有限公司对外捐赠管理办法》《首钢集团有限公司境外企业管理办法(试行)》、上半年安全环保工作总结及下一阶段工作安排等事项。集团党委副书记、董事、总经理赵民革主持会议。会议还审议了其他事项。

7月8日，集团召开伊钢公司监督检查整改工作通报会，集团领导梁宗平、卢正春，集团监事会工作办公室、监督检查组有关成员，伊钢领导班子成员、相关部门负责人、协调联络组人员等参加会议。会上，集团公司监督检查组负责人通报对伊钢公司监督检查主要情况；集团公司监事会工作办公室负责人宣读《关于做好监督检查整改工作的通知》；伊钢公司负责人作表态发言。

7月9日，集团公司党委召开首钢集团有限公司技术研究院干部大会。集团领导赵民革、何巍，技术研究院领导班子成员、中层干部及部分职工代表参加会议。何巍主持会议。

7月，京唐公司镀锡板事业部1420罩退产线成功轧出0.11毫米×800毫米超薄高端电子产品用钢，产品规格突破产线轧制极限，钢卷各项技术指标均满足用户要求，这标志首钢京唐产品制造能力提升到新的高度。该产品主要应用于5G基站等高端电子设备。

7月，共青团中央、人力资源社会保障部联合印发《关于命名表彰第20届全国青年岗位能手的决定》，首钢股份智新电磁公司二十辊轧机主操徐厚军、热轧作业部天车工赵建宣，首钢京唐公司中厚板事业部复合板作业区焊接机器人操作岗位刘鑫、中厚板事业部复合板作业区隔离层及钢坯合装操作岗位刘少鹏、钢轧作业部MCCR作业区精轧操作工荣彦明，首钢矿业公司焊工技师王涛等6名青年被授予"全国青年岗位能手"称号。这6名首钢青年均奋战在生产一线，勤学苦练、刻苦钻研、技能精湛，为提高首钢产品竞争力作出了积极努力。

7月9日，集团召开首钢环境监督检查整改工作通报会，集团领导梁宗平、王涛，集团监事会工作办公室有关负责人、首钢环境领导班子成员、职能部门主要负责人、协调联络组人员等参加会议。会上，集团公司监督检查组负责人通报对首钢环境监督检查主要情况；集团公司监事会工作办公室负责人宣读《关于做好首钢环境监督检查整改工作的通知》；首钢环境负责人作表态发言。

7月，首钢圆满完成成都天府国际机场彩涂板供货，首钢产品惊艳亮相国家级国际航空枢纽。

7月15日，首钢集团与石景山区政府高层对接会在首钢召开，石景山区委书记常卫，区委副书记、区长李新，区委常委、副区长齐春利，副区长周西松，石景山区各有关部门负责人；首钢集团领导张功焰、赵民革、王世忠、梁捷及相关单位负责人，市新首钢办综合协调处处长柳晟林，市自来水集团、石泰集团等有关单位负责人参加。

7月，首钢集团与德国弗劳恩霍夫协会联合举办"国际创新论坛"，分享了协会旗下研究所5项表面技术及工业领域最新技术成果。论坛采用视频形式，在首钢集团设立主会场、外省市设3个分会场，共有来自中科院、首钢京唐公司、首钢贵钢公司、北冶等20多家单位的50余位专家参会交流。此次论坛进一步强化了首钢集团与德国弗劳恩霍夫协会的合作，并将赋能新首钢国际人才社区建设。

7月15日，国家知识产权局正式通知授予北京首钢房地产开发有限公司一项实用新型专利权，专利名称为：一种建筑外墙的保温结构，专利主要内容为钢结构建筑装饰保温一体板安装技术。

7月16日，中央电视台新闻频道"东方时空"栏目以"打造绿色钢企样板，实现全工序超低排放"为题，专题报道首钢股份公司实现超低排放。

7月，重庆市2020年首批数字化车间和智能工厂名单出炉，重庆首钢武中汽车部件有限公司申报的"高强度汽车加工板剪切数字化车间"项目，入选"重庆市首批数字化车间"名录。

7月16日—22日，首钢集团召开上半年经济活动系列分析会。集团党委书记、董事长张功焰作讲话，党委副书记、总经理赵民革主持会议，集团领导班子成员

参加。梁宗平、王世忠、胡雄光、韩庆、梁捷、王洪军、赵天旸、王涛、刘建辉、卢正春等与会集团领导，以及集团相关专业部门负责人分别进行了分析发言。集团战略管控部门、战略支撑部门、业务支持服务部门及各板块单位、专业部门负责人参加会议。

7月21日，首钢京唐公司锌资源循环产线正式投运。

7月23日，集团召开经理办公会，审议首钢朗泽与国家电投集团贵州金元股份有限公司、日本三井物产株式会社设立合资公司，清理首钢实业项下五级法人单位相关工作，新钢联公司处置房产及资产评估结果备案，原一线材搬迁资产处置方案，制订《首钢集团有限公司风控体系评价管理办法》等事项。集团党委副书记、董事、总经理赵民革主持会议。会议还审议了其他事项。

7月25日，由首钢工业管廊系统改造而成的"空中步道"首次开门迎客。

7月27日，财富中文网发布2020年《财富》中国500强排行榜，以全球范围内最大的中国上市企业在过去一年取得的业绩和成就为考量，首钢股份公司名列榜单前三分之一强，综合排名第150位。

7月27日，在"八一"建军节即将到来之际，集团领导张功焰、赵民革、何巍、胡雄光及有关部门负责人，来到北京卫戍区向部队指战员送上首钢职工对人民子弟兵的节日问候，受到北京卫戍区主要领导热情接待。双方就共同关心的话题进行了交流座谈。

7月27日，集团召开安全生产委员会视频会议。传达7月9日集团经理办公会精神，总结集团2020年上半年安全生产工作，对下一阶段工作进行部署。集团领导胡雄光、刘建辉、卢正春参加会议。会上，安全环保部负责人传达2020年7月9日集团经理办公会精神，总结上半年集团安全生产工作，对下一阶段工作进行布置；股份公司和首建公司分别作交流发言。集团总部部门相关负责人在主会场参加会议；股份公司、京唐公司、矿业公司、钢铁板块外埠单位、首秦公司、曹建投公司以及北京地区37家单位相关负责人通过视频会议系统参加。

7月28日，国家生态环境部举行7月例行新闻发布会，科技与财务司司长邹首民出席发布会，向媒体介绍科技助力打赢打好污染防治攻坚战。他指出，在钢铁行业大气污染治理方面，中国现在是唯一一个拥有世界

上最先进的钢铁全流程超低排放技术体系的国家，首钢股份迁安钢铁公司是世界上首家实现全流程超低排放的企业，使钢铁行业超低排放成为可能。

7月29日，首钢京唐高强度钢热基镀锌生产线热试第一卷成功下线。集团领导刘建辉，京唐公司领导、相关部门及建设单位干部职工150余人现场见证这一重要时刻。

7月30日，理想汽车在纳斯达克挂牌上市，股票代码为"LI"，当日收盘市值为139.17亿美元，较发行价上涨43.13%，首钢基金投资账面收益超过3倍。由此，理想汽车成为第二家登陆资本市场的造车新势力企业，并成为北京造车新势力中第一家上市公司。

7月31日，由中国钢铁工业协会和中国金属学会联合主办、冶金工业信息标准研究院承办、江苏沙钢集团有限公司协办的"中国钢铁工业'十三五'科技创新成果展"系列活动正式启动。启动仪式上，首钢京唐钢铁联合有限责任公司二期一步工程项目及山东钢铁集团有限公司日照钢铁精品基地项目、宝钢广东湛江钢铁基地项目（2030毫米冷轧工程）三个项目荣获"十三五"钢铁工业创新工程奖。

7月31日，"2020年北京榜样"发布七月月榜，北京首钢园运动中心运营管理有限公司制冰工刘博强荣登榜单。

8月3日，卫星导航系统新闻发言人在国新办公新闻发布会上介绍，据全球连续监测评估系统最近一周测算结果，北斗系统全球实测定位精度均值为2.34米，比此前公布的精度更好。首钢北冶公司研制的高性能磁屏蔽材料应用其中，伴随"北斗"翱翔太空。

8月4日，集团党委中心组学习会召开，深入学习习近平总书记重要讲话精神，以及中央、北京市委有关重要会议文件精神。集团党委书记、董事长张功焰主持会议，集团领导班子成员参加。会上，与会领导深入学习了习近平总书记在企业家座谈会、吉林考察调研时的重要讲话精神，以及中共中央政治局7月30日会议精神，传达学习了市委十二届十四次全会精神，中央关于意识形态工作的有关文件，中央、市委关于巡视工作的新精神、新要求、新部署等。赵民革围绕高度重视，积极支持、配合巡视工作，自觉主动接受监督检查等提出明确要求。何巍介绍了巡视迎检工作的相关情况，并提出具体要求。

8月6日，按照市委统一部署，自9月30日市委第一巡视组对首钢集团有限公司党委开展巡视。

8月7日，市国资委党委书记、主任张贵林调研首钢集团市级重点项目工程进展和疫情防控工作时要求，坚持疫情防控常态化，全力以赴加快园区重点工程建设，打造首都城市复兴新地标。市国资委党委委员、副主任、一级巡视员钱凯及市国资委相关处室负责人一同调研。首钢集团党委书记、董事长张功焰汇报了相关工作情况，集团领导何巍、梁宗平、王世忠、胡雄光、韩庆、梁捷、王洪军参加。

8月，首钢股份机器人流程自动化（RPA）技术在公司流程首次应用上线，有效简化和优化复杂的业务流程，为公司降本增效、提高工作效率奠定坚实基础。

8月7日，集团领导梁宗平带领集团扶贫工作领导小组成员单位，涉及工会、食堂采购负责人等27名党员，到北京市消费扶贫产业双创中心开展主题党日活动。

8月，北京市总工会2019年优秀职工心理服务助推项目评审工作结束，矿业公司申报项目《关爱职工心理健康——"职工幸福感提升"计划》被评为优秀职工心理服务助推项目并获得助推资金。

8月8日，市体育局结合全民健身活动，采取"政府搭台、企业唱戏、全民参与"的模式与首钢园运动中心、京东集团等企业联合举办首届"8·8北京体育消费节"活动。

8月10日，《财富》官方APP全球同步发布了最新的《财富》世界500强排行榜。首钢集团以29273.6百万美元的营业收入列第429位，这是首钢集团自2011年首次进入世界500强榜单以来第九次上榜。

8月10日，北京市委宣传部领导及全面建成小康社会"百城千县万村"课题组到首钢调研。市委宣传部副部长刘军胜、市委宣传部研究室有关领导，市社科院党组成员、副院长鲁亚等市课题组成员，以及《科技日报》《北京日报》、北京广播电视台、《北京青年报》《新京报》《北京商报》等多家媒体记者参加。石景山区委常委、宣传部长姚茂文，首钢集团领导何巍陪同调研。

8月，市委第一巡视组巡视首钢集团有限公司党委工作动员会召开，市委第一巡视组组长谷胜利就即将开展的巡视工作作讲话，副组长刘凤荣宣读《巡视通告》，首钢集团党委书记、董事长张功焰主持会议并作表态发言。市委巡视办、市委第一巡视组有关人员；首钢集团领导班子成员参加。首钢集团总部部门负责人、二级单位党政主要领导、在京的市级以上"两代表一委员"参加会议；长钢公司、水钢公司、贵钢公司、通钢公司、伊钢公司等单位党政主要领导以视频形式在分会场参加。

8月10日—12日，首钢集团领导班子成员集中利用3天时间，视频参加了开班式及专题辅导，完成了线上学习任务，结合工作实际撰写了体会文章，进一步加深了对四中全会精神的理解和认识。8月12日，集团领导班子专题研讨会议召开，交流学习体会和认识思考。集团党委书记、董事长张功焰主持会议，集团领导赵民革、何巍、梁宗平、王世忠、胡雄光、韩庆、梁捷、王洪军，市国资委企业人才处戴廷春参加。

8月13日，集团召开经理办公会，学习贯彻国务院国资委《关于开展对标世界一流管理提升行动的通知》精神和市国资委有关要求，听取首钢集团开展对标提升行动初步安排的汇报，审议集团公司2020年8月份资金预算安排、首钢园区一高炉超体空间项目立项及可研情况等事项。集团党委副书记、董事、总经理赵民革主持会议。会议还审议了其他事项。

8月13日—19日，第二届"北京大工匠"选树活动——大工匠挑战赛在首钢技师学院举行。14日上午，北京市总工会党组成员、副主席王敬东，市总工会职工发展部部长李刚，市总工会职工发展部副部长冯友莲，市总工会宣教部副部长龙城，以及首钢集团领导梁宗平，集团工会、人才开发院负责人在现场观摩了电梯安装维修工挑战赛的比赛，并参观了首钢技师学院实训基地。

8月15日，"电竞北京2020"系列活动北京国际电竞创新发展大会在首钢园三高炉举行。中共中央宣传部副部长傅华，北京市委常委、宣传部长杜飞进，国际电子竞技联合会副主席、腾讯集团副总裁、阅文集团首席执行官程武出席并致辞。中央部委、北京市各委办局、各区及电子竞技行业代表企业的相关负责人出席会议。

8月，2020年度中国钢铁工业协会、中国金属学会冶金科学技术奖评审结果揭晓。其中，首钢集团牵头的3项成果、参与的1项成果共4项成果获冶金科学技术一等奖，1项成果获二等奖，2项成果获三等奖，创下历年评审的最好成绩，反映了首钢技术创新能力的不断攀升，是首钢近年来高度重视创新引领、科技赋能的集中体现。

8月，京唐公司镀锡板事业部1420罩退产线产出的30余吨汽车刹车静音片用钢顺利交付给某行业高端用户，产品各项指标均满足用户要求，标志着首钢京唐冷轧专用钢研发制造水平又上一个新台阶，成为国内第二家具备该领域供货能力的钢厂。据悉，该用户生产的刹车静音片等精工产品主要为高端汽车品牌供货。

8月，北京市卫生健康委科技教育处公布2020年首都卫生发展科研专项项目资助名单，北大首钢医院两项科研项目入选。

8月17日，新材指数发布2020世界钢铁企业专利技术能力排名。全球共有50家企业入围，其中31家来自中国钢铁企业，首钢集团位列世界钢企第六名、中国钢企第二名。日本制铁、神户制钢、JFE、宝武集团、浦项制铁分别位列世界钢企排名前5位。

8月18日，市委副书记、市长陈吉宁冒雨调研新首钢高端产业综合服务区，察看工业空间改造利用情况，走访入驻企业，并主持召开新首钢高端产业综合服务区发展建设领导小组会议。他强调，新首钢地区要进一步深化区域控制性详规，创新体制机制，完善区企合作建设发展模式，发挥区域优势，举办吸引力强、热度高的活动，吸引优质项目落地，培育高质量发展动能，加快打造新时代首都城市复兴新地标。市领导崔述强、隋振江，市政府秘书长靳伟参加。

8月20日，首钢集团党委巡察首秦公司党委巡察意见反馈会召开，集团领导张功焰、韩庆，集团党委组织部、纪委、党委办公室、党委巡察工作办公室、党委巡察组负责人，集团党委巡察办、巡察组成员和首秦公司领导班子成员、中层管理人员、党员和职工代表参加。韩庆围绕首秦公司认真落实巡察问题整改工作提出具体要求。会议以视频形式召开。会上，首秦公司领导作了表态发言，表示对巡察反馈问题诚恳接受，照单全收，并积极落实整改。会前，巡察组向首秦公司党委书记及领导班子分别反馈了巡察情况。

8月21日，集团党委巡察环境公司党委动员会召开，集团领导张功焰、王世忠、王涛，集团党委组织部、纪委、党委办公室、党委巡察工作办公室、党委巡察组负责人，集团党委巡察办、巡察组成员以及环境公司领导班子成员、中层管理人员、党员、职工和专业技术人员代表参加。王世忠指出,环境公司党委要认真贯彻会议精神,落实好巡察组的工作安排,以实际行动配合完成好各项任务。环境公司党委书记作表态发言,表示要主动接受巡察监督工作,诚恳接受监督、指导意见。会前,巡察组与环境公司领导班子进行见面沟通,通报了巡察工作任务安排及有关要求。

8月21日,北京市政协副主席于鲁明,市政协常委一行就"健全和完善文化经济政策,推进文化产业发展引领区建设"主题到首钢园区视察,受到集团领导梁宗平及有关部门负责人的热情接待。

8月,全球工程建设领域最权威的学术杂志——美国《工程新闻记录》(EngineeringNews - Record,简称ENR)2020年度全球最佳及优秀工程项目揭晓,新首钢大桥荣获"2020年度ENR全球桥梁/隧道类优秀奖"。

8月,河北省冶金行业安全"双控"机制建设现场推进会在首钢股份公司召开,学习首钢股份公司安全管理经验,扎实推进企业安全管理"双控"机制建设,提升本质化安全水平。

8月21日,首钢文化产业园获评2020年度北京市级文化产业园区。

8月28日,集团党委中心组学习会举行,深入学习习近平总书记在安徽考察调研期间、在扎实推进长三角一体化发展座谈会上、在经济社会领域专家座谈会上的重要讲话精神,《习近平谈治国理政》第三卷有关篇章,以及市委书记蔡奇关于认真学习《习近平谈治国理政》第三卷的讲话。集团党委书记、董事长张功焰主持会议。集团领导班子成员及集团相关部门负责人参加会议。

8月28日,中国科协党组书记、常务副主席、书记处第一书记怀进鹏,中国科协副主席、书记处书记孟庆海等中国科协领导到首钢园区调研科幻工作,北京市副市长隋振江等一同调研。中国科协办公厅、学会部、科普部和中国科普所相关负责人,北京市委宣传部、市科委、市科协、石景山区委区政府有关负责人参加调研。首钢集团领导张功焰、赵民革、梁捷参加调研并汇报有关情况。

8月,长钢公司两项发明专利《一种高炉喷吹煤粉的装置》和《一种热轧带肋钢筋四切分进口导卫在线对中装置》喜获国家知识产权局发明专利授权。

8月31日,河北省委常委、唐山市委书记张古江,市委常委、常务副市长付振波,市委常委、曹妃甸区委书记孙贵石,市委常委、副市长杨华森等唐山市领导到访首钢,受到首钢集团领导张功焰、赵民革、韩庆及相关单位负责人的热情接待。双方就共同关心的话题进行了深入交流。

8月31日,北京铁科首钢轨道技术股份有限公司在上海证券交易所科创板上市成功,股票代码688569,发行价格22.46元/股,当日收盘价34.34元,较发行价上涨52.89%。首钢投资账面收益超过30倍。

9月,首钢控股首旺煤业被山西省精神文明建设指导委员会授予"2018—2019年度山西省文明单位标兵",这是该公司连续三届六年(2014—2019年)蝉联省级文明单位标兵荣誉称号。

9月4日,2020年中国国际服务贸易交易会开幕,首钢展区精彩亮相,受到广泛关注和好评。

9月,京唐公司中厚板事业部成功生产8.8毫米、10.13毫米厚度极限薄规格X60M管线钢,产品冲击性能和落锤性能指标均满足客户要求。

9月8日,集团召开经理办公会,审议集团公司2020年9月份资金预算安排、修订《首钢集团有限公司信息化管理办法》、2020年度教师节先进评选及表彰工作等事项。集团党委副书记、董事、总经理赵民革主持会议。会议还审议了其他事项。

9月10日,集团党委中心组学习扩大会举行,专题学习市委印发的《北京市纪检监察机关严肃查处诬告陷害为干部澄清正名工作办法(试行)》和《关于激励干部担当作为实施容错纠错工作办法(试行)》。市纪委市监委法规室主任赵辉围绕两项制度作辅导讲座。集团党委书记、董事长张功焰主持会议,集团领导班子成员参加学习。各二级单位党委书记、纪委书记、组织部部长,集团各部门主要负责人参加;股份公司、京唐公司等单位通过视频会议系统参加学习。

9月,在第36个教师节来临之际,经集团公司研究决定:授予人才开发院张红文等50名同志"首钢先进教师"荣誉称号;授予股份公司李培娟等41名同志"首钢先进教育工作者"荣誉称号。

9月,首钢职工园服公司冬奥物业事业部姜金玉获"十佳宣讲员",首钢集团荣获优秀组织单位奖。

9月11日,2020京蒙扶贫协作进京教师培训班开班典礼在首钢技师学院举行。北京市职业能力建设指导中心、奈曼旗尚湛职业技能培训学校、首钢技师学院领导出席。

9月，中国机械冶金职工技术协会授予首钢技术研究院电焊工刘宏，股份炼钢作业部炼钢作业长郭玉明，京唐钢轧作业部 MCCR 作业区精轧操作工荣彦明，矿业计控检验中心工控软件开发员马著获"全国机械冶金建材行业工匠"称号。

9月15日，2020北京时装周开幕盛典在首钢园三高炉盛大启幕。

9月，在世界目前在建规模最大的白鹤滩水电站，以首钢股份取向电工钢为主材料制作的25台500kV变压器进入安装阶段，占比白鹤滩水电站两岸主变压器50%，3台主变压器已安装测试，百年首钢又一次在"大国重器"上熔铸新功。

9月17日，主题为"创意激活城市·科技创造未来"的中关村论坛联合国教科文组织创意城市北京峰会在新首钢高端产业综合服务区开幕。市委副书记、市长陈吉宁视频致辞。联合国教科文组织总干事奥德蕾·阿祖莱、中国教育部副部长郑富芝、芬兰赫尔辛基市市长简·瓦基亚沃里分别致辞，联合国教科文组织文化助理总干事埃内斯托·拉米雷斯发布创意城市应对新冠肺炎疫情案例集，副市长张建东宣布峰会开幕。首钢集团领导张功焰、梁捷参加。

9月16—17日，由中国冶金矿山企业协会和首钢矿业共同主办的冶金矿山企业文化创新论坛及现场经验交流会在首钢矿业召开。中国机械冶金建材工会主席、分党组书记陈杰平，首钢集团党委常委、工会主席梁宗平，中国冶金矿山企业协会常务副会长项宏海，中国企业文化研究会理事长孟凡驰，中国地质调查局国际矿业研究中心常务副主任、中国矿业报社副社长（主持工作）夏鹏，中国冶金矿山企业协会常务副秘书长马增风，以及中国冶金矿山企业协会各矿山企业，首钢党委宣传部、工会、矿业相关负责人等近百人参加。

9月21日，主题为"智新创发展·共筑新局面"的2020年北京市国资委系统"新产品·新技术·新应用场景"推介会在国家会议中心召开。首钢集团党委副书记、总经理赵民革，副总经理梁捷作为嘉宾出席，首钢技术研究院和首建投相关负责人参加会议，首钢8项新产品新技术新应用场景亮相发布会。本次推介会由国务院国资委科技创新和社会责任局指导，北京市国资委、中关村管委会主办，华夏银行、北辰集团承办，共计63家中央企业、市管企业、中关村企业参加。

9月，中国机械冶金职工技术协会命名技术研究院刘宏技能大师工作室、股份刘磊创新工作室、京唐王保勇创新工作室、矿业马著创新工作室、水钢黄华海创新工作室、长钢王晓东创新工作室、通钢马增毅创新工作室7个创新工作室为全国机械冶金建材行业示范性创新工作室。

9月，在召开的北京市科学技术奖励大会上，首钢3项成果荣获北京市科学技术奖。其中"高性能低合金耐蚀钢系列钢种研制及应用成套技术"获技术发明奖一等奖，"高纯净铸造高温合金母合金关键技术及产业化研究"和"高混杂建筑废弃物全资源化利用关键技术及产业化应用"获科学技术进步奖二等奖。

9月25日，集团党委中心组学习会举行，深入学习习近平总书记近期的系列重要讲话精神，以及《国企改革三年行动方案（2020—2022年）》。集团党委书记、董事长张功焰主持会议。集团领导班子成员，集团战略管控部门、战略支撑部门负责人参加。会上，集中学习了习近平总书记在中央全面深化改革委员会第十五次会议，全国抗击新冠肺炎疫情表彰大会，湖南郴州、长沙等地调研等重要讲话精神；专题学习了《国企改革三年行动方案（2020—2022年）》。

9月25日，集团党委副书记、总经理赵民革受集团党委书记、董事长张功焰委托，到京唐公司走一线、下班组、进岗位，看望慰问广大干部职工，并与基层职工座谈交流，实地了解京唐公司生产经营建设情况。集团领导刘建辉参加。

9月26日，首钢极限运动公园迎来第35届石景山金秋体育盛会开幕仪式暨首届"激昂青春·逐梦冬奥"滑板挑战赛。来自京城300余名滑板运动员和发烧友欢聚一堂、切磋竞技。

9月27日，首钢集团有限公司董事会2020年第三次会议召开。审议集团公司董事会工作规则修订、新首钢国际人才社区（核心区南区）项目可研、首钢建投项下7家项目公司增资、首钢朗泽控股子公司建设6万吨燃料乙醇项目可研等事项。集团公司党委书记、董事长张功焰主持会议。会议还审议了其他有关事项。

9月28—29日，第三届"AIIA2020人工智能开发者大会"在首钢园盛大开幕。

9月28日，北京市国资委党委召开党委理论学习中心组学习（扩大）视频报告会，中组部组织二局二级巡视员崔亚飞对《中国共产党国有企业基层组织工作条例（试行）》作专题辅导报告。市国资委党委书记、主任张贵林主持会议。首钢集团领导班子成员，相关部门负责人，各基层单位党委书记、党务部门负责人等通过视频系统参加。

9月29日，集团召开"中秋""国庆"节前集体约谈提醒会。集团党委书记、董事长张功焰强调，要进一步增强作风建设主体责任意识，进一步强化管理，严守纪律规矩，把"节点"当"考点"，巩固和拓展落实中央八项规定精神成果。张功焰还就组织落实好安定稳定各项工作、加强安全环保管理、确保生产顺稳等提出明确要求。集团纪委、办公厅、党委组织部、机关党委、工会、经营财务部、财务共享中心、行政管理中心负责人，实业公司、园服公司等单位党政一把手参加会议。

10月，首钢矿业大石河裴庄生态恢复治理项目生产的绿色建材从国铁沙河驿站顺利发车，正式服务雄安新区城市建设。

10月，在北京市抗击新冠肺炎疫情表彰大会上，首钢医院荣获"北京市先进基层党组织"称号；医院党委书记、呼吸与危重症医学科主任向平超，检验科主任、输血科主任胡守奎，金顶街社区卫生服务中心主任陈新，荣获"北京市抗击新冠疫情先进个人"称号。

10月，在2020（第九届）中国建筑用钢产业链高峰论坛上获悉，通钢荣获"2020年度全国优质建筑用钢品牌优质服务奖"称号。

10月，在中国钢铁工业协会近日发布的《关于"全国重点大型耗能钢铁生产设备节能降耗对标竞赛"2019年度竞赛结果的通报》中，首钢股份2号2650m3高炉、7号360m2烧结机，首钢京唐2号300t转炉被评为"冠军炉"；首钢股份3号4000m3高炉、5号210t转炉被评为"优胜炉"。

10月16日，北京市石景山区人力资源和社会保障局驻首钢迁安地区退休人员社会化管理服务中心在矿业公司签约及揭牌。此举将有近14000名首钢集团迁安地区退休人员受益，就近就地享受"北京市家门口"退休管理服务。这也是京冀协同发展人保服务，在继社保、工伤、养老、劳鉴、仲裁协同之后的再延伸。

10月，首钢京唐成功开发高强酸洗汽车板CP800，

产品表面质量及各项参数、指标均符合工艺设计要求。

10月16日，首钢园旗舰品牌发布会暨BIBF菠萝圈儿国际插画奖颁奖盛典在三高炉举办。此次活动由首钢集团、首建投主办，中国图书进出口（集团）有限公司、菠萝圈儿（北京）文化传媒有限公司协办，对落地首钢园的品牌进行集中发布，对BIBF菠萝圈儿国际插画奖进行颁奖，既是一次品牌展示，也是一次文化盛宴，展示了一个极具商业投资价值和文化创新创意活力的首钢园。北京市委宣传部副部长、市新闻出版（版权）局局长王野霏等与会领导共同开启盛典启动仪式，并为2020BIBF菠萝圈儿国际插画奖颁奖。首钢集团党委常委、董事、工会主席梁宗平，中国图书出口（集团）有限公司总经理、党委副书记聂静分别致辞。市委宣传部、石景山区相关部门，接力出版社、蒲蒲兰文化发展公司、菠萝圈儿（北京）文化传媒公司及首钢集团相关单位领导参加。

10月，经各单位自查、推荐申报和集团实地检查验收等环节，集团工会决定命名100个职工创新工作室为"集团级职工创新工作室"。

10月19日，首钢钢铁板块2020年1—9月份经营活动分析会召开，总结钢铁板块前三个季度的运行情况，分析四季度和2021年市场形势，安排下一步工作。集团党委副书记、总经理赵民革作讲话，集团外部董事卫爱民，集团领导王洪军、刘建辉、卢正春，集团战略管控、战略支撑、业务支持服务部门和钢铁板块各基地、一级授权管理单位负责人参加。王洪军、刘建辉、卢正春分别就坚持做大"蛋糕"、追求极低成本运行、做好安全环保工作等提出明确要求。会上，股份、长钢、中首分别作钢铁板块及本单位1—9月经营活动分析；技研院，京唐，股份制造部、董秘室、职工创业开发中心，水钢，贵钢分别作专题分析汇报；发展研究院、中首、股份采购中心和营销中心分别作外部形势分析；集团战略发展部、经营财务部、系统优化部、安全环保部、人力资源部和股份制造部、设备部、能源部、采购中心、营销中心等专业部门分别作点评。

10月20日，共青团北京市委副书记毛晓刚，研究室、宣传部、国际部、企业部、中少部、网络中心等团市委机关、直属单位负责同志，团市委思想引导和网络引导委员会有关同志，到首钢进行北京共青团宣传思想文化工作调研，受到集团领导何巍及有关部门负责人的热情

接待。

10月，在中国质量检验协会持续组织开展的2020年全国"质量月""企业质量诚信倡议"专题活动中，首钢水钢获"全国质量信誉保障产品""全国质量诚信标杆企业""全国钢铁行业质量领先品牌""全国百佳质量检验诚信标杆企业"等多项荣誉。

10月21日，集团召开安全生产委员会视频会议。传达10月13日集团经理办公会精神，总结集团2020年三季度安全生产工作，并对下一阶段工作进行部署。集团领导胡雄光、刘建辉、卢正春参加。

10月21日，首钢股权投资公司2020年1—9月份经济活动分析会召开。集团外部董事卫爱民，集团领导王世忠、王涛，集团管控部门和股权公司及各项下单位负责人参加。

10月22日，首届上汽大众"首钢日"活动在上海举行。活动现场，首钢股份全方位展示新产品新工艺新技术，引起广泛关注。

10月22日，北京园区2020年1—9月份经营活动分析会召开。集团党委副书记、总经理赵民革作讲话，集团外部董事刘景伟、卫爱民，集团领导王世忠、梁捷、王洪军，集团管控部门和园区平台各单位负责人参加。

10月23日，市委书记蔡奇到石景山区就推进新首钢地区建设发展调查研究。他强调，新首钢地区已成为北京城市深度转型的重要标志。"十四五"时期是新首钢地区发展的新起点。要牢固树立新发展理念，聚焦文化、生态、产业、活力"四个复兴"，建设好新首钢地区，着力打造新时代首都城市复兴新地标，在构建新发展格局中展现新形象。市委副书记、市长陈吉宁一同调研。北京市和北京冬奥组委领导崔述强、隋振江、韩子荣，市政府秘书长靳伟参加调研。

10月24日，北汽ARCFOX极狐αT上市发布会在首钢园三高炉举行，作为全球品牌首发新主场，首钢园三高炉再次沸腾。

10月26日，2020年首钢中青年领导人员培训班举行开班典礼，集团党委书记、董事长张功焰做开班动员讲话并讲第一课。集团党委副书记何巍，以及党委组织部、人才开发院负责人，培训班学员、骨干教师等参加。

10月27日，集团召开领导班子会，传达学习市委书记蔡奇，市委副书记、市长陈吉宁等北京市领导调研新首钢地区时的讲话精神，领会精神实质，把握深刻内涵，推动各项工作取得新成效。集团党委书记、董事长张功焰主持会议，集团领导班子成员，集团战略管控部门、战略支撑部门和业务支撑服务部门负责人，有关各单位党政主要领导等参加。

10月28日，首钢京唐高强度钢十八辊单机架生产线第一卷产品在冷轧部成功下线，标志着首钢京唐具备生产强度等级可达1470兆帕的高强镀锌汽车板产品的能力。

10月29日，北京市法治宣传教育示范基地揭牌仪式暨法治宣传教育活动在首钢工学院举行。北京市应急管理局党委书记、局长张树森，党委委员、副局长唐明明，首钢集团领导胡雄光及首钢工学院负责人等参加。

10月29日，首钢集团党外知识分子联谊会成立大会暨第一届理事会第一次会议召开。会议审议通过了《首钢集团党外知识分子联谊会章程（草案）》《首钢集团党外知识分子联谊会第一届理事会第一次会议选举办法（草案）》，选举产生了首钢集团知联会第一届理事会会长、副会长、常务理事。市国资委二级巡视员屈少波、市国资委三级调研员吴晓波，首钢集团党委副书记何巍、集团公司党委组织部（统战部）相关负责人，集团知联会第一届理事会理事及各理事所在单位主管领导、组织（统战）部长出席会议。会上，屈少波、何巍为首钢集团知联会揭牌并为当选的知联会第一届理事会领导班子颁发聘书。

10月30日，首钢集团党委中心组学习会举行，认真学习贯彻党的十九届五中全会精神和习近平总书记近期重要讲话精神。集团党委书记、董事长张功焰主持会议。集团领导班子成员，集团战略管控部门、战略支撑部门负责人参加。与会人员认真学习了党的十九届五中全会精神，习近平总书记在深圳经济特区建立40周年庆祝大会等系列重要讲话精神，以及全国国有企业改革三年行动动员部署电视电话会议、北京市国企改革三年行动动员部署会精神。

10月31日，中国科幻研究中心成立仪式在首钢园三高炉B馆举行，至此中国科幻研究中心正式落户首钢园。中国科协党组成员、书记处书记束为，中国作家协会书记处书记邱华栋，中国科协科普部副部长廖红，中国科学院院士、中国科普作家协会理事长周忠和，中国科普研究所所长王挺，首钢集团副总经理梁捷，以及来自科幻界、文学界、艺术界、教育界、产业界的60余名作家、学者、艺术家、教育家、企业家参加了成立仪式。

11月1日,2020中国科幻大会在首钢园三高炉开幕。中国科协党组书记、常务副主席、书记处第一书记怀进鹏,北京市委副书记、市长陈吉宁出席开幕式并致辞。中央有关单位和北京市领导王志军、高鸿钧、徐延豪、胡孝汉、孟庆海、隋振江、陆明、殷皓,市政府秘书长靳伟出席。

11月,由贵州省六盘水市总工会、市人力资源和社会保障局联合主办,首钢水钢承办的2020年六盘水市职工职业技能竞赛电工、钳工、焊工决赛举行。经过激烈角逐,水钢杨勇获得焊工工种第一名,同时被授予"凉都工匠"称号;水钢被授予优秀组织奖。

11月2日,2020年首钢集团青年科技创新培训班开班典礼在人才开发院举行。集团领导何巍,集团党委组织部、人才开发院负责人等出席。来自集团各单位科研一线的58名科技创新培训班学员参加。

11月2日,首钢集团党委巡察通钢公司党委动员会召开。集团领导满志德,集团纪委、党委办公室、党委巡察办和巡察组相关负责人,集团党委巡察办、巡察组成员及通钢公司领导班子成员、中层管理人员、党员代表、职工代表和专业技术人员代表参加会议。会上,集团党委巡察组组长作了巡察工作动员部署,按照集团党委2020年度巡察工作计划安排,11月2日起,巡察组将对通钢公司党委按照进驻巡察、反馈意见、整改落实、成果运用四个阶段开展巡察监督。会议以视频形式召开,满志德及巡察工作领导小组成员、各部门领导在月季园会议室通过视频方式参加。通钢公司党委负责人作了表态发言。会前集团党委巡察组与通钢公司领导班子进行见面沟通,通报了巡察工作任务安排及有关要求。

11月,《财富》(中文版)发布了2020年度最受赞赏的中国公司榜单,首钢集团榜上有名,位列第29名。

11月4日,首钢集团20余家单位400余名职工来到军事博物馆参观"铭记伟大胜利捍卫和平正义——纪念中国人民志愿军抗美援朝出国作战70周年主题展览"。

11月,从中国工业气体工业协会第三十次会员大会传来好消息,首钢气体公司医用氧被授予中国气体行业知名品牌称号,同时获得企业信用等级AAA级证书,为国内气体行业最高等级。

11月,集团公司党委决定对首钢新闻中心吴憬等10名优秀记者;股份公司李旭龙等63名优秀通讯员;首钢新闻中心"疫情就是命令,防控就是责任"等6件优秀策划和品牌栏目、《首钢战疫钢铁长城》等40件好新闻;京唐公司杨景、苗亚光采写的《党旗映初心担当写忠诚——京唐公司发挥党组织战斗堡垒作用防疫保产纪实》等36件通讯员优秀作品进行表彰。

11月4日,首钢2020年职业技能竞赛决赛在首钢股份拉开帷幕。来自各单位的153名选手将在多个工种的赛场展开激烈角逐。

11月5日—7日,第二十二届中国国际城市停车产业博览会在北京中国国际展览中心(新馆)举办。首钢城运公司参加了此次博览会,展台运用真机、模型、视频和图文相互融合的方式,全方位地展示了城运公司的静态交通能力。

11月9日,学习贯彻党的十九届五中全会精神中央宣讲团在国资国企系统进行宣讲,中央宣讲团成员、国务院国资委党委书记、主任郝鹏作宣讲报告。首钢集团领导班子以及战略管控部门、战略支撑部门、业务支持部门负责人,各平台公司、直管单位党委书记等在视频分会场参加。此次报告会北京主会场和1.5万个分会场近30万名干部职工参加。

11月10日,集团召开经理办公会,审议集团公司2020年11月份资金预算安排、有关企业退出等事项。集团党委副书记、董事、总经理赵民革主持会议。会议还审议了其他事项。

11月,长钢首个国家级技能大师工作室牛旭红技能大师工作室正式揭牌。

11月,京唐热轧部成功开发喷号机器人多模式自动喷印系统,实现了喷号机器人对下游用户不同钢卷喷印需求的自动识别和喷印模式的自动切换,有效提高了产线生产作业率。

11月,由中国物流与采购联合会举办的2020年全国公共采购年度评选活动结果揭晓,首钢股份采购中心获评2020年度全国"十佳集中采购机构"。

11月5日—10日,第三届中国国际进口博览会在上海举行。其间,举行的智慧供应链专业委员会大会暨企业成果签约大会上,在商务部副部长、进博局局长王炳南等领导见证下,首钢基金与欧力士亚洲、中国建筑国际签订共同发起成立中日产业合作链接平台的框架合作协议,开展全方位合作,实现共同长期可持续发展。

11月,在贵州省六盘水市2020年第三季度"身边好人·凉都榜样"评选活动中,首钢水钢制造管理部王述贤、博宏水泥分公司郭承政、赛德精正检测有限公司黄育胜等3人获得"敬业奉献类"、水钢原机动处退休职工刘桂珍获得"孝老爱亲类"身边好人荣誉称号。

11月13日,2020年首钢"创新创优创业"交流会在文馆召开。会议的主要任务是以习近平新时代中国特色社会主义思想为指导,深入学习贯彻党的十九届五中全会精神,认真总结首钢"十三五"规划执行情况,准确把握面临的新形势,系统思考"十四五"改革发展的基本思路、主要目标和重点任务,进一步集思广益、统一思想、凝聚共识,群策群力把"十四五"规划编制好,扎实推动首钢高质量发展。集团党委书记、董事长张功焰作主旨报告,集团党委副书记、总经理赵民革主持会议。集团领导何巍、满志德、梁宗平、王世忠、胡雄光、韩庆、梁捷、王洪军、赵天旸、王涛、刘建辉、卢正春参加。各单位主要负责人和部分领导、部分"两代表一委员"在主会场参加。股份公司、京唐公司、矿业公司、水钢公司、长钢公司、通钢公司、贵钢公司、伊钢公司、首秦公司、香港首控等单位的其他领导和相关管理人员,首钢中青年领导人员培训班学员通过视频参加。

11月14日,2020年首钢"创新创优创业"交流会圆满闭幕,集团领导张功焰、赵民革、何巍、满志德、梁宗平、王世忠、胡雄光、韩庆、梁捷、王洪军、赵天旸、王涛、刘建辉、卢正春参加。会上,王世忠、赵天旸分别围绕新产业和产融结合"十四五"发展的战略思考作交流发言。京唐公司邱银富、首建投公司金洪利、集团党委组织部(人力资源部)王立峰、房地产公司韩俊峰、首控(香港)公司徐量分别代表本讨论组发言。各单位主要负责人和部分领导、部分"两代表一委员"在主会场参加。股份公司、京唐公司、矿业公司、水钢公司、长钢公司、通钢公司、贵钢公司、伊钢公司、首秦公司、香港首控等单位的其他领导和相关管理人员,首钢中青年领导人员培训班学员通过视频参加。

11月16日,集团党委召开首钢集团财务有限公司领导人员调整会议。集团领导何巍、王洪军,党委组织部、经营财务部相关领导,财务公司领导班子成员、中层干部及职工代表参加会议。王洪军主持会议。会上,集团党委组织部负责人宣读了集团公司党委关于首钢集团财务有限公司领导人员调整的决定。经集团公司党委常委会议研究决定:朱挺同志担任首钢集团财务有限公司董事、总经理(职业经理人),并按有关法律规定和章程办理。

11月,长治市"五小"竞赛评选结果出炉,长钢公司获优秀组织奖,套筒窑节能降耗关键技术研发与应用、半空料线湿法喷涂工艺技术成果、环冷机密封改造、行车道轨连接技术改造与实践、提升左旋锚杆钢筋产品质量、高速棒材14毫米热轧钢筋工艺改进、蒸氨系统换热器改造、敞开式铁水罐安全拆罐小车、Φ22螺二切分工艺开发、自制废钢破碎料检验机械直线筛10项成果获奖。

11月,首钢集团荣获中国企业文化研究会授予的"十三五"中国企业文化建设行业旗帜奖,并受到表彰。这是对首钢集团"十三五"时期企业文化建设实践的充分肯定和褒奖。

11月19日,首钢集团党委巡察首钢医院党委动员会召开。集团领导满志德,集团党委组织部(人力资源部)、集团纪委、党委巡察办和巡察组相关负责人,集团党委巡察办、巡察组成员及首钢医院领导班子成员、中层管理人员、党员代表和职工代表参加会议。集团党委组织部(人力资源部)负责人主持会议。会上,集团党委巡察组第一副组长作了巡察工作动员部署,根据集团党委2020年度巡察工作计划安排,于11月19日起,巡察组将对首钢医院党委按照进驻巡察、反馈意见、整改落实、成果运用四个阶段开展巡察监督。首钢医院党委负责人作了表态发言,表示主动接受监督,自觉接受检查,全力配合好巡察组工作。会前集团党委巡察组与首钢医院领导班子进行见面沟通(巡察组组长视频参加),通报了巡察工作任务安排及有关要求。

11月19日,集团党委书记、董事长张功焰到首钢北京园区香格里拉酒店项目现场调研,他强调,要以党的十九届五中全会精神为动力,认真贯彻落实蔡奇书记、陈吉宁市长"双调研"时对园区开发建设的各项要求,切实提高政治站位,锤炼过硬作风,在"严、精、细、实"上下更大功夫,高标准、高质量、高效率完成重点项目建设。集团领导梁捷、赵天旸参加。梁捷、赵天旸分别就做好园区开发建设下一步重点工作提出具体要求。

11月,首钢长钢炼铁厂烧结海岸灯塔QC小组的《降低200m2烧结机上料系统皮带月消耗》、轧钢厂棒线作业区腾飞 QC 小组的《降低高棒生产线故障停机时间》、熔剂厂绿色无尘 QC 小组的《降低套筒窑工序能耗》在 2020 年度山西省质量管理小组活动成果交流会两个会场 200 多个成果中，分别以总分第一名、第二名和第三名的成绩获得特等奖；长钢炼铁厂除尘喷煤作业区除尘班组在 2020 年度山西省质量信得过班组经验交流会的 48 个成果中，以总分第五名的成绩获得特等奖。同时，在 2020 年全国煤炭行业质量管理活动交流会上获悉，长钢焦化厂炉火纯青 QC 小组的《降低焦炉荒煤气系统上升管水封盖月消耗》从 100 多个煤炭行业成果中脱颖而出，获得特等奖。

11 月 24 日，在全国劳动模范和先进工作者表彰大会上，首钢职工荣彦明、吕春龙、张明被授予"全国劳动模范"称号。

11 月 25 日，北京金属学会第十一届会员代表大会在首钢文馆召开。首钢集团党委副书记、总经理赵民革当选新一届理事会理事长；首钢集团副总工程师、总工室主任张福明，首钢技术研究院党委书记、第一副院长朱国森当选常务理事、秘书长。

11 月 25 日，集团工会常委会召开，第一时间学习传达贯彻习近平总书记在全国劳动模范和先进工作者表彰大会上的重要讲话精神。集团党委常委、工会主席梁宗平主持会议并讲话。

11 月 25 日，冶金领域智能制造专家论坛在首钢召开。中国工程院院士殷瑞钰，首钢集团党委副书记何巍，冶金自动化研究院副院长孙彦广，中国金属学会学术部主任丁波，首钢人才开发院、首钢集团总工程师室负责人，钢铁企业、研究院所、从事智能制造相关专业领导、技术专家、技术负责人参加会议。

11 月 26 日，在山东济南举办的"共建高质量钢铁产融生态圈"第五届钢铁产融高管论坛上，首钢财务公司、首钢商业保理荣获"2020 钢铁产融优秀企业"。首钢财务公司成为唯一一家获此殊荣的钢铁行业财务公司。

11 月 26 日，首钢集团党委常委会召开会议，传达学习北京市委书记蔡奇围绕学习贯彻党的十九届五中全会精神，谋划"十四五"高质量发展到石景山区调研的讲话精神。集团党委书记、董事长张功焰主持会议。会议还研究了其他事项。

11 月 26 日，首钢集团"以案为鉴、以案促改"警示

教育大会召开，深入学习贯彻市委书记蔡奇在全市警示教育大会上的讲话精神，用身边事教育身边人，通过深刻剖析典型案例和突出问题，给党员干部敲警钟、亮红灯，将"严"的要求贯穿管党治党全过程各方面，坚定不移推进全面从严治党。集团党委书记、董事长张功焰讲话，集团党委副书记、总经理赵民革主持会议，集团领导何巍、满志德、梁宗平、王世忠、胡雄光、韩庆、梁捷、王洪军、赵天旸、王涛、刘建辉、卢正春参加。赵民革在主持会议时指出，要认真贯彻落实会议精神，抓好警示教育、深入对照检查、持续压实责任，以勇于担当、真抓严管、奋发有为的实际行动，为推动首钢高质量发展作出新的更大贡献。集团党委常委、纪委书记、监察专员满志德传达了全市警示教育大会精神。集团各部门领导人员，直管单位领导班子成员、组织部部长、宣传部部长、重点业务部门领导、纪检监察干部以及项下单位主要负责人参加会议。

11 月，由北京市委宣传部、首都文明办主办，北京广播电视台承办的"北京榜样"大型主题活动，启动为榜样点赞留言活动。首钢集团共有 2 人进入 2020 年度"北京榜样"候选人榜单，北京首钢园运动中心职工刘博强入围"敬业奉献"类候选人榜单，北京首钢气体有限公司京唐作业区职工李超入围"见义勇为"类候选人榜单。

11 月 30 日，集团领导班子扩大会议召开，传达学习贯彻市委十二届十五次全会精神。集团党委书记、董事长张功焰主持会议。集团领导班子成员，战略发展部、经营财务部、系统优化部、安全环保部、国际业务部、办公厅、人力资源部、企业文化部、纪委监察专员办公室、党委巡察工作办公室、法律事务部、审计部、监事会工作办公室、工会等部门负责人参加。

12 月 1 日，集团召开经理办公会，听取 2020 年上半年集团公司资产评估管理工作情况的汇报，审议京唐公司铁前系统节能降耗综合改造项目，修订《首钢集团有限公司投资管理制度》《首钢集团有限公司安全生产管理办法》《首钢集团有限公司人民武装管理办法》《首钢集团有限公司治安保卫管理办法》《首钢集团有限公司道路交通安全管理办法》，制定《首钢集团有限公司境外投资管理办法》等事项。集团党委副书记、董事、总经理赵民革主持会议。会议还审议了其他事项。

12 月 2 日，以"知危险会避险，安全文明出行"为主

题的石景山区 122 全国交通安全日主题宣传活动在首钢三高炉前举行。石景山区公安分局、交通支队、区教委、文明办、安监局、运管局等单位相关领导,交通支队民警代表、教育系统代表、文明引导员、交通协管员以及首钢职工 90 余人参加。

12 月 3 日,集团党委巡察环境公司党委巡察意见反馈会召开。集团领导满志德,集团党委组织部(人力资源部)、集团纪委、党委办公室、党委巡察办和巡察组相关负责人,集团党委巡察办成员及环境公司领导班子成员、中层管理人员及党员代表、职工代表和专业技术人员代表参加会议。集团党委组织部(人力资源部)负责人主持会议。会上,环境公司领导作了表态发言,表示对巡察反馈问题诚恳接受,照单全收,并积极落实整改;集团党委组织部负责人就下一步工作提出要求。会前,巡察组向环境公司党委书记反馈了巡察情况。

12 月 6 日,北京共青团"青春为祖国绽放"党的十九届五中全会精神宣讲暨 2020 年北京青年榜样发布活动举行,30 名 2020 年"北京青年榜样"年度人物正式揭晓,首钢股份公司徐厚军荣获此项荣誉。

12 月,由北京首钢国际工程技术有限公司工程总承包(EPC),首钢建设钢构分公司和上海宝冶集团有限公司承建的首钢京唐球团料场改造封闭工程最后一张彩板安装完成,标志着目前单拱全球最大跨度的料场封闭项目顺利竣工,首钢在料场改造封闭领域取得了新突破。

12 月,首程控股荣获"格隆汇·大中华区最佳上市公司·2020 年度最具成长奖",与哔哩哔哩、拼多多、碧桂园服务等国内知名企业共同获此殊荣。

12 月,第十六届"振兴杯"全国青年职业技能大赛在沈阳开赛,首钢矿业青年满玉宝代表北京参赛计算机网络管理员项目。经过理论考试和实际操作两轮角逐,最终,满玉宝以总成绩第 12 名摘得大赛铜奖。

12 月 8 日,第十届"书香中国·北京阅读季"活动阅读盛典在北京市朝阳文化馆开幕,首钢矿业公司被评为北京市"书香企业",全北京市共十家。

12 月,市委第一巡视组向首钢集团有限公司党委反馈巡视情况。市纪委副书记、市监委副主任杨玉香出席反馈会议,向党委书记张功焰传达了蔡奇同志在市委书记专题会议听取巡视情况汇报时的讲话精神,向领导班子提出巡视整改要求。市委巡视组组长谷胜利代表

市委巡视组分别向张功焰和领导班子反馈了巡视情况。张功焰主持会议并作表态发言。市委第一巡视组副组长及有关同志,市委巡视办、市纪委市监委有关监督检查室负责同志,首钢集团有限公司党委领导班子成员等出席会议;首钢集团有限公司中层正职及有关人员列席会议。

12 月 10 日,首钢京唐第一届人才工作会议召开,全面总结回顾京唐成立以来的人才工作成果,表彰优秀人才典范,交流人才工作经验,系统谋划未来五年的人才工作规划。集团领导何巍、北京科技大学教授康永林、吴胜利,集团相关单位负责人,京唐公司领导班子成员及受到表彰的干部职工,部分职工代表参加。

12 月,水钢双超发电项目锅炉水压试验一次成功,为锅炉部分节点点火烘炉创造了条件。

12 月 11 日,集团召开经理办公会,听取集团 2020 年安全环保工作总结和 2021 年工作安排的汇报,审议集团公司 2020 年 12 月份资金预算安排、集团"十四五"企业退出及 2021 年优化管理关系工作计划安排等事项。集团党委副书记、董事、总经理赵民革主持会议。会议还审议了其他事项。

12 月,唐山市第四届"市长特别奖"颁奖仪式举行,首钢京唐公司党委书记、董事长邱银富荣获"市长特别奖"。

12 月,在召开的"全国内部审计先进集体和先进工作者表彰大会"上,首钢集团有限公司审计部被授予"2017 年至 2019 年度全国内部审计先进集体"称号,这是全国内部审计领域的最高荣誉。

12 月,中国施工企业管理协会公布了 2020—2021 年度第一批国家优质工程奖评选结果,首钢老工业区改造西十冬奥广场项目荣获国家优质工程奖。这是首钢在民用工程领域首次获得国家级优质工程的奖项。

12 月,全国企业电视 2020 年"好新闻"评选结果揭晓,首钢新闻中心荣获"全国企业电视抗击新冠肺炎疫情宣传报道先进集体""全国最佳企业电视台"称号,多部新闻、专题和融媒体作品获奖。

12 月 18 日,北京首钢股份有限公司 2020 年度第一次临时股东大会采取现场会议与网络投票相结合方式召开。现场会议在首钢陶楼召开,会议由首钢集团党委副书记、总经理,北京首钢股份有限公司董事长赵民革主持。公司董事、监事以及高级管理人员,公司聘请的

律师出席。

12月18日，首钢集团党委中心组专题学习交流研讨会召开，围绕"深入学习领会党的十九届五中全会精神，深刻认识准确把握核心要义和精神实质，进一步统一思想、凝聚共识，切实把全会精神落实到首钢'十四五'规划中，转化为推动企业高质量发展的自觉行动"主题开展交流研讨。集团党委书记、董事长张功焰主持会议，集团领导班子成员参加。

12月，在由中国机械冶金建材工会全国委员会组织的2020年全国钢铁行业职工创新节上，首钢集团10个职工技术创新成果分别获得一、二、三等奖，首钢集团工会获得"优秀组织单位"称号。

12月18日，2020年中关村5G创新应用大赛总决赛及闭幕式在首钢园举行。北京市政府副秘书长张劲松、中关村管委会主任翟立新、石景山区区长李新、中关村管委会二级巡视员刘航、市通信管理局二级巡视员黄平、市经济和信息化局总工程师顾瑾栩、首钢集团领导梁捷，以及中国信通院、中国移动集团研究院、中国联合网络通信有限公司北京市分公司、中国移动通信集团北京有限公司、中国电信股份有限公司北京分公司、华为技术有限公司、中关村石景山园、中关村延庆园、中关村软件园等单位相关负责人出席大赛闭幕式。

12月21日，2021中国和全球钢铁需求预测研究成果、钢铁企业发展质量暨综合竞争力评估发布会在北京召开。会上，冶金工业规划研究院最新发布了"钢铁企业发展质量暨综合竞争力评估（2020）"。首钢集团等国内15家钢企获得A+（极强）评级。经过与韩国浦项、日本制铁、JFE、安赛乐米塔尔等世界钢铁强企进行对比分析，首钢集团等8家钢企的发展质量（暨综合竞争力）达到世界一流。

12月22日，在北京市劳动模范、先进工作者和人民满意的公务员表彰大会上，首钢17名职工获"劳动模范"称号，3家单位获"模范集体"称号。

12月，在分别召开的贵州省、新疆维吾尔自治区劳动模范和先进工作者表彰大会上，首钢水钢3名职工和首钢伊钢1名职工分别被授予"劳动模范"称号。

12月22日，首钢集团与中远海运集团战略合作协议签约仪式在首钢举行。中远海运集团董事长、党组书记许立荣，副总经理、党组成员黄小文，总经理助理、中远海运物流董事长韩骏，中远海运集运董事长、总经理杨志坚，中远海运散运董事长、总经理顾劲松；首钢集团党委书记、董事长张功焰，党委副书记、董事、总经理赵民革，副总经理韩庆，以及中远海运集团、首钢集团相关单位负责人参加。赵民革主持签约仪式。韩庆与黄小文分别代表首钢集团和中远海运集团签署战略合作协议。首钢国际、中远海运散运相关负责人代表双方签署了相关业务协议。

12月24日，首钢集团董事会召开2020年第四次会议，听取并审议首钢集团合规管理试点工作实施方案、首钢2020年审计工作报告及2021年工作计划、相关企业退出工作等事项。集团党委书记、董事长张功焰主持会议。会议还审议了其他事项。

12月，京唐热轧部塔形修复机智能修复系统顺利上线运行，成功实现了塔形修复机对钢卷规格的自动识别、夹持压力的自动匹配功能，对提高钢卷外观质量起到了重要作用。

12月，首钢城运公司承揽的北京首条自行车专用路东延天通苑地铁站自行车停车规划项目投入试运行，一经亮相受到了周边市民的一致好评。

12月，2019年度市级（示范性）职工创新工作室暨首都职工自主创新成果评选日前揭晓，首钢集团荣获多个奖项。首钢京唐王保勇创新工作室获"2019年度市级示范性职工创新工作室"，首钢股份黎先浩创新工作室、首钢京唐王建斌创新工作室、环境公司梁勇创新工作室获"市级职工创新工作室"。首钢矿业"一种尾矿处理系统"被评为2019年度首都职工自主创新成果一等奖，首钢股份"大型高炉炉缸快速浇注修复技术研究与应用"获二等奖，首钢股份"板坯中间包全保护浇注成套技术优化及应用研究""首钢股份二热轧精轧核心设备结构升级与技术开发"获三等奖。首钢京唐王保勇与马幸江、贾杰师徒，刘胜歌与李其凡、钱瑞清师徒，首钢矿业秦涛与李雪松师徒被授予"名师带徒"称号。

12月，首钢集团公司工会、党委组织部、党委宣传部、团委联合下发通知，在2021年开展"心系职工，携手同行"为主题的送温暖活动的同时，于集团公司范围内继续组织开展2021年首钢职工"献爱心"募捐活动。

12月25日，北京市工业国防系统职工技术创新成果展示暨创新工作研讨会在首钢召开。北京市总工会党组成员、副主席韩世春，北京市经信局党组成员、副局长姜广智，北京市工业（国防）工会主席周玉忠，北京市总工会职工发展部部长李刚,首钢集团党委常委、工会主席梁宗平,北京市工业(国防)工会副主席安丽,各单位工会领导和职工创新工作室负责人等参加。

12月30日,首钢集团有限公司董事会召开2020年第五次会议,听取并审议首钢集团有限公司章程修订、《首钢集团"十四五"发展规划》、首钢集团"十四五"时期主业方案,首钢集团2021年预算编制、经营计划、投资计划,领导人员2018—2020年任期经营业绩考核评价,内部监事会2020年工作报告2021年工作安排以及对长钢公司、首矿投公司、机电公司开展监督检查情况等事项。集团公司党委书记、董事长张功焰主持会议。会议还审议了其他事项。

12月,2020"清风北京·廉洁颂"主题教育"我心中的廉洁"公益作品获奖名单揭晓,首钢集团《廉若莲》《廉洁》《认清幸福》《清廉如水》《挽救》5件作品获奖,并获评优秀组织奖。

12月,首钢园被授予"国家体育总局体育服务综合体典型案例"和"北京市体育产业示范基地"荣誉。

12月31日,以"永远年轻永远爱"为主题的《2021迎冬奥相约北京BRTV环球跨年冰雪盛典》开播,首钢园区作为此次跨年冰雪盛典的北京主会场再次惊艳。此次跨年冰雪盛典由国家体育总局、北京市人民政府、北京2022年冬奥会和冬残奥会组织委员会联合主办,北京卫视、天津卫视、河北卫视、黑龙江卫视、吉林卫视、辽宁卫视、内蒙古卫视、新疆卫视,冬奥纪实频道8台9星联播。

12月31日,首钢集团领导班子会召开,传达学习贯彻市委十二届十六次全会精神。集团党委书记、董事长张功焰主持会议。集团领导班子成员及办公厅(党办)、党委宣传部、党委组织部、纪委监察部、党委巡察办负责人参加。会上,张功焰传达市委十二届十六次全会精神,与会人员联系实际交流学习体会。大家一致认为,市委全会深入学习贯彻党的十九届五中全会和中央经济工作会议精神,明确了明年的工作思路和重点任务,为做好明年工作指明了方向。要切实把思想和行动统一到党中央决策部署和市委要求上来,结合实际持续深入抓好学习贯彻,做好首钢"十四五"各项工作。

12月31日,与新首钢大桥毗邻的首钢园滑雪大跳台,被璀璨灯火点亮节日盛装。由北京市文化和旅游局、北京冬奥组委文化活动部共同主办的"同心梦圆京彩新篇"2021北京新年倒计时活动在首钢园滑雪大跳台举办,活动通过文艺庆典及灯光秀,迎接新一年的到来。

荣誉表彰

◎ 责任编辑：郭　锋、关佳洁

首钢"六好"班子

北京首钢股份有限公司首钢京唐钢铁联合有限责任公司

首钢集团有限公司矿业公司首钢贵阳特殊钢有限责任公司

中国首钢国际贸易工程有限公司北京首钢股权投资管理有限公司

北京首钢自动化信息技术有限公司首钢环境产业有限公司

北京首钢房地产开发有限公司首钢医院有限公司

首钢模范基层党委

首钢股份营销中心党委

股份公司炼铁作业部党委

股份公司炼钢作业部党委

京唐公司炼钢作业部党委

京唐公司中厚板事业部党委

京唐公司能源与环境部党委

矿业公司水厂铁矿党委

矿业公司运输部党委

矿业公司计控检验中心党委

水钢公司铁焦事业部党委

长钢公司炼钢厂党委

贵钢公司钎钢事业部党总支

通钢公司炼钢事业部党委

首钢秘铁公司党总支

首建公司第一冶金建设分公司党委

首自信公司智能工业事业本部首迁运行事业部党委

实业公司迁安首实包装服务公司党总支

机电公司电机厂党总支

园区综合服务公司党委

首钢模范党支部

股份公司

采购中心京唐设备党支部

热轧作业部酸洗板材作业区党支部

能源部发电作业区党支部

职工创业开发中心资源开发事业部党支部

首钢智新迁安电磁材料有限公司设备管理部党支部

北京鼎盛成包装材料有限公司机关党支部

北京首钢冷轧薄板有限公司酸轧作业区党支部

京唐公司
炼铁作业部球团二作业区党支部
焦化作业部化工作业区党支部
热轧作业部 1580 热轧作业区党支部
冷轧作业部设备工程室党支部
机关计财部党支部

矿业公司
大石河铁矿选矿车间党支部
水厂铁矿汽运作业区党支部
水厂铁矿穿爆车间党支部
杏山铁矿采矿作业区党支部
矿山机械制造厂机加工分厂党支部
实业公司物业公司党支部

水钢公司
钢轧事业部高线作业区党支部
制造管理部钢轧联合党支部

长钢公司
炼铁厂八高炉党支部
轧钢厂棒线作业区党支部

贵钢公司
炼钢事业部生产运行党支部

通钢公司
轧钢事业部棒材作业区党支部
矿业公司板石铁运处生产作业区党支部

伊钢公司
轧钢作业部党支部

中首公司
矿产资源事业部第一党支部

股权投资公司

国际工程公司冶金工程分公司土建设计室党支部
首建公司钢构分公司园区项目部党支部
首建公司国际工程分公司哈萨克斯坦项目部党支部
首建公司市场开发党支部
首自信公司信息化事业本部智能制造事业部京唐党支部
首自信公司智能工业事业本部自动化研究所党支部
机电公司机电成套设备分公司党支部
实业公司首欣物业公司第一联合党支部
实业公司首钢饮食公司昌平区域党支部
股权投资公司机关党支部

首建投公司
首建投公司第四党支部
园区管理部南区管理处篮馆项目作业区党支部
首钢动力厂老能源运维作业区党支部
特钢公司招商运营部党支部

环境公司
首钢生物质公司生产运行部党支部

首控公司
地勘院爱地公司党支部

房地产公司
首通建投公司党支部

首钢医院
机关第二党支部

技术研究院
钢铁技术研究所党支部

人才开发院
党群学生党支部

机关党委
集团公司经营财务部党支部

2020年度首钢模范共产党员名单

首钢股份

张　建　副总工程师

刘志民　营销中心党委书记、纪委书记、工会主席

贾国利　炼铁作业部副部长

游学昌　首钢智新迁安电磁材料有限公司副总经理

齐春雨　北京首钢冷轧薄板有限公司党委副书记、副总经理（主持工作）

李保海　制造部部长

王兴涛　营销中心市场营销室价格管理专业经理

李志刚　采购中心炉料采购室原料供应管理员

赵　靖　炼铁作业部设备管理室机械专业技术员

曾　辉　炼铁作业部烧结作业区设备员

却汉玉　炼钢作业部一炼钢炼钢作业区作业长

王伟森　炼钢作业部二炼钢炼钢作业区白班作业长

李春元　热轧作业部二热轧轧钢作业区精轧操作工

张来忠　热轧作业部机关党支部书记、综合办公室主任

孙　维　首钢智新迁安电磁材料有限公司二作业区第一党支部书记、首席副作业长

赵　辉　首钢智新迁安电磁材料有限公司营销管理部华南区域经理

崔力中　能源部能源管理室副主任

王春福　能源部运行管理室自动化点检班班长

乔德定　质量检验部原料质检作业区设备员

张龙波　资源开发事业部电子商务中心资源储运项目经理

申　琪　北京鼎盛成包装材料有限公司机关党支部书记、运营管理部副部长

李　勇　北京首钢冷轧薄板有限公司镀锌作业区副首席作业长

韩广军　北京首钢气体有限公司综合管理部部长

李大伟　计财部预算室主任

高　伟　设备部设备检修室主任

京唐公司

邱银富　党委书记、董事长

王　胜　炼钢作业部党委副书记、纪委书记、工会主席

李　勇　中厚板事业部党委书记、纪委书记、工会主席

汪国川　能源与环境部副部长（主持工作）

于学斌　质检监督部党委书记、纪委书记、工会主席

张伟光　炼铁作业部炼铁一作业区炉前工（含铸铁机）

康海军　炼铁作业部生产技术室副主任（主持工作）

董海庆　焦化作业部设备工程室电气自动化二级点检员

王　君　热轧作业部1580热轧作业区卷取操作工

崔春来　冷轧作业部镀锌作业区镀锌工艺主操工

张永国　冷轧作业部设备工程室副主任

王　全　镀锡板事业部罩退作业区平整机主操工

王　威　彩涂板事业部酸轧作业区轧机主操工

王恩龙　中厚板事业部4300作业区丙班粗轧机操作工

张　敏　钢轧作业部生产技术室模型控制专业工程师

韩　伟　运输部港口作业区装卸船指导员

王国海　供料作业部生产技术室综合集控工

乔焕山　制造部技术管理室炼钢技术主管员

尹小尧　设备部检修管理室检修计划管理员

孟静潇　信息计量部信息室产销系统专业技术员

李晓辉　销售管理部产品物流室副主任

矿业公司

王自亭　党委书记、副总经理

李　昕　水厂铁矿党委书记、纪委书记、工会主席

刘　欣　运输部党委书记、主任

刘兴强　计控检验中心党委书记、纪委书记、工会主席、主任

张金刚　纪委副书记

葛海涛　迁安首矿建材有限公司党支部书记

顾鑫鑫　水厂铁矿穿爆车间副主任（挂职）

王新星　杏山铁矿采矿作业区铲运机司机

于学光　运输部工务电务段副段长（挂职）

张希川　首钢滦南马城矿业有限责任公司机械动力部部长

马　威　矿山机械制造厂纪委副书记、工会副主席、办公室主任
郭红跃　北京首钢矿山建设工程有限责任公司设计院副院长
司玉涛　协力公司维检工程科科长
何　东　迁安首钢设备结构有限公司京唐检修分公司副经理
张英杰　迁安首钢矿业化工有限公司技术设备员
郑红明　保卫处综合管理科交通班交通协管员
王　丽　实业公司北区生活服务公司120食堂班长
程艳荣　职工子弟学校第一中学党支部书记、校长

水钢公司
徐　涛　战略发展部部长
李丽娟　公司办（直属机关党委）党群计生爱卫室主任
李家旺　钢轧事业部行车作业区电工班班长
吴　梅　制造管理部铁焦质量管理站班长
欧阳恖尺　维检中心材检车间副主任

长钢公司
贾向刚　党委书记、董事长
郭　林　计财处党支部书记、处长
高向军　轧钢厂棒材作业区轧机组组长
韩学义　炼钢厂转炉炼钢炉前工
陈秀江　炼铁厂除尘喷煤作业区磨煤喷吹组组长

贵钢公司
黄治伟　炼钢事业部乙大班调度兼安全员

通钢公司
李文研　炼钢事业部党委副书记、部长
霍劲松　炼铁事业部料场作业区党支部书记、作业长
黄岳武　轧钢事业部运行作业区棒材线天车大班长
魏传宝　能源事业部热电一作业区司炉工兼安全员
张晓波　矿业公司板石井下矿18#采矿作业区采矿值班长
蔡立波　辉南轧钢公司小型作业区煤气班班长

伊钢公司
姚　坤　运营改善部部长

中首公司
易晓刚　北京高鹏天成投资管理有限公司副总经理
王欣容　矿产资源事业部综合室主任

股权投资公司
刘　燕　党委副书记、董事、纪委书记、工会主席
蒋瑞耘　党群工作部部长
姚　远　国际工程公司冶金工程分公司副总经理兼市场部总经理
韩永红　国际工程公司工程造价咨询部高级费用控制工程师
黑鑫靓　首建公司第一建筑工程分公司经理
安自强　首建公司第二冶金建设分公司工业设备精密检测中心经理
汤　昕　首建公司贵州分公司贵钢棚户区改造第二项目部经理
杨　威　首建公司设备维修公司筑炉项目部项目经理
马国义　首建公司混凝土搅拌站公司装配式建筑制品有限公司经理
刘佳瑜　首自信公司信息化事业本部纪委书记、党群部部长
郭立伟　首自信公司智能工业事业本部自动化研究所技术总监
沈　楠　首自信公司智慧城市事业本部软件事业部部长助理
田爱心　首自信公司智能工业事业本部京唐运行事业部冷轧作业区作业长
张世凯　首自信公司智能工业事业本部首迁运行事业部炼钢作业区党支部书记
仇聪明　首自信公司工程事业部工程项目部经理
李正胜　机电公司大厂机电公司重型装备分厂天起工段段长
刘丽虹　机电公司党群工作部管理师
黄　扬　实业公司总部管理服务分公司党支部书记
吴大松　实业公司首欣物业公司茉莉园项目部副经理
蒲宏志　实业公司首钢饮食公司今时宾馆党支部书记、经理
李占青　北冶功能材料公司总经理助理
王志强　吉泰安新材料公司炼轧作业区党支部书记、作业长

杜子平　安川首钢机器人公司总经理助理兼销售总监

首建投公司
苗　芳　招商中心副主任
冯少华　规划设计部副部长
李金成　园区管理部安全保卫处交通科党支部书记、副科长
赵启高　园区管理部南区管理处二炼护厂作业区清扫班班长
郑焕红　园区综合服务公司党群办公室副主任
李兵役　特钢公司党委书记、董事长、总经理
朱景利　绿化公司党委书记、董事长

环境公司
张福田　首钢生物质公司党委书记、纪委书记、工会主席

首矿投公司
庆　恒　承德信通首承矿业公司党支部书记、常务副总经理

首控公司
周文忠　山西翼城首旺煤业公司生产党支部书记、副总经理、矿长

房地产公司
吴　林　党委书记、董事长
赵　昱　贵阳首钢房地产公司财务总监

首秦公司
韩绍栋　安保部党支部书记

首钢医院
左晓霞　机关第二党支部书记、护理部主任
黄　华　教育处副处长

香港首控
宋清秋　董事会办公室主任

京西重工
段宝兵　房山工厂生产控制与物流部主管

基金公司
邸加萍　首中投资管理公司总经理助理

体育公司
张云松　篮球俱乐部女篮主教练

技术研究院
张树根　纪委副书记、办公室主任
蒋光锐　薄板研究所主任研究员

人才开发院
南顺女　管理学院教师

机关党委
王传雪　集团公司纪委副书记
高及第　集团公司审计部审计复核高级经理
张宝龙　集团公司经营财务部财务报告管理经理
李志军　集团公司资产管理中心不动产管理室不动产使用管控经理
张丽娜　首钢集团财务有限公司审计稽核员
宫顺军　集团公司系统优化部组织机构管理经理

2020年度首钢先进单位名单

首钢京唐钢铁联合有限责任公司
首钢集团有限公司矿业公司

中国首钢国际贸易工程有限公司
首钢长治钢铁有限公司

首钢贵阳特殊钢有限责任公司　　　　　　北京首钢房地产开发有限公司
北京首钢股权投资管理有限公司　　　　　首钢医院有限公司
北京首钢自动化信息技术有限公司　　　　北京首钢基金有限公司

2020 年度首钢先进集体名单

北京首钢股份有限公司
营销中心汽车板销售部
采购中心燃料采购室
炼铁作业部设备管理室
炼钢作业部降本增效团队
热轧作业部一热轧轧钢作业区
首钢智新迁安电磁材料有限公司二作业区
北京首钢冷轧薄板有限公司酸轧作业区
能源部发电作业区
质量检验部原料质检作业区原燃料丙班
职工创业开发中心资源开发事业部电子商务中心
北京鼎盛成包装材料有限公司资源循环作业区
北京首钢气体有限公司设备检测中心
北京首钢鲁家山石灰石矿有限公司唐山市曹妃甸工业
　区京唐石业有限公司
人力资源部(党委组织部)组织干部室
迁顺技术中心
设备部设备国产化攻关组

首钢京唐钢铁联合有限责任公司
炼铁作业部炼铁二作业区
钢轧作业部 MCCR 作业区
热轧作业部生产技术室(安全管理室)
中厚板事业部生产技术室
冷轧作业部酸轧一作业区
镀锡板事业部酸轧作业区
能源与环境部燃电作业区
运输部物流运输室
供料作业部铁前供料作业区
设备部检修管理室
质检监督部轧钢分析中心

制造部汽车板室
秦机公司环保设备运行中心

首钢集团有限公司矿业公司
大石河铁矿二马采矿车间
水厂铁矿汽运作业区
杏山铁矿采矿作业区
运输部车务段
协力公司球团维检项目部
北京首钢矿山建设工程有限责任公司采矿分公司
迁安首钢设备结构有限公司综合管理部
计控检验中心北京速力科技有限公司
机械制造厂捆带项目部

中国首钢国际贸易工程有限公司
矿产资源事业部原料室

首钢水城钢铁(集团)有限责任公司
钢轧事业部
维检中心
贵州博宏实业有限责任公司
铁焦事业部原料作业区
能源事业部热力作业区

首钢长治钢铁有限公司
炼铁厂九高炉作业区
炼钢厂转炉作业区
采购中心矿石部
计财处全面预算科

首钢贵阳特殊钢有限责任公司
炼钢事业部浇铸作业区连铸丁班
轧钢事业部中空钢作业区甲班

首钢通化钢铁集团股份有限公司
矿业公司板石球团厂动力区
炼铁事业部凤军创新工作室
炼钢事业部运行作业区
轧钢事业部精棒作业区轧钢乙班
能源事业部制氧二作业区

首钢伊犁钢铁有限公司
供应公司
库车天缘煤焦化

北京首钢股权投资管理有限公司
经营财务部
北京首钢吉泰安新材料有限公司市场部
北京首钢城运控股有限公司经营生产部
北京北冶功能材料有限公司理化研究室
北京北冶功能材料有限公司冷加工分厂剪切班
北京诚信工程监理有限公司迁安分公司监理一部
安川首钢机器人有限公司销售部销售科（北京）

北京首钢国际工程技术有限公司
冶金工程分公司烧结球团事业部
工程造价咨询部

北京首钢建设集团有限公司
第一建筑工程分公司首钢医院新建门急诊医技大楼项目部
第一冶金建设工程分公司热力工程项目部
第二冶金建设工程分公司首钢滑雪大跳台中心第一项目部
安全管理部安全管理室
唐山分公司京科园住宅工程项目部

北京首钢自动化信息技术有限公司
智能工业事业本部首迁运行事业部炼铁作业区
智能工业事业本部京唐运行事业部冷轧作业区高强钢维护班
信息化事业本部智能制造事业部贵钢产销信息化管理项目组
智慧城市事业本部维护事业部运维中心

智能工业事业本部自动化研究所工艺技术研发中心铁前组

北京首钢机电有限公司
大厂首钢机电有限公司结构分厂
迁安电气分公司电修事业部
曹妃甸检修分公司辊系金工事业部一期合装班组

北京首钢实业集团有限公司
北京首钢饮食有限责任公司消防项目部
总部管理服务分公司
唐山曹妃甸首实实业有限公司南堡分公司
迁安首实包装服务有限公司唐山曹妃甸分公司

北京首钢建设投资有限公司
市政基础设施部

北京首钢园区综合服务有限公司
冬奥物业事业部
园区物业事业部基础物业项目
北京首钢园林绿化有限公司第二经理部
能源运维事业部

北京首钢特殊钢有限公司
北京真浩泰汽车销售有限公司销售部销售一组

首钢集团有限公司园区管理部
南区管理处人力资源科
南区管理处人才开发院项目作业区保洁班
安全保卫处办公室

首钢环境产业有限公司
生态公司运行管理部

北京首钢矿业投资有限责任公司
承德信通首承矿业有限责任公司

首钢控股有限责任公司
山西翼城首旺煤业有限责任公司综采队
首钢地质勘查院爱地公司经营开发部

北京首钢房地产开发有限公司
北京公司
协调管理部

秦皇岛首秦金属材料有限公司
运营部文娱中心

北京大学首钢医院
骨科
宣传部(宣教中心)
医学工程处

北京首钢基金有限公司
运行支持部(办公室)

北京首钢体育文化有限公司
篮球俱乐部

首钢集团有限公司技术研究院
多模式连铸连轧(MCCR)技术研发团队

固废综合利用技术研发团队

首钢集团有限公司人才开发院
计算机与媒体艺术学院
总务部

首钢集团有限公司机关党委
系统优化部
安全环保部
办公厅值班室
人力资源部(党委组织部)
新闻中心记者室
纪委监察专员办公室
审计部
人事服务中心员工服务室
资产管理中心
首钢集团财务有限公司信息管理部
京冀曹妃甸协同发展示范区建设投资有限公司地产开发部

2020 年度首钢劳动模范名单

北京首钢股份有限公司
李景超　副总经理
孙　鹏　营销中心汽车板服务室客户服务代表
马继武　采购中心工程采购室专业经理
龚　鑫　炼铁作业部高炉作业区第二党支部书记、首席副作业长
王伟森　炼钢作业部二炼钢炼钢作业区白班作业长
王学强　热轧作业部二热轧轧钢作业区首席作业长
司良英　首钢智新迁安电磁材料有限公司首席技术专家
王树来　北京首钢冷轧薄板有限公司综合管理部部长
王俊光　能源部供风作业区首席作业长
乔德定　质量检验部原料质检作业区设备员
王　磊　北京鼎盛成包装材料有限公司党委副书记、董事、副总经理(主持工作)

王忠奎　北京鼎盛成包装材料有限公司除尘作业区首席副作业长(主持工作)
张长锁　北京首钢气体有限公司销售部党支部书记兼部长
王凡良　北京首钢鲁家山石灰石矿有限公司建昌矿常务副经理
程　华　环境保护部部长
郑志辉　制造部铁前室副主任
赵满祥　迁顺技术中心工艺研究室研究员
胡国栋　计财部成本室副主任(主持工作)
杜志会　办公室(党委办公室)行政室主任

首钢京唐钢铁联合有限责任公司
曾　立　党委副书记、董事、总经理

艾矫健　热轧作业部部长
杨玉芳　计财部部长
皮福生　炼铁作业部炼铁二作业区首席作业长
马志勇　焦化作业部干熄焦作业区四班作业长
赵立国　炼钢作业部炼钢作业区炼钢工
王立辉　钢轧作业部 MCCR 作业区首席作业长
李　清　热轧作业部 2250 热轧作业区精轧操作
王恩龙　中厚板事业部 4300 作业区粗轧机操作
宋青松　冷轧作业部镀锌二作业区镀锌主操
王道金　冷轧作业部生产技术室工业炉技术组综合
　　　　主管
宓　浩　镀锡板事业部罩退作业区首席作业长助理
郝海峰　镀锡板事业部镀锡作业区电镀锡工艺主操
刘恩辉　能源与环境部环境保护处处长
白凤雷　能源与环境部设备工程室综合主管兼设备技
　　　　术管理
宋云勇　运输部铁运作业区铁运组织与协调
康志鹏　供料作业部生产技术室技术质量主管兼生产
　　　　专业管理
刘　雨　设备部机械技术室液压润滑技术管理
王玉明　质检监督部生产技术室物理性能分析主管
冯学东　制造部生产管控中心主任
龚　鑫　信息计量部通讯数据平台主管

首钢集团有限公司矿业公司

马　军　大石河铁矿装庄采矿车间主任、迁安首矿建材
　　　　有限公司经理
陈玉国　水厂铁矿磁选车间党支部书记、主任
刘建义　水厂铁矿生产技术科选矿专业技术员
郭　晨　杏山铁矿生产技术科工程管理员
刘　欣　运输部党委书记、主任
李松川　运输部车务段装庄站站长
满玉宝　计控检验中心信息开发中心计算机软件技术
冯增敏　马城铁矿工程部部长
司玉涛　协力公司维检工程科科长
洪卫军　机械制造厂机加工分厂党支部书记、厂长
邵建文　北京首钢矿山建设工程有限责任公司井巷分
　　　　公司经理
韩建勋　物资公司经销科科长
于洪彪　职工子弟学校总务科科长

赵丙利　迁安首钢设备结构有限公司制造分公司副经理
李　银　机动处处长
张建军　副总经理

中国首钢国际贸易工程有限公司

杜祖明　首钢秘铁生产技术部经理助理
李劲松　北京高鹏天成投资管理有限公司董事、副总经
　　　　理（主持工作）
王志伟　矿产资源事业部原料室主任
首钢水　城钢铁（集团）有限责任公司
纪　强　能源事业部供电作业区检修综合班班长
王　军　维检中心高检车间副主任
王延文　物流仓储事业部生产保供室主任
潘贤红　市场采购部经营管理室主任
江金东　制造管理部工艺技术（产品开发）室主管师
田茂常　设备工程部技改工程室主管员
王　劼　钢轧事业部党委委员、副部长（主持工作）
王　林　维检中心党委委员、主任

首钢长治钢铁有限公司

冯广斌　采购中心党支部副书记、经理
王锦鸿　焦化厂化产作业区副作业长
程建红　炼铁厂烧结作业区作业长
王爱芳　炼钢厂转炉作业区冶炼丙班 6# 炉长
李海明　轧钢厂棒线作业区轧机组组长
陶东亮　长治市长钢工程建设有限公司生产科科长
赵全文　生产技术处能源管理科副科长

首钢贵阳特殊钢有限责任公司

刘　勇　炼钢事业部冶炼作业区甲班调度
张艳艳　轧钢事业部高线作业区作业长

通化钢铁集团股份有限公司

赵文波　矿业公司板石上青矿东采作业区党支部书记、
　　　　作业长
彭文华　炼铁事业部二号高炉作业区炉前班班长
于　洋　炼钢事业部轧钢作业区丁班值班长
张建斌　轧钢事业部检修作业区党支部书记、作业长
马　超　能源事业部热电一作业区副作业长
葛振朋　运输公司检修作业区汽车修理班班长

袁著伟　机电修造公司机加作业区作业长
首钢伊 犁钢铁有限公司
王　鹏　党委副书记、纪委书记、工会主席
赵进学　巴州凯宏矿业有限责任公司董事长兼总经理、
　　　　党支部书记

北京首钢股权投资管理有限公司
杨庆松　北京首钢吉泰安新材料有限公司技术开发部
　　　　部长
齐志成　北京首钢城运控股有限公司停车运维事业部
　　　　维保主管
丁　彤　北京北冶功能材料有限公司人力资源部部长
李建成　北京诚信工程监理有限公司园区分公司副经
　　　　理兼管道专业技术负责人
蒋瑞耘　党群工作部部长

北京首钢国际工程技术有限公司
张全申　冶金工程分公司烧结球团事业部总经理
王渠生　冶金工程分公司项目管理部一级总设计师

北京首钢建设集团有限公司
赖祥军　第二冶金建设工程分公司经理
雷艳辉　第一建筑工程分公司工程技术部部长
王建海　第一冶金建设工程分公司经理助理
王国勤　钢构分公司园区项目部经理
靳光旭　唐山分公司经理助理
张国庆　园区总包部区域经理

北京首钢自动化信息技术有限公司
任立辉　信息化事业本部副总经理、智能制造事业部部
　　　　长兼党总支书记
郑文瑞　智能工业事业本部首迁运行事业部技术中心
　　　　技术工程师
刘　峰　智能工业事业本部京唐运行事业部钢轧作业
　　　　区作业长、党支部书记
陈　星　数据科学研究所技术总监
赵波涛　信息化事业本部数字政企事业部市场总监

北京首钢机电有限公司
贾　宏　机电成套设备分公司党支部书记、经理

王兴丽　迁安机械修理分公司副总工

北京首钢实业集团有限公司
侯玉晓　首实包装首瀚鑫实业有限公司包装三车间
　　　　主任
曹　石　总部管理服务分公司公寓管理部部长
穆　鑫　北京首欣物业管理有限责任公司时代庐峰项
　　　　目部经理
齐　冰　首钢幼儿保教中心金顶街幼儿园园长
张忠周　唐山曹妃甸首实实业有限公司南堡分公司
　　　　经理

北京首钢建设投资有限公司
金洪利　党委副书记、董事、总经理兼首钢园服党委
　　　　书记
刘永东　工程建设部金安桥交通一体化项目组组长

北京首钢园区综合服务有限公司
刘庆明　新能源运维作业区党支部书记
孙兴奇　北京首钢园林绿化有限公司总经理助理兼第
　　　　六经理部经理
石宗砚　总经理助理兼包车客运事业部部长
王　凯　酒店餐饮事业部文馆项目主管

北京首钢特殊钢有限公司
王　超　招商运营部招商科科长

首钢集团有限公司园区管理部
李　岩　南区管理处党委书记、处长、工会主席
付金海　南区管理处人才开发院项目作业区教学区保
　　　　洁班班长
宋宝元　安全保卫处警卫队国旗班班长

首钢环境产业有限公司
范海畴　首华公司总经理助理兼贵钢项目部经理

北京首钢矿业投资有限责任公司
吴　洋　辽宁硼铁选矿厂厂长助理（挂职锻炼）
彭立安　信通首承生产部部长

首钢控股有限责任公司

周文忠　山西翼城首旺煤业有限责任公司副总经理、
　　　　矿长

黄建新　新疆首钢投资有限公司总经理助理

张士鹏　首钢地质勘查院爱地公司第二分公司经理

北京首钢房地产开发有限公司

张　洋　协调管理部党支部书记、经理

于文青　北京公司工程管理部经理

余婉秋　成都公司营销管理部经理

秦皇岛首秦金属材料有限公司

杜维彬　运营部副部长兼营销中心主任

北京大学首钢医院有限公司

王海英　党委委员、副总经理（副院长）、药物临床试验
　　　　机构办公室主任、皮肤性病科主任

穆　琳　苹果园社区卫生服务中心主任

刘　银　内科临床部第一党支部书记、内科临床部护
　　　　士长

杨　迪　基建处处长

首钢控股（香港）有限公司

万川特　首长宝佳集团有限公司采购常务副总监兼滕州
　　　　东方钢帘线有限公司党支部书记、董事副总经理

北京京西重工有限公司

张兴业　房山研发中心经理

北京首钢基金有限公司

赵维旭　经营财务部副总经理

北京首钢体育文化有限公司

张云松　篮球俱乐部女子篮球队教练

首钢集团有限公司技术研究院

季晨曦　京唐技术中心首席工程师

张　玮　科研管理处副处长

首钢集团有限公司人才开发院

张建群　计算机与媒体艺术学院教师

首钢集团有限公司机关党委

江华南　战略发展部经营计划总监

周贞贵　经营财务部金融衍生品业务管理经理

张富贵　安全环保部副部长兼安全总监

方瑜仁　国际业务部外汇风险管理经理

高　广　办公厅值班室主管师

郜克农　机关党委副书记、纪委书记、工会主席

岳建华　新闻中心电视新闻室副主任

周艳平　财务共享中心主管师

王群英　首钢集团财务有限公司财务总监

马安远　京冀曹妃甸协同发展示范区建设投资有限公
　　　　司经营风控部高级主管

张文峰　北京首钢医疗健康产业投资有限公司办公室
　　　　副主任、老年福敬老院党支部书记

2020 年度"首钢之星"事迹简介

（一）担当之星

抗击疫情突重围　复工复产保供料

王铮，秘铁公司人事行政部长助理。困难面前不止

步。2020 年新春，新冠疫情袭来，组织秘铁职工守望相助、捐款捐物献爱心。秘鲁疫情暴发，从生产大局考量，研究当地法律，编制审核文件，提出复产申请。从解决矛盾入手，多方协调谈判，化解工会和著民不理解、不配合问题。为保障驻场员工生活，筹建现场宿舍，购置近千张床铺及用品。经过协同努力，秘铁产能 2020 年 7

月恢复 80%,11 月恢复 100%,5 月至 10 月生产铁精粉 528 万吨,保证了极端情况下国内钢铁用矿需求。

迎难而上挑重担　地产开发创高效

王博,首钢地产前期拓展部经理。实施土地开发项目多规平台会商被业界树为工作样板,实现了疫情条件下的主动应变。先是信息化办公与市区部门沟通,随后奔走多家会商单位,遭遇对方封闭办公,硬是在大门完成方案对接,促成多规合一会商,取得二通东区工程规划和施工许可证,节约财务成本 4000 万元。为解决项目迟滞,转战铸造村一区,经过梳理资料、接洽融通的日夜拼搏,最终取得工程规划和施工许可证。促成两个项目 36 万平方米土地开工,为完成全年任务提供了保障。

优化管理尽心力　资金归集成果丰

张秀惠,财务公司结算部经理。响应集团管控要求,发挥金融从业经验,带领团队积极应对基金归集的全新考验。坚持以服务客户为宗旨,以"制度、流程、系统"为核心,从银行账户清理到资金归集,从票据集中到外汇管理,创建流程结算平台。公司成立以来,累计结算总量达到 109 万笔,结算总额 65445 亿元。同时大力推进票据统筹管理和风险管理,稳步推进票据结算服务,提高了票据支付效率,提升了首钢财票支付信誉,实现票据交易总笔数达到 34 万余笔,交易总额 5707 亿元。

物业党员亮身份　抗疫为民受赞誉

吴大松,实业公司首欣物业茉莉园项目部经理。阻击新冠疫情,亮明党员身份。大年初一,托管小区出现确诊病例,及时上报、病毒消杀、小区封闭。员工探亲未归,在岗人员减半,防控的任务重。将两个孩子和父母托付爱人照看,率队连续三个多月不离岗,对 61 栋楼 147 个单元 79 部电梯定时消毒;办理出入证近万张,对人员、车辆昼夜测温严控;急居民所需,帮助送快递等 5000 多次。筑牢堤坝守护安康,赢得马连洼街道、茉莉园社区和居民赠送三面锦旗的褒奖。

以生命守护生命　为抗疫贡献力量

刘月波,首钢医院呼吸与危重症医学科副护士长。率队出征石景山区定点医院,抗击疫情成为最美逆行者。与时间赛跑,既当搬运工、又当清洁工,5 天完成 4

层楼、80 间房屋、100 张病床清洁整理以及仪器调试和物资储备。追求科学管理,编制岗位职责、应急预案等 30 项,构建起护理服务和防控感染流程。把病房做战场,每次进入隔离区,坚持不吃、不喝、不上卫生间,一干就是 8 小时。两个月的鏖战,交出完美答卷,确保了石景山区确诊病例清零和医护人员"零感染"。

(二)创新之星

千尺井下"达人秀"　地采爆破创新路

严振湘,矿业杏山铁矿采矿作业区副区长。4000 个日夜在巷道中挥洒青春,点亮地采爆破创新之光。研究地采自动装药,提出 200 项整改意见,全自动机械化装药台车投入使用,地采爆破告别人工装药,节约人工 30%,填补国内技术空白。自主施工攻克切割井一次成井技术,取得经济效益 100 万元。研发爆破技术管理平台,采用软件设计中深孔,推进智能爆破进程。先后获得 21 项国家级、行业级、集团级技术成果,以年均 4 个成果的成长速度,成为同事公认的"创新达人"。

十年磨砺宝剑峰　降本增效闯难关

文安义,水钢公司钢轧事业部炼钢作业区班长。坚持十多年,炼钢做笔记,操作写心得,练就目测炼钢温度、碳含量的真功夫。带领班组冲刺小指标竞赛,不断创出钢种出钢碳、合金量、命中率的新成绩。2018 年开展"降低合金成本"攻关,钢种命中率从 94% 提升到 96%;2019 年跟踪合金钢冶炼,对钒氮进行拆分包装精细配料,年降低合金成本 140 余万元;2020 年利用炼钢信息化执行系统提升工艺质量,实现石灰加白云石消耗吨钢节约 6 公斤,年降低炼钢成本 384 万元。

金牌职工建团队　群体创新当头雁

徐凤娟,通钢机电修造公司检修作业区电工,被誉为"通钢金牌工人"。以她命名的"徐凤娟创新工作室",秉持"处处有创新课题、人人是创新主体"的追求,在"成本降 100、效益增 100"中,围绕生产重点和难点,群体创新众智发力,不断取得新成绩。先后完成 BT1009 可编程序调节仪箱式炉曲线控制改造,5 吨电炉除尘风机参数调整技术攻关,炉前合金称重电子秤设计制作,焦化加煤车、精棒、干熄焦循环风机空调技术革新等 14 项,累计为企业创效 176 万元。

控制炼钢窄成分　行业前十见真功

牛嘉佳,长钢公司炼钢厂转炉冶炼技术员。学习巴登钢厂,落实"三个跑赢",成为试点班组的带头人。查阅数千页资料,记录上万个数据,攻克终点余锰波动大、铁水条件复杂难题,提炼合金添加控制要点 30 项,形成钢种窄成分控制指导意见,加快精准操作降本增效的步伐。2020 年 1 至 9 月份,炼钢工序低合金钢坯成本行业排名第七,同比上一年前进四位,其中,3 月份在行业中排名第一,取得历史性新突破,仅低合金钢 400K 锰元素合金添加一项就实现降成本 216 万元。

医疗深改走新路创出工作高效率

邢梦婷基金公司首颐医疗高级运营经理。清华毕业、选择首钢,学以致用,投身医疗改革显身手。抓住国务院企业医院改制政策窗口期,她和团队深入医院做调研,落细落实做工作,用心用情化矛盾,有力推动了首钢医院深改方案落地。服务保障冬奥会,她统筹工程建设,配置人财物资源,建成北京首颐中医医院顺利开业。她克服新冠疫情影响逆行而上,多次深入到水钢医院和邯钢医院促改革、抓落实,有力推进了两个医院学科建设和医疗质量的迅速优化和提升。

(三)争先之星

追求板材高品质　工艺瓶颈攻难关

黄福祥,股份迁顺技术中心首席技术专家。技术攻关勇突破。为提高汽车板表面质量,扎根产线事必躬亲,了解工序工艺,掌握控制参数,建立钢板表面微观缺陷分析方法和工序分离判定标准。针对高效脱碳汽车板冶炼核心技术,对标先进、研读论文、分析机理,实现 RH 真空冶炼时间小于 20 分钟比例由原来的 20% 提升到 70%。担纲汽车板全流程控氧无堵塞水口攻关和结晶器流场优化重大研究课题,实现汽车外板中间包全氧含量小于 15ppm,达到国际领先水平。

车轮用钢首钢造　国内首发新跨越

肖宝亮,技术研究院交通用钢产品开发首席工程师。研发车轮用钢勇争先。车轮用钢备受青睐,既要疲劳寿命最高,又要追求用钢轻量化,一家企业曾适用国外材料未达标,希望首钢帮助搞研发。他带队迎难攻关,调整工艺优化结构,百次论证确定方案,两个月突破 37kg 级轻量化车轮技术,助力客户新产品国内首发。几年潜心攻关,先后实现 650MPa 和 690MPa 车轮钢国内首发,市场占比超过 60%。如今奔跑的奔驰、沃尔沃等车型,每 2 个钢制车轮,就有 1 个"首钢制造"。

铁前攻关有作为　球团配料新突破

董相娟,京唐公司制造部球团矿选专业技术员。铁前技术攻关成效大。优化球团配料,改善过程控制,攻克篦条糊堵还原膨胀率高瓶颈,碱性球还原膨胀率降低到 18% 以下,开创了消石灰稳定生产熔剂性球团世界先例。新冠疫情暴发后,秘铁曾被迫停产,高炉面临"断粮危机"。协同技术研究院、京唐技术中心攻关,测算市场 16 种原料百余种组合可行性,选定 7 种替代资源,首创国内细磨高炉返矿供球团配加技术,既保证高炉稳定高效,又降低铁前采购成本 1570 万元。

自主研发"首安云"　实现安防智能化

李明阳,首自信信息化事业本部项目经理。推进安全风控信息化。带队研发安全智能平台,植入互联网+、云计算,开发出"首安云"APP 程序,实现集团 89876 人实时现场安全检查定位。该系统快捷高效,管理人员"一机在手随时查询,全厂安全尽在掌握",系统累计上报风险 123145 条、隐患 254328 条,使风险隐患治理率提高了 30%。"首安云"获得首钢科技成果奖,在唐山冶金建材行业广泛应用。用于迁安滨河村街道疫情防控,获得了"爱心企业"赞誉。

企业利益为己任　土地收益最大化

王娟,首建投公司规划设计部前期手续专业员。推进首钢园东南区土地一级开发,团队作战站前排。她遵循"不丢地块、不丢规模、不丢收益"原则,仅用一个月就完成立项,为银行融资赢得先决条件。在后续的工作中,她已经身怀六甲,但还是满腔热忱,精雕细刻"申报程序、协调各方,土地入市"的每一个细节,创出了土地一级开发的"首钢速度",为高效高溢价完成第一、二批地块成交,为实现补偿款、政府收益专项资金、一级开发做出了不懈努力。

统 计 资 料

◎责任编辑：郭　锋、关佳洁

2020年首钢集团主要工业产品产量完成情况

指标名称	计量单位	2020 年实际
1.采剥总量	万吨	3550.87
2.铁矿石（成品矿）	万吨	570.41
3.铁精矿	万吨	545.47
4.烧结矿	万吨	3531.08
5.球团矿	万吨	1579.01
6.焦炭	万吨	422.42
7.生铁	万吨	3124.73
8.粗钢	万吨	3395.89
9.成品钢材	万吨	3232.93
其中:棒材	万吨	46.46
钢筋	万吨	599.70
线材	万吨	174.72
特厚板	万吨	56.06
厚钢板	万吨	93.93
中板	万吨	83.67
中厚宽钢带	万吨	867.51
热轧薄宽钢带	万吨	316.76
冷轧薄宽钢带	万吨	364.65
镀层板（带）	万吨	356.81
10.耐火材料总量	万吨	0.00
11.铁合金总量	万吨	6.23
12.钢丝	万吨	0.46
13.发电量	万千瓦时	1249097
14.煤气	万立方米	4790184

2020 年首钢集团主要综合效益指标完成情况

指标名称	计量单位	2020 年实际
一、综合指标		
1. 现价工业总产值	万元	15813237
2. 实现利润	万元	295475
3. 实现利税	万元	1081059
4. 销售收入	万元	20737071
5. 资产总计	万元	51200691
6. 流动资产	万元	13971773
7. 长期股权投资	万元	6949722
8. 年末固定资产原值	万元	30654221
9. 年末固定资产净值	万元	19968344
10. 所有者权益	万元	14201474
11. 资产负债率	%	72.26
12. 资本保值增值率	%	101.27
二、环保及绿化指标		
1. 综合考核评价环保指标合格率	%	100%
2. 工业粉尘排放合格率	%	100%
3. 工业废气排放处理率	%	100%
4. 工业废水排放处理率	%	100%
5. 绿化面积(北京厂区)	万平方米	153.36
6. 绿化覆盖率(北京厂区)	%	37.29%

2020 年首钢主要技术经济指标完成情况

指标名称	计量单位	2020 年实际	三地+外埠
一、铁矿生产（矿业公司）			
1.采剥比	吨/吨	4.94	4.94
2.铁精矿品位	%	69.98	69.98
3.选矿金属回收率（实际）	%	79.01	79.01
4.选矿比（实际）	吨/吨	1.66	1.66
二、烧结生产			
1.烧结矿合格率	%	99.23	98.30
2.烧结机有效面积利用系数	吨/米 2·台时	1.26	1.22
3.烧结矿品位	%	56.06	55.58
4.烧结从业人员实物劳产率	吨/人·年	30741.77	18855.63
三、高炉炼铁			
1.生铁合格率	%	100.00	100.00
2.高炉有效容积利用系数	吨/米^3·日	2.31	2.34
3.入炉矿品位	%	60.57	56.75
4.入炉焦比	千克/吨	295.81	324.73
5.喷煤比	千克/吨	174.82	160.69
6.综合焦比	千克/吨	483.18	497.55
7.炼铁从业人员实物劳产率	吨/人·年	17396.55	15670.06
四、转炉炼钢			
1.钢铁料消耗	千克/吨	1061.38	1064.74
2.转炉日历作业率	%	67.94	76.34
3.转炉日历利用系数	吨/吨·日	23.67	26.80
4.转炉从业人员实物劳产率	吨/人·年	7777.38	6482.88
五、连铸			
1.连铸坯合格率	%	99.71	99.75
2.连铸坯钢水收得率	%	97.49	97.84
3.连铸机日历作业率	%	76.86	65.78
4.连铸坯台时产量	吨/时	295.39	246.73
六、轧钢			
1.钢材合格率	%	99.79	99.73
2.综合成材率	%	95.09	96.07
3.轧机日历作业率	%	76.97	73.63
4.轧材工序单位能耗	千克标煤/吨	80.03	68.04

注：数据资料由财务共享中心提供，与上年口径一致。

2020 年授权专利

序号	专利号	专利名称	公告日	类型
1	201810508829.0	取向硅钢退火用套筒以及取向硅钢退火方法	2020-01-14	发明
2	201710651606.5	一种冷镦钢及其制造工艺	2020-01-14	发明
3	201711433032.0	一种可主动转向的自行驶钢卷运输车	2020-01-17	发明
4	201610798517.9	升降机构的双码值行程限幅方法及装置	2020-01-21	发明
5	201711456684.6	钢铁材料裂纹形成时段的拉伸断口判定方法	2020-01-24	发明
6	201710495184.7	一种热轧带钢的判定方法及热轧在线质量判定系统	2020-02-04	发明
7	201710873849.3	一种补偿冷连轧前滑值的方法及装置	2020-02-04	发明
8	201810007140.X	一种炼钢方法	2020-02-04	发明
9	201810343733.3	一种侧导板的控制方法及系统	2020-02-04	发明
10	201810343781.2	一种冷轧轧制状态的判定方法	2020-02-04	发明
11	201810638264.8	一种控制冷轧带钢中部起筋缺陷的方法	2020-02-04	发明
12	201611047996.7	一种通讯方法及系统	2020-02-07	发明
13	201810164184.3	一种控制带钢在精轧机飞翘的生产方法	2020-02-07	发明
14	201810387617.1	一种低碳铝镇静钢酸洗板的加工方法	2020-02-07	发明
15	201711471520.0	一种高弹性模量的高强弹簧丝及其制备方法	2020-02-14	发明
16	201710598049.5	一种热镀锌板及其加工方法	2020-02-18	发明
17	201710228180.2	一种控制含磷冷轧高强钢表面麻点缺陷的方法	2020-02-21	发明
18	201710786637.1	一种消除锌流纹的方法及装置	2020-02-21	发明
19	201810179841.1	一种弧形空调水管冷煨弯丝接安装方法	2020-02-21	发明
20	201810161857.X	一种带钢卷取张力的控制方法及装置	2020-02-21	发明
21	201810162392.X	一种标定精轧机入口侧导板的方法及装置	2020-02-21	发明
22	201810162285.7	一种增加板坯过程温降的方法	2020-02-21	发明
23	201810162839.3	一种防止带钢在退火炉中瓢曲的方法	2020-02-21	发明
24	201810164823.6	一种恒温恒压的润滑设备	2020-02-21	发明
25	201810462707.2	一种转炉炉底接缝耐火材料充填方法及装置	2020-02-21	发明
26	201810466011.7	高强油井管用钢的制造方法	2020-02-21	发明
27	201810399978.8	防止连退机组断带后带钢抽入炉内的方法及装置	2020-02-21	发明
28	201810402277.5	一种防止带钢在立式退火炉中跑偏的方法及装置	2020-02-21	发明
29	201810388360.1	一种热轧工艺控制方法及装置	2020-02-21	发明
30	201810714236.X	一种连退线小车定位精度监控装置及方法	2020-02-21	发明

序号	专利号	专利名称	公告日	类型
31	201810713272.4	退火炉的温度调节方法	2020-02-21	发明
32	201611019001.6	一种汽车充电桩管理方法和装置	2020-02-28	发明
33	201710537573.1	一种车辆出库管理方法、装置、计算机可读存储介质及设备	2020-02-28	发明
34	201711461032.1	一种漏钢预警方法	2020-02-28	发明
35	201710659889.8	一种带钢生产系统及方法	2020-03-17	发明
36	201710984278.0	一种优化 EI 变压器材料的方法	2020-03-17	发明
37	201710986305.8	一种确定带载辊缝凸度的方法及装置	2020-03-17	发明
38	201711288259.0	一种热轧带钢轮廓局部高点的识别方法及装置	2020-03-17	发明
39	201810513509.4	一种中温高硅取向硅钢的带钢加工方法	2020-03-17	发明
40	201810512768.5	带钢跑偏的控制方法及装置	2020-03-17	发明
41	201810861922.X	一种板坯加热温度的控制方法	2020-03-17	发明
42	201810508482.X	一种轧机的末期轧辊及其应用方法	2020-03-20	发明
43	201810861619.X	一种用森基米尔轧机生产硅钢的边降控制方法	2020-03-20	发明
44	201810972745.2	一种避免重卷机组卷取错层的方法	2020-03-20	发明
45	201610743683.9	一种钢铁厂低品质余热利用系统及其使用方法	2020-03-27	发明
46	201710187945.2	一种汽车板锌层粘附性检测方法	2020-03-27	发明
47	201710403787.X	一种测量浸入式水口堵塞程度的方法及系统	2020-03-27	发明
48	201710827695.4	一种热轧高强钢的轧制方法	2020-03-27	发明
49	201710958084.3	一种检测回转窑内温度的装置	2020-03-27	发明
50	201711183585.5	冷轧搪瓷用钢板及其生产方法	2020-03-27	发明
51	201711433057.0	一种提高 IF 钢合金收得率的方法	2020-03-27	发明
52	201810298745.9	一种 690MPa 级高韧性结构钢的生产方法	2020-03-27	发明
53	201810463455.5	一种控制超低碳钢中小粒径氧化铝夹杂物形貌的方法	2020-03-27	发明
54	201810809312.5	卷取机以及卷取机的速度调节方法	2020-03-27	发明
55	201811172782.1	一种平整轧制超低粗糙度导轨钢的方法	2020-03-27	发明
56	201811032976.1	一种地下硐室施工方法	2020-03-31	发明
57	201810258336.6	一种 KR 脱硫法用搅拌装置及搅拌方法	2020-04-03	发明
58	201811295993.4	一种环冷机台车铰接部件的检修方法	2020-04-03	发明
59	201910009153.5	一种基于数据挖掘的变形抗力唯象模型计算方法	2020-04-14	发明
60	201710988407.3	工具式钢结构工程外墙安装定位方法	2020-04-17	发明
61	201611205702.9	一种降低钛微合金化高强钢加工硬化效果的冷却工艺	2020-04-21	发明
62	201710596479.3	一种干熄炉装冷焦用中央风帽保护装置及方法	2020-04-21	发明
63	201711107964.6	一种连铸板坯中心缺陷量化分析的方法	2020-04-21	发明
64	201810186547.3	一种高炉热风炉风温调节方法及装置	2020-04-21	发明
65	201810162534.2	一种水封槽及干熄炉	2020-04-21	发明

续表

序号	专利号	专利名称	公告日	类型
66	201811117832.6	一种超淬透性车轴钢	2020-04-21	发明
67	201710001989.1	一种蒸馏系统在线清洗装置及方法	2020-05-08	发明
68	201711012923.9	一种亚包晶钢板坯连铸方法	2020-05-15	发明
69	201710556988.3	一种热轧精轧区域工作辊辊面质量控制方法	2020-05-15	发明
70	201710842704.7	一种焦油和氨水的分界层高度的测量方法及系统	2020-05-15	发明
71	201710998273.3	一种中间包低氧位控制方法及装置	2020-05-15	发明
72	201810161853.1	一种热镀锌板捞渣卷的使用方法	2020-05-15	发明
73	201810162328.1	一种参数自适应调整方法及装置	2020-05-15	发明
74	201810712075.0	一种带钢开卷塔形的控制方法	2020-05-15	发明
75	201810714011.4	一种微米级冷轧辊系空间精度控制方法	2020-05-15	发明
76	201810972972.5	一种改善无取向电工钢冲压定子跳动的方法	2020-05-15	发明
77	201811172392.4	一种平整机自动串辊的控制方法	2020-05-15	发明
78	201810973007.X	一种取向硅钢退火隔离剂及其使用方法	2020-05-19	发明
79	201811176806.0	卷边机防护方法	2020-05-19	发明
80	201710228636.5	一种防止钢卷锈蚀的方法	2020-05-22	发明
81	201710954004.7	一种加盖装置	2020-05-22	发明
82	201810185363.5	一种耐磨托辊用热轧带钢及制造方法	2020-05-22	发明
83	201811300222.X	一种加热炉二级系统炉温设定方法	2020-05-22	发明
84	201811298365.1	一种烧结机合入台车的方法	2020-05-22	发明
85	201710958135.2	一种冷轧钢板织构测量方法	2020-05-26	发明
86	201711139235.9	一种燃煤电站用镍基高温合金焊丝及其制备方法	2020-05-26	发明
87	201810449880.9	一种测量钢表面氧化铁皮厚度的方法	2020-05-26	发明
88	201810459791.2	一种消除 BH 钢板表面针尖缺陷的方法	2020-05-26	发明
89	201810720399.9	一种铁镍合金回收料的脱碳冶炼方法	2020-05-26	发明
90	201811253584.8	一种电磁屏蔽用层状金属复合材料	2020-05-26	发明
91	201811293494.1	一种提高 95CrMo 中空钢塑性的控制方法	2020-05-26	发明
92	201811296957.X	一种热轧带钢头尾部宽度控制方法及装置	2020-06-02	发明
93	201810882943.X	一种防止热连轧钢板在冷轧中边裂断带的方法	2020-06-09	发明
94	201810388346.1	一种成品球团矿 FeO 含量的控制方法	2020-06-12	发明
95	201810713981.2	一种提高 IF 钢铸坯头坯质量的方法	2020-06-12	发明
96	201810713974.2	一种连续热镀锌产线入口区域堆钢的控制方法	2020-06-12	发明
97	201810691080.8	一种 IF 钢鼓包缺陷控制方法	2020-06-12	发明
98	201710598046.1	一种高强冷轧方矩形管用钢及其制造方法	2020-06-19	发明
99	201710953077.4	中间包烘烤孔密封装置	2020-06-19	发明
100	201810461428.4	一种转炉炉底接缝耐火材料充填均匀性的测量装置及方法	2020-06-19	发明

序号	专利号	专利名称	公告日	类型
101	201810486556.4	一种汽车用钢的冶炼方法	2020-06-19	发明
102	201810766369.1	一种具备随形冷却的热作模具成型方法	2020-06-19	发明
103	201810760142.6	铁水喷吹、真空脱气、电极加热生产高纯生铁的工艺	2020-06-19	发明
104	201810805313.2	一种通过钙铝铁合金处理降低浸入式水口堵塞的方法	2020-06-19	发明
105	201810803153.8	一种连续退火炉加热功率输出模式的控制方法	2020-06-19	发明
106	201810876251.4	一种调质态低屈强比X60Q管线钢及制备方法	2020-06-19	发明
107	201811116417.9	一种烧结机点火炉结瘤控制装置	2020-06-19	发明
108	201811309027.3	一种VOD工艺冶炼自动控制方法	2020-06-19	发明
109	201811306972.8	一种高铝钢板坯连铸方法	2020-06-19	发明
110	201910209464.6	一种液压系统污染平衡控制方法	2020-06-19	发明
111	201910009563.X	一种用于镀铝锌线四辊光整机在线标定方法	2020-06-19	发明
112	201611101408.3	一种利用污染土壤和餐厨垃圾制备园林绿化土的方法	2020-06-23	发明
113	201810502801.6	一种矿井提升罐笼泊位系统及方法	2020-06-23	发明
114	201810502825.1	一种矿井罐笼提升安全控制系统	2020-06-23	发明
115	201810500061.2	一种矿井提升罐笼运矿车自动装料方法	2020-06-23	发明
116	201711287164.7	一种确定轧辊磨损量的方法及装置	2020-06-26	发明
117	201810861921.5	一种降低缝合缝开裂风险的方法	2020-06-26	发明
118	201810861465.4	一种天然气退火炉的环保控制方法	2020-06-26	发明
119	201810973368.4	一种浸入式水口	2020-06-26	发明
120	201811237907.4	一种低温高磁感取向硅钢高温退火方法	2020-06-26	发明
121	201910091184.X	粗轧变压的轧制方法、控制装置及计算机可读存储介质	2020-06-26	发明
122	201910150020.X	一种冷轧硅钢生产线液压设备故障诊断方法和装置	2020-06-26	发明
123	201811298484.7	一种提升高牌号无取向硅钢横向厚度差的方法及装置	2020-06-30	发明
124	201711447497.1	一种箔带材焊接方法	2020-07-03	发明
125	201810369123.0	一种热轧带肋钢筋四切分进口导卫在线对中装置	2020-07-03	发明
126	201810771597.8	一种超超临界燃煤电站耐热钢用光亮焊焊丝	2020-07-03	发明
127	201710958829.6	一种高炉喷吹煤粉的装置	2020-07-10	发明
128	201711471516.4	一种耐极端环境高强高韧低碳马氏体铸钢及制备方法	2020-07-10	发明
129	201711011407.4	一种提高板坯尾坯质量的方法及装置	2020-07-17	发明
130	201711285601.1	一种处理脱硫渣铁的方法	2020-07-17	发明
131	201810344603.1	一种钢卷小车卸卷方法	2020-07-17	发明
132	201810635994.2	一种消除590Mpa级别双相钢热卷扁卷缺陷的方法	2020-07-17	发明
133	201810788744.2	一种重卷机组卷取机芯轴涨缩的检测方法和装置	2020-07-17	发明
134	201810861652.2	一种转炉湿法电除尘的方法及装置	2020-07-17	发明
135	201811171220.5	一种高温计安装结构及方法	2020-07-17	发明

序号	专利号	专利名称	公告日	类型
136	201811434621.5	一种1000MPa级马氏体汽车用钢的工艺控制方法	2020-07-17	发明
137	201811570649.1	一种带钢卷取机组断尾处理方法和装置	2020-07-21	发明
138	201610652805.3	一种生物发酵用陶瓷膜的清洗系统及使用方法	2020-07-24	发明
139	201710408169.4	一种熄焦装置	2020-07-24	发明
140	201711320464.0	一种提高锌铝镁合金镀层钢板胶粘性能的方法	2020-07-24	发明
141	201810459694.3	一种具有增强塑性的1000MPa级冷轧热镀锌双相钢及其制造方法	2020-07-24	发明
142	201810459714.7	一种抗拉强度1200MPa级冷轧双相钢及其制备方法	2020-07-24	发明
143	201810797787.7	一种漏钢检测装置及方法	2020-07-24	发明
144	201810882937.4	一种无间隙原子钢连退薄板的冷轧工艺调控方法	2020-07-24	发明
145	201811114204.2	一种带钢宽度反馈修正方法及系统	2020-07-24	发明
146	201811293641.5	输电铁塔用600Mpa级耐候螺栓钢自腐蚀匹配方法	2020-07-24	发明
147	201811621812.2	一种抗拉强度1000MPa级冷轧复相钢及其制备方法	2020-07-24	发明
148	201910337705.5	一种降低单角翘缺陷的方法	2020-07-24	发明
149	201910521149.7	一种减小轧辊氧化膜剥落率的方法	2020-07-24	发明
150	201910680702.1	一种双机架平整机的轧制方法及装置	2020-07-24	发明
151	201910840795.X	一种高氮型热作模具钢及其制备方法	2020-07-24	发明
152	201710580807.0	一种分隔装置	2020-07-28	发明
153	201711040999.2	一种自动放余煤的控制方法	2020-07-28	发明
154	201810907551.4	一种含铋无铅型超易切削圆珠笔头用不锈钢丝及其生产方法	2020-08-11	发明
155	201910599266.5	一种三相有衬电渣炉冶炼圆珠笔头用高硫易切削不锈钢的硫合金化方法	2020-08-11	发明
156	201810258331.3	一种带钢终轧温度的控制方法	2020-08-14	发明
157	201811296150.6	一种RH热弯管防堵控制方法	2020-08-14	发明
158	201910149593.0	一种冷轧连退设备劣化趋势预警方法及装置	2020-08-14	发明
159	201710666512.5	公交车调度方法、装置、计算机存储介质及设备	2020-08-21	发明
160	201710998675.3	一种精轧末机架板道高差测量装置及方法	2020-08-21	发明
161	201810713649.6	一种基于残氧补偿的退火炉燃烧控制方法及装置	2020-08-21	发明
162	201810715405.1	一种基于罩式退火工艺生产镀锡板基板的方法	2020-08-21	发明
163	201811570663.1	一种助卷辊压尾的控制方法和装置	2020-08-21	发明
164	201811570700.9	一种电辐射管温度控制方法和装置	2020-08-21	发明
165	201811505601.2	一种冷轧硅钢涂辊压力的标定方法	2020-08-21	发明
166	201910148801.5	一种冷连轧机起车控制优化方法及装置	2020-08-21	发明
167	201910181650.3	一种酸轧设备在线监测与劣化趋势智能预警的监控方法	2020-08-21	发明
168	201910235650.7	一种提高自动天车运行效率的方法	2020-08-21	发明
169	201710596279.8	冶金焦炭烧损率的测算方法及装置	2020-08-25	发明

序号	专利号	专利名称	公告日	类型
170	201810462776.3	一种钢坯加热温度均匀性的测量装置及方法	2020-08-25	发明
171	201810463868.3	一种690MPa级热轧厚规格低屈强比汽车轮辐用钢及其制备方法	2020-08-25	发明
172	201810463782.0	一种900MPa级别的抗冲击波钢板及其制造方法	2020-08-25	发明
173	201810805561.7	一种980MPa级别ATM机用防暴钢板及其制造方法	2020-08-25	发明
174	201810875684.8	一种热轧带钢轧后双段冷却热头热尾工艺的自动控制方法	2020-08-25	发明
175	201810882940.6	一种460MPa级高强抗震耐火耐候钢热轧卷板及其生产方法	2020-08-25	发明
176	201811010809.7	一种高炉炉顶料罐放散煤气全回收方法及系统	2020-08-25	发明
177	201811010833.0	一种高炉炉顶料罐放散煤气全回收系统及其安全检修方法	2020-08-25	发明
178	201811290276.2	阻燃复合装甲模块	2020-08-25	发明
179	201910334937.5	海洋立管用X65热轧钢板及其制备方法	2020-08-25	发明
180	201910337632.X	一种判断平整机张力辊打滑位置和时间的方法及装置	2020-08-25	发明
181	201910465938.3	一种驱动桥壳700MPa级热轧板卷及其制备方法	2020-08-25	发明
182	PCT/CN2017/077613	球团矿、其制备方法和制备装置	2020-09-03	发明
183	PCT/CN2017/077613	球团矿、其制备方法和制备装置	2020-9-23	发明
184	201811434662.4	一种780MPa级屈服强度1000MPa级抗拉强度的双相钢加工方法	2020-09-04	发明
185	201910030844.3	一种高性能铁镍软磁合金	2020-09-04	发明
186	201910030843.9	一种高机械品质因数弹性合金及其制造方法	2020-09-04	发明
187	201910912590.8	一种钴基变形高温合金及其制备方法	2020-09-04	发明
188	201811428422.3	适用于导电弹性元器件的高强钛铜合金棒材及制备方法	2020-09-04	发明
189	201811428400.7	适用导电弹性元器件的高强度钛铜合金丝材及制造方法	2020-09-04	发明
190	201811428396.4	适用导电弹性元器件的高强钛铜合金异型丝及制备方法	2020-09-04	发明
191	201811435556.8	一种轧制力优化方法及装置	2020-09-08	发明
192	201910587461.6	一种检验高压除鳞喷嘴工作状态的方法	2020-09-08	发明
193	201710958164.9	单风机生产控制方法、装置、计算机存储介质及设备	2020-09-15	发明
194	201810839134.0	一种罐道绳更换方法	2020-09-15	发明
195	201811116342.4	一种高品质厚规格钢板的生产方法	2020-09-15	发明
196	201811110062.2	一种微合金化超淬透性车轴钢	2020-09-15	发明
197	201811311353.8	一种预测焦炉内不同高度位置焦炭质量的实验方法	2020-09-15	发明
198	201811621827.9	一种抗拉强度1200MPa级冷轧复相钢及其制备方法	2020-09-15	发明
199	201910208503.0	一种表面油膜稳定的薄带钢及其生产方法	2020-09-15	发明
200	201910334949.8	深海钻井隔水管用X80热轧钢板及其制备方法	2020-09-15	发明
201	201910340046.0	一种1600MPa级高强高塑性热冲压用钢及其制备方法	2020-09-15	发明
202	201910511912.8	一种900MPa级纳米析出强化高韧性钢板及其制造方法	2020-09-15	发明
203	201710833251.1	烧结矿碱度自动控制方法	2020-09-18	发明
204	201710828258.4	一种塞棒离线调节方法	2020-09-18	发明

续表

序号	专利号	专利名称	公告日	类型
205	201710998642.9	一种冷轧镀锌宽规格汽车板涂油方法及装置	2020-09-18	发明
206	201810164162.7	一种钝化辊涂机的辊速控制方法及装置	2020-09-18	发明
207	201810385542.3	低温多效海水淡化清洗除垢系统及清洗除垢方法	2020-09-18	发明
208	201810712965.1	一种冷连轧过程的乳化液浓度优化方法	2020-09-18	发明
209	201810692637.X	一种轧机的倾斜调整方法及装置	2020-09-18	发明
210	201811428341.3	适用于导电弹性元器件的高强钛铜合金带材及制备方法	2020-09-18	发明
211	201910533905.8	一种生态型工业厂房装配式施工方法	2020-09-22	发明
212	201710660905.5	一种工作辊磨削方法及工作辊	2020-09-25	发明
213	201711138768.5	一种降低转炉终点钢水氮含量的方法	2020-09-25	发明
214	201910094096.5	一种改善硅钢边部轮廓的横向润滑能力分布方法	2020-09-25	发明
215	201811298733.2	一种用于硅钢退火炉的节能高温辐射喷涂料及其制备方法和应用	2020-09-29	发明
216	201811505869.6	一种底层优良的低温高磁感取向硅钢制造方法	2020-09-29	发明
217	201910352194.4	一种高磁感无取向电工钢及其制备方法	2020-09-29	发明
218	201711434353.2	一种焦炉煤气脱硫废液回收硫磺处理控制装置及方法	2020-10-16	发明
219	201811503505.4	一种无取向硅钢冷轧目标厚度动态控制的方法及装置	2020-10-16	发明
220	201811476423.5	一种冷轧生产780MPa级的CP钢工艺控制方法	2020-10-20	发明
221	201710495213.X	一种汽轮机润滑油循环系统及方法	2020-10-23	发明
222	201811180611.3	一种防止带钢尾部甩过焊机出口的控制系统	2020-10-23	发明
223	201810805084.4	一种Φ36—40mm HRB500E螺纹钢筋的生产方法	2020-10-27	发明
224	201910173874.X	一种耐高温铁铬铝合金及其制备方法	2020-10-27	发明
225	201910840866.6	一种EA4T车轴钢小方坯的连铸工艺	2020-10-27	发明
226	201810464726.9	一种促进转炉反应平衡的方法	2020-10-30	发明
227	201810797528.4	一种超高延性低密度钢及其制备方法	2020-10-30	发明
228	201810804743.2	一种900MPa级别ATM机用防暴钢板及其制造方法	2020-10-30	发明
229	201811119958.7	一种控制镀锌板锌花尺寸的方法	2020-10-30	发明
230	201811120515.X	一种980MPa级高延性低密度汽车用奥氏体钢及其制备方法	2020-10-30	发明
231	201910211394.8	一种580MPa级热轧酸洗双相钢及其制备方法	2020-10-30	发明
232	201910679886.X	一种具较低Mn含量的热轧高强塑积中锰钢及其制备方法	2020-10-30	发明
233	201910838799.4	平煤系统及其应用方法	2020-10-30	发明
234	201910724635.9	分体式横移载车装置	2020-11-06	发明
235	201810796348.4	一种连铸坯中心偏析的控制方法	2020-11-13	发明
236	201810882829.7	一种镀锡板的制备方法及由此制得的镀锡板的应用	2020-11-13	发明
237	201811115523.5	一种汽车结构用热轧带钢及制造方法	2020-11-13	发明
238	201910334595.7	一种用于冲压工艺中润滑剂润滑效果评价方法	2020-11-13	发明
239	201910511112.6	一种轧机衬板空间位置模拟优化的方法及装置	2020-11-13	发明

序号	专利号	专利名称	公告日	类型
240	201910521147.8	一种汽车用低密度钢的制备工艺	2020-11-13	发明
241	201910811805.7	一种高性能易加工镍基变形高温合金及其制备方法	2020-11-17	发明
242	201810860873.8	一种动态对中侧导板的方法及控制装置	2020-11-27	发明
243	201910278653.9	一种热连轧精轧机组成套辊形以及板形控制方法	2020-11-27	发明
244	201810802282.5	一种提高镀锌板表面质量的方法	2020-12-15	发明
245	201810861295.X	一种具有高扩孔性能的热轧酸洗带钢及其生产方法	2020-12-15	发明
246	201810880009.4	一种全三脱工艺中炉渣脱硫脱磷协同铁素回收的方法	2020-12-15	发明
247	201811117115.3	一种漏钢检测系统及方法	2020-12-15	发明
248	201811118699.6	一种RH精炼控制方法及装置	2020-12-15	发明
249	201811312324.3	一种中深孔分段爆破方法及装置	2020-12-15	发明
250	201811219364.3	一种低碳烘烤硬化钢及其生产方法	2020-12-15	发明
251	201811639349.4	一种600MPa级热轧TRIP型双相钢及其制备方法	2020-12-15	发明
252	201910334602.3	一种带钢卷取厚度控制方法及装置	2020-12-15	发明
253	201910338755.5	一种高镀锡量镀锡板的生产方法	2020-12-15	发明
254	201910343012.7	一种1300MPa级高强高塑性热冲压用钢及其制备方法	2020-12-15	发明
255	201910839490.7	一种消除440MPa级IF钢热轧边部细线的方法	2020-12-15	发明
256	201710537577.X	一种基于线性回归的建筑能耗建模方法	2020-12-18	发明
257	201710789596.1	一种用于缺陷库移植的方法、装置及电子设备	2020-12-29	发明
258	201811170997.X	一种连续热镀锌线炉鼻子下端头修复方法	2020-12-29	发明
259	201910484389.4	一种圆盘剪精度修复方法	2020-12-29	发明
260	16/120,162	CLOSING ASSEMBLY FOR A MAGNETO-RHEOLOGICAL DAMPER 磁流变阻尼器的闭合组件	2020-2-18	invention
261	15/859,032	A Pneumatic Valve For Air Suspension Systems	2020-5-5	invention
262	18000098.6	A Pneumatic Valve For Air Suspension Systems	2020-10-19	invention
263	15/584,896	Damper Housing and a Method for Manufacturing the Damper Housing	2020-12-1	invention
264	EP 17000921.1	MULTI-STAGE DAMPING ASSEMBLY	2020-1-1	invention
265	EP 17000921.1	MULTI-STAGE DAMPING ASSEMBLY	2020-1-23	invention
266	EP 13888601.5	具有弹簧阀组件的液压悬挂减震器 HYDRAULIC SUSPENSION DAMPER WITH A SPRING VALVE AS-SEMBLY	2020-3-18	invention
267	EP 13888601.5	具有弹簧阀组件的液压悬挂减震器 HYDRAULIC SUSPENSION DAMPER WITH A SPRING VALVE AS-SEMBLY	2020-4-9	invention
268	EP 13888601.5	具有弹簧阀组件的液压悬挂减震器 HYDRAULIC SUSPENSION DAMPER WITH A SPRING VALVE AS-SEMBLY	2020-3-18	invention
269	EP 13888601.5	具有弹簧阀组件的液压悬挂减震器 HYDRAULIC SUSPENSION DAMPER WITH A SPRING VALVE AS-SEMBLY	2020-3-18	invention

序号	专利号	专利名称	公告日	类型
270	14903066.0	DAMPER ASSEMBLY	2020-7-1	invention
271	15/856,322	HYDRAULIC DAMPER WITH A HYDRAULIC COMPRESSION STOP ARRANGEMENT	2020-1-7	invention
272	EP18154364.6	HYDRAULIC DAMPER WITH A HYDRAULIC COMPRESSION STOP ARRANGEMENT 具有液压压缩止动装置的液压阻尼器	2020-1-24	invention
273	EP18154364.6	HYDRAULIC DAMPER WITH A HYDRAULIC COMPRESSION STOP ARRANGEMENT 具有液压压缩止动装置的液压阻尼器	2020-2-4	invention
274	EP18155046.8	HYDRAULIC DAMPER WITH A HYDRAULIC STOP ARRANGEMENT 具有液压止动装置的液压阻尼器	2020-4-8	invention
275	EP18155046.8	HYDRAULIC DAMPER WITH A HYDRAULIC STOP ARRANGEMENT 具有液压止动装置的液压阻尼器	2020-4-22	invention
276	EP18155046.8	HYDRAULIC DAMPER WITH A HYDRAULIC STOP ARRANGEMENT 具有液压止动装置的液压阻尼器	2020-4-30	invention
277	EP18155046.8	HYDRAULIC DAMPER WITH A HYDRAULIC STOP ARRANGEMENT 具有液压止动装置的液压阻尼器	2020-6-30	invention
278	EP18155046.8	HYDRAULIC DAMPER WITH A HYDRAULIC STOP ARRANGEMENT 具有液压止动装置的液压阻尼器	2020-7-8	invention
279	15/671,135	Amplitude Decoupling Feature for Airspring Modules	2020-1-7	invention
280	17001578.8	Amplitude Decoupling Feature for Airspring Modules	2020-4-15	invention
281	17001578.8	Amplitude Decoupling Feature for Airspring Modules	2020-4-29	invention
282	17001578.8	Amplitude Decoupling Feature for Airspring Modules	2020-5-7	invention
283	17001578.8	Amplitude Decoupling Feature for Airspring Modules	2020-7-7	invention
284	17001578.8	Amplitude Decoupling Feature for Airspring Modules	2020-7-14	invention
285	EP17001576.2	HYDRAULIC DAMPER WITH AN X-FLOW PISTON ASSEMBLY	2020-11-20	invention
286	EP17001576.2	HYDRAULIC DAMPER WITH AN X-FLOW PISTON ASSEMBLY	2020-2-5	invention
287	15/816,615	HYDRAULIC DAMPER WITH A COMPRESSION STOP	2020-6-16	invention
288	17204873.8	HYDRAULIC DAMPER WITH A COMPRESSION STOP	2020-3-18	invention
289	17204873.8	HYDRAULIC DAMPER WITH A COMPRESSION STOP	2020-4-9	invention
290	EP18150041.4	Vertical Decoupler For a Hydraulic Mount 用于液压悬置的垂直解耦器	2020-5-20	invention
291	EP18150041.4	Vertical Decoupler For a Hydraulic Mount 用于液压悬置的垂直解耦器	2020-7-10	invention
292	15/862,444	Vehicle Suspension Control System And Method Of Operation Thereof	2020-3-24	invention
293	15/841,224	TWIN-TUBE HYDRAULIC DAMPER WITH A VIBRATION SUPPRESING DEVICE	2020-3-3	invention
294	EP18151183.3	TWIN-TUBE HYDRAULIC DAMPER WITH A VIBRATION SUPPRESING DEVICE	2020-2-26	invention
295	EP18151183.3	TWIN-TUBE HYDRAULIC DAMPER WITH A VIBRATION SUPPRESING DEVICE	2020-2-12	invention

序号	专利号	专利名称	公告日	类型
296	15/940,824	Twin Tube Damper Including a Pressure Rate Sensitive System	2020-5-12	invention
297	15/940,738	Hydraulic Damper Having A High Frequency Valve Assembly	2020-2-18	invention
298	15/947,704	Vehicle Suspension Control System and Method of Operation Thereof	2020-7-7	invention
299	EP18168753.4	VEHICLE SUSPENSION CONTROL SYSTEM AND METHOD OF OP-ERATION THEREOF	2020-7-15	invention
300	17001138.1	CONTROL SYSTEM FOR AN ACTIVE POWERTRAIN MOUNT	2020-1-1	invention
301	17001138.1	CONTROL SYSTEM FOR AN ACTIVE POWERTRAIN MOUNT	2020-1-16	invention
302	16/046,801	MAGNETICALLY DYNAMIC DAMPING APPARATUS	2020-6-23	invention
303	EP18193392.0	MAGNETICALLY DYNAMIC DAMPING APPARATUS	2020-11-11	invention
304	16/120,184	Shock Absorber With Hydraulic Compression Stop Valve	2020-8-18	invention
305	EP18208201.6	Shock Absorber With Hydraulic Compression Stop Valve	2020-7-1	invention
306	EP18208201.6	Shock Absorber With Hydraulic Compression Stop Valve	2020-11-11	invention
307	EP18208201.6	Shock Absorber With Hydraulic Compression Stop Valve	2020-7-23	invention
308	EP18208201.6	Shock Absorber With Hydraulic Compression Stop Valve	2020-9-23	invention
309	EP18208201.6	Shock Absorber With Hydraulic Compression Stop Valve	2020-9-24	invention
310	16/124,173	Shock Absorber Assembly Including Hydraulic Stop Mechanism With Sta-bilizer Pins	2020-11-10	invention
311	18207505.1	Shock Absorber Assembly Including Hydraulic Stop Mechanism With Sta-bilizer Pins	2020-10-19	invention
312	15/954,572	Rotating Three Way Valve For Switchable Air Springs	2020-8-25	invention
313	EP19167813.5	Rotating Three Way Valve For Switchable Air Springs	2020-9-22	invention
314	15/843,546	HYDRAULIC DAMPER WITH A HYDRAULIC COMPRESSION STOP ASSEMBLY	2020-6-2	invention
315	201810607898.7	具有液压压缩止动组件的液压阻尼器	2020-7-28	invention
316	10-2018-0161098	具有液压压缩止动组件的液压阻尼器	2020-7-9	invention
317	16/143,405	Dual Ride Damper Assembly	2020-8-18	invention
318	16/138,827	HYDRAULIC DAMPER WITH A HYDRAULIC STOP ARRANGEMENT	2020-3-31	invention
319	2019-095044	ROTATING LATCH ASSEMBLY FOR RAISING AND LOWERING THE HEIGHT OF A VEHICLE	2020-10-22	invention
320	EP19173770.9	ROTATING LATCH ASSEMBLY FOR RAISING AND LOWERING THE HEIGHT OF A VEHICLE	2020-10-27	invention
321	16/137,551	HYDRAULIC DAMPER WITH A COMPRESSION STOP ASSEMBLY	2020-8-25	invention
322	EP20172933.2	A DAMPER ASSEMBLY AND A PISTON FOR A DAMPER ASSEMBLY	2020-11-18	invention
323	EP19194243.2	MR MOUNT WITH A DUAL HARDNESS RUBBER DECOUPLER	2020-3-11	invention
324	2019-095621	A LATCH ASSEMBLY FOR RAISING AND LOWERING THE HEIGHT OF A VEHICLE	2020-10-22	invention
325	201920838242.6	一种减速机找正装置	2020-01-03	实用新型

序号	专利号	专利名称	公告日	类型
326	201920531710.5	一种带钢打磨装置	2020-01-07	实用新型
327	201822067498.X	一种安全栏杆上色辅助装置	2020-01-14	实用新型
328	201920234976.3	一种应用于制氧机组板式换热器的吹洗系统	2020-01-14	实用新型
329	201920748691.1	一种钢吊车梁加固件顶升就位装置	2020-01-24	实用新型
330	201920748597.6	一种钢吊车梁加固件安装专用吊装装置	2020-01-24	实用新型
331	201920867213.2	一种在施工现场测量轴弯曲度的专用基座	2020-01-24	实用新型
332	201822159624.4	一种用于液压系统的故障检测阀块	2020-02-04	实用新型
333	201920164031.9	一种轧辊防护装置	2020-02-04	实用新型
334	201920171117.4	一种旋流井抓斗机械防旋转装置	2020-02-04	实用新型
335	201920252480.9	一种石灰储罐除尘装置	2020-02-04	实用新型
336	201920259627.7	一种移动式水质检测装置	2020-02-04	实用新型
337	201920410841.8	一种高温探伤用辅助装置	2020-02-04	实用新型
338	201920500845.5	一种事故切割装置	2020-02-04	实用新型
339	201920785940.4	一种气缸及其缸杆保护装置	2020-02-04	实用新型
340	201921017244.5	一种在线检测驱动辊位置的装置	2020-02-04	实用新型
341	201921024417.6	一种空间位置测量装置	2020-02-04	实用新型
342	201921016506.6	一种高压真空断路器的锁定装置及高压真空断路器	2020-02-04	实用新型
343	201920367442.8	一种高炉料罐密封阀及其阀口防磨保护装置	2020-02-07	实用新型
344	201920368529.7	一种液压设备及其可装配式捅阀器	2020-02-07	实用新型
345	201920360332.9	一种结晶器机冷水管道清洗辅助装置	2020-02-07	实用新型
346	201920363046.8	一种平整矫直机	2020-02-07	实用新型
347	201920528992.3	一种加湿罐	2020-02-07	实用新型
348	201920492342.8	一种辅助辊组、平整机及光整机	2020-02-07	实用新型
349	201920886113.4	一种平整机报警系统	2020-02-07	实用新型
350	201822153587.6	一种焦化酚氰浓缩池排水装置	2020-02-11	实用新型
351	201920046823.6	一种用于棒材冷床的剖分式校直板	2020-02-11	实用新型
352	201821670009.3	一种冷拉钢丝拉丝装置	2020-02-14	实用新型
353	201822152381.1	一种浮焦控制装置	2020-02-14	实用新型
354	201920543462.6	一种初冷器独立冲洗系统	2020-02-14	实用新型
355	201920295602.2	一种钢丝绳索具插编装置	2020-02-14	实用新型
356	201920348302.6	一种金相制样夹持装置及自动磨样机	2020-02-18	实用新型
357	201920565078.6	一种涂装前处理磷化实验装置	2020-02-18	实用新型
358	201920572205.5	一种热震试验装置	2020-02-18	实用新型
359	201920579539.5	一种轧辊护板组件	2020-02-18	实用新型
360	201920368668.X	一种镀锡拉矫机矫直辊锁紧装置	2020-02-21	实用新型

续表

序号	专利号	专利名称	公告日	类型
361	201920368530.X	一种专用清理工具	2020-02-21	实用新型
362	201920363049.1	一种造球盘盘底及造球盘	2020-02-21	实用新型
363	201920353070.3	一种烧结混合机内衬	2020-02-21	实用新型
364	201920420065.X	一种钢水罐自动加揭盖的VD真空精炼装置	2020-02-21	实用新型
365	201920420021.7	一种辅助加持辊缓冲装置	2020-02-21	实用新型
366	201920420693.8	一种带限位钩重力锁装置的钢包盖	2020-02-21	实用新型
367	201920438813.7	一种回收高炉炉顶均压放散煤气的装置	2020-02-21	实用新型
368	201920528410.1	一种镀锌设备及其炉鼻子稳定装置	2020-02-21	实用新型
369	201920613993.8	一种吊具	2020-02-21	实用新型
370	201920613200.2	一种带钢卷取机及其防跑偏装置	2020-02-21	实用新型
371	201920567961.9	一种实验焦炉	2020-02-21	实用新型
372	201920814823.6	一种液位调节装置	2020-02-21	实用新型
373	201920840189.3	一种捞渣系统	2020-02-21	实用新型
374	201920838227.1	气刀保护装置	2020-02-21	实用新型
375	201920847497.9	炉辊轴承拆卸装置	2020-02-21	实用新型
376	201920847516.8	多功能维护工具	2020-02-21	实用新型
377	201920878463.6	一种无人天车夹钳	2020-02-21	实用新型
378	201920565583.0	一种四辊钝化机的急停安全装置	2020-02-28	实用新型
379	201920252320.4	一种搬运装置和系统	2020-03-17	实用新型
380	201920405370.1	一种天车纠偏检测系统	2020-03-17	实用新型
381	201920368568.7	一种连续抽油装置	2020-03-17	实用新型
382	201920602701.0	不等径接线防护连接器	2020-03-17	实用新型
383	201920789753.3	一种高炉风口小套	2020-03-17	实用新型
384	201920785648.2	气源快速连接装置	2020-03-17	实用新型
385	201921155712.5	一种断路器操作扳手	2020-03-17	实用新型
386	201921159708.6	一种流量计安装设备	2020-03-17	实用新型
387	201921160837.7	一种配电柜小车及其锁具装置	2020-03-17	实用新型
388	201921164929.2	一种冶金设备温度检测系统	2020-03-17	实用新型
389	201920795498.3	一种带钢边部缺陷检测装置	2020-03-20	实用新型
390	201920789101.X	一种雾化装置及磁性链式过滤器	2020-03-20	实用新型
391	201920866112.3	一种点火装置	2020-03-27	实用新型
392	201920872134.0	一种LF炉喂丝机升降导管装置	2020-03-27	实用新型
393	201920867146.4	一种双水冷辊道	2020-03-27	实用新型
394	201920873326.3	一种烧嘴砖	2020-03-27	实用新型
395	201920368550.7	一种扇形段中间结构	2020-03-27	实用新型

序号	专利号	专利名称	公告日	类型
396	201920368701.9	一种中速磨煤机及其进煤管	2020-03-27	实用新型
397	201920364101.5	一种机器人	2020-03-27	实用新型
398	201920366622.4	一种电缆沟排水系统	2020-03-27	实用新型
399	201920500854.4	一种除尘输灰装置	2020-03-27	实用新型
400	201920623025.5	一种压块机废料通道除油雾装置	2020-03-27	实用新型
401	201920623194.9	一种管道带压止漏处理装置	2020-03-27	实用新型
402	201920492320.1	一种卸料装置	2020-03-27	实用新型
403	201920492398.3	一种钢铁原料除尘装置	2020-03-27	实用新型
404	201920752004.3	一种筛网粘料清理装置	2020-03-27	实用新型
405	201920755030.1	一种冷轧含酸废水深度处理装置	2020-03-27	实用新型
406	201920757595.3	一种倾翻机除尘装置	2020-03-27	实用新型
407	201920757164.7	一种电缆槽清扫小车	2020-03-27	实用新型
408	201920755212.9	一种铸坯打号机	2020-03-27	实用新型
409	201920754473.9	一种电机冷却装置	2020-03-27	实用新型
410	201920878464.0	一种中厚板推床齿轮齿条箱以及中厚板推床	2020-03-27	实用新型
411	201921222588.X	一种打压试验装置	2020-03-27	实用新型
412	201920543465.X	一种终冷塔除萘系统	2020-03-31	实用新型
413	201920573821.2	一种可分离式压头	2020-03-31	实用新型
414	201920599641.1	一种应急灯控制系统	2020-04-03	实用新型
415	201921008944.8	一种插板阀	2020-04-03	实用新型
416	201921015730.3	一种高炉凉炉装置	2020-04-03	实用新型
417	201921015373.0	一种煤气换热器	2020-04-03	实用新型
418	201921015698.9	一种炮口连接体的更换装置	2020-04-03	实用新型
419	201921514216.4	一种电缆穿线套管	2020-04-03	实用新型
420	201920873285.8	一种连续热镀锌线光整机的清洗装置	2020-04-10	实用新型
421	201920752008.1	一种筛网粘料清理装置	2020-04-10	实用新型
422	201920751074.7	一种链条及链床	2020-04-10	实用新型
423	201920776012.1	一种紧密布置型铸轧辅助夹持辊吊具	2020-04-10	实用新型
424	201920774067.9	一种铸轧式连铸机凝固末端大压下装置	2020-04-10	实用新型
425	201920814925.8	用于煤气冷却器冷却水高位溢流水系统的安全装置	2020-04-10	实用新型
426	201920814252.6	一种带吹渣功能的搅拌头快速更换车装置	2020-04-10	实用新型
427	201920817347.3	一种滑轮组配重式过跨车电缆卷筒装置	2020-04-10	实用新型
428	201920815273.X	一种防冲击溜槽	2020-04-10	实用新型
429	201921038029.3	退火炉	2020-04-10	实用新型
430	201921263309.4	一种IT接地系统公共整流器变频装置的应急供电装置	2020-04-10	实用新型

续表

序号	专利号	专利名称	公告日	类型
431	201921009943.5	一种导焦除尘罩的防砸焦装置	2020-04-10	实用新型
432	201920853328.6	一种磨床全自动耦合异常保护装置	2020-04-14	实用新型
433	201921384119.8	一种一键标定测厚仪	2020-04-14	实用新型
434	201920454061.3	一种钢铁冶炼转炉煤气回收利用系统	2020-04-14	实用新型
435	201920252768.6	一种给药装置	2020-04-17	实用新型
436	201920188445.5	一种工字型混凝土顶木棍	2020-04-17	实用新型
437	201920560456.1	一种控制楼板厚度的构件	2020-04-17	实用新型
438	201920748600.4	一种钢吊车梁加固临时操作平台	2020-04-17	实用新型
439	201920746043.2	一种锚栓固定通用工具	2020-04-17	实用新型
440	201920732709.9	一种管柱分段安装使用的接口衬环	2020-04-17	实用新型
441	201920739189.4	一种箱型多边形内套筒制作装配式辅助装置	2020-04-17	实用新型
442	201921004193.2	一种炉门砖吊工具	2020-04-17	实用新型
443	201920996571.3	一种外墙一体化复合保温板加固支架	2020-04-17	实用新型
444	201920996721.0	一种带套管的大钢模穿墙螺栓	2020-04-17	实用新型
445	201920997825.3	一种灌浆料搅拌器	2020-04-17	实用新型
446	201920997883.6	一种侧面带环形槽的防水台结构	2020-04-17	实用新型
447	201921213247.6	一种多功能检测尺	2020-04-17	实用新型
448	201921215494.X	一种脚踏式钢筋钳	2020-04-17	实用新型
449	201921215659.3	一种钢柱安装测量装置	2020-04-17	实用新型
450	201921010605.3	一种防止焦罐运载车脱轨的装置	2020-04-17	实用新型
451	201921041807.4	一种防止含镉纤维密封垫偏离的工具	2020-04-17	实用新型
452	201921079973.3	一种厂房通风系统	2020-04-17	实用新型
453	201921080039.3	具有降温机构的双层屋顶结构	2020-04-17	实用新型
454	201920752241.X	甩油环以及甩油装置	2020-04-21	实用新型
455	201920757003.8	一种用于装煤车的除尘装置及装煤车	2020-04-21	实用新型
456	201920894312.X	一种焊缝余高打磨装置	2020-04-21	实用新型
457	201920859578.0	一种湿法熄焦车水冷车门	2020-04-28	实用新型
458	201921297249.8	一种具有防磨损装置的垃圾吊	2020-05-05	实用新型
459	201920785107.X	一种蒸馏系统尾气处理装置	2020-05-08	实用新型
460	201921037058.8	一种快速消泡剂添加装置	2020-05-08	实用新型
461	201921017275.0	一种立体停车库及其分体式载车板	2020-05-08	实用新型
462	201921061676.6	链条驱动机构	2020-05-08	实用新型
463	201921297268.0	一种垃圾发酵室	2020-05-08	实用新型
464	201921208270.6	一种IGBT快速检测仪	2020-05-08	实用新型
465	201920840624.2	一种转运托盘	2020-05-12	实用新型

序号	专利号	专利名称	公告日	类型
466	201920841062.3	一种用于加工辅助样板的铣刀装置	2020-05-12	实用新型
467	201921261411.0	一种台阶结构加工铣床	2020-05-12	实用新型
468	201920866314.8	橡胶套筒	2020-05-15	实用新型
469	201920613131.5	一种上水口	2020-05-15	实用新型
470	201920753461.4	一种热镀锌炉鼻子端头结构	2020-05-15	实用新型
471	201920863620.6	一种多规格电缆支架焊接装置	2020-05-15	实用新型
472	201920863090.5	一种在天车梁、滑线检修中便于组装、移动的吊挂平台	2020-05-15	实用新型
473	201920879129.2	一种热轧输送辊道及其冷却装置	2020-05-15	实用新型
474	201921224670.6	燃气供应系统	2020-05-15	实用新型
475	201921130397.0	一种钢丝绳绳头连接辅助装置	2020-05-15	实用新型
476	201921128160.9	一种减小镀锌产线钢卷塔形和溢出边的装置	2020-05-15	实用新型
477	201921126369.1	一种带钢稳定装置	2020-05-15	实用新型
478	201921130219.8	一种中间包烘烤器及其挡火盖	2020-05-15	实用新型
479	201921124999.5	一种连退线的带钢喷淋系统	2020-05-15	实用新型
480	201921115936.3	一种锁紧螺母拆装工具	2020-05-15	实用新型
481	201921000378.6	一种波纹套管拆除器	2020-05-15	实用新型
482	201921464272.1	一种电气控制箱	2020-05-15	实用新型
483	201921297246.4	一种垃圾抓斗起重机的随车灯	2020-05-15	实用新型
484	201921297247.9	一种便于固体沉淀物处理的渗滤液收集总管	2020-05-15	实用新型
485	201921297250.0	用于渗滤液膜浓缩液 MVR 蒸发的预处理装置	2020-05-15	实用新型
486	201921297267.6	一种垃圾发酵室的采暖结构	2020-05-15	实用新型
487	201821737975.2	一种楼板植筋钻孔装置	2020-05-19	实用新型
488	201920733456.7	一种模板支护使用防水圆板的对位螺栓	2020-05-19	实用新型
489	201920774341.2	一种 2+8 辊组合式厚板坯大压下铸轧机	2020-05-19	实用新型
490	201920007278.X	一种直流系统接地检测用便于检查的万用表	2020-05-19	实用新型
491	201921009068.0	一种支撑装置及内罩修复机	2020-05-19	实用新型
492	201921010176.X	一种内罩防窜出装置及内罩修复机	2020-05-19	实用新型
493	201921010519.2	一种套筒边部对齐装置及套筒喂入设备	2020-05-19	实用新型
494	201921004325.1	一种楼板上预埋套管的加固装置	2020-05-19	实用新型
495	201921004322.8	一种铝膜地锚结构	2020-05-19	实用新型
496	201921212135.9	一种构件吊装使用的方形双孔吊耳	2020-05-19	实用新型
497	201921214854.4	一种吊车梁的起拱装置	2020-05-19	实用新型
498	201921449433.X	一种室内装配式临电吊杆	2020-05-19	实用新型
499	201921749063.1	一种轧机板温计比对装置	2020-05-19	实用新型
500	201920602741.5	一种板坯扇形段驱动辊辊缝调节装置	2020-05-22	实用新型

序号	专利号	专利名称	公告日	类型
501	201920657248.3	一种钢卷运输系统及其提升机	2020-05-22	实用新型
502	201921500724.7	一种锚杆台车凿岩作业定位装置	2020-05-22	实用新型
503	201920853981.2	一种龙门吊吊辊上磨床的安全保护装置	2020-05-22	实用新型
504	201920887000.6	一种抑制干熄焦炉炉口冒烟的装置、炉口及干熄焦炉	2020-05-22	实用新型
505	201921015374.5	一种高炉冲料装置	2020-05-22	实用新型
506	201921011246.3	一种高炉热风管系保温装置	2020-05-22	实用新型
507	201921035451.3	一种用于待磨轧辊的冷却装置	2020-05-22	实用新型
508	201921160744.4	一种泥炮回转机构更换装置	2020-05-22	实用新型
509	201921160061.9	一种防气泡产生装置	2020-05-22	实用新型
510	201921160059.1	一种测量装置	2020-05-22	实用新型
511	201921160132.5	一种泥炮打泥机构更换装置	2020-05-22	实用新型
512	201921160846.6	一种减速机及其轴承端盖	2020-05-22	实用新型
513	201921160060.4	一种管道支撑装置	2020-05-22	实用新型
514	201921268586.4	横移驱动装置	2020-05-22	实用新型
515	201921234225.8	一种消除余热回收汽包液位波动控制装置	2020-05-22	实用新型
516	201921234233.2	一种可控制翻脚的夹钳	2020-05-22	实用新型
517	201921527109.5	一种称重适配器系统	2020-05-22	实用新型
518	201921527657.8	一种烧结机台车料面整平装置	2020-05-22	实用新型
519	201921536640.9	一种电力系统温度检测装置	2020-05-22	实用新型
520	201921525428.2	一种喷枪安装结构以及高炉煤气除酸装置	2020-05-22	实用新型
521	201921500858.9	一种炉前设备试验装置	2020-05-22	实用新型
522	201921500047.9	一种堵漏装置	2020-05-22	实用新型
523	201921500010.6	一种内嵌式阀套拆除装置	2020-05-22	实用新型
524	201921590033.0	一种基于流量计算层流高位水箱液位的检测装置	2020-05-22	实用新型
525	201921733437.0	一种高炉铁沟测温装置	2020-05-22	实用新型
526	201921495633.9	一种使用安全的移钢小车	2020-05-22	实用新型
527	201920879238.4	一种移动除尘管道	2020-05-26	实用新型
528	201920879224.2	一种溜槽顶部密封装置	2020-05-26	实用新型
529	201920955890.X	一种活套轮装配装置	2020-05-26	实用新型
530	201920955795.X	一种泥浆喷播装置以及车载式喷播机	2020-05-26	实用新型
531	201921472826.2	鱼雷罐修复模具	2020-05-26	实用新型
532	201921465918.8	异种材料连接结构	2020-05-26	实用新型
533	201920602940.6	浮漂以及煤气排水器	2020-06-02	实用新型
534	201921160050.0	一种道床	2020-06-02	实用新型
535	201921166522.3	一种降低污水中氨氮的装置	2020-06-02	实用新型

序号	专利号	专利名称	公告日	类型
536	201921164845.9	一种过滤器滤料离线料清洗装置	2020-06-02	实用新型
537	201921528530.8	一种台车轮润滑油道疏通装置	2020-06-02	实用新型
538	201921500028.6	一种放散阀口的清理工具	2020-06-02	实用新型
539	201921917710.5	一种建筑垃圾中沥水筛装置	2020-06-05	实用新型
540	201921297235.6	一种垃圾焚烧炉进料斗	2020-06-05	实用新型
541	201920746612.3	一种锚栓固定专用工具	2020-06-09	实用新型
542	201920746579.4	一种锚杆固定、千斤顶支撑锥盘	2020-06-09	实用新型
543	201920881096.5	一种污泥离心机与给泥泵连锁控制系统	2020-06-09	实用新型
544	201921434056.2	一种控制钢管柱脚板焊接变形结构	2020-06-09	实用新型
545	201921079863.7	一种海绵城市生态景观道路	2020-06-09	实用新型
546	201921079864.1	一种绿色隔声装配式墙板	2020-06-09	实用新型
547	201921079865.6	混凝土屋面与金属板屋面安装结构	2020-06-09	实用新型
548	201921079974.8	建筑旧墙改造的双层外墙	2020-06-09	实用新型
549	201921080016.2	一种具有降尘装置的道路施工围挡	2020-06-09	实用新型
550	201921080018.1	一种节能玻璃幕墙	2020-06-09	实用新型
551	201921080020.9	一种装配式钢筋桁架楼承板	2020-06-09	实用新型
552	201921080037.4	一种工业厂房屋顶采光结构	2020-06-09	实用新型
553	201921080051.4	混凝土板保护层倒置式的屋面结构	2020-06-09	实用新型
554	201921080053.3	一种用于海绵城市雨水利用的人行道	2020-06-09	实用新型
555	201921080055.2	一种装配式综合管廊	2020-06-09	实用新型
556	201921080081.5	外墙抗震节能装饰一体板安装结构	2020-06-09	实用新型
557	201920867149.8	一种全交叉限幅加脉冲燃烧装置	2020-06-12	实用新型
558	201920546503.7	一种道路减速装置	2020-06-12	实用新型
559	201920753487.9	一种热镀锌炉鼻子端头结构	2020-06-12	实用新型
560	201921222573.3	一种涂覆装置	2020-06-12	实用新型
561	201921228454.9	酸轧生产线及其支撑辊	2020-06-12	实用新型
562	201921131275.3	一种监测系统	2020-06-12	实用新型
563	201921124628.7	一种可自动调节喷气量的喷梁	2020-06-12	实用新型
564	201921133216.X	一种套筒更换装置	2020-06-12	实用新型
565	201921460757.3	一种料斗的堵料疏通装置	2020-06-12	实用新型
566	201921464334.9	带钢成卷装置	2020-06-12	实用新型
567	201921731230.X	一种泥套浇注用面板胎具和浇注机构	2020-06-12	实用新型
568	201921120924.X	轧钢导卫装置	2020-06-12	实用新型
569	201920880187.7	一种移动密封罩	2020-06-16	实用新型
570	201921099492.9	一种载车横移式垂直升降立体车库	2020-06-16	实用新型

序号	专利号	专利名称	公告日	类型
571	201921163008.4	一种机械式立体停车库及其货位滚轮	2020-06-16	实用新型
572	201921685532.8	一种轧机导卫装置	2020-06-16	实用新型
573	201921505317.5	一种液压闸板调节装置及给矿机	2020-06-19	实用新型
574	201920773614.1	一种2+8辊组合式厚板坯大压下铸轧机气雾冷却装置	2020-06-19	实用新型
575	201920814939.X	一种炼钢一次烟气除尘雾化脱水复合装置	2020-06-19	实用新型
576	201920814923.9	用于转炉煤气湿式电除尘器洗涤水安全排放的装置	2020-06-19	实用新型
577	201920814903.1	一种低压气体密封用快开液封装置	2020-06-19	实用新型
578	201920823368.6	一种可快速启闭的油水分离装置	2020-06-19	实用新型
579	201921263862.8	一种连铸坯大压下轧机压下辊液压控制阀台	2020-06-19	实用新型
580	201921263982.8	一种钢坯输送系统	2020-06-19	实用新型
581	201921264749.1	一种用于钢铁厂焦炉加热用高炉煤气压力稳定装置	2020-06-19	实用新型
582	201921264185.1	一种用于钢铁厂焦炉加热用混合煤气供应装置	2020-06-19	实用新型
583	201921264257.2	一种煤气柜检修风机接管装置	2020-06-19	实用新型
584	201921264783.9	一种热球团矿承料与平料一体式冷却装置	2020-06-19	实用新型
585	201921262918.8	一种适用于冶金系统的油液净化装置	2020-06-19	实用新型
586	201921269362.5	一种地面自动充电装置	2020-06-19	实用新型
587	201921342631.6	一种配带二次混风的SCR脱硝烟气加热装置	2020-06-19	实用新型
588	201921342647.7	一种配带环缝密闭装置的SCR脱硝烟气加热装置	2020-06-19	实用新型
589	201921348157.8	一种适用于湿法脱硫的双级加热脱硝装置	2020-06-19	实用新型
590	201921343376.7	一种配带串并联烟道的双塔双循环湿法脱硫装置	2020-06-19	实用新型
591	201921465891.2	电极修磨装置	2020-06-19	实用新型
592	201921478093.3	一种建筑材料生产系统	2020-06-19	实用新型
593	201921475452.X	一种脱硫脱硝实验装置	2020-06-19	实用新型
594	201921477915.6	一种模拟海水冲刷腐蚀的实验装置	2020-06-19	实用新型
595	201921471719.8	一种用于热模拟实验时焊接多试样用的夹具	2020-06-19	实用新型
596	201921471488.0	一种用于热模拟实验固定试样的装置	2020-06-19	实用新型
597	201921515468.9	一种管道清渣装置	2020-06-19	实用新型
598	201921504073.9	一种捞砂斗及卸料装置	2020-06-19	实用新型
599	201921500178.7	一种物料缓冲装置	2020-06-19	实用新型
600	201921462624.X	一种扁平弥散火焰低NOX煤气蓄热燃烧装置	2020-06-19	实用新型
601	201921462335.X	一种一罐到底铁水运输工艺中间柔性连接装置	2020-06-19	实用新型
602	201921463965.9	一种自适应液压式引锭杆防坠落安全装置	2020-06-19	实用新型
603	201921463262.6	一种用于钢渣热闷带安全卸爆自动连接装置的热闷盖	2020-06-19	实用新型
604	201922161801.7	一种基于人脸识别的智慧消费管理装置	2020-06-19	实用新型
605	201922014522.8	一种适用于爆炸危险环境采用光纤直接接入的摄像头	2020-06-19	实用新型

序号	专利号	专利名称	公告日	类型
606	201922037814.3	一种多功能接口工业用扩展网关	2020-06-19	实用新型
607	201921191819.5	一种翻车机安全防护系统	2020-06-23	实用新型
608	201921918291.7	一种建筑垃圾中风选去除杂物装置	2020-06-23	实用新型
609	201921163422.5	一种电动单梁吊设备及其转向装置	2020-06-26	实用新型
610	201921164815.8	换热回收装置	2020-06-26	实用新型
611	201921508691.0	一种排气及回油控制装置及轧机轧辊油气润滑系统	2020-06-26	实用新型
612	201921497561.1	测量仪表以及测量装置	2020-06-26	实用新型
613	201921500840.9	一种松料器及烧结机	2020-06-26	实用新型
614	201921733422.4	一种冲渣水节流装置及高炉冲渣水测量装置	2020-06-26	实用新型
615	201921737836.4	一种步进式加热炉用组合耐热垫块	2020-06-26	实用新型
616	201921731177.3	一种高炉料罐密封阀以及阀板安装结构	2020-06-26	实用新型
617	201921731172.0	一种高炉均压放散阀更换装置	2020-06-26	实用新型
618	201921731317.7	一种轨道式可移动铸坯保温装置	2020-06-26	实用新型
619	201921726744.6	一种靠枕防护装置	2020-06-26	实用新型
620	201921725048.3	转炉干法除尘系统以及除尘电场供电装置	2020-06-26	实用新型
621	201921725843.2	火焰探测装置以及点火控制系统	2020-06-26	实用新型
622	201922288510.4	一种防带接地刀合闸的装置、断路器车及高压柜	2020-06-26	实用新型
623	201921819344.X	一种焚烧炉观火装置	2020-06-26	实用新型
624	201921748365.7	一种酸槽酸液导流装置及酸洗装置	2020-06-30	实用新型
625	201921749271.1	一种托辊支撑座	2020-06-30	实用新型
626	201921747587.7	一种防尘防油装置	2020-06-30	实用新型
627	201921747751.4	一种退火炉密封水回收装置	2020-06-30	实用新型
628	201921759017.X	一种天车行车区域的安全防护装置	2020-06-30	实用新型
629	201921499487.7	一种带肋钢筋热轧夹送辊	2020-06-30	实用新型
630	201921502095.1	四切分导卫离线调整装置	2020-06-30	实用新型
631	201921074031.6	一种轧机机架在线修复装置	2020-07-03	实用新型
632	201921820654.3	垃圾池渗沥液格栅板系统	2020-07-03	实用新型
633	201920997516.6	一种混凝土顶棚安装吊杆的工具	2020-07-07	实用新型
634	201921434131.5	一种钢框架安装时的安全绳固定装置	2020-07-07	实用新型
635	201921433453.8	一种钢管柱安装找正装置	2020-07-07	实用新型
636	201921433424.1	一种大规模嵌入式窗口模板	2020-07-07	实用新型
637	201921433870.2	一种局限区域内开槽使用的护壁三角筒	2020-07-07	实用新型
638	201921079972.9	带有伸缩屋顶的双层钢结构厂房	2020-07-09	实用新型
639	201920791261.8	一种自行车载车板	2020-07-10	实用新型
640	201920790617.6	一种垂直循环自行车立体车库	2020-07-10	实用新型

序号	专利号	专利名称	公告日	类型
641	201921018275.2	一种立体停车库及其载车板组件	2020-07-10	实用新型
642	201921512000.4	油水混合器	2020-07-10	实用新型
643	201922301349.X	一种气体质量流量控制器的校验装置	2020-07-10	实用新型
644	201921918292.1	一种建筑垃圾中发泡砖的分离装置	2020-07-10	实用新型
645	201921819302.6	一种除尘器的除灰装置	2020-07-10	实用新型
646	201921305691.0	板式换热器清洗系统	2020-07-14	实用新型
647	201921820686.3	一种汽轮机乏蒸汽换热装置	2020-07-14	实用新型
648	201921126088.6	一种皮带清扫器	2020-07-17	实用新型
649	201921464273.6	一种乳化液磁过滤器及其磁过滤器组件	2020-07-17	实用新型
650	201921514223.4	一种摆动溜槽	2020-07-17	实用新型
651	201921619249.5	一种烧结放料布料装置以及烧结机压料装置	2020-07-17	实用新型
652	201922121317.1	一种保证转子系统绝缘阻值的装置以及集电环	2020-07-17	实用新型
653	201922121728.0	一种用于连续退火机组的在线平整延伸率检测装置	2020-07-17	实用新型
654	201921839764.4	一种铁水运输车上电控制系统	2020-07-17	实用新型
655	201921840940.6	一种铁水罐翻盖驱动自动接电装置	2020-07-17	实用新型
656	201921223050.0	一种无铬钝化设备	2020-07-21	实用新型
657	201921118386.0	一种热轧精轧机出口导卫过渡板与活套裙板的高度差在线测量工具	2020-07-21	实用新型
658	201921458872.7	一种液压缸拆卸器	2020-07-21	实用新型
659	201921459619.3	一种喷淋降尘装置	2020-07-21	实用新型
660	201921459709.2	一种轧辊磨削曲线测量装置	2020-07-21	实用新型
661	201921460734.2	一种加湿注入结构及热镀锌炉鼻子	2020-07-21	实用新型
662	201921462360.8	一种乳化液磁分离设备及其磁过滤器组件	2020-07-21	实用新型
663	201921464157.4	一种换热站冷凝水回收装置	2020-07-21	实用新型
664	201921464158.9	一种炉鼻子端头溢流实验平台	2020-07-21	实用新型
665	201921464233.1	一种含铬钝化废水处理系统	2020-07-21	实用新型
666	201921625563.4	一种钢卷包装线的塑料袋供料装置	2020-07-21	实用新型
667	201921621058.2	一种液压站冷却装置	2020-07-21	实用新型
668	201921611904.2	自修复气缸打压试验装置	2020-07-21	实用新型
669	201921612972.0	一种空气吹扫装置	2020-07-21	实用新型
670	201921618192.7	一种圆盘造球机溜料板积料清理装置	2020-07-21	实用新型
671	201921618219.2	一种中间包烘烤器烧嘴	2020-07-21	实用新型
672	201921814607.8	一种金属薄板批量热处理试样送样装置	2020-07-21	实用新型
673	201921445898.8	一种高可靠性高炉料流调节阀	2020-07-21	实用新型
674	201921819283.7	一种排渣机的降温装置	2020-07-21	实用新型
675	201921471216.0	块焦试样夹持装置及自动磨样设备	2020-07-24	实用新型

序号	专利号	专利名称	公告日	类型
676	201921500151.8	一种焦炉吸气管清扫装置	2020-07-24	实用新型
677	201921820655.8	一种用于活性炭下料的文丘里管	2020-08-04	实用新型
678	201920997902.5	一种固定安全网的可调节卡环	2020-08-07	实用新型
679	201920997918.6	一种找正安装螺栓孔位的销钉结构	2020-08-07	实用新型
680	201921542102.0	一种防撞装置	2020-08-07	实用新型
681	201922041316.6	一种控制板材拼接焊缝变形的钢板组合构件	2020-08-07	实用新型
682	201920997877.0	一种固定地脚螺栓的卡套	2020-08-11	实用新型
683	201921693618.5	一种留置针	2020-08-11	实用新型
684	201921836399.1	一种钢板拼接焊缝的反变形装置	2020-08-11	实用新型
685	201922202478.3	一种电烤包炉	2020-08-11	实用新型
686	201922297959.7	一种用于高炉水渣沟盖板的快速锁紧装置	2020-08-11	实用新型
687	201922255790.9	一种临时线缆的吊架	2020-08-11	实用新型
688	201922104801.3	一种建筑外墙的保温结构	2020-08-11	实用新型
689	201920098739.9	冰面冰漆喷涂设备	2020-08-14	实用新型
690	201921160600.9	一种液压开口机的冷却装置及全液压开口机	2020-08-14	实用新型
691	201921155400.4	一种炉内安全防护网	2020-08-14	实用新型
692	201921519061.3	一种挡鼠装置	2020-08-14	实用新型
693	201922294156.6	一种空分装置用氮气管道结构	2020-08-14	实用新型
694	201922301424.2	一种炉喉	2020-08-14	实用新型
695	201922307366.4	一种高炉炉前开口机钻杆辅助拆卸装置	2020-08-14	实用新型
696	201922307368.3	一种高炉风口线下打压装置	2020-08-14	实用新型
697	201921445899.2	一种液力耦合器拆卸装置	2020-08-14	实用新型
698	202020214844.7	一种视频检查仪	2020-08-14	实用新型
699	202020222432.8	一种煤气排水器水位监测报警装置	2020-08-14	实用新型
700	201920823369.0	一种组合式除尘器	2020-08-18	实用新型
701	201921264781.X	一种可拆卸连铸机扇形段从动辊速度检测装置	2020-08-18	实用新型
702	201921466531.4	一种托盘车的钢卷检测装置	2020-08-18	实用新型
703	201921470408.X	一种斜面支撑节点结构	2020-08-18	实用新型
704	201921470410.7	一种钢结构刚接柱脚节点结构	2020-08-18	实用新型
705	201921462158.5	一种用于转炉出钢口更换和维护的车式操作平台	2020-08-18	实用新型
706	201921463317.3	一种转炉炉下活动挡渣板装置	2020-08-18	实用新型
707	201921463344.0	在浓缩风能型竖轴风力发电系统中应用的增速机系统	2020-08-18	实用新型
708	201922038751.3	一种方形四接口接线器	2020-08-18	实用新型
709	201920853323.3	一种双排轧辊位置检测装置	2020-08-21	实用新型
710	201920997846.5	一种开槽护壁使用的环形工字钢结构	2020-08-21	实用新型

序号	专利号	专利名称	公告日	类型
711	201920997849.9	一种使用固定卡具及拉力索的卸料平台	2020-08-21	实用新型
712	201921212318.0	一种局限区域内安装风管使用的滑动小车	2020-08-21	实用新型
713	201921461166.8	一种涂油机的边缘罩装置	2020-08-21	实用新型
714	201921620068.4	一种拉伸试样断后标距测量台	2020-08-21	实用新型
715	201921826827.2	一种废钢船作业吊索具	2020-08-21	实用新型
716	201921827292.0	一种浮塞及浮塞投放装置	2020-08-21	实用新型
717	201921748385.4	一种接近开关离线检测装置	2020-08-21	实用新型
718	201921750984.X	一种控制翻卷运输车的装置	2020-08-21	实用新型
719	201921750071.8	一种风选系统	2020-08-21	实用新型
720	201921878990.3	一种高盐水和废烟气处理装置	2020-08-21	实用新型
721	201921946789.4	一种有机类污染场地修复装置	2020-08-21	实用新型
722	201921957679.8	一种管柱安装固定装置	2020-08-21	实用新型
723	201922113116.7	一种带钢起套装置	2020-08-21	实用新型
724	201922102247.5	一种线切割加工工件的辅助支撑装置	2020-08-21	实用新型
725	201922096470.3	一种轧机轧辊清理装置	2020-08-21	实用新型
726	201922033156.0	一种辊底式加热炉炉底空间结构	2020-08-21	实用新型
727	201922056279.6	一种超大幅面凹曲面多孔钢板幕墙吊装装置	2020-08-21	实用新型
728	201922165436.7	一种用于泄溜槽溢流的检测装置	2020-08-21	实用新型
729	201922266438.5	一种找正管道对接口的三角组合楔子	2020-08-21	实用新型
730	201922122957.4	一种转炉炉口封闭装置	2020-08-21	实用新型
731	201920898230.2	一种用于 EBSD 的预倾斜样品台装置	2020-08-25	实用新型
732	201921796031.7	一种机械雾化打水装置	2020-08-25	实用新型
733	201921796960.8	一种喷嘴、喷射器及环形套筒窑	2020-08-25	实用新型
734	201922297669.2	用于托盘升降装置的减速器	2020-08-25	实用新型
735	201922297964.8	一种炼钢钢包加揭盖挂钩	2020-08-25	实用新型
736	201922321877.1	一种焚烧炉炉排组件	2020-08-28	实用新型
737	201922296230.8	高速棒材倍尺剪后摆杆电缸控制系统	2020-09-01	实用新型
738	201922303150.0	一种普通车床扳牙架的制作	2020-09-01	实用新型
739	201921803962.5	一种工业煤气发酵菌体扩培系统	2020-09-04	实用新型
740	201922109073.5	一种光整液混合罐以及光整液混合喷洒装置	2020-09-04	实用新型
741	201922107555.7	一种带钢表面铁质杂物清理装置	2020-09-04	实用新型
742	201921803208.1	一种回收菌体蛋白的系统	2020-09-08	实用新型
743	201921889560.1	一种干燥塔尾气蛋白回收装置	2020-09-08	实用新型
744	201922109086.2	一种连续退火炉蒸汽凝结水监控排出装置	2020-09-08	实用新型
745	201922107664.9	一种轧机支撑辊轴承座降温装置及轧机	2020-09-08	实用新型

序号	专利号	专利名称	公告日	类型
746	201922295010.3	一种热连轧精轧机及其活套编码器安装结构	2020-09-08	实用新型
747	201922301421.9	一种预防起重机吊运钢包坠落的装置	2020-09-08	实用新型
748	201922306036.3	一种高炉煤气余压发电透平机在线清洗装置	2020-09-08	实用新型
749	201922306132.8	一种辅助安装的升降台工装	2020-09-08	实用新型
750	201922307247.9	一种智能天车解锁装置及启动装置	2020-09-08	实用新型
751	202020214855.5	炼钢用破渣枪枪头以及炼钢用破渣枪	2020-09-08	实用新型
752	201922306023.6	一种焚烧炉炉排用上料装置	2020-09-11	实用新型
753	201922322075.2	具有自清理功能的垃圾抓斗	2020-09-11	实用新型
754	201922122399.1	一种钢包倾翻装置	2020-09-11	实用新型
755	201921472876.0	一种电解抛光用样品托	2020-09-15	实用新型
756	201922232711.2	一种用于真空感应炉的炉底板	2020-09-15	实用新型
757	201922223177.9	一种可调节轴承中心轴线的轴承座	2020-09-15	实用新型
758	201922251007.1	一种高炉风口	2020-09-15	实用新型
759	201922299615.X	一种渣处理脱水器溜槽自清理系统	2020-09-15	实用新型
760	201922299600.3	一种炼钢钢包加揭盖横移机构	2020-09-15	实用新型
761	201922123409.3	一种转炉烟道登高检修梯	2020-09-15	实用新型
762	201920873284.3	一种在线更换托辊装置	2020-09-18	实用新型
763	201921228451.5	水淬后带钢吹扫装置	2020-09-18	实用新型
764	201921458538.1	一种布料溜槽的更换辅助装置	2020-09-18	实用新型
765	201922029511.7	一种联轴器拆卸工装	2020-09-18	实用新型
766	201920885845.1	一种配煤仓小车装煤报警装置	2020-09-22	实用新型
767	201922288538.8	一种除鳞集管密封的快速更换装置	2020-09-25	实用新型
768	201921445017.2	一种混匀堆料机的对中装置	2020-09-25	实用新型
769	201921840814.0	一种铁水罐翻盖驱动全自动控制系统	2020-09-25	实用新型
770	201921839125.8	一种铁水罐翻盖驱动系统接电执行装置	2020-09-25	实用新型
771	201921839211.9	铁水罐盖	2020-09-25	实用新型
772	201921839765.9	一种火车钩舌搬运装置	2020-09-25	实用新型
773	201921839224.6	一种火车枕簧拆装辅助装置	2020-09-25	实用新型
774	201921840937.4	一种火车道尽头自动报警装置	2020-09-25	实用新型
775	201921840684.0	一种轨道小推车	2020-09-25	实用新型
776	201921840683.6	一种铁路钢轨急救器	2020-09-25	实用新型
777	201922094360.3	一种出口转向夹送辊的带钢检测装置	2020-09-29	实用新型
778	201922093167.8	一种板框压滤机拉板小车控制装置以及板框压滤机	2020-09-29	实用新型
779	202020217252.0	一种高炉出铁口泥套清理钻头	2020-09-29	实用新型
780	202020219239.9	一种RH炉密封水池以及液位计固定装置	2020-09-29	实用新型

续表

序号	专利号	专利名称	公告日	类型
781	201922120731.0	一种薄板坯扇形段更换轨道装置	2020-10-09	实用新型
782	201921543338.6	一种重型车辆立体车库	2020-10-13	实用新型
783	201921800748.4	一种发酵行业大型反应器发酵罐清洗系统	2020-10-13	实用新型
784	201921996970.6	一种垃圾处理系统	2020-10-20	实用新型
785	201921987373.7	一种地沟油梯级加热提纯系统	2020-10-23	实用新型
786	201922067465.X	一种建筑垃圾分离装置	2020-10-23	实用新型
787	201921773601.0	一种焦罐密封装置及焦罐车	2020-10-27	实用新型
788	201922167139.6	一种减振保护装置	2020-10-27	实用新型
789	201922189078.3	一种密封环及密封装置	2020-10-27	实用新型
790	201922263641.7	一种烧结杯配气装置	2020-10-27	实用新型
791	201921850293.7	一种火车钩舌拆卸装置	2020-10-27	实用新型
792	201921840681.7	一种多用途摇枕支撑架	2020-10-27	实用新型
793	201921840685.5	一种轴类拆装器	2020-10-27	实用新型
794	201922161979.1	一种用于小方坯连铸机阻止热坯变形的工具	2020-10-27	实用新型
795	201922161978.7	一种应用于钢包上水口快速检查工具	2020-10-27	实用新型
796	201922148214.4	一种水平式连续加料电炉废钢加料装置	2020-10-30	实用新型
797	201922158163.3	一种浇注机	2020-10-30	实用新型
798	201922162630.X	一种钢包倾斜液压控制系统及方法	2020-10-30	实用新型
799	201922167579.1	一种热风炉	2020-10-30	实用新型
800	202020245955.4	敞开式铁水罐用拆罐安全防护小车装置	2020-10-30	实用新型
801	202020255501.5	在线快速清理煤粉分配器及其喷煤支管堵塞的系统	2020-11-10	实用新型
802	202020246450.X	以稀油为润滑剂的自动授油装置	2020-11-10	实用新型
803	201922246675.5	一种冲压模具以及平衡块装置	2020-11-13	实用新型
804	201922265444.9	一种焦炉和干熄炉放散气的处理系统	2020-11-13	实用新型
805	202020245953.5	干熄焦炉炉口水封槽	2020-11-13	实用新型
806	201922027505.8	一种管板加工装置	2020-11-17	实用新型
807	201922430108.5	一种真空浇铸高温合力学试棒的振动装置	2020-11-17	实用新型
808	201922341887.1	一种钢卷智能贴标装置	2020-11-17	实用新型
809	202020168704.0	一种醪液的二氧化碳脱除装置	2020-11-20	实用新型
810	202020255719.0	一种连续肋锚杆钢	2020-12-08	实用新型
811	201921974126.3	一种生活垃圾焚烧烟气脱硝装置	2020-12-11	实用新型
812	202020165244.6	环形成型模具	2020-12-15	实用新型
813	202020363841.X	一种烧结混合料仓的布料系统	2020-12-15	实用新型
814	202020385620.2	一种用于烧结烟气循环的降尘导流装置	2020-12-15	实用新型
815	201921260988.X	一种汽车冷轧钢卷包装	2020-12-29	实用新型

序号	专利号	专利名称	公告日	类型
816	201930366678.5	护栏(公交)	2020-01-14	外观设计
817	201930366676.6	护栏(便道)	2020-01-14	外观设计
818	201930366212.5	步道桩	2020-01-14	外观设计
819	201930366210.6	护栏(中心)	2020-01-14	外观设计
820	201930366220.X	路名牌	2020-01-14	外观设计
821	201930366213.X	护栏(机非)	2020-01-14	外观设计
822	201930393436.5	公交车搬运器	2020-02-14	外观设计
823	201930370785.5	办公楼(生态1)	2020-02-21	外观设计
824	201930370783.6	办公楼(消防部队1)	2020-02-21	外观设计
825	201930370781.7	办公楼(消防部队2)	2020-02-21	外观设计
826	201930370682.9	公共卫生间(3)	2020-02-21	外观设计
827	201930370681.4	公共卫生间(2)	2020-02-21	外观设计
828	201930370678.2	公共卫生间(1)	2020-02-21	外观设计
829	201930370670.6	办公楼(生态2)	2020-02-21	外观设计
830	201930370786.X	工业园区大门	2020-02-21	外观设计
831	201930370659.X	体育训练馆	2020-02-21	外观设计
832	201930424189.0	用于手机的图形用户界面(冰时预定系统)	2020-02-28	外观设计
833	201930424187.1	用于电脑的图形用户界面(系统管理平台)	2020-02-28	外观设计
834	201930424374.X	用于电脑的图形用户界面(冰时预定系统)	2020-02-28	外观设计
835	201930366218.2	站亭	2020-03-10	外观设计
836	201930460071.3	带有图形用户界面的电脑(系统配置平台)	2020-05-22	外观设计
837	201930688312.X	带有停车管理系统图像用户界面的显示面板	2020-06-19	外观设计
838	201930695998.5	带有停车管理系统图像用户界面的显示面板	2020-06-19	外观设计
839	202030002615.4	带有会议系统图形用户界面的显示屏幕面板	2020-06-19	外观设计
840	202030000610.8	带有导览系统图形用户界面的显示屏幕面板	2020-06-19	外观设计
841	202030008225.8	带有导览系统图形用户界面的显示屏幕面板	2020-06-19	外观设计
842	202030050441.9	带有汽车板性能数据库图形用户界面的手机	2020-07-24	外观设计
843	201930690651.1	带物联网平台系统图形用户界面的显示屏面板	2020-08-21	外观设计
844	202030003384.9	带有招商管理系统图像用户界面的显示面板	2020-08-21	外观设计
845	202030003606.7	带有招商管理系统图像用户界面的显示面板	2020-08-21	外观设计
846	202030001271.5	带有餐饮服务系统图形用户界面的显示面板	2020-08-21	外观设计
847	202030000982.0	带有餐饮服务系统图形用户界面的显示面板	2020-08-21	外观设计
848	202030001087.0	带有门禁系统图形用户界面的显示屏幕面板	2020-08-21	外观设计
849	202030001080.9	带有门禁系统图形用户界面的显示屏幕面板	2020-08-21	外观设计
850	202030000978.4	带有餐饮服务系统图形用户界面的显示面板	2020-08-21	外观设计

序号	专利号	专利名称	公告日	类型
851	202030001193.9	带有招商系统图像用户界面的显示屏幕面板	2020-08-21	外观设计
852	202030005860.0	带有停车服务平台图像用户界面的显示面板	2020-08-21	外观设计
853	202030001922.0	带有照明控制系统图像用户界面的显示面板	2020-10-16	外观设计
854	202030046869.6	带有停车缴费系统图像用户界面的显示面板	2020-10-16	外观设计
855	202030206955.9	工业园区大门(MEKELLE)	2020-10-30	外观设计
856	202030206953.X	工业园区大门(AYISHA)	2020-10-30	外观设计
857	202030206952.5	工业园区大门(BAHIRDAR)	2020-10-30	外观设计
858	202030206951.0	工业园区大门(DIREDAWA)	2020-10-30	外观设计
859	202030206602.9	工业园区大门(ADAMA)	2020-10-30	外观设计
860	202030206927.7	工业园区大门(KOMBOLCHA)	2020-10-30	外观设计
861	202030206912.0	工业园区大门(HAWASSA)	2020-10-30	外观设计
862	202030206605.2	工业园区大门(ARERTI)	2020-10-30	外观设计
863	202030203135.4	托盘车	2020-10-30	外观设计
864	202030203127.X	跳台(自由式)	2020-10-30	外观设计
865	202030203034.7	运卷车	2020-10-30	外观设计
866	202030002691.5	带有停车系统图像用户界面的显示面板	2020-11-17	外观设计
867	202030203249.9	跳台(坡面障碍技巧)	2020-12-15	外观设计

2020 年末首钢集团各单位职工分类构成表

单位：人

	期末人数	女性	厂处级及以上	科级	班组长	行政管理	专业技术	生产	服务	不在岗职工
首钢集团	101258	19568	1785	4062		9589	12223	56217	7095	10287
北京首钢股份有限公司	10309	1467	175	438		1556	767	5818	119	1436
首钢集团有限公司矿业公司	9961	1558	91	343		394	797	6633	1083	620
首钢京唐钢铁联合有限责任公司	12036	1225	134	365		393	2043	8912	112	77
首钢长治钢铁有限公司	7570	1667	97	254		317	165	4542	974	1221
首钢水城钢铁（集团）有限责任公司	9942	2199	93	337		371	558	5476	297	2810
首钢贵阳特殊钢有限责任公司	2184	478	62	128		175	121	908	446	344
通化钢铁集团股份有限公司	10535	1591	101	285		366	761	6100	435	2487
首钢伊犁钢铁有限公司	1859	390	56	74		121	70	1238	170	130
中国首钢国际贸易工程有限公司	3296	461	75	35		448	416	1608	644	70
北京首钢鲁家山石灰石矿有限公司	551	88	9	1		140	19	319	8	55
北京首钢物资贸易有限公司	50	20	3	5		24		17		1
北京首钢铁合金有限公司	99	8	3	13		26	3	53	1	
北京首钢股权投资管理有限公司	343	80	26			184	80	48		5
北京首钢新钢联科贸有限公司	39	15	9			30				
北京首钢吉泰安新材料有限公司	269	54	3	16		41	10	174	18	7
北京北冶功能材料有限公司	712	153	4	38		43	123	497	7	
北京首钢国际工程技术有限公司	1283	308	76	42		81	1062	1	12	9
北京首钢自动化信息技术有限公司	3463	777	74	140		321	537	2325		66

续表

单位	期末人数	女性	厂处级及以上	科级	班组长	行政管理	专业技术	生产	服务	不在岗职工
北京首钢建设集团有限公司	3718	674	77	810		422	1221	1058	103	27
北京首钢机电有限公司	1872	408	46	105		289	141	1160	81	50
葫芦岛首钢东华机械有限公司	552	97	7			123	35	278	22	87
北京首钢实业集团有限公司	4476	2227	70	251		329	293	3152	314	67
北京首钢建设投资有限公司	289	101	37	2		181	2	190	65	2
北京首钢特殊钢有限公司	635	134	27	36		229	4	725	81	68
北京首钢园区综合服务有限公司	1167	248	10	70		128	63	53	110	61
园区管理部	1456	203	20	57		177	74		1044	31
京冀曹妃甸协同发展示范区建设投资有限公司	43	12	11			32				
首钢控股有限责任公司	1394	178	6				229	877	271	11
北京首钢房地产开发有限公司	931	298	51	8		253	194		425	
首钢环境产业有限公司	646	130	34	49		124	141	284	12	2
北京京西重工有限公司	4585	139	15	15		1285	113	3157		
北京首钢矿业投资有限责任公司	735	6	21	22		72		541		79
北京首钢医疗健康产业投资有限公司	52	24	3			44		5		
秦皇岛首秦金属材料有限公司	331	95	13	10		103	15	18	55	117
北京首钢体育文化有限公司	159	61	1	7		60	71		17	3
北京首钢文化发展有限公司	18	9	2	6		10				
北京大学首钢医院	1923	1468	6	88		95	1620		113	1
北京首钢基金有限公司	70	36	5			65				
首钢控股(香港)有限公司	76	38	9			67				
其他直管单位	1629	443	223	12		470	475	50	56	343

2020 年末首钢集团离退休人员及费用构成情况

单 位	离退休人数（人）					离退休人员费用（元）					
	合 计	其中:女性	离 休	退 休	合 计	离休费	其中企业负担	退休费	其中企业负担
首钢集团	88739	40603	252	88487	4777931683	94942300	6059020	4682989383	244078896
北京首钢股份有限公司	1080	323		1080	59063408			59063408	1622819
首钢集团有限公司矿业公司	12156	4296	8	12148	731214524	1495908	822060	729718616	33217070
首钢京唐钢铁联合有限责任公司	743	332	2	741	38720979	228778	11986	38492201	555314
首钢长治钢铁有限公司	8873	3859	33	8840	485522699	4530169	1080135	480992530	5774616
首钢水城钢铁（集团）有限责任公司	16415	8479	28	16387	749045289	4089471	1604840	744955818	113740573
首钢贵阳特殊钢有限责任公司	5289	2452	19	5270	211373309	3153010	33042	208220299	1421178
通化钢铁集团股份有限公司									
首钢伊犁钢铁有限公司									
中国首钢国际贸易工程有限公司	308	110	1	307	14901104	300184	37500	14600920	177543
北京首钢鲁家山石灰石矿有限公司	1692	725		1692	93219748			93219748	1604623
北京首钢物资贸易有限公司									
北京首钢铁合金有限公司	752	219		752	42841422			42841422	1297903

续表

单 位	离退休人数（人）				离退休人员费用（元）				
	合 计	其中:女性	离 休	退 休	合 计	离休费	其中企业负担	退休费	其中企业负担
北京首钢股权投资管理有限公司	38	9		38	1166136			1166136	29928
北京首钢新钢联科贸有限公司									
北京首钢吉泰安新材料有限公司	821	364		821	48064745			48064745	1558848
北京首钢北冶功能材料有限公司	980	412		980	61103123			61103123	1443923
北京首钢国际工程技术有限公司									
北京首钢自动化信息技术有限公司	1410	833		1410	61741188			61741188	2340048
北京首钢建设集团有限公司	8392	3676		8392	378699621			378699621	15472871
北京首钢机电有限公司	4472	2613		4472	357104769			357104769	9385987
葫芦岛首钢东华机械有限公司	804	472	7	797	661038			661038	661038
北京首钢实业集团有限公司	3151	2171		3151	109751254			109751254	4461629
北京首钢建设投资有限公司	2	1		2	205392			205392	
北京首钢特殊钢有限公司	7277	3020	23	7254	300175261	4429554	28910	295745707	17728185
北京首钢园区综合服务有限公司	809	488	1	808	43011129			43011129	1674713
园区管理部	1159	419	6	1153	69745097	644028	25200	69101069	2638288
京冀曹妃甸协同发展示范区建设投资有限公司	1	1		1	45928			45928	4290

续表

单 位	离退休人数（人）					离退休人员费用（元）					
	合 计	其中:女性	离 休	退 休		合 计	离休费	其中企业负担	退休费	其中企业负担	
首钢控股有限责任公司	2	1		2		199596			199596	1704	
北京首钢房地产开发有限公司	89	27		89		3213385			3213385	113399	
首钢环境产业有限公司	35	9		35		2230037			2230037	5856	
北京京西重工有限公司											
北京首钢矿业投资有限责任公司	7	1		7		5616			5616	5616	
北京首钢医疗健康产业投资有限公司											
秦皇岛首秦金属材料有限公司	543	287	1	542		26890285	108828	3792	26781457	660974	
北京首钢体育文化有限公司	10	2		10		814042			814042	1524	
北京首钢文化发展有限公司						127357			127357	4814	
北京大学首钢医院	1380	1102	12	1368		87167954	1938004	43760	85229950	2670037	
北京首钢基金有限公司											
首钢控股（香港）有限公司											
其他直管单位	10049	3900	111	9938		799906248	74024366	2367795	725881882	23803585	

2020年末首钢集团职工年龄和政治面貌构成情况

单位：人

项目	合计	在岗	女性	班组长	厂处级及以上	科级	管理技术	技能操作	25岁及以下	26至30岁	31至35岁	36至40岁	41至45岁	46至50岁	51至55岁	56岁及以上
合　计	94803	84516	19071	2705	1720	4002	19936	58858	4819	7871	17381	13894	14709	18299	13154	4676
中共党员	29554	26522	4770	1191	1609	3362	9602	11949	273	1127	4634	5179	4393	6166	5517	2265
中共预备党员	873	849	116	46	6	58	324	461	57	94	333	232	80	40	28	9
共青团员	5462	5618	1703	41	0	38	2344	3236	2917	1971	444	118	9	2	0	1
民革会员	12	10	1	0	1	0	9	0	0	0	0	4	0	2	1	5
民盟盟员	25	23	7	0	1	7	15	0	0	0	0	5	3	4	8	5
民建会员	12	10	5	0	1	1	8	0	0	0	1	2	2	4	2	1
民进会员	11	9	3	0	2	1	6	0	0	0	1	4	1	1	2	2
农工党党员	13	13	7	0	0	0	7	6	0	0	1	4	1	3	3	1
致公党党员	4	4	0	0	1	0	2	1	0	0	0	0	0	1	3	0
九三学社社员	31	30	14	1	1	1	28	0	0	1	3	4	2	5	14	2
台盟盟员	0	0	0	0	0	0	0	0	0	0	0	0	0	0	0	0
无党派民主人士	7	5	0	0	3	0	2	0	0	0	0	1	0	2	2	2
群众	58799	51423	12445	1426	95	534	7589	43205	1572	4678	11964	8341	10218	12069	7574	2383

2020 年末首钢集团（钢铁板块）职工政治面貌构成情况

单位：人

项目	合计	在岗	女性	班组长	厂处级及以上	科级	管理技术	技能操作	25岁及以下	26至30岁	31至35岁	36至40岁	41至45岁	46至50岁	51至55岁	56岁及以上
合　计	66083	56832	11084	2312	852	2293	9427	44260	2362	4546	11821	9310	11173	14382	9514	2975
中共党员	20975	18327	2761	1047	802	2049	5691	9785	177	696	3373	3490	3305	4737	3830	1367
中共预备党员	716	694	65	39	5	39	233	417	32	57	289	203	66	33	27	9
共青团员	2561	2572	399	27	0	17	386	2169	1329	1015	162	50	4	0	0	1
民革会员	5	3	0	0	0	0	3	0	0	0	0	1	0	0	0	4
民盟盟员	3	2	0	0	0	0	2	0	0	0	0	1	0	1	0	1
民建会员	5	3	1	0	0	0	3	0	0	0	0	1	0	2	1	1
民进会员	2	1	1	0	0	1	0	0	0	0	0	0	0	1	0	1
农工党员	5	5	3	0	0	0	0	5	0	0	1	2	1	0	1	0
致公党员	0	0	0	0	0	0	0	0	0	0	0	0	0	0	0	0
九三学社员	6	5	2	0	0	0	5	0	0	0	0	0	1	1	2	1
台盟盟员	0	0	0	0	0	0	0	0	0	0	0	0	0	0	0	0
无党派民主人士	4	2	0	0	2	0	0	0	0	0	0	1	0	1	0	2
群众	41801	35218	7852	1199	43	187	3104	31884	824	2778	7995	5561	7796	9606	5653	1588

制度目录

◎ 责任编辑：郭　锋

2020 年度首钢集团有限公司制度颁发文件目录索引

序号	制度名称	发文字号	发文日期	主责部门	制度层级				制度分类	备注
					基本管理制度	业务基础制度	具体操作规范	党群制度		
1	首钢集团有限公司领导人员选拔任用工作办法	首党发〔2020〕2号	2020年1月2日	人力资源部				√	党群管理	
2	首钢集团有限公司科技保密管理规范	首发〔2020〕11号	2020年1月13日	技术研究院			√		无形资产	
3	首钢集团有限公司消防安全管理规范	首发〔2020〕12号	2020年1月13日	安全环保部			√		社会责任管理	
4	首钢集团有限公司债务融资工具信息披露制度	首董发〔2020〕8号	2020年3月11日	经营财务部	√				财务管理	
5	首钢集团有限公司选聘职业经理人工作办法（试行）	首党发〔2020〕19号	2020年3月19日	人力资源部				√	党群管理	试行一年
6	首钢集团有限公司研发投入准备金管理规范	首发〔2020〕110号	2020年5月15日	经营财务部			√		财务管理	
7	首钢集团有限公司资金预算管理办法（试行）	首发〔2020〕128号	2020年6月11日	经营财务部		√			财务管理	试行一年
8	首钢集团有限公司债务融资管理办法（试行）	首发〔2020〕129号	2020年6月11日	经营财务部		√			财务管理	试行一年
9	首钢集团有限公司内部借贷款管理办法	首发〔2020〕130号	2020年6月12日	经营财务部		√			财务管理	
10	首钢集团有限公司担保管理办法	首发〔2020〕133号	2020年6月16日	经营财务部		√			财务管理	
11	首钢集团有限公司资金管理制度	首董发〔2020〕14号	2020年6月15日	经营财务部	√				财务管理	
12	首钢集团有限公司外汇风险管理办法	首发〔2020〕152号	2020年7月6日	国际业务部		√			风险及合规管理	

续表

序号	制度名称	发文字号	发文日期	主责部门	制度层级				制度分类	备注
					基本管理制度	业务基础制度	具体操作规范	党群制度		
13	首钢集团有限公司外聘法律顾问管理实施细则	首发〔2020〕153号	2020年7月8日	法律事务部			√		风险及合规管理	
14	首钢集团有限公司境外企业管理办法（试行）	首发〔2020〕157号	2020年7月10日	国际业务部		√			其他	试行两年
15	首钢集团有限公司对外捐赠管理办法	首发〔2020〕160号	2020年7月14日	经营财务部		√			社会责任管理	
16	首钢集团有限公司风控体系评价管理办法（试行）	首发〔2020〕167号	2020年7月24日	审计部		√			风险及合规管理	试行一年
17	首钢集团有限公司政治生态分析研判工作实施办法（试行）	首党发〔2020〕61号	2020年8月7日	纪委监察专员办公室				√	党群管理	试行两年
18	首钢集团有限公司廉政风险防控管理办法	首党发〔2020〕62号	2020年8月10日	纪委监察专员办公室				√	党群管理	
19	首钢集团有限公司固体废物污染环境防治	首发〔2020〕177号	2020年8月18日	安全环保部			√		社会责任管理	
20	首钢集团有限公司信息化管理办法	首发〔2020〕190号	2020年9月11日	系统优化部		√			信息化管理	
21	首钢集团有限公司董事会工作规则	首董发〔2020〕21号	2020年10月14日	办公厅	√				组织制度管理	
22	首钢集团有限公司实施《关于实行党风廉政建设责任制的规定》办法	首党发〔2020〕88号	2020年11月6日	纪委监察专员办公室				√	党群管理	
23	首钢集团有限公司内部债权债务管理细则	首发〔2020〕221号	2020年11月19日	财务共享中心			√		财务管理	
24	首钢集团有限公司合同管理实施细则	首发〔2020〕224号	2020年11月27日	法律事务部			√		风险及合规管理	试行两年
25	首钢集团有限公司境外投资管理办法	首发〔2020〕233号	2020年12月3日	国际业务部		√			投资管理	
26	首钢集团有限公司安全生产管理办法	首发〔2020〕238号	2020年12月7日	安全环保部		√			社会责任管理	

续表

序号	制度名称	发文字号	发文日期	主责部门	制度层级				制度分类	备注
					基本管理制度	业务基础制度	具体操作规范	党群制度		
27	首钢集团有限公司基层纪委书记、副书记提名考察办法（试行）	首党发〔2020〕109号	2020年12月8日	纪委监察专员办公室				√	党群管理	试行两年
28	首钢集团有限公司道路交通安全管理办法	首发〔2020〕239号	2020年12月7日	办公厅		√			行政管理	
29	首钢集团有限公司人民武装管理办法	首发〔2020〕240号	2020年12月7日	办公厅		√			行政管理	
30	首钢集团有限公司冶安保卫管理办法	首发〔2020〕241号	2020年12月7日	办公厅		√			行政管理	
31	首钢集团有限公司投资管理制度	首董发〔2020〕26号	2020年12月18日	战略发展部	√				投资管理	
32	首钢集团有限公司专项资金管理办法	首发〔2020〕264号	2020年12月31日	经营财务部		√			财务管理	
33	首钢集团有限公司国有资本经营预算管理	首发〔2020〕265号	2020年12月31日	经营财务部		√			财务管理	
34	首钢集团有限公司法律纠纷案件管理实施细则	首发〔2020〕266号	2020年12月31日	法律事务部			√		风险及合规管理	试行两年

2020 年度首钢集团有限公司制度废止文件目录索引

序号	废止制度文件名称	发文字号	发文日期	主责部门	制度层级				制度分类	备注
					基本管理制度	业务基础制度	具体操作规范	党群制度		
1	关于首钢领导人员兼职的暂行规定	首党发〔2015〕225 号	2015 年 12 月 10 日	人力资源部				√		
2	首钢领导人员选拔任用工作制度	首党发〔2016〕27 号	2016 年 3 月 10 日	人力资源部				√		
3	首钢领导人员任前公示办法	首党发〔2016〕28 号	2016 年 3 月 10 日	人力资源部				√		
4	首钢领导人员交流办法	首党发〔2016〕30 号	2016 年 3 月 10 日	人力资源部				√		
5	首钢公开选拔领导人员办法	首党发〔2016〕31 号	2015 年 12 月 10 日	人力资源部				√		
6	首钢领导人员退出现职领导岗位的规定	首党发〔2016〕33 号	2016 年 3 月 10 日	人力资源部				√		
7	首钢直管领导人员退休和技术专家返聘管理办法	首党发〔2016〕34 号	2016 年 3 月 10 日	人力资源部				√		
8	首钢总公司消防安全管理规定	首发〔2011〕318 号	2011 年 11 月 2 日	安全环保部		√				
9	首钢总公司科技保密管理办法	首发〔2014〕231 号	2014 年 8 月 1 日	技术研究院		√				
10	首钢总公司债务融资工具信息披露制度	首发〔2013〕158 号	2013 年 6 月 23 日	经营财务部	√					
11	首钢党建和思想政治工作优秀成果评定奖励办法	首党发〔2001〕56 号	2001 年 5 月 9 日	企业文化部				√		
12	首钢部分单位职业经理人试点管理办法	首党发〔2015〕224 号	2015 年 12 月 10 日	人力资源部				√		
13	首钢工作者加班加点管理办法	首发〔1995〕9 号	1995 年 1 月 9 日	人事服务中心		√				
14	首钢女职工休产假延长假的管理办法（试行）》	首发〔1998〕287 号	1998 年 9 月 30 日	人事服务中心		√				

续表

序号	废止制度文件名称	发文字号	发文日期	主责部门	制度层级				制度分类	备注
					基本管理制度	业务基础制度	具体操作规范	党群制度		
15	首钢职工请假考勤管理办法	首发〔2002〕151号	2002年5月16日	人事服务中心		√				
16	首钢职工带薪年休假管理办法	首发〔2008〕59号	2008年2月20日	人事服务中心		√				
17	首钢劳务用工管理办法	首发〔2012〕48号	2012年2月17日	人事服务中心		√				
18	首钢总公司邀请国外人员来华管理规定	首发〔1992〕912号	1992年10月24日	人事服务中心		√				
19	首钢总公司资金管理制度（试行）	首发〔2016〕146号	2016年6月22日	经营财务部	√					
20	首钢集团有限公司内部借款管理办法	首发〔2017〕211号	2017年9月11日	经营财务部		√				
21	首钢集团有限公司担保管理办法	首发〔2017〕140号	2017年7月10日	经营财务部		√				
22	首钢科技协作管理办法（试行）	首发〔1999〕220号	1999年6月19日	技术研究院						
23	首钢集团有限公司外汇风险管理办法（试行）	首发〔2019〕99号	2019年5月13日	国际业务部		√				
24	首钢境外企业管理办法	首发〔1997〕153号	1997年4月15日	国际业务部		√				
25	对首钢境外机构及人员的监督管理制度	首发〔2002〕88号	2002年3月26日	国际业务部		√				
26	首钢总公司对外捐赠管理办法	首发〔2011〕37号	2011年2月15日	经营财务部			√			
27	首钢劳模管理暂行办法	首发〔2020〕164号	1996年10月14日	工会				√		
28	首钢总公司数据仓库（BW）模块运行管理办法（试行）	首发〔2007〕16号	2007年1月17日	财务共享中心		√				
29	首钢廉政风险防范管理工作检查考核评估办法	首党发〔2008〕101号	2008年10月31日	纪委监察专员办公室				√		
30	首钢总公司固体废物污染环境防治管理办法	首发〔2011〕335号	2011年11月13日	安全环保部		√				
31	首钢企业改制企业信息化和自动化系统维护工作管理办法	首发〔2008〕230号	2008年6月23日	系统优化部			√			
32	首钢企业专网信息系统安全管理办法	首发〔2008〕379号	2008年11月10日	系统优化部			√			
33	首钢总公司信息化年报填报管理办法	首发〔2010〕349号	2010年12月10日	系统优化部			√			

序号	废止制度文件名称	发文字号	发文日期	主责部门	制度层级				制度分类	备注
					基本管理制度	业务基础制度	具体操作规范	党群制度		
34	首钢信息化系统备份管理制度（试行）	首发〔2011〕68 号	2011 年 3 月 18 日	系统优化部			√			
35	首钢电子邮箱系统使用管理办法	首发〔2011〕385 号	2011 年 12 月 19 日	系统优化部			√			
36	首钢总公司信息化管理制度	首发〔2012〕2 号	2012 年 1 月 3 日	系统优化部		√				
37	首钢信息化系统用户权限管理办法	首发〔2012〕5 号	2012 年 1 月 8 日	系统优化部			√			
38	首钢信息化系统变更管理办法	首发〔2012〕6 号	2012 年 1 月 8 日	系统优化部			√			
39	首钢信息化系统主数据维护管理办法	首发〔2012〕53 号	2012 年 3 月 2 日	系统优化部		√				
40	首钢总公司信息系统运行维护管理办法	首发〔2012〕179 号	2012 年 3 月 7 日	系统优化部			√			
41	首钢总公司视频会议系统使用管理办法	首发〔2012〕317 号	2012 年 11 月 30 日	系统优化部			√			
42	首钢总公司网络安全控制管理办法	首发〔2013〕227 号	2013 年 8 月 28 日	系统优化部			√			
43	首钢总公司住房公积金实施细则	首发〔1997〕164 号	1997 年 4 月 30 日	行政管理中心			√			
44	关于调整首钢单身宿舍收费价格的通知	首发〔2005〕27 号	2005 年 1 月 17 日	行政管理中心			√			
45	首钢集团有限公司董事会工作规则	首董发〔2020〕21 号	2017 年 7 月 10 日	办公厅	√					
46	首钢实行党风廉政建设责任制的办法	首党发〔2012〕12 号	2012 年 2 月 28 日	纪委监察专员办公室				√		
47	首钢集团海外工程总承包与分包管理办法	首发〔2000〕18 号	2000 年 1 月 13 日	国际业务部		√				
48	首钢铁业出口业务管理办法（试行）	首发〔2006〕403 号	2006 年 10 月 9 日	国际业务部		√				
49	首钢集团进口业务管理办法（试行）	首发〔2007〕102 号	2007 年 3 月 1 日	国际业务部		√				
50	首钢集团有限公司内部债权债务管理办法（试行）	首发〔2019〕162 号	2019 年 8 月 12 日	财务共享中心		√				
51	劳动防护用品穿戴及发放标准	首发〔2001〕166 号	2001 年 5 月 11 日	安全环保部			√			
52	首钢总公司安全技术措施资金管理办法	首发〔2003〕392 号	2003 年 10 月 27 日	安全环保部		√				
53	首钢总公司安全生产奖惩办法	首发〔2004〕313 号	2004 年 7 月 30 日	安全环保部		√				

续表

序号	废止制度文件名称	发文字号	发文日期	主责部门	制度层级				制度分类	备注
					基本管理制度	业务基础制度	具体操作规范	党群制度		
54	首钢总公司外包外委工程（项目）、劳务用工、设备租借和工业建筑、房屋、土地对外出租安全管理规定	首发〔2010〕134号	2010年6月11日	安全环保部		√				
55	首钢总公司防暑降温管理办法	首发〔2010〕142号	2010年6月13日	安全环保部		√				
56	首钢总公司设备检修安全管理规定	首发〔2010〕147号	2010年6月17日	安全环保部		√				
57	首钢总公司劳动防护用品管理办法	首发〔2010〕150号	2010年6月18日	安全环保部		√				
58	首钢总公司安全培训办法	首发〔2010〕165号	2010年6月28日	安全环保部		√				
59	首钢总公司建设项目安全设施"三同时"管理办法	首发〔2010〕172号	2010年6月30日	安全环保部		√				
60	首钢总公司安全用电管理规定	首发〔2010〕169号	2010年6月30日	安全环保部			√			
61	首钢总公司重大危险源管理办法	首发〔2010〕170号	2010年6月30日	安全环保部		√				
62	首钢总公司安全生产操作规程管理办法	首发〔2010〕185号	2010年7月12日	安全环保部		√				
63	首钢总公司安全生产检查制度	首发〔2010〕319号	2010年11月11日	安全环保部		√				
64	首钢总公司铁路运输及道口安全管理办法	首发〔2011〕306号	2011年10月24日	安全环保部			√			
65	首钢总公司煤气安全防护管理办法	首发〔2011〕388号	2011年12月20日	安全环保部			√			
66	首钢总公司安全生产培训机构和特种（设备）作业人员安全技术培训、考核及证件管理办法	首发〔2012〕214号	2012年8月20日	安全环保部		√				
67	首钢总公司生产安全事故管理办法	首发〔2013〕106号	2013年5月17日	安全环保部		√				
68	首钢总公司危险作业安全管理办法	首发〔2014〕229号	2014年8月4日	安全环保部		√				
69	首钢总公司安全生产责任制	首发〔2015〕100号	2015年4月20日	安全环保部		√				
70	首钢总公司消防安全责任制	首发〔2011〕317号	2011年11月2日	安全环保部		√				
71	首钢总公司安全生产约谈办法	首发〔2016〕109号	2016年5月9日	安全环保部		√				

续表

序号	废止制度文件名称	发文字号	发文日期	主责部门	制度层级				制度分类	备注
					基本管理制度	业务基础制度	具体操作规范	党群制度		
72	首钢总公司生产安全事故隐患排查治理办法	首发[2016]188号	2016年8月15日	安全环保部		√				
73	关于建立和完善首钢领导干部廉政档案的实施细则（试行）	首党发〔2001〕153号	2001年12月30日	纪委监察专员办公室				√		
74	首都钢铁公司剧毒物品管理规定	首发[1991]377号	1991年7月25日	办公厅		√				
75	首都钢铁公司放射性同位素治安管理规定	首发[1992]745号	1992年8月20日	办公厅		√				
76	首都钢铁公司对部分生产使用刀具实行管理的规定	首发[1992]751号	1992年8月20日	办公厅		√				
77	首钢总公司治安防范管理奖惩规定（试行）	首发[2005]344号	2005年8月26日	办公厅		√				
78	首钢总公司内部精神疾病患者管理规定	首发[2011]353号	2011年11月21日	办公厅		√				
79	首钢总公司内部治安防范管理规定	首发[2011]411号	2011年12月30日	办公厅		√				
80	首钢总公司公共场所治安管理规定	首发[2011]412号	2011年12月30日	办公厅		√				
81	首钢总公司单身职工宿舍安全管理规定	首发[2012]18号	2012年1月16日	办公厅			√			
82	首钢总公司爆炸物品安全管理规定	首发[2012]29号	2012年1月21日	办公厅			√			
83	首钢总公司安全警卫工作管理规定	首发[2011]374号	2011年12月12日	办公厅		√				
84	首钢关于重大交通安全事故行政责任追究规定	首发[2004]57号	2004年2月24日	办公厅		√				
85	首钢道路交通安全防范责任制管理规定	首发[2006]120号	2006年3月27日	办公厅		√				
86	首钢总公司机动车驾驶员管理暂行规定和首钢总公司机动车准驾证管理办法	首发[2006]254号	2006年6月30日	办公厅		√				
87	首钢人民武装工作管理制度	首发[2011]398号	2011年12月26日	办公厅		√				
88	首钢人民防空工作管理办法	首发[2011]399号	2011年12月26日	办公厅		√				
89	首钢总公司办公用房管理办法（试行）	首发[2003]348号	2003年9月23日	行政管理中心			√			

续表

序号	废止制度文件名称	发文字号	发文日期	主责部门	制度层级				制度分类	备注
					基本管理制度	业务基础制度	具体操作规范	党群制度		
90	首钢总公司钢厂昝绿化管理办法	首发〔2009〕174号	2009年7月8日	行政管理中心			√			
91	首钢总公司无线电管理办法	首发〔2008〕369号	2008年11月3日	行政管理中心			√			
92	首钢总公司行政与工会联系沟通制度	首发〔2001〕238号	2001年7月18日	工会				√		
93	首钢集团有限公司投资管理制度	首董发〔2017〕17号	2017年10月12日	战略发展部	√					
94	首钢总公司专项资金管理办法（试行）	首发〔2015〕207号	2015年8月14日	经营财务部		√				
95	首钢总公司国有资本经营预算管理办法	首发〔2014〕330号	2014年11月21日	经营财务部		√				

《首钢年鉴·2021》编辑人员

◎ 责任编辑：郭　锋

《首钢年鉴·2021》组稿编辑名单

序号	组稿人	部门名称	联系电话
1	陈 宏	战略发展部	010-88294150
2	张宝龙	经营财务部	010-88296311
3	宫顺军	系统优化部	010-88292804
4	刘军利	安全环保部	010-88293286
5	方瑜仁	国际业务部	010-88292517
6	王 帅	办公厅	010-88291580
7	袁 杰	人力资源部(党委组织部、党委统战部)	010-68873619
8	郑 昕	首钢企业文化部(党委宣传部)	010-88293095
9	陈东兴	纪委监察专员办公室	010-88293699
10	王邦国	党委巡察工作办公室	010-88292825
11	李 晋	法律事务部	010-88293045
12	高 强	审计部	010-88297748
13	初德和	监事会工作办公室	010-88291488
14	金志先	工会办公室	010-88294317
15	魏松民	总工程师室	010-88292689
16	王 旭	技术研究院	010-88296097
17	王铭浩	发展研究院	010-88295766
18	李海青	人才开发院	010-68873302
19	王 俊	财务共享中心	010-88293002
20	张英明	人事服务中心	010-88294347
21	杨明娟	资产管理中心	010-88293223
22	李晓波	行政管理中心	010-88293757
23	朱晓未	集团财务有限公司	010-56678928
24	张京刚	北京首钢股份有限公司	0315-7708577
25	王 萍	首钢京唐钢铁联合有限责任公司	0315-8872816
26	栗帅鹏	首钢集团有限公司矿业公司	0315-7713023
27	郭灵莉	首钢水城钢铁(集团)有限责任公司	0858-8922868
28	王 婷	首钢长治钢铁有限公司	0355-5087581
29	袁昆喜	首钢贵阳特殊钢有限责任公司	0851-88554720
30	冯世勇	首钢通化钢铁集团股份有限公司	0431-88623566

续表

序号	组稿人	部门名称	联系电话
31	朱双念	首钢伊犁钢铁有限公司	0999-7728000
32	李 佳	中国首钢国际贸易工程公司	010-82291111
33	柳 岩	北京首钢鲁家山石灰石矿有限公司	010-61881058
34	桑庆杰	北京首钢铁合金有限公司	0315-5679795
36	韩广军	北京首钢气体有限公司	010-52857877
37	庞际阳	北京首钢股权投资管理有限公司	010-88292372
38	周 鑫	北京首钢国际工程技术有限公司	010-88292244
39	王金辉	北京首钢建设集团有限公司	010-88759998
40	李 琴	北京首钢自动化信息技术有限公司	010-88292121
41	郭鑫鑫	北京首钢机电有限公司	010-88294119
42	赵小璐	北京首钢实业集团有限公司	010-88921007
43	潘玉洁	北京首钢吉泰安新材料有限公司	010-80718153
44	信 翀	北京北冶功能材料有限公司	010-62949558
46	王玉娟	北京首钢建设投资有限公司	010-88291982
47	郝占起	北京首钢特殊钢有限公司	010-88915870
48	胡 雪	北京首钢园区综合服务有限公司	010-88292185
49	牛全尧	园区管理部	010-88293902
50	梁 涵	京冀曹妃甸示范区建设投资有限公司	0315-8851730
51	廖家慧	首钢环境产业有限公司	010-88291353
52	劼天经	北京首钢矿业投资有限责任公司	010-88908809
53	时 彦	首钢控股有限责任公司	010-88698710
54	陈名洁	北京首钢房地产开发有限公司	010-68639777
55	金品楠	秦皇岛首秦金属材料有限公司	0335-7127624
56	贺利军	首钢医院有限公司	010-57830535
57	宋清秋	首钢控股(香港)有限公司	852-28612832
58	李 梦	北京京西重工有限公司	010-57537313
59	訾晓凯	北京首钢医疗健康产业投资有限公司	010-68818701
60	张耀之	北京首钢基金有限公司	010-52393988
61	高润宁	北京首钢体育文化有限公司	010-59941889
62	孙会东	北京首钢文化发展有限公司	010-88293797
63	车宏卿	首钢发展研究院史志年鉴办公室	010-88295770
64	关佳洁	首钢发展研究院史志年鉴办公室	010-88295771
65	刘冰清	首钢发展研究院史志年鉴办公室	010-88295771
66	郭 锋	首钢发展研究院史志年鉴办公室	010-88295713

索　引

策划编辑：宋军花

装帧设计：徐　晖

图书在版编目（CIP）数据

首钢年鉴·2021/首钢集团有限公司史志年鉴编委会 编. —北京：人民出版社,2022.1

ISBN 978 - 7 - 01 - 024398 - 6

Ⅰ.①首…　Ⅱ.①首…　Ⅲ.①首都钢铁公司-2021 -年鉴　Ⅳ.①F426.31-54

中国版本图书馆 CIP 数据核字（2022）第 004384 号

首钢年鉴·2021

SHOUGANG NIANJIAN 2021

首钢集团有限公司史志年鉴编委会　编

人民出版社 出版发行

（100706　北京市东城区隆福寺街 99 号）

北京盛通印刷股份有限公司印刷　新华书店经销

2022 年 1 月第 1 版　2022 年 1 月北京第 1 次印刷

开本:889 毫米×1194 毫米 1/16　印张:33.25

字数:967 千字　插页:14

ISBN 978 - 7 - 01 - 024398 - 6　定价:368.00 元

邮购地址 100706　北京市东城区隆福寺街 99 号

人民东方图书销售中心　电话（010）65250042　65289539

ISBN 978-7-01-024398-6